예술경영으로 본
극장사론
劇 場 史 論

유민영

태학사

예술경영으로 본 극장사론

초판 1쇄 인쇄 | 2017년 9월 11일
초판 1쇄 발행 | 2017년 9월 15일

지은이 | 유민영
펴낸이 | 지현구
펴낸곳 | 태학사
등 록 | 제406-2006-00008호
주 소 | 경기도 파주시 광인사길 223
전 화 | 마케팅부 (031) 955-7580~82 편집부 (031) 955-7585~89
전 송 | (031) 955-0910
전자우편 | thaehak4@chol.com
홈페이지 | www.thaehaksa.com

값은 뒤표지에 있습니다.

ISBN 978-89-5966-875-5 93680

†

이 책을 저를 낳아 끝까지 학자의 길을 걷게 해주신
부모님 영전에 바칩니다.

머리말

　세계의 저명한 연극학자들이 일찍이 말했던 것처럼 연극사 기술은 결국 유형의 자취를 남기는 희곡과 극장의 연구가 주가 되고 무대 안팎에서 창조행위를 하는 배우, 연출, 무대미술, 조명, 음향, 의상, 그리고 경영 등에 대한 연구가 보태지는 것이라 말할 수가 있다. 그 점은 기존의 서양연극사서들이 수천 년 동안 흔적이 고스란히 남아있는 그리스의 야외극장과 비극작품을 단초로 삼고 있는 데서도 확인할 수가 있다. 그래서 필자는 한국연극사 탐구를 필생의 목표로 삼고 1960년대부터 희곡사 연구를 시작으로 하여 극장사 연구를 동시에 진행함으로써 1980년대 초에 두 가지 책을 동시에 펴낸 바 있다.

　그런데 희곡사는 그 장르 성격상 문학사의 일부이고, 동시에 연극사의 한 갈래로서 한국근대사관에 입각하여 서술했으나 극장사는 선행논문 한 편 없어서 도무지 어떻게 써야 할지를 몰라 미흡한 기록을 바탕으로 하여 연대기적 기술에 그쳤었다. 특히 극장사는 '국립극장40년사'를 단기간에 펴내려했던 극장 측의 요청으로 너무 졸속으로 썼기 때문에 겨우 얼개를 엮는 정도였다가 한참 뒤에 증보판『한국근대극장변천사』(태학사, 1998)를 상재한바 있는 것이다.

　따라서 이때까지만 해도 극장사를 어떤 관점에서 기술해야 할지에 대하여 별 고민 없이 여전히 부족한 자료를 꼼꼼히 정리하는 것으로 만족했었다. 왜냐하면 극장은 희곡과는 달리 기록문화가 아니고 건축물이기 때문에 어떤 사관(史觀)을 가지고 써야 한다는 생각을 전혀 하지 않았기 때문이다. 맥고완과 멜니츠 같은 서양 연극학자가 쓴 극장사를 보면 대체로 건축미학과 무대구조, 그리고 공연물의 변화에 포커스를 맞춰 서술한 것이 특징이다.

그러나 우리나라의 경우 건축물로서의 극장사는 서양과는 비교가 안될 만큼 일천할 뿐 아니라 변변한 극장도 없었으며 그나마 기존 극장들에 관한 설계도(設計圖) 하나 남아 있지 않음으로써 서양극장사는 흉내도 낼 수가 없었다. 그러는 동안 문화관광부와 그 산하 기관에서 일하던 유능한 신예 관리들이었던 박양우, 용호성, 김주호 등과 김광철이 가장 먼저 예술경영의 중요성에 눈을 뜨고 영국과 미국에서 공부하고 돌아와 그 분야를 처음으로 소개하기 시작했다. 내가 이들의 글을 통하여 예술경영이야말로 우리에게 정말로 절실한 분야라는 것을 인식하고 우선 인재양성을 해야겠다는 생각으로 필자가 봉직하고 있던 대학원에 최초로 예술경영학과를 개설한 바 있다. 때마침 1980년대 들어서 정부의 문화 인프라 확대정책에 따라 전국 곳곳에서 극장(문예회관)을 경쟁적으로 짓기 시작하여 그 숫자가 급속히 증가하고 있었다.

그 얼마 뒤 필자가 예술의전당과 정동극장의 이사장직을 수행하면서 극장의 인적 구조와 운영 실태를 깊숙이 들여다 볼 기회를 가진 것은 큰 행운이었다. 왜냐하면 무대예술의 성쇠는 결국 극장의 확장과 효율적 경영이 절대 좌우한다는 것을 현장 체험했기 때문이다. 다 알다시피 지난 시절 우리의 무대예술이 지지부진해했던 여러 가지 요인 중에 극장의 미발달이 가장 큰 것이었다. 그렇기 때문에 오늘날까지도 우리의 무대예술이 서양 선진국들과는 달리 극장 중심이 아니고 영세한 단체 중심의 왜곡된 구조로 형성되어 있는 것이야말로 시급히 타개해 가야 할 과제인 것이다.

이러한 처지에서 필자가 예술경영학과를 조기에 잘 만들었다는 확신과 함께 두 가지의 실천과제를 떠올리게 되었다. 그 한 가지는 한국문예회관연합회(韓文聯, 처음에는 全文聯) 결성이었고, 다른 한 가지는 극장사를 처음부터 다시 써야겠다는 생각이었다. 한문연은 비교적 선진적으로 운영되고 있었던 예술의전당을 중심축으로 삼아 전국의 문예회관을 연결하여 극장운영의 노하우 전수와 정보교환, 그리고 우수작품 순회공연 등을 위한 것으로서 실천력 있는 이종덕 사장과 손발이 맞아 쉽게 결성할 수 있었다. 오늘날 한문연이 출범 20년 만에 전국 2백여 개의 극장이 제 역할을 충실히 할 수 있도록 뒷받침하고 있는 것은 더없이 기쁜 일이다.

한편 필자는 평소 역사연구야말로 미래를 위한 것이라는 신념으로 희곡사, 연극사, 인물사 등을 탐구해온 만큼 차제에 극장사도 가장 취약했던 예술경영적 시각에서 다시 새롭게 쓰기로 했다. 그래야만 너무나 무지했던 선배 극장 운영자들의 실패를 후세인들이 반면교사로 삼아서 오늘의 난제도 타개하고 미래도 준비할 수 있다고 생각했다. 더욱이 오늘날 우리가 세계에서도 그 유례를 찾아볼 수 없을 만큼 단기간에 수백 개의 매우 현대적 시설의 거대 극장들을 지어놓고도 운영만은 여전히 전근대적이어서 시민의 문화 복지에 큰 기여를 못하고 있는 것이 안타까워 합리적 방향제시가 시급하다는 생각을 한 것이다.

알다시피 예술경영이란 용호성이 그의 저술『예술경영-현대예술의 매개자, 예술경영인을 위한 종합입문서』(김영사, 2010)에서 명료하게 정의해 놓았듯이 "생산자(공급자)인 예술가가 고유의 창작과정을 거쳐 만든 예술품이 하나의 상품으로서 소비자(수요자)인 관객에게 전달되도록 매개하는 과정"(p.15)으로서 공연예술과 시각예술 발전에 있어서 거의 필수적이라 할 만큼 중요한 분야이고, 그 범위 역시 비교적 넓은 편이다. 왜냐하면 예술경영자가 단순히 매개자 역할에만 그치지 않고 생산도 북돋아야 할 책무까지 있다고 보기 때문이다. 따라서 예술경영은 공연장이라든가 미술관, 박물관 등의 인적 조직에서부터 재원조성과 활용, 기획과 제작, 예술상품의 홍보 마케팅 등이 그 역할의 범주에 든다고 말할 수가 있다.

그런데 이러한 시각에서 우리나라의 극장 발전과정을 추적하고 진단한다는 것은 결코 쉬운 일이 아니다. 왜냐하면 내외적으로 열악한 환경 속에서 자력으로 세운 몇 개의 극장의 역사도 기십 년 밖에 되지 않으며 더더구나 예술경영이란 학문이 최근에 도입되어서 그 잣대를 들이대면 모두가 부실덩어리로 기술될 것이기 때문이다. 게다가 1960년대 이전의 극장들은 대부분 이익 창출을 위한 자체 제작은 미미했고, 거의가 대관위주 운영이어서 아무런 자료도 보존하고 있지 않았으며 그 이후에 세운 극장들 역시 부실한 자료에다가 공개도 꺼리는 편이다. 한 예로서 110년이라는 가장 오랜 극장사를 기록한 단성사마저 자체적으로 역사적 문헌을 남기지 못한 채 얼마 전에 폐관되지 않았던가. 그렇기 때문에 필자는 정치(精緻)한 연구는 아예 접고 지난 시절 신문이나 잡지 등에 기록된 사료에 전적으로 의존해야 하는 한계에 부닥치곤 했다.

그러한 가운데 세종문화회관의 경우는 2002년에 『세종문화회관40년사』를 발간하면서 적잖은 자료들이 발굴됨으로써 총론을 정리한 필자를 수월케 했으며 국립극장 역시 2010년에 『국립극장60년사』를 발간할 때 관계된 자료들을 충실히 제공해줌으로써 연구자들이 최선의 글을 쓸 수가 있었다. 이 책의 제4장과 제5장도 그 때에 정리한 글이다. 그리고 대학로의 관립극장(아르코예술극장 등)과 예술의전당을 건너뛰고 정동극장을 제8장으로 특별히 다룬 이유는 소극장임에도 불구하고 문화공간운영의 새로운 미래상을 다각적으로 보여준 점에 주목했기 때문이다. 그런 정동극장이 벌써 개관 20년이 넘었지만 필자가 초대와 2대 이사장으로 재직하면서 깊숙이 들여다보고 2000년도에 썼던 보고서를 조금 손질한 것이다. 그리고 대학로의 관립극장과 예술의전당, 그리고 수많은 소극장들을 이 책에서 제외한 것은 대부분 대관 극장이고 별 개성 없이 숫자만 급속히 증가하여 별도의 연구로 다루어야 한다고 보았기 때문이다.

필자가 우리의 열악했던 극장의 발전과정을 되돌아보면서 참으로 흥미롭게 느꼈던 점은 꼭 필요한 때에 참으로 별난(?) 인물들이 등장하여 극장을 세우거나 운영한 경우가 적잖다는 사실이다. 가령 이 땅에 최초(1895년)로 인천에다가 자기 집 물품창고를 개조하여 협률사(協律舍)라는 근대적 형태의 극장을 세운 인물(丁致國)은 젊은 시절 부산에서 엿장수로 시작하여 인천에 와서 금융업으로 성공한 사업가였고, 판소리 애호가였던 부친(大院君)으로부터 영향을 받아 자연스럽게 군주로서 딜레탕트가 된 고종황제가 첫 번째 관립극장이라 할 협률사(協律社)를 만들도록 한 것도 이채롭다.

그 외에도 개화기에 전력을 알 수 없는 박승필(朴承弼)이라는 인물이 혜성같이 등장하여 광무대와 단성사의 지배인으로서 극장과 기업과의 연계라든가 제작, 홍보, 마케팅 등 현대적 예술경영기법을 도입하여 신문화의 물결 속에서 전통연희를 끝까지 지켜낸 것도 대단히 주목할 만하며 본격적인 전문극장인 동양극장을 처음 지은 배구자(裵龜子)는 구한말의 요화 배정자의 질녀로서 신무용의 선구자이기도 했다.

해방 이후에도 매우 특별한 인물들이 극장을 만들어서 공연예술을 획기적으로 발전시키고 글로벌화를 촉진한 바 있다. 가령 근대극에서 현대극에로의 전환점을 만든 드라마센터만 하더라도 대기업이나 해낼 수 있는 일을 유치진(柳致眞)이라는 한 극작가가 록펠러재단이 제공한 단돈 6만 5천 달러만을 받아 들고 개인재산을 몽땅 터는 뚝심으로 지은 것이었고, 거기서 뿌린 씨앗이 자라나 오늘날 우리의 공연문화를 풍성하게 하고 있는 것이다. 또한 존속이 어려웠던 3.1로창고극장을 한 정신과의사(兪碩鎭)가 인수하여 재기시켰으며 당대 최고의 건축가로서 딜레탕트이기도 했던 김수근(金壽根)이 우리 시대 최고의 건축물로 꼽히는 공간사랑을 지어 '사물놀이'를 탄생시킴으로써 국악진흥의 기폭제가 됨과 동시에 전통예술을 세계에 알리는 공로까지 세운 것을 알고 있는 이는 드물다.

그리고 젊은 시절 세종문화회관과 국립극장에서 쌓은 경험을 토대로 삼아 정동극장을 문화공간경영의 새로운 모델로 만든 초대사장 홍사종(洪思琮)도 돋보이는 운영자로 기록될 만하다. 이처럼 우리의 극장사는 별종(?)의 인물들이 만들고 운영해온 4백석 정도의 작은 극장들이 중심이 되어 온 것이 특징이다. 솔직히 특수한 환경 속에서 어렵게 명맥을 이어온 초라하고 빈약하기 이를 데 없는 지난시절의 극장들이었지만 거기에서 미래 공연예술의 싹이 트고 자라나 오늘의 풍성한 현대문화도 가능할 수 있었던 것이다. 따라서 필자가

이 책을 쓰면서 우리의 문화기반 시설만은 과거에 비해 천지개벽이랄 만큼 비약적으로 향상되었으므로 이들을 제대로 운영한다면 한국문화는 단번에 세계 수준으로 도약할 수 있을 것임을 확신할 수가 있었다.

평생 빛 안 나는 학문에 매달려 살아온 필자를 변함없이 뒷받침해주고 때때로 어려운 교정까지 보아준 내자 박은경(朴恩境)에게 미안하고 고맙게 생각한다. 또한 책을 읽지 않는 시대에 중후한 학술저작물들을 꾸준히 펴내고 있는 태학사 지현구(池賢求) 사장과 편집부 식구들에게 머리 숙여 감사함을 표한다.

2017년 여름

고향 용인의 삼성노블카운티에서 柳 敏 榮

차례

서장 : 내외 악조건 속의 더딘 극장의 발달

연극은 인류가 공동체를 형성하면서부터 시작되었다고 해도 크게 어긋나지는 않을 듯싶다. 왜냐하면 연극이 제의(祭儀)에서 싹이 텄다고 보는 것이 모든 학자들의 공통된 견해이기 때문이다. 그렇다면 그 연희장소라 할 극장도 아주 오래전부터 있어왔다고 보아야 할 것이다. 바로 이 지점에서 극장의 개념도 크게 두 가지로 나누어지게 된다. 그 하나로서 개방적인 공연장소를 광의의 극장이라고 규정할 수가 있을 것 같고, 다른 하나는 연희를 위하여 건축된 일정한 건물로서의 장소를 협의의 극장이라고 말할 수가 있겠다.

그런데 광의의 극장, 즉 공연장소개념의 극장의 역사는 동서양을 통틀어서 너무 오래고 또 기록도 없기 때문에 언제부터라고 확실하게 이야기할 수가 없고, 소위 건축된 극장의 역사는 기원전 5세기 그리스시대의 야외극장이 그 효시임은 이미 밝혀진 바 있다. 그리고 기록상으로는 일찍이 케네스 맥고완과 윌리암 멜니츠가 그의 저서에서 "Thespis시대 이후 3세기 동안은 아테네가 그리스세계의 연극 수도나 다름없었다. 극작가들이 활약할 수 있는 극장은 단 한 개뿐이었다. 그것은 아크로폴리스의 언덕 아래 있는 Dionysus극장이었다."[1]고 쓴 것에서 그 단서를 찾을 수가 있을 것 같다.

그러니까 적어도 기원전 5세기서부터 3세기 사이에 이미 건축된 극장에서 공연이 이루어졌음을 확인할 수가 있다는 이야기다. 일찍부터 도시국가를 형성했던 아테네의 극장에서는 종교의식과 함께 연극이 공연되었고, 입장권을 판매하고 후원자가 등장하여 작품제작을 돕기까지 했다니 우리로서는 상상하기 어려울 만큼 선진적이어서 놀라지 않을 수가 없다.[2] 특히 주목되는 부분은 극작가들이 등장하여 희곡을 제공해줌으로써 극장을 구조적으로 짜임새 있게 만들어주는 한편 상시 관객이 모이면서 운영에 따르는 제작운영 전문인들까지 생겨나게 된 점이다. 가령 전문적인 배우는 물론이고 연출가, 후원자, 경영자들이 매우 일찍부터 자연스럽게 생겨났다는 사실이라 하겠다.

이러한 서양에 비해 우리나라는 적어도 극장의 역사는 늦기도 했지만 대단히 후진적이었음을 알 수가 있다. 물론 그 기원을 알 수 없는 동해안별신굿 같은 것을 보면 아주 오래전부터 건축된 것은 아니었지만 야외무대가 존재했음을 확인할 수는 있다. 즉 동해안별신굿 무대가 바로 그런 형태인데, 이들은 배산임수(背山臨水)의 자연공간에 차일(遮日)을 설치하고 거기에서 굿놀이를 했었고, 이것이 발달하여 신라시대부터 등장하는 채붕(綵棚)이 되지 않았나 싶다. 게다가 우리나라에서는 적어도 조선시대까지 만해도 전문적인 극작가가 등정하지 않아서 설계된 건축물로서의 극장이 생겨나기 어려웠다고 보아진다. 가령 가면극이라든가 민속인형극, 판소리 같은 고전극 장르는 특별히 건축된 무대공간이 아니어도 충분히 공연이 가능했고, 무용이나 음악 같은 정재(呈才)는 궁정 뜰이나 왕족의 생활공간에서도 충분히 소화할 수 있었기 때문에 짜임새 있는 건축 극장이 세워지기 어려웠다고 여겨지는 것이다.

그렇다고 해서 우리에게 서양적인 극장형태와 유사한 극장이 전혀 없었던 것은 아니다. 예를 들어서 조선시대의 산대(山臺)라든가 현재까지 남아있는 궁중의 자경전(慈慶殿) 같은 것이 그러한 예에 속할 것 같다. 왜냐하면 산대는 고정적이지는 않지만 일단 건축된 형태이고, 자경전은 서양의 궁정극장에 가까운 공연공간으로서 엄존했기 때문이다. 그러나 한 가지 분명한 것은 형태는 그렇다고 하더라도 서양의 극장과는 완연히 다르다.

그 이유는 세 가지 측면에서 설명될 수 있지 않을까 싶다. 첫째, 우리나라의 궁정극장은 서양과 상당한 차이가 나는데, 서양에서는 16세기 이탈리아의 경우에서 볼 수 있는 것처럼 궁정마당에서 세워진 임시극장에서 점차 영구적인 고정극장으로 발전해간 것과 같은 궁정극장은 없었다는 점이다. 가령 송기숙이 자경전을 조선후기의 궁정극장으로 규정한 논문에서 "평소에는 혜경궁 홍씨를 비롯한 아녀자들이 기거하는 일상공간이었지만 궁중연향 때에는 의례의 공간이자 공연공간으로서 존재했다. 즉 연향이 설행될 때에는 일상공간에서 극장공간으로 전환된 셈이었다. 순조 기축년에 대규모의 궁중잔치가 펼쳐졌던 자경전은 궁중의 부속건물의 하나로 건축된 측면에서 보면 다분히 유교적 건축양식을 띠고 있다."[3]고 주장한 것이야말로 서양의 궁정극장과 큰 차이가 나는 것이라 하겠다.

그러니까 가령 자경전 등과 같은 궁정극장이란 당초부터 공연을 염두에 둔 전용극장 개념의 건축물이 아니라 왕족과 귀족들의 정무(政務)와 생활공간으로 지어진 건물을 1년에 몇 번 있는 진찬례(進饌禮) 때 공연 공간으로 활용한 것뿐이었다는 이야기다. 그렇게 볼 때, 삼국시대부터 그와 유사한 형태의 궁중건물은 있어왔다고 보아도 크게 어긋나지 않을 것이다. 왜냐하면 처용무라든가 또는 정재는 아주 오래전부터 궁중에서 연행되어 왔기 때문이다. 두 번째로 산대의 경우를 보자. 신라시대에는 임시가설무대로 추측되는 채붕이 기록상으로 나타나 있으며 고려시대부터는 산대란 용어로 확장(?)되어 자주 등장한다. 삼국시대의 채붕이 발전된 것으로 보이는 산대의 정체는 영조 1(1725)년에 중국사신으로 다녀갔던 아극돈(阿克敦)이 귀국 후 조선의 궁중행사 및 여러 가지 풍속을 스무 장의 그림으로 정리한 봉사도(奉使圖)가 발견되면서 구체적 실체가 드러났다.[4]

그러니까 18세기 초에 중국 사신이 관극한 일종의 화첩으로 형체가 드러나긴 했지만 단종실록 3(1455)년에서는 이미 광화문에 채붕이 세웠다는 기록이 나오므로 조선조 초기부터 그러한 유형의 극장이 존재했을 개연성이 있는 것이다. 그에 대하여 처음으로 세심하게 연구한 사진실(史眞實)에 의하면 나례청 주도하에 광화문과 돈화문 앞에 연희를 위한 산대를 세워 각종 행사를 치르고 허물었다가 주요 공연행사가 있을 때마다 다시 세우곤 했다는 것이다.

산대도 크기와 규모에 따라 대(大)산대, 예(曳)산대, 다정(茶亭)산대 등이 있었고, 대산대를 가설할 때는 90척의 대나무와 80척 높이의 큰 대나무를 기둥으로 삼으면서 수십 개의 주목도 썼으며 진흙을 다져서 건축물을 만들었던 것으로 보인다. 특히 산대가 4계절을 나타내야 했기 때문에 나무뿐만 아니라 돌 등도 쓰였지 않나 싶다. 가령 아극돈이 그린 화첩에 보면 '바퀴 달린 기암괴석'으로 묘사된 사실에서 그 점은 잘 나타난다. 따라서 거대한 건축물을 만드는 데는 수많은 인원이 동원되어야 했으므로 의금부와 군에서 2, 3천여 명의 장정이 강제 동원되었으며 공사 중 군인이 사망하는 불상사까지 발생하였다니 산대의 규모와 그 쓰임새를 짐작할만하다.[5]

웬만한 산처럼 크다고 하여 산대란 용어를 붙였던 것 같은데, 실제로 아극돈이 묘사한 그림을 보면 세계극장사상 유례를 찾아볼 수 없을 정도로 괴이한 거대 야외 이동무대 모양새다. 여기서 필자가 이동극장 아닌 이동무대라고 한 것은 산대가 집 개념의 옥내극장은 아니어서이다. 그래서 세계극장사상 그 유래를 찾아볼 수 없다고 한 것이다. 더욱 흥미로운 점은 산대라는 이름에 걸맞게 이동무대는 야산모양의 기암괴석에 노송(老松)이라든가 꽃 장식으로 되어있고, 바위동굴 같은 큰 구멍이 뚫려 있어서 연희자들이 거기에서 공연을 할 수 있도록 했다. 동굴도 네 층 정도로 되어있어서 명실상부 웬만한 산처럼 보였다. 층층의 동굴 같은 곳에서 여러 명의 광대들이 노래도 하고 춤도 추며 꼭두각시놀음 등도 공연할 수 있도록 꽤 넓고 평평하게 만들었던 것으로 보인다. 당시에는 전기가 발달되어 있지 않아 조명시설이 불가능하므로 주로 낮에만 공연했을 것으로 보이며 설사 밤에 공연을 한다고 하더라도 광솔불 정도로는 불가능했을 것이다.

그런데 주목할 만한 사실은 인종실록(仁宗實錄)에 소상히 나와 있듯이 공연 중에 산대의 한 모퉁이가 무너져 내려서 관객 수십 명이 깔려죽었다는 것[6]인데, 이는 그만큼 산대가 나무와 흙 돌 등으로 허술하게 만들어졌고, 관객들과 산대무대 사이가 밀접해 있었음을 의미하며 관중 역시 수백 명 내지 수천 명이 모여 있었음도 간접적으로 알려준다는 점이다.

한편 광장에 세워진 산대가 개방적인 무대였던 만큼 굿판처럼 출입구 같은 것은 따로 없었고, 산대 정면에 부채꼴 모양으로 객석이 펼쳐져 있었을 것으로 추정된다. 세계연극사상 그 유래를 찾아볼 수 없는 바퀴 달린 이동극장 형태의 산대가 수백 년 동안 존재했음에도 불구하고 그 실체나 흔적조차 전하지 않은 것은 고정된 건물 개념의 극장이 아니라 그때그때 필요할 경우에만 세웠다가 연행이 끝나면 헐어버리고 다시 세우는 임시적 형태의 공연무대였기 때문이다.

특히 그러한 산대를 의금부(義禁府)에서 통괄했던 것이 흥미롭지만 일단 나라에서 관리했던 만큼 관립극장이었다고 말할 수는 있겠다. 따라서 영리목적과는 전혀 상관없고 귀족이나 일반시민으로부터 입장료를 받는다든가 하는 상행위와도 거리가 멀었다고 보아야 한다. 즉 왕조의 친연(親宴)행사였던 만큼 공연이 잘 되고 불상사만 없으면 성공적인 것으로 간주했을 것이다. 여기에도 물론 기획이 있었고 전체적인 연출의 책임자도 있었겠지만, 그동안 해오던 기존의 전통적인 작품들을 고대로 반복 공연하는 것이어서 진행만을 매끄럽게 하면 그만이었으므로 특별한 전문가가 없어도 상관없다는 이야기다. 진행자는 아마도 음악의 경우 악장이나 선임자가 진행했을 것이고 무용도 마찬가지였으며 각종 놀이는 원로 광대가 진행하지 않았을까 싶다. 이러한 여러 가지 상황으로 보았을 때 조선시대까지 만해도 옥내극장의 필요성도 느끼지 못했을 것이며 서양식 극장 개념도 인식하지 못했을 것임은 자명하다. 반면에 서양에서는 이미 기원전에 극작가들이 나타나 새로운 희곡을 제공함으로써 그것을 공연할 극장의 필요성과 중요성이 대두됨과 아울러 배우와 연출가가 필요했으며 유료 관객의 관리에 따른 기획 홍보라든가 수익성, 그리고 후원자까지 통괄하는 예술경영자가 자연스럽게 등장할 수밖에 없었다고 보아야 한다.

따라서 이 땅에서 서양식 극장이 등장하는 데는 오랜 시간을 기다려야 했다. 왜냐하면 왕족을 비롯한 상류층 사람들이 극장을 모르는데, 하물며 평민들이야 말할 것도 없었기 때문이다. 적어도 극장은 한 국가나 국민이 살아가는 데 있어 정치 사회 문화적으로 필요불가결함을 인식하고 그것을 건립할만한 여력이 있을 때 가능한 만큼 그러한 필요충분조건이 성립되지 않으면 만들어지기 어려운 것이다. 전술한 바도 있듯이 우리나라에서는 우선 공연예술 자체가 특별한 극장이 없어도 가능한 형태였던 데다가 공연예술의 사회적 예우가 낮아서 소위 서양적인 형태의 극장이 태어나기가 쉽지가 않았다고 보여진다.

그러다가 19세기 말엽에 구미 현지에서 직접 서양문물을 접해본 정치 엘리트 몇 사람의 전언이나 서책을 통하여 조정이나 상류층 인사들이 비로소 어렴풋이나마 옥내극장의 존재나 중요성을 인식하기 시작하게 된 듯싶다. 가령 개화지식인 중에서 서양문물에 가장 먼저 경탄했던 유길준(兪吉濬, 1856~1914)이 처음으로 우리의 전통적인 공연장 개념과 확연히 다른 구미극장의 존재를 알림으로써 상류층에서 어렴풋이나마 옥내극장의 윤곽을 인식하기 시작했던 것으로 추정할 수가 있다. 그가 외교관자격으로 도미한 것이 1883년이었고, 보스턴 대학교에서의 수학 후 극장의 본고장이라 할 유럽을 시찰한 것은 1885년이었다. 귀국하자마자 서양문물 소개의 필요성을 절감한 그가 정치적 변란 속에서 수감생활을 잠시 하는 동안이었던 1895년에 그 유명한 '서유견문(西遊見聞)'을 발간했는데, 그가 서술한 서양문물 소개 내용 가운데 화려한 유럽의 극장형태에 대한 이야기도 들어있다.

그러나 정치 사회적으로 내우외환(內憂外患)의 급박한 시기여서 다른 분야는 몰라도 조정이나 상류 지식층으로부터 극장부분에 대하여만은 별로 주목을 못 받았을 가능성이 높다. 왜냐하면 대원군의 쇄국정책이 1876년 강화도 조약으로 생명을 다하고 개화의 물꼬를 트기 시작했지만 1894년 동학혁명과 청일전쟁으로 이어지는 환란 속에 청국, 일본, 러시아 3국의 조선침탈 야욕의 소용돌이와 내부의 갈등으로 인하여 국가의 존립조차 어려웠던 시국에서 문화예술 같은 것에 눈을 돌릴 계제가 아니었기 때문이다. 즉 임오군란(1882년)

과 갑신정변(1884년), 을미사변(1895년), 명성황후 시해(1895년) 그리고 아관파천(1896년) 등으로 이어진 대한제국의 운명은 글자 그대로 풍전등화의 처지였음은 다 아는 사실이다.

그런 국란의 시절에는 사실 한유(閑裕)롭게 비용이 많이 드는 극장 건립 같은 문제에 관심을 갖기는 쉽지 않은 일이다. 적어도 대표적인 예술 건축물이라 할 극장은 정치 경제 등이 안정되어 있는 사회에서나 등장하는 것이다. 왕조는 물론 상류 지식층이 그럴진대, 범용한 대중이야 더 말할 나위 없는 것이 아닌가. 솔직히 우리의 공연유산만 하더라도 꼭 옥내극장이 절실한 형태도 아니다. 실제로 천 수 백 년 동안 큰 불편 없이 공연행위는 이어져 왔던 사실이 그 점을 잘 보여준다고 말할 수도 있다.

그러나 의외로 그러한 상황 속에서도 옥내극장의 필요성을 어느 정도 인식한 몇몇 사람이 있었다. 기록에 보면 19세기 말엽에 용산과 마포 아현동 등 경강(京江) 상권지역에 무동연희장이 개설되었다는 신문기사가 나타난다. 시장(市場)이 번창했던 지역이어서 모여드는 대중을 상대로 순전히 상업적 목적으로 광대패들이나 애호가들이 기존 건물을 임시 가설무대로 꾸며 돈벌이를 한 것이다. 가령 1899년 봄 황성신문에 보면 "서강 한잡배(閑雜輩)가 아현 등지에서 무동 연희장을 설(設)하였는데 관광하는 인(人)이 운집(雲集)하였다"[7]는 기사가 나와 있고, 1900년 초봄에도 "작조(昨朝)에 무동을 시희(始戱)코자 하였더니 종일 하우(下雨)하야 연희치 못하고 양력 3월 4일로 퇴정(退定)하야 매일 유희할 터이오니 제군자는 축일(逐日) 용산으로 내원하시압"[8]이라 광고한 것이 기사로 나와 있다. 여기서 주목되는 부분은 비가 많이 와서 공연을 연기했다는 것인데, 이는 용산의 무동연희장이나 아현 무동연희장 등 모두가 지붕조차 제대로 갖추지 못한 임시 가설극장이었음을 가리킨다는 점이다. 이처럼 19세기 말 서울의 연희장이라 것은 옥내극장으로 가는 과도기적 형태의 허술한 가설무대가 전부였다.

그래서 강화도조약 이후 일본인들의 조선 진출의 관문이 되었던 개항도시

인천에서 가장 먼저 한 평민에 의해 우리 손으로 옥내극장 개설이 이루어진 것은 흥미차원을 넘는 주목할 일이라 아니할 수 없다.

인천의 역사와 풍물을 연구한 지역 인사(고일, 최성연, 김양수 등)들의 연구에 의하면 1895년경에 옥내극장형태의 건축물이 세워져서 남사당패의 놀이나 민속인형극 등의 전통예능이 공연되었다는 것이다. 즉 최성연은 "당대 인천의 부호 정치국(丁致國)씨가 운영하던 협률사라는 극장이 있었다. 협률사는 오늘의 애관(愛館)의 전신으로서 청일전쟁 중(1894~1895) 지었던 단층 창고를 연극장으로 전용하였는데, 전면을 벽돌 2층, 증축하는 등 누차에 걸쳐 확장을 거듭했다."9)고 했으며 토박이 문학평론가 김양수도 그 배경과 연관하여 "협률사는 1895년에 설립된 조선 최초의 극장으로 정치국이 일본인으로부터 극장의 필요성에 대해 전해 듣고 자신의 창고건물을 개조하여 만든 실내극장이었다."10)고 구체적으로 설명한 바 있다. 여기서 눈길을 끄는 대목은 정치국이란 인물이 일본인(日本人)으로부터 극장의 필요성에 대해 전해 듣고 협률사를 만들었다는 점이다.

그런데 일본에서 근대적인 극장이 생겨난 것은 인천에서 협률사가 문을 열었다는 1895년보다 1년 뒤였다는데 주목할 필요가 있다. 가령 가토게이지(後藤慶二)는 자신의 저서에서 "대체로 알려진 대로 일본에는 근대 이전부터 극장이라는 건축물이 존재해 왔으며 1890년대 도쿄에 신토미좌(新富座), 나카가무라좌(中村座), 이치무라좌(市村座) 가부키좌(歌舞伎座) 등의 가부키극장들은 새롭게 신축하여 근대적 극장으로 재탄생하였다."11)고 했으나 실제로 비슷하게나마 서양을 모방한 극장은 1896년 6월에 문을 연 가와카미좌(川上座)였다. 왜냐하면 가와카미좌의 창시자 가와카미 오토지로가 직접 유럽에 건너가 서양의 극장을 견학하고 지은 극장이었기 때문이다. 그와 관련하여 일본연극평론가 오자사 요시오는 다음과 같이 쓴바 있다.

가와카미가 연극시찰이라고 이름 붙여 처음 유럽에 간 것은 1893년 1월이었다. 가와카미는 그때 파리국립음악원 즉 음악연극학교에 입학하여 서양 연극과 연기를 배움과 동시에 공연 관람에 열중하였다. 4월 말에 귀국하자마자 가장 먼저 가와가미가 발표한 것은 프랑스극장을 모델로 한 극단의 전용극장을 지어서 프랑스에서 본 연극을 번안하여 공연하겠다는 계획이었다. 번안이라는 것은 원작 이야기는 그대로 남기는데, 장소를 일본으로 옮기고 등장인물도 일본인으로 바꾸는 방법이지만, 주목할 만한 것은 가와카미가 종래 극장을 사용하지 않고 다른 새로운 극장공간을 추구하였다는 점이다.

이 시기의 극장은 가부키를 위한 것으로, 회전무대나 승강무대 등을 구비하고 객석을 통과하는 하나미치(花道)가 있고 무대의 높이가 낮고 무대 폭이 옆으로 긴 가부키극장 밖에 없었다고 말해도 과언이 아니다. 닌교조루리라는 별도의 전용극장을 갖고 있었으나 가부키에 비하면 관객동원 수는 많지 않았고, 이런 장르와는 또 별도의 공간을 가진 노(能)를 위한 노가쿠도(能樂堂)는 노가음악의 일종으로 간주되어 닌교조루리보다도 훨씬 적은 관객밖에 없었기 때문에 일반적으로 친숙하진 못했다. 그렇기 때문에 신연극 역시 가부키극장을 사용할 수밖에 없었는데, 기존과 다른 색다른 극장이 있다는 것을 알고 신연극은 가부키와는 다른 극장공간에서 공연되어야만 한다고 생각하는 사람은 일부 연극개량논자 이외에는 아무도 없었다. 결국 유럽을 보고 온 가와카미가 프랑스극장을 모방한, 예를 들어 막에 의해서 무대와 객석이 나뉘는 극장을 갖고 싶다고 한 발상은 획기적인 것이라고 할 수 있다.[12]

여기서 오자사의 이야기를 길게 인용한 것은 일본에서 서양식 극장의 등장 배경을 살피기 위한 것이었고, 결국 근대적인 형태의 극장이 제 모습을 드러낸 것은 1896년 6월로서 간다(神田)의 미사키초(三崎町)에서였던 것이다. 이렇게 볼 때, 인천의 협률사는 일본인으로부터 근대극장 이전의 전통적 극장 이야기를 듣고 만들어졌음을 알 수가 있다. 주지하다시피 일본에서는 근대극장 이전부터 가부키나 노극장 같은 형태의 공연장이 적잖게 존재했고 쇼치쿠

(松竹) 쌍둥이형제와 같은 유능한 극장경영자들이 있어 왔다. 따라서 정치국이 일본인으로부터 전해 들은 것은 전통적인 극장경영에 관한 것이었을 개연성이 농후하다고 보아야 한다. 초창기 협률사의 공연레퍼토리만 보더라도 그 점은 어느 정도 짐작이 가는 것이다. 또 당시 우리에게는 그런 유형의 작품들밖에 없지 않았던가.

그런데 무엇보다도 흥미로운 사실은 일본에 처음으로 근대적인 극장 가와카미좌를 세운 가와카미 오토지로가 1894년부터 1908년 12월까지 세 번이나 우리나라를 찾아왔던 일이다. 즉 홍영선은 '1910년 전후 서울에서 활동한 일본인 연극과 극장'이라는 논문에서 "서울남부지역을 중심으로 하는 일본인 거류지의 일본인극장의 역사에서 고토부키좌(壽座)의 개축, 그리고 용산좌(龍山座), 고등연예관(高等演藝館)의 신축은 커다란 사건임을 지적해두어야겠다. 이 일련의 움직임의 계기가 되었던 것은 다름 아닌 1908년 12월, 가와카미 오토지로(川上音二郎)의 내한이었다."[13]면서 만조보(万朝報)와 요미우리(讀賣)신문의 보도에 가와카미가 이미 1894년 10월과 1904년 3월 26일에 두 번이나 다녀갔다고도 했다.[14] 홍선영이 밝혀낸 이러한 내용은 매우 의미 있는 것으로서 짐작컨대 극장경영자였던 그가 세 번씩이나 내한했던 것은 재한 일본인들을 위한 극장건립이나 가와카미 극단의 내한 공연을 시도해보려 했던 것이 아닌가 싶다. 그러나 실제로 그의 재한 일인들을 위한 연극 활동은 없었던 것 같다.

재한 일본거류민들이 서울에 자신들을 위한 극장을 세우기 시작한 것은 1907년이지만 인천에 앞서서 개항한 부산에서 가장 먼저 저들이 옥내극장을 만들었던바 인천에서 협률사가 문을 열었던 1895년부터였다는 주장이 나와 있어 주목된다. 물론 구체적인 형체는 어디에서도 찾아볼 수 없지만 『부산극장사』를 쓴 홍영철은 그와 관련하여 "…상설극장이 세워지기까지는 무려 14년이 지난 1895년 7월 24일 부산 이사청이 거류지내에서의 질서를 바로 잡기위해 경찰에 관한 규칙을 제정 시행에 들어가면서 극장 및 흥행업에서 발생할 수 있는 제반 문제점들을 제도화시킨 「극장취체규칙」 제15호와 「각종흥행취체규칙」 제16호 법령을 제정 공포하면서였다(부산이사청법규류집, 1909년). 8월 1일부터 시행에 들어간 제규칙은 부산에 상설극장이 탄생했음을 밝히고 있어 부산은 조선에서 가장 먼저 극장이 세워진 곳으로 밝혀지고 있다."[15])고 썼다.

이러한 주장은 충분한 개연성의 글로서 1876년 2월에 체결된 조일수호조규의 내용 중에 부산항을 열어야 한다는 것이 첫 번째로 나와 있고, 그해 9월부터는 나가사키와 부산을 왕복하는 항로가 열렸으며 이듬해(1877년) 1월에는 '부산항 일본인 거류지 조차조약'까지 맺어짐으로써 일본인들이 속속 들어와 살았기 때문이다.[16]) 사실상 일본정부는 부산을 조선침략의 민간 전초기지로 생각하여 관헌 일부와 상인과 어민들을 이주시키면서 1875년 무렵에 야마시로(山城)가 보천사(報天社)라는 조선어학교를 세워 거류민들에게 조선어를 익히게 했으며 부산에서 큰돈을 번 오이케다다스케(大池忠助)는 1879년 일본남부 구마모토에 본격적으로 조선말을 가르치기 위한 동심학교(同心學校)를 세워 대륙진출의 인재를 키운 바도 있다.[17]) 주지하다시피 구마모토는 메이지유신 쟁투에서 밀려나 조선 땅에서 힘을 만회하려는 세력이 웅거하던 지역이 아닌가.

그런데 기록상으로는 부산에서 처음으로 일본인들에 의해서 1895년경에 옥내극장이 만들어진 것으로 보이긴 하지만 누가 주체가 되어 어디에 어떤 형태의 극장을 세웠는지는 밝혀져 있지 않다. 그러나 분명한 것은 일본 거류민이 부산을 시작으로 하여 서울과 한두 개항도시에 자신들을 위해 몇 개의 극장을 만들어 운영했음은 사실이다. 여기서 간과해서는 안 될 것은 그들이 문화운동의 차원에서가 아니라 순전히 상업적 목적으로 극장을 세웠다고 보아야 한다. 왜냐하면 개항 초기에 들어온 일본인들은 대부분 상인들과 수공업인 무역업, 어민, 농민, 그리고 전당포를 통한 고리대금업자들이었기 때문이다. 계속해서 일본인들이 몰려오는데, 느는 것은 부동산업자, 작부, 예기(藝

妓), 창기(娼妓), 관헌들이었다.

그러니까 초기에는 일확천금을 노리는 상인들과 고리대금업자, 부동산업자 등 주로 본국에서 뒤진 서민이나 천민들이 주류를 이루면서 몇 명의 언론인과 교사가 끼어있었고, 청일전쟁 승리 이후에는 정치적 야심가들이 대륙낭인들과 함께 자리를 잡아가기도 했다. 그러다가 1905년 을사늑약과 함께 조선총독부가 들어서면서 경찰, 군인, 공무원 등과 그의 가족들이 대폭 증가하여 서울인구(20여만 명)의 5분지 1 정도를 차지하기도 했다. 부산에 이어 수도 서울에 극장이 갑자기 여러 개 세워진 것도 이러한 정세변화에 발맞춘 것으로 볼 수가 있다. 따라서 초기에는 부정기선을 타고 현해탄을 건너온 놀이패들이 일본전통 스포츠인 스모를 위시하여 경업(輕業), 말타기, 손춤, 마술, 발재주, 인형놀이, 그림자그림(影繪戲?), 해학적놀이, 만담 등[18]을 보여준 일본인들은 그 여세를 몰아서 개항지 부산에 수도 서울에서보다도 먼저 행좌(1903년?), 송정좌(1903년?), 부귀좌(1905년?) 등을 지어 본국의 연희자들의 잡기 계통의 여러 가지 예능이나 서양영화필름을 상연했던 것이다.[19] 이들에 의한 작은 극장 설립도 순전히 문화운동 차원이 아닌 상업적 목적에 의해 이루어졌음도 두말할 나위 없는 것이다. 그 점은 하류층의 잡기류의 레퍼토리에서도 어느 정도 드러난다.

개항 이후 일본이 여러 각도에서 조선 침탈의 마수를 펼쳤는데, 극장 건립도 그러한 수탈의 한 유형으로 보아야 한다. 물론 초기에는 저들이 한국인들이 일본문화에 관심이 별로 없었고 언어도 통하지 않아서 거류민들을 상대로 한 것이지만 20세기 들어서는 변변한 극장이 없는 이 땅에서 각 지역에 극장을 세워 영화 상영으로 서민들의 호주머니를 털고 유랑극단들을 갈취하는 전초기지도 되었었다. 가령 우리나라 유랑극단들의 대관료로 공연수입의 60%를 뜯은 것이야말로 그 단적인 예라 하겠다. 저들이 개항 이후 40여 년 동안 이 땅 곳곳에 1백 50개의 극장을 세워서 경영한 것이 과연 조선의 문화 진흥을 위해서였던가. 그렇게 볼 때 부산에서 시작된 일본인에 의한 일본인들을 위한 극장 역시 한국근대극장사의 남상(濫觴)은 되지 못한다는 이야기가 된다. 따라서 자연스럽게 인천의 협률사를 주목할 수밖에 없게 된다.

이처럼 일본의 한국침탈 과정에서 일본인들이 몰려오면서 부산 등 개항도시에 극장을 만들고 민간인에게 권유도 해서 인천에서는 부실하나마 우리의 손으로 옥내극장이 처음 만들어졌다는 것은 흥미차원을 넘는 것이라 하겠다. 모든 문화형태마저 반드시 수도 서울에서 처음 시작되어야 한다는 법칙은 없으니까.

물론 인천의 협률사도 전술한 바 있듯이 허술한 옥내극장일 뿐 온전한 근대적 형태의 극장이라고 보긴 어렵다. 극장을 만들었다는 정치국도 밑바닥 상인출신의 부호로서 호사취미보다는 순전히 영리목적으로 기존의 창고를 개조한 정도로 볼 수 있다. 솔직히 한 개인으로서는 설사 자본이 있었다고 하더라도 서양의 공연장 문화를 전혀 알지 못하는 상태에서 무슨 기술로 어엿한 공연장을 세울 수 있었겠는가. 그래서 자신이 거래하는 물품을 보관하기 위해서 만든 허술한 물품창고를 개조하여 협률사를 만든 것이다.

문학평론가 김양수가 쓴『인천개항백경』이란 책에서도 보면 인천이 최적의 개항지로서 일본을 중심으로 한 외항선이 연간 1천3백여 척(이중 일본상선이 956척)이나 드나들었다면서 "인천이 일본으로 실려 가는 미곡의 집결지로 번창을 보이게 되자 미두업이 성행하고 정미업이 융성하게 됐었는데 이때 이미 황해, 충청, 전라, 심지어 경상도 부산에서까지 상인들이 몰려들어 충청 전라 등 호남의 지주와 미곡상이 미두장에 현혹될 정도"[20]로 교역과 상공업이 크게 성했음을 알 수가 있다. 이런 시대 분위기 속에서 협률사를 만든 정치국이라는 독특한 인물도 등장하게 되는 것이다. 즉 부산광역시가 1989년에 펴낸 『부산시사』에 정치국의 정체에 대하여 다음과 같이 쓰여 있다.

1895년경 초량객주 정치국은 인천으로 이주하여 금융업을 시작했는데, 이것이 계기가 되어 많은 부산사람들이 인천 화계동으로 옮겨갔다. 이때 상거래로 인천을 내왕하던 부산진 상인들도 이주한 사람들이 있었다. 인천에 정착한 정치국은 1889년 부산의 유지들과 부산에 적을 둔 협동기선회사(協同汽船會社)를 설립하였다. 정치국은 1900년에는 인천의 이윤용(李允用), 안영기(安永基) 등 사원 10여 명과 함께 대한협동우편회사(大韓協同郵便會社)를 설립했다. 그리고 해상을 통하여 함경도 등지에서 많은 해산물이 부산에 수송되자 매매가 이루어질 때까지 보관할 수 있는 창고가 필요하여 정치국이 주동이 되어 초량에 명태고방을 지었다. 창고 시설이 갖추어지자 함경도에서 물산을 가지고 해서 회사이름을 북선창고(北鮮倉庫)라 하였다.[21)

이상과 같은 글에 협률사를 만든 정치국이란 인물의 축재 배경과 활동범위가 드러나는데 인천전문가라 할 문학평론가 김양수는 그에 관하여 "같은 해 (1895년) 5월에 인천의 부호로 알려진 정치국(丁致國)이 용동에 지은 창고를 협률사(協律舍)라는 극장으로 전용시켰다. 이로써 최초로 연극을 하는 극장이 생겨난 것이다. 고일(高逸) 선생의 인천석금(仁川昔今)에 의하면 정치국이란 분은 예전에 떠꺼머리 엿장수로 부산에서 인천에 와서 자수성가한 1급 재산가라고 한다. 일본말을 지껄일 줄 아는 사람이 흔치 않던 시절에 외래인으로서 일어에 능통했던 까닭에 일인과 결탁한 실업가라고 한다."[22)고 쓴데서 정치국의 인물배경이 드러난다.

즉 청년시절 부산에서 한국인의 기호품이었던 엿가게로 성공하여 당당한 객주가 된 정치국이 일본말까지 유창하게 함으로써 국내외의 상인들이 몰려들던 인천으로 거처를 옮겨 금융업으로 부호가 된 그가 다시 수산해운업으로까지 확장하여 거부가 된 것이다.

특히 주목되는 부분은 그가 대한협동우편회사까지 조직했다는 것은 아마도 1884년 고종황제의 명으로 우정총국이 생기고 1895년에 인천에 우체사가 발족되었는데, 이것을 의미하는 것 같다. 여하튼 그가 비록 범용한 일개 상인으로 시작했지만 시세에 밝고 진취적인 인물이어서 언어가 잘 통하는 일본인의 권유로 기존의 창고를 협률사극장으로 개조하여 자신의 선진적인 모습과 광대패를 불러들이는 호사취미도 만족시켰던 것 같다.

이 협률사가 축항사로, 다시 애관으로 명칭과 주인도 바뀌면서 인천사람들에게는 문화 거점으로서 정서적 안식처가 되어준 중요한 공연장이 된 것은 사실이다. 돌이켜 볼 때 정치국이란 일개 상민이 엿장수로 출발하여 물산객주가 되고 당시로써는 가장 선진적인 체신(遞信)사업에다가 해운수산업으로까지 지평을 넓히고 수도 서울도 아닌 지방의 작은 도시에서 서양식 근대극장에는 미치지 못하지만 일단 옥내극장을 처음 개설했다는 것은 역사적인 사건이라고 아니할 수 없다. 그런데 이 땅의 옥내극장마저 일본을 징검다리로 해서 지어지기 시작했다는 것은 서글픈 일이라 아니할 수 없다.

다른 한편 당시 서양을 견문한 수도권 중심의 상류 인텔리 층에서는 몇몇이 근대식 극장의 중요성을 인식하면서도 엄두를 내지 못했지만 다행히 절대군주 고종황제가 옥내극장의 필요성을 인식했던 것으로 보인다. 그 가능성은 세 가지 측면에서 설명할 수 있겠다. 첫째, 그가 미국유학과 구미 현장을 시찰한 외교관들이 주변에 있어서 세계정세를 잘 알고 있었다는 것, 둘째로 그 자신이 판소리 애호가로서 서화에도 능했던 예술취향의 군주였던 만큼 시대에 걸맞은 전통연희 전승의 옥내극장의 필요성을 절감했을 것으로 추정된다. 그 점은 내우외환과 경제사정의 어려움 속에서도 최초의 관립극장이라 할 협률사를 만드는데 보태라고 비자금 4만 원을 내놓았다든가 1906년 협률사가 고루한 관리와 인텔리들의 연이은 비판으로 정부의 직영에서 손을 뗄 때도 고종황제는 '…민속을 부식(扶植)케 하라'[23]고 엄명하여 극장을 존속시켰음은 주목할 필요가 있는 것이다. 주지하다시피 고종황제는 예능에 소질이 많았는데, 더욱이나 엄친 대원군이 판소리 애호가로서 사랑채에 수시로 불러들인 당대 명창들의 소리를 유년시절부터 들어온 터여서 왕이 된 다음에도 자주 국창들의 소리를 경청한 문화군주였음은 잘 알려진 사실이다. 명창들에게 벼슬까지 내린 왕도 다름 아닌 고종황제였다.

협률사에 대하여는 후술하겠거니와 임금이 개화기에 극장을 만드는 데 앞장섰다는 것은 매우 중요한 일이다. 왜냐하면 절대군주가 극장과 예술을 이해한다는 것은 백성들에게는 절대적인 각성제가 될 수도 있기 때문이다. 협률사 이후에 몇몇 관리나 민간인들이 옥내극장을 개설하기 시작한 것도 고종황제의 그러한 인식에 은연중 영향 받았을 가능성도 없지 않기 때문이다.

그러나 거기까지였다. 소위 관립이랄 수 있는 협률사(1908년 원각사로 개명)는 광대를 천시하는 귀족층이나 언론을 장악한 개신 유학파(改新 儒學派) 계열의 오피니언 리더들의 등쌀에 제구실을 할 수 없었고, 더욱이 을사늑약과 함께 힘을 잃은 고종황제마저 1907년에 퇴위되면서 민간들이 운영하다가 1910년 일제의 한국병탄으로 완전히 그 기능이 소멸하게 된 것이다. 이러한 분위기에서 공연문화의 속성을 모르는 민간인들이 극장을 세운다 한들 제대로 운영이 되었겠는가. 당시 조선인들이 세운 극장 몇 개가 단명했던 것도 바로 그런 시대상황 때문이었다.

1910년 일제의 침탈과 함께 조선인들의 생활은 궁핍해만 갔으니 자본과 기술을 필요로 하는 극장은 짓기도 어렵고 운영은 더 어려웠다. 문예에 어두운 지주나 극소수 친일 자본가들이 수익성을 보장할 수도 없고 천한 광대의 놀이터 정도로 인식하는 극장을 지을 리 만무했으니 전국 도시에 극장을 짓는 이들은 모두가 반문화적인 일본인들이었다. 따라서 1945년 민족해방 때까지 일본인들이 전국에 1백 50여 개의 극장을 지어 서양영화를 들여다가 조선인들의 주머닛돈을 털어갔고, 가난한 순회극단과 유랑극단들의 알량한 수입마저 착취해갔다. 특히 서양영화가 발전하면서 자연스럽게 인기품목의 상영물이 됨으로써 저들은 극장도 모두 영화관 형태로 지었으며 운영은 대관 위주로 갔었다. 가령 8·15해방 때까지 조선인에 의해 운영됨으로써 살아있었던 극장이 개화기의 광무대와 단성사, 그리고 1930년대의 동양극장 단 세 개뿐이었다고 볼 때, 우리의 극장문화가 얼마나 열악하고 빈곤했는가를 짐작하고도 남는다. 그런 와중에서도 박승필과 같은 탁월한 극장 경영인이 있었다는 것은 역사의 행운이었다. 그런데 문제는 1945년 해방이 되었다고 해서 당장 극장문화가 문화인들이 바라는 대로 전혀 개선되지 않았다는 데 있는 것이다. 왜냐하면 일본극장주들이 떠난 자리를 그들 밑에서 일하던 저질 흥행사들이 대신하여 공연예술발전을 저해했기 때문이다. 우리나라 연극, 더 나아가 공연문화가 지지부진하고 극장 중심 아닌 단체 중심(동양극장은 제외하고)으로 굳어진 이유도 바로 그러한 굴곡진 극장사와 직접적인 관련이 있는 것이다.

그러다가 1962년 세종로에 처음으로 우리의 자본과 건축기술로 시민회관(세종문화회관의 전신)이 세워졌고 남산 중턱에 사설극장 드라마센터가 문을 열면서 제대로 된 극장의 역사가 전개되기 시작했으며 50여 년 만에 전국 곳곳에 수백 개의 거대하면서도 화려한 극장들이 즐비하게 들어서게 되었다. 즉 시민회관의 소실(燒失)은 1976년 거대한 세종문화회관을 탄생시켰으며 삼성의 호암아트홀 건립(1979년)을 필두로 하여 LG, 롯데, 두산 등 대기업들도 문화 기여를 위하여 극장을 세우기 시작했다. 특히 1980년대 초 공연법이 개정되면서 소극장은 급속도로 팽창되어갔다.

그러나 무엇보다도 주목되어야 할 것은 제5, 6공화국이 펼친 문화공간 인프라 확대정책이 전개되면서 그 효과가 서서히 나타나기 시작한 점이다. 즉 대학로에 문예회관(아르코예술극장)이 문을 연 것을 시작으로 하여 서초동에 대형 예술의전당이 세워졌었으며 지자체의 활성화에 발맞춰 전국의 대, 중, 소도시들까지 너도나도 공연장을 세움으로써 30여 년 만에 한국문예회관연합회(약칭, 韓文聯)에 가입한 극장만도 2백 4개나 되므로 소극장들까지 합치면 5백 개가 훨씬 넘는 극장들이 곳곳에 용립하기에 이르렀다. 그리고 연전(2015년)에는 예향 광주광역시에 단군 이래 최대 공연장이라 할 국립아시아문화전당이 문을 연 바 있다.

이처럼 극장의 급속한 팽창은 우리나라 경제의 압축 성장을 닮아서 더욱 흥미롭다. 그러니까 압축성장이 여러 가지 부작용을 낳듯 극장들의 운영문제도 비슷한 상황이다. 왜냐하면 지자체들마다 문예 진흥이라는 당초의 명분과는 거리가 있는 시장 친화적이 아닌 과시성에 입각하여 막대한 국민세금을 들여서 웅장하게만 지은 데다가 전근대적일만큼 관료들에 의한 미숙하고 비효율적 운영으로 적잖은 혈세를 낭비하고 있는 곳도 드물지 않기 때문이다. 한편 경제발전에 따라 전국 곳곳에 거대 극장의 용립(聳立) 속에 1907년 가장 먼저 몇 명의 뜻있는 사람들의 손으로 만들었던 전통 있는 단성사(團成社)는 역경을 이겨내지 못하고 108년만인 2016년 3월에 그 수명을 다하고 역사의 뒤안길로 사라짐으로써 세월의 무상함을 절감케도 했다. 이제 전국에는 극장이 과잉이다 싶을 정도로 많다.

따라서 앞으로의 문제는 잘 지은 극장들을 문화 복지 차원에서 어떻게 효율적으로 운영해서 시민들의 삶의 질을 높여주느냐 하는데 관심이 모아지고 있다. 솔직히 전국 곳곳에 세워진 거대 극장들이 연착륙을 못 하고 지역민들과 동떨어져 있는 처지에 놓여있다. 그런데 극장들이 안착을 못 하고 어려움을 겪고 있는 이유는 크게 두 가지에 연유한다고 볼 수 있다. 첫째, 서양과는 달리 우리의 극장사가 일천한 데다가 시민들이 극장찾기에 익숙해지기 전에 IT기술과 멀티미디어 기기(機器)가 급속도로 발전하여 언제 어느 시간에 어디서나 원하는 공연물을 영상으로 접할 수 있을 뿐더러 사시장철 흥미 넘치는 프로스포츠가 번창함으로써 젊은이들이 극장을 외면케 한다는 점이다. 두 번째로는 대부분의 극장들이 규모나 시설에 있어서는 글로벌 기준에 맞추려 하면서도 운영만은 혁신과는 거리가 먼 관(官)이 좌지우지하고 있어서 선진국들과는 달리 전근대적인 경영으로 콘텐츠의 빈곤은 말할 것도 없고 시설이 아까울 정도로 미숙하게 운영되고 있다는 사실이다.

결국 극장도 규모나 시스템 이상으로 운영자의 능력에 따라 성쇠가 갈린다. 아무리 잘 지은 극장이라고 하더라도 시스템이 제대로 갖추어져 있지 않고 무능한 운영자가 자리를 지키고 있으면 제 기능을 못 하고 창고로 변한다. 바로 그 점에서 우리나라 극장들이 풀어야 한 것은 정부와 지자체장들이 선진적인 시스템 구축과 유능한 경영자들을 끌어들여서 그들이 능력을 발휘할 수 있도록 뒷받침해주어야 하는 의식의 전환이다. 지난 시절 김대중 정부가 문화정책의 모토로 내세웠던 '지원은 하되 간섭은 않는다'는 그래서 되새겨야 하는 것이다.

다행히 이번에 김대중 정부의 문화정책을 계승할 것으로 보이는 신정부가 들어선 데다가 1980년대 후반부터 미국과 영국 등에서 예술경영학을 공부하고 돌아온 전문가들과 전국의 20여 개 특수대학원 예술경영학과에서 양성된 인재들이 넉넉해서 이들을 잘만 활용하면 극장운영에 새바람이 불 수 있을 것이다. 그리고 20여 년 전 김대중 정부 때부터 극장경영의 중요성을 인식함으로써 관(官)직영의 극장들을 독립법인화하여 경직된 관료주의를 서서히 청산해가면서 부분적이나마 민간전문가들이 효율적으로 운영토록 하는 추세여서 희망의 싹이 돋아나고 있어 다행이라 하겠다. 여기에 가속도가 붙으려면 정부나 지자체장들의 사고 혁신이 뒷받침되어야 할 것 같다.

제1장 초창기의 극장 문화

1. 초라한 왕립극장과 부실한 사설극장

1) 협률사

19세기 이후 서울이 상업도시로 번창해감에 따라 시민들의 연희(演戱)에 대한 욕구가 팽배해갔고 그에 따라 연희장이 서울에 하나둘 서게 되었다. 물론 무대예술에 대한 인식 위에 설립되었다기보다 사람이 모일 수 있는 장소로서의, 건물개념으로서의 극장공간으로 거의가 기존건물의 연희장화로 보는 것이 온당하다. 희미하나마 자료에 의해 밝혀진 연희장으로는 황성신문에 나타나 있는 기록으로서 "서강 한 잡배가 아현등지에서 셜ᄒ얏ᄂᄃᆫ듸 관광ᄒᄂᆫ 사람이 운집"(1899.4.3)했었다는 아현무동연희장이 최초인 것 같고, 다음에는 "관광자가 여운(如雲)"(황성신문, 1900.3.3)했다는 1900년의 용산무동연희장이 대체로 초창기의 극장들이다.[1] 그리고 연대가 확실치는 않지만 1900년을 전후해서 동대문 안에 광무대가 설립되어 속칭 광무대협률사라 했다고 한다.[2]

그런데 여기서 주목되는 것은 소위 협률사란 명칭이 일찍부터 나왔다는 사실이다. 판소리 연구가 박황에 의하면, 협률사라는 것은 청나라의 협률창희에서 유래한 듯싶다면서 1860년을 전후해서 판소리 명창들이 만든 예술단체가 협률사였다고 주장했다. 그러니까 협률사라고 하면 1902년 구한말에 설립된 희대(戱臺)를 연상하지만, 사실은 19세기 중엽에 생긴 명창들의 연예단체명이었다는 것이 박황의 다음과 같은 글에 나타나 있다.

창악인은 엄청나게 많고 활동지역은 너무나 비좁았다. 서울을 비롯하여 큰
고을은 언제나 대명창이 판을 치고 있어 웬만한 창악인은 행세를 할 수 없었던
것이다. 여기에 생계의 수단으로 생겨난 것이 백성을 상대로 하는 이른바「협
률사」라는 예술단체였다.

이 협률사가 언제부터 생겼는지에 대하여는 그 확실한 연대는 알 수 없으나,
송만갑·이동백 옹의 전하는 바를 종합 검토한 결론은 1860년 안팎이며, 협률
사라는 명칭은 청국의 협률창희에서 유래한 것이 아닐까 한다. 그러나 이때의
협률사에서는 창극은 없었고, 〈판소리〉, 〈줄타기〉, 〈가무음곡〉, 〈재담〉, 〈농
악〉 등의 연예물로 흥행하였다. (…중략…) 이들 창악들은 많은 사람들이 한꺼
번에 출연하는 청국의 협률창희에 무한한 매력을 느꼈고, 우리도 그와 같은 방
법이 없을까 하고 고심초사하기에 이르렀다.[3]

이처럼 대중들의 연희에 대한 관심 증대와 연희장의 필요성이 대두되면서
어설픈 옥내극장이 하나둘씩 생겨나는 상황에서 대한제국 황실에서 극장(劇
場) 설립에 나서게 된 것이다. 설립 배경과 목적에 대하여는 몇 가지 주장이
있지만 당시 제반 여건으로 볼 때, 아무래도 절대 권력자인 왕의 강력한 의지
와 깨어있는 일부 관료의 간청이 없었으면 극장 개설이 불가능했을 것이다.
그리고 어려운 가운데서 모처럼 근대적(?) 형태의 극장을 세우는 데는 여러
가지 목적과 배려가 작용하는 것도 극히 자연스러운 일이다. 격동하는 정치
사회 분위기 속에서 여러 가지 기관과 단체들의 모임과 문화행사 장소도 절
실한 상황이었다고 보인다. 이러한 측면에서 당시 기록에 나타나 있는 것을
보면 일단은 협률사 설치에 두 가지 목적이 있었음을 알 수가 있다. 그 첫째
가 고종 황제 어극(御極) 40년 기념행사를 염두에 두었었음이 다음과 같은
기록에서 보인다.

戲臺教習 稱慶禮式時에 수요차로 희대를 奉常寺 내에 설치ᄒ고 한성내 善
歌善舞ᄒᄂ 女伶을 선택ᄒ야 연희제구를 교습ᄒᄂᄃᆡ 참령 장봉환씨가 主務ᄒ
다더라.4)

위의 자료에 나타난 바와 같이 희대는 당시 야주현(夜珠峴)에 있던 봉상시
에 이미 개설되어 예기(藝妓) 일부를 뽑아 연습에까지 들어갔다는 것인데, 봉
상시라는 것은 궁중의 혼상제례와 종묘사직의 춘추제향 때 수용품을 진배하
던 곳으로 상인들과도 밀접한 관계를 맺고 있던 관청이다.

당시 극장을 일컫는 용어였던 희대는 어극 40년 칭경예식을 위해 고종의
칙허를 얻어 봉상시 건물 일부를 터서 만들어졌고, 이를 관장하는 부서로서
협률사를 궁내부 안에 두게 된 것이다. 그러니까 궁내부 안에 희대를 관장하
기 위해 임시로 둔 협률사의 역할은 장차 국가적 행사에 대비해서 주로 연예
쪽을 관장하는 경영부서였음을 다음의 당시 기사로서 짐작할 수 있다.

妓司新規: (협률사) 전설을 聞ᄒᄃ즉 근일 협률사에서 각색창기를 조직ᄒᄂᄃᆡ
태의원 소속 의녀와 尙衣司針線婢 등을 이속ᄒ야 名曰 관기가 ᄒ고 무명색삼
패 등을 병부ᄒ야 명왈 예기라 ᄒ고 신음률을 교습ᄒᄂᄃᆡ 또 근일 관기로 자원
신입자가 유ᄒ면 명왈 預妓라 하고 관기예기간에 처ᄒ야 무부야녀를 허부ᄒ
ᄂᄃᆡ 물론 某人ᄒ고 십인, 이십인이 결사ᄒ고 예기에 願入홀 여자를 소원ᄒ면
該司에서 依願許付홀차로 정규ᄒ얏다더라.5)

희대를 관장하는 협률사는 이상에서 볼 수 있는 바와 같이 가무녀를 조직
함과 동시에 고종으로부터 칙명을 받은 김창환, 송만갑이 전국의 명인 명창을
서울로 집합토록 했다고 한다. 그때의 중심인물들은 김창환을 단장격으로 삼
고 송만갑, 이동백, 강용환, 염덕준, 유공렬, 허금파, 강소향 등의 남녀 판소리
명창과 박춘재, 문영수, 이정화, 홍도, 보패 등 경서도 명창 등 남녀 1백 70여

명이라는 일대 호화진용으로 구성되었으며, 이들은 기량에 따라서 국가로부터 급료를 받았다고 한다.[6]

최남선도 당시의 희대에 대하여 다음과 같이 썼다.

희대라 함은 支那流로 닐컷는 극장이란 말입니다. 조선의 고연희에는 쪽바른 의미의 무대를 요하지 않는 동시에 특정한 극장의 시설도 생기지 안고 마랏섯습니다. 한말 고종황제 광무 6년(壬寅) 秋에 어극 사십년 칭경예식이란 것을 경성에서 거행하기로 하고 동서양 (締約 각국의 군주에게 초청장을 보내엿는데 이러한 귀빈의 접대를 위하야 여러 가지 신식설비를 급작이 진행할 새 그 중의 하나로 봉상사의 일부를 터서 시방 새문안 예배당 있는 자리에 벽돌로 둥그러케-말하자면 로마의 콜로세움을 축판한 型制의 소극장을 건설하고 여령·재인을 뽑아서 예희를 연습케 하얏습니다. 규모는 액루하지마는 무대·층단식삼방관람석·인막·준비실을 설비한 조선 최초의 극장이오 쏘 한참시절 런돈의 로얄 희대, 비엔나의 왕립극장에 비의히려 한 유일의 국립극장인 것만은 사실이얏습니다. 이에 관한 사무를 처판하기 위하야 협률사라는 기관이 궁내부 관할하에 설치되야서 처음에는 칭경예식을 위한 기생·재인 등의 예습을 행하더니 불행히 그 해 가을에 호열자의 유행으로 인하여 칭경예식이 명년으로 연기되고 협률사는 일반 오락기관으로 기생·창우·무동 등의 연예를 구경식히면서 명년을 기다렷습니다. 광무 7년에 이르러서는 봄에 영친왕의 痘候로 말미암아 가을로 밀린 예식이 가을에는 농형이 근심되고 쏘 일아의 풍운이 전급하야서 예식을 명색만 가초는 통에 모처럼 준비한 희대가 소용업서지고마니 이에 협률사는 슬그머니 영업적 극장으로 화하야서 이것 저것을 연행하고 일변 기생·창우의 관리기관노릇을 겸하야서 찐덥지 안흔 세평을 거듭하더니 광무 10년 4월에 이르러 奉常司:(본대 寺러니 이 때는 司로 되얏다) 副提調 李모의 소론이 있어서 칙령으로 이를 혁파하야 버렷습니다.[7]

이상의 기록에는 약간의 오류 부분도 없지 않지만 협률사의 여러 측면에 관한 내용과 자초지종이 구체적으로 나타나 있다. 특히 칭경예식이 그해 여름 콜레라 만연으로 다음 해 봄(1903.4.30)으로 연기되면서 그대로 비어둘 수 없게 된 희대를 일반 흥행장으로 전용했고, 11월부터는 명칭도 협률사(協律司)에서 협률사(協律社)로 바뀌게 되었음을 암시했다. 그리고 희대와 협률사를 병용한 것은 극장과 운영부서를 따로 사용하다가 내종에는 하나의 명칭으로 통일한 것이며, 그렇기 때문에 협률사 건물이 협소하여 운영부서를 서북철도국으로 옮긴 것을 마치 극장을 옮긴 것으로 착각하기도 했다. 예를 들어서 1902년 8월 21일 자 신문에 "司局移接 奉常寺內에 權設ᄒ얏던 協律司를 재작일에 新門內 西北鐵道局으로 移設ᄒ고 鐵局은 소안동으로 이정ᄒ얏다더라"[8]를 마치 극장의 이전으로 본 것이 그 단적인 것이다. 어떻게 극장을 단 몇 달 동안에 이전할 수 있었겠는가.

한편 그 중요한 왕립극장 개설의 배경과 관련하여 "協律社ᄂ 전에 張鳳煥씨가 皇上陛下게 上奏하되 軍樂隊를 設實ᄒ 經費를 보충홀 계획으로 협률사를 創設하ᄌ고 누누이 天聽을 欺蔽하야 帑金 四萬元을 內下하야 歐洲 演戲屋樣子로 건축하고…"[9]라는 보도에 주목할 필요가 있다. 왜냐하면 이 기사에는 협률사의 설치주체와 목적, 비용, 그리고 군이 대대장급 군인이었던 장봉환 참령을 초대 극장장에 해당하는 주무에 앉힌 의문도 분명하게 풀리기 때문이다.

그러니까 당시 누구보다도 국제정세에 밝고 일찍부터 예능에 소질과 취미, 그리고 판소리 애호가였던 고종에게 군악대장인 장봉환이 건의하자 고종이 두말없이 자신의 비자금 4만 원을 흔쾌히 내주어 극장을 만들게 한 것이다. 주지하다시피 황실은 광무 4(1900)년 12월 19일에 공포된 칙령 59호에 의해서 양(군)악대를 처음 만들어 독일 군악대장출신인 F. 에케르트를 초빙하여 조직했는데 처음에는 임시로 이윤용이 악대장을 맡았다가 백우용(白禹鏞)으로 넘겨졌다가 장봉환이 맡은 것이 아닌가 싶다.[10] 전체 인원이 51명인 데다가 악기구입과 의장(衣裝) 등 운영이 적잖았을 것이며 전통연희 공연공간의 필요성과 함께 경비충당도 긴요한 처지였다. 솔직히 그 당시 나라가 정치는 혼란스러웠고 국가경제도 정치상황 못잖게 어려워서 자금조달을 위한 비상수단을 쓰고 있었다. 예를 들어서 고종이 도(度)지부로 이관하기로 했던 국유의 광산과 토지를 궁내부로 이속시켜 왕실소유로 하고 홍삼제조권, 백동화주조권(白銅貨鑄造權)의 특허, 수리관개(水利灌漑) 및 광산산업 등뿐 아니라 여러 가지 잡세까지 부활시켜 왕실의 재정수입을 증대시켜갔었다.[11] 이런 상황이었기 때문에 협률사가 어느 정도 상업적 목적도 도외시할 수 없는 처지였다.

그리고 4만 원이면 당시로써는 큰돈이었지만 오늘날의 시세로 몇 억 원에 불과했고, 다른 돈을 보태긴 했겠지만 새 건물을 그것도 단기간에 짓는다는 것도 불가능했던 것으로 보아야 한다. 기존건물을 리모델링할 수밖에 없는 것이었는데 그렇다면 누가 협률사를 얼마 규모의 근대적인 무대구조로 개조했는가 하는 것이다. 그에 관해서는 우리나라 건축사를 전공한 김정동이 처음 자신의 저서에서 심의석(沈宜碩)이라고 주장했다. 그는 그와 관련하여 "…그는 당시의 선각자 이채연, 남궁억 등과 함께 서울을 개혁하는 데 선구적 역할을 하였으며 이때 우리나라 최초의 극장이며 원형극장인 협률사(協律社, 1902.8)도 그에 의해 세워졌다."[12]고 했는데, 이는 충분히 개연성이 있어 보인다. 왜냐하면 심의석은 전통건축은 물론이고 서양의 근대건축에도 조예가 깊었던 개화기의 대표적인 건축가였기 때문에 왕립극장이라 할 협률사를 만드는 데 참여했을 가능성이 높기 때문이다.

그렇다면 극장 규모와 시설은 어떠했을까? 그에 관하여는 개화기에 4년여 동안 조선에 머물렀던 프랑스 고고학자 부르다레가 비교적 소상하게 기록해 놓은 바 있다. 즉 그는 자신의 저서에서 "이 극장은 궁전은커녕 그 이름을 붙일만한 모습도 아니다. 안쪽 깊숙이 있는 작은 무대는 곡마단에 가깝다. 허름하기 짝이 없는 매표소에서 표를 받아 들어섰을 때 나무계단을 기다시피해서 올라갔다. 이 위층통로는 차라리 무대 코앞까지 낮게 이어지는 유일한 단층 객석이다. 가장 싼 좌석은 아래쪽 교향악단 곁인데, 어찌 교향악단이라는 것이 그 모양인지! 그 맞은 편 더 높은 자리가 2등석이다. 그리고 양 모퉁이에 1등석과 특별예약석이 조금 높게 자리 잡고 있다. 그런데 그 특별석이 가장 나쁜 자리로 보였다. 하지만 비판하자면 끝이 없을 듯하니 차라리 지붕이 있는 극장이라는 혁신에 주목하자. 지금까지 연희는 모두 야외에서 진행됐고, 배우들은 차일 밑에서 땡볕이나 비를 피할 정도였기 때문이다. 그 건물은 대단히 허름하다. 실내는 400명을 수용한다. 무대와 첫 번째 객석 사이 공간은 프랑스에서는 교향악단의 자리인데, 이곳에서는 광대들이 공연을 펼친다. 무대 뒤의 여유 공간이 없기 때문에 배우와 무용수들은 여기저기 무대에 걸쳐있고 공연 중에도 하인과 극장 고용인들이 무대를 오락가락하면서 배우와 관객에게 마실 것을 건넨다. (…중략…) 무대막이 내려진 동안 실내를 들러보니 장식은 빈약하다. 소박한 나무의자에 붉은 싸구려 양탄자를 모든 좌석에 방석으로 깔았다. 관객들은 자신들의 체온으로 몸을 덥히려고 바짝 붙어 앉았다. 조명은 더욱 초라하다. 몇 개 안 되는 전등이 어렵사리 큰 실내를 밝힌다."13)고 썼다.

이상에서 확인할 수 있는 것은 건물 전체가 서양의 대형 호화극장과는 비교도 되지 않을 만큼 작은 단층일 뿐만 아니라 4백석이므로 소극장을 조금 벗어난 규모였고, 무대 역시 일반 공연장과 거리가 먼 강당형이었다. 무대에 포켓도 없어서 배우들의 등퇴장이 불가능하여 여기저기 걸터앉아서 쉬어야 했다. 그래도 오케스트라박스(?)가 있었던 것은 반주악대가 필요해서였으나 비좁아서 무대와 객석 간의 공간도 별로 없을 정도였고, 특별석과 1, 2등석이 나누어진 것은 아마도 남녀 반상의 구별을 위한 것으로 보인다. 솔직히 제대로 된 극장이라면 무대구조뿐만 아니라 조명 음향시설은 기본이고 분장실은 필수인데, 그런 것을 전혀 갖추지 못한 이름만의 왕립극장이었던 것이다. 오죽했으면 부르다레가 협률사를 묘사하면서 '궁전은커녕 이름을 붙일만한 모습도 아니다'라고 폄훼했겠는가. 그러나 분명한 것은 그것이 우리나라 최초의 왕립극장이 아니었던가.

여하튼 협률사가 출범을 제대로 하려면 공연물을 제작하여 대중에게 내놓아야 했으므로 단원들 조직에 나서야 했다. 그에 관해서는 전술한 바 있는 것처럼 판소리 광대를 중심으로 하여 기생, 태의원 소속 의녀(醫女), 상의사(尙衣司) 침선비(針線婢), 남사당패, 날탕패, 탈패, 그리고 재담꾼 등 1백70여 명이었다니 매머드 전속단원으로 구성되었음을 알 수가 있다. 이들은 기량에 따라 관기, 예기(藝妓), 그리고 신인 급의 예기(預妓) 등으로 구분되어 대우를 받았다. 따라서 급료도 차이가 났으며 1등급이 20원이고 2등급은 14원이었으며 3등급은 10원이었다. 조직이 정비되고 또 연습이 끝나자마자 흥행에 나섰는데 첫 번째 유료 공연은 1902년 12월 2일의 〈소춘대유희(笑春臺遊戲)〉였다. 이 작품은 당연히 종합 버라이어티쇼였다고 볼 수가 있다. 당시 협률사는 일찍이 해보지 않았던 공연광고까지 신문에 냈는데 그것은 다음과 같은 내용이었다.

협률사(광고) 본사에서 〈소춘대유희〉를 금일 위시ㅎ오며 시산은 하오 육점으로 십일 점신지요 등표는 黃紙 상등표에 가금이 일 원이오 紅紙 중등표에 가금 칠십 전이오 靑色紙 하등표에 오십 전이오니 완상ㅎ실 내외국첨군자 照亮 來臨ㅎ시되 훤화와 주담과 흡연은 금단ㅎ는 규칙이오니 이차 시행ㅎ심을 망흠. 광무 6년 12월 2일 협률사 告白.[14]

이상에서 알 수 있는 것은 입장료 역시 3등급으로서 특석이 1원이고 1등석이 70전이며 2등석은 50전이었다는 것이다. 이는 전속배우들이 받는 급료에 비해서 마땅한 가격이었다고 보인다. 협률사의 레퍼토리는 뻔한 것이었다. 예부터 민간에서 해왔던 판소리 5마당과 각종 탈춤, 민속무용 등에다가 궁중무용까지 곁들인 것이었다. 과거보다 다른 점은 황실극장이므로 민속예술에다가 정재까지 포함된 것이므로 다양성은 지녔다고 볼 수가 있다. 급료를 받음에도 불구하고 배우들이 평상복을 입고 출연했다는 것을 보면 그들의 궁핍함이 어떤지를 짐작할 수도 있을 것 같다. 이러한 유료공연은 1903년 초까지 계속되었다. 그런데 이듬해 2월 중순에 와서 광대들의 이탈(?)로 협률사가 잠시 문을 닫기도 했다.[15] 그러나 1주일 후에 재개관하였다.

> **협률사**(광고) 본사 事機가 다일 零星ㅎ더니 更爲 確定ㅎ야 昨夕 위시ㅎ야
> 개회ㅎ엿스니 玩賞첨군자 照亮홈. 협률사 고백(황성신문, 1903.2.23)

그리고 4월 27일부터 칭경예식에 들어가기로 확정하였다. 그런데 이번에는 보리농사의 흉년으로 말미암아 명춘을 기다려 거행하라는 고종 황제의 엄명이 내렸던 것이다.[16] 그런 뒤에도 칭경예식은 제대로 못 치렀다. 왜냐하면 일노(日露) 관계와 일본의 침투 조짐으로 그런 의식을 거행할 만한 분위기가 아니었기 때문이다.

그런데 여기서 흥미 있는 사실의 한 가지는 협률사에서 이 해(1903년) 7월에 동대문 내 전기회사의 흥행을 본떠 활동사진을 관람케 한 사실이다.[17] 그러니까 협률사가 일반이 반복되는 레퍼토리에 식상할만한 시기에 대중의 시선을 끌기 위해 영화까지 보여줌으로써 명실상부 일반극장과 같은 흥행장임을 과시한 것이다. 사실 흥행장 구실을 제대로 하려면 대중의 관심과 기호를 무시할 수 없는 것으로 조금씩 대중의 호기심을 끌기 시작한 활동사진을 협률사에서 돌린 것이 그렇게 이상할 것도 없다. 사실 활동사진은 1903년에 처음 들여온 활동사진은 대중에게는 신기한 흥행물이었고 관객의 호기심을 끌기에 충분했음을 다음과 같은 기록이 잘 보여준다.

> 游玩遭厄 근일 동대문 내 전기철도사 중에 활동사진기계를 구입하야 士女의
> 觀玩에 供홈으로 관완자가 하오시로 10시ᄭ지 전차에 탑재하야 紛분왕왕하는
> 대 인산인해를 簇聚하야 每夕 표가 수입액이 백여 원이요 차표가도 역연흔딕

삼작일은 신문내 협률사에도 여피 기계 일좌를 배치하고 관완케홈으로 완객유녀 수천인이 취집하얏다가 홀연 電火가 파열하야 滿屋火光이 奮迅홈으로 중인이 일시 경동하야 自相踐踏하며 혹 數仞墙垣에 自墮하야 의관훼열자와 破頭折脚者가 傷脅壞肢자의 류가 무수한데 翌朝에 視之한즉 錦貝櫻纓香佩 등속이며 靴子 繡鞋 등속이며 紗羅의복 등속이 혹 반절 혹 일편이 분분퇴적하얏더라.18)

이상의 기록으로 확인할 수 있듯이 협률사는 전형적인 흥행장이 되어 있었던 것이다. 그러나 역사상 처음 황실에서 상업성을 띤 극장을 운영하다 보니 대중의 눈치를 안 볼 수 없었을 것 같다. 가령 잘 굴러가다 싶던 협률사가 5개월 만에 다시 또 문을 닫았는데, 이번에는 시중의 물가상승에 따른 것이었다. 가령 1903년 7월 14일 자 기사에 보면 "한성 내에 각항 物價가 逐日 弓膳할뿐더러 誇月 탄성이 都下 民情이 嗷嗷하기로 再昨夕붓터 협률사에서 勅令을 奉承하야 戲具를 정지하얏더라"19)고 보도되어 있다. 여기서 확인할 수 있는 것은 황실이 극장을 운영하면서 얼마나 민심 동향을 세심하게 살폈는가를 짐작게 한다는 사실이다. 그러나 협률사는 대중의 요구(?)로 2개월 반 뒤인 9월 하순에 다시 문을 열어 공연활동을 지속했다.20) 그러는 동안에 운영자도 장봉환으로부터 좀더 직급이 높은 궁내부 참서관 김용제(金鎔濟), 광무국장 최상돈(崔相敦), 예식원 예식관 고희준(高羲駿) 3인으로 넘어갔는데, 이번에는 이들이 운영의 어려움을 극복하려고 일본자금을 끌어들이는 과정에 부정이 있었다는 비난이 일기도 했다. 가령 1906년 3월 16일 자 기사에 보면 "… 차등 非理의 事爲는 不得不 防遏이라 흔대 同 三氏와 日人이 동씨를 대ᄒ야 其 寬恕를 懇乞ᄒ얏다 ᄒ니 噫 彼三氏를 攫取民財之計와 상풍패속지사는 言之醜也"21) 운운한 보도가 나와 있는 것이다.

협률사는 이처럼 말이 많은 속에서 여러 가지로 문제가 일어나면서 문을 닫았다가 다시 여는 등 우여곡절 속에 이번에는 관람객들 사이에 분란도 생기고, 젊은 남녀가 수백 명씩 모이는 데서 풍기문제도 야기되곤 했다. 그러던 중 1906년 3월 초순에는 군인과 순사의 싸움이 있었고, 풍기문제로 협률사는 점차 비난의 대상이 되어갔다. 가령 1906년 4월 13일 자 황성신문에 실린 다음과 같은 비판의 글은 하나의 예가 될 것이다.

> 近日에 협률사라는 것이 생긴 이후로 호탕흔 춘풍려일에 춘정을 탐ㅎ는 연소남녀들이 風流社中으로 幅溱幷瑧ㅎ야 淫妷질 游樂을 日事흔다는듸 탕자야녀의 춘흥을 도발흠은 예사이니와 至於 각학교학원들도 대대축축하야 每夕이면 협률사로 一公園地를 認做흠으로 심지어 야간교학도들의 수효가 감소흔다니 과연인지 미상ㅎ거니와 협률사 관계로 野昧흔 풍기가 일층 증진흠을 確知ㅎ깃다더라.[22]

그렇다면 당시 협률사에서 공연하는 연예물이 무엇이었기에 '탕자야녀의 춘흥을 도발'했을까. 전술한 바 있듯이 그것은 두말할 것도 없이 판소리 명창들이 주축이 되어 있었으니까 판소리 다섯마당이 주가 되었고, 가기무동의 각종 가무와 사당패 탈춤 패 재담꾼들의 재담 등이 전부였다. 거기에 청인들의 창희나 각종 곡예 그리고 일인들의 곡예 같은 것이 있었을 뿐이다. 가령 비슷한 시기에 생겨서 흥행장 구실을 하고 있던 광무대의 "동대문 내 광무대에서 음 본월 27일부터 제반 연예를 일신 개량ㅎ야 고금 기절한 事를 모방ㅎ고 성세풍류를 교연광장ㅎ야 첨군자의 성정과 안목에 감발유쾌케 완상품을 설비ㅎ얏스오니 급기광림ㅎ심을 경요"라는 광고와 함께 나열한 공연내용은 궁기남무·지구무·가인전목단·검무·항장무·이화무·승무·한량무·성진무·시사무·무고·전기광무·무동 등이었다.[23]

이렇듯 당시 대중들의 연희장 겸 사교장 구실을 하던 협률사가 사회 풍기문제를 계속 야기함으로써 보수적인 관료들의 반발을 사기 시작했다. 견고한 유교 도덕률로 무장된 데다가 예술에 대한 이해가 부족했던 관리들로서는 활

협률사의 전속여배우들

달하고 노골적인 예능을 좋아할 리가 없었다. 그리하여 1906년 4월 17일에 봉상시 부제조로 있던 이필화가 협률사 폐지를 요청하는 상소문을 내기에 이르렀다. 그런데 당초 이필화의 상소문은 협률사 폐지보다도 학교교육의 진흥을 위하여 낸 것으로서 도덕의 문란을 제어하고 사회의 기강을 바로잡자는데 목적이 있었다. 따라서 그는 상소문에서 당시 사회를 좀먹고 있다고 생각되는 세 가지를 지적했었다. 즉 장례원(掌禮院)이 포상을 하는데 례납전(例納錢)에 따라서 했던 일과(其一卽 掌禮院旌褒例納錢事也), 또 하나는 판임관 · 지방관 · 병정 · 순검(巡檢) · 이서(吏胥) · 흡례(皂隸) 등의 봉급에 관한 것이었다.(其一卽 協律社胎弊事也 臣聞孔子於顔子以爲邦之道必日放鄭聲今夫協律社者臣雖不知其主唱之爲何人 然臣聞其通宵設戲男女雜遝鬪爭易起亂淫相屬此豈非鄭聲乎 大低習舞演劇之戲於外國亦皆有之 不過是俳優丐賤之輩區區營生者 而如今協律社之稱以宮內府所管發票營利者東西列邦所未

聞見事也 淫聲亂色眩惑耳目傷風敗俗年少之學問實業一不留心淫風從生實
爲國家人民憂者此也 伏乞 陛下函令警廳不日嚴禁以絶亂階申飭常樂之臣復
講法樂千萬幸甚 右臣所言諸條雖皆當今之可行而語 其最急且大者則果能上
下一心務進教育之實 而國家人民之知識一開則如貪賂之俗淆雜之風亂淫之
戲 雖不禁而人自恥焉而不爲矣伏望).[24]

이처럼 이필화의 상소문은 협률사의 태폐(胎幣)에만 국한된 것이 아니었
고, 사회전반에 관한 것 중에 협률사에 관한 사항이 한 조목 들어 있었던 것
이다. 상소문의 첫 항목에서는 충·효·열의 정려(旌閭)에 있어 상납에 좌우
되지 말고 공정히 하라는 것이고, 둘째, 항에서는 관리에게 봉급을 넉넉히 주
어서 그들로 하여금 사심을 버리고 청렴하게 국가에 봉사하도록 해야 한다는
것으로서 오늘의 현실에도 적용이 될 만큼 절실하고 공감 가는 건의였다. 마
지막으로 이필화는 공자의 말에 따라 나라의 도는 정성(鄭聲)의 추방으로부
터 해야 한다고 믿고, 협률사에서는 밤을 새워 남녀가 뒤섞여서 놀고(通宵設
戲 男女雜遝), 싸움이 자주 일어나며(鬪爭易起) 난음상속(亂淫相屬)하기 때
문에 협률사의 연희는 정성과 같다고 보았던 것이다. 물론 연극은 외국에도
다 있는 것이지만 모두 '배우개천지배'들이 '구구영생'하는 것에 불과하며 더
구나 협률사를 궁내부 소관으로 하여 표까지 팔아 이를 얻는 것은 동서 열방
에 듣지도 보지도 못한 일이라 하고, '음성란색'으로 '현혹이목'하여 '상풍패속'
은 물론하고, 청소년들로 하여금 학문과 실업에 마음을 쏟지 못하게 함으로써
국가인민을 위하여 우려하는 자 많으니 이를 엄금하고 '법악'을 다시 일으켜
야 한다는 것이 그의 주장이었다.

이상과 같은 이필화의 상소문에서 우리는 당시의 관리와 식자층의 고루하
고 완고하며 우물 안 개구리와 같은 연희관을 엿볼 수 있는 반면, 협률사의
연희와 극장 분위기가 비교적 천박하고 문란했던 것도 짐작할 수 있다. 결국
이필화의 상소문은 정부에 즉각 받아들여졌음을 다음과 같은 기사로서 알 수
있다.

訓罷律社 정부에서 궁내부에 조회ᄒ되 4월 17일에 봉상시 부제조 李苾和의 상소 批旨를 欽奉ᄒᄋ온즉 所陳은 가납ᄒ시고 尾部 봉급 一款은 令 政府로稟處ᄒ라 ᄒ시고 其餘2條ᄂ 亦令 혁파ᄒ라 ᄒ시온바 取見其疏本ᄒ오니 일작 본부 회의에 귀대신도 역기동의어니와 기 소본 2조 중에 1조ᄂ 즉 협률사를 혁파ᄒ 사라. 해사가 기칭 궁내부소관이 方知照該府ᄒ와 刻卽革罷케ᄒ며 자에 조회 ᄒ니 轉飭警務廳ᄒ야 해사를 엄금ᄒ시와 비지를 凜遵ᄒ고 民俗을 扶植케 ᄒ 심을 위요라 ᄒ얏더라.25)

조회가 끝난 협률사는 이리하여 설립된 지 약 3년 반 만인 1906년 4월 20일 께 정부로부터 정식 폐지령이 내려지고 말았다.

律社革罷 정부에서 궁내부에 조회ᄒ되 본년 4월 17일에 봉상사부제조 이필 화의 상소비지를 침봉ᄒᄋ온즉 所陳은 嘉納이시고 尾附俸給一款은 今政府稟處 ᄒ라 ᄒ시고 기여 2조도 亦令革罷ᄒ라 ᄒ시온 바 取見其疏本ᄒ오니 기일은 즉 掌禮院褒旌例納錢事也오. 기일은 즉 協律社之稱以宮內府所管發營利事也라. 이를 査ᄒ오니 장례원은 즉 예식원은 係是貴府所管이오 협률사도 또한 귀부 소관이온딕 特軫 扶綱敦俗之意ᄒ사 비지가 약시엄중ᄒ시니 기소 혁파는 不答 少緩이기 본부에서 經議ᄒ 후에 方知照內部ᄒ야 轉飭警務廳ᄒ야 협률사ᄂ 위 선 금단케 ᄒ옵고 자에 조회ᄒ오니 査照ᄒ시와 비지를 凜遵奉行ᄒ시와 차2조 를 각즉 혁파ᄒ라 ᄒ얏더라.26)

그런데 여기서 유의할 점은 협률사 극장 자체가 문을 닫은 것은 아니라는 사실이다. 앞의 기사에서도 나타나 있는 것처럼 단순히 정부에서 영리를 목 적으로 운영해오던 것을 중지했을 뿐이다. 특히 여기서 주목해야 할 부분은 황실의 칙령 중에 협률사를 완전히 없애지 말고 '민속을 부식케 하라'는 것은 순전히 고종황제의 강력한 의지였다는 점이라 하겠다. 그러니까 황실직영으로 흥행행위를 하는 것에 대한 조야의 우려와 비판을 수용하되 직영냄새가 나지 않도록 묘안을 제시했고 이두현의 지적대로 사사로이 영업적 극장으로 존속27)하였으며 그 주무는 아마도 전속단원 중 김창환, 송만갑 등 간부급들이 맡아한 것이 아닌가 싶다.

따라서 정부로부터 정식으로 혁파령이 내려진 다음 달(5월 14일)부터도 공연이 계속되었음을 다음의 기사에서 알 수 있는 것이다.

> 律社景況 협률사에서 작일은 천중가절인딕 不可處送이라 ᄒ야 상오 9시로 하오 10시까지 妓樂을 대장ᄒ얏ᄂᆞᆫ딕 豪華子弟 내지 冶遊娘이 삼삼오오히 내집ᄒ야 인산인해를 성ᄒ얏ᄂᆞᆫ딕 這間耗損ᄒᆞᆫ 화폐가 수천원에 지ᄒ얏더라.28)

그리고 협률사에서는 전통적인 가창과 무용으로 흥행이 여의치 않을 때는 영화상영도 했다. 1903년도에도 영화상영을 한 일이 있지만 그 뒤에도 이따금 상연했다. 그런데 여기서 간과해서는 안 될 것이 협률사에 일본 자본주가 깊숙이 끼어들은 사실이다. 가령 협률사가 문을 닫는다는 소식이 전해지자 즉각 일본자본주가 돈을 빼내간 일이 있는 것이다. 즉 칙령이 내려진 며칠 뒤인 1906년 5월 3일 자 기사에 보면 "협률사 연극장을 궁내부 참사관 金鎔濟 철도국장 崔相敦씨 등이 고문 加藤씨와 何以 계약ᄒ고 日人處에 認許 設施ᄒ엿든지 革罷次로 議政部에서 궁내부로 조회ᄒ기로 該 연극장은 內部로 移照ᄒ야 令 警務廳 禁斷ᄒ얏거니와 (…중략…) 該 日人은 宮內部에 위약금 二十五만원을 청구ᄒᆞᆫ지라 處分 內에 姑爲 仍實ᄒ라 ᄒᆞᆸ셧다더라"29)고 보도되어있다. 그러니까 협률사를 운영하고 있던 관리들이 극장경영에 전혀 노하우가 없는 가운데 우리보다 극장 일을 알만한 일본인을 고문으로 앉히고 또 자금도 끌어다가 썼음을 알 수가 있다는 이야기다. 물론 그 돈은 위의 기사에서 확인할 수 있듯이 고종황제의 명으로 즉각 갚았음은 두말할 나위 없다.

그 후 한동안 협률사 극장은 관리들의 회합장소로도 사용되었고, 또 1907
년에는 관인구락부 사무실이 그곳에 있었던 것 같다.[30) 회합장소로서의 공공
건물이 별로 많지 않았던 당시로써 협률사 건물이 사교장으로 쓰일 수 있었
던 것은 당연하다.

이 지점에서 일종의 황실의 실험이었던 왕립극장 설치가 갖는 의미는 무엇
이었으며 협률사는 왜 실패했는가를 되짚어볼 필요가 있다. 우선 놀라운 사실
은 극장 설립에서 보여준 고종의 근대적인 발상을 꼽지 않을 수가 없다. 그러
니까 그가 새로운 시대에 직면해서는 전통연희의 존속도 결국 근대적인 옥내
극장에서 이루어져야 한다는 생각을 갖고 정치적 격변 속에서 과감하게 협률
사를 개설했다는 점이다. 어떻게 정부에서 운영하는 극장에서 예술작품, 그것
도 품격이 떨어지는 것을 판매할 수 있느냐는 조야(朝野)의 반발에도 불구하
고 꿋꿋하게 버틴 고종의 의지 속에는 이미 근대적인 사고(思考)가 자리 잡
고 있었다고 보아야 한다. 물론 관리들 중에서도 장봉환과 같이 예술도 상품
이라는 선진적 생각을 한 이도 없지는 않았다.

그리고 고종의 생각이었는지는 몰라도 여하튼 협률사가 문을 열면서 궁중
예술과 민속예술의 차등이 없어진 점도 주목할 만하다. 왜냐하면 협률사에서
는 궁중무용과 민속예술이 통합된 레퍼토리로서 관중을 맞았기 때문이다. 소
위 의녀, 침선 등 궁중에서 일하던 관기 형 예능인과 남사당패 유형의 비천한
광대들이 차별 없이 섞여 한 무대에서 공연하고, 그 기능에 따라 급료를 받았
던 것이 그 단적인 예라 하겠다.

다음에는 협률사가 왜 실패했는가를 짚어볼 차례이다. 거기에는 여러 가지
복합적인 문제가 도사리고 있다. 그것도 외적인 문제와 내적인 문제로 나누
어 볼 수가 있을 것 같다. 우선 외적인 실패요인으로는 첫째, 정치적인 격변
에서 찾아야 할 것이다. 협률사가 일단 문을 닫은 것이 1906년이므로 을사늑
약이 체결되고 1년 뒤였다. 그때는 이미 황실이 제대로 기능을 하지 못하던
시기였으므로 극장을 돌볼 여지가 없었다. 가령 협률사가 황실극장으로서의

제 기능을 상실한 후 관인구락부 등으로 잠시 쓰였던 것에서 알 수 있듯이 건물자체를 폐지한 것은 아니었다. 특히 고종을 비롯한 관리들이 극장 운영에 대한 의욕을 상실한 것 또한 큰 원인으로 꼽아야 할 것 같다.

다음으로는 국가재정의 어려움을 꼽아야 할 것 같다. 협률사가 재정이 어려워서 일본인 가토(加藤)로부터 고종이 극장 개설 당시 비자금으로 내놓았던 4만 원의 6배가 넘는 25만 원이라는 거금을 끌어들여 보충했던 것은 그 단적인 예가 될 것이다. 그리고 세 번째로는 당시 관리와 지식인들의 공연예술에 대한 안목 부재와 그 사회적 기능에 대한 이해 부족에 따른 거센 비판을 견뎌내지 못했기 때문으로 보아야 한다.

전술한 바 있듯이 황실 내의 고위 관리들의 상당수가 정부가 극장 운영하는 것을 무슨 죄를 짓는 것처럼 비판하고 개화기유학파 출신의 오피니언 리더들 역시 질세라 언론을 통해 수시로 도덕적 차원에서 매도함으로써 여론을 오도했기 때문에 협률사 유지를 어렵게 만들었던 것이다.

그렇다면 내적요인으로는 어떤 것이 장애요인이었을까? 그 첫째가 역시 관리들의 운영미숙이라고 보아야 할 것 같다. 솔직히 군인이나 행정관료 들은 예술에 대한 이해도도 부족했을 뿐만 아니라 극장운영을 어떻게 해야 하는지에 대해서는 전혀 지식이 없었던 데다가 연희자 훈련을 비롯하여 레퍼토리 선정 등 모든 것을 더욱 무식한 광대들에게 일임했을 것이므로 공연행태가 어떠했을까는 불문가지라 하겠다. 그러니까 운용자들이 대중이 무엇을 선호하고 기피하는지를 구별하지 못했다고 보아야 한다. 그 점은 당시 협률사 무대에 올려졌던 공연물에 잘 나타나 있다. 그렇기 때문에 시대가 급변하는데도 레퍼토리에는 아무런 변화가 없었던 것이다.

두 번째로 전속단원들의 조직과 대우의 비경제적인 면에서 찾을 수 있다. 도대체 그 4백석 규모의 작은 극장에 1백70여 명의 전속단원을 둔 것에서부터 문제가 생길 수밖에 없었다고 보아야 한다. 단원들의 급료도 급수에 따라 20원서부터 10원까지였는데 이들을 합치면 그 금액이 대단히 많은 것이었다.

그런데 입장료는 1원에서부터 15전까지였으므로 낮은 편이었다. 따라서 관객이 아무리 많이 와도 수지타산을 맞출 수가 없는 구조였다. 주지하다시피 관객은 넘쳐났다. 당시 기사에 보면 "근일 협률사 景況을 聞흔즉 逐日 관광자가 雲屯霧集흐야 가위 揮汗成雨흐고 連袵成帷"[31]라 하여 처음부터 관중이 넘쳤었다. 그럴 수밖에 없는 것이 일찍부터 놀이에 능하고 구경 좋아해 온 민족이어서 모처럼 생겨난 하나뿐인 옥내극장에는 언제나 관중이 넘쳐났으며 관객층 역시 매우 두터웠다.[32] 이상과 같이 매우 복합적인 원인으로 역사상 최초의 국립극장이 단명으로 끝나긴 했지만 우리나라 극장사에 여러 가지 의미와 과제를 남긴 것이 사실이었다.

한편 협률사가 황실극장으로서 제 기능을 상실할 즈음에 광무대 등 몇 개의 극장이 잇달아 생겨났다. 당시에는 벌써 서양의 신문물의 바람이 조금씩 일면서 개방적이 되어갔고, 연희에 대한 일반의 관심이 높아 갔으며, 따라서 극장의 필요성은 더욱 증대될 수밖에 없었다. 육당이 조선상식문답에서 "일반의 연극요구는 날로 높아 가는데 당시 경성에는 극장으로 사용할 만한 다른 집이 없음으로써 건물을 이용하는 연극 기업자가 끊이지 않았다."는 이야기는 비교적 적절한 견해였다.

그러니까 1908년을 전후해서 극장이 여러 개 생겼는데 그 극장들이 하나같이 신축된 것이 아니라 기존건물을 임시로 극장으로 개조해서 쓰는 연극 기업가가 몇 명 생겨났다.

가령 귀족출신으로서 영선군 이준용과 중추원 고문 이지용[33]이라든가 군수 출신의 이풍의, 그리고 일단 원각사 설치에 어느 정도 간여한 이인직 등이 대표적인 사람들이었다. 그리고 일반 사람으로서는 안순환, 김시현, 박승필, 김상천, 박정동 등이 그런 계통의 선구자들이었다.

그렇다면 그들이 세웠거나 운영한 극장들로서는 어떤 것이 있었던가? 1908년을 전후해서 생겨난 대표적인 연극전용 극장은 두말할 필요도 없이 원각사인데, 그것에 대해서는 별항으로 취급할 것이므로 이 항목에서는 피하고, 그

외의 다른 극장들을 살펴보면 당시에 광무대를 비롯해서 장안사, 연흥사, 단성사, 단흥사, 음악사 등이 있었다.

이들 중 음악사에 관한 특별한 자료는 잘 나타나지 않으나 1907, 8년에 걸쳐 극장가를 돌아보고 쓴 김원극의 다음과 같은 글을 보면 분명히 극장 음악사는 있었건 것 같다.

> (…전략…) 금일 我國의 소위 연극장 소식을 聞ᄒ즉 소위 단성사, 협률사, 음악사, 허다 장소를 설정ᄒ고 창기 배우를 前後擁集하며 기소 연극의 資本物則 舊日 춘향가, 심청가로 形容說道ᄒ야 達夜叫送일 쑨외라. 기 관청 인류가 只不過 청년탕자오 滿樓風景이 無非花月江山則 기 淫志蕩情을 感挑흠은 常情의 不免ᄒ올바오.[34] (밑줄 필자)

이상의 인용문에서 볼 수 있는 바와 같이 당시에도 꽤 여러 개의 극장이 있었음을 알 수가 있다. 그런데 그중에서도 원각사와 광무대가 비교적 자리를 굳힌 극장이었고, 시설이 약간 떨어지는 극장들로서 음악사, 연흥사, 단성사, 장안사, 단흥사 등이 있었다.

이들 중 광무대와 연흥사는 별도로 논급하겠거니와 나머지 중 단흥사는 1908년에 서울 용산에서 개장되었음이 대한매일신보(1908.9.1)에 나타나 있으나 그 후의 활동이 거의 보이지 않는다. 하지만 옛날에 한양골이라 불리기도 한 낙원동에 세워진 장안사는 몇 년간 성황을 이룬 극장이었다.

그런데 장안사는 2층 건물이었던 것 같다. 왜냐하면 극장 계단에서 관객이 추락하여 중상을 당할 정도였으니 그렇게 추측되는 것이다. 그에 관해서 다음과 같은 기사가 나와 있다.

> 演劇玩賞 重傷 재작야에 意大利領事의 令娘이 중부 교동 장안사에 전왕ᄒ야 각종 연극을 완상하고 출래홀 시에 해사 층계에 추락 중상ᄒ얏다더라.[35]

장안사와 비슷한 시기에 설립된 단성사는 종로 3가에 위치했다. 단성사의 첫 주인은 이익우였는데, 그가 단성사 경영자였다는 것은 당시의 다음과 같은 기사로 확인할 수 있다,

團社將廢 단성샤쟝 리익우씨가 근일 재정이 窘拙 홈인지 일선창부의 고금을 지발치 아니 홈으로 매일 독촉이 자심ᄒᆞᄂᆞᆫ대 근일 관람자가 극히 영성ᄒᆞ야 불일 폐지ᄒᆞ기로 결정ᄒᆞ얏다더라.[36]

그런데 『신극사이야기』(1955년 간)를 쓴 안종화는 단성사가 융희 원년 (1907)에 지어졌고, 네 사람의 합자로 지어졌다고 썼다.

(…전략…) 그 중 단성사의 건축은 네 사람의 합자회사로 되었다. 동대문안 양사골(종로6가 충신동)에 사는 주승희의 발의로, 허가와 명의는 일본인 田村 으로 손쉽게 나왔다. 여기에 합자해 들어온 두 사람이 있으니 안창묵·이장선 이다. 이장선은 전기회사 창고 안에 있는 광무대에도 협조를 한 배오개 장(동 대문 시장) 사람이었지만, 안창묵만은 그 출신이 밝혀지지 않았다. 말하자면 이 세 사람이 극장주였으며, 융희 원년에 5개월 공사로 준공된 극장이다. 무대 설비와 대도구 등속의 제작은 경성좌 일본인 도구사의 손을 빌어 차려 놓았다. 이 극장주들과 단성사 무대는 우리나라 신연극 초에 공헌이 많았다.[37]

이상의 글을 보면 단성사의 처음 주인이었다는 주승희, 안창묵, 이장선, 그리고 협조자 일인 다무라(田村)가 나오는데 당시 자료에서는 찾아볼 수 없다. 단지 1909년 초에 이익우가 사장이었고 그것이 호남지주 한홍석으로 넘어간 기사만 나온다. 그러니까 안종화의 글은 신빙성이 약한 회상적 촌감에 불과할 것 같다.

韓興團成 임실군 한흥셕씨가 현금 경성에 거주ᄒᆞᄂᆞᆫ 중인ᄃᆡ 단성사를 일층
확장하고 완람자를 소개ᄒᆞᄂᆞᆫ 중이다더라.[38]

그런데 1910년 8월 일본의 한국병탄 이후 극장가의 판도가 달라지기 시작
했는데, 그 첫 번째가 단성사의 일인(日人) 매수였다. 당시 자료를 보면 1912
년 초에는 이미 단성사 주인이 일본인 후지와라 구마타로(藤原熊太郎)로 되
어 있음을 다음의 기사로서 분명하게 알 수 있다.

　　동구내 단성사ᄂᆞᆫ 단주 藤原씨 및 단장 조중장 기타 제단원의 열성으로 혁신
　선미단을 조직ᄒᆞ고 신연극을 흥행중이어니와 藤原씨의 談에 왈, 동연극은 위
　선 십 개년간의 예정으로 1일이라도 간단이 無히 미풍양속의 재료를 안출ᄒᆞ야
　일반연예계에 모범을 示코져ᄒᆞ노라ᄒᆞ고……[39] (밑줄 필자)

물론 1910년대 초의 주인이었던 일본인 후지와라(藤原)는 몇 년 뒤 박승
필에게 단성사를 팔아넘긴 것 같다. 왜냐하면 박승필이 단성사를 인수하여
증개축하여 영화관으로도 활용하려 했던 점에서 확인할 수 있기 때문이다.
　당시의 대표적인 원각사, 광무대, 연흥사, 단성사, 장안사 중 원각사와 단성
사, 연흥사는 주로 판소리, 창극을 공연했고, 광무대와 장안사는 주로 재래의
가무를 공연했다. 물론 다른 것들도 공연하고 영화도 상영한 것도 사실이다.
그런데 판소리, 창극을 많이 공연한 단성사, 연흥사, 원각사가 풍속을 괴란시
킨다는 지탄을 많이 받았던 것이다.

壞亂風俗 단성사와 연흥사 및 기타 연극장의 명칭은 풍속을 개량ᄒᆞᆫ다ᄒᆞ나
근일 물의를 거ᄒᆞᆫ즉 풍속정도의 부패ᄒᆞᆷ을 개량은 고사ᄒᆞ고 호객탕자의 如干
錢財만 소모ᄒᆞ니 可痛ᄒᆞᆫ 事이라고 ᄒᆞᆫ다더라.[40]

따라서 단성사 공연 중의 투석사건[41]도 그런 공연윤리문제와 무관하지 않은 것 같다. 그런데 1900년 초에 설립된 이상의 극장들 중 본격적인 연극전용 극장은 원각사뿐이었고, 대부분은 연극, 영화, 가무, 곡예 등 각종 연예물을 닥치는 대로 공연했다.

그리고 1910년대까지 폐지되지 않은 극장들은 신파극의 본거지가 되었고, 영화 상영에 시간이 되는 대로 대관해 주기도 했다. 단성사 같은 경우는 20년 대 이후 영화상영이 오히려 많았다고 볼 수 있다.

2) 원각사

연극 전용극장이었던 원각사는 1908년에 새로 지어진 극장은 아니었다. 그 것은 협률사 건물 그대로였고, 단지 황실극장 협률사가 그동안 폐지되었다가 2년여 만에 민간인에 의해 재개관되었을 뿐이었다. 관영 연희장이 폐지된 다음에 협률사 건물은 관인구락부가 들어앉아서 2년여 동안 썼다.

그런데 1907년 말께 경시청에서 그 건물을 연희장으로도 쓸 수 있도록 허가하였다.[42] 관인구락부 건물을 연희장으로 인가받은 직후 관기들이 쓰도록 조처가 내려진 것이다.

> 官妓慈善 궁내부 행수기생 桂玉, 태의원 행수기생 蓮花, 尙衣司 행수기생 錦仙 등이 경시청에 청원흔 槪意를 聞흔 즉 경성 고아원을 설치 이래로 제반경비를 院主가 담당지급ᄒ다가 현금경비가 窘絀ᄒ야 다수고아가 爽히 流離丐乞흘 增에 至ᄒ얏다니 豈不矜惻乎아, 本妓 등이 고아원 연주사를 본월 이십일일 위시ᄒ야 관인구락부에 설행ᄒ깃스니 한 3일 인준ᄒ라 ᄒ얏더라.(황성신문, 1907.12.21)

협률사 겸 원각사의 전경

이두현이 지적한 대로 관인구락부는 관기들에게 3개월 동안 경성고아원 보조를 위하여 연예활동을 하도록 허가해 주었는데, 실제로 관기들은 1908년 초에 1천1백 원을 벌어 경성고아원에 기부했던 것이다. 전 협률사가 연희장으로 다시 개설되자 관객들이 많이 몰려들었는데, 이는 아마도 다른 연희장보다도 전통이 있는 데다가 일류급의 관기들이 출연했던 때문인 것 같다. 따라서 국운이 경각에 있는데도 그런 연희물을 보려고 모여든다고 지사형의 어떤 인사가 운집한 관중을 힐책한 기사도 보인다.

演戲大叱 재작야 야주현 관인구락부 내에서 연예장에 관광인이 운집ᄒ야 입장권이 부족되엿ᄂ지라 何許一人이 고성대질 왈 금일시국이 여하ᄒ 경우건대 신위국민ᄒ야 挾娼 張樂이 무엇이냐 하고 일장 연설ᄒ였다더라.[43]

그리하여 결국 관인구락부는 1908년 정월에 협률사 건물에서 밀려나고 말았다. 당시 대중의 연희에 대한 욕구 때문에 어쩔 수 없이 밀려난 것으로 생각하면 되리라 본다. 우선 임시로나마 연희장으로 쓰이게 된 전 협률사 건물에 대해 눈독을 들이는 사람이 하나둘 나타나기 시작했다.

그러니까 본격적 극장으로 쓰고 싶은 인사들이 나타났다는 이야기다. 그러나 그 건물은 여전히 정부 관활 하에 있었다. 따라서 여간한 사람 아니고서는 대여받기 어려웠다. 그리하여 김상천, 박정동 두 사람은 당대 문사였는데, 이완용 총리의 총애를 받던 이인직과 손을 잡고 그 건물을 연희장으로 쓰는 일에 착수하였다. 그것은 1908년 7월 초부터였다.

> 演劇準備 김상천, 박정동, 이인직 3씨가 서문너 관인구락부의 연극장을 설시
> 홀 차로 現今 준비중이라더라.[44)]

그런데 이들 세 사람의 청원이 드디어 동년 7월 20일 경시청의 정식 승인을 받았다.

> 演劇承認 이인직, 박정동 양씨가 관인구락부의 연극장을 설시ᄒᆞᆫ다ᄂᆞᆫ 설은
> 본보의 已爲 보도ᄒᆞ얏거니와 작일의 희장 설시ᄒᆞᆯ 청원을 경시청이 승인ᄒᆞ얏다
> 더라.[45)]

이처럼 원각사 극장 개설이 김상천, 박정동, 이인직 3인에 의해 1908년 7월 20일에 사설 운영극장으로 인가되었음이 분명하게 나타났다. 그러나 그 극장 건물을 놓고 약간의 시비가 없지 않았다. 즉 그 건물 수리에 간여한 일인 구보타 사부로(久保田三郎)가 욕심을 냈던 것이다. 그러나 그 건물이 궁내부 소관이라는 이인직의 일갈에 물러나긴 했지만 일인 순사까지 동원되는 심각한 사태까지 벌어졌다.

그 경위에 관해서는 황성신문과 대한매일신보에 자세히 나타나 있는데 자세한 내막에 대한 기록을 인용하면 다음과 같다.

無聊退去 前報와 여히 이인직씨가 야주현 관인구락부에 연극장을 제작일부터 개설하얏ᄂᆞᆫ대 일인 久保田三郎이가 내언ᄒᆞ기를 이 가옥수리공역을 현영운씨가 余에게 위임건축ᄒᆞ고 해역비 3천원(황성신문에는 7천원으로 되어 있음)을 상미 보상ᄒᆞ얏슨즉 此家舍가 我의 소유라고 ᄒᆞᆫ대 이인직씨가 차가사를 내각에 승인시설ᄒᆞ얏다고 거절ᄒᆞᆫ 즉(황성신문에는 "차사ᄂᆞᆫ 현영운의 소유가 아니오 궁내부소관인 고로 그가 청원승인ᄒᆞ얏다 흠이" 그 일인이 자의로 순사를 率來ᄒᆞ야 이인직씨를 위협ᄒᆞ미 그가 사유를 설명ᄒᆞᆫ즉 일인 및 순사가 무안 퇴거ᄒᆞ얏다더라.[46]

그러니까 원각사 극장은 이인직, 김상천, 박정동 3인이 구한말 정부로부터 사설연극장으로 쓰기 위해 임대한 것으로 보면 타당할 것 같다. 그러나 몇 개월 뒤 원각사의 실제 사장은 당대 '전선(全鮮)요리계의 패왕'으로 군림하던 요식업자 안순환으로 되어 있어 흥미롭다.

그 사실은 〈은세계〉 공연장에서 벌어진 사건기사에 나타나 있어 주목되는 것이다.

圓覺風波 혜천탕 주인 윤계환씨 등 7인이 재작야에 원각사의 〈은세계〉를 관람ᄒᆞ다가 정감사가 최병도를 압치ᄒᆞ야 施刑 奪財ᄒᆞᄂᆞᆫ 경황에 至ᄒᆞ야 윤계환씨가 좌중에 言을 통홀 건이 유ᄒᆞ다고 공포ᄒᆞᆫ 후에 창부 김창환을 呼ᄒᆞ야 왈 탐도관리의 역사를 一연극의 재료로 연희ᄒᆞᄂᆞᆫ 것이 불위온당홀 섇더러 그 탐관오리의 결과가 종당 하처에 귀ᄒᆞ깃ᄂᆞ냐 ᄒᆞ고 일장분나흠으로 해사 순사가 문외로 축출ᄒᆞ얏ᄂᆞᄃᆡ <u>해사 사장 안순환씨ᄂᆞᆫ 그 사건에 대ᄒᆞ야 타인의 영업을 방해케 ᄒᆞ얏다고 장차 재판ᄒᆞ야 배상금을 징출ᄒᆞᆫ다더라.</u>[47] (밑줄 필자)

그런데 분명히 원각사는 궁내부 소관으로서 안순환의 개인 재산은 아니었다. 그렇기 때문에 내부대신 송병준이 원각사에 깊숙이 관여했고, 한국병탄

문제를 조율하는 막후밀사로 1909년 2월 중순 도일하면서 김시현(金時鉉)에게 관리를 위임했던 것 같다. 따라서 안순환 사장이 운영문제로 궁지에 몰려서 결국 1909년 4월에 조선상업은행의 취체역이고 남대문시장의 왕자이며, 송병준 세력의 굴지의 재벌이었던 친일 유력인사 김시현에게 운영권을 넘기지 않을 수 없었던 것이다.

> **원각 不圓** 전 내무대신 송병준씨가 도일홀 시에 김시현씨에게 위탁ㅎ기를 원각사를 영구유지케 ㅎ라 홈으로 경비 백여원을 담당 지급ㅎ얏ᄂ디 안순환씨가 김씨를 청요ㅎ야 왈 그가 금번 귀국시에 송병준씨가 부탁ㅎ되 원각사를 담임유지케 ㅎ라 ㅎ얏슨 즉 차시로ᄂ 물위상관ㅎ라 홈이 김씨가 반대ㅎ야 왈 송씨가 前何心後何心으로 차등부탁이 유ㅎ깃ᄂ야 ㅎ고 안순환씨의 친근ㅎ 人으로 해사임원을 被ㅎ 자는 일절 개차홈으로 안씨ᄂ 현금 挾感된 모양이더라.[48]

이상에서 볼 수 있는 바와 같이 1909년 초에 원각사 운영문제를 놓고 안순환과 김시현이 대립하고, 결국 안순환으로부터 김시현으로 넘어간 것이다. 왜냐하면 김시현이 내부대신 송병준의 막강한 힘을 믿고 그동안 경영해 오던 안순환 사장의 임원진을 모두 퇴진시킨 것으로 미루어 알 수 있다. 이처럼 원각사는 1년 반가량의 짧은 기간에 박정동, 김상천, 이인직 3인 팀으로부터 곧 안순환에게로 넘어갔다가 이듬해 4월 다시 김시현에게로 운영권이 이월되었던 것이다.

여기서 주목할 것은 원각사 극장이 여러 사람들에게 팔려 넘어간 것이 아니고 임대 경영자만이 여러 번 바뀐 점이다. 원각사는 여전히 황실의 건물이었다. 그 점은 당시 내부대신 송병준이 영향력을 행사한 것으로 미루어 보아도 알 수 있다. 따라서 원각사를 가리켜 사설극장이라고 하는 것은 건물주가 개인이라는 뜻이 아니고 경영자가 민간인이라는 뜻으로 새겨야 할 것이다.

그동안 학계에서는 원각사를 가리켜 최초의 국립극장이라고 주장하는 학자들이 있었고, 그와 반대로 최초의 사설극장이라고 주장한 학자도 있었다. 이 상의 두 견해 중 전자는 잘못된 것이고, 후자의 경우도 막연히 사설극장으로 보았다면 틀린 견해이다. 그러니까 개인이 황실로부터 임대받아 사설극장으로 사용했다고 해야 정확한 해석이 되는 것이다.

하여간 1908년 7월 20일 사설극장으로 정식인가를 낸 첫 운영자는 동년 7월 26일에 개관공연을 가졌다.

> **연극 설행** 이인직씨가 경시청에 승인흔 연희장은 오늘 하오 7시에 설행흔다더라.[49]

그리고 잇달아 며칠간 손님을 부르는 광고가 다음과 같이 실렸다.

> **원각사**(광고) 본사에서 7월 26일로부터 연극을 개시이온바 경성닉에 제일굴지흐는 歌妓 이십 사 명이오 창부는 명창으로 저명흔 김창환 등 사십 인이온대 처소는 야주현 전 협률사이오며 시간은 매일 하오 7시에 기하야 동 십이시에 폐흐깃스오니 일반 첨군자는 여운 래림하심을 무망. 원각사백.[50] (밑줄 필자)

이상의 자료에서도 볼 수 있는 바와 같이 원각사 단원은 판소리 명창으로서 남자 40명과 여자 24명, 도합 64명으로 조직되었다. 가기(歌妓)라고 되어 있는 것은 단순히 노래하는 기생이라는 뜻이라기보다 여자 명창을 가리킨 것이다. 왜냐하면 당시에 판소리 등 노래를 부르는 여자들은 모두가 기생이었기 때문이다. 여기서도 알 수 있듯이 원각사도 협률사처럼 오래 버티기 어려울 정도로 방만한 조직으로 출발한 것이다.

그리고 구성원뿐만 아니라 전속단체 대표 역시 국창 이동백이었으므로 원각사의 레퍼토리는 자연히 판소리가 주일 수밖에 없었다. 이는 동년 7월 28일자 황성신문에 "**소설연극(원각사)** 대한신문사장 이인직이 아국 연극을 개량흐기 위ᄒᆞ야 신연극을 야주현 전 협률사에 창설ᄒᆞ고 재작일 붓터 개장ᄒᆞ얏ᄂᆞᆫ듸 은세계라 제ᄒᆞᆫ 소설로 창부를 교육ᄒᆞ야 2개월 후에ᄂᆞᆫ 該 신연극을 설행ᄒᆞᆫ다 ᄂᆞᆫ듸 衆多ᄒᆞᆫ 창부교육비가 거대ᄒᆞᆷ으로 그 경비를 보상키 위ᄒᆞ야 7월 24일부 터 2개월간은 매일 하오 7시 동 12시까지 <u>영업적으로 아국에 고유ᄒᆞ던 각종 연예를 설행ᄒᆞᆫ다더라</u>"(밑줄 필자)고 한 것으로서 확인할 수 있다. 아국에 고 유하던 각종 연예라고 한다면 당시로써는 판소리가 가장 유행했으므로 판소 리 다섯마당이 주된 레퍼토리였음은 자명하다.

당시의 판소리는 "무대장치와 대소 도구도 없이, 다만 천정에 백전구만을 밝히고 배경으로 둘러친 백포장 앞에서, 그것도 처음부터 끝까지 〈춘향전〉 전편을 연행하는 것은 아니고 '앞과장' '뒷과장'으로 나누어 연출하였다."[51]고 한다. 우리나라 연극을 개량하기 위해 원각사를 열어 신연극을 한다고 선전 을 했지만 전통적인 판소리인 〈춘향가〉, 〈심청가〉, 〈흥부가〉, 〈화용도〉, 〈수 궁가〉 등만 조금 변형하여 공연하자 사회여론이 좋지 않았다.

당시 원각사와 관련을 맺고 있던 이인직에 대한 대한매일신보의 신랄한 비 판은 지식층의 원각사에 대한 생각을 반영하고 있다.

연극계의 이인직 한국 幾百年來로 〈춘향가〉 〈심청가〉 〈흥부가〉 〈화객도〉 등의 음탕적, 황괴적 연극을 금일에 至ᄒᆞ야 이인직씨가 臂를 揚하고 개량을 자담ᄒᆞ얏도다. 금일에 지ᄒᆞ야 이인직씨가 目을 瞋ᄒᆞ고 개량을 自期ᄒᆞ얏도다. 오호라 연극의 개량은 오배도 승왕의 절규ᄒᆞᆫ 비라. 이를 ᄒᆞ여야 국민의 순수ᄒᆞᆫ 덕성을 陶鑄ᄒᆞᆯ지며 이를 개량하여야 국민의 고상한 감정을 고취ᄒᆞᆯ지라. 是以 로 일반 유심인이 막불 왈 연극개량 연극개량ᄒᆞ던 차에 이인직씨가 원각사를 설ᄒᆞ고 연극을 개량ᄒᆞᆫ다 ᄒᆞ기에 이(耳)를 경(傾)ᄒᆞ여 왈 금일 연극에ᄂᆞᆫ 동국 선민의 愚溫達 을지문덕을 仰瞻ᄒᆞᆯ까 ᄒᆞ더니 嗟呼異哉라 依舊是月梅의 罵女 聲만 尼喃ᄒᆞ며 명일 연극에는 태서근대의 華盛頓拿破倫을 쾌도ᄒᆞᆯ까 하더니 嗟 呼怪哉라 의구시 놀보의 妬弟語만 난만ᄒᆞ여 연칙 우명일에나 충신의부 혹 쾌

남렬협의 역사를 일문홀까 하더니 오호라 의구시 〈춘향가〉샨 〈심청가〉샨 〈화용도〉샨이로다. 오호라 이인직씨여 군의 구(口)를 의하면 개량이 기구ᄒᆞ나 중인의 眼으로 看ᄒᆞ면 개량이 都無ᄒᆞ니 오호라 이인직씨여 盖氏의 심장은 路人이 皆知홀비라. 씨가 기왕 일본 유학하던 시에 대단히 소설에 유학ᄒᆞ야 거연히 한국내 제일등 소설가로 자명ᄒᆞᄂᆞᆫ 자이니 그가 만일 사회 및 국가에 대하야 일반분 공익상 사상이 유홀진대 〈羅賓孫漂流記〉와 여ᄒᆞᆫ 壹小史를 著ᄒᆞ야 국민의 애국성을 주조흠도 가ᄒᆞ거늘 금세에 不然하야 피도 불위ᄒᆞ며 차도 불위ᄒᆞ고 只是牟利的 起見으로 위망변호의 〈귀의 성〉과 여ᄒᆞᆫ 소설을 저하야 사회상의 도덕만 파괴ᄒᆞ며 독자 제군을 미례하고 책가 기백 원으로 공하저비만 충ᄒᆞ얏도다. 오배가 차 일절을 推ᄒᆞ야 이인직씨의 오장을 동견ᄒᆞᄂᆞᆫ 바니 그가 연극개량의 名을 借ᄒᆞ야 차등얼업조 흠을 又何足怪며 又何足怪리오만은 금야에 又壹可驚홀 사ᄂᆞᆫ 卽該氏가 연극시찰자로 일본에 도왕ᄒᆞ얏다하니 噫라 그 마술이 유장ᄒᆞ야 익익히 그 奇怪荒誕淫蕩的의 연극으로 국민의 심지를 탕ᄒᆞ면 그 해가 기소홀까. 오호라씨여 作孼이 已深커날 又何樣禍坑을 造ᄒᆞ야 동포에게 流毒코즈ᄒᆞᄂᆞᆫ지. 서적을 저포ᄒᆞ던지 연극을 설행ᄒᆞ던지 斯民의 이됨과 해됨은 불문ᄒᆞ고 단지 지폐 백천원만 자가수중에 입ᄒᆞ면 차를 위ᄒᆞ야 歌ᄒᆞ며 차를 위ᄒᆞ야 舞ᄒᆞᄂᆞᆫ 이인직씨여 해외에 유람ᄒᆞ야 문명신공기를 흡수혼 人의 心法이 내차에 지혼가 噫噫타.[52]

이상과 같은 비난에도 불구하고 원각사에서는 계속 구극을 공연하는 동안 계속 신연극 〈은세계〉 공연준비 기사가 나왔다. 가령 동년 8월 13일 자의 "〈은세계〉 연극. 야주현 원각사에서 신연극 〈은세계〉를 매일 창부 등이 연습ᄒᆞ야 머지 않아 설행ᄒᆞ다더라"[53]고 한 것이나, 9월 26일 자의 "원각사에 고용ᄒᆞᄂᆞᆫ 창부 등이 〈은세계〉 신소설을 嫺熟히 연습흔고로 내월 1일부터 해 연극을 개시ᄒᆞ기로 예정ᄒᆞ얏다더라"[54]고 한 것이 그러한 증거이다. 그러나 10월 1일부터 공연할 예정이라는 〈은세계〉는 한 달 반 뒤인 11월 15일에야 겨우 공연이 되었다.

> **〈은세계〉 신연극** 대광고 본사에서 연극을 실시혼 지 수월에 강호첨군자의
> 厚眷을 蒙ᄒ야 익익확장이온바 열월갈망ᄒ시든 〈은세계〉 신연극이 今纔 준비
> 이옵기 내 15일부터 설행ᄒ오니 有志僉彦은 如雲 내람하심을 무망. 원각사 고
> 백.55)

신연극이란 타이틀을 걸고 1908년 11월 15일부터 며칠간 공연한 〈은세계〉
는 이인직의 신소설로서 그것이 신파극이었느냐, 창극이었느냐 하는 것이 양
론으로 갈리어 있는바, 필자가 이미 졸저, 『한국근대연극사신론』(상)에서 창
극으로 규정한 것이어서 논외로 한다. 다만 〈은세계〉 공연은 내용과 몇 가지
이유로 해서 많은 물의를 일으킨 모양이다. 그 점은 공연 1주일 뒤의 '〈은세
계〉 풍파'라는 다음과 같은 기사로서도 짐작할 수 있다.

> 재작야에 혜천탕 주인 윤계환씨 등 7, 8인이 신문ᄂ 원각사에 전왕하야 ᄀ항
> 연극을 일체 완상ᄒ고 〈은세계〉 연극에 대ᄒ야 일장 박론ᄒ다가 풍파가 야기ᄒ
> 얏다더라.56)

이상과 같은 기사는 또 하나 나와 있다. 거기에서는 주로 진보적인 내용에
대해서 항의했다는 기사이다. 원각사의 관람객 중에는 상류층도 많았던 것
같다. 개관 직후부터 각부 대신들이 드나들었다.

> 재작야에 각부 대신과 승미류감과 영선군 이준용씨와 전보부통감 민영휘씨
> 와 내각서기관장 한창수 등 제씨가 원각사에 제왕ᄒ얏다더라.57)

> 작야에 시종원경 윤덕영, 관내부대신 민병석 양씨가 원각사를 관람ᄒ고 명

월관에 전입하야 기영으로 종야 질탕ㅎ는대 내부대신 송병준씨와 승녕부 총관
조민희씨도 참석ㅎ얏다더라.58)

상류계급 사람들이 원각사에 많이 드나들자 웃지 못 할 일도 곧잘 발생했
다. 즉 원각사를 관극하는 고급관리의 품행이 가십으로 보도되기도 했던 것이
다. 대한매일신보 1908년 9월 18일 자 '오각의 생풍'이라는 기사는 매우 흥
미로운 내용이 담겨 있다.

승녕부이사 오일영씨는 畫則 該府에 仕進視務ㅎ고 夜則 원각사에 사진완상
ㅎ며 가창가기와 호상유희홈을 불기ㅎ는 고로 해씨의 상황이 해사 연극보다 우
승ㅎ다는 비평이 유ㅎ다더라.59)

원각사 설치에 유력인사 이인직이 직간접으로 간여된 데다가 그곳에 드나
드는 상류층 사람들의 풍기와 품격이 문제 되자 원각사에는 서서히 비난의
화살이 꽂히기 시작했다. "어긔어츠 비져어라 국가 안위 불원하고 연희대만
추축ㅎ니 일신행락 제일인가"60)라는 풍자가로 시작해서 "연극계의 모모인은
개인 영리됴치마는 괴란풍속 싱각안나 설시자와 관광자가 막상막하ㅎ바리라.
사회비평 낭자ㅎ고 報館날 論駁正直커날 獨不聞見ㅎ얏는가 뎌 聾盲을 엇지
홀소"61)와 같은 신랄한 비판에 이르기까지 다채로웠다.

따라서 원각사 투석사건62)도 그런 비난과 유관하지 않나 생각된다. 그러
나 원각사는 이듬해(1909년)에 들어서도 공연을 계속하였고, 원각사에 대
한 끊임없는 비난 때문이었는지 1909년 초부터 문을 닫는다는 소문이 나돌
았다.

원각 不圓 신문내 원각사는 신연극을 설행ㅎ야 풍속을 개량ㅎ고 민지를 발
달케 흔다고 各報에 광포ㅎ더니 근일에 〈춘향곡〉, 〈심청가〉로 탕자 음부의 이

목을 현혹케 ᄒ야 다수금전을 奪入ᄒᄂ데 희전은 하처에 진용하ᄂ지 부지ᄒ거니와 기천원의 손해를 피ᄒ야 불원간 폐지가 될 터이라더라.[63]

그러나 원각사는 폐지되지 않았고, 전술한 바 있듯이 안순환으로부터 김시현에게 운영권이 넘겨졌을 뿐이었다. 원각사 폐지 소문은 1909년 초겨울의 혹한 때문에 임시로 문을 닫았었고, 또 안순환의 부실한 운영 때문이 아니었나 싶다.

원각사 본사에서 일반사회의 풍속을 개량ᄒᆯ 목적으로 신소설 연극을 설행ᄒᆷ은 강호제군자의 業己照亮ᄒ신 바 天寒을 인하여 임시 휴업이옵더니 금에 제 반준비를 일층 확장ᄒ압고 본월 21일(음 2월 2일)부터 계속 연극ᄒ오니 첨언은 倍舊光臨ᄒ심을 무망.[64]

이상의 기사에서 볼 수 있는 바와 같이 원각사의 임시휴업은 추위로 인한 것이었다. 그 당시로써 극장 난방은 불가능했을 터이니 당연하다고 보겠다. 단지 거기다가 안순환의 운영부실로 인한 재정난이 가미되었을 가능성이 있었으리라 보는 것이다.

필자가 그렇게 보는 이유는 내부대신 송병준이 도일하면서 원각사의 영구유지를 김시현에게 위탁하였고 돈도 백여 원이나 건네주었으며, 그 직후 김시현이 안순환 계통의 원각사 임원을 모두 갈아치웠기 때문이다. 그러니까 임시휴업 후의 재개관(1909.2.21)도 김시현이 한 것임이 분명하다. 왜냐하면 송병준이 도일하면서 김시현에게 9백여 환까지 건네면서 원각사를 위탁했는데 송병준의 도일은 1909년 2월 중순(18일 전후)이었고, 원각사 재개관은 그 며칠 뒤인 2월 21일이었으므로 시간상으로도 들어맞는다. 여기서 송병준이 원각사에 절대적인 영향력을 행사하고 있었음도 알 수 있다. 그리고 친일첨병이었던 송병준이 음험한 목적을 띠고 도일한 증거를 대면 다음과 같다. 2월

17, 18일 양일간에 다음과 같은 기사가 나타나 있다.

　　雙妖 奇緣. 대한신문사장 이인직씨가 귀국홀 차로 發程ᄒ다가 내무대신 송병준의 도일ᄒᄂ 일행을 봉착ᄒ야 還爲留連ᄒ다더라.[65]

　　송병준의 前途. 내무대신 송병준씨의 혼 전도가 금번 일본일행에 재ᄒᄂᄃ대 해인의 운동이 여의ᄒ면 히직을 귀국환임하고 약불여의홀 지경이면 辭疏를 奉呈ᄒᄂ다더라.[66]

　여하튼 김시현이 원각사를 맡은 이후 공연활동이 다시 활발해졌다. 동년 6월 25일에 황성신문 등 도하 각 일간지에 "본사에셔 거액을 費ᄒ고 문명혼 각국 연극을 시찰혼 결과로 이를 모방ᄒ야 아국 고전에 忠孝義烈賢勇의 제 실상을 연극으로 ᄒ올 터이온ᄃ 개시혼지 백일 이내에ᄂ 금일ᄒ던 연극을 기익일에 아니 ᄒ기로 務定ᄒ와 금월 27일로 개시ᄒᄀᆺ사오니 유지군자ᄂ 내림완상ᄒ심을 위요. 융희 3년 6월 24일 원각사 고백"[67]이라 광고했는데, 여기서 주목되는 것은 '본사에서 거액을 비ᄒ고 문명혼 각국 연극을 시찰혼 결과로 이를 모방ᄒ야 아국 고전에 충효의열현용의 제 실상을 연극으로' 만들었다는 대목이다. 그렇게까지 광고한 그 공연이 관객들의 일대 질책으로 끝난 것은 그 선전의 진위가 문제가 될 만하다. 그 공연의 풍파내용은 이러했다.

　　圓社 不圓 원각사에셔 신문에 광고로 揭布ᄒ되 일절 구연극을 개량ᄒ고 충효의열 등 신연극을 설행ᄒ다 홈으로 그저께 관광자가 다수 내집ᄒ얏더니 及基 臨場에ᄂ 〈춘향가〉 일장 후에 즉시 폐사ᄒ미 내객 중 일인이 대성결박 왈 광고에ᄂ 신연극을 ᄒ다 ᄒ고 〈춘향가〉ᄆᆫ 창ᄒ니 시ᄂ 편재적으로 欺人 홈이라 하미 일반 관광자가 개전호응ᄒ야 원각사의 불신무미를 힐책ᄒ고 자금 이후ᄂ 원각사의 再到치 안키로 발서ᄒ야 일장풍파를 大起ᄒ얏더라.[68]

여기서 바로 원각사 사람들이 문명한 각국의 연극을 시찰했다는 이야기는 설득력이 약한 것이다. 당시 중국, 일본과는 어느 정도 왕래가 잦았으니까 중국, 일본 연극에 대한 약간의 견문만은 경영자에게 있었을 것 같다. 그것도 이동백 단장 이하 전속 명창들이 아니고 운영 간부 한두 사람에 국한되었음이 분명하다. 그리고 그들이 견문한 일본, 중국의 연극이 무엇이었느냐, 다시 말하면 전통극이냐 신파극이냐 하는 것이다. 문명국 연극을 보고 시도한 것이 〈춘향전〉이었다면 분명히 신파극은 아닌 것 같다. 그렇게 신연극을 한다고 광고하고 〈춘향전〉을 공연했다면 독연(獨演) 형태의 판소리 〈춘향전〉은 아닐 것이고 분창, 사실화한 창극 〈춘향전〉임이 분명하다. 그런데 '신연극'을 구경하러 온 관객들로서는 분창된 창극도 여전히 구극에 불과하다고 항의한 것 같다.

그러니까 원각사 측으로서는 대중이 갈망하는 신문화의 바램을 충족시키기에는 역부족이었다는 이야기가 된다. 그럼에도 불구하고 원각사로서는 어쩔 수 없이 판소리를 변형시킨 창극만을 계속 공연했다. 6월 27일부터의 〈춘향가〉에 이어 내용을 알 수 없는 〈천인봉(千仞峰)〉이라는 작품을 7월 4일에 공연했으며, 보도는 안 되었지만 근근이 계속 공연한 것이 아닌가 생각된다.

11월에 들어서는 〈수궁가〉를 신연극(창극)이라 하여 공연한다는 기사가 보인다.

> 演劇改良 원각사 연극장에서 근일 각종 연극을 개량 혹 신제조ᄒ야 昔日의 상풍패속되ᄂ 연희ᄂ 제거홈으로 관람인의 호평을 득ᄒᄂ 중 금일부터ᄂ 〈수궁가〉라ᄂ 신연극을 설행ᄒ다더라.[69]

그런데 〈수궁가〉 공연에서는 사람이 만든 자라와 토끼가 등장하는 등 상당히 사실화시킨 창극이었던 것 같다. 이는 그 당시의 다음과 같은 원각사 광고에서 확인할 수가 있다.

원각사(광고) 본사에서 「수궁가」ᄅᆞᄂᆞᆫ 滑稽的 신연극을 금일부터 설행ᄒᆞᄂᆞᆫᄃᆡ 인공으로 제조한 수류어족의 형체가 천연히 활동ᄒᆞᆯ ᄲᅮᆫ더러 별주부의 애군원충과 猫선생의 權變奇謀ᄂᆞᆫ 지식개발상 대취미가 유ᄒᆞ오니 첨군자는 연왕 관람ᄒᆞ시읍. 11월 26일 원각사 고백.[70]

11월 26일의 〈수궁가〉 공연 이후 자체 공연 광고가 나타나지 않은 것으로 보아 원각사는 연극장으로서보다는 다목적 공회당으로 바뀌어간 것 같다. 실제로 12월 7일부터 원각사는 국민회 본부 사무소[71]로 쓰이게 되었다.

국민회 본부 사무실로 쓰이게 된 원각사는 흥행장으로 쓸 때도 국시유세단(國是遊說團)에게 연설장으로 빌려준 일이 있고, 이듬해(1910년)부터는 연설회장과 연회장으로 가끔 대여하기도 했다. 1910년 2월 27일에 개최한 소년잡지사 공개 제1차 강연회를 하나 소개하면 다음과 같았다.

시일 다음날 27일

처소 서문전 「원각사」

연제 및 변사

실패주의-최린

기왕의 세계와 장래의 세계-채기두

시대정신과 신문잡지-유승흠

악-이은우

아청년-이한경

법률과 종교-오치선[72]

원각사는 또 사이사이 연회장으로도 대여하였다.

기조연주 기생조합소예셔는 해소 경비에 보용ᄒᆞ기 위ᄒᆞ야 금일부터 야조현

원각사에서 연주회를 행혼다더라.[73]

    고아원 연주 속개 기생조합소에서 고아원의 연주회를 설행혼다ᄂᆞᆫ딕 위치ᄂᆞᆫ 신문내 원각사로 설정하고 구연극을 행홀 차로 연극의 재료ᄂᆞᆫ 궁내부에 청구ᄒᆞ 고 래 14일 위시ᄒᆞ야 1주일을 설행혼다더라.[74]

이와 같이 원각사는 국민회 본부 사무소로 쓰이면서 각 사회단체와 연회단체에 대여도 해주었는데 한국병탄 이후에는 그 건물이 어디로 귀속되고 또 누가 운영했는지 알 수가 없다.

왜냐하면 원각사를 운영하던 친일 부호 김시현이 1911년 8월에 정치적 사건에 휘말려 한강에 투신자살했기 때문이다. 따라서 친일단체였던 국민회가 그대로 사용했었는지는 자세히 알 수 없으나 한 가지 분명한 것은 1914년 화재를 만날 때까지 간간이 영화와 연극이 상연되었다는 사실이다. 가령 1911년 10월 5일 자의 매일신보에 "원각사에서 설행ᄒᆞ든 금강산 환등겸 활동사진회ᄂᆞᆫ 본일위시ᄒᆞ야 중부 장안사로 이전ᄒᆞ고 연행을 확장 개량ᄒᆞ야 설행"한다고 나와 있다. 그러니까 1911년부터는 영화를 꽤 상연한 것 같다.

그리고 1914년 2월 24일 자 매일신보에 "……문수성 일행이라 하ᄂᆞᆫ 단톄ᄂᆞᆫ 이것을 긔탄히 녀기고 ᄯᅩᄂᆞᆫ 창선징악의 목뎍으로 문예상 취미잇ᄂᆞᆫ 사ᄅᆞᆷ 긔인이 모여 열심히 원각사에셔 흥힝ᄒᆞ던 즁 지졍의 군졸홈을 인연ᄒᆞ야 부득이 즁지ᄒᆞ얏스나 항상 ᄊᆡ를 기다리던 즁 운운"한 것이 원각사 기사의 마지막인 것 같다. 그리고 김시현이 운영하던 원각사가 1909년 11월 말 일단 폐지되자 전속 명창들은 뿔뿔이 흩어졌는데, 그 중 주석이던 명창 김창환과 역시 간부로 있었던 송만갑은 고향으로 내려가서 각각 김창환협률사와 송만갑협률사라는 명칭의 창극단을 조직하여 1915년경까지 유랑하였다. 그들의 명칭을 협률사라고 한 것은 19세기 말에 생긴 본래의 이름이기도 하거니와 처음 전속으로 있었던 협률사 극장과도 무관하지 않기 때문에 그렇게 불렸던 것 같다.

그런데 원각사는 관의 입김이 강했기 때문에 창극 정도나 시도한 무성격의 공연장 구실을 하였다. 그리고 원각사에도 일본인의 입김이 강하게 작용했던 점이다. 이는 원각사가 처음 설립되고서 일본어와 일본연극을 배웠다는 사실에서도 알 수 있다. 자료에 의하면 일본어는 전속 여자 명창, 즉 기생들만 교습받는 것으로 되어 있고, 일본 연극은 전속 창부 대부분이 조금은 배운 것 같다.

원각사 교사 원각사에서 일어교사를 연빙ᄒ야 해사 기생을 매일 일시간씩 교수ᄒᆫ다더라.[75]

演劇亦模 원각사가 재정의 군졸로 폐지ᄒ얏다더니 갱문ᄒᆫ즉 제반연극은 일본연희를 모범 확장ᄒᆯ 차로 창부 및 공인배가 일망 위한ᄒ고 일본 연극을 연습ᄒᆫ 중이라더라.[76]

이상에서 볼 수 있는 바와 같이 여자 명창들이 일어를 배운 것은 1908년 8월 22일부터였고, 창부들이 한 달을 기한하고 일본연극을 연습한 것은 이듬해 1909년 5월이었다. 여창들이 일어를 배운 것은 일본연극을 연습하려는 의도였는지, 또 그들이 연습했다는 일본 연극은 가부키나 노(能)와 같은 전통극인지 아니면 신파극인지 알 수가 없다. 그러나 한 가지 분명한 것은 그것이 모두 이미 한국 내정의 실권을 장악한 일본의 강요에 의한 것으로 보아야 한다는 점이다. 왜냐하면 1909년 6월경부터 경무국에서 연극내용에 간섭하고 규제까지 하였기 때문이다.

1909년 6월 8일 자 대한매일신보를 보면 "**연극변경** 근일 한성내 각종 연극이 풍속 상에 대단 문란ᄒ야 일반인심을 현혹케 ᄒᆫ 고로 <u>경시청에서 이를 취체ᄒ기 위ᄒ야 일본연극을 모방설행케 ᄒᆯ차로 해 규정을 제성ᄒ야 각 경찰서에 일건식 배부ᄒ얏ᄂᆫ대 장차 일치변경ᄒᆫ다더라</u>"(밑줄 필자)는 주목되는 기사가 있고, 다음 달(7월) 13일 자에도 "**연극 규칙** 내부 경무국에서 각종 연극장 창부를 단속ᄒ기 위ᄒ야 해 규칙을 제정ᄒ기로 협의ᄒᆫ다더라"는 기사가 있었던 것이다. 이처럼 식민통치 이전부터 일제는 원각사에 자금지원이라든가 운영간섭 등 직접으로 깊이 개입, 지배하려 들었다는 것을 확인할 수 있으며, 이를 단순히 신파극 교습 정도로 보는 것은 극히 순진한 접근이라 아니할 수 없다.

그렇다면 원각사는 왜 실패했을까? 원각사의 실패는 협률사의 실패를 반면교사로 삼지 않은 것에서부터 비롯되었다고 말할 수가 있다. 우선 외적인 면에서 그 원인을 찾는다면 역시 국권상실에 제1원인이 있는 것이다. 일본이 사사건건 간섭하고, 또 통제를 넘는 탄압으로까지 나아갔기 때문에 극장이 제대로 굴러갈 수가 없었다.

내적인데서 실패의 원인을 찾는다면 원천적으로 적어도 이익을 남기기는 어려운 구조이다. 첫째로 원각사는 일본인 구보타 사브로(久保田三郎)의 자금 3천 환을 들여서까지 보수했다지만 협률사 건물을 크게 늘린 것 같지는 않고, 내부수리 정도로 끝냈을 개연성이 많음으로 추측건대 4백석에서 조금 늘어났지 않았을까 싶다. 그런 규모의 극장이 아무리 노력해도 이익을 남기기는 거의 불가능하다고 보아야 한다. 더구나 전속단원을 64명이나 두었으니 수지타산이 맞을 리가 만무했다. 두 번째로 원각사는 협률사와 달리 관리가 아닌 민간인이 책임운영을 했지만 안순환, 최영목, 김시현 등 모두가 연극전문가도 아니고 그렇다고 해서 공연장을 운영하는 것을 어디서 배운 적도 없는 사람들이었다.

그나마도 권력층의 간여 속에 2년여 동안 세 사람으로 바뀌었으니 한 사람이 1년씩도 못했다는 이야기가 된다. 그렇게 되니까 경영에는 역시 문외한인 이동백과 그의 측근들에 의해서 극장이 운영되었다고 보아야 한다. 세 번째로는 레퍼토리의 문제를 이야기하지 않을 수 없는데, 그 시기는 협률사보다도 더욱 어려움에 직면했다고 보아야 한다. 왜냐하면 협률사 때만도 관객의 요구가 극성스럽지는 않았기 때문이다. 그러나 1905년 을사늑약 이후에는 일제의 한국병탄 과정에서 신문물에 대한 대중의 갈망이 거세지면서 은연중에 극장의 공연물도 새롭기를 원했다고 보아야 한다. 그 하나의 본보기로 원각사에서 분창형태의 초기 창극을 했을 때 새로운 연극이 아니라고 관중이 들고 일어났던 사건이 바로 그것이다.

그런데 솔직히 원각사 창부들로서는 앞서가는 대중의 감각을 맞출 수가 없었다. 그들이 겨우 중국 경극이나 관극하고 일본 신파극을 구경했다손 치더라도 창부들로서는 경극에서는 어떤 공감대를 느꼈을지는 몰라도 신파극은 전혀 자신들이 평생 해온 판소리와는 너무나 이질적인 것이라 판단했을 것이다. 그들이 결국 초기 형태의 창극을 실험했던 것도 바로 그런 연유에서였다고 보아야 한다. 이처럼 창부들과 대중과의 시대감각, 더 나아가 시대의식의 괴리로 인해서 갈등이 야기되고 분란도 일어났던 것이다.

반면에 원각사가 창극이라는 새로운 연극양식을 실험한 것은 그나마 공로라 말할 수가 있다.

2. 일제침략 초기의 극장통제

1905년 을사늑약과 더불어 우리 국권을 박탈한 일본은 정치, 경제, 문화 등 여러 측면에서 한국을 점차 장악해갔다. 이를 문화적 측면에서 보면 우선 우리 고유예술을 규제하는 것으로 발판을 굳히면서 일본예술이 들어와 점차 자리 잡아 가는 형국이었다. 일제의 한국연극 탄압은 극히 조심스럽게 진행되어 갔는데, 그 첫 번째 방법은 극장들의 공연시간 제한으로 나타났다. 본래 우리의 전통연극은 그 제의적 성격 때문에 밤늦도록 하는 것이 특징이다. 특히 우리 전통연극의 반주악기 중에 타악기가 많다 보니 극장 안은 시끄러울 수밖에 없었다. 그것을 구실 삼아 일제는 먼저 안침방해(安寢妨害) 제거란 명목으로 공연시간을 단축하도록 각 연극장을 억제한 것이다.

> **연희시간** 漢城 西署 연희장에서 연희를 하오 십이시가 과하도록 ᄒᆞᄂᆞᆫ고로 관람객과 比 隣家의 안침 방해홈이 多ᄒᆞᆫ지라 기 경찰서에서 위생경찰규칙을 의ᄒᆞᆞ야 매일 하오 십이시 후에ᄂᆞᆫ 不得演戲케 ᄒᆞ고 若違背ᄒᆞᄂᆞᆫ자면 위벌죄로 과벌하기로 일체엄금 ᄒᆞᆫ다더라.[77]

이상에서 확인할 수 있는 바와 같이 일제는 위생경찰 규칙이라는 법규를 만들어서 위법 극장과 연극인을 처벌하는, 역사상 최초의 연극통제를 시작한 것이다. 공연시간을 밤 12시까지로 제한한 것은 실질적으로 공연단축 조치이기 때문에 연극장들은 작품 축소와 함께 관객을 잃을 수밖에 없었고, 이것은 연극의 위축과 침체로 연결되었다. 특히 흥미로운 것은 저들이 연극통제를 함에 있어서 '관람객과 비인가의 안침방해'를 내세운 점이다. 그들은 관중과 시민의 건강을 생각해 준다는 명분을 내걸고 연극규제에 손을 댄 것이다. 그러나 연극공연 시간의 제한은 연극장으로부터 관객을 쫓는 성과는 거두었지만 그 이상의 효과는 기대할 수가 없었다. 따라서 저들은 한국 배우들에게 일본어를 배우도록 함과 동시에 일본연극을 교습시키기 시작했다.

> **圓社教師** 원각사에서 일본 교사를 延聘ᄒᆞ야 해사 기생을 매일 일시간식 교수ᄒᆞᆫ다더라.[78]

> **演劇亦模** 원각사가 재정의 군출로 폐지ᄒᆞ얏다더니 갱문ᄒᆞᆫ즉 제반연극은 일본연희를 모범 확장홀 차로 창부급 공인배가 壹朔 爲限ᄒᆞ고 일본연극을 연습ᄒᆞᄂᆞᆫ 중이라더라.[79]

창을 부르고 민속적인 춤만을 추어온 전통연극 배우들이 일본말을 얼마나 해득했으며, 또 그들이 일본연극 중에서 어떤 것을 교습 받았는지는 알 수 없으나, 강제성을 띤 것으로 보이는 일본연극과 일본어 교육은 전연 성과가 나타나지 않았다. 이러한 계획은 아마도 원각사와 이권으로 얽혀 있으면서 친일행각을 하고 있었던 이인직의 아이디어였을 가능성이 크지만 일제가 노렸던 소득은 별로 없었다. 그러자 이번에는 한국 재래의 연극은 풍속만 해치는 무가치한 것이라고 하여 경시청에서 의무규정을 만들어 강제로 일본연극을 배워서 실행토록 했다.[80] 이처럼 경찰이 개입해서 일본연극을 강요했음에도 불구하고 전통연극 배우들은 이질적인 일본말과 연극을 배타했고, 끝내는 외면함으로써 저항적인 자세를 취하기도 했다. 한국 배우들이 무언으로 일본연극 교습을 거부하고 우리 고유 연극만을 고집하자 이번에는 극장에 대해 세금공세를 가했다.[81]

한국연극 고사작전으로 나온 것이다. 이러한 간접적 규제는 차차 정면 봉쇄로 바뀌어 다음 방법으로서는 극본 검열을 들고 나왔다.

연극 각본 취조 근일 각 연극장에서 연희ᄒᆞᄂᆞᆫ 조건이 음담패행에 불과ᄒᆞ야 남녀의 불미ᄒᆞᆫ 행위가 층생ᄒᆞ야 풍속경찰에 관계가 유ᄒᆞᆷ으로 경사청에서 각 연극장 연희원고를 취조ᄒᆞ야 인허ᄒᆞᆫ후 시행케 ᄒᆞᆫ다더라.[82]

각 극장들이 대본을 미리 검열 받고 공연을 하게 된 경우도 한국 역사상 처음이었다. 여기서 주목되는 것은 우리연극을 모조리 음담패행으로 몰아붙인 점이다. 이는 사실 개화파 지식인들이 우리 고유연극을 매도한 공리적 연극관과도 어느 정도 연결되는 것이다. 이러한 개화지식인들의 연극관을 가지고 저들은 이이제이(以夷制夷)하는 식으로 우리 고유예술을 통제했다. 이는 매우 아이로니컬한 일이라 아니할 수 없다. 이 여기서 한 가지 짚고 넘어가야 할 것은 저들이 언제나 윤리를 내세워 예술을 탄압했다는 점이다. 그리고 저들은 다음 작업으로 배우단속법 제정에 들어갔다.[83] 배우들을 옭아매기 위한 방법이었다.

그렇기 때문에 실제로 원각사 등 전속배우들은 다른 극장으로 마음대로 옮겨 다닐 수가 없었다. 여하튼 이때부터 각급 연극장에는 경찰관이 공연감시를 위해 수시로 드나들었다. 이들의 무시출입으로 부작용도 적잖이 파생했다. 이를테면 경시청에서 파견한 순사와 헌병사령부에서 파견한 정보원의 싸움[84]이라든가 연극 감시를 빙자하여 많은 순사들이 무시로 마구 입장해서 연극에 막대한 지장을 주기도 했다.[85] 따라서 경시청은 순사들에게 연극장 입장권을 사용케 하여 출입을 제한하는 규정을 만들기도 했다.

> **입장권사용** 경시청 일반 순사들이 각 연극장에 축야 관람ᄒᆞᄂᆞ 고로 차를 단속ᄒᆞ기 위ᄒᆞ야 해 청에셔 순사에게 입장권을 사용ᄒᆞ야 기출입을 제한ᄒᆞᆫ다더라.[86]

이처럼 경시청 순사들과 헌병사령부 정보원들은 공연내용을 감시한답시고 연극장을 무시로 드나들면서 공포 분위기 조성과 함께 예술 활동을 크게 위축시켰다. 저들은 걸핏하면 공연을 중단시키곤 했는데, 가령 이토 히로부미(伊藤博文)가 안의사(安義士) 손에 피격 사망한 직후에도 연극공연을 중단시킨 적이 있다.

> **演社風波** 재작야 원각사에 관람ᄒᆞᄂᆞ 자가 충만ᄒᆞ야 각종 연극을 설행ᄒᆞᆯ 제에 순사가 내도ᄒᆞ야 설명하기를 伊藤公遭難ᄒᆞᆫ 事에 대ᄒᆞ야 삼일 간 가사 음악을 폐지ᄒᆞ라ᄂᆞᆫ 궁내부령이 유ᄒᆞ다 ᄒᆞ고 금지ᄒᆞᆷᄋᆡ 관람자들은 입장권 매득금을 환추코져ᄒᆞ야 일장풍파가 起ᄒᆞ얏다더라.[87]

그런데 여기서 주목되는 것은 이토(伊藤)의 사망에 따른 연극공연 중지가 궁내부령에 의한 것이었다는 점이다. 이렇게 마구 연극에 간여한 일제는 계속해서 목을 조여갔는데, 각 극장으로 하여금 자체 규칙을 강화토록 해서 관객 40명 미만이면 공연을 못하도록 한 것[88]도 그런 조처 중의 하나였다. 여러 가지 우회적 방법으로 한국연극을 탄압해온 일제는 다음번 조처로 연극장 폐관 조치와 전속단체 해산을 감행한다. 즉 서울에 우리 극장 한두 곳만 남겨두고 모두 문을 닫도록 한 것이다.

演劇場存拔 경시청에서 각 연극장 취체규칙을 제정ㅎ는데 경성 내 일이처만 존재케 ㅎ고 其餘는 해산케 혼다더라.[89]

이상과 같은 몇 가지 연극통제 조처로 말미암아 관객들이 급속도로 격감되어 각 극장들이 재정고갈로 운영난에 봉착했고, 게다가 경시청의 폐쇄 종용으로 주요 연극장들이 속속 문을 닫게 되었음을 다음과 같은 당시 보도 기사로 알 수가 있다.

劇社停演 신문 내에 재혼 원각사와 동구 내에 재한 장한사는 근경에 관람인이 희소혼 고로 재작야 붓터 폐지ㅎ얏다더라.[90]

일제의 우리 고유연극 탄압에 따른 관객감소와 공포 분위기의 어려움 속에서도 연극인들은 포기하지 않고 공연을 계속해 갔다. 그러자 이번에는 문을 닫지 않고 버티는 한국인 극장을 조사한다는 명목으로 단속을 강화[91]함과 동시에 풍속괴란을 내세워 각개 격파식으로 강제폐관조치 했음을 다음의 기사로 확인할 수 있다.

劇場淫戲禁止 각 연극장에서 종금이래로 음담패설로 연희ㅎ는 행동이 유ㅎ면 斷當 엄징ㅎ기로 경시청에셔 결의ㅎ얏다더라.[92]

연극혁파 城外연극장이 장차 창기조합소가 된다흠은 기보ㅎ얏거니와 작일 경찰서에셔 풍속을 괴란케 흐다 ㅎ야 해소를 永히 혁파식혓다더라.[93] (밑줄 필자)

그로부터 경시청에서는 각 연극장 책임자(총무)들을 불러들여 풍기를 단속한답시고 연극을 못하도록 협박했다. 따라서 연흥사 총무 위홍석(魏洪奭)을 비롯하여 모든 극장 간부들이 경시청에 불려가 설유(說諭)를 당하기도 했다.[94]

연극의 단속 재작일 각 연극장 총무를 招致團束ㅎ되 풍속을 문란케 ㅎ는 연극을 일체 폐지ㅎ라 ㅎ엿다더라.[95]

이상과 같이 저들의 본격적인 연극탄압이 진행되면서 각 연극장에는 경시청과 헌병사령부에서 감독관을 다수 파견했는데, 그것이 곧 임석경관과 고등탐정들이었다. 가뜩이나 순사와 밀정들이 무상출입하는 연극장에 두 권력기관에서 공식으로 감시관들을 상주시키다 보니 극장 안은 공포 분위기 속에 살벌하기까지 했다. 이들은 호가호위(狐假虎威)하여 상등석만 점령함으로써 극장 측의 피해는 여러 면에서 말이 아니었다. "금일 강연극장 상등 석에는 각 탐정자 등이 무료로 십 명 이상씩 배입하야 무단히 시비를 기하는 폐가 유흔 고로 해 극장주인의 곤란이 막심"[96]했다는 것도 그 점을 단적으로 지적한 기사이다. 경시청과 일본 헌병사령부에서 파견된 감시관들끼리 이따금 싸움까지 벌임으로써 극장을 공포분위기로 몰아넣는 일 또한 예사였다.[97] 그런데 주목되는 것은 일본 헌병사령부의 고등탐정이나 경시청에서 각 연극장에 파견한 임석순사들 모두가 한국 사람들이었다는 사실이다.

이상과 같이 일제의 한국연극 탄압은 이미 합방 전부터 시작된 것인 바 극본 검열제도라는가 공연감시의 임석순사 제도도 이미 1909년경부터 자리를 잡은 것이었다. 그로 말미암아 상당수의 탈춤, 꼭두각시놀음, 민속무용, 민요 등과 판소리, 그리고 그 변형으로 나타난 창극이 무대를 잃고 지방으로 밀려나기에 이르렀다. 지방에는 아직 일제의 악랄한 통제가 미치지 못했기 때문이다. 전통연희, 그중에서도 개화기의 신흥연극이라 할 창극이 그 발전을 차단당하고 지방으로 흘러 다니게 된 연유도 거기에 있었다. 그로부터 개화기의 주역배우들인 창우들은 유랑광대로 전락, 포장굿 유랑극단들을 조직하여 남한을 표랑하게 되었다.

이상에서 우리는 개화지식인들의 공리적 연극관에 의한 고유예술 매도와 그것을 역이용해서 한국연극을 탄압한 일제의 문화정책이 얼마나 우리 근대 공연예술발전을 그 싹에서부터 짓밟았는가를 알 수 있다. 이는 사실 개화라는 새로운 외래문화 충격과 지각 변동 속에서도 중국과 일본이 그들의 고유예술, 이를테면 경극과 가부키, 노 등을 제대로 발전시킨 것과는 너무나 대조적인 현상이라 아니할 수 없다. 가장 진보를 내세웠지만 실제로 편협 고루했던 개화지식인들의 전통연극 배타와 일제탄압으로 폐허가 되다시피한 수도 서울에는 일본연극(신파)이 들어와 터를 잡아가기 시작했다. 이러한 교체현상을 가리켜 최원식은 "토착상업자본에 대한 일본자본의 승리이며, 더 나아가서 일제에 의한 식민지지배체제의 확립을 의미한다."[98]고까지 비약 해석한 바 있다. 여하간 그로부터 창극 등 상당수 전통연극인들은 중앙에서 그 기반을 잃고 그 정착지를 찾아 전국을 유랑하게 된 것이다.

3. 광무대와 박승필의 자생적 예술경영론

연극, 음악, 무용 등 공연 예술의 기본요소 중에는 대체로 관중과 만나는 장소, 즉 극장무대가 포함된다. 그것은 비단 극장이 일찍 생겨난 서양에서만이 아니라 동양에서도 마찬가지이다. 여기서 군이 서양과 동양을 구별 지어

이야기하는 것은 동양이 서양보다 도시 발전이 늦고, 그에 따른 극장발달도 더뎠던 데 따른 것이다. 사실 오늘날 동양의 공연예술이 적어도 형태상에 있어서 낙후된 원인 중에는 극장 발전이 더딘 데에도 한 요인이 있다는 생각이다. 더욱이 우리처럼 농경사회가 오래 지속된 나라에서는 근대적 극장설립이 대단히 늦었고, 그로 인해서 공연예술도 덜 세련된 것이 사실이다. 개화기에 들어서야 겨우 옥내극장이 생겨났으므로 그 이전에는 모든

광무대 경영자 박승필

공연예술이 야외에서 연희되었다는 이야기가 된다. 그러니까 조명이라든가 음향 등과 같은 특수효과의 도움을 전혀 받지 못한 상태에서 공연예술이 발전해 온 것이다. 이는 거의 알몸 상태에서 공연된 것이나 다름없다. 그러다가 개화기에 들어서 겨우 옥내극장이 생겨났고, 야외놀이적인 공연예술이 극장 안으로 들어갈 수가 있었다.

공연예술이 옥내무대를 만나면서 여러 가지 변화를 일으켰음은 두말할 나위 없다. 사실 오늘날 우리가 이 정도의 공연예술을 가질 수 있는 것도 극장의 발달과 직접적 관련이 있는 것이다. 특히 국악의 경우는 더욱 그러하다. 여기서 굳이 많은 극장 중에서 광무대를 중요하게 취급한 것은 그것이 옥내 극장으로서 일찍이 현대 예술경영학 상으로 보아도 놀랄만한 실험을 한데다가 소멸의 위기에 처했던 전통연희의 명맥을 굳건하게 이어주었다고 보기 때문이다. 만약 개화기에 광무대가 없었다면 전통연희는 명맥조차 잇기 어려웠을지도 모른다. 그만큼 광무대는 전통연희의 전용 공연장을 넘어 그 계승 장소였던 것이다. 여기서 전통연희라고 지칭하는 것은 정악(正樂)과 속악(俗樂)을 포괄함을 일컫는다. 때마침 개화기에 들어와서 일부 정악이 속악과 혼효(混淆)된 것도 사실이다.

또한 전통연희가 신극마저 한 무대에서 공연되는 것을 용인했고, 양악까지 과감하게 수용한 바도 있다. 어떻게 보면 개화기 때만 하더라도 연극, 음악, 무용이 혼효되어 있었다고 말할 수 있다. 그것은 광무대의 공연목록을 보면 쉽게 알 수 있다. 더구나 극장의 절대 수가 부족했던 데다가 전문극장에 대한 인식이 없었던 시기였기 때문에 한 무대 위에 여러 장르의 예술이 함께 올려지는 것은 극히 자연스러웠기도 했다. 이런 현상은 공연예술이 낙후된 나라에서 흔히 목격되는 현상이다. 심지어 무대예술을 공연하는 극장에서 영화까지 상영하는 정도였다.

따라서 여기서는 개화기의 대표적 사설 옥내극장이었고 1930년까지 전통연희의 명맥을 이어준 광무대의 생성, 발전, 소멸을 사적으로 정리코자 하는 데 그 초점이 맞추어져 있다. 후술하겠거니와 광무대는 20여 년 동안, 서구적인 신문화를 따라 생겨난 새로운 공연예술이 고유의 전통연희를 배척하던 시절에 그것을 지켜낸 무대였다. 그나마도 거의 유일무이한 극장이었다는 점에서 그 역할이 대단했다고 말할 수가 있다. 적어도 광무대를 배제하고 전통연희를 논할 수 없을 만큼 중요성을 지닌다고 하겠다. 그러한 광무대가 어떻게 생겨났고 거기서 어떤 일이 일어났으며 전통연희 전승 발전에 어떻게 기여했는가를 밝히는 것은, 근대극장사 정리에 있어서도 가장 선행되어야 할 작업이란 생각이다. 따라서 본서에서는 광무대의 역사적 진전 과정과 그 의미를 규명하는 데 초점을 맞춰 보려고 한다. 즉 광무대의 발생에서부터 시작하여 공연과정 및 내용 그리고 폐관까지를 연대기 방식으로 정리하고자 한다.

1) 광무대의 등장배경

개화기의 옥내극장은 관립극장과 사설극장으로 대별되는데, 전자가 사설보다 뒤에 등장하고 이어서 후자가 생겨난 것이 색다르다. 그런데 광무대를 연극사상 매우 특이한 옥내극장으로 보는 것은 사설과 관립형의 성격을 동시에 지니고 태어난 극장이라는 점 때문이다. 물론 광무대가 처음부터 그 이름으로 문을 연 것은 아니었고, 국영기업이라 할 전기회사 창고의 한구석에서 고고성을 울렸던 것이다. 그와 관련된 기록을 소개하면 다음과 같다.

일이 이렇게 되면 그런대로 발전이 있을 법도 하지만, 朝變夕改를 거듭하는 정국은 얼마 안 가서 원각사는 버려두게 되니 그 다음 번으로 登場한 것이 광무대이다. 전하는 말에는 광무대가 원각사보다 앞서 막을 열었다고 하는 이도 있지만 본시 광무대는 미국인 콜브란(Collbran & Bostwick)이라는 이가 고종 광무 2(1898)년에 서울에 전등을 켜고 전차를 놓는 허가를 얻어 발전소와 電車庫를 동대문안 五間水 곁에 두게 되니, 전등을 켜는 편리와 종업원을 위안한다는 명목으로 세운 극장이 바로 광무대이다. 여기서는 미국서 가져온 영화도 상영했지만, 주로 우리 연예를 상영하였고, 나중에는 일인의 손으로 넘어가 구리개 쪽으로 옮겨 세우게 되니, 건물은 이미 허물어지고 말았지만, 국도극장의 동남쪽인 줄로 기억된다. 원각사, 광무대에서 해만 저물면 가락도 구슬픈 날라리를 불며 관객을 부르는 동안 어느 틈에 국운은 기울어 淸日, 露日 두 번씩 일으킨 전쟁에 일본이 계속 승리를 하니, 우리나라는 숨도 못 쉬고 일제의 치하에 끌려 들어가고 말았다.[99]

이상과 같은 이서구(李瑞求)의 회고를 검토해 볼 때, 광무대가 황금유원 내로 옮긴 뒤를 지적한 것이지만 미국인 사업가 콜브란의 아이디어에 의해서 시작된 것으로 되어 있는 것은 확실하다. 따라서 이러한 이서구의 회고가 부분적으로는 맞는 이야기이다. 실제로 콜브란은 1898년부터 한성전기회사에서 시행하던 전차사업과 광산권 획득에도 성공한 인물이었다.[100] 그가 전차사업과는 무관한 영화흥행에 참여하게 된 것은 그의 사업가적 수완이 크게 작용한 것 같다. 콜브란은 공사가 진행되는 동안 줄타기 광대 등을 고용, 소규모의 공연을 자주 가졌다. 이는 공사에 동원된 노무자들을 위안함으로써 작업능률을 높여 공사를 빨리 끝낼 목적으로 마련된 것인데, 공사가 빨리 끝날수록 그가 얻을 수 있는 이익의 규모가 커지기 때문이었다.[101] 이 과정에서 공연이 예상외의 인기를 얻게 되자, 흥행사업에 대한 인식을 새롭게 하게 된 것이 그가 영화 상영을 시작하는 계기로 연결된 것으로 추정된다.[102] 실제로 콜브란의 뛰어난 예견력이 적중했음을 다음과 같은 당시 기사가 극명하게 보여주고 있다.

遊玩遭危 근일 동대문 내 電氣鐵道社中에 활동사진기계를 구입하야 士女의 觀玩에 供홈으로 觀玩者가 하오八時로 십시시지 전차에 搭載하야 紛紛往觀ㅎ 는딕 인산인해를 簇聚하야 每夕 票價 수입액이 백여 원이오 車票價도 亦然한 딕 三昨日은 신문 내 협률사에도 如彼 機械一坐를 배치하고 觀玩케홈으로 玩客游女 수천인이 聚集하얏다가 홀연 電火가 裂破하야 滿屋火光이 奮迅홈으로 衆人이 一時 驚動하야 自相踐踏하며 혹 數仞墻原에 自隨하야 衣冠 毁裂者와 破頭 折脚者와 傷脅 壞脂者의 수가 무수한데 翌朝에 視之한則 錦貝 纓 香佩 等屬이며 靴子 繡鞋 등속이며 紗羅 衣服等屬이 혹 半截 혹 一雙 혹 一片이 紛紛 堆積하얏다더라.[103]

이상에서 볼 수 있는 것처럼 당시 문명의 이기에 익숙지 못했던 한국인들이 동대문 내 전차기계창에서 상영한 활동사진을 보기 위해서 매일 밤 수천 명이 모였던 것이다. 따라서 당초 전통연희라 할 광대의 판소리나 줄타기, 재담 정도나 하던 전차기계창이 공연장으로 굳어져 갔다. 그렇게 되자 한성전기회사가 동대문 전차차고 겸 발전소 부지 안에 영화상영 시설을 갖추고 전문적으로 활동사진을 상영함으로써 동대문 활동사진소라는 어설픈 극장이 된 것이다. 이처럼 한국 최초의 영화상영장으로 모습을 드러낸 동대문 활동사진소는 당시 전차설비를 시공하고 있던 미국인 콜브란이 동대문 부근에 있던 발전소 겸 전차차고 내의 시설 일부를 개조하여 만든 공연장이었다.[104]

그런데 여기서 간과해서는 안 될 부분이 있다. 그것은 다름 아닌 콜브란과 관련된 것인 바, 잠시 머물고 있던 외국인이 그것도 국영기업소에 상업성 짙은 극장을 마음대로 열 수 있었겠느냐 하는 점이다. 그것은 불가능한 일이었다고 말할 수 있다. 더구나 개화기의 폐쇄적인 한국사회에서 그런 일은 일어날 수 없는 것이다. 물론 콜브란의 아이디어는 충분히 인정할 수 있다. 바로 그 점에서 콜브란은 아이디어를 내는 이상의 일은 하지 않았다고 보는 것이 타당하다는 생각이다. 이 말은 곧 당시 정부 당국자의 허락 내지 그 이상의 협조가 뒷받침되었다는 이야기가 된다. 따라서 1926년 9월 8일 자 매일신보의 다음과 같은 기사는 그 점을 잘 나타내주고 있다.

> 죠선의 연극장 즁의 최초가 되는 光武臺는 고 閔泳煥씨가 고종 태황졔의 칙명을 밧드러 민즁교화의 새사업을 하고자 세운 이릭 츄월츈풍 십팔셩상을 지내와 이졔 그 긔넘흥힝을 하게 되엇다.

이상과 같은 기록은 매우 중요한 것이다. 왜냐하면 광무대 설립과 관련된 여러 가지 의문이 풀릴 뿐만 아니라 조선조 말엽, 즉 대한제국 정부 정책의 일단도 살필 수 있기 때문이다. 우선 제기되는 문제가 대한제국 고종의 문화 정책이다. 그러니까 고종이 문화에 대해서 문외한이거나 무관심한 것이 아니었다는 사실이다.

서화에 능하고 판소리를 좋아했던 고종은 미국 등 외국대사를 두루 지냄으로써 견문이 넓은 학부대신 민영환을 통하여 민중교화 수단을 모색했고, 그것은 곧 협률사와 광무대 개설로 나타난 것으로 볼 수가 있다. 이처럼 고종은 매우 일찍부터 문화를 통한 민중교화를 생각한 것이다.

따라서 미국인 콜브란은 선진문화를 고종황제에게 설명하고 극장개설이라는 아이디어를 낸 것에 불과했다고 보는 것이 타당하다. 바로 그 점에서 광무대도 협률사처럼 박승필이 인수하여 운영하기 전(1908년 9월)까지는 어느 정도 관립극장의 성격을 띤 셈이다. 또 광무대가 황실의 영향 하에 있는 극장이었기 때문에 모든 일이 순순히 풀렸고 발전도 빨랐던 것이 아닌가 싶다.

물론 전기회사 기계창을 활동사진소라 붙여서 광고까지 한 것은 3년여 지나서였다. 즉 1906년 8월 14일 자 광고에 보면 "**활동사진** 미국에서 新到ᄒᆞᆫ 각종 활동사진을 본사에서 每夜 연기ᄒᆞ오니 僉君子ᄂᆞᆫ 왕림ᄒᆞ시기 企望ᄒᆞᆷ 동대문 내 전기회사 활동사진소 고백"[105]이라 나와 있다. 그러나 이 활동사진소는 곧 전문극장의 성격을 띠는 공연장으로 바뀌게 된다. 그것이 1907년이므로 활동사진소로 바뀐 지 4년여 만이었다. 활동사진소의 성격이 바뀌었다는 것은 영화 전용관에서 벗어나 전통연희도 레퍼토리로 삼았다는 것을 의미한다. 우선 그와 관련한 당시 기사를 소개하면 다음과 같다.

연희개량 근일에 전기철도회사 임원 李相弼 郭漢承 郭漢英 諸氏등이 我國에 遺來ᄒᆞᄂᆞᆫ 諸般 演戱 等節을 一新改良ᄒᆞ기 위ᄒᆞ야 영남에서 상경한 唱歌女兒 蓮花(十三歲)와 佳花(十一歲)를 顧用ᄒᆞ야 各項 타령을 연습케ᄒᆞᄂᆞᆫᄃᆡ 미려한 용모와 청아ᄒᆞᆫ 歌喉ᄂᆞᆫ 眞是 기묘ᄒᆞ야 令人可愛ᄒᆞᆫ 상태를 包有ᄒᆞ얏고 ᄯᅩ 我國에 명창으로 稱道ᄒᆞᄂᆞᆫ 金昌煥 宋萬甲 양인을 교사로 정ᄒᆞ야 該 女兒 등의 타령을 교수ᄒᆞ야 長短節주를 조정ᄒᆞᄂᆞᆫᄃᆡ 該 任員 等이 其 唱和之節을 참작ᄒᆞ야 개량ᄒᆞᄂᆞᆫ 事에 착수ᄒᆞ얏다ᄂᆞᆫᄃᆡ 그 목적인즉 동서문명국의 연희를 效倣ᄒᆞ야 觀聽人의 이목을 유쾌케할 뿐 아니라 心志를 排發ᄒᆞ야 애국사상과 人道義務를 感興케할 터인즉 위선 춘향가붓터 개량ᄒᆞ야 일주일후에 동대문 내 電氣廠에 부속한 활동사진소에서 該 施戱를 演說ᄒᆞᆫ다더라.[106]

이상과 같은 당시 보도기사에서 주목되는 것은, 첫째, 전기철도회사 임원 세 사람이 직접 나서서 연희개량을 했다는 것과 두 번째로는 당대 명창 김창환과 송만갑을 초빙하여 신진들에게 판소리를 가르침은 물론이고, 동서양 연희를 바탕으로 〈춘향가〉를 새롭게 개량했다는 점이라 하겠다. 전기철도회사는 국영기업이었음에도 불구하고, 그 임원들이 나서서 예술운동을 주도한 것은 매우 특이한 일이었다. 그리고 판소리 〈춘향가〉를 개량했다는 것은 초기 형태의 창극으로 변형시킨 것을 뜻하는 것이 아닌가 싶다. 사실 오늘날 대단히 개방적이고 문화도 크게 활발해졌지만 국영기업체가 직접 연극이나 영화를 영업적으로 공연한 적은 없다. 그 점에서 전기철도회사의 공연예술 활동은 주목을 끌고도 남음이 있다.

전기회사가 영업의 일부로서 연희와 영화 상영을 하면서 전용 극장으로의 성격구축에 나섰고, 그것은 곧 광무대 극장이라는 뚜렷한 명칭을 갖고 대중과 만나게 되는 결과를 낳았다. 그와 관련한 다음과 같은 당시 보도가 그 좋은 예가 되리라 본다.

> 演劇奇觀 동대문 내 전기창에 부속호 활동사진소내에 연극장을 신설호다는 설은 전호에 기보호얏거니와 該 演劇은 전기회사에셔 專管 経起호야 光武臺라 명칭호고 전기혼 재인 등으로 연예를 개시호얏누디 재 작야에 하오팔시붓터 개장호야 활동사진 수회를 연희혼 후에 춘향가즁 수회를 연극호누디 재인 등의 창가와 기예가 천연적 眞境을 畵出호거니와 十二歲女 蓮花는 上丹의 形貌를 換出호고 十二歲女 佳花는 춘향이가 재생혼듯 百般悲歡혼 상태를 모출홀 뿐더러 창가 탄금 승무가 無非絶妙호야 가히 歌舞場裏에 弟一等을 점거홀거시라. 一動一靜이 관람자의 갈채를 供호며 傀磊가 換出홀 시간에는 유성기로 가곡을 送奏호니 춘향전은 傳來호는 特異혼 行蹟이는 但 창우가 창가로 敷衍호고 其眞象을 末睹홈이 개탄호는 바 이러니 今에 其活畵를 快睹호니 眼界는 恍然호고 心地는 如호거니와 연극장 進步도 기 영향이 역시 국민발달에 及호는디 此才人 등의 기예가 타국에 讓頭치 아니호겟누지라. 관람혼 성황을 略記호야 찬양호는 辭를 附陳호노라.[107]

이상에서 볼 수 있는 것처럼 동대문 안 전기철도 기계창에 설치되었던 임시무대가 광무대라는 본격 극장으로 탈바꿈해서 영리를 목적으로 전통연희와 영화를 상연한 것은 1907년 5월 말부터였던 것이다. 그 후로 광무대는 서울의 대표적인 공연장으로 굳어졌고, 한량들의 집합처로서 비난도 샀다. 가령 1907년 6월 20일 자에 보면 "趙南昇씨는 근일 동대문내 광무대에 逐日 玩賞ᄒᆞᄂᆞᆫᄃᆡ 日昨에는 同씨가 각 夫人에게 玩賞處로 왕래ᄒᆞ며 전후 음담패설이 無所不至ᄒᆞ다니 該씨는 광무대를 一靑樓로 知ᄒᆞ고 日日 遊戱ᄒᆞᄂᆞᆫ지 少年 鹿氣에 광무대가 無光이로다"[108)]라고 개탄하는 기사가 나와 있다.

여하튼 광무대가 전문극장이 되면서 영리만을 추구할 수는 없었던 것 같다. 왜냐하면 당시 어느 극장도 시도하지 않은 대중계몽 활동도 벌였기 때문이다. 그것이 다름 아닌 시민위생을 고려한 위생환등회(衛生幻燈會) 개최라 하겠다. 국가 홍보용으로 제작한 듯한 위생환등회 개최는 내무부가 주도했다. 그러나 아무래도 광무대의 주된 레퍼토리는 전통연희였고, 판소리를 분창한 초기형 창극이 관중의 시선을 끌었던 것이 아닌가 싶다. 가령 전기철도활동사진소가 광무대라는 이름으로 등장할 때 보여준 〈춘향가〉 공연 장면을 묘사하는 중에 "춘향가 중 수회를 연극ᄒᆞᄂᆞᆫᄃᆡ 재인 등의 창가와 기예가 천연적 眞境을 畵出ᄒᆞ거니와 十二歲 女 蓮花는 上丹의 形貌를 換出ᄒᆞ고 十二歲 女 佳花는 춘향이가 재생ᄒᆞᆫ 듯 百般 悲歎한 狀態를 모出ᄒᆞᆯ 뿐더러……"(방점 필자)라는 묘사는 분명히 초기 형태의 창극을 지칭하는 것으로 보아도 될 것 같다. 당초 판소리는 어느 정도 연조가 있는 명창들이 부르는 것이 관례였다. 그러다가 광무대가 창극을 시도하면서 춘향이와 향단역을 10대 동기에게 훈련시켜서 등장시킨 것으로 볼 수 있다. 당시 기사 중에 상단은 향단을 잘못 알고 발음 나는 대로 표기한 것임에 틀림없다. 〈춘향가〉 무대에 소녀 춘향이와 향단이가 등장했다면 그것이 창극이 아니고 무엇이었겠는가. 그뿐만 아니라 〈춘향전〉의 무대가 스펙터클했다고 묘사한 것도 그것이 창극이었음을 단적으로 보여주는 것이라 하겠다.

그로부터 광무대는 영화보다는 전통연희 공연에 더욱 주안점을 두었다. 광무대는 1908년부터 광고 홍보에도 열을 올렸고, 레퍼토리도 다양화시켰다. 1908년 5월 들어서 공연한 하루의 레퍼토리를 소개해 보면 다음과 같다.

> **특별 대광고** 동대문 내 광무대에서 陰 本月二十七日브터 諸般演藝를 一新
> 改良ᄒ야 古今奇絶 事를 모방ᄒ고 聖世風流를 鼓演 擴張ᄒ야 僉君子의 性情
> 과 안목에 感發 유쾌케 玩賞品을 設備ᄒ얏ᄉ오니 급기 광림ᄒ심을 敬要.
> 　順序. 官妓男舞. 佳人剪牧丹. 劍舞. 梨花舞. 僧舞. 閑良舞. 性眞舞. 矢射
> 舞. 舞鼓. 電氣光舞. 地球舞. 舞童. 項莊舞. 法國巴京에서 新購入ᄒ 활동사
> 진……109)

이상과 같이 광무대는 시간이 흐를수록 영화 상영보다는 전통연희 공연에 힘을 기울였다. 이러한 광무대의 공연장 운영 방식에 따라 고관들의 사교장 비슷하게 성격이 잡혀지게 되었다. 가령 1907년 12월 5일 자 기사를 보면 "중추원고 문 李址鎔氏 海豊府院君 尹澤榮 皇后宮大夫 尹德榮 兩氏와 기타 모모 고등관이 재작일 하오육시에 花日樓에서 宴遊ᄒ얏다가 同 十時 頃에 광무대에 前往ᄒ야 演戲를 觀覽ᄒ얏다더라"110)로 나와 있다. 물론 당시에는 이렇다 할만한 사교장이 없었으므로, 협률사라든가 광무대, 연흥사 등 극장들이 고관들의 사교장 구실을 한 것도 사실이다.

광무대가 전통연희 중심의 극장으로 자리를 잡아가자, 1908년 9월 들어서 흥행업자 박승필이 인수하여 개화의 물결에 휩쓸려 점차 빛을 잃어가던 고유의 전통연희 보존, 전승의 요람으로 가꿔가기 시작했다. 그 점은 다음과 같은 광무대 10주년 기념 기사에 구체적으로 나타나 있다.

> 경성 황금유원 안에서 됴선 구연극으로서 다년 흥행ᄒ야오ᄂ 光武臺 朴承弼
> 씨ᄂ 허다ᄒ 곤란과 심력을 다 드려 오늘날ᄭ지 됴선연극의 구파라ᄂ 것을 지

탱ᄒ야 온 결과로 명 류일이 즉 일반이 ᄋᄂ 바와 갓치 십년되ᄂ 긔렴일을 당ᄒ엿더라. 그런뒤 박씨의 십년 동안 신산ᄒ 곤란으로 경영ᄒ야 온 것은 누구를 물논ᄒ고 모다 경탄ᄒ며 그의 젼도에 뒤ᄒ야 빌기를 마지 안음은 임의 뎡평이 잇ᄂ 바이라. 오늘날 박승필씨가 셩력은 적고 오즉 ᄌ본이 만헛든들 지금의 십주 년 긔렴의 장쾌ᄒ 일을 보지 못ᄒ엿겟지마ᄂ 실상 도라보아 숨히건뒤 일단 놀라울만ᄒ 졍셩과 힘…… 또 왼갓 수단으로써 활용이 교묘ᄒ야 만련하 모든 사람의 동졍과 원됴를 감ᄉ히 밧어가며 유지ᄒ야온 력ᄉᄃ 장ᄒ 일의라. 그런즉 이를 깁히 헤아릴진뒤 이 영광스러운 동뎡은 박씨를 위ᄒ야 너무 과즁ᄒ다 ᄒ여도 실로 과언이 안이더라. 그러나 시뒤의 풍됴를 싸라 연극의 종류가 졈ᄎ로 변ᄒ고 늘어가ᄂ 즁에 더욱 활동ᄉ진에 뒤ᄒ 관념이 긴ᄒ야 짐을 씨다른 ᄉ닭으로 오늘날 박씨ᄂ 그 본의 종가되ᄂ 광무대에 구파ᄂ 더욱 확장ᄒ야 발뎐을 도모ᄒᄂ 동시에 한편으로 임의 셰샹사람이 아ᄂ 바와갓치 년젼 ᄉ드린 단셩샤를 ᄉ로히 긔축을 ᄒ고 구미 문명졔국에 유명ᄒ 활동비우의 경텬동디ᄒᄂ 기슐 예술뎍 활동ᄉ진을 슈입ᄒ야다가 일반에 보히고져 계획ᄒ기를 당근 일년이 넘어왓다가 맛참ᄂᆡ 有志事竟成으로 모든 쥰비가 완셩되야 일젼부터 단셩사를 위션 ᄂᆡ외부를 훼쳘ᄒ고 일신히 긔축 쏘ᄂ 증축을 ᄒ야써 뎌야에 관긱 이쳔 명을 넉넉히 수용ᄒᄂ 어디를 엇게되고 쏘ᄂ 이번의 건축비ᄆ ᄒ더라도 이만오쳔원의 거대ᄒ 돈으로써 증축ᄒ다ᄒ며 活動寫眞으로써 뎌공ᄒ다 흔즉 긔필코 대셩황 대만원은 뎡ᄒ 일인 듯ᄒ거니와 이를 싸라 광무뒤 구파연극도 더욱 확댱홀 방침이라 ᄒ즉 오늘날 박씨의 한몸으로 겸무의 어려움은 더 말홀 수 업ᄂ 일이더라. 111)

이처럼 박승필이 인수하여 사설형태의 극장으로 운영하면서 전통연희 전용극장으로 만들었던 것이다. 그 점에서 원각사와 유사했다고 볼 수 있다. 그런데 그에 앞서서 원각사가 문을 열었고, 연흥사, 장안사 등이 활발하게 움직이면서 광무대가 경쟁에서 조금은 밀렸던 것 같다. 그 점은 광무대가 언론에 크게 부각되지 못했던 사실로서 유추할 수 있다. 광무대를 더욱 위축시킨 것은 일본제국주의 경시청의 본격적 감시와 제재에 의해서였다. 경시청 당국에서는 우리의 전통연희를 무조건 음담패설[112]로 규정하고 각종 제재를 가했던 것이다. 이러한 분위기는 상당 기간 지속되었다. 더욱이 1910년 일제의 한국 병탄으로 전통연희는 더욱 위축되고 친일언론을 통한 비판도 더욱 거세져만 갔다.

그러나 광무대가 전통연희의 공연장으로서 진가를 발휘한 것은 일제의 한국 강점기였다. 그럴 수밖에 없었던 것이 1910년대 중반 이후에는 광무대의 경쟁 상대였던 원각사, 장안사, 연흥사 등이 차례로 소실되거나 자진 폐관함으로써 광무대만이 공연장 구실을 했고, 다음으로는 경영자 박승필이 고집스러울 정도로 광무대를 전통연희 전용관으로 활용했기 때문이다. 그것이 대체로 원각사가 폐관되는 1912년부터였다. 물론 1910년대 중반까지도 장안사와 단성사는 자주 전통연희를 공연했다. 그러나 단성사는 곧 박승필의 손에 의해서 영화전용관으로 바뀌었다. 결국 광무대만 남게 된 것이다. 광무대는 때때로 상주단체도 둔 것 같다. 가령 1912년 4월 17일 자 기사를 보면 "드러보랴나, 詩谷妓生의 일판의 각식 노름바지도 잇고 연흥샤 演興社 革新団 일힝의 뎨일 잘ᄒᄂ 軍人氣質이라ᄂ 신연극도 잇고, 光武臺의 쇼ᄯ쟝이픽도 잇고 長安社의 무동픽도 잇다……"[113]는 표현으로 보아 광무대가 솟대쟁이패를 일정 기간 전속단체 비슷하게 활용했던 것 같다. 그렇지만 역시 광무대의 인기 레퍼토리는 창극이었던 듯싶다. 그 예로서 매일신보 주최 대운동회가 끝난 뒤의 각 극장의 축하공연에서 광무대만은 〈남원부사도임〉[114]이 단연 인기 레퍼토리였기 때문이다. 이런 광무대였지만 일제강점 초기의 궁핍했던 시대상황을 견디지 못하고 잠시나마 자진 휴관을 한 적이 있다. 즉 1912년 7월 박승필이 경제사정의 피폐함을 이유로 다음과 같이 휴관조치를 내린 것이다.

광무의 폐연 동대문 안 광무딕 연쥬관, 朴承弼씨가 직작 삼일에 일반 ᄉ무원과 광딕 등을 쇼집ㅎ고 셜명하기를 우리의 영업도 됴타ㅎ거니와 지금 쌀 한 되에 스십 전 가량이ᄂ 이 시절에 우리가 종릭 연극을 ㅎ야 남의 잔전을 요구ㅎ ᄂ 것은 불가ㅎ즉 당분간은 폐지ㅎ얏다가 일흔 비가 흡족히 오고 쌀갑이 쎠러 지거든 다시 긔연ㅎᄌ고 폐지ㅎ기로 결뎡ㅎ얏다더라.[115]

이상과 같은 광무대의 잠정적 폐관에 관한 당시 기사에서 주목되는 것이 두 가지가 있다. 첫째, 당시 생활상이 궁핍의 절정에 놓여 있었다는 점이고, 두 번째로는 박승필의 애국심이었다. 사실 일제는 이 땅을 강점하자마자 자신들의 식량부족을 메꾸는 공급지로 삼고 여러 가지 수탈정책을 쓰기 시작했다. 1910년 8월부터 소위 토지조사사업이라는 것을 벌여서 상당수 농민들이 농토를 잃고 날품팔이로 전락했다. 1912년 당시만 하더라도 그런 날품팔이 노동자가 자그마치 35만 명에 이르렀고, 그것은 해가 갈수록 자꾸 늘어만 갔다. 이것은 순전히 토지조사사업으로 인한 소작농들의 농토상실과 그 수탈에 의한 농민의 궁핍상을 단적으로 보여주는 것이었다. 결국 농촌의 파탄은 농민이 유리사산(流誰四散) 될 수밖에 없었다.[116] 이는 토지조사사업으로 인하여 자작소농이 몰락했기 때문이다.[117]

그런데 일제가 토지조사 사업으로만 그친 것이 아니다. 토지수탈에 이어 그들은 동양척식주식회사를 설립했는데, 이것은 일본 농민의 조선 이주 정책으로서 우리 농민의 토지 상실을 가속화시키는 계기를 만들었다.[118] 왜냐하면 이 땅에 온 일본 농민들이 농작을 하지 않고 고리대금업으로 우리 농민을 파탄에 이르게 했기 때문이다. 당시 한국인들을 궁핍으로 몰아간 데에는 삼림령(森林令)도 큰 몫을 했다. 주택 구조상 임야의 활용이 곧 생존에 직결되는 것인데, 그 자유로운 활용을 차단함으로써 한국인들은 영농상 필요한 임산물을 취득할 길이 없어 가계 및 영농법이 현저한 곤란에 봉착하지 않을 수 없었는데, 그런 농가는 전체의 55%나 되었다.[119]

일제는 토지조사사업과 삼림령, 동양척식주식회사 등으로 철두철미하게 우리 농민들을 착취했고, 1910년 12월에는 또 회사령(會社令)이라는 것을 공포하여 한국의 민족자본을 근본으로부터 차단했다. 일제는 그에 대해서 회사의 난립을 막기 위한 배려라고 강변했지만, 실제로는 한국민족 자본의 발달을 억누르고 일본 자본의 도입을 꾀하기 위한 것이었다.[120) 그들은 조선광산령(朝鮮鑛山令, 1911년)이라는 것도 공포하여 한국인의 광산 경영을 억제하기도 했고, 조선어업령(朝鮮漁業令, 1911년)도 공포하여 한국인 어장 및 구황실 소유의 어장을 일본인 소유로 재편성했다. 이상과 같이 일제는 각종 법령으로 한국의 농공상광업을 파탄시킨 데다가 조세법까지 추가하여 몰락을 가속화시켰다.

그것이 대체로 1910년 8월부터 1911년 6월까지 걸쳐서 이루어진 것이었다. 따라서 가뜩이나 어려운 당시의 우리 경제는 거의 파탄상태에 놓여 있었다. 더욱이 일제의 화폐 남발로 인한 인플레이션은 조선인을 더욱더 궁핍하게 몰아갔다. 엎친 데 덮친 격으로 가뭄까지 들어서 쌀 한 되에 40전을 하는 마당에 연극을 한다는 것이 죄악으로 느껴져서 광무대 극장 문을 닫겠다는 박승필의 결심은 정말로 대단한 애국심이 없으면 불가능한 것이었다.

결국 박승필은 몇 개월 뒤 다시 광무대 극장 문을 열고 자선공연에 나섰던 것이다.

당시 광무대의 자선공연을 위한 재개관에 대한 기사는 다음과 같다.

光武臺 임의 게지흔 바와 갓치 동대문 안 光武臺에서 助産婦養成所를 위ᄒ야 연쥬회를 셜힝흔다 ᄒ던 날이 곳 오늘 밤인ᄃᆡ 광무ᄃᆡ 쥬무 朴承弼씨 이하 일반 비우의 공익샹 열심은 엇더ᄒ다고 칭찬흘 슈가 업거니와 ᄌ녀를 싱산ᄒᄂᆞᆫ 일반 동무ᄂᆞᆫ 십시일반으로 극력 찬셩ᄒ야 아즉 죠션에 하나 밧게 업ᄂᆞᆫ 生産機關을 유지케흠이 가ᄒ도다. 쏘 그 연극장에셔 가무로 종ᄉᄒᄂᆞᆫ 녀광ᄃᆡ 치란, 옥엽 이 명은 본ᄅᆡ브터 기능이 유명흠으로 일반 관람쟈의 칭찬을 엇ᄂᆞᆫ 터이더니 이번 조산부양셩소 연쥬회에 ᄃᆡᄒ야 의무를 다흘 쟉뎡으로 기능을 일층 더

흐야 공익에 큰 보조를 흐기로 결심흔다더라.[121)]

이상과 같은 광무대의 자선공연은 상당한 호응을 얻었고, 박승필에 대한 찬사도 뒤따랐다. 의료시설이 절대 부족한 시절에 유일한 조산원이 경영에 어려움을 겪는다는 것은 있을 수 없다는 것이 박승필의 생각이었던 것 같다. 자선공연장에서는 연희만 있었던 것이 아니고, 조산원 간부의 찬조 연설까지 곁들임으로써 1천여 명의 관객이 격려 박수를 보냈고, 수익금 전액과 관객 몇 명이 별도로 낸 기부금 전부를 조산부양성소에 기부도 했다.[122)]

자선공연으로 다시 문을 연 광무대는 연희 내용을 전보다 알차게 꾸몄고, 입장료를 인하하여 시민에 봉사하는 것으로 내부방침을 세웠다. 그것은 분명히 광무대의 이미지 개선에 도움이 되었고 관객도 금방 늘어났다.[123)]

이러한 박승필의 애국심에 입각한 극장운영으로 인하여 광무대의 인기는 급상승하기 시작했다. 1913년에 들어서도 광무대는 매일 밤 만원이었다. 특히 명창 채란과 옥엽의 판소리가 인기였으며, 가야금 합주도 관객이 좋아하는 레퍼토리였다.[124)] 명창 채란의 인기가 치솟자, 다른 극장[長安社]에서 그녀를 스카우트해감으로써 박승필이 이적금지 소송을 제기하는 사태까지 빚어졌다.[125)] 결과적으로 채란이 박승필에게 패소했다. 이런 송사는 당시에 이미 스타시스템을 극장들이 시행했음을 의미하는 것이어서 흥미롭다. 장안사와 치열한 경쟁을 벌이던 광무대가 1913년 봄에 이르러 하나의 위기를 맞게 된다. 왜냐하면 광무대가 1910년 일제의 한국병탄과 함께 일한(日韓)와샤전기회사의 소유로 귀속되었던 바, 그 회사가 사업 확장으로 광무대 건물까지 차고로 쓰겠다고 나섰기 때문이다.[126)] 따라서 광무대는 1913년 5월 다음과 같이 폐관하고 말았다.

광무딕의 연극폐지
동대문 안 광무딕 연극쟝 쥬무 朴承弼씨는 죠션 구연극을 오기년 계속 흥힝

호야 관람긱의 환영을 밧엇다는듸 그 연극쟝은 와샤뎐긔회샤 쇼유인고로 그 회
샤에서 사용흥기 위흥야 일간 폐철홈으로 작일부터 연극 흥힝을 폐지흥얏다더
라.127)

이처럼 1903년경부터 사용해오던 동대문 안 전기회사 내의 광무대는 10여
년 만에 일단 문을 닫고 새로운 극장건립을 모색하게 되었다. 따라서 주무
박승필과 전기회사 측 간에 극장건축에 관한 협의가 진행되었고, 곧 동대문
안 섬말 근처에 택지를 마련하여 공사에 착수할 것이라는 기사128)가 나타나
기도 했다.

2) 황금유원 내의 광무대

전술한 바도 있듯이 1910년 초의 우리 경제사정은 최악이었다고 말해도 과
언이 아니다. 따라서 당시 박승필이 극장을 새로 건축한다는 것은 거의 불가
능한 일이었다. 결국 극장 문을 닫은 지 한 달여 만에 황금유원내(黃金遊園
內)의 연기관(演技舘)으로 이전했음을 다음과 같은 당시의 광고로 알 수가
있다.

> **광고** 금반 광무대가 경성 남부 황금졍 黃金遊園 演技舘내로 移轉興行홈.
> 朝鮮元祖 舊派演劇 大興行. 아모죠록 일즉이 오시오. 만원거절. 연기관내 광
> 무내 일행 主任 朴承弼 謹告129)

이처럼 황금유원 안의 연기관으로 극장이전을 했음에도 관객은 여전히 초
만원을 이루었다.130) 그러니까 광무대는 1912년에 일본인 부동산업자 다무라
요시지로(田村義次郎)가 황금졍에 황금연예관과 연기관 두 극장을 둔 황금유
원이라는 테마파크를 조성한 바 있는데, 그중 연기관을 전용극장으로 사용케

된 것이다.131) 이 말은 결국 광무대도 일본인의 품 안에 들어간 것이나 마찬가지라는 이야기가 된다. 여기서 일단 그 극장의 규모와 시설 등을 살펴보아야 될 것 같다. 황금유원 내의 연기관에 대해서 복면관(覆面冠)은 다음과 같이 묘사한 바 있다.

> 몬저 그 집 꼴을 좀 보자! 죽덕이나무로 조각을 마초으고 窓이라는 窓은 한아도 성한 놈이 업시 부쉬여가지고 쌔어지엇스며 얏듸얏튼 二層집웅은 서양철 쪽으로 덥허노핫스니 그 꼴사나온 집모양은 허릴 업는 허름한 米穀倉庫이나 鐵物工場으로 밧게 아니 보일 것이다. 그러나 그짜지 집이나마 山村이라는 일본사람의 집으로 每朔 三百圓式의 삭을세를 드럿다 하니 말이여, 여기에 싸지 이르러서는 도리혀 아모 말로 아니 하는 게 나을지도 모를 것이다. (…중략…) 이럿케 말하면 光武臺는 공구경쑨을 위하야 연극을 하는 것이 안이냐고 할 사람도 잇겟지만은 과연 그러치 안타고 할 수도 업나니 七百 人 정원에 上等이 四十錢이요 下等이 三十錢이라 하니 上等은 고만두고 七百 人을 전부 下等으로만 쳐도 二百十圓이요 그 半分만 하야도 一百五圓은 實收入이 될 것인데 그 收入인즉 전부 만원이 되는 날이라야 八十圓이 넘지를 못한다 하니 엇지 하얏든지 한심한 일이다. ……132)

이상의 글에서 알 수 있는 몇 가지 사항은 광무대가 첫째, 건물주가 일본인이라는 것이고 따라서 극장은 사글세 임대건물이었다는 점이다. 두 번째로는 7백석의 중형극장이고 2층 건물이지만 시설이 워낙 열악해서 공연장 같지 않고 마치 곡물 창고나 철물공장으로 보일 정도라는 것이었다. 더욱이 매월 세금으로 3백 원을 지불해야 하므로 수익을 올린다는 것은 쉽지 않았으리라 짐작된다.

위의 복면관이 묘사한 대로 창문 하나 성한 것이 없을 정도로 광무대가 다 낡은 건물이었지만 임대건물이므로 자유롭게 손댈 수도 없는 처지였던 것 같다. 그처럼 부실한 극장에서 큰 수익도 올리지 못하면서도 박승필은 애국심을 발휘하여 자선공연을 지속적으로 펴나갔다. 그가 고심 끝에 기업의 후원을 생각해냈고 광무대의 공익적 노력에 감복한 몇몇 기업이 후원금을 내주고 극장은 대신 기업홍보연극까지 했었다. 당시 기업이라야 조고약 등과 같은 중소기업에 불과했음으로 극장을 유지할만한 것은 못 되었다. 그러나 기업의 후원을 얻어낸다는 박승필의 선진적 아이디어만은 돋보이는 것이었다. 박승필의 공익적인 극장운영에 대하여는 당시 한 신문독자의 다음과 같은 투고가 잘 알려준다.

독쟈구락부 광무뒤에셔는 일전에 조산부양성소를 위ᄒ야 연주회를 ᄒ얏다더니 요ᄉ히 드른즉 東彰學校의 경비가 말 못 한다는 말을 듯고, 오늘 밤에는 동챵학교의 연주회를 ᄒ다 ᄒ즉 광무뒤 일ᄒ의 공익샹 열심은 참 치하ᄒ겟습듸다. 아모됴록 일긔나 됴와야 홀 터인뒤.(찬셩쟈)[133]

이러한 공익을 위한 자선공연은 박승필이 광무대를 운영하는 동안 계속했음을 뒷날의 자료에서도 드러나고 있다. 그런데 당시 광무대의 레퍼토리를 보면 전통연희, 즉 판소리, 창극, 민속무용 등이 주였다. 가령 1913년 말엽의 공연소개를 보면 "광무대 박승필 일행은 계속ᄒ야 舊劇으로써 갈채를 受ᄒ는 中 금야는 柳色 柳仙의 僧舞, 法鼓, 康津, 海州 山玉에 唱, 女優 玄小雲의 독창, 山玉 玉葉의 춘향가병창, 雜歌, 獄中花 五回"[134]라든가 "광무뒤 朴承弼 일ᄒᆼ은 구연극으로 흥ᄒᆼᄒᆞ는 즁 류식, 류션의 묘묘ᄒ 승무와 산옥 옥엽의 ᄉ랑가 판소리에 만쟝 갈치를 일우는 즁"[135]이라 보도되어있는 것이다. 이러한 레퍼토리는 당시 광무대와 쌍벽을 이루었던 장안사와 단성사 등도 별 차이가 없었다.

또 당시 연출가나 극본가가 없는 전속단원들로서는 그 이상의 레퍼토리를 만들어 낼만한 실력도 없었다. 물론 이따금 〈심청가〉, 〈춘향가〉, 〈흥보가〉

등의 전통 판소리를 창극화한 〈효자소설〉, 〈옥중화〉, 〈연의 각〉 등도 무대에
올린 것은 주목되는 사실이다. 당시 창극이라야 분창 수준을 크게 넘지 못했
던 것이 아닌가 싶다. 그러니까 정통 판소리만 갖고서는 관중의 식상을 달래
줄 수 없었으므로, 판소리를 분창하고 제목을 바꿔가면서 공연을 가졌던 것으
로 보인다. 당시 창극이라는 것이 대창(對唱) 수준을 크게 넘지 못했음을 다
음과 같은 한 독자의 투고에도 그대로 나타나 있다.

> 短評 나는 믜양 남촌 어느 연극장에를 가보면 두리 쌍으로 나와셔 판소리ᄒ
> ᄂᆞᆫ 것 듯기 슬혀 짜로 옥엽의 쇼리만 들엇스면 좃겟더구면(觀劇生) (방점 필
> 자)136)

이상에서 확인할 수 있는 바와 같이 광무대에서 당시 자주 무대에 올렸던
창극은 남녀 명창 또는 여자 명창 두 사람이 주고받는 대화극(對話劇)이었음
을 알 수 있다.

이처럼 1910년대 중엽까지도 원각사 시대의 창극수준에서 더 이상 진전되
지 못했다고 보아진다. 이런 레퍼토리는 관중을 쉽게 식상케 했을 것 같고,
따라서 무당굿 놀이까지 광무대 극장 무대에 올린 바 있다.137) 솔직히 그
시대에 광무대가 제한된 전통연희만 가지고서 연중무휴 공연을 한다는 것은
대단히 어려운 일이었다. 그렇다고 출중한 연출가나 극작가, 기획자가 있었던
것도 아니었다. 흥행업자 박승필 혼자서 극장을 꾸려간다는 것이 쉬운 일은
아니었다. 오죽했으면 그가 민속씨름대회까지 기획했겠는가.138)

광무대는 그뿐만 아니라 레퍼토리 빈곤을 극복하기 위하여 유랑예인집단
남사당패의 줄타기라든가 땅재주, 무동 타기 같은 예능까지 극장 안으로 끌
어들이기까지 했다.139) 특히 그가 민속 씨름과 전통연희 공연을 연결시킨 것
은 흥미로운 기획이었다. 1914년 2월 중순의 한 공연광고를 보면 다음과 같
았다.

光武臺에서는 구극 옥중화, 쌍지조, 옥엽의 판소리, 릭일 밤은 잉도폭발연쥬회 기타, 낮에는 씨름.[140]

그런데 전통연희와 씨름대회를 밤과 낮으로 나누어서 보여주는 방식을 오래 지속시키지는 않았던 것 같다. 광무대는 시간이 흐르면서 나름대로 레퍼토리 개발에 고심한 흔적이 보이기도 한다. 1914년 4월 들어서는 전에 하지 않았던 한량무 등과 같은 춤의 종류를 늘렸고, 특히 〈담배장사〉와 같은 희극적 재담을 레퍼토리에 포함시키기 시작했다.[141] 이러한 전통연희 공연에 매일 밤 관중이 끊이지 않았다. 그러나 새로운 시대사조에 민감한 관객들은 곧바로 식상했고, 비판적 시각을 나타내기도 했다. 가령 다음과 같은 독자의 비판은 주목할 만하다.

독자지별(短評) 나는 믹양 구연극을 가셔 볼 젹이면 져절로 분도 나고 통탄홀 일이 한두 가지가 안이야요. 그져 나와셔 소릭흔다는 것이 놀고 먹고 놀고보 쥬는 타령쑨이니 시되에 덕당타 홀는지 그것 좀 기량ᄒ야셔 무슴 수업쯤 ᄒ즉고 곳치엿스면 좃겟셔요. 그져 노는 타령이야(寒心生).[142]

이러한 전통공연 비판은 연희자들 뿐만 아니라, 광무대 등 극장운영자까지 긴장시킬 만한 것이었다. 왜냐하면 전통연희, 그중에서도 무용이라든가 굿놀이, 판소리, 각종 잡희 등으로서는 시대정신을 나타낼 수가 없었기 때문이다. 주지하다시피 전통연희는 농경사회에서 자연적으로 발생되어 전래된 것이므로, 웬만한 실력을 갖추지 않고는 거기에 시대정신을 담기가 쉽지가 않다.

그렇기 때문에 격동하는 근대사 속에서 신식교육을 받은 사람들에게는 전통연희가 하나의 진부한 예능으로밖에 비치지 않았을 것이고, 거기서 시대를 개척해가는 힘을 얻기는 힘들었다고 보아야 한다. 특히 지식인들의 우리전통연희에 대한 비판은 일제의 한국병탄 이전인 1900년대, 즉 협률사로부터 원각사로 이어진 시절에는 더욱 심했었다. 솔직히 실사구시(實事求是)나 무실역행(務實力行) 사상으로 무장한 지식인들의 눈에는 전통연희가 매우 고루해 보일 수 있기 때문이다.

그러나 무식한 전통 연희자들은 말할 것도 없고, 극장운영자들은 속수무책이었다. 관중을 즐겁게 할 만한 레퍼토리 개발에도 벅찬 처지에 시대정신을 투영한 신작을 만들어내기란 정말 불가능했기 때문이다. 따라서 그런 비판을 아랑곳하지 않고, 전통연희자들은 고유의 민요, 판소리, 민속무용, 남사당패놀이, 굿놀이, 소극(笑劇) 정도를 지속적으로 하지 않을 수 없었다. 이런 처지에서 어느 시민은 전통연희를 아예 없애달라는 주문143)까지 한 바 있다.

그러는 동안에 1914년 장안사가 완전 폐관되고 단성사도 운영난으로 잠정적 폐관을 하게 되었다. 광무대 극장 하나만이 남게 된 것이다.144) 이때부터 광무대 극장의 독주시대가 열린 것이다. 광무대가 극장가를 주도하면서 레퍼토리도 새롭게 꾸미기 시작했다.

시대추세에 맞춰서 소위 신연희(新演戲)를 한다는 명분에서였다.

> 演戲花柳 광무딕 녀비우의 신연희, 셔울 황금유원안에셔 흥힝ᄒᄂᆫ 광무딕 박승필 일힝에셔ᄂᆫ 요ᄉᆞ히 계집ᄋᆞ히 십여 명을 모와 신연희 우슘거리를 븨와 가지고 그저께 밤부터 비로소 흥힝ᄒᆞ엿다ᄂᆞᆫ딕 관람쟈도 비상히 만엇고 ᄯᅩ한 만흔 갈치를 밧앗다더라.145)

광무대가 젊은 여배우 십여 명으로 신연희 웃음거리를 배웠다는 것은 당시 인기를 모으기 시작한 신파극을 부분적으로 끌어들인 것이 아닌가 싶다. 그 구체적인 광고가 한 주일 뒤 신문에 나타났는데, 그것이 곧 골계극 〈여천하(女天下)〉라는 것이었다.146) 그런데 주목되는 것은 광무대가 전통연희를 공연한 뒤의 프로로서 무대에 올린 신연희를 관중이 '믹우 환영ᄒᆞ야 밤마다 만원'147)이었다는 점이다. 이는 아마도 전통연희를 즐겨 보고 있던 고정관객이 새로운 시도에 어느 정도 흥미를 느꼈던 것으로 보인다.

　이처럼 나름대로 끊임없이 레퍼토리를 개발하고 있던 광무대는 재정난으로 잠정 문을 닫은 단성사 전속단원들을 끌어들여서 전통연희의 질을 높이는 특단의 조치를 강구하기에 이르렀다. 두 극장의 통합은 대중에게 긍정적 인상을 준 것 같다. 왜냐하면 두 극장의 통합과 관련하여 당시 신문은 "구연희의 대련합, 다만 광무ᄃᆡ 朴承弼 일힝과 단셩샤 李興根 일힝과 각각으로 흥힝ᄒ던 구연희ᄂᆞ 졈졈 시세를 좃ᄎ 합쳐서 ᄒ긔로 작뎡ᄒ고 일젼부터 단셩샤 일힝이 광무ᄃᆡ로 합ᄒ야 흥힝ᄒᄂᆞᄃᆡ 밤마다 만원의 셩황이라더라"[148]고 보도되어 있는 사실에서 확인되기 때문이다. 광무대에 관객이 갑자기 많이 몰린 것은 아무래도 단성사 단원들을 끌어들인 뒤에 레퍼토리도 개량한 데 따른 것이었다. 당시 신문독자란에도 보면 "신연극도 신연극이려니와 죠션의 구연극도 젼에 ᄒ던 것을 ᄒ지 말고 작구 시세를 좃ᄎ 상당히 긔량ᄒ야 구경군의 보기됴케 ᄒ얏스면 희롭지 안깃더고면 밤낫 〈춘향가〉 〈박타령〉 ᄲᆞᆫ이람"(한광ᄃᆡ)[149]이라고 푸념한 것이 나와 있다.

　광무대는 이러한 여론에 발맞춰서 단성사에 이어 폐관한 장안사의 전속단원들마저 모두 끌어들였다.[150] 박승필이 일생일대의 승부수를 던졌었다고 볼 수 있다. 이처럼 광무대는 단성사와 연흥사 전속단원을 흡수함으로써 대식구를 만들었고, 따라서 하룻밤의 레퍼토리도 창극, 신파극, 그리고 각종 민속무용과 재주를 다양하게 서비스할 수가 있었다. 그렇게 되니까 광무대에는 "밤마다 구경군이 심상치 안케 모혀드는 모양"[151]이라는 기사가 나오기도 했다.

　관객의 감소로 고전하던 광무대가 잠시나마 다시 옛 명성을 되찾게 된 것이다. 힘을 얻은 광무대는 때마침 전통연희 공연의 대목이라 할 구정을 맞아 "일신ᄒᆞᆫ 연예로 대대적 흥힝"[152]을 한다면서 각종 연희와 낮 시간의 씨름 대회를 다시 개최하기도 했다. 그렇지만 광무대가 일신했다는 공연내용도 재래의 것을 넘어서는 것은 아니었다. 특히 서양에서 괜찮은 영화가 들어오면서 광무대의 전통연희는 대중의 외면을 살 수밖에 없었다. 전통연희자들이 1915

년 3월에 경성 구파배우조합을 결성하면서 "장리에 아모죠록 정신을 찰여 남의 치욕을 면ᄒ고 잘 슈신ᄒ야가며 죠합 발젼의 긔쵸"[153]를 닦자고 선언하고 나선 것이야말로 자기들의 생존권 수호 천명이라 볼 수가 있는 것이다.

전통연희자들의 위기의식은 곧 광무대 경영의 어려움과 무관하지 않았다. 당시 한 독자의 투고를 보면 "요사이 각 연극쟝이 모다 매우 쓸쓸ᄒᆫ 모양입듸다. 밤낫 이젼 것들만 가지고 그러ᄒᆫ 것이지 누구던지 특별ᄒᆫ 것 한가지만 ᄒ얏스면은 구경군이 쏘 모혀들겟구면 식로 눈 쓰일 것이 잇셔야 손님들이 가지"(閑遊者)[154]라고 씌어 있다. 솔직히 극장운영자 박승필이나 전속단원들이 시대추세를 좇아서 대중의 감각에 맞는 작품을 만들어낼 능력은 없었다. 관중이 진부한 공연내용에 염증을 느끼고, 외면을 해도 어쩔 수가 없었다. 게다가 일제 강점 십여 년 뒤여서 경제는 피폐하고 시민생활은 궁핍이 극에 이른 시기였다는 점도 광무대 경영상 어려움의 주요 요인이었다.

그럼에도 불구하고 광무대는 굴하지 않고 최선을 다해서 레퍼토리를 개발해 갔다. 광무대가 1915년 8월에 새 작품으로 선보인 〈금지환(金指環)〉[155]이란 것도 그러한 상황에서 나온 레퍼토리였다. 여하튼 광무대는 무슨 구실이라도 붙여서 관객 모으기에 나섰다. 공진회(共進會) 행사와 함께 정식으로 전통연희 공연장으로 문을 연 지 7년이 되는 광무대의 7주년 기념공연이 관객을 끄는 한 요인이 되기도 했다.[156] 그로부터 얼마 동안은 전통연희가 어느 정도 활기를 찾는 듯했다. 레퍼토리만 하더라도 1910년대 초에 자주 무대에 올렸던 각종 전통무용을 다시 보여줄 만큼 화려해시기도 했다. 당시 새로 선보인 춤으로는 고구려무, 공막무(公莫舞), 첨수무(尖袖舞), 승무, 쌍승무 등이 있었고, 기방에서 주로 활동하거나 지방공연을 다니던 기생들도 다시 무대에 나섰다.[157]

광무대를 장식한 기생들의 교습장면

따라서 광무대의 무대는 다시 화려해지게 되었다. 그런 호기를 잘 이용할 줄 알았던 광무대는 관객들에게 경품까지 내걸었으며 "남녀 비우의 복식을 일신히 쥰비ᄒ고 각종 지료를 다일 연습ᄒ야 쟈미잇ᄂ 연극과 평양 녀늘탕ᄑ 식로 와셔 진연흔 가챵으로 믜야 흥힝"158)했다는 것이다. 여기서 특히 주목되는 점은 광무대가 전속배우들의 의상을 일신했다는 것과 평양 여날탕패까지 초청해서 관객 서비스를 했다는 사실이다. 그러나 광무대의 남자 스타는 역시 박춘재(朴春載)였다. 왜냐하면 박춘재는 재담 못지않게, 민요 등 못 하는 것이 없었을 정도로 재능이 넘쳤기 때문이다.159)

이처럼 광무대는 시대변화와 대중감각의 변화에 항상 촉각을 세워서 대처해 나가려는 노력을 기울인 것이다. 그런 손쉬운 방법의 하나가 스타시스템이었다. 옥엽(玉葉) 등과 같은 명창을 내세운다든가, 박춘재의 재담에 많이 의존했던 것도 그러한 예의 한가지다. 또 하나 재미있는 사실은 해마다 극장 설립 기념공연을 특징 있게 꾸민 점이라 하겠다. 가령 1916년 8월을 맞아 거행한 제8주년 기념공연만 보더라도 신구파 연극을 레퍼토리로 삼았다든가, 공연 후에 다과회를 가져서 관객들을 대접한 것[160] 등은 주목되는 사항이다. 즉 여기서 간과할 수 없는 것은 전통연희 전문극장인 광무대가 신구파연극을 했다는 점이다. 그렇다면 광무대 배우들이 신구파 연극을 어떻게 했을까. 그에 대하여는 다음과 같은 당시의 기사가 어느 정도 설명해 준다고 하겠다.

> **광무뒤의 신구파극** 경성 황금유원 안 광무뒤에서는 한달 전부터 남녀 비우가 실습ᄒ야온 거금 소십년 전 허봉소의 가뎡 비극을 지난 십소일 부터 흥힝흔다ᄂᆞᆫ뒤 그 예데는 「紅顏薄命」이라는 삼십오막으로 식로히 기량을 ᄒ야 신파구파의 합작으로 만드러 명챵 비우가 즁간마다 챵을 뒤이고 ᄌᆞ미잇게 실연을 ᄒᄂᆞᆫ 즁 부인의 졀조와 가뎡 문뎨의 모범적임으로 첫날 만원이 되어 모다 연극에 뒤하야 눈물을 만히 흘니더라ᄂᆞᆫ뒤 데일 산즁에서 밍호가 대활극을 일우ᄂᆞᆫ 것은 더욱 볼만ᄒ더라.[161]

이상에서 짐작할 수 있는 것은 고대소설과 같은 극본을 신파극 형식으로 공연하면서 사이사이에 도창(導唱)형식의 창을 도입한 형태가 아니었던가 싶다. 그런데 〈홍안박명〉과 같은 가정비극뿐만 아니라, "계집ᄋᆞ희들의 포복절도홀 신파희극"[162]도 무대에 올린 점이다. 이러한 과도기적 형태의 신구파 연극이 잠깐 동안은 관중의 호기심을 끌 수는 있었을 것이다. 그러나 우리 전통연희와 일본신파는 전혀 이질적인 연극양식이므로 융화되기가 어렵고, 또 오래 지속될 수 있는 것도 아니었다. 관중이 신파극에 쏠리는 듯하자 광무대 배우들이 몇 번 시도해본 것에 불과했다고 말할 수 있다. 그런저런 어려움 속에서도 광무대는 전통연희 전용관으로서의 사명을 저버리지는 않았다. 더욱이 경영상 어려움으로 휴관했다가 재개관했던 단성사가 결국 버티지 못하고 1917년 2월 흥행사에게 매각[163]됨으로써 전통연희 전용극장은 광무대 하나만 남게 되었다. 광무대가 1917년 9주년을 맞았을 때 매일신보는 이렇게 보도했다.

구 주년 기념의 광무대 경성에 다만 한아 잇는 연희장이오, 또한 데일 오리 동안 유지ᄒᆞ야 오던 황금유원 닌 광무딘는 린 십 칠일밤으로써 셩대ᄒᆞ 창립 구 주년 긔념식을 거힝ᄒᆞ게 되얏더라. 광무대는 朴承弼씨의 경영으로 당초 동 대문 안 연긔회사 구닌에셔 오 륙년 동안 흥힝ᄒᆞ다가 그뒤 황금유원으로 써나 와 금일신지 이르럿는디 그동안 슈 십긔의 연극단이 이러는지 멋칠이 못ᄒᆞ야 모다 참혹히 걱구러지는 중에셔 능히 금일까지 혼ᄌᆞ 힘으로 광무딘 일힝을 잇 글고 십년 동안을 악전고투ᄒᆞ며 유지 발뎐ᄒᆞ야 이번에 또한 셩대ᄒᆞ 긔념식을 보게 되는 것은 그 주인 박승필씨의 고심과 수단에셔 나온 일이라. 그리ᄒᆞ야 지금의 광무딘는 경성 신슈의 파젹ᄒᆞ는데 다만 한이 되는 긔관이오. 박승필씨 는 실로 경성 흥힝계에 유일ᄒᆞ 용장이라. 금번 긔념식, 거힝ᄒᆞ다는 말을 드른즉 당일 져녁에는 특별히 여러 명창의 가곡과 졔반 뎡직연극을 타일보다 우수히 션퇵 흥힝ᄒᆞᆯ쑨 안이라 당일 입쟝ᄒᆞ 이의게는 그 입장권만 가지면 잇흔날도 무 료관람케 ᄒᆞ야 일반의 이호에 딘ᄒᆞ 감샤ᄒᆞ 뜻을 표ᄒᆞ다 ᄒᆞ며 연극 파ᄒᆞ 뒤에는 특별히 광무딘를 위ᄒᆞ야 다년 진력ᄒᆞ 특별 찬셩원의게 립식 향응이 잇다는디 데일 오리되고 다만 한아되는 경성의 명물 광무딘가 이번 긔념식을 긔회 삼아 더욱 경성인슈의 이호를 입어 젼보다 멋 갑쳘 발뎐케 ᄒᆞ고져 박승필씨 이하 일힝은 열심으로 쥰비 계획 즁이라더라.[164]

이상과 같은 광무대 9주년 기념 보도기사에서 특히 눈에 띄는 다섯 가지가 있는데, 그 첫째가 광무대의 경영자 박승필의 탁월한 운영 능력으로 여태까지 유지해왔다는 것이고 두 번째는 박승필이 극장을 보존 운영하기 위하여 여러 가지 새 방편을 강구하는 수단이 있었다는 것이다. 세 번째로 그가 광무대를 적어도 1917년부터는 유일한 전통연희 공연장이 되도록 만들었다는 점이다. 넷째, 광무대가 배우들을 전속으로 두고 있었다는 것인데, 광무대 일행이라는 것이 곧 전속단체를 일컫는 것이다. 다섯째로는 당시 누구도 생각할 수 없는 찬성원(讚成員), 즉 유력자들을 끌어들여서 후원회를 조직하여 운영한 점이다.

이러한 박승필의 광무대 운영 방식은 매우 현대적이었다고 말할 수 있다. 왜냐하면 광무대가 대관극장으로 머물지 않고 단체를 전속으로 두고 영리추구와 함께 극장이념을 충실히 지켜나가려 했기 때문이다. 광무대 극장운영의 현대성은 후원회 조직에서도 잘 나타나고 있다. 또 하나 흥미롭고도 돋보이는 점은 서양식 파티라 할 리셉션을 가진 사실이라 하겠다. 가령 기사 가운데 '특별 찬성원에게 입식 향응(立式饗應)'을 베풀었다는 말은 서서 음식을 대접한다는 뜻이라 볼 때, 광무대가 비록 전통연희 공연만을 고집하면서도 극장 경영이라든가 부수된 여러 가지 행사만은 놀랄 만큼 선진적이었다는 것을 알수 있다. 이러한 사실은 광무대가 1918년 9월 10주년을 맞은 해에도 비슷한 보도가 나와서 확인된다고 하겠다.

　　광무대 십 주년 기념 경성 황금유원 안에서 됴션 구연극으로써 다년 흥힝ᄒ야 오는 광무되 朴承弼씨는 허다흔 곤난과 심력을 다드려 오날날ᄭ지 됴션 연극의 구파라는 것을 지팅ᄒ야 온 결과로 명 류일이 즉 일반히 으는바와 갓치 십 년되는 긔렴일을 당ᄒ엿더라. 그런되 박씨의 십년 동안 신산흔 곤난으로 경영ᄒ야온 것은 누구를 물논ᄒ고 보다 경탄ᄒ며 그의 전도에 되ᄒ야 빌기를 마지안음은 임의 뎡평이 잇는 바이라. 오날날 박승필씨가 셩력은 적고 오즉 ᄌ본이 만헛던들 지금의 십 주년 긔렴의 장쾌흔 일을 보지 못ᄒ엿겟지마는 실상 도라 보아 슖히건되 일단 놀나올만흔 졍셩과 힘…… 또 왼갓 수단으로써 활용이 교묘ᄒ야 만뎐하 모든 샤람의 동정과 원됴를 감슈히 밧어가며 유지ᄒ야온 력ᄉ덕 장흔 일이라. 그런즉 이를 깁히 헤아릴진되 이 영광스러운 동정은 박씨를 위ᄒ야 너무 과즁ᄒ다 ᄒ여도 실로 과언이 안이더라. 그러나 시되의 풍됴를 샤라 연극의 종류가 졈ᄎ로 변ᄒ고 늘어가는 즁에 더욱 활동ᄉ진에 되흔 관념이 긴ㅎ야짐을 신다른 신닭으로 오날날 박씨는 그 본의 종가되는 광무딕에 구파는 더욱 확장ㅎ야 발뎐을 도모ㅎ는 동시에 한편으로 임의 세상 사름이 아는 바와 ㄱ치 년젼 스드린 단셩사를 신로히 긔축을 ㅎ고 구미문명졔국에 유명ㅎ 활동빅우의 경텬동디ㅎ는 기슐 예슐뎍 활동스진을 슈입ㅎ야다가 일반에 보히고져 계획ㅎ기를 당근 일년이 넘어왓다가 맛참니 有志事竟成으로 모든 쥰비가 완셩되야 일전부터 단셩사를 위션 니외부를 훼쳘ㅎ고 일신히 긔축 쏘는 증축을 ㅎ야써 미야에 관긱이 쳔명을 넉넉히 수용ㅎ는 여디를 엇게 되고 쏘는 이번의 건축비만ㅎ더라도 이만 오쳔원의 거대ㅎ 돈으로써 증축ㅎ다 ㅎ 며 활동샤진은 근본 목뎍ㅎ 바와갓치 태셔에 유명ㅎ 封切寫眞으로써 뎨공ㅎ다 흔즉 긔필코 대셩황 대만원은 뎡ㅎ 일인듯 ㅎ거니와 이를 싸라 광무딕 구파연극도 더욱 확댱ㅎ 방침이라 흔즉 오날날 박씨의 한몸으로 겸무의 어려움은 더 말ㅎ 수 업는 일이더라.165)

이상과 같은 긴 인용기사에 나타난 것 중 역시 세 가지가 우리의 시선을 끈다. 즉 첫째로는 광무대가 순전히 박승필이라는 한 인물의 확고한 신념과 열정에 의해서 10년을 지탱해왔다는 것이고, 두 번째로는 역시 9주년 기념 기사에서도 나타나 있듯이 후원자들의 동정과 원조가 경영의 어려움을 이겨 낼 수 있도록 해주었다는 점이고, 세 번째로는 박승필이 단성사를 인수하여 서양영화를 들여다가 수입을 올렸다는 점인데, 여기서도 그의 뛰어난 시대감 각이 드러난다고 하겠다. 주지히다시피 1910년대 후반에는 미국 등 서양의 새로운 영화가 세계인들의 주목을 끌 때였다. 그런 흐름은 박승필의 예민한 안테나에 이미 잡혀있었던 것이다. 우선 매우 후진적이었던 영화계의 혁신이 라는 목표를 설정하고 그때그때 새로운 영화를 수입하겠다는 방침을 세우고 서양영화사들과 관계를 맺고 있던 일본의 가장 유명한 영화사 아미이쿠(天活)와 공급계약을 맺고 직거래를 튼 것이다.

그로부터 그는 아미이쿠 영화사를 징검다리로 삼아 미국의 유니버설이나 프랑스의 고몽영화사가 제작한 새 필름들을 들여와 상영함으로써 단성사를 단번에 최고의 영화관으로 만들었던 것이다. 거기에 그치지 않고 그는 또 관객서비스 차원에서 당대 최고의 인기변사 서양호 외에 5명의 변사를 채용하여 상주시켰으며 광고방식도 일신했다. 예를 들어 그는 광고문구 중에 '현대사조'라는 용어를 최초로 삽입한 것도 그때까지 아무도 쓰지 않은 대단히 파격적이며 선진적인 것이었다. 그의 파격성은 그것뿐이 아니었다. 가령 단성사가 영화전용관으로서 1주년(1919년) 기념 때는 새 필름 소개와 함께 반값 입장료를 단행하기도 했다. 또한 그는 연극전용관과 영화전용관의 경영자답게 두 장르를 접목시키는 실험도 단행했는데, 그것이 다름 아닌 연극에 영상을 도입한 연쇄극(連鎖劇 kino-drama)을 시도하여 수 십 년 동안 유행시킨 바도 있다. 즉 그가 1919년 10월에 극단 신극좌의 리더 김도산(金陶山)에게 5천원을 주고 서울의 명승지를 찍도록 하여 연극에 야외장면을 삽입한 작품이 바로 〈의리적 구토〉였다.[166] 이때부터 우리나라에서 창작영화가 시작된 것이었다.

그런데 여기서 간과해서는 안 될 점은 박승필이 서양영화 수입을 개인의 영리보다는 광무대를 보다 낫게 가꾸어나가는데 있어서의 한 방편으로 활용했다는 사실이다. 그러니까 바꾸어 말하면 박승필이 대중에게 인기 있는 서양영화 수입으로 돈을 벌어 광무대의 전통연희를 활성화시키고 더 나아가 높은 수준으로 끌어올리는 구상과 실천을 했다는 사실이다. 그만큼 박승필은 근대화 속에서 서양문화에 밀려나던 우리 전통연희를 지키고 키우는데 올인한 인물이었다. 그래서 1919년 9월 광무대가 11주년을 맞았을 때, 매일신보가 박승필에 대해서 다음과 같은 격찬의 글을 썼었다.

광무대 십일 주년 기념 극계의 수훈자 박승필씨 지금 경성 황금유원 안에서 됴션 구파연극으로 열한 히 동안을 한결 갓치 경영ᄒᆞ야 오는 사람은 경향에 소문이 자자흔 박승필씨 그 사람, 한아이리라 오날날 연극계에 헌신덕 다대흔 공로를 씻친 사람은 박씨 닉여노코는 다시 구할 슈 업는 터이다. 열한 희의 당구한 세월을 지리타 아니ᄒ고 시종여일토록 분투에 분투를 ᄒ야 오날의 넉넉ᄒ 직산을 압헤 두고 대성공으로 젼진ᄒ야 가는 것도 희한ᄒ 일이 안이면 쏘한 긔막힐 일이다. ……167)

이러한 박승필 찬양은 당연한 것이었다. 왜냐하면 당시 전통연희의 보전 전승운동은 박승필이 아니면 불가능한 일이었기 때문이다. 물론 박승필은 광무대 유지를 위해서 전통연희를 부분적으로 훼손한 면도 없지는 않다. 가령 그가 떨어져가는 관중을 다시 붙들기 위하여 광무대에 일본 신파극까지 끌어 들였던 것이 그 하나의 예이다.

그뿐만 아니라 그가 전통연희자 몇 명을 일본에 보내서 기술을 익혀옴으로써 무대기술을 크게 개선하기도 했다.168) 가령 그 기사 중에 "특히 내디에셔 다년 습득ᄒ 됴션인 긔슐수 일행이 와셔 밤마다 갈채를 밧는다"고 한 부분에 그 점은 잘 나타난다. 또한 그가 관객 끌기의 묘책을 여러 각도로 강구하는 가운데 항상 염두에 둔 것은 스타플레이어의 활용이었다.

옥엽이라든가 채란 등과 같은 여류명창을 자주 활용했지만, 1919년부터는 개화기의 5대 명창 중 대표적인 국창인 김창환을 끌어들인 바도 있다.169) 김창환은 박유전(朴裕全) 계열의 서편제 명창으로서 협률사 전속 단장을 역임한 인물이다. 그러는 동안에 광무대는 12주년을 맞았는데, 그것은 3·1운동이 일어난 지 1년이 지난 뒤였다. 그렇다고 광무대가 달라진 것은 별로 없었다. 12주년을 맞았을 때도 언론은 여전히 박승필에 박수갈채를 보내주었다.

광무대 12주년 창립기념일 도래! 박승필의 금일의 성공 미양 무슨 일이던지 忍耐力이 강ᄒ고 勇往邁進性이 굿게 되면 일은 반드시 일우고 말나는 녜부터의 秘訣이라. 그러나 사람마다 이갓흔 견고ᄒ 인닉와 굿셰인 용왕미진성을 가진 사람이 아마 듬을 것 갓다. 終始一貫으로 쳐음과 ᄭᆺ지 한 가지 일을 일우어가기는 사람마다 어려운 일이 안인가. 그런듸 이에 듸ᄒ야 한 가지 우리 동포 즁에 적수공권으로 십 여 년 동안을 빅쳔 근난과 천신만고를 헤아리지 안코 용왕 불굴ᄒ야 오날날 셩공ᄒ 즈미 잇는 리야기와 ᄉ실담이 잇다. 그는 지금 됴션 구파연극에 수익될 만흔 光武臺 경영 ᄯ는 團城社 활동ᄉ진관 두 군데로 난호아 흔갈 갓치 경영ᄒ야 오ᄆ 어려웟스며 실상 팔난봉에 대수석이라는 일흠도 들엇고 썻썻흔 직업이 업시 남의 의탁을 바라는 츙소의 엉터리 싱활을 ᄒ야 집안을 다스려가던 그 어려온 살님에 갓가수는 朴承弼君이라 당쵸에 광무듸 경영ᄒ기는 지금으로부터 십일년젼-희슈를 치면 올ᄉ지 열두희라는 적지 안은 긴 셰월이다. 이 박군은 그쩍 가계가 못쳑 곤난ᄒ야 록돈을 변통ᄒ야 됴션의 연극계를 어듸ᄉ지 유지ᄒ야 일흠을 보전코져라는 아름다운 뜻으로 경영ᄒ야 올졔 일년에도 몇번을 휴연케되엿 것만은 이것을 불고ᄒ고 부심에 부심을 ᄒ 야……170)

이상과 같은 당시 보도에서 알 수 있는 것처럼 박승필은 오로지 전통연희를 보존 전승하겠다는 신념 하나로 광무대를 지켜온 인물이었다. 그가 극장 경영 이전에는 낭인생활도 했지만, 광무대를 이끌면서 당시로써는 매우 획기적인 운영기법도 적잖이 개발해내기도 했다.

그럼에도 불구하고 그에게는 상찬만 따른 것은 아니었고, 극장과 함께 비판도 받았다. 광무대에 대한 비판은 대체로 세 가지 측면에서 가해졌다. 그 첫째가 부실한 시설에 대한 것으로서 미곡창고니 철물공장이니 하면서 극계의 악마굴이라고까지 폄하하여 피폐한 건물이라고 혹평한 바 있다. 두 번째로는 한정되고 반복되는 레퍼토리에 대한 것이었다. 즉 광무대 비판자는 그와 관련하여 다음과 같이 혹평한 바 있다.

十年 前이나 十年 後나 어제이나 오늘이나 一分一毫를 나지 안는 선소리 수심가 육자박이 난봉가 등 奇奇妙妙한 노릭와 밋 몃몃 가지 俗된 춤 밧게 업

나니 이러한 생각을 하야서는 그 가튼 우리군에서 숨을 크게 못 수이고 고성을 하는 것도 그리 가엽지도 안을 째가 만타. 열흘이 하로 가치 밤 낫 보는 그 사람이 어제 듯든 그 소리를 또 다시 되푸리를 하는게 即 光武臺의 「푸로그람」이 되고만 것이다. (…중략…) 果然 그럿타. 光武臺는 名唱 朴春載 君의 성주 푸리와 金仁浩 君의 익살이며 十餘 名 女俳優의 우슴으로써 衰殘한 生命을 근근히 保存하야가는 모양이니 오날날 光武臺를 저 꼴로 민들고만 責任의 半 分은 반다시 一般 市民 側에도 免할 수 업슬가 하는 바이다.171)

이처럼 광무대는 그 경영자인 박승필에 대한 극찬과는 반대로 비판의 표적이 된 적도 있었다. 그런데 비판의 대상이 되는 극장시설과 레퍼토리를 당시로써는 참으로 해결하기 어려운 과제였다. 왜냐하면 두 가지 모두가 경제사정이라든가 전통연희의 한계성 때문이었다. 가령 극장의 현상 유지조차 힘겨운 처지에서 광무대의 개보수는 엄두도 낼 수 없는 처지였다. 그리고 레퍼토리의 문제인데, 비판자는 왜 창극 〈춘향전〉이나 민요, 민속무용, 재담만 공연하느냐고 힐난했지만, 그런 것을 제외하고 무엇을 하겠는가. 물론 전통연희 종목도 개발의 여지가 없었던 것은 아니나, 무한정 새로운 내용을 찾아낼 수는 없었던 것이다. 외국에서도 전통연희는 항상 반복 공연하는 것이 상식으로 되어 있지 않은가.

광무대가 비판 대상이 된 세 번째는 극장 분위기였다. 물론 극장 분위기는 공연내용 못지않게 관객에게도 책임이 돌아가는 몫이기도 하다. 비판자는 당시 관객들이 공연내용보다는 여배우의 용모나 교태라든가, 남자배우의 익살이나 보러 간다고 꼬집었다. 비판자는 더 나아가 광무대는 "부랑남녀의 야합처요 소위 여배우들의 사창예약장(私娼豫約場)"이라고까지 매도하면서 폐관하는 것이 옳다는 주장까지 내놓은 바 있었다.

이러한 비판도 일리가 없는 것은 아니었으나, 대다수 시민들은 광무대를 유일한 오락장이고 동시에 휴식처로 사랑한 것이 사실이었다. 또 실제로 박승필도 폐관하라는 비판자의 윽박지름에 대하여 "아- 누가 이것을 하야가지고 무슨 미천이나 좀 잡으랴고 하는 줄 아십니거. 이거는 꼭 여러분의 사랑 삼아서 나도 과하게 밋지지는 안코 여러분끠서도 심심하시면 차저오시니깐 그대로 하여가는 것이올시다!"[172]라고 응수한 바 있다. 이러한 박승필의 극장관은 비교적 올바른 것이었다고 말할 수 있다. 당시 서울시민의 미적 감각이나 정서 수준으로 볼 때, 박승필이 광무대를 전통연희 보전의 사랑방으로 삼은 것은 매우 적절한 자세였다고 말할 수 있다.

그렇기 때문에 박승필은 어떤 비판에도 굴하지 않고 초지일관 광무대를 운영해갔다. 그런데 3·1운동 이후는 신문물에 밀려서 극장운영은 더욱 어렵기만 했다. 박승필은 언제나 광무대의 생일을 맞을 때마다, 행사성 공연을 기획하곤 했다. 1921년 9월 13주년을 맞아서는 남녀 배우 40여 명이 등장하는 신파극을 제작해서 보여주기도 했다. 고대소설을 각색한 〈장해룡전(張海龍傳)〉[173]이라는 신파극이 바로 그런 신작이었다. 〈장해룡전〉이 창극이 아닌 신파극이었다는 것은 당시의 다음과 같은 기사가 잘 알려준다.

> **13년 연극기념** 구월삼일 즉 음력 팔월 초잇흔 날은 됴션 구연극계 원죠로 일흠 잇는 황금유원 내 光武臺는 당일이 만 십삼 년 되는 긔념일임으로 이를 자축키 위하야 그날의 입장즈에게는 그 잇흔날신지 무료 사용케 하야 갑시 업시 무료 공긔흔다 하며 연극도 특별히 쌉아서 잘 한다는대 특히 쉬여는 것은 쟝희룡이란 쇼셜을 녀자 비우 십여 명이 셕달 동안 연습한 결과 지금은 슉달하여져 그날에 특히 신파로 뎨공하야 한 가지 흥미를 도우리라 더라.[174] (방점 필자)

광무대가 이상과 같은 본격 신파극을 공연한 것은 매우 주목되는 사항이다. 물론 1910년대 중반에도 신파극을 토막극 방식으로, 한때 전통연희 무대에 올린 경우가 없지는 않았으나 수십 명의 배우를 3개월씩 연습시켜서 본격 신파극 공연을 가진 것은 〈장해룡전〉 공연이 처음이었다.

이는 곧 일부 시민의 비판과 새로운 레퍼토리를 원하는 관객의 취향에 광무대가 영합한 것으로 볼 수가 있다. 그렇다고 광무대가 신파극만을 한 것은 절대로 아니었다. 가령 다음 해 9월 제14주년 기념공연만 하더라도 광무대가 그동안 해오던 전통연희를 보여준 것이었다.175) 이는 그만큼 광무대가 전통연희 전용극장으로서 조금도 흔들리지 않았음을 단적으로 보여주는 예가 될 것이다. 광무대는 3·1운동 이후 신기운이 충만한 가운데서 버티기가 어려웠지만, 그럭저럭 우리 것을 좋아하는 대중의 사랑방 구실을 충실히 해냈다고 말할 수 있다.

그런 기조는 다음 해(1923년)에도 변함없이 지속되었다. 따라서 레퍼토리도 항상 무대에 올리는 것들의 반복이었다. 다만 협률사 전속단체장이었던 서편제 명인 김창환과 장금화 등의 활용이 고작이었다.176) 그렇던 광무대가 큰 전환점을 맞게 되는데, 그것이 다름 아닌 극장신축이었다.

3) 극장신축과 광무대의 변신

전통연희의 요람이었다고 할 광무대의 발전은 그대로 우리나라 초창기 극장의 발전사를 압축시켜 놓은 것과 같았다고 말할 수가 있다. 왜냐하면 광무대가 부실한 전차차고에서 출발하여 낡은 기존 건물로 옮겨갔다가 다시 신축이라는 험난한 과정을 밟아왔기 때문이다. 가령 황금유원 안의 일본인 소유 연기관은 극장으로 쓰기에 부끄러울 정도로 초라한 건물이었다. 따라서 철물공장 같다느니 쌀창고 같다느니 하는 비판도 많이 받아왔고, 운영자 박승필의 신축에의 갈망을 촉진시켰었다. 이러한 박승필의 필생의 꿈은 결국 그가 광무대를 인수한 지 15년 만에 이룰 수 있었다. 즉 그가 1923년에 기존 극장 옆 빈터에 새롭게 광무대를 지었던 바, 그와 관련하여 당시 매일신보는 다음과 같이 보도했다.

신축 낙성된 광무대에셔 신축피로로 특별 뎌흥힝 이십년을 하로와 갓치 됴션 연예계에 대하야 노력해 오ᄂᆞ 됴션 유일한 흥힝ᄉ 朴承弼씨ᄂᆞ 즈긔가 직영하ᄂᆞ 극장 중 황금뎡에 잇ᄂᆞ 光武臺가 극히 협착하야 다수흔 관직을 드릴 수 업고 장ᄂᆡ와 설비가 완전치 못함을 한탄하야 시대의 진운에 ᄯᅡᆯ니여 현대덕 극장으로 시로히 건축할 예뎡으로 년 전 브터 고심해오던 중 금년의 공진회 긔최를 긔회 삼아 다년의 소지를 관련할 결심으로 지계의 곤황을 불고하고 거대흔 자본을 던져 이전 광무대 엽헤 잇던 舊黃金舘의 빈터에 광무대 신건축에 착수하얏슴은 일반이 쥬지하ᄂᆞ 바어니와 이제 공사가 ᄯᆺ갓치 진척되야 소쇄하고 얌전한 극장 락셩되얏슴으로 오날 밤 브터 셩태한 開舘披勞 特別興行을 시작흔다ᄂᆞ 대 됴션 일류명창 金昌煥군을 비롯하야 기타 유수한 歌人英才와 지리에 광무대에 전속되야 잇던 십여명의 미인들이 총츌동하야 시로운 건물에 부흡한 시로운 예데로 전에 보지 못하던 번화한 무대면을 낫타내리라더라.[177]

이상과 같이 박승필은 새 극장을 갖겠다는 평생의 꿈을 이루고 레퍼토리 쇄신에도 착수했던 것이다. 그러나 전통연희를 보존 전승하는 데 있어서 새로운 레퍼토리를 창출한다는 것은 쉬운 일이 아니었다. 그는 '새 술은 새 부대에'라는 명분을 내걸고 신축 극장다운 면모를 보여주기 위하여 새로운 레퍼토리와 배우를 찾아 나섰으나 겨우 권금홍(權錦紅)과 줄타기의 명인 박명옥(朴明玉) 등의 스타를 끌어오는 데 그친 것이다.[178] 사실 그가 아무리 노력해도 내외 여건상 별다른 대책이 나오기가 어려웠으리라 본다. 이는 1924년에 들어서도 마찬가지였는데, 다만 9월이 되면 해마다 갖는 창립기념을 맞아 무엇인가 새로운 것을 보여주려고 노력한 흔적만은 보인다.

광무대의 기념흥행 시내 황금뎡 사뎡목 黃金遊園 안에 잇ᄂᆞ 光武臺ᄂᆞ 금 팔일이 창립 십 륙 년 긔념일임으로 모든 科程을 일신하야 참신 긔발흔 것과 취미가 진진한 것만을 상장하야써 일반 관긱의 십 륙 년 동안 ᄉᆞ랑하야 오던 바

에 갑흠이 잇고즈 하야 여러 가지로 준비에 밧분 즁이라더라.[179]

위의 보도기사를 보면 광무대가 뭔가 새로운 내용을 보여주려고 노력을 기울인 것만은 확실하다. 그런데 "모든 과정(科程)을 일신하여 참신 기발한 것과 취미가 진진한 것"이 무엇인지는 밝혀져 있지 않다. 이런 와중에서 당시 대표적인 신극단체 토월회(土月會)가 광무대를 1년 동안 전용극장으로 사용하겠다는 제의가 왔고, 고심 중이던 박승필이 응락을 하고 말았다.[180]

사실 광무대가 20여 년 가까이 운영되어 오면서 경영상의 어려움은 말할 수 없을 정도였고, 그때마다 새로운 레퍼토리 개발이라든가 스타 발굴, 활용 등으로 고비를 넘겨왔었다. 그뿐만 아니라 그는 때때로 신파극마저 부분적으로 공연한 적도 있었다. 그러나 그가 그처럼 아끼는 극장을 통째로 신극단체에 1년씩이나 빌려준 경우는 처음이었다.

그만큼 박승필이 경영상의 압박을 크게 받은 것으로 볼 수 있다. 따라서 박승필의 신념에 따라 전통연희 보존 전승의 전용관이었던 광무대에서 신극이 공연되기 시작한 것이다. 그런데 여기서 주목해야 될 것은 박승필이 토월회에 극장을 빌려주면서도 어떤 조건을 붙였다는 점이다.

그 조건이란 아무래도 신극을 하는 동안이라 하더라도 전통연희를 곁들여 달라는 것이 아니었던가 싶다. 왜냐하면 토월회가 광무대 첫 공연작품으로 우리의 고대소설인 〈추풍감별곡(秋風感別曲)〉을 취택한 것이라든가 신극공연 끝에 광무대 전속 노래꾼들의 판소리 독창, 입창, 좌창, 가야금, 승무 등 민속춤을 곁들인 것, 그리고 〈춘향전〉 공연에서 명인 김창룡의 창을 곁들인 것이 그 단적인 예가 될 만하기 때문이다.[181] 그뿐만 아니라 토월회가 신극공연을 하고 잠시 쉬는 사이에 광무대는 신축개관 2주년 사은공연도 가졌다.[182] 이처럼 박승필은 극장경영의 어려움 속에서도 광무대의 정체성을 견지하려 노력했다. 여하튼 광무대는 1년 동안 토월회의 직영으로 겨우 극장 유지를 할 수 있었다. 그러다가 만 1년 만인 1926년 5월 초에 광무대가 다시 전통연희 전용극장으로 부활하기에 이르렀다.

이상에서 볼 수 있는 것처럼 광무대의 방황은 단 1년으로 끝나고, 다시 전통연희 전용관으로 재개관된 것이다. 재개관되면서 이동백(李東伯) 등과 같은 당대 최고 명창들이 광무대에 모이게 되었다. 광무대는 재개관의 감격 을 팬들에게 무료공연으로 서비스하기도 했다.[184] 그런데 주목할 만한 사실 은 광무대가 순수전통연희만이 아니고, 신구극합동(新舊劇合同) 공연이라 는 새 방식을 취택한 점이라 하겠다. 이는 분명히 광무대의 변화를 보여주는 부분이다. 더욱이 광무대가 1년여 동안, 신극단체 토월회 직영으로 있다가 재개관되면서 고심 끝에 그런 절충점을 찾은 사실에서 주목하지 않을 수 없다.

사실 1920년대 중반은 토월회가 신극운동을 전개함으로써 빛을 잃었던 신 파극단들이 큰 영향을 받았고, 그 결과 신파극이 적잖게 개선됨과 동시에 토 착화의 기색을 보여주기 시작한 때였다. 그 좋은 예가 왕평(王平)을 위시한 한두 전문작가의 등장이라 볼 수 있다. 이 말은 곧 전통연희를 주도해 온 측 에서 신극분야를 그 어느 때보다도 크게 의식하게 되었다는 이야기가 된다. 박승필이 광무대를 1년 여 동안 토월회에 대여한 것이라든가, 신구극절충극 (新舊劇折衷劇)이라는 기형적 연극공연 방식을 생각하게 된 것도 바로 그러한 시대 분위기와 무관하지 않을 성싶다.

가령 그가 1926년 9월 광무대 개관 18주년 기념공연에서 구파신파 연합공연[185]을 가진 것은 그 시발이라 생각된다. 그러나 신구파연합이라는 것도 쉬운 일은 아니었다. 더욱이 경쟁상대가 될 만한 조선극장이 문을 엶으로써 그 극장을 의식하지 않을 수 없었던 것도 같다. 조선극장도 전통연희 공연에 많은 관심을 갖고 등장한 공연장이었기 때문에, 광무대의 독주시대가 자연스럽게 희석될 수밖에 없었다. 그리하여 1926년부터는 광무대가 조선극장과 앞서거니 뒤서거니 경쟁을 하게 되었다. 광무대가 소위 명창대회[186]라는 것을 열였던 것도 조선극장의 영향이었다. 이때부터 명창대회는 그 어떤 레퍼토리보다도 인기품목이 되어서 계속 연주되었음을 다음과 같은 기록에서 확인할 수 있다.

一流名唱大會 광무대에서 조선성악의 일류명창으로 요사히 「제비표레코-드」에 그 소리를 느어 내외 각지에서 만흔 환영을 밧고 잇는 李東伯 金昌龍 宋萬甲 沈相根 金仁浩 姜笑春 金秋月 李花中仙 高飛鳶 李杏花 高香蘭 등 남녀명창일동이 모히어 금 십삼일 밤부터 사일 간 예정으로 부내 황금정 光武臺에서 일류명창대회를 연다는 대 입쟝료는 일원 팔십 전 오십 전 세 가지라더라.[187]

이처럼 광무대는 조선극장과 경쟁적으로 당대 명창들을 불러 소위 명창대회라는 것을 개최했다. 즉 광무대가 판소리 중심으로 공연을 준비했다는 이야기가 된다.

그러나 이 때 주목할 만한 사건은 광무대를 19년 동안이나 이끌어온 박승필이 건강상(?) 전격적으로 경영 일선에서 물러나고, 박승배(朴承培)[188]가 극장 운영을 맡았다는 점이다.[189] 박승배가 운영을 맡으면서 근본적으로 달라진 것은 없었지만, 레퍼토리를 전통연희에 한정하지 않고 서양춤, 곡예, 노래 희극 등 많은 볼거리를 마련한 것이 특징이었다.[190] 그러나 광무대 경영은 오히려 꼬여갔다.

광무대를 빛낸 악사들

　왜냐하면 10월 들어서 부득이 한 달 동안 휴관하지 않을 수 없었기 때문이다. 그렇다고 박승배가 운영을 맡은 지 1년도 되지 않아 극장 문을 닫을 수는 없었고, 따라서 관객끌기의 여러 가지 방안을 강구해 갔다. 그러나 전통연희에 줄타기나 댄스와 같은 양춤, 그리고 철봉단의 기계 체조 정도가 추가되었을 뿐이었다.[191]

　그런데 이 시기에 주목할 만한 것은 광무대가 서커스단이 하는 곡예 등 각종 예능을 다양하게 레퍼토리로 꾸미면서도 가무극을 선호한 점이라 하겠다. 그 증거로는 광무대가 광월단(光月團)이라는 가무극단에 한 달 동안이나 공연을 시켰고, 광월단이 지방순연을 떠난 직후에는 남녀가극단을 직접 조직하여 공연활동을 벌인 사실을 꼽을 수가 있다.[192] 이 공연에서는 신파 경희극도 무대에 올렸고, 참신한 무대장치 그리고 현란한 의상, 대소도구까지 제대로 갖춰서 관객에게 보여주었던 것이다. 광무대가 시대감각에 맞추기 위하여 신파극까지 전통연희와 함께 보여주는 일은 종종 있었다. 그해 12월 중순에도 대동권번(大同卷番) 일행을 초청하여 가무극 〈춘향연의(春香演義)〉와 함께 소녀들의 신파 희가극을 공연한 바 있는 것이다.[193] 그러나 광무대가 대중의 기호에 맞추느라고 끌려다니면서 전통연희 보존 전승에 소홀하지는 않았다. 1928년 들어서는 다시 신파극을 저버리고 다음과 같이 전통연희만을 고집하는 모습을 보여주기도 했다.

> **광무대의 무동극** 경성 황금뎡 光舞臺에서는 재래 구극 전부를 개량하야 조선 재래의 少女舞童團을 맨들고 이왕 가무의 방식과는 좀 다르게 맨들엇다 하며 신파극을 업새고 대신에 남녀배우를 데려다가 긋 과정에는 춘향, 심청 기타 구극을 울리어 일반의 흥미를 쓰을게 하야 작 십구일 밤부터 특별 흥행을 하는 중이라는데 순전히 김인호군의 해금독주가 잇다더라.[194]

이상에서 확인할 수 있는 것처럼 광무대는 각종 잡희와 함께 〈춘향가〉나 〈심청가〉 등 전래의 판소리를 창극 형태로 만들어 공연했던 것이다. 그렇게 되니까 광무대의 기존단원들과 신입단원들 사이에 여러 가지로 예술상의 견해차가 생겨나고 갈등도 야기됨으로써 기득권자들의 이탈도 있었다. 전 광무대 일행이 종로 4정목에 있었던 권상장(勸商場)에다가 새로 가무극단을 조직하여 공연을 준비했던 것[195]이야말로 그 단적인 예로 보인다. 그리하여 잠시 동안이나마 광무대는 양분 상태에서 두 군데로 나누어져 공연을 갖게 된 적도 있다. 광무대가 양분되어 비슷한 시기에 했던 공연 안내를 우선 소개해 보겠다. 즉 황금정에 있던 본 광무대(本光武臺)의 공연광고는 다음과 같았다.

朝鮮劇의 革新出演

승무 林明玉, 단가 金柳鶯, 검무 鄭明玉, 李蘭玉, 女唱 宋鶴仙, 男唱 金点

奉, 京城坐唱 林明月, 金錦仙, 가야금 金宗基, 李日善, 서도잡가 李玉珠, 吳杏花, 재담 金福鎭, 줄타기 林明心, 全鳳仙, 짠쓰 崔雲月, 金鳴起, 쇱박 林鶯鵡, 철봉, 金學先, 崔長福, 싸푸링 林鍾成, 일본가곡 李玉桃, 金錄珠, 활극 姜淑子, 金完根, 창가 바이오링, 京城坐女歌, 平壤다리굿.

　뒤 과정은 신구를 절충하야 자미 잇는 것으로 매일 교환합니다. 雨天不拘興行. 朝鮮劇常設館 광무대, 黃金町四丁目.196)

　이상에서 볼 수 있는 바처럼 본 광무대의 레퍼토리는 매우 다양한 것이 특징인데, 그것은 민속 무용에서부터 단가, 남녀창, 가야금, 경성좌창, 서도잡가, 재담, 줄타기, 서양춤, 기계체조, 채플린 패러디, 신파활극, 일본가곡, 경성무가, 평양굿, 바이올린 연주 등 수십 종에 이른다. 특히 주목을 끌 만한 것은 동서양의 모든 예능의 포용인데, 그중에서도 일본 노래까지 광무대 극장에서 불렀다는 사실이다.

　만약 박승필이 극장을 계속 운영했다면, 일본 가곡만은 부르지 않았을 것 같다. 왜냐하면 박승필이 비록 흥행사였지만, 철저한 민족주의자였기 때문이다. 이는 광무대가 그만큼 퇴색했다는 이야기이고, 수익을 위해서는 무엇이든지 무대에 올리는 잡종 극장이 되었음을 보여주는 것이라 하겠다. 한편 전속 단원들이 이탈해서 권상장(勸商場)에 새로 낸 광무대는 다음과 같은 공연 안내를 냈다.

勸商場 光武臺 記念興行

　종로사뎡목 勸商場 內 光武臺에서는 금 십삼일이 즉 이십이 주년 창립 긔념일이므로 이날 쟈축 겸 謝恩키 위하야 이날 입장자에 한하야 謝恩優待券 한 장식을 무료로 더 준다 하며 또 구극 전부도 새로히 하고 특히 경성짠지패 남녀일행과 평양서 올라온 명기 方玉姸 양의 축연도 잇다더라.197)

여기서 매우 주목되는 사항은 광무대에서 이탈한 전통연희자들이 정통성을 주장하고 있는 점이라 하겠다. 예를 들어서 그들이 광무대 창립 22주년 기념 자축공연을 가진 점에서 그렇다. 그런데 흥미로운 사실은 실제 광무대 극장에서는 아무런 기념 공연도 갖지 않았다. 이 말은 광무대가 극장 따로 전속단원 따로, 또 건물 따로 정신 따로 분리되었음을 의미한다. 그런데 황금정의 본 광무대는 아랑곳하지 않고 흥행성을 좇아서 활발한 공연활동을 벌였고, 소위 신구절충극[198)이라는 것을 연일 무대에 올렸다. 광무대가 본격적인 흥행극장으로 변모되면서 가무극, 즉 창극을 주로 하는 광월단(光月團)에 많이 의존했고, 자체적으로 음악단(音樂團)도 두기도 했다.

이처럼 광무대가 완전 흥행극장으로 바뀌면서 극장 내부를 대폭 수선하고 배우도 새로 많이 뽑았다.[199)

그리하여 레퍼토리를 크게 구극부와 신극부로 나누어 전반부에는 구극부의 전통연희 공연을 하고 후반부에는 신극부가 신파극을 했으며, 신극부에는 연구생 제도까지 두었다.[200) 이처럼 광무대가 경영주 교체와 함께 거의 정체성을 잃을 만큼 변모되었던 것이다. 광무대가 그렇게까지 된 원인 중의 하나는, 아마도 직업 가무극단이라 할 수 있는 광월단이 1928년도 후반부터 극장을 인수하여 전용극장으로 사용하고 있었던 데 기인하는 것 같다. 그와 관련하여 당시 조선일보는 다음과 같이 보도한 바 있다.

光月團 紀念興行

黃金町 四丁目에 잇는 광무대는 작년부터 광월단이 인수하야 남녀배우와 창기 등이 각종 기술을 출연하든바 開演 滿一年 기념을 자축코자 입장객을 유인하야 七月 二十日부터 八月二日 까지 二週間을 흥행한다고.[201)

사실 광월단은 수년 동안 중앙과 지방을 떠돌던 가무극단으로서 성격이 애매한 대중예술단이었다. 따라서 그들에게서 어떤 정체성 같은 것을 찾는다는 것은 연목구어나 다름없다고 보아야 한다. 그만큼 광월단은 당시의 여러 유랑극단들처럼 단원들의 호구지책에 급급한 연희단이었다고 말할 수 있다. 전통 있는 광무대가 광월단에 의해 잡종 극장으로 전락해버리자 조병환(趙丙桓)이 새로운 경영자로 나서서 광무대를 본래의 모습으로 되돌려놓으려 인수했음을 다음과 같은 당시 기사가 알려주고 있다.

経營主 박귄 光武臺 改新, 新舊劇으로 連日 盛況 조선의 歌舞劇의 本營인 시내 黃金町 光武臺에는 요사이 趙丙桓씨로 경영주가 박귀엿는 바 그동안 업서젓든 조선의 가무를 부활식히는 동시에 모든 것을 改新하엿다더라.[202]

이상에서 볼 수 있는 것처럼 광무대 주인은 자주 바뀌었다. 그만큼 광무대가 변화하는 시대 속에서 방황한 것이다. 그렇다고 해서 당장 광월단을 쫓아낸 것은 아니었다. 다만 조병환이라는 새 경영주가 잠시나마 광월단의 대중영합에 제동을 걸고, 전통연희 전용극장으로서의 정체성을 되찾았을 뿐이다. 가령 그가 광무대를 새로 인수하자마자, 얼마 동안 "업서젓든 조선의 가무를 부활식히는 동시에 모든 것을 개신(改新)하엿다"는 것이야말로 정체성 회복을 단적으로 보여주는 것이라 볼 수 있다.

물론 시대가 급속도로 변화하고 특히 서구문물이 물밀듯 유입되는 속에서, 광무대가 전통연희만을 고집한다는 것은 참으로 어려운 일이었을 것이다. 그렇지만 박승필과 같은 인물들이 계속 나와서 광무대를 지키려고 노력했다는 점에 유의할 필요가 있다. 아무리 시대가 변해도 우리 고유의 전통연희의 소중함을 인식하고, 그것을 온전하게 계승하려는 사람들이 항상 있었다는 말이다. 또한 실제로 그렇게 해서 오늘날까지 전통연희가 지켜지는 것이 아닌가 싶다. 그런데 불행하게도 광무대는 1930년 5월 2일 화재로 인하여 소실됨으로써 역사의 뒤안길로 사라지고 말았다.

舊劇 光武臺를 燒失

　　이일 오전 한시 오십분 경에 시내 황금뎡(黃金町) 사뎡목 삼백 십 번지 看板店 早川又造방으로부터 불이 이러나 조선舊劇 극장으로 다만 하나인 光武臺 이외에 四棟 六戶를 전소식히고 반소 일호를 내인 후 시내 각 소방서의 활동으로 두시 사십분 경이나 되어 간신히 진화하엿다는데 이로 말미암아 동뎡 삼백이십 번디 藤井龜若이란 일본인은 무참히 타죽었다는 바 전긔 동뎡은 독신생활자로 이날 밤에 술이 대취하야 드러와 자다가 불길이 타오르는 것을 보고 겁결에 밧그로 피란하고저 하다가 잘못 불 가운데로 씌여 드러가 걱구러진 채로 무참히 타죽엇다고 하며 전긔 조천방에서 불이 이러난 원인은 그집에 고용으로 잇든 李在瓚(13)이가 초불을 가지고 작란하다가 불이 이러낫다고 하며 손해는 약 오만 원 가량인바 이 부근은 큰 건물이 즐비한 곳일쑨 아니라 엽흐로 東亞俱樂部 극장도 잇섯슴으로 일시는 대 혼잡을 일우엇고 전긔 초천방의 고용인 이재찬은 방금 본뎡서로 인치하고 취됴중이더라.[203]

　　이상과 같이 1908년 9월에 본격적으로 문을 열어서 우리나라 전통연희의 메카 구실을 해온 광무대가 한 소년의 실화로 인하여 전소된 것이다. 광무대를 20여 년 가까이 이끌어온 창설자 박승필은 충격을 받고, 재생을 각계에 호소하기도 했다.[204] 그러나 광무대는 다시 문을 열지 못했다. 당시 우리 사회, 경제, 문화 상황이 전통연희 전용극장을 살릴 만큼의 수준에 이르지 못했기 때문이다. 그런데 광무대의 소실은 한 날 뒤 마지막 경영주 임석진(林錫鎭)의 자살[205]이라는 불상사까지 낳은 바 있다.

　　이처럼 광무대는 우리나라 연극사상 매우 특이한 극장이었다. 더욱이 이 극장이 대한제국 시대에 민영환을 시켜서 신문화에 맞춰서 민중교화의 장으로 개설했고, 콜브란이라는 미국인의 아이디어를 빌었다는 점에서 흥미롭다. 광무대는 1898년 동대문 밖 전기회사 창고로부터 시작해서 1910년대는 황금유원 내(현 乙支路4街)로 옮겨졌고, 1920년대 들어서 어렵게 신축되었다. 그동안 경영주는 박승필이었지만, 1927년경부터 운영자도 여러 번 바뀌었다. 당초 영화관으로 출발했다가 1908년 9월 박승필이 인수하면서 전통연희 전용관으로 쓰인 것이다. 민족주의 성향이 강한 흥행업자 박승필은 고집스럽게 광무대를 전통연희 전용관으로 20년 이상을 활용했다. 물론 그는 시대추세에 따라 전통연희에다가 신극이라든가 양춤까지 함께 공연시키는 고육지책도 썼지만, 극장이념을 저버린 적은 없었다. 그러니까 그는 식민지치하의 궁핍 속에서도 자립적 운영을 끝까지 해보려 했다. 박승필은 끊임없이 새 레퍼토리 개발에 나섰고, 1930년대에 와서 창극이 완성될 수 있는 토대도 마련했다.

그는 민족애가 강했기 때문에 극장운영의 어려움 속에서도 자선공연을 많이 하여 공익적 측면에서 민족에 기여해보려 노력했다. 그는 경영상의 어려움 때문에 완전 월급제의 전속단체는 두지 못했지만, 수시로 반 전속예술단이라든가 상주 단체(常住團體) 같은 것도 시도했다. 그의 극장운영이 대단히 근대적이었던 점은 기업을 끌어들였다든가 오늘날 후원회에 해당하는 찬성회라는 것을 조직해서 광무대 경영에 도움을 받은 사실에서 잘 나타나고 있다. 그뿐만 아니라 수시로 입식향응이라는 서양식 리셉션을 베풀어 후원자들을 격려하기도 했다. 이러한 극장운영 방식이 1910년대부터 시행되었다는 것은 대단히 주목되는 부분으로서 오늘의 극장운영자들도 본받을 만하다. 이처럼 건축적으로는 하잘 것 없고, 또 시설도 대단히 열악한 광무대였지만, 운영자의 확고한 민족의식과 전통연희에 대한 애정으로 서양문물의 유입 속에서도 그 명맥을 꿋꿋하게 이어올 수 있었던 것이다.

4. 사설극장의 부침과 끈끈한 생명력

1) 장안사

1900년대에는 원각사나 광무대 외에도 여러 개의 극장들이 문을 열었다. 극장들이 갑자기 여러 개가 등장하면서 식자층의 비아냥을 받을 정도였다. 본래 우리나라에는 극장이라는 개념 자체가 없었기 때문에 몇 개 되지 않는 극장이었지만 식자층에게는 그것조차 눈에 거슬렸던 것이 아닌가 싶다. 협률사나 광무대 이후의 극장들은 대체로 두 부류였다. 하나의 부류는 한국인들이 만든 것이고, 또 다른 부류는 일본인들이 세운 극장들이었다. 즉 1905년 을사늑약 이후 일본인들이 서울을 중심으로 소위 거류민 촌을 형성할 만큼 많은 사람들이 정착하게 되었다. 이들 역시 오락이 필요했던 터라서 부산과 서울 및 인천 등 몇 개 개항도시에 극장을 개설하게 되었다. 그것은 대체로 19세기 말부터 1910년 사이였다. 특히 일본인들이 서울에 극장을 세운 것은 1907년을 전후해서라고 보는 근거는 다음과 같은 일인극장 화재사건을 근거로 해서였다.

> 明洞大火 再昨日 하오 九시경에 南部 明洞에 설립호 일인연극장에서 無根에 火가 起호야 히연극장 및 부근 거류 日人家屋 八號가 沒燒호얏는디 가옥의 손해가 3만5천 원이오 기타 물품의 被 燒額이 1만7천 원에 달호얏다더라.206)

이상의 당시 보도기사에서 볼 수 있는 바와 같이 1908년 2월에 일인극장이 불에 탔다는 것은 그 이전에 세워졌다는 이야기가 된다. 일본인들은 충무로, 남대문 등 자신들의 거류지역에 수좌(壽座), 가부키좌(歌舞伎座), 경성좌(京城座) 등을 세웠고 1910년에도 '御成座(おたりざ) 南大門外に 新築 竣工'207)이라고 보도될 만큼 극장 짓는 데 열을 올렸던 것이다. 그러나 그것은 어디까

지나 그들 자신을 위한 극장이었고, 한국 대중과는 거의 무관했다. 따라서 필자는 본서에서 일인극장 특히 일본 거류민만을 상대로 한 극장은 취급하지 않으려 한다.

사실 순수 한국인들의 손에 의해 세워진 극장들이 우리 대중을 상대로 공연을 해 왔는데 이따금 일본 자본가들이 극장 건립에 자금을 대거나 아니면 직접 소유하기도 했다. 우리의 경우 일본 식민지배하에 놓여 있었기 때문에 극소수 지주를 제외하고는 자본가가 드물 수밖에 없었다. 더욱이 문화예술을 이해하고 극장을 통해서 뭔가 해보려는 자본가는 거의 없었다. 바로 그 점에서 어려움 가운데 극장을 경영해 온 사람들이 돋보인다고 하겠다.

협률사와 원각사, 광무대가 당초에는 일종의 관립이거나 관립적 성격의 극장이므로 그래도 경영의 어려움이 적었지만, 기타 몇몇 극장들은 순수 사설극장들이어서 대단한 고통 속에서 유지되었고 단명(短命)했다. 단명한 극장들 중에서 그래도 10년 정도 존속했던 장안사(長安社)는 1908년 여름에 문을 열었음을 당시 기사를 통해서 짐작할 수 있다.

> **演奏會盛況** 孤兒院 자선연주회를 長安社에셔 개설홈은 己爲 보도되어니와 재 작야에 관광자가 千 餘名에 달하얏고 신사 及 관기의 의연금이 백 여환의 至ㅎ얏스며 고아원 情形에 대ㅎ야 次弟 연설ㅎᄂ 대 激切흔 언사와 該會 제씨의 자선열성은 人皆 칭송ㅎ더라.[208]

이상과 같은 기사가 장안사에 관한 첫 번째 기록으로 보이는데, 그 극장을 언제 누가 어느 장소에다가 어느 정도의 규모로 세웠는지에 관한 기록은 없다. 다만 장안사가 폐관할 무렵인 1916년 2월에 "경성 돈의동 장안사 쥬인 리길션(京城長安社 李吉善)"[209]이라는 기사가 나와 있는 것으로 보아서 이길션이라는 사람이 세운 것 같다. 물론 8년 사이에 설립자가 물러나고 이길션이 바톤을 이어받았을 가능성도 배제할 수는 없다. 그러나 기록상으로는 이길션

이외의 인물은 등장하지 않는다. 그리고 당시의 다른 극장들처럼 기존 건물을 개조해서 극장으로 활용했을 개연성은 거의 백퍼센트라는 생각이다. 규모는 알 수 없으나 극장 위치는 동구내(洞口內) 장대장동(張大將洞), 즉 장사골[210]이었음을 확인할 수 있다.

장안사는 문을 열자마자 시대 분위기를 좇아서 자선공연을 자주 가진 것이 특징인데 당대 유력자들이라 할 승선군 이준용(李俊鎔)을 비롯하여 승선부총관 조민희(趙民熙), 승녕부시종 이항구(李恒九) 등이 기생들을 대동하고 와서 기부금을 내고 간 바도 있다.[211]

그러나 당시 극장들의 시설은 대체로 엉망이었던 것 같다. 장안사만 하더라도 우선 자체 발전시설이 되어 있지 않아서 이따금 정전사고가 일어나 관객들의 항의로 곤욕을 치르는 경우가 있었다.[212] 그런데 흥미로운 사실은 장안사가 초창기에는 청나라 연희를 불러들여서 공연을 가진 점이라 하겠다.

清人演劇 근일 淸國倡夫 八十餘名이 거액에 자금을 辦出하야 해 연극 제구를 준비ᄒ고 洞口 內 장안사에서 일간 개장ᄒ다더라.[213]

이상에서 볼 수 있는 바와 같이 청나라 배우 80여 명이 장안사에 와서 공연을 했는데, 안동현(安東縣)에서 가져온 의상이 볼 만했던 것 같다.[214] 그리고 연희형태는 경극(京劇)이었고 주로 삼국지를 소재로 한 레퍼토리였음을 알 수가 있다.[215]

물론 청국 배우들이 상대한 것은 당연히 우리나라 대중이었음을 두말할 나위 없다. 청계천 일대에 거주하고 있었던 청국인들은 고작 7천여 명에 불과했으므로 그들만을 상대한다면 수지타산이 맞을 리 없다. 호기심 많은 우리나라 관객들이 장안사의 청나라 경극에 몰려들면서 분노한 청년이 관중을 향해 질타하자 모두 혼비백산했다는 기사는 주목할 만하다. 그 청년은 매표 장 입구에 모여 있는 청중을 향하여 눈물로 경고하기를 "目今 재정이 拙窘ᄒ야 상업계에 파산 도주ᄒᆞ는 자가 不少ᄒᆞ고 일반 동포의 餓死之患이 迫在朝夕인ᄃᆡ 금전을 費ᄒᆞ야 연극장 賞花界에 沈惑ᄒᆞ야 虛費歲月이 可乎아 흔즉 다수 관광인들이 擧皆嘆賞不已ᄒᆞ며 卽時 散歸"[216]했다는 보도가 나와 있다.

이러한 사건에서 느낄 수 있는 것은 당시 연극에 대한 일반인들의 인식이 대단치 않았고, 더 나아가 어려운 경제 상황에서는 낭비적 오락 정도로 보고 있었음을 알 수 있다. 결국 장안사는 일본 경시청의 집요한 탄압과 경제사정에 따른 관객 감소 등으로 인하여 1909년 11월 초순에 일시 문을 닫게 된다.[217] 그러나 곧바로 극장 문을 열고 공연 활동을 지속해갔다. 그러다가 1910년 초여름 들어서 또 다시 극장 문을 닫게 되었다.[218] 장안사가 두 번째 문을 닫은 이유는 경영난 때문이었다. 그렇다고 아주 폐관된 것은 아니었고 얼마 후에 재개관한 것 같다. 왜냐하면 두 번째 폐관 이후 두 달여 뒤에 장안사 극장 안에서 감시 헌병과 입석 경관 간에 충돌이 야기되는 사건이 있었기 때문이다.[219]

그런데 극장 안에서는 입석경관과 감시 헌병들 간에만 다툼이 있었던 것이 아니고 공짜표 사건으로도 충돌이 빚어지곤 했다.[220] 그런데 더욱 흥미로운 사실은 극장에서 그런 사건이 일어남으로써 관객이 오히려 증가했던 점이라 하겠다.

> **觀光者增加** 장안사 연극장은 設始이후로 관람자가 희소ᄒᆞ야 약간 매票金으로 經費가 극히 곤란ᄒᆞ니 何 事件을 因홈인지 관람자가 逐夜 雲集ᄒᆞ야 매야 매票金이 四拾 圓에 달ᄒᆞ다더라.[221]

이상에서 볼 수 있는 것처럼 극장에서 무슨 사건이 벌어져야 관객이 몰려드는 것 같다. 또 하나 주목할 만한 것은 일제의 한국병탄 이후 관직에 있던 사람들이 극장 경영에 참여한 사실이다. 가령 장안사만 하더라도 시종직(侍從職)에 있던 김덕진(金德鎭)이라는 인물이 주관을 한 것이다.[222] 그러나 더 주목되는 것은 장안사도 박승필의 광무대처럼 오늘날 후원회에 해당되는 찬성회(贊成會)라는 것을 조직한 점이다. 후원회를 조직하게 되니까 유력자들이 극장에 드나들게 되고 그들을 추종하는 기생 등 여성들도 많이 관람케 됨으로써 보수적인 지식층에게는 부정적으로 비추어졌던 것 같다. 그러한 지적이 당시 매일신보에 다음과 같이 나타났다.

花柳演劇 장안사 연극장에서 재작일 하오1시에 贊成員會를 開홈은 旣報어니와 당일 參會흔 찬성원 등의 보조흔 金額이 五十원에 달흐엿스며 就中에 從二品 金炳協氏는 金3원을 損助흐고 社務를 期於 확장흘 목적으로 설명흐엿고 侍從 金德鎭씨는 재무를 감독흔다는뒤 該社 연극에 여하흔 已無可言이어니와 不過 是幾個人의 풍류화류장이라는 醜說이 有흔지라 蕩子淫婦가 隊隊逐逐이 聯肩携手흐야 每夜 집회자이고 五六百名인뒤 某別室 某懇懃者 등이 無慮히 반수 이상에 달흐고 彼輩의 目之手之로 通情暗號홈은 傍衆의 이목을 현혹케흐고 滿場에 醜氣가 낭자홈으로 연소부녀와 청년제배가 此로 다흐야 一切 방탕흐다고 일반 비평이 有흐다더라.223)

이상의 비판적 보도 기사에 보이는 두 가지 중 첫째는 국권상실 뒤의 고관대작들이 극장 후원자로 나섰다는 것이고, 두 번째는 그들이 극장 후원자로 나서면서 그들의 소실 등 부도덕한 여성들까지 극장에 드나들었기 때문에 극장이 불건전한 사교장으로 변하고 있다는 지적이었다. 그러나 극장이 자립을 위하여 후원회를 조직했다는 것은 진일보한 경영 방식이었다고 아니 할 수 없다.

또 하나 주목되는 것이라면 장안사에 유력자들이 드나들고 이따금 무료입장과 관련된 불상사가 야기됨으로써 경찰에서 경비를 서 주기도 했다는 사실이다.224) 이처럼 장안사가 여러 가지 면에서 대중의 시선을 끌고 또 활발한 공연과 함께 관객이 급증하자 경찰당국이 탄압의 손길을 뻗치기 시작했다.225)

경찰당국에서는 대중이 선호하는 우리 고유한 전통연희를 제재하려는 움직임을 보인 것이다. 가령 장안사의 전속단원으로 보이는 명창 이동백(李東伯)을 호출하여 판소리라든가 민요 등을 부르지 못하게 한 것이야말로 단적인 예라 볼 수 있다.

경찰당국에서 전통연희 공연에 제동을 걸려고 위협을 가했지만 연희자들은 물러설 수가 없었다. 공연행위는 곧 그들의 생존 그 자체였기 때문에 공포감 속에서도 활동을 멈추지는 않았다.

총독부 어용신문이었던 매일신보는 계속해서 장안사 등 극장 감시를 게을리 하지 않았고, 조그마한 불상사도 침소봉대하여 사회문제화하곤 했다. 경찰은 언론과 결탁하여 장안사에 관객이 넘치는 것도 문제로 삼기도 했다.

演劇場 惡幣 장안사에셔는 소위 〈春香歌〉와 〈沈淸歌〉로 연극을 매야 설행 흠으로 음부탕자가 회동 관람ᄒᆞᄂᆞᄃᆡ 其中 부랑자제들은 부인석을 대ᄒᆞ야 悖言 忘談을 가ᄒᆞ며 혹은 猥褻ᄒᆞᆫ 언동이 왕왕 有之ᄒᆞ다ᄂᆞᄃᆡ 재 작야에ᄂᆞᆫ 관광인이 남녀 물론ᄒᆞ고 八百 名 이상에 달ᄒᆞᆯ지라 當直巡査가 해사주무 李應奎氏를 대 ᄒᆞ야 근책ᄒᆞ야 曰 五百 名 이내로 허입ᄒᆞ라고 曾往에 申飭함이 유ᄒᆞ거ᄂᆞᆫ 금야 에ᄂᆞᆫ 如彼히 다수 인중을 허입ᄒᆞ얏슨 즉 衛生에 방해가 불소홀 샌더러 雜畜이 頗極ᄒᆞ니 일후 주의ᄒᆞ라고 재삼 戒諭ᄒᆞ되 其 主務者ᄂᆞᆫ 관람표를 비밀 發售ᄒᆞ 야 관람인을 과도히 허입ᄒᆞᄂᆞᆫ 고로 李應奎氏를 該 掌內 순사파출소로 押去ᄒᆞ 얏다가 수 시간 후에 曉諭放送ᄒᆞ얏다더라.[226]

이상에서 볼 수 있는 것처럼 매일신보와 일본경찰은 장안사에 관객이 많이 드는 것 자체를 위생 규칙이라는 명목으로 걸어서 제재한 것이다. 그러니까 전통연희는 외설적인 내용으로 몰아붙였으며 몰려드는 관중은 위생규칙에 걸어 제동을 걸려들었다는 이야기이다. 반면에 일본본토에서 온 식자층은 우리 고유의 전통연희를 선호하는 편이었다.[227]

그럼에도 불구하고 총독부 어용 언론매체인 매일신보는 집요하게 장안사와 전통연희를 통렬히 비판했다. 매일신보는 사설까지 동원하여 장안사를 매도했는데 그 일부를 소개하면 다음과 같다.

(…전략…) 근일 소위 長安社라 ᄒᆞᄂᆞᆫ 연극장에서ᄂᆞᆫ 무수 潑皮의 徒가 聚集ᄒᆞ야 藝妓연주회를 설행ᄒᆞ야 관람자가 人山人海를 成ᄒᆞᆫ다ᄂᆞᆫᄃᆡ 狂童 亂女輩가 此를 호시기로 認做ᄒᆞ고 夜夜 회집ᄒᆞ야 眉去眼來에 桑期月約이 연락부절ᄒᆞᆷ으로 演場문전에 인력거가 幾十幾百으로 可算ᄒᆞᆯ지니 風化의 문란이 엇지 此에 심한 자가 又有ᄒᆞ리오 彼소위 주무자ᄂᆞᆫ 其목적이 금전에 止ᄒᆞ얏슨즉 불가불 여하ᄒᆞᆫ 남녀라도 多至함을 欣幸ᄒᆞᆯ지나 然ᄒᆞ나 醜說이 人耳에 낭자ᄒᆞ면 연장에도 필연 악영향이 有ᄒᆞ지며 又사무원된 자는 내왕인 편의를 與ᄒᆞ야 溫恭ᄒᆞᆫ 언사로 위치 급 통로를 상세 지도ᄒᆞ야 粉擾가 업케 ᄒᆞᆯ지어날 소위 사무원이 傲眼驕色으로 관람자를 대ᄒᆞ며 입장권을 조사ᄒᆞᆯ시에도 왕왕 悖說慢禮를 用ᄒᆞ야 舊日 捕吏가 죄인을 취체ᄒᆞᆷ과 同ᄒᆞ니 공중의 憤을 엇지 야기치 안이 ᄒᆞ리오……228)

이상의 사설에서 느낄 수 있는 것은 총독부 어용언론의 한국 전통연희 및 회중(會中)에 대한 경계의 눈초리라 하겠다. 당시 극장시설이 좋을 리 없는 상황에서 자꾸만 위생문제와 결부시켜 비판한 것은 온당한 일이라 보아주기 어렵다. 우리나라의 젊은 남녀관중을 탕자음부(蕩子淫婦)의 무리로 본 것 자체가 한국인에 대한 모독인 것이다. 그러나 피지배 백성으로서는 속수무책일 수밖에 없었다.

그리고 묵묵히 전통연희 위주의 공연활동을 벌였고, 또 대중은 열렬히 박수갈채를 보내주었다. 전통연희의 전문 공연장으로서 장안사는 거의 연중무휴로 공연활동을 벌여갔다. 당시에는 몇몇 인기 있는 예술단체들이 있었는데, 광무대를 경영하던 박승필 일행을 필두로 하여 김재종(金在鍾) 일행, 배웅현 일행 등과 몇 단체가 경쟁적으로 몇 극장을 옮겨 다니면서 흥행을 했었다. 이들은 세 군데 극장의 인기 예술단이었다.

장안사는 당대의 대표적 극장이었다고 할 광무대와 거의 쌍벽을 이룰 정도였다. 물론 단성사도 두 극장에 비해서 손색없을 만큼 전통연희 공연을 했다. 그 시기에 있어 장안사의 공연상황은 다음과 같았다.

> **長安社** 장안샤에셔는 낫에는 상품을 티여놋코 쓰름을 붓치는듸 련일 여러 사름이 승부를 도옵는 소리에 쟝안샤 집이 써나갈 쯧ᄒ며 밤에는 쏘 구연극을 ᄒ는듸 남광듸와 녀광듸의 노릐와 남원 명창에 宋萬甲이도 출연ᄒ며 승무와 쌍진됴도 신츌귀몰ᄒ다더라.[229]

이상에서 확인할 수 있는 것은 장안사가 광무대 운영 방식을 쫓아서 저녁에만 문을 연 것이 아니고 낮에도 씨름 대회로 관객을 불러 모았다는 점이다. 상품을 내걸고 하는 씨름대회였기 때문에 열기가 더 했고, 씨름대회가 끝나면서 밤 공연으로 이어졌다. 레퍼토리도 보면 남녀광대의 노래와 남원명창 당대명창 송만갑의 판소리, 그리고 승무와 땅재주 등으로 짜여졌다. 이처럼 장안사의 레퍼토리도 광무대나 단성사와 거의 동일한 것으로서 민요, 판소리, 민속무용 그리고 땅재주 등과 같은 남사당패의 몇 가지 예능 등으로 구성되어 있었던 것이다.

여러 가지 레퍼토리 중에서도 배응현 일행의 공연이 상당히 인기를 끌었던 것 같다.[230] 그러나 역시 당대의 국창이었던 송만갑이라든가 김창룡(金昌龍) 등을 능가하는 인기는 드물었던 것이 아닌가 싶다. 왜냐하면 두 명창에 환호한 관중이 같은 무대에 섰던 채란(采蘭)이라든가 해선(海仙) 등 기생들의 노래에는 냉담했기 때문이다.[231] 장안사에서 송만갑, 김창용 등 국창이 연일 인기를 끌자 관객이 몰려들었고 지방 등에서 평가를 받은 광대들도 모두 장안사로 모여 들었다.[232] 장안사는 당대 명창들과 기생만 모여든 것이 아니고

평양의 여낤탕패도 와서 공연을 했다.[233)]

장안사가 수익을 올리면서 공익에 눈을 떴으며 한국 병탄이전에 자주 했던 자선공연을 다시 시작했다. 즉 동창학교(東彰學校)에 기부금을 내기 위한 자선공연을 한 결과, 각계 유지와 기생 등 많은 사람들이 돈을 모아 주었던 것이다.[234)] 장안사의 자선공연은 학교만 위한 것은 아니었다. 조산부(助産婦) 양성소[235)]라든가 고아원 등을 위해서도 자선공연을 했다. 장안사는 난방시설이 되어 있지 않았기 때문에 혹한에는 휴관을 했다.[236)] 그렇다고 겨울 내내 휴관한 것이 아니고 날이 웬만하면 계속 공연을 가졌으며 문만 열면 겨울에도 관객은 넘쳤다고 한다.[237)]

그런데 장안사에서 한 가지 주목되는 사건이 일어난 바 있는데, 그것은 광대와 극장 직원들과의 난투극 사건이었다.[238)] 사실 극장에서 싸움이 벌어지는 것은 동서고금 어디에서나 흔히 있을 수 있음에도 굳이 장안사의 그 사건을 주목한 이유는 단 한 가지 때문이다. 즉 관객끼리의 싸움도 아니고 관객과 극장 직원 간의 싸움도 아닌 전속배우와 직원 간이었다는 점에서 예사로운 일이 아니라고 본 것이다. 그때까지만 해도 광대는 천민으로서 인간 대우를 제대로 받지 못 할 때였다.

그럼에도 불구하고 전속 광대가 직원에게 맞었다는 것은 배우의 사회적 지위가 어느 정도 향상되어 간 것 같고, 또 하나는 배우가 인기인으로서 행세하기 시작한 것이 아닌가 싶다. 여하튼 1913년 여름 장안사에서 일어난 배우와 직원 간의 난투극은 흥미 차원을 넘은 것이있다고 하겠다.

또 하나 장안사는 기업의 홍보연극을 해 준 극장이었다. 즉 1913년 초가을 욱정환정약방(旭町丸正藥房)의 홍보연극에 경품을 내걸기까지 하면서 다음과 같이 시행했다.

장안샤의 경품연극 경셩 旭町丸正藥房에셔 업무를 확쟝흔 축하로 본원 일일부터 삼일성지 ᄉ흘 밤을 쟝안샤에셔 연극회를 열엇ᄂ딕 쳐음날 부터 믹야 만

원의 성황을 일우엇다 ᄒ며 ᄯᅩ 일반 관람쟈에게ᄂᆞᆫ 일등 이십오 젼, 이등 십오 젼, 삼등 십 젼의 神丹과 본지 광고란에 게직흔 경품권을 주며 이 젼신란의 경품권을 가진 인ᄉᆞᄂᆞᆫ 무료로 관람케 한다ᄂᆞᆫ디 남챵 녀우의 여러 가지 구연극 이 ᄆᆡ우 ᄌᆡ미 잇다더라.[239)]

　이상과 같은 연극행사는 대단히 주목할 만한 것이라 아니할 수 없다. 즉 기업이 자사의 홍보를 위하여 극장에 공연을 의뢰한 것이 우선 흥미롭고 다른 한편으로는 극장이 교묘하게 기업을 끌어들인 점이 꽤나 앞서가는 것이었다. 사실 이러한 발상도 아마 박승필에게서 나온 것이 아닌가 싶다.

　이처럼 이미 1910년대 초에 광무대라든가 장안사 같은 극장들이 생존을 위해 여러 가지 자구책을 쓴 것이다. 또 하나 장안사가 자구책의 일환으로 신연극 쪽으로도 레퍼토리를 확충한 점이다. 주로 전통연희만 공연해 오던 장안사가 1913년 가을에 갑자기 신파극으로 보이는 신연극도 시도했다.[240)] 그러나 신연극 시도는 실패로 끝났던 것 같다. 왜냐하면 관객들이 그것을 재미없는 연극이라고 비판했기 때문이다. 사실 그것은 실패할 수밖에 없었다. 평생 전통연희만을 해 온 소위 광대들이 단시일 내에 신파극을 배워서 무대에 올릴 경우 어설플 수밖에 없는 것은 당연하다. 대중이 신파극을 선호한다고 그것을 흉내 낸다는 발상 자체가 잘못된 것이었다. 그것을 알아차린 극장 측에서 좀처럼 그런 시도를 하지 않은 것도 실패가 하나의 교훈이 되었던 것이 아닌가 싶다.

　따라서 전속 비슷하게 있었던 김재종 일행은 전래의 판소리와 창극, 이를테면 〈박타령〉이라든가 〈춘향가〉, 〈심청가〉 등과 〈이별가〉, 〈삼남교자(三南敎子)〉, 〈효자소설(孝子小說)〉, 〈맛랑가(愛歌)〉 등과 평양 날탕패, 서도 민요, 각종 기악연주로 매일 밤 관객을 불러 들였던 것이다. 어떻게 보면 장안사의 레퍼토리는 구태의연한 것이었고 가을이나 겨울 낮에 씨름 대회를 연 것이 좀 이색적인 것이었다.

매일 밤 공연을 했기 때문에 관객이 많든 적든 장안사를 드나들었고, 그에 따른 극장의 위생시설 문제가 떠오르곤 했다. 특히 화장실 문제가 자주 가십 거리가 되었음을 다음과 같은 당시 관객의 투고에서 알 수 있다.

독자긔별(短評) 쟝안샤 표파는 엽헤 잇는 변소야말로 참 기다나이야. 오줌이 막 흘녀셔 사름 단이는 길로 흘너닉리는딕 데일 닙시 쩌문에 죽겟셔요. 그것은 위싱 방히가 안인가.(掩鼻生)[241]

그러나 그것은 어쩔 수 없었던 것 같다. 당시 우리의 재정사정이 어려웠던 데다가 건축술의 수준도 낮은 데 따른 것으로 이해할 수밖에 없을 듯싶다. 오죽했으면 그 이전에는 부인 관객들이 요강까지 지참하고 관람을 했겠는가. 열악한 시설과 한정된 레퍼토리로 매일 밤 관객을 불러들이는 일이 어려웠음 은 두말할 나위 없다. 그러나 장안사만 어려운 것이 아니라 관객도 마찬가지 였다.

씨름 외에는 특별한 스포츠도 없었던 데다가 저급한 신파극 그리고 역시 무성영화 관람이 오락의 전부였다. 그러할 때였으므로 부실한 장안사였지만 매일 밤 수백 명씩 관중이 모여 들었던 것이다. 장안사는 모든 예능을 다 동 원했는데 하다 못해서 야외놀이인 남사당패(男寺黨牌)까지 극장무대로 끌어 들이기까지 했다.[242] 장안사는 그 해 초여름 들어서 구연극을 확장한다는 광 고를 다음과 같이 낸 바 있다.

광고(長安社 金在鍾一行), 이것 보시오
구연극 확장을 ▲호접무(蝴蝶舞) ▲삼락무(三樂舞) ▲꼭두각씨(傀儡)
▲암힝어스의 치적(暗行御史治蹟) 각종……
취미가 진진 京城中部 張大將洞 長安社 金在鍾 一行」[243]

이상에서 알 수 있는 것처럼 장안사는 김재종 일행이 전속단체 노릇을 하면서 전통연희를 광범위하게 무대에 올렸던 것이다. 그런데 김재종 일행은 한때 아예 장안사 일행으로 불리면서 1914년 여름에는 처음으로 평안북도의 여러 지역을 순회 공연한 적도 있다.[244] 당시 극장이 전속단체를 앞세워 가지고 지방순회, 그것도 서울에서 멀리 떨어져 있는 평안북도까지 간 것은 극히 드문 일이었다. 그런데 일행을 순회 공연시키면서도 서울의 장안사 극장에서는 여전히 공연활동을 벌였다는 점에서 전속단원 일부만 순회공연에 참여했음을 알 수 있다. 그러나 극장경영과 공연 예술계를 잘 아는 전문가도 없이 매일매일 공연 레퍼토리를 마련하는 일은 대단히 어려운 일이었을 것이다. 그렇기 때문에 때때로 휴관도 하지 않을 수 없었던 것 같다. 가령 1914년 여름 매일신보의 독자 투고란에 보면 장안사의 임시 휴관과 연극개량에 대한 일반 대중의 갈망이 나타나 있다.

　　讀者俱樂部(短評) 장안사에셔 몃칠 간 연극을 정지ᄒ기에 무슴 싱탁인가 ᄒ얏더니 호접무와 쏙두각씨놀니ᄂᆞᆫ 것을 연습ᄒᆞᆫ든 모양이야 무론 무슴 영업이든지 경징ᄒᆞ야 변경ᄒᆞᆷ이 점점 발뎐되ᄂᆞᆫ 긔초인ᄌᆞᆨ 알깃더군. 다른 연극장도 긔량 좀 ᄒᆞ얏스면 관람자의 환영을 바들걸.(引勸者)[245]

이상에서 볼 수 있는 바와 같이 장안사 등 극장들이 대단한 매너리즘에 빠져있었고, 관객들의 개량 욕구 또한 만만치 않았음을 확인할 수 있다. 그러나 극장 측에서는 예술능력이나 경영능력, 재정능력 그 어느 것도 갖추지 못함으로써 관객들의 소망을 채워줄 수가 없었다. 이런 것이 결국 극장이 문을 닫게 된 주요 원인이 되었을 것임은 명약관화하다. 결국 장안사는 그러한 여러 가지 한계를 극복하지 못하고 1914년 8월 문을 닫고 말았다. 그런데 흥미로운 사실은 장안사의 폐관에 대하여 일반 대중이 아쉬움은커녕 오히려 잘 되었다는 반응을 보였다는 사실이다.

독자긔별(短評) 지금 경셩 닉 구연극으로는 광무디 한아만 잇고 쟝안샤 단셩샤는 모다 동구람이가 아리비생이 되야 스요나라를 ᄒ얏슴듸다그려. 구연극이라는 것은 모죠리 업셔져도 관계치 안탄 말이야.(新派生)[246]

결국 전통연희 전용관이었던 세 극장 중 장안사와 단성사가 문을 닫음으로써 광무대 하나만 남게 되었다. 이는 곧 1910년대 중반 들어서 전통연희가 급격히 쇠퇴의 조짐을 보여주는 것이기도 하다. 장안사가 완전 폐관되면서 전속단원들은 모두 광무대로 합쳐졌다.[247]

장안사가 완전히 문을 닫은 후 1년 반 뒤에 전속배우들을 이끌었던 김재종(金在鍾)이 장안사주였던 이길선(李吉善)에게 도구반환을 요구하는 설유원을 경찰서에 내는 사건이 벌어졌다.[248] 그 후 그 사건이 어떻게 처리되었는지는 알 길이 없다. 아마도 이길선 장안사주가 그 연희도구를 갖고 있었다면 돌려주지 않았을까 추측할 뿐이다.

이상과 같이 장안사는 1908년 이길선이 장대장동에다가 개설해서 1914년 가을에 문을 닫을 때까지 7년여 동안 우리 고유의 전통연희를 공연한 전문극장이었다. 극장경영에 대한 노하우가 전혀 없었던 인물이 재정의 어려움 속에서도 끝까지 대중의 오락장으로서 장안사를 지켰다는 것은 높이 평가 받을 만하다. 장안사는 우리의 극장발전사에 있어서 매우 중요한 세 가지 일을 했는데, 그 첫째가 자선공연이고 두 번째는 오늘날의 후원회에 해당되는 찬성회라는 것을 조직한 것이며 세 번째는 기업의 홍보연극도 시도해 본 것이라 하겠다.

2) 초창기 신파극의 온상, 연흥사

동대문 전차차고가 광무대라는 극장 이름을 내걸고 새로 출범한 1907년에는 단성사와 연흥사(演興社)도 문을 열었다. 즉 연흥사는 1907년 11월 말에

연흥사 전경 그림

서울 중부 사동(寺洞)의 장윤직(張潤稙)이라는 개인 저택에다가 개설했음을
다음과 같은 당시 기사로 확인할 수 있다.

又設演臺. 宋芝萬, 李俊東, 李鐘振 三代가 경시청에 청원ᄒᆞ되 刱設 연희ᄒᆞ
야 帳懷樂志ᄒᆞ야 以導 風化之漸華ᄒᆞ며 開發 泰平之氣像ᄒᆞ며 亦爲 營業故로
中署寺洞 張潤稙家에 演戲樓를 건축코저 ᄒᆞ니 恨 五年ᄒᆞ고 特爲 認許ᄒᆞ라 ᄒᆞ
얏더라.249)

이상에서 알 수 있는 바와 같이 연흥사는 송지만, 이준동, 이종진 등 세 사
람이 사가(私家)를 개조해서 만든 극장이었다. 물론 당시 기사에는 연흥사라

고 적혀 있지는 않지만 사동(寺洞)에는 연흥사 밖에 없었으므로 그렇게 추정하는 것이다. 따라서 연흥사라는 이름으로 공연활동을 벌이기 시작한 것은 이듬 해(1908년) 4월 하순이었고, 영선군 이준용(李俊鎔)과 이완용 총리의 아들 이항구(李恒九)가 기생들과 함께 관극한 것이 당시 기사에 나온다.[250] 그런데 이 시기에 주목할 만한 사실은 난국에 처한 상황에서 대중이 극장이나 몰려다니는 것에 대한 식자층의 신랄한 비판과 의혈청년들의 대극장 테러가 있었다는 점이다. 그 좋은 예가 황성신문의 다음과 같은 논설이라 하겠다.

> **對演戲場ᄒ야 嘆邦人의 失其常性** (…전략…) 彼之明 각국의 연희장은 皆其 世人의 선악을 권징ᄒ며 국민의 충의를 감발ᄒ기 위ᄒ야 歌以諷詠ᄒ며 舞以形 容ᄒᄂ니 연희장이 亦一敎育意味를 寓ᄒᄂ 地어ᄂᆯ 今所謂 협률사와 단성사와 연흥사는 適足히 인심을 蕩逸케ᄒ고 풍속을 淫靡케 ᄒ지니 其爲 손해가 但히 금전을 耗費케 ᄒ 쑨이 아닌則 警官의 責이 有ᄒ 자는 此를 금지ᄒ던지 改良 ᄒ던지 一日이라도 恬視勿問ᄒᆯ 者가 아니오 일반 국민된 자는 雖 其學識 無ᄒ 고 智慮가 短ᄒ 者라도 금일 此境遇를 당ᄒ야 엇지 遨遊를 耽ᄒ며 淫樂에 취 ᄒ깃는가 一分常性이 有ᄒ 자면 宜乎 戒之愼之ᄒ며 踈之遠之ᄒᆯ지니 嗟我兄 弟姉妹ᄂ 急急回顧ᄒ야 恐懼修者을 是圖ᄒᆯ지어다.[251]

이상에서 볼 수 있는 것처럼 온 나라가 외세의 음험한 침략의 징후로 인하여 2천만 민족의 운명이 경각에 처해있는 상황에서 그렇게 많은 사람들이 극장에 몰려다니면서 풍류나 즐기고 있을 때냐 하는 질타였다. 이러한 식자층의 극장관(劇場觀) 내지 시국관은 일부 의혈 청년들을 자극하여 극장 안에서 폭탄을 터뜨리는 불상사를 야기하기까지 했다. 그러니까 일종의 극장 습격사건인데, 연흥사가 그런 첫 번째 대상이었음을 알 수가 있다.[252] 그럼에도 불구하고 연흥사는 몰려드는 관객을 위하여 좋은 레퍼토리를 제공하려는 의욕에 넘쳤다. 가령 연흥사가 분창 형 판소리를 무대에 올리기 위하여 삼남 지방에서 명창 30여 명을 데려온 것은 그 단적인 예가 될 만하다.

> **華容演戱** 사동 연흥사에셔 각종 연예를 확장ᄒᆞᄂ 중인대 위선 華容道를 실시하기 위ᄒᆞ야 該 社員 일명을 일작에 三南 등지로 파송ᄒᆞ야 唱夫 三十名을 모집ᄒᆞᆫ다ᄂᆞᆫ딕 소입 경비ᄂᆞᆫ 지화 8백환 가량이라더라.[253]

이상에서 주목되는 것은 이제 겨우 시작된 분창 형 창극 〈화용도〉 공연을 위하여 삼남지방까지 사람을 보내 30여 명의 창부를 모집해오는데 있어서 8백 환의 거금을 들였다는 사실이라 하겠다. 그러면서도 연흥사가 자선공연에 선뜻 나선 것은 경영자의 애국심을 짐작게 하는 것이다.[254] 주로 무동이라든가 기악 등 전통연희로 관객을 끌어들이던 연흥사가 출범 반년 만에 경영난에 봉착함으로써 일단 매도하기로 했던 것 같다. 그러나 당시로써는 대단한 거금인 4천 원을 내걸었기 때문에 매수자가 선뜻 나서지 않았다.[255] 따라서 연흥사는 자선공연 중심으로 그날그날 유지해 갔는데 공익사업이어서 사회 유지들의 호응이 잇달았다.[256] 그러한 연흥사의 활동과 레퍼토리, 그리고 지도부는 다음과 같은 당시 광고에 구체적으로 나타나 있다.

> **特別廣告** 본인 등이 자선부인회 내 棄兒收養所의 경비를 충보ᄒᆞ기 위ᄒᆞ야 자선연주회를 설행ᄒᆞ오니 신사귀부인은 자선심을 特發하시와 如雲 錫覽ᄒᆞ심을 위망.
> 一. 처소ᄂᆞᆫ 寺洞 演興社 內
> 一. 일자ᄂᆞᆫ 陰 六月초十일로 十二일선지
> 一. 시간은 하오 六시로 十二시선지
> 一. 연예ᄂᆞᆫ 舞童, 藝妓唱, 平壤牌, 춘향가
> 기타 자선 연주회 발기인 연흥사총무 朴完根, 연흥사감독 宋鍾五, 詩洞 賞

花室 金明完 동 韓昌植 동 山月 동 月色 동 蓮心 동 楊色 동 紅桃 河橋賞花室

高桂天 동 金舜澤 동 琛蓮 동 娟蓮.[257]

이처럼 연흥사의 실무책임자는 박완근(총무)과 송종오(감독)였고, 레퍼토리는 당시 다른 극장들과 대동소이했는데 판소리, 창극, 평양 날탕패 그리고 기생들의 무용과 민요 등이었다. 그런데 한 가지 주목할 만한 것은 연흥사가 잠시 프랑스 사람을 사장으로 옹립한 적이 있었고, 그에게 월급을 제때에 주지 못하여 커다란 불상사가 야기되었다는 점이다.[258] 이것은 매우 흥미로운 일로서 서양인이 극장 사장을 맡은 것도 전무후무할뿐더러 급료 때문에 극장에서 행패를 부렸다는 것도 예삿일이 아니다. 그런 가운데 연흥사는 군수를 지낸 이풍의라는 사람에게 매도되었다.

전군수 이풍의가 연흥사를 賣渡ㅎ야 연극장을 設始ㅎ 후로 習元 償客이 희소ㅎ야 興況이 무ㅎ므로 贊成員 標紙를 다수 刊出ㅎ야 각 신사에게 傳致 請覽ㅎ다더라.[259]

이풍의가 연흥사를 인수한 후에도 재정형편은 말이 아니었다. 그리하여 직원 봉급을 3개월씩이나 주지 못해서 총무가 피신하는 사태까지 빚어졌었다.[260] 그러나 극장은 유지시켜야 되었고 따라서 아무런 선별도 없이 극장을 대여하기도 했다. 마구잡이 극장대관은 결국 보수층의 반발을 샀음은 두말할 것도 없다. 가령 여학생들의 극장 출입 등이 여론의 지탄을 받기도 한 것이다.[261] 여론이 비등하면서 연흥사의 자선공연도 제대로 되지 않을 수밖에 없었다. 즉 연흥사가 자선공연을 위한 초대권을 여러 기관에 보내자 즉각 반송되어 오기도 했었다.[262] 그리고 원각사, 연흥사 등 몇 남은 극장에 대한 식자층의 비판은 시간이 갈수록 심해졌다. 가령 대한매일신보의 1909년 2월 10일자 논설 일부를 소개해보면 이러했다.

彼원래 탕자의 名號를 佩ᄒᆞ야 원각사 연흥사를 家舍로 作ᄒᆞ며 青樓房料理店을 生涯로 認ᄒᆞ야 不老艸聲裡에 일생을 送ᄒᆞᄂᆞᆫ 자ᄂᆞᆫ 狂熱이 已極혼 자라 足責홀것도 無ᄒᆞ거니와 吾儕의 惜ᄒᆞᄂᆞᆫ 바ᄂᆞᆫ 乃彼社會가 稱曰 志士라 ᄒᆞ며 후진이 尊曰 선생이라ᄒᆞ야 其언론 其風力 其명예가 족히 民志를 이전홀 자가 사치적 유희를 樂ᄒᆞᄂᆞᆫ 者가 多有ᄒᆞ니 吾가 此를 惜ᄒᆞ며 吾가 此를 嘆ᄒᆞ노라 ……263)

이상의 논설에서 보여주는 것은 사회적 신분이 높은 인사들의 극장 출입이 잦다는 것과 시대 분위기에 맞지 않는 전통연희에 대한 불만이 컸다는 점이라 하겠다. 이는 사실 당시 개신유학파 지식인들의 협량한 문예관을 보여주는 것이어서 씁쓸하다. 왜 당시 그들이 우리의 전통연희를 그렇게 폄하했느냐 하는 것과 상류층 인사들의 극장 출입이 뭐 그렇게 나쁘냐 하는 것이다. 당시 지식층을 주도했던 지사류(志士類) 인사들은 대부분 개신유학파(改新儒學派)들로서 실학사상과 유학의 도덕원리를 기본으로 하고 있었기 때문에 민속예능을 시대착오적인 것으로 인식할 수가 있었으리라 본다. 그러나 식자층의 집요한 비판에도 불구하고 극장은 지속적으로 자체 기획공연과 자선 대관공연을 했다. 이러한 상황 속에서 연흥사가 창극 〈배비장타령〉을 무대에 올렸는데 관객의 감소로 인해서 경영의 어려움에 봉착하기도 했다.264) 거의 문 닫을 지경에 이른 연흥사는 사회적 명분이라도 세우려고 기아(棄兒)수용소 자선공연에 극장을 대여했다.265) 기아수용소는 일종의 고아원으로서 유지가 곤란한 기아수용소에 극장을 빌려줌으로써 쌍방이 모두 살 수 있는 길을 모색한 것이다. 그들은 공연만으로 부족해서 사회명사들을 동원하여 관중을 설득하기도 했다.

그러나 언론을 주도하는 식자층은 여전히 극장을 매도했다. 언론이 극장을 매도하자 종교인들도 연흥사 등을 사갈시(蛇蝎視)했다. 가령 연흥사가 한창 공연 중에 있음에도 극장 앞 건물에서 기독교 신도들이 소리 높여 노래를 부름으로써 공연을 방해하는 일이 생긴 것도 그 하나의 경우라 볼 수 있다.[266] 극장이 이처럼 내외로부터 압박을 받고 경영 상태도 어려움에 처해 있음에도 순경 등 무료 입장객만 증가함으로써 극장 측에서는 고육지책으로 두 배의 급료를 지불해가면서 일본인을 고용인으로 쓰기도 했다.[267]

그럼에도 불구하고 연흥사 극장 안에서는 심심찮게 입석경관과 다른 부서(헌병사령부) 등에서 파견된 정탐원 간에 충돌이 일어나곤 했다.[268] 대한제국의 국권상실이 임박해지면서 사회분위기는 흉흉하고 헌병사령부, 경찰 등 군경 부서에서 파견한 정보원들이 극장분위기를 더욱 위축시켰음은 두말할 나위 없다. 그런 가운데서 극장은 식자층으로부터는 비판을 받고 일본경찰 등 사법기관으로부터는 끊임없이 감시와 압박을 당했다.

그런 분위기였기 때문에 관객은 감소해 갔다. 경찰당국과 극장 측은 입장객 40명 미만이면 공연을 하지 않는다는 규칙을 만들어 시행했다. 1909년 8월 1일 그러한 규칙에 따라 극장 문을 열지 않는 사태가 빚어졌다.[269] 그러한 극장규칙은 대단히 중요한 의미를 갖는 것이다. 왜냐하면 극장 위축의 중요한 계기가 될 수 있었기 때문이다. 사실 극장에서 40명 미만의 관객은 흔히 발생할 수 있는 일이다. 더욱이 당시 서울 인구는 20만 명을 겨우 상회할 때였기 때문에 39명이 그렇게 적은 관객이 아니라고 볼 수 있다. 그런 중에도 조중응(趙重應) 같은 농상공부대신이 연흥사에 와서 관극을 한 것이다.[270] 그런데 여기서 한 가지 주목할 사실은 연흥사가 재정의 어려움에도 불구하고 버틸 수 있었던 것은 경기도 광주의 석(石) 씨라는 인물이 뒷돈을 댔기 때문이었던 것 같다. 가령 당시 한 신문의 단평 가운데 "돈 가지고 무슨 生涯를 못 해서 演興社니 단성사니 사람 버리게 ᄒᆞᄂᆞᆫ 생애를 해, 演興社 말이 낫스니 말이지 뒷돈 댄 자들이 다 결단이 낫다ᄂᆞᆫ듸 廣州에 ᄉᆞᄂᆞᆫ 石哥가 돈 三萬兩 밋진 후에 ᄯᅩ 몇 萬量 내셔 一新擴張ᄒᆞ얏다ᄂᆞᆫ데 그 자ᄂᆞᆫ 누군지 모르거니와 ᄯᅩ ᄒᆞ나 망홀 놈 낫네"[271]라고 비아냥을 들었다.

그런데 흥미로운 사실은 광주의 그 석 씨가 중부 사동, 즉 극장 근처에서 전당포를 운영하는 석숭환(石崇煥)으로 보인다는 점이다.272) 그래서 어려운 가운데서도 연흥사는 그럭저럭 문 닫지 않고 운영해 갈 수가 있었다. 극장 측으로서도 난감하기는 마찬가지였다. 왜냐하면 식자층의 끊임없는 비판과 일본경찰의 단속은 날이 갈수록 심해졌고 경영 등에도 무지했기 때문이다. 솔직히 내외의 압력도 문제지만 스스로의 레퍼토리 개발에도 소홀했던 것을 부인할 수가 없다. 당시 한 언론인은 연흥사의 공연내용을 일본과 비교해서 다음과 같이 비판한다.

……同行友人을 향ᄒᆞ야 물은즉 소위 演興社라 ᄒᆞᄂᆞ 연극장에셔 노ᄂᆞ 音樂 소리라 ᄒᆞ거늘 일차 관람홀 想覺이 발ᄒᆞ야 우인으로 더부러 買券입장ᄒᆞᆫ즉 時 가 임의 하오 8시경이 지ᄂᆞᆫ지라 무슴 열어가지고 동강 거리ᄂᆞ 소릐에 귀ᄂᆞ 쏘 고 아모 演戱도 ᄒᆞᄂᆞ 것을 볼 슈 업더니 1시경을 지나서 小鼓 잡은 자 三・四 명 이 돌출ᄒᆞ더니 다리를 들고 도라가면서 두 손으로 소고를 놉푸락 나즈락ᄒᆞ ᄂᆞ 모양이 可笑치도 안코 可責홀 것도 업는 중에 무슴 노릐라고도 ᄒᆞᄂᆞ 모양인 딕 흔참들 고아ᄂᆡ 면서 지지괴ᄂᆞ 가운딕 노래곡조를 알아들을 수 업서 겻테 안즌 우인다려 무른즉 曰 鸞鳳歌, 曰 四巨里, 曰 방에타령, 曰 膽破菰타령이라 ᄒᆞᄂᆞᆫᄃᆡ 그중에 대개 들은 곡조를 暗記ᄒᆞᆫ 즉(에라 노하라 나 못 노킷다 열네 번 죽어도 나 못 노킷다)(물길나 간다고 강째 말고 살궁장 알이 박움물 파라)ᄒᆞ ᄂᆞ 소릐 등 속인딕 참 머리 압푼 광경을 볼 수 업서 나오자 ᄒᆞᆫ즉 동행ᄒᆞᆫ 우인의 말이 좀더 귀경ᄒᆞ면 실지로 자미스러운 연희가 잇다고 좀더 보기를 간청ᄒᆞ거늘 부득이ᄒᆞ야 良久히 안즌즉 웬 기생 1명이 쏘흔 雜打슈으로 창부를 比肩進退ᄒᆞ ᄂᆞ 滛雜戱 쑌이오 쏘 좀 잇다가 ᄒᆞᄂᆞ 놀음은 춘향이와 이도령이 서로 작별ᄒᆞᄂᆞ 씬에 ᄒᆞᄂᆞ 모양 참 남녀 관광자의 誨誘滛 홀 자료가 될 쑌이라 嗟홉다. 제씨여 이런 일을 참아 홀 쩍가 되ᄂᆞᆫ가 국가의 岌嶪ᄒᆞᆫ 時勢가 다맛 일반 인민의 지식 으로써 挽回홀 자가 아닌가……273)

이상에서 느낄 수 있는 것은 당시 식자층의 경직된 예술관과 함께 극장의 부실하면서도 구태의연한 레퍼토리라 하겠다. 그러니까 국가와 민족의 운명이 경각에 처해 있는데, 극장에서는 천박한 사랑 놀음이나 하고 야한 내용의 소리, 몸짓, 춤이나 추어서 되겠느냐는 것이었다. 사실 당대 지식인들로서는 충분히 개탄할 만한 것이었다고 말할 수가 있다. 그러나 예술에 문외한이라 할 극장 운영자들로서는 어쩔 수 없는 처지였다. 신식 교육을 받은 극작가나 작곡가 연출가, 안무가들이 전무한 상황에서 광대와 기생이 하는 것은 전래의 민속예능 전통연희 밖에는 도리가 없었다. 바로 그 지점에서 지식인들과 극장 운영자들 간의 괴리와 갈등이 생길 수밖에 없었던 것이다. 그런 중에서 설상가상으로 연흥사는 시설불비에 따른 관객의 거센 항의를 받곤 했다. 즉 11월 말의 혹한 속에서도 난방시설이 없는 관계로 일부 관객의 환불소동도 야기되고 공연 중단까지 하는 사태가 벌어졌다.274)

연흥사는 개관 이후 제대로 풀려간 적이 한 번도 없었다. 연희 자체에 대한 이해가 부족한 지식층으로부터 끊임없이 매도를 당하고 한국인들이 모이는 것을 싫어한 일본 치안당국으로부터 압력을 받았으며 시설불비로 인해서 관객들로부터도 불평을 들어야 했다. 결국 1910년도에 들어서자마자 일본 경찰 당국으로부터 전통연희 중 외설적인 내용은 공연을 하지 말라는 압력을 받게 된다.275)

그러니까 일제경찰은 연흥사의 실질적인 책임자라 할 총무[魏洪奭]를 직접 호출해서 압력을 가하기까지 했다. 그러나 극장 측으로서는 별다른 방법이 없었다. 전통연희 밖에 모르는 그들로서는 가급적이면 대사가 없는 시사무(矢射舞)와 같은 민속 또는 궁중무용 등을 주로 공연케 된 것이다.276) 레퍼토리에 제약을 받으면서 대관료를 인상하는 수밖에 없었던 것 같다. 왜냐하면 자선단체들이 연흥사의 높은 대관료 때문에 연흥사를 피해서 다른 극장으로 옮겨가곤 했기 때문이다.277)

사실 연흥사를 괴롭힌 것은 그러한 재정문제나 시국 상황만도 아니었다. 도덕적으로 부패한 고관대작들이 드나들면서 지식층의 비난도 야기시켰을 뿐 아니라 그들의 횡포도 적지 않았다. 가령 매일 공연해야 할 창부를 불러내어 며칠씩 놓아주지 않음으로써 정상적인 공연을 못하는 경우까지 있을 정도였다.

> **唱夫被奪** 李址鎔, 趙鐘緖, 李範喬, 金昇圭 제씨가 일전에 연흥사(연극장)에
> 전왕 관광훈 후 해 연극장 주무인에게 교섭도 無히 唱夫 朴基鉉을 이지용씨
> 용산별장에 초치ᄒᆞ야 二 晝夜를 聽唱ᄒᆞ얏슴으로 해 연극장에서 損害가 불소ᄒᆞ
> 야 이지용씨에게 손해금을 請求ᄒᆞᆫ다더라.[278]

이상과 당시 부패 무능한 고관들은 극장의 공연사정도 아랑곳하지 않고 좋아하는 광대를 불러내어 별장이나 사랑채 같은 장소에서 개별적으로 놀이판을 벌임으로써 극장의 공연질서를 파괴하는 경우가 종종 있었던 것이다. 연흥사만 하더라도 이지용에게 손해배상을 청구했지만 유력자였던 이지용이 과연 배상을 했는지는 알 수가 없다. 당시 권력자들이 극장에 해를 끼친 경우는 종종 있다. 즉 박기양(朴箕陽) 전판서의 친동생[建陽]이 연흥사에 와서 전속 기생과 수작을 벌인 일이 있었는데, 그 결과 기생이 극장을 쫓겨난 경우 같은 경우이다.[279] 그 시절 극장에서는 참으로 희한한 일들이 곧잘 일어났다. 즉 극장 안에서 공연 중에 집단 강도사건까지 일어난 것이다.[280] 그런데 이해할 수 없는 것이 당시 극장들에는 감시 경찰부터 헌병대의 밀정 등이 있었을 터인데, 그런 사건이 어떻게 일어날 수 있었는가 하는 의문이다.

이처럼 당시 극장들은 시설, 치안, 풍기 등 여러 면에서 엉망이었다. 한번은 관리를 사칭한 치한이 엄격히 구분된 부인석에까지 침입하여 경찰에게 끌려나간 일도 있었다.[281] 그런데 주목할 만한 사실은 극장에서 일어나는 불미스러운 일들을 보는 치안당국의 입장이었다.

이 말은 곧 극장에서의 잦은 사건이 공연물의 외설성에서 비롯되는 것으로 판단하고 있었다는 이야기이다. 가령 연흥사에서 치한을 끌어냈던 경찰과장 이헌규(李憲珪)가 한 달 뒤 연흥사에 나타나서 음탕한 가곡 공연을 못하게 한 일은 그 좋은 증거가 될 만하다.[282] 또한 연흥사가 일제의 한국병탄 직전에는 또 내우외환에 시달리기도 했다. 즉 극장 직원들과 전속 배우들 간에 이익금 분배를 놓고 큰 싸움이 벌어진 사건이 그 하나의 예이다.

風波 사동 연흥사에셔 재 작야에 事務員 及 唱夫들이 利益金 분배에 관ᄒ야 불공평ᄒ 점이 有ᄒ던지 일장 풍파가 起ᄒ얏다더라.[283]

이처럼 당시 연흥사는 거의 수습이 어려울 정도로 내우외환에 시달렸으며 개선의 기미가 전혀 보이지 않았다. 경찰과장이 유독 연흥사에 자주 드나들면서 웬만한 내용의 레퍼토리는 상풍패속의 작품이라고 금지[284]시키다보니 레퍼토리 취택에 더욱 어려움을 겪을 수밖에 없었고 결국 화희(火戲)까지 무대에 올리는 지경에 이르렀다.[285] 일제의 한국병탄 이후에도 연흥사는 문을 닫지 않고 극장운영을 계속했다. 재정적으로는 여전히 어려운 처지였지만 여러 가지 방책을 강구하면서 그날그날 꾸려가는 처지였다. 그동안 경영주라든가 지도부도 부분적으로 교체되기도 했다. 1911년 봄에는 전남 광주에서 활동하는 창부를 불러올렸다가 커다란 풍파를 겪기도 했는데, 그것은 순전히 영리 때문이었고 극장주인과 고용사장 간의 갈등이 빚어낸 사건이었다.[286] 이것이야말로 극장 운영의 난맥상을 단적으로 보여준 예라 하겠다. 연흥사는 극장 유지를 위해서 수단 방법을 가리지 않았고, 따라서 레퍼토리 개발에 심혈을 기울인 것도 사실이다. 1910년에 화희를 무대에 올렸던 연흥사는 이듬해 가을에는 연화술(煙火術)까지 공연하여 많은 관객을 동원한 바 있다.

演社 壯觀 向일에 演火術을 사동 연흥에 설행ᄒ얏ᄂᄃ 관광ᄒᄂ 인사가 雲

과 如히 集ㅎ야 성황을 모ㅎ엿고 且本月 十一일 하오 七시브터 연화술과 手品
歌曲과 기외 각색 연예를 설ㅎ는딕 장관이 多ㅎ리라더라.[287]

이상에서 느낄 수 있는 것은 연흥사가 아크로바틱한 레퍼토리까지 받아들
인 점이라 하겠다. 그리고 그 해 하반기부터 신연극에 눈을 돌린 듯 싶다.
가령 10월 초에 특별한 연극이라면서 풍속개량까지 들먹인 것을 보면 아마도
이제 막 시작하려는 일본신파극에 눈을 돌린 것이 아닌가 싶다.[288] 일본신파
극이 정식 시작된 것은 1911년 12월이므로 연흥사가 신파극을 처음 한 것은
아니었다. 임성구의 혁신단 이전까지만 해도 신파극단은 없었기 때문이다.
그러나 1912년 들어서는 연흥사가 전통연희 공연 대신 갓 시작된 신파극을
무대에 올리기 시작했다. 그런데 연흥사가 신파극단을 불러들이면서 문제점
에 봉착한 것이다. 신파극을 공연하기에는 무대와 객석이 너무 협소했기 때
문이다. 따라서 연흥사는 다음과 같이 건물 확장에 들어가게 된다.

연흥샤 확쟝건축 즁부 스동 연흥샤에셔 설힝ㅎ는 혁신단 연극은 풍속과 긔강
에 뎍당ㅎ 직료를 만히 연구ㅎ야 일반의 관람을 젹의케 홈으로 관람쟈가 밤마
다 팔 구 빅 명에 달ㅎ야 쳐소가 심히 협착ㅎ더니 여러 빅 원의 자본금을 구취
ㅎ야 확쟝 건츅ㅎ는 즁인 딕 불원간에 역ㅅ를 맛칠 터이라더라.[289]

이상에서 확인할 수 있는 첫째는 연흥사가 본격적으로 신파극을 받아들이
는 근대적인 극장으로 변신했다는 것, 둘째는 신파극을 위해서 무대를 넓히고
동시에 몰려드는 관객을 수용하기 위하여 객석을 확장했다는 것이며, 셋째는
하룻밤에 8, 9백여 명의 관객을 수용했다는 점에서 대형극장으로 자리 잡았
다는 것 등이라 하겠다. 그렇다고 해서 연흥사가 전통연희를 완전히 배제한
것은 아니었다. 신파극이 아직 제자리 잡은 것은 아니기 때문에 신파극단 몇
개가 연흥사 무대를 매일매일 채울 수 있는 것이 아니었다. 따라서 1912년에

도 용성사(龍成社) 일행이 전통연희를 공연했고, 관객 역시 꾸준히 몰려들었던 것 같다.[290)

그리고 연흥사가 개관 초부터 주최 또는 대관으로 자선공연을 펼쳐왔는데 1910년대 들어서도 간헐적이긴 하지만 그 사업을 지속했다. 1912년 초여름에도 연흥사는 기생조합 주최의 조산부양성소 보조금 모금을 위한 연예회를 열었는데 당대의 일류 기생들이 여러 명 출연했다.[291)

그러나 시간이 흐를수록 신파극이 대중의 호응을 얻으면서 연흥사 또한 신파극단에 주로 대관해주는 방향으로 나아가게 되었다. 가령 1913년도 연흥사가 신파극단들의 전용극장처럼 사용되던 때 상당한 인기를 누렸던 〈쌍옥루〉 공연과 관련된 기사 한 토막을 소개하면 다음과 같다.

> 三十日夜의 〈雙玉淚〉盛況 본샤 신보의 연지ᄒ던 쇼셜 〈쌍옥루〉 연극의 대환영을 밧고 다시 잇틀 연긔. 이십구일브터 연흥샤에셔 흥힝ᄒ는 본샤 연지쇼셜 雙玉淚연극은 ᄆᆡ일 다슈 인ᄉ가 대환영으로 오후 ᄉ오시브터 자리를 쎅앗기지 안이ᄒᆞ랴고 문이 메이도록 답지ᄒᄂᆞᆫ듸 원릭에 그 쇼셜도 ᄂᆡ용이 대단히 슯흐고 가련ᄒᆞᆫ ᄉ정이 보는 사름으로 ᄒᆞ동정의 눈물을 금키 어렵게 ᄒᆞ거니와 혁신단 림셩구일힝의 일반 ᄇᆡ우가 더욱 일층 연구하고 열심ᄒᆞ야 막이 열니이면 보는 사름이 눈물을 흘니며 옷깃을 적시이며 간간이 박슈갈ᄎᆡᄒᄂᆞᆫ 쇼릭는 귀가 ᄶᅡ가올 디경이오……[292)

이상에서 알 수 있는 바와 같이 연흥사가 1913년도에 들어서는 거의 신파극의 본거지 구실을 하게 되었다. 연흥사가 이처럼 신파극 공연장으로 변모하면서 극장도 살고 신파극도 번창하는 일거양득의 효과가 나타나게 되었다.

연흥사는 특히 최초의 신파극단이었던 혁신단 임성구(林聖九) 일행이 주무대로 삼았다. 혁신단 임성구 일행은 연흥사를 신파극의 본거지로 삼고서 간간이 지방 순회공연에 나서기도 했다.[293) 연흥사의 신파극 공연에 관객이 많이 몰리게 된 요인은 아무래도 언론(매일신보)의 적극적인 협조가 컸다. 매일신보는 총독부 기관지로서 유일한 신문이었음은 익히 알려져 있는 사실이다. 이 신문은 자체의 주최로 신파관극회를 자주 열거나 독자 할인권을 발매하기도 해서 연흥사, 장안사 등에 관객이 몰리도록 했던 것이다.294) 이처럼 연흥사는 언론의 도움을 받아 승승장구했다. 당시 신파극의 히트작은 대부분 연흥사에서 탄생될 정도였다. 가령 1914년 여름 연흥사에서 공연한 정극단(正劇團)의 〈형제〉만 하더라도 우중임에도 불구하고 대성황을 이루었다.

> **演興社의 兄弟劇** 금 사일밤부터 경성 사동 연흥사에서 본보 런지쇼셜 兄弟를 흥힝흔다더라. 본보를 익독ᄒ시ᄂ 졔군은 물론 한번 가셔 보시려니와 막이 여러 막인즉 아모조록 일즉이 입장을 ᄒ여야 젼후를 쟈셔히 볼지오. ᄯ흔 만원이 되야 입쟝치 못흘 념려가 잇슨 즉 더욱 일즉 감이 필요ᄒ다더라.295)

이상과 같이 연흥사는 거의 매일 밤 신파극을 공연했고 인기 작품에는 관객이 발을 디딜 틈조차 없을 정도로 대만원을 이루었다. 그렇던 연흥사였지만 1914년 10월 8일부터 돌연 문을 닫게 된다.

> **연흥샤 허가쟉쇼** 경성부 인ㅅ동에 잇ᄂ 演興社 연극쟝집은 집이 넘어 오릭고 짓기를 잘못 지어 여러 사름을 슈용ᄒ기 덕당치 못흠으로 지나간 팔일브터 그 집을 쓰지 못ᄒ게 흠은 경성사름이 다 아는 바어니와 지난 달 이십구일 일ᄌ로 경무총장은 그 쇼유쟈 슈표교 申泰休에게 딕ᄒ야 연흥샤의 허가를 쟉쇼흔 일이 작일 관보로 발포ᄒ얏슨즉 ᄯ 허가를 싀로 엇지 못ᄒ면 다시 집을 곳쳐 짓지 못ᄒ리라더라.296)

이상과 같은 당시 보도기사를 보면 잘 나가던 연흥사의 급작스런 폐관 이유가 순전히 낡은 건물 때문으로 되어 있다. 사실 그것은 맞는 보도일 듯싶다.

왜냐하면 당초 연흥사는 기존 건물, 그것도 비교적 오래된 집을 약간 개조해서 극장으로 사용하면서 내부 확장공사를 한번 한 일이 있다. 따라서 건물의 안전 문제는 중요사항이 되었을 것은 명약관화하다. 그런 건물에 관객들이 많이 출입하다 보니 안전상 큰 문제가 되었으리라 본다. 이리하여 연흥사는 약 7년여 동안 전통연희와 신파극의 요람으로서 그 역사적 사명을 다하고 문을 닫았다. 연흥사가 완전 폐관되자 전통연희를 주로 하던 단성사가 신파극까지 포용하지 않을 수 없게 된 것이다.

3) 앞서갔던 단성사

오늘날 단성사(團成社)라고 하면 유명한 영화관으로서 모르는 사람이 없을 정도로 대중에게 친숙해져 있다. 그러나 단성사가 우리나라 극장사상 가장 오래된 영화관이라는 사실을 아는 사람은 거의 없다. 물론 지난해(2016년) 완전히 사라진 단성사 그 자체가 110년의 역사를 가진 극장은 아니다. 다만 종로3가 그 자리에 단성사라는 극장이 들어섰다가 소실된 바 있었고, 여러 번의 신축과 개축을 거듭했으며 공동설립자 지명근(池明根) 등 이후에 소유주 또한 수없이 바뀌면서 지난해까지 존속했을 뿐이다. 따라서 한국극장 사상 가장 전통 있는 단성사의 발전과정을 추적하는 것은 대단히 중요한 일이라 아니할 수 없다.

왜냐하면 단성사의 역사야말로 근대 공연예술과 대중문화의 변천과정 그자체이고 동시에 서울시민 생활사의 한 부분도 되기 때문이다. 그만큼 단성사는 하나의 조그만 극장건물을 넘어 근대 한국인들의 정서와 꿈의 산실이기도 했다. 이러한 단성사가 설립된 것은 1907년 6월 초였다. 즉 서울에서 조그만 사업을 하고 있던 지명근, 주수영(朱壽榮), 박태일(朴太一) 등이 공동 출자하여 우리나라 '연예계를 발달시키기 위해서'(萬歲報, 1907.6.7) 기존 목조 2층 건물을 가지고 문을 열었던 것이다. 저간의 사정으로 볼 때 지명근, 주수영, 박태일 등은 상당히 개명된 인물들로 보인다. 왜냐하면 을사늑약 이후 시국이 대단히 어수선한 때 조선의 무대예술을 발전시키겠다고 수익이 보장되지 않는 극장을 개설했기 때문이다. 그리하여 단성사는 당장에 유력자들의 사교장 비슷하게 되었다. 가령 이들이 당시 독일여성으로서 정동에 한국 최초의 호텔을 열었던 손탁의 집에 모인 고관들과 함께 단성사로 직행했던 사실에서 잘 나타나고 있다.

> **宴後 視戲** 재 작야 하오7시 시종장 趙民熙씨가 孫澤孃邸에 연회를 배설ᄒ야 모모 친지를 宴待ᄒ얏ᄂ듸 尹德榮, 尹澤榮, 李址鎔 3씨가 往參ᄒ얏다가 동 10시에 團成社로 내왕ᄒ야 연희를 관람ᄒ고 夜深 後에 귀ᄒ얏더라.[297]

이상의 기사에서 알 수 있는 바와 같이 단성사는 당대 권력자들이 찾는 연희오락장으로 자리를 잡아갔던 것이다. 그렇다면 단성사의 위치는 어디였는가 하는 점이다. 분명한 것은 그 위치가 동문 내(東門內)[298]라는 사실이 밝혀져 있다. 동문 내라는 곳이 구체적으로 어디인가는 알 수 없다. 다만 추측한다면 동문 내라는 것이 오늘의 단성사 그 자리일 것이라는 점이다. 오늘날 종로3가 단성사 위치는 동대문으로부터 매우 가까운 거리가 아닌가. 단성사는 개설되자마자 협률사와 함께 대중이 가장 선호하는 극장이 되었다. 따라서 단성사도 협률사와 함께 보수적인 언론으로부터 탕자들의 오락장이 되었다고 호된 비판을 받기 시작했다. 가령 당시 유력한 민족지였던 대한매일신보는 '율사패산(律社敗産)'이라는 제목을 붙여가지고 "단성사이니 협률사이니 설치ᄒ 후로 豪華者 富貴客들이 매야 該 社에 追逐하야 蕩敗 家産者가 근일 이래로 우심ᄒ다더라"[299]고 개탄한 바 있다. 이러한 보수 언론의 비판으로 경시청에서까지 주목하게 되었고 폐관까지 검토했었음을 다음의 기사에서 확인할 수 있다.

律社 宜廢 단성사이니 협률사이니 刱設ᄒ 該里 遊子蕩客의 심지를 현혹케

ᄒ으로 재산을 耗損ᄒ 자가 유지ᄒ으로 경시청에서 장차 조사ᄒ야 인민의 방

해가 不少ᄒ면 廢止ᄒ기로 결정ᄒ얏더더라.[300]

　이처럼 경시청의 주목 대상이 되었던 단성사는 폐관 조치까지는 당하지 않

았다. 단성사는 여론의 비판을 받으면서도 여전히 상류층 사람들의 연희오락

장 구실을 계속한 것이다. 그런 한편으로 단성사는 공익활동에 적극 나서게

된다. 즉 단성사는 1908년 6월 말부터 7월까지 계속해서 고아원 등에 기부할

돈을 마련하는 자선공연을 가진 것이다. 자선공연은 대체로 두 가지 방식으

로 진행되었다. 한 가지는 아무래도 유지들에게 대관해 준 경우이고, 다른 한

가지는 극장 자체에서 마련한 것이 아닌가 싶다. 자선공연은 기생들의 창이

나 무용 등이 주였던 것 같다.[301] 실제로 당시 무대예술은 전통연희가 전부였

으므로 판소리나 민요, 민속무용, 기악연주 등을 넘어설 수는 없었다.

　그런데 흥미로운 사실은 단성사 건물은 2층이었고 여성관객과 남성관객을

2층과 1층 또는 별실 등으로 분리했었음을 다음과 같은 붕괴사고 기사로 확

인할 수 있다.

　團成落傷 재작야 단성사에서 자선연주회를 設ᄒ고 관광인을 納受ᄒᄂᄃ 하

로 9시경에 부인 관광실 상청이 陷覆ᄒ야 상층 부인이 雹落 下層ᄒ이 하층 부

인은 猝被 霹靂ᄒ야 互相 磨着ᄒ며 互相 踐踏ᄒ야 파상 두부ᄒ며 披磨 面相

ᄒ며 或 腰部 脚部를 不能 屈伸ᄒᄂ 중에 순사가 해 부인덜을 협문으로 구출

ᄒ야 蒙裳 及 首飾을 太半見失ᄒ야 洞口大路에 多數婦人이……[302]

　이상과 같이 단성사는 2층이 무너져 내릴 만큼 매우 낡은 목조건물이었다.

그럼에도 불구하고 단성사는 수리 후에 계속 공연장으로 썼다. 그러다가 결

국 재정난으로 잠시 폐관되었고, 서울에 들어와 있던 청나라 사람들이 극장을

빌려서 자기 나라의 전통적인 경극(京劇)을 공연함으로써 명맥을 유지한 적도 있다.[303] 지주 출신으로 보이는 이익우(李益雨)가 지명근 등 세 사람으로부터 단성사를 인수하여 전답을 팔아 운영하는 처지가 되었지만 이익도 남기지 못하고 여론으로부터도 부정적이었다.

> **團成社長의 손해** 단성사장 李益雨氏가 하등 이익을 획득코저 홈이던지 田土를 斥賣ᄒ야 該社 경비를 지급흔 금액이 千 餘환이라 근일 錢政이 공황홈을 인ᄒ야 該 社事務가 凋殘홈이 천 여환 손해를 徵取홀 處가 無ᄒ다니 該금액을 학교에나 損助ᄒ얏써면 공익이나 되겟지.[304]

위와 같은 황성신문의 단성사주에 대한 비판을 보면 당시에는 적어도 공연장이 수익성이 전혀 없는 상가와 같은 것으로 취급받고 있었음을 알 수 있다. 특히 몇 개 안 되는 극장들이 자선공연을 많이 하고 있었음에도 불구하고 보수적인 지식인들로부터 폄하되고 매도당하기 일쑤였다. 지식층으로부터 매도를 당하면서도 극장 경영자들은 극장 유지에 혼신의 열정을 쏟았다. 그런데 극장 경영자들이 지식인들로부터만 비판을 받은 것이 아니었다. 일제 경시청으로부터는 끊임없는 폐관 압력을 받았다. 관객마저 적었기 때문에 경영주들은 사면초가에 몰리기가 일쑤였다. 단성사만 하더라도 여러 번의 폐관 위기를 맞았고, 1909년 봄에는 출연 배우들에게 출연료를 지급하지 못함으로써 폐관의 위기에 몰린 바도 있었다.[305]

물론 그렇다고 해서 단성사가 문을 닫은 것은 아니었다. 단성사가 재정난을 겪는 등 여러 가지 어려움에 봉착하자 일본 거류민들이 손을 대기 시작했다. 가령 1909년 5월에 일본 흥행업자들이 단성사를 빌려서 영화를 상영하고 자기 나라 연극 작품까지 무대에 올리자 호기심 많은 우리나라 관객들이 다수 몰려들었고, 그 와중에서 일본인들의 행패도 극심했다. 수모를 당한 우리나라 관중이 가만히 있을 리 만무했다. 그 풍파과정을 당시 대한매일신보는 다음과 같이 묘사했다.

演場 風波 재 작야 동구 내 團成社에셔 何許 日人이 활동사진과 각종 연극을 설행ᄒᆞᄂᆞᆫᄃᆡ 伊時에 관광남녀가 다수히 회집ᄒᆞᆫ 고로 該 日人이 대단 奔踏ᄒᆞ다 ᄒᆞ야 手持 水棒ᄒᆞ고 無難亂打ᄒᆞ야 仍以 해산케 ᄒᆞᄂᆞᆫ 고로 해관광인들이 不勝 忿怒ᄒᆞ야 일제 擧石 投人ᄒᆞᄆᆡ 일장 풍파가 야기ᄒᆞ얏다더라.[306]

이처럼 일본인들은 서울을 중심으로 거류민촌을 형성하고 조선인에 대한 행패가 적지 않았다. 그것은 1905년 을사늑약 이후의 서울의 풍경이기도 했다. 일본인들이 단성사에서 분란을 일으킨 이후 단성사에는 투석사건이 자주 일어났다.[307] 그만큼 일본인들에 대한 적대감은 나날이 더해갔던 것이다. 그런 어수선한 사회 분위기 속에서도 단성사 등 몇 개의 극장들은 근근이 연명해갔다. 단성사 또한 어려움 속에서도 폐관되지 않고 영업을 계속했다. 1910년도에 들어서도 출연배우와 일반 고용인에게 월급을 50환과 30환을 지급할 만큼 관객은 꾸준히 있었던 것 같다.[308] 1911년 들어서 단성사는 경영주가 바뀌었다. 이익우 한 사람으로부터 최우석(崔禹錫), 장기형(張機衡), 박기영(朴基英) 등 3인 공동경영으로 전환된 것이다. 그리고 장소는 그대로 중부 파조교(罷朝橋) 옆이었다.[309]

사실 당시 극장들은 문화 사업을 한다는 명분을 내걸지는 못했다. 광무대처럼 박승필이라는 민족주의자가 신념을 갖고 운영을 한 경우에도 공연물에 대해서는 비판이 따랐다. 하물며 일반 극장들은 수익만을 생각했기 때문에 공연물에 대해서 보수층이나 관(官)으로부터의 비판은 심할 수밖에 없었다. 특히 전통연희의 가치에 대한 이해가 부족한 사람들에게는 그것이 퇴폐물로 비치기 일쑤였다. 특히 총독부 기관지였던 매일신보의 필봉은 매서웠다. 가령 1911년 봄 단성사에 대한 다음과 같은 비판 기사는 하나의 본보기가 될 만하다.

團成社 嚴重團束 중부 罷朝橋에 在흔 단성사 劇演場에셔는 淫談悖說로 관람자의 이목을 眩亂케 홀 샏만 안이라 풍속을 괴란케 흔다흐야 소관 경찰서에셔 주무자를 申飭흐얏스되 終不 聽從흐는 고로 작일 오젼에 該 社총무 張機衡氏를 초치흐야 엄중히 團束흐얏다더라.[310]

이상에서 알 수 있는 것처럼 단성사는 전통연희를 주로 공연하는 극장으로 고정되어 있었는데, 보수 식자층 또는 친일언론 등에서는 그것을 풍속괴란의 음담패설로 매도한 것이다. 그러나 단성사는 그런 것에 구애받지 않고 거의 연중무휴로 전통연희를 무대에 올렸다. 당시의 공연 몇 가지를 소개하면 다음과 같다.

團成社 단성샤에셔는 구연극을 계속 흥힝흐는디 즈미 잇는 각종 노름바지를 열심 연구흐야 관람쟈의 환영을 엇기를 쥬션 즁이라더라.[311]

團成社 시곡 예기조합에셔 경비를 보용흐기 위흐야 동구 안 단성샤에셔 연쥬를 여러날지 흥힝흐는 즁인디 관긱이 답지흐야 비샹흔 셩황을 엇은 즁 녀청 현소운의 타령과 기성 최경의 각종 지죠는 칭찬 안이 홀쟈 업다더라.[312]

이상에서 알 수 있는 것처럼 단성사는 당시의 극장 광무대라든가 장안사 등과 함께 판소리, 민요, 민속무용, 전통음악, 재담, 무속 등 전통연희 전문극장으로서 대중의 오락장 구실을 톡톡히 했다. 그런데 1912년 들어서는 전통연희를 조금씩 개량하기 시작했고 그것을 신연극(新演劇)이라 부르기도 했다. 단성사에서 하는 연극이 괜찮다는 소문이 나면서 창덕궁에서도 초청하여 송병준(宋秉畯) 같은 친일 고관대작도 관극을 할 정도였다.

新演劇의 入聞 중부 파조교 단성사에셔는 근일 각종의 新演劇을 셜행흐는디

壯觀의 연극이 有ㅎ다ㅎ야 昌德宮에셔는 일간 해 연극을 召入ㅎ샤 御觀覽ㅎ
신다더라.(매일신보, 1912.1.6)

宋子의 연극관람 자작 宋秉畯氏는 재작일야에 내지인巡査1명을 대동ㅎ고
중부 파조교 단성사연극을 관람ㅎ 후 金貨2원을 기부하고 찬성ㅎ는 意를 표ㅎ
얏다더라.313)

이처럼 단성사는 여타 극장들보다는 상류층 사람들에게 어필했던 것 같다.
그러다 보니 단성사 내에서는 도박이 성행하는 일까지 벌어지게 된 것이 아
닌가 싶다. 즉 단성사 직원들은 연극 종료 후에 일반 관객들과 어울려 도박판
을 벌였고, 그것이 드디어 경찰이 개입하는 사태까지 빚어졌음을 다음과 같은
당시 기사로 알 수 있다.

演劇 後 花鬪 단성사 연극장에서 일반사무원 등이 연극을 종료ㅎ 후이면 해
사무실 내에서 花鬪局을 설ㅎ야 다수의 특실이 유ㅎ다 흠으로 일반 경관이 주
목ㅎ다더니 재작일 오전2시경에 화투국을 又爲 설행하다가 발각되야 韓昌烈,
許起鳳, 權光植, 林龍九 등 9명이 소관 경찰서에 被捉ㅎ얏다더라.314)

이상과 같이 단성사가 고관들이 자주 찾고 사람들이 몰리면서 극장 내에서
도박까지 성행하는 대중 오락장이 된 것이다. 단성사에 관객이 많이 들어오
자 전통연희, 그것도 개량된 연희를 전문으로 하는 강선루(降仙樓) 일행이라
는 전속단체를 두기에 이른다.

(광고)**단성사 개연 공전절후의 妓生歌舞** 본사에셔 종전의 기생가무를 일신
개량ㅎ야 文藝的 劇演場으로 본월 21일 위시ㅎ야 흥행ㅎ오니 (藝題는 매일교
체) 첨군자 귀부인은 일차 청람ㅎ심을 복망, 개연시간 매일 하오7시반. 단성사

演藝會內 降仙樓一行 白, 舊日 妓生의 가무를 改良홈은 본사의 특색이라. 취미다대흔 여흥도 有홈.315)

이 강선루 일행은 관객들로부터 상당한 호응을 얻었는데, 이들이 개량했다는 것은 별 것이 아니고 유영갑(柳泳甲)이라든가 박춘재(朴春載) 등이 해 온 재담을 없앤 것임을 다음과 같은 당시 보도로 알 수 있다.

降仙樓의 善惡 一評 즁부 파죠교 단셩샤에서 흥힝ᄒᄂᆫ 강선루일힝의 쟝쳐와 단쳐를 드려셔 일츠 경고흔 결과를 朴春載와 柳泳甲 등의 풍쇽괴란ᄒᄂᆫ 지료ᄂᆫ 일톄로 업스고 슌젼흔 기악으로 흥힝ᄒᄂᆫ 즁에 庶民安樂舞 향쟝무, 獻船桃의 모든 가무와 즐풍류ᄂᆫ 진실로 셩대태평의 긔상을 쟈랑흘 쑨 안이라 그 쳥아흔 가곡과 반션흔 춤쟝단은 가히 관람쟈의 심신을 화일케 ᄒᆞ며 기타의 던긔츔과 나븨츔이며, 기싱환등과 금강산 샤진은 근일 연극쟝에셔는 처음 보는 바인즉 구일 연극으로ᄂᆫ 십분 완젼ᄒᆞ다고 흘만 ᄒᆞ나.316)

이처럼 강선루 일행의 개량 전통연희는 기악과 무용이 주가 되는 것이고 거기다가 환등(幻燈)을 가미한 정도였다. 그러니까 박춘재나 유영갑 등이 주로 해온 화극적인 재담과 성주풀이, 제석타령 같은 무속적인 것도 상풍패속의 음담패설로 매도되어 무대에서 추방했음을 의미한다. 그런데 개량된 레퍼토리도 몇 가지 문제점이 있다고 다음과 같이 지적된 바도 있다.

登降仙樓ᄒᆞ야 試一評 (…전략…) 그러ᄒᆞ나 악공의 춤쟝단이 넘우 느려셔 관람쟈의 지리흔 싱각을 발케흔즉 아모리 젼일의 습관일지라도 시딗와 인졍을 인ᄒᆞ야 죵쇽ᄒᆞ도록 긔량ᄒᆞᄂᆫ 것이 됴을 듯ᄒᆞ며.317)

이상에서 볼 수 있는 바와 같이 강선루일행의 개량이라는 것은 보잘 것 없

는 기존의 가무였다. 따라서 지식층에서는 전통연희도 시대감각을 좇아서 과
감하게 개량할 것을 촉구했던 것이다. 그러나 그것은 불가능한 일이었다. 당
시에는 연출가나 작곡가 또는 극작가 등이 없었기 때문에 더 이상의 개선이
나 개량은 할 수가 없었다. 다행히 강선루 일행의 인기가 좋았기 때문에 금련,
경월, 경패, 옥련, 명옥, 취련, 국희, 채홍, 금주, 녹주, 봉랑, 연홍, 난주, 산월
등 당대 일급 예기(藝妓)들이 모두 단성사에 모여 들었다. 그리하여 단성사는
1914년 초에 신축개관을 했다. 워낙 낡은 목조건물이었기 때문에 그동안 내
부 일부가 붕괴되기도 하고 낡은 건물이 가져오는 여러 가지 웃지 못 할 불상
사도 적지 않았다. 일본인이 조금씩 간여하게 되면서 신축을 서둘렀던 것 같
다. 1913년 7월에 구 건물을 헐고 그 자리에 새로 극장 건물을 세운 것이다.

新築落成흔 團成社 경성 즁부 동구 안에 잇는 연극쟝 단셩샤를 헐고 식로
짓는다 흠은 이젼에 여러 번 긔지흔 바 작년 칠월에 역스를 시작ᄒᆞ야 임의 집
건축은 다 맛치고 구멍 안에 닉부 슈졍싯지 젼혀 맛칠 터이라는딕 간수가 일빅
륙십팔 간에 무딕가 삼십이 간이오 관람쟈의 뎡원이 일 쳔 명이오 뎐긔등이
빅오십기오. 안은 일본졔로 밧갓 쟝면은 셔양 졔도인딕 일 이등 셕은 젼부 다
다미를 싸랏고 하등 셕도 쟝교의에 안져 보게 되얏스며 기타 여러 가지 구죠와
쟝식이 죠션의 연극쟝으로는 션도에 데일이 되겟스며 구력 졍월 초 하로 날브
터 기싱의 연쥬회로 첫번 무딕를 연다더라. 총건축비 일만일쳔원.[318]

이상에서 알 수 있는 바와 같이 단성사는 극장다운 건물을 처음으로 갖게
되었는데 그것이 개관한 지 7년여 만이었다. 거금 1만 1천 원을 들여서 5개월
만에 건축된 단성사는 당시로써는 가장 큰 1천석의 극장이었고 외형은 서양
풍이었지만 내부시설은 일본식이었고 상등석에 다다미를 깔았다는 것이 대단
히 이색적이었다. 단성사 신축 건물에서 주목을 끄는 것은 객석과 무대 면적
인데 전체 268칸에 무대면적이 32칸이라는 점이다. 여기서 무대면적을 굳이

지적하려는 것은 연극공연의 편리함과 연결시켜보기 위해서이다.

　물론 총면적이 268칸이라서 객석 면적은 알 수 없지만 여하튼 무대면적이 좁은 것만은 틀림없다. 이 말은 곧 단성사가 연극공연장으로서는 적합지 않았다는 이야기가 된다. 그뿐만 아니라 단성사가 매우 독특한 건물양식이었는데, 그것은 외형이 서양식이고 내부가 일본식이었다는 점 때문이다. 그러니까 처음 지어진 단성사 건물이 서양식과 일본식의 절충형이었던 것이다. 일제의 한국병탄 이후 4년 뒤에 지어진 단성사가 그런 절충형 건축물이었다는 것은 서양을 동경하는 일본인들의 염원을 담았다는 점에서 시사하는 바가 크다. 단성사는 신축기념공연으로 다음과 같은 프로를 마련했다.

新築 落成된 團成社 大大的 大觀劇!! 本團이 금회에 신축 낙성흔 후 제일 벽두에 廣橋 妓生 전부가 전무후무흔 각양가무를 연주흐읍는 바 가무의 종별 은 如左흠

　　演劇科目

　　項莊舞, 船遊樂, 舞鼓, 佳人剪牧丹, 抛球樂, 長生寶宴之舞, 響鈴舞, 庶民安 樂舞, 劍舞, 僧舞, 絲風流, 獅子舞 등 각종 娛嬉劇. 中部洞口 內 團成社白.[319]

　이상에서 볼 수 있듯이 단성사 신축 기념 피로공연은 순전히 민속무와 궁중무 등 전통무용으로 짜여진 것이 특징이다. 그럼에도 불구하고 호기심 많은 관객이 몰려들었다. 당시에는 광무대라든가 연흥사, 장안사 등 몇 개의 극장이 있었으나 시설 면에서 신축된 단성사와는 비교도 되지 않았기 때문에 관중이 몰렸던 것 같다. 그래서 단성사는 일시에 아수라장이 될 만큼 여러 가지 문제를 일으키기도 했다.

　즉 사람이 몰리다 보니 화장실이라든가 쓰레기 문제 등이 발생하여 행정당국이 개입하는 사태까지 빚어졌던 것이다.[320] 물론 관청의 간여는 단순히 단성사의 불결 때문만은 아니었을 성싶다. 한국인들이 많이 모여드는 것에 대

한 경찰당국의 감시와 경고성이 내포되었다고 보는 것이 타당했다고 보아진다. 가령 '사름이 답지ᄒ야 혼잡을 극'했다는 대목이야말로 우리의 주목을 끈다고 아니 할 수 없다.

여하튼 단성사 내부가 몰려드는 관중에 비해서 협소한 것만은 분명했다. 따라서 단성사는 신축 개관 반년 만에 일부를 헐어내고 다음과 같이 확장공사를 했던 것이다.

연극장의 크게 건축

죠선에도 각디에 신파연극이 날로달로 진보ᄒ여가되 경성 ᄂᆡ에ᄂᆞᆫ 완전ᄒᆫ 연극장이 업습을 모다 기탄히 알더니 본년 칠팔월 경에ᄂᆞᆫ 단성샤 연극장을 훼철ᄒ고 일신히 외국이나 ᄂᆡ디 극장을 모범ᄒ야 굉장히 건축ᄒ고 신연극의 발전을 계획ᄒᆫ다더라.321)

이상의 기록에서 주목할 만한 사실은 극장 측에서 전통연희뿐만 아니라 당시 새롭게 각광받기 시작한 신파극을 받아들여야 한다는 생각을 했다는 점이다. 그럴 수밖에 없었던 것이 신파극 전용극장이다시피 했던 연흥사가 그때 완전히 폐관되었기 때문이다. 그만큼 단성사는 신파극까지도 포용해야 되는 처지에 놓이게 된 것이다. 실제로 단성사 무대가 신파극을 공연하기에는 너무 협소하고 깊이는 얕았던 것이 사실이었다. 그러니까 단성사 측으로서는 관객의 취향에 신경 쓰지 않을 수 없었을 것 같다. 왜냐하면 단성사는 뭐니 뭐니 해도 수익성을 먼저 생각하는 홍행극장이었기 때문이다. 그 결과 단성사는 수익만 생각하는 불성실한 홍행으로 여론의 지탄을 받기도 했다.322) 일종의 사기영업으로까지 지탄받은 이유는 입장객이 적을 경우 정상 공연을 하지 않은 까닭이다. 실제로 당시 연극장이나 영화관들에서는 그런 관행이 공공연히 자행되고 있었다. 그래서 단성사도 그러한 유행을 좇은 것인데 역시 대표적인 극장이었기 때문에 언론의 비판 표적이 되었던 것 같다.

그런데 엎친 데 겹친 격으로 2월 중순에 화재까지 발생하여 실화자[安聖範]는 재판에 회부되고 2천여 원 정도를 들여야 수리가 가능하게 되었다.[323] 결국 단성사는 임시로 수리를 해서 공연장으로 사용했다. 그러다가 결국 극장은 1917년 2월 중순 황금유원(1912년)이라는 테마파크를 조성한 바 있는 일본 부동산업자 다무라 요시지로(田村義次郎)의 손으로 넘어가게 되었다.[324] 일본인으로서 조선실업계의 거물이 된 다무라가 한인극장 단성사까지 인수함으로써 전국적으로 일본인들이 극장을 통해 대중의 호주머니를 털어가는 형국이 된 것이다. 그런데 여기서 주목되는 것은 단성사가 전통연희나 신파극보다는 수익성이 높은 영화를 주로 상영하는 상설관으로 탈바꿈한 것과 대표적인 한인 흥행업자 박승필을 내세워 경영토록 한 점이다.[325] 또 한 가지 간과해서는 안 될 것이 단성사가 영화전용관으로 바뀌면서 연극공연장은 광무대 하나로 감소된 점이다. 당시 무대공간이 없어진다는 것은 전통연희와 신파극의 위축을 의미하는 것이기도 하다. 여하튼 단성사는 영화관으로 전환되면서 그에 적합도록 개수까지 했다. 즉 1918년 말에 본관 신축으로 명실상부한 서울의 대표적인 영화전용관으로서 자리를 잡게 되었다.

동구안 단성사를 여러 천원의 거익으로 사드린 후 본듸 목덕흔바 와 갓 치 세상에 모범덕 활동사진을 영수하야써 일반관람에 졔공하기로 작뎡하얏던 결과 그 뒤 모든 계획이 쥰비되야 슈만의 거익과 슈삭의 공졍으로 오날늘 단성사를 신축하얏도다. 이는 전혀 영리를 위하야 급거히 쥰비흔 것이 안이요 다만 활동사진의 영수흔다는 쇼문이 퍼지자 이를 따라 경향의 이활가 졔씨의 갈망이 졀졍에 다을 샌외라. 겸하야 녯것을 수양흐고 싀것을 요구하는 것이 現代思潮임으로 본관주가 미리 이를 씨닷고 급셩 공수로 이에 쥰공을 맛치엿습니다. 본관은 본듸 쥬지가 타관에 비하야 현져히 다른 뎜이 잇는 즉 만흔 돈으로써 참신긔발흔 됴흔 사진을 가져다가 아모죠록 일반의 호평 즁에서 영업도 발던코져 하는 쥬지임으로 너디 유명흔 활동사진쥬식회사 몃 곳과 임의 특약을 하고 수만원의 보증금을 붓치엿스니 이를 보더라도 가히 본관의 로심초사홈을 아실 일이라. 또 그쑨안이라 활동사진에 딕ᄒ야 본관주는 항상 유감히 싱각ᄒᄂᆞᆫ바는 갑만코 닉용 죠흔 ᄉ진을 영ᄉ홀 때에 변ᄉ의 셜명이 불츙분ᄒ야 일반 관람ᄒ 시는 니의 불만족과 불평의 성이 남을 ᄯᅡ라 역시 ᄉ진의 가치도 업셔지는 일이 잇셔셔 본 관주의 직삼 熟考로 활동계의 호평잇고 갈치밧ᄂᆞᆫ …… 안이 구변으 로는 뎨일류 되는 徐相昊군을 특이 초빙ᄒ야 변ᄉ쥬임으로 뎡ᄒ고 텬연혼 표 정과 그럴 듯한 익살 잘 부리는 변ᄉ와 희로이락을 긔묘ᄒ게 ᄌᆞ아ᄂᆞᆫ 변ᄉ 합 오륙인이 잇셔 믹일밤무딕우에서 일거일동에 딕흔 셜명은 참으로 본 관주의 ᄌᆞ 랑쑨안이요 장ᄎᆞ 보아가시는 딕로 평판이 잇ᄉ오리다. 겨울밤은 점점 길고 눈 이나 와셔 ᄯᅡ에 가득이 싸인 ᄯᅢ 실상 적막ᄒ기 싹이 업슬 ᄯᅢ 별별 겨울에 딕흔 감상이 만단으로 일어날 ᄯᅢ 본관에 오시고 보면 란로는 몸을 ᄯᅡ듯ᄒ게 ᄒ야주 고 빅셜갓흔 하얀 포장에는 참 쳐음 보는 긔긔괴괴흔 ᄉ진이 다 빗치일적마다 여긔가 정말 락텬디인가보다 ᄒᄂᆞᆫ 감상이 유연히 발ᄒ실 터이요. 야반에 소견 거리는 이 우에 더 업슬 줄로 싱각홉니다. 敬具. 本館映寫中은 年中 晴雨를 不 計ᄒ고 開演ᄒ기로 酌定이온바 特히 日曜日 及 祭日에는 晝夜映寫홉내다.326)

이상과 같이 긴 인용문을 여기에 소개한 이유는 박승필 주도의 단성사 변화와 광고행태를 생생히 알려주기 위해서이다. 우선 단성사는 영화전용관으로 활용하기 위해서 근대식 건물을 새롭게 지었다는 사실이다. 그뿐만 아니라 당대 최고 인기변사였던 서상호(徐相昊) 외에 5명의 변사를 상주시키기도 했나. 그러나 그보다도 더 주목할 만한 점은 두 가지에서 찾을 수 있는데, 그 한 가지가 매우 앞서가는 인적시스템 정비와 외화수입의 선진화였다. 즉 박승필은 박정현을 예술 감독으로 앉히고, 이봉익을 외교부책임자로 그리고 서용운을 악장으로 내세웠다. 이처럼 그는 극장편제를 관료적이 아닌 제작·홍보·마케팅·서비스 중심으로 바꾼 것이다. 이러한 획기적 인적 구성은 당시 누구도 생각 못 한 매우 선진적인 방식이었다. 그리고 일본의 유수한 영화

사라 할 아마이쿠(天活) 영화주식회사와 영화공급 계약을 맺은 점이다. 당시에는 우리나라 흥행업자들이 외국 영화사와 직거래를 할 수 없었으므로 일본의 아마이쿠 영화사의 계약은 미국영화사와 거래도 트는 아이디어였다.

그리하여 단성사가 아마이쿠를 통해서 미국의 유니버설영화사나 프랑스의 고몽영화사 등에서 만든 영화들을 들여다가 상영함으로써 일거에 시중 관객을 끌어 모을 수 있는 극장으로 자리를 굳힐 수 있었다. 그 외에도 흥미로운 사실은 관중을 유인하는 여러 가지 미사여구를 총동원한 광고방식을 취한 점이다. 이는 대단히 주목할 만하다. 왜냐하면 극장이 관중을 끌어 모으는 방식을 대단히 현대화시켰기 때문이다. 광고문구 중에 '현대사조'라는 용어를 쓴 것도 돋보인다고 하겠다.

왜냐하면 적어도 1910년대는 '현대'라는 용어를 거의 사용하지 않은 시대였기 때문이다. 바로 그 점에서 단성사는 이 땅에서 최초로 현대를 내건 극장이었다고 말할 수 있다. 주로 일본을 통해서 들여오는 새로운 필름으로 관객확보를 꾀한 단성사가 다음 해 겨울에는 개관 1주년 기념으로 재미있는 프로로서 한 주일 동안 관객을 즐겁게 했다. 특히 1주년 기념상영 때는 입장료를 전원 반액으로 했기 때문에 더더욱 관중이 몰려들기도 했다.[327] 여기서 한 가지 더 흥미로운 사실은 단성사가 영화전용관을 선언하고 새롭게 출발한 지 2년도 되지 않아 또다시 전통연희와 신파극도 받아들였다는 사실이다. 즉 단성사는 1920년 6월 하순에 다음과 같은 기생들의 전통연희 발표회를 가진 것이다.

妓生 卷番의 聯合演奏會 금일브터 단성사. 흔성 두정 경화 한남의 네 기싱 권번은 련합ᄒ야 금일 밤브터 동구 안 단성사에셔 되연쥬회를 개최홀 터인되 그 연주과목은 △한셩권번에셔 「쟝싱보연지무」, 「립창」 △되졍권번에셔 「무고」, 「좌창」 △한남권번에셔 「뵉으무」, 「남도립창」, 「춘향가」 이외에도 간항 특예를 발휘홀 터임으로 준비가 임의 충분ᄒ게 되얏ᄂᆞᆫ되 각 권번의 렵합연쥬ᄂᆞᆫ 이번에

처음 잇는 일로 그 반화흔 광경을 실로 관긱의 눈을 황홀케 되리라더라.328)

이상과 같이 단성사는 서울의 4대 권번 기생들의 판소리, 민요, 민속무용 등 전통연희를 대대적으로 공연한 것이다. 이러한 전통연희 공연은 자주 있었는데, 이는 아무래도 경영 주무자였던 박승필의 전통연희 사랑에 의한 것이었다. 그는 오랫동안 광무대를 운영해오고 있었기 때문에 함께 운영하고 있던 단성사도 과감히 개방했다고 보아야 할 것 같다. 박승필은 당대 최고의 극장경영자였고 동시에 흥행사로서 타 극장들의 추종을 불허했다. 투철한 민족의식과 앞서가는 아이디어, 그리고 대담한 추진력 등으로 불황기에도 두 개의 극장을 매끄럽게 이끌어갈 수 있었다. 단성사는 그가 경영을 맡은 이후 획기적인 변화를 가져옴으로써 경쟁 관계인 우미관을 압도했다. 그는 1921년 신축 3주년을 맞아서도 다음과 같이 획기적인 관객 끌어들이기를 시도했다.

活映界에 革新 朴承弼군의 경영 하에 동구 안 단성사를 지어가지고 이릭 활동사진계에 수위라고 일커러 이릭 삼년동안 명화를 일반 愛活家의 환영을 밧어오기, 즉 작 이십일일이 삼주년 긔념일을 당하야 군은 자축하는 의미로 사흘 동안에 산 입장권을 한장에 한하야 언의날이던지 한번 다시 더 무료로 보게 하야 긔념의 쯧을 표흔다 하며 이번 기념을 긔회 삼어 무대의 쟝치던지 영사막 신지 팔빅 여원을 드려서 참신 긔발하게 만드러노코 쏘 이전에는 오늘날 신지 국활회사의 사진을 전문으로 수용하얏지만은 이번은 대규모로 횡빈 엇던 활동사진회스와 특약하고 두 군데서 데공하는 사진을 사용하며 더구나 일 쥬일에 두 번식 사진을 교환하야 영사흔다는 일은 됴션인 활동계에 처음 잇는 장거라 하겟스며 혁신의 면목을 일우어 자못 압흐로도 볼만한 가치가 잇더라.329)

이처럼 박승필은 당시 다른 극장들은 엄두도 내지 못한 기발하면서도 앞서가는 조치들을 과감하게 취해서 관객을 끌어 모았던 것이다. 즉 도쿄와 요코

하마 두 도시의 영화제작사와 특약을 맺고 신속하게 필름을 들여와서 1주일에 두 편씩 새 영화를 선보인 것이라든가 거금을 들여서 무대장치와 영사막을 참신하게 만든 것, 그리고 3주년을 기해서 관객들이 표를 한번 사서 두 번 관람할 수 있게 한 것 등은 관중의 호기심을 사기에 충분했다. 그렇기 때문에 단성사가 당시 전국 영화관들 중에서 수위의 자리를 지킨 것은 너무나 당연했다.

그런데 단성사가 영화관으로서만 수위의 자리에 오른 것만도 아니었다. 박승필의 취향과 신념에 따라 전통연희와 신극의 공연장으로서도 역할을 했다. 가령 권번의 발표장으로서 〈옥루몽연의(玉樓夢演義)〉, 〈홍문연연의(鴻門宴演義)〉, 〈춘향전연의(春香傳演義)〉 그리고 정재(呈才) 무도(舞蹈) 등을 공연토록 한 것330)이라든가 '현대극'까지도 공연토록 했다.331) 물론 기생들이 연습한 '현대극'이란 것이 어떤 작품이었는지 정확히 알 길은 없지만 아마도 당시 유행한 신파극의 아류를 그렇게 칭한 것으로 보인다.

박승필이 광무대와 단성사 두 극장을 잘 운영해 가는데 있어서는 박정현(朴晶鉉)이라는 실무자의 도움도 적지 않았다. 박승필의 신념과 추진력, 그리고 앞서가는 아이디어를 뒷받침해준 사람이 다름 아닌 박정현이었다. 단성사가 당시 가장 앞서갈 수 있었던 것도 이들 두 사람의 공로였다. 가령 셰익스피어의 대표작 두 편의 영화 〈로미오와 줄리엣〉, 〈햄릿〉을 직수입한 것도 이들이었고, 미국 영화 〈동쪽길〉도 모두 단성사가 1922년 말 5주년 기념으로 들여온 새 필름이었다.332) 단성사는 그 외에도 대중의 갈채를 받을 만한 기획공연을 많이 했고, 기업이라든가 사회단체들의 자선공연을 자주 끌어들이기도 했다. 가령 1923년 4월에 극동문화협회와 함께 만주에 사는 우리 동포 자제들을 위한 장학공연을 가졌던 것 또한 기발한 발상이었다.333)

그런데 장학금 모금을 위한 공연내용을 보면 대단히 다양했다. 즉 영화로부터 시작해서 전통연희, 신파극, 서양무용과 음악, 그리고 아크로바트까지 망라되어 있다. 이 말은 박승필이 단성사를 종합극장으로 끌고 갔다는 이야

1922년의 단성사

기도 된다. 단성사가 이처럼 다양한 레퍼토리로 대중을 유인하면서 장안의 관객이 그쪽으로 몰린 것은 극히 자연스러운 것이었다. 단성사가 당시 모든 극장들을 대상으로 한 인기조사에서 단연 선두를 달렸던 것도 전혀 우연이 아니었다.334) 당시에 단성사가 극장 중의 극장으로까지 인기를 모을 수 있었던 것은 전술한 바 있듯이 흥행계의 귀재로 평가된 박승필의 지속적인 운영과 그를 뒷받침해준 훈련된 극장 직원들, 그리고 몇몇 참모들의 역할 또한 무시할 수 없었음을 다음과 같은 당시의 기사가 잘 보여준다.

첫재 단성사에는 한결 갓치 한 주인 한 일숀들이 계속하야 전후 칠 개 년 동안을 두고 경험에 경험을 싸흐며 개혁에 개혁을 더하야 시설과 사진과 변사와 셔무와 운영이 한결 갓치 통일되야 우선 단성사를 차저오는 손님네들노 하여금 다정한 가뎡을 찾는 듯한 회포를 이르키게 된 것이니 이에 대하야는 오직 단성사에서 大將이라 부르는 관주 朴承弼씨의 노련한 경영방법이 공을 일운 것이다. 박승필씨는 거즛말과 아첨이 업시 됴선의 흥힝계에서 元老요 패왕이

라 할 수 있는 것이니 됴선의 흥힝계에서는 가장 큰 의미와 늣김이 잇는 光武
臺를 이제로부터 십팔 년 간에 경영하야 오늘 까지 일으켯스며 계속하야 단성
사까지 경영하게 되니 감독으로 朴晶鉉군 외교부의 李鳳翼군 갓튼 수완가와
악장의 徐龍雲군 갓튼 인재를 어더 장안의 유수한 변사를 망라케 되니 그야말
노 경성의 활동사진계의 한 권위를 갓게 된 것이다.335)

위의 기사에서 특별히 눈에 띄는 대목 중에 단성사가 오랜 경험을 바탕으
로 하여 '개혁에 개혁을 더하여 시설과 사진과 변사와 서무와 운영이 한결
같이 통일되어 단성사를 찾아오는 손님들로 하여금 다정한 가정을 찾는 듯한
회포를 일으키게 된 것'이라고 한 평이다. 이는 박승필의 당대에 있어서 누구
도 흉내 낼 수 없는 선진적 경영철학의 일단을 지적한 것이다. 이처럼 극장은
순전히 운영자의 손에 좌우된다는 것을 알 수 있다. 박승필은 적재적소에 인
재를 발탁해서 활용했으며, 그것도 장기간에 걸쳐서 흔들림 없이 일관성을
갖고 운영했다. 특히 예술 감독과 외교부 등과 같은 부서와 직책을 두고 활용
한 것이 성공의 비결이었다. 그 결과 극장은 다른 극장들이 따르기 힘들 정도
의 홍보물들이 나올 수 있었고 그것이 효과를 거두어서 관객이 꾸준히 몰려
들게 된 것이다.

가령 단성사가 일본 마쓰다케 영화사 및 미국 유니버설영화사로부터 직배
로 필름을 수입해왔기 때문에 다른 극장들이 한 주일에 한 편의 영화를 상영
하는 것과 달리 두 편을 보여줄 수 있었기 때문에 고비용에도 불구하고 관객
이 넘쳐났던 것이다. 그뿐만 아니라 단성사는 홍보에 열을 올렸다. 김학근
같은 문필가를 두고 기발한 선전지(宣傳紙)를 많이 찍어서 뿌렸고, 관객들에
게 질문지를 돌려서 극장에 계속해서 관심을 돌리도록 유도했다.336)

단성사가 한 주일에 두 편의 새 영화를 상영하자 좋은 필름들이 자주 들어
올 수밖에 없었다. 1926년 초에만 하더라도 입센의 〈인형의 집〉이라든가 〈바
그다드의 도적〉 등과 같은 세계적인 명화를 선보인 바 있다. 다음 해(1927년)

말에는 9주년 기념으로 서양 희극계에서 명성을 날리던 러지놀드 데니 주연의 〈유쾌한 거짓말쟁이〉라든가 아드예 이코드 주연의 경마영화 〈바보의 행운〉 등 경쾌한 작품을 선보이면서 입장객에게 무료입장권 한 장씩을 돌리기도 했다.337)

그러나 1930년대 들어서면 단성사는 많은 변화를 겪게 된다. 30년대 초까지도 박승필의 신념과 고집으로 영화상영 사이사이에 중요한 전통연희를 공연했다. 가령 그가 당시 타락해가는 전통연희를 바로잡기 위해 조직된 조선음률협회 공연에 공연장을 내준 것은 그 하나의 좋은 본보기라 하겠다.338)

그런데 수십 년에 걸쳐서 두 개의 극장을 경영해온 박승필도 고령과 함께 병약해갔다. 그는 점차 극장경영에서 손을 떼고 싶어 했다. 그런 때에 친분이 두터웠던 극단 토월회 대표 박승희(朴勝喜)가 대장안(大長安)이라는 새 극단 조직을 모색했었고, 따라서 전속극장을 필요로 하는 그에게 운영을 넘기려 했다.339) 그러나 그런 두 사람의 계획은 실현되지 못했다. 왜냐하면 박승희에게 극장을 운영할만한 돈도 없었을 뿐더러 대장안이라는 극단 조직도 무산되었으며 극장경영의 노하우가 없었던 그가 선뜻 달려든다는 것은 쉽지 않았을 것이기 때문이다. 결국 단성사는 박승필이 1932년 타계할 때까지 일관되게 운영했음을 다음과 같은 글이 잘 보여주고 있다.

그러면 團成社는 엇더한가? 단성사가 설립되기는 지금부터 十四년전이다. 창립자로는 조선 흥행계에 覇者라고 하는 작년에 작고한 朴承弼氏라. 氏가 작고할 째 까지는 씨의 個人經營의 힘이 컷다. 단성사는 조선사람 손으로 설립된 映畵 常設館의 嚆矢이리라. 창설 째 부터 위치는 지금 잇는 수은동의 昌德宮 드러가는 첫 어구에 두엇는데 엇잿든 조선극장이 十년내외란 시일에 十수차나 그 경영자를 밧구엇고 수 삼차 폐관의 위기에 까지 서잇는데 반하야 단성사만은 朴承弼氏의 일관한 분투와 정성으로 시종이 여일하게 지탱하여 왓스니 희한한 일이라고 아니 할 수 업다. 그러나 심각한 經濟恐慌은 박씨 개인의 재력으로만 엇절 수 업게 까지 되엿다. 그래서 작년 5월 1일부터는 20여 명 되는 館員一同의 共同經營으로 그 조직을 변경하여 그날그날의 수입을 평균으로 분배하여 먹으면서 까지 精誠으로 단성사를 붓잡어 내려오는 中이다. 이를 통제하고 指導하는 이로 朴晶鉉氏가 있다. 씨는 전 지배인이요 現 主務이다.340)

이상의 글에서 알 수 있는 바와 같이 단성사는 경쟁관계에 있던 조선극장과는 달리 처음부터 1932년 박승필이 타계할 때까지 한 사람이 계속해서 경영을 해왔었다. 그러다가 박승필의 타계와 함께 지배인이었던 박정현이 전면에 나서서 직원 20여 명과 공동경영을 하게 된 것이다. 조선극장도 잠시 공동경영을 한 적이 있지만 단성사와는 성격이 조금 달랐다. 전자가 무주인 상태에서 임시로 몇 달간 공동 경영한 것이라면, 후자는 박승필의 돌연한 타계로인해서 그런 체제를 갖춘 것뿐이었다. 단성사가 조선극장과 구별 지어지는 또 한 가지는 국산영화를 키워야 한다는 의지가 강했다는 사실이다.

조선극장이 주로 외국영화에 의존하고 또 일찍부터 발성영화에 치중했다면 단성사는 무성영화에 치중한 점이다. 물론 단성사도 시대추세와 대중의 감각이라든가 취향을 외면할 수 없었기 때문에 유성영화 시설을 갖추고 상영을 했지만 상당히 오랫동안 무성영화를 고수했었다.

단성사가 영화상영관 쪽으로 기울어져 있으면서도 전통연희에는 과감하게 극장무대를 개방했다. 물론 그것은 박승필이 운영을 하는 동안이었다. 가령 1932년 봄에만 하더라도 당대 최고의 창부들을 모아 전국 일류 명창대회를 개최한 바 있는 것이다.341) 이처럼 단성사가 우리 영화 진흥과 전통연희를 보존 전승하는 데 주력했기 때문에 일반대중에게는 개성이 뚜렷한 극장으로 인식되었으며 그것은 곧 대중이 가장 신뢰, 선호하는 극장으로 머물 수 있는 요인도 되었다. 한 예로 1933년도에 상설 극장 넷 중에서 입장 수입이 가장 많은 극장이 단성사였던 것도 우연만은 아니었다.342) 즉 단성사가 연간 20만 4천9백40명을 동원하여 5만1천4백90원의 수입을 올렸던 것이다. 이처럼 단성사의 수입이 제일 많았던 이유는 역시 선진적 경영과 우수한 설비, 그리고 관객 본위의 좋은 영화 상영에 있었다.

단성사가 박승필이 타계한 뒤 잠시나마 동요했던 것도 사실이지만 박승필 밑에서 경영을 배운 후계자 박정현(朴晶鉉)을 사장으로 승격시켜 운영을 전담시킴으로써 다시 안정을 되찾을 수 있었다.[343] 그런데 주목할 만한 사항은 그동안 박승필을 정점으로 한 동인제(同人制) 경영을 해 왔는데 박정현이 경영을 맡으면서 사장제(社長制)로 바뀐 점이라 하겠다. 그뿐만 아니라 그동안 고수해 온 무성영화 상영을 지양하고 발성영화관으로 바뀐 것도 주목되는 사항이다.[344] 그러나 더욱 주목되는 사항은 단성사가 1934년 말에 새로 신축되었다는 점이라 하겠다.

團成社 新築 落成

부내 수은동 團成社는 금 번에 초 모던식으로 새로 건축을 하엿는데 작 二十一일 오후二시경에 각 방면 인사 수백 명을 초청하야 성대한 落成式을 거행하얏는 바 식순은 동 극장전속 「뺀드」의 주악이 잇슨 후 사장 朴晶鉉씨의 식사와 木村 종로서장의 축사 등이 긋난 다음 여흥으로 영화와 짠스가 잇섯고 동五시경에 무사히 폐회하얏다.[345]

이처럼 단성사는 당초 기존의 목조건물로 시작하여 두 번의 신축을 하게 된 것이다. 1930년대 중반을 기해서 국산영화보다는 외국영화를 더 많이 공연하게 된 단성사는 계속 생겨나는 극장들, 이를테면 서울 명동의 명치좌라든가 약초극장(若草劇場) 등 영화상설관들이 등장하면서 고전을 면치 못했다. 게다가 1930년대는 동양극장과 부민관도 건립됨으로써 대중극이 전성기를 맞는 시기이기도 했다. 관객들이 영화보다는 연극에 많이 쏠리게 되었다는 이야기이다. 시대 분위기 변화와 관객 감소로 고민하던 단성사는 결국 1937년 여름에 연극장으로의 전환을 위해서 인기 극단이었던 중앙무대(中央舞

臺)와 전속계약을 맺기에 이른다.346) 여기서 시대분위기 변화라는 것은 일본 엔화의 하락 등으로 인해서 미국 등 서양영화의 수입가가 등귀한 것을 의미한다.

극단 중앙무대와 계약을 맺은 단성사는 9월까지 약 2개월 동안 연극공연을 주로 했다. 중앙무대와의 전속계약을 끝낸 뒤로는 다시 연극과 영화를 번갈아 상연하는 극장으로 되돌아왔다. 단성사는 곧바로 박명준(朴明俊)이라는 젊은 경영자를 맞아서 몇 가지 혁신적 변화를 꾀하기 시작했다. 가령 개봉관으로만 존속해오던 단성사가 리바이벌 상연도 하게 되었으며, 다만 국산영화만은 초연만 허락하는 것을 고수키로 한 것이다. 그러나 그보다 더욱 경영방침이 달라진 것은 그동안 지켜온 1등 극장을 포기한 것이었다.347) 이처럼 주변 환경의 변화에 따라 단성사도 상당한 변화를 하게 된 것이다. 그러니까 조선극장과 함께 양대 극장으로 군림해오다가 조선극장은 소실되어 없어졌지만 동양극장이라든가 부민관, 명치좌, 제일극장 등과 같은 시설이 좋고 규모가 큰 극장들이 생겨나면서 북촌의 대표적 극장으로 자족하기에 이르렀다는 이야기다. 특히 영화상설관이었던 단성사가 대중극을 받아들이는 겸용극장으로 바뀌었다든가 스스로 최고 극장의 자리를 포기한 것은 주목할 만하다.

이런 단성사가 1938년 2월 들어서는 합명(合名)회사로 바뀌고 극단 중앙무대에 이어 새로 창단된 극단인 화랑원(花郎苑)을 전속으로 두기도 했다.348) 화랑원은 토월회 출신 배우들인 박제행, 이소연, 김연실, 강석제 등이 1938년 정월에 조선흥예사(朝鮮興藝社)의 후원으로 창립된 대중극단이다. 물론 화랑원과의 전속계약도 오래가지는 못했다. 수익성이 너무 떨어짐으로써 잠시 휴관을 했고 그러다가 합명회사 형태도 청산하고서 전 경영자였던 박정현(朴晶鉉)이 다시 단독경영을 맡아 문을 일단 열 수 있었다.349)

단성사는 당시 새롭게 인기를 끌기 시작한 악극단들에 무대를 개방하기로 했지만 도저히 유지할 수가 없었다. 그리하여 결국 단성사는 1939년 여름 명

1938년의 단성사 전경

치좌를 지은 일본인 이시바시 료스케(石橋良介)가 인수하기에 이른다. 이시바시는 단성사를 인수하자마자 대대적인 수리에 들어갔다.[350] 주로 내장(內裝)을 대폭적으로 개조한 단성사는 명치좌의 체인으로서 명칭도 아예 대륙극장(大陸劇場)으로 개명했음을 다음과 같은 당시 기사로 확인할 수 있다.

團成社 新館名「大陸劇場」으로 決定

　府內 授恩町 映畵 常設館 團成社는 명치좌 관주 石橋良介氏가 경영하야 명치좌쳰으로 되었다는 것은 기보한 바와 같거니와 八月二十五日 개관하기로 되어 內部 開裝을 급하게 진행 중에 잇는데 此 館名 모집의 결과 신 관명으로 「大陸劇場」이 당선되엇다. 또 동관의 개관 시에는 松竹大船스타 三寶邱子, 城○武, 吉川高 등 來城하기로 되엇다.[351]

　이상과 같이 단성사는 일본인의 손으로 넘어가자마자 대폭적인 내장치장과 함께 대륙극장으로 개명됨으로써 만 32년 만에 완전히 일본인이 소유한 극장이 된 것이다. 그런데 여기서 주목되는 것은 극장 이름을 공모를 통해서 지은 점이라 하겠다. 그뿐만 아니라 일본인의 손으로 넘어가자마자 일본 공연예술계의 스타들을 초청하여 우리의 관중을 현혹시킨 점이다. 이들의 그러한 노력은 적중했다. 즉 8월 9일에 재개관했는데 관객이 오전부터 초만원을 이루었다.[352]

단성사가 일본극장 흥행사에 의해서 대륙극장으로 바뀌면서 3년여 동안은 완전히 영화상설관으로서만 사용되었다. 이 말은 곧 대륙극장이 수익성이 높은 상업영화관으로만 기능했다는 이야기가 된다. 그러다가 1942년 말부터 비교적 인기가 있는 악극단들에 이따금씩 대여해 주기 시작했다. 그리고 극히 드물기는 했지만 극단 현대극장 같은 데 빌려준 적도 없지는 않다.[353] 수익성을 찾는 데는 타의 추종을 불허했던 대륙극장이 1944, 5년도에 와서는 악극단들은 가리지 않고 자주 빌려주곤 했다. 따라서 해방 직전까지는 초창기의 단성사처럼 영화와 연극을 거의 비슷하게 상연하는 극장으로 되돌아오게 되었다. 그러나 1945년 8월 민족해방과 함께 일본인 경영주가 손을 떼고 한국인의 손에 넘어오게 된다.

이상과 같이 단성사는 1907년에 허름한 목조(木造)건물로 시작하여 1939년 일본인의 손으로 넘어갈 때까지 33년 동안 우리나라 무대예술과 영상예술 발전에 지대한 공적을 남겼다. 물론 1910년대 들어서 다무라(田村)와 같은 일본인이 실질적인 물주 노릇을 했어도 운영만은 순전히 한국인이 맡아한 것이 특징이다. 특히 광무대를 통해서 신문화에 밀려 쇠퇴의 길을 걷던 전통연희의 명맥을 이은 전문경영인 박승필이 단성사의 운영을 맡으면서 극장을 탄탄한 반석 위에 올려놓은 것이 돋보인다. 그러니까 박승필이 타계할 때까지 근 20여 년 가까이 단성사는 전통연희와 영화 발전에 커다란 기여를 했다.

즉 박승필은 광무대를 전통연희의 전용공연장으로 가꾸고 단성사는 국산영화 진흥관으로 특성화시킨 것은 대단히 돋보이는 경영철학이었다. 만약 단성사의 이러한 경영철학이 없었다면 나운규(羅雲奎)의 〈아리랑〉이 어떻게 민족영화의 이정표가 되었겠는가. 그뿐만 아니라 고통 속에서 방황하고 있던 식민지시대의 우리나라 대중에게 오락을 제공하여 삶에 위안을 주는가 하면, 영상을 통해 서양문화와도 접하게 하였으며 은연중에 민족의식도 고취했다.

극장이란 바로 그런 역할을 해야 하는 것이고, 체험을 통하여 독특한 예술경영학을 터득한 박승필은 탁월한 운영기법으로 그것을 충실히 이행한 인물이었다. 그리하여 박승필은 광무대와 단성사 두 극장을 어두운 시대에 대중의 안식처로 만들었고, 더 나아가 민족의식 고취의 광장이 되게끔 했다.

제2장 전문극장의 등장과 공연 문화의 변화

1. 조선극장의 경우

일본제국주의의 침략과 더불어 소위 흥행계(興行界)라는 것도 일본인들이 좌지우지했고, 특히 극장을 독점하여 대중의 푼돈까지 그들이 모두 긁어갔다. 가령 강화도조약 이후인 19세기 말엽부터 부산, 서울, 인천 등지에 일본인촌을 형성하고 극장들을 개설했던 것이야말로 그런 전형적 예라 볼 수 있다. 한국인이 만든 극장들도 자본력이 있는 그들이 인수해서 경영주 노릇을 했다. 그러나 그런 것은 극히 부분적인 것에 불과하고 한국병탄 이후 저들이 전국 도시들에 1백 수십 개의 영화관을 지어서 직접 운영한 것이 문제가 될 것이다.

그런 가운데서도 한국인들이 극장을 세워 끝까지 운영해보려 애쓴 경우가 더러 있다. 광무대와 원각사를 비롯해서 조선극장, 동양극장 등 손에 꼽을 만한 수의 극장들이 그런 예에 속할 수 있다. 그러나 이들 극장도 건축할 때 일본 자본을 끌어들여 쓰거나 또는 나중에 일본인에게 넘어가기도 했다. 이들이 다른 극장들과 차이점이 있다고 한다면 그래도 상당 기간 한국인의 손에 의해서 운영되고 또 연극공연 위주로 극장경영을 한 점이라 보겠다. 일제의 병탄 이후 광무대와 조선극장, 동양극장이 바로 그런 경우였다.

특히 조선극장은 1910년대에 있어서 광무대가 해주었던 기능을 1920년대 초부터는 광무대와 함께 동양극장이 등장하는 1930년대 중반까지 어느 정도 역할을 해주고 그 기능을 동양극장에 넘겨주었다는 점에서 중요한 의미를 지닌다고 볼 수 있다. 만약에 조선극장이 없었다면 광무대 소실 이후 동양극장이 문을 열 때까지의 5년여 동안의 공백 기간에 극단 활동은 대단히 위축되었을 것이다. 그만큼 조선극장은 근대극이 발전하는 과정에서 눈에 잘 띄지 않는 든든한 배경 역할을 한 것이 사실이다.

그런데 참으로 신기한 일은 조선극장의 등장이다. 광무대가 10년 이상을 버티면서 어렵게 전통연희를 지켜주었고 쇠잔할 무렵에 조선극장이 나타나서 전통연희와 신극단체들의 요람 노릇을 해주고, 다시 동양극장에 그 사명을 넘기는 과정은 전혀 의도적인 것이 아니었다. 바로 거기서 필자는 역사의 섭리라는 것을 믿는다. 역사의 섭리가 작용하지 않았다면 그 어려운 시기에 조선극장이 등장할 수가 없었으리라는 생각마저 드는 것이다.

조선극장 건립에 관한 기사는 1922년 9월 18일 자에 처음 나타났다.[1] 그런데 그 기사를 보면 매우 주목할 만한 내용이 들어 있다. 우선 황원균(黃元均)이라는 조선 사람이 나서서 극장을 짓는다는 것과 봄부터 건축에 들어가 있다는 것, 그리고 엘리베이터까지 가설된 근대적 3층 건물이라는 것이다. 그러나 그보다 더 중요한 내용은 기존 극장들의 낙후된 시설을 획기적으로 개량한 극장이라는 것이며 아울러 '조선연극을 주로 하고 조선 사람을 주관객'으로 삼을 뿐만 아니라 극장 사상 최초로 가족석까지 만들었다는 점이라 하겠다.

이처럼 조선극장은 그 어떤 극장보다도 민족주의적인 색채가 강함을 보여주었다는 점에서 대단히 이념이 뚜렷해 보였다. 실제로 조선극장은 3·1운동 직후였던 1920년에 황원균이 극장건축허가를 받았고, 1922년 봄에 착수하여 세운 극장이다. 그러나 알고 보면 조선극장의 자본주는 일본인 야자와 긴지로(矢澤銀次郎)였다. 그런데 다행히 자본주인 일본인이 공연예술을 모르는 사람이었기 때문에 황원균은 자기의 민족주의적 이념을 구현해보려 했던 것이 아닌가 싶다. 조선극장 건립 배경과 관련된 기사에 보면 "원릭 됴선극장을 황원균씨가 대정 구년에 건축 허가를 맛흔 것인 대 자본이 업셔서 건축에 착수를 하지 못하고 나려오던 중 대정 십 년 륙월에 이르러 엇던 사람의 소기로

조선극장과 경영주 황원균(원내)

그 당시 東洋生命保險會社 京城支部長으로 잇던 시퇴씨를 만나 자긔는 극
쟝 경영에 리익이 잇던 손해가 잇던 그 십분의 하나만 듬당하고 건물을 시퇴
씨의 환셔흔다는 조건으로 계액을 테결하고 시퇴씨의 자본으로 건축에 착수
하야 대졍 십일 년 가을에 락셩하얏는대……"[2]로 나와 있다. 그러니까 조선
극장을 지은 황원균이 아무리 민족주의적 색채가 강했던 인물이라 하더라도
자본만은 어쩔 수 없이 일본인의 힘을 빌리지 않을 수 없었던 것이다. 그러나
어떻든 조선극장은 1922년 10월 초에 준공되었음을 다음과 같은 보도로 알
수 있다.

　　朝鮮劇場竣成 사회에는 삼대교육이 잇스니 첫지는 학교교육이며 둘지는 신
　문, 잡지의 교육이며 셋지는 劇의 교육이다. 그리하야 일반 스회로 하여금 극이

라는 위대흔 예술을 맛보게 홈에 가히 업지 못흔 극장에 대하여는 누구나 하로
밧비 사회와 병진홀 만한 완전 무결흔 것이 죠성되기를 깁히 바라는 바이다.
인류는 나날이 향상되야 부절히 시로온 것만을 요구하는 이째에 머지 안이흔
이달 안으로 경성 인스동 朝鮮劇場이라는 활동사진 상셜관이 가쟝 시로운 면
목으로 기관을 하게 되얏스니 이것이 곧 이십 셰긔의 현대식 극장이라 한다.
시내 인사동 안에 삼층집이 나라가는 듯흔대 밋 웃층에는 승강긔를 만드러 오
르고 나리게 하며 거기에 식당과 실닉 오락기구를 갓초아 구경 드러오지 안는
사람이라도 맘대로 놀게 한다하고 무대는 더 크게 하야 뎐긔로 인죠 광션싯지
장치하엿다 하며 관람석에 대하야는 두팔싯지 의지홀 교가를 놋코 좌우로 난간
을 막는 판장을 잇게 하야 관긱이 업는째에는 닉리며 두되 잇는 쩌에는 맘대로
내리며 남녀석에 구별이 업시도 믹우 편리케 하얏다는대 셔양에 유명흔 활동사
진회사와 특약을 하고 가쟝 재미로운 것만으로 영스를 홀터이라 하며 처음 긔
관홀 쩌에는 기싱연쥬싯지 홀 터이라는바 이 극쟝을 큰 힘으로 건축하며 극계
를 발뎐코져 ᄒᆞ는 이 극장의 주임으로 다년 극계에 공헌이 만흔 黃元均씨라더
라.3)

이상과 같은 당시의 보도를 분석해보면 당시로써는 대단히 현대적인 극장
건축물로서 직영식당은 물론이고 실내오락실까지 갖춘 최신식 극장이었음을
알 수 있다. 그뿐만 아니라 편안한 객석의자 배열과 호리존트까지 갖춤으로
써 조명시설의 선진성도 보여주었다. 이는 사실 당시로써는 극장시설의 획기
적인 진전을 보여주는 것이다. 다만 한 가지 주목해야 할 부분은 당초 계획한
대로 우리 연극만을 공연하겠다는 방침을 바꾼 사실이다. 그러니까 당시 연
극공연만 해서는 극장 유지가 어렵다는 것을 인식하고, 건축과정에서 영화관
으로 변경한 것이 아닌가 싶다. 특히 조선극장이 서양의 유명한 영화사와 특
약까지 맺고 좋은 작품을 수입해서 상영한다고 한 사실에서 연극보다는 영화
에 비중을 둔 것 같다. 물론 연극을 배제한 것은 아니고 개관공연 레퍼토리를

보더라도 연극을 택했다는 점에서 조선극장은 연극과 영화 겸용 극장이라는 것을 알 수 있다.

총공사비 5만 원을 들여 5개월 만에 완성된 것으로 보아서 조선극장은 1922년 5월 말에 착공했음을 확인할 수 있다.[4] 그리고 조선극장은 11월 6일 오후 1시에 다음과 같이 역사적인 개관식 및 공연을 가졌다.

朝鮮劇場의 開館式

이번에 식로 건축흔 부내 인사동 朝鮮劇場은 예명흔 바와 갓치 작 륙일오후 흔 시 브터 동극장에셔 기관식을 거힝하엿는바 인사동 드러가는 어구로브터 극쟝 신지는 만국긔와 오싁긔며 던등으로 찬란하게 장식하엿고 극장안에는 칠빅여명의 린빈이 상하층에 가득하엿더라. 관쥬 黃元均씨의 기관식사와 여러 변사와 국가의 예술과 극장에 대흔 말이 잇셧고, 그 후에는 경셩 오 권번기싱의 가무와 밋 셔양춤이며 현대 일류명창 李東伯의 독창과 현대극계의 권위인 萬波會의 신극 출연이 잇셧고 계속하야 활동사진을 영사하야 린빈의 이목을 즐겁게 하고 동 오후 네 시에 폐회하얏는대 린빈에게는 긔렴품 신지 쥬엇는 바 극장에 쟝관스러운 셜비와 챤란한 쟝치는 됴션에 처음이라 하겠다더라.[5]

이상의 당시 보도기사에서 알 수 있는 바와 같이 조선극장은 전통연희, 신극 그리고 영화 등을 개관 레퍼토리로 선보였다. 조선극장의 이런 자세는 당시의 무대예술과 영상예술을 차별 없이 모두 포용하겠다는 의지를 보여준 것으로 볼 수 있다. 당시 개관프로에서 서양영화는 어떤 작품인지 알 수 없으나 이동백의 판소리 독창과 5대 권번기생들의 가무유곡 및 서양 댄스, 그리고 윤백남 주도 만파회의 〈쟌발쟌〉(尹白南 연출)이 신극무대를 장식했다.[6]

주지하다시피 〈쟌발쟌〉은 프랑스의 문호 빅톨 유고의 『레미제라블』을 윤백남이 축소 각색한 극본이다. 7백여 석의 조선극장은 다 낡은 광무대에 의존하던 전통연희라든가 신극단체, 그리고 국산영화 회사들로서는 더없이 좋은 공연장이었다. 따라서 많은 공연단체가 조선극장을 선호했음은 두말할 나위 없다. 가령 토월회와 같이 1920년대를 풍미했던 대표적 극단도 조선극장에서 창립공연을 가짐과 동시에 주무대로 삼았고, 기타 군소극단들도 조선극장을 본거지로 삼곤 했다.

그러나 워낙 경제사정이 어려웠던 시기여서 조선극장의 운영은 대단히 어려웠던 것 같다. 그리하여 조선극장은 1년도 못 되어서 운영난에 봉착하게 된다. 결국 미국영화와 직거래를 하고 있던 아렌상회가 직영하는 형식을 취하는 것으로 극장이 유지될 수밖에 없었다.[7] 결국 조선극장은 아렌상회가 직영하는 형식으로 문을 다시 열고 영화와 연극을 활발하게 상연할 수 있었다.

당시 서울에는 전통연희 공연을 전문으로 하는 광무대와 영화전용관으로 쓰는 단성사 등 극장이 몇 개 되지 않았기 때문에 연극영화 겸용 극장으로는 안성맞춤이었던 조선극장은 매우 유용하게 활용되고 있었다. 이듬해(1923년) 봄 동아일보에 보면 신춘특별대흥행이라 하여 "株式會社 大同卷番 藝妓 大出演 모든 옛 것은 버리고 신희곡만 가지고 상연합니다. 부대 부대 오십시요. 인사동 조선극장"(3월 4일 자)이라 나와 있고, 5월 말에는 서울의 4대 권번이 총출연하는 큰 공연이 뒤따랐다. 그 당시 레퍼토리를 구체적으로 알려주기 위해서 소개하면 다음과 같다.

◆ 四卷番 總出聯合演藝大會

　◆ 唱劇 及 新劇

　　一. 鴻門演義　　二回

　　二. 九雲夢　　　二回

　　三. 沈淸傳　　　五回

　　四. 玉樓夢　　　十回

　　五. 春香演義　　五回

六. 悲劇孝子烈女 全七幕

◆ 歌曲 及 舞

七. 朝鮮舞 四十一種

八. 西洋舞踊 十六節

九. 電氣蝴蝶舞

十. 西道立唱

十一. 南道立唱

十二. 京城坐唱

十三. 關西別曲

十四. 伽倻琴並唱

◆ 連續 四回 活劇 〈怪常한 光線〉 四卷 上場[8]

이상에서 볼 수 있는 바와 같이 조선극장은 개관하자마자 레퍼토리를 통해서 극장의 성격을 내보였다. 초기의 극장의 성격은 아무래도 전통연희가 주가 되고 신파극단과 영화를 함께 받아들이는 방향으로 나갔었다. 극장은 아무래도 그 시대의 정치, 사회, 문화상황과 직결되는 것이기 때문에 3·1운동 직후의 공연예술계가 대체로 전통연희 쪽으로 흐른 것이 아닌가 싶다. 가을 들어 개관 1주년 기념무대를 꾸몄는데 역시 연극과 이동백의 판소리 독창, 그리고 전통연희자들이 다수 출연하는 대희극이라는 축하공연이었다.

우선 레퍼토리만 보더라도 당시 대표적인 극단들이었던 신극좌, 민중극단, 문화극단 등 3개 극단의 합동공연이었고, 〈불여귀(不如歸)〉와 〈비파가(琵琶歌)〉를 무대에 올렸으며, 입장객들에게는 푸짐한 경품도 주었다.[9] 그런데 여기서 주목되는 것은 조선극장 1주년 기념공연에 보신당 시계포를 위시하여 중앙인쇄, 삿뽀로 맥주회사 등 다섯 개 기업이 자사상품을 기부형식으로 제공한 사실이다. 이처럼 1920년대 초에 이미 기업들이 연극과 영화분야에 작으나마 후원을 하기 시작했음을 알 수 있다. 그런데 흥미로운 사실은 후원방식을 돈이 아닌 상품으로 한 점인데 시계, 우산 등 실용품이었음을 다음과 같은 당시의 기사로 확인할 수 있다.

朝鮮劇場 一週紀念 금 륙일은 시내 인사동 朝鮮劇場의 신축 개연1주년 긔념일임으로 극장 편에서는 자축을 하는 쯧으로 특히 입장권에 다수한 경품을 붓처서 당일 입장하는 관객에게는 추첨권을 배부할이라는 데 일등은 시계 이등은 우산 등 천매에 한하야 공첨은 업다 하며 조선극장과 관계가 깁흔 新劇座, 民衆劇團, 文化劇團 등 각 연극 단톄에서는 간부배우들이 합동하야 특별 흥행을 할 터이라더라.10)

이처럼 당시 변변한 기업도 없는 때였기 때문에 구멍가게를 조금 넘어선 작은 점포들이 후원기업이 되었던 것이다. 자금이 넉넉지 못하기 때문에 그들은 자사의 제품을 극장 측에 제공하는 성의와 소박함을 보여준 것이다. 이렇듯 사랑을 받고 있던 조선극장이었지만 재정과 명의문제로 내부갈등이 끊이지 않았고, 결국 개관한 지 1년 반 만에 송사에 휘말리게 된다. 즉 건축당시 자금을 댄 일본인 야자와 긴지로(矢澤銀次郎)와 실제 극장을 운영하는 황원균 사이에서 벌어진 사건이었다. 그러니까 일본인 야자와 긴지로는 황원균에게 왜 명의변경을 해주지 않느냐는 것이 소송의 이유였다.11) 그러나 좀 더 심층적으로 파고들어가 보면 일본인 자본주의 횡포와 순전히 영리추구에만 매달리는 그의 처사에 대한 황원균의 지향이 저변에 깔려 있었던 것이다. 가령 자본주 야자와 긴지로가 극장명의로 돈을 낭비함으로써 극장 전기료조차 지불하지 않음으로 해서 극장에 들어오는 전기가 절단되기도 했던 것이다.

극장 문을 두 달 이상 닫았던 이유도 바로 거기에 있었다. 당시 제일 시설이 좋고 따라서 시민들의 오락장으로 각광을 받았던 조선극장의 휴관은 상당한 비판을 받았다. 그리고 절단이 전기회사에서 한 것이 아니고 일본인 자본주의 횡포에 따른 것이라는 다음과 같은 당시 기사도 보인다.

(…전략…) 금년 일월 초순에 이르러 시택씨는 돌연히 황씨에게 비록 조선극장을 경영하는 데는 피차의 반분식의 권리가 잇다나 자긔의 형편이 매오 곤란하니 조선극장을 싼 사람에게 삼년동안만 빌니어서 그 수입으로 자긔의 부채를 정리하겟스니 희생되여달나고 말이 잇섯는데 황씨는 즉시 그 요구를 드를 수 업다고 거절하매 시택씨는 분개하야 '흥행권은 황원균이가 가젓스나 조선극장은 내 집이라'고 지난 일월 금음에 뎐등을 슨케하며 문에 첨을 박아 다시는 흥행하지 못하게 한 후 뒤를 이어 경긔도텅에 출두하야 가 흥행권을 청구하얏스나 임의 황원균이가 흥행권을 가지고 사라잇스닛가 하는 수 업다고 각하되엿스며……12)

이상과 같이 일본인 자본가의 편법과 횡포를 관청에서 받아들이지 않자 실력행사로 나온 것이다. 즉 자본주 야자와 긴지로가 소송에서 패소하자 깡패들을 동원해서 경영주 황원균에게 화풀이와 함께 극장 접수를 꾀한 것이다.13) 양측에서 20여 명 씩을 동원하여 극장 안팎에서 난타전을 벌임으로써 여러 명이 부상했는데 다행히 경찰이 출동하여 진정시킬 수가 있었다. 결국 황원균은 야자와 측을 업무방해죄로 고소를 제기했고, 야자와 측의 경비책임자[崔道元] 역시 황원균을 걸어서 상해죄로 맞고소한 것이다. 조선극장이 몇 개월째 문을 닫고 난리를 치자 언론계에서는 가십난에 올려 양비론을 펴는 등 비판의 화살을 쏘아대기 시작했다. 즉 당시 매일신보는 붓방아에서 조선극장 사건을 다음과 같이 비꼬았다.

됴션극장 분징 문뎨는 졈졈 커져서 어늬 새 씃칠는지 알 수가 업다. ▲지는 이십 삼 일에는 량방에셔 싸홈이 이러나셔 극장 문이 파괴ㅎ는 등 피를 흘니고 격투를 하얏다던가 ▲안경이 업셔지던지 문작이 씌여지던지 타인의 간셥홀 빅는 안이지만 삼십만 주민의 즁요한 오락쟝이 이 됴흔 시절에 문이 닷치여 잇는 것이 가셕 ▲그리하고 무슨 ㅅ긔횡령이니 명의환셔이니 홍힝권 침입이니 업무

방해니 가틱침입이니 구타상히이니 하야도 쌍방에서 데긔한 고소가 만으니〔 이것이 락착되랴면 왼간한 시일이 걸릴 모양이다. ▲그리흔대 그 속에는 변호사가 튀여드러 우통을 버셔놋코 야단이니 그리면에는 무슨 관계가 착실히 잇는 모양이지.14)

이처럼 조선극장은 자본주와 경영주 사이의 분규로 인하여 언론계 등으로부터 비판을 많이 받았다. 결국 자본주와 경영주간의 감정싸움은 쌍방이 모두 극장에서 손을 떼는 결과로 끝난 것 같다. 왜냐하면 극장주가 일본인 하야가와 고부네(早川孤舟)로 바뀌었기 때문이다. 조선극장은 송사 말고도 이따금 시민의 눈살을 찌푸리게 하는 불상사를 일으켜서 빈축을 사기도 했다. 즉 1924년 가을 조선극장의 선전악대원들이 폭행사건을 일으킨 것이다.15)

즉 극장 측 선전악대원들이 10여 세 된 어린이를 광고물 훼손을 이유로 폭행하자 분개한 시민들이 나서서 악대원들을 폭행한 사건이 빚어진 것이었다. 결국 경찰이 조선극장 편을 들어서 폭행시민을 연행해 가는 것으로 종결은 되었지만 당시 조선극장 직원들의 관객서비스가 얼마나 부실했었는가를 단적으로 보여준 사건이었다.

이처럼 당시 극장들의 관객서비스는 부재상태였고 오히려 경직된 관료처럼 행세까지 했던 것이다. 조선극장에서의 해프닝은 더 기막힌 일도 있었다.

그것은 다름 아닌 입석경관의 횡포였고, 특히 경찰서에 신고하지 않은 레퍼토리를 공연 중 중지시키는 것은 예사였다. 가령 대성권번 기생들이 가야금병창을 경찰서에 신고한 레퍼토리 중에 포함시키지 않았다고 해서 다음과 같이 중지시킨 일까지 있었다.

재작일 밤 대정권번 기생들이 조선극장에서 온습회를 하엿는데 전례대로 여러 가지를 해가다가 가야금 차례가 되어 기생이 쭉 나와 안저서 가야금을 하기 시작하더니 조선의 명물인 붉은 테 두른 친구가 나와 번적하고 드러가더니 가야금 타든 기생들은 슬금슬금 드러가고 주인 편에서 '가야금은 순서에 안 든 것을 하여서 경찰이 금지 식혓다고' 관중 편에서 '야 가야금도 치안 방해되서 금지를 식히느냐 관중을 무시하는 경찰의 횡포'라고 한참 야단 법석이 낫드라 나. 이짜위 사소한 일에 싸지 경찰의 호긔를 못 부리고는 직성이 못 풀리겟든가.(동아일보, 1924.6.12)

이처럼 일본경찰은 전통연희 공연까지 철두철미하게 감시했으며 경찰서에 사전 신고한 대로 공연을 해야만 했다. 그만큼 우리 예술단체들에게는 융통성을 전혀 용납지 않았다. 조선극장은 신극단체들이나 전통연희자들의 활용을 좋아했다. 그러니까 전통연희와 신극을 한꺼번에 수용한 것이다. 조선극장이 수시로 신극과 전통연희를 합동 공연시킨 것은 대단히 특징적인 일이었다. 가령 1925년 봄 5일간의 공연일정은 그 좋은 예가 될 만하다.

◎自三月二十三日 至三月二十三日 五日間 不延期, 新劇: 〈運命〉, 〈長恨夢〉, 〈離別하기까지〉, 〈新式結婚〉, 〈貧寒하지만〉, 〈눈 오는 밤〉.
大正卷番 春期 大溫習會 ◎大正卷番 妓生 貳百名 全部出演 ▲舞踊⋯⋯ 新曲舞外 四拾種. 조선극장.16)

이상과 같이 조선극장은 신파극, 신극 그리고 기생들의 공연은 말할 것도 없고 그들의 온습회까지 열어주곤 했었다. 물론 영화도 자주 상영했다. 그러니까 영화전용관으로 자꾸만 다가가고 있었다고 보아야 한다. 그럼에도 불구하고 경영난은 지속되었고 결국 1926년 8월에 두 번째로 문을 닫는 사태가 벌어졌다.

결국 변사출신의 김조성(金肇成)이 나서서 하야카와 마쓰타로(早川增太郎)라는 일본인 자본주를 끌어들여 다시 문을 열 수 있게 되었다.17) 그러니까 야자와 황원균은 완전히 손을 떼고 그 자리에 하야카와 김조성이 들어앉게 된 것이다. 그런데 이때부터는 미국영화사들과 특약을 맺고 영화만을 상영하는 전용관으로 쓴다고 선언한 바 있다. 조선극장의 경우 일본인이 자본을 대고 미국영화만을 수입해다가 상영하는 형태였으며 한국인은 단순히 고용된 경영인에 불과했다.

그런 행태야말로 1920년대의 극장 상황의 한 전형이라 볼 수가 있다. 그럼에도 불구하고 극장운영은 여전히 어려웠다. 가령 조선극장만 하더라도 재개관한 지 꼭 3개월 만에 또다시 극장 문을 닫는다. 물론 외형상의 문제는 경영자 김조성과 전무 이필우(李弼雨)와의 갈등이라고 했지만 실제적으로는 역시 경영난과 무관하지 않았다.[18] 그러나 다행히 차영호(車永鎬)라는 인물이 극장을 인수함으로써 단 1주일 만에 다시 개장하여 영화전용관으로서의 면목도 일신했다.

즉 조선극장이 미국의 유수한 영화사라 할 유나이티드 아티스트를 위시하여 메트로골드윈사, 워너브라더스사, 파라마운트사 그리고 퍼스트내셔널사 등과 특약을 맺어 신작 영화들을 수입하기로 했으며 재개장 기념으로는 나운규 감독의 〈풍운아〉와 〈나는 영웅이다〉를 상영한 것이다.[19] 따라서 신경영주 차영호는 그런대로 반년쯤 극장을 이끌었다. 그러다가 이듬해 초여름에 차영호는 연극계 중진 현철(玄哲)과 김영식(金永植)을 끌어들여서 극장을 대폭 혁신키로 했다. 주지하다시피 현철은 연극사상 최초로 조선배우학교를 개설한 바 있었고 신극 선구자로서 번역, 창작, 이론 소개 등 여러 가지 일을 하고 있던 인물이다. 그와 관련된 당시 기사를 소개하면 다음과 같다.

朝鮮劇場 內容확장 ▲삼씨 협력경영 △演劇學校도 設置 시내 조선극장은 종래도 車永鎬씨가 단독으로 경영하야 오는 터이엇는 데 금번에 조선극단의 선진 玄哲씨와 金永植씨가 새로이 가입하야 가지고 전긔 삼씨가 협력하야 경영방침을 근본뎍으로부터 개혁가고 자금을 증가하는 동시에 종래의 현철씨의 경영이든 朝鮮俳優學校를 연예학교라고 개명하야 조선극장 안에 두고 매주 토요

일에는 藝術宣傳日로 하고 각 방면의 예술가의 강연과 쏘는 연극을 피로하며 일방으로는 연극과 영화에 관한 월간잡지를 발행하야 예술선전일의 회원에게 는 무료로 잡지를 배부하며 연예학교에서는 무대배우와 활동배우를 양성하리라 는데 계획의 발전에 달해서 少女歌劇團도 설치하고 크게 활약하리라더라.[20]

이상과 같은 당시 보도에서는 매우 주목되는 대목이 몇 군데 나타나고 있다. 우선 현철이 그동안 중단했던 조선배우학교를 이름만 바꿔서 다시 조선극장에다가 개설한다는 대목이고, 그다음이 매주 토요일을 예술선전일이라 하여 예술계 인사들을 초청 강연한다는 것이며, 연극 영화 월간잡지를 발간한다는 것이었다. 그뿐만 아니라 소녀가극단까지 창단한다는 청사진까지 내보인 점이라 하겠다. 이들 중에서도 특히 눈길을 끄는 것은 조선극장이 영화전용관에 연극을 곁들이는 식으로 바뀌는 듯한 조짐을 보여준 것이고, 일본의 유명한 다카라즈카(寶塚)를 본딴 소녀가극단을 만들어보겠다는 각오를 내비친 사실이다.

그러면서 조선극장은 이상과 같은 여러 가지 새로운 일을 벌이기 위하여 극장 문을 닫고 직원 전체를 해임했다. 새로운 사업을 위해서 새사람들을 뽑겠다는 것이었다.[21] 조선극장 경영에 참여한 현철은 일본에서처럼 영화와 영화 사이에 소녀가극 등과 같은 실연을 끼워 넣겠다는 복안을 가지고 있었다. 그런 혁신적 변화는 직원 정리와 함께 시간이 걸리는 일이므로 극장 문을 한동안 닫아야 했다.[22] 그런데 흥미로운 사실은 조선극장 경영에 참여한 현철이 소녀가극단까지 조직 운영하려고 소녀들을 뽑아서 일본의 다카라즈카학교에 견습 보내려 한 점이다. 이러한 그의 구상은 일본 영화상설관에서 하고 있던 일종의 막간 가무극공연이었다. 그러나 그것이 현철의 구상대로 실현된 것 같지는 않다.

여하튼 조선극장은 여러 가지 조직개편과 함께 하한기를 그냥 넘기기 위해서 장기간 휴관을 감행했다. 그러다 보니 극장은 다시 내분에 휩싸이게 되었다. 그 이유는 경영자측이 경영손실 예방책으로 9월 초까지 문을 닫겠다는 것이었고, 사용자측은 1백여 명에 가까운 극장 직원들이 2개월 이상 월급을 받지 못해 생활 곤란을 겪게 되므로 하루빨리 극장 문을 열어야 한다는 것이었다.23) 그런데 여기서 주목되는 것은 조선극장이 어느새 개인으로부터 그 소유권이 동경건물회사로 넘어가 있었다는 것과 1백여 명의 직원들이 스스로 극장 문을 열어서 운영해보겠다는 의사를 내놓았다는 사실이다. 그러나 그러한 직원들의 뜻은 받아들여지지 않았고 결국 9월까지로 개관이 늦춰졌다. 그런데 그사이에 극장이 8월 하순에 문을 연다는 보도가 다음과 같이 나왔다.

> **朝劇 內容擴充** 시내 인사동 朝鮮劇場은 관원정리 기타로 오랫동안 폐관을 하고 잇든 중 여러 가지 문데는 모다 해결되어 오는 십이일부터 개관하리라는 바 그동안 문을 닷고 여러 가지로 내용충실을 기하기 위하야 노력한 결과 관원들도 반수 이상을 갈어들이게 되고 상영할 영화도 미국 영화계의 권위인 메트로쏠드윈, 유나이테드, 파라마운트 등 영화를 상영하기로 되엇스며 해설사들도 아직 그 일흠은 발표치 아니 하나 사계에 가장 명성이 놉흔 사람들만을 추리어 쓰게 되엇다 하며 반주음악은 전에 잇든 악대 외에 오륙 명을 더 두어 가지고 십 여 명 일단의 오케스튜라타를 꾸미어 종전의 잇든 쌕스를 늘이어서 독특한 곡보를 선택해가지고 밤마다 반주 외에 한 곡조식의 주악이 잇스리라더라.24)

이상과 같은 당시 보도기사에 매우 주목할 만한 내용이 들어 있다. 그 하나가 극장 직원 교체 내지 감축에 관한 것이다. 솔직히 당시 극장 수입으로 1백 명을 먹여 살린다는 것은 참으로 어려웠을 것은 불문가지의 일이다. 조선극장은 개관한 지 수년 만에 경영주가 몇 번씩이나 바뀌는 등 우여곡절을 겪은 것도 그러한 인건비 과잉지출이 가장 큰 요인으로 보아야 한다. 그 결과 1927년도에 와서 직원정리로 진통을 겪으면서 2개월 이상 문을 닫고 있었던 것이 아닌가 싶다.

다른 하나는 조선극장이 중형극장인데도 10여 명 이상의 오케스트라를 갖고 있었다는 점이다. 이는 그만큼 조선극장이 영화상영 외에 연극공연과 악대 반주를 필요로 하는 퍼포먼스를 했다는 이야기가 된다. 당시 같은 내용을 다른 신문이 보도한 것을 보면 8월 12일부터 새로 수입된 영화 〈해적 페드로〉와 〈애(愛)의 대설악〉이라는 작품 두 편을 상연한다는 기사가 나와 있다.25)

그러나 그러한 극장광고는 빗나갔다. 8월 12일에 문을 열지 못하고 경영자 측에서 당초 계획했던 대로 9월 중순에 가서야 겨우 재개관할 수 있었다. 그 전에 주목할 만한 것은 경영주가 또 바뀐 점이다. 경영주는 다시 장김량, 김조성, 장영상(張永相) 등 3인 공동운영체제가 된 것이다.26) 여기서 주목되는 것은 김조성으로서 그는 초창기에 한 번 경영에 참여한 바 있었다. 역시 그가 인기 있는 변사출신이었기 때문에 자본가들이 그의 인기를 극장경영에 활용해보려 했던 것이 아닌가 싶다. 그때부터 조선극장은 제대로 굴러갔다. 이듬해(1928년) 가을 들어서 조선극장은 경영주가 바뀐 1주년기념 흥행을 3일 동안 무료행사로 가졌다.27)

그러나 당시의 정치 경제 사정이라든가 대중의 문화인식 수준 등으로 볼 때 조선극장이 제대로 운영되어가기는 어려웠다. 그다음 해(1929년) 들어서도 경영문제에 따른 갈등이 재연되어 잠시나마 극장 문을 닫았다가 두 달여 만에 문을 연 적이 있었다.28) 그때의 갈등은 역시 일본 동경건물회사와 한국인 경영자 사이에서 빚어진 것으로서 그런 경우는 여러 번 반복된 경우이기도 하다. 동경건물회사는 문화를 알 리도 없고 다만 극장을 통한 수익만을 생각했던 만큼 한국인 운영자와 갈등을 빚게 되는 것은 너무나 당연한 일이었다고 볼 수 있다.

이런 경우는 비단 조선극장에만 국한된 문제가 아니고 당시 이 땅에 있던 모든 극장에 해당되는 것이었다고 하겠다. 사실 일본은 각 도시에 세운 극장을 통해서 한국인들의 주머닛돈을 수탈해갔다. 조선극장도 하나의 본보기였는데, 1929년에 야기된 폐관문제는 장기간의 소송사태 속에서 극장 직원들이 잠정적으로 운영하는 방식을 취했었다. 그러다가 결국 9월 들어서 안봉호(安奉鎬), 신용희(申鎔熙) 두 사람이 나타나서 조선극장을 매수하기로 하고 문제를 일단락시켰음이 다음과 같은 당시 보도가 알려주고 있다.

그동안 劇場主와 經營者의 사이에 복잡한 문뎨로 폐장 까지 하엿든 조선극장은 安奉鎬 申鎔熙 량씨가 새로히 경영하게 되여 모든 문뎨는 淸算하게 되엿스며 극장도 장차 사기로 결뎡되어 량 편의 언약까지 잇서 방금 제반 것을 革新하기로 하야 준비에 분망 중인데 특히 조선에서는 새로운 시험 레뷰를 시작하게 되여 십 여 명의 레뷰걸을 량성 중이며 째쓰쌘드를 됴직 중이엇섯는데 試演까지 하얏다. 레뷰에 대하야서는 아즉 시일 문뎨로 미숙한 점이 잇고 衣裳이 조화되지 안흔 점이 잇스나 음악은 조선에 극장이 잇슨 뒤에 처음이라고 할만치 숙련된 점이 잇더라.29)

이상에서 볼 수 있는 바와 같이 조선극장을 인수한 안봉호와 신용희는 극장혁신을 내걸고 리뷰라는 새로운 레퍼토리를 도입했고, 재즈밴드까지 조직함으로써 조선극장을 활성화시켜 나가기 시작했다. 특히 리뷰를 위해서 리뷰걸을 10여 명이나 새로 뽑아서 훈련시켰다는 것은 흥미로운 것이다. 조선극장이 새로운 주인을 만나서 두 달여 만에 개관하면서 선보인 레퍼토리를 보면 영화를 비롯해서 리뷰, 전통연희 등 매우 다양하게 꾸며졌음을 알 수 있다. 즉 〈突員찝손〉이라는 미국 유니버설 영화를 비롯하여 윤상현(尹相賢) 지휘의 13인조 관현악단연주, 조선 미인군(美人群) 출연의 리뷰, 이화중선(李花中仙) 명창의 단가, 오태석의 가야금병창, 공창식의 남도명창, 윌리암폭스사의 신영화 〈어머니는 잘 아신다〉 등으로 꾸며졌었다.30)

조선극장의 이러한 변화는 대체로 긍정적인 평가를 받았고 대중의 기대를 모은 바 있다. 당시 언론에서도 조선극장의 변화에 주목하였고, 신문의 문화면에서도 자주 취급했다. 가령 중외일보의 경우를 보면 연극영화 소식란에

'조극의 신 계획'이라는 제목으로 "시내 조선극장에서는 過般 새 경영자를 마지하야 종래의 방침을 변경하야 리뷰를 하야 자못 조흔 성적을 나타내고 잇는 바 금후도 그 방면에 일층 노력할 것이며 다시 新計劃 영화배우의 생활을 보장하는 튼튼한 조건 아래서 모집 養成하야 朝鮮映畵 제작에 노력할 터인 바 성의와 재분이 잇는 남녀 배우지원자를 기대린다고"31) 쓴 바 있다.

조선극장이 이처럼 새 경영주를 맞아서 어떤 변화를 시도해보려 한 것은 긍정적인 평가를 해줄 만하다. 특히 조선영화 제작을 위해서 배우를 모집하여 양성한다고 내건 것은 주목할 만하다. 왜냐하면 조선인 주인이 들어서면서 흥행만이 아니라 우리 영화도 키워보려는 생각을 했기 때문이다. 이러한 계획이 얼마나 구체화되고 또 실현되었는지는 알 수 없으나 우리나라 극장경영자들의 민족적 자각만은 높이 살 만하다. 조선극장 경영자들의 민족적 긍지나 자각은 전통연희를 자주 공연한 데서도 나타난다.

조선극장이 개관 초부터 전통연희 공연을 자주 해왔지만 아무래도 영화상영이 수익 상으로는 유리했기 때문에 영화 상설관으로 기울었던 것은 사실이었다. 그러나 안봉호와 신용희가 인수해서부터는 다시 전통연희에 문호를 개방했다. 가령 1930년대 들어서도 조선극장이 최초로 팔도 명창대회를 개최한 바도 하나의 경우이다. 경기도의 경성 조선권번을 비롯하여 서울의 한성권번, 경상도의 대구 달성권번, 전라도의 광주권번, 충청도의 공주예기(藝妓)상조회, 평안도의 평양 기생권번, 함경도의 원산 춘성권번, 황해도의 해주권번, 그리고 권번이 없었던 강원도는 개인 출연하는 것으로 8개도의 명창 명인들이 총출연한 바 있는 것이다.32)

그리고 무소속으로서 김창룡, 김창환, 이동백, 정정열, 송만갑, 오태석, 김추월, 김초향, 이화중선 등 당대의 명창들이 모두 출연했다. 그리고 더욱 주목되는 일은 조선극장이 우리 고유의 음악을 정화시키겠다고 나선 조선음률협회 공연에도 이틀씩이나 극장을 내준 일이다.33) 그만큼 조선극장의 새 주인은 어려운 속에서도 뭔가 우리 것을 지켜보려 애썼던 것이다. 그러나 극장운영은 시간이 흐를수록 난제만을 안겨주었다. 도저히 한두 사람의 능력으로는 극장경영이 어려웠다. 결국 조선극장은 1931년 7월 들어서 정완규(鄭完圭)를 사장으로 하는 주식회사로 탈바꿈하지 않을 수 없었다.[34]

朝鮮劇場이 株式會社로 劇映界 好消息

개인경영으로 유지되어 오든 仁寺洞의 朝鮮劇場은 금번에 朝鮮興行株式會社로 조직을 변경하야 지난 육월삼십일에 창립총회를 열고 공칭자본 八만원 중 위선 제 一회분 입금 二만원으로 사업의 확장을 도모하기로 하얏다는데 아프로는 극장건물을 매수할 것은 물론이오 촬영소까지 맨들 작정이며 영화 쏜만 아니라 극 방면에도 힘을 쓰게 되리라는데 동회사의 중역은 다음의 제씨라 한다.

社長	鄭完圭
專務取締役	鄭鉉國
常務取締役	申鎔熙
取締役	鄭殷圭
監査役	金瓚永
監査役	鄭鉉庸[35]

이상과 같이 조선극장이 개인운영 차원을 넘어서 근대적인 주식회사 체제로 바뀐 것이다. 이는 우리나라 극장발전사에 있어서 최초의 일로서 매우 중요한 의미를 지닌다고 볼 수 있다. 그런데 조선극장의 주식회사 체제로의 변경내막을 보면 실제적인 책임자는 1929년 전부터 안봉호와 공동운영해온 신용희였다. 그러니까 안봉호가 손을 떼면서 신용희가 주식회사로 변경시킨 셈이다. 당시 한 월간지는 그와 관련해서 "昨年 六月에 至하여 안씨는 모모 사정으로 손을 떼고 申鎔熙씨 단독으로 전책임을 맛고 주식회사로 조직 변경하여 그를 완성식혀 노앗는데 이제부터는 좀처럼한 사정이 업는 한 조선극장의 前途는 양양하리라고 보여진다"[36]고 쓴 바 있다. 그런데 조선극장이 주식회

사 형태로 운영되면서 안정을 찾으리라 예상했던 바와는 달리 경영상의 문제는 근치가 되지 않았던 것 같다. 왜냐하면 주식회사로 변경된 지 1년 4개월여 만에 다시 경영진의 갈등으로 휴관했기 때문이다.[37]

결국 극장경영을 둘러싼 주도권 다툼이었는데 이번에는 전과는 달리 신용희가 간부 중의 한 사람이었던 정은규에게 밀려난 셈이었다. 그로부터 조선극장은 한동안 정은규의 주도로 움직여가게 된다. 이 시기에 조선극장은 자체 내에 영화 상설부와 영화 배급부를 두었고, 영화배급 전문회사인 기신양행(紀新洋行)까지 인수하여 미국 파라마운트사와 특약을 맺고 파라마운트사 영화를 직수입해서 상영함은 물론이고 전국 영화관에 배급까지 해서 월 3천 원의 수익을 올리기도 했다. 그뿐만 아니라 조선극장은 최초로 유성영화를 수입해서 영화발전에 획기적인 전기를 마련하기도 했다.

사실 당시에 유성영화를 상영하려면 특수한 기계가 필요했는데 조선극장이 미국제 R.C.A를 수입해서 〈카라마조프의 형제〉 등과 같은 영화를 상영하기도 했다. 그만큼 조선극장이 경영상의 어려움을 겪는 과정에서도 당시 우리 영화의 길잡이 역할을 해보려고 여러 가지 일을 하고 있었던 것이다. 이런 조선극장이 1년 반 만에 또다시 경영문제로 변화를 겪게 되었다. 그리하여 조선극장을 인수한 기신양행 측이 극장을 맡아 운영하게 되었음을 다음과 같은 당시 보도로 알 수 있다.

朝鮮劇場의 經營者變更 경영난과 간부들의 검거사건으로 일시 파란이 만튼 부내 仁寺洞에 잇는 활동사진상설관 朝鮮劇場은 수일 전부터 과거 경영자들의 손을 떠나 紀新洋行을 경영하든 金瓚永, 朴應冕, 金寅圭 등 제씨의 인계로 경영하게 되었는데 사진은 유니버살 파라마운트 당회사와 계약하야 고급사진으로만 상영할 터이라 하며 극장도 전부 수리하야 면목을 일신케 하리라 하며 더욱 인계경영을 긔념하기 위하야 二十一일부터 三일간 입장하시는 관객에게 표 한 장식을 더 주게 되엇다는데 상영할 사진도 「날개의 천사」와 「해중 마라

손」 등 유명한 사진을 상영하리라 한다.[38]

　이상에서 확인할 수 있는 것처럼 조선극장은 당초 인수당했던 기신양행 측 간부들이 나서서 극장을 맡아하게 되었는데, 그 이유는 두 가지에 있었다. 첫째는 사장 등 주요 간부들이 일본경찰에 의해서 구속된 데 따른 것이고, 두 번째로는 그에 의한 경영 혼란 때문이었다. 이처럼 조선극장은 파행적 운영을 면치 못했다. 김찬영, 박응면, 김인규 등 3인이 경영하면서 조선극장은 영화 이상으로 연극공연을 많이 할 수 있도록 극단들에 대여도 해주었다. 그리하여 극단 태양극장, 황금좌, 연극시장, 신무대 등이 조선극장을 자주 공연무대로 삼았다. 그러나 조선극장은 경영상의 어려움으로 더 이상 버틸 수가 없었다. 결국 1년도 못 되어 김찬영 등 세 사람은 조선극장 경영을 일본인[澁谷]에 넘기고 말았다.

經營難에 빠진 朝劇 澁谷氏에게 賣渡

　종래에 만흔 파란을 거듭하야 오든 시내 仁寺洞에 잇는 朝鮮劇場은 마츰내 극도의 경영난에 빠져서 지금까지 경영하야 오든 金瓚永씨의 손을 떠나 第一劇場주인 澁谷久吉씨가 九萬五千원에 매수하야 불일내로 흥행권은 물론이어니와 긔타 일체를 전긔 삽곡씨가 전부 인수하야 가지고 계속하야 흥행하리라 한다.[39]

　이상과 같이 조선극장은 일본인의 자본에 의해서 세워져서 15년 가까이 조선인들의 손에 의해서 운영되면서 개관과 폐관을 수없이 반복했었다. 그러다가 결국은 당시 제일극장 주인이었던 일본인 시부야 히사요시(澁谷久吉)에게 팔림으로써 일단 안전판만은 마련한 셈이다. 당시 월간지 삼천리(三千里)도 논평에서 "이 극장은 약 10년의 역사를 가지고 잇다. 그동안에 社의 경영자가 十餘次나 변동되엿고 종업원이 들낙날낙한 것도 몇 백 명에 달하였는지 모른다. 그리고 數次 閉館의 危機에 섯기도 하엿다. 그것은 경영자의 基本資金이 확립되지 못 하엿든 까닭과 業務上의 組織에 결함이 잇섯든 것과 從業員에 誠意가 부족하엿든 점들이 모다 그 原因이엇다"[40]고 쓴 바 있다.

조선극장이 어려움을 겪은 세 가지 원인, 즉 우리 경영자들의 기본자산 부족, 경영상에 있어서의 인적 구성과 조직의 부실, 그리고 거기서 연유되는 직원들의 무지와 무능 등을 지적한 것은 정곡을 찌른 것이다. 사실 식민통치하에 있어서 자본부족은 너무나 당연한 것이다. 그것을 극복할 길도 거의 없었다. 그러나 중요한 것은 극장을 운영해가는 데 있어서 인적 구성과 구성원들의 경영에 대한 무지와 무식이야말로 가장 큰 문제였다고 보아야 한다. 가령 초기에 극장직원을 1백여 명이나 두었던 것만 보더라도 극장경영에 얼마나 무식했는가를 짐작할 수 있으며, 예술행정이나 경영을 전혀 모르는 직원들로 인해서 조선극장은 좀처럼 수렁으로부터 헤어날 수가 없었던 것이다.

결과적으로 일본인이 조선극장을 완전히 매수함으로써 극장은 그런대로 운영될 수는 있었다. 더욱이 극장을 매수한 일본인이 제일극장을 운영해본 경험자였기 때문에 조선극장 경영은 그렇게 어려운 일이 아니었다. 조선극장은 전통연희 전용극장이었던 광무대가 소실된 뒤에는 전통연희와 신극단체들에게 똑같이 문호를 개방함으로써 거의 연중무휴 공연을 했었다. 조선극장은 각종 명창대회와 신극단 태양극장, 예원좌, 황금좌, 조선연극사, 신무대, 연극호, 동극좌 등의 단골 무대가 되어주기도 했다. 그러다가 결국 1936년 6월 11일 대형화재로 인해서 소실되고 말았다. 극장사 15년 만에 역사의 뒤안길로 사라졌던 것이다. 그때의 화재사건을 조선일보는 다음과 같이 보도했다.

白晝 朝鮮劇場 全燒! 호외긔보=십일일 오후 네 시 가량 되어 시내 仁寺町에 있는 朝鮮劇場에서 불이 일어나서 맹렬한 불길과 함께 삽시간에 그 극장 백이 평의 이층 건물을 몽땅 태워버린 다음 다시 그 극장 바로 뒤에 잇는 조선료리집 天香園으로 옴겨부트려 할 때 시내 각 소방서로부터 달려온 수백 명의 소방

조원과 下村 경찰부장을 비롯하야 각 서응원대와 종로서원이 총동원하야 진화에 노력한 결과 가튼 다섯 시 정각에 이르러 겨우 불을 잡엇다. 이 불난 때는 마침 그 극장에서 삼백여명의 관중을 모아 노코 〈암흑가의 총 공격대〉라는 사진을 영사하고 잇든 한참판이엇드니 만치 불을 피하여 박그로 아우성소리들을 치고 몰려나오는 사람들로 한참동안을 처참한 정경을 이루엇다. 또 그 린근에는 료리집 天香園과 조선인 상점 등 국직 국직한 건물들이 들어안진 만큼 일시는 위험상태에 빠저 잇섯다. 손해는 총액 오만 원가량으로 東京火災保險會社에 사만칠천원의 보험에 드러잇서 이것을 제한다면 실 손해는 얼마 안될 모양이다. 그리고 다행히 인 측에는 아모 피해가 업섯다. 불난 원인에 대하여서는 십일일 밤 종로서 永井 사법주임 이하 계원 전부가 서에 남아서 극장주인과 지배인 변사 고용인 등 이십 여명을 소환하여다 노코 세밀히 조사 중인데 처음 불이 발견된 장소는 이층 남쪽변소에 틀림업고 불길이 아래로부터 올라오던 것으로 불이 이러난 곳은 아래층 남쪽 변소의 약간 허무러진 콩크리트 속의 나무판장인 것이 거진 확실하다고 한다. 그럼으로 電線이 통한 곳이 아니니까 漏電으로는 볼 수 업고 손님들이 변소에서 떠러트리고간 담배꽁초가 휴지쪼각을 타서 허무러진 콩크리트사이로 비저나온 나무판장에 타올라간 것이 아닌가 추측되는 바이나 경찰에서는 혹시 放火가 아닌가고도 하야 주밀하게 각방으로 조사해가는 모양이다.[41]

이상과 같이 조선극장은 개관된 지 만 14년 만에 잿디미로 변했다. 극장의 소실에 관한 당시 기사를 여기에 그대로 소개한 이유는 두 가지에 있다. 첫째는 영화상영 중인 대낮에 극장 2층에서 화재가 발생하여 삽시간에 2층을 다 태웠고, 관람객들이 탈출하느라고 아비규환이었다는 것이다. 그러니까 극장 건물이 대단히 허름했다는 것을 알 수 있다. 두 번째로는 발화지점이 변소였다는 점에서 관객의 담배꽁초가 화재 발생의 원인이었다는 것을 확인할 수 있다는 사실이다. 그렇다면 극장은 목조건물이었다는 것을 알 수 있고 화재가 언제든지 발생할 수 있었다는 이야기가 된다. 이 정도의 건물이 14년 동안이나 단성사와 양대 극장으로서 전통연희는 물론이고 미국영화의 개봉관으로서 역할을 한 것이다. 따라서 조선극장의 소실은 1930년대 극장의 한 축이 무너진 것으로서 그의 역할은 단성사와 기타 극장들이 떠맡게 되었다.

그러나 조선극장이 이룩해 놓은 일은 너무나 많다. 우선 당시로써는 최초의 현대적(?) 시설의 극장이었다는 것이 첫 번째 떠올려지는 모습이다. 당시 엘리베이터까지 설치했다면 그 건물이 얼마나 현대적이었나를 짐작하고도 남는다고 하겠다. 그뿐이 아니다. 숱한 극단들과 전통연희자들이 조선극장을 발표장으로 삼았고, 미국의 최신 영화의 개봉관으로서의 업적은 더욱 크다. 물론 당시에 광무대라든가 단성사, 우미관 같은 극장들이 없었던 것은 아니지만 시설에 있어서 조선극장에 비견할 만한 것이 되지 못했다. 조선극장의 시설이 좋다 보니 유성(有聲)영화 같은 것도 최초로 상영할 수 있었던 것이다. 첨단적인 시설에서 좋은 미국영화를 상영하고 또 전통연희라든가 신극단체의 공연을 자주 보여주었기 때문에 관객이 많이 몰렸고 외교사절들의 출입도 잦았던 것 같다.

즉 월간 삼천리의 논평을 보면 "發聲영화에 있어서는 일본인의 경영이고, 외국인·조선인의 경영이고 간에 朝鮮劇場이 단연 우세하야 서울 잇는 各國 總領事들은 대개 영화구경으로 조선극장에 모듸어 오고 잇다. 들니는 말에 발성영화를 시작한 뒤부터 매일 밤 觀客이 평균 7백 명을 不下하엿다 하니 그의 有望함을 가히 알 것"[42]이라 씌어 있다. 그만큼 조선극장은 1920년데 초부터 1930년대 중반까지 일반대중의 오락장을 넘어 지식인과 외국 외교관들의 사교장 구실까지 한 것이다. 그만큼 조선극장은 식민지시대를 어렵게 견뎌내던 우리 민중의 정서적 카타르시스 장의 구실을 충실히 해주었다고 말할 수 있다. 그러나 전술한 바 있듯이 식민지치하의 재정적 궁핍과 극장경영의 미숙으로 우여곡절을 겪으면서 파행을 거듭하다가 소멸하는 과정을 밟았다는 점에서 여타 조선인 운영극장들의 운명과 궤를 같이 했다고 말할 수가 있다.

2. 구소련의 조선국립극장

세계는 참으로 넓고도 좁다는 생각이다. 하지만 한반도는 지구상에서 아주 작은 땅이고 인구도 적은 편인데도 그 어느 민족보다도 많은 7백여만 명이 세계 곳곳에 흩어져 살고 있으며 타국에 버젓한 극장까지 갖고 있다. 그 유일한 것이 다름 아닌 구소련의 조선국립극장이다.

국토가 비좁고 가난했던 데다가 역사적 수난이 끊이지 않았기 때문에 우리 동포들은 이미 19세기 후반부터 이민을 시작했다. 중국으로, 구소련으로, 그리고 일본, 미국, 중미까지 매우 넓게 퍼져나갔다. 이민의 방식은 자발적인 것으로부터 시작되어 강제이민, 인신매매 등 다양했다. 그런데 한인의 러시아 이민은 가장 일찍 시작되었던 데다가 자발적인 것이 특징이다. 그러니까 빈곤의 질곡으로부터 벗어나기 위하여 인근 지역인 러시아 극동지방으로 이주하기 시작한 것이다.

그것이 1860년경부터였는데 때마침 러시아에서는 농노제도를 폐지하고 연해주 개발정책을 내세워서 이웃 나라 농민들을 수용할 자세를 취함으로써 한인 이민의 길이 트인 것이다. 러시아는 일본세력이 미칠 수 있는 극동지방을 개발함으로써 일본 세력을 차단하려 한 것인데, 그러려면 금각만에 항구를 만드는 것이 유리하다고 본 것이다. 당시 함경북도 산간지방에서 척박한 싸라기 땅을 일구면서 근근이 연명하고 있던 한인농민들에게 있어 광활하면서 비옥한 연해주는 천국으로 보일 수밖에 없었다. 러시아 정부는 이 지역 개발을 위해서 한인 불법이민자들을 방치했고 오히려 초지를 자유롭게 개간토록 했다고 한다. 따라서 이미 1870년경에는 우수리 강변 일대에만도 두만강을 넘어온 이주 한인들이 5천여 명 가까이 된 것이다. 한인 이주민들은 자기 땅을 소유하기 위해서 벽지를 많이 택했고, 광활한 땅에 드문드문 살고 있던 러시아인들은 한인들에게 마음껏 농사지을 수 있도록 땅을 떼어주기도 했다. 한인들은 농촌뿐만 아니라 어촌으로도 들어갔고 광산이나 임업 등에도 종사했다. 그리고 한인들이 많은 곳에서는 새로운 촌락이 형성되기도 했다. 본격적인 정착촌이 생기기 시작한 것이다.

특히 한반도에서의 정치적 변동은 러시아 한인들의 증가를 촉진시켰는데, 1905년 을사늑약을 전후해서는 의병활동을 하던 애국지사들과 그의 가족들이 급속히 증가한 것이다. 게다가 일제가 1910년 한국을 병탄하자 애국지사 가족들도 대거 이주해왔다. 수천 명이 수만 명으로 증가해갔고, 러시아 10월 혁명 이후에는 사회주의를 동경하는 젊은 지식인들도 이주해왔다. 십여만 명에 이른 한인들은 대체로 세 부류로 나눌 수가 있었다. 그 한 부류는 러시아 공민권을 얻은 사람들이고, 두 번째 부류는 임시 거주자로서 토지 소유권이 없는 사람들, 그리고 나머지는 잠시 돈벌이만을 하고 있는 사람들이었다. 첫 번째 부류는 언어도 러시아어를 사용하고 러시아 정교까지 믿는 일종의 귀화인이라 볼 수 있는데 이들이 주도권을 행사하게 된 것이다.[43]

그러나 그것은 별로 중요한 문제가 아니다. 오히려 한인들이 러시아에서 살면서도 민족적 정체성을 지키기 위하여 학교를 세워서 모국어와 풍습을 가르치는 일을 시작한 점이라 하겠다. 그뿐만 아니라 독립군도 조직하여 항일투쟁에 나서기도 했다.

그런데 세상살이는 먹고 자고 싸우는 것만으로 만족할 수 있는 것이 아니다. 오락이 절대로 필요한데, 러시아의 한인들도 1920년대 들어서는 연예단 같은 것을 조직하기 시작했다. 그러니까 촌락에 모여 사는 청년들이 저녁마다 모여서 동포들 간의 정보를 교환하고 고국의 소식도 듣는 시간을 가졌는데 이것이 점차 아마추어 예술단 비슷하게 발전해간 것이다.[44] 그러다가 1920년대 초에 김익수가 울라지워쓰또크 담배공장 안에서 예능을 좋아하는 청년노동자들을 모아 조선인 연예단을 조직했다. 김익수를 리더로 하고 최봉도, 이기영, 전후겸, 전웍또르 등이 주 멤버였다.

조선인 연예단은 가무 중심의 단막극을 주로 공연했는데 모국어로 했다. 러시아어를 잘 못했기 때문에 모국어로 했지만 민족어에 대한 지킴의 뜻도 없지 않았다. 그들이 만들어낸 작품은 러시아 혁명기답게 지주와 소작농 간의 대립 갈등의 주제가 대종을 이루었다. 그들은 레닌그라드의 트람극장[45]의 영향을 많이 받은 것이 특징이었다. 김익수 중심의 신한촌 연예단이야말로 트람극장의 한인 이주민 판이었다고 해도 과언이 아니다. 신한촌 연예단이 울라지워쓰또크에 본거를 두고 있었지만 순회공연을 통해서 타 지역민들에게도 적잖은 영향을 미쳤다. 따라서 비슷한 연예단들이 여기저기서 생겨났다. 그리하여 1922년 봄에는 원동의 연예단이 서울에 와서 모국동포 위안공연까지 할 정도였다.[46]

그런데 주목할 만한 점이 세 가지 있었다. 그 첫째가 이들이 전문 연예단답게 전문학교 등에서 예술을 제대로 공부한 사람들과 학생들로 구성된 점이고, 두 번째는 레퍼토리의 다양함이며, 세 번째로는 전국 주요 도시를 순회 공연할 정도로 전문성과 열성을 가졌다는 점이라 하겠다. 그들은 음악, 무용, 연극 세 가지를 공연했는데 연주곡목과 무용의 종류가 대단히 다양했다. 그만큼 전문성을 띠었다는 이야기이다.

이처럼 원동에 자리 잡은 재소동포들은 국내의 연예단보다도 앞설 만큼 음악과 무용에 뛰어났고 연극도 어느 수준에 올라 있었다. 이러한 전문성과 노력이 효과가 되어 결국 1932년 9월 9일 소련정부의 결정에 따라 울라지워쓰또크에 조선인극장이 세워지게 된 것이다. 이 시기는 소련에서 사회주의가 무르익어갈 때였으므로 재소동포들은 그런 사상의 범주에서 일탈할 수는 없었다. 실제로 그동안 해온 연극이 거의 프롤레타리아 이념에 맞는 것이었다. 따라서 설립취지도 '원동 변강에 거주하는 2백 천의 조선인 노력자들의 문화적 요구를 수용할 사명'을 띤 것으로서 예술 창작방면의 인재 양성에 대한 원천이고 낡은 봉건적 조선극장에 대립시키는 유일한 조선인 혁명극장-'시월 혁명의 산실로서 세운다'는 것이었다.[47]

이 조선인극장은 국립이었기 때문에 연해주 울라지워쓰또크시 당위원회의 지도하에 있었다. 그렇지만 조선극장이 당(黨)의 관장 하에 있었어도 방향 모색에서부터 레퍼토리 선정 등은 모두 우리 동포 연극인들의 손에 달려 있었다. 당초 16명의 단원으로 시작했지만 여러 지역에서 활동하던 연예인들의 모임체였다. 4백 50여 석으로 허름한 중형극장이었지만 재소한인동포가 자립할 수 있는 국립극장을 갖게 된 만큼 인재양성이 무엇보다도 시급한 과제였다. 조선인극장이 소련극장들과 연계를 갖고 그곳에서 자주 집단실습을 한 것도 단원들에게 연기술, 연출술 등을 습득시키기 위해서였다. 기초수업을 끝낸 조선인극장은 문세준 작 〈불타는 집〉과 〈붉은 피〉로 창립 공연을 가졌다. 그리고 다음 해(1933년)에는 연성용의 〈붉은 수레〉와 〈장평동의 횃불〉을 무대에 올렸으며, 1934년에는 김기철 작 〈동부 빨치산〉과 채영의 〈동해의 고동소리〉, 그리고 태장춘의 〈밭이랑〉 등을 공연했다.

그런데 작품들의 제목에서 알 수 있듯이 혁명적 주제의식만 강했을 뿐 예술성이나 오락성에서는 형편없었다. 그럴 수밖에 없는 것이 극작가들이 모두 2, 30대의 아마추어들로서 열정과 의식만 강했을 뿐 미숙하기 이를 데 없었기 때문이다. 그들은 혹독한 추위에도 난방시설조차 안 되어 있는 극장에서 언 손을 녹이면서 연습하고 공연도 했다. 단원들의 급료 외에는 정부보조가 형편없었기 때문에 무대장치도 스스로 만들어야 했으며, 의상은 각자 집에서 만들어 쓰거나 일상복을 입고 했다. 단원들의 월급 절반은 으레 장치와 대소도구 제작비에 쓰곤 했다. 그들은 무대장치와 대소도구 등을 마차에 싣거나 등에 지고 다니면서 동포가 사는 지역으로 순회공연을 다녀야만 했다. 그들은 극예술을 한다기보다 무대 위에 이민자들의 삶과 꿈과 슬픔을 펼친 것이었다. 당시 그들이 얼마나 고통스럽게 순회공연을 다녔었는가는 다음과 같은 어느 배우의 일기가 잘 알려주고 있다.

1936년 8월 5일 자 日記

아침식사를 끝내고 무대 장치를 거두어들였다. 짐을 다 쌀 때까지 말수레가 나타나지 않아 걱정하던 차에 남자배우들이 계선장까지 등으로 져 나르겠다고 나섰다. 무대장치만 나르고 나니 벌써 오후가 한참 기울었다. 바다의 훈훈한 바람에 남자들은 소나기를 맞은 듯이 흠뻑 젖어있었다. 저녁녘이 가까워서 가와싸끼(작은 배)를 타고 바다에 나왔다. 7시간 반 동안 항해하여 드디어 타우데미라는 곳에 도착하였지만 풍랑이 너무 심하여 자그마한 배는 기우뚱거리며 좀처럼 선착장에 들어서지 못하였다. 게다가 발동기마저 고장이 나 꺼져버리고 바람은 계속 기승을 부려 여자배우들은 거의 울상이 되어 배 위에서 이리저리 밀리며 서있었다. 그러다 남자들이 물속에 뛰어들어 바를 몸에 매고 선착장으로 헤엄쳐갔다.

　파도를 헤가르며 헤엄치기는 너무나 힘에 겨웠다. 몇 미터 해변으로 들어가다가는 큰 파도에 밀려 나온곤 하였다. 사람들이 나타났다 사라졌다 하는데 파도에 밀려 다시 끌려나오던 이동빈이 파도가 밀려갔는데도 수면에 나타나지 않았다. 파도소리에 이동빈이 없어졌다고 목이 터지도록 소리를 쳐도 물속에서는 듣지 못하였다. 이인노껜찌가 다시 파도 속에 뛰어들어 이동빈을 구해냈다. 청년들은 배를 계류장에 선착시켰다. 부두에 무등불을 피워놓고 옷을 말리는데 새벽이 바야흐로 밝아왔다.[48)]

이상과 같은 일기의 한 토막을 여기에 인용한 이유는 초창기 원동의 조선국립극장 사람들이 어떤 상황 속에서 순회공연을 했는가를 보여주기 위해서이다.

　그들은 정말 어려움 속에서 오직 연극을 위해서 그리고 이민동포들을 위해서 연극을 하고 순회공연을 다녔던 것이다. 3년 가까이 설익은 이데올로기 연극만 한 조선국립극장 단원들은 자성을 하기 시작했다. 너무 시대상황에 맞추다가 관객마저 잃을 것 같은 우려를 한 그들은 '조선의 특수한 민족적 형식'을 찾아내는 것을 창작 작업의 목표로 설정하여 우리 고전에서 그 모형을 찾기로 했다. 환언하면 '민족적 노래, 음악, 무도, 고전작품들을 역사적 발전에 기초하여 연구하는 것'을 목표로 삼았다는 이야기이다. 그 사업의 첫 번

조선국립극장의 〈춘향전〉 공연장면

째 구현으로서 〈춘향전〉을 공연키로 한 것이다. 극본은 이종림이 맡았는데 그는 러시아 문학에 조예가 깊은 감각적인 작가 지망생이었다. 연출 역시 신예작가 연성용이 자원했다. 그런데 문제는 판소리로 알려져 있는 〈춘향전〉을 어떻게 형상화하는냐 하는 고민이었다. 논란 끝에 창극방식과 근대극 방식의 절충안을 찾아냈다. 극장 측은 당시 우리말 신문인 선봉신문에 명창모집 광고를 내어 판소리명창 최삼용과 고수 이봉학, 그리고 단소에 능한 김성주 등 세 사람을 선발, 단원으로 삼고 〈춘향전〉을 가무극으로 만들어 무대에 올린 것이다.

창극도 아니고 근대극도 아니었지만 모국의 풍정에 굶주려 있던 한인 동포들에게는 깊은 감명을 준 성공작이었다. 당초 이종림은 이 작품에 대한 접근을 사회주의적 계급의식의 각도에서 한 것이 특징이었다. 가령 춘향은 봉건제도 하에서 억압받던 민중의 대변자이고 이몽룡 역시 양반출신이긴 하나 민중의 입장을 동정하는 인물이기 때문에 춘향과의 결합이 가능한 것으로 본 것이다. 그러니까 작가는 〈춘향전〉을 지배자와 피지배자 간의 첨예한 대립을 통해서 봉건사회를 타파하고 민중이 승리하는 내용으로 가져갔다는 이야기이다. 여하튼 〈춘향전〉은 조선국립극장이 첫 번째 시도한 음악극인 동시에 조국의 고전물이었고 재소동포들에게 선물한 최초의 전통극이기도 했다. 이 공연으로 재소동포들은 극장단원들 못잖게 민족애와 애국심을 불러일으켰던 것이다.

이들은 다음 공연작으로 〈심청전〉을 택했다. 그것은 〈춘향전〉 공연으로 고무된 기분을 그대로 존속시키자는 것이었다. 〈심청전〉 각색은 젊은 채계도가 맡았다. 채계도 역시 이종림처럼 〈심청전〉을 사회주의적인 각도에서 재해석했음은 두말할 나위 없었다. 각색과 관련하여 채계도는 "심청전의 사상은 무엇을 의미하는가? 심청이 죽었음에도 불구하고 다시 살아나 황후가 되어 저의 부친을 만나게 된 것을 보아 이 작품은 '하늘이 무너져도 효자, 효녀는 나갈 구멍이 있다.' '열녀, 충신은 부귀빈천을 가림 없이 국가에 큰 인물이 될 수 있다.'는 봉건제도 상층 계급들이 유교적 교육을 거치어 민중의 정신을 마취시키던 썩은 도덕을 간교하게도 예술화시킨 작품"이라고 비판하면서 〈심청전〉 각색에 있어서 "심청에게 살겠다는 욕망이 대단하였음에도 불구하고 그는 썩은 도덕에 마취되어 그 멍에를 벗을 수 없었다는 것을 보여줌으로써 봉건제도의 모순과 불교의 음흉한 사실을 발로시키기도 했다."고 술회한 바 있는 것이다.

한마디로 우리의 고전을 마르크시즘에 입각해서 재해석한 것이다. 조선국립극장이 장삭이든, 고전의 각색이든 모두 사회주의 사상에 입각한 작품만을 무대에 올린 이유는 그 땅 자체가 공산사회이기도 했지만 1934년에 연해주 공산당위원회의 지시를 받은 소련작가 파제예브의 극장방문이 결정적 계기가 되었다. 소련의 소수민족정책에 대해서 잘 알고 있었던 그가 조선극장의 작품을 관극한 뒤 극장이 나아갈 방향과 관련하여 "조선극장이 연해주의 다른 극장들보다 어려운 문제를 풀어나가야 하는 것은 단원들이 나보다 더 잘 알고 있을 것이다. 어려운 문제란 소련정책의 문맥에 맞는 국민성이 고상하고 사상성이 철저한 사회주의 민족극장으로서의 조선극장을 창조해야 하는 것이다."[49]라고 설파했다.

파제예브의 극장 방문과 연설은 곧 소련정부의 메시지 전달이었고 하나의 경고이기도 했다. 파제예브가 다녀간 뒤 조선극장은 두 가지 측면에서 큰 변화가 일어났다. 한 가지는 사회주의 혁명의식을 더욱 강하게 작품 속에 투영한 점이다. 다른 하나는 그동안 해오던 신파식 드라마투르기를 사회주의 리얼리즘 기법으로 전환하는 것이었다. 그렇다고 해서 그동안 몸에 밴 신파극의 투를 완전히 벗겨낸다는 것은 어려운 일이었다.

조선극장은 장차의 사업으로서 큰 극장 건축 및 단원들의 주택 건축과 민족적 음악기구, 문예서적, 민족적 의복들을 갖추어 놓을 과업을 세우고 꾸준히 투쟁하고 조선의 극예술을 소비에트동맹의 중앙도시 노력자들에게도 보이며 선진 극장들의 사업경험을 연구할 목적으로 중앙도시들의 순회를 시도할 과업을 세우기까지 했다. 이처럼 조선극장은 대단히 원대한 구상을 한 것이다. 탄탄한 연극기반 조성과 함께 단원들의 복지도 생각했으며 소련의 큰 극장들과의 유대도 염두에 두었었다. 물론 그러한 구상들이 실천에 옮겨진 것은 별로 없다.

다만 전웍또르가 극장장(1934년)에 취임하고서부터는 단원들의 물갈이와 보강이 이루어지기 시작한 것이다. 사실 조선극장은 출범 때부터 인재난에 봉착했었고 인재양성에 신경을 쓴 바 있다. 아마추어 수준의 작가, 연출가, 배우들로 수준 높은 작품을 만들어낼 수 없었기 때문이다. 이러한 의도는 3년여 뒤 전웍또르 극장장 취임과 함께 구체적으로 실천된 것이다. 그는 우선 단원들 중 무능한 배우들을 걸러낸 뒤 연해주 전역에서 인재를 구했다. 그 결과 모스코바의 연극대학에서 수학한 최봉도, 이길수 등 36명의 패기만만한 신예단원을 확보할 수 있었다.[50]

전웍또르 극장장은 마땅한 신작을 구하기 어려운 점을 감안해서 극장 내에 희곡창작교실을 만들어 문학도들이 수련 및 서양의 명작을 연구하고 또 습작할 수 있도록 했다. 이러한 일종의 희곡창작그룹으로 말미암아 태장춘, 연성용, 채계도 등이 배출되어 조선극장의 레퍼토리 빈곤을 어느 정도 극복할 수 있었다. 가령 조선극장의 인기작들이라 할 〈올림삐아다〉는 연성용의 창작희곡이고 〈신철산〉과 〈생은 부른다〉, 〈우승기〉 등은 태장춘의 희곡이며 〈동북선〉은 김해운의 작품이다. 이들 세 극작가가 모두 조선극장의 희곡창작그룹 출신임은 두말할 나위 없다. 만약 전윅또르 극장장이 희곡창작그룹을 극장 안에 두지 않았던들 그런 희곡들이나마 생산되었겠는가. 그렇기 때문에 단원들은 전극장장을 절대적으로 신임하고 따랐다.

이렇게 여러 각도에서 극장 발전에 힘을 쏟은 전윅또르 극장장에 대하여 당시 신문은 "총명하고 수완이 있으며 인자한 지도자로서 조선극장을 창작의 길로 이끌나가는 데 큰 공헌을 하였다."[51]고 쓴 바 있다. 그렇던 극장장이 중병에 시달리면서 활기에 차 있던 조선극장에 먹구름이 끼기 시작했다. 결국 그는 1937년 9월 초에 세상을 떠났던 것이다. 조선극장의 주연배우였던 이함덕은 전윅또르의 사망을 회상하면서 "9월이 금시 시작되던 3일날 전윅또르와 영별하는 각자의 마음에는 극장의 앞날이 캄캄하고 살아갈 길이 보이지 않았으나 얼마 후 강제 이주를 당할 때는 그이가 그 광경을 보지 못하는 것이 얼마나 다행이었는지 모릅니다."[52]라고 했다.

이처럼 전윅또르의 죽음은 조선극장의 앞날이 캄캄할 만큼 그의 존재는 절대적이었던 것이다. 그러나 극장은 존속되어야 했고 난원들은 더욱 결속했다. 연해주 당위원회의 지시에 따라 주변 도시들인 따푸인, 가이다마크, 스레드냐야, 빠울노프스크, 뿌짜진나어장 등도 여러 번 순회 공연한 바도 있다. 적어도 조선극장이 연해주에서는 여러 면에서 무대예술계의 주도권을 잡고 있었다.

그런 상황에서 전윅또르가 죽고 이어서 강제이주의 시련이 닥친 것이다. 즉 1937년 초가을 스탈린의 조선족 강제 이주정책이 발표된 것이다. 조선극장은 3일간의 말미를 받아서 겨우 짐을 꾸릴 수 있었다. 단원들은 집의 살림살이 대신에 무대장치와 의상, 대소도구들을 싸서 메고 화물기차에 올랐다. 일반 이주민들이 2, 3개월 걸리는 시베리아 철도구간을 극장단원들은 소련정부의 특혜로 1개월 만에 카자흐쓰탄의 서남부에 위치한 크슬오르다에 버려지다시피 내동댕이쳐진 것이다. 그때의 처절한 상황을 전속단원 김해운은 다음과 같이 회상했다.

> 우리는 극장일행과 떨어져 다른 사람들과 떠나게 되어 숫한 고생 끝에 찬바람이 이미 불어치던 12월말 우스베키쓰탄 벌판에 내렸습니다. 땅굴을 파고 움막속에서 겨울을 났지요. 조선인촌이라고 해서 찾아오는 사람들은 땅속에서 피어오르는 연기를 발견하고 인적기를 느꼈답니다.[53]

이상과 같이 조선극장은 연해주로부터 갑자기 중앙아시아의 오지 크슬오르다로 옮겨 앉게 된 것이다. 크슬오르다에서는 변변한 극장건물도 못 갖고 허름한 창고 수준의 가건물에서 연극을 해야 했다. 그래도 연극은 계속했고 어려움 속에서도 한인 관객들이 연극을 보면서 향수를 달래곤 했다. 그러니까 조선극장은 한인들의 정신적 위안처 노릇을 한 것이다. 한인 관객들은 너무 가난했기 때문에 입장료로 돈 대신에 감자나 쌀 등 곡식을 내는 경우가 많았다. 그들은 뜨거운 애국심으로 관극을 했고, 극장을 통해서 한인들 간의 뜨거운 연대도 맺을 수가 있었다. 조선극장이 1942년까지 5년 가까이 크슬오르다에 있는 동안은 한인뿐만 아니라 극단원들도 가장 궁핍한 생활을 보냈다. 그럼에도 불구하고 단원들은 연해주에서 하던 작품 외에 새 작품을 만들어서 식량을 구할 수 있는 벽지 촌락을 전전하며 호구지책을 한 것이다. 그 당시 원동지방에서의 전설적인 독립투사 홍범도(洪範圖) 장군마저 조선극장에서 경비를 서주고 겨우 연명하는 일까지 있었다. 극작가 태장춘은 이때 홍장군의 회고담을 토대로 장막극 〈홍범도〉를 발표하기도 했다.

조선극장은 1942년에 카자흐스탄 동부의 작은 도시 우스또베와 타슈켄트

두 곳으로 갈라져서 옮겨갔다. 그곳은 논이 많은 곳이라 식량 구하기가 용이한 데다가 한인들이 많이 모여살고 있었기 때문에 무대장치와 대소도구를 등에 지고 도보로 장거리 이동을 하지 않아도 되었기 때문이다. 이처럼 조선극장은 유랑극단처럼 여기저기 관객을 찾아다니면서 연극을 한 것이다.

우스또베에서 17년간 머물던 조선극장은 1959년에 다시 처음 정착했던 크슬오르다로 돌아가게 되었다. 왜냐하면 그동안 크슬오르다에 한인신문 레닌기치와 한국어방송이 생겨나서 여러 면에서 협조를 얻을 수 있다고 생각했기 때문이다. 조선극장이 크슬오르다와 타슈켄트로 분리되어 있었지만 1946년에 취임한 극장장 조정구가 모두 통활하고 있었다. 조선극장의 세력 분리가 아니라 호구지책을 위해서 부득이 헤어져 있었던 것이기 때문에 크슬오르다로 다시 오면서 쉽게 합칠 수가 있었다. 조정구 극장장은 몇 가지 새로운 정책을 썼다.

즉 전속작가들로 하여금 창작극에만 매달리지 말고 소련이나 구미의 명작들에도 관심을 기울여서 한인 관객들의 연극체험을 넉넉하게 해주도록 했던 것이다. 작가나 배우, 관객이 서양의 고전들을 접하게 되면 안목도 넓어지고 무대기교도 세련되는 것이기 때문에 조정구 극장장의 판단은 매우 전진적인 것이었다. 그는 또 촌극에 가까운 단막극 공연을 금지시켰다. 그는 적어도 전문극장이라면 장막극을 해야 한다고 믿었던 것이다. 장막극 범위도 확대해서 세계의 명작들과 한인들의 애환을 담은 창작극 그리고 모국과의 단절된 상태에서 민족정서에 닿을 수 있는 고전들을 함께 무대화하겠다는 것이었다.[54]

조선극장은 시간이 흐르면서 점차 자리를 잡아갔다. 솔직히 조선극장의 안정은 이주 한인들의 생활안정과 비례한 것이었다. 카자흐스탄으로 이주한 한인들이 집단농장에서 주목을 끌면서 소련정부당국에서도 특별한 관심을 기울였고 상공업분야에도 진출이 많았다. 교육열 또한 그 어느 민족보다도 강했기 때문에 시간이 흐를수록 인텔리 계층이 두터워져갔다. 인텔리 계층이 두

구소련의 조선국립극장 (알마타 소재)

텁다는 것은 그만큼 조선극장의 관객층이 확대된다는 것을 의미하는 것이기도 하다.

조선극장이 안정되면서 단원들도 증가했다. 이주할 당시의 36명이었던 것이 1960년대에 와서는 80명으로 늘어났다. 그런데 80명 중 절반 이상이 대학에서 연극, 음악, 미술 등의 전문 교육을 받은 인재들이었다. 이렇게 된 것도 극장장 조정구의 역할 때문이었다. 즉 조정구는 1955년에 타슈켄트예술대학과 계약을 맺고 조선배우과를 개설케 하여 여러 명의 배우를 양성할 수 있었던 것이다.

다행히 타슈켄트예술대학에는 전시 중 모스크바로부터 옮겨온 유능한 교수, 연출가 등이 여러 명 있었다. 따라서 이들에게 교육을 받은 유능한 신예 배우들이 조선극장에 들어오면서 새 바람을 불러일으킨 것은 명약관화한 것이다. 초창기 신파극 스타일로 시작한 고참 배우들은 스타니슬랍스키의 근대극 연기술을 습득한 신진 배우들에게 밀릴 수밖에 없었다. 이처럼 조선극장에는 계속해서 신진배우들이 보충되었다. 배우들이 바뀐다는 것은 곧 연기 스타일이 바뀐다는 이야기가 된다. 조선극장의 연극의 묵은 때가 차츰 벗겨 져 나갔다.

조선극장이 성장하자 소련정부 당국에서는 한인배우들에게는 인민배우, 공훈배우, 공훈예술가 등의 호칭을 주었다. 그리하여 단 몇 년 만에 24명의 단원들이 그런 영예로운 칭호를 받기에 이르렀다. 이들 정상급 배우 중 김진[55] 은 1945년 민족해방 직후 소련정부의 요청으로 평양에 가서 연극기반을 조성 하는 데 일익을 담당한 바 있다.[56] 그는 북한체제에 적응하지 못하고 6·25 전쟁 발발 직전에 크슬오르다로 돌아왔다. 크슬오르다에 있던 조선국립극장 도 1970년대에 알마티로 옮겨서 오늘까지 존속하고 있다. 그런데 열악한 환 경 속에서도 조선극립극장이 장수할 수 있는 것은 역시 국립이어서 적으나마 정부지원을 받고 있기 때문으로 보아야 한다.

이상과 같이 조선국립극장은 유일한 재외동포 극장인 동시에 관립극장이 도 하다. 그것도 가장 수난받은 재외동포들이 순수 한국어로만 연극을 해왔 다는 점에서 주목을 끌 만하다. 더욱이 스탈린시대에는 타국어교육 금지라는 암흑사회에서 쉬지 않고 우리말 연극만을 해옴으로써 민족의 정통성을 지켜 왔다는 점에서 높이 평가받아 마땅하다.

3. 동양극장과 전문연극의 정착

1) 동양극장의 설립배경

연극의 4대 요소 중에 극장무대가 앞자리에 놓일 만큼 공연장은 연극 발전 에 절대적 기여를 한다. 서양연극의 발전은 곧 무대기술의 발전이라 말할 만 큼 극장은 연극창조의 요체인 것이다. 가령 우리의 전통연극이 일본이나 중국의 전통연극에 비해 세련미라든가 완성도가 뒤지는 것도 실내극장의 부진에서 한 요인을 찾을 수 있을 것이다. 물론 오랜 농경생활과 완고한 유교윤리의 굴레 속에서 전통극이 놀이 차원을 넘어 예술로 승화하는 데는 적잖은 어려움이 있었던 것이 사실이다. 천 수백 년의 한국연극사에서 극장사가 겨우 1백년도 안 된다는 것이야말로 우리 무대실정을 극명하게 보여주는 것이라 하겠다. 더욱이 개화기 이후 서양문화의 영향 속에서도 극장이 제대로 발전되지 못한 것이 우리 연극을 답보시킨 요인의 하나였다.

극장이 발전하지 못한 이유는 첫째, 대중의 연극문화에 대한 인식부족에 있었고, 두 번째로는 개화와 함께 식민지시대가 펼쳐지면서 일본 흥행업자들이 상영관 위주로 극장을 세워 착취수단으로 삼은 데 있었으며, 세 번째로는 민족자본이 제대로 형성되지 못한 데 있었다. 가뜩이나 야외놀이나 유랑극단 형태의 민속예술의 형태를 이어받은 우리의 근대연극이 극장의 절대 부족과 열악한 시설로 인해서 더욱더 떠돌이 습성을 지니게 되었다고 볼 수 있다. 가령 신파극을 비롯해서 1920년대 이후 정통 신극의 경우 일본인 경영의 상영관들을 고가로 대관하여 쓸 수밖에 없었다. 그 결과 연극형식의 진전이 차단되고 또 지속적 공연도 어려웠을 뿐만 아니라 수익 상에 있어서도 적잖은 곤경을 치를 수밖에 없었다. 따라서 연극인들은 이 극단 저 극단으로 자본주를 따라 이합집산했고, 그러한 연극인들의 행태는 직업화를 어렵게 만든 것이다.

적어도 연극이 전문화되려면 레퍼토리 시스템 같은 것이 정착되어야 하고 그것은 또한 장기공연 체제에서나 가능한 것이다. 몇 군데 영화관을 며칠씩 빌어 공연하는 방식으로는 도저히 직업화를 꾀할 수가 없는 것이다. 사실 일본은 흥행업자들을 내세워 극장을 통해 한국공연예술인들을 착취 대상으로 삼은 바 있었다. 그렇기 때문에 우리 연극인들은 조선시대의 예술인들처럼 유랑을 하나의 숙명처럼 받아들였고, 가난과 천대와 수모를 끝없이 겪어야 했다. 그렇다고 지배층이 무대예술의 가치와 중요성을 인식해본 적이 별로 없었다. 권력자와 자본가들이 공연예술의 중요성을 인식하지 못하는 처지에 큰 자본을 필요로 하는 극장이 세워지기 어려웠다. 무대예술은 항상 빈궁 속에서 겨우 공연예술을 지속하는 악순환을 되풀이해왔다.

이런 속에서 연극형식의 진보를 기대한다는 것은 연목구어나 다름없다. 따라서 신파극은 저질과 타락의 길로만 빠져들었고, 정통 신극은 아마추어리즘에서 벗어날 수 없었다. 그러니까 신파극은 생존을 위해 대중에 영합함으로써 연극예술로 발전을 제대로 못 했고, 정통 신극의 경우는 열악한 무대조건 속에서 세련된 예술로 발전하기보다 욕구불만과 저항의 방편으로 흐른 느낌마저 준다. 이처럼 극장은 무대예술이 자라날 수 있는 기본바탕이 된다고 볼 수 있다. 한때 대중극단으로 조선연극사를 이끌었던 지두한과 그의 그룹의 이상은 자신들의 힘으로 극장을 세우는 것이었다. 이들의 생각은 전문극장 없이는 연극이 절대적으로 발전할 수 없다고 보았다. 바로 그런 측면에서 보았을 때 1930년대는 한국연극이 획기적으로 변화를 겪은 시기였다고 하겠다.

왜냐하면 연극사상 최초로 우리의 손으로 연극전용 극장이 탄생하고, 또 관 주도(官主導)의 복합공간이긴 해도 대형무대가 생겨난 시기였기 때문이다. 1935년의 동양극장과 부민관이 바로 그러한 무대공간이다. 이 두 공연장의 개관은 한국연극을 근본적으로 뒤바꾸어 놓았다. 우선 무대 예술계 전체에 활기를 불어넣음으로써 극단들이 대거 생겨나고 장기 공연체제가 정착되었으며, 그로 인한 연극의 전문화와 수많은 연극인 탄생 등 연극계 전반에 지각변동을 일으키기 시작한 것이다. 그만큼 동양극장과 부민관의 설립은 우리나라 연극, 더 나아가 무대예술 전반에 대단한 변화를 이룩했는데 그것이 1930년대 중반의 일이었다. 그 이후 우리 연극은 어려운 시대상황에도 불구하고 발전을 향해 앞으로 나아갔고, 무대미학 상에도 미약하나마 진전이 있었다. 특히 해방직후 국립극장의 탄생도 1930년대의 연극전용 극장과 복합공간의 출현이 그 원인이 된 것으로 볼 수 있다. 이처럼 옥내무대 공간은 연극성립의 기본조건이고 그것이 미흡하나마 1930년대 중반에 비로소 가능했던 것이다.

동양극장 전경

1930년대 들어서 신파극이 서서히 뿌리를 내리기 시작했고, 또 서구 근대극을 본격적으로 받아들이려는 운동은 활발했으나 극장사정은 더욱더 나빠져만 갔다. 왜냐하면 일인 극장주들의 횡포가 더욱 심해진 데다가 흥행성이 강한 영화관으로만 극장을 사용했기 때문이다. 따라서 1930년대 연극의 전망에서도 극장문제가 가장 큰 것이었다. 신극 초창기부터 언제나 되풀이된 연극 침체 요인이 대체로 극장문제, 인재문제, 창작극문제, 관객문제, 정책문제였는데, 그 중에서도 극장문제는 항상 모두에 올라 있었다. 취원생도 1930년 극단전망에서 극장문제를 내세우면서 "활동사진의 상설관을 내세워서 간헐적으로 공연한다면 쓸데없이 인력과 금력만 낭비하여서 그 성적이 아주 우량한 대야 최대한도로 토월회의 전철을 답습할 뿐인 것이니 조선에서 연극운동을 하려면 그 인물은 여하간 첫째, 극장이 있어야 할 것은 누구나 다 짐작할 것이다. 상당한 자금이 필요하다."[57]고 주장한바 있다.

당대의 대표적인 연출가 홍해성(洪海星)도 극장의 필요성을 다음과 같이 역설했다.

조선연극운동도 근 30년간이나 장구한 역사를 가졌다. 그러나 아직까지 참으로 조선연극이 남에게 자랑거리가 없는 탓으로 「조선연극을 어떻게 수립할까」란 난문제가 된다. 참말 조선사회는 딱하다. 여호도 굴이 있고 나는 새들도 깃이 있는데 4천년의 문화사를 가졌느니 우리의 마음을 모아둘 무어니 하면서 조선사회는 우리의 마음을 모아둘 극장하나 갖지 못하고 일생을 부모처자를 버리고 출가하여 이때껏 고생을 하니 조선의 극장인들은 피골만 남은 고행자이다. 郤說-실비로 빌려줄 극장을 건축해서 직업극단, 연구단체 할 것 없이 단 한번이라도 그들이 마음 놓고 연극을 하도록 우리 사회도 실행한다면 바로 그때가 조선연극이 수립되는 그 날이다. 우리 조선연극인들에게도 조선사회가 극장을 주어라.58)

극연(劇硏) 멤버였던 시인 이하윤(異河潤)도 "오늘날 극장 하나도 가지지 못한 우리로서 연극운동이니 신극수립이니 하는 것이 오히려 교육기관이나 언론기관에 종사하는 거와 같은 特志家 여러분이 문화사업이라는 것을 참으로 이해함으로써 무엇보다도 먼저 극장 하나를 경영함이 없이는 도저히 신극의 수립을 기약할 수 없을 것이외다. 배우연기의 질적 수련문제, 극문학의 발달형상 등은 모두 우리가 조그만 극장이라도 하나쯤 가지고서라야 해결될 것으로 보는 것이 당연할 줄 압니다. 그것은 한두 개인의 절대적 열성에 맡겨도 좋거니와 문화에 관심하는 전 민중이 다같이 아끼지 아니하는 노력으로써 소망을 달할 가능성도 충분히 있는 것"59)이라고 주장했던 것이다. 이러한 아주 절박한 상황에서 7년 가뭄 후의 비처럼 연극전용의 동양극장이 생겨났던 것이다. 동양극장은 당대의 무희이며 한말의 요화(妖花) 배정자의 조카딸이었던 배구자와 그의 남편 홍순언이 건립한 것이었다. 그들이 동양극장을 짓게 된 내력에 대해 박진은 다음과 같이 술회했다.

그런데 앞서 이야기했던 홍순언이가 배구자악극단을 조직해서 일본 吉本興

業의 전속으로 있는 동안 흥행업에 눈을 뜨고 경험을 얻어 극장을 전문할 것을 결심하였던 것이다. 그때 배구자악극단이 吉本興業에서 받는 돈은 월 4천원야 -적지 않은 돈이지만 그것으로서는 團 유지에 겨우 충당되었을 뿐이었다. 그래서 그가 舊義州에 있는 집을 팔고 평양에 있는 조그만 점포와 전화까지 팔아서 몽뚱그린 돈이 전부 4천원이었다. 노부와 식구를 거리에 내세워 놓다 시피하고 돈 4천원을 들고 서울로 왔으나 극장을 짓기에는 조족지혈이었다. 궁리와 생각 끝에 그 돈 4천원을 들고 찾아간 곳이 分島란 그때 와께지마라해서 경성극장, 경성촬영소를 가지고 흥행사로서 서울 내지 전 반도에 세력을 펴고 있던 야꾸자의 오야붕(親分)이었다. (…중략…) 돈 4천원을 손에 쥔 의주출생 홍순언이란 죠센징이 와께지마 앞에 내놓았다. 이 야꾸자요 낭인의 오야붕인 와께지마는 서울에 앉아서 판을 치는 대흥행사이기도 했다. 그래서 와께지마의 요로시 한마디로 이야기가 성립되어서 서대문 고개 비탈길에 터가 마련되어 동양극장이 지어지는데 그 홍순언의 4천원이 밑천이 되어서 상업은행에서 19만 5천원의 대부를 받아서 순연극 전용극장이 세워지기 시작했다. 홍순언은 전재산 4천원은 分島에게 맡겼고 건물은 상업은행에서 지어주니까 수중에 다른 돈이라고는 있을 수가 없었다. 잠도 공사장에서 자고 조석은 막걸리 한 사발에 순대국 한 뚝배기로 평동 고개 길가에 순대국집 신세를 졌다. 그야말로 피나는 고생을 했다. (…중략…) 그는 연극 중흥에 있어 크고도 남는 공헌을 했다. 전 반도에 우리 사람의 손으로 된 극장이 다섯 손가락을 꼽지 못할 때 그는 서울 새 문턱에 큰 극장을 세웠고 더구나 그것을 연극 전문극장으로 했다. 그때 돈 4천원이 적은 돈이 아니었지만 19만 5천원짜리 건물을 단돈 4천원으로 시작한 홍순언, 제가 그 극장의 주인이면서도 사무실 한 구석에 나무침대를 놓고 거기서 잠을 자고 순대국으로 만족하던 홍순언-나는 지금 동양극장을 생각하면서 홍순언의 명복을 빈다.[60]

이상과 같은 박진(朴珍) 술회로써 알 수 있는 바와 같이 동양극장은 홍순언이라는 비연극인의 의지로 세워진 극장이었고, 당시로써는 어쩔 수 없이 일인의 도움을 받을 수밖에 없었다. 대지 488평에 건평 373평(2층), 객석 648석에 회전무대에다가 호리존트까지 갖춘 최초이며 유일한 연극 전용극장이었던 동양극장의 내부시설에 대하여 역시 박진은 다음과 같이 썼다.

> 애초에 그 극장의 의자는 1인용으로 접는 식인 것을 일본서 주문해왔는데 돈을 덜 먹이고자 하니 폭이 좁았다. 언젠가는 서양남자가 왔다가 엉덩이가 안 들어가서 "아이 엠 소리"하고 그냥 돈을 내고 나간 적이 있다. 은행 빚 19만 5천원으로 짓느라고 지어서 무대는 연극하기에 알맞게 로테이션(회전무대)으로 했고 호리존트(蒼空壁)도 국내에서는 처음으로 설치했다. 조명실의 배전반도 처음보는 규모로 크고 복잡하였다. 무대 밑(奈落)에는 기관실이 있고 스팀도 들어왔다. 표 파는 창구는 두 곳이나 마련했으면서 사무를 보는 사무실이 없었다. 다행히 뒤에 터가 있었고 古建物이 남아 있어서 그것을 분장실, 합숙실, 소도구실로 이용했다.[61]

1935년 11월에 준공된 동양극장은 서대문구 충정로에 자리 잡고 있었는데, 개관을 앞두고 전속극단 조직을 서둘렀다. 개관공연을 멋지게 하자는 것이었다. 그러나 전속극단의 조직이 금방 되지 않아 우선 배구자악극단을 주축으로 영화, 무용 등으로 개관프로를 마련하였다.

그리하여 11월 1일부터 며칠 동안 진행된 신축개관공연은 배구자악극단의 만극(漫劇) 〈명텅구리 제2세〉(5경), 촌극 〈월급날〉(1경), 무용극 〈급수부(汲水婦)〉(1경), 그리고 20여 명으로 조직된 소녀 관현악단의 무대연주 수종, 무용 5종, 한국무용 〈아리랑〉, 독창, 합창, 뮤직 플레이[62] 등이었다. 설립자가 대중적 무희인 배구자인 데다가 대중소설가 최독견, 대중극 연출가 박진 등이 가세함으로써 동양극장 연극의 성격은 처음부터 상업극의 노선으로 정해졌던 것이다.

극장이 문을 열면서 인적조직에 나선 홍순언은 자신이 사장을 맡고 지배인에 최독견을 앉혀서 전체를 지휘하도록 했다. 지배인을 맡은 그는 뒷날 한 회고의 글에서 "나는 극장의 설비나 운영에 대한 것을 연구하기에 앞서 어떠한 연극으로 한국의 관객을 이끌고 또 영합함으로써 연극의 기업화를 꾀할 것인가가 초미에 급한 나의 임무요, 또 과업이라고 생각하게 되었다. 극장의 관리나 운영은 홍순언에게 맡기면 될 것이요, 손님을 많이 끌어서 수지를 맞추는 것이 내가 할 일이라

동양극장 설립자였던 무용가 배구자

고 결심하였으며 흥행기업에 상당한 경영과 영리한 자질을 가진 배구자도 그렇게 권한 것"[63]라고 하여 홍순언 사장을 하우스매니저로 그리고 아트디렉터를 자신이 맡는 것으로 일단 분리해 놓은 것도 흥미롭지만 연극의 기업화를 목표로 삼았던 것도 주목할 만하다.

그리고 극장조직 부서는 문예부, 연출부, 장치부, 조명부, 소도구부, 사업부, 연기부, 서무・경리부, 의상부 등 10개를 두었다. 처음부터 극장사상 전무후무할 정도로 대단히 방만한 조직임을 알 수가 있다. 극장이 돌아가려면 공연을 해야 하기 때문에 부랴부랴 전속극단 조직에 착수하였다. 그런데 1920년대 후반 이후 대중연극을 주도하고 있던 지두한(池斗漢)이 동양극장이 문을 열자 배우들을 모두 그쪽으로 가도록 권유한 것이다. 따라서 극장 측에서는 마음 놓고 배우들을 모을 수가 있었다.

최독견이 특히 박진을 끌어들인 것은 그가 토월회 간부를 오래 하는 동안 배우들의 성격과 소양을 누구보다도 잘 알고 있었기 때문이다. 전속극단 제1호로 착수한 것이, 젊은 세대를 모아 신극은 못 될망정 신파로 좀 청신하고

매력적인 것을 시켜볼 목적이었으며, 이름부터 청춘좌라고 정해놓고 남녀배우를 모집하였다. 그래서 모집한 기성배우로서 노인 역을 시키기 위하여 박제행, 서월영, 황철, 심영 등 외에 연구생으로 김승호 등이었고, 여배우 진으로는 김선초, 차홍녀, 지경순, 김선영 등 기성인 외에 한은진, 유계선 등 순식간에 50여 명의 배우들을 뽑을 수가 있었다.[64]

청춘좌가 조직되자 배우 월급제를 실시하기 시작했다. 1급이 60원, 2급이 45원, 3급이 30원이었다. 제1전속극단인 청춘좌는 11월 15일부터 최독견 작 〈승방비곡(僧房悲曲)〉(2막 3장)과 이운방 작의 사회극 〈국경의 밤〉(2막), 그리고 구월산인(九月山人) 작 〈기아일개이만원야(棄兒一個二萬圓也)〉(5경) 등을 공연하였다. 청춘좌가 공연하는 중에 제2, 제3의 전속극단 조직에 착수한 동양극장은 동극좌와 희극좌를 탄생시켰다. 동극좌는 사극을 전문으로 하는 극단이었고, 희극좌는 글자 그대로 희극을 전문적으로 시키자는 것이었다. 그러나 희극을 즐기는 관객이 적어 희극좌는 곧바로 해체되었고, 동극좌와 합쳐져 호화선(豪華船)이 되었던 것이다. 그때의 과정을 최독견은 다음과 같이 술회했다.

청춘좌 공연을 시작하면서 곧 착수한 것이 제2의 극단조직이었다. 그것은 東劇座라는 명칭으로 시대극이라고 하는 구극의 적역자들을 모집하기로 되어 卜基鍾, 宋海天, 河之滿 등 극계 원로들과 朴永信 등 여배우들로 구성하였고, 계속하여 희극 전문의 극단을 제3의 전속단체로 만들었다. 그 극단은 이름도 희극좌였다. 全景希, 石臥佛, 孫一平, 金元浩 등 남배우에다 朴玉草, 崔榮善 등 배우진은 희극의 진용으로는 잘 짜여졌다는 것이 당시의 세평이었다. 그러나 여기에서 미리 밝혀두거니와 우리 한국의 연극팬은 희극을 보고 배창자가 끊어질 정도로 웃어대기는 하지마는, 다 보고나서는 싱겁다는 것이다. 다른 연극에 곁들여 보는 것은 해롭지 않지마는 희극만을 전문으로 보러오는 손님은 극히 드물었다. 말하자면 개평이나 덤으로는 보아주지만, 입장료를 내고 보기는 싫다는 경향이 짙었다. 그래서 희극좌의 수명은 길지 못하여서 후일에 동극좌와 병합하여 「호화선」이라는 이름으로 하였다.[65]

당대 최고의 명배우들로 구성된 청춘좌와 호화선이라는 두개의 전속극단을 거느린 동양극장은 순풍에 돛을 단 듯 공연프로를 채워나갔고 단연 상업연극의 메카가 되었다. 두 개의 전속극단을 가진 동양극장은 연중무휴 공연을 내걸고, 한 극단이 서울 공연을 마치고 나면 쉴 틈도 없이 지방공연을 떠난다. 그러면 지방을 돌던 극단이 서울에서 공연을 갖게 된다.

서울 공연은 한 극단이 한 달 정도 하는데, 한 레퍼토리로 보통 5일간 공연하니까 한 달에 6개의 대본이 필요하게 되는 것이다. 따라서 동양극장은 극본이 가장 큰 문제였다. 그래서 동양극장은 홍해성, 박진을 주축으로 하여 최독견(崔獨鵑, 본명 象德)을 위시해서 박진, 이서구, 이운방, 송영, 임선규, 김건, 김영수 등 8명이 부지런히 극본을 써야했었다. 8명이 한 달에 평균 한 편꼴로 부지런히 대본을 써댔다. 이렇게 장안의 인기를 끌며 순풍에 돛단 듯 운영되던 동양극장이 설립자 홍순언의 요절로 2년을 겨우 넘기고 첫 시련에 봉착하게 되었다. 동양극장이 일대 전환기를 맞은 것이다. 지배인으로 있던 최독견이 1938년 5월부터 동양극장을 단독 운영케 되었고, 인척간이었던 홍순언 직계 가족과 배구자 가족생활까지도 그가 책임지게 되었다. 최독견이 운영을 맡으면서 경영체제를 쇄신하고 흥행계의 중흥도 꾀했다.

동양극장 인계, 최씨가 단독운영 북촌 흥행가의 왕좌를 점령하고 있는 시내 竹添町 동양극장은 관주 홍순언씨가 작고한 이후 홍씨의 유족과 미망인 배구자, 지배인 최상덕씨 등에 의하여 합명회사를 조직하고 이것을 조직하여 왔었는데 금 번 합명회사를 해산하는 동시에 홍씨와 배씨 측에서는 전연 손을 떼고 지배인 최상덕씨가 단독으로 경영에 하게 되었던바 경영 일체를 쇄신하고 부진하는 북촌 흥행계를 위하여 일대 비약을 꾀할 터이라고 한다.[66]

그러나 호탕했던 최독견의 방만한 운영으로 동양극장은 재정적으로 더욱 악화되었고, 이듬해에는 잠시 문을 닫는 사태까지 벌어졌다. 그가 얼마나 극장을 방만하게 운영했었는가는 당시 단원이었던 고설봉의 다음과 같은 증언에 잘 나타나 있다.

심지어는 이런 일까지 있었다. 약 20일간의 함경도 순업을 마치고 돌아온 때인데 400원 정도의 순 흑자가 났다. 그때 황철의 인가가 한창 상승하고 있었는데 함경도 순업에서도 그것이 확인되었다. 하루는 극단 운영진들이 사무실로 황철을 부르는 것이었다. 그리고 다짜고짜 2,000원을 주면서 '배우의 생활이 남루하던 시절은 갔다. 스타의 집은 번듯해야 하니 집이라도 한 채 사라. 그리고 배우라고 술을 얻어먹기만 해서야 되겠는가. 이제는 네가 신세진 분들에게 술을 사도록 하라'고 하는 것이었다. 황철은 그 돈으로 교동 뒤에 기와집을 구입했다. 집값은 700원 정도였다고 한다. 극작가 임선규도 같은 명목으로 3,000원을 받아서 체부동에 900원짜리 기와집을 산 일이 있다. 외상 구좌 이야기를 했는데, 그것은 최독견선생의 정책적 배려였다.[67]

호탕한 낭만주의자 최독견의 호기와 예술인에 대한 배려는 높이 살 만하지만 기업가 정신은 어디에서도 찾아볼 수가 없어서 웬만한 기업이 운영했어도 몇 년 가지 못하고 망했을 것이다. 결국 최독견이 19만 원이라는 거액의 돈을 부도내면서 동양극장 건물은 다른 사람에게로 넘어갔다.

동양극장 폐쇄, 건물과 흥행권의 이동으로 북촌에서 단 하나밖에 없는 연극상설극장으로 어제까지도 수많은 관객이 들고나는 부내 죽첨정 동양극장은 24일 아침부터 문을 닫아버렸다. 동양극장은 원래 故 홍순언씨가 세운 것으로 그 후로는 미망인 배구자씨가 최상덕씨에게 위임하여 경영하여 오던 것인데 얼마 전 극장 건물은 石川 모 외 1명에게로 팔아 넘기매 따라서 극장의 흥행도 고세형씨가 맞허 하게 되여 24일부터는 새로운 경영자에게로 너머가게 되었으나 최상덕씨는 채무가 만허 채권자들은 채무 대신 동산을 점유하엿기 때문에 극장은 불가분 닷게 된 것이라고 한다.[68]

동양극장은 처음부터 실패를 안고 출범했다. 그 이유는 여러 각도에서 설명할 수 있는데, 첫째, 극장 건축자체가 무리였다. 극장을 세운 배구자는 무용가로서는 출중했지만 극장을 알지 못했고 그의 남편은 예술과는 아무런 상관도 없는 호텔지배인 출신이었다. 그들이 당초 포부만 갖고 극장건축에 나선 것이다. 그나마 자본금 4천 원에 은행대부 19만 5천 원을 안고 시작했다. 그러니까 자본금의 5배의 은행 빚을 떠안고 극장을 세운 셈이다. 극장경영을 전혀 모르는 이들 부부와 낭만주의 소설가 최독견이 그 막대한 빚을 어떻게 갚을 수 있었겠는가. 두 번째는 인적 구조의 방만함에서 찾을 수 있다. 두 개의 전속극단의 배우만도 50명이 넘었고, 전속작가 8명, 전속연출가 2명, 전속 무대미술가 2명, 그리고 조명, 의상, 대소도구 제작자 등 10개 부서 1백50여 명의 급료는 막대할 수밖에 없었다. 1급 배우의 월급이 60원이고 2급이 45원이었으며 3급이 30원이었다. 아마도 작가와 연출가들에게도 적잖은 급료를 지급했을 것이다. 이들의 한 달 월급만 해도 수천 원은 되었으리라 본다. 그런데 극장 객석은 6백48석에 불과하다. 연중무휴로 매일 만석을 채워도 극장유지는 불가능하다. 세 번째로는 당시 출중한 극작가도 드물었을 뿐만 아니라 연출가도 홍해성과 박진 둘이서 매월 6개의 작품을 만들어내야 하니까 작품의 질도 문제가 많을 수밖에 없었다.

만약에 동양극장이 관립이라면 몰라도 사설극장이었기 때문에 누가 인수해도 유지가 불가능한 구조를 갖고 있었다. 게다가 신문기자 출신, 낭만주의 소설가 최독견이 호기를 부렸으니 망하는 것은 시간문제였다. 결국 3년도 채우지 못하고 은행 빚과 같은 19만 원의 부도를 내고 쓰러지게 되었다. 물론 동양극장이 완전 폐쇄된 것은 아니었다. 주인과 경영자만이 바뀐 것이다. 즉 한성학원(현재의 한성중고등학교재단)이 고세형이라는 인물을 내세워 동양극장을 인수했으며 건물주의(재단이사장) 처남뻘이 되는 김태윤이 운영을 맡게 되었다. 제2대 지배인 김태윤이 비록 비연극인이었지만 연극에 대한 열의는 대단해서 배우양성을 적극적으로 하기 위해 1940년에 연극연구소까지 만들었다.[69)

1939년 9월 경영자가 바뀌면서 황철, 차홍녀, 문정복, 서일성 등등 인기배우들이 동양극장을 탈퇴, '아랑'이라는 극단을 조직하자 신인양성을 꾀하지 않을 수 없었던 것이며, 그것으로도 배우진의 취약성을 메꾸지 못해서 동양극장은 중견배우 스카우트에 나섰던 것이다. 그리하여 새로 끌어들인 배우가 김선영, 지경순 등 10여 명이었다. 이는 순전히 새 지배인 김태윤의 새 시대에 대처하려는 열의에 의한 것이었다.

약진하는 東劇, 중견배우를 망라 총력하 연극문화의 향상과 국민적 연극이념을 수립하고저 그간 무대를 통하야 활동하고 있는 시내 동양극장에서는 소속 극단의 진용을 일층 강화하기 위해서 동 극장 김태윤씨는 각 방면으로 활약하든 바 극계의 중진 남녀 배우인들과 社계약을 맺고 압프로 건전한 국민연극 활동에 노력하리라고 한다. 이번 동극의 신입사원은 다음과 갓다. 김선초, 김선영, 지경순, 최예선, 이향희, 김진문, 배구성, 김동규.[70)

따라서 재편된 청춘좌와 호화선의 멤버는 50명이 넘었는데 참고삼아 소개하면 다음과 같다.

청춘좌 변기종, 이동호, 이종철, 김철, 최대규, 최명철, 김윤호, 양재성, 이헌, 서성대, 김승호, 한일송, 지경순, 남궁연, 진현숙, 차경애, 조미영, 지필순, 조선일, 이순, 이세연, 윤신옥

호화선 장진, 박상익, 신좌현, 김만, 한창우, 유양영, 고설봉, 송린득, 임춘근,

서인서, 태을민, 전경희, 박제원, 한은진, 이백희, 정혜순, 신옥봉, 제
영복, 김복자, 김애순[71]

그렇다면 최독견에 이어 동양극장 운영을 맡은 김태윤은 어떤 비전을 갖고,
또 어떤 생각에서 동양극장을 이끌었는가? 그는 동양극장운영을 맡은 2년 뒤
에 다음과 같이 고백한 바 있다.

연극이란 자체가 종합예술이면서도, 민중의 일상생활을 표현하는 중요한 성
능을 가진 이상, 이것에 대한 관심을 않을 수 없어 편집선생의 주문에 의하여
평시에 소감과 금후 연극에 관한 기획을 생각해 보려 한다. 영화가 역사적으로
보아서는 연극보다 훨씬 연소하지만, 그 업적으로 보아서 연극 이상의 많은 노
력을 했다고 하겠으나 영화가 가질 수 없는 극예술의 매력과 기교는 아직도
찾을 수 없어 역시 나 자신은 영화보다 연극이, 민중에게 계시와 감명을 주는
데 있어서는 없지 못할 효과적인 존재라고 생각한다.
　(…중략…) 그래서 내 자신은 용단을 다해서 기획한 것이 관중의 기대에 어
그러질 때는, 나는 슬프다는 것보다도 미안스러운 생각이 가슴에 차서, 다음
기회에는 좋은 연극을 올려서 관중에게 유익을 주자 하고 결심하는 때가 많다.
(…중략…) 이렇게 하기를 나는 수없이 하는 동안에 동극의 전속극단 청춘좌와
호화선은 내내로 대외로 강화되어 극단들의 틈에 끼어서 연극건설의 확립을
위하여 인정을 받게 되었다.
　그러므로 내 자신은 적은 단체를 운전하는 경영주라는 것을 생각할 때, 책임
감이 중한 것을 항상 느끼게 되면서 무슨 방법으로든지 관객 제현의 기대에
만족하도록 노력하고 싶으나, 극계에 발을 들여 논 지 數個星霜밖에 되지 않
는 나의 둔한 두뇌는 이렇게 큰일을 혼자 감당하기가 힘에 벅찬 것 같다. 내
자신이 좀 더 경제적으로 여유가 있다면 현재 동극에서 종사하는 1백 50여명
되는 관원들의 생활에 대한 보장도 영구히 할 수 있고, 또한 동극무대도 이상

적으로 개축할 수 있으나, 아직까지 경제가 미치지 못해서 기획만 하고 있는 중이다. (…중략…) 그러므로 나는 연극문화의 건설을 위해서라면, 누구나 환영하고, 손잡고 일하고 싶은 욕심이다. 그래서 동극의 직속극단 이외에 극단 고협과 조선성악연구회와도 유기적인 관계를 맺고 금후 연극문화의 발전과 친목을 도모하면서 끝없는 연극행정에 희망봉을 바라보고, 모든 신고를 같이 맛보고 싶다. 그렇다고 해서 청춘좌, 호화선, 조선성악연구회, 극단 고협만이 결성을 하고 나머지 단체와는 인연을 끊자는 것이 아니라 진정한 극문화 수립을 목표하는 동극의 기획을 찬동하는 단체면 닭과 학을 구별치 않고 환영할 작정이다.

그래서 공존공영을 위한 기획과 전시체제하에 있는 피로한 민중에게 언제나 위안을 줄 수 있는 연극 활동을 하려는 것이다. 그러므로 극작가는 시대를 이해하고 작품을 써야겠고, 배우들은 최후의 연극보국을 하는 그 사명을 다해야겠다.[72]

이상의 소박한 글은 우리 사회에서는 드물게 볼 수 있는 비전문극장 경영주의 글이다. 김태윤은 연극전문가는 아니었으나 연극에 대한 대단한 애정과 집념, 그리고 사명감을 가졌던 사람임을 알 수 있다. 그의 글에서 밝혀진 새로운 사실은 판소리 명창들의 모임인 조선성악연구회와 신파극단 고협과도 동양극장이 매우 밀접한 관계를 맺고 있었다는 점이다. 그러니까 당시 대중들이 사랑하던 창극과 신파극을 동시에 수용 발전시키려 했다는 사실일 것이다. 실제로 1934년에 창립된 조선성악연구회는 1936년 2월에 동양극장에서 〈배비장전〉으로 창립공연을 했었다. 그리고 동양극장을 이야기할 때 빠뜨려서는 안 될 인물로서 김기동(金基東)이 있었다. 그는 초기 동양극장의 후견이었던 일인 와케지마(分島)의 부하로서 전속극단의 흥행사였다. 와케지마의 분신처럼 동양극장에 있으면서 두 전속극단을 이끌고 전국을 순회 공연했고, 흥행사로서는 뛰어난 재주를 가지고 있었다. 동양극장이 그처럼 번성했던 이

유 중에는 김기동의 숨은 공로가 컸다.[73] 그러나 1939년에 동양극장이 다른 주인에게 넘어가면서 김기동도 물러나고 그 자리를 고세형(高世衡)이 맡아하게 되었다.

동양극장의 전속극단 중 청춘좌는 해방될 때까지 그 이름으로 계속 공연활동을 벌였지만 호화선은 1941년 11월에 '성군(星群)'으로 개명, 재창립공연을 가졌다. 따라서 전속연기진도 개편되었는데, 그 멤버는 서일성, 박고성, 고기봉, 전경희, 양진, 류현, 박창환, 지경순, 백근숙, 김영숙, 박은실, 윤신옥, 유경애, 이예란, 한은진 등등이었다. 그리고 문예부에 박영호, 김영수, 박향민 등이 있었고, 연출부는 홍해성과 김욱이, 장치부는 원우전이 혼자 있었다.

그리고 1941년부터 동양극장은 전속극단의 자체공연 외에 다른 극단들에도 대관을 많이 했다. 물론 그 이전에도 고협이나 조선성악연구회에게 대관해주지 않았던 것은 아니나 1942년 이후에는 대관의 폭을 조금 넓혔던 것이다. 그러다가 1945년 8월 15일에 해방을 맞게 된다.

해방을 맞게 되자 사회 전체가 급속히 변화하였고, 연극인들도 새로운 질서를 찾기 위해 이합집산하기 시작했다. 동양극장의 전속단체도 자동적으로 해산되었던 것은 두말할 나위 없는 것이다. 그리하여 동양극장은 그냥 다른 극장들처럼 평범한 대관극장으로 남게 되었다. 1930년대 중반부터 많이 들어온 영화관들이 극단들에게 대관을 많이 해주었기 때문에 해방 후에는 동양극장이 연극의 본거지로서는 이미 빛을 잃었던 것이다. 해방 직후에 직업극단들이 많이 이용했던 무대는 연극전용 극장은 아니었지만 단성사, 국도극장, 중앙극장, 국제극장, 수도극장, 제일극장 등이었고, 협소한 동양극장은 3류 극장으로 밀려나고 말았다. 그러다가 1946년 정월에 김태윤이 자신의 오랜 친구로서 전기공업 계통에서 일해온 전호연에게 극장운영을 맡겼으며 4월에는 호화선이 재건되었으나 그해 말 7회 공연을 끝으로 그마저 해산되었다.[74]

극단 호화선 재건 공연, 22일 동양극장 조향남작 〈사랑을 팔아 사랑을 산

여자) (4막 6장). 이서구 연출. 출연-장랑, 이서, 송억, 전두영, 최예선, 강용삼, 허영진, 최인수, 손유성, 전경희, 조미령, 박정자, 이영옥[75]

더구나 1950년 초에 국립극장이 사상 최초로 설립되자 동양극장은 더욱 빛을 잃을 수밖에 없었다. 그러다가 6·25동란과 함께 동양극장을 운영해오던 김태윤이 납북되자 극장은 개성재벌이었던 이영균에게 팔렸고 동시에 영화관으로 바뀌고 말았다. 그러니까 동양극장의 연극전용 극장으로서의 역사적인 사명은 전쟁과 함께 끝난 것이다. 영화관으로 쓰이던 동양극장이 1958년에는 다시 김희덕(金熙德)에게로 넘어갔다. 김희덕은 1976년까지 동양극장을 영화관으로 사용해 왔는데 사업이 여의치 않고 또 영화관객도 많지 않아서 손을 떼고 말았다. 즉 영화관으로서도 1976년에는 문을 닫은 셈이다. 그런데 그마저 현대건설회사에서 인수하여 사원교육용 강당으로 쓰다가 1990년 1월에 헐어버리고 문화일보라는 새 사옥으로 태어남으로써 한 연극장의 기구한 운명을 보는 듯하다.

사실 동양극장은 배구자, 홍순언, 최독견 트리오가 운영하던 1935년부터 1939년까지의 4년간이 전성기였다. 그때의 활약에 대해 "동양극장의 연극 전성시대의 연극은 관중에게 예술적 향락과 인심의 개선과 지적 자극의 원천으로서의 하나의 교화기관의 문화사업이었다. 그들의 극운동은 자연주의적 내지 사실주의적 연출 방향에서 출발하여 낭만주의의 준비 시대였다. 기업가, 극작가, 연출가, 연기부원들은 협동 일치하여 활동하는 것이 그들의 의무이며, 또한 권리이며 사명이었다."[76]라고 한 홍해성의 말은 정확한 것이다. 지을 때부터 관여하여 동양극장 지배인으로서 전성기를 마련했던 최독견도 다음과 같이 술회했다.

고 홍순언과 나는 기지를 찾고 다이나마이트를 터트리고 그야말로 무에서 유를 낳는 필사의 노력으로 된 것이 지금의 동양극장일세. 소화 10년 11월에 동양극장이 낙성 개관이 될 때에는 그 부산물로 극단 청춘좌, 동극좌, 희극좌의 三胎生이가 탄생되어 경성에서는 전례에 없는 주야흥행의 연극이 常設되고, 지방에도 제법 완비된 장치와 극본을 가지고 순연을 하게 되어 황금시대를 구현한 것이 사실이었네. 동극이 조선연극사상에 그린 한 페이지를 잊을 수는 없을 것일세. 이것으로 연극의 기업화가 실연된 것도 엄연한 사실이며 배우를 필두로 연극 종업자들이 어느 정도의 생활균형 내지 안정을 얻은 것도 가리지 못한 사실이라고 생각하네. 이렇게 동극을 모태로 하여 탄생된 삼태생 중에 희극좌 만은 발육부진으로 강보에서 죽고, 동극좌가 성인이 될 때에는 극단 호화선이라 개명하여 청춘좌, 호화선의 자매는 아직도 동극을 아성으로 하여 건재중일세.

　이 동극을 기지로 하여 불어 휩쓰는 연극 황금 풍에 자극되어 탄생하였다가 없어진 극단으로 중앙무대, 낭만좌, 협동예술좌 등을 잊을 수가 없네.[77]

　이상 최독견의 회고에서도 볼 수 있는 바와 같이 최초의 본격적 연극공연장 동양극장은 신극사상 대중연극이 토착할 수 있도록 만든 극장이었다. 대중연극이 토착화되었다고 말할 수 있는 것은 네 가지 이유에서이다.

　첫째, 동양극장이 자체적으로 전문극단 두 단체를 두고 연중무휴공연을 함으로써 고정관객을 가졌던 것은 말할 것도 없고, 연극을 전국적으로 확산시켜서 연극을 대중생활의 필수품처럼 만든 점을 들 수 있다. 연극과 영화를 제외하고는 대중문화가 미약했던 시대에 동양극장은 대중의 안식처 역할을 충분히 해냈다고 말할 수 있다.

　두 번째로 동양극장 설립을 계기로 대중적인 극단들이 많이 탄생되었던 점을 지적할 수 있다. 가령 극단 고협을 위시하여 국민좌, 현대극장, 아랑, 신생극단, 전진 등 일반 극단들과 도원경악극단, 조선악극단, 제일악극대, 약초가극단, 성보악극대, 라미라 등 악극단이 탄생하였으며, 동양극장 측의 특별 배려로 인해서 창극단 화랑, 조선창극단, 동일창극단 등이 탄생하기도 했다. 그만큼 동양극장은 연극인들을 자극하여 다양한 극단들이 등장할 수 있도록 은 연중에 자극을 준 것으로 볼 수 있다.

세 번째로는 동양극장의 제대로 설계된 무대가 있음으로써 기존 극단들의 공연 의욕과 직업의식이 솟구친 것으로 볼 수 있다. 그 증거는 동양극장이 생기기 전과 후의 공연 횟수가 달라진 점으로 확인할 수 있다. 즉 동양극장이 문을 열기 전에는 한 달에 한 번 공연하기도 힘들었던 극단들이 몇 번씩 무대의 막을 올리는 활기를 보인 것이다. 이는 분명히 대단한 변화를 보여준 것인데, 특히 공연기술이 발달하지 못한 창극단들이 체제를 제대로 갖추고 일반 극단들 못지않게 공연활동을 벌일 수 있었던 것도 순전히 동양극장이 있었기 때문이다. 바꾸어 말하면 우리의 근대적 성격의 창극이 자리를 잡게 된 것이 순전히 동양극장 덕분이라는 뜻이다. 한 예로서 창극좌라는 창극단의 1942년 상반기 공연을 보면 1월에서부터 2월 중순까지 매일 공연을 가졌고, 레퍼토리도 한 달여간에 4개나 무대에 올렸음을 확인할 수 있다. 동일창극단의 경우도 1944년도부터 해방될 때까지 매월 동양극장 무대를 사용한 바 있는 것이다.

네 번째로 동양극장이 상당수의 고정관객을 확보한 점이다. 고정관객의 성향에 대해서는 여러 주장이 있지만 유 무식 층의 구별 없이 당시 대중이 동양극장 관객이었다고 말할 수 있다. 이러한 동양극장의 관객확대가 연극인들을 자극하고 극단들의 흥행욕구를 불러일으킴으로써 결과적으로 연극 활성화를 가져온 것이다. 이상과 같이 1930년대 중반에 동양극장이 개관됨으로써 연극이 활성화되었고, 소위 대중연극이라는 것도 정착될 수 있었으며, 연극의 기업화도 가능했다. 그만큼 동양극장 개관은 우리나라 근대연극사에 있어서 하나의 획을 그을 만한 것이고, 비록 대중연극이라 하더라도 연극이 대중생활의 한 부분으로 자리 잡을 수 있도록 한 것은 주목하고도 남을 만하다.

그런데 동양극장의 대표적 연출가 홍해성이 리얼리즘 신봉자로서 연극의 질을 향상시키는 데 절대적 기여를 했지만, 실질적 운영자였던 홍순언, 최독견, 김태윤 등이 본격 연극에 대한 지식이 없었고, 오직 극장을 유지해야 한다는 경영방침에 따라 동양극장의 개성은 약했고, 오로지 흥행위주의 대중연극을 번성케 했다고 말할 수 있다. 그러나 전술한 바 있듯이 이들이 극장경영에 대한 전문적인 지식과 노하우가 없었기 때문에 언제나 재정적 불안정 속에 파행을 거듭해왔던 것이다. 바로 그런 점에서 극장 운영자의 성향에 따라 극장 성격이 결정되어지고 수명도 좌우된다는 역사적 교훈을 동양극장의 경우에서 얻을 수 있다고 하겠다.

2) 전속극단과 대중극의 활성화

전술한 바 있듯이 동양극장은 최초의 본격적인 연극전용 극장으로 당시로써는 대단히 앞선 무대를 갖추고 있었다. 더구나 실질적인 설립자 배구자가 무용가로서 극장을 잘 아는 사람이었고, 최독견과 그를 둘러싼 연극인들이 경험과 열정을 가진 인물들이었기 때문에 활동력 있는 직업극단을 조직할 수 있었다. 시기적으로도 일본 신파극을 받아들인 지 30년 가까이 되었으므로 나름대로 대중연극으로서 착근할 만했다. 1935년말 전속극단으로 모습을 드러낸 청춘좌는 창립공연으로 대중소설가이고 언론인이었던 지배인 최독견의 〈승방비곡〉과 이운방의 〈국경의 밤〉, 그리고 구월산인의 〈기아일개이만원야〉 등을 무대에 올리고 닷새 뒤에 〈사랑은 눈물보다 쓰리다〉(신향우 작), 〈포도원〉(이운방 작), 〈가정쟁의 실황방송〉(九月山人 작) 등을 또다시 공연했다. 곧이어 관악산인(冠岳山人)의 〈재생의 아침〉, 이운방의 사회극 〈검사와 사형수〉, 구월산인의 희극 〈팔자 없는 출세〉 등을 공연하고 1936년을 맞았다. 1936년에도 5, 6일 간격으로 레퍼토리를 바꾸어 가면서 연중무휴 공연을 갖기 시작했다. 낮 공연이 없고 밤에만 한차례 공연하여 배우들의 육체적 고통이 심하지 않을 것 같지만 실제로는 대단한 혹사였다. 왜냐하면 5, 6일에 레퍼토리가 바뀌기 때문에 항상 다음 작품연습을 해야 했기 때문이다. 그런데 여기서 주목할 만한 사실은 청춘좌가 신창극이라는 것을 한 점이다. 즉 1936년 1월부터 2월에 이르기까지 소위 신창극 〈춘향전〉(최독견 극본), 〈효녀 심청〉(이운방 극본), 〈추풍감별곡〉(이운방 극본) 등을 공연한 것이다.[78]

이는 곧 창극이 대중으로부터 크게 호응을 받고 있는 데서 착안한 것으로 볼 수 있다. 그만큼 동양극장은 대중의 동향을 항상 살피면서 관객이 좋아할 만한 것이면 어떤 형태의 연극도 재빨리 받아들였다는 이야기가 된다. 어떻게 보면 동양극장의 연극이념이 제대로 정립되지 않은 상태에서 출발했고, 따라서 그때그때의 유행이나 대중의 기호에 맞춰서 레퍼토리를 선정 또는 창작하고 연극양식까지 다양화시켰던 것이다. 그러니까 배구자악극단으로부터 시작해서 소위 고등(高等)신파라 할 대중연극, 그리고 비록 부분적이나마 창극방식까지 도입한 것이다. 그렇다면 극장 측에서 신창극이라 이름 붙였던 특수형태의 작품을 어떻게 무대 형상화한 것이었을까? 당시 동양극장 연출을 주도한 박진은 다음과 같이 설명하고 있다.

> 나는 연극 〈춘향전〉을 토월회 이후 청춘좌에서 처음 다루었다. 당시로서는 호화배역이었다. 춘향에 차홍녀, 이몽룡에 황철, 방자에 심영, 춘향모에 김선초, 향단에 지경순, 변학도에 서월영. 그만하면 표가 모자랄 지경으로 팔릴 자신이 있지만 그런 면을 떠나서 어떻게 하면 새롭다기보다 색다르게 하나 하고 생각한 끝에 의상소품의 고증은 물론이려니와 장치의 리얼하고 배경의 동양화적 감각은 얘기할 가치도 없지만 어떻게 해서든 「춘향전」의 멋을 내보자 해서 이동백, 송만갑, 김소희, 박녹주 등 당대 명창을 초빙해서 대목대목에 창을 대게 하여 훌륭한 효과를 거두었었다.[79]

이상과 같이 신창극이라는 것은 일반적인 작품에 도창(導唱)이라든가 장면 연결 또는 주요 대목에서 명창이 소리를 해주는 것을 의미하는 것이었다. 따라서 레퍼토리는 자연히 전래의 다섯 바탕과 〈추풍감별곡〉 같은 각색물이었다. 물론 신창극은 많이 하지 않았다. 작품이 궁색한 때 몇 번 시도해본 것에 불과하고 동양극장이 조선성악연구회를 우대하면서 연합 비슷하게 몇몇 명창들을 전속극단 무대에 끌어들인 것에 불과했다. 특히 토월회를 이끈 인물 중한 사람이었던 연출가 박진이 동양극장에 깊이 간여하면서 전성기 토월회의공연방식을 다시 시도해본 것을 볼 수 있다. 이처럼 동양극장은 토월회의 흐름과 홍해성의 축지소극장 연극방식, 그리고 조선연극사 연기법 등이 한 무대에서 용해된 무대를 창출했다고 말할 수 있다. 사실 이러한 구성상의 이질성은 동양극장으로 하여금 초기에 우왕좌왕하게 만들었고, 색깔 없는 이념부재의 무대로 추락하는 듯한 모습을 보이기도 했다.

그러나 워낙 안정된 전용극장이었기 때문에 극장 운영이 흔들린 것은 아니고 오히려 종합된 힘을 얻을 수 있었다. 다만 취향과 감각, 이념이 다른 연극들이 모인 데다가 의욕이 넘쳤기 때문에 몇 개의 개성있는 전속단체를 두게된 것이다. 가령 시대극 전문의 동극좌나 1936년 3월에 조직한 희극좌도 그러한 배경에서 나온 것이라 하겠다. 동양극장의 연출을 총지휘한 홍해성이당시의 전속극단 체제에 대해서 "이러한 이념과 실천이 어느 정도 斯界 관심을 가진 인사들에 의하여 인정"[80]되었다고 한 것도 우연의 일이 아니다. 특히이러한 전속극단 조직과 인재의 집결이 운영자 측에서 확고한 경영신념을 갖고 연극인들을 예우한 것에서 비롯되었다는 것은 주목할 만한 사항이다. 그리고 홍해성도 지적한 바와 같이 그러한 착안과 실천은 당시로써 획기적이었음은 두말할 나위 없는 것이다. 이 시기 전속극단의 진용을 살펴보면 문예부 최독견, 이서구, 이운방, 연출부 홍해성, 박신, 객원연출가 안종화, 장치부 김운선, 정태성, 원우전, 조명부 김복선, 소도구부 류수만, 연기부(남) 변기종, 이경환, 하지만, 전경희, 양백명, 서일성, 이종철, 손일평, 신좌현, 맹만식, 이동호, 김동규, 박고송, 박은파, 석와불, 김원호, 강도봉, 남방성, 김철, 박상익, 송재로, 김종일, 이진원, 고설봉, 태을민, 고기봉, 김만배, 이보라, (여) 차홍녀, 남궁선, 최영선, 이경설, 유규선, 박옥초, 지계순, 황정순, 김복자, 김소영, 강보금, 한은진, 진랑, 정득순, 최은연, 지초몽, 윤재동, 허미라, 조영숙, 조미령 등이었다.[81] 물론 이러한 인적 구성은 계속 들쭉날쭉 계속 변할 수밖에 없었다. 그러나 동양극장에서 최고의 명배우로 명성을 날린 황철과 심영이 처음에는 없었다는 사실이다.

동극좌는 시대극 전문극단답게 창립공연으로 〈항우와 우미인〉(이운방 각색), 〈순정〉(이운방 작), 〈딸을 팔아 땅을 사다니〉(花仙學人 작) 등으로 창립공연을 가진데 이어 〈사비수와 낙화암〉, 〈반월성의 비화〉(김건 작), 〈홍수전야〉(임선규 작) 등을 공연하면서 그해 6월 말까지 5개월여 동안 30여 편의 작품을 무대에 올리고 발전적 해체를 했다. 비슷한 시기에 대중에게 즐거움과 웃음을 선사하려 출범한 희극좌는 〈흥부전〉(이운방 각색), 〈급성연애병〉(수양산인 작), 〈쌍둥이 행진곡〉(김건 작), 〈주정(酒酊)병거지〉(김건 작), 〈아내 길들이는 법〉 등으로 창립공연을 갖고,[82] 이어서 스케치 〈연애탈선〉, 〈벙어리 냉가슴〉(최독견 작), 〈콩쥐 팥쥐〉, 〈아내여 속지마소〉, 〈춘향전〉, 〈장화홍련전〉 등 20여 편을 6월까지 3개월여 공연하고 역시 발전적 해체를 했다. 즉 두 단체가 합쳐서 호화선을 탄생시킨 것이다. 이러한 저간의 사정을 당시 전속단원이었던 고설봉(高雪峰)은 다음과 같이 회고했다.

세 극단의 관객동원은 청춘좌는 일반에게 새로운 감각을 주고 해서 현상유지가 되었던 것으로 안다. 동극좌는 역사극만을 공연한데다 연극이 재미도 없고 딱딱한 편이어서 관객과 점점 멀어졌었다. 희극좌를 무대에 올려보니 첫날은 대만원이었다. 그런데 우리의 민족성이 웃는 문화와는 거리가 멀어서 그랬는지 다음날부터는 손님이 눈에 띄게 감소하곤 하였었다. 3극단 체제로 몇 달을 공연해도 관객동원의 사정은 그다지 나아지지 않았다. 극장 운영진들이 회의를 한 결과 마침내 동극좌와 희극좌의 해체론이 대두하였다. 자체 극장을 가지고 있었으니 날짜를 잡는 등의 고민은 없었으나 동극좌와 희극좌를 통합해서 호화선으로 개편한 데는 그만한 이유가 있었던 것이다. 극단 호화선은 이렇게 해서 창단되었다.[83]

그런데 주목할 만한 사항은 호화선이 조직되면서 청춘좌나 동극좌, 희극좌 등에 없었던 음악부를 하나의 부서로 새로 설치한 점이라 하겠다.[84]

이는 매우 중요한 것이다. 그 이유는 두 가지 점에서 그렇다. 한 가지는 호화선이 과거 흥행극단인 조선연극사를 하나의 모델로 삼은 것으로 보이기 때문이다. 조선연극사는 음악부를 두어 연극을 대중 가까이로 다가가게 하는 데 비교적 성공한 극단이었다. 특히 호화선의 단장이 바로 조선연극사의 대표였던 변기종이었다는 점에서 유추가 된다고 하겠다. 다른 한 가지는 호화선이 음악극을 하겠다는 의지를 갖고 출발한 것 같다는 사실이다. 이러한 호화선의 의지는 곧바로 무대에서 표출되었다. 즉 호화선은 출범 다음 달에 소위 오페레타 쇼라는 공연을 시도했다. 그리고 계속해서 정태성 주도로 쇼보트, 음악연극 등을 선보인 바 있는 것이다.[85] 고설봉도 그에 대해서 다음과 같이 증언하고 있다.

> 특기할 만한 것은 호화선이 조직된 이후 몇 번에 걸쳐 뮤지컬을 시도했다는 사실이다. 요시모도에서 일하던 鄭泰星은 일본의 뮤지컬 대본 몇 개를 가지고 왔는데 그가 일본에서 본 것을 모방하고 작품을 우리 실정에 맞도록 번안해서 무대에 올렸다. 〈최명텅구리와 킹콩〉(1936.10), 〈나의 청춘, 님의 청춘〉(1936.11), 〈멕시코 장미〉(1936.12) 등이 바로 뮤지컬 작품이었으나, 관객동원이나 모든 면에서 실패하고 말았다.[86]

그러나 고설봉의 증언에서 알 수 있는 것처럼 그런 형태의 음악극은 이렇다 할 성공을 거두지는 못한 듯싶다. 왜냐하면 호화선이 다시 정태성류의 오페레타 쇼라든가 쇼보트 음악극 같은 것을 시도하지 않았기 때문이다. 그런 유형의 음악극이 성공을 거두지 못한 이유는 여러 가지가 있을 수 있다. 그러나 그 가장 큰 이유는 아무래도 충분한 준비 없이 또 관중의 취향도 생각지 않고 공연을 한 데 있지 않나 싶다.

그렇다면 몇 가지 시행착오를 거쳐 청춘좌와 호화선이라는 두 개의 직업극단을 갖고 연중무휴 공연에 들어간 동양극장의 연극목표는 무엇이었는가? 초기 동양극장의 예술목표를 가장 분명하게 지켰던 홍해성은 다음과 같이 설명한 바 있다.

　　과도기적 현실에 순응하여 민중예술의 실험무대로 민중의 이지를 신뢰하고 민중의 감정은 존중하며 전극장원은 민중들에게 고상한 자유스러운 자아를 발견케 하여 인생의 진상을 맛보게 하고 자기네들의 생활을 확대하게 하여 예술의 취미성을 향상케 하고 그들의 정신을 쟁화하게 하여 극예술의 최후의 목표에 도달케 하는 민중극장운동이었다. 동양극장의 연극정반시대의 연극은 관중에게 예술적 향락과 인심의 개선과 지적 자극의 원천으로서의 하나의 교화기관의 문화사업이었다. 그들의 극운동은 자연주의적 연출방향에서 출발하여 낭만주의의 준비시대였다. 기업가, 극작가, 연출가, 연기부원들은 협동일치하여 활동하는 것이 그들의 의무이며 또한 권력이며 사명이었다.[87]

이상에서 알 수 있는 것처럼 동양극장의 당초 목표는 지식인들이 주도했던 일련의 청년학생들의 아마추어 극운동이나 극예술연구회 등과 마찬가지로 계몽운동의 정신적 좌표 설정이었다. 특히 민중에게 고상하면서도 자유스러운 자아를 발견케 하겠다는 것은 동양극장이 근대성을 공연 기조로 삼았음을 알수 있다. 연극사조적 측면에서 보더라도 비록 홍해성 개인의 연극관에 입각한 것이긴 해도 리얼리즘과 로맨티시즘을 기본 방침으로 삼았던 것이다. 특히 주목되는 것은 동양극장이 민중극을 내세운 점이다. 이는 물론 1910년대로부터 1920년대에 걸쳐서 한국과 일본에 널리 퍼져 있던 로맹 롤랑의 민중예술론을 막연하게 수용한 것으로 보이는 것도 사실이다. 가령 관중에게 예술적 향락을 안겨주겠다는 것은 다분히 예술지상주의적이고 동시에 오락적임을 보여주는 것이라 볼 때, 홍해성이 사용한 민중극이라는 것이 막연히 대중을 염두에 둔 것 같기도 하다.

　물론 동양극장의 당초 목표가 무대상에 그대로 표현된 것으로 볼 수는 없다. 왜냐하면 점차 레퍼토리가 통속화로 빠져갔기 때문이다. 그것은 특히 홍해성이 와병으로 연출에서 손을 떼고부터 더욱 심화되어 갔다. 그렇지만 초기의 청춘좌 무대는 대중극으로서는 나름대로 일정 수준에 올라 있었음을 아무도 부인할 수 없을 것이다. 당시로써는 최고의 극장시설과 제작비 투여, 최고 수준의 제작진을 갖춘 단계가 청춘좌였으므로 제대로 된 공연이 관객들을 찬탄케 했음은 분명하다. 가령 대표 배우로서 동양극장의 전속단체를 이끌었던 변기종은 당시의 관객반응을 실감 나게 다음과 같이 기술했다.

　　소화 11년 12월 14일 오후 7시에 웅장한 동라소리가 나자 우리 청춘좌의 첫 공연이 막이 올라갔다. 기대하였든 관중들은 아! 하는 소리가 피차에 약속이라도 한 것처럼 일제히 소리쳐 나왔다. 그는 정열을 다해서 설비해 논 무대장치를 보고 其時 경영주는 故 홍순언씨에게 대하야 감탄하는 첫인사 야! 소리였다. 그때 출연하는 우리들도 조선에서는 처음으로 사용하는 창공장치! 이상적인 건물장치! 적합한 의상! 이 여러 가지에 종합되어 전일에 자신들이 구해내지 못한 표정 동작이며 모든 분위기가 한층 새로워진 것 같해서 그만 기분에 도취해 버리고 말았다.[88]

　그로부터 청춘좌는 관중의 열띤 호응을 받으며 직업극단으로 쉼없는 공연 활동을 벌여간 것이다. 대체로 초기에는 최독견, 이운방 등 두 전속작가들이 작품을 썼으며, 간간이 신향우, 송영, 임선규 등이 극본을 제공했으며 박종화, 이광수의 인기소설도 한두 편이 각색되었으나 점점 임선규와 이서구가 많은 작품을 제공했다. 그리고 1930년대 후반에 오면 송영이라든가 김건, 박신민, 김진문 등도 자주 극본을 제공했으며, 한계원, 유호, 태영선 등 신인도 모습을 나타냈다. 이처럼 청춘좌에 극본을 써준 극작가들은 10여 명이 넘었으며, 이

동양극장 전속 청춘좌 단원들

들 중에서 단연 관객의 인기를 모은 작가는 최독견, 이운방, 이서구, 임선규 등이었다.

작품은 대체로 비극, 즉 멜로드라마와 희극, 난센스, 스케치 등이었고, 그것을 저들은 인정비극, 가정비극, 연애비극, 사회비극, 모성비극, 코미디, 난센스희극, 요절희곡, 대소극(大小劇), 만극(漫劇), 오페레타 쇼 등 다양한 이름을 붙여서 선전용으로 활용한 것이 특징이다. 한 무대에 세 편 내지 네다섯 편씩 공연함으로써 3시간 정도 감상할 수 있게 했으며, 흥행극단을 타락의 구렁텅이로 몰아넣었던 소위 막간이란 것을 과감하게 없앤 것도 바로 동양극장이었다.

막간은 1920년대 후반 무대시설의 불비로부터 시작되어 연극의 예술성을 황폐시킬 만큼 부정적 요소로서 작용한 것이었다. 따라서 식자층에서는 항상 연극을 타락시키는 막간의 폐지를 요구했었다. 그러나 저급한 관중의 호응으로 막간은 오히려 확대만 되어갔을 뿐이다. 1930년대 중반 들어서는 연극 반

막간 반 정도가 되어 극장이 연극을 하는 곳인지 쇼를 하는 곳인지 분간하지 못할 정도였다. 이런 추세를 동양극장도 거스를 수가 없었던지 개관 직후에는 막간을 넣었다. 그러나 정통파 연극인 홍해성이 연출을 총지휘하면서 과감하게 막간을 없앤 것이다. 그것이 1936년 7월 청춘좌의 〈단종애사(端宗哀史)〉(이광수 작, 홍해성 연출)에서부터였는데, 관객의 반응이 찬반이었음을 다음과 같은 증언으로 알 수 있다.

> 동양극장에서도 초기에는 쇼를 공연했으나 이래서는 안되겠다는 판단아래 경영진에서 단안을 내려 쇼 공연을 중단했다. 처음에 연극만 하겠다고 발표를 하니 객석에서는 "막간"없느냐, "쇼를 공연하라"고 아우성을 쳤다. 관객의 소요가 계속되자 심영, 황철 등의 극단 대표들이 무대에 올라가서 "쇼는 연극의 해독입니다. 저희 동양극장은 연극의 상설을 목표로 하고 있습니다. 더욱 좋은 공연을 해서 여러분의 성원에 보답하겠습니다."라고 관객 등을 설득했다. 젊은 층에서는 "옳소"를 연호하며 지지의 갈채를 보내 주었지만 나머지 관객들은 야유를 하기도 했다.[89]

이처럼 청춘좌는 10여년 가까이 연극무대의 암적 존재였던 막간 쇼를 제거함으로써 무대를 정화했고, 아울러 대중연극의 품격을 한 단계 끌어올리는 일을 한 것이다. 동양극장이 대중연극의 타락을 재촉한 막간을 과감하게 제거할 수 있었던 것은 경영진과 연출진의 결단에 의한 것이었지만, 그 배경은 역시 홍해성과 같은 정통파 연극인이 있었던 데다가 극장시설, 인적 자원 그리고 자금 등 제작여건 등에서 그런대로 자신을 갖고 있었기 때문이다.

호화선도 청춘좌와 보조를 맞춰 나갔음은 물론이다. 한 무대에 서너 편의 작품을 올리는 과정에서 정극(正劇), 인정극, 희극 등을 안배해서 조화의 무대를 꾸미려 했던 것도 두 극단의 비슷한 자세였다. 그만큼 많은 작품을 연중무휴 공연으로 소화하자니 극작가뿐만 아니라 배우도 적잖이 필요했다. 동양극장이 연극연구소(演劇硏究所)라는 것을 두고 인재양성을 꾀한 것도 한국 연극 발전을 위해 중요한 일이었다. 동양극장의 연구생제도 실시로 전국에서 유능한 인재들이 모였고, 거기서 김승호, 황정순 같은 좋은 배우가 적잖이 배출되었다. 홍해성 주도로 철저한 스케줄에 입각한 연기교육은 우리의 배우술을 향상시키는 데 절대적 기여를 했다.[90]

이처럼 동양극장은 전속단체 운영의 제요소를 구비하고 단순한 흥행의 차원을 넘어 극단운영을 한 것이다. 그런데 동양극장 전속단체의 특성은 지방순업에도 있었다. 물론 극단들의 지방순업은 이미 1910년대 신파극시대에도 있었던 것이지만 동양극장의 두 전속단체처럼 치밀한 것은 아니었다. 즉 동양극장은 두 개의 극단을 가지고 있었기 때문에 여유가 있었고 또 전국을 활동범위로 삼았다. 이들 중 한 극단이 동양극장에서 공연 중일 때 다른 극단은 한두 달가량 지방순업에 나서곤 했다. 지방순업을 할 때에는 히트작품 중에 두 작품 정도를 준비했다. 서울에서 인기를 모은 작품만 골라갔다는 이야기가 된다. 지방순업은 1년에 6개월 정도 다녔는데 대체로 지역은 서선(西鮮), 서북선(西北鮮), 남선(南鮮), 전선(全鮮), 남북만주(南北滿洲) 등으로 나누어 다녔다. 그러니까 한 단체가 전국을 다니기보다는 한 방향의 주요도시를 순연하는 방식을 취했던 것이다. 가령 북선의 경우는 원산, 함흥, 영흥, 성진, 청진, 운기, 나진 등을 하루 이틀씩 공연하는 방식이었다. 1940년대 들어서는 만주까지 순업을 다녔다. 1년에 한 번은 꼬박꼬박 만주에도 다녀왔는데 보통 한 달의 기한으로 떠나는 지방순업이 만주까지 다녀올 때는 두 달의 여정으로 늘어났었다(고설봉 증언). 당시 지방순업을 일기형식으로 적은 두 전속극단 배우의 수기를 참고삼아 소개하면 다음과 같다.

×일 ×일 밤

송정리에서 갈아 탄 기차가 아직도 김제 만경뜰을 달리고 있다. 섯달 대목……있다금 차창에는 쌀애기 같은 흰 눈빨이 사정없이 부딪는대 차간은 김이 서리도록 훈훈하다. 어제도 기차를 타고 오늘도 기차를 타고 또 내일도 기차를 타야할 모양……기차를 자조 타는 것과 재상연하는 것과는 극단생활에서 제일 진력나는 일이다……이 생각 저 생각 갈피없는 공상을 하다가 문득 그 노인을 돌아다보니, 장차 내 앞에 닥쳐올 무서운 사실을 도모지 몰은다는 듯…… 어느새 꾸벅꾸벅 졸고만 있다. 흘러간 세월의 고난의 역사를 말하는 주름잡힌 얼굴 위에 하느적거리는 흰 머리카락이 더욱 부산하다. 이 노인에게도 나 같은 자식이 있고 나에게도 이 노인과 같은 부모가 있거니……하고 사정을 내몸에 비유해 보노라니 별안간 가슴 속이 뭉클해진다. 생각은 추억의 실마리를 더듬어가며 먼 고향의 얕으막한 지붕밑 등잔불 옆으로 기여든다. 아! 아버지! 어머니! 이 아들을 만나보는 꿈을 역그며 오늘밤도 편안히 주무시나있가? 나는 사르르 눈을 감았다. 점점 눈자위가 뜨거워진다.[91]

365일의 무대생활도 얄망궂게 戊辰의 해를 주름잡고 갔다. 이 해도 내게 준 것이라고는 얼굴에 주름쌀 몇 개하고 담배피우는 재간밖에 준 것은 없다. 손때가 반질반질하게 무든 지낸 기록을 들쳐보자.

×월 ×일

일년이면 6개월은 차를 탄다. 차타기가 씸징이 난다. 오늘도 새벽 5시 차로 앞장소로 간다. "이러나시오" 어름장 같은 소리다. 여관마당이 떠나갈 듯한 무지한 목소리가 두미처 들린다. "이러나시오!" 또 한 번 찌른다. 미리는 작구 이불 속으로 다아든다. 밖에서는 떠날 채비를 채리는 모양. 두렁두렁 떠드는 소리 "아이취-" 하는 소리가 가까히 들리드니 벼락같이 덧문을 두드린다.[92]

그런데 전속극단은 시대분위기와 대중의 동향에 대해서 매우 민감했다. 그 좋은 예가 손기정의 베를린국제올림픽 우승을 무대화한 것이라 하겠다. 때마침 동아일보의 일장기 말소사건이 있었던 뒤에 그것을 토대로 급조한 작품이므로 탄압의 손길이 뻗은 것은 두말할 나위 없었다. 그 작품을 연출했던 박진은 다음과 같이 회고했다.

마침 홍순언이 북양이라는 함경도지방으로 극단을 따라 나갔을 때 백림올림픽에서 손기정이 마라돈에 우승을 했다. 홍순언에게서 전보가 날아왔다. '현재하고 있는 프로를 중지하고서라도 손기정이 우승한 것을 상연하여라' (…중략…) 더구나 장시간·도대체 대흥행사 홍순언의 대실패였고 심뽀가 꼬부라진 독견은 홍에게 실패의 경험을 주고 싶었던 것인데 소위 연출한다는 나는 무슨 죄냐 곰곰이 생각한 나머지 '나도 李吉用이와 같이' '손기정이 가슴에 일장기가 없었다'는 것을 경찰이 알게 되어 벌컥 뒤집혔다. 배우를 부르고 연출자를 부르고 館主를 찾았으나 지배인은 살짝 숨고 관주는 북선지방에 있었다. 서대문경찰서 경기도 경찰부에서 새까맣게 쏟아져 나왔다.[93]

이처럼 동양극장이 관객을 끌어모으기 위해서 얼마나 민감했던가를 짐작할 수 있다. 무엇이든지 대중의 호기심을 끌 만한 사건이면 무조건 무대화를 시도해 보려는 의지를 갖고 있었던 것이다. 그러나 극장 측에서는 훌륭한 작품을 만들어내는 데 주안점을 둔 것이라기보다는 센세이션한 것을 만들어내는 데 신경을 썼다고 말할 수 있다. 이 작품도 물론 초기 동양극장의 대표작가 이운방이 구성했다. 초기에 과반수의 작품을 창작, 각색, 구성한 이운방은 전형적인 흥행작가였다. 그는 가정극, 연정극, 시대극 등 레퍼토리의 폭이 대단히 넓었다. 이운방 외에 최독견, 박진, 임선규, 이서구, 김건 등이 주로 작품을 제공했는데, 가정비극류와 화류비련극(花柳悲戀劇), 그리고 시대극이 주종을 이루었다. 이들의 작품이 대체로 부정적 평가를 받았음을 다음과 같은 글에서 확인할 수 있다.

여하간 上記 數氏의 작품 생산 행동을 볼 적에 현대극의 생산을 보여주지

못하고 현대극의 생산에 양을 높이고 있으며, 관객들도 이것에(시대극) 호의를 가지고 있다는 것은 사실이다. 이것은 작가자신이 현대극 생산에 있어서 무엇인가 알지 못할 막달님을 깨달았으며 또 이보다도(작가 자신의 막달님)관객이 현대극장에 증오를 느끼고 말 것이다. 이것은 현대극작품에 있어서 시대상의 파악에 명확하지 못함에 있다는 것은 명확한 사실인 것이다. 이리하여 달콤한 사랑의 物語 같은 것에는 증오와 싫증이 가득 찼으며 또 그렇지 않다고 하여서는 작품에서는 자신의 생활환경과 너무나 거리가 멀어지고 만다. 이러함으로 모순 덩어리인 현대극에 환대의 박수를 내릴 수는 없을 것이며 이보다도 몽상적인 옛날 이야기나 비과학적인 전설을 듣는 것이 오히려 '氣分い'한 것일지 모른다.[94]

이상은 동양극장을 중심으로 창작활동을 하던 당시 극작가들의 경향에 대해 사회주의자가 포괄적으로 비판한 것이지만 정곡을 찌른 부분도 없지 않다. 왜냐하면 당시 대중작가들이 시대를 정면으로 다룬 것이 아니라 감상주의적이고 퇴영적이며 현실 도피적으로 묘사했기 때문이다. 손기정 선수 문제만 하더라도 역사의식을 갖고 접근한 것이라기보다는 흥미위주, 센세이셔널리즘에 입각해서 취급한 것에 불과했다. 즉 손기정 가슴에 붙은 일장기를 없앤 것도 순전히 연출자(朴珍)의 즉흥적 연기에서 비롯되었다는 것이다. 청춘좌가 출범하고 몇 달 뒤부터 기생을 주인공으로 한 작품을 선보이기 시작하여 상당기간 그것으로 관객을 끌어 모으는 수단으로 삼았던 것도 예사로운 일이 아니다. 동양극장의 인기작으로 꼽히는 〈사랑에 속고 돈에 울고〉(임선규 작), 〈어머니의 힘〉(이서구 작) 등이 모두 기생의 슬픈 사랑 이야기였다.

당시의 전속배우 고설봉은 "당시의 관객들은 희극보다는 멜로드라마를 좋아했다."[95]고 했지만 당시 비평가들로부터는 타락현상으로 지적되었다.

조선의 흥행극은 너무나도 관객을 무시하는 감이 없지 않다. 그것이야 일언으로 해서 흥행극 당사자들의 말을 빈다면 첫째로 영리를 생각해야 하고 둘째로 배우들의 생활문제를 고려해야 한다니 우리가 아무리 좀더 예술적인 연극을 뵈었다고 저하한 관중은 무시해도 좋으나-요구한댔자 무리라고 하겠지만 우리의 흥행극단에 대하여 바라는 것은 다만 각 극단의 소속인 극작가의 극작 행동의 태도가 좀더 양심적이었으면-천편일률적으로 카페의 여급이 나오고 불량청년이 나오고 기생이 나오고 부호의 자식이 나오고-그런 연극의 테마는 관객의 눈물을 사기는 쉬우나 그것은 관객을 저하시키고 흥행극 전체의 타락의 길이라 아니할 수 없다.[96]

이처럼 강소(康韶)는 동양극장 연극을 운영진과 전속극작가들에 맞춰 대단히 비판했고 한효(韓曉)도 사회주의자답게 그의 저서 '조선연극사개요'에서 "사랑과 눈물 탄식과 비관과 고독과 우울과 유랑과…… 모든 건전치 못한 것과 추잡한 것과 부패한 것의 썩은 냄새가 자본주의의 몰락, 부패를 상징하는 이 돈벌이의 도구들인 동양극장의 연극에서 풍겨온다."(p.65)고 혹독하게 매도한 바 있다. 그러나 강소의 주장과 달리 고설봉의 이야기대로 당시의 관중은 슬픈 유형의 멜로드라마를 좋아했고, 또 2, 30여 명이 등장하는 스펙터클한 대형무대를 선호했다고 한다. 공연시간도 세 시간 정도를 해야지 두 시간 정도로 줄이면 관중의 항의가 빗발쳤다는 것이다. 그리고 강소는 동양극장이 관객을 무시했다고 비판했지만 관중은 그렇게 생각하지 않고 그런 유형의 연극을 즐겼다. 여러 가지 기록을 보더라도 동양극장 관중이 연극에 대해서 혐오감을 갖는다든가 저질작품에 대해서 이의를 제기하기는커녕 오히려 좋아했다는 것은 동양극장 관객의 지적수준과 함께 시대상도 어느 정도 반영되어 있다고 하겠다.

이 말은 곧 일제의 철권 억압통치하에 억눌려 있던 당시 대중이 동양극장을 어떤 정신적 도피처로 생각했다는 이야기가 된다. 실존적 고뇌를 떨쳐버릴 수 있는 안식물(安息物)로서 동양극장 연극을 이용한 것이다. 몽테뉴 같은 사상가도 인간의 정신적 불안과 사회적 환경에 따라 저급오락물을 추구하게 되는 것과 도덕적인 극복보다는 환경에 따라 적응하여 현실도피를 하게 되는 것을 하나의 필연으로 보았다. 이같은 사회적인 분위기에서는 대중오락이 범람하게 되는데 몽테뉴는 이같은 도피적 오락이 인간을 정신적 고통으로부터 해방시켜주는 사회적 기능을 수행한다고 본 것이다.

확실히 1930년대 후반은 봉건체제가 무너지고 그 자리에 가혹한 일제의 식민통치 체제가 자리 잡은 시대였으므로 우리의 대중은 깊은 좌절과 갈망, 불안 속에서 하루하루를 보내고 있었던 것이 사실이다. 그러한 시대배경에서 형성된 감상주의적 대중연극의 미학(美學)은 18세기 독일 교양소설에서도 보이는 것으로 당시 정치·경제적 한계상황에서 체관과 현실회피가 최대의 정신 상황이었다고 볼 수 있다. 일찍이 반덴 하이크는 대중의 그러한 속성을 다음과 같이 지적한 바 있다.

대중은 인간의 앎을 밝혀보려고 하기 보다는 오히려 일상의 어려운 삶을 잊게 하는 것을 찾는다. 다시 말하면 대중은 새롭고 낯 설은 문화현상에 의한 충격을 받기를 피하려 하고 그보다는 익숙한 전통적인 놀이의 표현 (항복하고 감상적인 놀이의 표현)에 의해 편안히 쉽게 즐기고자 한다. 사실 대중은 아슬아슬한 드릴을 원하기는 한다. 그러나 <u>대중이 원하는 드릴은 비이성적 폭력이나 친박한 것을 얻어지는 것이며, 이러한 것을 통해 감정해소하려 할 뿐이다. 마찬가지로 달콤한 감상적인 것을 좋아하며 이를 통해 현실도피를 하려 한다.</u> (밑줄 필자)[97]

이상과 같이 대중의 속성은 지적 모험을 두려워하고 감정에 민감하며 개인의 책임을 등한히 하기까지 한다. 그러한 시대상황 속에서 대중정서에 걸맞은 연극을 동양극장이 제공했다고 해도 과언이 아니다. 사실 우리 대중은 식민통치하에서 근대교육의 기회가 열려 있지 못한 상황에 놓여 있었고, 감정훈련을 제대로 거쳐 보지도 못했다. 단지 찰나적이고 정신적 위안물에만 몰두했을 뿐이다. 앞에서도 말한 바 있듯이 동양극장은 운영자가 높은 수준의 정통연극에 무지하고 또 저급한 대중연극을 선호한 사람들이었기 때문에 대중취향을 간파하고 그런 유형의 작품만 하도록 권장했다. 연출자로서 큰 역할을 했던 박진은 그 사정을 다음과 같이 회고했다.

> 그러나 돈맛을 안 洪군은 기생을 선화시키는 그따위 신파만을 林군에게 쓰게 했다. 그렇다고 독견도 그랬거니와 나는 하루에도 열두 번씩 맹서를 하면서 동양극장을 떠나지 못했다. 그랬건 말건 기생 덕분에 동양극장은 배만 불러갔다. 임군의 연극마다 안 끼인 것이 없었고 그 기생마다 순진하고 착실하고 의리와 인정이 있는 인격을 갖춘 것들이었으니 어찌 기생족들이 동양극장을 위해서 자리에 넘도록 사람을 안 끌고 갈 수가 있었으랴.98)

이처럼 시대상황, 대중의 정신적 상태, 그리고 극장 경영진의 무지 및 영리추구 등이 맞아떨어져서 동양극장 전속극단은 위안의 오락물만 양산한 것이다. 특히 호화선은 처음부터 그러한 목표를 들고 나온 전속극단이었다. 가령 대표 장진(張陣)이 극단사를 설명하는 중에 "극단 호화선은 절대로 신극단이 아니다. 물론 나 자신도 지금까지 신극을 하느니, 양심적인 연극을 하느니 하는 당돌한 말은 입 밖에도 내본 일이 없다. 그저 이 극단 호화선은 시국에 적응한 신체제에 적합한 연극행동을 하구 조금이래두 銃後 民國에게 건전한 오락을 제공하는 것으로써 職域奉公을 다하고저 한다."99)는 말로 극단 호화선의 성격을 간결하고 솔직하게 설명한 바 있다. 그 점에서 청춘좌도 예외일 수가 없다. 일인양각(一人兩脚)처럼 청춘좌와 호화선은 동양극장의 두 전속단체일 뿐이었다. 물론 배우들의 구성으로 보아 두 극단의 기량상 우열은 있었지만 연극이념이나 목표는 하나도 다를 바가 없었다. 그렇기 때문에 두 극단은 1939년 8월부터는 자주 합동공연을 가져서 서로 간 기량도 맞춰보고 또 연극의 대형화·웅장화도 꾀하기 시작했다. 사실 청춘좌의 경우는 상업적인 대중극단으로서 고정관객 확보 등 상당한 자신감을 갖고 있었다. 그렇기 때문에 동양극장의 두 전속단체 중 청춘좌가 호화선보다 은연중 우대된 것도 사실이었다. 청춘좌보다 작품 받기가 어렵다든가 주로 지방공연을 많이 보낸 것도 그런 홀대의 한 징표라 볼 수 있다. 극단 호화선을 암행 탐색했던 당시 기록을 보면 다음과 같다.

> 지방순연은 남선보다 북선, 서선이 더 인기가 많고 지나간 1년 동안에 상연한 걸작 각본은 이광수 원작 송영 각색 〈무정〉, 이서구 각색 〈두견〉, 송영 각색 〈수호지〉, 임선규 작 〈정열의 대지〉, 송영 작 〈추풍〉 동극문예부편인 〈춘향전〉 등이라 한다. 관객층은 대중을 중심으로 또한 기생들의 절대의 지지로서 순조롭게 연극행동을 한다는 것이다. 호화선 좌장 張陣 君을 붙들고 신춘기획을 물으니 문예부에서 창작 각본을 잘 내여 놓지 않아서 공연 때마다 두통거리 이므로 가치 있는 작품을 쓰도록 격려할 것이라는 것을 미루어보아서 호화선의 문예부진의 충실을 기대케 된다. 동극의 문예부원들이 좀더 창작상의 취재 범위를 넓혀서 통속성을 가진 작품 이상의 가치있는 창작을 쓰기에 노력하지 못하는 원인은 어디서 찾을 수 있는지 의문이다.[100]

이와는 달리 청춘좌는 동양극장의 전적인 뒷받침을 받았다. 따라서 자체 극장에만 머물러 있지 않고 부민관으로 진출하기도 했다. 즉 야심적인 최독견은 대형음악극에 관심이 많은데다가 좋아한 나머지 창극으로 히트한 〈춘향전〉을 대형무대로 꾸며서 1938년 4월 부민관에서 공연한 이후 〈춘희〉도 번안하여 역시 부민관 무대에 올린 바 있다. 이후 그는 이광수 원작의 〈유정〉을 부민관 무대에서 공연하기도 했다.

이처럼 자신에 차서 승승장구하던 동양극장이었지만 방만한 운영으로 심각한 운영난에 빠지고 말았다. 특히 설립자 홍순언이 타계한 다음에는 더욱 경영적 손실이 커가기만 했다. 특히 1938년 홍순언이 급서한 이후 동양극장은 표류하기 시작했고, 급기야 1939년 19만 원의 부도를 내고 문을 닫았다는 이야기는 전술한 바다. 결국 동양극장은 한성학원 재단으로 넘겨졌고 재단 측은 고세형이라는 인물을 내세워 인수 작업을 벌였다. 그리고 극장운영은 최독견 대신 김태윤이라는 인물이 맡아했다. 따라서 전속단원들의 동요는 당연한 것이었다. 특히 중심 단체 청춘좌가 가장 심하게 요동쳤고 분열과 이탈의 파열음을 내기 시작했다. 즉 주요인물들이 동양극장을 떠나면서 새로운 극단도 탄생했다. 그때의 사정은 동양극장 전속극작가이기도 했던 김영수의 다음과 같은 글이 명료하게 보여주고 있다.

다음으로 금년 연극계에 있어서 흥미 있는 사실의 하나로서는 상업극단의 最後 望陣이었던 동양극장의 대동요가 그것이다. 전 경영주 최상덕씨로부터 신 관주 고세형씨에게로 건물과 아울러 경영권이 양도되어 넘어가자 그 아래 전속극단으로 되어 있던 청춘좌 又는 호화선의 동요와 교란이 그것이었다. 우선 청춘좌의 대부분이었던 황철, 차홍녀를 비롯하여 극작가 임선규, 장치가 원우전씨 등 제씨는 동극을 재래의 스타나 혹은 영화계의 인기여우를 불러들이는 동시에 작가진을 강화하고 종래의 흥행본위의 연극보다는 얼마간 수준이 높은 연극을 하자는 데서부터 현상을 타개하려 했던 것이다. 사실 현재의 동극은 이러한 그들의 당초의 방침대로 착착 운행하고 있음을 볼 때 비록 지금에 있어서 그들의 명일의 태도는 예측할 수 없었다손 치더라도 여간 반가운 것이 아니다. [101]

이처럼 극장 경영주의 교체는 전속단체를 뿌리째부터 흔들어 놓은 것이다. 그리하여 동양극장 전속극단의 간판배우들인 황철, 차홍녀 등이 떠남으로써 극단의 세력은 급격히 저하될 수밖에 없었다. 전속극단이 당초 스타시스템으로 탄생된 단체였으므로, 경영주가 바뀐 뒤로 주역급 스타들이 이미 다른 데로 가출해 버리고 지금은 모두 빈집을 지키고 있는 셈이 된 것이다.102) 그때의 참담했던 상황을 끝까지 극단을 지켰던 한일송(韓一松)은 다음과 같이 회고한 바 있다.

독자 여러분께서도 잘 아시는 바와 같이 청춘좌는 과거 4년 동안에 많은 사랑을 받는 동시에 흥행극계에서는 覇者였다. 그렇게 기세가 당당하던 청춘좌에도 작년 9월 초순 일대 폭풍이 불어왔다. 청춘좌란 한 덩어리가 산산조각이 나서 동서남북으로 분리될 비운에 있었다. 중견배우들은 저마다 행동을 달리하는 동시에 나머지 몇 사람의 동지를 붙들고 이 조각난 한 덩어리를 회복시키기에 전력을 달했다. 그래서 마침내는 이곳 저곳에서 모여드는 낯설은 동무들과 악수를 해가지고 혁신이란 문자를 등에 걸머지고 재생의 출발을 했었으나 앙상불이 서 있지 못한 우리의 연극은 침체하지 않을 수가 없었다. 정말 과연 일 년은 눈물겨운 남모를 서름이 있었고, 쓰라린 가슴을 통해서 나오는 한숨이 있었다.103)

이상과 같은 진통을 겪고 스타급 연극인들이 전속단체를 떠났지만 동양극장은 역시 자체극장 덕분으로 연극을 지속할 수가 있었다. 특히 청춘좌가 약체극단이 되었지만 4년여 쌓아온 노하우가 있는데다가 대중의 인식도가 높았기 때문에 관객이 완전히 외면한 것은 아니었다. 약체단체가 된 두 극단은 합동공연을 자주 가져서 빠져나간 스타의 공간을 메꿔나갔다. 가령 합동공연을 1939년 10월부터 잇달아 가진 것도 그 때문이었다. 그에 대해 고설봉은 다음과 같이 설명했다.

주연배우가 대거 탈퇴한 뒤의 동양극장은 청춘좌, 호화선 두 극단을 그대로 두고 공연을 했다. 다만 아랑의 창단 직후인 1939년 9월부터 약 한 달간은 인원수급이 되지 않아 두 극단 합동공연으로 연극을 했다. 주연배우가 빠져 나갔기에 동양극장의 연극은 아무래도 예전 같을 수 없었다. 연극의 질이 떨어지자 6개월 만에 동양극장의 관객 수는 반으로 줄었다. 그래도 적자는 아니었다. 3백명 정도의 관객만 들면 현상유지는 할 수 있었다. 그 뒤에 고세형의 후임으로 한성의 이사장 처남이라는 김태윤이 부임하고 운영진을 보강해서 송영, 안영일, 이서향, 나웅, 한노단 등을 동양극장으로 끌어들였다. 인원이 좋으니 연극이 질이 다시 높아졌고 관객도 꾸준히 증가하기 시작해서 42년부터 해방 때까지 동양극장은 재차 전성시대를 구가하였다.[104]

그런데 여기서 주목되는 것은 동양극장 재편 때 젊은 사회주의 성향의 연극인들이 여러 명 전속으로 가입한 사실이다. 물론 이들은 1935년 이후 사회주의 노선의 연극운동에 앞장선 것은 아니었다. 그러나 이들이 해방과 함께 프롤레타리아 연극운동의 선봉에 섰음을 유의할 필요가 있다. 그러니까 적어도 동양극장은 프롤레타리아 연극인들의 은신처로서의 생활무대가 되었던 것만은 부인할 수 없을 것이다. 이는 전속단체의 약세를 보완하기 위한 여러 조치 가운데서 파생된 것일 뿐 극장 측의 의도성이 있는 것은 아니었다. 그리고 자주 가진 합동공연은 중앙에 그치지 않고 지방으로 확대해 갔다. 두 단체가 이따금 지방순업도 함께 다닌 것이다. 동양극장 무대는 많은 극단들이 다투어 대관을 신청했기 때문에 전속단체가 모두 지방공연에 나서도 별문제가 없었다.

1941년 들어 두 극단은 새로운 방향모색을 했다. 우선 외적인 면에서 일제는 소위 국민연극이라는 국책연극을 강요하면서 여러 가지 압력을 가해왔고, 내적으로는 전속작가들의 작품고갈도 극에 달한 때였기 때문이다. 청춘좌는 문단을 주목해보기도 했다. 아랑이 탄생하면서 스타급 배우들이 빠져나가는 진통을 겪은 청춘좌 단원들은 심기일전하기 시작한 것이다. 특히 청춘좌 단원들은 지방에서의 인기가 전과 조금도 다름없자 용기를 회복해갔다.

전속배우들은 한일송이 회고한 바 있듯이 과거의 단순한 월급쟁이로 머무르지 않고 사명감을 갖고 연극에 임하기 시작했다. 레퍼토리의 면목일신을 꾀하기 위해 이광수의 〈유정〉, 홍명희의 대작소설 〈임꺽정〉 등을 각색 상연한 것도 그런 맥락에서 가능했던 것이다. 그들은 대중이 요구하는 연극을 하겠다고 다짐했다. 그래서 과거에 취해 왔던 상업적인 구태를 버리고 연극문화발전을 위해 매진키로 다짐하기도 했다. 청춘좌가 "민중과 더불어 호흡하고 민중의 지지와 편달을 기쁘게 받으면서 명일의 조선연극계를 위해서 힘과 마음과 정성을 바칠 작정"(한일송)을 한 것도 좌절의 충격에서 벗어나려는 각오에서 비롯된 것이다.

여기서 또 하나 주목을 끄는 것은 호화선이 아예 극단 명칭을 성군(星群)으로 바꾸고 이미지를 새롭게 하고 나선 점이다. 즉 1941년 11월 호화선은 성군으로 개명하고 단원도 보강했다. 새 면모를 갖춘 성군의 진용은 다음과 같았다.

연기부 서일성, 박고송, 고기봉, 양진, 유현, 박창환, 지경순, 백권숙, 김해영, 박은실, 윤신옥, 유경애, 이예란, 한은진

문예부 박영호, 김영수, 박경민

연출부 홍해성, 김욱

장치부 원우전.[105]

이상에서 볼 수 있는 바와 같이 호화선은 면목쇄신을 꾀했다. 특히 연기진은 물론이고 작가진을 젊고 의식이 있는 극작가들로 새로 구성된 것이 특징이었다. 가령 창립공연 작품만 보더라도 〈가족〉(朴英鎬 作), 〈딸 삼형제〉(李泰俊 원작), 〈결혼생태〉(金永壽 作), 〈고향〉(朴鄉民 作) 등 신작으로서 모두가 젊은 작가들의 것이었다. 호화선이 성군으로 개편되어서는 젊음의 활력을 얻어서 청춘좌 이상으로 공연활동을 벌여나갔다. 그리고 전속작가들의 활동도 초기의 이운방, 박진, 최독견, 이서구, 임선규 등 보다는 송영, 박영호, 김영수, 박향민, 태영희, 김태진, 한계원 등 의식 있고 젊은 극작가들의 작품을

많이 무대에 올린 것이 1940년대 초의 한 특징이었다. 그들은 일제의 국책에 충실히 따른답시고 1941년부터는 일본작가 작품을 간헐적으로 공연하기도 했다. 즉 이시카와 다쓰죠(石川達三), 미요시 쥬로(三好十朗), 아오키타이(青木松), 가미이즈미 히데노부(上泉秀信) 등의 작품을 동양극장 무대에서 공연한 것이다.

그런데 더욱 주목할 만한 사실은 청춘좌와 성군단원들이 1942년부터는 아예 일본작가의 작품을 일본어로 공연한 점이라 하겠다. 즉 1943년 11월 〈국화 피다, 菊笑(けり)〉(衛藤吉之助 작, 연출)를 비롯하여 해방될 때까지 〈만월〉(林三四郎 작), 〈閣箱〉(上泉秀信 작) 등이 주기적으로 무대에 올려졌다. 일본어 연극은 청춘좌보다는 성군이 더 많이 공연했고, 특히 한국작가가 쓴 〈형제〉(冠岳山人 작)까지 일어극으로 공연된 바 있는 것이다. 그런데 단순히 일본극을 한 것이 문제라기보다는 일제의 내선일체 음모를 동양극장이 앞장서서 연극으로 선전하고 권장하는 역할을 한 것이 더 큰 과오였다. 한효는 그 점에 대해서 다음과 같이 비판했다.

그리하여 1940년 이후 이 두 극단은 국민극운동을 표방하고 나서서 그 선도적 역할을 담당하게 되었다. 청춘좌는 이때부터 내선일체 전력증강을 내용으로 하는 연극을 계속 상연하였으며, 심지어 1942년 6월에는 소위 국어극 연극부를 설치하여 연극용어의 국어화 운동을 일으키기까지 하였다. 그들이 말하는 국어는 결코 우리의 모국어를 말하는 것이 아니라 바로 일본어를 의미하는 것이며 그 운동은 바로 일제의 우리말 말살 흉모와 연결되어 있었던 것이다. 1942년 11월에 청춘좌는 처음으로 일본어 연극의 시연회를 열었으며, 1943년 10월의 제2회 연극경연대회에서 그들은 더욱 노골적으로 주구의 역할을 감당해 나섰었다. 이 경연대회에서 상연한 각본 〈꽃피는 나무〉는 내선일체를 선전하는 내용으로 꾸며졌을 뿐만 아니라 전체 대사의 90% 이상을 일본어로 꾸며놓은 타기할 각본이었다. 성군도 또한 내선일체와 일제의 징병제를 선전하기 위하여 이광수의 〈사랑〉을 각색 상연하기도 하고 일련의 해독적인 각본들을 상연하였다. 청춘좌와 성군의 연극의 이와 같은 타락·국민극운동에서의 그들의 혐오할 역할은 바로 동양극장이 지향하는 방향이었다.106)

이상과 같은 동양극장의 부정적 평가에 문제가 없는 것은 아니지만 전속극단들이 친일 어용극을, 그것도 일본어로 여러 번에 걸쳐서 공연한 것은 사실이다. 물론 그것은 소위 국민극 시대에 순전히 타의적이고 강요에 의한 것이긴 했어도 동양극장의 가장 큰 과오였음을 아무도 부인하지 못할 것이다. 이러한 친일 어용극은 여타 극단들도 예외 없이 시도했고, 특히 연극경연대회라는 것도 실제로는 일종의 일본군국주의 예찬 문화행사였다.

그런 가운데서도 성군은 젊은 극단답게 밝고 가벼운 작품도 공연했고, 희극좌를 모태로 한 극단답게 '명랑폭소 명희극 주간'이라는 것도 설정하여 경쾌한 작품을 무대에 올리기도 했다. 특히 성군이 독일 자연주의의 작가 하우프트만의 〈고독한 사람들〉을 〈노들강변〉(송영 번안)이라 하여 공연한 것은 주목을 끌고도 남음이 있다. 왜냐하면 극단 성군이 독일의 정통 자연주의 작품도 충분히 번안해서 소화해낼 만큼 지적 수준을 갖추고 있음을 증명해주는 것이기 때문이다. 그것은 사실 당시 대표적인 연출가 홍해성이 있었던 데다가 송영이라든가 박영호, 안영일, 이서향 등의 인텔리 연극인들이 버티고 있었기 때문에 가능했던 것 같다. 성군이 비록 흥행극단이었다고 하더라도 어느 정도 극단의 이념적 기술적 체계를 갖추고 있었다. 그 점은 성군이 1942년 제1회 연극경연대회에 〈산돼지〉(박영호 작, 이서향 연출)로 참가해서 주목을 끈 다음 같은 공연평에도 어느 정도 나타나 있다.

이 극단이 내놓은 작품 〈山돼지〉는 生擴政策 즉 産業部面에 취재한 것으로 일개의 비약과정에 있는 연극을 보여주었다. 이것은 극단 자체의 약진이기 전에 작가의 비약이 앞서 있었다는 것을 충분히 설명해 주었다. 그리고 무대를 광산이라는 특수 면에 두었었음으로 관중의 흥미는 더욱 컸다. 이 극단의 연극을 볼 때마다 느끼는 일이지만 성군의 연기는 집단의식에 토대를 둔 이른바 앙상블의 미관을 엿볼 수 있었다. (…중략…) 이 호흡은 작가가 오늘까지 고집하고 있는 작품 형이기도 하지만 〈山돼지〉가 가지고 있는 풍속시적 인간심구의 족적은 연출가의 예술론에 부합되어 호흡-이 세 가지 예술적 생리는 마침내 강렬한 곡선을 그리며 약동되었었다. 그러나 다만 한 가지 박영호씨에게 바라는 것은 과거의 작품 형에서 한 걸음의 이탈이 있어야 할 것이다. 그것은 이 작가가 오늘까지 가지고 항상 동적인 창작기법에 도취하고 있는 것이다. 그러므로 무대는 항상 분주하다. 어쨌든 역작임에는 틀림없다.[107]

이상과 같이 긴 공연평을 그대로 인용한 것은 동양극장 전속단체에 대한 인텔리층의 외면으로 작품평가가 거의 없었기 때문이고, 또한 성군의 달라진 모습과 함께 동양극장 연극의 수준도 그렇게 저급했던 것만은 아니었음을 부각하기 위함이다. 위의 평에서도 알 수 있는 바와 같이 성군도 나름대로 연극의식을 갖고 공연에 임했던 것이다. 물론 그 연극의식이란 것이 〈산돼지〉의 경우에는 겨우 친일 징용으로 나타났다는 아이러니는 1940년대 초반의 우리 연극실험을 암묵적으로 보여주는 것이기도 하다. 공연평 서두에 '생활정책(生擴政策)'이라 쓴 것은 곧 조선총독부의 분촌운동과 함께 생산성 확대운동을 지칭하는 것임은 두말할 나위 없다. 그러나 어용목적극을 어쩔 수 없이 하면서도 연극미학의 구축에 작가, 연출가, 배우, 무대미술가들의 혼신의 노력이 있었음을 알 수 있다. 그러니까 의식 있는 젊은 극작가와 연출가들이 포진하면서 일본군국주의에는 저항하지 못했지만 예술의 기본까지 저버리면서 돈벌이에만 몰두하지는 않았다는 이야기이다. 이는 아무래도 신진 연극인들의 정신적 지주였던 홍해성이 동양극장에 버티고 있었던 때문이 아닌가 싶다. 그는 동양극장이 전문연극을 하더라도 연극의 기본을 지키려 한 정통 신극 연출가였고 연극 교육인이기도 했다.

그러나 홍해성은 1942년 12월 4일부터 1주일 동안 공연한 〈애처기(愛妻記)〉(송영 작) 연출을 끝으로 동양극장을 떠나고 말았다. 갑자기 병석에 눕게 되었기 때문이다. 홍해성이 동양극장을 떠나고 나서는 안영일, 이서향, 나웅, 허훈, 계훈, 한노단 등이 연출을 맡음으로써 완전 세대교체를 이룩했다. 그러니까 홍해성, 박진, 안계원 등이 정력적으로 작품을 써서 동양극장 무대를 메꿨다.

그런데 여기서 주목을 끄는 것은 청춘좌와 호화선 두 전속단체가 처음과는 달리 1940년대 중반에 가까워오면서 연극의식에 있어서는 그 위치가 뒤바뀌었다는 점이다. 즉 초기에는 청춘좌가 호화선보다는 여러 가지 면에서 앞섰다. 그렇기 때문에 대중의 인기도 청춘좌가 호화선을 앞질렀음을 두말할 나위 없다. 그러나 이러한 위치의 전도는 우선 레퍼터리에서 나타났다. 가령 청춘좌가 레퍼토리 빈곤에 허덕이면서 〈춘향전〉, 〈장화홍련전〉, 〈콩쥐팥쥐〉와 같은 고전소설들로 리바이벌을 거듭할 때, 호화선은 춘원의 작품이라든가 박계주의 〈순애보〉와 같은 인기소설을 찾아내서 각색 공연하는 기민성을 보여줄 만큼 생기를 잃지 않았다. 이는 아무래도 호화선이 젊고 지적인 연출가와 극작가를 영입하여 인적 수혈을 게을리 하지 않은 때문으로 보아야 할 것이다. 그렇다고 해서 호화선이 정통신극의 맥을 이었다는 이야기는 아니다. 다만 상업주의를 추구하는 동양극장 안에서도 맹목적으로 흥행성만을 추구하는 타락의 길로 빠지지 않으려 안간힘을 썼다는 이야기이다. 이는 아마도 1940년대 초 한때 고개를 들었던 중간극 정도의 노선을 유지해보려 했던 것이 아닌가 싶다. 그것은 사실 청춘좌에도 적용될 수 있는 이야기인데, 이는 어디까지나 하나의 이상이고 영리를 도모해야 하는 현실과는 아무래도 괴리가 생겼던 것만은 부인할 수 없다.

여하튼 동양극장은 1935년 11월 연극전문극장으로 문을 열어서 전속극단 두 개를 두고 연중무휴 공연을 일관하게 유지했다. 그러니까 1945년 8월 15일 민족해방 때까지 만 10년 동안 줄기차게 공연활동을 벌인 것이다. 따라서 연극계에 다음과 같은 변화를 불러일으켰다. 첫째, 동양극장은 연극사상 최초로 연극 기업화를 이룩했다. 동양극장은 연극사상 처음으로 무대극을 전문으로 하기 위해 건립된 뒤 정처를 찾지 못하고 떠돌던 연극인을 한곳에 모아 본격 직업화의 길을 연 것이다. 물론 이전에도 협률사라든가 광무대와 같은 연극 전용극장이 없었던 것은 아니나, 이들이 연극공연을 염두에 두고 설계 건설된 것은 아니었다. 그렇기 때문에 동양극장의 개설은 우리 연극구조를 근본적으로 재편성하고 또한 변화시킬 수 있었던 것이다. 두 번째로는 동양 극장이 30여 년 가까이 방향감각을 잃고 방황하던 일본류의 신파극을 한국의 대중극으로 토착화시키는 역할을 했다.

그러니까 일본신파극의 아류로서 왜색(倭色)을 탈피하지 못하다가 홍해성과 같은 신극 연출가를 만나서 환골탈태(換骨奪胎)하여 토착적인 대중극을 창출할 수 있었다고 하겠다. 세 번째로는 동양극장이 인재양성의 길도 열어 놓아 기성배우들의 재교육은 물론 선진 연기자들을 배출했고, 극작가, 연출가, 무대미술가 등을 여러 명 키워 내기도 했다. 아마도 동양극장이 없었더라면 상당한 연극인재들이 사장되었을 가능성도 없지 않다. 네 번째로는 연극 기술의 향상을 도모한 공로를 꼽을 수 있다. 즉 전속 연출가 홍해성의 철저한 연극교육과 넉넉한 자금을 바탕으로 무대미술로부터 대소도구, 의상, 제작 등을 제대로 함으로써 비록 대중극이긴 했어도 무대미학을 크게 개선 진전시킨 점을 들 수 있다.

그에 따라 다섯 번째의 공로로서 연극저변의 확대를 꾀했다고 하겠다. 동양극장은 중류층과 여성층(주로 기생)을 고정관객으로 확보했을 뿐만 아니라 전속단체의 공연을 전국으로 확대했고, 북만주까지 순회공연을 다님으로써 한국의 대표적 흥행극단으로 군림했던 것이다. 그리고 연극이 비로소 생활화를 이룩할 수 있었던 것도 동양극장이 아니었으면 불가능했다고 말할 수 있다. 가령 동양극장이 문을 열기 전까지의 저질 신파극의 흐름과 젊은 지식인의 아마추어연극의 흐름이 동양극장에서 만나지지 않았다면 그런 조류는 해방 때까지 갔을지도 모른다. 그 점에서 동양극장 연극은 개화기 이후 연극의 종합이라 해도 과언이 아니다. 물론 이것은 뒷날의 한국 연극에 부정적 요인으로 작용한 면도 없지는 않다.

여섯 번째로 동양극장이 식민지시대 대중정서의 스펙트럼으로서 역할을 한 점에 대해서는 두 가지 측면에서 이야기될 수 있다. 그 한 가지는 동양극장이 암울한 시대에 대중의 정신적 위안처로서 구실을 한 것이고, 다른 한 가지는 대중으로 하여금 감상과 눈물, 자기도취, 회고취미, 안일함에 빠지게 함으로써 정신적으로 퇴보하게도 했다. 일종의 정신적 마약구실을 했다는 이야기이다. 이러한 의식의 마취는 일제에 저항해서 민족의 독립을 쟁취해야 하는 대중을 뿌리째 병들게 했고, 대중성도 타락시켰을 뿐만 아니라 정신의 퇴보도 초래시켰다고 말할 수 있다. 한편 동양극장이 문을 열게 됨으로써 연극인들의 직업의식과 예술의식을 고취시켰고, 그 결과 많은 극단이 생겨났으며 기존 극단들은 공연 횟수를 늘리는 등 연극계 전체가 대단한 활성화를 이룩한 점이다. 이러한 여파는 기존 영화전용관들이 다투어 연극무대로 전용하는 등 연극 활성화를 부채질해주는 효과도 가져왔다.

가령 제일극장을 비롯해서 광무극장, 단성사, 우미관, 보총극장, 문화극장, 영보극장, 대륙극장, 중앙극장, 약초극장, 그리고 지방에서 평양의 금천대좌(金千代座), 인천의 악우관(樂友館) 등이 그러한 역할을 했다. 여덟 번째로는 동양극장이 개관됨으로써 비로소 창극이 나름대로 정립이 되었다. 더욱이 동양극장 측에서 창극에 애정을 갖고 그들에게 무대를 제공함은 물론이고, 제작 과정에서의 기술적 지원이 창극발전을 도모케 한 것이다. 사실 창극인들은 소리만 잘할 뿐 무대기술이나 연극미학에 대해서는 거의 무지하다고 해도 과언이 아니다. 더구나 원각사 때 판소리를 분창한 이후 근대극 형태의 창극으로 만들어가는 과정에서 동양극장 전문연극인들의 조력(助力)은 큰 뒷받침이 되었다.

이상과 같이 동양극장의 개관은 1930년대 이후의 한국연극을 극본에서부터 변화시켰다고 하겠다.

4. 조선총독부와 부민관

1) 부민관의 개관

역사상 최초의 관립극장이라 볼 수 있는 협률사가 1906년에 폐지된 지 4년 후에 일본이 한국을 병탄했기 때문에 한국문화를 말살하려던 일본이 예술의 전당이라 할 공연장을 세운다는 것은 좀처럼 생각할 수 없었다. 그런데 식민통치 20여 년에 자신을 얻은 일본은 한반도의 수도이고 문화중심지인 경성부(서울)에도 대규모의 오락장이 있어야 한다는 생각을 갖기 시작했다. 그럴 수밖에 없었던 것이 당시 40만의 인구를 포용하고 있었던 경성부는 한반도의 정치·경제의 명실상부한 중심지로서 국제적 도시로서의 면모를 갖추어 갔기 때문이다.

그리하여 1930년대 초부터 당시 총독부에서는 부민을 위한 강연회, 오락, 연극, 영화, 음악, 무용 등의 공연장 설립을 구상하고 그 설립을 착수하기 시작했다. 당시의 '경성회보(京城會報)'는 부민관 건립배경을 다음과 같이 밝히고 있다.

殷亞の要路に位し半島の政治經濟文化の中樞たる我が京城府は、人口四十萬を抱擁し內地六大都市にそ鷄林の首都として、將亦國際都市として諸般の施設商工業の勃興等躍進の途上ぁつて將來の進展豫測に難く、前途に一大光明を包藏せるか文化都市としての齡末だ苦し、此の地位此の趨勢に適應也る講演會場、社交場を始め劇場等府民の敎化娛樂に開し完備也る文化的施設を缺くは、吾等府民の頗る遺憾とし此の種の缺陷を補ふべき施設を要望すること多年であつた。[108]

그런데 때마침 경성전기주식회사에서 경성부에 공공사업시설투자비 조로

1933년 6월에 백만 원을 기부했다.[109] 따라서 경성부는 그 반액을 부립 부민병원 건립기금에 쓰기로 하고 나머지를 가지고 부민관을 건립기로 했다. 그 문제를 그해 9월 30일에 열린 경성부회에 회부한 결과 만장일치로 가결됨으로써 본관건설의 제1보를 내딛게 되었다. 경성부에서는 즉각 부지 선정에 나서는 한편 일본 주요도시에 설치된 문화회관 시찰을 위해 요원을 파견했고, 건축계의 권위자들을 초청하여 의견청취를 많이 했다. 특히 전 세계에 있는 유명한 근대식 건물의 정수가 될 만한 자료가 많이 모아졌다. 결국 부지는 경성의 요지라 할 태평통(太平通) 1정목 60번지(태평로 1가 3번지)로 지정되어 11만 1천 11원에 매입했다.

즈지야세끼(土屋積)의 설계로 1934년 7월 30일에 기공된 부민관은 1년 예정으로 건축에 들어갔고, 마침 일기가 좋아서 순조롭게 진척되어 이듬해인 1935년 6월 1일에 정초(定礎)를 하고, 그해 12월 10일에 준공됨으로써, 꼭 1년 4개월 20일이 걸렸다. 건물은 미키(三木)합자회사가 청부를 맡았고, 냉·난방과 환기는 스기요시(杉由)제작소가 맡아했으며, 전기시절을 가토(加藤)상회, 무대조명시설은 가와베(川部)제작소가 각각 맡아했다.[110]

전체 대지 1,486평에 연건평 1,717평, 건평 584평으로서 건축비가 33만 9천 77원이어서 평당 2만 원꼴이 든 셈이다. 거기에 난방시설, 전기 기타 시설비까지 합쳐 총공사비는 49만 9천 8백 42원 40전이 들었다. 그래서 대지 값까지 합쳐서 총공사비는 61만 8백 53원 40전이 든 셈이다.

건물 층수는 지하 1층, 지상 3층으로서 건물 높이가 63척, 탑의 높이는 144척이었다. 대강당, 중강당, 소강당, 담화실, 집회실, 부속실, 첩간(疊間), 특별실까지 갖춘 부민관은 당대 최고의 집회장소로서 손색이 없을 만큼 근대적 건물이었다.

대강당은 3층에 건평 301평, 좌석 1,800석이었으므로 당대 최고의 무대로서 강연회, 연극, 무용공연, 권투, 영화, 노가쿠(能樂) 공연을 위해서 마련된 것이었다. 147평의 중강당은 좌석 400석, 입석 1,000석으로 강연회, 각종 전

부민관 앞에선 유치진과 심재순 외 (1914년)

람회, 견본시(見本市) 진열장, 결혼식, 실내체조를 위해 만들어진 것이며, 건평 40평에 좌석 160석의 소강당은 소강연회, 강연회, 정동총회(町洞總會), 아동활동사진, 회화구(繪畵具) 전람회장으로 만들어진 것이었다.

그리고 사교장으로서 건평 14평에 11석의 특별실이 있어서 내빈과 일반의 휴게실로 사용하게 되어 있었고, 대강당과 중강당 사용 때는 건평 37평에 60석의 집회실이 휴게실로 사용하게 되어 있었다. 그 외에도 결혼식 및 장기, 바둑 등을 둘 수 있는 다실로서 첩간(疊間)이 있었고, 32석의 담화실이 따로 있었으며, 25석 내지 70석의 식당과 일반 외래객들이 이용할 수 있는 공중식당과 부속실, 이발관까지 갖추어져 있었던 것이다.

그런데 부민관은 공연장이기 때문에 외형과 대강당의 조명, 그리고 음향관계에 신경을 많이 썼다고 설계책임자인 하기와라 고이치(萩原孝一)는 다음과 같이 보고했다.

即ち一切の裝飾を省き、形の洗練と色彩の調和とにつき苦心を拂ひ、目的の達成に努めたのであさます。建物の使用目的其の他詳細は御手えに差上けまみした。……特に大講堂付て音響と照明の調節に意を用ひ、尙煖房、冷房、換氣の裝置に付きき最近の進步したる學理を應用し遺憾なきを期したる次第であります。[111]

이상과 같은 매머드 부립극장이 준공되자 경성부에서는 12월 10일에 성대한 개관식을 가졌다. 우가키(宇垣) 총독을 위시해서 도미나가 분이치(富永文一) 경기도지사, 요시다 나오지(賀田直治) 상공회의소장 등 일인 고위층과 관민 1천 3백여 명이 참석한 가운데 개관기념식을 올린 것이다. 기념식이 끝난 후에 경성관광협회 주최로 부내 5대 권번 기생들이 총출연하여 대강당 무대를 화려하게 장식했는데 축하연예 종목[112]은 다음과 같았다.

藝題名	出演
1. 操り三番叟	本券番
2. 鴻門宴	漢城券番
3. 靭猿	東券番
4. 新舞踊	鐘路券番
5. 吉野由初音の道行	本券番
6. 船遊樂	朝鮮券番

당시로써는 최고의 규모와 시설을 갖춘 근대식의 부민관이 개관되자 이용하는 단체가 많았고, 더욱이 대관극장들은 모두가 일인소유였기 때문에 사용하기에 편한 부민관으로 몰릴 수밖에 없었다. 그러니까 한국인 단체뿐만 아

니라 일인들도 부민관을 많이 이용했고, 극단, 무용단, 음악단체 등 각종 연예
단들이 몰려들었다. 따라서 부민관의 여러 강당과 객실들은 언제나 만원이었
다. 그 당시 부민관을 얼마나 많이 사용했는가는 다음의 도표가 잘 말해주고
있다.

室別　　　　　　연도 및 회수	1936년	1937년
대강당	266회	383회
중강당	235회	198회
담화실	117회	249회
소강당	231회	81회
집회실	88회	122회
부속실	138회	147회
疊　間	156회	265회
특별실	2회	5회
全　館	2회	1회
사용료	40,765원	43,265원

이상의 도표에서 알 수 있는 바와 같이 부민관은 1년 내내 거의 휴관하는
날이 없을 만큼 사람들이 전천후 사용했던 것이다. 특히 당시로써는 극히 드
물었던 냉난방 장치가 되어 있어서 여름과 겨울에도 계속 사용되었다. 부민
관을 극단에 대여하기 시작한 것은 이듬해인 1936년 4월부터로써 극예술연구
회가 제10회 공연으로 11일부터 2일간 이광래 작, 유치진 연출의 〈촌 선생〉
이 아마도 처음이 아닌가 싶다. 그로부터 1939년 3월 함세덕의 〈도념(道念)〉
공연까지 4년 동안 부민관을 주 무대로 사용하였다.

부민관을 주 무대로 삼은 극단은 극예술연구회를 비롯한 상업극단들인 중
앙무대, 화랑원, 인생극장, 낭만좌, 고협, 예원좌, 아랑, 황금좌, 성군 등 동양
극장 전속이 아닌 극단들이었다. 물론 1937년부터는 동양극장 전속극단인 청
춘좌와 호화선도 이따금 부민관을 공연장으로 삼았었다.

당시에 공연장으로 쓸 수 있었던 극장은 부민관을 위시해서 동양극장, 단성

사, 제일극장, 우미관, 금천대좌, 영보극장, 보총극장, 대륙극장(단성사의 개명), 명치좌, 약초극장 등 10여 개가량 있었으나 거의가 일본인 소유인 데다가 시설이 좋지 않아서 부민관에 많이 몰렸다. 극단뿐만 아니라 악극단들도 부민관 무대를 많이 사용했다. 배구자악극단을 비롯해서 콜럼비아악극단, 라미라, 신세계, 조선악극단 등 10여 개가 부민관 무대를 많이 이용했고, 조선창극단 등 여러 개의 창극단도 부민관에서 주로 공연을 했다.

2) 부민관과 공연행태의 변화

연극이 이루어지는 데는 극장의 무대시설이 절대적인 구실을 한다. 그 점에서 부민관의 개관은 한국연극을 적어도 형식에 있어서는 한 단계 진전시키는 데 하나의 계기를 만들었다. 극장 구조에 대해서는 앞장에서 대강 설명한 바 있지만 당시 부민관 연극에 직접 참여한 바 있는 전문가의 구체적 설명부터 들어볼 필요가 있을 것 같다. 가령 이운곡(李雲谷)과 김일영(金一影)은 부민관 내부구조를 당시 다음과 같이 호평한 바 있다.

현재 일반으로 하여금 경이의 눈으로 보게 하는 부민관 대강당의 무대구조를 살펴보면 사실로 지금까지 극장다운 극장을 전혀 대해보지 못한 우리 조선의 관객으로 하여금 놀라우리만치 찬란한 근대식 대극장의 형태를 가진 극장임에는 틀림없다. 무대를 凹形으로 둘러싸고 있는 3층으로 된 2천에 가까운 객석, 방음장치의 완비, 구비된 조명장치, 지루한 막간에 관객을 원만히 휴식시킬만한 여유 있는 낭하와 휴게실 끽연실의 설비 등등은 일본내지 같은 곳의 대극장의 설비에 그리지지 않을 만큼 훌륭한 설비를 하였다고 본다. 그 위에 무대와 관객석과의 유기적 연각, 무대상의 거리의 확장, 연기의 크로즈업의 가능성 등의 독특한 기능을 가진 조립식 화도의 설비가 있고, 무대전면에는 커다란 오케스트라 박스의 설비까지 있다. 그러나 이 극장은 관객석에 비하여 무대

전체가 너무나 협소한 것과 푸로시니엄 아취가 낮은 것, 그리고 가장 큰 결함은 호리존트가 전연 없다는 것이다. 이 결함은 특히 우리들의 신극상연에 있어서는 치명적인 결함이 된다. 그리고 또 한 가지 큰 결함으로는 이 극장은 조선의 신극계 재현의 힘으로 보아서는 너무나 크다는 것이다.[113]

또 하나 걱정되는 것은 조명이다. 장치와 조명은 가장 밀접한 관계가 있다. 조명이 한 장치를 죽이고 살릴 수 있다. 들으니 부민관은 조명설비가 꽤 좋다고 한다. 이것을 잘 구사하여서 장치자의 의도를 잘 살리는 조명자의 적극적인 협력을 굳이 바라마지 않는 바이다.[114]

이상은 부민관 연극에 직접 참여했던 두 연극인의 극장 구조에 대한 평가이다. 여기서 나타나 있는 것을 보면 부민관이 당시로써는 최첨단의 시설을 갖춘 극장이라는 것을 알 수 있다. 비록 프로시니엄 아치라는 고전적 무대를 갖춘 극장이지만 객석과 무대의 유기적 연결이 앞서 있고 음향, 조명시설은 물론이고 휴게실까지 완비한 것은 당시로써는 놀라운 시설이었다. 다만 무대가 너무 협소한 것과 호리존트 부재가 근대극장으로서는 아쉬운 점이었다. 사실 무대 넓이와 객석 크기가 비슷해야 좋은 작품을 창조해 낼 수 있다. 그리고 하나미찌(花道)가 있다는 것이 주목되는데, 이는 아마도 일본 고전극과 신파극 무대를 염두에 두고 설계한 때문으로 보인다. 여하튼 부민관은 근대극, 그것도 소품 아닌 대형공연을 할 수 있는 최초의 극장임은 분명했다.

따라서 부민관을 염두에 두고 기존 극장들은 작품창조에 나섰으며 극단들도 여러 개가 조직되기도 했다. 물론 부민관은 설립 취지에도 나와 있듯이 서울 시민들의 문화복지를 위해 세운 다목적 복합 문화공간이었다. 이는 곧 부민관이 무대예술 공연뿐만 아니라 시민의 집회장소, 그리고 스포츠, 오락까지 즐길 수 있도록 만들어진 것이었다. 그러나 아무래도 부민관은 무대예술이 주가 될 수밖에 없었다. 즉 연극과 무용공연 및 음악회가 대부분을 차지할 수밖에 없었다는 이야기이다. 그리고 부민관은 시민을 위한 공공오락을 위한 집회장답게 전속단체를 두지 않았다. 조례상 둘 수도 없었던 것 같다. 이는 곧 부민관이 대관극장으로 머물 수밖에 없다는 이야기가 된다. 총독부가 전속 예술단을 허용했다면 친일 국책극 밖에 더 했겠는가. 그런 측면에서 볼 때 다목적 홀의 부민관이 우리 연극발전에 보탬이 될 수 있었다고 본다.

부민관이 외부 예술단체에 대관을 시작한 것은 1936년 4월부터였다. 당시의 유일한 정통 신극단체인 극예술연구회가 제10회 공연을 부민관에서 했다. 극예술연구회의 창립동인으로서 연출을 전담했던 홍해성이 동양극장으로 옮긴 뒤 유치진이 연출과 희곡창작을 도맡아 하다시피 했고, 신진작가들을 키워내기 시작할 때 부민관이 문을 열었기 때문에 극예술연구회의 처음 진출에는 이광래의 〈촌 선생〉과 이서향의 〈어머니〉를 갖고 나갔다.[115] 그 첫 번째 공연은 비록 신진작가들의 데뷔 작품이었지만 무대조건 등으로 해서 그런대로 긍정적 평가를 받았다. 극예술연구회가 초창기에는 경성공회당을 중심으로 공연을 가졌기 때문에 동양극장 배우들로부터 공회당 배우라는 핀잔을 받기도 했는데, 그것은 치기 가득한 아마추어라고 조롱한 것이었다. 극예술연구회가 부민관으로 진출한 것은 상당한 진전으로서 나름대로 전문성을 찾으려는 몸부림이기도 했다. 어느 정도 대형무대 형상화에 자신을 얻은 극예술연구회는 달포 뒤에 유치진의 〈자매〉와 전한(田漢)의 〈호상(湖上)의 비극〉을 두 번째로 올렸다. 넉 달 뒤에는 극예술연구회가 본격 전문극단으로 향하기 위한 공연으로 대중적인 〈춘향전〉을 화려하게 부민관 무대에 올리기도 했다. 초겨울에는 다시 독일 작품 〈신앙과 고향〉을 공연하고, 이듬해(1937년)에는 2월부터 달포 간격으로 이무영의 〈수전노〉를 비롯해서 〈부활〉(톨스토이 원작), 〈춘향전〉 등으로 대형무대를 꾸몄다.

이처럼 극예술연구회는 부민관 때문으로 해서 전문극단을 지향해 보려는 의지까지 보일 수가 있었다. 그러나 그것도 잠시였다. 일제가 그대로 두지 않았기 때문이다. 비교적 뚜렷한 연극의식을 갖고 지식층 관객을 확대해 가

부민관 공연의 〈춘향전〉(현대극장, 1943년)

는 극예술연구회의 예봉을 꺾으려는 일제의 음모가 시작된 것이다. 우선 명칭부터 고치도록 해서 극연좌로 변신토록 만들었다. 극연좌로 개칭된 뒤인 1938년 5월에 부민관 무대에 선보인 작품은 미국 작품 〈뻐꾹새〉(쟈네트 막스 작)와 신인의 희곡 〈길〉(김진수 작)이었다. 이어서 역시 미국 작품 〈목격자〉 (맥스웰 안더슨 작)를 비롯해서 〈깨어서 노래부르자〉(클리포드 오데츠 작), 〈풍년기〉(유치진 작), 〈상선 테나스트〉(빌드락 작), 〈카츄사〉(톨스토이 원작), 〈눈먼 동생〉(슈니츨러 원작), 〈춘향전〉 등을 이듬해 봄까지 부민관 무대에 올리고 강제 해산당하고 말았다. 부민관에 와서 전문극단으로 전신한 극연좌는 한결 성숙했음은 두말할 필요도 없다. 부민관에 진출해서 1년여 지난 뒤의 극연좌 공연평 일부를 소개하면 다음과 같다.

大凡無難했다 큰 비약이 있었다고 생각되지 않는 대신 큰 실패도 없었다. 座

員 일동이 眞摯한 노력이 보였던 것은 위선 즐거웠다. 그러나 무대 위에 나타난 그들의 연기는 하나의 좋은 앙상블에는 약간의 거리가 있었다. 그것은 연기자 각자의 연습부족과 각 배역에 대한 깊은 탐색이 부족한 까닭인가 한다.[116]

이상과 같이 부민관은 당시 대표적 정통 신극단이라 할 극연좌를 전문극단으로 한 단계 올라갈 수 있도록 하는 데 바탕이 되었던 것이다. 그런데 이 기간 동안에 극연좌 만이 부민관 무대를 이용한 것이 아니었다. 자기 극장인 동양극장에서 별 재미를 보지 못한 배구자악극단이 부민관으로 진출했는가 하면, 1937년에는 중간극을 추구하는 중앙무대[117]와 인생극장[118]이 그곳에서 창립공연을 갖기도 했다. 그런데 이 시기에 주목되는 것은 부민관에서 본격적인 연극경연대회가 열리기 시작했다는 사실이다. 즉 1938년 2월부터 매년 실시키로 한 동아일보사 주최 연극경연대회가 열려서 극단 화랑원, 낭만좌, 인생극장, 극예술연구회 등 4개 단체가 페스티벌을 벌임으로써 부민관은 대중에게 자연스럽게 한국연극의 중심지 비슷하게 비치기 시작한 것이다. 당시 연극경연대회에 참가한 바 있었던 서항석도 그에 대하여 다음과 같이 기록한 바 있다.

1938년 2월 11일부터 4일간 부민관에서 열린 동아일보사 주최 「제1회 연극 경연대회」에 슈니츨러 원작, 山本有三 각색, 柳致眞 번안의 〈눈먼 동생〉(1막 3장)을 李駿圭 연출, 鄭玄雄 장치로 참가하여 영예의 우승을 차지하였다. 이 경연대회에는 극단 화랑원이 金雲汀 작 〈十五分間〉(1경)(연출 洪開明, 장치 姜聖範)으로, 낭만좌가 셰익스피어 원작 「햄릿」 중 秦雨村 번안 〈墓地〉(연출 金旭, 장치 李秉玹)로, 인생극장이 同극단 문예부 각색 〈아내의 方向〉(연출 金兒鎭, 장치 姜逸)으로 참가했었다. 낭만좌는 이 대회에 참가한 것으로 창립 공연을 삼았고……[119]

이처럼 부민관은 모든 연극인에게 문호를 개방해서 연극붐을 조성시키는 기본적 역할을 한 것이다. 부민관이 연극인들에게 광범위한 활동근거지가 되면서 전용극장까지 가지고 있는 청춘좌와 호화선까지 부민관으로 진출하는 정도였다. 즉 청춘좌는 1938년 9월 〈춘향전〉(최독견 각색)을 갖고 부민관 진출을 꾀했는데, 김소희를 등장시켜 창까지 곁들인 소위 신창극을 선보였다.[120] 호화선도 같은 해 말에 임선규의 〈유랑삼천리〉[121]로 부민관에 진출했다. 그런데 호화선보다는 청춘좌가 자기 극장 외에 부민관에 자주 진출했는데 대체로 음악극과 같은 대형극을 꾸며 보려는 의도였던 것 같다. 그 좋은 예가 〈춘향전〉 외에 음악극 형태의 〈춘희〉 공연을 꼽을 수 있다(1938.7.2). 동아일보사 주최 연극경연대회는 1939년 3월 제2회로 끝났지만 그와 유사한 연극페스티벌은 계속해서 열렸다.

가령 1941년 가을의 소위 '연극보국주간'과 조선연극문화협회 주최의 '연극경연대회' 등이 바로 그런 것이다. 연극보국주간이란 것은 총독부 어용문화단체인 조선연극협회가 국책연극을 통해 대중을 세뇌하고 연극을 통한 국가시책을 널리 알리기 위해 시도한 것으로서 극단 국민좌의 〈밤안개〉(小山いと子 원작, 시마나쓰 각색), 황금좌의 〈지도하〉(이광래 작), 아랑의 〈돌아온 아버지〉(기구치 히로시 作, 오야마 히데오 각색), 평화좌의 〈명랑한 일요일〉(김소랑 작), 고협의 〈등잔불〉(박영호 작), 예원좌의 〈교정(校庭)〉(笑園 작), 호화선의 〈배따라기〉(박향민 작), 현대극장의 〈전설〉(남궁만 작) 등 8편이 무대에 올려졌다.[122]

그러나 이 시기의 부민관 무대에서 현대극장을 위시하여 협동예술좌, 빅타가극단, 경성동극회, 라미라 등과 같은 극단과 악극단들이 새로이 선보인 점이라 하겠다. 이들 중에서도 현대극장 창립과 악극단들의 속속 등장이 가장 주목을 끌 만한 사건이다. 왜냐하면 전자는 극예술연구회의 맥을 잇는 극단이고, 악극단의 등장은 연극의 통속화를 가속화시킨 경우였기 때문이다. 1934년 3월에 조직된 현대극장은 6월에 부민관에서 창립공연을 가졌는데,

유치진의 첫 번째 친일 어용극 〈흑룡강〉(주영섭 연출, 이원경 장치)에는 이백수, 진훈, 김양춘, 김신재, 김영옥 등이 출연했다.[123] 여하튼 1940년대의 대표적 극단이라 할 현대극장은 부민관을 본거지로 해방 때까지 활동했는데, 이 말은 부민관이 없었다면 현대극장의 활동도 생각하기 어려웠다는 이야기가 된다.

악극단의 경우도 예외가 아니다. 부민관 무대에서 탄생한 악극단도 여러 개였지만 부민관을 주 무대로 활용한 것도 악극단들이었다. 즉 배구자악극단이 개관 초기에 부민관 무대를 활용한 이후 빅타가극단, 콜럼비아악극단, 라미라, 반도가극단, 조선악극단, 약초가극단 등 7, 8개 단체가 부민관에서 공연 활동을 벌인 것이다. 물론 부민관이 저급한 악극단들에게까지 문호개방을 함으로써 전체적으로 연극의 질을 떨어뜨리고 부민관의 개성에 흠이 된 것도 부인할 수 없지만, 그것은 공연장이 절대 부족한 식민지시대 복합문화공간의 한계라 볼 수도 있는 것이다.

또한 부민관은 관 주도의 복합문화공간답게 홍보성 연극공연에 무대를 많이 할애한 것도 특징이었다. 동아일보사 주최의 연극경연대회는 그렇다 치더라도 1942년부터 해마다 시행된 조선연극문화협회 주최 연극경연대회는 정말 본격적인 것이었다. '국민극 수준을 높이고 각 부분의 연극인들로 하여금 예술가로서의 각자의 역량을 기울여 전시하 반도의 문화전'을 이룬다는 연극경연대회는 조선총독부 정보과, 국민총력조선연맹, 경성일보사, 매일신보사 등 전형적인 어용기관이 후원했는데 참가단체와 수상자들을 소개하면 다음과 같다.

극단 성군⋯박영호작 이서경연출 〈산돼지〉(4막 5장) 장치 김운선, 극단 아랑⋯김태진작 안영일 연출 〈행복의 계시〉(4막 9장) 장치 김일영, 현대극장⋯유치진작 서항석연출 〈대추나무〉(4막) 장치 길진섭, 극단 고협⋯임선규작 전창근 연출 〈氷花〉(4막 7장) 장치 김정환, 청춘좌⋯송영작 나웅연출 〈산풍〉(3막 5장)장치 원우전 등이었는데 이들 작품은⋯⋯[124]

12월 30일에 수상하였는데 각 부문별 입상자는 다음과 같다. 단체상(총독상)…아랑, 고협, 작품상(정보과장상)…유치진(현대극장 〈대추나무〉) 연출상(皇道문화협회장상)…나웅(청춘좌 〈山風〉)(조선연극문화협회장상)…안영일(아랑 〈행복의 계시〉) 장치상(매일신보사장상)…원우전(청춘좌 〈山風〉) 개인연기상…서일성(성군) 서경애(성군), 황철(아랑) 김양춘(현대극장) 박학(고협) 김선초(청춘좌).

이처럼 조선연극문화협회 주최 연극경연대회는 완전히 총독부의 주관으로 시행되었음을 알 수 있다. 그러나 이 연극경연대회는 동아일보사 주최 연극 페스티벌보다 참여율이라든가 시상내용, 혜택 및 권위에 있어서 한 단계 높았다. 제2회 연극경연대회는 다음 해 가을 4개월에 걸쳐 역시 부민관 무대를 장식했는데 참가 단체도 첫 번째보다 3개가 늘어나 8개가 참가했다. '싸우는 銃後 국민에게 건전하고 명랑한 오락을 제공하여 직역봉공과 생산증강에 총력을 바쳐 미영격멸에 매진할 결의를 북돋우는 동시에 반도 극예술을 새로운 방향과 이념 아래서 건설하여 총후 반도 문화 발전에 커다란 이바지를 하고저' 조선총독부 후원하에 부민관에서 개최된 제2회 연극경연대회에는 극단 현대극장을 위시하여 예원좌, 성군, 황금좌, 청춘좌, 고협, 아랑, 태양 등 8개 단체였다. 이때는 우리말과 일본말 극으로 나누어 상연했는데, 우리말 극의 단체상은 내지 않았고, 다만 개인상으로 송영(각본), 안영일(연출), 황철(연기), 한일송(연기), 박영신(연기), 임효은(연기), 강노석(연기), 김일영(장치) 등이 받았고, 일본어 극 단체상은 고협(1등)과 황금좌(2등)가 받았으며, 김선영(연기), 심영(연기) 등이 받았다.125)

제3회는 해방 전인 1944년 2월 초부터 3월 초까지 한 달간 개최했는데, 현대극장이 빠지고 대신 신생 극단이 참가했다. 그런데 시국이 어수선한 데다가 여러 가지 사정으로 제3회는 부민관이 아닌 동양극장, 약초극장, 중앙극장 등에서 분산 개최된 것이 특징이다.

부민관 앞의 현대극장 단원들

　이처럼 부민관은 관 주도 연극경연대회라든가 연극보국주간 등과 같은 캠페인성 행사를 자주 가진 그야말로 경성부 산하의 복합문화공간이었다. 따라서 연극단들의 대관극장에 머물러 있는 한편 최승희의 무용발표장으로서도 제공되었으며, 각종 공공집회와 일본 다카라즈카(寶塚)와 같은 가극단도 와서 공연을 가진 극장이기도 하다. 이상과 같은 부민관은 당시 경성부민 문화복지를 위해 10여 년간 나름대로 역할을 한 복합문화공간이다.

　그렇다면 부민관이 1930년대 중반부터 해방 때까지 우리의 공연예술에 어떤 영향을 미쳤는가 하는 것이다. 우선 긍정적인 측면에서 살펴본다면 첫째, 무대공간의 확대로 인해서 많은 예술단체가 생겨난 점을 들 수 있다. 대강 살펴보더라도 연극의 경우는 중앙무대(1937.6)를 시발로 해서 인생극장, 화랑원, 협동예술좌, 현대극장 등 대여섯 극단이 부민관 무대에서 태어났다. 그 외에도 빅타가극단 등이 부민관 무대를 요람으로 생각하고 출생했다. 두 번째로는 극단들의 활성화를 이룬 것이 부민관이다. 때마침 동양극장이 전용극장으로 개관되면서 연극인들이 전문화를 꾀하기 시작했는데, 부민관 무대는 그런 운동의 좋은 본거지가 될 수 있었다. 왜냐하면 비록 장기공연은 갖지 못한다고 하더라도 2천여 석의 넓은 공간이어서 작품에 따라서는 관객을 대량으로 모을 수 있었기 때문이다. 하나의 예로서 극예술연구회가 그런대로 전문화를 모색할 수 있었던 것도 순전히 부민관이라는 대형 공연공간이 있었기 때문에 가능할 수 있었지 않나 싶다. 이러한 경우는 극예술연구회에만 해당된 것이 아니다.

세 번째로는 각종 연극페스티벌로 인해서 연극인들의 창작의욕과 공연의욕을 고취시킨 점을 꼽을 수 있다. 가령 동아일보사 주최 연극경연대회도 부민관이 있었기에 가능했고, 조선연극문화협회 주최 연극경연대회도 부민관에서 개최되었다. 그뿐만 아니라 8개 극단이 참여했던 소위 연극보국주간이라는 것도 부민관이 없었으면 어렵지 않았나 싶다. 네 번째로는 연극의 대형화와 음악극의 시도가 부민관에서 구체적으로 실천되었다. 하다못해 동양극장 전속단체까지 부민관에 와서 음악극을 시도했는데, 최독견이 번안한 〈춘희〉 공연(1938.7)이 그런 좋은 예이다. 기타 극단들의 대형무대도 모두가 부민관에서 이루어졌다.

다섯 번째는 무대발전에도 부민관이 한몫 했다고 말할 수 있다. 즉 당대 최고의 무용가[崔承喜]가 몇 번에 걸쳐 이 땅에서 제대로 발표회를 가졌던 곳도 부민관이었다. 최승희는 주로 일본에서 활동했지만 1942년 2월과 1944년 5월에 부민관에서 대대적인 무용공연을 가짐으로써 소위 홀대받던 무용수준을 높이는 데 기여한 것이다. 비록 그것이 시대적 제약 때문에 일본에 국한되긴 했지만 외국연극단체가 내한공연을 가진 곳도 부민관이었다. 가령 1942년 10월 일본의 유명한 가무극단 다카라즈카(寶塚)가극단이 부민관에서 선을 보인 바 있다.[126] 그들은 처음으로 한국에 와서 일본의 독특한 가무극인 〈미와 역〉, 〈태도도인〉, 〈노도성사〉, 〈보총회권〉 등을 보여주었다. 이러한 다카라즈카가극단의 내한공연은 매우 중요한 의미를 갖는다. 왜냐하면 신파무대의 막간으로부터 시작된 우리의 악극인들에게 연극미학상 또는 기술상에 있어서 은연중에 영향을 미쳤을 것으로 보기 때문이다. 실제로 다카라즈카가극단이 다녀간 뒤로 악극단들의 공연이 대단히 활발해진 것을 공연자료에서 볼 수 있다. 즉 다카라즈카 가극단이 내한공연을 갖기 전에는 콜럼비아, 라미라, 빅타 가극단 정도가 연간 몇 번 부민관 무대를 이용했으나, 다카라즈카 내한공연 이후에는 이 악극단들 외에 반도, 신세기, 조선, 약초악극단 등이 쉴 새 없이 부민관 무대를 활용했던 것이다. 그러나 무엇보다도 부민관 무대의 공적은 당시 대표적인 정통극단 현대극장과 중간극을 표방한 중앙무대 등이 부민관에서 공연활동을 벌일 수 있음으로써 연극계 전체를 역동케 한 점이라 하겠다. 대중극단은 아랑이나 고협 말고도 낭만좌, 예원좌, 황금좌, 유락좌, 전진좌 등 여러 단체가 부민관을 주 무대로 삼았었다. 이렇게 부민관 무대가 연극의 활성화를 불러일으키자 유치진, 함세덕, 송영, 박영호, 이광래, 김영수 등 정통 극작가들이 창작의욕을 갖고 장막희곡을 많이 쓰게 되었다.

이처럼 극장 공간이란 무대예술 발전에 절대적인 역할을 할 수 있는 것이다. 그렇다면 부정적 기여는 무엇이었는가 하는 점이다. 첫째는 부민관을 총독부가 세웠다는 한계 때문으로 해서 친일어용물을 적잖게 양산한 점을 꼽을 수 있다. 소위 연극보국주간이라는 것도 명칭 그대로 연극을 통해 국가에 보답한다는 내용이다. 조선총독부 후원의 연극경연대회만 하더라도 대부분의 국민극계열의 친일 국책극이었음은 두말할 나위 없다. 즉 제1회 때 출품된 박영호의 〈산돼지〉로부터 〈대추나무〉(유치진 작), 〈빙화〉(임선규 작), 〈행복의 계시〉(김태진 작), 〈산풍〉(송영 작) 등과 제2회 때의 〈신곡제(新穀祭)〉〈북해안의 흑조〉(이광래 작), 〈역사〉(송영 작), 〈황해〉(함세덕 작), 〈물새〉(박영호 작), 〈밤마다 돋는 별〉(양서녀 작) 등이 모두 친일 어용극이었다. 이처럼 부민관은 무대예술 활성화라는 바람 속에서 소위 국민극이라는 친일 목적극의 양산지가 되었던 것이다. 물론 부민관이 총독부 문화정책의 한 산물이라는 한계가 없지는 않다.

이는 부민관이 경성부민의 문화복지를 위해 세워졌다는 당초의 취지와는 너무나 동떨어진 것이라 아니할 수 없다. 두 번째로는 부민관이 별다른 기준 없이 아무 단체에나 대관해 줌으로써 저급한 흥행극을 발흥케 한 점을 지적할 수 있다. 물론 부민관이 공연장으로 문을 열었을 당시 별다른 극단이 있었던 것은 아니지만 그래도 선별하지 않고 아무 단체에나 문호를 개방함으로써 저질 흥행극이 무대를 점령하다시피 했다. 사실 극예술연구회와 현대극장, 그리고 중앙무대를 제외하고는 부민관을 사용한 수십 개 극단이 모두 흥행극 단체들이었다. 특히 1940년대 초부터 해방 때까지는 저질 악극이 부민관 무대를 점령하다시피 했다고 보아야 한다.

이와 함께 세 번째의 부정적 기능으로서는 국민정서를 왜곡시키고 타락시킨 점을 지적할 수 있다. 국민정서를 왜곡시켰다는 것은 친일 목적극을 조장함으로써 가능했고, 국민정신을 타락시킨 것은 저질 상업극단들에 부민관 무대를 내준 데서 비롯되었다고 말할 수 있다. 그러나 부민관의 더 큰 과오는 전문극장 발달을 저해한 점이다. 물론 이것은 부민관의 의도성 있는 실책은 아니다. 이는 오히려 일본의 문화정책의 후진성에서 찾아야 할지도 모른다. 이 말은 일본 당국이 부민관이라는 다목적 복합공간을 세움으로써 오늘날까지 그 폐습이 그대로 이어지고 있는 것을 일컬음이다. 부민관은 해방 이후 시공관, 세종문화회관, 문예회관, 그리고 각 지방 도시들의 시민회관이나 문화예술회관의 좋지 못한 모델이 되고 있는 것이다. 일찍이 독창적인 문화정책을 펴보지 못한 정부 당국이 으레 다목적 복합문화공간을 세우려 하는데 이것이야말로 일본 당국의 종합문화회관의 한국적 재현인 것이다.

여하튼 부민관은 1930년대 중반부터 해방 때까지 10여 년 동안 무대예술의 번영을 가져오는 데 직간접적으로 역할을 했던 것만은 부인할 수 없다. 사실 무대예술의 질이 좋고 나쁨은 부민관의 책임이 아닐 수도 있다. 왜냐하면 부민관은 전속예술단체를 두고 있었던 것도 아니고 또 전속 극작가나 연출가도 없었기 때문이다. 다만 그 부정적 기능은 오로지 결과론적으로 보았을 때 그렇다는 것이다.

제3장 광복과 극장문화의 진전

1. 해방 직후의 극장실태

아마도 연극처럼 정치변동에 민감한 예술은 없을 것이고 극장만큼 경제현실에 좌우되는 것도 드물 것이다. 1945년 일제로부터 해방이 되면서 그 누구보다도 무대예술인들이 흥분했음은 두말할 나위 없었으리라 본다. 그러나미·소군의 진주로 남북은 서울과 평양을 중심으로 양분되는 처지에서 무정부 상태와 같은 혼란이 거듭되었다. 수많은 정치, 사회단체들이 족출하는 가운데 문화단체들도 뒤질세라 고개를 들기 시작했다. 임화(林和)가 주동이 되어 해방 이튿날 조선문학건설본부가 결성된데 이어 연극건설본부 등이 속속등장했다. 이들 각 단체는 곧 문건(文建)으로 통합되었다. 그런데 극작가 송영(宋影), 김태진(金兌鎭) 등이 주도했던 연극건설본부가 특별한 이념적 색깔을 나타낸 것은 아니었지만 대체로 식민지시대의 어용단체였던 조선연극문화협회의 재판이었던 것 같다.[1]

그러나 새로이 결성된 연극건설본부는 해방 이전의 일체의 어용적 연극을부정함은 물론 저속한 상업주의 연극을 배격하면서 진정한 민족극 수립을 내걸었다. 그러면서 그들은 연극연구소, 국립극장, 연극영화학교 개설과 연극잡지, 연극신문발간, 연극용어제정까지도 계획했다.[2] 그러나 좌우의 이질적인연극인들의 결집체였던 연극건설본부는 격심한 내부갈등만을 야기시켰고, 시국의 분위기에 편승하여 좌경의 색채를 노골적으로 드러내기 시작했다. 우익성 연극인들이 떨어져 나간 뒤 연극건설본부 주도자들은 곧바로 프로연극동맹을 조직하고 그 밑에 해방극장, 청포도, 혁명극장, 일오극장 등 좌경극단들을 두고 남로당의 앞잡이 구실을 한 것이다.

한편 우익민족진영 연극인들은 민예, 전선, 재건토월회, 재건극예술연구회 등 소수 극단만이 활동했기 때문에 대체로 약세를 면치 못했다. 그러나 시간이 지나면서 대중은 생경한 프로파간다연극을 하는 좌익극단들에 식상했고, 군정 측에서 좌익에 철퇴를 가하면서 좌익연극인들은 월북을 하는 등 급속히 무너지기 시작했다. 그런 시기에 이해랑, 김동원, 이화삼 등이 극협을 발족시켜 민족진영 연극의 구심점이 되었다. 결국 좌익극은 1948년 정부수립과 함께 자취를 감추고 우익 민족진영 연극이 기틀을 잡게 된 것이다. 그러나 혼란 속에 번창한 상업주의극은 대단히 번창했다. 동양극장 연극의 재판과 악극이 그런 상업극의 주조였다. 개량 신파극이나 악극이 대중에게 오락물로서 자리를 잡게 되는데는 악덕 흥행주들의 역할도 적지 않았다. 당시 서울에 있는 주요 극장들인 중앙극장, 수도극장, 대륙극장, 동양극장, 국제극장, 국도극장, 제일극장 등은 신파극단과 악극단, 그리고 미국 영화가 점거하고 있었다. 심지어 대표적인 극단이라 할 극협까지 때때로 극장을 얻지 못하거나 변두리 극장으로 밀렸던 것이다.

이처럼 극장 난은 해방 직후에 더욱 심해질 정도였다. 그러므로 극장다운 극장의 필요성은 날로 가중되어 갔고, 극장은 연극뿐만 아니라 공연예술 전반의 활로타개와 발전을 위해서 절박한 문제로 부각되기에 이르렀다. 국립극장 설치문제가 일찍부터 부각된 것도 그 때문이었다. 해방 직후 연출가 이서향(李曙鄕)이 "다난한 조선극계의 제 과업 중에 어느 것이 중대하지 않음이 없지만, 그 중에서도 가장 초미(焦眉)의 급무는 극장문제 해결"3)이라 주장했던 것도 바로 그런 데 연유한 것이었다. 이는 해방 직후의 극장 상황이 연극인들의 생각과는 정반대 방향으로 흘렀기 때문이다. 예술가 나웅(羅雄)도 그와 관련하여 다음과 같이 쓴 바 있다.

우리가 조선연극을 재건하는 과정에 있어서 해결해야 할 무수한 문제 가운데서 극장획득문제도 중요한 문제의 하나이다. (…중략…) 일본제국주의는 조선을 식민지화와 착취수단으로 극장을 연극에서 박탈하여 일본자본가, 고리대금업자의 배를 불렸고 나아가서는 일반대중이 함께 가져야 할 극장을 도시 편중으로 두어 근로대중을 무지의 구렁텅이로 몰아넣었던 것이다. 이렇게 극장과 연극, 극장과 대중을 분리시킨 것은 조선의 연극을 전적으로 말살하려는 놈들의 음흉한 간계였던 것이다. 극장은 일반대중의 예술적 교화계몽을 지도한다는 공공기관이며 결코 일개인의 소유물이 될 것이 아니다. 더구나 이러한 신성한 기관을 일본 제국주의의 고리대금업자와 그 주구들의 손에 둔다는 것은 조선연극인으로서 도저히 용납할 수 없다. 우리의 정권이 수립되면 문화정책에 따라 극장이 국영이 된다든가 연극단체에 맡긴다든가 하겠지만 현재로서는 극장을 조선연극인들의 관리 하에 두는 것이 가장 타당하다고 생각한다.[4]

이상에서 볼 수 있는 바와 같이 식민지시대부터 연극현장에서 극장의 어려움을 겪은 나웅이 해방 이후에는 연극인들 손으로 넘겨져야 한다고 본 것은 너무나 자연스러운 것이었다. 그러니까 나웅이 개탄한 것은 가난한 연극인들을 착취해온 일본인극장주들이 해방과 함께 물러나고, 그 자리에 우리의 흥행모리배들이 들어앉는 것이 아닌가 하는 우려였다. 실제로 식민지시대에 일본인 흥행사들에게서 나쁜 점만을 배운 한국인 흥행사들이 극장들을 접수하려 들어서 사정이 더욱 나빠졌음을 개탄한 것이다. 이재현(李載玄)도 나웅과 같은 의견이었는데, 일제시대 일본인 흥행주 밑에서 나쁜 것만 배운 사람들이 극장을 대부분 접수했다고 본 것이다.

그러니까 식민지시대 우리의 가난한 연극인들을 착취해온 일인 흥행사들이 도주한 곳에 그에 못잖은 비양심적인 우리 흥행사들이 들어차고 앉았기 때문에 연극인들은 식민지시대 이상의 곤욕을 치르지 않을 수 없었다는 개탄이라 하겠다.[5] 그로 말미암아 극장과 극단과의 대립을 초래하게 되었고, 보합제(步

合制) 같은 극단 착취제도도 구태의연하게 답습되고 있었으며 5·5, 4·6제가 채용되는 현상이었다. 그와 같이 불합리한 극장상황을 타개하기 위해 전예술인들이 연합하여 과거 일본인 소유의 극장 모두를 국유화해서 그 운영을 극장예술가들에게 일임하라는 목소리를 내기 시작했다.

즉 예술인들은 문화단체(연극동맹, 무용가동맹, 영화동맹, 음악가동맹, 국악원, 문학동맹, 미술가동맹) 이름으로 '극장을 예술가들에게 맡기라'는 건의서를 군정청에 제출한 것이다. 건의서의 내용은 첫째, 극장예술의 발전책, 둘째, 극장관리문제, 셋째, 종전 관리인의 결함, 넷째, 인선(人選)에 대한 희망 등 4개 항이었는데 군정 당국으로부터는 아무런 반응도 얻지 못했다. 군정 당국에서 관심을 기울이지 않자 극장들은 거의 모두 흥행모리배들의 소유 하에 "자기네들의 이익이 되는 흥행을 위해서는 8월 15일(해방) 이전에 우려먹을 대로 우려먹었던 악극단의 연출형식과 곡조에다 가사만 슬쩍 갈아붙여 놓은 〈사랑에 속고 돈에 울고〉를 그대로 상연하고 심지어는 일본제국주의 시대의 〈지원병〉이라 하는 영화를 〈희망의 봄〉이라고 갈아 내어놓을 만큼 타락했다. 이 밖에도 연극이나 영화를 통해서 과연 세상에 내놓아야 옳으냐가 문제될 만한 작품들까지 하등의 제재도 받지 않고 흥행할 정도였다."[6]

그렇다면 군정 당국과 극장 측에서 바라본다면 저간의 사정이 어떠하냐 하는 것이다. 우선 적산극장들은 1946년 하반기에 경기도재산관리처가 극장 관리권을 서울시로 이관한 것이 눈에 띈다.[7] 그리고 새로 책정된 극장요금이 연극 20원, 영화 15원이었다. 이것은 해방 직후의 인플레에 따른 인상요금이었나. 그런데 극장의 요금인상 같은 것은 해방 직후 조직된 한성극장협회(漢城劇場協會)에서 주도하고 있었다. 그때까지만 해도 동양극장 등 한두 곳만 제외하고 적산극장들은 봉급쟁이 지배인들이 운영하고 있었다. 그런데 흥미로운 사실은 장택상(張澤相) 수도경찰청장이 한성극장협회의 명예회장이었다는 점이라 하겠다.[8] 한성극장협회는 1946년 11월에 조직된 민간단체로서 극장들의 권익을 지키고 또 외부 공격으로부터 스스로를 방어하기 위해서 급조된 것이었다. 당시 동아일보는 그와 관련하여 다음과 같이 보도한 바 있다.

서울 극장경자는 그 문화적 사명을 다하기 위하여 자주적인 이념에서 漢城 劇場協會를 조직하고 극장을 최고도인 문화기관으로서 발전 향상시키며 자유 로운 민주주의 연극·영화문화 건설과 조성 발전을 위하여 노력하기로 결의했 다. 李瑞求씨를 주간으로 旬刊「劇場演藝」를 창간하여 프로를 소개하는 등 활 약할 예정이다.[9]

이상과 같이 극장관리자들은 그럴듯한 명분을 내걸고 자기들끼리의 협회를 조직한 것이다. 이들은 착착 조직을 다져갔고 자주 회의도 열었다. 극장협회 는 회의를 소집하여 11월 18일 정기총회 위원개선에 관한 건, 규약일부 개정 에 관한 건, 그리고 관하 각 극장건물을 제외한 적산부동산불하에 관한 건[10] 등을 협의하는 등 활발하게 움직였다. 그리하여 이사장에 홍찬(洪燦), 상무이 사에 김두수(金斗洙), 이사에 김상진, 박응면 등 각 극장의 지배인들이 앉게 되었다.

그러나 당시에 가장 화급한 것은 역시 적산극장 처리문제였다. 따라서 서 울시 당국은 11월 12일을 기해서 극장 산업장, 가옥 등 적산건물의 일체 신고 를 하도록 했다. 적산극장 처리와 관련해서 당시 부시장이었던 소선규(蘇宣 奎)는 다음과 같이 말했다.

아직 이 극장문제 뿐만 아니라 기타 생산공장 급 사업장처리사무에 대하야 서도 현재 일반이 잘 알고 잇다 십히 아무런 결정도 못짓고 잇다. 특별시로 승격함에 따라 시내의 적산관리사무가 이관된 것뿐 아직 이에 대하야는 하등 의 구체적인 결정을 보지 못하고 잇다. 그리하야 劇場問題로 지금 예측이 불가 능한 상태에 잇다.[11]

이상에서 볼 수 있는 것처럼 적산문제처리권이 1946년 하반기에 서울특별시로 이관되었지만 별달리 진척된 것은 없었다. 이처럼 적산극장 처리문제가 능장을 부리자 한성극장협회의 움직임이 빨라지고 동시에 권한강화에 혈안이 되었다. 가령 극장협회 이사회에서 결의한 내용을 보면 다음과 같았다.

(가) 興行場 사용에 관한 계약체결에 관한 것은 정식으로 서면을 작성하야 계약하기로 할 것. (나) 극장通鑑에 관한 것은 극장관계자에게 발행한 통감을 축소시킬 것. (다) 극장성격문제 급 중앙영화사 배급영화상영에 관한 것=극장성격문제로 각자 양심에 일임하기로 하고 중앙영화배급사에 관한 문제는 현실 2류극장 이하는 적자의 현상이라 곳 자료를 첨부하야 당국에 건의할 것. (라) 신문기자가족과 경찰관가족 위안회개최에 관한 것은 출입처 기자별로 가족 수를 조사하야 초대권을 발송할 것. (마) 國都劇場에 관한 것은 金氏가 정식으로 탈퇴할 의사가 잇다면 서면제출을 요구하고 그러치 안타면 氏의 사과를 요구할 것.12)

이상과 같이 당시 극장문제는 시당국보다도 극장협회가 좌지우지할 정도로 권한행사를 하고 있었다. 그런데 그 권한행사라는 것이 순전히 각 극장의 자기보호와 이기주의에 국한되어 있었다. 따라서 일반이 극장협회를 바라보는 시선은 따가울 수밖에 없었다. 왜냐하면 이들이 문화발전에는 아무런 기여도 하지 않고 있었기 때문이다. 이들에 대한 다음과 같은 지적은 당시의 한 언론사의 생각을 넘는 여론이었다.

劇場協會에

전쟁이 끗나 日帝가 패퇴하면 응당 철폐되어야 할 入場稅徵收가 재실시되여도 53%의 步率에다 선전비까지 넘겨씌우는 중앙영화사의 일방적 독점제에도 그리고 民族藝術樹立의 토양인 연극기택무대를 상대하는 제 운동이 劇場

難에 목말너 아우성처도 초연자약하는 이 단체의 본질이야말로 허다한 우리 측근의 민간단체 중에서도 가장 애매하고 몽롱한 존재인 것이다. 이제 듣건대 美畵2주간 장기續映制가 중앙영화사로부터 제창되엿다는 데 이는 민족예술상연의 자연도태를 前捉하는 일변 문화시장의 식민지적 독점을 의미하는 것은 너무도 명명백백한 일임에도 불구하고 該協會의 대책은 우유부단하여 개중에 어떤 背信的 이탈자가 잇섯드래도 단호한 통제력을 표시치 못하는 반신불수적 기型團體란 것을 吾人은 지적하야 그 再省을 촉하는 바이다. 물론 해 협회 구성원들의 對劇場의 지위에 잇서서 어떤 不安定性은 오직 몰으는 바가 아니로되 그 지위의 정치적 동향이 규정하는 바요. 정치동향은 대내대외의 커다란 정세의 조류가 규정짓는 것을 깨달어야 할 것이다.13)

이상과 같이 한성극장협회는 자기들의 이익을 위해서는 물불을 가리지 않으면서 사회변화에 능동적 대처를 하지 않았던 것이다. 극장협회가 많은 민간단체 중에서 가장 애매모호하고 불투명하다고 비판 받은 것은 너무나 당연한 일이었다. 이러한 여론의 따가운 시선에도 불구하고 극장들은 입장객을 무한정으로 받아들임으로써 소방총사(消防總司)의 경고까지 받은 바 있다.14) 그러나 극장협회의 더 큰 문제점은 앞에 인용한 비판적 제언에 잘 나타나 있듯이 중앙영화배급사가 미국 영화를 일방적으로 배급받아 여러 극장을 석권함으로써 민족예술을 말살하고 있는데도 수수방관 내지 은연중 영합의 인상까지 주고 있었다는 사실이라 하겠다. 극장협회에 대한 여론의 거센 비판에 직면하면서 그들은 마지못해 중앙영화배급사에 다음과 같은 아홉 항목의 결의서를 제출하기에 이르렀다.

決議書

一. 中央映畵配給社제공영화는 원칙적으로 1주일로 할 것. 단 최대는 10일간으로 함.

一. 상영영화임대步率은 전에 햇든 50%로 하되 선전비는 쌍방이 갓치 부담함.

一. 뉴-쓰 상영료는 상영주간에 한하야 3% 守金을 지불할 것.

一. 선전재료 급 예고편 기타 선전 관계물은 무료 제공할 것.

一. 左記 결의사항은 협회를 경유하야 중앙영화사에 정식 제출할 것.

一. 중앙영화 1주일 푸로 時는 월2회 이내로 하고 2주일 이내 시는 1회에 한함.

一. 중앙영화사와 푸로를 계약시는 三館이 상호 타합할 것.

一. 중앙영화사에 대한 요구조건이 불통과할 시는 三관은 보조를 일치하야 미래를 정지할 것.

一. 단 계약된 것은 각 관 공히 명년 1월10일까지 마감함. 國際劇場, 國都劇場, 首都劇場. 15)

이상과 같이 당시 수도권의 십 수 개 극장과 전국의 극장들 중 중앙영화배급사와 계약을 맺은 극장은 셋밖에 없었다. 여하튼 중앙영화배급사의 미국 영화 2주간 속영 조처로 인하여 연극, 무용, 음악 등 공연예술이 극장을 얻지 못하여 그 발전에 심대한 타격을 받음으로써 군정청에 좋지 못한 시선을 보내고 있었는데 결국 출입기자들이 군정장관대리 헬믹에 질문을 했고, 그에 대한 세 가지 항목의 답변이 나왔다. 즉 첫째는 중앙영화배급사가 군정청의 산하기관이 아니므로 어쩌지 못한다는 것, 둘째로 좋은 영화는 많은 관객이 보기를 원하므로 최대한 편의를 보아주지 않을 수 없다는 것, 셋째로 극장도 수익을 생각해야 하므로 신축적으로 상영할 수 있도록 해주어야 한다는 것 등이었다.16)

이상과 같이 헬믹 군정장관 대리의 답변은 극히 자유스러운 미국관리 다운 것이었다. 그러니까 군정당국에서는 극장이나 중앙영화배급사를 일일이 간섭해서도 안되고 간섭할 수도 없다는 답변이었다. 어떻게 보면 시장원리에 맡겨야 한다는 논리였다. 러치 미군정장관은 한발 더 나아가 중앙영화배급사가 할리우드로부터 들어오는 영화수익금이 미국으로 가는 것이 아니라 조선은행 금고 속으로 들어가는 것인데 무엇을 걱정하는가라는 답변이었다. 그러나 이런 어수선한 시기에 대단히 인상적인 제안이 나왔다. 그것이 다름 아닌 윤복진(尹福鎭)이 어린이 전용극장을 하나 개설해야 한다는 대단히 선구적인 주장을 편 것이다. 이는 대단히 앞서가는 발상으로서 그 논지 일부를 소개하면 다음과 같다.

八·一五 解放이후 兒童과 아동교육에 관해서 민족전체가 이에 대한 관심이 여간 커지지 안흔 것갓다. 그러나 말로만 어린이는 새 나라의 主人公이다! 헛고함만 질넛지 실제에 잇서 현재에 능히 집행할 수 잇는 과제 하나도 실천화하지 못하고 잇다. 그 실례로 兒童劇場 창설문제를 들 수 잇스며 아동공원, 아동도서관문제를 예거할 수 잇다. 현재 서울특별시 十八개소의 극장이 잇스나 이는 전부가 成人만을 대상을 한 극장뿐이다. 현재 서울시내에 취학아동 미취학아동 근로아동의 수는 서울시 전체인구의 三분지一, 혹은 四분지一을 차지하고 잇지 안나 생각된다. 이들 아동의 精神生活에 不缺의 영양소인 아동극장, 아동도서관, 아동공원 창설문제는 하나도 실현을 보지 못하고 잇다. 물론 아동의 생활과 精神的 生長에 필요한 전반시설은 우리나라가 완전히 서지 안코서는 기대키 어렵다는 핑게로 회피할 수 잇겟스나 그럿타면 매일가티 생장하고 시시각각으로 성장하여야 할 우리의 아동은 建國될 때까지 1년이고 2년이고 정신적 성장을 스톱하라는 말인가! 이 방면에 비록 경험이 업고 경력이 업는 필자의 주먹구구로 따저 보아도 兒童劇場창설문제는 당장에 실현할 수 잇다고 생각한다. 서울시내의 다대수의 극장이 敵産이요 금반 서울시가 특별시로 발전되면서 시내에 잇는 敵産劇場이 감독 관리청이 道의 손을 벗어나 특별시로 이양된다. (…후략…)17)

이상과 같이 윤복진은 18개의 극장이 모두 성인들만을 위한 것인 만큼 이

제 어린이를 위한 전용극장이 창설될 때가 되었다고 주장한 것이다. 당시로 써는 대단히 탁월한 발상이었는데 그 후 반세기가 지났어도 어린이 전용극장 은 세워지지 않고 있다가 2016년에 비로소 종로구에 아이들극장이 만들어졌 다. 이는 사실 우리나라 기성세대의 아동관 내지 정신적 수준을 단적으로 보 여주는 경우라 하겠다.

전술한 바와 같이 해방 직후의 극장 사정은 적산극장 처리가 가장 큰 이슈 였으나 경영자들 측에서는 자자분한 애로사항이 적지 않았다. 그런 것 중 하 나가 잦은 정전 사고였다.

즉 남한에는 발전시설이 부족해서 북한 쪽에서 보내오는 전기를 많이 사용 하고 있었다. 그런데 북한 발전소가 노후해서 고장을 자주 일으킴으로써 연 극공연이나 영화상영에 적잖은 타격을 입었다. 그러니까 하룻밤의 장시간 정 전일 경우는 공연을 못 하기 때문에 입장료를 환불해 주는 등 손해가 막심했 던 것이다. 그렇기 때문에 헬믹 군정청 대장이 기자들에게 미리 그런 사정을 설명해주기까지 했다.[18)

이처럼 극장 사정은 정치 사회적으로나 구조적으로 대단히 어려웠다. 특히 연극, 무용, 음악인들과 극장경영자들 간의 갈등은 시간이 흐를수록 첨예화되 어 갔다.

무대예술인들은 적산극장들이 흥행위주로만 흐르고 순수예술을 등한히 하 는 것에 반발하여 극장위원회 조직을 꾀한 바도 있었다. 김영건의 다음과 같 은 글은 극장위원회 조직 당위성을 설파한 것이다.

불란서 사람들은 그 식민지의 각 도시에도 파리의 그랑도 빼라를 본받은 화 려한 시립극장을 세워놓고 있다. 그러나 그 국민성이 인색하고 문화의 수준이 저열한 일본제국주의는 과거 36년 동안 조선을 통치하면서도 서울 부립극장 하나를 세워놓지 않았다. 그리고는 長谷川町에 있는 상공회의소의 2층을 公會 堂이라하여 시민의 집회소로 제공했으나 실지로 우리들은 그 협착한 장소를 이용하지 않고 강연회나 음악회를 할 때에는 종종 기독교청년회관이나 경운정 天道敎堂을 사용해왔다. (⋯중략⋯) 그래서 8월 15일에 급작히 조선의 문화전 선을 혼란에서 구하고 통일로 이끌기 위해 조직된 朝鮮文化建設中央委員會에 서는 또한 연예계를 통일시켜보고자 적극적으로 극장위원회의 조직운동에 착 수했던 것이다. 예비적 회합이 한 차례 그리고 또 한 차례씩 거듭되었다. 그 사이에 우리들은 朝日座委員會나 朝蘇同友會 대표의 피끓는 소리도 들었다. 또 낭화관 기타 관주 측 소리도 들었다. 그리하여 그 사이의 난관이야 어찌됐 든 館主측에서 약속한 3인의 대표만 결정되면 창립준비의 총회에 참석했던 음 악(국악도 포함)연극, 영화, 무용, 창작 등등에 종사하는 사람들은 다같이 이와 같은 위원회가 성립되는 줄로 알고 기뻐했었다. 아니 3인의 대표는 관주 측에 서 互選을 결정하기로 확언한 것이니까 우리들은 그 때에 이미 극장위원회는 성립된 것으로 알고 오늘까지 일을 해온 것이다. 그럼에도 불구하고 아직까지 도 극장위원회가 그 소기의 기능을 발휘하지 못하는 것은 무슨 까닭이냐. 그건 일부 민족적 각성에 불과한 극장경영자나 사이비위원회의 맹성을 促기 위하 여 내가 사회의 여론까지 극장위원회의 성원을 구하고자 하는 것은 무슨 까닭 이냐? (⋯중략⋯) 나는 다시 그들의 맹성을 촉하는 바이며, 사회여론의 절대한 지지 밑에 극장위원회가 하루 바삐 그 본래의 기능을 발휘하고 혼란한 연극계 를 수습하고 통일해서 조선독립의 달성에 공헌해야 할 것이다.[19]

이상과 같은 김영건의 글은 바로 무대예술인과 영화인들의 마음을 그대로 대변한 것이다. 그러나 극장경영자들은 아랑곳하지 않았고 오히려 예술인들 의 그런 태도를 못 마땅해했다. 1947년도 벽두에 한성극장협회 이사장으로 있는 홍찬(洪燦)의 다음과 같은 주장은 그들의 의중을 잘 드러낸 것이라 볼 수 있다.

한국 光復에 잇어 금년도는 자주독립의 결정기인 줄만 알앗드니 금년도 역시 입법의원성립으로서 막을 내리게 된 것이다. 그러나 劇場界는 무엇보담도 이 1년간이 10년 이상의 세월과 같었다. 劇場運營은 文化人의 손으로라는 것을 주장하여 왔스나 모든 분야에 잇어서 經驗과 努力이 잇어야 비로서 그 일이 제대로 될 줄 밋는다. 다만 책상 위에서 공부한 것으로만 가지고 모든 일이 된다고 하면 우리나라의 자주독립도 이럿케 되지 안홀 것으로 것으로 나는 밋는다. 그런고로 나는 공부는 土臺의 역이요 경험은 집의 역이 되여 무릇 한 뭉치로서 비로서 모든 분야의 원만한 운영을 할 수 잇슬 줄로 밋는 바이다. 나 자신이 1년간을 회고하건데 韓人은 독창적인 면이 업시 다만 타인의 사업을 批判하여 목적이 업시 떠들고 잇슬 뿐이엿다. 우리는 생각컨데 비판만 말고 측면이라도 조흐니 의견이 正當하면 곳 우리에게 말하여주면 우리는 능히 受理할 수 잇다. 해방후 금일까지 외부에서는 극장은 다만 營利만 추궁한다고 문제를 삼고 잇스나 냉철하고 정확한 판단을 네린 후에 조흔 의견을 우리에만이 進言하여준다면 우리는 언제든지 쌍수를 들어 환영하며 그를 곳 충분히 검토하야 實踐에 옴기기를 신년을 마지함과 더부러 誓約하는 바이다. 우리는 오로지 우리 劇場界가 세계 어느 나라보다도 우수한 地位에서 활동하는 것이 우리의 최후 목적으로 밋고 잇다.[20]

이상에서 확인할 수 있듯이 극장경영자들의 자기 보호와 변명은 대단했다. 그들의 주장은 극장운영을 경험자들이 해야지 탁상공론적인 예술인들이 해서는 안 된다는 것이었다. 극장관리자들은 철옹성같이 뭉쳐서 공연예술인들의 비판을 방어 내지 공격까지 서슴지 않았다. 그러면서도 그들은 올바른 비판은 수용하겠다는 여유도 보여주었다. 극장운영자들이 자신들의 이익만을 생각하는 반문화적으로 흐르자 황철(黃澈) 같은 중견연극인은 소극장운동 같은 대안을 찾아보자는 의견도 내놓았다. 그는 심영(沈影)과의 대담에서 "대체로 연극은 극장을 중심으로 되는 것이니만침 군의 의견도 물론 절대 찬성이나 나는 이지막 小劇場운동에 유의하고 잇네. 그 첫 거름으로 우리 극단이 불탄 자리에 소극장을 세워서 적으나마 우리 극장을 가저보랴는 것"21)이라 주장했던 것이다.

이처럼 예술인들과 극장경영인들 간의 팽팽한 대립이 계속되는 속에서 일반 여론은 공연예술인들 쪽으로 기울었음을 다음과 같은 글에서 확인할 수 있다.

劇場問題-번거로운 설명에 사족할 바 업시 연극은 劇場藝術이오 극장 업시 연극을 약속바들 수 업다. 그러함에도 불구하고 금일 남조선의 극장문제는 어찌되고 잇는가? 물론 여기에는 그 全數의 8할 이상까지가 敵産인 까닭에 오히려 번거로운 수속 업시 해방국가가 영도하며 진실로 文化人의 손으로 劇場이 돌아올 줄로 간소히 미덧든 때문에 그리고 그것에 너무나 공식적인 違背를 당하엿기 때문에 금일적인 연극계가 도탄적인 문제가 발생되엇다 할 것이다. 해방은 民主主義를 위하야 싸운 그 승리의 해방이오하다면 劇場 또한 민주주의 民族文化를 이 땅에 다시 건설하려는 모든 무대예술인에게 아모 번거로움 업시 돌아오리라고 밋엇음이 과연 誤算이엇을까? 안이다. 이것은 吾人의 선량한 한때 반성도 되엇을지 몰으나 단연코 그러치 안은데 또한 全演劇藝術人 내지 무대문화인의 관심의 초점이엇스며 나아가서는 새로운 투쟁의 대상이 발견되엇든 것이다. 비단 이 문제의 解決에뿐이 안이겟지만은 연극인은 올바른 制度의 수립에서만 조흔 연극이 잇다고 生長할 수 잇도록 선언하엿스며 이를 위하야 政治참여의 권리를 주장하엿다. 이 주장에 吾人은 예술인은 예술만하라는 그 道學的 俚言에서 너무나 현실적인 비탄이 감격과 공명을 늣기지 안흘 수 업다. 그러므로 바꾸어 말하자면 남조선의 연극은 劇場問題에 대한 革命을 하로 바삐 소망하지 안흘 수 업는 것이다.22)

'극장은 무대예술인들에게 돌려주어야 한다'는 이상과 같은 주장은 계속 이어져갔다. 마치 이념대결과도 같은 팽팽한 대립은 계속되었다. 그것은 물론 간헐적이긴 했지만, 무대예술인들 쪽과 극장경영자들 측에서는 거의 사활이 걸려 있던 문제인 만큼 한 치의 양보도 할 수 없었던 것이 아닌가 싶다. 가령 양훈(楊薫)만 하더라도 '조선연극건설에의 길'이라는 글에서 다음과 같이 쓴 바 있다.

관객 없는 연극이 성립할 수 없는 것을 이해하는 政治人 및 문화종사자들이 관객을 수용하는 극장문제에 迂遠한 것은 웬 일인가. 보라. 우선 서울의 각 극장을. 日人財産을 買得할 수 있다는 군정청 발표를 好餌라고 모리배는 극장 釀受에 머리통 싸움을 하고 악덕 흥행뿌로커는 아무런 반성도 없이 극장을 소굴 삼아 跳梁하고 있지 않은가. 이와 같이 모리흥행사손 밑에 극장은 오늘도 반나체사진 나열로써 관객을 낚고 있는 데도 불구하고 극장문제에 관하여 정치인, 문화종사자들이 환기하는 사회적 여론은 없고 아무런 사회적 시책이 강구 안된다는 것은 조선의 문화건설을 위하야 유감된 일이다. 극장은 절대로 민중의 것이어야 한다. 일부 특권자의 소유물이 되어서는 못 쓴다. 극장은 민중의 교실이라고 이해한다면 금일과 같은 정치적 혼돈기에 있어 劇場問題에 대하여 多方한 ○○(미상: 필자)다. 참여 책을 환기하여야 할 것이다. 따라서 그 구체적 방법으로 사회 문화단체의 劇壇經營, 흥행방식과 방법의 검토 등이 당연 제의 되어야 할 것이다.[23]

이상처럼 극장문제, 특히 일본인들이 세워서 경영해온 소위 적산극장들에 대해서는 해방이 되자마자 무대예술계의 가장 큰 이슈가 되어 극장운영자들과 계속 대립해온 것이다. 그런데 이러한 여론을 비웃기라도 하듯이 극장협회는 또다시 입장료를 영화 20원, 연극 30원으로 전격 인상하기까지 했다.[24] 이러한 와중에서 미군정청 당국에서는 극장협회를 통해서 광고행위에 관련하여 다음과 같은 네 가지 사항준수를 시달했다. "그 첫째는 영화제명은 검열된 제명 이외의 문구사용을 금함, 둘째, 포스타의 인가에 잇어서는 종전 인쇄 후

수도청의 허가를 받아오든 바 압흐로는 인쇄 전에 원고도안을 제출하야 승인을 받을 것, 셋째, 영화사배우 감독명 등을 게시할 경우에는 상위(相違)가 업도록 기하는 동시에(특히 英語에 있어서는) 철자에 유의할 것, 넷째, 기타 선전문구와 도안에 있어서는 저속한 것을 피하여 건전명랑을 기함으로써 문화인으로서 금지(襟持)에 어그러짐이 업게 할 것"[25] 등이었다. 그런데 여기서 주목되는 두 가지는 첫 번째로 군정 당국이 모든 극장문제나 무대예술에 관해서는 극장협회와 연결지어 해결한 점이다. 이는 곧 극장경영자들에게 힘을 실어준 것이 되었다. 두 번째로는 군정 당국이 영화문제에 상당한 신경을 썼고 특히 미국 영화에 대해서는 관심을 많이 기울였다는 사실이다. 그뿐만 아니라 각 극장에서 벌어지고 있던 정치행위 특히 좌익연극인들의 선전활동에 제동을 걸기도 했다. 가령 장택상 경찰청장이 1947년 1월 30일 자로 포고한 다음과 같은 내용이 그 하나의 예라 하겠다.

告示

최근 시내 각종 흥행 장소에서 오락을 칭탁하고 정치선전을 일삼고 잇는 흥행업자가 다수한 듯하다. 경찰은 엄중한 감시를 하고 잇다. 민중의 휴식을 목적하는 오락 이외 정치나 기타 선전을 일사마 정치교란을 양성한 자는 布告令 위반으로 고발하야 엄형에 처함. 一九四七년一월三〇일. 수도관구경찰청장 張澤相.[26]

이상과 같은 경찰청장의 포고문이 발표되자 김영건, 허달(許達), 김한(金漢), 문예봉(文藝峰), 김소영(金素英), 서일성(徐一星), 변기종, 심영(沈影) 등 20여 명의 좌파성향 예술인들이 러치 군정장관을 방문하고 항의문을 전달하기도 했다.[27] 그러나 군정 당국에서는 그들의 항의를 묵살하고 극장 안에서의 정치선전행위를 금지시켰던 것이다. 사실 당시 좌우익 예술인들 간에는 지상논쟁은 말할 것도 없고 예술인들 개개인 간의 물리적 충돌도 다반사였다.

그동안 좌익예술인들이 지나치게 정치선전에 나섰기 때문에 그에 대한 반발도 만만치 않았다. 특히 좌익연극인들은 극장 안에서 각종 이념연극과 선동행위가 잦았고 그에 식상한 관중의 항의도 없지 않았다. 장 경찰청장의 포고문도 따지고 보면 극장 안팎에서 야기되는 혼란스러움의 수습용이었고 더 나아가 좌익예술에 대한 제재의 신호이기도 했다.

따라서 좌익예술인들의 집단적이면서도 조직적인 반발은 극히 당연하게 나타난 것이다. 좌익연극인 이재현도 '수난의 민족연극'이란 제목으로 "공연극장에 投石 협박의 행위가 처처에서 수없이 발생되었고 연극인의 피습피검의 불상사가 속출하였다. 同盟산하라는 이유로 극장에서 경원당해야 했고 당국의 부단한 감시의 눈초리를 받아야 했으니 이와 같이 극악한 조건 하에 개재한 민족연극운동에 대한 위정당국의 부단한 엄습이니 이것이 남조선의 정치적 혼란에 의거되어 발생한 사태라면 부득이한 일이나 어쨌든 바야흐로 찬란히 개화되어야 할 이 땅의 민주주의 문화예술의 자유로운 발전에 있어 중대한 지장이 아닐 수 없다. 人民이란 대사만 나와도 좌익이라 낙인을 찍는 지나친 신경과민은 건전하게 발전할 민족연극의 커다란 癌이었음은 사실"[28]이라고 비판하고 나선 것이다.

그러니까 좌익연극인들은 극장문제는 제쳐놓은 채 자신들의 정치이념 선전에만 주안점을 두고 활동을 한 것이고, 군정 당국의 제재에 대해서는 항의방문과 여론 환기 등 다양한 방법으로 대처한 것이다. 그러나 우익연극인들은 좌익연극인들에 적절히 대처하면서 극장문제를 풀어보려고 부단한 노력을 기울였다. 가령 동양극장 이외의 대부분의 극장이 문예육성보다는 순전히 영리만을 위하여 일하는 모리배적인 경영인들의 손에서 벗어나지 못하자 유치진, 함대훈(咸大勳), 김광섭(金珖燮), 이헌구(李軒求), 안석주(安碩柱) 등 문총 사람들이 나서서 대한극장 하나를 직접 관리하고 나서기도 했었다.[29]

그들은 대한극장 관리를 위해서 직속 극장관리위원회를 조직하기도 했으며 장차 예술극장운동을 펴나간다는 방침까지 세운 바 있었다. 그러나 연극인 등 문화예술계 인사들의 그러한 포부는 하나의 몸부림이었을 뿐 성과가 있었던 것은 아니었다. 뒷날 국립극장 설치로 결실을 보았다고 하겠다. 무대예술계가 가뜩이나 어려운 시점에서 군정청은 소위 세율개정법령이라는 것을 공포하고 나왔다(1948년 5월 22일 자). 그 법이 공포되자마자 "극단이 해산을 하고 지방에 나갔던 단체가 여관식대를 못 갚아서 억류를 당하고 극장이 한산하여 인건비조차 자충키 곤란하여 바야흐로 독립전야의 연예문화계는 몰락, 퇴폐, 종식의 위기에 처"[30]하게 된 것이다. 10할 입장세율 인상 이후 연극 관객 수는 거의 반수로 격감하였다.

따라서 주요한 대극장들은 극단에 대관을 하지 않고 영화에만 대관하는 사태가 벌어져서 극단들은 자연히 도시 변두리의 작은 극장으로 밀려날 수밖에 없었다. 극장가는 영화가로 바뀌었다. 그래서 연극공연 횟수가 영화상영 횟수의 절반밖에 되지 않았다. 좌익연극인들의 사회주의 목적극에 시달렸던 몇 개의 우익성향 극단들과 상업극단들이 급속도로 쇠약해갔다. 우익연극의 지도자였던 유치진도 '해방 4년의 문화업적'이란 장문의 글에서 연극쇠퇴의 세 가지 이유로 미군정의 영화 검열법, 노동법, 10할 세율인상 등에 있다고 보았다. 영화 검열법은 부도덕한 미국 영화의 범람을 가져왔고, 노동법은 여성연기자 기근을, 그리고 10할 세율인상법은 연극을 경제적으로 파멸시켰다면서 다음과 같이 썼다.

入場稅十割……마지막 악법은 금년 6월 1일부터 발효한 법령 제193호다. 이 법령은 전대미문의 악법으로서 遊興稅3할에 대하여 입장세를 10할로 인상했다. 기생을 끼고 노는 모리간상배의 유흥에는 3할이요 가난한 대중의 유일한 오락물이자 민족예술의 전당인 극장에는 10할이란 결국 모리간상배를 양성하고 문화를 압박하자는 수작밖에 안된다. 이 인상에 대한 재무당국자의 이유는 이렇다. 즉 유흥세는 훈련이 부족하여 탈쇠가 많고 너희들은 세금을 잘 납부하기 때문이다. 따라서 입장수는 일시에 대폭적으로 7할이 격감되어 3할밖엔 동원되지 않은 현상으로 무대예술계는 완전히 경제적으로 멸망당하고 말았다. 예술가는 거리에 잠자게되고 비예술적 惡德興行만이 거리를 횡행하게 되었다. 종이 한 장의 법령의 한 문구가 일조에 예술계를 暗黑化할 수 있다.[31]

이상처럼 입장세율 10할 인상은 극장 측보다는 극단들에 큰 타격을 주었다. 왜냐하면 극장들이야 연극보다 영화 상영을 하는 것이 더 나았기 때문이다. 이에 한국무대예술원은 즉각 회의를 소집, 군정 당국에 세율개정법 철회에 대한 건의서를 제출했고, 만약 받아들여지지 않으면 6월 1일부터 일체의 예술활동을 중단하겠다는 최후통첩을 보냈다.

그러나 군정 당국에서는 이를 묵살했고 무대예술인들은 선언한 대로 즉각 동맹파업에 들어갔다. 사실 동맹파업은 오래가지 못했다. 철벽같은 군정 당국과 싸워보아야 득 될 것이 없다고 생각한 무대예술인들은 정부수립 후에 본격 추진키로 하고 울며 겨자 먹기 식으로 한발 물러설 수밖에 없었다. 그러자 이번에는 여론의 화살이 무대예술원으로 향했다. 지나치게 무기력한 것이 아닌가 하는 비난이었다.

요는 무대예술원의 정체의 해부와 실천의 검토를 이날의 대회조상에 올리지 않는 한 무의미하다. 간판만을 龍頭로 하고 국책에 순응하고 당국에 협력한다는 미명하에 무대예술원은 한낱 허망한 몇 개인의 手籠에서 놀았다는 것을 우리는 보고 있다. 10할 가혹한 과세에도 꿋꿋이 싸워보지 못한 무대예술원이 아닌가. 지금도 酷稅 아래 잔존극단의 운명이 풍전에 있고 허다한 무대예술인들이 生計 極境에서 잔명을 유지에도 어려운 이 판국을 정시하겠는가?[32]

이상과 같이 여론이 오히려 무대예술인들을 비판하는 편이었고 투쟁을 촉구하고 나선 것이다. 그러나 무대예술인들은 아무런 힘도 없었고 그것을 간파한 조정당국은 끄떡도 하지 않았다. 그러한 상황에 처해서 이해랑은 다음과 같이 썼다.

무대예술원은 劇場聯合會와 같이 군정청에 10할 세금의 철폐를 건의하고
그것이 통과되지 안는 한 연극행동을 할 수 없다 하여 同盟罷業을 단 행하였
다. 그러나 당국의 태도가 강경한 것을 보자 그들은 허겁지겁 10할 세금을 감
수하고 다투어서 흥행을 붙이었다. 그 덕으로 劇壇의 영토는 생명을 부식할
수 없으리만치 황폐할 대로 황폐했다. 新靑年은 이 부당한 법률의 침해를 견디
지 못하여 얼마 전에 극단을 해산하고 그들 자신도 서울 은저리 극장에서 10원
짜리 흥행을 하지 않으면 안 될 悲境에 빠지고 말았다. 이것은 신파와 악극단
파의 상업주의적 신경이 얼마나 고양이처럼 예민하였는가를 알려주는 좋은 예
이었다.

그러나 나쁜 것은 그들뿐이 아니었다. 敵産劇場을 갖이고 있는 관리인들이
더 비겁하고 악질적이었다. 그러다가 극장을 뺏기면? 그래서 그들은 反動을
하였다. 사실 十割 稅金때문에 헐벗고 굶주리고 해산을 당하고 하는 것은 극단
뿐이었다. 劇場 管理人들은 도리혀 10할세금의 덕을 보고 있었다. 그들은 稅
務署에 세금을 바치기 전에 그 돈으로 빗노리를 해야 배를 불릴 수가 있었다.
현 극장관리인들은 대개가 10할 세금 이상으로 연극예술의 발전을 저해하는
큰 癌이었다. 그들에게 그대로 극장을 멕겨놓다간 이 땅의 극장예술은 영원히
구원할 수 없는 물건이 될 것이다. 도대체 정부도 너머 무심했다. 入場稅를
10할로 인상해놓고 정부에서는 무슨 이득을 봤는지 모르겠다. 극장의 관객은
그전에 二十分之一이 동원되지 않고 그나마도 입장세금을 뭐니뭐니하는 사회
단체에서 흥행을 사서 중간에서 녹여가버리고 남어지 몇 푼 안 되는 돈이 國庫
로 들어갈 뿐인데 왜 그것을 모르고 또 알면은 하로 속히 그것을 修正하지 않
는지를 안코 국가에 利속 없는 법령을 묵과하야 불쌍한 연극인들만 못 살게
구는지 모르겠다. 妓生을 끼고 술을 마시는 유흥세는 3할 그대로 두고 劇場의
입장세금을 10할로 인상하는 그런 언어도단의 정책이 어데 잇는가. 생각허니

해방 후 4년간 연극예술은 무수한 발길에 채여왔다.

　정당, 사상, 劇場 管理人, 흥행사, 신파악극, 외국영화 빗쟁이, 무지한 관객,

그러나 十割 入場稅처럼 치명적인 타격을 준 것은 없었다.[33]

이상과 같은 이해랑의 연극상황 평가는 해방 4년 동안 연극 등 공연예술이 걸어온 과정 그 자체라고 해도 과언이 아니다. 그런데 여기서 주목할 만한 사실은 극장이 무대예술발전에 도움이 되기는커녕 장애요인이 되었다는 점이다. 물론 그나마 극장이 없었다면 무대예술의 존립 자체가 어려웠겠지만 있었던 극장마저 제구실을 못 해준 것은 아쉬움으로 남을 수밖에 없었다.

1948년 정부수립 이후에도 무대예술인은 입장세율 인하운동을 폈고 결국은 영화 9할, 연예 7할로 인하되는 것으로 결론이 났다. 당시 주무부서인 문교부에서는 외국영화에 5할, 연극에는 3할로 올린 것 같다. 주무부서 예술과장이었던 서정주(徐廷柱)는 인터뷰에서 "극장예술은 민심 귀일화에 가장 중요한 역할을 할 뿐더러 대중에게 滲透 보급되는 교육성, 감화성 또는 계몽성이 절대적이기 때문에 문교부에서 당국에 요청한 바는 첫째, 일반 흥행세 3할(외국영화는 특히 수입세를 중과함), 둘째, 국가적 행사에 연관되는 것은 면세를 한다."[34]고 했다.

분명히 정부수립 후에는 입장세율이 낮아진 것이다. 그러나 극단들은 만신창이가 되었고, 적산극장들은 어느 사이에 관리자들의 손으로 넘어갔다. 무대예술인들은 부풀었던 희망을 거두어들이고 또다시 고된 연극운동을 전개해야 했다.

이해랑이 '몇 가지의 제언'이란 글에서 "여기저기서 임시극단을 만들고 개런티를 후하게 주면 배우들은 구세주나 만난 듯이 그 곳으로 몰려든다. 그리하여 임시극단에서 임시극단으로 그렇게 수입을 쫓아다니며 연극의 앙상불은 불필요한 외국어가 되었다. 앙상불-예술적 諧演-연극의 최고매력은 이 앙상불에 있다. 그러한 줄 연극인들은 알면서도 조선연극은 한 번도 이 당연한

원리를 무대에 수행하지 못했다. 그 원인은 如上한 것, 그 외에 변변한 극장을 가지지 못하고 오늘까지 40년간 집 없는 설움-그보다 자유로 창조할 수 없는 비애-무대 조명 효과 설비 없는 나체극장에서 무슨 재주로 위대한 예술적 諧演을 꾀하랴. 극장-무대설비 있는 극장-없이 연극은 발전할 수 없다."[35] 고 했다.

이해랑도 궁극적으로 극장 환경의 열악성 때문에 연극발전이 어렵다고 개탄한 것이다. 이해랑의 탄식에서와 같이 소인극이나 할 수 있는 열악한 무대시설을 갖추었던 당시 극장 상황에서 무슨 연극을 할 수 있었겠느냐 하는 개탄이었다. 그 정도의 극장도 전국적으로는 1백85관이었는데, 대부분 영화관으로 쓰이고 있었던 이들 극장들은 창고에 가까운 낡고 부실한 건물이 대다수였다.

참고삼아 당시 각 시도에 산재된 극장들의 분포상황을 소개하면 다음과 같다.

※ 해방 직후의 극장분포상황

3·8 이남 극장수	3·8 이북 극장수
서울·경기 - 16관 충청북도 - 2관 충청남도 - 11관 전라북도 - 8관 전라남도 - 9관 경상북도 - 16관 경상남도 - 24관 강 원 도 - 10관	평안북도 - 17관 평안남도 - 13관 황 해 도 - 8관 함경북도 - 24관 함경남도 - 27관
계 96관	계 89관
총계 185관	

나라이름	인 구	극장수	비 율
미 국	1억 8천만명	1만 8천관	1관/ 1만명
소 련	1억 7천만명	4만 3천관	1관/ 3천명
일 본	7천만명	3천관	1관/ 3만 5천명
한 국	3천만명	185관	1관/ 16만명

이상의 도표에서 볼 수 있는 바와 같이 전체 극장 1백85관이 남북한으로 거의 반분되어 있었지만 큰 도시에만 집중되어 있었다. 남한에서는 충북이 2관밖에 없었는데 지역이 좁은데다가 도시라고 해야 청주 정도밖에 없었으므로 적을 수밖에 없었던 것이 아닌가 싶다. 북한의 경우 함경남북도는 서울 경기지역보다도 훨씬 많은 것이 눈에 띈다. 이는 아마도 북쪽에 기독교가 빨리 전파되면서 시민들의 개명이 빨랐던 데 그 원인이 있지 않나 싶다. 주요 외국과 비교해 볼 때 한국은 16만 명에 극장 하나 꼴이었는데 한 극장에 8백 명씩 수용한다고 하더라도 3천만 인구가 연 1회 관람이 거의 어려울 정도였다.

그래서 평생 극장과 인연이 없는 사람이 비율상으로는 인구의 과반수가 넘는다. 그나마 대부분이 영화관이라는 점을 주목해야 한다. 다행히 해방을 전후해서는 여러 극장이 연극과 영화를 차별하지 않고 받아들였기 때문에 그나마 극장도 제구실을 한 것이고, 무대예술도 활성화될 수 있었던 것이다. 특히 해방 전까지는 동양극장 등 한두 극장을 제외하고는 모두가 일인흥행사들이 주인이었기 때문에 극장은 수탈창구나 다름없었다. 해방이 되면 모든 것이 혁명적으로 바뀌고 개선될 것으로 기대했으나 그것도 빗나갔다. 앞에서 누누이 설명했듯이 식민지시대 일본인 극장에서 일하든 사람들이 다시 적산극장들을 접수하여 구태를 반복했기 때문이다. 그만큼 우리나라는 과거부터 극장문화가 거의 부재상태였던 것이다. 이서향(李曙鄕)은 그러한 상황에서나마 극장들이 제 기능을 다 하려면 첫째로 도시 소비층의 독점으로부터 진정한 대중의 것으로 만들 것, 둘째, 극장예술을 대중의 생활 속에 뿌리박는 진정한 민족예술로서 발전할 수 있도록 극장들이 희생을 해야 한다고 주장하기도 했었다.

이처럼 해방 직후의 극장상황은 우리나라의 무대예술, 더 나아가 현대문화의 수준을 단적으로 보여주는 것이었지만 거기에 그치지 않고 일제 식민정책의 참담했던 결과마저 적나라하게 나타내주는 것이기도 했다. 당시 그나마 극장들도 정치, 경제, 사회의 혼란에서 오는 인플레에 의한 물가 앙등으로 말미암아 운영해 나가기가 대단히 어려웠다. 따라서 무대예술운동의 최대 장애로서 극장문제가 계속해서 쟁점이 될 수밖에 없었고, 그 대안으로서 국립극장문제가 급부상하면서 그 설치운동에 불이 댕겨졌다고 하겠다.

2. 관(국)립극장 운동의 전말

극장다운 극장 설립이 얼마나 절박했던가에 대해서는 전술한 바 있거니와 실제로 국립극장 설치논의가 구체적으로 시작된 것은 1946년 정월 경부터였다. 많은 사람이 국립극장 설치문제를 이야기했지만 글을 통해서 정식으로 이를 제기한 사람은 이서향인 듯싶다. 그는 '극장문제의 귀추'란 글에서 다음과 같이 논했다.

다난한 조선극계의 제과업 중 어느 것이 중대하지 않음이 없지만 그 중에서도 가장 초미의 급무는 극장문제이다. (…중략…) 현하 조선극장의 개황을 살펴보면 전부가 모리상인의 손에 점령되어 과거에서 보다 더 악한 상태에서 극장과 극단의 대립을 초래하고 「보합제」같은 극단 착취제도도 구태의연 답용되고 있다. 〈5·5〉〈4·6〉제가 채용되고 있다. 극장주측은 극단의 예술적 의도에까지 간섭하려 들고 자기들의 상업주의적 의도에 따르도록 하고 있다. 따라

서 나의 提言은 <u>과거 일인경영의 극장일체를 국유화해서 그 운영을 극장예술
가에게 위양하고 일방 가급적으로 속히 새로운 국립극장을 건설하라.</u>[36] (밑줄
필자)

이상과 같은 견해는 연극계의 중론으로서 군정 당국에서 조심스럽게 검토
되고 있었다. 따라서 당국의 국립극장 설치계획은 급속도로 진척되었고, 벌써
'국립극장 신설(예정)'이란 기사[37]와 함께 내정된 극장장 이름까지 보도되었
다. 즉 기사내용에 의하면, 군정청 교화과와 극장관계 예술인이 힘을 합하여
설립준비를 서두르던 국립극장이 불원간 서울 모 극장을 지정 실현되고, 극장
장 아래 연극·영화·음악·가극·무용 등 5개 분과위원회를 두고 다시 동위
원회에서 선출한 5명의 운영자문위원을 두기로 한다는 것이었다. 그리고 임
시사무소로 태평동 고려동화사가 지정되었고, 서항석이 극장장으로 임명되었
다는 기사였다.[38]

그러나 다음 달의 기사를 보면 극장 지정문제로 약간의 혼선이 있었음이
나타나고 있다. 즉 기사내용에 의하면, 군정청 문화부 교화과의 알선과 연극,
영화, 음악, 가극, 무용 등 극장예술계 전반의 찬동으로 국립극장 설립이 확정
되었고, 지정될 극장은 부민관이 아니면 국제극장이 될 것 같다는 것과 대여
입찰 극장 중에 국제극장이 들어 있음은 국립극장 발족에 암영을 던지는 것
이라는 이야기였다. 이에 동아일보사 등 도하 8개 신문사 간부들이 4월 초에
공동으로 군정청 문화부 교화과의 알선으로 연극·영화·음악·가극·무용
등 부대예술계 전반의 협조를 얻어 국립극장 조기 설립을 촉구하는 건의문을
러치 장관과 공보국장, 경기도 적산관리과에 냈다. 그런데 당시 적산관리과에
서 미군이 사용하고 있던 부민관을 제외하고 시내 전 극장을 공개 대여 입찰
했다. 그리하여 언론계 대표들은 국립극장이 설립될 경우 부민관이 아니면
국제극장이 지정될 것이 확실시되어 국제극장만은 공개입찰에서 제외해 줄
것도 건의했다. 이처럼 언론인과 예술인, 문교당국의 적극적인 추진으로 6월

에는 민정장관의 결재를 맡는 데까지 이르렀다. 따라서 극장장 서항석 이하 5개 분과위원장의 명단이 신문에 보도되었다.

그로부터 3년 뒤 정작 국립극장이 발족된 후에 서항석은 극장장이 되지 못했지만 일찍이 그가 지상 발령되었던 것은, 그가 미군정청 교화과의 위촉을 받아 극장설립을 위해 가장 열성적으로 뛴 연극인이었기 때문이다. 명문 동경제대 독문과 출신으로서 독일의 국립극장이 발전했었던 데다가 군정 당국에서는 그를 극계의 대표적 인텔리로 인정했던 것 같다. 저간의 내막을 서항석은 다음과 같이 회고했다.

드디어 1946년 3월 6일 미군정은 나를 국립극장장으로 지명하고 극장은 국제극장으로 내정하면서 좌·우익의 어디에도 가담하지 말고 국립극장 내정설도 입 밖에 내지 말라는 조건을 붙였다. 나는 미군정의 요구대로 우선 당시 내가 가입하여 있던 우익의 중앙문화협회에서 회원 전원의 찬성을 얻어 탈퇴하였다. 회원 동지들은 나의 탈퇴가 국립극장을 우익이 장악하는 수단이 된다는 뜻에서 찬성한 것이다. 이러한 내막을 모르고 내가 중앙문화협회에서 탈퇴했다는 소문만 들은 조선연극동맹에서는 나를 이사장으로 추대하고 나를 그리로 끌어가려 했다. 나는 물론 이것을 거절했다. 그리고 미군정의 제시대로 내밀로 좌·우익에서 각각 5명의 국립극장 운영위원을 선출하고 부서도 극장장에 서항석, 부극장장에 李創用, 사무국장에 蔡廷根, 연극에 李曙鄉, 영화에 金漢, 가극에 朴魯洪, 음악에 金載勳, 무용에 趙澤元을 내정했었다. 그러나 당시의 경기도지사 앤더슨이 군정청의 내정은 자기의 領分을 침해한 것이라고 불쾌하게 생각했던지, 재빠르게 국제극장을 공개입찰에 붙인다고 발표해서 군정청에 맞섰다. 이렇게 되고 보니, 나는 공개입찰에 응할밖에 없었다.[39]

공개입찰 결과 서항석에 낙찰됨으로써 국립극장은 그 역사적인 발족을 눈앞에 보는 듯했다. 그러나 탄생 직전에 의외의 장애에 부딪히고 말았다. 왜냐하면 미국의 8개 영화사로부터 독점배급의 권리를 얻은 김동성이 그 영화들의 개봉관으로 국립극장 프로의 4분의 3을 차지하겠다고 나섰기 때문이라고 서항석은 회고했다. 다 된 국립극장 설치가 무산된 이유가 순전히 김동성에 있었다고 주장한 서항석은 그 경위를 다음과 같이 기술하고 있다.

> 그의 주장으로는 국립극장이 개관 초에는 아직 1개월에 한 프로 정도 즉 1주일 동안밖에 공연을 못 가질 것이니 나머지 3주간을 영화로 채우겠다는 것이었다. 이 그럴싸한 논법으로 김동성씨는 미군정의 지지를 업고 강력하게 밀고 나왔다. 그것이 미군정의 지지를 얻은 바에는 섣불리 반대만 하는 것이 득책이 아니라고 생각한 나는 하나의 절충안을 제시하였다. 국립극장이라고 연극 일변도로만 갈 것이 아니고 때로 우수한 영화를 받아들이는 것도 있을 수 있는 일이니, 당분간 영화상영도 하기로 하되, 그것은 어디까지나 국립극장 주도하에서 프로편성을 할 것이고 김동성씨의 영화주 이상의 개입을 배제하며 수입의 분배비율은 별도의 약정에 의하자고 했다. 이것은 국립극장으로서의 명분을 세우고 한편 서부극 영화의 범람을 억제하자는 뜻에서의 절충안이었던 것이다. 그러나 김동성씨는 자기의 주장을 고집하여 양보하지 않았다. 이렇게 되면 국립극장은 발족을 해보았자 유명무실의 허수아비밖에 될 것이 없고, 하나의 웃음거리를 남기는 데 지나지 않을 것이니 여기서 나의 용단이 요청되었다.
> 국립극장은 국제극장 사용의 포기를 선언했다. 이에 따라 김동성씨의 영화 개봉관 운동도 그만 흐지부지되고 말았다. 이렇게 하여 미군정하의 국립극장은 결국 유산되고 만 것이다. 그러나 국립극상운농이 포기된 것은 아니었다.[40]

이상과 같은 서항석의 회고에서 볼 수 있는 바와 같이 국립극장 설치운동의 첫 좌절은 순전히 한 개인의 이권고집에 의한 것이었다. 거기다가 엎친 데 덮친 격으로 러치 장관의 급작스러운 죽음이 그 좌절을 오래도록 끌고 가게 했다. 그에 관한 기사를 소개하면 다음과 같다.

8·15 후 조선의 각 극장은 영화가 아니면 비속한 유행성을 띤 연극이나 흥행물만 공연시키고 있는 경향을 보이고 있어 진정한 민족적인 또는 예술의 발전을 저해하고 있는 형편을 저해하고 있는 형편으로 식자들의 눈살을 찌푸리게 하고 또 일반의 이에 대한 비난도 적지 않음에 비추어 문교당국에서는 벌써부터 <u>국립극장의 창설을 계획하고 지난 6월에는 민정장관의 결재까지 얻었으나 고 러-치 군정장관의 서거로 인하여 일단 중지된 상태에 이르고 있었는데 신군정장관의 취임을 계기로 다시 추진시키라고 하는바 국립극장에 대한 사회의 요망이 절실한만큼 그 기대가 자못 큰 바 있다.</u>[41] (밑줄 필자)

국립극장 운동이 좌절되기 직전 적산인 국제극장은 서울시로 넘어가 시공관으로 개칭됨과 동시에 시민들의 집회장소로 쓰이게 되었다. 그럼에도 불구하고 그 운동은 계속되었으나 약 2년가량 답보를 면치 못했다.

결국 1948년 정부가 수립된 후에 국립극장 설립운동은 활기를 띠게 되었고, 문교부에서도 12월 15일 공보처로부터 흥행허가권 인수로 국립극장 설립을 적극적으로 밀고 나갔다. 그달 문교부는 국립극장 설치에 관한 법령을 작성, 법제처를 거쳐 국무회의에 제출했는데, 그 초안이 그대로 채택 통과되었던 것이다. 전문 9조로 된 '설치령'은 다음과 같았다.

제1조 민족예술의 발전과 연극문화의 향상을 도모하여 국제문화의 교류를 촉진하기 위하여 국립극장을 설치한다.

제2조 국립극장은 문교부에서 직할한다.

제3조 국립극장에 운영위원회를 둔다. 운영위원회는 국립극장의 운영의 기본방침에 관하여 문교부장관의 고문에 응한다. 운영위원회는 위원장 1인과 위원 9인 이내로써 구성한다. 위원장은 문교부장관이 되고 위원은 문교부, 내무부, 공보처에서 각 1인과 민간예술인 중에서 문교부장관이 임명한다.

제4조 운영위원회의 위원의 임기는 1년으로 한다. 단 연임할 수 있다.

제5조 국립극장에 국립극장장 1인을 둔다. 국립극장장은 국립극장 운영에
     관한 일체 사무를 관장한다.

제6조 국립극장은 연극단 이외에 교향음악합창단, 가극단 및 기관을 설치
     할 수 있다.

제7조 국립극장은 연극인을 완성하기 위하여 연구소 또 양성기관을 설치할
     수 있다.

제8조 국립극장의 공연단 건물은 귀속재산인 극장 또는 기타 적당한 건물
     중에서 정부가 이를 지정한다.

제9조 국립극장의 운영에 관한 규정은 따로 정한다.

附則   本令은 공포일로부터 실시한다.

그런데 이상과 같은 '설치령' 초안이 국무회의에서 통과되었다고 해서 곧 국립극장이 설립된 것은 아니었다. 1950년에 설립된 것으로도 볼 수 있는 것이다. 그만큼 국립극장 설립과정에는 우여곡절이 많았다.

그렇게 때문에 1949년에 접어들어 무대예술인들은 침체일로를 걷고 있는 무대예술계의 부양을 위해 한국무대예술원 주최의 '전국무대예술대회'를 열고 '국립극장기성촉진'을 정부에 건의하는 등 압력을 계속 가하였고, 국립극장 필요성에 대한 사회여론도 비등해갔다. 그리하여 결국 동년 1월 3일에 문교부 안이 국무총리의 결재를 받기에 이르렀다. 그에 관한 당시 기사는 다음과 같다.

  작년 12월 15일 흥행허가를 문교부에서 주관하기로 됨과 동시에 安문교장관
  은 국립극장을 설립하겠다고 그간 전 부민관(현재 WUTP)을 국립극장으로 사
  용하려 하였으나 국회의사당으로 지정됨에 따라 문교부에서는 시공관을 국립
  극장으로 결정하였다는데 해방 후 서울시 관리 하에 서울시민의 문화발전에
  많은 도움을 하여 오던 전기 시공관은 앞으로 단장, 남한에는 대구의 대구키네

마와 부산의 봉래관이 각각 국립극장으로 결정되었다 하는 바 이는 지난 3일 이(李) 국무총리의 결재를 본 것이라 한다. 그리고 국립극장이 있는 도시에는 국립연예훈련도장을 두기로 계획 중이다.[42]

국무총리의 결재가 남에 따라서 문교부는 시공관을 국립극장으로 사용할 터이니 양도해 달라는 통첩을 서울시에 내었다. 그러나 서울시 측에서는 이를 거부하는 동장회의(洞長會議)를 열어 서울시의 공익을 내세워서 부민관이나 시공관 둘 중의 하나는 절대 확보해야겠다는 진정서를 대통령과 국무총리에게 제출하고 버티었다.

이로부터 시공관을 위요하고 문교부와 서울시는 1년여 동안이나 알력을 빚게 되었다. 이에 대해 당시 극작가 진우촌(秦雨村)은 정부의 문화정책 부재를 혹평했다.

(…전략…) 연극운동이 침체한 그 원인을 일반은 시국에 돌리고 정부의 문화정책이 서지 않았기 때문이라 하고 악질 극장주를 나무라고 있다. 그럴 수도 있는 것이다. 정부에서는 공문서만 한동안 발표하였고 국립극장 문제도 흐지부지 세금 10할도 여전히 계속한다. 극장은 모리에 급급할 뿐, 그러나 그 모든 문제가 신극운동에 난관이고 장해는 될지언정 이렇게까지 운명이 중단되지는 않았을 것이다. 운운.[43]

그런데 연극계 측에서는 극장의 무대설비를 가장 중요하게 고려 결정해야 하므로 원래가 영화상설관이었던 시공관에는 관심을 갖지 않았고, 무대구조와 조명장치 등 여러 면으로 보아 부민관이 국립극장에 적합하므로 연극발전을 진정으로 원한다면 부민관을 양도해주어야 한다고 계속 주장하여 시(市) 측을 설복한 것이다.

그리하여 문교부에서는 10월 21일에 국립극장 운영위원회를 조직하고 초대 극장장에 극작가 유치진을 임명했다. 물론 운영위원인 문교부장관, 문화국장, 치안국장, 민경식(국회문사위원), 안석주, 채동선, 박헌봉, 유치진, 서항석이 모여 유치진을 선출하는 과정을 밟았던 것이다.

이로써 서울, 대구, 부산에 국립극장이 서는 절차가 끝난 것이었다. 따라서 1950년부터 본격적인 연극 및 무대예술활동을 전개할 수 있는 채비를 갖추게 된 셈이다. 그러나 막상 국립극장을 개관하려 했을 때, 그동안 미군이 오락장으로 사용한 내부가 말이 아니었다. 극장장 유치진은 개관 일에 착수하기 시작했다. 그런데 뜻밖에 대구, 부산에 지정된 국립극장이 문제가 생긴 것이다. 즉 국회에서 지방에는 국립극장을 두지 못하도록 직제를 고쳐버린 것이다. 그 경위에 대하여 유치진은 다음과 같이 말하였다.

이리하여 나는 국립극장장의 직을 맡았다. 그러나 당시는 職制가 아직도 확립되지 않아, 국회에서 정부조직법이 통과되기도 전에 대통령령이 내려졌기 때문에 국립극장 예산은 특별회계에 들어가고 있었다. 게다가 신생 정부의 경제적 토대가 튼튼하지 않아서 충분한 국가예산이 마련되기는 어려운 실정이었다. 그런데 막상 부민관을 국립극장으로 삼고 내부 상황을 살펴보니, 미군들이 오락장으로 사용한 후라, 막은 떨어져 나갔고, 의자며 조명시설 등이 크게 축이 나서 대대적인 개수가 불가피했다. 그러나 아무리 따져 보아도 그 비용이 막대했고, 염출할 재원이 눈에 띄지 않았다. 나는 끝내 吳緯泳씨를 찾았다. 당시 그는 저축은행장으로 있었는데, 옛날 내가 부산에서 우편국 강습을 받을 때 같은 하숙에 있었던 관계로 내내 친숙하게 지내는 사이였다. 나의 융자부탁을 받은 오위영은 당시의 문교부장관 안호상을 통해 1억 원의 거금을 선뜻 융자해 주었다. 나는 이 돈 중에 할당하여 보수를 모두 끝내게 했다. <u>그런데 이 때 실로 웃지 못 할 넌센스가 일어났다. 즉 국회가 그제서야 정부조직법을 통과시켰는데 국립극장의 직제와 조직을 뜯어고쳐 서울에만 국립극장을 두도록 하고 대구와 부산에는 이를 두지 않기로 해버렸던 것이다.</u>[44] (밑줄 필자)

그 당시 국회의 정부조직법 개정은 지방연극이 뿌리를 내리지 못하는 결정적 계기가 되었다. 그 사건은 한 나라의 문화예술 정책이 얼마나 중요한가를 보여주는 하나의 예가 될 것이다. 여하간 수도 서울에 만이라도 국립극장 설립이 확정됨에 따라 1950년 정초부터 극장장 취임과 함께 운영이 착수되었다. 따라서 극장장 유치진은 운영방침을 6개 항목으로 나누어 천명했다. 우선 신극협의회라는 기구를 두고 극장을 운영하되, 전속배우를 두지 않고 전속극단 2개를 둔다는 것, 극단은 신협과 극협으로 하고, 한 극단이 남녀 15명에서 20명 이내로 한다는 것이었다. 두 번째로 공연은 두 극단이 격월로 신작 1편씩을 2주일씩 함으로써 국립극장은 연간 무휴공연이 되게 한다는 것, 셋째, 작품은 창작을 위주로 하되 번역극도 곁들이고 신인발굴과 소설가의 참여도 유도하며 원고료는 전 입장료 수입의 5%를 지급한다는 것, 넷째, 무대미술 등 제작비는 극장비용으로 한다는 것, 다섯째, 연출은 극단의 자주성을 생각해서 전속극단에 일임한다는 것, 여섯째, 출연료는 전 입장료에서 원작료를 공제한 나머지의 10분의 3을 전속극단이 받아서 연출자와 배우들에게 지급하도록 한다는 것이었다.[45]

이러한 유치진 극장장의 운영방침에 따라 1월 19일에 직속협의기구로서 신극협의회가 발족되고, 전속극단으로 신협과 극협이 탄생되었다. 그런데 신협은 당시 활동 중이던 극단 극예술협회의 멤버들을 고스란히 끌어들여 쉽게 조직되었으나 극협 만은 조직되지 못함으로써 명목만이 존속하는 전속극단이 된 것이었다. 그리고 발족된 협의체 신극협의회는 극작가 이광래를 간사장으로 하여 예술국과 지방국을 두고 그 밑에 극작분과, 연기분과, 연출분과, 무대분과로 나누어졌지만, 그 핵심은 뭐니 뭐니 해도 이해랑, 김동원, 박상익, 주선태, 오사량, 박제행, 박경수, 최삼, 전두영, 송재로 등 남배우 10명과 김선영, 유계선, 황정순, 백성희 등 여배우가 주축이 된 연기분과였다.

연극인들의 활기찬 가동에 발맞추어 4월 26일에 국회본회의(제8차)에서는 '국립극장 설치법'과 '동 극장 특별회계법'을 통과시키기에 이르렀다. 그리고 이어서 5월 8일에는 '국립극장 설치법'이 통과되었다. 당국에서는 5천만 원을 들여 극장 내부수리를 하고 호리존트(국내 최초), 기타 조명기구 일체를 수입하여 극장의 면목을 일신시켰다. 따라서 '민족연극예술의 수립과 창조'란 슬로건을 내걸고 화려하게 출발한 전속극단 신협은 발족되자마자 개관공연 준비에 분주했다.

세계연극사에서 볼 때 국립극장 형식으로 처음 세워진 것이 1669년 프랑스의 오페라극장이고, 내쇼날 디어터란 명칭으로 개관된 것이 1767년의 독일 함부르크극장이라 볼 때, 우리나라는 서양보다 약 3백여 년 뒤에야 비로소 국립극장이 서게 된 것이다.

제4장 아시아 최초 국립극장, 그 굴곡진 도정

1. 국립극장 개관 전야

극장은 무대예술을 창조하고 보급하는 집이라고 말할 수가 있다. 더구나 정부에서 그런 극장을 만들어서 운영한다면 한 나라의 공연예술은 크게 발전할 수가 있을 것이다. 그런데 이 땅에서 해방 직후 그러한 국립극장이 탄생하여 2017년 4월로 67주년을 맞기에 이르렀다. 우여곡절 끝에 아시아에서는 가장 먼저 문을 연 국립 중앙극장이 개관되자마자 6·25전쟁을 만나 3년여 기능 정지 상태에 있다가 대구에서 재개관을 했고, 4년여 뒤 환도해서 오늘날까지 한국 무대예술의 중심축으로 버티고 서 있음은 다 아는 사실이다. 그러나 우리나라 국립극장은 순탄한 선진국들의 극장들과 달리 전쟁, 혁명, 군사독재 등 숱한 현대사의 굴곡 과정과 운명을 같이 해왔다는 점에서 차이가 있고, 그에 따라 순탄하지 못한 도정을 밟아왔다고 말할 수 있다. 솔직히 극장과 거기서 창조 보급되는 예술은 그 나라의 정치 경제 사정과 밀접한 관계가 있다. 더욱이 변변한 사설극상도 없었던 처지에서 하나밖에 없는 우리나라 국립극장은 정치 경제 문화상황과 뗄 수 없는 관계를 지닐 수밖에 없었다.

우리의 국립극장이 처음에는 구 부민관(舊府民館) 건물에 둥지를 틀었다가 대구의 문화극장으로 옮겼고, 환도 후에는 명동의 시공관을 극장 건물로 쓰다가 지금의 자리인 장충동으로 네 번째 자리 옮김을 한 것이 된다. 고작 67년 동안에 국립극장이 네 번씩이나 옮겨 다닌 예는 세계 극장사에도 없는 일이다. 그뿐만 아니라 국립극장이 당초 문교부 소속으로 출발해서 공보처를 거

부민관 (한국문화콘텐츠진흥원 제공)

치고, 세 번째로 문화체육관광부로 소속 변경을 한 경우도 역시 세계 연극사에 그 유례를 찾을 수가 없다. 게다가 폐지론마저 몇 번 등장했다가 사라진 일도 있었다. 운영자 역시 민간 전문가로 시작했다가 일반적 공무원으로 바뀌고, 다시 민간 전문가로 갔다가 또다시 공무원으로 바뀌었으며, 지금은 민간전문가로 운영권을 넘기는 우여곡절의 반복이었다.

이는 곧 역대 정부의 확고하지 못했던 국립극장 관(觀)내지 극장정책을 단적으로 보여주는 예가 되는 것이다. 따라서 이러한 국립극장이 과연 제 기능을 할 수 있었을까는 깊은 천착 없이도 어느 만큼은 짐작할 수 있게 한다. 사실 그동안 국립극장에 대한 비판의 목소리는 언제나 높기만 했었다. 그런데 국립극장에 대한 비판은 하드웨어로부터 소프트웨어에 이르기까지, 그리고 운영방식 등 대단히 광범위하다. 도대체 국립극장이 67년, 즉 환갑 진갑다 지난 노년기에 접어들 때까지 자기 색깔은커녕 정체성조차 애매할 뿐만아니라 과연 제구실을 하고 있느냐 하는 비판이 주조를 이루고 있다. 그러니까 여러 개의 전속 예술단을 두고 있는 국립극장이 사설 단체들과는 달리 적잖은 국고를 쓰고 있으면서도 제대로 된 예술작품을 얼마나 생산해냈느냐 하는 비판인 것이다.

물론 이러한 국립극장에 대한 비판은 상당한 설득력을 지닌다. 그러나 그나마도 국립극장이 없었다면 우리나라 무대 예술은 어떻게 되었을까. 과연 연극을 비롯한 창극, 교향악, 발레, 무용, 오페라 등 순수 고급 무대예술이 제대로 발전되었을까를 의심하지 않을 수 없다. 그만큼 국립극장은 주어진 여건 속에서 어느 정도의 역할을 해온 것만은 부인할 수가 없다. 세계의 모든 나라가 국립극장을 두고 있는 것은 아니다. 그러나 상당수의 선진국은 국립극장을 하나 내지 몇 개씩 두고 있으며, 그런 나라들의 무대예술이 크게 발전되어 있다. 그만큼 국립극장은 한 나라의 무대 예술, 더 나아가 문화의 수준을 격상시킬 수도 있는 역할을 하는 것이다. 국립극장을 가리켜서 그 나라 무대예술의 얼굴이고 수준이며 자존심이라고 말하는 이유도 바로 거기에 있다고 하겠다. 예를 들어서 라 스칼라는 이태리가 오페라의 본고장이라는 것을 의미하는 것이고, 코메디 프랑세스는 세련된 프랑스 문화의 상표와 같은 것이며, 로열 티어터는 영국이 셰익스피어극의 최고봉이라는 것을 상징적으로 보여주는 것이다.

그만큼 국립극장이 그 나라에서 차지하는 의미는 외적 규모를 훨씬 뛰어넘을 만큼 대단히 크다고 아니할 수 없다. 그렇게 볼 때 우리나라 국립극장 67년사는 상당한 의미를 지니는 것이다. 정부수립 2년여 만에 개관된 국립극장은 국악원, 박물관 등과 함께 우리나라 문화의 상징으로서 출발한 것이다. 그러나 시간이 흐르면서 그 당초의 의미나 목적이 퇴색되어 오늘에 이르렀다고 말할 수 있다. 따라서 국립극장이 67주년을 맞아 그 위상을 되돌아보는 것은 도약을 위해서는 대단히 바람직하다고 아니할 수 없다. 그런데 여기서 국립극장의 위상을 반추한다는 것은 곧 현황뿐만 아니라 지나온 과정을 면밀하게 검토해 본다는 이야기도 된다.

국립극장의 설립 배경으로부터 시작해서 설립목적, 운영과정, 전속 단체들의 활동과 예술적 성과 등에 이르기까지 광범위하게 천착하고 평가해보아야 한다는 이야기이다. 국립극장이 67주년을 맞아서 일종의 건강 진단을 해 보는 것은 미래의 도약을 위해서이다.

솔직히 1950년에 국립극장이 문을 열 수 있었다는 것은 하나의 기적에 가까운 일이었다. 왜냐하면 1950년 봄은 일제 식민지로부터 벗어난 지 만 5년도 되지 않는 시기였다. 더구나 해방과 함께 벌어진 좌우익의 격렬한 이념대립과 갈등을 겪고, 정부가 수립된 지 2년도 채 되지 않는 시기였다. 따라서 정치, 경제, 문화적으로 국립극장을 생각한다는 것은 결코 쉬운 일이 아니었다. 그럼에도 불구하고 국립극장이 세워질 수 있었던 것은 아무래도 두 가지에서 찾을 수 있지 않을까 싶다. 즉 첫째는 역시 연극인 음악가 무용가 등 식민지시대에 수난을 겪은 예술종사자들을 중심으로 한 무대예술계가 관립극장의 필요성을 절감하고 범 문화운동을 벌인 것을 꼽을 수 있다.

주지하다시피 우리나라 신문화운동은 공교롭게도 일제의 병탄과 함께 전개되었다. 따라서 상당한 경제적 뒷받침을 필요로 하는 무대예술이 그 어떤 문화장르보다도 어려움을 겪을 수밖에 없었다. 그중에서도 두 가지, 즉 극장 사정의 어려움과 표현자유 부재가 가장 큰 문제였다. 그래서 무대 예술인들이 우리의 극장을 갖는 것은 하나의 커다란 꿈이었다. 해방과 함께 그러한 열망이 국립극장 설치로 나타난 것이다. 그러니까 국립극장 설치는 민족 문화 운동의 조그만 결실이었다고 볼 수가 있는 것이다.

두 번째로는 당시 정부의 선진적 문화 마인드를 꼽을 수 있다. 사실 정부 수립 직후 할 일은 산적해 있었고, 경제 사정은 열악하기 그지없었다. 도로, 항만, 공장 등 산업기간 시설이 열악한 상태에서 극장을 세운다는 것은 정부의 선진적 문화 인식 없이는 불가능한 것이었다. 다행히 이승만대통령을 위시한 정부 지도층 인사 중에 구미 유학파들이 여럿 있었고, 문명사회에 대한 인식이 확고했기 때문에 국립극장 개설이 용이했다고 보는 것이다.

이렇게 해서 설립된 국립극장이 어느덧 2017년을 맞은 것이다. 따라서 지난시절을 되돌아보는 것은 국립극장의 21세기 항해를 위해서 반드시 필요한 일이라 아니할 수 없다.

전술한 바도 있듯이 이 땅에 극장이라 부를 수 있는 건물이 들어선 것은 1902년으로서 협률사(協律社)가 처음이라고 말할 수 있다. 물론 1895년에 인천에 민간이 부실한 극장건물을 열었었고, 아현동과 용산에 무동연회장이 있었다는 신문기사가 보이기는 하지만 협률사만큼 어느 정도 시설을 갖춘 극장은 아니었다. 사실 협률사 역시 무대예술을 위해서 새로 건립한 극장은 아니었고 기존의 내무부 부속건물 하나를 개조해서 극장으로 활용한 것에 지나지 않았다. 그런데 협률사 개관의 영향과 신문명의 물결을 타고 광무대, 단성사, 연흥사, 장안사 등 부실하지만 나름대로의 무대시설을 갖춘 극장들이 속속 문을 엶으로써 전통예술이 현대로 계승되는데 중요한 몫을 했던 것이다.

이러한 자생적 극장의 등장으로 무대예술이 근대문화 속에서 쇠퇴하지 않고 전승되고 또 계속 뻗어 나갈 수 있는 토대가 된 것이 사실이다. 그러나 일제의 한국 강점에 따라 민족경제가 쇠퇴하고 일본 자본이 들어오면서 자생적 극장은 더 이상 생겨날 수 없었고 오직 일본 흥행업자들이 극장의 주인으로 군림케 되었다. 그런데 일본인들은 막강한 자본으로 전국 주요 도시들에 영화 상영을 위한 극장을 짓고, 그것을 서민들의 주머닛돈 털어가는 일종의 착취의 창구로 활용했다.

일제 말엽까지 서들은 전국에 1백85관의 극장을 만들어 운영하면서 공연예술인들의 고혈을 짰으며 서민들의 주머닛돈을 쓸어갔다. 이에 우리의 공연예술인들이 스스로 극장 갖는 것을 갈망했음은 너무나 자연스러운 것이었다. 심지어 문화인들은 우리나라 공연예술의 지지부진이 극장 부재가 가장 큰 원인이라고까지 확신하고 있었다. 따라서 공연예술인들의 최대 숙원은 변변한 극장 갖기였다.

따라서 1950년 국립극장이 문을 열었다는 것은 한국연극사에서 기적 같은 것이었고 근대연극사의 전환점을 만든 하나의 계기였다. 그런데 국립극장이 설립되는 데는 적잖은 우여곡절이 있었음은 두말할 나위 없는 것이었다. 왜냐하면 당장 건물을 지을 수 없는 상황에서 어떤 건물을 극장으로 쓰느냐 하는 것이 최대의 난제였기 때문이다. 다행히 총독부가 지은 부민관을 최초의 국립극장으로 쓸 수가 있게 된 것이다.

그리하여 새로 수립된 정부에서는 1948년 12월 15일 문교부가 공보처로부터 흥행허가권을 인수하고 9조와 부칙으로 되어 있는 국립극장 설치에 관한 법령 초안을 작성, 국무회의에서 통과시키기에 이르렀고 1949년 1월 3일에 국무총리의 결재를 받아 1950년에 개관했음은 전술한 바다.

2. 국립극장 개관과 6·25전쟁, 그리고 대구시절

국립극장 설치가 대통령령으로 공포되고 운영위원회(문교부장관, 문화국장, 치안국장, 민경식, 안석주, 채동선, 박헌봉 유치진, 서항석) 9명의 위원 구성과 극장장 임명 등으로 체제를 갖춘 국립극장은 1950년 초 본격 출범할 수가 있었다. 초대 극장장으로 임명된 유치진은 자신의 입장과 관련한 글을 통해서 "국립극장 문제란 내 개인의 문제가 아니요. 여태 짓밟히어 발 디딜 자리조차 얻지 못할 만큼 악운에 떠밀리던 나머지 이 이상 견딜 수 없게 된 극장 예술이 국립극장 창설로써 일루의 새 희망의 줄을 붙들지 아니하였는가? 이 희망의 줄이 끊어지는 날이면 우리 극장예술은 다시금 구할 수 없는 암흑에 빠지고 말 것"이라는 비장한 소회를 밝힌 바 있다. 그러면서 "국립극장을 개장하는 날은 우리의 예술은 적어도 1세기는 전진되어 있어야 할 것이고, 그렇지 않으면 국립극장에 대한 우리의 실망은 개장 당일로 발족할 것이며 국립극장 창설의 의의조차 없어질 것"[1]이라 했다.

이처럼 국립극장을 이끌 중진 연극인 유치진은 한국 무대예술의 사활을 거는 자세로 임했던 것이다. 그러니까 유치진은 국립극장 설립이야말로 반세기 신극 운동의 가시밭길을 한꺼번에 정리하고 극복하는 셈이 되기 때문에 당시 "무대 예술인들이 희망하는 르네상스를 피게 하지 못한다면 극장예술의 앞날은 영원히 열리지 못할 것이요, 우리는 다시금 구렁텅이 속에서 헤매 일 것"라 보았다. 여기서 당시 어렵게 설립된 국립극장의 위상이 리얼하게 드러나고 있다고 보겠다. 그가 쓴 '국립극장론'이라는 또 다른 글[2]에서도 보면 유치진이 극장경영에 대해서 꽤 전문적인 식견을 갖고 있었다는 점과 초대 극장장으로서 국립극장을 한국 무대예술의 사활(死活)의 창조공간으로 인식하고, 그 합리적 운영에 대해서 다각적으로 연구하고 있었다는 사실을 알 수 있다.

따라서 그는 자기가 갖고 있다는 구체적 복안을 곧바로 천명했다. 즉 그는 월간 '신천지'에 연출가 박진(朴珍)과 함께 국립극장 운영방안에 대해서 구체적으로 밝히고 나온 것이다. 그는 극장운영 전반에 대해서 소상하게 자신의 구상을 밝히는 가운데, 국립극장이 연극뿐만 아니라 교향악, 합창, 오페라, 국악, 무용 등 무대예술 전반을 육성해야 하며, 실제로 그런 방향으로 나아가겠다고 했다. 이는 그의 폭넓은 문화 안목을 단적으로 보여주는 것이라 하겠다.

그러나 그는 국립극장 운영에 임해서는 대단히 합리적이고 지나치게 인색할 만큼 예술인들을 관리했다. 가령 그가 국립극장 안에 신극협의회라는 총괄 기구를 설치(1950년 1월 19일)하고 그 밑에 신협(新協)과 극협(劇協)이라는 두 극단을 두려고 했다는 것이다. 그런데 여기서 주목되는 점은 매 단체는 남녀 15명으로부터 20명 이내의 배우로 구성하고 극단은 개별적으로 극장과 전속계약을 맺는 형식을 취한다는 것이다. 비교적 특이한 형태를 취하는 이유는 두 극단이 신극협의회 기구 밑에 있어 예술적으로나 경제적으로 협조하겠지만 다른 한편으로는 서로 경쟁케 함으로써 좋은 예술적 특징을 갖게 하자는 것이었다. 그리고 공연은 두 극단이 격월로 신작 한 편씩을 2주일씩 공연키로 했다. 그렇게 되면 국립극장으로서는 매월 공연이 있는 셈이 된다.

당시의 극단 공연 관행은 대체로 한 프로에 1주일씩이었던데 비하면 국립극장은 파격적인 것이 되는 셈이다. 유치진은 그것으로도 만족하지 않고 앞

국립극장 개관공연 〈원술랑〉의 한 장면 (1950.4)

으로 좋은 작품을 만나면 1개월도 공연한다는 각오를 내비치기도 했다. 그런
데 문제는 극작가에 있다고 했다. 당시만 하더라도 희곡을 쓸 만한 극작가가
5, 6명에 불과했는데 어떻게 작품을 얻겠느냐는 고충도 피력했다. 이어서 그
는 무대미술과 연출자, 그리고 출연료에 대해서도 언급했는데, 무대장치는 무
대계에서 책임질 것이고 연출자는 각 극단에서 책임을 져야 하며 출연료는
수입금 중에서 공연료를 제외한 3/10을 극단이 갖는다는 것이다.

　그것을 가지고 출연자와 연출자의 인건비를 지불한다는 것이다.[3] 국립극장
에서 일하게 된 예술인들에게는 비교적 불리하게 방침이 세워졌다고 말할 수
있다. 여하튼 신극협의회가 발족된 직후 신협과 극협은 생겨났다. 그러나 재
정과 인재 등 여러 면에서 신협만 인적 구성이 이루어졌고 극협은 이름만 존

재하는 꼴이 되었다. 극작가 이광래(李光來)를 간사장으로 한 신극협의회는 그 밑에 예술국과 지방국을 두고 다시 극작분과 연기분과 연출분과 무대분과로 나누어졌지만 그 핵심은 역시 배우들로 구성된 연기분과였다. 참고삼아 14명으로 조직된 신협 창립단원을 소개하면 다음과 같다.

남자단원···이해랑, 김동원, 박상익, 오사량, 박제행, 박경수, 최 삼, 전두영, 송재로

여자단원···김선영, 유계선, 황정순, 백성희

이상에서 알 수 있는 바와 같이 단원들의 핵심은 극협(劇協) 회원들이었다. 사실 국립극장의 주된 사업은 연극 진흥이었기 때문에 극단 조직으로 출발의 날개는 펼 수가 있었다. 또한 국립극장이 가동될 수 있는 법적 뒷받침도 속속 이루어졌는데 가령 4월 26일 국회 제8차 본회에서 국립극장 설치법과 특별회계법이 통과된 것이 바로 그런 조치라 하겠다.

유치진 극장장은 대단히 적극적이고 유능한 경영자적 기질도 갖추고 있었기 때문에 국립극장 설치가 국무회의에서 통과되자마자 평소 친분이 있던 오위영(吳緯泳) 저축은행장으로부터 융자받은 1억 원의 반을 극장 개보수에 썼다. 그리고 개관공연 연습에 들어갔는데 레퍼토리는 〈원술랑(元述郎)〉(5막)이었다. 〈원술랑〉을 개관공연 레퍼토리로 택한 것은 극장장의 작품이기도 했지만 해방 직후의 시대 분위기도 배려된 것으로도 볼 수가 있다. 그 당시의 시대분위기가 다분히 애국사상이 넘치고 민족주의 이념이 넘치던 때였다.

따라서 연극계에서는 대체로 네 가지 슬로건을 내걸고 창작을 촉진하는 추세였는데, 그것은 첫째, 일제가 왜곡하고 날조한 우리 역사를 무대를 통하여서나마 올바르게 인식하자는 것, 둘째, 애국자들의 참모습을 형상화하여 그들의 위대한 희생을 추모, 민족정기를 앙양하자는 것, 셋째, 하마터면 말살당할

뻔하였던 우리의 아름답고 바른말을 되찾아 배우자는 것, 넷째, 파괴된 생활, 인정, 풍속을 되찾아 한국적인 모럴을 세우자는 것 등이었다.[4]

이처럼 해방 직후는 일제 억압으로부터 벗어난 직후인 데다가 좌우익 세력 간의 갈등과 외세의 간여가 심했기 때문에 누구나 민족주의를 부르짖었고 애국사상이 넘쳤었다. 그렇게 우익의 입장에 서서 외세를 배격하고 자주독립을 작품 주제로 삼았던 유치진의 역사극은 안성맞춤일 수가 있었다. 4월 29일 허석(許碩) 연출로 무대에 올려진 〈원술랑〉은 대단한 반응을 불러일으켰다. 1주일 동안 공연에 5만여 명의 관객을 동원했는데 이는 신극이 시작된 이래 최대의 관객 동원이었다. 당시 서울 인구가 1백만이 조금 넘는 중에 5만 명이 〈원술랑〉을 관극했다는 것은 신극사에서 남을만한 사건이었던 것이다.

당시 국립극장의 개관은 근대연극사에 세 가지 의미를 던졌다고 볼 수가 있다. 첫째는 신극운동이 시작된 지 40년 만에 비로소 연극을 비롯한 무대 예술이 전용 공연공간을 얻은 점이다. 앞에서도 조금 언급했지만 국립극장 개관은 일제 식민지 치하에서 수탈, 착취, 탄압만 받아 온 예술인들이 벌여온 민족문화 운동의 결실이었다고 말할 수 있다. 두 번째로는 해방 직후 치열하게 전개되었던 좌우익 예술인들의 대립과 갈등이 정리되고 안정 기반을 다지는 상징적 의미를 지녔다고 볼 수 있다. 솔직히 국립극장이 개관되기 전까지만 해도 좌익예술인들과 대립했거나 방관했던 사람들은 정처를 못 찾고 방황했던 것도 사실이었다. 그러다가 국립극장이 설립되면서 안정적 전진을 힐 수 있는 근거지를 만난 것이었다.

세 번째로는 연극 외의 공연예술 장르라 할 심포니 오케스트라와 창극, 오페라, 무용 등도 제대로 발전할 수 있는 근거지가 생긴 셈이었다. 이는 연극사에서는 말할 것도 없고 개국 이래 최초로 문을 연 국립극장이 무대 예술인들뿐만 아니라 일반 대중도 감격적으로 받아들였던 것이다. 그 징표가 다름 아닌 공연 때마다 인산인해의 관중 몰림이었다. 극장 좌석 1천8백여 석으로 1주일 만에 5만여 명의 관객을 동원했다는 것은 산술적으로는 도저히 설명할 수 없는 것이다. 왜냐하면 계산상으로는 하루에 연극 관객이 7천 명 이상 관람했다는 이야기가 되기 때문이다. 그렇다면 어떻게 1천8백석에 7천 명이 들어갈 수가 있는가. 그것은 가능했다. 당시는 하루에 2회 공연을 했고 주말에는 3회 공연을 했다. 관객이 넘쳐서 입석까지도 표를 팔았기 때문에 5만여 명이 관극할 수가 있었던 것이다.

연극 공연에 이어 두 번째 무대로 국극사(國劇社)를 초청하여 창극 〈만리장성〉을 무대에 올렸고(5월 12일~16일), 이어서 한국 오페라사상 최초의 창작 오페라인 현제명 작곡의〈춘향전〉(김생려 지휘)을 고려심포니 오케스트라 연주로 공연했다. 그리고 오랜만에 발레도 선보였는데, 어떤 공연이든 매번 표를 사려는 인파가 두 줄로 서서 광화문 네거리까지 한 줄로 서고 다른 줄은 덕수궁 입구까지 늘어설 정도로 초만원을 이루었다. 입장료도 영화의 3배였으므로 적은 액수가 아니었다.

국립극장 공연에 대한 인기는 조금도 수그러들지 않았다. 오히려 시간이 흐를수록 인기는 더더욱 상승해갔다. 가령 신협의 제2회 공연인 〈뇌우〉는 1주일에 이어 관객의 요청으로 앙코르 공연까지 했고, 관객이 무려 7만5천 명이나 되었다. 창립 공연에 이어 제2회 공연에서도 주역을 맡았던 김동원(金東圓)의 회고5)대로 현란 장대했다. 여기서 특히 주목되는 것은 국립극장의 한 공연에 수도 서울 인구의 상당수가 몰려든 점이다. 특히 자가용이라든가 영업용 택시가 드물었던 시대에 승용차들이 극장 주변을 가득히 메웠다는 것은 서울의 상류층 사람들과 인텔리 계층의 관중이 대단히 많았음을 보여주는 단적인 예가 될 것이다.

국립극장은 개관한 지 한 달여 동안에 단 서너 편의 공연으로 서울시민의 정신적 위안처로서 확고한 자리를 차지하기에 이르렀다. 따라서 국립극장 사람들은 고무되었고 우리나라 무대예술의 미래를 낙관하게 되었다. 신극 운동이 시작된 이래 40여 년 동안의 고난을 홀홀 벗어던지고 희망찬 미래만을 꿈꾸고 있었다. 그들은 연달아서 제3회 공연 준비에 들어가는 한편, 무용 〈인어 공주)를 무대에 올렸고 정비석의 소설 〈청춘의 윤리〉(이광래 각색) 독회에 들어갔다.

그러나 6월 25일 북한의 남침으로 전쟁이 발발하면서 국립극장은 개관 58일 만에 일단 기능정지 상태에 접어들게 되었다. 개관 만 2개월이 채 안 되는 극히 짧은 기간이었다. 6·25전쟁은 모든 것을 파괴했다. 우선 그동안 닦아 놓은 연극 기반을 몽땅 파괴해버린 것이다. 즉 극장문은 굳게 닫혔고, 거기서 활동하던 무대 예술인들은 뿔뿔이 흩어졌다. 연극인들은 피난길에 오르거나 지하에 숨었고, 월북(김선영) 또는 납치(김동원)로 기나긴 고통 속에 빠지게 되었다. 게다가 폭격으로 극장건물도 부분적으로 파손됨으로써 3개월 만에 잠시 수복의 기쁨을 맛보았지만 극장 재개관은 엄두도 낼 수 없는 처지였다. 그나마 3개월여 만에 또다시 1·4후퇴 때 부산으로 내려가 있으면서 국립극장 재개관을 문교부에 요청했다. 그러나 전쟁으로 정신없는 정부가 피난지에서 국립극장에 신경 쓸 겨를이 있을 리 만무했다. 주관 부서인 문교부에서 유치진의 재개 건의를 묵살하자 그는 즉각 극장장 사표를 제출하고 국립극장과 결별했다. 전쟁은 점차 치열해져 갔고 전선도 오르락내리락하면서 장기전 양상을 띠어갔다. 그것은 특히 중공군이 참전하면서 더욱 그러했다. 형식적인 것이긴 하지만 국립극장에는 이제 극장장조차 없는 상태였다.

다만 도강파(渡江派) 이해랑이 부산을 근거로 해서 국립극장 전속이었던 신협을 사설 극단으로 전환해서 공연 활동을 벌이고 있을 뿐이었다. 그러던 중 1952년 들어서 대구에 피난 와있던 공연예술인들이 국립극장 재개를 요구하기 시작했다. 문교부로서도 정부기관인 국립극장을 방치만 할 수 없다는 생각을 갖고 국회에 개정 법률안을 제출해놓고 있었다. 대구에서 재개하려면 국립극장 법부터 고쳐야 했기 때문이다. 국회 문교분과 위원회에서도 즉각 개정 법률안을 의결하여 본회의에 올리는 신속성을 보여주었고, 5월 14일 국무회의 의결로 정부가 환도할 때까지 국립극장을 대구에 두기로 결의한 것이다. 국무회의는 또한 국립극장으로 지정된 문화극장이 너무 낡았으므로 수리비 2억 환을 포함하여 24억 환의 예산을 특별 회계비에서 책정해 주기도 했다. 그러나 대구의 모 대학 소유로 되어 있던 문화극장을 쉽게 접할 수가 없었다.

왜냐하면 문화극장을 소유한 그 대학의 재단 자체가 복잡하게 얽혀 있어서 정부가 쉽게 접할 수가 없었기 때문이다. 그뿐만 아니라 대구의 시의회까지 문화극장을 시공관으로 사용하겠다고 정부당국에 건의서를 올려놓고 있는 상태이기도 했다. 당시 대구시의회와 문화단체가 공동으로 정부에 건의한 내용은 대강 이러했다. 첫째, 문화극장은 지방민들의 피와 땀으로 유지 육성되어 왔고 또 현재 문화단체의 유일한 공공기관으로써 사용되고 있느니만치 재구(在邱)문화단체와 이탈될 수 없음, 둘째, 진정한 의미에서 문화를 재건시키려는 것이면 현 상태로 두고 국극전용극단 상연을 하므로 충분한 효과를 거둘 수 있음에도 불구하고 문화극장의 건물을 점유하지 않으면 안 된다는 것은 문화발달이라는 허울 좋은 구실 아래 이권을 획득하려는 불순성이 잠재한 것이 아닌가 하는 의혹이 있음, 셋째, 국립극장이란 흥행관을 의미하는 것이 아니요 예술향상을 연구지도하는 기관이니 직영극장이 없어도 무방함, 넷째, 수도수복 시까지 임시 설치한다는 말이 있는데 수도수복이 불원할 것이며 더욱이 직영극장이 없다고 국립극장의 기능이 중단되는 것이 아닌 즉 임시 설치할 필요가 없음, 다섯째, 정부예산 면에 있어도 당연히 할 것을 보류하고 있는 차제에 국립극장이 임시 직영극장을 부설하기 위하여 거액의 지출을 할 필요가 없음 등이었다.[6]

이상과 같은 대구 문화인들의 건의에도 불구하고 정부는 단안을 내렸다. 1952년 12월 15일 자로 문화극장을 접수하여 국립극장 재개를 위한 내부수리에 들어간 것이다.[7]

제2대 극장장으로 경험 많은 서항석이 임명되었기 때문에 개관 준비에는 별 어려움은 없었다. 다만 정부가 예산만 책정해놓고 돈을 내주지 않았기 때문에 문화극장 내부수리가 지연된 점과 극장장 외에 단 한사람의 연극인도

극장의 전속으로
임명해주지 않은
것이 문제였을 뿐
이다. 당시 서항석
2극장장의 회고[8]
에서 알 수 있는 대
로 우여곡절 끝에
극장문은 열 수 있
었다. 그러나 대구
피난지에서의 국립

국립극장으로 사용된 대구 중심기의 한일극장

극장 활동은 개관 당시의 활기찬 모습과는 너무나 달랐다.

　즉 전속단원도 없이 피난 연극인들을 끌어 모아 윤백남의 〈야화〉를 재개
관 공연으로 막을 올렸지만 아무런 신선미도 주지 못했다. 서항석 극장장으
로서는 신극운동 제1세대(윤백남 극본)와 제2세대(원우전 장치) 그리고 제3
세대(서항석 연출)의 조화로운 무대로 국립극장 재개관을 경축한다고 꾸며본
것이지만 시대정신이나 감각에는 뒤진 작품이었다. 그래도 관객이 많았던 것
은 피난지 대구에서 워낙 구경거리가 없었기 때문이다. 극작가 한노단(韓路
檀)의 부실한 공연비판[9]도 그래서 나온 것이었다. 솔직히 1930년대 극예술연
구회의 창립 멤버로서 20여 년 동안 연극에서 고초를 겪어본 서항석으로서는
수익성도 생각하지 않을 수 없었던 것 같다. 그러니까 그는 신극운동 3대의
조화로 명분도 살리고 구정(舊正) 공연으로 실리도 얻는다는 이중 포석을 했
다고 볼 수가 있다. 그런데 일이 안 되느라고 개관 공연 중에 화폐 개혁이
단행됨으로써 흥행을 망치고 말았다. 서항석의 회고대로 국가기관인 국립극
장은 몰려오는 수많은 관중을 극장 문 앞에 세워놓고도 구 화폐를 사용할 수
없었기 때문이었다.[10]

　이처럼 대구에서의 재개관 공연은 돌발 사태로 소기의 성과를 거두지 못하

고 막을 내리고 만 것이다. 그러한 사태를 겪으면서 서항석 극장장은 운영쇄신을 생각하게 되었다. 우선 유명무실한 운영위원회를 기획위원회로 바꿔서 극장의 기획업무를 전담케 하고 예산부족으로 자체 공연을 할 수 없는 기간에는 대관도 해줄 수 있도록 내규도 손질한 것이다. 그는 언제나 수익성을 염두에 두고 극장운영을 해 간다는 방침이었다. 그런 기구를 두고 첫 번째 공연한 것이 5월 말 전창근 작, 연출의 〈내가 낳은 검둥이〉였다.

그리고 서항석은 신극운동 출신답게 그 고장 연극인 육성 차원에서 향토출신 권혁진, 이상언 등 연구생을 모아 영남연극회(嶺南硏劇會)라는 아마추어 비슷한 단체를 출범시킨 시킨 것은 주목할 만한 것이었다. 그는 이어서 중견 연출가 이원경을 중심의 극단 민극을 활성화시키기 위하여 국립극장과 유기적인 관계를 갖고 창립공연으로 메텔링크의 〈파랑새〉를 시작으로 〈양귀비와 안록산〉(조남사 작, 이진순 연출), 〈인생유정〉(이원경 작, 연출) 등을 공연케 한 것은 전시 중에도 순수연극을 지켜보겠다는 나름의 계산에 따른 것이었다.[11]

그리고 더 하나 주목되는 것은 1955년 10월에 아예 민극을 '국립극장 전속극단'으로 정한 점이었다. 사실 당초 국립극장이 개관할 당시에 신협과 민극을 두기로 했었지만 여의치 않아 신협만 가동시켰었는데, 전쟁 발발과 함께 신협이 사설단체로 떨어져 나감으로써 민극(民劇)만이라도 두어보겠다는 서항석의 욕심이었고 신협을 좌지우지하고 있는 유치진에 대항해 보려는 야심도 깔려 있었다고 보여 진다.

그런데 이는 어디까지나 상주단체 이상은 아니었던 것 같다. 왜냐하면 민극이 전속극단으로서 기능을 제대로 했거나 극장 측으로부터 특별한 혜택을 받은 증거도 별로 없기 때문이다. 그만큼 서항석의 극장운영 방침이 어정쩡했음을 보여주는 것이기도 하다. 그리고 국립극장에서 순수극단들보다는 대중극단들이 활개를 친 것은 시기적으로 휴전이 가까워져 오면서 순수단체들은 하나둘 상경하고 나머지 수준 낮은 극단들이 국립극장 무대를 사용한 데 따른 것이었다. 당시 대구에서 활동하고 있었던 단체는 대체로 악극단과 여성국극단, 창극단 등이었다. 따라서 정통 신극을 고수하는 연극인들이나 무용, 음악 등 순수 무대 예술인들은 국립극장 운영에 대해서 대단히 부정적이었다.

왜냐하면 국립극장이 순수예술 지킴이나 진흥보다는 대중예술에 대관함으로써 현상유지나 하려고 했기 때문이었다. 그러나 서항석 극장장에 맞춰져 있던 비판의 배경에는 숨은 뜻도 없지 않았다고 보는 사람도 있었다. 가령 그 한 가지는 당시 연극계의 분열상이었다고 한다면 다른 한 가지는 서항석의 연극인으로서의 행적에 대한 것이었다고 볼 수가 있다. 즉 당시 연극계는 극예술연구회 동지이면서도 평생의 경쟁자였던 초대 극장장 유치진과 서항석의 갈등이 있었다. 유치진은 정통 연극계열의 보스로서 그 수하에 이해랑, 김동원 등 쟁쟁한 소장 연극인들을 두고 있었다. 전쟁 발발과 함께 국립극장을 이탈한 신협은 그런 대표적 극단이었다. 따라서 신협을 홀대하는 국립극장에 대하여 비판적 시선이 쏠린 것은 극히 자연스러운 형상이었다.

다음으로는 연극인 서항석의 행적이다. 그는 도쿄대학 출신의 엘리트로서 극예술연구회를 만들고 또 운영하는 데 중추적 역할을 했다. 그러나 1940년대 중반에는 악극 대본을 쓰고 또 연출도 했다. 그렇기 때문에 그는 자연히 대중극에 호감을 가질 수밖에 없었으며, 적은 예산으로 운영해야 하는 극장장으로서의 수익성도 감안하지 않을 수 없었을 것이다. 이러한 두 가지 요인으로 인해서 서항석은 나름대로 최선을 다했음에도 연극계의 저항과 부정적 여론에서 벗어날 수가 없었던 것이 아닌가 싶다.

그러니까 극장장으로서는 전속 극단이 없는 처지에 마냥 극장을 놀릴 수만은 없었다는 이야기이다. 얼마 되지 않는 예산으로 연극인들을 끌어 모아 작품 제작한다는 것이 쉽지 않을뿐더러 그렇다고 대구에 수준 높은 단체도 없었다. 따라서 그는 어렵게 재개한 극장무대를 놀리는 것도 도리가 아니라고 생각한 나머지 악극단 등 상업단체들에 대관을 해준 것이었다. 사실 국립극장이 대구에서 재개되면서 시내 3개 극장의 영업 수익이 급격히 감소하였다. 대체로 한정된 관객이 국립극장으로 몰려들었기 때문이다.

그래서 모 극장 측에서는 노골적으로 국립극장을 음해했고 심한 경우는 조직폭력배나 상이용사까지 동원하여 행패를 부린 적도 한두 번이 아니었다. 서항석의 회고에 따르면 그것으로도 부족하여 세금 포탈을 했다는 투서를 보내는가 하면 일부 자유당 의원을 동원하여 국립극장 폐지론을 들고나오도록 한 바도 있다.12) 이러한 행태는 당시 국립극장 사정의 차원을 넘어 우리나라의 문화와 정치수준을 너무나 적나라하게 보여주고 있어 씁쓸하기까지 하다.

왜냐하면 민간인들이 하나밖에 없는 국가의 문화기관을 상대로 음해공작을 폈다는 것과 또 그런 저질 흥행업자의 로비를 받은 여당 국회의원이 국회에서 국립극장 폐지를 주장하고 나왔기 때문이다. 국립극장 존재 때문에 다른 민간 상업극장의 수입이 준다고 해서 국립극장 문을 닫아야 한다고 당당히 국회에서 연설하는 나라의 문화수준은 너무나 낮을 수밖에 없는 것이다. 이런 분위기에 맞서서 독일 국립극장에 정통한 서항석의 다음과 같은 의회에서의 항변은 국회의원들을 감복시키고도 남을 만했다.

국립극장에는 설치목적이 있습니다. 국립극장을 폐지하는 일은 두 가지 경우에만 있을 수 있을 겁니다. 하나는 국립극장이 설치목적을 완전히 달성하여 더 존속시킬 필요가 없다고 인정되는 때일 것입니다. 또 하나는 대한민국의 힘으로는 도저히 국립극장의 설치 목적을 달성할 수 없다고 생각할 때입니다. 오늘날 국립극장 폐지론은 그 어느 쪽에 근거를 둔 것입니까? 대한민국은 아직 국립극장의 설치 목적을 포기해서는 안 될 것입니다. 그렇다면 국립극장의 현재에 있어서 당사자가 무능하면 사람을 바꾸고 제도가 미비하면 이를 보완하는 일은 있어야 하겠지만 폐지 운운의 소리가 어디서 나온단 말입니까? 그것은 자손만대에 죄짓는 소리요, 여러분 일생일대에 오점을 남기는 것입니다.13)

이상과 같은 서항석 극장장의 국회출석 발언으로 폐지론은 즉각 사라졌고 오히려 국립극장을 도와주어야 한다는 여론이 일어났다. 즉 국회는 서항석의 증언 직후 국립극장의 정상적 발전을 위하여 특별회계를 일반회계로 개정해 주었고, 관장 부서인 문교부도 그동안의 방기 태도를 바꿔 적극적으로 도와주려는 모습을 보여주기도 했다. 그렇다고 피난지에서의 형편없는 시설과 예산, 그리고 열악한 주변 환경 속에서 국립극장이 제구실을 한다는 것은 불가능한 일이었다.

그러니까 대구에서의 국립극장은 존재 자체에 의미가 있을 뿐 시설 면에서나 기능 등에서는 별다른 역할을 못 하고 있었다. 그럼에도 국립극장에는 30명이 넘는 공무원이 하는 일 없이 근무하고 있었다는 점이다. 이는 당시 국가기관의 인력구조가 엉터리임을 보여주는 것이기도 하다. 또 하나 흥미로운 사실은 국립극장이 전혀 제 기능을 못 하고 있는 대구에서 국회의 의결로 국립극장 설치법을 개정한 점이라 하겠다. 즉 국회는 1954년 1월 12일에 법률 제303조로서 설치법 중 제2조 "국립극장은 서울특별시에 1개소를 설치한다."를 "국립극장은 문교부 장관이 직할하고 서울특별시와 각 도에 설치할 수 있다."로 개정한 것이다.

당초 국립극장 설치법의 초안에서는 국립극장을 서울 외에도 대구와 부산에 두기로 했다가 국회에서 확정되는 과정에서 지방 설치가 삭제된 것이다. 그런데 대구 피난 국회에서 당초의 구상대로 지방에도 둘 수 있도록 개정했다는 점에서 진일보한 것이었다. 그러나 그 개정안은 어떤 이유에서인지는 몰라도 그 후에 실현되지 않았다. 그 이유는 여러 각도에서 설명될 수 있을 것이다.

우선 사전에 아무런 준비도 없이 그 설치법이 개정되었음을 알 수가 있다. 바로 여기서 느닷없이 왜 그런 설치법을 개정했는지 알 수 없는 것이다. 따라서 당시 국립극장이 대구에 있었던 만큼 환도하더라도 당초의 설립 정신에 좇아 대구와 부산 등지에도 따로 두어야겠다는 의도가 있었지 않나 싶다. 그

명동의 국립극장(1958년)

러나 국립극장의 지방설치는 아직까지 이루어지지 않고 있으며 2천 년대에도 그럴 가능성은 희박해 보인다. 왜냐하면 지방자치제가 활성화되면서 지방 정부의 통제가 점차 느슨해지기 때문이다.

대구에서 3년여 동안 겨우 명맥만 유지해오던 국립극장 주변에서 환도 이야기가 나온 것은 1956년도 후반기부터였다. 즉 6·25전쟁이 1953년 7월에 휴전으로 일단 끝난 상태였다. 서울이 어느 정도 안정을 찾아가면서 피난민들도 속속 귀환했다. 피난민들로 북적거리던 대구가 본래의 도시로 조용히 바뀌어 갔다. 이처럼 주변 상황이 변해가면서 국립극장이 대구에 있을 이유가 희박해진 것이다. 국립극장을 활용하는 연극인들의 국립극장 환도 필요성이 문화계 전체로 번져갔고 그것이 공론화되어 결국 1957년 1월 5일 전국문화단체총연합회(약칭 문총) 명의로 국립극장 환도 촉진에 대한 건의문을 정부 요로에 제출하기에 이르렀다.

그 건의문의 주 골자는 국립극장은 그 설치법에 따라 수도에 두고 지방에도 둔다고 했는데, 왜 국립중앙극장을 대구에 아직까지 놓아두느냐는 것이었다.[14] 이러한 문화계의 주장은 극히 온당한 것이었다. 왜냐하면 정부기구가 대부분 환도하고 있는데 왜 국립극장만은 대구에 있어야 하느냐를 항변한 것이기 때문이다. 가령 국립극장이 설립 당시에 사용했던 구 부민관은 폭격으로 파손된 것을 개수하여 국회의사당으로 쓰고 있었기 때문에 마땅한 건물을 얻기란 쉬운 일이 아니었다.

사실 당시 서울에서 국립극장으로 쓸 만한 관변 건물은 명동의 시공관밖에 없었는데 그것은 서울시 측에서 양보하려 하지 않았기 때문에 환도의 어려움이 더했던 것이다. 다행히 여론의 압력을 받은 정부가 적극 나서서 시공관을 국립극장과 서울시가 공동 사용키로 합의를 보게 되었다.[15] 이처럼 겨우 명맥만 유지하는 상황에서 4년여를 보낸 국립극장의 대구 시절도 휴전협정 후 4년여 만에 그 막을 내리고 서울에서 새로 시작하게 된 것이다.

그런데 대구시절의 활동을 정리한 대구매일신문은 "국립극장이 걸어온 발자취는 너무나 무기력, 무계획의 난맥상을 띄운 채 이제는 일반 문화인들의 시야에서 마저 이탈되어 다만 고립상태를 지속하고 있을 뿐이다. 통계에 의하면 동관 3년 간의 상연 프로는 연극 31본, 창극 44본, 악극 37본, 가극 3본, 음악회 17회, 무용 14회, 예술제 8회로서 창극과 악극 등의 저속물이 약 60%를 차지하는 반면 순수연극은 불과 20%에 불과하며 기타 재 상영 영화 등이었다. 도대체 국립극장에서 저속물 만을 위주로 삼는다는 것이 괴이한 사실이거늘 동 극장의 직영 프로가 희소할 뿐만 아니라 국내 5개 여의 순수연극단체와 원만한 제휴를 이루지 못한 것은 오로지 운영자의 두뇌빈곤의 소치라 않을 수 없을 것이다. 오랜 시일을 무의미하게 잠만 자고 있다는 것은 국내 유일의 동 극장 시설을 생각하더라도 아까운 일일 것이다."[16]라고 매우 부정적으로 평가한 바 있다.

3. 주류연극의 형성기-명동시대의 극장활동

국립극장이 구 부민관으로부터 시작해서 대구의 문화극장을 거쳐 세 번째로 둥지를 튼 시공관 역시 일본사람들이 지은 극장이었다. 즉 1935년에 이시바시(石橋)라는 일본인이 영화전용관으로 지은 명치좌가 바로 시공관이었다. 대지 505평에 건평 749평, 객석 8백20석의 3층 건물로 영화관으로서는 대단히 큰 건물이었다. 물론 연극 공연장으로서도 당시로써는 최상의 극장이었다. 비록 시와 함께 쓰는 전세이긴 했어도 마땅한 건물을 갖게 된 국립극장은 환도 기념공연을 제대로 치르기 위해서 전속단체 구성을 서둘렀다. 그러나 부실한 극단들은 대부분 전쟁 중에 소멸했고, 프로페셔널한 것은 과거 국립극장으로부터 이탈한 신협밖에 없었다. 신협과의 교섭은 쉽게 풀려갔다.

전쟁 중 7년여 동안 우여곡절을 겪은 신협도 지친 상태였기 때문에 상당수 단원은 국립극장 안주를 은근히 바라고 있었다. 신협은 실제로 자금난으로 작품 제작마다 힘겨워하고 있는 처지였다. 물론 신협 단원 중에 국립극장 복귀를 반대하는 연극인도 없지는 않았다. 결국 운영위원회의 명령으로 신협 단원들이 모두 복귀하고 변기종, 정애란, 진랑 등도 불러들였다. 전쟁으로 흩어졌던 연극계의 축이 국립극단 조직으로 다시 서게 되었는데, 당시 주요 멤버를 보면 이해랑, 김동원, 변기종, 박성대, 최남현, 장민호, 주선태, 강계식, 박상익, 박암, 장일호, 백성희, 김경애, 문정숙 등이었다. 처음으로 구성된 국립극단 멤버는 당시 연극계의 최상 팀이었음은 두말할 나위 없었다. 국립극단이 환도 기념 및 출범 공연으로 〈신앙과 고향〉(K.쉰헬 작, 서항석 역)을 홍해성 연출로 무대에 올린 것은 환도 달포만인 7월 12일부터 20일까지였다.

국립극단은 연이어서 〈태풍경보〉(코프만 히아트 작, 이진순 연출)와 〈발착점에 선 사람들〉(이무영 작, 이광래 연출) 등을 9월에 한 주일 간격으로 공연하고 오영진의 〈인생차압〉(이해랑 연출)과 신인 공모작 〈딸들은 자유연애를 구가하다〉(하유상 작, 박진 연출)를 공연했으나 과거의 영광을 재현해내지는 못했다. 국립극장 공연에 조연출로 직접 참여했던 김규대마저 극단 공연에 대하여 소화불량이니 뭐니 하면서 비판한 바 있었다.[17] 그만큼 국립극단 공연이 과거 신협만큼의 영향력도 없었던 것이다.

그런 때 유치진이 세계 일주를 하고 돌아왔고, 그의 희곡 〈왜 싸워?〉가 과거 친일작품이었던 〈대추나무〉의 개작이라 하여 대학연극제 공연 불가 판정이 내려진 것이다. 이것은 서항석 극장장과 대립 관계에 있던 유치진에게 치명타를 안겨주는 사건이었다. 더욱이 서항석이 영향력을 행사하고 있던 문총에서 그 문제를 들고 나왔기 때문에 두 사람 간의 우정의 균열을 넘어 국립극장에서까지 그 폐해가 미치게 되었다. 왜냐하면 유치진이 국립극단의 중추를 이루었던 신협계 배우들을 당장 이탈시켰기 때문이다. 당사자였던 서항석의 회고[18]대로 그 사건은 국립극장에 큰 타격을 입혔다. 즉 연극계 두 지도자의 갈등으로 국립극단이 두 쪽으로 갈라짐으로써 질적 저하를 촉진하기에 이르렀다는 이야기다.

이어서 국립극단 문제는 극장 자체의 존폐 문제로까지 확산되어갔다. 그런데 흥미로운 사실은 그 폐지 문제가 적자 운영에 맞춰져 있었다는 점이다. 세계 어느 나라 국립극장이 흑자 운영을 하고 있다는 말인가. 비판자들은 국립극장의 10월까지의 실수입이 1할밖에 안 되므로 폐지가 마땅하다고 했다. 그러나 관객이 크게 증가한 오늘날도 국립극장의 실수익은 1할에 이르지 못한다. 당시 10월까지의 실수익이 1할에 이르렀다는 것은 매우 좋은 성적이었다고 보아야 한다. 그러나 서항석 극장장에 대한 비판 세력은 국립극장을 주로 매도했고, 부화뇌동하는 사람들이 폐지론까지 들고 나왔던 것이다.

그러자 문화계 전체에서 국립극장 폐지론은 어불성설이고 오히려 획기적인 진흥책을 모색해야 한다고 나섰다. 즉 원로작가 박종화를 위시하여 주요섭, 이헌구 등 문화예술계의 대표적 인사들이 공동으로 국립극장 발전책을 강구하라고 정부에 요구하기에 이르렀다. 이러한 문화계의 여론에 정부 당국도 화답하려는 듯 전속 극단 강화책을 모색해 나갔다. 즉 문교부와 국립극장 운영위원회에서는 인기 영화배우들을 영입해서 전속극단을 강화하자는 안(案)과 국립극단을 완전 해체하고 민간 전문극단과 제휴해서 공연하자는 안이 나온 것이다.

이러한 두 안은 결국 절충안이면서도 제3의 안이라 할 두 개의 전속 극단을 두기로 하는 결정을 끌어낸 것이다. 그러니까 1959년 5월에 국립극단은 해산을 하고 신협과 민극 두 단체를 두게 되었다는 이야기이다. 신협은 국립극장 개설 당시의 전속단체였다가 6·25전쟁 중 이탈했던 극단으로서 수복 직후 국립극단으로 흡수되었다가 떨어져나가 재건된 것으로서 이번에 또다시 원명으로 전속이 된 경우이다.

신협은 이해랑을 그대로 단장으로 했고, 비 신협계 연극인들로 민극을 만들어서 연출가 박진을 단장으로 삼게 되었다. 이는 결국 그 뿌리를 찾아 올라가면 순수 정통연극(劇硏·劇協) 계열과 대중극(東洋劇場) 계열의 만남으로 볼 수도 있었다. 이러한 전문 연극인들의 국립극장 집결은 당시 두 종류의 도전 세력의 등장에 따른 응전의 결집으로 보아야 하지 않을까 싶다. 가령 제작극회라든가 8월극장 등 신진 극단들의 등장이 그 한 가지라면, 다른 하나는 새로운 원각사 소극장의 개관이었다고 말할 수 있다.[19] 이러한 국립극장 안에서의 전문연극인들의 단합은 곧바로 연극계의 활기로 표출되었다. 두 전속단체가 12월 초대형 역사극 〈대수양〉(김동인 원작, 박진 연출)을 국립극장 무대에 올리자 관객이 몰려들었던 것이다. 연극이 예술적으로 수준 높아서가 아니라 김승호, 최무룡, 박노식, 허장강, 최은희, 노경희, 주증녀 등 스타들과 김동원, 장민호, 백성희 등 최고의 배우들을 보기 위해서였다.

그런데 문제는 연극 수준이 관객의 욕구를 충족시켜주지 못하는 데 있었다. 전후의 경제 사정이 워낙 열악했기 때문에 웬만한 작품 가지고서는 관객들을 사로잡을 수가 없었던 것이다. 그러나 국립극장이 모처럼 모인 최고의 배우들을 썩힐 수만은 없었다. 관객이 적더라도 두 전속극단을 놀려둘 수가 없었던 것이다. 그래서 1960년대 들어서도 프리드리히 쉴러의 〈빌헬름 텔〉을 공연하고 제작극회, 8월극장 등과 합동으로 〈피는 밤에도 자지 않는다〉(이용찬 작)를 무대에 올렸으며 신협 단독으로 〈죄와 벌〉(도스토옙스키 작)을 공연하기도 했다.

그러는 동안 4·19학생혁명이 일어났고, 자유당 정권이 무너지고 야당이 집권하면서 사회가 대변혁을 겪기 시작했다. 이러한 변혁의 바람이 문화계에도 불어 닥쳤음은 두말할 나위 없다. 따라서 연극계에서는 당장 국립극장의 변화를 요구하는 분위기가 확산 되어갔고 그것이 여론화되기도 했다. 그러나 국립극장 측에서는 어쩔 수가 없었다. 특별한 방도가 없었다. 그런데 국립극장에 대한 여론의 화살은 주로 운영진과 운영목표에 향해져 있었다. 그러니까 극장장을 비롯한 간부들이 모두 자유당 정권과 이승만 대통령을 숭상하던 인물이 아니냐는 것이다.

그러니까 당시의 혁명적 분위기에 따른 것으로서 국립극장이 낡은 인물이 점유하여 낡은 제도를 고수하며 뚜렷한 방향이 없다는 언론의 비판이었다.[20] 그만큼 여론의 비판은 주로 당시 극장장(서항석)과 그 관할부서인 문교부에 맞춰져 있었다. 심지어 언론은 극장 책임자를 반혁명분자로 못을 박고 극장을 부패의 전형 비슷하게 매도하기도 했다. 다분히 감정적인 매도라 할 수 있는 이러한 비판은 특히 연극계 내부에 꽤 광범위하게 퍼져 있었다. 따라서 국립극장 개혁의 목소리가 터져 나왔고 평론가 오화섭은 국립극장을 전문연극인들에게 맡기고 프로듀서시스템을 도입하며 연구기능을 살려서 스타니슬랍스키 연기법을 교수하여 배우를 양성하라는 구체적인 개선 방안까지 제시하기도 했다.[21]

오화섭이 전문 연극인 서항석이 극장장을 맡고 있음에도 불구하고 극장을 굳이 연극인에게 맡기라고 한 것은 책임자 한 사람을 제외하고는 모두 문교부에서 파견한 일반직 공무원들로 인적구성이 되어 있는데 따른 것이었다. 그러니까 그가 주장하는 것은 매우 선진적인 것으로서 관에서 지원만 하고 창조 행위에는 일절 간여하지 말라는 것이었다. 그리고 그가 지적한 것 중

눈에 띄는 것은 설치법의 전진적 개정에서부터 단원들에게 고정급료 지급, PD시스템, 부설연구소를 통한 인재양성 특히 스타니슬랍스키 연기법 교습 권장 등이라 하겠다. 그러나 국립극장은 아무런 대책도 세우지 못하고 관망만 하고 있었다.

그러면서 기껏 8천만 환 예산으로 시공관에서 셋방살이를 면치 못하는 처지에 무슨 일을 할 수 있느냐는 것이었다. 이처럼 국립극장이 정체상태에서 방황하자 비판적 여론은 더욱 거세졌다. 그러나 국립극장이나 문교부로서는 뾰족한 수를 찾아내지 못하고 적은 예산으로 전속 두 단체를 동원하여 간간이 공연을 하는 것이 전부였다. 그러자 '성장 없는 국비만 좀먹는 극장'이라느니 '명색마저 흐려졌느니' 하는 매도가 이어졌고, 일대 수술을 하지 않으면 국립극장의 존재 의미가 있겠느냐는 비판이 나오기도 했다.

특히 국가의 지원 부족 속에 관료적인 타성으로 운영되고 있는 데 문제의 핵심이 있다는 것이었다. 도대체가 주무부서인 문교부가 1년 동안 운영위원회 한번 열지 않고 있다는 것은 국립극장을 완전히 저버린 것이 아니냐는 것이었다. 당시 동아일보는 국립극장 부실 요인을 정책 부재에 따른 다섯 가지라 했다. 즉, 첫째는 전속 극장과 지방 공연 무대를 갖지 못한 관계로 애써 마련한 작품무대(연극 1회에 4, 5백만 원 소요)는 6일 한도로 아깝게 버려야 하기 때문에 공연 횟수를 높일 수도 없어 극히 낭비적이라는 것, 둘째는 국립극장이 상업극장에 구애될 이유 없이 순수한 무대예술의 수준을 높여야 함에도 불구하고, 소극장은 고사하고 변변한 연습장 하나 없어 실험무대 같은 것을 동시에 할 수 없다는 것, 셋째는 전속단원인 신협, 민극이 55명의 멤버를 나열하고 있으나 극단 간부 수 명 외에는 모두가 무보수 단원이라 이름만 걸고 있을 뿐 실질적으로는 전속극단이라는 허울만으로서 권위도 없다는 것, 거기다가 대다수 단원이 영화계에서 바쁜 연기자들이라 국립극장은 한가할 때의 부업 정도로 여기는 사람들로 채워져 있어서 탄탄한 멤버로 구성이 되지 않는다는 것. 넷째로 국립극장 운영에 있어서의 편파성, 그리고 다섯째로

연기자 양성소의 부실한 운영 등이라 지적했다.[22]

이러한 국립극장의 문제점 지적은 정확한 것이었다. 따라서 최창봉은 국립극장이 수익성만은 생각하는 상업적 극장에서 벗어나 연극도서관, 연극문화센터, 소극장무대, 연극인 양성기관 등 부설기관을 갖추어서 무대예술의 측면적인 연구 발전을 촉진시켜야 한다고 했다.[23] 최창봉의 국립극장 발전론은 문화계에 널리 퍼져나갔고 박용구와 같은 음악평론가는 국립극장의 존재에 대해서 회의적인 자세를 보이기도 했다. 그는 '국립극장 시비'라는 글에서 "국립극장은 반드시 있어야 한다는 사람들도 있지만 국립극장은 있을 수도 없을 수도 있다."면서 미국에는 국립극장이 없어도 문화선진국이고 프랑스는 국립극장이 많아도 동맥경화증에 걸리지 않았느냐는 것이었다.

그러면서 우리나라 국립극장의 실패는 첫째, 연극 전통의 길이 될 작가를 키우자 못했다는 것, 둘째, 전통연극의 열원이 될 관객 조직과 극장윤리의 확립에 실패했다는 것, 셋째, 연극 전통의 기관차가 될 아카데미즘을 확립 못했다는 것[24] 등에 있다고 했다. 국립극장 존재에 대한 회의론은 극히 일부의 극단적인 생각이었지만 개혁의 필요성만은 문화계 전체에 광범위하게 공감대를 형성하고 있었다. 이는 마치 기름에 불을 붙이는 것처럼 국립극장 개혁론을 부채질한 것이다. 물론 개혁에 국립극장에만 국한된 것이 아니고 정치, 경제, 사회 모든 분야에서 광범위하게 진행되고 있었다.

때맞추어 나온 국립극장 개편론은 극작가 이근삼과 연출가 김정옥에 의해 제기되었다. 두 사람은 모두 국내에서 외국문학을 공부한 후 구미에서 연극과 영화를 공부하고 온 엘리트들이었다. 그렇기 때문에 선진국의 극장에 대해서 잘 알고 있었다. 먼저 이근삼의 극장개편론을 보면 역시 전문인들의 극장 참여 필요성을 제기한 것이 눈에 띈다. 이러한 그의 앞선 견해는 그 진의를 이해하는 사람도 드물었고, 따라서 그 실천이란 것은 상상도 하기 힘들었다. 최근에 와서 관립극장의 민간 위탁이 조금씩 시행되고 있는 것만 보아도 이근삼의 주장이 얼마나 앞섰던 것인가를 짐작할 수 있을 것이다. 프랑스 유학을 마치고 귀국한지 얼마 되지 않은 연출가 김정옥도 비슷한 개편론을 폈다. 이근삼이 유명무실한 운영위원회보다는 전문가들로 구성된 기획위원회를 제창한 것과는 달리 김정옥은 레퍼토리 선정위원회 설치를 주장하면서 제작진의 강화, 연구기능의 강화, 그리고 인재양성 등[25])을 요구했다.

김정옥의 글에서 특히 주목되는 부분은 국립극장의 연구기능 강화라 하겠다. 그가 생각하는 연구기능은 대체로 두 가지였다. 한 가지는 극장의 공연에서 나오는 대본이라든가 각종 팜플렛 등 자료의 보존이고, 다른 하나는 인재양성이었다. 이 같은 주장도 대단히 앞서가는 생각이었다. 물론 그 후로 한동안 배우 양성을 하긴 했지만 지속되지 않았고 자료의 보존도 형편없었다. 다행히 자유당 정권 때 공보처장으로서 을지로 입구에 소극장(원각사)을 열고 2년여 운영해본 오재경(吳在璟)이 혁명 정부의 문공부 장관으로 임명됨으로써 국립극장 문제가 긍정적으로 풀려나갈 수 있게 되었다.[26])

즉 국가재건최고회의는 1961년 10월 2일 자로 국립극장 설치법 제2조인 '문교부에서 직할한다'를 공보부로 이관하고, 제5조 중 '대통령령'을 '각령'으로 하는 것으로 개정했다. 5조와 부칙으로 되어있는 개정령 중에 눈에 띄는 것은 제2조의 '국립극장은 문화공보부 장관이 직할하고 서울특별시와 각 도에 설치할 수 있다'는 대목으로서 과거보다는 일단 진일보한 개정령이었다. 왜냐하면 새로 취임한 오재경 공보부 장관은 문화예술을 이해하고 애착도 강했던 인물이었기 때문이다. 그리고 때맞추어 11월 7일에 시민회관이 개관됨으로써 4년 동안의 셋방살이도 면하게 되었다. 그러나 해방과 함께 15년 동안 거의 보수를 하지 않고 사용만 해왔기 때문에 한 나라의 국립극장으로서는 시설 면에서 너무나 낙후되어 있었다.

따라서 문공부는 그해 12월 1일부터 총공사비 1억 8천만 환을 들여서 '깨끗하고 춥지 않고 덥지 않은' 국립극장을 만든다는 목표 아래 객석·무대·냉난방시설·화장실·로비 등을 전면 개수하기 시작한 것이다.[27]) 국립극장이 시설 면에서 얼마나 형편없었는가는 개수 당시 객석 바닥에서 씹다가 버린 껌

만 세 양동이를 걸어냈다는 일화가 잘 말해주고 있다(김창구 증언). 국립극장은 시설 면에서만 달라진 것이 아니고 인적 구조 등 여러 면에서 눈에 띌 정도로 변화해갔는데, 이는 순전히 오재경 장관의 문화 마인드에 따른 것이었다. 사실 군사정부가 문화에 대해서 밝다고 볼 수 없기 때문에 공보부 장관의 개인적 의지가 국립극장에 전적으로 반영되었다고 보는 것이 옳다.

국립극장은 내부 시설의 대폭 개수와 함께 전속극단 운영규정 공포에 따라 신협과 민극을 통합하여 국립극단으로 재발족 시켜서 중진 연출가 박진을 단장으로 임명했다(1962년 1월 17일). 그리고 국립극장 사정에 비교적 밝은 공보부 관리 김창구(金昌九)를 제3대 극장장 직무 대행으로 임명했다.

그러니까 당시 연극계의 여론과는 정반대로 전문가 아닌 일반 행정관리로 하여금 국립극장을 이끌게 한 것이다. 그 대신 운영위원회만은 당시 공연예술계를 대표할 만한 유치진, 여석기, 송 범, 임성남, 이유선, 김성태, 성경린, 박헌봉 등으로 구성하여 뒷받침토록 했다. 정부의 국립극장 개선책은 내부 수리나 극장장 교체 정도로 그친 것이 아니고 새로운 청사진까지 제시함으로써 대단한 의지가 뒷받침되어 있음을 알 수가 있었다. 즉 공보부는 뒷날 상당수가 실천되지는 않았지만 국립극장의 쇄신 방안 다섯 가지를 제시했는데, 부대사업의 실천화와 국립극단의 질적 향상, 연극의 5개년 발전 계획, 부설 예술단체 결성, 관객 확보를 위한 방안 등이 바로 그것이다.

여기서 그들이 제시한 부대사업의 실천화란 무대예술 전반의 계도, 진흥사업으로서 종합 예술지(계간)의 발간, 단기 무대예술 공개강좌의 개설, 무대 종합예술 제전의 계획 실시, 각 부속단체들의 월평균 1회 이상의 공연 등을 말한다. 다음으로 질적 향상과 임무 부여라는 것은 첫째, 공연의 정기화를 기하여 중앙은 6회, 지방은 도청 소재지에서 각 1회를 상연하는 것이다. 또 고루한 희곡 작품의 선택을 지양하고 창작활동에 중점을 두어 창작물 3편, 고전 1편, 번역 2편의 비율로 하며, 기성극단의 질적 향상을 위하여 액터스 스튜디오와 같은 교육 활동을 전개해 가는 데 있어서 주 2회 연구 과제를 설정하여

국립발레단 제2회 정기공연 〈사신의 독백〉(1963.3.13~17)

토의 연구토록 한다고 했다. 두 번째로는 국제 활동을 벌여서 1962년도에는 일본의 교포 위문공연을 갖는다고 했다. 그리고 세 번째로는 기성 배우양성소 운영을 극단 중심으로 하여 부단한 후계자의 양성소로서의 전위를 세운다는 것이다.

다음으로 5개년 발전계획은 1930년도 미국에서 실시했던 FTP와 같이 연극의 연차 발전을 위하여 극단이 주동이 된 한국연극의 비약적 발전을 꾀하려는 것으로서 연도별 주요 목표는 다음과 같았다.

> 1962년도 - 연극부흥, 자체의 조직화
> 1963년도 - 국제진출, 관객확장
> 1964년도 - 연극의 생활화, 대극장 진출
> 1965년도 - 민족연극의 확립, 연극의 지방화
> 1966년도 - 전국 각지의 연극운동 완성

이상과 같은 국립극장의 발전 계획은 스케일이 크고 원대한 것이었다. 그리고 부설 예술단체 결성 목표는 오페라하우스와 뮤직홀이 없는 우리 실정으로 볼 때, 규모상 무리가 따르는 것은 사실이지만 무용, 오페라 등 각 단체를 우선 국립극장예속으로 조직하고 공연사업은 고전무용 연 4회, 발레 2회, 오페라 2회로 한다고 했다. 또한 각 단원은 연극에 있어서와 마찬가지로 연구제도를 수립하여 연차적인 계획에 의한 발전을 기하도록 한다는 것이다. 이어서 후진양성을 위하여 후보 단원제를 실시하며, 정부는 1962년 후반기에 종합적인 예술인 양성소를 갖는다는 것이다. 이밖에도 각계에서 1명씩의 해외 파견으로 견문을 넓게 하고 TV를 비롯한 각 방송에 국립단체 멤버를 우선적으로 공연케 하고 보수의 증가로써 생활 안정을 시키는 등의 모든 사항을 실천한다는 것이었다.

마지막으로 관객 확보를 위한 방안으로는 관중의 희망에 의한 공연제의 연구와 관람자 회원제도 검토, 평면무대에서 입체무대로의 발전연구 및 극장 종업원의 교양훈련 등을 실시한다는 것이었다.[28]

이상과 같은 국립극장 발전책은 여론을 참작하고 운영위원회들의 자문을 거쳐서 정부가 발표한 것이지만 당시 실정에서 모두 실천한다는 것은 쉬운 일이 아니었다. 그러나 몇 가지는 당장 구체화한 바도 있다. 즉 정부는 1962년 1월 15일 자로 각령(閣令) 제379호로 국립극장에 전속단체 설치 근거 법을 공포한 점이다. 그 내용은 국립극장 직제 중 제14조를 신설한 것이었다. 그 제14조는 '국립극장에 전속의 극단 기타 공연 단체를 둘 수 있다. 전항의 전속단체의 결정과 그 운영에 관한 사항은 공보부장관의 승인을 얻어 국립극장이 정한다. 공보부장관이 전항의 승인신청을 받았을 때에는 국립극장운영위원회의 의견을 들어 가부를 결정하여야 한다'는 내용이었다.

이러한 국립극장의 직제 개정 직후인 2월 들어서 새로 국립극장 오페라단, 국립국극단, 국립무용단(한국무용, 현대무용 병합) 등을 전속 단체로 창단했다. 따라서 국립극장은 4개의 전속단체를 두게 된 것이다. 김창구 극장장은 비록 공무원이라 하더라도 음악대학 출신이기 때문에 무대예술에 대한 조예와 애착이 어느 정도는 있었다. 따라서 그는 오재경 공보장관의 뒷받침을 받

드라마센터 전경

아서 국립극장에 활기를 불어넣는 일을 하려고 애쓴 것만은 사실이다. 우선 그는 전속단체가 셋이나 더 늘어났으니 이들 창단도 기념하고, 또 국립극장도 새롭게 단장한 만큼 3월 22일부터 4월까지 재개관 기념예술제를 연 것이다.

국립극장 운영에 큰 포부를 가진 김창구는 국립극장 운영 방향을 네 가지로 정했는데, 첫째가 우리의 힘에 의해서 우리의 생활에 눈떠야 한다는 것, 둘째, 민족적인 유산을 재평가하여 보존해야 함에 주력한다는 것, 셋째, 후진 양성에 주력한다는 것, 넷째, 국제문화 교류에도 앞장선다는 것 등이었다.[29] 그러면서 그는 '쇄신된 국립극장의 새 출발은 적어도 민족적인 것에 대한 사랑과 발굴과 보호를 애써 영위해나감으로써 우리가 지닌 과거를 우리의 현대를 이루어놓은 과거에다 현대적인 의식을 주어보고 거기서 얻어지는 새로운 민족예술의 내실을 간직하는 데 게을리 하지 않을 것'이라 했다.

솔직히 국립극장의 활기는 드라마센터의 개관과도 무관하지 않았다. 즉 대단히 현대적인 드라마센터가 1962년 4월 12일부터 역사적인 개관공연을 함으로써 국립극장이 은연중에 경쟁의식을 가지지 않을 수 없을 것이라는 이야기이다. 물론 드라마센터는 사설인 데다가 4백석이 조금 넘는 중형극장이고 국립극장은 대형 관립극장인 점에서 성격은 판이하다. 그러나 국립극장이 독주하다가 새로운 극장을 경쟁상대로 만나서 안주에서 벗어나려는 의욕을 불태울 만했다는 생각이다. 그런데 이러한 극장 환경의 변화에 맞추어서 관객이 대폭 증가한 것은 아니었다. 드라마센터는 연극 중흥까지 기대했지만 관객의 호응 부족으로 1년도 되지 않아서 문을 닫지 않았는가. 역시 전쟁의 후유증은 오래 간 것 같다. 재개관 된 국립극장만 하더라도 화려하게 재출발했지만 관객 동원 면에서는 너무나 기대에 못 미치는 것이었다. 즉 4개 전속단체에다가 KBS 교향악단과 합창단까지 동원했지만 한 달 동안에 겨우 1만3천여 명을 동원하는 데 그쳤고, 그중 반수를 무료 초대권으로 계산하면 하루 평균 4백30명, 1회의 유료관객은 겨우 1백 명 정도였다. 국립극장이 수익성에 얽매일 필요는 없다손 치더라도 극장을 유지하는 데드라인의 1/8 밖에 되지 않는 그러한 성과는 국립극장의 장래에 암영을 던지는 것임에 틀림없었다.[30]

따라서 국립극장은 전쟁으로 만신창이 되었다가 오랜만에 제구실을 하려다가 관객의 호응 부족으로 또다시 개점휴업의 처지에 빠지고 말았다. 게다가 의욕적인 젊은 극장장 김창구가 취임 4개월 만에 물러남으로써 국립극장 침체를 가속화시키는 또 하나의 요인도 된 것이다. 이러한 처지의 당시 국립극장에서 느낄 수 있는 것은 세 가지이다. 첫째는 역시 정부의 인색한 예산 지원이다. 공보부 장관이 아무리 의욕적으로 국립극장 육성책을 펴도 나라경제가 부실하여 어쩔 수가 없는 것이 아닌가. 전후 복구도 제대로 되지 않은 당시의 어려운 경제 사정에서 국립극장이라고 예외가 될 수는 없었을 것이다. 두 번째는 관객의 호응인데 6·25전쟁으로 파괴된 관객 기반이 좀처럼 다시 세워지기 어려웠던 것이다. 그 점에서 드라마센터의 실패도 같은 맥락으로 보아야 할 것이다.

그리고 세 번째로는 역시 기획의 실패에서 찾아야 될 것 같다. 그러니까 극장 측은 의욕만 불탔을 뿐 어떤 작품을 얼마를 들여 제작하면 당시 대중에게 먹혀들어 갈 것인가에 대해서 치밀한 계산이 없었다. 따라서 연간 책정된 예산은 바닥이 날 정도였지만 예술적 성과나 관중의 호응은 보잘것없었던 것이다. 작품들 자체가 신통치 않았기 때문이었다. 이상과 같이 외화내빈의 국립극장이 예산까지 거의 다 써버림으로써 단 한 달여 만에 또다시 휴면 상태에 빠지고 대관으로 겨우 연명하는 처지에 놓이게 되었다. 그뿐만 아니라 예산상의 아무런 뒷받침도 없이 서둘러 발족된 국극단, 무용단, 오페라단들에게는 급료마저 주지 못함으로써 지명도 높은 단원들의 상당수가 단체를 이탈하는 사태까지 벌어졌다. 따라서 어떤 단체는 껍데기만 남는 말 그대로 유명무실한 것이 되기도 했다. 국립극장이 다시 침체 상태에 빠지자 과거 신협을 했던 단원들이 이탈 조짐을 보이기 시작했다. 국립극단은 차범석의 대표작 〈산불〉 공연으로 조금 반짝했으나 후속타가 없었기 때문에 또다시 정체 속에 빠져들었다.

물론 이 기간에 극단 실험극장이 국립극장에서 화력 넘치는 공연을 함으로써 대관극장으로서는 괄목할 성과를 올리기도 했다. 그리고 신년(1963년) 들어서 국립극장은 '겨울철 단막극 시리즈'를 기획하여 동인극장 등 다섯 극단이 참여하고 차디찬 극장무대에 온기를 불어넣기도 했다. 그러나 국립극장은 잦은 극장장 교체로 인해서 연간 기획도 제대로 세우지 못했다. 즉 제4대 이용상 극장장이 5개월 만에 물러났고, 제5대 황기오 극장장도 5개월을 겨우 채웠으며, 제6대(김득성)는 2개월, 제7대(김진영)는 6개월, 그리고 제8대(윤길구)에 와서야 겨우 임기를 채우는 정도였다.

이상에서 알 수 있는 것처럼 국립극장이 재개관 된 직후에는 2년에 극장장이 다섯 번이나 바뀐 것이다. 이는 정부의 국립극장 정책의 부재를 단적으로 보여주는 것이다. 극장장은 2년도 짧은 임기인데 다섯 명이나 드나들었다는 것은 아무것도 할 수 없게 만든 것이나 진배없다. 겨우 2급 자리였던 극장장은 공무원들이 기피하는 직책으로서 어떻게 하면 빨리 본청으로 복귀할 것인가만을 생각하고 있었기에 비전문가들인 이들의 극장장으로서의 활동은 거의 없었다고 보아도 무방했다. 그런 중에서도 임기를 채웠던 윤길구 극장장만은 공무원 출신답지 않게 무대예술에 관심이 많았고 애착 또한 비교적 강한 편이었다. 따라서 그는 뭔가를 해보려고 노력하는 가운데 국립극단만이라도 대폭 개편하여 구 신협 단원들이 떠난 자리를 소장 배우들로 채운 것이다.

즉 그는 중진 연극인 박진 단장을 위시하여 변기종, 최명수, 최상현, 김동훈, 김성옥, 김인태, 김순철, 백성희, 나옥주, 정애란, 진랑 등 12명으로 진용을 짠 것이다. 새로 극단장을 맡은 박진은 "이제까시 극도로 상실해버린 관객을 되찾고 관객이 많은 국립극장을 만들기 위하여 새로운 낭만주의 운동을 일으키며 고답적인 연극을 버리고 세미 클래식한 방향을 취하면서 '웃으며 즐겁게'라는 슬로건을 내 세우겠다."[31)는 포부를 밝히고 나섰다. 그런 시기에 '공보부의 유배처'로 여겨지던 국립극장에 취임한 윤길구가 전임자들처럼 그 자리를 벗어나려고 몸부림치기보다는 뭔가 해보겠다는 의욕을 보여준 것은 다행한 일이었다. 사실 국립극장이 재개관 직후 극도의 슬럼프에 빠진 이유 중에는 잦은 극장장 교체도 한 원인이었던 것이다.

그러다가 조금 나은 제8대 극장장을 만나 국립극장이 미약하나마 활기를 찾기 시작했는데 그것도 전속단체들보다는 사설단체들의 활약에 의한 것이었다는 점은 아쉬운 일이다. 가령 극단 실험극장을 시작으로 민중극장, 동인극장, 극단 산하, 그리고 자유극장 등 유수한 단체들이 소위 동인제 시스템을 들고나와 경쟁적으로 공연활동을 벌임으로써 국립극장이 대관극장으로서만은 화려한 명동시대를 열어가기 시작했던 것이다. 이들 단체들은 창작극은 물론이고 구미의 새로운 번역극들을 소개함으로써 젊은 대학생들을 중심으로 지식인들에게 적잖은 자극을 주기도 했다.

그런데 연극단체들만이 아니라 오페라, 무용, 전통예능 등 순수 예술단체들이 명동의 국립극장에서 용틀임했기 때문에 명동이 한국문화의 중심지가 될 수가 있었다. 그런 시기에 셰익스피어 탄생 4백주년을 맞아서 영문학계와 연극계가 그 기념 제전을 국립극장에서 벌임으로써 전쟁이 끝난 이후 모처럼 많은 연극관객도 모을 수가 있었다.

즉 1964년 4월 22일부터 국립극단의 〈베니스의 상인〉 공연으로 시작된 셰익스피어 제전에는 6개 극단이 참여하여 대표작들을 한 달 동안 진행함으로써 전쟁 후에는 최다 관객이라 할 3만7천여 명을 동원할 수가 있었다. 어떤 극단은 공연 중에 만원사례를 몇 번 할 정도로 오랜만에 국립극장 객석을 꽉 꽉 메우기도 했다. 그리고 그해 9월에는 국립극장직제를 폐지하고 10조로 된 '중앙국립극장' 직제로 개편했다.

그런데 국립극장 직제 개정 중에서 주목할 만한 사항은 제3조(위치)로서 국립극장을 서울에만 둔다는 항목이라 하겠다. 이는 1954년 1월 12일자로 국회에서 개정되었던 제2조, 즉 '국립극장은 문교부장관이 직할하고 서울특별시와 각 도에 설치할 수 있다'와 1961년 10월 2일 자로 개정된 '국립극장은 공보부장관이 직할하고 서울특별시와 각 도에 설치할 수 있다'를 또다시 원점으로 되돌려 놓은 것이어서 주목되는 것이다. 결국 이때 개정된 것이 오늘날까지도 특별한 변화 없이 내려오는 것이라 하겠다. 그리고 국립극장은 대외적으로 면모일신을 보여준다는 명목으로 오페라단을 제외한 3개 전속단체를 전면 개편했는데 그 진용은 다음과 같았다.

국립극단 - 변기종(단장), 백성희, 강효실, 김인태, 박근형, 윤계영, 노경자,
　　　　여운계, 이진수, 백수련, 박수현, 김금지, 김신자
국립국극단 - 김연수(단장), 홍갑수, 정권진, 장영찬, 강종철, 성순종, 박판월,
　　　　김소희, 박귀희, 김경희, 박봉선, 김정희
국립무용단 - 임성남(단장), 송 범, 주리, 김진걸, 강선영, 김문숙

이상과 같은 국립극장의 전속단체 개편이란 것이 그렇게 큰 의미가 있는 것은 아니었다. 왜냐하면 국립극장의 에너지라 할 수 있는 예산이 증가는커녕 그 반대로 삭감되었기 때문이다. 즉 공보부가 국립극장 예산액(1966년도)으로서 9백20만8천 원을 국회에 제출한바, 국회 문공위에서 반 이상이 삭감되고 겨우 4백11만9천 원만 책정해준 것이다. 따라서 그나마 연례공연도 절반으로 줄어들 수밖에 없는 처지가 된 것이다. 국회의원들의 문화마인드 부재는 선진국들의 국립극장 진흥 노력과는 정반대로 가는 것이었다.

이처럼 그동안 우리 문화가 제대로 꽃을 피우지 못한 여러 가지 요인 중에 정치권력이 앞에 놓인다고 말한다면 틀린 주장일까. 특히 국회 문공위원회들 발언 중에 '대중에 맞는 공연을 해서 흥행이 잘 되도록 할 수 있지 않느냐'는 대목이 문화계 인사들을 아연실색게 했다. 사실 국립예술단체가 연간 4~5회 내외의 공연을 한다는 것 자체가 형편없는 것인데, 그나마 반으로 줄인다는 것은 전속단체 활동을 부정하는 것이어서 국립극장 존재이유 자체가 위협받는 처지에 놓인 것이었다.

이에 문화예술계가 나서지 않을 수 없었다. 국립극장은 국립박물관이라든가 도서관, 국악원 등과 마찬가지로 정부가 앞장서서 문화를 보호 육성하는 기관 중의 하나인데, 수익성만을 강조한다면 어떻게 되느냐는 것이 문화예술계의 발언이었다. 따라서 국립극장 운영위원에서는 즉각 정부 요로에 재고 건의서를 전달하는 한편 서항석, 박진, 김연수, 김세형, 임성남, 송범 위원 등이 공보부 장관을 찾아가 시정을 요청하기도 했다.

이들은 한결같이 '국립극장을 마치 국영기업체인 듯 착각한 위정당국자의 이러한 처사는 용납될 수 없는 것'이라고 항의한 것이다. 그러나 이미 국회에서 통과된 예산을 어떻게 변경할 수는 없는 것이었다. 결국 국립극장은 순전히 대관극장으로만 생명력을 유지할 수밖에 없었다. 당시의 여론도 대단히 비판적이었음은 두말할 나위 없는 것이었다. 가령 동아일보는 사설까지 동원하여 국립극장을 통한 순수예술진흥을 외치기도 했다.[32]

그러나 비판적 여론에도 불구하고 추경예산에서 원안이 복구되지 않았다. 결국 국립극장은 전속단체들의 공연일수를 줄일 수밖에 없었는데, 연간 80일 갖는 공연 날짜를 30일로 반 이상을 줄이는 고육지책을 쓰게 되었다. 그만큼 국립극장은 거의 명목상으로만 겨우 유지되는 것이었고, 사설 단체들의 발표 장으로 전락했다. 극장의 제작비는 계속해서 그 수준을 유지하는 정도였다. 즉 1970년도만 하더라도 6백17만 원에 불과했으므로 4년 동안 겨우 2백여만 원이 증가한 셈이다. 이는 솔직히 물가상승률에도 못 미치는 것이다.

당시 주요 선진국들의 국립극장 예산을 보면 우리와는 천양지차였다. 가령 프랑스의 국립극장(코메디 프랑세스)의 경우 1964년도의 국고보조는 약 18억 원(2천9백만 프랑)이었고, 1965년도는 21억 원이었으며 베를린 국립극장은 약 12억 원(1천525만 마르크)이었다. 이웃 일본의 국립극장도 연간 예산이 3억94만 엔이었으니 우리와는 비교하기조차 부끄러웠다.

그렇기 때문에 전속단체의 공연은 존재를 알리는 행사와 같은 형식에 그치곤 했다. 게다가 극장장의 수시 교체도 여전했다. 제8대의 윤길구 극장장이 2년 반을 했을 뿐 제9대(이홍수)가 9개월, 제10대(김창구)가 1년 반, 제11대(이용상)가 1년, 제12대(이성철)는 단 5개월, 제13대(김원호) 역시 5개월, 제14대(김창구)에 와서 5년 반을 하기에 이른 것이다.

그런데 흥미로운 사실은 공보부 공무원들이 거의 국립극장 부임을 기피하는 가운데서도 김창구는 세 번 들락거리면서 8년 반을 근무했고 이용상은 두 번에 걸쳐서 겨우 1년 5개월을 근무했다는 점이다. 극장장의 잦은 교체로 장기 계획을 세울 수가 없었고, 극장 직원들의 장악도 어려웠음은 두말할 나위 없었다. 업무 파악도 하기 전에 떠나려고만 하는 극장장을 위하여 직원들이 무슨 일을 할 수 있단 말인가.

그뿐만 아니라 국립극장은 마치 정부의 방치를 넘어서 애물단지 취급을 받았고, 따라서 시설 또한 엉망이었다. 아마도 냉난방 시설이 되어 있지 않고 심지어 자가발전 시설조차 갖추지 못했으며 한겨울과 여름 두 달 동안은 휴관을 하지 않을 수가 없었다. 이처럼 우리나라 유일의 국립극장에서 연간 몇 번 연극 공연을 하는 중에 정전이 되어 50분이나 관중이 캄캄한 객석에서 기다려야 하는 처지였다. 그뿐만 아니라 전속단원에게 주는 적은 급료까지 부담스러워 단원을 절반으로 감축하기에까지 이르렀다. 1966년 12월에 개편된 전속 단원들의 명단을 참고삼아 소개하면 다음과 같다.

국립극단 - 장민호(단장), 변기종, 김성옥, 박성희, 정애란, 나옥주 등 6명
국립국극단 - 김연수(단장), 김소희, 장영찬, 박초월, 정권진, 박귀희 등 6명
국립오페라단 - 오현명(단장), 안형일, 이인영, 이정희, 황영금, 박노경 등 6명
국립무용단 - 임성남(단장), 송 범, 김진걸, 강선영, 김문숙, 주리 능 6명

이상과 같이 예산 부족으로 전속단원을 절반으로 줄이면서도 국립극장이 뭔가 해야 한다는 강박 관념에 사로잡혀서 몇 가지 눈에 띄는 사업을 벌이기도 했다. 즉, 1967년 들어서 3·1 연극상 제도를 실시하는 등 몇 가지 사업 계획을 제시했는데, 그 내용을 보면 첫째, 자체공연, 둘째, 대관사업, 셋째, 시상제도의 실시, 넷째, 연극연기자와 전통예술 계승자의 양성사업, 다섯째, 무대예술에 관한 조사 연구사업, 여섯째, 무대예술의 보급 선전과 국제 문화 교류 사업 등이었다.

그런데 이상의 여섯 가지 사업 중에서 가장 역점을 두었던 것은 대관사업으로서, 그 목적을 보면, '국립극장 자체 공연 이외의 일수는 순수무대예술인 또는 단체에게 운영위원회 심의를 거쳐 대관함. 대관 요금은 전일 2만2천5백 원, 하오 1만5천 원인 바, 이는 정부가 민족 무대예술의 보호와 육성을 위하여 저 요금으로 대관하는 것'[33]이라 했다. 솔직히 당시 국립극장의 인적 구성이나 예산을 갖고 할 수 있는 일은 자체공연 몇 번과 대관사업밖에 없었다. 그렇기 때문에 국립극장은 예술인들과 사설 단체들의 활동 무대로서 그 기능을 대신할 수밖에 없었다.

그렇기 때문에 국립극장의 비정상적 운영에 대한 문화계 인사들의 불만은 커갈 수밖에 없었다. 따라서 당시 연극인 네 사람(유치진, 차범석, 오화섭, 이용찬)은 국립극장의 방향에 대해서 세 가지를 제시한바, 첫째, 산발적 공연과 대관을 지양하고 연중무휴 공연으로 국립극장의 명분을 살리고 권위를 회복해야 한다는 것, 둘째, 극장장은 별정직으로 해서 직급을 올리고, 기구를 확충하며 유명무실한 운영위원회가 아닌 실적적인 자문위원회를 두어서 운영해야 한다는 것, 셋째, 실력과 권위를 겸비한 대우를 해 주어야 좋은 공연이 된다는 것 등이었다.[34] 연극계 인사들의 세 가지 건의 중에서 극장장의 직급을 올려야 한다는 것이 가장 주목되는 사항인데, 이유는 극장장의 격이 올라가지 않고서는 되는 일이 없었기 때문이다. 그런데 그런 좋은 건의는 40년이 지난 오늘날에도 받아들여지지 않고 있다.

정부가 국립극장 하나 제대로 키우지 못하고 있던 시기에 우연히 평양에 만수대 예술극장과 같은 대형 문화공간이 여럿 있다는 것을 알게 되면서 그에 상응하는 극장의 필요성을 절실히 느끼기 시작한 것은 천만다행이었다. 그래서 정부는 국립극장 문제를 단번에 해결할 방안을 모색 중에 새로운 대형문화센터 건립이 가장 좋은 방법이라 생각해낸 것이다. 그런데 문제는 막대한 비용이었다. 결국 '소경 제 닭 잡아먹기 식'으로 명동 국립극장 매각으로 자금을 조달키로 했다. 공보부는 민족 문화센터 안에 매머드 국립극장을 짓기로 하고, 그 자금 조달을 위해서 명동의 국립극장을 공매 처분한다고 발표했다.[35] 당시 보도를 보면 정부에서는 1969년에 완공할 예정으로 1967년 10월 12일에 착공했다는 기사가 다음과 같이 나와 있다.

새 국립극장이 12일 장충동에서 착공됐다. 종합민족문화센터의 일환으로 세워지는 동 국립극장은 1969년 완공예정인데, 지하 1층, 지상 3층에 객석 1천5백, 특별석 1백30석의 규모이다. 특별석엔 복스마다 화장실, 다과 서비스 룸이 곁들여지고 4백 평의 무대엔 회전·승강·수평장치가 감춰지며 1백여 명이 연

장충동의 신축 국립극장 전경

주할 수 있는 오케스트라 피트, TV 중계 장치 등이 마련된다. 총공사비는 9억5천만 원.[36)]

　　명동 국립극장 매각 발표와 장충동 신축 국립극장 착공 소식은 무대 예술인들에게는 절망과 희망이라는 서로 상반된 감흥 속에서 혼란을 일으키기도 했다. 왜냐하면 명동 국립극장은 역시 10년 이상 무대 예술인들의 정신적 요람이었고, 장충동에 멋진 극장을 세운다는 것 역시 어떻든 가능성으로 다가온 것이 사실이었기 때문이다. 더욱이 국립극장 매각 발표와 함께 기타 예산이 꽁꽁 묶임으로써 명동에서의 진전은 기대하기가 어려웠다. 그러나 매각은 여의치 않았다. 여섯 번이나 매각 입찰을 했으나 모두 유찰되어 언제 팔릴지 알 수가 없었다. 초조한 공보부가 수의계약 공고까지 냈으나 계약 희망자가 좀처럼 나타나지 않았다. 그러자 이번에는 예술인들이 나서서 명동극장이 위치상에 있어서나 규모, 그리고 주변사정 등으로 볼 때, 그대로 두고 활용하는 것이 바람직하다는 취지의 건의문을 정부에 내는 등 다각적 교섭을 벌이기 시작했다. 특히 연극인들이 명동의 국립극장을 선호했고, 연극을 좋아하는 예술인들과 연극 팬들도 호응해왔다.

그러자 정부는 신축 극장의 막대한 비용만은 어쩔 수 없다면서 매각을 고집한 것이다. 자금조달 등 여러 가지 관계로 1969년도에 완공예정이던 장충동 신축극장의 건설도 자꾸만 지연되어갔다. 그뿐만 아니라 당초 매머드 문화센터를 구상했던 정부가 국립극장만 짓는 것으로 건축계획도 축소시켰다. 그러는 동안에 1970년도를 맞았고 명동극장도 팔리지 않았다. 극장 측은 창립 20주년을 맞아 몇 가지 행사를 갖고 신축극장을 염두에 두고 간단한 기구개편과 함께 전속단원도 대폭 보강했다.

　즉, 1969년에 창단된 국립교향악단 90명과 함께 극단 15명, 국극단 13명, 오페라단 13명, 그리고 무용단은 51명이나 되었다. 그러니까 전속단원만도 1백82명이나 된 것이다. 이처럼 정부의 생각은 이미 명동을 떠나 장충동에 가 있었다. 다만 연극계를 중심으로 무대예술분야 사람들이 명동에 집착하고 있었을 뿐이다. 당시에는 대관료가 비싼 드라마센터 외에는 공연을 가질 만한 무대공간이 없었으므로 국립극장이야말로 우리나라 무대예술의 메카였음은 두말할 나위 없었다. 바로 여기서 명동극장이 관립 예술보다는 사설단체 예술 진흥에 오히려 더 기여하고 있었다는 이야기가 된다. 명동 국립극장이 매각되어 장충동으로 이사 가느니 어쩌느니 하고 방황하고 있을 때 개관 20주년을 맞았고, 그때의 실상을 동아일보는 다음과 같이 기사화했다.

　음악, 연극, 무용 등 모든 무대예술에 자극을 주고 발전을 선도하는 노력을 국립극장 운동으로 지칭할 수 있다면 그러한 운동의 총본산이라는데 국립극장은 여러 가지 사정으로 세금만 축내온 느낌이다. 그것은 연평균 5회의 공연 실적이 보여주듯 국립극장은 명목만의 단체를 갖고 단체의 명맥만을 유지할 정도의 공연을 해 왔을 뿐 냉방장치라야 고작 방한장치에 지나지 않는 어설픈 시설로 대관이라는 이차원적인 업무에 매달려왔기 때문이다.

　국립극장 운동에 활력을 불어넣고 운영을 합리화한다는 점에서 음악, 연극, 무용, 국극 분야의 인사 10명으로 구성 된 운영위에다 5개 산하단체를 갖고 있는 국립극장은 금년의 경우 4천8백만 원의 예산을 받아 그 가운데 1천3백만 원을 공연비로 잡고 있다. 5개 단체의 공연비에도 부족한 이 예산은 전속단원 들의 인건비로까지 찢겨나간다. (…중략…) 국립극장이 안고 있는 문제로 이밖 에 관계자들의 인식문제가 있다.

문교부 산하에 있던 12년 동안 열한번이나 바뀐 사실은 국립극장장 자리가 유배지나 한직으로 인정되어왔다는 명백한 증거가 아닐 수 없으며 그만큼 국 립극장을 독립기관으로 승격시키지는 못하더라도 극장장은 예술에 소양이 있 고 예술 발전에 의욕을 지닌 인사를 앉혀 장기간 노력을 기울일 수 있도록 해 야 될 것 같다.[37]

이상의 글에서 알 수 있는 것처럼 국립극장은 6.25전쟁 이후 관립극장으로 서의 본분을 거의 저버린 상태에서 사설 공연 단체들의 발표장 구실만을 하 고 있었던 것이다. 더욱이 매각 발표 이후에는 정부가 장충동에 신축 중인 극장에만 신경을 쓰는 처지였다. 그런데 1970년대 초까지 무대 예술인들의 열화와 같은 불매 요구로 인해서 정부는 일단 팔지 않기로 잠정 결정을 내리 고 극장 내부를 부분적으로 개수했다. 이는 정부가 잠시나마 우리나라 무대 예술의 발전을 어느 정도 인식했다는 이야기가 된다.

이처럼 정부가 예술단체들의 발표 무대의 필요성을 절감했다는 것은 대단 히 큰 의미가 있는 것이다. 그렇다고 정부가 당장 국립극장 진흥을 위해서 획기적인 일을 한 것은 아니었다. 다만 신축 국립극장을 위해서 전보다 관심 을 더 갖는 정도였을 뿐이다. 즉 건축이 지지부진해서 준공을 몇 번 연기했던 정부가 1970년도를 맞아서 공식적인 액수만도 28억 원을 투입하여 1973년도 상반기에는 반드시 완공한다는 계획이었다. 따라서 문공부는 공무원 중에서 무대예술에 조예가 있는 김창구를 세 번째로 극장장에 임명하여 극장 신축을 독려토록 하고 국립극장의 인적 구성도 쇄신토록 했다. 그리하여 김창구 극 장장이 1973년 초 취임하자마자 대우개선과 1백 명 규모의 합창단, 그리고 예그린 악단을 가무단으로 하여 전속으로 두고 교향악단도 4관 편성으로 하겠다는 등의 포부를 밝히기도 했다.

이러한 국립극장의 새로운 구상이 실천만 된다면 꽤 진전된 것임에 틀림없었다. 여기서 특히 눈에 띄는 부분은 교향악단의 4관 편성과 공연 횟수 배가라 하겠다. 단원을 한꺼번에 20명이나 늘리고 합창단도 1백 명 규모와 가무단도 신설한다는 것은 예산의 대폭증액이 없으면 불가능한 일이었다. 또한 음악대학 출신이었던 김창구가 교향악단이라든가 합창단, 가무단 등에 특별히 관심을 기울였던 것도 주목되는 점이다. 결국 장충동 신축 국립극장은 1973년 여름에 완공되었고, 그때를 맞춰서 극장직제도 대형 국립극장에 걸맞도록 개정되기에 이르렀다. 1973년 7월 14일에 9조로 된 대통령령 제6770호로 개정 공포된 것이다.

그런데 개정된 새로운 국립극장 직제에서 주목되는 부분은 세 가지이다. 첫째는 대형극장에 맞는 인적 구성으로서 직원이 과거보다 배 이상 증가 된 점이고, 두 번째는 극장장을 이사관 또는 부이사관으로 한다고 하여 직급을 한 단계 올릴 듯한 법령이 처음 나왔는데 실현되지는 않았다는 것, 세 번째로는 업무 분장의 세분화이며, 네 번째는 가무단 등 전속단체의 증가라 하겠다. 국립극장 직원은 행정공무원(17명)과 별정직(22명), 기능직(35명), 그리고 고용원(54명) 등으로 나뉘는데 총 128명으로서 대단한 숫자였다. 게다가 국립가무단과 합창단 등이 새로 발족기로 된 것이다. 국립극장이 새로 지어지면서 대식구를 거느리게 되었던 것이다. 결국 국립극장은 1973년 8월 26일자로 장충동으로 역사적인 이전을 했다.

여기서 굳이 역사적이라는 용어를 사용한 것은 우리나라 유일의 국립극장이 그동안 일본인들이 세운 부민관, 대구키네마, 그리고 명치좌 등을 거쳐 해방 28년 만에, 또 설립 23년 만에 비로소 우리 손으로 지은 극장을 갖기에 이르렀음을 뜻한다. 국립극장 이전에 발맞춰서 김창구 극장장은 과거의 대관 위주에서 자체공연위주로 일대 방향전환을 하겠다고 선언한 것이다. 이는 국립극장이 환도 후 16년 만에 대관 위주 극장이 아닌 자체공연 체제로 전환을 하는 것이었다.

새로 이전한 국립극장이 자체 공연 체제를 자신 있게 전환할 수 있다고 선언한 것은 역시 세 가지 배경 때문이었다. 첫째는 국립극장이 본도를 찾는다는 것이고, 두 번째는 구 국립극장 매도가 쉽지 않은 데다가 재야 예술단체들의 강한 현상유지 요구에 따른 것이고, 세 번째로는 인적 구성의 확충과 증액된 예산 등에 따른 것이다. 문공부는 재야 무대 예술인들의 요구에 맞춰서 명동의 극장을 예술극장으로 개칭. 종전대로 대관극장이 되도록 해주었다. 그러나 그것은 어디까지나 잠정적인 것이었다. 왜냐하면 그 극장은 총무처의 연금 특별회계 계산으로 1972년부터 들어가 있었고, 1975년까지는 매도케 되어 있었기 때문이다. 결국 극장은 1975년도에 한 보험 회사에 매각됨으로써 극장으로서는 그 기능이 완전히 정지되기에 이르렀다.[38]

명동의 구 국립극장 매각으로 가장 타격을 심하게 받은 것은 재야 무대예술인들 중에서도 공연을 가장 많이 하는 연극인들이었다. 영세한 연극인들이 갑자기 무대를 잃음으로써 각 극단은 소극장을 여는 등 돌파구를 찾아보려 몸부림쳤다. 이러한 연극인들의 처지를 알고 있었던 정부는 시민회관 별관(구 부민관)을 쓰도록 배려해주었다. 그러나 크기 등 여러 가지 여건상 명동의 극장과는 비교가 되지 않았다. 명동극장이 폐관됨으로써 당장 극단들의 공연 계획이 상당한 차질이 생길 수밖에 없었다. 당시에 까페 떼아뜨르, 3·1로 창고극장, 실험소극장, 민예소극장 등 몇 개가 있었으나 10여 개가 넘는 극단들의 발표 무대로서는 너무나 협소하고 부실했다.

또 충무로 4가에 연극인회관 소극장도 잠시 있었으나 명동극장과는 비교도 될 수 없었다. 게다가 전근대적인 공연법이 가로막고 있어서 기존의 소극장 운영도 어려웠고 새로 소극장을 내기는 더욱 어려웠다. 그 시기야말로 사설 공연단체들은 현대 무대예술사에 있어서 가장 힘든 때였다.

4. 장충동 신축극장의 본도(本道) 찾기

국립극장이 명동시대를 마감하고 장충동시대를 연 것은 공식적으로 1973년 10월 17일 개관 프로 〈성웅 이순신〉(이재현 작, 허규 연출) 공연 때부터였다. 그러나 국립극장은 개관 공연 달포 전인 8월 26일 완전 이전했고, 명동의 국립극장은 총무처 귀속 건물로서 잠정적으로 예술극장이라고 개칭, 사설 예술단체들의 공연장으로 쓰게 했다. 그렇다면 한국 연극 사상 순수 우리 자본과 기술로 지은 신축 국립극장의 건축물부터 좀 더 구체적으로 알아야 되지 않을까 싶다. 신축극장은 명동의 옛 건물에 비해 모든 면에서 새롭고 크다는 점이 우선적인 차이점이었다. 무대 면적만 하더라도 4백 평으로서 명동의 구 건물(50평)의 8배이고 객석 넓이와 무대 넓이가 비슷하다.

1천5백석의 객석에는 푸른 융단이 깔려 있고 푹신하고 넓은 안락의자에 다리를 충분히 뻗을 수 있는 간격이 있다. 객석은 3층이고 무대는 회전, 상하좌우 자동이동식으로 막간에 소요되는 시간이 절약되어 무대장면의 전환이 빨

국립극단 제66회 정기공연(국립극장 장충동 개관기념) 〈성웅 이순신〉(1973.10.17~28)

라진다. 대단히 웅장하고 현대적인 시설 안에는 국제회의를 열 수 있도록 5개 국어 동시통역 시설도 구비되어 있고, 컬러 TV를 중계할 수 있는 설비가 객석과 분리 설비될 만큼 좋은 시설을 갖춘 건축물이었다.[39] 새 국립극장을 설계한 이희태도 다음과 같이 그 설계 배경을 설명한 바 있다.

본인은 본 국립극장을 좀 더 우수하고 효율적으로 설계하기 위하여 자비로 세계 각국의 국립극장과 문화센터 시설을 두루 돌아보았으며, 특히 구주에서는 오랜 전통을 가진 각국의 극장들을 시찰 조사하고, 우리의 국립극장 설계를 하는데 많은 자료를 수집하였다. 그러나 본인이 돌아본 여러 나라의 신축된 국립극장이나 문화센터의 시설은 우리의 당초 예산과 비교할 때 너무도 많은 차이가 있고 거리가 있을 만큼 완비된 시설을 갖춘 훌륭한 건축물들이었으므로, 본인은 어떻게 하면 우리의 적은 예산으로 좀 더 효과적인 극장 건축을 설계할 수 있느냐 하는 문제로 상당한 고심을 하였고, 이것을 언제나 염두에 두고 지금의 국립극장을 계획하는 3대 원칙을 세워 검토하였다.

그 하나는 새로 세워질 국립극장의 성격이고, 다음은 극장의 양식, 그리고 기능이었다. 이러한 세 가지 원칙 밑에 계획을 진행하면서 일방 대지 선정 문제로 상당한 고비를 넘겨야 했다. (…중략…) 그래서 대극장, 소극장으로 나누어 대극장에서는 연극, 오페라, 발레, 교향악 등을 공연할 수 있게 하고, 소극장에서는 국악 연주를 주로 하는 한국 고전파 소음악회를 하는 성격으로 규정지었다. 4백 평 무대에는 직경 20m의 회전무대를 중심으로 오케스트라 피트, 사이클로라마, 영사막, 반사판 등등이 시설되어있고, 다목적 공연에 대비한 11.5m×25m 큰 프로시니엄 아치로서 대극장 객석을 맞이하고 있다. (…중략…) 극장의 양식은 외형적인 것과 내부적인 것으로 나누어서 고찰할 수 있다. 우리나라도 근대화됨에 따라 많은 현대 건축가들이 계속 앞서 나가고 있으나 본인은 건축가의 한 사람으로서 이 국립극장의 준공과 함께 한국의 현대건축이 우리의 것으로 토착화해야겠다는 강한 집념으로 이 국립극장의 설계에

임해왔다.[40]

이상과 같은 설계자의 글을 길게 인용한 이유는 설계자의 극장 미학과 포부 등이 구체적으로 표현되어 있기 때문이다. 우선 그가 밝힌 것은 신축 국립극장이 서양의 유수한 극장들을 표본으로 삼았다는 점과 외형은 전통을 바탕으로 한 현대적인 모양으로 했고, 출연자와 관객, 그리고 극장 구조가 삼위일체를 이루도록 조화시켰다고 했다.

이러한 설계 방침은 극장의 성격, 양식, 그리고 기능이라는 3대 원칙하에 이루어졌다는 것이다. 그러나 이희태 건축 설계사의 자부심에도 불구하고 국립극장은 문을 열자마자 건축 전문가들의 비판 대상이 되었다. 새 국립극장은 우선 입지 선정과 진입로, 그리고 내부 구조에 이르기까지 여러 면에 걸쳐서 비판을 받아야 했다. 건축전문가 원정수는 월간 공간에 쓴 글[41]에서 "무대가 크고 깊어서인지 음악벽 천장의 음악 방음의 문양이 많아서인지, 퍽 조용하고 심각한 대사 연기의 고비는 청중이 열심히 신경을 집중하는 긴장을 갖지 않으면 연극을 감상하기가 수월하지가 않다. 특히 무대의 조명 집중과 무대의 초점 효과는 극장 내부의 백색과 문양의 형상이 암실 속에서도 밝게 반사하는 효과 때문인지 공연의 스포트가 강하게 느껴지기 어렵다. 따라서 연극의 박진감이 더욱 고조될 수 있는 연출은 앞으로 색조 시설 면에서 검토되어 규명 개선되어지기 바라는 문제인 것 같다."고 비판한 것이다.

그러한 전문가의 지적은 적확한 것이었고, 극장을 사용하면서 문제점은 더욱 두드러지게 나타났다. 그렇다고 부분적으로 잘못 지은 새 극장을 당장 뜯어고칠 수는 없는 것이었으므로 개관 경축 공연은 속속 이어졌다. 즉 극단공연으로부터 시작하여 교향악단, 오페라단, 무용단 순으로 그해 말까지 계속되었다. 국립극장 직제도 대형 공간답게 개편되어 직원도 3배 이상 늘렸고, 전속단체도 5개에서 8개로 늘어났다. 직원 총수는 1백28명이었지만 임시직까지 포함하면 1백81명으로 일본 국립극장의 총 직원 1백90명에 육박하는 숫자였다. 전속단원 3백48명까지 합치면 총 5백29명으로서 6백30명을 거느린 독일 베를린 국립극장에 버금가는 식구를 갖게 된 것이다. 솔직히 이러한 규모는 당시의 우리 경제적 여건으로서는 조금 벅찬 것도 사실이었다.

그러나 국립극장이 단 하나였기 때문에 정부가 마음먹기에 따라서는 우리의 무대 예술을 획기적으로 끌어올릴 수도 있었다. 새 극장의 건축과 이전 등 큰일을 진두지휘한 김창구 극장장은 그동안 국립극장이 추구해온 '현대', '한국', '예술'이라는 명제를 지켜나가면서 무대예술에 대한 도서, 각종 자료 통계와 조사 연구에 특별한 배려를 하고 자료 박물관 시설에 노력을 기울이는 한편 무대예술인 양성을 사명으로 삼겠다는 포부를 밝히기도 했다.

김창구 극장장의 야심적 구상 속에는 전통의 바탕 위에서 현대예술을 창조해가겠다는 기본 원칙 밑에 국립극장이 나아가야 할 방향에 대해서 눈에 띄는 구체안이 들어 있다. 가령 단원들의 처우개선과 창작료 인상은 무대 예술인들의 바람이었고 작품의 질적 향상을 위한 학술적, 예술적, 기술적 뒷받침 약속도 주목할 만하다. 그 외에도 박물관을 거론한 것은 주목된다.

사실 극장이 반드시 해야 할 일은 훌륭한 작품을 만들어서 많은 사람에게 보여주는 일과 그런 작품을 만들어 낼 수 있는 인재를 양성하는 일이다. 그렇기 때문에 1964년 대통령령 제1937호로 국립극장 직제 개편을 할 때, 설치법 제10조에 무대예술인 양성 규정까지 둔 바 있는 것이다. 이러한 규정에 근거하여 1960년대에 잠시 국립극장이 배우 양성을 한 적이 있고, 공모에 의한 극작가도 발굴했었다. 그런 기능이 정지된 것은 이전을 앞두고서였다. 그러다가 장충동에 대형극장이 세워지면서 인재 양성에도 다시 눈을 돌리겠다고 나온 것이다. 여하튼 거대한 극장의 개관과 극장장의 큰 포부가 국립극장을 사랑하는 팬들에게 커다란 기쁨과 희망이 되었던 것만은 숨길 수 없는 사실이었다.

특히 국립극장이 전통예술을 중요시한다는 선언과 함께 소극장에서 판소리, 아악, 민요, 전통무용 등이 공연된 데, 이어서 한국탈춤 연속공연과 꼭두각시 인형극이 공연된 것도 주목할 만한 일이었다. 왜냐하면 국립극장이 적어도 명동시절에는 자청해서 전통예술, 특히 무용이나 창극을 제외한 민속예술은 기피했었다. 물론 탈춤공연 같은 것은 이따금 있었지만 그것은 어디까지나 대관이었다. 그러다가 장충동 신축 극장으로 이전하면서는 소극장을 중심으로 해서 전통예술을 보존과 전승, 그리고 활성화를 위한 공연 횟수를 대폭 늘려간 것이다.

이는 분명히 국립극장이 보수 성향을 띠면서 본분을 지켜나가겠다는 의지를 보여주는 것이었다. 1973년도 후반에서부터 1974년 상반기까지는 그런대로 신축 개관기념 축제의 분위기가 넘쳤고 찾는 관객도 적지 않았다. 그리고 그해(1974년) 가을에는 또 신축극장 준공 1주년 기념으로 〈민속의 향연〉이라는 특별 프로그램을 만들어서 전통 연희를 사랑하는 팬들을 흥겹게도 했다. 신축극장 무대가 대형이다 보니 연극도 자연 대하 역사극을 자주 공연하는 방향으로 갈 수밖에 없었다. 가령 개관프로인 〈성웅 이순신〉으로부터 〈남한산성〉, 〈징비록〉, 〈광야〉 등이 바로 개관 직후 1, 2년 동안 무대에 올려진 대하 역사극들이었다.

1975년도에 들어서도 광복 30주년 기념으로 아시아·태평양지역 민속예술제전을 여는 것을 시작으로 재 외국 저명 음악인 초청 연주회를 열어서 갈채를 받기도 했다. 그런데 이 시기는 정치적으로 유신시대였기 때문에 시민들이 경직되어 있었던 데다가 목적극을 주로 공연하는 국립극장에 냉담한 젊은 층이 늘어갔던 것도 사실이었다. 게다가 교통마저 불편했기 때문에 관객이 외면하기 시작했고, 극장 직원들 역시 명동 시절의 타성을 털어버리지 못함으로써 신축 개관 2년 반 만에 또다시 침체의 늪에 빠져들고 있었다. 그런 시기에 김창구 극장장이 사적인 일로 갑자기 극장을 떠나게 된 것이다. 김창구 극장장의 퇴진은 일단 안정적으로 나아가던 국립극장을 주춤거리게 했다. 그럴 수밖에 없는 것이 음악대학 출신의 김창구가 당시 공무원 중에서는 비교적 무대예술을 잘 알고 또 애착이 강했기 때문이다.

문공부는 2급 공무원 윤치오를 제15대 극장장 직무대행으로 두 달 동안 앉혔다가 박희양을 제16대 극장장으로 임명했다. 그런데 박희양 역시 문예전문가가 아니었기 때문에 반년 만에 물러나고 두 달 동안 직무대행을 맡았던 윤치오가 다시 제17대 극장장으로 부임케 되었다. 두 번째로 극장장을 맡은 윤치오는 김창구가 퇴임한 후 1년여 동안 주춤거리던 국립극장에 활기를 불어넣기 위한 몇 가지 조치를 취했다. 그 첫째가 운영위원회의 보강이었다. 운영위원회는 당초 12명이었으나 6명을 보강한 것이다.

두 번째로는 국립극장 목표를 문화 균점화 운동으로 정하고 중앙과 지방의 문화적 격차 좁히기 순회공연 배가와 국제교류를 통한 무대예술의 수준 향상을 꾀한다는 것이었다. 그리하여 전속단체들의 지방 대도시 순회공연 횟수를 대폭 늘리고 외국의 유명 지휘자, 연출가 등을 초청한다는 것이다. 해외 저명 예술가 초청 대상자는 미국의 조셉 로젠스톡, 오스트리아의 쿠르트 뵈스, 일본의 모리 다다시, 독일의 볼프강 메링, 그리고 재외 한국의 젊은 연주가들이 포함되었다. 가령 1977년도 역점 사업의 하나였던 전국 지방도시 순회공연을 보면 전년도의 2배로서 8개 전속단체를 총망라해서 각 단체가 한번 이상씩 공연을 가짐으로써 총 12회의 지방공연을 실시키로 했다.[42] 이러한 국립극장의 사업 목표는 그대로 실시되었고 국립무용단을 주축으로 한 민족예술단의 유럽 순회공연은 큰 성과를 올리기도 했다.

그런데 1978년도에 동양 최대의 세종문화회관이 개관되면서 국립극장은 상대적으로 위축되는 듯싶었다. 게다가 국립가무단마저 서울시립가무단으로 옮겨가지 않았는가. 따라서 국립극장 측에서는 세종문화회관을 의식하지 않을 수 없었다. 왜냐하면 세종문화회관도 전속단체를 두고 4천석을 이용하여 관객몰이에 나섰기 때문이다. 때맞추어 1년여 만에 윤치오가 물러나고 새로 박호준이 제18대 극장장으로 취임하면서 그 나름대로의 새로운 방침을 제시했다.

박 신임극장장은 새로운 방침으로 세 가지를 제시했는데, 그 첫째가 공연장으로서 국립극장 운영이라는 것이다. 이 말은 곧 국립극장이 새로운 이미지를 구축하려면 극장에서 이루어지는 모든 공연은 그것이 자체의 것이든 대관한 것이든 국립극장이 책임질 수 있는 품질이어야 한다는 것이다. 두 번째로는 국립극장이 현행적 성과보다는 장기적 안목을 갖고 육성 지원이라는 차원에서 지도급 예술인을 육성하고 그들의 활동을 지원하여 훌륭한 예술을 꽃피게 한다는 것이다.

그렇게 되면 관객도 수익 대상이 아닌 봉사의 대상으로 삼게 되고 전속 단원의 급여도 보수나 사례의 개념이 아닌 지원금의 성격으로 지급한다는 것이다. 그리고 세 번째로는 국립극장의 사명을 전통예술의 발굴·보존·발전과 현대 예술의 향상으로 정하고 특히 창작물의 육성에 역점을 두겠다고 했다. 그것이야말로 민족예술의 중흥과 정립이라는 국립극장의 사명 완수라고 했다. 그 외에도 신임 극장장은 외래문화를 주체적으로 수용하고 우리 예술의 세계적 지위 향상을 위하여 외국의 저명예술가 초청을 계속하고 심포지엄 등을 개최하여 연구 분위기를 조성하겠다고 했다.[43]

이처럼 박 극장장은 국립극장의 목표를 보수, 주체성, 지원, 국제교류 등에 둠으로써 여타 공연장들과 차별화를 시도한 것이다. 그러나 박 극장장도 1년이 안 되어 제19대 엄정흠 극장장에게 배턴을 넘김으로써 국립극장은 또다시 동요하기 시작했다. 극장이 동요하는 것을 눈치챈 엄 신임극장장은 나름대로의 청사진을 발표하기도 했다. 당시 보도에 따르면 '신임 엄정흠 극장장은 금년부터 레퍼토리 시스템 확립, 아카데미즘 견지, 연기인 양성 및 교육 훈련 제도화, 공개운영 및 평가제 실시 등 4개항의 새로운 운영 방침을 세우고 국립극장의 이미지 쇄신을 다짐하고 있다. 아울러 국제적인 조류에 발맞춰 6개 전속단체 단원들의 등급 제도를 실시, 자질 향상에 힘쓰겠다고 했다. 엄 극장장은 당년 가장 역점을 둘 사업으로 자료실 확대와 평가제 실시를 꼽았다. 자료실에는 모든 자료를 카드화하여 단원과 관련예술인에게 문화를 개방하며, 공연 작품이 끝날 때마다 평가회를 가져 국립극장 운영이 관료주의적이라는 지금까지의 인상을 씻어 보이겠다'[44]고 했다.

　이러한 신임극장장의 포부 속에는 긍정적인 측면이 없는 것도 아니다. 특히 레퍼토리시스템 확립이라든가 아카데미즘 견지, 인재양성, 평가제 도입 등은 주목할 만한 것이었다. 특히 관료주의를 청산하겠다고 한 것은 신선했다. 그러나 레퍼토리 시스템을 도입하려면 많은 인력과 예산이 필요하다. 그에 대한 언급이 전혀 없으므로 신임 극장장의 포부는 극히 허황된 것이었다. 게다가 김창구 극장장 이후 1년에 한 번씩 교체되는 악순환이 계속되는 속에서 장기 계획을 세워서 뭔가 해보려는 의욕이 생길 리 만무했다. 그런 속에서 전속 단체들은 발전을 위한 몸부림을 쳤는데, 가령 소극장을 통한 명작극장 시리즈라든가 창극 정립을 위한 발굴 작업, 창작무용 공연 등은 주목을 끌 만한 것이었다.

　이러한 전속예술인들의 분투에도 불구하고 정부에서는 여전히 무관심했다. 그 무관심은 인색한 예산으로 표출되었음은 두말할 나위 없다. 예산이 너무나 적기 때문에 전속 단체들의 정기공연조차 어려움을 겪을 정도였다. 연전에 윤치오 극장장이 문화 균점화 운동으로 시작했던 전속 단체들의 활발한 지방도시 순회공연도 예산부족으로 중단되는 사태까지 벌어졌다. 따라서 정부가 예산을 늘려서 국립극장이 제구실을 하도록 해야 한다는 여론이 비등했다. 그러니까 경제성장도 어지간히 되었으니 국립극장 활성화를 통해서 문예진흥도 꾀할 때가 되었다는 것이 당시 여론이었다. 정부가 물질문화뿐만 아니라 정신문화도 키워서 균형적인 발전을 꾀해야 한다는 것이었다. 이러한 비판적 여론이 일게 된 직접적 배경은 역시 예산 때문이었다. 가령 1978년도만 하더라도 국립극장 전속 단체들의 지방도시 순회공연이 열 번이나 있었으나 1979년도에는 예비비의 전용으로 단 한 번도 없었다.

　참고삼아 1979년 예산을 보면 총 19억 8천만 원이었다. 그중에서 순수 인건비가 10억 원을 차지하고 운영비 4억 4천만 원, 국제 교류비 2억 2천만 원, 사업비는 고작 1억 7천만 원에 불과했다. 이런 예산 가지고 과연 좋은 작품을 만들어서 관객들에게 서비스할 수 있었겠는가. 그것은 전혀 불가능하다.

그렇다면 1978년도의 한 해 실적을 보자. 전속단체 7개가 대극장에서 29편의 81회 공연을 가졌고 소극장에서는 22편의 65회 공연을 가졌다. 81회 중 주말 2회 공연을 빼면 대극장에서는 1년에 70일도 공연하지 않았다는 이야기가 되고, 소극장에서는 50일을 조금 넘길 정도였다. 3백65일 중 3백일 가까이 국립극장 문이 닫혀 있거나 아니면 외부인들의 잔치로 채워지고 있었다는 이야기가 된다. 물론 대관 공연이 있었다고 하더라도 국립극장은 제 기능을 거의 포기하고 있던 것이나 마찬가지였다. 이는 당시 우리나라 무대예술의 쓸쓸한 현주소를 극명하게 표현해 주는 지표라 하겠다.

관객 동원의 측면에서 보더라도 도저히 한 나라의 국립극장이라고 말하기 곤란할 정도였다. 왜냐하면 대소극장에서 1년에 동원한 관객이 고작 16만 명에 불과했기 때문이다. 당시 서울 인구는 아마도 9백만 명가량 되었을 것이다. 그렇다면 수도 인구의 몇 퍼센트가 국립극장을 찾았느냐는 것이다. 그만큼 국립극장은 시민들에 대한 문화 서비스를 거의 포기한 것이나 마찬가지였다.

자체 공연 외의 대관공연을 보면 대극장이 68건의 93일이었고, 소극장은 88건의 1백27일의 공연이었다. 대극장은 자체 공연보다 대관공연이 1.5배 정도 많고 소극장은 배 이상이었다. 당초 장충동으로 이전하면서 김창구 극장장은 자체 공연 위주로 국립극장을 운영해가겠다고 공인한 바 있지만 그 약속은 단 5년 만에 공약(空約)으로 끝나고 다시 대관 위주로 가고 있었던 것이다. 그 점은 1979년도의 공연 실적에서도 그대로 재현되었다. 즉 대극장에서의 자체공연은 31편에 98회였고, 소극장은 18편의 43회, 그리고 1편의 지방공연 4회가 전부였다. 이는 그 전해(1978년도)보다도 훨씬 감소한 것이었다.

국립극장이 명목만 유지하면서 제 기능을 못하는 근본적 원인은 순전히 정부의 문화마인드 부재에 있었다. 특히 무대예술 홀대는 여러 면에서 나타났다. 가령 같은 정부산하 문화기관이면서도 국립박물관(현재는 차관급), 국립현대미술관(현재 차관급), 국립도서관, 국립과학관 등은 1급 공무원을 기관장으로 삼으면서도 유독 국립극장만은 2급 공무원으로 정해서 공연예술을 격하, 홀대한 것이다.

이러한 직제 외에 예산회계 제도만 하더라도 정부 예산회계 제도와 맞춤으로써 전혀 융통성이 없으므로 때문에 장기공연 계획을 세울 수 없는 등 제약이 적지 않았다. 오죽했으면 조선일보와 같은 대표적인 언론이 국립극장을 아예 독립시키라고 제언했겠는가.[45] 사실 당시의 조선일보 사설은 대단히 선진적인 견해를 피력한 것으로 중요한 의미를 내포하고 있다. 즉 조선일보는 1970년대를 마감하고 1980년대를 내다보면서 국립극장의 위상 문제를 새롭게 제기한 것이다. 조선일보는 당초 국립극장 설치법에 있었던 대로 지방 주요도시 국립극장을 설치해서 산업사회에서의 정신문화 진작에 힘을 기울여야 한다는 것과 국립극장을 방치한 채 세종문화회관을 중요시하는 듯한 정부 자세도 비판했다. 그러나 그보다 중요한 것은 국립극장은 공보 기능이 우세한 문공부로부터 벗어나 정부 보조를 받는 독립 문화기관으로 만들어야 한다는 주장이었다.

물론 조선일보가 주창한 국립극장의 독립 기관화가 국제적으로 어떤 것이어야 하는가는 밝히지 않았다. 그것은 아마도 재단법인화나 공사화(公社化) 같은 것이 아닐까 싶다. 다만 조선일보가 주장하는 것은 그 당시와 같은 홀대와 방치만은 곤란하고 명실상부한 국립극장으로서의 위상만은 격상시켜야겠다는 의지가 담겨 있었던 것이다. 솔직히 독립기관으로 격상시키려면 특별법을 제정해야 하는 어려운 과정이 있기 때문에 당시로써는 꿈같은 제안이었다. 그나마 방치하고 있는 국립극장을 독립시키기 위해서 특별법을 제안하고 심의하고 통과시킬 관리나 국회의원이 있을 리 만무했다. 비록 독립기관으로 승격시키지는 못한다고 하더라도 극장장의 직급만이라도 1급 이상의 별정직으로 만들어서 무대예술 전문가가 책임자로 앉아 장기적 안목을 갖고 극장을 이끌 수만 있으면 좋을 것이었다. 그러나 격상은커녕 정부 산하기관 중 가장 별 볼 일 없는 기관으로 방치되어 있었기 때문에 간섭과 표현의 자유까지 제약

받는 처지였다. 그 점에서 다음과 같은 비판은 대단히 정곡을 찌른 것이었다.

예술에 대한 폭넓은 이해와 민족문화의 앞날을 꿰뚫어 보는 비전이 없는 행
정관리가 국립극장장의 자리에 앉아 있는 한 무대예술의 꽃이 쉽사리 피어나
지 않을지 모른다. 그 다음에 문제가 되는 것은 정부의 지나친 간섭과 표현의
자유 규제라 볼 수 있다. 외국의 국립극장의 경우 재정적인 지원을 국가가 책
임지되 예술 행위에 대해서는 예술가의 독자적 판단에 맡겨 자유롭게 육성하
도록 지켜보는 아량을 정부가 베푼다고 한다. 예술과 문화를 중요시하고 국립
극장의 모든 공연을 그들의 생명처럼 아끼고 사랑하는 관리들의 높은 문화의
식은 국립극장의 운영 면 깊숙한 곳까지도 관료적 독선이 발붙이지 못하게 했
다는 것이다.[46]

이상과 같은 정중헌의 글에서 주목되는 부분은 "지원은 하되 간섭은 말라."
는 것으로 선진국들에서는 일찍부터 시행해 오고 있는 원칙이라 하겠다. 그런
데 우리 정부에서는 "지원은 조금하고 간섭은 심하게 하겠다." 식의 정책을
펴온 것이 사실이다. 그것이 심한 때가 바로 1970년대, 즉 소위 유신시대였
다. 문공부가 국립극장 공연물, 특히 대극장에서의 창작물 공연에는 이러저러
한 간섭을 했고, 그것은 예산 지원을 산하받는 정부 문화기관의 당연한 것으
로 생각했다. 신축 극장 개관공연 때, 박정희 전 대통령이 평소 존경한 이순
신 장군을 극화한 레퍼토리를 선택한 것도 우연의 일이라고 보기 어렵다. 그
당시 문공부 장관은 그 작품공연 때, 진두지휘(?)했다는 소문도 들린다. 그만
큼 국립극장 공연물은 음으로 양으로 문공부의 간섭을 받았던 것이다. 국립
극장으로서는 최악의 시절이었다고 해도 과언이 아니었다.

개관 공연 이후 대극장 무대에 올려진 〈남한산성〉이라든가 〈징비록〉, 〈광
야〉, 〈함성〉, 〈북향묘〉, 〈초립동〉, 〈흑하〉, 〈객사〉 등 대부분이 국난 극복을
주제로 한 대하 역사극들이었다는 점도 눈여겨볼 만한 일이다. 그러나 10·

26 사건이 일어나면서 유신시대는 끝이 났고 각 분야에서 자유의 싹이 돋아나기 시작했다. 국립극장에서도 변화의 움직임이 전혀 없었던 것은 아니지만 역시 관립이라는 한계점 때문에 전속 단원들은 정부의 눈치만 살피고 있을 수밖에 없었다. 사실 당시 국립극장 내부에서의 변화 조짐은 단원들이 항용 요구해온 민간 전문가의 극장장 영입 요구였다.

비전문 공무원 극장장들이 무대예술을 잘 모르는 데다가 수시로 교체됨으로써 가뜩이나 적은 예산으로 꾸려가야 하는 국립극장으로서는 도약의 기회를 잡을 수가 없었다. 그러나 민간 전문가 영입은 대단히 어려운 일이었다. 왜냐하면 칼자루를 쥐고 있는 문공부 고위공무원의 자리가 하나 없어지는 일을 누가 솔선해서 추진하겠는가. 따라서 사회문화계가 소용돌이치는 속에서도 제19대 엄정흠 극장장 후임으로 역시 2급 공무원인 정연구가 제20대 극장장으로 부임해 온 것이다. 그것이 민주화의 봄이라는 1980년 4월이었다. 이러한 국립극장이었지만 1970년대 중반 이후 소극장에서는 문제작들이 여러 편 무대에 올려졌다. 가령 원로 이해랑 연출의 〈천사의 고향을 보라〉를 위시하여 오태석의 〈물보라〉, 김동리 원작의 〈무녀도〉, 〈사추기〉 등이 그러한 예이다. 소극장 쪽에서의 진지하고 알찬 공연은 국립극장이 모처럼 한국 연극을 주도할 정도로 수준이 높았다.[47] 그런데 이는 순전히 장민호, 백성희 등 연극을 잘 알고 열정 있는 중진 단원들의 집념과 노력의 결과로 보아도 무방할 것이다.

5. 세 번째의 전문가 극장장 시절에 대하여

파행과 정체의 불연속선 상에서 놓여 있던 국립극장이 1980년대를 맞아서는 얼마 동안 변화의 몸부림이 있었다. 물론 10·26정변과 제5공화국이 들어서기 전까지는 큰 변화가 있을 리 만무했다. 왜냐하면 소용돌이치는 기간에 정부가 국립극장에 신경 쓸 겨를이 없었기 때문이었다. 굳이 변화라고 한다면 1980년 봄에 부임한 정연구 극장장이 이듬해(1981년) 전속단체로 있던 교향악단을 한국방송공사(KBS)로 빼앗긴 것밖에 없었다. 그리고 정부는 곧이어 문화계의 여론을 받아들인 것이라며 극단 민예 대표였던 중견 연출가 허규(許珪)를 제21대 극장장으로 임명했다.

허규 극장장은 민간 전문가로서는 초창기의 유치진과 서항석에 이어 세 번째로 극장장에 임명된 경우였다. 새 정부가 들어서면서 '예술의전당은 예술인의 손으로 운영케 한다'고 공언한 바 있었는데, 그것을 실천한 첫 케이스가 바로 민간전문가의 극장장 임명이었다. 그리고 곧이어 정부는 전과 크게 달라진 것도 없는 대통령령 제10589호로 국립극장 직제를 일부 개정했다. 그런데 직제 개정안 중에서 눈에 띄는 것은 극장장과 공연과장을 별정직으로 만들어서 민간전문가를 영입할 수 있게 한 점이다. 그러나 그 어디에도 극장장의 직급을 올린다는 내용은 없다. 그동안의 문화계 여론 중에서 민간 전문가 영입이 전부였던 것이다.

허규 신임 극장장은 부임하자마자 몇 가지 개혁 조치를 단행했다. 개혁의 내용은 대체로 운영문제로서 레퍼토리 선정위원회와 운영위원회 구성, 전속 단원들의 계약제 실시, 단체장의 3년 임기제 및 겸직금지, 단장 안무 및 연출자의 독립성 보장, 그리고 국립극단 이원화 등이었다. 즉 그동안 문공부의 이러저러한 지시만을 따르던 극장장의 일방적 독주를 벗어나 레퍼토리 선정위원회와 운영위원회 부활에 따른 광범위한 의견 수렴에 의해서 운영상의 융통성을 꾀할 수 있게 한 것이다. 그런데 단체장의 임기제라든가 단원 계약제 같은 것은 전속 단원들의 무사안일주의를 일소할 수 있어서 일단 긍정적으로 받아들여질 만했지만 만약 그것을 악용하면 예술인을 말단 관리처럼 무력화시킬 수도 있었다.

특히 실적에 따른 급여 현실화 및 계약 기간 연장이라든가 해약 등에서 횡포가 일어날 가능성도 없지 않았다. 당장 국립극장은 오디션 진통을 심하게 겪었다. 허규 극장장은 한국일보와의 인터뷰에서 "오디션 진통을 겪었던 지난 2개월 동안 극장장인 나도 괴로웠고 불면증에 시달렸습니다. 오디션을 거부했거나 탈락된 단원들이 찾아와 '무대를 잘 아는 연극인이 왜 더 무자비하게 예술인들의 목을 조르느냐'고 비난을 할 때는 너무 고통스러웠습니다. 그러나 오디션 실시는 정체된 국립극장 운영의 활성화와 전속 단원들의 자질 향상을 위해서 반드시 치러야 할 홍역이라고 생각합니다. 제가 아니라도 누군가가 했어야 할 불가결한 일"[48]이었다고 술회한 바 있는 것이다. 물론 이러한 변화는 일단 바람직한 것이었다.

그러나 오디션 정도 했다고 해서 국립극장이 당장 활성화되는 것은 아니었다. 근본적으로는 예산의 대폭 증액이 되시 않고서는 어떤 것도 가능성이 떨어질 수밖에 없다. 가령 그때의 연간 예산은 28억 원에 불과했다. 그중에서 작품 제작비에 쓰는 돈은 불과 4억 원 정도였다. 6개 전속단체가 4억 원을 가지고 1년 동안 대소 두 극장에서 작품을 만들어서 무대에 올린다고 할 때, 무슨 기대를 걸 수 있느냐 하는 것이었다. 국립극장의 작품 제작비 속에는 홍보비조차 없는 실정이었다.

따라서 허규 극장장은 적은 예산 내에서 효율성을 얻고 극장을 활성화해 보려는 여러 가지 조처를 취해갔다. 그는 오디션 제도의 확립과 함께 과비용의 대극장 공연의 축소 대신 실험무대와 워크숍, 세미나, 심포지엄 등의 배가(倍加) 등으로 내실을 기해나갔다. 이에 만족치 않고 그는 극장 광장 한 모퉁이에 마당극과 인형극을 공연할 수 있는 무대 90평, 객석 6백석 규모의 야외 무대 시설을 만들어 조명장치 등 무대 설비를 디지털화하며 청소년층을 대상으로 상설 공연예술 감상회와 연수생 제도 등의 본격화도 시도했다. 이들 중에서 특히 주목을 끌 만한 것은 국립극장 공간의 외연 확대라 할 실험무대 개관과 야외놀이마당 개설이라 하겠다. 이는 사실 허규 자신의 연극철학을 국립극장을 통해 구체화해가는 과정이었다.

전속단체로 있던 교향악단이 KBS로 옮겨가면서 연습실을 비우게 되자 국립극장은 그 공간을 실험무대로 전용한 것이다. 그리하여 1981년 10월 28일부터 4일 동안 개관 기념으로 제1회 전통예술 특별 초청 공연을 가졌는데, 레퍼토리를 보면 장산도 씻김굿을 비롯하여 밀양 5북춤, 승무, 진도 다시라기, 판소리 연창회, 봉산탈춤 등이었다. 실험 무대 개관공연은 그대로 극장장 허규의 연극관을 보여주는 것이었다.

주지하다시피 허규는 현대극 연출가로 출발했지만 1970년대 들어서부터는 전통연희의 현대적 계승과 재창조를 줄기차게 추구하고 있었다. 따라서 그는 이듬해의 주요사업으로서 우리나라 처음으로 관립극장 내에 야외놀이마당도 만들었던 것이다. 1982년 8월 25일 개장한 놀이마당에서는 '놀이마당 애기모임 및 판굿잔치'라는 명목으로서 3일 동안 양주별산대놀이, 경기도당굿, 서울 말뚝이, 돼지풀이 등의 공연과 채희완, 이병옥, 이보형, 임진택, 김응수 등의 전문가들 해설을 곁들였다.

이러한 허규 극장장의 의욕적인 활동은 국립극장을 잠시나마 활성화시킨 것도 사실이었다. 야외 놀이마당 역시 일시적이긴 했지만 시민들의 훌륭한 휴식처가 되기에 충분했다. 마침 1982년도는 창극단, 무용단, 발레단, 오페라단 등이 창단 20주년을 맞는 해이기도 했기 때문에 4월 23일부터 6월 21일까지 2개월 동안 무용극 〈썰물〉, 창극 〈심청〉, 발레 〈지귀의 꿈〉, 그리고 오페라 〈순교자〉 등을 연속적으로 공연하여 성년 잔치를 극대화시킨 바 있다.

그런데 이 시기에 국립극장에서 하나의 부정적인 현상이 나타났는데, 그것은 다름이 아니고 연극이 소극장으로 밀려나는 현상이었다. 물론 당시 우리 연극계는 소극장 체제가 주조였다. 그것은 1976년 실험소극장의 〈에쿠우스〉 공연 이래 하나의 큰 흐름이었다. 솔직히 당시에는 문예회관 외에는 사설 극단이 활용할만한 공연장이 없었기 때문에 어쩔 수 없이 그런 방향으로 흐른 것이었다.

그러나 국립극장마저 그렇게 간다는 것은 문제가 없지 않았다. 많은 제작비에도 관객이 들지 않기 때문에 대극장 공연을 기피하는 현상을 보인 것이 국립극장의 한 가지 문제였던 것이다. 당시 국립극단의 대극장 공연의 관객 반응은 국립극장의 실상을 단적으로 보여준다고 하겠다. 가령 국립극단이 공연한 〈세종대왕〉(대극장)의 경우 14회 공연 관객이 고작 4백68명이었고 이 중 유료 관객이 34명뿐이었다. 2천여의 객석이 거의 비어 있었다는 이야기가 된다.49) 이런 비정상적 상태의 국립극장이 별다른 자각 없이 그대로 앞으로 나아가고 있었던 것이다.

극장 측에서는 적은 예산으로 행사형 공연 때우기를 지속하면서 또 다른 행사 준비에 바빴다. 극장 측이 수지타산으로 고민할 필요성을 거의 느끼지 못한 것이다. 관립극장이란 본래 그런 거려니 생각하고 관성에 따라 움직여 갔을 뿐이다. 그러므로 관객 동원에 대한 생각을 따로 할 필요도 없었다. 물론 국립극장에도 책임자가 있고 또 책임자도 1년 또는 몇 년에 한 번씩 교체가 되므로 새로 부임한 책임자는 뭔가 보여주어야 하는 강박 관념 같은 것이 있어서 나름대로 변화를 시도하곤 했다. 그런 대표적인 극장장의 하나가 허규가 아니었던가 싶다.

허규 극장장은 1981년에 부임해서 극장의 외연을 넓히고 전통예술에 치중하는 방향으로 나아가는 등 의욕적인 사업을 많이 벌여 나갔다. 신축 극장으로 이전한 10주년을 맞는 1983년도에 접어들어서 국립극장이 소극장은 레퍼토리 시스템 방식을 도입하고 대극장 공연은 교체 순환방식을 취택했다. 여기서 대극장 공연의 교체 순환방식이란 전통음악, 전통무용, 발레, 오페라, 연주, 합창 등 모든 무대예술 분야에서 각 산하 단체와 그룹의 작품 1편씩을 돌아가며 1개월간 집중적으로 올리는 방법이다. 그런데 이 교체 순환방식을 시도하면 전체 공연편수는 줄어들지만 한 작품이 오랫동안 공연될 수 있고 작품 준비 기간이 늘어나 비교적 우수한 작품을 만날 수 있는 이점이 있다. 그리고 소극장의 레퍼토리 시스템은 소극장을 상설 공연장으로 마련해 연극 등을 항상 올려 언제나 누구든지 와서 관람할 수 있게 했다.

레퍼토리 시스템은 연극 단체를 따로 정하지 않고, 작품을 고르고 그 작품에 가장 잘 맞는 연출가와 배우를 선정해서 공연하게 하는 인물 중심, 레퍼토리 중심 공연방법이다. 이 같은 새로운 공연 방식은 1986년, 1988년 문화올림픽에 대비해 외국인들에게 보여줄 우수한 무대공연물을 찾아내고 보존하려는데 목적을 두고 있었다.[50] 그러나 이러한 국립극장의 새로운 계획이 모두 실천된 것은 아니었다. 국립극장은 봄 들어서 그해 연말까지 예술 강좌를 마련했는데 장악, 시조, 판소리, 민요, 창극, 궁중무용, 민속놀이, 연극, 무용, 합창, 오페라, 교향악 등 전통예술에서부터 일반 공연예술에 이르기까지 총 59개 강좌를 설치하여 전문가들을 동원, 강의키로 했다.[51]

사실 이는 당초 허규 극장장이 취임하면서 밝힌 아카데미즘의 강화라는 목표를 실천에 옮긴 것이었다. 국립극장이 전례 없이 의욕적인 일을 벌일 수 있었던 것은 민간 전문가가 극장장이기도 했지만 그보다도 정부가 역사상 처음 열린 86년 아시안게임과 88년 국제올림픽 준비를 위한 문화행사를 국립극장을 통해서 시도한 데 따른 것이었다. 그 준비 책임의 일단을 맡은 허규 극장장은 그 1차 연도 방향에 대하여 '전통적인 소재를 발표하되 서구적인 공연방식과의 접목을 시도하고 이를 토대로 올림픽공연 레퍼토리를 확보해 나갈 것'이라 했다.

그 구체적 실천은 우리 전통예술의 즉흥성과 신명을 감안하여 놀이마당에서 열리는 '민속놀이의 밤'에는 탈춤, 농악, 남사당놀이, 풍물놀이, 굿, 판소리, 범놀이, 용호놀이 등이 무료로 공개되고, 종합명무큰잔치, 전통무용대향연, 전통판소리 심청가·춘향가, 민요모음 등을 상반기에 올린다는 것이다. 그리고 전통예술과 서구예술을 접목시킨 무용극 〈도미부인〉과 민족발레 〈배비장〉, 그리고 오페라 〈원효〉도 공연키로 했다. 그 외에도 올림픽 전야무대에서 한국예술의 종합적인 맛을 보여주기 위해서 국립극단, 오페라단, 합창단, 무용단, 발레단, 창극단이 총출연하는 총체 가무극도 계획했다.[52]

이처럼 국립극장은 국제적인 스포츠 행사가 다가오면서 모처럼 무대예술의 중심지로서 각광을 받기 시작한 것이다. 또한 사회 각계의 청소년에 대한 관심이 커지면서 국립극장 무대에서 청소년 예술제도 치러냈다. 그러나 국립극장이 연극계의 반발을 사기도 했다. 그것이 다름 아닌 오랫동안 실시해 온 극작가 발굴사업이라 할 장막희곡 공모제 폐지였다. 당시만 하더라도 거의 유일무이했던 장막희곡 공모 제도를 국립극장이 없애버림으로써 대표적인 극작가 등용문이 사라진 셈이 되었다. 장막희곡 공모 제1회 당선자인 하유상(河有祥)은 '국립극장만이 할 수 있는 창작극의 진흥방법이 없어진다는 것은 너무 안타까운 일'53)이라고 개탄한 바 있다.

반면에 국립극장은 그동안 국립극장과 인연이 깊은 26명의 원로·중진들을 종신단원으로 위촉하여 예우하고 조언도 듣기로 한 것이다. 장충동 국립극장 10주년 기념에 맞춰 임명된 종신단원은 연극에 서항석, 이해랑, 이원경, 이진순, 고설봉, 강계식, 창극에 성경린, 정광수, 박동진, 김소희, 박초월, 강도근, 박봉술, 박양희, 성순종, 신평일, 김득수, 무용에 김천흥, 안제승, 음악에 김자경, 김금환, 황병덕, 임원식, 김희조 등이었다. 종신단원제를 처음 도입한 허규 극장장은 이들에게 자문위원 역할도 하도록 했지만 안제승은 '종신단원이라고 위촉해 놓고 1년에 한두 번 모여 예산보고나 듣고 한두 마디 공연 평을 하는 정도로 끝난다면 종전의 국립극장 운영위원회나 정책자문위원회와 크게 다를 바가 없을 것'54)이라고 부정적 반응을 나타내기도 했다.

그럼에도 불구하고 국립극장의 의욕적인 사업은 계속 이어져갔다. 1984년도만 하더라도 예산 증액에 따라 극단, 무용단, 발레단, 오페라단, 합창단, 창극단 등 6개 전속단체가 4편의 해외공연을 포함하여 총 96편의 작품을 공연한다고 밝혔으며 올림픽에 대비한 사업 활동 목표를 주체적 민족문화 정립에 두고 작품 제작에 나서겠다고 했다. 더욱이 주목을 끌 만한 것은 국립극장이 청소년의 참여를 유도하는 공연을 많이 갖겠다고 한 것이었다. 그리고 올림픽에 대비한 작품을 공모하겠다는 것도 눈길을 끌 만한 사업이었다.

그런 중에서도 역시 국립극장이 그 운영 패턴을 바꾸려는 시도를 1984년 가을에 하면서 중, 단기 대책을 발표한 것이 가장 주목되는 사항이다. 우선 단기 대책을 보면 운영위원회와 레퍼토리 자문위원회를 새로 구성하고 전속 단체의 운영 개선을 한다는 것이었다. 즉 단원 계약제를 실시하여 1985년 1월부터는 극단, 창극단, 합창단원을 대상으로 하고, 1986년 1월부터는 무용단과 발레단을 계약제로 한다는 것이었다.

전문가들로 심사위원을 구성하여 실력에 따라 급여 및 계약 기간을 정하되 계약기간 내라도 기량 저하나 태만 등의 경우에는 해약할 수 있도록 했고, 외부 출연도 금지했다. 그리고 전속 단체장도 철저하게 3년 임기 단임제로 하여 장기집권을 금지시켰다. 단체장도 문공부 장관의 허락 없이는 겸직을 금했다.

그리고 중기 대책은 대체로 두 가지로 요약할 수 있는데, 그 첫째가 극단의 이원화라고 한다면 두 번째는 단체장 총감독제 도입이다.[55] 여기서 극단의 이원화란 35명의 정원을 50명으로 늘려서 전통극과 현대극으로 양분하여 1986년 1월부터 시행한다는 것이었다. 이러한 운영 개선안은 환영을 받은 것도 사실이지만 하나의 계획안으로만 그치고 실천되지 않은 것도 있다. 그 대표적인 것이 다름 아닌 극단의 이원화였다.

여하튼 86년 아시안게임과 88년 국제올림픽이 다가오면서 국립극장은 문화올림픽의 전초 기지로서 더욱 분주하게 돌아갔다. 따라서 국립극장은 그동안 진행해온 한국명무전, 판소리, 창극무대, 마당놀이 등을 바탕으로 전통예술의 발굴 전승을 더욱 발전시키는 일을 계속하면서 새로운 창작 레퍼토리로 연결시켜 나간다는 방침을 세워서 실질적인 무대 제작을 서두르겠다고 했다. 그러니까 국립극장이 단순히 전통문화의 발굴이 아니라 전통을 바탕으로 한 새로운 창작 레퍼토리를 개발한다는 적극적인 자세로 새해를 맞았고, 예산도 거기에 맞춰 짰음은 두말할 나위 없다.

그에 따라 국립극장은 창작극, 창작무용극, 창작마당놀이 등을 산하 단체의 정기공연 레퍼토리로 짰다. 그만큼 국립극장이 1985년 무대방향을 발굴해서 창작으로 정하고 문화올림픽 공연작품으로 직결될 수 있도록 한다는 것이었다.56) 물론 이러한 계획이 모두 실현될 수 있는 것은 아니다. 다만 허규 극장장이 극단 민예를 이끌면서 펼쳤던 '전통의 현대적 계승 내지 재창조'라는 자신의 철학을 국립극장을 통해 펼쳐보려는 의욕만은 넘쳤다고 볼 수가 있다.

국립극장은 또한 1985년도가 광복 40주년이 되는 해이기 때문에 특별한 공연 행사도 계획했다. 연간 1백 12편의 작품을 대소극장에서 공연한다는 것도 전해에 비해 증가한 것이었다. 그 해를 '한국창작문화의 기틀을 다지는 원년'으로 삼겠다고 나온 국립극장은 '창작공연 레퍼토리 제작 시스템'을 구성하고 전속 단원을 위촉제에서 계약제로 바꾸기로 했다. 그리고 레퍼토리 자문위원이 위촉 편성할 제작진은 작가, 안무가, 작곡가, 연출가를 1개조로 해서 구성했으며 연극, 창극, 무용, 발레, 현대무용, 오페라, 합창, 창작놀이마당 등 8개 분야가 각각 독립해서 만들어졌다.

86·88년에 대비해서 실시하는 공연예술인 보강 및 양성은 연기자보다는 무대 뒤 스태프 등 기술 쪽에 집중키로 했다. 그 외에도 국립극장은 특별 기획공연으로 3월부터 매월 완창 판소리를 유파별로 마련, 종래의 한 부분만 떼어서 하는 맛보기 식 공연에서 탈피, 국악에 대한 바른 이해 및 보급을 유도해갔다. 전통예술에 애착이 강했던 그는 창극의 대형화에 힘썼는데, 가령 장막 창극을 원형(?)에 가깝도록 한다는 명목 하에 그동안 두 시간 내외로 해오던 것을 다섯 시간 내외로 확대한 것이다. 또 하나 국립극장이 그동안 역점을 두어온 청소년 문화진흥 노력으로서 85년 세계청소년의 해를 맞아 5월 한 달 동안 무대예술 전 분야가 참가하는 공연 예술제를 개최하기도 했다.

국립극장이 '10월 문화의 달'을 맞아서는 극장의 전 공간을 활용하여 국립극단은 〈광대의 꿈〉을, 국립발레단은 〈처용〉을 공연하는 다채로운 무대를 꾸미기도 했다. 1985년도를 풍성한 잔치로 보낸 국립극장이 아시안게임이 열리는 1986년도를 맞아서는 또 다른 사업계획을 내놓게 된다. 그런데 그 새로운 사업계획이란 것이 국립극장을 획기적으로 발전시킬 만한 것은 못 되고, 다만 스포츠 역사상 우리나라 서울에서 개최되는 아시안게임을 맞춰서 문화올림픽으로 가져간다는 목표 아래, 다채로운 이벤트 행사를 갖고 몇 가지 진흥책을 찾아보는 정도라 하겠다. 우선 공연계획은 예년과 비슷하게 극단, 창극단, 무용단, 발레단, 합창단, 오페라단 등 6개 산하 단체의 연 2, 3회 정기공연과 자체공연 외에 페스티벌 형식의 많은 특별 기획 공연 참여 주관을 한다는 것이다.

공연행사 외에도 국립극장의 여러 가지 문제 중 한 가지라 할 진입로(進入路)를 단축시켜 본다든가, 그동안 실시해온 예술 강좌를 법인체로 만들어서 운영하고 배우 양성에 주력한다는 등의 계획을 내놓기도 했다.[57] 물론 이러한 계획이 그대로 실천되지는 않았다. 그런 대표적인 예가 진입로 단축 계획안이다. 사실 국립극장은 진입로 때문에 정서적으로 시민과 유리된다. 그만큼 진입로가 국립극장에 접근하려는 대중을 차단시킨다. 따라서 극장장마다 진입로를 어떻게든 변화시켜 보겠다고 공언하곤 했었다. 그러나 아무도 그 문제를 해결하지 못한 것이다.

이러한 난제를 풀지는 못했어도 국립극장은 그 어느 해 보다도 다채로운 공연행사를 가졌고 관객도 확대한 것이 사실이다. 특히 국립극장이 청소년문화에 깊은 관심을 갖고 대극장, 소극장, 실험무대, 야외놀이마당 등 전 공간을 활용하여 '젊음과 예술의 만남'이라는 주제를 내걸고 전통과 현대를 가리지 않고 각종 공연물을 무료로 보여주고 예술 강좌도 무료로 실시했다. 가령 예술 강좌만 하더라도 청소년들에게 '전통음악의 정신세계'를 비롯하여 '국악의 이해', '창극의 이해와 감상', '연극의 이해', '연극 감상의 이론과 실제', '합창음악의 이해와 감상', '무용의 이해', '현대무용 입문', '오페라 감상법', 그리고 '판소리의 맛·멋·흥' 등 무대예술의 바탕이 되는 것을 가르친 것이다. 국립극장이 청소년의 정신문화에 관심을 갖고 인재양성 차원에서 여러 가지 프로그램을 만들어 운영한 것은 대단히 바람직한 일이었다.

청소년문화 진흥을 통해서 자라나는 세대의 정서 순화와 교양 교육을 강화

하겠다는 국립극장의 목표는 해가 갈수록 가속도가 붙어갔다. 같은 차원에서 1983년부터 일반인을 상대로 실시해오던 공연예술 교양강좌가 1987년 초 들어서 사단법인 국립극장 예술 진흥회로 발족되었다. 덕성여자대학 이사장(朴元國)을 초대회장으로 선임한 예술 진흥회는 네 가지 사업 즉 ① 국립극장 예술진흥회에 관한 사업 ② 예술 강좌 개최 및 운영 ③ 국립극장 전속단체 지원 사업 ④ 공연예술에 대한 조사연구 사업 등을 진행해 가기로 했다. 그동안 5백 명 이상의 수료자를 배출한 예술 강좌의 사단법인화도 국립극장의 외연 확대라 볼 수가 있을 것 같다.

1987년도는 발레단, 무용단, 창극단, 오페라단 등 4개 전속단체가 창단 25주년을 맞는 해이기도 해서 총 78편의 작품을 국내외 무대에 올리기도 했다. 그리고 88년 올림픽 행사에 연극, 창극, 무용, 발레, 야외공연 등 5개 분야가 참여키로 되어서 극단의 〈팔곡병풍〉, 창극의 〈춘향가〉, 무용의 〈하얀 초상〉, 발레의 〈왕자호동〉 등을 완성시키고 야외공연 작품은 따로 개발팀을 구성, 가무극을 만들어내기로 했다. 이처럼 공연들이 대부분 음악 반주를 필요로 하기 때문에 부득이 정초에 코리언심포니오케스트라와 전속 계약을 맺기도 했다. 그 외에도 국립극장은 극단과 창극단에 연수단원제를 실시했다. 여러 대학에 관련 학과가 증설되면서 신인들이 배출되고 있는 만큼 이들을 수용해서 강도 높은 훈련을 시키는 일도 중요했다.

따라서 국립극장은 극단 6명, 창극단 5명 등 11명을 선발하여 1년 계약제로 하고 예능수당과 공연 장려수당도 지급케 된 것이다. 그 외에도 국립극장은 과거와는 달리 공연 장기화 및 분야별 집중 공연제도를 도입하는 등의 진전된 모습을 보여 주기도 했다. 그리고 한 해를 마감하는 연말에는 5개 전속단체가 공연했던 작품들을 뽑아 집중 공연을 했고, 5개 작품을 자유롭게 관람할 수 있는 종합관람 우대권이라는 것도 발매했으며, 동국대 앞에서 극장으로 오는 셔틀버스도 처음으로 운영했다. 국립극장이 이전 14년 만에 비로소 고객 편의주의에 관심을 갖기 시작한 것이다.

국립극장이 활성화되다 보니 운영인력이 절대 부족했고, 정부는 결국 12월 31일 자로 대통령령 제12341호로 직제를 개정하여 정원 122명을 155명으로 33명을 증원하기도 했다. 국립극장이 큰 외형에 걸맞게 인적 인프라도 보완한 것이라 하겠다. 국제올림픽이 한국 역사상 처음으로 서울에서 열리는 1988년도는 문화행사가 대단히 풍성할 수밖에 없었다. 연초 들어서 허규 극장장은 '무엇보다 올림픽 문화행사를 치러내는 데 총력을 기울이겠다'고 뚜렷한 목표 설정을 한 것이다.

그리하여 국립극장은 우리나라 공연예술의 중추답게 그동안 축적된 것을 바탕 해서 '우리 것'을 발표하고 전통 있는 외국단체들의 초청공연을 지원한다는 것이다. 그에 따라 국립극단, 창극단, 무용단 등 극장산하 6개 단체가 창작 발굴한 작품들을 실제 제작하여 상반기 중 시연을 마치고 9월 무대에 올린다는 계획도 세웠다. 이러한 작업을 위해서는 더 많은 예산이 필요하므로 정부에서는 예년보다 30%가 증가된 40억 원을 책정해 준 바 있다.

문화올림픽을 위한 공연을 보면 대형 창극 〈춘향전〉을 비롯해서 극단의 〈팔곡병풍〉, 무용단의 〈하얀 초상〉, 오페라단의 〈불타는 탑〉, 발레단의 〈왕자호동〉 등을 준비하면서 오페라 〈노르마〉 등을 필두로 다채로운 신춘대공연을 펼치기도 했다. 국립극장을 글로벌화해가는 추세에 발맞춰서 프랑스 리옹 오페라 발레단을 초청하여 〈빛〉과 〈탱고〉를 대극장 무대에 올린 바도 있다. 1988년도는 또한 장충동으로 이전한 15주년을 맞은 해였기 때문에 그 기념으로 극단이 〈뇌우〉(조우 작, 이해랑 연출)를 공연했고, 초대 극장장이었던 유치진의 흉상을 극장 로비에 세우기도 했다.

국립극장의 장충동으로의 이전과 관련하여 중앙일보는 "남산시대가 점차 뿌리를 내려가면서 내실을 기하기 위한 전속단체 정비가 이루어져 1977년 국립가무단을 세종문화회관으로 이관하는 한편 1969년 KBS로부터 인수했던 교향악단도 1981년 다시 KBS로 되돌려주었다. 한편 공연레퍼토리의 개발과 공연 공간의 다양화를 통해 자기 발전을 꾀하려는 움직임도 계속됐는데, 1981

년 개관한 실험무대와 1982년 개장한 놀이마당은 그 좋은 예이다. 특히 놀이마당은 무료대관 원칙에 따라 모든 공연을 무료로 개방하고 있어 일부 계층을 위한 문화예술에서 벗어나 모든 국민에게 고루 혜택이 가도록 한 점은 크게 평가할 만하다."58)고 긍정적으로 평가하기도 했다. 여하튼 국립극장이 1986, 1988년 국제스포츠 행사를 뒷받침하는 문화올림픽을 그런대로 무난히 치러낸 것도 사실이다. 그런데 두 큰 행사를 치러내는 데 있어서 진두지휘한 허규 극장장에 대하여 찬반양론이 있었고, 민간 전문가로서의 기대에 못 미친다는 여론도 없지 않았다. 결국 그는 퇴임의 위기에 직면하게 되었고, 7년 반 만인 1989년 1월 13일 극장장 자리에서 물러났다. 그는 재임기간 동안 국립극장의 경직된 이미지를 씻고 국민과의 거리를 좁히기 위해 혼신의 노력을 기울였다.

국립극장의 외연 확대와 창극 등 전통예술 발전에 특히 심혈을 기울여서 국립극장이 고전예술의 보존 전승에 크게 기여한 것은 누구도 부인 못 할 것이다. 이런 전통예술에 치중했던 점이 바로 그가 비판을 받는 이유이기도 했다. 왜냐하면 현대 예술을 추구하는 극단 등에서는 그가 과거 극단 민예에서 하던 것을 국립극장에 와서도 반복했다고 보았기 때문이다. 그러나 그는 심신이 다 망가질 정도로 국립극장과 우리의 무대예술을 위해서 열정을 쏟은 것도 사실이었다.

연출가 허규에 대한 비판 여론은 악용되어 일반직 공무원의 극장장 시대를 또다시 맞게 만들었다. 2년 전까지 허규 밑에서 사무국장을 해서 국립극장 사정을 비교적 잘 아는 문공부 2급 공무원 전영동(全永東)이 허규의 뒤를 이어서 새로운 극장장으로 부임해온 것이다. '전임 극장장이 예술인이었는데 전문가가 아닌 사람이 그 자리를 이어받게 돼 부담스럽고 두려움이 앞섭니다. 하지만 문화행정을 담당했던 경험을 살려서 안팎의 전문가들의 의견을 고루 수렴, 6개 산하단체의 균형 있는 발전과 예술 수준 향상을 위해 좀 무리가 되더라도 최선을 다할 생각입니다'59)라고 겸허하게 취임 소감을 밝힌 전영동은 앞으로 국립극장을 '정부의 대표적 예술기관으로서 한국의 특성 있는 전통예술을 무대예술로 정립해가는 동시에 국민의 문화향수 기회를 늘리고 그것을 충족시켜 나가겠다'고 했다. 그는 공무원 출신답지 않게 극장 일을 꼼꼼하게 챙겨갔다. 특히 전문가들의 의견을 많이 참작해서 극장을 운영해 간 것이 특징이었다. 공무원 출신 극장장이 맡으면서 '고용직 공무원의 기능직화' 시키는 극장의 일부 직제를 대통령령 제12733호로 개정한 것도 눈에 띈다.

그러나 그는 1년 동안 재임하면서 전임 극장장의 사업을 계승하는 수준에서 별다른 새 사업을 하지 않았다. 과거 공무원 극장장 시대의 재현이었음을 그가 명료하게 보여준 것이다. 그러나 1990년 초 정부 조직법의 개정에 따른 문화부 발족과 함께 새로 부임한 제23대 윤탁(尹鐸) 극장장만은 조금 달랐다. 그는 문화부 관리로서 외교관까지 두루 거친 문화 감각과 추진력을 갖춘 인물이었다. '국립극장이라는 이름에서 이미 느껴질 수 있는 관(官) 냄새부터 없애버리겠다'는 제1성에서 알 수 있듯이 그는 매사에 적극적이었다. 그는 앞으로 국립극장에 유연성을 부여하여 관공서 냄새를 없애고 시민들에게 다가가겠다고 했다.

실제로 그는 마침 국립극장이 창설 40주년을 맞은 시기여서 다채로운 공연행사를 벌이는 한편 '움직이는 국립극장'을 표방하고 지방순회 공연도 강화했다. 즉 그가 표방한 움직이는 국립극장이란 ① 좋은 창작품이 나올 수 있는 여건을 조성하고 ② 민족 동질성 회복을 위한 교포 밀집지역 순회공연과 ③ 지방공연 예술의 발전을 위해 지원하며 ④ 청소년 및 근로자를 위한 공연행사를 증기시킨다는 것이었다.[60]

1990년도는 국립극장 개설 40주년이기도 하지만 문화부 창설 원년(元年)이고 전속단체 중에서 가장 연조가 깊은 극단 창립 40주년이기도 해서 연극공연에 주안점을 두고 행사를 치러나갔다. 즉 그동안 극단을 거쳐 간 전현(前現)국립극단 출신 배우들이 대거 출연하는 합동무대 〈남한산성〉을 공연하고, 이어서 국립극단 소속 배우를 비롯하여 범 연극인들이 참가하는 〈베르나르다

알바의 집〉 그리고 〈외로운 도시〉 등을 상반기에 공연하고, 지난 40년간의 공연사진을 기록으로 남기는 '화보로 본 국립극장 40년사'를 발간한다고 했다.

윤탁 극장장이 펼친 사업 중에 눈에 띄는 것은 그동안 극장과 관련된 사진이라든지 포스터 등을 공개 모집해서 전시회를 열고 예술진흥회는 문화가족을 위한 일반 예술 강좌를 개최했으며 연극, 무용, 합창, 국악 분야별로 수강생들이 공연형식의 발표회를 하도록 해서 문화가족을 확산시킨다는 것이다. 그리고 발레 안무가, 연출가 등 유명 외국예술인들을 초청하여 작품을 만들게 한다든가 유명작품 초청공연, '전국시립무용단무용제' 개최 등도 색다른 것이었다.

그러나 그 어느 것보다도 돋보이는 사업은 극장이 우수 작품 개발을 위해 중진 희곡 - 대본작가 및 작곡가와 장기 계약을 체결해 재정적 지원을 맡고, 창작물의 레퍼토리 뱅크화를 추진한다는 것이었다.

우수작가 중심의 레퍼토리 뱅크화는 1억 원의 예산을 확보하여 극장사상 처음 벌이는 사업으로서 희곡은 따로 7명으로 자문위원회를 구성, 5월부터 2개월 동안 선정 작업을 했다. 그리하여 극장은 윤대성, 윤조병, 이강백, 오태석, 이현화, 이윤택, 이만희, 이상현, 윤정선 등 중견 신진 극작가 9명과 창작 지원금 5백만 원씩의 계약 체결을 한 것이다. 우리 연극계의 여러 가지 문제 중에서 희곡 부재 현상이 심각하기 때문에 국립극장이 나서서 그런 현실을 타개해간다는 것이 근본 취지였다. 사실 이런 사업은 과거 국립극장이 실시해 온 신진작가 발굴과는 차원을 달리하는 폭넓은 것이어서 공연예술계의 환영을 받기도 했다.

이와 같은 우수희곡 발굴 작업은 문화부의 문화발전 10개년 계획의 일환으로 추진된 것이지만 미네소타 대학의 희곡 개발연구소에서 아이디어를 따온 것으로도 볼 수 있다.[61] 그런데 국립극장의 우수 작품 발굴 작업은 희곡분야에만 한정된 것은 아니었고 무용, 창극, 음악분야에도 똑같이 시행했다. 그러나 기대가 컸던 창작 레퍼토리 개발 사업은 약속한 작가들이 약속했던 시기에 작품을 내놓지 못해서 원년부터 차질을 빚기 시작했다. 좋은 작가들이 태부족인 상태에서 빚어질 수 있는 현상이었다.

더욱이 국립극장에 축적된 작품이 없고 언제나 그때그때 화급하게 공연을 해온 고질적인 폐습 때문에 어려움을 겪곤 했다. 이는 몇 년씩 내다보고 장기 공연 계획을 세우는 서양의 국립극장과 차이가 나는 것이다. 따라서 비교적 환영받은 계획이었던 창작 레퍼토리 개발 작업도 원년부터 차질을 맞게 된 것이다. 국립극장은 1990년도 여름에는 '하기해변 예술캠프'도 개최하고 8월 15일에는 '광복 45주년 남북 민족 대교류 경축', '화해의 문화잔치'를 개최하여 작으나마 통일운동의 문화센터 구실을 하기도 했다.

그러나 그런대로 흘러가는 듯싶던 국립극장에 대해서 극장 안팎에서 회의론이 대두되기 시작했다. 그 이유는 극히 간단한 것이었다. 민간 전문가 허규 극장장이 물러난 1989년 이후 공무원 극장장이 오면서 극장을 지나치게 관위주로 끌고 간다는 비판이었다. 가령 국민일보는 '국립극장 이대로는 안 되겠다'는 제목의 글에서 "국립극장의 위상 정립론이 문화예술인들 사이에서 다시 비등하고 있다. 민족 예술의 확고한 토대를 구축한다는 본래의 기능을 국립극장이 수행하려면 일반 행정 체계 중심인 현행체제를 예술인들이 책임의식을 갖도록 대폭 개선해나가야 한다는 주장이다. 이 같은 여론은 올해로 41돌을 맞는 국립극장이 연륜에 걸맞은 성숙한 면모를 보이지 못하고, 오히려 갖가지 불협화음에 시달리고 있는 현실에 대한 강한 비판에서 시작된다. 최근 산하 단체 내 인사 불화가 거듭되고 있을 뿐만 아니라 민족예술 창출을 위한 고유 레퍼토리 제작기능의 취약, 6개 산하단체 간의 예산배정을 둘러싼 내적 갈등 등 고질적인 문제가 해소의 기미조차 보이지 않고 있다."[62]라고 쓴 바 있는 것이다.

이 같은 글이 나온 배경은 테너 박인수의 오페라 단장 탈락 사건이라든가 예산배정 문제, 그리고 레퍼토리 개발 문제 등이 무분별하면서도 일방통행식으로 이루어진 데 따른 것이었다. 따라서 극장 내외의 여론은 일방 행정 체제로 이루어진 극장체제가 예술가의 예술 방향에 입각, 소신과 책임을 가지고 업무를 추진할 수 있는 예술행정 체제로 방향 전환을 해야 한다는 것이었다. 그러나 이러한 여론을 정부는 듣는 둥 마는 둥 무시했다. 주무부서인 문공부가 산하기관장 자리를 그렇게 쉽게 민간 전문가에게 넘겨줄 리 만무했다. 또 민간전문가 허규 극장장이 7년 반 동안 극장을 썩 잘 운영한 것도 아니었기 때문에 당시의 여론에는 힘이 실리지 못한 것이 아닌가 싶다.

그런데 국립극장의 역할 부실은 단순히 관 주도에만 있는 것도 아니었다. 우선 예산 자체가 형편이 없어서 공연 활동을 펼치기가 쉽지 않았다. 1991년도 예산만 보더라도 총 75억3천8백만 원으로서 그중 전속단체 운영비가 29억5천8백만 원, 시설유지비 및 보강비가 11억2천7백만 원인 반면 실제 공연 활동비는 15억6천백만 원에 불과했다. 그런데 공연 예산 중 해외공연과 해외예술인 초청, 민간교향악단 전속 계약의 내역을 뺀 순수 국내 공연 활동비는 9억9천8백만 원으로서 1개 단체의 연간 평균 공연 제작비는 1억6천6백만 원에 불과했다.

그러니까 전속 단체 하나가 1억6천만 원을 갖고 1년 동안 작품을 제작해서 관중에게 보여주어야 한다는 이야기이다. 당시만 하더라도 뮤지컬 1편 제대로 만드는 비용이 2억 원 가까웠다. 이처럼 국립극장의 부실은 연간 예산만 보아도 금방 알 수가 있다. 그런 속에서도 추진력을 지닌 윤탁 극장장은 소신 있게 여러 가지 사업을 펼쳐나갔다. 즉 국립극장은 문화학교 개설이라든가 청소년 여름문화학교 등으로 교육기능을 강화하는 한편 발레단의 일본 공연과 제5차 남북고위급회담 특별공연으로 뮤지컬 〈영혼의 노래〉도 만들어 보여주었다.

공무원 출신 극장장으로서 연극 창극 국악대본 등 새로운 작가 작품 발굴을 제도화하는 등 의욕적으로 여러 가지 사업을 펼쳤던 윤탁 극장장이 물러난 다음에는 비교적 온건한 김진무 극장장이 배턴을 이어받았다. 그는 부임하자마자 전임 극장장처럼 관색(官色) 벗기를 모토로 내걸었는데, 이는 극장

내외의 비판적 여론을 의식한 데 따른 것으로 볼 수가 있다. 그는 전임자가 펼쳤던 사업을 계승하면서 자신의 사업을 네 가지로 요약해서 발표했는데, 첫째가 외부 예술인 초빙이고, 두 번째는 남북교류용 창작물 제작이며, 세 번째는 청소년 공연문화 정착이고, 네 번째는 문화 소외지역 찾아가기 등이었다.[63]

그 외에도 의욕적인 사업을 펼쳐나가는데 윤탁 극장장이 강조해온 '움직이는 국립극장'을 더욱 활발히 전개하고, 무용단과 발레단이 창단 30주년을 맞는 데 따른 무대장비 3억 원 투입과 남북 고위급회담을 위한 공연개발비 등으로 10억 원의 예산을 증액한 것이 눈에 띈다. 따라서 전년에 비해서 11.2% 증가한 83억8천4백만 원이 국립극장의 총예산이었는데, 이는 극장사상 최다의 예산이었다. 그러나 세입이 총예산의 2.5%밖에 되지 않아서 나랏돈 까먹는 장소라고 비판하는 이도 없지 않았다. 선진국 극장의 10% 세입과는 거리가 멀었는데, 그 이유는 작품의 수준, 경영 능력 부족 등 여러 측면에서 찾을 수 있을 것이다.

그리고 때마침 '뉴키즈 온 더 블록' 내한 공연에서 청소년들이 다치는 사건이 발생하면서 국립극장이 청소년의 정서 순화를 위한 몇 가지 행사도 추진키로 했다. 1992년도는 스페인에서 국제 올림픽이 열리는 해였기 때문에 국립극장은 바르셀로나 올림픽문화행사 참여와 함께 동구권과 소련, 중국 등에도 예술단을 보내서 순회공연을 시킨다는 계획을 세운 것이다. 그리고 또 하나 시선을 끌 만한 것은 극장이 기업의 후원도 끌어내고 서울 주재 각국 문화원의 후원도 받아보겠다는 생각을 가졌던 점이라 하겠다.

그러나 이상과 같은 여러 가지 사업계획 발표가 구두선(口頭禪)으로 그친 느낌을 줄 만큼 구체적으로 실현되지는 못했다. 상반기 극장활동을 평가한 경향신문은 "국립극장무사안일 '중병'"이라는 글에서 "우리나라 공연예술의 총 본산인 국립극장(극장장 金鎭武)이 당초 계획과는 달리 재공연을 일삼는 등 폐쇄적이고 무산 안일한 파행운영으로 일관, 예술계의 지탄을 받고 있다.

국립극장은 올해 사업목표로 움직이는 국립극장 근대화, 청소년 공연활동 활성화, 해외공연 확대, 전속단체별 공연수준 향상 등 다섯 가지 공약을 내세웠으나 현재까지 실행된 사업 실적은 극히 미미한 것으로 나타났다."면서 무용단의 리바이벌로 인한 예산 낭비 등을 지적했다.

특히 경향신문의 비판에서 눈길을 끈 부분은 국립극장이 관 주도에서 벗어나 행정 공연 경영의 3원화를 꾀해야 한다는 것과 예술 감독제 도입이었다.[64]

가령 경향신문이 지적 제안한 행정, 공연, 경영의 3원화라든가 전문 인력의 필요성, 그리고 예술 감독제 도입 제안은 당시로써는 대단히 앞서가는 아이디어였다. 이 시기에는 우리나라에도 예술경영학이 조금씩 도입되는 조짐을 보인 때였으므로 국립극장이 그런 문제를 생각토록 촉구한 언론의 제안은 탁견이었다. 이처럼 극장 운영에 대한 근원적인 문제 제기가 돌출하자 국립극장은 그 해 11월 중순에 41주년 기념 '국립극장 발전을 위한 토론회'를 개최하기에 이른다.

그 토론회에서는 몇 가지 중요한 제안이 나왔는데, 명칭을 국립무대예술원으로 바꾸어야 한다는 주장에서부터 국립극장을 연극과 무용만의 전용관으로 만들어야 한다는 주장도 나왔다. 그러나 토론회에서 가장 주목을 끈 제안은 극장을 독립된 법인체로 바꾸어야 한다는 것이었다. 그리고 예술 감독제 도입과 시즌 프로덕션제, 독립채산제 등도 제안되었다. 이처럼 국립극장 발전책에 대하여 문화예술계에서 활발하게 논의되는 와중에 극장의 무대장치가 리허설 중 무너지는 사고[65]가 발생하기도 했다.

정부가 통일무대를 조성하기 위해서 서울예술단과 김복희 무용단을 시켜 특별 제작한 뮤지컬 〈꿈꾸는 철마〉 리허설 중에 일어난 사고였지만 다행히 중상자가 없어서 공연은 예정대로 진행되었다. 다만 국립극장의 이미지는 실추된 것이 사실이었다.

이러한 여론과 무대 사고 등 내외의 악재가 국립극장과 주무관서 문화부를 자극한 것도 같다. 왜냐하면 그해 연말에 가서 국립극장이 처음으로 예술 감독제를 도입하는 등 몇 가지 변신을 시도했기 때문이다. 즉 국립극장은 12월 들어서 산하단체들 중에서 무용단, 발레단에는 단장 겸 예술 감독제를 도입했고, 다른 단체들도 점차 그렇게 해 나가기로 한 것이다. 소위 '한국적 예술 감독제'라는 것은 예술과 행정을 분리시켜 단장들에게는 책임의식을 갖게 하고 행정가들은 공연 단체에 대한 개입을 줄여나갈 수 있는 장치라고 했다.

극장공연의 작품성도 높이고 관객과의 교감도 넓힌다는 목표 아래 시행한 예술 감독제 도입에 따라 임기는 3년 1차 연임제에서 2년으로 하고 연임규정도 철폐했다. 유능한 감독은 오래 할 수 있도록 제도적 장치를 마련한 것이다. 그뿐만 아니라 예술 감독에 성과급도 지급토록 했다. 물론 예술 감독에 대한 평가 기준, 즉 유료관객 입장 수, 평단의 평가, 관객들의 반응을 종합한 것에 어느 정도 도달해야 함은 두말할 나위 없었다. 성과급의 책정도 유료관객 수가 전해보다 1백% 이상 늘어났을 경우 늘어난 입장료 수입 가운데 20~30%를 계약금 외에 별도로 지급한다는 것이었다. 그리고 예술 감독 밑에 훈련장, 지도위원, 상임안무가, 싱임 지휘자 등을 한 명씩[66] 둘 수 있도록 했다.

그런데 6개 산하단체들 중에서 가장 주목을 끈 단체는 발레단이었다. 미국에서 오랫동안 발레리나로 활동한 김혜식(金惠植) 단장이 부임하면서 오디션도 철저하게 했을 뿐만 아니라 정단원, 준단원, 연수단원으로 구분하여 단원들의 기량을 획기적으로 향상해 나간다는 것이었다. 솔직히 그동안 국립예술단체에서는 그런 것을 하지 않는 것으로 알았을 뿐만 아니라 실제로 아무도 그런 시도를 한 적이 없었기 때문에 그녀의 시도는 훌륭한 것이었다. 그는 또한 학계, 언론계 등 관계 전문가로 구성된 20명 이상의 이사와 기업체들을 중심으로 한 다이아몬드, 금, 은, 동 회원들로 후원회를 구성하기도 했다.[67]

국립극장이 발레단을 중심으로 하여 조금 활기를 찾을 즈음에 제25대 극장장으로 김광락(金光洛) 전 사무국장이 부임해왔다. 그는 말단 공무원 때부터 국립극장에서 근무했기 때문에 극장의 내부 사정에 밝고 극장 행정에는 대단히 능한 인물이었다. 그가 취임 일성으로 '간섭 배제, 지원 위주'를 내건 것도 당시 문화계의 여론을 의식한 데 따른 것이었다. 그는 한 언론과의 인터뷰에서 '공연작품 선정이나 연출자 결정 등에 간섭하는 일이 없을 것이며 예술감독 중심 체제를 지속해나가겠다'면서 '많은 예산을 들여 제작한 공연물을 2, 3일 공연하고 막을 내리는 것은 아쉬울 뿐만 아니라 낭비'라면서 장기공연을 적극 추진하겠다고 했다. 즉 그는 앞으로 연극과 창극부터 공연 기일을 늘려서 대극장은 10일, 소극장은 20일을 기준으로 장기공연 체제를 갖추겠다는 것이다. 그러나 그가 구상한 사업 중 주목을 끌 만한 것은 전속단체 6개 중 오페라단과 발레단 등을 예술의전당으로 옮기는 문제를 여론수렴 과정과 해당기관 간의 협의를 거쳐 빠른 시일 내에 매듭짓겠다고 밝힌 점이었다.[68]

이상과 같은 김광락 극장장의 구상 중 당장 실천에 옮긴 사업은 장기공연 방식이었다. 즉 소극장을 상설공연장으로 만들어 연중무휴 개방한다는 것이다. 이를 위해 현재의 일회성 공연을 지양, 우수 레퍼토리를 장기 공연키로 했다. 전속단체의 정기공연은 20일 이상 장기 공연할 수 있도록 뒷받침해주기로 했다. 극장 측은 당장 〈피고 지고 피고 지고〉를 6월부터 32일 동안 공연한 데 이어서 〈앙드로마크〉, 〈여관집 여주인〉 등도 20일 이상 공연키로 했다. 외부 단체도 적극 유치, 제2회 서울어린이연극제 수상작공연, '젊은 연극제'의 매년 유치, '전국대학생연극 경연대회', '한국 합창제' 등을 열고 시낭송회 가곡 판소리 등을 공연하는 '청소년을 위한 시낭송 축제'도 마련했다.[69]

국립극장은 이 밖에도 연극, 국악, 무용, 발레 등 문화 학교 운영을 활성화하는 한편 각급 학교 연극 지도교사에 대한 연수를 실시하고, 발레단뿐만 아니라 전속 단체별로 후원회를 구성하고 회원제도 실시해간다는 방침이었다. 물론 이러한 계획이 모두 실천된 것은 아니었다. 그러나 한 가지 분명한 것은 새로 부임해 오는 극장장마다 나름대로 의욕을 갖고 뭔가 새로운 발전책을 강구해보려고 노력한 것만은 부인할 수 없는 것이었다.

어떤 전임자들보다도 의욕을 보여주었던 김광락 극장장만 하더라도 부임한 해에 여러 가지 새로운 사업을 펼쳤고, 장충동 이전 20주년을 맞아서 대극장

2층 로비 좌우측에 약 20평 규모의 자료 전시실(홍익대 한도룡 설계)을 마련, 명동시절부터의 공연 장비는 물론 〈성웅 이순신〉, 〈아이다〉 등에 사용되었던 의상, 장신구, 소품, 공연대본, 그리고 초창기 공연 사진 등 2백여 점의 귀중한 자료를 상설 전시했다. 그뿐만 아니라 지난 20년간 극장 전속단체들을 한눈에 볼 수 있는 자료로 정리한 '국립극장 신축이전 20년사'도 발간한 것이다.

대단히 의욕적이었던 김광락 극장장도 문화부에서 밀려 내려오는 새 인물에게 자리를 비켜주고 국립국악원으로 옮길 수밖에 없었다. 더욱이 정권 교체에 따른 권력이동의 영향도 완전 배제할 수는 없었을 것이다. 제26대 극장장인 이한홍(李漢洪)도 전에 사무국장을 지낸 바 있기 때문에 극장 행정에 낯설지는 않았다. 그는 문민정부의 뒷받침을 받아 국립극장에 새바람을 불어넣으려 노력했다. 문민정부가 강력한 세계화 정책을 폈기 때문에 재외 교포에 대해서도 여러 면으로 배려를 했다.

문화 측면에서 보더라도 88년 서울국제올림픽 문화축전 행사의 하나로 시작돼 1989년부터 격년제로 실시해 온 한민족예술제를 국립극장이 주도한 것도 주지의 사실이다. 1995년도의 한민족예술제도 국립극장에서 카자흐스탄 등 6개국 재외 동포예술인들이 음악, 연극 등의 이색적인 작품을 선보여 관중의 갈채를 받았다. 그러나 이러한 행사는 국립극장이 정부 정책을 맡아 이행한 것에 지나지 않는다.

따라서 이한홍 극장장이 부임해서 새롭게 선보인 것은 아마도 인사 개편이 아닐까 싶다. 즉 국립극장은 1995년도 하반기에 극단(정상철), 무용단(국수호), 발레단(최태지), 창극단(전황)의 단장을 새로 임명했는데, 이들은 한결같이 대중과 호흡하는 젊은 무대를 만들어내겠다는 소신을 피력했다. 실제로 전속단체가 오랜만에 세대교체 성격을 띠면서 젊어진 것도 사실이었다. 그러나 이 시기에 국립극장이 대중에게 새롭게 다가간 것은 1993년부터 시작한 야외 '문화광장'이 강화된 것이라고 말할 수 있다.

김광락 극장장이 문화서비스 차원에서 마련한 기획프로 '문화광장'은 그동안 사물놀이, 농악, 탈춤 등 전통예술 중심으로 주말의 여섯 시에 무료로 선보여 왔는데, 1995년 5월부터는 음악과 무용 중심으로 바꿨다. 즉 현대무용(한국 컨템포러리), 한국무용(창무회), 발레(서울발레시어터), 그리고 오케스트라 등으로 레퍼토리를 구성한 것이다. 그리하여 2년 반 만에 3만여 명의 관객을 끌어들이는 성공을 거둔 것이다. 당초 국립극장이 '문화광장'이라는 색다른 기획을 하게 된 이유는 두 가지에 있었다. 한 가지는 국립극장에 대한 시민들의 인식을 넓히겠다는 것과 다른 한 가지는 대중들이 고급문화와 자연스럽게 가까워지도록 하기 위한 것이었다. 그와 관련하여 중앙일보는 '무료로 즐기는 초여름 공연'이라는 제복으로 다음과 같이 썼다.

> 코끝을 자극하는 은은한 아카시아 향기, 살갗에 기분 좋게 와 닿는 초여름 산들바람, 그리고 야외에서 가족이 함께 하는 한곡의 클래식 음악, (…중략…) 국립극장 분수대 광장에서는 매주 토요일 오후 6시면 국립중앙극장이 문화서비스 차원에서 마련한 '국립극장 문화광장'이 어김없이 열린다. 〈청소년 재즈 파티〉, 〈꿈과 낭만의 오케스트라 향연〉과 같이 전통예술과 대중문화를 잇는 〈크로스오버〉 공연이 주요레퍼토리인 문화광장은 정통 클래식 공연을 보러가기엔 조금은 부담스러웠던 이들이 부담 없이 접할 수 있는 프로그램. 93년 8월에 시작돼 올해로 3년째를 맞는 문화광장은 올해도 지난 3월 15일부터 시작돼 10월 21일까지 계속된다.[70]

이처럼 국립극장이 문화서비스 차원에서 마련한 야외공연은 대중에게 좋은 인상을 주었고, 그에 따라 예술의전당, 세종문화회관, 마로니에 공원 등 문화 공간들도 이를 벤치마킹하여 시민들에게 문화향기를 호흡하도록 했다. 이와 같은 야외공연이 시민들의 호응을 얻자 국립극장은 전시예술로 확대해갔다. 즉 무대미술가 윤정섭과 연출가 김상수가 국립극장 광장에 '문화의 날'을 기

넘하는 대형작품(길이 1백50m)인 〈풍경의 꿈-1996년 움직이는 빛, 움직이는 소리〉를 설치한 것이다. 드넓은 국립극장 광장을 가로지르는 대형 골함석 판으로 설치미술을 시도한 것은 극장으로서는 하기 힘든 일이었다.

이는 그만큼 국립극장이 어떻게든 대중에게 다가가겠다는 의지의 표현이어서 주목된다고 하겠다. 국립극장 발전을 위해서 여러 가지 아이디어를 짜내고 후원회를 구성하는 등의 자체 노력이 정부를 자극하여 한두 가지 배려가 뒤따랐다. 그것이 다름 아닌 매표수입의 재투자라 하겠다.71) 사실 그동안 회계법에 따라 매표 수입은 당연히 국고로 환수케 되어있었다. 전속단체들이 예산부족으로 가뜩이나 어려운 살림살이 때문에 좋은 작품을 만들어내기는 쉽지 않았다.

따라서 재정경제원이 국립극장 산하단체들의 공연활동을 도와주기 위하여 매표수입만은 국고 환수하지 않고 자체적으로 홍보 기획 등 운영비로 재투자할 수 있도록 배려한 것이었다. 이는 극히 사소해 보이지만 대단히 중요한 의미를 지니는 것이었다. 왜냐하면 정부가 오랜만에 문화기관의 재정적 곤란을 인식하고 긍정적 방향으로 도와주기 시작한 것이기 때문이다. 바꾸어 말하면 그동안 경제개발에만 몰두해온 정부가 조금씩 문화에도 관심을 갖기 시작했다는 큰 의미도 있는 것이다. 이한홍 극장장 시절에 정동극장이 분관으로 세워져 잠시 있다가 법인화되어 독립한 것이나 국악관현악단이 생겨난 것도 특기할 만한 것이었다.

특히 희곡과 소설을 쓰는 이길융(李吉隆)이 새로 극장장으로 부임해 오면서 정부의 문화에의 관심 돌리기에 박차를 가했다고 말할 수 있겠다. 1996년도 예산이 1백31억6천만 원이었던 데 비해서 1997년도 예산은 1백71억6천만 원으로서 전년도 대비 30%나 증액된 것이다. 이는 극장사상 가장 많은 예산 증액으로서 정부의 문화에의 관심을 단적으로 보여주는 것이었다. 이에 고무된 극장 측도 전속단원들에게 정체성을 생각도록 하기 위해서 은퇴한 원로단원들을 위한 초청 잔치72)를 베푸는 한편 야외에 '팔라디움'이라 칭하는 야외극장도 기획했다. 물론 이러한 계획이 모두 성취된 것은 아니다. 그러나 극장 측의 발전 모색 노력만은 나타나고 있었다고 볼 수가 있다.

1998년 2월 국민의 정부가 들어서면서 모든 분야가 개혁의 바람을 맞기 시작했다. 그렇지만 문화 분야만은 상당히 예민하고 또 연구가 전제되어야 하기 때문에 시대의 관행을 쫓을 수밖에 없었다. 의욕적이었던 이길융 극장장이 영전되어가면서 문화체육부 정책 국장이었던 남인기(南仁基)가 새로 극장장으로 부임해 왔다. 대학에서 문학을 전공하고 해외공보관으로 유럽에 오래 머물렀던 그는 민간전문가 못지않은 안목과 의욕을 가진 공무원이었다. 따라서 그는 극장의 운영방침으로 ① 적극적인 경영, ② 대 관객 문화서비스 제고, ③ 장기공연 기획 활성화 등을 내걸고[73] 해외공보관 출신답게 국립극장이 수준 높은 예술작품을 공연하는 것에 머물지 않고 해외공연 활성화를 통해 한국의 문화예술에 대한 이미지 개선에도 힘쓰겠다고 했다. 그러려면 전속단체들이 외국예술 단체와의 교류 공연도 적극 추진해야 한다는 것이다.

그러나 그의 그러한 의욕과는 달리 개혁의 바람이 문화계에도 조금씩 불기 시작했기 때문에 새로운 일을 펼치기는 쉽지 않았다. 다만 기존의 일만 그대로 해나갈 수밖에 없었다. 왜냐하면 정부의 방침을 기다려야 했기 때문이다. 그러니까 전임자들이 벌여놓은 일들을 성실하게 이행하면서 정부의 개혁정책을 기다리는 수밖에 없었다. 예년과 별다름 없는 공연행사와 야외공연, 그리고 시민을 상대로 한 문화교양 강좌 같은 것이 바로 그러한 활동이었다.

특히 매주 수요일과 토요일에 장년층을 상대로 하는 '수요 가정 문화극장'과 직장인을 대상으로 하는 '토요 문화광장'은 해를 거듭할수록 인기를 더해 갔다. 왜냐하면 '수요 가정 문화극장'에서는 전통 무용이라든가 민요, 민속놀이, 한시 등과 같은 고전을 강의하고 실기까지 겸하는 반면, '토요 문화광장'에서는 현대음악을 주요 레퍼토리로 삼았기 때문이다.

한편 국민의 정부는 그 어느 정권보다도 문화에 대한 이해도 깊고 또 그 발전책에 대해서 다각적 노력을 기울이기 시작했다. 장차 문화 사업을 국가의 기간산업으로 설정한 정부는 각종 문화지표를 조사하면서 정부산하 문화기관 활성화 방안을 새롭게 모색하기 시작했다. 그런데 정부가 구상하고 있었던 최선책은 민간위탁이었다. 민간위탁은 국민의 정부가 내세우고 있는 '지원은 하되 간섭은 하지 않는다'는 원칙에도 부합한다고 본 것이다. 물론 이러한 정부의 구상에는 순수한 의도만 있었던 것은 결코 아니었다. 여기서 순수한 의도라는 것은 경제적 타산을 의미한다. 그러니까 정부는 문화기관들이 제 기능을 거의 하지 못하면서 예산만 낭비하고 있다고 보았다는 이야기이다.

이러한 정부의 구상이 밝혀지면서 문화계에서는 찬반론이 첨예하게 대립했다. 즉 반대론자들은 정부가 문화마저 경제논리로만 접근함으로써 고급문화를 고사시킬 우려가 있다는 것이었고, 찬성론자들은 이제는 관립 문화기관에 민간 전문가들이 들어가서 예술경영 논리에 입각한 효율성을 높일 때가 되었다는 것이었다. 실제로 정부는 서울시 산하 세종문화회관을 시범적으로 재단법인화하여 민간전문가들이 운영토록 했다. 따라서 정부는 국립극장도 세종문화회관처럼 특수 법인화하려고 했다. 그러나 국립극장은 세종문화회관과는 여러 가지 면에서 다른 점이 있었다. 우선 국립극장은 세종문화회관처럼 자치단체 소속도 아니고, 다목적 홀의 성격도 아니며 유일한 데다가 전통 있는 극장이다. 그래서 민간위탁에 대한 문화예술계의 반발은 예상을 뛰어넘는 것이었다. 결국 정부는 국립극장을 책임 운영기관으로 만든다는 방침을 굳히기에 이르렀다.

국립극장이 총지출 예산의 5% 내외의 수익만을 올리고 있는 것은 문제라고 본 것이다. 그런데 여기서 책임 운영기관이란 것은 정부 산하기관에 공공성을 그대로 유지하면서도 경쟁원리에 따라 운영하는 것이 바람직한 업무에 대해서만은 기관장에게 행정 및 재정상의 자율성을 부여하고 운영성과에 책임을 부과하는 제도라 말할 수 있다. 그러니까 사업과 집행 기능이 강한 정부기관을 부처로부터 어느 정도 독립시켜 시장 원리에 따라 운영토록 함으로써 효율성을 극대화하는 한편 서비스도 개선한다는 취지인 것이다. 이러한 정부

방침은 문화예술계에서도 받아들이지 않을 수 없는 시대적인 명제였다.

그러나 한 가지 분명한 것은 국립극장의 책임 운영기관화는 극장 발전을 위한 이상적 방책은 되지 못했다. 왜냐하면 정부가 고급 무대예술을 획기적으로 발전시키기 위한 전진적 계획의 일환으로 국립극장 책임 운영기관화를 꾀했다기보다는 비용도 절감하고 효율성도 높이기 위해서 고육지책으로 고안한 과도기적 방책으로 볼 수 있기 때문이다. 그러니까 정부 지원은 종전대로 하되 운영만은 민간 전문가가 책임지고 한다는 것이다. 이것은 어떻게 보면 국립극장이 출발 당시의 형태로 되돌아간 것으로도 보인다. 1950년 4월 개관과 함께 극작가 유치진이 극장장으로서 전적인 책임을 갖고 운영을 했던 점에서 그러하다.

그러나 정작 국립극장을 획기적으로 발전시키자면 예산의 대폭 증액과 위상 제고와 같은 새로운 방책이 나왔어야 했다. 여하튼 책임 운영기관이라는 정부의 방침이 확고하게 서자 문화관광부는 그런 제도를 별로 탐탁지 않게 여긴 남인기 극장장을 과도체제인 최진용 극장장으로 교체하고 민간 전문가를 받아들일 준비에 들어갔다. 그것이 1999년 여름이었다. 문화관광부는 그해 가을 들어서 새 극장장을 공채하기 위해서 국립극장 운영심의위원회를 구성했다. 그리고 공채 공고를 내고 극장장 후보자를 물색했다.

그러자 또다시 연극계에서는 극장장 선출 과정의 투명성을 요구하는 성명이 발표되는 등 논란이 야기되었다. 즉 한국예술발전협의회는 성명을 통해 '국립극장장이라는 자리가 한국의 문화예술을 상징하는 위치인 만큼 충분한 검토 시간과 의견 수렴이 필요한데도 졸속으로 치리되고 있다'[74]고 비판했고, 한국 연극협회는 '한 나라의 공연예술계를 대표하고 상징하는 국립극장장을 선택하면서 해당 인사의 사회적 도덕성과 전문성을 투명하게 검증하는 절차도 거치지 않을 수 있는가. 공인이라면 밀실이 아닌 공개검증과 객관성이 보장되는 것이 마땅한 절차'[75]라고 했다.

이러한 연극계의 비판에도 불구하고 문화관광부는 당초의 방침대로 인선작업에 들어갔고, 1999년 11월 말 연극인 김명곤(金明坤)을 새 극장장으로 선출케 된다. 김명곤은 극단 아리랑 대표로서 배우, 연출가, 제작자 등으로 활약해온 소위 민중연극 운동가이다. 대학에서는 독문학을 전공했지만 판소리와 민요 등을 부를 수 있는 국악인이기도 하다. 그 점에서 다양한 장르를 포용하고 있는 국립극장장으로서는 일단 무난하다고 볼 수 있었다. 다만 큰 기관을 움직일 수 있는 행정경험과 경영능력이 있을 것인가에 대해서만은 찬반의 말들이 오간 것도 사실이었다. 그러나 극단을 20여 년간 잘 이끈 연극인인 데다가 연극과 영화, 전통예술 등을 두루 섭렵한 그가 국립극장을 충분히 변화시킬 것으로 기대하는 사람들이 더 많았다.

그가 극장장에서 임명된 직후 가진 기자회견에서 '그동안 국립중앙극장의 제도적 경직성이 예술창작을 방해해왔고 예산집행에도 비효율적인 면이 있었다'고 비판하고, 국립극장을 '유동성과 자율성을 최대한 보장해서 창의적인 아이디어가 효과적으로 실행되는 기관으로 만들겠다'[76]는 포부를 밝혔다. 또한 그는 국립극장이 수익성도 중요하지만 고급문화 창조장으로서의 상징성이 더 중요한 만큼 앞으로 이 땅을 대표하는 최고 수준의 창작산실로, 그리고 민족예술 창작의 동력원으로 가꿔 가겠다고도 했다.

그런데 정부가 국립극장의 책임 운영기관화만 꾀한 것이 아니다. 극장의 군살빼기 작업도 은밀하게 추진하고 있었다. 그것이 다름 아닌 몇 개 전속단체의 예술의전당 이전 안(案)이라 하겠다. 솔직히 대소 두 개의 공연장만을 가진 국립극장이 연극, 음악, 무용, 국악, 발레, 오페라 등 무대예술 전 장르를 끌어안고 있는 것은 과부담이었다. 7개 산하단체가 창조활동을 벌이기에는 국립극장이 연습실에서부터 공연장에 이르기까지 너무나 협소한 것도 사실이었다. 그러나 1970년대까지만 하더라도 변변한 공연 공간이 없었기 때문에 부득이 국립극장이 다양한 무대예술 장르를 끌어안을 수밖에 없었다.

다행히 그 후에 세계적인 문화 공간이라 할 예술의전당이 개관됨으로써 국립극장이 과다하게 안고 있었던 전속 단체를 분산시킬 수 있게 된 것이다.

더욱이 국립극장과 예술의전당이 다 같이 문화관광부 산하 기관인 만큼 특별히 어려울 것이 없었고, 큰 예술의전당은 상주 단체 하나 없는 처지였다. 국립극장 외에 변변한 관립극장이 없었을 때는 국립극장이 여러 종류의 예술단체를 포용해야 했지만 시설 좋은 극장이 생겨나면서 관립극장들도 특성화할 단계에 들어선 것이었다. 그런데 국립극장 산하 단체를 마구잡이로 예술의전당으로 옮길 수 있는 것은 아니었다. 국립극장 설치법과 예술의전당의 제 규정을 고쳐야 가능한 것이었다.

따라서 정부는 문화예술진흥법 개정을 1999년 가을 정기 국회에 제출했다. 정부는 거기서 국립극장 산하단체들을 별도 법인으로 만들 수 있도록 했고, 예술의전당도 재단법인으로부터 특별 법인으로 전환시키도록 한 것이다. 그러한 개정 법률안이 12월 초 국회에서 통과되었다. 이러한 법 정비에 따라 국립오페라단, 국립발레단, 국립합창단 등 3개 단체는 국립극장으로부터 떨어져 나가 별도 법인화되어 예술의전당으로 가게 되었다.

이처럼 국립극장이 오랜만에 감량되어 극단, 창극단, 무용단, 국악관현악단 등 4개 단체만 두게 된 것이다. 모처럼 국립극장이 연극과 전통예술 중심의 전용관으로서의 보수성을 되찾은 것이 된다. 이러한 정부의 문화정책은 오랜만에 박수를 받았다. 벌써 문화계에서는 국립극장 산하단체의 분산을 주창한 바 있었다. 관립극장의 특성화를 꾀하고 각 장르의 자생력과 경쟁력을 키우기 위해서는 국립극장 전속단체의 분산은 불가피한 것이었는데, 국민의 정부에서 드디어 해낸 것이다. 이는 국립극장이 발전하는 데 있어서 하나의 전기가 될 수 있는 길을 튼 것이기도 했다.

6. 변혁의 첫 조처, 책임 운영제[77]

국립극장이 1950년 4월에 개관되었을 때만 하더라도 아시아에서는 처음이었다. 반세기에 가까운 세월 동안 일제의 무단통치로 인해서 우리나라는 모든 면에서 피폐해 있었고, 해방 직후에는 이데올로기의 분열과 강등으로 다시 한 번의 큰 상처를 받은 연극계가 국립극장 설립으로 극적 회생의 기회를 잡았었다. 그러나 단 두 달 만에 6·25전쟁이 발발함으로써 국립극장은 우리 현대 연극사만큼이나 파란만장한 험로를 걷지 않을 수 없었다. 우선 그간에 국립극장은 건물을 세 번이나 옮겨야 했고, 두 번이나 폐지론에 시달려야 했으며 경제개발이라는 큰 파도 속에서 정부의 천덕꾸러기 노릇을 한 것도 사실이었다. 그런 와중에서도 국립극장은 언제나 보잘것없는 예산으로 우리의 고급문화라 할 순수 무대예술을 지키고 발전시키기 위하여 피나는 노력을 해온 것이 사실이었다.

특히 대구로부터 환도한 직후 변변한 문화공간이 없었던 1960년대의 명동 시절에는 국립극장이 자체공연보다 사설 단체나 예술인들에게 무대를 제공함으로써 연극, 무용, 음악, 오페라, 창극, 발레 등이 발전할 수 있도록 뒷받침했다는 점에서 높이 평가받아도 무방할 것이다. 극장의 두 가지 기능이 뛰어난 공연예술 창조 보급과 시민들을 위한 예능교육, 그리고 인재육성이라 볼 때 국립극장은 그런 역할을 충분히 발휘했다고 보기는 어렵다.

사실 국립극장이 본래의 기능을 제대로 할 수 있으려면 정부의 건강한 문화정책에 따른 뒷받침이 있어야 함은 두말할 나위 없는 것이다. 그러나 강력한 뒷받침은커녕 애물단지 비슷하게 취급받아온 것이 바로 우리의 국립극장이었다. 그런 가운데서도 극장 산하 단체 전속예술인들은 우리의 공연예술을 창조, 보존 전승하는데 나름대로 노력을 기울여 온 것이 사실이었다. 가령 연극의 경우만 하더라도 실험극이다 뭐다 하면서 서구추수적(西歐追隨的)인 또는 지나치게 민중적인 공연행위가 유행할 때도 국립극단은 올곧게 정통 연극을 지켜왔으며, 창극의 경우는 동양극장 시절의 신파극 오염을 씻어내고 본래의 창극 원리에 다가가려고 노력했다. 무용의 경우도 창작무용을 신장시키고 고전발레의 정착화도 꾀한 것이 사실이었다. 그리고 국립극장은 오페라의 불모지에 정통 오페라를 착근시키면서 많은 사설 오페라단체를 탄생케 했으며 국악관현악단도 만들어서 국악을 국민음악으로 확산시키는 데 기여했다.

그 결과 국립극장이 창조한 예술이 우리나라 공연예술의 표준이 될 수 있었고, 동시에 방향타도 되었다고 말할 수가 있다. 그럼에도 불구하고 정부의 국립극장의 중요성에 대한 인식 부족으로 위상 제고가 이루어지지 못했고, 부족한 예산으로 창작 보급 활동을 마음껏 펼 수 없었던 것이 가장 큰 문제였다. 이는 곧 정부가 국립극장이야말로 우리 문화의 얼굴이고 동시에 자존심이라는 사실을 전혀 깨닫지 못했던데 따른 것으로 볼 수 있다.

그러는 동안에 역사의 진전과 함께 공연예술계 판도 역시 크게 바뀌어갔다. 가령 공연장만 하더라도 세종문화회관을 비롯하여 예술의전당과 수도권 주변에도 국립극장 이상의 규모와 시설을 갖춘 공연장들이 생겨났고 견실한 소극장과 사설 공연단체들 역시 적잖게 생겨남으로써 국립극장의 독주는 상상도 할 수 없을 정도로 주변 사정이 바뀐 것이다. 따라서 국립극장은 상대적으로 쪼그라드는 느낌마저 준 것이 사실이었다. 이대로 가다가는 국립극장은 존립조차 어려울 지경에 이른 것이다. 정부도 긴장할 수밖에 없는 처지에 다다른 것이다.

그러니까 특단의 조치를 취하지 않으면 어렵다고 생각한 국민의 정부가 문화산업을 국가의 기간산업으로 설정하면서 문화공간의 활성화 방책의 일환으로 국립극장의 책임 운영기관화도 꾀하기에 이른 것이다. 국립극장에도 자율성을 부여하는 한편 책임도 부여함으로써 경쟁체제를 만든 것이었다. 책임운영기관이란 '정부가 수행하는 사무 중 공공성을 유지하면서도 경쟁원리에 따라 운영하는 것이 바람직한 사무에 대하여 책임 운영기관의 장에게 행정 및 재정상의 자율성을 부여하고 그 운영 성과에 대하여 책임을 지도록 하는 행정기관을 말하는 것'[78]이다.

따라서 그 목적은 행정운영의 효율성과 행정서비스의 질적 향상을 도모하는 데 있음은 두말할 나위 없는 것이다. 그와 아울러 기관장은 그 기관의 경영혁신을 위하여 필요한 조치를 취하여야 함도 수반한다. 이는 사실 국민의 정부가 각 부처에 기업적인 경쟁체제를 도입하면서 국립극장 역시 하나의 사례로 삼은 것이었다. 이 방식은 일단 과도기적인 형태였긴 해도 책임 운영기관화는 국립극장이 법인화로 가는 과정에 놓여있음을 보여준 것이라고도 말할 수가 있다. 그리고 국립극장의 책임 운영기관화와 함께 중견 연극인 김명곤이 극장장으로 임명됨으로써 변화를 위한 발판이 마련된 것이다.

김명곤은 극장장에 임명되자마자 자신에게 부여된 인사권과 재정권을 적절히 활용하면서 의욕적으로 극장개혁 작업에 나섰다. 즉 과거 연극계에서 호흡을 맞췄던 소장 연극기획자 몇 명을 극장으로 끌어들여서 자신이 펼쳐나갈 개혁 플랜을 짜서 그것을 하나하나 실천해 나가기로 한 것이다.

그는 극장기관지 '갈채'에 기고한 인사말에서 '국립극장이 우리나라 공연 예술의 중심지로 우뚝 서는 일입니다. 최고의 예술성을 갖춘 공연작품을 제작하고 그것을 보다 많은 대중이 즐길 수 있도록 하는 일입니다. 저는 그 목표를 위해 돈키호테처럼 뛰어다녀 볼 작정입니다. 그와 함께 예술창작을 통제하고 감독하는 조직이 아니라 지원하고 협력하는 틀로서의 조직정비, 극장 주변 환경의 개선, 다양한 관객층을 겨냥한 프로그램의 개발, 기획, 홍보, 마케팅 능력의 확대, 문화지원 서비스의 확대 등 해볼 만한 일은 다 해볼 작정으로 일을 하고 있습니다[79]라고 의욕 넘치는 소견을 밝힌 바 있는 것이다. 이러한 그의 취임사 속에는 과거 어느 극장장의 소견보다도 개혁적이며 구체성도 들어 있다.

그뿐만 아니라 그 취임사 속에는 국립극장이 그동안 해결 못 한 문제를 제대로 파악하고 대단히 발전적 대안도 제시된 점에서 고무적이라는 생각마저 든다. 그가 앞으로 펼쳐나갈 국립극장 운영목표는 크게 세 가지로 요약될 수 있다. 즉 민족예술의 진흥, 수준 높은 예술 작품의 개발, 문화 복지 구현과 경영의 효율화가 바로 그것이다. 그리고 역점 추진 과제로서 네 가지를 꼽았는데, 첫째, 우수 공연작품의 제작과 마케팅 강화, 둘째, 문화 복지 실현을 위한 국민의 공연예술 향수 기회 확대, 셋째, 전속단체 운영개선 및 단원 기량 향상, 넷째, 무대시설의 현대화 및 쾌적한 공연환경 개선 등이 그것이다.

이상과 같은 과제의 달성을 위한 구체안을 보면 첫 번째의 우수 공연작품의 제작과 마케팅 강화는 다시 네 가지로 나누어 설명할 수 있다. 가령 우수 공연작품의 경우, 우수 공연물의 정기공연, 지방공연 및 외부 지원공연의 활성화, 기획·제작공연의 확대, 우수 작품의 레퍼토리화, 국립중앙극장 50주년 기념공연물의 연속 제작, 월별 테마 기획사업 개발, 외국인을 위한 전통예술 상설공연 등을 갖겠다는 것이었다. 공연작품의 마케팅 강화는 공연물 판촉 강화 마케팅 개발, 후원회 활성화, 홍보기능 강화, 문화정보화 기능강화 등으로서 실현하고, 우수 공연예술작품의 상품화 추진은 전속단체별 고성레퍼토리 개발, 완창 판소리 상설공연, 해설이 있는 발레 공연, 완판 장막창극 제작 등으로 실현하고, 공연예술을 통한 한국문화의 세계화 추진은 전속단체 해외공연 재외동포 예술인 초청연수 등으로 해결한다고 했다.

두 번째의 문화 복지 실현을 위한 국민의 공연예술 향수기회 확대의 경우는 다시 다섯 가지 방식으로 실천할 것인 바 ①'관중과 함께 하는 야외공연 지속운영'은 관중과 함께 하는 야외공연 지속, 외국인을 위한 '일요상설무대' 신설운영 등을 하고 ②'찾아가는 국립극장' 지방순회 공연은 국립극장 공연 프로그램으로 전국 순회공연을 하며 ③사회교육프로그램 개발 ④초, 중, 고교 무용, 연극공연 예술지도교사 연수 ⑤건전한 청소년 문화 육성을 위한 문화 프로그램 운영 ⑥문화학교 운영지원을 한다는 것이었다.

세 번째의 전속단체 운영개선 및 단원 기량 향상의 방식은 세 가지 방향에서 추진할 것인 바 ①오페라단 등 3개 단체의 예술의전당 이관 등 전속단체 운영개선을 꾀하고 ②단원 기량을 향상하며 ③우수작품개발 및 창작활동을 적극 지원한다는 것이다. 네 번째의 무대시설 현대화 및 쾌적한 공연환경 조성의 방식은 두 가지 측면에서 접근할 것인 바 ①무대시설의 전동화, 현대화를 꾀하고 ②관객 친화적 공연활동 조성으로 관객의 편의를 도모한다는 것이다.

그러나 국립극장의 여러 가지 사업계획 중에서 주목을 끌 만한 것은 다름 아닌 경영 합리화와 재정의 경제성 제고 문제가 아닌가 싶다. 왜냐하면 국립 극장은 정부의 인색한 예산을 갖고 우리나라 무대예술의 기준을 만들어야 하고, 더 나아가 고급문화 발전의 견인차 역할을 해야 하기 때문이다. 따라서 국립극장은 그동안 5% 안팎의 수익성을 10% 이상으로 끌어 올린다는 목표 아래 경제성 제고 방안을 마련했다. 즉 재정의 경제성 제고라는 큰 목표 아래 ① 재무 및 회계운영의 직정화를 꾀하고 ② 경영 성과의 개선을 기하기 위해 극장운영 수입을 늘리고 목표관리 방식을 통한 사업 성과를 측정한다는 것이다. 그리고 수익, 비용 구조의 개선을 위해서 경영마인드를 도입하고 극장의 세출을 10% 이상 절감한다고 했다.

특히 경영 합리화를 기하기 위해서는 인사 관리의 적정화와 조직 관리의 적정화라는 기조 밑에 공연을 통해 돈을 어떻게 벌 것인가 보다는 어떻게 돈을 잘 운용할 것인가에 역점을 둔다는 것이다. 따라서 경영목표 1순위는 작품과 공연장 수준에서 모두 최고의 예술성을 확보하는 것, 또 환경적으로는 관객이 가장 찾고 싶어 하는 공연장 만들기와 유료 관객 증대를 추구한다는 것이다. 여기서 특히 눈에 띄는 것은 인사와 조직의 변혁이라 하겠다. 그것은 곧 인원 감축과 아웃 소싱, 그리고 조직 변경이다. 극장직원 1백45명을 75명으로 줄이고, 행정부서도 종래의 공연과, 서무과, 무대과를 공연운영과, 행정지원과, 무대예술과 등으로 명칭을 바꾸고, 부서마다 조직상의 탄력성과 기획력이 강화된 '팀' 체제로 전환한 것이었다.

이 방식은 사실 일종의 변형된 프로듀서 시스템으로서 기획력과 마케팅을 강조한 것으로 볼 수가 있다. 국립극장이 이런 방식을 도입한 것은 혁명적인 발상이 아니면 불가능하다. 또한 국립극장은 문화서비스 차원에서 고객 만족도를 제고시키기 위한 다각적 방책도 마련했다. 가령 극장 이미지 개선과 관객 개발을 위해서 캐릭터 상품 개발이라든가 입장권의 차등화와 선물권 발매와 같은 것을 시도하기로 했다. 이는 주차장 운영의 합리화라든가 셔틀버스 운영, 카페 운영, 공연정보의 강화 등과 함께 고객 만족도를 제고시키는 방편도 되기 때문에 대단히 중요한 의미를 지니는 것이다.

또한 국립극장은 이러한 고객 만족도를 사회적 기여도 확충으로 연결한다는 목표를 갖고 있었다. 솔직히 국립극장이 그동안 서울시민 더 나아가 국민들로부터 너무나 멀리 떨어져 있었다. 과연 전체 국민은 말할 것도 없고 서울시민 중에서 몇 사람이나 국립극장을 찾았느냐 하는 것이다. 그만큼 국립극장의 사회적 기여도는 극히 미미한 것이었다. 따라서 국립극장이 사회문화적 기여도를 높이겠다고 팔 걷고 나선 것은 대단히 바람직한 일이었다. 국립극장은 그 구체적 실천 방안으로서 그농안 해온 야외공언을 시속하는 한편 전국 순회와 같은 '찾아다니는 국립극장'으로 탈바꿈하여 다양한 사회교육 프로그램도 개발한다는 것이었다.

어려운 여건에서 민중극 운동을 펴온 김명곤은 특히 지방순화 공연 확대와 청소년의 문화체험확대를 중요시한 것이 눈에 띈다. 그런 그가 궁극적으로 지향해가는 것은 국립극장을 '국민들이 가장 찾고 싶은 공연장'으로 만들어보겠다는 것이었다. 그러려면 하드웨어의 개선에서부터 소프트웨어의 격상으로 나아가야 하는 것은 자명하다고 말할 수 있다. 예술 공연장으로서의 손색없는 시설과 최고의 예술작품 창조, 그리고 경영의 합리화로 국립극장의 위상을 제고시키는 것이 그의 구상이 아닐까 싶다.

그런데 국립극장이 대중의 사랑을 받으려면 질 높은 예술작품 창조와 함께 교통문제라든가 편의시설 확대, 서비스 환경 조성 등 해결해야 할 일이 많은 것이 사실이었다. 물론 이들 중 교통문제 같은 것은 국립극장 자체로서는 해결하기 쉽지 않다. 왜냐하면 그것은 건립 때부터 안고 있는 문제였기 때문이다. 따라서 김명곤 극장장은 가능한 실천할 수 있는 작은 것부터 개선 해 나간다는 것이었다. 그런 중에서도 '국립극장 봉사헌장' 제정 같은 것은 대단히 흥미로운 것이라 하겠다. 국립극장의 대국민 선언이라고 볼 수 있는 봉사헌장은 다섯 항목으로 되어 있었는데, 그것을 참고삼아 소개하면 다음과 같다.

1. 가장 한국적이며 창조적인 전통예술 작품을 개발하고 우수한 작품을 폭 넓게 유치하여 언제나 최고의 공연장으로 감동을 주는 국립극장이 되겠습니다.
2. 자랑스러운 우리의 전통예술을 세계 속에 알리는 해외공연과 온 국민과 함께 하는 '찾아가는 문화 활동'에 더욱 힘쓰겠습니다.
3. 각종 공연 정보의 신속한 서비스를 위한 정보화 시스템을 확충하여 21세기 지식기반 사회를 선도하는 '디지털 국립극장'을 만들겠습니다.
4. 아름답고 쾌적한 환경 속의 국립극장, 고객 만족을 위하여 끊임없이 노력하는 국립극장이 되겠습니다.
5. 항상 열린 자세로 고객의 뜻을 받들어 고객의 관심과 사랑 속에 성장하는 민족문화예술의 산실이 되겠습니다.[80]

이상과 같은 '국립극장 봉사헌장'은 극장 측이 밝힌 바대로 민족예술의 창조적 발전이라는 역사적인 소명을 다하고, 최고의 공연과 최선의 서비스가 있는 문화공간으로 거듭나기 위한 공개적 선언이라는 점에서 주목받을 만했다. 왜냐하면 우리나라 극장 사상 그런 선언을 단 한 번도 해본 적이 없었기 때문이다. 사실 고객서비스는 신경영의 핵심적 실천 강령의 하나라고 말할 수 있다. 따라서 선진국에서는 일찍부터 친절과 봉사를 중시해왔기 때문에 관료사회나 기업 등에서는 철칙처럼 삼고 있는 실천 덕목으로 되어 있다.

우리나라처럼 오랫동안 식민통치를 받아오고 또 독재체제하에 놓여 있던 사회에서는 경직된 권위주의와 불친절이 관행화되어 있어서 봉사는커녕 군림이 일반화되어 있는 것이 사실이다. 그 점에서 국립극장의 봉사헌정 발표는 대단히 신선하다고 아니할 수 없다. 봉사헌정 발표 후 국립극장은 일반 서비스에서부터 공연 및 문화행사 서비스, 공연장 대관 서비스, 공연용품 대여 서비스, 공연정보 서비스, 관람객 편의 서비스 등 대대적인 변화가 이루어졌다.

　김명곤 극장장은 한 인터뷰에서 '예술이 경영의 논리에 압도되어 상업적으로 변질되는 것을 경계하고 다른 한편 관객이야 오든 말든 매표수입이 많든 적든 세상 돌아가는 물정을 무시하고 오로지 예술에만 빠져 사는 것을 벗어나 예술적 직관과 경영적 논리의 적절한 배합과 조절'이야말로 자신의 경영과제라고 했다. 여하튼 많은 사람이 국립극장을 찾도록 만든다는 목표 아래 작은 것과 큰 것을 가리지 않고 변화를 시켜나갔던 것이다. 봉사헌장 발표에서부터 대소극장 명칭도 해오름(대극장), 달오름(소극장) 별오름(실험무대)극장으로 고침으로써 친근성을 부여하기도 했다.

　국립극장 측은 활성화 요소(PRIDE)로서 P(purpose, 목직과 목표)는 극장 프로그램의 질적 향상과 수익 창출을 의미하고, R(recognition, 칭찬과 안정)은 여론의 지지를 의미하는 것이며, I(influence, 영향력)는 양질의 공연 제작과 사회파급 효과를 가리킨다고 했다. 그리고 D(development, 개발과 지원)는 예술교육, 공연예술 지원 등 메세나의 기능을 뜻하고 E(empowerment, 활력화)는 한국 공연예술의 비전을 제시하는 것이라 했다.

　이상과 같은 다섯 가지 요소를 통해서 국립극장은 첫 번째로 예술성 강화를 위한 노력을 경주할 것인 바 그 구체적 실천방안으로서 전속 단체들에 예술 감독제를 도입하고, 50주년 동안의 우수 레퍼토리를 재정립하며 청소년 문화탐방을 활성화한다는 것이다. 두 번째로는 경영합리화를 기함에 있어서 극장 정보화를 꾀하고 협찬을 확대하며 팀제 운영으로 조직에 활력을 불어넣는다는 것이다. 세 번째로 극장 이미지 쇄신책으로서 대소극장의 명칭변경과 함께 공연장 내 외부 환경을 개선한다는 것이다. 끝으로 극장 발전을 위한 중장기 계획 등을 수립해간다고 했다.

　이상과 같은 목표 설정과 구체적 실천으로 국립극장이 눈에 띌 정도로 변해갔다. 그렇다면 책임 운영제로 바뀐 1년 동안 어떤 변화가 생겼느냐 하는 것이다. 극장 변혁의 서두에서 일한 민간 전문가 출신 정희섭 공연운영과장은 그것을 다섯 가지로 나누어 설명했다. 그 첫 번째가 조직운영의 변화로서 구조조정을 단행하여 극장직원들 1백45명에서 75명으로 감축하고, 전속단체도 7개에서 4개로 줄었으며, 행정조직 또한 팀제로 바꿨다고 했다. 그리고 목표 관리제라든가 심사평가제를 도입하고 전속단체의 운영 규정과 대관 규칙 등도 발전적으로 개정했다는 것이다.

두 번째 재정운영의 변화로서 일반회계를 특별회계로 전환함으로써 자금운용에 융통성을 부여한 것이다. 따라서 경영실적만 보더라도(9월 30일 기준) 극장 전체 운영수입이 전년도 대비 40%나 증가했고 입장료가 23%, 영업 외 수입(대관료 등)은 무려 68%나 증가한 것이다. 김명곤 극장장의 '재정자립도를 5.5%에서 15% 수준으로 올리겠다는 의욕'[81]이 거의 달성된 것이다.

세 번째는 공연 실적인데 관객의 경우 34%에서 50%로 증가했고, 유료율은 24.1%에서 50.9%로서 배 이상 늘어났다. 이처럼 공연실적이 호전된 데는 지방순회 공연을 활성화하고 다양한 기획사업(토요문화광장, 열대야페스티벌, 세계풍물 한마당, 총체극 〈우루왕〉 공연 등)을 펼쳤으며, 공동주최 공연 활성화(뮤지컬 공연, 베세토 공연, 마당극 공연 등)를 기한데 따른 것이었다. 그리고 청소년 문화탐방이라든가 대관 활성화 등도 공연실적을 증대시킨 요인이 되었다.

네 번째로는 홍보, 마케팅, 환경개선, 관객서비스, 정보화 사업 등을 펼친 사실이다. 즉 CI 작업에서부터 인터넷 홈페이지 운영, 홍보 강화, 주차장 공간 조성, 사무실 O/A 시스템 구축, 카페 개관, 이동통신, 카드사, 기획사 등과 다양한 제휴를 기했고, 장기 프로젝트 추진 등을 꾀한 것이다.

다섯 번째로 극장이 큰 변화를 일으키게 된 배경은 역시 민간전문가가 극장 책임을 맡은 결과이고, 언론의 호의적 반응과 함께 고객(관객) 중심 마인드로의 전환, 수익성에 대한 마인드 확산, 마케팅 마인드의 도입, 예술행정의 변화, 예술생산의 방식 변화 등으로 보았다.[82]

김명곤도 '2001년 새로운 아침을 맞이하며'라는 인사말에서 "제가 극장장으

해오름극장

로 취임한 게 엊그제 같은데 어느덧 일 년이 지났습니다. 정말 정신없이 보낸 일 년이었습니다. 의욕에 찬 극장 식구들과 함께 오페라단과 발레단과 합창단 등 3개 단체의 법인화 독립, 홈페이지의 개설과 공연자료 전산화, 주차장 이전과 카페의 개관, 팀제운영, 기획력과 홍보력의 강화, 전자결재를 통한 결재의 간소화, 친절도의 향상, 기획공연의 개발 등등의 계획을 추진하기 위해 아침부터 밤까지 동분서주했습니다."83)라고 자신을 긍정적으로 자평한 바 있다. 이러한 국립극장의 노력은 주무부서인 문화관광부의 2000년도 사업운영 평가에서 A등급을 받는 것으로 인정을 받았다. 이에 고무된 국립극장은 책임운영 2년차를 맞아서는 더욱 진전된 계획을 내놓았다.

　2001년도를 맞은 국립극장은 운영방침으로 네 가지, 즉 공연의 예술성 향상, 고객서비스 증대로 찾고 싶은 공연장 이미지를 강화하고, 공연시설 확충 및 관람환경 개선, 그리고 다양한 프로그램으로 국민문화 향수를 증진한다는 것이었다. 그리고 사업목표로 다섯 가지를 예시했는데, 그 첫째가 예술성 강화로서, 수준 높은 공연작품 개발과 유치, 중간 시연회, 합평회의 정례회, 단원 기량 향상을 위한 워크숍 활성화를 기한다는 것이다. 두 번째로는 고객서비스의 강화로서 고객지원팀을 신설하고 신용카드 및 온라인결재를 도입하며 온라인대관, 대여 업무처리를 추진하는 한편 어린이 놀이방도 마련하겠다고 했다.

세 번째로 극장 기본시설 확충 및 공연환경 개선인바, 실험무대를 개관하고 놀이마당을 천막극장으로 개축하며 해오름극장의 객석 천장 및 벽을 도장해서 안락하면서도 쾌적한 환경을 만들겠다는 것이다. 거기에는 물론 극장로비의 개수도 포함되어 있다. 네 번째로는 정보화 사업에 역점을 두는 것으로서 인터넷 홈페이지를 전면 개편하고 영상 및 음향자료 디지털화와 DB 구축을 하며 극장이 보유하고 있는 공연 자료를 DB로 온라인 서비스한다는 것이다.

다섯 번째는 국민의 문화향수 증대에 기여하는 프로그램을 개발하는 것으로서 다양한 야외공연 및 축제의 활성화를 꾀하고 찾아가는 국립극장을 확대하며 아동 및 청소년, 노년층 대상 프로그램을 개발한다는 것이다.[84]

그 외에도 예학협동 및 교육 프로그램을 개발하겠다는 것인 바, 공연예술 전공 학생들의 인턴십을 권장하는 것으로부터 시작하여 초중등 연극 무용교사의 연수 실시 및 일반인을 상대로 한 문화학교도 개설한다는 것이다. 즉 장충단공원, 서울성곽, 남산 등의 환경과 동국대, 장충체육관, 자유센터 및 주변 호텔 등과 연계하여 국립극장 주변을 문화단지로 조성해서 강북의 새로운 문화공간으로 유도, 대학로, 국립극장, 이태원, 강남을 연결하는 문화벨트를 만들어보겠다는 야심찬 것이었다. 물론 이것은 국립극장의 장기 프로젝트에 속하는 것이긴 했다.

그런데 여기서 한 가지 간과해서는 안 될 것이 과거 정부에서 1960년대 후반에 계획했다가 흐지부지된 장충동 일대의 문화센터 조정안이라는 것이다. 당시 국립극장이 추진하고 있는 문화단지와 1960년대 말엽 제3공화국 정부가 계획했다가 철회한 문화센터가 구체성에서는 차이가 있었지만 본질에서는 일

맥상통한다는 점에서 유의할 필요는 있다.

여하튼 국립극장이 크게 변화를 꾀했던 것만은 분명한 사실이었다. 그러나 역시 국립극장이 해야 할 일은 나라를 대표할 만한 높은 수준의 예술작품을 창조해내는 일일 것이다. 사실 극장의 사명이란 뛰어난 예술작품을 창조 보급하는 일과 예술교육 및 인재양성에 있다고 볼 때, 변화를 위해 몸부림치는 국립극장의 공연활동이야말로 가장 중요한 관심사항이라 아니할 수 없다. 이러한 중요성을 인식하고 있는 국립극장이 2001년도 사업 중에서 공연 분야에 상당한 비중을 두고 일을 추진해가고 있었다.

가령 국립극장이 전년도에 22편을 갖고 98회 공연한 데 비해서 2001년에는 28편 1백94회로 배 이상 증가시킨 것이 눈에 띈다. 그뿐만 아니라 국립극장이 극장사상 처음으로 아동극 〈나 어릴 적에-아홉 살 인생〉과 국악관현악단의 음악동화 〈심청이와 길동이〉, 그리고 창극단의 어린이 창극 〈토끼와 자라의 여행〉을 무대에 올린다는 점이었다. 이는 대단히 주목할 만한 기획이라 아니할 수 없다.

왜냐하면 그 동안 성인들만을 위해 공연해 온 국립극장이 어린이들을 대상으로 공연하기 시작했기 때문이다. 그런데 국립극장은 어린이만을 대상으로 하는 것을 넘어서 청소년까지 확산시키고 있어서 고무적이라 아니할 수 없다. 청소년을 위한 프로그램으로는 '국립극장과 함께 하는 남산 문화탐방'이 대표적인데 책임 운영기관으로 전환된 첫해는 '청소년 역사문화예술 체험학습'이란 것을 시도했었다. 그런데 제2차 연도에는 그것을 보완하여 '무대탐방'이라는 것을 실시한다는 것인 바, 공연관람과 함께 조명, 장치, 장면전환 등 무대 메커니즘 전반을 직접 체험케 함으로써 청소년이 공연예술에 대해 더욱 잘 이해할 수 있도록 하는 동시에 관람문화의 확산과 미래의 관객층을 형성하는 효과를 거둔다는 것이다.

이러한 국립극장 측의 시도는 대단히 중요한 의미를 지닌다. 그 이유는 두 가지에 있다. 그 첫째가 우리의 미래라 할 어린이, 청소년의 문화체험과 예술

교육을 국립극장이 실천하고 나선 점이다. 주지하다시피 우리나라는 입시위주 교육으로 청소년들은 정서가 메말라 있고 문화체험 할 기회가 주어져 있지도 않다. 이는 국가 장래를 위해서 대단히 불행한 일이라 아니할 수 없다. 그것을 인식한 국립극장이 앞장서서 어느 한 지역에서나마 그들을 위한 정서순화운동을 벌여나간다는 것이 숨은 의도라 하겠다.

두 번째로는 국립극장이 앞장서서 장기적으로 공연예술의 저변 확대를 꾀한다는 것이다. 사실 우리나라에서는 소의 고급문화라 할 연극, 무용 등이 생활화되어 있지 않아서 관객이 언제나 적고 그에 따라 순수문화의 삼투력(滲透力)이 미약할 수밖에 없다. 따라서 어린이, 청소년들로 하여금 일찍부터 공연예술을 접하게 함으로써 정서순화와 함께 미래의 관객이 되게 함을 물론이고 그들 중 잠재적 재능이 있는 어린이, 청소년들을 예술분야로 진출케도 하는 일석이조의 득도 있는 것이다. 바로 그 점에서 국립극장의 여러 가지 새로운 시도 중에서 어린이, 청소년을 위한 프로그램이 돋보였다.

이러한 노력은 당장 효과를 나타냈고 관객증가와 수익증대로 이어졌음은 두말할 나위 없었다. 즉 김명곤 극장장은 문화일보와의 인터뷰에서 '어린이, 청소년 프로그램을 개발하고 축제를 통해 기능별 공연을 강화하는 등 다양한 관객층을 개발하기 위해 끊임없이 아이디어를 냈습니다. 또 일단 극장에 온 관객들이 가능한 한 적은 부담으로 최고의 휴식을 즐길 수 있도록 노력했습니다. 그랬더니 결국에는 연 관객이 20여만 명에서 40여만 명으로 두 배 이상 늘었으며 수입도 3배 가까이 늘어 재정자립도도 7.5%에서 17%로 대폭 늘었습니다'[85]라고 설명함으로써 시간이 흐르면서 책임 운영제의 효과가 서서히 나타나고 있음을 통계로 말해준 것이다.

그리고 국립극장의 새로운 시도들 중에서 전속단체들의 활발한 해외 순방과 해외 예술단의 초청공연도 눈에 띌 만한 것이었다. 가령 국립무용단이 가을에 베를린 등 독일의 5개 도시 순회공연을 비롯해서 프랑스의 개성 있는 태양극단을 불러들여서 〈제방 위의 목소리〉라는 작품을 야외 특설무대에서 공연케 한 것이다. 그 외에도 국립극장은 공연문화의 대중화라든가 문화 복지의 확산이라는 차원에서 그동안 대중으로부터 소원했던 것을 단계적으로 극복한다는 것이었다. 그리고 국립극장이 시민과 가까워지기 위한 노력의 일환으로 야외축제 프로그램을 활성화한 것도 주목할 만한 기획이었다.

즉 국립극장은 '꽃바람, 신바람'이라는 봄 축제를 비롯하여 열대야 페스티벌, 실버아트 페스티벌 등을 봄, 여름, 가을 축제로 펼쳐간 것이다. 그런데 봄 축제에서는 극장 주변의 철쭉과 벚꽃이 만발한 속에서 '한 가족 걷기대회'를 비롯하여 '어린이 마당극', '남사당놀이', '국악관현악단과 창극단이 들려주는 봄노래 한마당' 등을 펼쳤다. 여름축제 때는 각종 콘서트와 '국악관현악으로 듣는 영화음악', '가족 레크리에이션', '야외 영화상영' 등이 열렸는데, 세1차 연도에 2만여 명의 시민들이 참여할 정도로 반응이 좋았다.

그리고 의학의 발전과 사회복지가 나아지면서 노인세대가 늘어나고 있으므로 국립극장이 그에 착안하여 가을 축제만큼은 이들을 위한 것으로 만든다고 했다. 가을에는 민족 최대의 명절이라 할 추석과 노인의 날(10월 2일)을 기하여 풍물 판굿이라든가 탈춤공연, 판소리, 장기자랑 등을 마련하여 실버 세대에게도 즐거움을 선사하고 아울러 새로운 실버문화를 창출한다는 것이다.

이상에서 볼 수 있는 바와 같이 국립극장은 어린이에서부터 노인층에 이르기까지 전 국민을 상대로 각계각층에 맞는 다양한 프로그램을 개발하고 그것을 구체적으로 실천해갔다. 그런데 다 알다시피 국립극장은 대극장과 소극장만 있는 데다가 프로시니엄 아치 형태의 고전적 무대만 갖추고 있기 때문에 중형극장과 실험무대가 절대로 필요한 상황이다. 그러나 국립극장 주변에는 제한 지역이기 때문에 새로운 건물을 지을 수도 없고 또 예산도 언제나 태부족인 상태다.

그래서 과거 국악고등학교와 종합예술학교가 쓰던 건물 일부를 실험무대로 개조하는 공사를 진행한 바 있다. 그렇다면 새로운 전문가팀의 국립극장이 궁극적으로 추구하려는 것은 무엇일까. 그것은 새 전문가팀의 주장에 따르면 전문가나 애호가들의 국립극장을 넘어서 '국민 속의 국립극장' 즉 '국가의 국립극장이 되게끔 한다'는 것이었다.

7. 법인화로 가는 책임 운영제 2기의 변화

책임 운영제 제2기의 극장장에는 김명곤이 재임명됨으로써 변화의 계기가 마련된 것은 다행이었다. 그는 재임명되자 무언가를 보여주기 위한 노력을 기울였고 가장 눈에 띄는 것은 아마도 레퍼토리 개발이라든가 단원평가제, 해외교류 강화와 같은 작은 것에서부터 예술감독제 도입과 후원회 강화, 그리고 극장의 대대적인 개보수 등이 아닐까 싶다.

즉 국립극장은 명동시대부터 해온 단장제를 없애고 2년 임기의 예술감독제를 처음 도입하여 이윤택(극단), 최상화(관현악단), 김현자(무용단), 안숙선(창극단) 등을 임명한 것이다. 이것도 어떻게 보면 하나의 작은 실험이었지만 처음 임명된 예술감독들 역시 무언가를 보여 주어야 한다는 사명감에 따라 몇 편의 의욕 넘치는 작품을 내놓기도 했다. 여기서 특히 드러난 것은 예술감독이 과거 단장이 가졌던 권한까지 거머쥠으로써 부작용도 조금이나마 없지 않았던 것과 진정으로 유능한 감독이 와야 예술단체가 제 기능을 할 수 있다는 것을 여실히 보여준 점이었다.

한편 국립극장이 장충동으로 이전하고 30년 만에 개보수에 착수한 것은 큰 의미를 갖는 것이었다. 왜냐하면 당초 국립극장설계가 뛰어났던 것도 아니었고 덩치만 커서 효용성 면에서는 많은 문제를 안고 있었기 때문이다. 그리하여 국립극장은 2003년 11월부터 2004년 9월까지 열 달 동안 166억 원을 들여서 개보수를 했는데, 대극장은 객석이 1,522석에서 41석 늘어난 1,563석으로서 경사도를 높이고 부채꼴 모양으로 재배치했으며 낡은 좌석을 바꾸고 음향이라든가 무대시설도 좋게 만들었다. 특히 귀빈석을 없애고 장애인들을 위한 시설을 갖춘 것이 돋보였다. 적어도 좌석이 대단히 편안하고 조망 역시 굉장히 좋아진 것이 사실이었다. 그러니까 개보수로 국립극장이 30년 만에 면모를 일신한 것이다.

사실 책임 운영제라는 것은 재단법인화로 가는 과도기 형태이기 때문에 처음부터 한계를 지니고 있었다. 그것은 특히 문화예술기관에서 문제점이 컸다. 왜냐하면 가장 중요하다고 볼 수 있는 인사와 조직운영이 일반 행정기관과 마찬가지로 중앙행정기관에 예속되어 있어서 기관의 자율성이 거의 없었기 때문이었다. 그런 속에서도 김명곤 극장장은 여러 가지 묘책을 찾아냈고 재정확충 노력에 힘을 기울였다. 주지하다시피 국립극장은 언제나 제작비가 부족해서 좋은 작품과 여러 가지 공연을 하기가 어려웠다. 정부가 주는 예산이 언제나 풍족하지 못한데 따른 것이었다. 그렇다고 기업 등의 후원금을 받을 수도 없었다. '기부금품 모집규제법'에 국가기관은 기부금이나 협찬금을 받을 수 없도록 되어 있었기 때문이었다.

그래서 찾아낸 묘안이 다름 아닌 '재단법인 국립극장 발전기금' 창립이었다. 이는 국립극장과 별도 형태로 했기 때문에 모금할 수가 있었다. 그리하여 국립극장은 2004년 3월 24일에 로또공익재단과 〈뇌우〉, 〈인생차압〉 등 극단의 작품 4편 제작비 지원을 위한기부금 약정을 맺은데 이어 삼성병원 르노삼성자동차 등으로부터도 3억 원 이상의 협찬금을 확보할 수가 있었다. 이는 국립극장으로서는 획기적인 것이었다. 왜냐하면 국립극장 산하 단체들이 더 좋은 공연과 여러 가지 작품을 무대에 올릴 수 있는 길이 열린 것이기 때문이었다. 이런저런 노력을 기울인 결과 국립극장은 문화관광부가 실시한 2003년도 사업성과 평가에서 최고등급을 받을 수가 있었다. 국립극장이 정부의 우수기관으로 평가된 것은 50여 년 역사상 처음이었다.

여기에 고무된 김명곤 극장장은 더더욱 열심히 일했고 여러 가지 아이디어를 내어 국립극장을 활기차게 만들어갔다. 가령 그가 2기의 마지막 해를 1년 (2005년도) 앞두고 몇 가지 중요한 포부를 밝혔는데, 실현여부를 떠나 곰곰이 새겨 볼 만한 것이었다. 가령 그가 1960년대 후반 제3공화국이 남산일대에 거대한 문화센터를 구상했던 것을 염두에 두고 2000년대에 그런 것을 실현해 보고 싶은 욕망이 있었던 것도 같다. 즉 그는 국립극장이 제대로 구실을 하려면 장기적으로는 단순한 하나의 극장으로서가 아니라 국립무대예술센터로 전환해야 한다고 보고 산하 4개 전속단체별로 특화된 공연장을 세워야 함은 물론이고 공연인력 양성 아카데미 및 공연사박물관 등을 두루 갖춘 명실상부 우리나라 공연문화 산실이 되어야 한다고 했다.

그러기 위하여서는 문화관광부가 맞은편에 있는 자유센터를 구입하는 것이고, 그 자리에 600~800석 규모의 중형극장 2개와 공연예술아카데미, 그리고 공연사박물관을 짓는 것이라고 한 것이다.86) 사실 전속단체들의 전용극장은 필수였고 인재양성의 시급성과 공연역사 보존을 위한 박물관 건립 역시 화급을 요하는 것이어서 이와 관련하여서는 전문가들과 함께 진지한 세미나까지 연 바 있었다. 주무부서인 문화관광부도 이러한 구상에 주목하여 여러 각도에서 검토한 바 있는 것 같았는데 문제는 막대한 자금이었다. 따라서 이는 국립극장이 장차 풀어야 할 중요한 과제였지만 당시로써는 하나의 외침으로 끝나고 말았다.

2005년도의 국립극장 사업 중에 눈길을 끌만한 것은 역시 해외교류였는데, 일본 전통예술을 초청했던 것은 여러 가지 의미가 있었다. 물론 그동안에도 몇 번 일본 전통예술작품들이 간간이 들어왔으나 그때처럼 전통예술과 현대예술을 한꺼번에 불러온 것은 처음이었다. 특히 그전까지 금지해왔던 일본 대중예술을 처음 개방한 국민의 정부가 2005년도를 '한일우정의 해'로 정해서 몇 가지 행사를 치르는 과정에서 국립극장이 공연예술 초청을 담당한 것은 극히 자연스러운 것이었다.

그리하여 국립극장은 봄철에 일본의 정통 가부키 〈소네자키 신주〉를 대극장 무대에 올린데 이어 여름에는 무용단이 일본의 현대무용 부토를 주제로 한 부토 페스티벌을 펼친 것 말고도 일본극단 구나우카를 초청한 것 역시 새로웠다. 그리고 그 해에 처음으로 관현악단이 몽골 국립관현악단을 초청하여 합동공연도 가진 바 있었다. 물론 국립극장의 전속단체들도 여러 가지 작품을 갖고 해외 순회공연을 함으로써 전속단체들에 활기를 불어넣기도 했다.

따라서 국립극장이 책임 운영기관으로 탈바꿈한 이후 5년 동안 극장 가동률이 79.5%(1999년도)에서 만 4년 만에 91.7%로 확대되었고, 재정자립도 역시 7.34%에서 17.89%로 향상된 것이다. 이는 열정적인 김명곤 극장장과 그를 뒷받침해준 제작진의 고투에 따른 것이지만 책임 운영제라는 운영형태의 변화가 없었으면 불가능한 것으로 보아야 한다. 극장의 운영체제는 그만큼 중요한 것임을 통계가 잘 보여주고 있다고 하겠다. 물론 이 시기에 특별히 눈에 띄는 수작을 만들어내지는 못했지만 국립극장에 활기를 불어넣으면서 적잖은 성과를 올렸다고 평가되는 김명곤 극장장의 연임이 2005년 말에 끝나고 2006년 초에 새로운 극장장이 들어서게 되었다.

2006년은 참여정부가 들어서고 3년째가 되는 해였다. 그렇기 때문에 대부분의 정부관서의 책임자들은 교체된 상태였고 국립극장 역시 새로운 인물을 기다리고 있었다. 국민의 정부 때부터 극장장은 공채를 해왔기 때문에 문광부가 공고했고 여러 명의 후보가 경쟁했다. 그리하여 최초로 여성극장장인 신선희가 임명되었다. 무대미술가로 명성을 날리고 서울예술단을 운영했던 그녀는 경력에 있어서 뒤질 것이 없었다. 특히 그녀가 근자에 '한국 고대 극장의 역사'를 학위논문으로 쓴 바도 있어 극장 경영이 낯선 것도 아니었다.

그럼에도 불구하고 좌파성향의 시민단체들이 격렬하게 반발하고 나선 것이다. 즉 문화연대는 그녀의 임명에 대하여 '노무현 정부의 비문화적인 국립극장장 선임결정에 반대한다'면서 '문화행정의 인사는 지금처럼 비문화적인 맥락에서 정치적 이해관계와 안배로 결정될 것이 아니라 문화정책의 전문성에 기반하여 결정돼야 하며, 이러한 비민주적인 인사문화 자체를 개혁하는 것이야말로 문화정책 개혁의 출발점임을 노무현 정부는 다시 한 번 명심해야 한다'(경향닷컴, 2005.12.30)고 비판했다.

이어서 같은 성향의 민예총 역시 성명을 통해서 '국립문화예술기관의 장을 문화관광부가 정략적 내막에 의해 안배함으로써 문화예술인들을 들러리 세우던 권위주의 시절의 관행이 다시 드러났다는 우려를 금할 수 없다'[87]고 비판한 것이다. 이들이 날선 비판의 선봉에 섰던 것은 당초 자신들이 선호했던 좌파성향의 특정 인물의 탈락에 따른 불만이 아니었던가 싶다. 그런데 흥미로운 사실은 국립극장 50여 년 사상 30여 명의 극장장이 바뀌었지만 극장장 임명에 대하여 시민단체 등에서 시비를 걸고 나온 것은 신선희의 경우가 처음이었다는 점이다. 이는 아무래도 참여정부 시절의 한 특징적 현상으로 보아야 할 것 같다.

이러한 해프닝에 아랑곳하지 않고 당당하게 나선 신선희 극장장은 취임포부로서 몇 가지를 제시했다. 즉 그녀는 국립극장을 '한국적 창작공연을 만드는 유일한 기관'으로 만들겠다면서 배우중심으로 운영돼 왔던 예술단체를 작가, 작곡가, 안무가 등 창작예술가들이 앙상블을 이룰 수 있도록 예술감독제를 강화하겠다고 했다. 이러한 취지에서 그녀는 오태석(극단), 유영대(창극단), 배정혜(무용단), 황병기(관현악단) 등 각계의 중진 예술가들을 신임감독으로 임명하고 국립극장을 창작극 중심의 상설공연기관으로 키워나가겠다고 선언했다.

그런데 그녀의 극장운영 청사진들 중에서 눈길을 끌 만한 것은 과거 국립극장이 만들어냈던 우수작들을 발굴하여 상설 레퍼토리화하겠다는 것과 '국립극장 자료실을 연구실이나 연구소로 확대해 공연을 미디어콘텐츠로 바꿔 유통시키고 옛것을 복원하는 기능을 하려 한다'[88]고 한 점이라 하겠다. 이러한 그녀의 신임포부는 시간을 요하는 것이었고 당장 첫해의 성과라는 것은 크게 눈에 띄지 않았다. 왜냐하면 전임자인 김명곤 극장장이 워낙 여러 가지로 일을 벌여놓았기 때문에 그것을 수습하느라 자기 색깔을 만들어낼 만한 시간적 여유가 없었기 때문이었다. 그런 속에서도 관람 편의를 위해서 동국대 앞 지하철역으로부터 극장까지 운행되는 셔틀버스 배차간격을 단축한 것이라든가 극장로비에 스낵코너를 만들어 요깃거리를 제공한 것 등은 일반관객들의 좋은 반응을 불러일으키기도 했다.

그러다가 2년 차를 맞은 신선희 극장장은 전임자의 틀에서 벗어나 자기만의 새로운 극장운영의 특징을 펼치기 시작했다. 즉 그녀가 제시한 새로운 사업들이란 2007년부터 봄과 가을에 커다란 축제를 벌인다는 것인데, 봄에는 청소년예술제를 열고 가을에는 세계국립극장 축제를 연다는 것이다. 청소년들의 정서함양을 위한 문화행사는 많을수록 좋은 것인데 불행하게도 우리나라에서는 그들만을 위한 문화예술 행사가 절대 부족할 뿐만 아니라 일회성 행사가 대부분이다. 그런 측면에서 볼 때 국립극장이 청소년예술제를 통해서 음악, 마임, 서커스, 퍼포먼스, 전통연희 등 21세기 예술장르로 청소년들의 상상력을 일깨워주겠다는 구상은 대단히 바람직한 것인 바, 문제는 두 달이라는 한시적 행사가 아닌 지속적인 축제가 되었으면 하는 것이다.

그리고 신선희극장장은 한 발 더 나아가 청소년들을 위하여 야외극장인 하늘 극장의 지붕을 덮고 내부도 제대로 수리하여 번듯한 전천후 청소년 전용극장으로 꾸미겠다는 것이다. 이는 좋은 발상이고 더구나 이를 위하여 우리나라의 대표적인 금융기관이라 할 국민은행이 32억 5000만 원이라는 거금을 지원키로 했던 터라서 대단히 희망적인 기획이었던 것이다. 사실 야외극장은 소음이라든가 우천 등으로 활용도가 떨어질 수밖에 없고 또 마당놀이 정도나 할 수가 있어서 극장으로서는 쓸모가 없었던 것이다. 더욱이 우리나라에는 청소년 전용극장이 없었던 터여서 그러한 신선희 극장장의 발상은 대단히 훌륭한 것이었다.

그녀의 돋보이는 발상의 하나는 글로벌시대에 맞는 국립극장의 행사를 만들어낸 것이라고 하겠다. 그것이 다름 아닌 세계국립극장축제로서 제대로만 되면 연극발전에 적잖은 기여를 할 수가 있는 행사였다. 영문학을 전공하고 미국유학을 했으며 무대미술가로 활동해온 터라서 안목이 넓은 편이었고 바로 그런 데서 나온 발상이 세계국립극장 축제라고 말할 수가 있다.

그녀는 우리나라 국민도 세계 수준의 예술작품을 접해야 한다는 신념에 따라 이러한 축제를 구상한 것이었고 또 우리나라의 우수한 전통예술을 해외에 소개하려면 그들의 것을 먼저 들여와야 한다고 믿었던 것이다. 그리하여 그녀는 첫해에는 국립극장이 있고 또 연극의 발상지라 할 그리스를 비롯하여 중국, 이탈리아, 터키, 영국, 인도 등 6개국에 참여를 요청해놓았다고도 했다. 이것 역시 처음 시도하는 것으로서 국립극장의 활성화에 기여를 할 만한 시도였다.

그러나 무엇보다도 주목할 만한 두 가지는 '국가브랜드 공연사업'과 공연박물관 구상이다. 즉 그녀는 국립극장이 한국공연예술의 메카로 거듭나려면 국가를 대표할만한 작품이 있어야 한다는 생각으로 네 개의 전속단체별로 뛰어난 작품을 만들어낸다는 것이다. 그리하여 당장 2007년도에 극단은 〈태〉, 창극단은 〈청〉, 무용단은 〈춤, 춘향〉, 그리고 관현악단은 〈네 줄기 강물이 바다로 흐르네〉를 내걸기로 했다. 그런데 국가브랜드 작품들은 우선 국립극장에서 큰 반향을 불러일으켰고 국내의 주요 지방 극장들에서도 호응이 좋았다. 그뿐만 아니라 일본이라든가 인도, 그리고 몇몇 해외공연에서도 주목을 끎으로써 어느 정도 성과를 거둔 것으로 볼 수가 있다. 왜냐하면 그 작품들이 예상을 뛰어넘어서 내외적으로 반향이 괜찮았기 때문이다.

신선희 극장장의 의욕 넘치는 운영계획 중 가장 빛나는 것은 역시 공연박물관의 시작이라고 볼 수가 있지 않을까 싶다. 왜냐하면 한국연극 천 수백 년 동안 자료를 축적해놓은 장소가 없었던 것은 부끄러운 일이었고 역사 축적 없는 우리 연극은 언제나 뜨내기신세를 면치 못했기 때문이다. 이는 사실 한국공연예술계의 가장 큰 숙제였다고 해도 과언이 아니었다. 그런 최대의 숙제에 도전한 인물이 다름 아닌 여성 극장장 신선희였다.

그녀는 극장장에 취임하자마자 2006년 7월에 '공연예술박물관의 현황과 전망'이라는 세미나를 시작으로 하여 이듬해 2월에 공연예술박물관팀을 구성하고 3월에는 역대 국립극장장 모임에서 공연예술박물관 설립을 발의했다. 전

광석화와 같이 박물관 설립을 발의한 직후 그녀는 그동안 극장이 모아놓은 10여만 점의 자료 중에서 국립극장 것만을 추려서 5월에는 '국립극단 57년 전시회'를 개최하여 좋은 반응을 얻기도 했다.

'국립극단 57년 전시회'에서는 1950년 4월 30일 극단 창단과 함께 부민관 무대에 오른 〈원술랑〉의 공연사진과 당시 주역이었던 원술랑, 진달래, 공주 등의 의상을 복원해서 전시하는 한편 57년 동안 국립극장에서 중심역할을 했던 인물들 가운데 유치진, 이해랑, 김동원, 차범석, 허규 등의 사진과 육필원고, 무대의상, 안경, 만년필 등 일부 유품들을 전시하기도 했다. 또한 이들을 영상화하여 관람객들에게 보여줌으로써 국립극단 57년을 클로즈업시키는 효과도 낸 것이다.

신선희 극장장은 새로운 아이디어를 많이 낸 경우이다. 가령 국립극장의 저변확대를 꾀하는 행사의 하나로서 객석 5% 나누기 운영을 한다든가 문화예술교육 프로그램 운영을 활성화한 것 등도 그중의 하나다. 그리하여 그녀는 성인과 청소년을 대상으로 '명사와 함께하는 국립극장 나들이'를 비롯하여 '해설이 있는 공연', 유아 및 초중등학생 대상의 '무대견학과 극장체험교실'을 마련하였으며 '찾아가는 사회교육'도 시행한 것이다.

이러한 국립극장의 저변확대 운동은 외국으로 확대하여 말레이시아, 몽골, 미얀마, 우즈베키스탄, 이집트, 인도, 인도네시아, 튀니지 등 8개국의 전통예술인들을 초청하여 국립관현악단 등 전속단체들과 합동공연을 함으로써 문화교류를 활성화하는 일을 한 것이다. 국립극장은 거기에 그치지 않고 세계국립극장 축제를 무용단체와 연극협회가 시행해오고 있는 세계무용축제라든가 서울국제공연예술제와도 협력 연계함으로써 그 효과를 극대화하기도 했던 것이다. 첫해의 세계국립극장 축제에는 영국 셰익스피어 글로브극장의 〈사랑의 헛수고〉를 비롯하여 터키 국립극장의 〈살로메〉, 중국 국립경극원의 경극, 그리스 국립극장의 〈엘렉트라〉, 그리고 인도 국립연극원 등이 내한 공연을 함으로써 모처럼 국립극장에 많은 연극 팬들이 몰려들기도 했다.

신선희 극장장은 공연예술계에서 항상 생각해오면서도 실천 못 한 전문극장 제도에도 관심을 갖고 있었고, 그 일부라도 현실화하고 싶은 욕망으로 2008년에 접어들자마자 여러 가지 구상 가운데 국립극장의 네 개 공간을 특성화하겠다고 선언한 적도 있다. 즉 국립극장에서 가장 큰 해오름극장은 음악과 무용, 달오름극장은 전통연희, 지붕을 복개한 하늘극장은 청소년 전용으로 서커스 마임, 그리고 별오름극장은 미디어공연 전문극장으로 특화시키겠다고 한 것이다. 여기에서 연극이 빠진 이유는 아마도 명동예술극장을 염두에 두었던데 따른 것이 아니었을까 싶다.

그런데 신선희가 그러한 구상을 밝힌 것은 어디까지나 질 높은 콘텐츠를 만들어내기 위한 모색에 따른 것으로 보아야 할 것이다. 물론 그러한 그녀의 구상은 여러 가지 여건상 실천되지는 못했지만, 장차 누가 하든 실현해야 할 과제 만은 남겼다. 그런 점에서 짚고 넘어가야 할 것이 다름 아닌 감사원의 뼈아픈 지적이라 하겠다. 물론 그것은 신선희 극장장에게만 해당하는 것은 아니었고 책임 운영제로 바뀐 2000년부터 7년여간에 걸친 극장운영문제였다. 즉 감사원은 국립극장의 여러 가지 문제 중에서 해오름극장의 대관위주 문제를 지적한 것이다. 가령 해오름극장의 외부단체 대관사정을 보면 2000년에 연간 204회, 2005년에 265회, 그리고 2006년도에는 무려 299회나 공연을 하도록 한 것이다. 이는 자체 공연 횟수의 몇 배나 되는 것이다.

이는 사실 극장 측에서도 익히 알고 있었던 것이었고, 수익성을 고려하여 고육지책으로 시행해오던 것이었다. 그런 저간의 사정을 아랑곳하지 않은 감사원은 '국립극장을 대표하는 해오름극장이 우리나라 공연예술의 산실 역할을 제대로 할 수 있도록 대관공연 위주의 운영을 지양하는 대신 우리나라의 예술성을 표현한 순수예술 창작 작품 등의 자체공연 비중을 높이는 방안을 마련하길 바란다'[89]고 충고한 바 있는 것이다. 이는 사실 극장 측으로서는 책임 운영기관으로서 수익성도 고려하지 않으면 안 되는 처지이기 때문에 알면서도 실천하기 어려운 면이 없지 않다.

그런데 이러한 국립극장의 고민은 2008년 2월 이명박 정부가 들어서면서 어느 정도 부담을 더는 계기가 마련되었다. 왜냐하면 이명박 정부의 초대 문화체육부 장관에 국립극장을 잘 알고 있는 배우출신의 유인촌(柳仁村)이 임명되었기 때문이다. 즉 그는 장관에 임명되자마자 국립극장을 기업형으로부터 행정형으로 탈바꿈시킨 것이다. 국립극장이 기업형으로 기울어진 것은 2000년 국민의 정부 시절 국책기관에 역동성을 부여하기 위하여 책임 운영제로 변경되면서부터였다. 따라서 국립극장은 재정자립도를 끌어올리기 위하여 부득이 대관을 많이 해야 하는 처지에 몰려온 것이다. 그 부작용은 국립극장이 제구실을 못하는 상황까지 이르렀고 결국 이명박 정부가 들어서면서 그러한 족쇄에서 해방이 된 것이다.

국립극장의 그러한 문제를 직시한 문화체육부 장관은 취임하자마자 '중앙국립극장이 재정자립도 제고에 대한 부담으로 상업뮤지컬의 장기대관 등의 공공성 논란을 초래한 점을 지적하며 순수예술의 진흥과 문화향수 확대를 위해 설립된 국립예술기관은 공공성과 예술성을 최고의 가치로 삼아야 한다'고 강조하면서 국립극장이 책임 운영기관으로 바뀐지 8년여 만에 행정형으로 바뀌게 된 것이다. 이는 국립극장으로서는 대단한 변화이고 극장이 제자리를 찾아간 것이라고 말할 수가 있다.

그리고 감사원의 국립극장 전속단원들의 해이한 근무태도도 지적도 주목할 만한 것이었다. 주지하다시피 전속단원들은 겸직이 허용되지 않는다. 그럼에도 불구하고 극장장의 허가도 받지 않고 2005년부터 1년간 122명이 외부활동을 한 것이다. 또한 단원들의 과다휴가도 문제가 되었다. 이들이 예술가라는 것을 염두에 두면 별것이 아닐 수도 있지만 국립극장의 성과에 비해서 단원들의 행태가 너무 나태한 것이 아니었는지는 자성해볼 필요도 없지 않았다.

여하튼 2008년도 두 번째로 맞은 세계국립극장 축제에는 러시아 말리극장의 〈세 자매〉를 비롯하여 스위스 제네바무용단의 〈루앙&파라다이스〉, 노르웨이 나이극장의 〈페르귄트〉, 중국 국립발레단의 〈홍등〉, 그리고 아랍4개국

하늘극장

연합공연과 튀니지 국립극장의 〈오셀로〉 등이 무대에 올려져서 연극 팬들을
즐겁게 했다. 그만큼 세계국립극장 축제가 성공했음을 보여주는 것이었다고
하겠다.

　고려 시대의 팔관회까지 꿈꾸는 신선희 극장장의 이러한 여러 가지 행사는
궁극적으로 국립극장이 상업성보다는 질 높은 예술극장으로서 자리매김해가
겠다는 구상에 따른 것이었다. 그녀의 의욕은 질 높은 작품 생산뿐만 아니라
자기 임기 내에 공연예술박물관 개관도 포함된다. 따라서 그녀는 2008년 초
영상물등급위원회가 건물을 비워주고 이전하자마자 개보수에 착수했고 그해
11월에 개관을 목표로 공연예술박물관 개관도 서두른 것이다. 그러나 그녀의
임기 내에 공연예술박물관은 예정대로 개관하지 못했다. 그러니까 그녀가 공
연예술박물관 개관과 함께 부설 공연예술연구소 및 공연예술아카데미도 만들
어 공연예술에 대한 기초학문 활성화와 교육프로그램 개발에 나서려던 꿈도
이루지 못한 것이다. 왜냐하면 이명박 정부로의 정권교체에 따라 그녀의 연
임도 이루어지지 않았기 때문이다.

그렇지만 신선희 극장장은 3년 동안 그 어느 극장장들보다도 의욕적으로 많은 일을 해놓았고 다음 극장장이 해야 할 과제도 남겼다고 볼 수가 있다. 그녀가 해놓은 여러 가지 일 중에서 가장 돋보이는 것은 역시 공연예술계의 해묵은 과제라 할 공연예술박물관을 시작한 것이고 기업을 끌어들여서 청소년 전용극장인 하늘극장을 만든 것이며 세계국립극장 축제 등을 통해서 글로벌시대에 맞는 국립극장의 외연 넓히기였다고 하겠다.

그러나 국립극장이 극단의 공연에서 볼 수 있듯이 역사적인 작품을 생산해 내지 못했고, 대중의 눈살을 찌푸리게 하는 타작을 여러 편 무대에 올렸다는 점에서 신선희 시대에도 국립극장을 명실상부한 대표적 극장으로 업그레이드하지는 못했다고 말할 수가 있을 것 같다.

신선희는 연임을 못 하고 언론인 출신의 임연철이 새로 극장장으로 임명되면서 국립극장의 조타수가 3년 만에 바뀌게 되었다. 그런데 신선희처럼은 아니지만 임연철도 임명 뒤에 이런저런 말이 조금은 있었다. 이유는 임연철이 대선과정에서 이명박 캠프의 언론특보를 지냈다는 것이 구설이었다. 그러나 임연철은 극장장으로서 충분한 자격을 갖춘 인물이었다. 그는 서울대학에서 사학을 공부한 후 중앙일보 등에서 25년 간 기자로서 활동했고, 동아일보 사업국장을 끝으로 언론계를 떠나 공연예술 분야에서 박사학위(성균관대학)까지 받았으며 '문화예술홍보론'이라는 저술까지 한 그 분야의 전문가라고 볼 수 있는 인물이다.

그의 이력에서 특히 눈길을 끄는 부분은 동아일보 사업국장으로 일한 부분이다. 거기에 주목하는 것은 사업국장이 하는 일이란 대체로 신문사의 문화예술행사들로서 홍보 마케팅이나 수익을 올리기 위한 매표행위를 자주 해야 하는 것이다. 그렇기 때문에 그가 자신의 역할을 제대로 하기 위해서 대학원에 진학하여 공연예술학을 전공했고 그 중에서도 예술경영학에 관심을 가져서 박사학위까지 취득한 것으로 볼 수가 있다. 바로 그 점에서 그의 자격에 대해서는 더 이상 문제 삼기가 어렵다고 보는 것이다.

본인도 임명받은 직후 문화계 일각의 우려와 관련하여 '다년간의 문화사업을 통해 다양한 실무경험을 쌓았던 만큼 전공을 살려 이론과 현장을 접목해보고 싶어서 극장장 공모절차에 응한 만큼 어디까지나 전공과 경력을 바탕으로 국립극장에 보탬이 될 수 있는 역할이 있지 않을까 하는 차원이었고, 국립극장이 정치적 행위나 이념과 관련된 곳은 아니니만큼 순수하게 받아들였으면 한다'[90]고 소회를 밝힌 바 있는 것이다. 그러니까 그가 극장장으로서 충분한 자격을 갖추고 있음을 우회적으로 표현한 것이다.

이처럼 그는 대학원에서 문화홍보와 마케팅을 전공한 전문가답게 국립극장 일도 그런 차원에서 접근하고 있었다. 가령 그가 2009년 초 극장장 취임 직후 기자들과 만남에서 첫 번째로 언급한 말도 바로 국립극장에서 마케팅, 홍보, 그리고 교육 부분을 강화하겠다는 것이었다. 이야말로 국립극장 활성화의 바탕이 되는 길이라 본 것이다. 그러니까 아무리 좋은 작품을 만들어도 관객이 찾아주지 않으면 의미가 없는 만큼 시민들이 극장에 오도록 하는 일, 즉 홍보와 마케팅 교육이야말로 지름길이라 본 것이다.

그는 현재의 국립극장 전속단체야말로 어디에 내놓아도 손색없는 수준의 작품을 만들어내고 있는 만큼 어떻게든 관객을 늘리는 일이 가장 중요한 과제라는 것이었다. 일찍이 브래들리 모리슨(B. Morison)은 관객층을 네 부류로 나눈 바 있는바, 인구의 3~5%의 고정관객층, 12~15%의 잠재관객층, 30%의 무관심관객층, 그리고 50~55%의 비토관객층이 바로 그것이다. 임연철은 이런 관점을 빌어서 우리 현실에서는 5개 부류로 나눌 수 있다고 보고, 그것은 무관심층, 잠재관객, 뜨내기관객, 단골관객, 그리고 옹호관객층이라고 하면서 우선적으로 해야 할 일은 잠재관객층 확대라는 것이었다.

모리슨이 본 잠재관객층은 대체로 인구의 12~15%라고 했으니 적잖은 숫자인데, 임연철은 그 잠재적 관객층을 청소년과 주부층으로 인식하고 있는 듯했다. 이는 대체로 정확한 판단으로 보이는데, 문제는 그들을 어떻게 극장으로 끌어들이느냐이다. 그 대안으로 그는 정오의 음악회-명사와 함께하는 국악콘서트, 공연예술아카데미, 그리고 청소년 문화체험 학습프로그램 운영 등이라고 했다.[91] 특히 주부와 청소년 관객층 확대에 관심이 많은 그는 정오의 음악회-명사와 함께하는 국악콘서트를 늘려서 매월 한 번씩 해서 연간 12회 갖겠다고 했으며 공연예술아카데미 역시 11개로 대폭 확대하겠다는 것이다.

따라서 그는 문화일보와의 인터뷰에서 '국립극장을 장기적 잠재고객인 어린이 청소년을 위한 상설교육의 장으로 만들어 가겠다고 했다. 12월에 문을 여는 국립극장의 공연예술박물관과 공연장 등을 연결해 40~50분짜리 예술감상 프로그램을 만들어 어린이와 청소년을 위한 교육프로그램으로 진행하겠다는 것이다. 초 중 고등학교 교과서에 나오는 국악을 중심으로 각각에 맞는 프로그램을 개발해 아이들에게 보여주고, 들려주며 국악에 대한 관심의 끈을 놓지 말아달라고 부탁하겠다는 것이다. 수학여행단도 적극적으로 유치하고 전국의 초 · 중 · 고등학교 선생님들에게 일일이 편지를 쓰겠다는 열의도 보였다. 또 주부들을 겨냥한 낮 시간 공연프로그램을 만들어 낮 시간 공연을 본 주부들이 남편과 아이들을 데리고 다시 공연장을 찾으면서 우리 사회의 예술 교양인의 두께를 두텁게 하고 싶다[92]고 했다.

이러한 그의 생각의 바탕에 깔린 것은 역시 장기적으로 관객층을 확대하면서 동시에 시민의 예술 교양인화라는 목표에 국립극장이 자리하겠다는 것이었다. 이는 역시 극장의 역할 중 예술교육이 큰 비중을 차지하고 있음도 그가 잘 이해하고 더 나아가 역대 어느 극장장도 생각하지 못했던 시민의 예술 교양인화라는 원대한 이상(理想)을 꿈꿨다는 점에서 매우 신선한 것이었다.

그런 임연철 극장장이 특별히 관심을 표명한 부분은 국악이었는데, 그 이유와 관련하여 그는 '국악의 경우 일제강점기 국악말살정책에 이어 해방 이후에는 서양 클래식 음악이 풍미하는 등 오늘날 학교교육에도 소홀해졌다'면서 '미래의 관객이 될 청소년이 국악을 마음속에 자리매김할 수 있도록 하려는 것'이 그 목표라고 한 것이다. 이는 대단히 올바른 관점으로서 보수적이어야 하는 국립극장이 수행해야 할 방향이라고 볼 수가 있다.

그러면서 그는 2009년도 계획으로서 대형과 중형 규모로 제2기 국가브랜드 작품 준비, 공연예술박물관 상설전시실 12월 개관, 국제교류 다각화·몰도바·필리핀·폴란드·우크라이나 등 참가국 확대, 낮 시간대 감상교육·연주회 활성화 적극 추진, 예술 감독 권한 강화, 박물과 개관기념 공연, 60년사 발간 등 창립 60주년 준비 추진위원회 등을 들었다.[93] 그런데 위에 언급한 세 가지는 전임자가 벌여놓은 좋은 기획을 그대로 추진해가겠다는 것이었고, 나머지 사항 중에서 낮 시간대 공연활성화라든가 예술 감독 권한 강화와 60년사 발간 계획 등은 새로운 것이었다.

그가 극장장으로 취임하면서 극단의 최치림 감독만을 새로 임명함으로써 4개 단체 감독은 현실적으로 거의 최강이라고 해도 과언이 아니다. 이들에게 권한을 많이 주겠다는 것은 자율성 확대인 만큼 잘한 일이라고 보아도 무방하다는 생각이다. 사실 예술 감독에게는 인사권과 예산 운용권을 주어야 좋은 작품을 만들 수가 있다고 생각되기 때문이다. 그런 측면에서 볼 때, 임연철 신임 극장장의 발상은 비교적 앞서가는 것이었다고 말할 수가 있다.

그는 취임 초에 밝힌 계획들을 하나하나 실천에 옮겨갔다. 우선 첫해에는 국가브랜드 제1기 작품들인 극단의 〈태〉와 창극단의 〈청〉, 무용단의 〈춤, 춘향〉, 그리고 관현악단의 〈네 줄기 강물이 바다로 흐르네〉를 상설화하는 한편 일본 등 해외 공연케 하고 이어서 제2기 작품을 준비시킨 것이다. 이어서 국립극장은 극장장이 특별히 관심을 가진 국악의 대중화에 나서서 8월부터 청소년 공연체험 프로그램 '고고고!-보고, 듣고, 즐기고'를 시작한 것이다.

'국립극장, 고고고!-보고, 듣고, 즐기고'는 청소년들의 공연예술에 대한 이해를 돕고자 기획된 프로그램으로서 교과서에 실려 있는 희곡과 민요를 무대 위에 형상화하거나 실연(實演)으로 보여줌으로써 학생들이 시청각적으로 받아들이게 하자는 것이 본래의 취지였다. 여름방학 때부터 시행된 이 프로그램은 초등학생용과 중학생용으로 나누어져서 초등학생들을 위해서는 2학년 교과서에 게재된 〈별주부전〉을 음악극화 했고, 이어서 4~5학년 교과서에 실려 있는 민요는 '소리여행'이라는 예제로 국악관현악단이 연주로 보여준 것이다.

그리고 중학생들을 위한 공연으로서는 중3 국어 교과서에 게재된 〈시집가는 날〉(오영진 작)을 무대극화 했고, 연주분야는 B종 음악교과서에 들어있는 민요곡 '도라지', '방아타령', 그리고 '쑥대머리' 등을 가야금·해금·판소리 등으로 실연해준 바 있다. 이처럼 국립극장이 청소년들을 위해서 우리의 고전을 '죽어있는 활자가 아닌 살아 숨 쉬는 예술'로 생동감 있게 접하게 함으로써 청소년들이 고전을 재인식하게 만드는 성과를 올리기도 했다.

국립극장의 이러한 시도가 하찮게 보일 수도 있지만 고급문화가 생활화되어 있지 못한 우리나라의 경우 청소년 시절부터 예술교육을 한다는 측면에서 보면 매우 바람직하다는 생각이다. 특히 민족정서의 바탕을 이루는 국악을 청소년들에게 일찍부터 접하게 함으로써 서양문화에 지나치게 오염(?)되어 있는 그들에게 정체성을 스스로 갖게 만드는 일도 되는 것이다. 이는 또한 장기적으로 국립극장이 관객의 저변확대를 꾀하는 운동이기도 한 것이다.

그러나 무엇보다도 돋보이는 일은 임연철 극장장이 여러 가지 난관을 극복하고 2009년 12월 9일에 한국 최초의 공연예술박물관을 개관한 것이라고 말할 수가 있다. 왜냐하면 공연예술박물관 개관은 공연예술계가 오랫동안 안고 온 가장 큰 숙제를 푼 것이기 때문이다.

8. 끊임없이 변화를 모색해가는 국립극장

앞에서 살펴본 바와 같이 국립극장은 대단히 어려운 여건 속에서 탄생했고, 60년 동안 전쟁 군사독재 민주화 등의 정치적 격변을 겪으면서 성장해왔다. 외국에서도 전례를 찾아보기 어려울 정도의 우여곡절을 겪으면서도 우리 연극 더 나아가 음악, 무용, 오페라 등 순수 고급예술의 주류를 이 땅에 정착시킨 것이 바로 국립극장의 가장 큰 공로라 하겠다. 특히 2000년대 접어들어 운영상의 구조변화와 함께 민간전문가들이 경영을 맡으면서 외연을 넓히고 내실을 다지며 세계와 호흡하고 공연예술계의 숙원이었던 박물관을 개관하는 등의 커다란 변화가 지속되고 있다.

당초 출발할 때는 민간 민간전문가 체제로서 제2대까지 전문가들이 운영해 오다가 1960년대 이후 일반직 행정 공무원들이 국립극장을 운영했고, 5공과 6공을 거치면서 세 번째로 민간 전문가가 다시 운영했으며 국민의 정부와 참여정부, 그리고 이명박 정부에 이르기까지 다섯 번째로 민간 전문가가 극장 운영을 맡게 되었다. 그러니까 60년 동안 32대의 31명 극장장 중에서 민간 전문가는 고작 6명뿐이었으니 극장 사정이 어떠했을 것이냐 하는 것은 불문가지의 일이다. 그리고 민간 전문가 중에서도 초대 유치진은 반년 정도 극장을 운영했고, 제2대 서항석도 대구 피난지와 수복 직후 불 안정기에 운영을 맡았었기 때문에 자신들의 꿈을 충분히 실현해 보지 못했다. 세 번째 전문가였던 허규 역시 군사독재 체제하에서 운영을 하다 보니 여러 가지 한계에 부닥칠 수밖에 없었다.

바로 그 점에서 민간 전문가의 네 번째인 김명곤, 다섯 번째 신선희, 그리고 여섯 번째의 임연철 극장장의 전문성을 최대한 살린 운영 철학이 침체에 빠져있던 국립극장을 크게 변화시킨 것이 사실이다. 솔직히 그동안 국립극장이 걸어온 과정을 되돌아볼 때 민간 전문가들이 운영할 때와 비전문 행정 공무원이 운영할 때와는 분명한 차이가 드러난다. 그러니까 전문가들이 운영할 때의 경우는 극장발전을 위한 여러 가지 방안을 찾고, 또 공연을 활성화하기 위한 몸부림 같은 것이 보이지만 대부분의 공무원 극장장들은 현상유지에 급급했음을 확인할 수 있었다.

물론 일반직 공무원들이 운영했을 때나 민간 전문가 극장장들의 운영방식에도 각각의 개성에 따라 상당한 차이가 있었음은 두말할 나위 없다. 그 첫 번째 다른 점은 뭐니 뭐니 해도 극장운영 방식이다. 초창기 전문가 극장장들은 적어도 극장운영을 경영적 차원에서 접근하지는 않았었다. 그들은 어떻게 든 국가 예산을 많이 따내서 전속단원들에게 대우를 잘 해주고 공연도 자주 할 수 있는가만을 생각했다. 반면에 네 번째부터 들어선 김명곤, 신선희, 임연 철 극장장은 기업식 마케팅 개념을 도입해서 재정자립도를 크게 높이는데도 적잖은 관심을 기울인 바 있다. 이는 특히 국민의 정부 이후 국립극장이 책임 운영제로 바뀌면서 극장의 운영방식도 변할 수밖에 없는 처지에 놓인 결과이 기도 하다.

물론 선진국 경우에서도 알 수 있듯이 국립극장의 수익성 제고도 전혀 도 외시할 수는 없다. 그러나 그것은 어디까지나 국립극장의 사명이라 할 훌륭 한 예술작품 창조를 통해서가 아닐까 싶다. 솔직히 비영리 문화공산이 마케 팅 개념을 도입하는 것이 과연 바람직한 것이냐에 대해서는 논란의 여지가 없지 않다. 그러나 현대에 와서는 심지어 국가도 마케팅 개념을 도입해서 다 스린다는 말까지 유행한다. 그만큼 현대의 문화 공간들은 그것이 영리기관이 든 비영리기관이든 다투어 마케팅 개념을 도입해서 운영하고 있는 실정이다. 바로 그 점에서 젊은 민간 전문가가 국립극장을 맡은 이후 현대적 경영방식 을 도입하는 등 큰 변화를 겪고 있는 것이다. 그렇기 때문에 국립극장은 단기 간에 전에 볼 수 없었던 큰 변화가 일어나고 또 성과도 나타나고 있다고 보아 도 무방하다.

두 번째로 다른 점이라면 먼저 극장장을 맡았던 세 전문가는 민간인 신분 임에도 불구하고 공무원 비슷한 분위기를 풍겼다고 한다면 네 번째부터의 전 문가 극장장들은 민간 경영자답게 국립극장을 적극적으로 변혁시켜보려는 의 지가 넘쳤다는 점이다. 따라서 이들은 내적인 갈등을 겪는 경우가 적지 않았 을 것이다. 왜냐하면 극장장이 구상하고 추진해가는 일 중에 상당수는 구태 의연한 법과 제도의 벽에 부닥쳤을 가능성이 높기 때문이다. 특히 조직구성 원들의 경력상, 또는 신분상의 이질성 또한 융화 조화시켜 나가기가 쉽지 않 으리라 본다.

그 점에서 국립극장은 앞으로 정체성을 분명히 해야 할 과제를 안고 있다. 지난 시절에는 극장다운 극장이 국립극장 하나였지만, 1980년대 이후에는 예술의전당을 비롯하여 전국 곳곳에 세계 수준의 극장들이 즐비한 만큼 이들 틈에서 나름의 역할을 다 하기가 쉽지 않다. 특히 책임 운영제라는 어정쩡한 제도로서는 구태의연한 제도와 관행을 혁파할 수 없기 때문에 국립극장의 운신 폭을 넓힐 수가 없을 것 같다.

따라서 장기적으로는 재단법인화의 길을 택해야 할 것으로 본다. 법인화가 이루어지면 민간 전문가들이 마음 놓고 운영함으로써 자율성을 최대한 확보하고 창의력도 발휘할 수가 있게 된다. 그뿐만 아니라 세금감면을 통한 민간 자원을 활용할 수 있으며, 지역사회의 영향력 있는 인사들로 하여금 기금마련 재정확보, 관객개발 등을 통한 행정적, 재정적 기반도 다질 수가 있는 것이다. 그에 따라 정부가 내세우는 '지원은 하되 간섭은 하지 않는다'는 원칙도 자연스럽게 지키게 되는 것이다.

그러나 문제는 정부의 국립극장에 대한 인식이다. 솔직히 오늘날 우리 정부가 국립극장을 한 나라의 문화 창구이고 동시에 얼굴이며 자존심이라는 인식을 갖고 있느냐 하는 것이다. 극장장의 직급 상향조정(적어도 차관급, 현재 2급 촉탁) 무신경과 예산에 인색한 현 상황에서 국립극장이 제구실을 하기는 쉽지 않다. 다행히 현재 유능하고 의욕적인 젊은 극장장인 안호상(2012년 1월부터)이 극장을 이끌고 있어서 희망적인 조짐이 여기저기서 나타나고 있다.

즉 예술의전당 공연기획부장과 예술사업 국장 등을 역임하는 동안 극장경영에 대한 노하우를 충분히 쌓은 안호상 극장장은 외부단체에 대관과 초청 공연 위주로 굳어져온 기존의 관행을 혁파하고 자체제작 위주로 대전환하는 모험을 과감하게 감행했다. 그는 그 방법이야말로 정부의 예산으로 운영되는 국립극장의 진정한 자세라고 확신한 때문이다. 그리하여 그가 생각해낸 것이 우선적으로 시즌제 도입이었는데, 그것은 국립극장이 보유하고 있는 전속단체의 기존작품과 신작의 공연기간을 미리 알려주고 시즌 예약제로 티켓을 미리 판매하는 방식을 의미하는 것이다.

주지하다시피 이 방식은 프랑스의 소극장 운동가 앙드레 앙투안이 자신의 극장운영이 어려워지자 그 타개책으로 내놓았던 다섯 가지 방식 중의 첫 번째로서 1900년대 초부터 실시하여 성공한 경우였다.[94] 그로부터 세계의 여러 극단과 극장이 자주 활용하여 연극발전에 상당한 기여를 했다고 말할 수가 있다. 안호상의 국립극장이 그 방식을 처음 도입하여 크게 히트했는데, 여기에는 두 가지 성공요인이 있었다. 그 하나가 시장조사에 따른 IT를 활용한 마케팅방법의 도입과 파격적일 정도로 신선한(?) 작품의 제작이었다. 솔직히 창극단과 무용단, 그리고 국악관현악단 세 단체를 갖고 시즌제를 도입하고 성공시킨다는 것은 쉽지가 않다. 그럼에도 불구하고 안호상 극장장은 관객동향을 면밀히 살피고 시장조사를 통해서 그들의 취향에 맞는 레퍼토리를 개발하는 등 여러 가지 노력을 한 끝에 벌써 세 번째의 시즌 티켓 예매제도 상당한 성공을 거두고 있다. 그러나 아무리 시즌제를 잘 활용하더라도 장기 공연을 하기 어려운 창극단이나 무용단 만으로서는 세 극장(야외극장 포함)을 채우기는 어렵다고 본다. 따라서 국립극장이 제구실을 하려면 제2 국립극단 창단도 조심스럽게 검토해보아야 할 때가 되지 않았나 싶다.

그리고 구조상 많은 문제점을 안고 있던 국립극장이 2017년 겨울부터 대폭적인 리모델링 작업에 들어간다. 당초 공연장으로서는 너무 쓸모없이 크게만 지은 극장을 새롭게 만들어내겠다는 의지에 따른 것이다.

제5장 우리 자본과 기술로 지은 최초의 다목적 극장, 세종문화회관

1. 문화공간으로서의 부민관과 시민회관

극장은 예술창작의 산실이자 예술가와 관객이 만나 교류하는 장소이다. 공연 예술 활동과 거기서 탄생되는 작품은 사회를 정화하고 인간의 삶을 윤택하게 만든다. 그것이 예술의 기능이자 궁극적 목표이기도 하다. 예술작품은 또한 그 시대와 사회상의 반영이기도 하다. 세종문화회관은 그 모태인 일제 당시의 부민관에서 출발하여 사회적·시대적 흐름과 맥을 함께 이어왔다. 본란에서 필자는 세종문화회관이 걸어온 공연무대의 발자취를 시대와 사회 환경의 변화와 함께 조명하면서 공연예술사적 위상에 초점을 맞추어보려 한다.

극장이란 무대예술을 만들어내고 또 여러 사람에게 그 창조된 예술을 전해주는 집이라 말할 수 있다. 바로 그 점에서 극장을 무대예술을 한 요소로 보는 것이다. 그러니까 극장은 도시화된 사회에서 매우 중요한 문화 사랑방 기능을 하는 곳이다. 따라서 극장이 발달한 나라일수록 문화가 융성하고 사람들 간의 의사소통이 원활함으로써 사회 전체가 성숙하게 마련이다. 가령 오늘날 서방 선진국들에는 유수한 극장들이 많고 그에 따라 문화의 수준 역시 대단히 높다. 필자는 아직까지 후진국에 좋은 시설의 극장이 있다는 이야기를 들어본 적이 없다. 이 말은 곧 극장의 발전은 경제발전과도 깊은 상관관계가 있음을 의미하는 것이기도 하다. 우리나라의 경우만 하더라도 19세기 즉, 1세기 전까지만 해도 제대로 건축된 극장이라는 것은 없었다. 우리의 전통예술이 모두 야외 놀이적 성격을 띠는 것도 극장의 부재와 깊은 관련이 있는 것이다. 적어도 우리나라에서는 극장이란 것은 일종의 개화의 산물이었다. 그만큼 극장은 서양문화의 영향을 받고서야 비로소 생겨난 건축물이라 볼 수가 있다.

개화기의 협률사로부터 시작된 극장문화는 지난한 과도기를 거쳐서 1930년대에 와서야 그런대로 극장다운 극장을 갖기에 이르렀다. 1930년대의 극장다운 극장이란 사설의 동양극장과 관립의 부민관을 가리킴은 두말할 나위 없다. 그만큼 우리나라의 극장사는 일천하고 또 열악하기 이를 데 없었다. 물론 1930년대까지만 하더라도 전국의 대, 중, 소도시들에 극장이 없었던 것은 아니다.

1905년 을사늑약 이후 일본인들과 일본자본이 밀려들어 오면서 그들이 부산과 인천 그리고 서울 등지에 극장을 짓기 시작하여 1930년대 와서는 1백80여 개나 되었다. 그러나 불행스럽게도 그 극장들 대부분이 영화관이었고 그 자본주는 대륙낭인 등 일본인들이었다. 극장 주인이 일본인들이라는 것은 문화의식 없는 무자비한 착취, 흥행사들이라는 것을 의미한다. 이 말은 곧 전국의 극장들이 이 땅 사람들의 푼돈까지 긁어가는 착취창구였다는 것을 의미한다. 이처럼 우리나라에서의 극장 발달은 지지부진하기도 했지만 서민의 주머닛돈과 공연예술인들이 고혈을 짜가는 창구였다는 점에서 문화진전과는 상당한 거리가 있었다. 다행히 개화기에는 박승필과 같은 민족주의자가 있었기에 광무대와 단성사를 통해 전통 연희를 지킬 수가 있었고, 1930년대 이후에는 신무용가 배구자(裵龜子)가 설립한 동양극장과 조선 총독부가 건립한 부민관이 있었기에 무대예술의 진전이 가능했다. 만약 이들 극장이 없었다면 우리나라 무대예술은 더더욱 답보했을 가능성이 높다. 그만큼 두 극장이 무대예술 발전에 끼친 영향이 컸다는 이야기이다. 왜냐하면 당시 전국에 산재한 일본인 극장들은 거의가 영화 상영을 전제로 설립되어서 무대가 비좁고 조명시설 같은 것이 제대로 갖추어져 있지 못해서 공연예술에 부적합한 데다가 대관료가 지나치게 과다했기 때문이다. 즉 극단이 일인 소유의 영화관에서 연극공연을 할 경우 입장수입의 60%를 극장 측에 지불할 정도였다. 한마디로 착취 수탈 그 자체였다고 말해도 과언이 아니었다. 사실 우리의 신극이 발전 못한 원인 중에서도 가장 큰 요인은 그러한 극장사정의 열악성에 있었다고 해도 과언이 아니다. 필자가 1930년대를 신극사의 중요한 분기점으로 보는 이유도 바로 그러한 극장 사정에 따른 것이다.

세종문화회관의 역사를 기술함에 있어서 1930대까지 거슬러 올라간 이유 는 그 뿌리에 관한 고찰이 필요하다고 보기 때문이다. 물론 세종문화회관의 전사(前史)에 해당하는 부분은 도시학의 권위자인 손정목 교수가 이미 소상 하게 쓴 바 있다. 그러나 부민관과 시공관의 문화 창조 공간으로서의 특성도 일단 짚고 넘어가야 한다는 생각에서 간단히 다루고 넘어가기로 한 것이다. 그러니까 부민관이 개관된 1935년 말부터 1978년 세종문화회관 개관 때까지 의 소위 전반기 부분을 문예사적 측면에서 간단히 정리하고 넘어간다는 이야 기이다.

그래야만 세종문화회관의 전사가 완비될 것이라 믿기 때문이다. 특히 이 책이 우리나라에서 가장 중요한 문화공간의 전모를 역사적 측면에서 밝히는 것인 만큼 외형적 건축물로서의 하드웨어 못지않게 내용물 즉, 소프트웨어에 대한 고찰도 중요하다고 보았다. 실제로 문화 공간은 건축물 이상으로 그 안 에서 일어난 일이 문예사적 측면에서는 월등히 중요한 것이다.

따라서 필자는 본고를 서술해 가는 과정에서 세종문화회관이 문예공간으로 서 무엇을 해왔나에 포커스를 맞춰보려고 한다. 그래야만 세종문화회관의 전 모가 드러난다고 보여서다.

주지하다시피 일제 당시의 부민관으로부터 출발한 오늘의 세종문화회관은 해방 후 미군정에 접수되었다가 1961년 세종문화회관의 전신인 시민회관의 건립으로 새로운 모습을 갖추게 된 것이다. 1972년 화재 참사가 발생하기 전 까지 쇼 흥행장과 순수 공연무대의 두 모습을 보였던 시민회관은 드디어 1978 년 세종문화회관의 이름으로 다시 태어나 80여 일간에 걸친 성공적인 개관기념 행사를 마무리했었다. 그 후 관료적 운영과 전속단체의 매너리즘으로 인한 숱한 비판 속에 1997년 오늘의 재단법인으로 대변신, 극장운영의 경영마인드 도입 등으로 새로운 활력을 개척해 나가고 있다.

2. 부민관과 시공관

주지하다시피 부민관은 비록 조선총독부가 세운 것이긴 해도 우리나라 극장사상 세 번째 관립극장이다. 앞의 장에서 이미 밝힌바 있는 것처럼 1930년대 초 경성부(서울)의 인구가 40만 명이 되면서 부민의 공공집회, 오락, 사교, 예술 공연장의 필요성을 절감한 총독부가 다목적 홀을 건립기로 했다. 마침 경성전기주식회사에서 1백만 원을 기부함으로써 극장을 짓는 일이 쉽게 풀릴 수 있었다. 그리하여 미쯔이(三木)회사가 맡아서 1934년 7월에 착공하여 이듬해 12월에 준공되었다.

문화공간 규모로서는 역사상 가장 컸던 부민관은 명칭부터 특이했다. 그동안 극장명칭은 협률사, 원각사, 광무대, 조선극장 등의 극장발전 과정에서 볼 수 있듯이 사(社)나 대(臺), 극장(劇場) 등의 명칭을 써왔는데 부민관에서부터 관(館)이란 명칭을 사용한 것이다. 관(館)이란 명칭은 요정인 명월관(明月館) 등에서도 볼 수 있듯이 요식업을 기본으로 하는 사교장의 의미로 써 온 것이다. 그 점에서 중국 사람들이 극장 명칭으로 써온 관(館)과도 약간의 차이가 있다고 보아야 한다. 일본에서는 일찍부터 극장을 좌(座)로 불러왔고 1924년 쓰키지(築地) 소극장부터 극장이란 명칭을 썼었다.

바로 그 점에서 총독부가 부민관이라 명명한 것은 어디까지나 예술 창조 보급장으로서 보다는 공공집회 또는 사교장의 기능을 더 중요하게 생각하고 건립한 것이 아닌가 싶다.

그렇게 보는 데는 부민관의 내부시설이 어느 정도 시사해준다고 말할 수 있다. 시설부분을 대충 살펴보면 대강당이 1천8백석의 무대로서 강연회, 연극, 무용공연, 영화상영, 노(能)공연을 위해 마련했고, 중강당 4백석, 입석 1천석의 무대는 강연회, 전람회, 견본진열장, 결혼식, 실내체조를 위해 쓰이게 했으며, 1백40석의 소강당은 작은 강연회, 정동(町洞)총회, 아동영화 상영, 회화구(繪畫具) 전람회장으로서 기능하도록 했다. 그 외에도 11석의 특별실과 60석의 휴게실, 32석의 담화실, 장기, 바둑을 둘 수 있는 첩간, 70석의 식당, 다방, 그리고 이발관까지 갖추고 있었다.

반면에 호리즌트는 물론이고 연습실, 분장실 등 무대예술을 창조하는 예비공간은 갖추어 있지 않았다. 이처럼 부민관은 예술창조 공간으로서보다는 공공집회와 여러 가지 사교, 오락 모임을 주목적으로 했음을 알 수가 있다.[1] 그럼에도 불구하고 부민관은 1936년 1월 시내의 4대 권번 기생들을 동원해서 화려한 개관식이 끝나자마자 서울에 있던 여러 극단, 무용단, 음악 단체 등이 다투어 대관 신청을 함으로써 연중 휴관이 없을 만큼 예술 공연과 각종 집회로 휴일이 없었다. 당시 시내에 동양극장만이 공연예술 전문극장이었고, 우미관이라든가 제일극장 등 몇 개는 영화를 주로 상영하면서 간간이 공연예술단체에 대관하고 있었기 때문에 부민관으로 단체들이 몰리는 것은 극히 자연스러운 것이었다. 따라서 부민관은 연극 전용의 동양극장 못지않을 만큼 무대예술의 본거지처럼 된 것이다. 당시 공연예술단체들이 부민관을 얼마나 많이 활용했는가는 다음과 같은 도표가 잘 보여주고 있다.[2]

실별 \ 연도 및 회수	1936년	1937년
대강당	266회	383회
중강당	235회	198회
담화실	117회	249회
소강당	231회	81회
집회실	88회	122회
부속실	138회	147회

첩간	156회	265회
특별실	2회	5회
전관	2회	1회
사용료	40,765원	43,265원

이상과 같이 부민관은 단번에 서울 시민의 문화사랑방으로 자리 잡을 수가 있었다. 부민관이 개관 3개월 뒤인 1936년 4월부터 외부 단체들에 대관을 시작하면서 주로 연극계에서 상당한 변화가 일어났다. 언제나 극장부족 문제로 고심해오던 연극계에서 훌륭한 공연장을 얻음으로써 중앙무대라든가 인생극장 등 새로운 극단들이 탄생하였던 점을 그 첫 번째로 꼽을 수가 있다. 이 말은 곧 부민관의 출현으로 인해서 연극계가 활기를 얻고 극단 활동의 폭이 넓어졌다는 이야기가 된다. 그런데 당시에 정극단들뿐만 아니라 악극단 등도 여러 개 생겨났다.

두 번째로는 당시 유일한 순수 정극단체라 할 극예술연구회가 부민관 개관으로 인해서 공회당 위주 공연의 아마추어리즘을 벗어나 전문극단으로 거듭났다는 점을 꼽을 수 있다. 이는 대단히 중요한 것이다. 왜냐하면 우리나라 근대극이 추구하던 소위 리얼리즘 양식의 연극노선을 극예술연구회가 본격적으로 정립해나갈 수가 있었기 때문이다. 즉, 1931년 창립 이후 경성공회당에서 공연을 갖던 극예술연구회가 부민관 개관 첫 테이프를 〈선생〉(이광래 작)과 〈어머니〉(이서향 작) 공연으로 멋지게 끊었던 것이다. 이상 두 작품을 극예술연구회의 실질적 리더였던 유치진이 연출한 것도 역사적 의미를 갖는다.

이러한 정통 신극의 흐름은 1941년 3월 극단 현대극장이 계승함으로써 부민관이 1945년 8월 해방 때까지 10여 년 동안 그 발판이 되어준 것이다. 바로 그 점에서 부민관이 없었다면 정통 신극운동은 상당히 위축되었을 가능성이 높다.

세 번째로는 정통 신극뿐만 아니라 창극이라든가 악극, 그리고 동양극장의 전속단체까지 때때로 부민관 무대를 활용했기 때문에 대중극이 화려해지고 또 세련되어졌다는 점이다. 사실 우리의 악극이나 창극 등에 어느 정도 영향을 주었다고 볼 수 있는 일본의 다카라즈카(寶塚)단체가 내한 공연을 한 것도 부민관이 문을 연 다음이었다.

네 번째로는 부민관이 생겨남으로 해서 연극사상 처음으로 연극페스티벌이 열릴 수가 있었다. 즉 1938년 2월부터 동아일보사 주최로 연극경연대회가 매년 열리게 된 것이다. 제1회 연극경연대회 때만 하더라도 극예술연구회를 비롯하여 화랑원, 낭만좌, 인생극장 등 주요 극단들이 모두 참가했었다. 1942년부터 시행된 조선연극문화협회 주최의 경연대회도 역시 부민관 무대였다. 일종의 페스티벌인 연극 경연대회는 어느 나라에서나 연극 활성화의 촉진제 역할을 하는 것이라 볼 때, 부민관의 위상은 대단히 컸다고 말할 수 있다.

다섯 번째는 역시 연극 형식의 진전을 꼽을 수가 있다. 여기서 연극 형식의 진전이란 두 가지 측면에서 이야기할 수 있다. 그 한 가지가 작품의 대형화라고 한다면 다른 한 가지는 작품의 세련화라 하겠다. 부민관의 무대구조는 선진적이지는 못했다. 가령 무대의 폭과 깊이가 객석에 비해서 너무 협소하고 호리존트마저 갖추어져 있지 않았다. 그럼에도 불구하고 당시 여타 극장들과는 비교도 안 될 만큼 크고 화려했다. 따라서 극예술연구회 등 정통 신극단체는 말할 것도 없고 악극이나 창극, 그리고 청춘좌나 호화선 등과 같은 대중극단체들도 부민관 무대에서 공연을 할 때는 대형, 화려함을 추구했었다.

여섯 번째로는 연극뿐만 아니라 무용, 고전음악 등의 발전도 꾀했다고 말할 수 있다. 가령 당대 최고의 신무용가라 할 최승희(崔承喜)가 일본 무대를 떠나 1942년 2월부터 여러 번에 걸쳐 부민관에서 공연을 함으로써 근대무용 발전에 적잖은 기여를 한 것이다.

이처럼 부민관은 1930년대 중반 이후에 상업주의 연극을 전문으로 하는 동양극장과 여타 영화관들보다는 훨씬 좋은 조건에서 공연예술을 활성화시킴과 동시에 예술 형식의 진보에도 큰 기여를 한 것이다. 더욱이 부민관은 극장 사정이 최악일 때 그런 역할을 해 주었기 때문에 당초 총독부가 목표했던 서울시민의 '문화복지 향상'이라는 막연한 목표를 뛰어넘은 것이라 보겠다. 솔직히 경성부가 부민관을 운영하면서 까다로운 규정을 두지 않고 문호개방을 해주었기 때문에 그 시대에 그런 기능도 할 수가 있었다. 적어도 공연예술에 극장무대가 얼마나 절대적인가를 단적으로 보여준 경우가 1930년대 중반 이후의 부민관이었다.

물론 부민관이 우리나라 공연예술 발전에 있어서 긍정적인 역할만을 한 것은 아니었다. 양지가 있으면 음지가 있듯이 부민관은 우리나라 무대예술 발전에 부정적 역할도 했다고 보는 것이다. 물론 이것은 어디까지나 부민관 자체에 있다기보다는 그것을 운영한 경성부 측에 전적인 책임이 있는 것이다.

그 첫 번째의 부정적 기능은 친일 어용예술의 양산이라 말할 수 있다. 그런데 이것은 어디까지나 부민관을 조선총독부가 세워서 운영했다는 한계 때문에 생겨난 부작용일 수도 있다. 가령 부민관이 1941년 가을에 조선연극협회를 조종하여 소위 연극보국주간(演劇報國週間)이란 것을 만들어 시행한 것이 그 단적인 예라 하겠다. 연극의 재건이라는 그럴듯한 명분을 내건 연극보국주간이란 국책극(國策劇)을 하라는 것이었다. 그리하여 극단 현대극장 등 조선협회 산하 8개 단체가 경연을 벌인 바 있는 것이다. 물론 부민관의 연극보국주간은 단 한 번으로 끝났으며, 그 이유는 그것을 연극경연대회로 발전시켰기 때문이다. 사실 연극보국주간이나 연극경연대회는 두 가지 모두 조선총독부가 후원한 행사였기 때문에 거기에 참여한 작품들은 대부분 친일 국책극이었음은 두말할 나위 없다. 이처럼 부민관은 연극을 활성화한다는 그럴듯한 명분을 내걸고 친일 목적극만 양산해냈다고 말할 수 있다. 만약 부민관이 없었다면 그런 일은 불가능했거나 아니면 미미했을 가능성이 크다. 바로 그 점에서 부민관이 당초 경성부민의 문화복지를 위해 건립되었다는 취지에 어긋난다고 보고 싶은 것이다. 그 외에도 전승기념대회라든가 시국과 관련한 선동적 궐기대회, 강연회 등도 부민관에서 자주 개최되었다.

부민관의 두 번째 부정적 측면은 저급한 상업극의 발흥에 기여한 점이라

보고 싶다. 가령 부민관이 1936년 4월 개관이래 문화개방이라는 원칙에 따라 아무런 선별 기준 없이 1945년 8월 해방 때까지 마구잡이로 대관을 했다. 그 결과 정통 신극단체를 비롯하여 창극단, 악극단, 무용단, 음악단 등 수십 개 예술단체가 부민관 무대를 장식했다. 그런데 이들 중 정통 신극단체는 극예술연구회와 현대극장, 그리고 중앙무대 정도이고 나머지는 모두가 상업 극단들이다. 상업극단들이 큰 극장을 이용하여 돈벌이에 열성적이었다는 이야기이다. 그런 가운데서도 창극의 경우는 좀 더 세련되기도 했기 때문에 긍정적 측면도 없지는 않다. 그러나 악극이 크게 번창했던 것은 아무래도 부민관이 우리의 연극사를 후퇴시킨 부분이 아닐까 싶다. 특히 그 시기는 우리가 일제와 정신적으로 치열하게 싸워야 했을 때라는 점에서 부민관의 부정적 기능을 떠올리지 않을 수 없다.

그 결과 부민관은 우리의 국민정서를 왜곡시키고 타락시키는데 한몫했다고 볼 수가 있다. 여기서 국민정서를 왜곡시켰다는 것은 친일 국책극을 많이 공연토록 조장한 데 따른 것이고, 국민정신을 타락시켰다는 것은 저질 상업극에 무대를 제공한데 따른 것을 두고 하는 말이다.

세 번째의 부정적 기능은 전문 공연장의 발달을 저해한 점이다. 물론 이것은 전혀 의도성이 있는 것은 아니었다. 솔직히 그 당시의 도시문화 수준으로 보아서는 다목적 복합문화 공간이 필요한 때였던 것이 사실이다. 그러나 결과적으로 조선총독부가 부민관이라는 다목적 홀을 건립함으로써 현재까지 그 폐습이 그대로 이어지고 있는 것을 부정할 수가 없다. 가령 그 후신이라 할 세종문화회관을 비롯하여 전국에 수백 개의 대형 문화예술회관들이 세워졌고 지금도 짓고 있는 것이야말로 좀처럼 없어지지 않는 부민관의 망령이라 아니 할 수 없다.

일찍이 선진적이면서도 독창적인 문화정책을 펴보지 못한 정부가 문예진흥의 기반이 되는 하드웨어를 조성하는 데 있어서 대형 다목적 홀만을 고집하는 것이야말로 일제 강점기 복합문화공간의 한국적 재현이라 볼 수 있다.

이상과 같이 1930년대 중반에 등장한 부민관이 해방 때까지 15년 동안 이 땅의 공연예술 진흥에 적잖은 기여를 한 것이 사실이다. 그러나 부민관은 조선총독부가 건립했다는 숙명 때문으로 해서 친일 국책극의 조장과 저질 상업극의 발흥도 가져왔다. 물론 이러한 부정적 기능에 대해서 부민관 측으로서는 받아들이지 않으려 할지 모른다. 왜냐하면 부민관이 전속 단체를 둔 바 없기 때문이다. 그러나 분명한 것은 조선총독부가 경성부민의 문화복지 향상을 위해 건립했다는 부민관이 자신들의 정치 목적 달성을 위한 문예행사의 창구가 되었던 것만은 부인할 수가 없으리라 보는 것이다. 다만 그러한 것은 결과론적으로 보았을 때 그렇다는 이야기이다.

그러나 1945년 8월 15일 민족해방과 함께 부민관으로서의 기능은 종결되었다. 조선총독부가 없어지고 경성부라는 정부행정체제가 완전 붕괴되었기 때문이다. 따라서 부민관이라는 건물은 자연히 미군정 소유로 넘어가게 되었다. 이 말은 곧 부민관이 시민의 문화복지를 위한 공간으로서는 이미 그 기능을 상실했다는 이야기가 된다.

해방 24일 만인 9월 8일 미군이 진주하면서 부민관이 가장 먼저 접수되었다.[3] 졸지에 주요 무대를 잃은 각종 공연예술단체가 당황한 것도 사실이지만 일본인 소유의 극장들이 한국인들의 손으로 넘어오면서 공연기회는 충분했다. 즉 중앙극장, 수도극장, 대륙극장, 동양극장, 국제극장, 국도극장, 제일극장 등 10여 개의 큰 극장들이 각 예술단체들에 문호를 개방함으로써 공연활동에는 별 지장이 없었다.

그렇지만 서울시 측에서는 당장 동장회의마저 개최할 만한 장소가 없었다. 서울시는 여러 장소를 물색하던 중 일본인 이시바시 료스케(石橋良介)가 1935년에 명동에 세워서 영화관으로 사용해왔던 명치좌를 시공관이라 이름 붙여 쓰게 되었다. 서울시는 해방 직후 국제극장으로 명칭이 바뀐 명치좌를 시공관으로 지정하고, 1947년 11월부터 약 한 달 동안 수리해서 사용하기 시작했는데 정식 재개관일은 1947년 12월 말이었다.[4] 서울시 측은 시공관의 운영조례나 규칙 같은 것을 만들지 않고 몇 사람의 운영위원으로 하여금 신축적으로 운영토록 위임했다.[5] 이 말은 곧 시공관이 공공집회 장소로서만이 아닌 공연장으로서도 활용토록 했다는 이야기가 된다. 그러나 극단이나 악극단, 창극단 등은 시내 10여 개의 극장을 대관해서 사용하고 있었기 때문에 시공관에는 별 관심을 갖지 않았고, 다만 음악단체나 음악인이 시공관을 선호했을 뿐이다. 시공관은 무대구조나 객석(1,180석), 그리고 방음시설 등으로 보아 음악 연주회장으로서는 최고였다. 그래서 서울교향악단과 몇 사람의 음악인이 시공관에서 간간히 연주회를 가진 바 있다.

한편 부민관은 해방 후 제대로 이름도 못 얻은 채 미군의 사무실(WUTP)로 쓰였고 1948년 정부수립과 함께 주둔군이 귀국하면서 건물만 덩그러니 남게 되었다. 그것이 당연히 서울시에 귀속게 된 것이다. 그러나 해방 직후부터 일어나기 시작한 국립극장 설치운동이 무르익으면서 부민관 건물이 서울시 측에 넘어왔음에도 불구하고 사용은 못 하는 기묘한 처지가 된 것이다. 1948년 12월 국립극장 설치령이 국무회의에서 통과되면서 부민관 건물은 국립극장 건물이 되어야 한다는 무대예술계와 정부의 의견이 강하게 나왔기 때문이다. 서울시 측은 강력히 반발했지만 지방자치단체가 정부를 이길 수 없었다. 1949년 10월 대통령령으로 국립극장 직제가 195호로 공포되면서 부민관은 해방 이후 4년여 만에 국립극장이라는 이름을 얻었고, 관리권도 서울시에서 문교부로 넘어가게 된 것이다.[6] 이듬해 4월 〈원술랑〉(유치진 작, 허석 연출) 으로 화려한 개관식을 가진 국립극장은 아시아에서 최초였지만 그 건물만은 조선총독부가 세운 부민관이었다. 그나마 두 달도 못 채우고 6·25전쟁이 발발함으로써 극장으로서의 기능을 완전히 상실케 된다.

결국 서울시민의 문화복지를 위한 문화공간은 명동의 명치좌 시공관이 떠맡지 않을 수 없었다. 그러나 시공관 역시 과거 식민지 시대의 부민관 역할을 맡긴 했지만 6·25전쟁으로 2년여 동안 기능정지 상태에 놓일 수밖에 없었다. 다행히 9·25수복과 국군의 진격으로 서울이 탈환되면서 1953년 1월 극단 아랑의 〈온조대왕〉(장정희 작, 남혜성 연출)을 시발로 해서 재개관케 된 것이다. 그로부터 두 달 뒤에 대표적인 극단 신협이 상경하여 시공간을 주무대로 신극사의 명맥을 잇는 주요 공연을 하게 되었다. 즉 신협은 〈원술랑〉(1953년 3월)을 시발로 해서 〈자유부인〉(정비석 작, 이해랑 연출), 〈나도 인간이 되련다〉(유치진 작, 연출), 〈가야금의 유래〉(유치진 작, 연출), 〈은장도〉(윤방일 작, 이해랑 연출)와 〈이슬〉, 〈금산의 피〉(박종화 작, 이해랑 연출), 〈별〉(유치진 작, 김동원 연출), 〈느릅나무 그늘의 욕망〉(오닐 작, 이해랑 연출) 등을 1960년까지 국립극장으로 탈바꿈할 때까지 공연함으로써 시공관은 신협활동의 본거지가 되었다. 그뿐만 아니라 상업극단들, 이를테면 아랑을 위시하여 보랑, 황금좌, 신청년, 공연극장, 동협 등과 정극의 국립극단, 민극 등도 거기서 탄생되었다.

십수 개의 악극단과 여성국극단들도 시공관 무대를 애용했는데, 가령 창공악극단, 코리아가극단, 무궁화악극단, 희망가극단, 악극단 호화선, 백조, 성보악극단, K.P.K, 제7천국, 태평양, 가도가극단, 양양, 그리고 악단 부우케, 악단 벙어리, 이나영악단 등도 시공관에서 많은 공연을 가졌다. 여성국극단체로는 햇님극단, 여성국악제전, 임춘앵과 그 일행, 우리국악단, 삼성국악단, 여성국악동호회, 조금앵과 그 집단, 신라, 새한국극단, 진경, 낭자, 동명 등 10여 개 단체가 공연을 가졌다.

그 외에도 영화와 무용공연도 잦았는데 가령 정창화 감독의 〈제2의 출발〉이라든가 이강천 감독의 〈아리랑〉 등도 시공관이 개봉관이었다. 무용의 경우는 시공관이 유일한 발표장으로서 조택원, 김천홍, 김백봉, 강선영, 김숙자, 조용자, 김민자, 진수방, 김백초, 김진걸, 임성남, 송범, 주리, 종광, 이인범, 김해랑, 김순성, 최현 등등 기라성 같은 중견, 신인들의 기량점검과 새로운 창작은 물론이고 전통무용과 발레까지 다양하게 선을 보여준 무대였다. 이처럼 시공관에서는 하루도 빠짐없이 극단, 악극단, 창극단, 무용, 음악, 심지어 영화까지 상영될 만큼 서울시민의 가장 대표적인 무대, 영상예술 감상장으로서 역할을 충실히 한 것이다.

그런데 시공관이 대관극장으로만 끝날 수는 없었다. 자체적으로도 예술단을 가져야 한다는 여론에 따라 우선 음악 단체부터 두기로 한 것이다. 따라서 변변한 공연장도 가지지 못한 채 해방 직후(1948년) 발족시켰다가 6·25전쟁 중에 해군정훈음악대로 편입시켰던 오케스트라를 모체로 1957년 8월에 서울시립교향악단을 출범시키기에 이른 것이다. 중진 음악가인 김생려(金生麗)를 초대 상임지휘자로 삼고 출범한 서울시립교향악단은 수도 서울이 직영하는 최초의 예술단으로 연간 몇 차례의 정기공연과 그때그때 중요행사에서 연주회를 가짐으로써 시민에게 음악적 정취를 북돋는데 적잖은 기여를 했다. 당시는 서울시립교향악단 외에 이렇다 할 오케스트라가 없었던 때였기 때문에 그 역할이 대단히 컸다. 국내외의 음악가들도 서울시립교향악단의 협연 도움을 받았음은 두말할 나위 없다. 그러나 1961년 11월 정부 조직법 개정으로 시공관이 국립극장으로 사용케 되었기 때문에 교향악단의 연주활동도 조금은 변할 수밖에 없었다. 그 관장부서도 서울시로부터 공보부로 이관되었음은 두말할 나위 없다.

그렇다면 1950년에 지정되어 전쟁기간 2년을 제외하고 1961년까지 9년 동안 시공관은 서울시민의 문화복지 향상을 위해서 무엇을 했는가?

그 첫째는 역시 연극, 무용, 음악 등 순수 무대예술의 명맥을 이어주는 공연장의 역할을 충실히 한 점을 꼽을 수 있다. 해방 직후만 하더라도 중앙극장, 단성사, 국도극장, 수도극장, 제일극장, 동양극장 등 10여 개의 극장들이 무대예술 단체들에게 문호를 개방했었다.

그러나 6·25전쟁 이후는 모든 극장들이 영화전용관으로 탈바꿈함으로써 연극, 무용 등 무대예술단체들은 시공관으로 모일 수밖에 없었다. 특히 무대 깊이와 넓이, 그리고 8백 여석의 객석수가 연극이나 무용공연과 음악연주장으로서는 비교적 알맞았다.

두 번째로는 시공관이 순수 아마추어예술이 자라날 수 있도록 무대를 개방한 점을 꼽을 수 있다. 즉 시공관은 초등학생에서부터 중등학교, 대학생들에 이르기까지 음악, 무용, 연극 등을 발표할 수 있도록 배려해준 것이다. 만약 시공관이 없었다면 아마추어 예술인들은 자신들이 창조한 작품을 발표할 기회를 갖지 못했을 수도 있었다.

세 번째로는 역시 동장회의 등 서울 시민들의 공공집회장으로서 기능을 한 점을 꼽을 수 있다. 시공관은 서울의 한복판에 자리 잡고 있었기 때문에 공공 행사나 집회, 그리고 예술공연장으로 대단히 적합했다고 말할 수 있다.

반면에 시공관이 부정적 역할도 했다고 본다. 그 대표적인 것이 다름 아닌 저급한 대중예술작품 양산이라 볼 수 있다. 그것은 특히 연극분야에서 심했는데 순수 정통 신극단체는 신협과 함께 민극 등 두세 개 난제가 연산 두세 편 공연을 가진데 반해서 악극단의 경우는 15개 이상의 단체가 활발하게 공연활동을 벌였고 창극단의 경우 여성국극이 주류를 이루면서 10개 이상의 단체들이 시공관 무대를 점유하다시피 했었다.

물론 악극이나 여성국극도 우리의 근대 무형문화재라 볼 수는 있다. 그러나 결과적으로 당시 주된 관립 문화공간이라 할 시공관이 순수예술보다는 대중예술에 더 비중을 두었던 것은 문제라 아니할 수 없다. 바로 그 점에서 시공관이 일제 강점기에 부민관이 했던 역할을 1950년대에 함으로써 시공관은 식민지시대 부민관의 해방 후 재판이었다고 해도 과언이 아니다.

3. 시민회관의 등장과 공연문화

서울시가 일제 강점기의 명치좌를 개수해서 시공관으로 사용하고 있으면서도 새로운 대형 건물이 필요하다는 생각을 하기 시작한 것은 대체로 1950년대 중반부터였다. 전후의 어려운 국가 경제상황 하에서도 굳이 새 건물의 필요성을 절감한 것은 세 가지 이유로 볼 수 있다.

건축 중인 시민회관

　첫째는 시공관 건물이 너무 협소한 데다가 낡았기 때문에 점점 비대해만
가는 서울 사람들의 공공집회와 무대예술 공연 수요를 충족하기에는 한계상
황에 부닥쳤다는 것이었다.

　두 번째로는 손정목이 지적한 대로 6 · 25전쟁의 휴전을 기념하기 위하여
우방 각국으로부터 저명한 공연단체의 내한 신청이 많아진 데다가 때마침 미
국 NBC 교향악단의 내한공연이 그것을 촉진하는 계기가 되었다.[7] 대형 공연
장의 필요성이 시급해졌다는 이야기이다.

　그리고 세 번째로는 아무래도 일제로부터 해방 10년을 맞는 만큼 우리 손
으로 세운 건물을 시민회관으로 가져보고 싶은 잠재적 욕망이 작용하지 않았
나 싶다. 여하튼 1955년부터 시민회관건립에 착수한 서울시민회관은 당초 이
승만 대통령의 아호를 딴 '우남(雩南)회관'이라는 아첨성 논란으로 공사 진척
에 잠시나마 문제가 야기되었던 것도 사실이다. 그럼에도 불구하고 순전히

시민회관

우리의 자본과 한국건축가에 의해 설계된 최초의 거대 공연장을 가져보려는 시대적 요구가 모든 장애를 덮었다고 해도 과언이 아니었다. 자금은 이미 확보된 상태라 설계자를 정하는 문제가 남았다. 따라서 서울시는 즉각 공모에 나섰고, 여러 사람이 응모해왔다. 그런데 엉뚱하게도 심사위원으로 참여했던 이천승이 최종적으로 선정된 것이다. 그 과정에 대하여 김소연은 엄덕문의 증언(문예진흥원의 구술채록, 2004)에 의거, 다음과 같이 썼다.

> 시민회관은 원래 현상설계라서 내로라하는 건축가들이 거의 참여했다. 그런데 심사위원이던 이천승이 '당선자 없음'으로 발표하고 자신이 직접 설계를 했다. 당시 건축계에서는 흙탕물을 끼얹는 사건이라며 불만이 터져 나왔지만 얼마 못가 흐지부지 되고 말았다.[8]

심사위원이던 이천승이 자기 스스로 설계를 맡은 것은 남 못잖은 화려한 경력과 자신감에 따른 것이 아니었나싶다. 그리하여 서울시민회관은 우리 자본과 한국인의 설계로 착공 5년만인 1961년 11월에 개관되기에 이르렀다. 총 공사비 20억 환을 들여 세종로에 건립된 서울시민회관은 3천7백석의 대강당과 3백50석의 소강당, 그리고 식당, 다방, 미용실, 매점 등을 갖춘 현대식 대형 건축물이었다. 서울시민회관이 문을 열자마자 각종 공공행사와 예술단체들의 대관신청이 줄을 이었다. 낡고 비좁은 명동의 시공관과는 비교가 되지 않을 정도의 쾌적한 시설과 3천여 명의 관중을 수용할 수 있는 대형 공연장이기 때문에 연예단체들이 특히 선호했고, 음악과 영화계 쪽에서도 간간히 대관신청을 했다. 예를 들어서 1961년 11월 7일부터 12월 31일까지 두 달여 동안만 보더라도 연예단체가 9일간 2만7천여 명의 관객을 동원했고, 음악회가 네 번 열려서 1만 명 이상을 동원했으며 영화는 네 편을 26일 동안 상영하여 6만2천여 명을 끌어들였다. 열한 건의 행사에도 4만2천여 명을 동원했으니 서울시민회관이 거의 하루도 쉬지 않고 대, 소강당을 활용했다는 이야기가 된다.

　　그러나 개관 한 달도 되지 않아서 서울시민회관은 두 가지 측면에서 문화계, 더 나아가 여론의 타깃이 되었다. 그 비판의 첫 번째는 시설에 대한 것이었다. 즉 한국일보는 개관 10일 뒤에 시민회관을 점검해보는 기사를 크게 다룬 바 있는데, 핵심은 당초 기념관으로 설계한 회관을 문화센터로 사용하는 데 따른 여러 가지 문제점을 지적한 것이었다. 이 신문은 기사에서 "문화센터로서는 동양 굴지를 자랑하며 지난 7일 문을 연 서울의 시민회관은 겉과 속이 딴판으로 벌써 시민들의 입에 이런 말이 오르내리고 있다. 6년 만에 개관한 시민회관이 그 규모에 부수되는 시설이 갖추어지지 않아 음악, 무용, 연극 등의 공연장소로 부적당하다는 평이 높아진 것이다.

　　이러한 까닭은 당초 동회관이 이승만(李承晩) 박사의 기념관으로 설계되었고, 따라서 기념하려는 사람의 권위상징에만 치중했기 때문에 '웅장감'만을 강조한데서 비롯되었다."9)면서 전체적인 시설, 무대, 음향장치, 프로그램 등에 대해서 그 문제점을 지적한 것이다. 가령 전체적인 시설 면에서는 분장실이 부족하고 무대는 사송(死松)을 깔아서 발레 공연이 어려우며 음향시설도 오케스트라를 위해서는 사운드박스가 다시 필요하고 프로그램의 경우 영화가 자꾸 상영됨으로써 무대예술이 시민회관을 경원할 우려마저 없지 않다고 했다. 두 번째로는 대관료의 고가(高價)가 문제점으로 지적되었다. 당시 시민회관의 하루 대관료는 1일 48만 환이었고, 공휴일은 57만 환이었다. 그 외에도 부대비용을 합치면 많이 늘어나기 때문에 영세한 예술단체들이 사용하기에는 벅차다는 것이었다. 그러나 막대한 비용을 들여 지은 데다가 시의 재정도 넉넉지 않기 때문에 시민회관 측으로서도 어쩔 수 없었다.

다행히 대관 희망단체들이 더욱더 증가해서 1962년에는 연예 50건, 음악회 35건, 국악 11건, 영화 8편, 무용 6건 등이 3백41일 동안 1백51만5천6백20명의 관객을 동원했고, 55일 동안 52건의 공공행사로 18만5천144명을 동원했다. 그러니까 서울시민들이 1962년도에 1년 동안 시민회관에 예술 관람과 행사참여를 위하여 1백70여만 명이 드나들었다는 이야기가 된다. 그 외에도 이해에는 1월 12일에 예총결성자축 예술축전이 열렸고 5월에는 아시아영화제도 열려서 6개 나라가 참석하기도 했다.

그뿐만 아니라 국제적인 행사로서 14개국이 참가한 아주(亞州) 반공연맹까지 개최함으로써 박정희(朴正熙) 최고회의장의 환영사까지 곁들여졌었다. 이처럼 서울시민회관은 연예를 중심으로 한 예술단체들의 활발한 공연무대로서 자리를 굳힘과 함께 국제적인 행사의 주요 거점이 된 것이다.

그러나 서울시민회관이 일주년을 맞아서는 탐탁스럽지 못한 평가를 받았다. 가령 조선일보의 경우 '제구실 못하는 시민회관'이란 제목을 달아서 1년간 시민회관이 잘 못 운영되어 온 점을 비판한 것이다. 그러니까 시민회관이 당초의 건립취지와는 달리 영리만을 위한 쇼 공연장으로 전락했다는 취지였다. 이 신문은 시민회관이 특별회계라는 자체법규에 발목이 잡혀 있어서 연간 1천3백만 원의 유지비를 벌어들여야 하는 고충과 시민의 문화향상도 꾀해야 하는 이율배반적인 고민 속에서 저질 흥행장 화하고 있다고 다음과 같이 비판했다.

　유지비를 벌어들여야만 하는 자체예산의 운영 때문에 일반시민이 쓰고 남은 기간을 비워 둘 수 없어 대관해 준다고는 하지만 저속한 흥행단체에게 과도하게 대관을 하여 시민회관 하면 으레 〈쇼〉를 하는 곳으로 알려져 버렸다. 그런데 시민회관은 현재 연간 총 유지비 보다 백만 원이나 흑자를 올리고 있는데 개관이래 지금까지의 공연 통계를 보면 시향공연 10회, 국극 및 연극 10회, 영화 12회, 연예인 쇼 34회, 음악 25회, 무용 6회, 행사 43회, 도합 1백40회의 공연기록을 가지고 있는데 그 중에서도 행사를 제외한 〈쇼〉가 가장 많이 공연되고 있다. 음악 및 기타의 행사는 기껏해야 대관료가 너무나 비싸기 때문에 하루 아니면 이틀을 가지 못하는데 〈쇼〉만은 평균 5일간씩 공연을 하고 있어 연간 반을 사용하고 있다. 그뿐 아니라 연간 1백67만 명의 관객 중에서도 〈쇼〉의 관객이 81만7천명이나 차지하고 있는 것이다. 김성태, 박계주, 임성남씨 등 몇몇 인사들로 된 운영위원회가 있었으나 유명무실한 것이 되어버리고 실제적인 운영은 거대한 건물을 유지하기 위하여 저속한 흥행관이 되어 버렸다는 것이 일반의 여론이다. 3천석이 넘는 너무나 넓은 좌석과 하루에 몇 만원이나 되는 고율의 대관료로 말미암아 국제적인 행사에는 알맞을지 모르나 시민의 진정한 문화전당으로서는 그림의 떡에 불과하다.[10]

이상에서 알 수 있는 것처럼 시민회관이 당초의 설립목적과는 동떨어진 쇼 흥행장으로 굳어져 가는 것 같은 인상을 시민에게 줌으로써 뜻 있는 사람들의 우려를 산 것이었다. 그렇다고 재정도 넉넉지 못한 데다가 문화의식마저 희박한 시 당국자가 회계법이나 규정을 고칠 리 만무한 것이었다. 이 말은 시민회관이 여론을 따갑게 의식하면서도 그런 방향으로 나갈 수밖에 없었다는 이야기이다. 게다가 시민회관이 입장료 50원일 때는 면세혜택을 받는 개정 입장세법이 통과됨으로써 쇼 공연은 더욱 활발해질 수가 있었던 것이다. 1964년 구정을 전후해서 시민회관 무대에 올려졌던 저질 쇼에 대해서 조선일보는 다음과 같이 비판한 바 있다.

모든 흥행이 장사 안 되고 수지가 안 맞는다고 푸념이고 울상인데 여기 단하나의 예외가 있으니 그것이 바로 〈쇼〉라는 이름의 무대다. 왕년에 '쇼처럼 즐거운 비즈니스는 없다'는 고M · M(몬로) 주연의 미국 영화가 있었지만 한국의 '그것(쇼)'은 좀 다르다. 알맹이에 있어서나 겉치레에 있어서나 구성이라는 말을 쓰기엔 너무나도 엉성한 사이비 내용을 가지고 서울 최대의 극장인 시민회관에서만 엿새 동안 대만원의 성황을 이룬 가운데 떵떵거리며 공연을 하고있다. 대금 80원을 내고 극장에 들어가 양두구육격 엉터리무대를 보고 좋아하는 관객들이며, 이러한 엉터리(?)를 배짱 좋게 스테이지에 올려놓는 쇼단 측도 한심스러운 일이다. 천편일률적 노래의 나열과 몇몇 영화스타의 표정없는 얼굴과 저속 이하의 백치적 농담촌극을 밑천 삼아 일류 쇼라는 간판 아래 재작년이나 지난해나 올해나를 무릅쓰고 대한민국이 좁다하고 횡행하고 있으니 (…중략…) 대개 우리나라의 〈쇼〉라는 것은 다음의 세 가지로 짜여져 있다. 즉노래, 춤, 만담, 촌극, 우선 노래다.[11]

이렇게 저급한 쇼가 시민회관 무대를 장악하다시피 했다. 상소리와 무희들의 과다노출, 뚜쟁이 행위, 그리고 외국노래의 흉내 내기 식으로 대중에게 오락을 제공하고 있었던 것이다.

저질 쇼에 대한 비판은 자연히 시민회관으로 옮겨갈 수밖에 없었다. 따라서 시민회관은 물론이고 흥행사들도 약간 주춤하는 기색도 보여준 것이 사실이다. 1963년부터 시민회관의 쇼 공연이 조금씩 줄어 들어간 것이 그 하나의 증좌라 하겠다. 참고삼아서 개관 이래 1964년 8월까지의 대극장 공연실적을 도표로 다음과 같이 예시해 보겠다.

이상의 도표를 보면 1963년부터 연예물, 즉 쇼 공연이 줄어들고 행사는 늘어나는 경향을 보여주고 있다. 그만큼 시민회관이 공공행사장으로 바뀌는 듯한 모습을 보여주고 있다. 실제로 시민회관은 국내의 주요행사나 국제적인 행사, 특히 문화행사장의 역할은 충실히 해냈다고 말할 수 있다.

연도별	61.11.7-12.31			62.1.1-12.31			63.1.1-12.6			63.1.27-12.31			64.1.1-8.31		
구분 종별	건수	연일수	입장자수	건수	연일수	입장자수	건수	연일수	입장자수	건수	연일수	입장자수	건수	연일수	입장자수
	2	9	27,246	50	233	1,158,911	35	168	67,609	1	6	25,488	25	103	418,990
	4	4	10,504	35	54	117,843	30	49	184,710	5	5	22,399	19	28	48,127
				3	11	49,953	3	12	22,311				2	6	11,094
	4	26	62,208	8	34	158,608	13	63	102,014				22	83	207,531
	1	1	9,027	6	9	30,305	5	11	51,320				2	3	6,819
	11	13	42,393	52	55	185,144	6	102	345,973	7	7	21,049	63	59	223,486
	23	53	151,398	154	396	1,700,764	182	405	1,382,419	13	18	68,936	133	282	916,047

〈대강당 공연실적〉

가령 1962년 5월의 아시아영화제를 비롯하여 그해 연말의 제2회 국제음악제, 그리고 1963년 4월에 열렸던 미국 흑인 소프라노 가수 베티 알렌 독창회, 1965년 3월의 프랑스 발레 공연 등 손에 꼽을 만큼 문화행사가 적지 않았다. 시민회관은 넓은 회의장까지 갖추고 있어서 각종 공청회도 거기서 열렸음은 두말할 나위 없다.

그 외에도 시민회관의 드러나지 않은 역할이 또 있었다. 즉 1957년도에 창단한 서울시립교향악단에 이어 두 번째로는 1964년 4월에 서울시립소년소녀합창단을 출범시킨 바 있다. 한국음악사상 최초인 서울시립소년소녀합창단은 날로 늘어나는 소년범죄에 대한 문화적 대응이었다고 말할 수 있다. 청소년문화가 부재했던 시기에 소년소녀합창단을 출범시켰다는 것은 서울시 측의 미래지향적 행정의 승리였다고 말할 수 있다.

서울시 측은 거기에 그치지 않고 우리의 전통예술에도 관심을 기울이기 시작했다. 한국의 수도 서울이 양악단 한 단체만 갖고 있다는 것은 대외적으로 뭔가 아쉬웠던 것이 사실이었다. 국제교류가 빈번해지면서 서양인들에게 우리의 고유문화도 알릴 필요가 있었지만 그에 앞서 현대화되어 가면서 우리 전통이 자꾸만 인멸되어 가는 데 따른 보존과 전승, 그리고 확산의 필요성이 대두되었던 것 같다. 그리하여 서울시는 1964년 12월에 국악예술학교부설 국악관현악단을 모체로 서울시립국악관현악단을 창단케 되었다. 원로 국악인 유기룡을 초대단장으로 하여 30여 명의 소규모로 출범했지만 그 역할은 눈부셨다. 국악단의 창단으로 양악과도 균형을 이루게 되었다.

사실 당시 양대 극장이라 할 명동의 국립극장과 시민회관은 우리나라 공연문화를 주도하는 문화공간이었다. 그런데 국립극장은 연극 공연의 본거지로서 전속 국립극단과 사설 극단들의 발표장으로 대부분 날짜를 차지하고 있었기 때문에 같은 전속단체라도 창극이나 무용, 오페라 등은 연간 며칠만 날짜를 배당받는 것이다. 따라서 시민회관에서 발레나 오페라, 창극 공연이 간헐적으로 있었던 것이다. 특히 대형공연이나 외국의 저명한 단체 공연은 시민회관 무대가 적합했던 것이다. 이를테면 당대 명창들이 총동원되어 만든 창극 〈대춘향전〉이 시민회관 무대에 올려진 것이 1965년 4월이었고, 일본 오페라단(藤原)과 한일합동으로 〈카르멘〉을 시민회관에서 공연한 것은 1963년 10월이었다. 그만큼 시민회관은 규모상으로는 국제적인 문화행사의 거점으로서 손색이 없었다.

그리고 한 가지 주목될 만한 사실은 시민회관이 1965년 여름에 소강당을 문화영화상설관으로 지정했었다는 점이다. 시민회관은 공보부, 국립영화제작소, 미국공보원 등의 협조로 7월 8일부터 '원자와 농업' 등 과학, 교육, 문화, 예술, 사회생활 등에 관한 필름 68편을 상연한 것이다.[12] 시민회관이 여름방학 동안 청소년들이 시청각 교육을 위해서 유익한 시간을 보내도록 배려한 것이라는 점에서 대단히 바람직하다고 할 수 있다.

1960년대에 시민회관에서 치러진 행사 중에는 1966년 6월에 서울 여성스트링오케스트라의 창립기념 공연과 외국에서 활동 중인 재즈싱어의 공연이 있었다. 그리고 줄리아드 음악대 출신으로서 세계적인 피아니스트인 헤이모비쯔가 와서 연주한 것도 시민회관이 없었다면 불가능한 것이었다.

그러나 시민회관은 계속해서 연예공연으로 지탄을 받았는데 1967년 6월에는 한국연예협회 주최의 '가수의 날'에 어린이, 청소년을 출연시켜서 지탄을 받았다. 즉 연예협회는 초등학생과 중학생 여섯 명을 등장시켜 '사랑……', '님' 등 성인 노래를 부르게 함으로써 각계로부터 '가혹한 정신적 학대'라느니 '상업화가 부끄럽다'느니 '소름끼치는 행위' 등의 지탄을 받은 것이다.[13] 물론 이는 어디까지나 한국연예협회에 대한 비난이었지만 시민회관도 공동 책임이 있다는 것이었다.

이처럼 서울시민회관이 때때로 비난의 대상이 된 것도 부인할 수 없지만, 세계적인 빈소년합창단의 내한공연(69.4.1)이라든가 그해 가을(69.10.27)에 양악 80년을 경축하는 서울음악제가 성대하게 열릴 수 있게 한 것도 다름 아닌 시민회관 무대였던 것이다. 특히 시민회관은 장엄하면서도 단기성(短期性)의 음악분야, 가령 오케스트라라든가 합창, 오페라, 뮤지컬 등이 정착할 수 있도록 무대를 제공했다는 점에서 당시로써는 절대적인 기여를 한 것이었다. 이러한 흐름은 1970년대 들어서도 마찬가지였다. 1970년대 들어서는 오페라가 자주 공연되고 주요 언론사들이 문화 사업을 활발하게 벌이면서 시민회관의 문화공간으로서의 역할이 더욱 커지게 된다. 가령 1970년도만 하더라도 당시 오페라계를 주도했던 김자경 오페라단의 푸치니의 〈나비부인〉이 시민회관 무대에 올려 진 데 이어서 미국작곡가 웨이트가 작곡한 오페라 〈순교자〉(김은국 원작)가 공연되었으며 대형오페라인 베르디의 〈아이다〉도 시민회관무대에 화려하게 펼쳐졌던 것이다. 그 외에도 피아니스트 백낙호라든가 테너 김금환 등이 리사이틀을 가질 수 있었던 것도 시민회관 덕택이었다고 말할 수 있다. 그리고 우리의 창작곡만을 연주하는 서울음악제도 시민회관이 음악인들의 고향처럼 이미지가 굳어져 가게 되는 데 역할을 했다.

시민회관은 음악인들의 고향을 넘어 발레인들의 안식처도 되었다. 1960년 대부터 저명한 서양 발레단이 하나둘씩 내한공연을 하기 시작하면서 1970년 대는 더욱 활성화되었다. 즉 1971년 2월에 서구 전위발레단의 정상이라 할 프랑스의 펠릭스 블라스카 발레단이 중앙일보 초청으로 내한하여 시민회관에 서 눈부신 공연을 펼친 바 있다.

그러나 역시 시민회관은 음악연주가 주를 이루었다. 개인 발표회는 소강당 에서 주로 이루어졌고 외국의 저명 연주자들은 관중의 호응도에 따라 대강당 에서 연주회를 했다. 1971년도만 하더라도 세계적인 피아니스트 페트로시앙 독주회를 비롯해서 바이올리니스트 아이작 스턴 등이 시민회관무대에서 연주 회를 가져다.

음악, 특히 오페라와 세계적인 발레단이 시민회관 무대를 주로 활용한 것은 무대도 넓지만, 그보다도 많은 객석 수 때문이었다. 오페라단 음악연주, 발레 공연은 단기성을 띨 수밖에 없어서 단 몇 회 공연으로 많은 관객을 수용할 수 있는 시민회관을 선호하게 된 것이었다. 또 시민회관을 제외하고 대형 공 연물을 무대에 올릴 극장도 없었다. 국립극장이라야 비좁기도 하지만 여러 개의 전속단체와 10여 개의 사설극단, 무용단 등이 무대를 차지하고 있었기 때문에 외국의 저명한 공연단체들이 사용하기에는 적합지 않았던 것이다. 바 로 그 점에서 1970년대 초까지만 해도 연극(창극 포함)과 무용은 국립극장에 서, 음악(오페라포함)과 발레는 시민회관에서 공연되는 것으로 인식되었었다. 다만 시민회관은 국립극장과 달리 시민의 문화 복지 향상이라는 차원에서 대 중음악과 쇼 등 연예물 공연도 허용했던 것이다. 그만큼 시민회관은 고급문 화만이 아닌 대중문화도 포용했었다.

그러나 그처럼 폭넓게 활용되던 시민회관이 개관 11년 만에 전소됨으로써 그 기능을 일시 상실케 된다. 즉 1972년 12월 2일 저녁 문화방송 주최 개국 11주년 기념 10대 가수공연 종료 직후에 조명장치에서 발화되어 시민회관이 전소된 것이다.[14] 화재로 인하여 시민회관 건물 3천여 평의 전소는 말할 것도 없고, 이남용(李南鎔) 관장 등 52명의 직원 및 관객이 사망했으며 문주란, 김상희, 하춘화 등 가수와 관객 76명이 부상했다. 1930년대의 광무대와 조선극장 등에 이어 극장사상 세 번째의 대형 화재사건이었던 시민회관 전소에 대해서 동아일보는 다음과 같이 보도한 바 있다.

> 2일 밤 8시27분경 서울 종로구 세종로 81 서울시민회관(관장, 李南鎔, 58)에서 쇼를 본 관객이 공연이 끝나 밖으로 나오고 있을 무렵 불이나 연건평 3천4백32평(지하 1층, 지상 10층) 중 소강당을 제외한 3천여 평을 모두 태우고 2시간 만에 진화, 미처 탈출해 나오지 못한 52명(남 20, 여 32명, 성명미상의 시체 1)이 질식, 소사하고 76명(남 34명, 여 42명, 74명이 입원 치료 중)이 상처를 입는 참사를 빚었다. 국내 최대의 공연장인 서울시민회관이 불길에 휩싸이자 한순간 화려한 무대와 열기에 싸였던 회관 안은 삽시간에 바뀌었고, 주말의 초저녁 도심을 벌컥 뒤집어 놓았다. 검은 연기와 불길이 시시각각으로 치솟는 가운데 불 속에 갇힌 관객들은 창문마다 구원의 손길을 흔들어댔고 불길을 피하다 못해 창문으로 몸을 날리는 광경을 지켜보던 연도의 시민들은 발을 동동 굴렀다. 서울시는 피해액을 2억5천 만 원으로 추산하고 있으며 계엄당국은 화인을 전기합선으로 보고 시민회관과 문화방송 관계자 2명을 입건했다.[15]

이상과 같이 수도 서울뿐만 아니라 전국에서 가장 컸던 시민회관이 삽시간에 재로 변하면서 많은 사상자까지 냈다. 다행히 소강당은 화재의 피해를 입지 않았기 때문에 이튿날 예정대로 결혼식을 올릴 수 있었다. 그러나 시민회관 대강당이 전소되면서 예정되었던 공연들이 축소되어 소강당 무대에 올려지거나 아니면 연세대학 강당으로 옮겨졌고 일부는 취소되기도 했다. 공연예술 분야 중에서도 가장 큰 타격을 입은 분야가 다름 아닌 오페라와 연예물이었다. 음악은 다행히 연세대 강당과 명동의 구 국립극장에서 연주회를 가질 수 있었지만, 쇼와 오페라는 무대구조라든가 수익성 등을 고려할 때 시민회관

만한 공연장이 없었다. 시민회관이 전소되기 전까지만 해도 오페라는 대단히 활성화되는 기미마저 보여주었다.

다행히 1973년 가을 장충동에 대형 신축 국립극장이 개관됨으로써 명동의 구(舊) 국립극장은 예술극장으로 개칭되어 일반에 대관을 해주었기 때문에 오페라 공연과 음악 연주회가 예년과 다름없이 자주 열리게 된 것이다. 그러나 그 예술극장이 곧바로 정부에 의해 매각됨으로써 음악인들의 타격이 대단히 컸다. 그와 관련하여 한국일보가 문화계 1년을 정리하는 기사에서 "연주회장 문제는 장충동 국립극장이 완공 된 뒤에도 해소되지 않고 있다. 1천5백석의 국립극장 연주회장은 대관료가 30만 원 정도로 개인 연주회를 갖기에는 너무 비싸 보통 음악인들은 처다보지도 못할 실정"16)이라고 했다.

특히 신축 국립극장은 명동시대와는 달리 대관 위주가 아닌 자체공연으로 전환함으로써 사설 음악인들과 오페라단, 연예인들의 타격이 클 수밖에 없었다. 연극단체들은 몇몇 소극장을 개설해서 돌파구를 찾아 나갔지만 대형무대를 필요로 하는 오페라단이나 쇼단 등은 난감한 처지에 놓일 수밖에 없었다. 이 말은 곧 오페라와 연예물은 시민회관의 소실로 그 활동이 크게 위축될 수밖에 없었다는 이야기가 된다. 그 점에 있어서는 외국의 유명 예술단 초청 문제나 대형 공공집회장 문제도 예외가 아니었다.

바로 그 점에서 시민회관의 재건축은 대단히 시급한 문제가 아닐 수 없었다. 서울시는 시민회관 소실 직후 신축계획에 들어갔음은 두말할 나위 없다. 즉 서울시는 현재의 건물은 헐어낸 뒤 현재의 좌석 3천7백석보다 두 배 정도의 5천석 규모의 대형 강당을 짓는다는 목표 아래 시민회관 건설위원회를 구성, 신축규모와 소용경비 등 구체적인 계획을 마련할 예정이라는 기사가 나왔다.17) 그로부터 8개월여 뒤에 서울시가 새로 세워질 시민회관 건립계획을 확정, 발표했음은 다음과 같은 기사가 잘 알려주고 있다.

새 시민회관은 오는 9월 초 착공. 60억 원의 공사비를 들여 75년 말에 완공

예정인데, 불탄 자리인 2천3백86평과 예총회관이 자리 잡았던 1천74평을 합친 3천4백60평의 대지 위에 지상 6층, 지하 2층으로 세워지게 되며 연건평은 1만 2천 평이다. 본 건물과 부속 건물로 나누어질 시민회관은 5천 명의 관객과 5백 명이 출연할 대형무대를 갖춘 대강당, 7백석의 음악당, 4백석의 국내외용 회의장, 5백 평의 전시관, 12개 단체가 들어설 예총회관, 1천8백 명을 수용할 식당과 회의장, 5백 평의 관리사무실, 2백 대의 차량을 동시 주차할 수 있는 지하주차장 등이 마련되어 있어 동시 수용인원은 9천 명이다. 대강당이 들어설 본 건물은 지상 높이 30m로 건물의 외형은 한 면에 8m 간격으로 돌기둥이 6개씩 지붕을 받치고 있는 정사각형으로 우리나라 고전미를 돋보이게 하는 건축양식을 사용했다. 본 건물과 복도로 연결된 부속건물에는 대강당 이외의 시설이 들어서는데 본 건물과 알맞은 조화를 이루고 있으며 이 밖에도 동시통역시설, 조명, 음향, 통신, 전기 등 각종 현대시설을 고루 갖추고 있다. 이 신축공사의 설계는 엄덕문(嚴德紋)건축연수팀이 맡아 했다.[18]

이상에서 알 수 있는 것처럼 새로 짓는 시민회관은 당초 5천석의 대강당과 6백석의 중강당(음악당), 그리고 4백석의 국제회의장을 만들기로 했었다. 그 외에도 예총회관이 들어설 수 있는 사무실도 만들기로 한 것이다. 그리하여 전체적으로 9천 명을 동시 수용할 수 있는 다양한 공연장, 전시실, 회의장, 식당 등을 만든다는 것이었다. 그럼에도 겨우 2백 대를 주차시킬 수 있는 지하주차장을 만든다고 했으니 20년 앞도 내다보지 못한 단견이 그대로 나타나고 있다. 물론 건축 과정에서 상당한 설계변경이 있긴 했지만 시민회관은 당초부터 대단히 무모하게 크게만 짓고 비능률적으로 접근했음을 알 수가 있다.

그러나 당시 서울시 당국에서는 그러한 문제점에 대해서 아무런 느낌도 없이 거의 그대로 밀어붙인 것이다. 당초 9월 착공 예정이던 시민회관이 여러 가지 행정, 예산상의 문제로 결국 그 해(1973년)를 넘기고 1974년 1월 1일에 맞춰서 착공하기에 이르렀다. 워낙 큰 공사이기 때문에 일의 진척은 당초 예정한 대로 진행되기가 어려웠다.

그런데 서울시가 갖고 있었던 세 개의 전속예술단의 발표 공간은 말할 것
도 없고 해마다 늘어나는 공연예술단체들의 활동무대 부족은 심각한 것이었
다. 다행히 여의도 새 국회의사당이 완공되면서 태평로 구 부민관이 비워지
게 된 것이다. 따라서 시당국은 즉각 구 부민관 인수에 나섰고, 결국 1975년
10월 초에 그것을 시민회관 별관으로 사용케 되었다.

그 건물은 당초 다목적 홀로 지어진 것이기 때문에 그동안 미육군과 국회
가 활동하면서 변했어도 공연장으로 쓰는 데도 별 어려움이 없었다. 당초 조
선총독부가 지을 때와 객석 수는 약간 차이가 났지만 대지 1천61평에 연건평
2천6백78평은 그대로였고 객석 1천2백36석은 공연장으로 괜찮은 편이었다.
이 시민회관 별관이 개관되면서 3개 전속단체가 활기를 찾았고 새로운 예술
단체도 또 하나 생기게 되었다. 즉 서울시는 시민회관 별관 개관을 앞둔 1975
년 7월에 10명으로 구성된 무용단을 창단한 것이다. 신예무용가 문일지를 단
장으로 한 서울시립무용단은 국립무용단과 함께 양대 관립무용단으로서 한국
무용 발전에 에너지를 불어넣기 시작했다. 시당국은 그것으로 만족하지 않고
다섯 번째로 전속단체를 또 하나 만들었는데, 그것이 다름 아닌 시립가무단이
었다. 1961년 군사쿠데타 직후 만들어졌던 예그린 악단이 1972년에 국립극장
전속가무단으로 들어갔다가 1977년 11월 서울시립 전속단체로 들어가면서
중진 작곡가 김희조를 초대 단장으로 영입했다.

그 결과 서울시는 전속예술단체 다섯 개를 갖게 됨으로써 국립극장 산하
5개와 균형을 이루게 된 것이다. 그런데 대형 시민회관 건립은 예정대로 진행
되지 못했다. 당초 1975년 말에 완공예정이던 시민회관이 착공 2년여가 흘렀
어도 절반의 수준에 와 있었다. 시 측으로서는 시민회관별관이 있었기 때문
에 그렇게 화급성도 느끼지 못했던 것 같다. 그 결과 착공 만4년만인 1978년
초에 와서야 겨우 준공이 이루어지게 되었다. 공기(工期)가 길어지면서 설계
변경도 있었지만 물가상승 등 여러 가지 요인으로 인해서 당초 책정되었던

60억 원의 3배가 넘는 2백21억 원의 건설비가 들어간 것이다. 세계적 규모의 초호화 시설의 서울시민회관이 새로 태어나면서 명칭도 세종문화회관으로 바뀌었는데 대강의 구비시설을 살펴보면 놀라울 정도라 아니할 수 없다.

대지 5천6백11평에 지하 3층, 지상 6층, 연건평 1만 6천1백 평의 매머드 건물로서 엄덕문 건축연구소의 작품이다. 객석 4천2백석의 대강당은 3층으로 되어 있고 회전·승강·수평이동 등 현대식 기능을 갖춘 무대는 5백여 명이 동시에 출연할 수 있으며 음악회, 오페라, 연극, 무용, 영화 등의 예술 공연뿐만 아니라 대규모 국내외 회의장으로서도 사용할 수 있는 다목적 홀로서 5개 국어 동시통역 시설을 갖추고 있다. 또한 대 공간에 알맞은 음향 조건을 완비하고 있고 최신의 디지털 시설로서 무대의 조명·효과를 처리하며 오케스트라 협연과 독주를 위한 세계적 수준의 파이프 오르간이 객석 우측 전 벽면에 위치하여 그 위용을 자랑한다. 5백석의 소강당과 5개 국어 동시통역시설 및 영사시설을 갖춘 대회의장, 2천에서 3천5백 명을 수용할 수 있는 대연회장도 갖추고 있는데, 이것은 평상시에 대중식당으로도 활용할 수 있도록 만들어졌다. 그리고 소강당 쪽 1층과 지하 1층에 미술작품 전반과 홍보를 위한 상설전시장도 있다.

이러한 규모는 세계적인 것으로서 선진 서양 여러 나라의 대표적 문화공간의 규모를 앞지르고도 남음이 있었다. 가령 미국 최대 극장이라 할 링컨센터가 3천7백74석이고 런던의 로열 셰익스피어 홀이 2천8백석이며 호주 시드니 오페라하우스와 미국 케네디센터도 2천7백석에 불과하다.

"문화예술의 전당으로서 민족중흥의 시대적 요구를 충족시켜주는 국제적 규모의 다목적 홀을 건립하여 문화예술의 창달에 이바지 함"이라는 설립취지나 '문화예술의 전당'이라 쓴 박정희 대통령의 휘호에도 분명히 나타나 있듯이 세종문화회관은 문예창조공간극장으로서의 성격을 분명히 하고 출발했다. 그 점은 회관의 사용 목적에도 잘 나타나 있다. 즉 회관 측은 그에 대하여 "음악, 무용, 연극 등 공연 예술뿐 아니라 영화, 미술품 전시 및 각종 홍보와 각 홀을 국제회의장으로 사용할 수 있도록 종합적으로 건립"했다고 명기하고 있는 것이다.

회관 측에서는 건축미에 대해서도 몇 가지 장점을 내세웠는데, 그 첫째가 건물이 한국의 전통적 건축 양식의 구현이라는 점과 두 번째로는 국내 기술 예지의 총화라는 것, 그리고 세 번째로는 음향, 조명, 무대는 세계수준의 기술을 도입한 것이라 했다.

이러한 세계적 규모의 세종문화회관 탄생에 대해서 시민도 크게 환영과 기대를 표시했다. 당시 경향신문은 사설을 통하여 다음과 같이 환영과 주문을 함께했다.

> 4년여의 대역사 끝에 준공된 세종문화회관의 개관을 축하한다. 음악, 무용, 연극 등 공연 예술의 무대이자 영화 상영과 전시회 및 국제회의장으로서도 사용할 수 있는 다목적 공간으로 그동안 국제적 규모의 대홍경연장을 갖고 싶어하던 우리나라 문화예술계의 오랜 꿈은 일단 이루어진 셈이다. (…중략…) 세종문화회관은 건물의 규모나 시설에 비해 이 값비싼 공간을 유효적절하게 활용하기 위해서도 공연되는 작품의 양과 질이 앞으로의 큰 과제가 아닐 수 없다. 오는 7월까지는 기념예술제로 채워지겠지만 기념공연이 끝난 뒤의 활용 방안을 지금부터 강구해야 할 것으로 생각된다. 국립오페라단이나 국립무용단, 국립교향악단, 그리고 시 산하 공연단체의 장기공연과 외국공연단과의 교류 등으로 어느 정도의 일정은 채울 수 있겠지만 이를 적절히 배분하여 '문화회관'의 체모를 유지하는 일이 문제다. 국민의 세금으로 세워진 이 회관은 일부 특정한 지적 엘리트들이 보고 즐기는 고급예술만의 공연장이 되어서는 안 되겠다. 모든 국민이 함께 보고 즐기는 고급예술만의 공연장이 되어서는 안 되겠다. 모든 국민이 함께 보고 즐길 수 있는 진정한 민족문화예술의 공연장이 되어야겠다.[19]

이상의 글은 세종문화회관의 개관을 축하하면서 동시에 그 방안에 대해서도 충고한 사설 일부인데, 경향신문은 거기서 수지타산 문제도 거론하여 주목을 끌만하다. 당시 회관 측에서는 연간 12억 원의 운영비를 쓰면서 재정자립도를 30~35% 정도로 예측했는데, 경향신문은 재정자립도를 더 올릴 수 있도록 운영의 묘를 살리라는 주문까지 한 것이다.

조선일보 또한 그 운영 문제와 관련하여 "모든 시설이 최고 최대인 만큼 그 시설에 알맞은 수준의 관리 운영 및 그에 걸맞는 알찬 공연을 올려야 한다는 기본적인 과제 이외에도 엄청난 운영비와 그에 따른 적자, 많이 받을 수도 없는 대관료 및 대관여부를 결정할 기준 여하 등이 골치 아픈 문제들. 그러나 세종문화회관이 처음엔 문화진흥이라는 화려한 간판을 내걸고 출발했다가 세월이 감에 따라 문화시설로서보다는 행사장소나 저속한 공연물들을 위한 대관장(貸館場)으로 전락했던 불타버린 서울시민회관이나 기타 몇몇 시설들의 전례를 따르지 않고 명실상부한 문화회관의 구실을 하는 것"[20])이 바람직하다고 했다. 한국일보는 사설을 통하여 건축비도 과다하게 들인 것이 '어울리지 않는 사치'였다며 인건비를 빼고도 한 해 운영비를 12억 원으로 예상하고 있는데, 어림잡아 8억 원의 적자가 발생할 것으로 예측하면서 더 중요한 것은 겉치레보다 실속이므로 '융통성 없는 관료의 운영을 경계하고 창의적 운영을 기획하고 대담하고 양심적인 운영기구를 구성할 것'을 주문하기도 했다.[21] 이처럼 훌륭한 극장을 만들었으니 정부나 공공기관의 행사 이외에 주어진 날짜만이라도 제대로 소화하여 세종문화회관의 성격을 정립시켜나가야 한다(박용구)는 주문도 있었다. 시민회관 때까지만 해도 1977년도의 경우를 보면 산하 4개 전속단체의 연간 대공연은 30여 회에 불과했던 것이다. 이에 대해서 배문환(裵文煥) 관장은 "연간 회관이 활용할 수 있는 250일 중 각종 공공행사에 1백일가량이 사용되고 나머지 1백~1백50일은 무대공연예술이 차지하게 될 것이다. 이제까지 대관위주로 운영해오던 소극적 태도를 벗어나 앞으로는 능동적으로 시설을 활용하겠다."고 했다.

이러한 배문환 관장의 소견은 즉흥적인 것이 아니었음을 세종문화회관 건립취지 및 개관예술제 준비 등에서 여실히 보여주었다. 즉 서울시 측에서는 개관 2년 전부터 다각적으로 개관준비를 했고, 운영방향이라든가 인적, 조직, 예산 등에 있어서도 대폭적으로 개선해갔다.

개관예술제를 며칠 앞두고 60여 명으로 구성된 대형 시립합창단을 출범시킨 것도 눈에 띄는 것이다. 육군합창단 지휘자를 역임한 최홍기 초대 단장은 서울음대 출신으로 명망 있는 음악가였다.

따라서 세종문화회관은 전속예술단체를 6개나 운영하는 대형 문화회관으로서 국립극장과 쌍벽을 이루게 되었다. 세종문화회관이 개관예술제의 성패가 회관의 미래는 물론이고 한국문화의 일대 격상을 기한다는 차원에서 접근해 갔음을 개최목적과 방침에서 잘 보여주고 있다. 즉 서울시는 개관예술제 개최목적에 대해서 "국제수준의 예술제를 개최하여 문화예술의 터전을 새로운 국면으로 전개 유도해나감으로써 우리나라 문화예술의 획기적인 창달과 동서문화교류의 새로운 기원을 마련하고자 한다."고 했다.

그러면서 구체적으로 다섯 가지 방침을 밝힌 바 있는데, 그 첫째가 사상 최대의 예술제전을 마련하여 세종문화회관 제 기능의 질적 수준과 그 성과를 극대화한다는 것, 둘째는 세계정상급 공연단체와 예술인을 초청하여 공연예술의 극치를 이룬다는 것, 셋째 동과 서를 잇고, 옛것과 오늘의 예술이 조화를 이루는 뜻깊은 제전으로서 시대적 요청을 구현한다는 것, 넷째 개관 당일에는 세종문화회관의 최신 시설을 과시할 수 있도록 국내 각 공연단체가 한 무대에 서게 되는 종합구성으로 그 서막을 장식한다는 것, 다섯째 해외거주 예술인을 대거 초청하여 국내 각 공연단체를 총망라함으로써 우리나라 공연예술의 새로운 이정표를 정립한다는 것[22]등이었다. 이처럼 개관예술제가 대단히 야심찬 계획에 의한 것이기 때문에 준비도 1년 전부터 진행되었고 예산 또한 3억여 원이나 책정되었었다. 서울시 측은 전문가 20여 명으로서 집행위원회를 구성하고 치밀하게 준비에 임했음은 두말할 나위 없다. 국제적인 행사가 되려면 한 치의 오차도 있어서는 안 되기 때문에 준비에 만전을 기한 것이었다.

세계 16개 나라로부터 40개 예술단체와 저명 예술인 8백50명을 초청하고 국내에서도 20개의 예술단체와 예술가 2천9백 명을 동원하여 4월 21일부터 7월 8일까지 두 달 반 동안 대대적인 예술제를 치르는 만큼 국내외의 기대 또한 컸다. 개관예술제에 앞서 4월 14일 박정희 대통령과 3부 요인이 개관식에 참석하여 개관 테이프를 끊고 거창한 기념식을 가진 뒤 〈위대한 전진〉(황철민 총지휘, 박만규 구성, 이가하 연출)이라는 총체무대를 연출하기도 했다. 시립교향악단 등 12개 예술단 수백 명과 배우 손숙, 강부자, 권성덕, 이정길 등 스타들도 출연한 이 작품은 대단히 웅장 화려한 경축 목적물이었다. 축하 공연이 끝난 1주일 뒤부터 시작한 개관기념 예술대잔치에는 뉴욕필하모닉과 필라델피아교향악단, NHK 교향악단이 왔으며, 이태리 팔마오페라단이 〈아이다〉를, 오지리의 국립오페라단이 〈박쥐〉를 공연했다. 그 외에도 세계적인 예술단체들과 연주자들이 화려한 선율을 선보였다.

가령 마고트 폰테인의 영국 로열발레단의 〈백조의 호수〉, 〈마농〉 공연이라든가 빈소년합창단 등도 한국에 처음 온 세계적 단체였다. 국내에서도 정상급 예술단체와 예술인들이 출연했고 정경화 3남매라든가 김영욱, 한동일, 백건우, 강동석 등 외국에서 활동 중인 유명 예술가들이 모두 참여한 것이다.

그러나 의외로 세종문화회관은 개관공연이었던 뮤지컬 〈위대한 전진〉부터 비판을 받았다. 즉 한국일보 논설위원 정경희는 '세종문화회관 개관공연 유감' 이라는 글에서 "세종문화회관의 개관을 기념하는 뮤지컬 〈위대한 전진〉도 일종의 기계적인 조립품이었다. 서막의 아악과 가야금병창, 그리고 화관무에 이어 2장과 3장의 초반까지는 전통적인 음악과 춤을 이어놓은 것이다. 그러나 해방 이후부터 갑자기 무대는 서양발레와 칸초네의 흐름을 받는 노래와 합창으로 이어진다. 어차피 쇼와도 같은 뮤지컬이니까 그만 아니냐고 할 수도 있지만 그것은 일종의 조립품이요, 짬뽕과도 같은 것이다. 이런 평면적인 사고방식 때문에 항일투쟁의 드라마는 깜빡 잊고 해방이 하늘에서 굴러 떨어지는 것과 같은 실수도 생기게 되는 것이다. (…중략…) 무대가 없었을 땐 그런데로 행복할 수 있었다. 그러나 이제 5백 평짜리 '새 푸대'가 생겼으니 거기에 담을 '새술'을 빚어야 된다. 이 2백20억짜리 도전 앞에 문화정책당국자와 예술인들이 서게 된 것"[23]이라고 꼬집은 바 있다.

한편 건국 이래 최대 규모라 할 개관기념 예술제 전체에 대해서만은 긍정적 평가가 지배적이었다. 가령 조선일보의 경우 개관기념예술제 결산의 글에서 "지난 4월21일 헌당 교성곡부터 7월 8일 뉴욕필하모닉의 연주까지 약 80일에 걸쳐 열린 건국 이래 최대 규모이며 최고 수준의 예술향연이었던 개관기념예술제는 그동안 15개국 40개 예술단체의 3천1백26명이 공연하는 대잔치를 통해 수준 높은 공연물에 목말라하던 팬들을 오랜만에 흡족 시켜 주었으나 세계수준의 무대예술과 한국 무대예술이 한 자리에 공연되는 국제화된 무대에서 우리 무대예술은 거의 경쟁력이 없음이 여실히 드러나 무대예술진흥을 위한 보다 실질적인 정책의 필요성을 절감하게 했다."[24]고 썼다. 그러니까 세계 수준에 비해서 우리나라 예술 수준이 너무 떨어진다는 이야기였다.

중앙일보도 기념예술제 총평에서 '대체로 성공한 잔치'였다고 긍정적인 평가를 하면서 충고와 주문도 했다. 즉 세종문화회관이 외국인들이 와서 외국작품을 하는데 장소만 빌려주는 꼴이 되어서는 안 되므로 시당국은 물론이고 범정부적 차원에서 대담한 기구개혁을 통해 양질의 예술작품을 만들어서 해외에 수출할 수 있도록 해야 한다고 했다. 그러나 한 가지 분명한 것은 서양의 정상급 예술과 비교했을 때, 우리나라 예술수준이 얼마나 뒤떨어지는가를 눈앞에서 확인할 수 있었던 것이고 동시에 정부당국이나 예술인들이 크게 자극받고 동시에 각성할 수 있는 기회가 되었던 것만은 분명했다.

그런데 시당국에서 내린 예술제 평가는 많이 달랐다. 시당국은 자평에서 "지금까지 우리가 1년에 한 번 맞을까 말까 할 정도로 비중 높은 1개의 공연단체나 연주자들이, 대거에 13개 공연단체와 9백여 명의 연주자들이 우리의 초청을 수락하고 앞을 다투어 찾아온 것이다. 뿐만 아니라 '일본경유 초청'이라는 종래의 방식을 탈피하고 '직접 방한공연'이라는 유례없는 성과를 기록하였다."면서 이는 순전히 국력신장과 정부의 획기적 문화정책의 승리였다고 자화자찬한 것이다. 여하튼 두 달 반 동안 매표율이 평균 80%였고 총 26만 5천여 명의 관객을 동원한 것은 당시의 주변상황으로 보아서는 획기적이었다.

물론 이러한 국제 규모의 예술제 진행과정에서 몇 가지 문제점도 없지 않았다. 우선 입장료가 지나치게 비싸다는 점이 지적되었다. 가령 전용석 회원권이 50만 원이나 되어서 음악팬들의 불만을 산 것이다. 참고삼아 당시 입장요금표를 소개하면 다음과 같다.

	1급	2급	3급	4급	5급	6급	7급	8급	9급	10급
특석 (1,710석)	1,000	1,500	2,000	2,500	3,000	3,500	4,000	6,000	8,000	10,000
1급석 (782석)	800	1,200	1,500	2,000	2,500	3,000	3,500	5,000	6,000	9,000
2급석 (57석)	600	1,000	1,200	1,500	2,000	2,500	3,000	4,000	4,500	8,000
3급석 (523석)	400	800	1,000	1,000	1,000	1,500	2,000	2,500	3,000	7,000
학생석 (342석)	200	300	300	300	400	500	700	800	1,000	1,500

(대강당 단위 = 원)

〈공연대용 및 좌석별 입장요금〉

다음으로는 초청받은 일부 예술단과 예술인들의 불참으로 전용석 회원권 소지자들의 불만과 매표중단 소동 등이 있었던 것이다. 그러나 그 외에는 대단히 순조롭게 진행되었었다. 개관예술제가 국내외에 크게 반향을 불러일으킬 수 있었던 것은 역시 국력의 신장에 있었고, 공무원들과 예술인들의 국제경험 및 조직력 등도 한몫했다고 말할 수 있다. 당시 세종문화회관의 기구와 인적 조직표를 소개하면 다음과 같다.

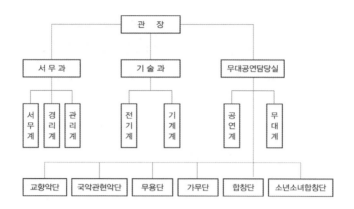

이상은 3과 7계 6예술단 체제로서 당시 서울시 예산규모로 보아서는 대체로 매미드 조직이라고 말할 수 있다. 이러한 기구가 그로부터 7년여 동안 변화 없이 지속하였음은 두말할 나위 없다.

국제적 규모의 예술제를 치르자 세종문화회관은 문화공간으로 국립극장을 압도할 만큼 예술단체와 예술인들의 대관신청이 쇄도했다. 그런데 흥미로운 사실은 대관신청의 쇄도가 예술제 진행 중에 있었다는 점이다. 솔직히 회관측에서는 규모도 크고 대관료 역시 만만치 않아서 개관 예술제가 끝나면 대소강당이 거의 비게 되지나 않을까 걱정하고 있었던 것이다.

그러나 그것은 한갓 기우였고 오히려 대관신청을 정리하느라 고심하는 처지에 놓였던 것이다. 이는 아무래도 개관예술제에서 외국 저명한 예술단체와 예술가들의 절정의 공연이 대단한 효과를 발휘한 것으로 보아도 무방할 것 같다.

가령 개관예술제가 7월 8일에 끝나게 되어있었음에도 불구하고 6월 20일까지 접수된 대관신청건수만 보더라도 9, 10, 11월 3개월 동안의 국내외 예술단체의 공연일정의 경우 대강당은 70%, 소강당은 90%나 잡혔던 것이다. 이는 회관 측의 예상을 완전히 뒤집은 이변이라고 말할 수 있을 정도인 것이다. 그런데 세종문화회관의 규모와 설비는 외국에도 꽤 알려졌다.

예를 들면 미국의 유수한 댄스그룹이라 할 아메리칸 댄스씨어터의 단장 폴

지자르가 세종문화회관에 서신을 보내 "내년 여름에 동양공연에 나서게 되는데 서울의 세종문화회관이 굉장히 잘 돼 있는 무대라고 들었다."면서 "꼭 그 무대에 서고 싶으니 초청해 달라."[25]고 한 것이다. 그해 가을 공연에 나선 주요 해외예술단만 하더라도 미국의 저명한 클리블랜드 교향악단(동아일보와 동아방송 초청)을 위시하여 스위스의 알렌민속예술단, 프랑스의 카로린 칼손 발레단 등 여러 개였다.

개관기념예술제가 끝나면서 회관 측에서는 시설점검과 보완 및 방만했던 사무 처리를 하려 했으나 대관신청이 쇄도함으로써 휴식기간도 대충 넘길 수밖에 없었다. 당장 8월 들어서는 문공부 주최로 정부수립 30주년 기념 경축 음악회가 열리는 등 부산했던 것이다.

그러나 순항만 할 것 같았던 세종문화회관에 대한 예술인들의 불만과 요구가 서서히 일기 시작했다. 잔치가 끝난 뒤엔 반드시 그 후유증이 있듯이 세종문화회관도 축제가 끝나면서 문제점이 조금씩 나타나기 시작한 것이다. 그런데 세종문화회관은 역시 대관료 문제가 먼저 불거져 나올 수밖에 없었다. 영세한 우리나라 예술단이나 예술인들이 세종문화회관을 대관하는 것은 역시 벅찼던 것 같다.

당시 대관료를 보면 대강당의 경우 평일 68만 6백 원이고 주말과 공휴일은 85만 8백 원이고, 소강당은 평일 24만 4천7백 원, 토요일 29만 1천2백 원, 공휴일 30만 5천9백 원이었다. 세종문화회관은 음악인들이 주로 활용했기 때문에 그 쪽에서 원성이 높았고 음악전문지 월간음악은 세종문화회관의 비싼 대관료 문제를 특집으로까지 다루어서 음악계의 불만, 요구사항을 직시하기도 했다.

음악인들은 좌담회에서 "문화는 경제성을 따지기 어려운 일종의 투자일 뿐 거기서 거둬지는 무형의 정신적 소득이 중요하다."면서 회관운영에 필요한 유지비의 염출도 중요하지만, 돈으로 따지기 어려운 모든 국민이 얻는 정신적, 정서적 이윤을 생각해서 대관료를 내려주어야 한다고 주장한 것이다.

그러나 세종문화회관은 그러한 음악계의 요구에 귀를 기울이지 않았다. 왜 냐하면 예술단체와 예술인들의 대관신청이 여전히 많았기 때문이다. 따라서 세종문화회관은 다음 해(1979년)에도 연중 80%인 2백90일 이상을 공연 날짜 로 잡아 놓았고 교향악단, 무용단, 합창단, 가무단, 국악관현악단 등 전속단체 들의 활동도 강화해서 이들의 공연만도 1백회를 갖기로 했다. 세종문화회관 이 짠 1979년도 공연일정을 보면 교향악단의 경우 서울시향이 4건, 외국교향 악단이 2건, 오페라의 경우 국내단체 2건, 외국오페라 2건, 무용은 국내 2건, 외국무용 8건, 실내악, 기악 쪽은 국내가 20건, 외국 10여 건, 합창, 독창 등 성악은 국내 30건, 외국 5건, 뮤지컬은 국내 4건 외국 1건, 국악 20건, 연극 4건 등이었다.[26] 초청내용노 대단히 알찼는데 가령 영국 로열오페라단이 처 음으로 내한공연을 한다든가 이태리의 이무지치 실내악단과 부퍼탈 무용단, 미국의 뉴욕필하모닉과 블라스크 현대 발레단, 그리고 바리톤 피셔디스카우 와 바이올린의 유진 포트 등이 세종문화회관에서 공연을 하게 되었던 것이다.

그 외에도 세종문화회관은 1979년도가 '세계아동의 해'라는 것을 감안하여 하계방학(7~8월) 기간에는 〈디즈니랜드〉 등 세계명작영화를 상영키로 했으 며 중고생 등 청소년을 위해서 시향, 합창단, 소년소녀합창단, 무용단 등 전속 단체와 파이프오르간 시설을 활용, 교실 안에서의 음악교육을 현장화하면서 정서순화도 시킨다는 것이었다. 그러나 전체적으로 개관예술제 때와는 달리 외국 초청공연은 많이 줄어든 것이 특징이었다. 1979년도 하반기 활동과 관 련하여 동아일보는 음악공연이 많다면서 "가을공연물의 3분의 2가 넘는 70개 종목으로, 독주 또는 독창회가 25개 종목, 그 밖에 합창 중주단 공연 또는 여러 사람이 출연하는 음악회, 교향악단의 연주 등으로 되어 있다."[27]고 보도 한 바 있다.

이처럼 세종문화회관은 국내외 음악의 훌륭한 공연장으로서 손색없는 문화 공간으로 자리 잡았던 것이다. 그 점에서 세종문화회관은 국립극장을 압도할 만한 중심 공연장으로 우뚝 선 것이다. 특히 음악연주와 오페라, 뮤지컬 등은 세종문화회관을 빼놓고는 이야기가 되지 않을 정도였다. 세종문화회관은 외국에도 널리 알려져서 이름 있는 외국예술단체들이 그곳을 선호하기도 했다. 1979년도 한 해에도 저명한 서양음악, 오페라, 무용 계통의 단체들과 예술인들이 내한 공연을 가진바 있는데, 그중에서도 한일국교 이후 최초로 스바루 극단이 〈깊고 푸른 바다〉라는 작품을 소강당 무대에 올린 바 있고, 독일의 세계적인 마리오네트 〈구스타프와 그의 앙상블〉도 공연을 가진 바 있다.

그러나 이처럼 잘 나가던 세종문화회관이 단 몇 년 만에 그 빛을 잃어가기 시작했다.

4. 침체의 늪에 빠진 세종문화회관

1978년 화려하게 출범하여 국내외의 주목을 받고 국립극장과 쌍벽을 이루면서 한국 공연 예술의 메카처럼 되어가던 세종문화회관에 대해서 불만의 소리가 나오기 시작한 것은 개관 잔치가 끝나고 나서부터였다. 물론 그 불만의 소리란 것은 어떻게 보면 사소한 것일 수도 있는 대관료 문제였다. 세종문화회관 측에서 보면 서울시의 예산 등 사정으로 그만한 액수는 받아야 했을지 모른다. 그러나 영세한 예술단체나 예술인 개개인으로 보아서는 그만한 대관료로 수지타산을 맞출 수도 없고 이익은커녕 상당한 출혈을 각오해야 했다. 바로 그 점에서 세종문화회관은 역시 경직된 관(官)의 입장에만 서 있었고 문화예술 진흥에 대해서는 배려가 부족했던 것이다. 세종문화회관이 애초 출발할 때의 화려한 청사진을 쉽게 저버린 것은 관장의 잦은 교체에서도 잘 나타나고 있다. 개관할 때의 배문환 관장은 비록 공무원이었음에도 불구하고 세계적 수준의 예술제를 치르면서 문화의 가치도 인식하고 의욕 또한 높았다고 말할 수 있다.

그러나 그는 개관예술제를 치르고 1년도 되지 않아서 이영화 관장으로 교체되었다. 그런데 이영화 관장도 만 1년 만에 윤백영 관장으로 바뀌었다가 1년 2개월 만에 다시 돌아와서 2년 반 동안 근무하다가 1984년 정월 유증호 관장에게 배턴을 넘겼다. 물론 유증호 관장도 1985년 3월까지 15개월 근무로 끝났던 것이다. 이는 순전히 우리나라 공무원의 순환 근무제에 따른 것이었다. 문화예술전문가도 아닌 일반직 공무원이 관장으로 임명받아서 업무파악을 할 만하면 교체되는 것이 현실이었다. 문화란 장기적인 안목을 갖고 정책을 펴나가야 함에도 불구하고 비전문가들이 1년 남짓 앉아 있다가 다른 부서로 옮겨지는 식으로는 아무리 대형 문화공간이라 하더라도 제 기능을 발휘하기가 쉽지 않음은 명약관화하다.

따라서 개관 5년여 지나면서 세종문화회관에 대한 비판이 나오기 시작했다. 가령 동아일보는 세종문화회관이 단 5년여 만에 빛이 바래간다면서 그 문제점을 다음과 같이 지적했다.

몇 해 전부터 세종문화회관이 다른 단체나 개인에게 시설을 빌려주는 대관 위주로 운영 되면서 한국을 대표하는 최대의 공연장으로서 체모를 깎아가고 '좋은 시설을 낭비하고 있다'는 얘기가 나오고 있다. 더구나 세종문화회관이 자체에서 마련한 기획공연이 갈수록 줄어들고 산하 6개 공연단체들의 정기공연 이외에 별다른 기획무대를 볼 수 없게 된데 대해서도 많은 예술애호가들이 '안일한 운영'이라고 꼬집고 나섰다. 또 한 가지 세종문화회관의 운영자들이 음악, 무용, 연극 등 예술전반에 대해 뚜렷한 주관과 식견을 갖고 있어야 하나 실제론 이들의 활동이 조직과 운영 면에서 관료적이고 경직화 되어 있는 것이 문제점으로 지적되고 있다. (…중략…)

대관을 위주로 하는 세종문화회관을 일반 이용자들이 손쉽게 사용할 수 있는가 하면 그렇지도 못하다. 올해 상반기 후반기를 포함, 83년의 공연일정 중 세종문화회관 소강당은 이미 예약이 연말까지 완료되었다. 따라서 그렇지 않아도 대관료 부담이 과중하게 느껴지는 소극장에서 공연을 갖기는 하늘의 별따기. 대관료 역시 소강당 소강당이 1일 30만원, 대강당이 1백50만원으로 다른 극장에 비해 2~3배 비싼 액수. 이처럼 비싼 대관료에도 사람이 몰리는 것은 시내의 중심가에 세종문화회관이 위치해 있고 시설 면에서 가장 뛰어난 극장 이기 때문이다.[28)]

이상과 같이 세종문화회관이 경직된 비전문 관 주도 운영에다가 부족한 예산 때문에 서울의 중심가에 있으면서도 훌륭한 시설 값을 제대로 못하고 있었던 것이다. 문화예술 전문가들이 세종문화회관에 대해서 '좋은 시설을 낭비하고 있다' 든지 '안일한 운영'이라고 비판한 것은 관장에서부터 운영직원들까지의 무지와 타성을 지적한 것이었다. 그러면서 동아일보는 몇 가지 주문도 잊지 않았다. 주문의 첫 번째는 회관 측이 좀 더 적극적인 홍보와 우수한 공연단체를 불러 질 높은 무대를 꾸미라는 것이었고, 두 번째는 산하단체의 공연 횟수 확대 및 극단, 오페라단 등의 증설, 그리고 전속예술단원들의 처우 개선을 꼽았다. 실제로 당시 시향단원들의 급료는 KBS 교향악단원 급료의 절반 수준밖에 되지 않았다.

동아일보가 세종문화회관을 비판하는 글 말미에서 "세계무대에 내 놓아도 손색이 없는 극장시설이지만 그 극장을 운영하는 예산이나 규모가 이를 따라가지 못하고 있는 것이다. 이 차이를 극복하는 일은 정부의 문화적 차원에서의 재정적인 배려로부터 쉽게 시작될 수가 있을 것이다. 그 나라를 대표하는 한 극장을 어떻게 올바로 키우느냐 하는 문제는 한 나라 문화정책의 수준과 문화에 대한 인식의 정도를 반영하는 일"이라 충고한 바 있다.

이러한 여론의 비판에도 세종문화회관은 관료체제의 두꺼운 벽 때문에 변할 수가 없었다. 변한 것이라야 겨우 월간 공연예술정보지 '세종문화회관가이드'를 발간하는 것과 자동 공연안내 전화 설치 정도였다.

그러자 동아일보는 또다시 세종문화회관의 문제점을 지적하고 나왔다. 즉 동아일보는 세종문화회관은 전속 산하단체의 공연 때 빈 좌석이 많다면서 다음과 같이 그 문제점을 지적하고 나섰다.

세종문화회관의 경우 1년에 1백만 명의 관객이 공연을 보고 돌아간다고 하나 이럭저럭 살아가기에 바쁜 시민들 가운데 1년에 한두 번이라도 세종문화회관을 찾는 사람이 어느 정도나 될지 의심스럽다. 1백만 명의 숫자 속에는 학생이나 청소년 혹은 자주 공연을 보러오는 예술인 문화예술관계자 등 이른바 '허수'가 적지 않으리라는 것은 쉽게 짐작이 가는 일이다. (…중략…) 어떤 뜻에서든지 전속단체의 공연은 자체 내에서 공연을 한차례 가졌다는 식의 실적을 올리는 인상을 벗어나야 하며 작품제작에 앞서 흥행성 여부를 어느 선까지는 따져봐야 한다는 것이 관계자들의 견해다. 즉 텅 빈 객석은 일종의 정부예산 낭비로 밖에 볼 수 없는 것이다.[29]

이상에서 알 수 있는 것처럼 세종문화회관이 대관위주에다가 전속단체들의 공연도 형식적으로 때움으로써 시민과 멀어져갔고 따라서 정부예산 낭비 장소로 전락했다는 비판을 받은 것이다. 그나마 여름과 겨울에는 휴관하는 날이 연간 1백일 가까이 됨으로써 막대한 국고를 들여세운 대표적 문화공간 구실을 못한다는 여론의 지탄을 받기에 이르렀다. 가령 1984년도 한 해 동안의 대관일수가 대강당 2백44일, 소강당 2백80일 별관 2백95일이었는데, 이 중에서 예술 공연이 아닌 행사가 대강당 25일, 소강당 37일, 별관 76일이었으므로 실제 공연날짜는 훨씬 줄어든다. 그와 관련하여 동아일보는 다음과 같이 비판한 바 있다.

여름 겨울을 제외하고는 거의 매일을 공연활동에 썼다는 설명이나, 연중 1백일 정도는 논 셈이어서 결코 완벽하게 그 구실을 다하고 있다고는 볼 수 없다는 지적이다. (…중략…) 세종문화회관은 너무 대관료가 비싸 엄두를 낼 수 없다는 지적도 많다. 국립극장 대극장이 12만원, 문예회관대극장이 18만원 선임에 비해 규모가 훨씬 크긴 하지만 대강당이 무려 1백50만원~1백80만원, 소강당이 26만원~30만원에 이른다. 비싼 대관료에 밀려 휴관일수가 많아질 수도 있을 것이라는 지적도 있다. 많은 문화계 인사들은 '공연예술의 활성화를 위해 지어진 공연장들이 이처럼 많은 일수를 쉬는 것은 손실'이라며 '여름이건 겨울이건 공연 활동이 이루어질 수 있게 공연장 측에서 적극 나서야 할 것'이라고 주장한다. 비싼 돈을 들여 만들어진 문화공간들이 하루 유지비만도 엄청날 텐데 그냥 놀려 둘 수 없다.[30]

이상의 글에서 알 수 있는 것처럼 막대한 돈을 들여 지은 세종문화회관이 여름과 겨울 동안 1백일여 문을 닫고 있으며 대관료도 지나치게 비싸게 받음으로써 예술단체나 예술인들이 쉽게 접근하기가 어렵다는 비판이었다. 사실 당시 회관 운영자 측에서 볼 때는 책정되는 예산이 적기 때문에 에너지 값을 줄이기 위해서 여름과 겨울을 부득이 휴관하는 것으로 설명할 수도 있었을 것이다. 물론 비싼 대관료도 마찬가지이다. 이는 그만큼 서울시, 더 나아가 정부의 문화마인드가 형편없음을 단적으로 보여주는 것이기도 하다.

그런 가운데서도 세종문화회관 측에서는 1984년 8월 들어 또 하나의 전속 예술 단체인 시립 소년소녀교향악단을 출범시켰다. 지휘자 박은성을 초대단장으로 80명의 큰 교향악단을 조직했는데 유급단원은 지휘자, 총무, 악보담당, 악기담당 등 4명뿐이었다. 세종문화회관이 소년소녀합창단을 만든 지 20여 년 만에 또다시 소년소녀교향악단을 출범시킴으로써 청소년 문화예술 진흥과 함께 그들의 정서교육에 적지 않은 기여를 하게 된 것이다. 그리고 뒤이어서 세종문화회관은 여덟 번째의 전속예술단체로서 소망하던 시립오페라단(1985년 1월)을 발족시켰는데, 유급단원은 소년소녀예술단처럼 단장, 총무, 기획 등 3명뿐이었고 무급단원으로 20명을 두었다. 사설 오페라단은 김자경 오페라단 등 한두 개가 있었지만, 관립은 국립오페라단과 함께 단 두 개뿐이었다. 여하튼 세종문화회관은 8개의 전속예술단체를 산하에 둠으로써 외형적으로나마 한국 공연예술계를 주도하겠다는 의욕을 과시한 것이다. 프랑스 파리 국립고등음악원에서 성악을 전공한 김신환을 초대 단장으로 한 시립오페라단은 국립오페라단과 쌍벽을 이루면서 나름대로 개성을 갖기 위해 노력했다.

그러나 세종문화회관의 당초 출범 때의 활기는 시간이 흐를수록 약화되었고 범용한 대관극장으로서 타성에 빠져들어만 갔던 것이다. 그런데 세종문화회관의 문제점으로 지적된 것은 역시 안일한 운영문제였다. 대관위주 운영에다가 대관료가 지나치게 비싸다는 것이 문화예술계의 거듭한 비판이었다. 가령 한국일보의 경우 세종문화회관의 '휴관일 너무 많다'는 제하의 기사에서 "세종문화회관의 휴관일이 너무 많아 아까운 문화시설이 사상뇌고 있나는 비판을 낳고 있다. 지난 한 해 동안 세종문화회관이 문 닫은 날은 무려 1백21일에 이르러 연중 3분지 1을 휴관한 셈. 공연장이 절대 부족한 우리 실정에 비추어 시민의 세금으로 지어 운영하는 세종문화회관이 연중 3분의 1을 문 닫는다는 것은 문화시설의 낭비라는 것이 시민들과 문화, 예술계의 지적"[31]이라 했다.

그런데 그런 수준의 휴관은 내부수리 등 건물 전체에 대한 안전점검 등을 위해서 불가피하다는 것이 회관 측의 변명이었다. 그런 변명에 대해서 문화예술계에서는 지은 지 몇 년이나 되었다고 매년 넉 달씩이나 내부수리를 하느냐는 것이었다. 당시 세종문화회관의 세입은 1984년도 기준으로 총 50억 6천6백만이었다. 그중에 대관수입은 약 11%인 5억 6천4백만 원이었고, 전속단체 공연 수입은 9천만 원, 자체공연수입 4천6백만 원, 기타 1천8백만 원이었다. 대관료를 그렇게 비싸게 받아도 재정자립도가 12%를 넘지 못한 것이다.

당시의 공연내용도 흥미롭다. 즉 대강당의 공연내용은 음악회 1백24일, 무용공연 34일, 뮤지컬 31일, 오페라 18일, 국악연주 4일이었고 행사가 25일이었다. 소강당은 음악연주회 1백94일, 국악연주회 17일, 영화상영 14일, 뮤지컬 11일, 무용 6일, 연극 7일, 행사 37일이었고 별관의 경우는 연극이 절대

우세해서 연극공연 1백19일, 영화상영 90일, 행사 76일, 음악연주 8일, 국악연주 2일 순이었다. 그리고 연간 관객 수를 보면 대강당의 연인원이 51만 명, 소강당 15만 3천 명, 그리고 별관이 31만 6천 명으로서 세종문화회관이 66만 3천 명이었고, 별관이 그에 반 정도 들어서 모두 1백만 명에서 2만여 명이 부족한 실정이었다.

8개의 전속예술단체를 거느리고 음악연주 중심으로 운영되는 대형 공연공간에서 연간 관객 연인원 66만여 명밖에 동원하지 못하는 세종문화회관의 경영은 정말로 경직되고 낙후되어 있다는 비판을 받을 만했다. 그래서 세종문화회관을 포함해서 우리나라 문화공간의 예술행정 부재론이 대두될 수밖에 없었던 것이다. 즉 조선일보는 '예술 공간에 예술 행정부재'라는 제하의 기사에서 "현재 국립극장, 세종문화회관 등의 공연단체나 현대미술관 등 공공기관에도 예술행정가나 전문직이 거의 없는 실정이다. 따라서 전문성을 요하는 공연예술기획이나 전시 업무를 일반직 공무원이나 사무요원이 맡고 있어 예술성도 살리지 못할 뿐 아니라 관객과의 거리도 좁히지 못하는 맹점이 되고 있다."[32]고 지적한 바 있는 것이다. 그런데 문화공간 운영을 일반직 공무원들이 전담해 온 우리 실정에서 예술행정가나 예술 경영자들의 필요성을 제기한 조선일보 정중헌 기자의 발상은 대단히 선진적인 것이었다. 대단히 전문성을 요하는 문예공간을 변화를 두려워하고 새 시도를 기피하는 경직된 비전문 일반직 행정공무원들이 운영하기 때문에 주먹구구식일 수밖에 없었던 것이다. 물론 정부 측에서도 이런 문제점을 조금씩이나마 인식해간 것도 사실이었다. 그러나 그런 전문가도 거의 없었던 데다가 설사 있다고 하더라도 행정직제 개편이나 예산부족 등으로 엄두를 낼 수 없었던 것이다. 문제는 무엇보다도 예술행정이나 예술경영에 대한 상층부의 인식이 거의 없었기 때문에 절박성 같은 것을 느낄 리 만무했다.

그런 중에서도 경제 발전에 따라 문화예술은 활성화되어 갔고 예술단체의 증가와 공연이 배가 되어갔던 것은 시대 추세였다. 이 말은 곧 공연장의 부족

현상이 현안으로 떠올랐음을 의미하는 것이기도 하다. 가령 1988년도의 세종문화회관의 경우 예약이 넘쳐서 6개월 전에 예약이 완료되는 지경에 이르렀던 것이다. 특히 1988년도는 서울올림픽이 개최되는 해였기 때문에 공연이 러시를 이룬 것도 사실이었다. 매일경제신문이 당시 공연장 사정과 관련하여 "대극장이 4천석 소극장이 5백석의 객석을 확보하고 있는 5개월 전에 대관예약을 마쳐야 하는데 금년엔 그 현상이 더욱 심해 올해 주요공연스케줄이 이미 다 잡혀져 있어 홀을 얻기란 하늘의 별따기다."[33]라고 보도한 바 있는 것이다.

그렇다고 해서 세종문화회관의 운영이나 경영 상태에 변화가 온 것은 아니었다. 그러나 세계적인 스포츠 경기가 열리는 것을 세기로 개방화로 나아가는 국가정책에 발맞춰서 세종문화회관도 조응하지 않을 수는 없었다. 그 첫 번째가 구미 유력 예술단체들에 대한 대관이었고, 두 번째가 전속 단체의 해외 순회공연이었다. 즉 세종문화회관은 1988년도 한 해에 세계적 명성의 라 스칼라오페라단을 비롯하여 프랑스 보르도 오케스트라, 영국 로열새들러 스웨일스 발레단, 스위스의 로잔 챔버 오케스트라, 프랑스의 아르망 관악5중주단, 미국 보자르 피아노 3중주단 등과 개방화를 추구하고 있던 소련의 볼쇼이발레단과 모스크바 라디오 무용단, 상해 오케스트라 등을 대강당에 맞아들였다. 이처럼 한국의 대표적 문화공간이라 할 세종문화회관 무대에 공산권 예술이 펼쳐졌던 것이다.

그리고 시립예술단체 중에서 교향악단이 유럽의 6개국 13개 도시의 순회공연을 했고 무용단은 그리스 아테네의 성화(聖火) 채취의식에 참가하고 창작무용극 〈벼락아 아느뇨〉라는 우리 무용극을 선보였으며 가무단 역시 창작뮤지컬 〈즐거운 한국인〉과 〈노래하는 심청〉을 서양인에게 보여준 바 있는 것이다. 서울 사람에게는 발레의 진수를 보여주기 위해 내한한 볼쇼이발레단의 세종문화회관에 대한 인상은 극히 좋은 편이었다. 세종문화회관이 규모와 시설 면에서 조금도 손색이 없음을 서양 전문가들에 의해서 다시 한 번 확인할 수 있었던 것이다. 회관 측에서도 외국의 세계적 예술단과 예술인들을 맞아서 통로라든가 천장 등을 보수하고 조명은 종전 4백80회로짜리를 5백22회로짜리로 바꿨으며 음향시설도 30채널에서 48채널로 교체했다. 그만큼 주요시설을 최신 것으로 바꾸는데 그치지 않고 본막 앞에 높이 9m, 폭 12m짜리 영사막도 새로 세웠다. 그 결과 세계 정상급 예술단체들의 공연을 자신 있게 수용할 수가 있었던 것이다.

그러나 세종문화회관이 10주년을 맞아서는 공과를 되돌아보지 않을 수 없었다. 우선 긍정적인 평가로서는 한국일보가 지적한 대로 "지난 10년간 국제 규모의 다목적 문화공간으로서 또한 문화예술의 전당으로 시민문화예술의 창달 및 문화예술 인구의 저변확대에 커다란 기여를 해 왔다."34)는 것을 아무도 부인 못 할 것이다. 10년 동안 세종문화회관이 대관 및 자체 공연으로 1만 3천2백17회 공연을 함으로써 총 관람객 수가 무려 1천67만 1천2백34명이 되었다. 연평균 1백만 명의 관객을 동원한 셈이다. 물론 당시 9백만 명의 서울시민 숫자에 비한다면 한국의 대표적 극장인 세종문화회관의 관객 동원 수가 많은 것은 아니다. 그러나 공연예술이 생활화되어 있지 않은 우리 실정에 비추어 본다면 그런 수준도 실패라고는 보기 어렵지 않나 하는 생각이다.

여하튼 세종문화회관이 10주년을 맞아서 여러 가지 안고 있는 문제점도, 개선책에 대한 고언(苦言)도 여기저기서 나온 것이 사실이다. 특히 운영 면에서 문제점을 안고 있다는 것이 문화계 전반의 생각이었다. 그와 관련하여 한국일보는 "회관운영에 있어서도 서울시 산하기관이라는 점 때문에 관료주의적 운영방식에서 벗어나지 못했고 예술 전문 인력의 부족 등의 이유로 산하단체들에 대한 효율적인 행정지원이 미흡했다."면서 10년 동안 관장이 10명이나 바뀐 것이라든가 자체 공연보다는 대관위주 공연으로 간 것 등을 근본적 문제점으로 지적한 것이다. 그러면서 한국일보는 세종문화회관이 명실상부한 문화예술 공연장으로 거듭나려면 운영자들의 의식개혁과 문화시설 운영에 대한 정부차원에서의 인식변화가 필요하다고 했다.

한편, 동아일보는 다른 각도에서 세종문화회관의 문제점에 접근했다. 문화예술 전당이라면서 행사가 너무 많다는 것이었다. 가령 1987년도의 경우 이용실적 5백61건 중 일반 행사가 1백38건이나 됨으로써 행사가 전체의 4분지 1이나 되었다는 것이다. 따라서 문화예술계 사람들은 "문화예술의 전당으로서 회관의 주 성격은 공연장이 돼야 하는데 정부차원의 각종 행사가 오히려 주가 되고 있는 것 같다."[35]고 불평한 것이다. 특히 대강당과 소강당 사이의 넓은 공간 입구에 사복경찰이 항상 지키고 있어서 문화 공간 중 '가장 불쾌한 장소'라는 평도 들었다.

이처럼 개관 10주년을 맞아서 세종문화회관이 다각적 측면에서 평가를 받게 되었고 많은 문제점도 부각되었다. 특히 경직된 관료적 운영이 가장 큰 문제점으로 드러나면서 개선책도 제안되는 등 서울시나 회관 측에서 많은 생각을 하게 했다. 그러니까 입구의 큰 돌에 다가는 '문화예술의 전당'이라 새겨 놓고 옛날의 공화당 같은 애매한 성격의 공간이 됨으로써 시민과 친숙한 '열려진 공간'이 아니라 문턱만 높고 지나가는 사람마저 주눅 들게 하는 '폐쇄된 공간'으로 군림한다는 비판이었던 것이다.

그에 대해서 김문종(金文種) 관장은 "한국적 특수상황 때문에 시민들에게 많은 불편을 주고 있는 것으로 알고 있다. 그런 속에서나마 최선을 다해 세종문화회관이 들고 있는 권위주의의 탈을 점차 벗어나겠으며 시민에게 친절한 문화공간이 되도록 개선해 나가겠다."고 했다. 이러한 관장의 설명을 보면 세종문화회관이야말로 전형적인 관청 같은 인상을 받게 된다. 왜냐하면 1988년도는 노태우 정권 때로서 한창 개방화로 나아가던 시절이었다. 그런데 무슨 특수 상황이며 그것이 문화공간과 무슨 관계가 있단 말인가. 바로 그 점에서 세종문화회관이 경직된 일반 행정 관료가 지배해서는 안 되는 당위성이 있었던 것이다.

한국의 대표적인 문화공간으로 자리 잡은 세종문화회관이 10주년을 맞으면서 이런저런 평가를 받았고 예술계 등으로부터 비판도 뒤따랐다. 특히 문화예술계의 세종문화회관에 대한 불만은 대단히 컸다. 그러자 세종문화회관 자체 내에서 개선책을 모색하자는 기운이 돌았고 결국 1988년도가 끝나가는 12월 초에 발전방안에 대한 대대적인 심포지엄을 열었다. '시민문화공간으로서 회관이 지향해 나가야 할 이념적 좌표모색'(車凡錫), '회관 운영에 대한 평가와 개선방안'(柳敏榮), '서울시립예술단체 육성방안'(鄭重憲) 등의 제목으로 발표된 세 발표자의 요지를 한 번 검토해 보아야 할 것 같다.

먼저 세종문화회관의 이념적 좌표모색을 발표한 차범석은 논문에서, 회관은 "한국의 공연예술을 위한 중심지이자 산실이라는 자부심과 사명감이 필요하다. 이곳에서 이루어지는 모든 공연예술, 음악, 무용, 연극 등은 전통이건 현대적이건 간에 그것이 예술인을 위하여 있고 시민(크게는 국민)을 위하여 이루어져야 한다는 당위성의 재확인이 앞서야 한다. 서울시가 관장하는 건물이니까 서울시가 주인이라는 낡은 권위의식이나 관료주의에서 벗어나서 세종문화회관에서 이루어지고 있는 예술적 창조행위는 곧 대한민국의 공연예술의 수준을 결정짓는 중심지라는 자각과 긍지부터 가져야 한다."면서 세종문화회관은 분명히 '민족 예술의 산실이자 전당이며 한국의 공연예술의 수준을 지키는 곳'이라 규정한 것이다. 그러면서 그는 세종문화회관이 외국의 유명 공연단체의 발표장소가 되어서는 안 되고 '우리 것'의 정착장이요 발판이 되어야 한다고 했다.

특히 차범석이 강조해서 비판한 것은 세종문화회관이 안고 있는 관료주의였다. 공무원들이 명령을 받고 거기서 일하는 것은 어쩔 수 없다고 하더라도 극장으로서의 독자성을 되찾고 독립성을 지켜야 한다는 것이다. 그러니까 "월급 받는 공무원이 진두지휘하는 사무실이 아니라 예술가들이 창조 작업을 하는데 뒤에서 밀어주고 보살펴주는 것으로 그들의 책임은 끝나야 한다."고 못 박았다. 그런데 특히 주목되는 부분은 세종문화회관이 독립채산제를 도입해서라도 산하단체들의 창조행위를 활성화해야 한다는 제안이다.

한편 세종문화회관 운영의 개선방향에 대해서 발표한 유민영은 첫 번째로

회관이 다목적 공간에서 탈피하여 전문화 시대의 공연장답게 뚜렷한 성격 확립이 시급하다고 했다. 그러니까 식민지시대의 총독부 발상에서 나온 부민관 식이 오늘날에는 적합지 않다는 것이었다. 두 번째로는 운영 면에서는 비전문 행정공무원의 일방적 지배에서 벗어나 관리, 창조, 경영으로 삼분화해서 상호협조, 견제, 감시를 하도록 인력구조의 대폭 개편을 단행해야 한다는 것이다. 그러니까 관장은 하우스 매니저 역할만 하고 아티스틱 디렉터가 예술의 전적인 책임을 맡으며 예술경영 팀을 두어야 한다는 것이다. 이는 당시에 상당히 앞서 가는 주장으로서 서구 선진국의 극장 운영을 모델로 삼은 것이었다. 세 번째로는 그는 세종문화회관이 공사화(公私化)를 추진할 때가 되었으며 단체장의 임기제 확립과 단원들의 철저한 오디션 제도 확립을 제안했다. 물론 세종문화회관 전속단체 대표의 임기제도가 없었던 것이 아니고 또 단원들의 오디션 제도도 있었다. 문제는 그런 것이 철저하게 지켜지고 있지 않은데 있었던 것이다. 네 번째로 8개 전속단체를 두고 있는 세종문화회관이 무대예술의 가장 중요한 장르라 할 연극단을 갖고 있지 않은데 대한 비판이었다. 대부분 음악 중심 단체들이어서 공연예술 진흥에 기여할 시립극단이 필요하다는 것이었다. 다섯 번째로는 대관문제로서 영세한 극단들과 무용단들이 저렴한 가격으로 소강당을 손쉽게 활용할 수 있도록 배려해주어야 한다는 것이었다. 그리고 끝으로 세종문화회관이 특장화되어야 한다고 했다. 당시 국립극장과 대학로에 문예회관이 있었고 예술의전당도 부분 개관했으므로 각 극장이 특성화 할 때가 되었다는 것이었다.

세 번째로 발표한 정중헌은 전속단체의 육성방안과 관련해서 세종문화회관이 '있다는 것'에만 자족할 수 없고 명실상부한 문화공간으로 거듭 태어날 때라며 전속단체 역시 획기적인 육성책이 마련되어야 한다고 주장했다. 그는 또 세종문화회관이 서울의 얼굴이자 한국의 메트로폴리탄이 되려면 관(館)자부터 떼어내고 보다 더 예술적이고 문화적인 이름으로 바뀌어야 한다고 했다. 특히 합리적인 운영조건으로 관료주의를 극복하고 문화행정과 예술경영을 아는 전문가들이 들어앉아야 한다고도 했다. 그리고 그가 세종문화회관이 공사 체제로 전환되어 독립채산제가 되어야 한다고 주장한 것은 차범석이나 유민 영의 견해와 맥락을 같이하는 것이었다. 그의 주장 가운데 색달랐던 것은 후 원회 조직이었는데, 그러려면 세종문화회관의 기본법이 바뀌어야 가능한 것 이었다. 그러니까 특수법인화가 이루어져야 가능하다는 이야기다. 그러나 1988년도에 그런 이야기가 나왔다는 것은 대단히 의미 있는 것이었다. 그가 발표논문에서 강조한 부분은 전속단체였는데, 문제점으로 네 가지를 꼽았다. 그 첫째가 공정성이 결여된 전속단원의 임용문제였고, 두 번째는 단체장의 임기 문제였으며, 세 번째로는 전속단체들의 부실한 공연문제였다. 그리고 끝 으로 단원들의 해이한 정신자세를 꼽았다.

따라서 그의 개선방안은 비교적 구체적이었다. 열 가지의 개선책의 첫 번 째는 관료주의적인 운영체제 개선이고, 두 번째는 전문적인 예술경영인과 예 술감독제 도입이며, 세 번째는 대관위주로부터 벗어나 자체공연 확대를 통한 창조의 산실이 되어야 한다고 했다. 그리고 네 번째로는 전속단체가 예술매 니지먼트 아래 독립적 활동을 할 수 있는 제도개선이 필요하다는 것이고, 다 섯 번째는 인사관리의 개선이며 여섯 번째는 후원회 구성이라 했다. 일곱 번 째로 그가 꼽은 것은 객관적인 평가제도 확립이고 여덟 번째는 시립극단 창 단이며 아홉 번째는 여름과 겨울 비수기에는 영화페스티벌을 여는 것이 좋겠 다는 것이었다. 끝으로 그는 무대기술 전문가 양성과 공연예술 전문 도서관 건립을 제안했다. 그보다 앞서 주제를 발표한 차범석과 유민영의 견해와 궤 를 같이하면서도 그는 다각적이면서 구체적인 대안까지 제시한 점에서 색달 랐다.

이상과 같은 세 전문가의 세종문화회관에 대한 평가와 개선책 제시는 상당 한 반향을 불러일으켰다. 우선 그런 자체 평가가 처음이어서인지는 몰라도 주최 측인 회관이 충격을 받았던 것 같다. 심포지엄이 끝난 직후 전속단원들 이 불만을 터뜨리는 시위를 벌이기도 했고 단체장 한두 명은 진퇴를 고려한 것으로 전해지기도 했다. 그러나 그보다도 중요한 것은 세종문화회관 내외에서 어떻게든 변해야 되겠다는 분위기가 조성된 점이라 볼 수 있다. 세종문화회관이 그동안의 긴 잠에서 조금씩 깨어나려 하고 있다는 것이 정확한 표현일 것 같다. 그렇다고 시 산하 문화공간이 당장 변할 수 있는 것은 아니었다. 왜냐하면 그것은 정부와 시정책의 변화를 전제로 하는 것이기 때문이다.

그러나 회관이 10주년 기념 평가 심포지엄을 열고나서 조금씩 변화가 일어났다. 그 변화는 단체장들의 사퇴로 나타났다. 즉 심포지엄을 연 이듬해(1989년) 문일지(文一枝) 무용단장이 사퇴한데 이어서 박만규(朴滿圭) 가무단장이 물러나는 등 여러 명의 단체장이 세종문화회관을 떠난 것이다. 그렇다고 긍정적 변화만 있었던 것은 아니었다. 그것이 서울시 더 나아가 국가의 소유이기 때문에 외부상황 변화에 따라 얼마든지 달라질 수가 있었던 것이다.

세종문화회관 별관이 바로 그런 변화의 대상이었다. 1935년 조선총독부가 세워서 부민관으로 사용했던 이 건물은 해방과 함께 미군이 활용했었고, 국립극장의 첫 건물이 되었다가 국회의사당이 되었고, 1975년 여의도에 의사당이 신축되면서 세종문화회관 별관이 되었다. 그런 건물이 1990년대 들어서 다시 서울시 의사당으로 떨어져나가게 된 것이었다. 그러자 연극계에서 반발하고 나선 것이다. 서울시가 연극무대를 만들어주지 못할망정 있는 것마저 빼앗아 가기냐는 것이 연극계의 불만이었다. 연극계로서는 충분히 불평할 만했다. 과거 발표무대로 써왔던 명동 국립극장을 정부가 개인 신탁에 팔고 장충동으로 옮겨가면서 발표장을 잃고 방황해 온 연극계가 15년 동안 요긴하게 써온 세종문화회관을 잃게 되면서 크게 반발한 것은 극히 자연스러운 일이었다.

물론 서울시도 연극계의 그런 사정을 전혀 모르는 것은 아니었다. 극단이 많이 생겨나서 문예회관이 소화해 낼 수 없다는 것도 어느 정도 알고 있었다. 그렇다고 서울시 측에서도 별다른 대안이 없었던 것이다. 결국 별관은 1975년 문을 열어서 15년 동안 연극, 무용 등 무대 예술의 산실로서 그 사명을 다하고 1990년 2월 극장사의 뒤안길로 사라지게 되었다. 별관 폐쇄에 대한 연극 등 공연예술계의 착잡한 심정은 다음과 같은 손숙(孫淑)의 칼럼에 잘 나타나 있다.

인구 천만이 넘는다는 서울시에 제대로 된 문화시설이나 자랑할 만한 문화예술단체가 어느 정도나 되는지 생각해본 사람들이 얼마나 있을까. (…중략…) 세종문화회관 대극장은 특별한 음악회나 오페라 외에는 연극 따위는 엄두도 못 낼 정도로 규모가 크기만 하고 소극장은 또 문턱이 높고 대관료는 터무니없이 비싸서 어떤 극단도 공연할 수가 없을 지경이다.

게다가 시설이 미비하기 그지없었지만 그나마 교통 편리하고 대관료가 싸서 유일하게 이용되던 시청 옆 세종문화회관 별관은 시의회 회관으로 사용한다고 얼렁 뚱땅 폐쇄를 해 버렸다. 그 때 연극인들의 반발을 무마하기 위해서 현대건설이 사들인 동양극장을 도로 사준다느니 하더니 무슨 꿍꿍이 속인지 어느 날 동양극장은 흔적도 없이 헐려버리고 약속은 어느 것 하나도 제대로 지켜지지 않은 채 흐지부지 되어버렸다. 장충동에 우뚝 솟은 국립극장도 여건은 세종문화회관과 대동소이하고 서초동 한구석에 위용을 자랑하는 예술의전당도 마찬가지이다. 어쩔 수 없이 연극, 무용 등의 공연예술단체들은 동숭동에 오글오글 모여들어 문예회관 하나를 바라보고 머리를 길게 늘일 수밖에 방법이 없다. 연극이나 무용만을 전용으로 하는 공연장은 꿈도 꿀 수 없는 형편이고 그저 사흘에서 닷새 혹은 길어야 일주일의 날짜를 얻기 위해서 머리가 터진다. 그나마 일주일의 날짜를 얻는다 해도 요즈음 오를대로 오른 제작비에다 대관료, 선전비 빼고 나면 일주일 내내 손님이 꽉꽉 들어차는 기적이 생긴다 해도 절대로 본전도 건질 수가 없다는 계산이다.[36]

이상은 중견 여배우 손숙이 세종문화회관 별관의 시의회 전용 직후, 연극계, 더 나아가 문화예술계의 참담한 처지를 표명한 글의 일부분이다. 공룡처럼 크기만 한 서울에 공연예술인들이 마음껏 창조 활동을 할 수 있는 무대가 별로 없는 것에 대한 한탄이라 볼 수 있다. 역시 우리의 문화수준은 그정도 밖에 되지 않는지도 모른다.

그런데 서울시가 세종문화회관 별관을 의회에 내준 얼마 뒤에 본관 건물에 이상이 생겨나는 불상사가 일어났다. 대강당의 회전무대가 7cm나 내려앉은 것이다. 그와 관련해서 경향신문은 다음과 같이 보도한 바 있다.

한국의 대표적인 공연무대인 세종문화회관(관장 권이궁)의 본관 회전무대가 광화문 인근 대형 지하주차장 공사와 지하철 5호선 역 조성 공사가 본격화되면서 침하현상을 일으켜 붕괴 위험을 안고 있다. 침하 된 본관 회전무대는 본관 무대의 대부분을 자지하는 것으로 시난 2월 초 틈이 벌어지기 시작, 지금까지 7cm가량 비스듬히 내려앉아 대규모 공연이 모두 중단됐다. 회관 측은 이 달 들어 회전무대 틈이 급격히 벌어지자 뒤늦게 독일 지멘스사 등 세계적인 전문 회사에 사용여부에 관한 용역을 의뢰했는데 최근 대형무대사용 위험판정을 받은 것으로 알렸다. 지멘스사 측은 조사결과를 통해 '회전무대의 기초 지지기반의 침하로 인해 무대 중심이 기울어졌다'고 밝히고 '중량이 2.5톤 이상 되는 대형공연장은 삼가 줄 것'을 요청했다.[37)

이상에서 알 수 있는 것처럼 안전진단의 권위 있는 전문회사인 지멘스사가 대강당 무대 침하의 심각성을 지적하고 나섰던 것이다. 조선일보도 그와 관련하여 다음과 같이 보도했다.

국내 최대 공연무대인 세종문화회관의 본관 회전무대가 회관 주변에서 지하철 5호선 공사와 민자 지하주차장 건설공사가 시작되면서 기울어져 대형공연이 이루어지지 못하고 있는 것으로 22일 밝혀졌다. 세종문화회관은 지난 6월말 본관무대와 회전무대를 연결하는 지점이 정상 간격인 10mm보다 0.8mm 더 벌어져 있는 것을 발견하고 7월말 무대 안전 검사업체인 한국선급에 안전검사를 의뢰했다. 한국선급은 '조사 결과 회전무대와 무대를 지탱하는 기초부위가 0.016~0.032도 기울어진 것으로 나타났다'며 '안전에는 문제가 없지만 지나친 하중이 걸리는 공연은 피하는 것이 좋다'고 통보해 왔다. 세종문화회관은 이에 따라 최근 한 단체가 그랜드피아노(4백kg) 20대를 회전무대에 올려놓고 공연하겠다는 신청을 안전상의 이유로 받아들이지 않았으며, 앞으로도 무대에 지나친 비중을 주는 대형 공연은 피할 방침이다.[38]

이처럼 세종문화회관 대강당의 무대 침하가 당시로써는 꽤 심각한 것으로 전해졌다. 그런데 당시 무대공연 담당관이었던 장기풍이 그 사실을 인정하고 '막상 보수공사에 착수하더라도 기간이 6개월 이상이 걸려 난감한 형편'이라고 걱정한 바 있는 것이다. 그런 걱정을 한 세종문화회관 측에서 어떻게 조처했었는지 구체적으로 알려진 바 없지만, 무대 하중에 문제가 있는 대형 공연 외에는 여러 가지 공연활동을 지속시킨 것 같다. 왜냐하면 무대 침하 문제가 대두된 1991년 10월서부터 석 달 뒤인 1992년 2월 초에 서울 아카데미 심포니 오케스트라의 신년음악회와 신년가곡의 향연, 한국창작 가극단의 〈환향녀〉 공연, 빈 폭스오페라 심포니 오케스트라 공연, 전미영 파이프오르간 독주회 등이 잇달아 열렸기 때문이다.

5. 회관의 조그만 변화

세종문화회관이 1992년도 들어서 조금씩 변해가는 모습을 보여준 것은 주목할 만하다. 그 변화의 모습은 내외에서 나타났는데 그 한 가지는 대 소강당 활용뿐만 아니라 전시실이나 야외 공간 활용 같은 것이었다. 가령 한국자생란보전회 주최로 세종문화회관 제1전시실에서 열었던 '한국란 명품전시회' (1992.3.5~8)에서는 세계적으로도 찾아보기 힘든 희귀한 3백50점이 선보이기도 했었다. 그러나 그보다 더 주목을 끌었던 것은 대강당과 소강당 사이의 공간에 '향토작물 학습장'을 만들어 놓은 것이라 하겠다. 1991년 봄보리를 생생하게 전시하여 도시생활에 찌든 시민들에게 자연과 고향 정취를 불러일으켰던 세종문화회관이 1992년 여름부터는 벼, 호박, 가지, 토마토, 수세미, 박, 도라지 등 20여 종의 작품을 1천2백여 개의 화분에 담아 전시함으로써 시민들에게 큰 호응을 업은 것이다. 특히 시내의 유치원, 초등학교생들이 부모의 손에 이끌려 와서 자연학습을 받을 정도로 인기가 좋아서 하루에 2천여 명의 관람객이 매일 몰릴 정도였다. 게다가 전시장 한쪽에 벽촌에서나 볼 수 있는 장독대와 원두막까지 만들어 놓음으로써 성인들에게는 향수를 불러일으키고 어린이들에게는 자연학습장으로서 더할 나위 없이 귀중한 현장체험을 시켜준 것이다. 서울시 측에서는 "가을이 다가오는 9월부터 조, 수수 등 계절에 맞는 작물로 교체하여 전시를 계속해 나갈 예정"[39)]이라 밝히기도 했다.

그런데 세종문화회관이 야외에서 그러한 정적(靜的)인 전시만 한 것도 아

예술의 정원 ⓒ 세종문화회관

니었다. 뒤쪽 분수대 관장에서는 음악과 무용 공연을 무료로 가짐으로써 시민들의 큰 호응을 받기도 한 것이다. 1990년 여름 홍사종(洪思琮) 공연계장의 아이디어로 세종문화회관이 처음으로 직장인을 위한 '점심시간 30분 축제'라는 것을 시작했는데 대단한 반향을 불러일으켰다. 즉 매일 12시 30분부터 30분간 간단한 음악과 춤을 보여준 것인데, 주변의 직장인들에게는 좋은 청량제가 된 것이다. 비록 30분이라는 짧은 시간의 축제였지만 시립합창단, 시립교향악단, 시립가무단, 시립국악관현악단, 시립무용단 등 5개 산하예술단체가 동원됨으로써 분수무대였지만 대단히 현란했다. 그리고 전속단체 외에도 조승미 발레단이라든가 서울현대무용단, 한국무용아카데미 등까지 초청했기 때문에 음악과 무용 두 장르에서만은 한국 정상급 예술을 무료로 보여준 것이다.

따라서 그 주변의 회사건물들은 물론이고 정부종합청사 공무원, 그리고 지나는 시민들도 점심시간을 예술 감상으로 기쁘게 보낼 수가 있었던 것이다. 그와 관련해서 세계일보는 "세종문화회관 분수대 광장의 '분수대광장 작은 축제'는 요즘 서울시민들의 화제 거리가 되고 있는 야외무대. 특히 이들 무대는 야외에서 제대로 된 공연예술을 접할 수 있을 뿐만 아니라 장르별 공연 예술물을 한자리에서 감상할 수 있어 매일 시민들의 발길이 끊이지 않고 있다."[40]고 보도한 바 있다. 이는 그만큼 세종문화회관이 단순한 대관극장으로서가 아니라 적극적으로 시민의 문화 복지를 위해 나서고 있음을 극적으로 보여준 것이라 하겠다.

이러한 세종문화화관의 변신은 전에는 상상할 수도 없는 것이었다. 이는 순전히 공무원이면서도 문화의식이 있었던 서정희 관장과 아이디어 넘치는 홍사종 공연계장, 그리고 국립극장에서 경험을 쌓은 바 있는 장기풍 공연과장 등의 합작품이었다고 말할 수 있다. 문화공간은 이처럼 운영자의 문화의식에 따라 얼마든지 탈바꿈될 수 있는 것이다.

1990년대 들어서는 그 외에도 중요한 변화의 조짐이 있었다. 가령 세종문화회관이 체코슬로바키아 국립오페라단을 비롯하여 바르샤바 필하모닉, 그리고 부다페스트방송교향악단 등 동구권 예술단체들을 불러 공연토록 한 점이라든가 그동안 연극인들의 숙원이었던 시립극단 창설을 이상배(李相培) 시장이 약속한 것은 색다른 것이었다. 그러나 그보다 더 중요한 변화는 세종문화회관이 대관에 따른 새로운 규칙을 만들고 각계 전문가들로 대관심의위원회까지 구성한 점이라 하겠다. 이는 그동안 회관의 대관이 무원칙하다는 문화계의 비판을 수용한 발전적 조처였다고 볼 수 있다. 회관의 대관계획안에 보면 그 목적으로서 "국내의 공연예술의 수준을 가늠하는 다목적 공연장으로서 우리 시립예술단체의 질적 향상을 기하는데 주안점을 두면서 순수예술활동을 하는 단체나 개인에게 공연상 사용의 형평을 유시하여 누구나 즐거이 우리 회관을 찾도록 하는데 있음"이라고 못 박았다. 그리고 대관원칙으로서 여섯 가지를 제시했는데 첫째, 국제적 공연장으로서의 수준 및 품위 유지, 둘째, 순수 무대예술 위주, 셋째, 종교 및 정당행사를 위한 대관 불가, 넷째, 오락적 흥행물 대관 억제, 단 민속명절을 전후한 2~3회 공연 허용, 다섯째, 국경일을 제외한 기타행사는 가급적 지양, 여섯째, 공연장의 시설유지(수시보수 및 대청소)를 위해 가급적 월 2회 휴관 등으로 되어 있다.

특히 주목을 끄는 부분은 대관의 우선순위를 정해놓은 것인데, 첫 번째가 자체 전속예술단체 공연이고, 두 번째는 예술단체 및 관계단체 주최 공연이었다. 그리고 나서 맨 마지막으로 개인 연주활동 경력 순으로 되어 있었다. 이러한 대관규칙 제정은 세종문화회관이 순수 정통예술 창조장으로서의 성격을 내외에 과시한 것이었기 때문에 대단히 중요한 의미를 지니는 것이다. 그러나 다른 쪽에서 보면 세종문화회관이 너무 편협하게 나아가는 것으로 비칠 수도 있었다. 특히 경제발전과 시대변화에 따라 대중문화가 신장되면서 세종문화회관의 개방문제가 부각 될 수밖에 없었다. 실제로 이 문제는 시간이 흐르면서 중요 이슈로 부각 된 것도 사실이었다. 왜 시민들의 세금으로 지은 세종문화회관이 대중예술 쪽에는 개관해주지 않느냐는 것이었다. 그리고 대중예술의 범주도 문제가 될 수밖에 없었다. 가령 뮤지컬도 대중예술인데 뮤지컬 단체에는 대관을 해주면서 대중음악에는 왜 차등을 두느냐 하는 항의였다. 그리고 1960년대와 70년대의 시민회관 시절에는 쇼단체들에 많이 대관해 주어왔는데 어째서 세종문화회관은 대중예술에 차등을 두느냐는 것이었다. 이러한 대중 예술계의 항의에도 불구하고 세종문화회관은 순수 정통예술단체 위주로 한다는 대관규칙을 고수했다.

그런데 여기서 또 하나 주목할 만한 사항은 세종문화회관의 대관에 대해서 대중문화 쪽에서만 반발이 있었던 것이 아니고 종교계에서도 그 문제가 불거진 점이라 하겠다. 그와 관련된 당시의 신문보도를 소개해 보겠다.

> * 유명공연장 〈기독 작품〉 대관거부
> 세종문화회관, KBS홀, 호암아트홀 등 국내 유명공연장 등이 종교적이라는 이유로 수준 높은 기독 작품들에 대한 관심을 거부, 교계의 큰 반발을 사고 있다. 이들 공연장들은 순수 공연에만 장소를 빌려준다는 원칙을 정해놓고 기독적 취향의 작품이 대관신청을 할 경우 이를 거부하고 있다. 교계 관계자들은 이런 조치가 결국 기독문화의 발전을 저해할 뿐만 아니라 궁극적으로는 종교 탄압이라는 인상을 준다고 지적한다. 최근 이들 공연장에 대관 신청을 한 기독 뮤지컬 〈건너가게 하소서〉의 경우 지난해 6월 처음 선보였을 때 관객의 격찬을 받은 수준 높은 작품들이었음에도 이번 2차 공연은 각 공연장으로부터 거부 당했으며 그 이유는 종교적이라는 것이었다. 또 기독행사 기획단체 Y사가 지난해 〈가스펠〉 행사에 대한 대관신청을 했을 때도 '종교적 색체가 짙다'는 이유로 무대에 올릴 수 없다는 통보를 받았다. 이들 공연장이 거부하는 또 다른 이유는 '순수 클래식 작품을 위한 공연으로만 이용하겠다는 것'과 '기독 공연을 허가할 경우 다른 종파가 몰려들면 감당키 어렵다'는 것이다. [41]

이상과 같은 기독교계의 반발이 나온 것은 어떻게 보면 자연스러울 수가 있었다. 왜냐하면 종교를 주제로 한 세계적 명작이 얼마든지 있고, 또 서구예술작품의 상당수는 기독교와 직간접으로 연결되어 있기 때문이다. 과거 세종문화회관에서 공연하여 히트 쳤던 〈지저스 크라이스트 슈퍼스타〉와 같은 무용극도 기독교 주제 아닌가. 따라서 기독교계에서 "기독 작품 대부분이 클래식 못지않은 수준을 갖고 있고, 관객들도 그에 상응하는 교양의 소유자들이며 타 종교단체의 신청도 일정한 규정에만 맞는다면 허가하는 것이 상식"이라고 한 반응은 맞는다고 보아야 한다. 그런데도 회관 측에서는 종교주제의 작품을 포교의 수단으로만 생각하는 협량을 보여주었던 것이다. 더욱이 종교계에서 크게 분노한 것은 회관 측에서의 무지몽매한 반응 때문이었다. 가령 "어렵게 기독 작품이 무대에 올려져 중간에 선교메세지가 선포될 경우 공연장 측이 '조명을 끄겠다', '막을 내리겠다' 등의 말을 하며 고압적 자세를 취하는 것"에서 더욱 분노한 것이다. 기독교계에서는 대관거부를 창작의 자유 억압과 종교탄압의 차원에서 받아들였다는 데 심각성이 있었다.

그럼에도 불구하고 세종문화회관은 크게 달라지지 않았다. 일종의 관청인 세종문화회관이 여론에 따라 당장 달라질 수 있었던 것도 아니었다. 왜냐하면 관청이 달라지려면 법규부터 고쳐야 했기 때문이다.

이처럼 수세에 몰려 있던 세종문화회관에 대해서 또 다른 측면에서 비판이 가해지기 시작했다. 여기서 다른 측면이라는 것은 예술경영 차원에서 회관의 경직성과 수동성, 그리고 무사안일을 지적했음을 의미한다. 가령 회관 소강당의 경우 신인 음악인들의 발표장으로 많이 쓰인 것에 대한 비판이었다. 음악평론가 탁계석은 '세종문화회관은 전문공연장으로서의 성격이 불투명하다'(음악저널, 1993년 4월호)는 글을 통해서 소강당 활용의 문제점을 지적하고 나온 것이었다. 실제로 소강당 사용의 연간 통계를 보면 개인 음악발표회가 82회로서 전체 공연물의 35.3%를 차지하고 있었는데, 이는 전속단체 연주회 47회, 연극공연 및 행사 43회, 연구회 및 협회의 연주회 23회, 신인 및 청소년음악회 19회, 기타음악회 13회, 작곡발표회 7회 등으로서 개인 발표회가 압도적으로 많았다.

이러한 운용은 한국의 대표적인 문화공간으로서는 잘못된 것인 만큼 전문극장답게 상품성 있는 공연물을 개발, 예술 저변확대의 산실로 거듭나야 한다고 했다. 음악대학생들의 졸업 발표회나 귀국 독창회 같은 것은 출신학교 강당이나 콘서트홀을 이용토록 하고 소강당은 일반 대중이 즐길 수 있는 것으로 선별해서 대관해 주어야 한다고 했다.

이러한 문화예술계의 비판에도 불구하고 세종문화회관은 외적인 것에만 신경을 썼다. 즉 회관 후원(後園)의 점심시간 공연이 시민들의 호응이 커지면서 세종문화회관과 옛 경희궁 터에 이르는 거리를 '문화의 거리'로 조성한다는 구상이 바로 그것이었다. 그리하여 이곳을 '현대문화와 역사교육장이 어우러지는 격조 높은 문화공간'으로 조성한다는 것이었다.

마침 그 당시 정부에서는 문화의 거리 조성을 권장하던 때였으므로 서울시도 그러한 구상을 했던 것 같으나 그것이 실천된 것 같지는 않다. 세종문화회관이 여러 가지로 문화예술계의 불만사항을 일으켜오다가 그동안의 숙원 사업 중 하나였던 시립극단 창단 약속으로 박수를 받은 것이 지난 2월이었다. 그러나 그것도 시장(이원종) 교체로 일단 무산되는 사태를 빚은 것이 6개월만인 7월 초였다. 그와 관련하여 경향신문은 다음과 같이 보도했다.

지난 6개월 동안 온갖 구설수에 올랐던 서울시립극단 창단이 불투명해졌다. 서울 시립극단운영위원회(위원장 임영웅)는 1일 예총회관에서 긴급 기자회견을 갖고 '이원종 서울시장에게 보내는 공개장'을 통해 "시청 측에 배신당했다. 애초 시장직속으로 자율화하려던 시립극단을 운영위원회 측과 사전논의 없이 세종문화회관 직속으로 변경한 시청의 무지한 행정을 개탄한다."며 운영위원회의 자진해산을 선언했다. 반면 서울시청 주무부서인 문화과 전익철 과장은 4월 10일 조례공포 후 6월 24일 내부부에 극단 운영규칙을 보고, 내규에 따라오는 9월부터 극단운영을 본격화하려 했다. 시장직속이되 극단연습실 사용, 극단 예산집행 등은 세종문화회관이어서 회관 측에 협조를 의뢰했을 뿐이다. 세종문화회관도 시청 산하기관인 만큼 시장직속의 큰 의미는 없다고 반박했다. 그러나 시립극단이 시장직속단체로 창단되면 세종문화회관 산하 8개 예술단체와 달리 공연과 운영 면에서 자율성을 보장받을 수 있다.[42]

이상과 같이 연극계와 시청 측의 의견 차이로 인해서 이상배(李相培) 시장이 연극계 의견을 전적으로 반영하여 만들기로 운영세칙과 예산 6억까지 배정해 놓았던 것이 일단 무산된 것이다. 이를 아쉽게 생각한 김성우(金聖佑) 한국일보 논설위원은 칼럼을 통해서 "서울시 극단은 창단되지 않으면 안 된다. 당초의 방침대로 시장 직속으로 창단되어야 한다. 그렇잖아도 행정 당사자들은 산하의 예술단체가 성가시다, 없을수록 편하다는 무책임한 인식에 연극인 스스로가 업혀서는 안 된다. 서울시 극단의 좌절은 생기고 또 생겨야 할 다른 시의 각종 산하 공연단체 창설에 의욕을 꺾을 수 있다. 그런 빌미가 되어서도 안 된다. 그것은 연극계뿐 아니라 모든 예술계의 손실이다. 서울시립극단은 서울시의 것이 아니라 연극계의 것이다. 앉아서 주기만 기다릴 것이 아니라 쟁취해야 하는 것이다. 스스로 내던질 일은 더더구나 아니다."[43]라고 쓴 바 있다.

그렇다고 해서 시립극단 창단이 완전 무산된 것은 아니었다. 잠복했을 뿐이다. 세종문화회관이 경직된 시 측의 관료주의 행정으로 인해서 많은 비판을 받은 것이 사실이지만 시간이 흐르면서 조금씩이나마 변해가고 있었던 것만은 부인할 수 없다. 가령 1993년 가을에 대중음악가수 조용필에게 대강당 무대를 처음 제공한 것도 그런 변화의 한 가지였다. 마침 예술의전당이 봄에 야외무대를 듀엣 해바라기라든가 변진섭, 김종서의 테마 콘서트 등에 개방한 바도 있어서 세종문화회관의 대중음악 개방은 큰 충격 없이 받아들여진 것이 아닌가 싶다.

물론 과거에 세종문화회관 무대에 대중음악가수가 전혀 서지 않았던 것은 아니다. 일찍이 패티 김과 김상희 등이 뮤지컬 〈살짜기 옵서예〉의 주인공으로 대강당에 선 바 있는 것이다. 다만 조용필은 단독 콘서트라는 점에서 의미가 컸던 것이다. 조용필도 그와 관련해서 "감회가 깊습니다. 사실 우리나라엔 대중가수들이 설만한 무대가 거의 없습니다. 그러다보니 라이브 공연을 통해 감동받을 기회를 갖기 힘들고, 대중가요 발전도 어려운 거지요. 다행히 이번에 서울시와 조선일보사의 성원으로 세종무대에 서게 돼 개인적으로도 영광이고 대중문화 쪽에도 활력을 주리라 생각합니다."라고 소감을 밝혔다.[44]

이러한 세종문화회관의 파격적 조처에 대해서 대중문화 쪽에서는 크게 환영하는 분위기였지만 순수예술 쪽에서는 아연해한 것도 사실이었다. 가령 조용필 콘서트 대관과 관련하여 일부 운영자문위원이 '순수예술에 먹칠한다'는 이유로 항의 사퇴하는 일까지 벌어졌기 때문이다.

그렇지만 사회 문화 변화라는 대세에는 어쩔 수 없는 것이었다. 회관 측에서는 그동안 해 온 〈한국가곡제〉를 더욱 강화함으로써 순수예술계를 달래기도 했다. 그런데 호사다마라고 두 가지 사건으로 세종문화회관이 곤경에 처하게 되었다. 그 한 가지가 민예총행사 대관 거부 사건이라고 한다면 다른 한 가지는 전시 문화재 도난사건이라 하겠다. 즉 민예총이 1994년도에 〈윤이상 음악제〉 등 6건을 공연하겠다고 대관신청을 제출했던바, 세종문화회관 측에서 거부한 것이다. 그러자 민예총은 회관의 '대관심사 기준이 뭐냐면서 "외국 공연예술물에 대해선 관대한 세종문화회관이 민예총의 공연신청을 행정상의 이유로 거부하는 것은 국내 공연물의 창작의욕을 꺾는 행위"라며 "민족문화예술의 진흥을 위해 대관에서부터 정책적 고려가 있어야 한다."[45]고 반발했다. 당시까지만 해도 재독음악가 윤이상에 대해서 정부가 거부감을 갖고 있었던 터라서 민예총의 공연신청을 거부했던 것이 아닌가 싶다.

그리고 회관 측에서는 1994년도가 바로 정도 6백 년이 되는 만큼 '한양에서 서울까지 6백년 도시문화 기행전'을 연 바 있었다. 그런데 뜻밖에 전시 중에 문화재 3점(월인석보 목판본 1권, 머릿권 1권, 훈민정음 해례본 1권)을 도난당한 것이다. 회관 측의 부실한 안전관리와 해이한 행정이 빚은 문화재 도난 사건은 시민에게 충격을 준 것이 사실이고, 따라서 여론의 지탄을 받았음은 두말할 나위 없는 것이다. 국민일보는 '한심한 전시 고서 도난사건'이라는 사설을 통해서 다음과 같이 비판했다.

서울정도 6백주년 기념사업의 하나로 세종문화회관에서 전시 중이던 고서 3권을 도난당했다. 우리는 도난 그 자체보다 안전관리를 소홀히 한 관계자들의 엉뚱한 해명과 대응에 실망하지 않을 수 없다. 우선 세종문화회관 측이나 전시 주최 측의 관리가 어쩌면 그렇게 상식 이하일 수 있는가 하는 점이다. 전시품 도난 그 자체는 오히려 있을 수도 있는 상황이라고 본다. 어느 나라 어느 시대를 막론하고 고미술품, 골동품 등 문화재 주변에는 도굴이나 절도범들이 들끓기 때문에 문화재 하면 그 가치 이전에 돈을 생각하고 그로 인해 도난의 위험을 항상 수반하게 된다. 그래서 각국의 문화재 관리는 도난방지에 주안점이 있다고 해도 지나친 말이 아닐 정도다. 그런데 세종문화회관 전시실에는 경보장치 등 도난 방지를 위한 방범시설이 되어 있지 않았다니 도저히 믿어지지 않는다. 서울 한복판에 위치한 이 전시실의 비중으로 이래도 되는 건지 반문하지 않을 수 없다. 전시품들의 문화재적 가치가 떨어진다는 이유로 별도 경비대책도 세우지 않고 형식적인 순찰에만 그친 주최 측의 자세 역시 이해가 가지 않는다.[46]

이상과 같은 문화재 도난 사건은 세종문화회관, 더 나아가 우리 사회 전체가 나사가 풀려 기강이 해이해진 상태에 빠진 것으로 비약되어 혹독한 비판을 받기도 했다. 세종문화회관 측으로서는 나름대로 뭔가 새로우면서도 대중의 시선을 끌 수 있는 기획도 한 것이 사실이다. 그런데 자꾸만 예기치 않은 일들이 터져 나와서 회관 측 관리자들을 당황케 한 것이다. 그렇지만 세종문화회관에 대한 시민의 관심과 문화계의 비판은 발전과정에 있어서 자극제가 된 것도 사실이었다. 가령 한때 화제가 되었던 병신춤의 대변자 공옥진(孔玉珍)의 1인 창무극을 소강당에서 공연한 것이라든가 '세종문화가족회원제'를 만들어서 고정관객을 확보하고 나선 것 등도 그러한 변화의 한 모습이었다. 당시 세종문화가족회원제의 연회비는 10만 원(3회 분할납입 가능)이었는데, 이는 회관 측에서 마케팅에 대하여 조금씩 인식해갔다는 증거가 되겠다. 그리고 회관 측에서 1994년도 '국악의 해'를 맞아 국악의 대중화를 위해 매주 토요일 소강당에 상설무대를 만든 것도 색다른 기획이었다.

세종문화회관이 이처럼 적극적이면서도 전향적으로 변하게 된 것은 아무래도 유천수(柳千洙) 관장의 노력이 많이 작용한 것이 아닌가 싶다. 그는 전형적인 행정공무원임에도 불구하고 문화예술에 대한 이해가 깊고, 또 회관을 시민에게 다가갈 수 있도록 적극적 운영을 한 관리였다.

그는 부임하자마자 1994년 초부터 세종문화회관을 시민의 편안한 쉼터, 즉 '열린 공간'으로 만들어가겠다는 포부를 밝히고 간이식당도 만들었으며 국악 상설무대도 개설했다. 그러니까 그는 회관을 살아 숨 쉬는 문화공간으로 만들어간다는 것이었다. 그는 자기의 경영철학을 구체적으로 보여주기라도 하듯이 그동안 불허해왔던 민예총의 대관신청을 흔쾌히 받아들였던 것이다. 즉 민예총이 신청한 것을 보면 네 가지였는데, 첫 번째가 민예총 산하 노래패 합동공연(4월 9, 10일), 두 번째는 가극 〈금강〉(8월 14～17일), 세 번째는 노래굿판 〈굿다지〉(9월 28～30일), 네 번째가 민족음악 10년사 공연(12월 28～30일)이었다.

세종문화회관의 변화는 그 외에도 여러 곳에서 보였다. 가령 하찮은 것일 수도 있지만 보수적인 관립극장인 세종문화회관 대강당 무대에 여배우 전라(全裸)연기가 등장한 것도 그런 변화 중의 한 가지라 말할 수 있다. 1994년 3월 11일부터 열흘 동안 공연을 가진 한·러 합작 뮤지컬 〈유논과 아보스〉에서 여배우 올가카보(25)와 함수연(26)이 각각 4분여씩 알몸연기를 함으로써 세종문화회관을 찾은 관객들에게 신선한 충격을 던져주기도 한 것이다. 그뿐만 아니라 회관 측에서는 VIP석을 처음으로 개방했는데, 이는 개관이래 16년 만의 일이었다.[47] 물론 이러한 변화는 역시 1993년 초 문민정부가 들어서면 서 민주화와 개방정책에 따른 것으로 보아야 할 것이다. 왜냐하면 이는 일종 의 군사문화와 권위주의 청산이기 때문이다. 세종문화회관의 개방화는 종교 행사에 대해서도 관대해졌다. 몇 년 전까지만 하더라도 기독교 색채가 짙다 고 해서 작품공연을 허용하지 않던 회관에서, 1994년 봄에는 주한이스라엘 대사관이 국민일보사의 후원을 얻어서 '이스라엘 고고유적사진전'까지 대대적 으로 열렸던 것이다.[48]

그러나 세종문화회관이 긍정적인 방향으로 흘러간 것은 아니었다. 대관문 제에 있어서는 대단히 전향적으로 나아갔지만 내적인 면, 즉 인적 쇄신문제라 든가 처우 등에 있어서는 달라진 것이 별로 없었다. 그럴 수밖에 없었던 것이 회관의 예산이 특별히 증액된 것도 아니고, 또 행정개편 등과 같은 근본적 변화가 없었기 때문이다. 따라서 행정은 느슨해졌고 전속예술단원들의 동요 도 심했다. 가령 전속예술단원들이 열악한 처우 때문에 해마다 10% 정도 회 관을 떠나는 것이 그 단적인 예라 말할 수 있다. 그와 관련하여 세계일보는 다음과 같이 보도했다.

소속단원 총 3백20여 명 중 이직률은 매년 10%를 웃돌고 있으며, 서울시립 무용단과 서울시립가무단은 평균 20% 정도의 이직률을 보여 공연준비에 큰 어 려움을 겪고 있다. 지난 해 신입단원 9명을 선발한 서울시립가무단의 경우 11 명이 퇴직을 했으며 서울시립무용단도 9명을 선발되었으나 10명이 퇴직을 해 공연준비에 큰 차질을 빚어왔다. 이같이 이직률이 높은 것은 월평균 생계비에 도 못 미치는 낮은 급여수준, 불안전한 신분보장(1년 계약제), 각종 규제로 인 한 예술 활동 의욕저하 등이 지적되고 있다. 실제 단원들의 급여 현상을 살펴 보면 대졸 초임이 기본급 35만1천원과 근속수당 및 예능수당을 합해 53만원에 불과하며, 고졸 기본급은 28만9천 원 정도에 불과한 실정이다. 또 상여금만 하더라도 서울시 공무원 7백%의 절반 수준인 4백%에 불과하고 자녀 학자금 지원이나 무주택 혜택 등은 전혀 없는 실정이다.[49]

이상에서 알 수 있듯이 회관의 전속예술단원들은 박봉에 시달렸고 여러 가지 까다로운 규정과 계약, 그리고 너무 적은 공연 등으로 깊은 좌절감에 빠져 창조의욕을 잃고 있었다. 특히 단원들이 의욕을 잃을 수밖에 없는 것이 같은 관립 예술인들임에도 불구하고 그 처우가 국립예술단체에 너무 뒤지기 때문이었다. 당초 시작될 때만 하더라도 시립예술단원의 대우는 국립예술단원보다 나았으나 현재는 기본급에서만 월 13만 원이 적고 공연수당도 국립예술인들은 하루에 2만 원씩 받고 있는 데 반해서 시립예술단원은 한 푼도 없었던 것이다.

이러한 단원들의 열악한 처우로 인해서 유능한 예술인들이 세종문화회관을 미련 없이 떠났고 그에 따른 공연 차질과 부실 작품 양산은 큰 문제가 아닐 수 없었다. 다행히 시의회 쪽에서 이런 문제점을 인식하고 개선책을 찾아보려는 움직임이 있었다는 사실이 한 가닥의 희망을 던져 주었다. 즉 서울시의 이영춘의원이 시정 질의를 통해서 시립예술단원들이 박봉으로 지쳐있다고 지적하고 '한 푼의 공연수당도 없이 예술 활동을 하고 있는 단원들에게 서울시장은 수익성 차원에서만 보지 말고 음지에서 묵묵히 일하고 있는 이들에게 급료인상을 포함한 적절한 지원과 배려를 하라'고 촉구한 바 있다.

전속예술단원들의 이직문제와 함께 회관의 관리소홀 문제도 불거져 나왔다. 즉 대형공연 직전에 정전사고가 나서 개막을 20분간이나 늦추는 해프닝이 일어났던 것이다. 물론 큰 건물의 전기선에서 퓨즈는 나갈 수 있다. 그러나 그 문제로 소동을 빚고 또 회관이 여론의 지탄을 받은 것은 관리자들의 안일한 대처 자세 때문이었다. 한겨레신문 보도에 따르면 "공연예술 관계자들은 이날 사고 발생 뒤 회관 당직자와 일부 실무자들만 복구에 나서고 관장과 사무국장, 주요 과장 등은 아예 현장에 나타나지도 않아 상황에 제대로 대처하지 못해 복구가 더욱 지연됐다."[50]고 지적한 것이다. 이는 사실 세종문화회관을 이끌고 있는 공무원들의 무성의, 무관심 등에 대한 질타라 볼 수 있다.

세종문화회관에 대한 비판과 문화계의 요구가 중요 이슈가 되면서 밖으로부터 본격적인 개선 논의가 일어나기도 했다. 즉 한국음악협회는 1994년 5월에 국공립공연장 행정의 개혁과 쇄신을 촉구하는 세미나를 열어서 세종문화회관의 변혁을 요구하기도 했다. 발제자로 나선 음악평론가 탁계석(卓桂錫)은 '극장운영의 문제점과 개선방향'이라는 강연에서 세종문화회관이 문을 연 후 지난 16년 동안 관장이 17명이나 거쳐 간 것은 공연장 행정의 무계획성과 낙후성을 단적으로 보여주는 사례라면서 예술행정 비전문 인력인 서울시 공무원들이 공연기획과 대관심사 등 예술행정의 일부를 담당하는 현실에 문제를 제기했다. 그러면서 그는 세종문화회관이 전문 공연장으로 면모를 일신하기 위해서는 예술 감독제를 조속히 도입할 것을 주장했다. 그는 일찍이 유민영이 주장했던 3원 체제, 즉 하드웨어관리자, 예술 감독, 그리고 품질관리와 마케팅 전문 등으로 부서가 나눠져야 한다고 했다. 특히 주목을 끄는 부분은 자체 매니지먼트와 독립채산제 채택 부분이라 하겠다.[51]

사실 독립채산제 이야기가 나온 것은 1988년 세종문화회관 10주년 기념 심포지엄에서 차범석(車凡錫)이 제기하고 정중헌(鄭重憲)도 잇달아 설파한 주장이었다. 그런데 그 문제가 6년여 만에 다시 문화예술로부터 반복해서 제기되었다는 점에서 주목할 만한데, 이는 결국 회관이 현 상태로 가서는 안 된다는 문화계의 공통된 견해의 표시라 볼 수 있다. 그러나 정부나 서울시 측에서는 아무런 반응도 없었고, 따라서 종래의 방식대로 나아갈 수밖에 없었다.

다행히 회관 측에서 문화계의 비판과 여러 가지 요구사항을 주시하면서 나름대로 잘 해보려는 노력만은 보였다. 이를테면 '국악의 해'를 맞아서 명인명창들을 초청하여 다양한 볼거리를 마련한다든가 중식시간 30분 동안 분수대에서 간이 공연을 하던 것을 '도심 속 분수대 축제'로 격상시켜서 공연내용을 풍부하게 한 것, 그리고 서울 6백년사를 〈서울 사람들〉(김상열 연출)이라는 뮤지컬로 만들어서 공연한 것 등도 색다른 기획이었다. 그리고 전시분야에서도 '심신장애자 작품전'을 여는 등 이색적인 기획을 적잖게 했다. 그러나 그런 중에서도 가장 이색적인 기획은 회관의 외벽에 '시의 벽'을 조성한 것이라 말할 수 있다. 그와 관련해서 경향신문은 다음과 같이 보도했다.

> 서울 세종문화회관에 최근 '시의 벽'이 생겨났다. 세종문화회관 외벽에 국내 시인들의 작품 2백18편을 스테인리스 판에 새겨 붙인 '시의 벽'이 서울의 새로운 명소로 등장했다. 문화유적이 많이 사라진 6백년 고도에 이러한 명소들이 탄생하는 것은 반가운 일이다. 날로 각박해지는 시민들의 시심을 되찾는데 '시의 벽'이 큰 도움을 주리라 기대된다.[52]

이상과 같은 시의 벽은 문화공간뿐만 아니라 한국 건축물 사상 최초의 일이었다. 그만큼 회관 측에서는 소프트웨어 못지않게 하드웨어의 장식에도 신경을 썼다는 이야기가 된다.

회관 측에서는 적어도 세종문화회관이 문화명소는 못 될망정 명물은 되어야겠다는 야심을 가진 것이었다. 앞에서도 조금 언급했지만 세종문화회관이 10주년을 맞았던 1988년 이후 어떻게든 변해야겠다는 나름대로의 의지는 갖고 있었다. 물론 그것은 어디까지나 정부 정책과 서울시정이라는 큰 테두리 내에서였다. 문제는 그런 변해보려는 의지와 기운이 서울시와 세종문화회관 안에서 돌고 있었다는 사실이라 하겠다. 문화계로부터는 회관을 독립 채산제로 해야 한다는 주문이 잇달았는데, 회관 측으로서도 그런 주장을 주목했고 1995년부터는 회관을 법인화해보려는 논의도 있었던 것 같다. 그러나 그것은 서울시 측으로서는 상당한 정책적 용단을 필요로 하는 만큼 쉽게 이룰 수는 없었다. 그러나 그런 변혁의 첫걸음으로서 1996년도 들어서자마자 합창단, 오페라단, 소년소녀합창단, 무용단, 가무단 등 5개 전속단체장을 공개 채용한다고 선언한 것이다. 마침 이상의 5개 단체장의 임기가 1월 말로 만료되게끔 되었었다.

　과거에는 관장이 추천한 후보를 시장이 임명하는 방식이었으나 앞으로는 엄격한 공개심사를 통해 창의성과 전문성이 뛰어난 인재를 뽑는다는 것이었다. 이러한 공개채용만이 매너리즘에 빠져있는 전속단체에 생기를 불어넣을 수 있는 촉매제가 된다는 것이었다. 회관이 단체장의 공채와 함께 몇 가지 중요한 개혁 작업에 나섰는데, 그와 관련하여 세계일보는 다음과 같이 보도했다.

　　예술단체장 공개채용 등 '개혁'의 몸짓을 보이고 있는 세종문화회관은 참신한 기획과 적극적인 홍보로 '홀로서기'를 향한 발걸음을 뗀다. 만성적자에 허덕이며 무사안일적인 관료주의로 비난을 받아온 회관 측은 3월 중 외부인사까지 영입하는 공연기획팀을 신설하고 유수의 공연기획사와 공동 작업으로 그들의 노하우를 배운다는 기획이다. 공연기획사 CMI(대표 정명근)와의 4월 환경음악제, 파코스(대표 박교식)와의 오페라 교실이 그 예. 또한 이례적으로 올해에는 1억2천만 원이라는 홍보비를 확보한 세종문화회관은 자체 정기공연도 방송매체를 통해 적극 홍보할 계획이다. 또 영어와 일어판으로 공연장 소개와 공연일정을 안내하는 책자를 여행사, 호텔, 관광공사 등에 비치해서 외국인 고객 발굴에도 나선다.[53]

　이상과 같은 세종문화회관의 변화는 전례 없는 것이었다. 특히 무사안일에 빠져있다고 본 임기 만료의 단체장 공채에서부터 외부전문가 영입을 통한 기획팀 신설, 홍보강화 등은 주목할 만했다. 그러나 단체장 공채가 처음부터 빗나갔다는 비판이 일어났다. 공채의 첫 번째 문제점은 예술인들의 특성을 고려하지 않음으로써 역량 있고 뛰어난 예술계 인사를 영입하는 것이 아니라 시청의 일개 직원을 뽑는 듯한 인상을 주었다는 것이고, 두 번째는 모집공고의 응시 자격란에 '기존 단체장 포함'이란 문구 삽입과 기존 단체장을 임시단장으로 위촉한 점에서 눈 가리고 아웅하는 식의 왜곡된 공채라는 비난이었다.[54] 그와 관련하여 한겨레신문은 '변죽만 울린 서울예술단체장 공채'였다면서 다음과 같이 비판했다.

세종문화회관이 올해 처음 실시한 서울시립단체장 공개채용제도는 1회용으로 끝날 모양이다. 3년 임기가 만료된 5명의 단체장을 대상으로 했던 이번 공채는 이 달 말로 임기가 끝나는 국악관현악단장과 청소년교향악단장으로까지는 이어지지 않을 전망이기 때문이다.

첫 공채 결과 시청과 세종문화회관 쪽의 일방적 시도가 '화제성 기사거리' 정도로 문화계의 무관심과 혹평을 받아다는 사실은 '실력 있는 단체장을 모시겠다.'는 회관 쪽의 공채취지가 말뿐이었음을 입증하고 있다. 그 결과로 겨우 1달 만에 맞게 된 2번째 임기만료 단체장들에 대한 임용은 내부의 의견조정으로 재위촉의 수순을 밟아 연임의 형식을 띨 것으로 알려졌다. 문제는 서울시의 예술단체들을 이끌고 가는 시립단체장을 뽑는 세종문화회관이 '이랬다 저랬다' 일관성 없는 태도를 보여주고 있다는데 있다는 사실이다. 이 주먹구구식 행정에 휘돌린 한 단체장은 '예술 감독은커녕 하급공무원만도 못하다. 이래서야 대도시 서울에 문화가 있다고 말할 수 있는가'라고 분노했다. 78년 개관 이후 처음 시도했던 이번 단체장 공채는 결과적으로 3명의 전임단장을 유임시키고 10~17년을 재임했던 2명의 단장이 갈리는 등 변화는 있었지만 뽑는 사람이나 뽑힌 사람 모두에게 개운치 않은 뒷말을 남긴 채 단발성 반짝 쇼로 끝났다. 시립예술단체들의 올바른 위상정립은 아직 멀었다는 느낌이다.[55]

서울시와 회관 측이 이상과 같은 비판을 받은 근본적 원인은 역시 문화행정의 미숙과 관료권위주의, 그리고 홍보부족 등에 있었지 않나 싶다. 왜냐하면 당초의 좋은 취지를 살리기는커녕 오히려 서울시 당국과 회관 측만 매도

당하는 결과를 가져왔기 때문이다. 그러나 회관이 변해간 것은 사실이었고, 다만 오랜 행정의 경직성과 관료주의 때문에 새로운 일들이 시원스럽고 매끄럽게 진행되지 못했을 뿐이다.

그 전진적 변화의 증거는 여러 가지 면에서 나타났다. 우선 회관의 문화개방이 어느 정도 이루어진 점을 들 수 있다. 물론 얼마 전부터 회관이 대중음악에 문호를 개방하기 시작했었던 것이 사실이다. 그러나 그것은 어디까지나 제한적이었다. 즉 톱 가수 이미자(李美子)라든가 조용필 등과 같은 경우였다. 그러다가 1996년도에 와서는 김종서와 같은 록 가수에까지 대관을 해준 것이다. 그에 대해서 비판자들은 비수기에 대관수입을 올리기 위한 편법에 불과한 것이라 주장했지만 과거 같으면 그런 편법도 불가능한 것이었다. 이는 그만큼 회관이 문호를 활짝 열었음을 의미하는 것이라 하겠다. 그런데 문호개방은 대중음악에만 한 것도 아니다. 개관 이후 단 한 번도 개방하지 않았던 대강당의 아마추어 예술 공연에 대한 대관 허용은 회관의 전진적 자세를 보여주는 것이다. 즉 1996년 5월 16일부터 1주일 동안 한국예술종합학교 오케스트라의 〈대학축전서곡〉 팡파르를 시발로 6개 대학의 교향악단이 동참하는 〈대학오케스트라축제〉가 대강당에서 펼쳐진 것이다. 그동안 대강당 무대는 대학악단에 단 한 번도 대관해 주지 않아서 아마추어 음악도들에게는 회관대강당이 '금단의 무대'로 지칭되어 왔었다. 그러던 차에 새로 부임해 온 조성두 관장이 전국 음악대학장들을 초청해서 그들의 요청을 듣고 개방에 나섰던 것이다. 그와 관련해서 조성두 관장은 "대학인들과 음악공연장의 거리감을 좁히기 위해 입장료를 3천 원으로 낮추는 등 다각적으로 배려했다."면서 "공연성과를 봐서 대학축제의 연례화 방안 등을 전향적으로 검토할 것"[56]이라고까지 했다. 그만큼 관장이 적극적으로 나아갔던 것이다.

회관 대강당 첫 개방 당시 참여한 대학오케스트라는 한국예술종합학교(브람스 〈교향곡1번〉)를 비롯하여 경희대(드보르자크 〈교향곡 8번〉), 서울대(스트라빈스키 〈불새〉), 단국대(라흐마니노프 〈피아노협주곡 2번〉), 이화여대

(베르디 〈운명의 힘 서곡〉), 연세대(드보르자크 〈신세계〉) 등이었다.

이러한 회관 대강당에서의 대학 오케스트라 연주는 대단히 신선한 것으로서 대학 음악사와 회관에 있어서 역사적 의미가 있는 것이었다.

두 번째로는 점심시간의 분수대축제 정착을 꼽을 수 있다. 즉 햇살이 따사로운 세종문화회관 뒤편 분수대 광장에서 야외무대로 펼쳐지는 이 공연은 직장인을 겨냥했다기보다는 서울시민을 위한 봉사 무대로 기획됐지만 인근 직장인들로부터 많은 환영을 받았다.

입소문을 거쳐 멀리서 일부러 찾아오는 사람도 적지 않은 인기 프로그램으로 정착했다. 화려한 의상과 춤의 향연으로 눈길을 사로잡는 조승미 발레단과 전미례 재즈발레단, 합창단 및 서울시립예술단체 등 다양한 단체들이 매일 새로운 프로그램으로 무대를 꾸민다.[57]

물론 세종문화회관이 문호개방과 분수대축제 등에서 알 수 있듯이 전진적이고 기획에서도 돋보이는 경우를 보여 주었지만 다른 쪽에서는 발목을 잡는 경우도 없지 않았다. 그것은 관객부족과 전속단체의 내분 등에서 나타났다.

예를 들어서 모스크바 국립교향악단의 회관대강당 연주회 때 유료입장객이 16%대에 머무른 경우였다. 소강당의 경우는 100% 초대 손님으로 채우는 때가 많았다. 대체로 귀국연주회나 대학졸업 발표회 같은 경우가 많았던 데서 비롯된 것이다. 그리고 전속단체 중에서 가무단의 내분으로 세종문화회관의 이미지가 손상되는 사태가 벌어지기도 했다. 즉 1995년 9월부터 시작된 단원들 간의 갈등으로 인해서 소송사태까지 빚어지고 회관 측의 예술행정 미숙이 드러나기도 했던 것이다. 그와 관련된 세계일보의 보도는 다음과 같다.

시립가무단의 내분은 지난해 9월부터 시작, 평가단원들은 ▲ 자질이 부족한 지도단원들을 교체하고 ▲ 지도단원제도 자체를 없애거나 평가단원과 지도 단원들의 현격한 급여차를 줄이는 등 구조적인 문제점을 개선해 달라고 요구했다. 그러나 요청이 허용되지 않자 이 단장에 대한 퇴진운동을 펼쳤으며 지난 6월부터는 평 단원 39명 중 31명이 지도단원들의 연기지도까지 거부하는 집단 행동을 벌였다. 이에 세종문화회관 측은 지난 16일자로 이단이 건의한 '단 운영정상화 방안'을 받아들여 대량 해촉이라는 다소 극단적인 조치를 취했으며 이를 계기로 지도단원제도의 폐지와 공연에 출연할 수 있는 지도단원체제로의 전환을 고려 중이다. 또 10월로 예정된 창작뮤지컬 〈빅토르 최〉를 12월로 연기, 주연배우와 신입단원들을 공모할 예정이다.[58]

이상과 같이 가무단은 그동안의 적폐가 단원들 간의 불신과 갈등이 되어 반복적으로 나타났고 법정으로까지 비화하는 사태를 빚은 것이다. 그런데 회관 측과 일부 전속 단원들 간의 싸움으로 번진 가무단 문제는 결국 명쾌한 매듭을 짓지 못하고 몇몇 단원의 희생으로 끝나면서 지루한 법정 싸움으로 이어진 것 같다.

이러한 내부 진통 속에서도 회관은 조금씩이나마 변해갔던 것이 사실이다. 가령 1990년대 후반 들어서 문화단체들과 공공기획과 공동주최 또는 단독기획을 자주했던 것도 그런 변화의 한 가지였다. 즉 회관이 1997년 1월 말에서부터 12월 24일까지 아홉 차례에 걸쳐서 슈베르트 탄생 2백주년 기념 연주회를 갖기로 한 것이라든가 구정(舊正)을 맞아서 정월대동놀이판 공연은 입장료를 1~2만 원 할인가격으로 해서 고객서비스를 한 것도 종래의 경직된 세종문화회관과는 크게 달라진 모습이었다. 그만큼 회관이 극장 노릇을 해보려는 의지가 나타났다고 볼 수 있다. 그러나 무엇보다도 이 시기에 주목할 만한 사실은 그동안의 숙원이었던 시립극단이 창단된 점이라 하겠다. 1996년 하반기에 대체적인 윤곽이 잡혔는데, 초대단장은 중진 극작가 김의경(金義卿)이었다. 세종문화회관이 문을 연 이후 문화계에서 끈질기게 요구해 온 시립극단이 생겨난 것은 개관 19년만인 1997년 1월 1일이었다. 그런데 시립극단은 대단히 어렵게 창단된 아홉 번째 전속단체였다. 당초 이상배 시장 때 매우 순조롭게 시작되었던 극단이 시장이 바뀌면서 당초 계획이 크게 바뀌어서 기존 8개 단체와 별다름 없는 전속단체로 모습을 드러낸 것이다. 따라서 처음에 참여했던 연극인들은 손을 떼고 한국연극협회가 전면에 나서서 극단 창단에 참여한 것이 특징이랄 수 있겠다. 그렇기 때문에 시립극단은 출발에서부터 왜소해질 수밖에 없었다. 시립극단의 초라한 출범과 관련해서 경향신문은 다음과 같이 묘사한 바 있다.

> 손에 쥐어준 떡도 못 먹는 세종문화회관과 서울시립극단. 창단공연을 앞 둔 서울시립극단이 자체 연습장을 사양하고 더부살이를 자처, 연극인들의 안타까움을 사고 있다. 극단 측은 세종문화회관 산하단체인 서울시립오페라단 연습실과 직원 체력단련장을 오가며 연극 연습을 하게 된 것.[59]

이상은 당초 시청에서 극단 측에 제시한 남산의 구 안기부건물을 단독으로 쓰라고 한 것을 사양한 데 대한 비판기사이다. 물론 시립극단이 단독 건물을 마다한 이유는 비교적 합리적이었다. 그러나 연극계에서는 한 평의 연습공간이 아쉬운 터에 단독 건물을 마다한 시립극단 처사에 불만을 나타낸 것이었다.

여하튼 시립극단은 베스트셀러 소설인 〈아버지〉(김정현 작, 표재순 연출)를 갖고 7월에 세종문화회관 소강당에서 창단공연을 하게 된 것이다. 국제적인 규모와 대도시 서울시립극단 창단공연이 겨우 대중소설 각색이냐는 비아냥도 없지 않았지만 첫 공연으로서는 괜찮은 반응이었다.

그런데 호사다마라 할까 윤우길 관장이 부패사건으로 구속되는 사태가 빚어진 것이다. 과거 송파구청 부구청장 시절의 일로 구속된 것이긴 하지만 세종문화회관으로서는 대단히 불미스런 일이었던 것만은 분명했다. 관장 구속 사태는 회관의 진로에도 적잖은 파장을 일으켰다. 왜냐하면 관장의 장기 결원사태에 따른 운영상의 문제가 근본에서부터 검토되기에 이르렀기 때문이다. 이 말은 곧 당국에서 일반직 행정 공무원 가지고서는 회관을 효율적으로 운영하는데 한계가 왔다고 생각하기 시작했다는 이야기가 된다. 그런 때에 마침 나라의 경제까지 어려워지면서 회관에서 기대했던 주요 공연들이 무산되는 사태까지 벌어짐으로써 상반기만 하더라도 세계적인 테너가수 호세 카레라스와 소프라노 캐슬린 배틀 등의 내한 공연이 취소되고 기타 국내 중량급 음악가의 연주 등도 취소된 것이다.

세계일보의 지적대로 이들의 공연취소 이유가 일정상의 차질이라든가 건강 문제였다고 했지만 "속사정을 들춰 보면 '현금'이 결정적인 걸림돌로 떠오르기 일쑤다. 경제 불황의 총구에서 발사된 유탄이 클래식 음악계의 몸체에 여기저기 구멍을 내고 있는 셈"60)이라 한 것이다. 사실 중요한 공연이 펑크를 낸다는 것은 곧 회관의 회계 손실로 이어지는 것이다. 정부나 서울시의 예산이 풍족한 것도 아닌데 대관수입마저 급격히 감소한다는 것은 심각한 일이 아닐 수 없었다. 그런 때에 회관 책임자까지 구속됨으로써 시당국을 곤혹스럽게 하는 것은 너무나 자연스러운 것이었다. 시당국으로서는 차제에 뭔가 새로운 길을 찾아내야 한다는 절박함마저 느끼지 않을 수 없었을 것이다. 윤관장 구속 직후에 후임 관장을 즉각 임명하지 않았던 이유도 바로 그러한 근본적 변화 모색 때문으로 볼 수 있다.

6. 변혁 기운의 상승

앞에서도 언급한 바 있는 것처럼 윤 관장의 구속 사건은 회관 운영 자체에 대한 근본적 검토를 불러일으키도록 했다. 물론 서울시가 그런 검토를 하게끔 한 데는 관장의 구속 못지않게 회관의 문제점이 여기저기서 제기된 데다가 문화계로부터의 요구사항 역시 무성했기 때문이다. 따라서 시당국에서는 크게 두 가지를 검토하기 시작했다. 그 첫 번째는 시의 2급 공무원이 맡아오던 관장을 예술계의 전문가 중에서 임명하는 것이고, 두 번째로는 회관 운영에 있어서 소유와 경영을 분리해보자는 것이었다. 이 말은 곧 회관의 재단법인화라 하겠다. 서울시 측에서 이런 발상을 하게 된 것은 아무래도 시대변화에 따른 것이었지만 회관이 문을 연 지 19년밖에 되지 않은 기간에 21명의 관장이 바뀌는 파행성과 밑 빠진 독에 물 붓기라는 예산낭비 때문이었다. 그러니까 비전문 공무원들의 순환근무제로 인해서 무사안일이 고착화되고 그에 따른 예산낭비만 가중된다고 보았다는 이야기이다. 그와 관련한 국민일보의 보도기사를 인용하면 다음과 같다.

서울시가 최근 현재 부이사관 급 서울시 공무원이 맡고 있는 세종문화회관 관장을 예술인으로 교체하고 장기적으로 소유와 경영을 분리해 재단법인화 한다는 청사진을 밝힘으로써 세종문화회관의 앞날에 문화예술계의 관심이 쏠리고 있다. (…중략…) 서울시에서는 일단 7월말까지 공개 모집을 통해 문화예술인을 관장으로 임명하고 새 관장 임명 후 운영자문위원회를 구성해 8월말까지 구체적인 개혁 방안을 수립한다는 계획을 세워놓고 있다. 문화예술계와 세종문화회관 측에서는 일단 서울시의 이 같은 전문가 영입 방침에 환영을 표하고 있다. 하지만 전문 관장 영입보다 장기적으로 더욱 중요한 문제는 소유와 경영의 분리를 통한 위상의 변화다. 현재 서울시에서는 문화체육부 산하 재단법인 형태로 운영되고 있는 예술의전당처럼 세종문화회관을 재단법인화 하는 방안을 추진하고 있다. 이는 결국 지금까지 서울시가 일방적으로 〈부양〉해오던 세종문화회관에 '경영'의 개념을 도입하겠다는 것. 하지만 문화예술기관의 속성상 완전한 자립은 불가능하고 서울시가 앞으로 교부금 등의 형식을 통해 재정지원을 하는 것을 전제로 한다. 결국 현재 연간 1백82억5천만 원(97년)의 예산을 부담하던 서울시가 골칫덩어리 격인 세종문화회관을 떼어낸 후 어느 정도의 실질적인 지원을 계속할 것인지가 관건이다. 또 기형적인 조직구조와 고질화 된 무사안일주의, 예술단체별로 누적된 문제점과 단원들의 사기 저하

등이 외적 변화만으로 단기간에 극복될 수 있을지도 미지수다. 하지만 세종문화회관이 이번 기회에 실질적이며 내실 있는 개혁의 돛을 올리지 못한다면 서울시민의 진정한 문화예술 공간이라는 궁극적인 목표에 도달 하기는 어려울 것이라는 점만은 분명하다.[61]

이처럼 국민일보는 서울시가 구상하고 있는 회관 운영 비전에 대해서 다각적으로 진단하는 데 그치지 않고 올바른 개혁을 은근히 요구하고 있다. 특히 서울시가 회관을 애물단지 비슷하게 취급하고 있는 것을 지적한 것은 매우 바람직한 것이라 말할 수 있다. 세종문화회관이 문을 열 때만 하더라도 대표적인 문화공간으로 가꾸어간다고 해 놓고 20여 년이 지난 후에는 골칫덩어리 비슷하게 보고 있는 것은 문화의 속성을 모르는 데서 오는 관료적 발상에서 비롯된 것이었다. 사실 관립문화공간의 재단법인화는 효율적 운영을 통한 예술진흥과 시민에 대한 문화 복지 증진을 꾀하자는 것이지 단순한 비용절감에만 있는 것은 아니다.

여하튼 서울시는 첫 단계로서 전문가 관장 임명을 서둘렀다. 우선 내부 규정을 고쳐서 관장임기를 1년 계약직으로 했다. 그리고 산하전속단체별로 2~4명의 운영위원 추천을 의뢰하는 한편 예총, 민예총, 문예진흥원 등에도 운영위원 추천을 의뢰했다. 물론 추천의뢰 공문에는 관장 적임자도 들어있었음은 두말할 나위 없었다. 서울시가 이처럼 전문가 관장 임명을 서두른 것은 조순(趙淳) 시장의 선거공약 때문이었다. 그러니까 서울시 측에서는 민간인 관장 밑에 30여 명의 운영위원회를 구성하여 회관을 운영하되 인사권과 예산권만은 시에서 파견한 사무국장이 갖는다는 구상이었다. 그러자 문화계와 산하단체들에서 반발이 나왔다. 우선 서울시가 공청회와 같은 여론수렴 과정을 거치지 않고 졸속으로 임명하려든다는 것과 관장을 인사권과 예산권도 없는 1년짜리 얼굴마담으로 만든다는 반발이었다. 따라서 '21세기 문화광장'과 같은 문화단체에서는 공청회를 열고 국공립극장들을 별도 법인화하든지 소속예술단을 법인화하는 것이 시급하다는 결론을 끄집어내기도 했다.

특히 서울시가 일부의 반발에도 불구하고 그동안 추천된 30여 명의 예술계 인사들로 운영위원회를 구성하여 이들 중에서 2, 3명을 관장 후보로 선정, 7월 말까지 결론을 짓겠다는 의사를 내비치자 문화예술계에서 일제히 반발하고 나선 것이다. 문화예술계에서 제동을 거는 이유는 세 가지에 있었다. 첫째, 서울시가 일방적으로 추천인물을 올리라고 지시한 것은 잘못이라는 것, 둘째, 단체를 독단적으로 운영하는 등 문제가 많은 단체장이 연줄로 인사를 추천할 경우, 관장의 중립성이 훼손될 수밖에 없다는 것, 셋째, 최종선임과정에서 서울시 입김이 작용할 가능성이 크다는 것 등이었다.[62] 이런 설왕설래 속에서 심포지엄과 공청회 형식의 포럼이 여러 번 열려서 선 제도개선 후 관장 임명이라는 안(案)이 여러 전문가 사이에서 이야기되었다. 경향신문 이구경 기자의 다음과 같은 비판은 여론을 대변한 것이다.

서울 세종문화회관은 약속장소로 곧잘 애용된다. (…중략…) 이렇듯 공연을 보러 안에 들어가지 않더라도 문화회관 주변에 가 본 사람들은 많다. 그러나 세종문화회관이 만남의 장소에 머물러선 안 된다. 엄연한 문화공간이다. 그런데 공연장이 왠지 거리감 있게 다가온다. 육중한 공연장 문은 공연이 없으면 굳게 닫혀 있다. 널찍한 로비가 텅빈 채, 사람들이 드나들면 자연 청소감이며 이런저런 잔일들이 늘어나게 된다. 그렇다고 좋은 공간을 놀리는 것은 어쩌면 공무원들의 편의를 위한 이기주의가 아닐까. 요사이 요충지에 자리한 세종문화회관을 둘러싸고 문화예술계의 눈총이 여간 따갑지 않다. 현재 공석중인 관장 직에 누가 선임될지도 큰 관심이지만 이번 기회에 세종문화회관이 거듭나야 한다는 지적이 거세다. 낡은 파이프에 페인트만 새로 칠한다고 무엇이 나아지겠느냐는 것이다. 문화공간과 문화단체로 꽉 찬 세종문화회관이 도무지 21세기를 코앞에 둔 시점에 걸맞은 새얼굴이 아니라고 뼈아픈 지적들이 터져 나온다. 문화예술계에 마케팅 붐이 이는 와중에 로비를 개방하지 않고 청중들에게 '열린 문화'를 제공하지 않는 세종문화회관, 덩치 큰 공연장, 목 좋은 자리, 재능 있는 연주자들로 이뤄진 연주단체 등 좋은 여건을 갖고 있으면서도 닫힌 행정으로 멍드는 세종문화회관, 계단 앞이 아닌, 로비에서 사람들을 만나게 되기를 바란다.

그러는 사이 여가가 생겼을 때 '세종문화회관 공연 보러 가자'는 말이 자연스레 나온다면 좋겠다.[63]

이상과 같이 세종문화회관은 다시 여론의 비판 대상이 되었는데 그것은 두말할 것도 없이 경직된 운영 때문이었다. 그런데 세종문화회관이 갑자기 여론의 화살을 받게 된 것은 그동안 회관 스스로 변혁을 모색하는 것처럼 띠들다가 슬그머니 꼬리를 감추었기 때문이다. 재단법인화니 민간 전문가 관장 영입이니 떠들썩하다가 용두사미가 되는 듯이 보인 회관이 비판을 받은 것은 극히 자연스러운 것이었다. 이러한 비판이 일자 서울시 측에서는 전문가 관장 영입에 관한 심포지엄을 1997년 8월에 회관의 국제회의장에서 열기도 했다. 유민영(柳敏榮)의 사회로 진행된 심포지엄에서는 정진수(鄭鎭守), 이중한(李重漢), 시문화국장 등이 나서서 서방 선진국 관립 문화공간의 책임자 임명 배경 등이 거론됨과 동시에 세종문화회관 관장 임명에 대해서도 바람직한 대안이 제시된 바 있었다.

그러나 그것도 역시 요식행위에 지나지 않았다. 왜냐하면 서울시 측에서 당초 공포했던 개혁조처를 전혀 취하지 않았을뿐더러 관장도 슬그머니 일반직 공무원을 임명하는 방향으로 선회했기 때문이다. 실제로 문화계에서도 인사권과 예산권 없는 허수아비 관장임명은 의미가 없다는 쪽으로 흘러갔다. 재단법인화는 제도개선이 우선해야 한다는 것이었다. 회관의 합창단으로 근무한 바 있던 음악평론가 탁계석도 '세종문화회관 시스템 정비 시급'이라는 칼럼에서 다음과 같이 주장한 바 있다.

서울시는 연초 세종문화회관을 비롯한 시립박물관, 미술관 관장을 문화예술 전문으로 공채한다고 밝힌 바 있다. 세종문화회관의 경우 19년 동안 20명의 관장이 바뀌어 명실상부한 고위공직자의 사랑방 정도로 인식돼왔기 때문이다. 그러나 예산권, 임명권의 실질 권한이 없는 책임자의 역할에 비판이 일기 시작, 관장선임 등의 문제를 서둘러 결정하는 것이 능사가 아니라는데 의견이 모아졌다. '선 제도개선 후 관장 선임'의 순서를 밟자는 것이다. 무엇보다 새로운 제도의 정착을 위해서는 관장 한 사람의 능력 못지않게 시스템 정비하는 것이 중요하다는 결론에 이르렀다. 공공 문화시설은 국민 혹은 시민의 혈세로 운영되는 만큼 무사안일과 적당주의를 철저히 배격해야 옳다. 그러나 우리 현실은 늘 만족스럽지 못했다. 전문성이 결여된 문화 불감증이 방만한 운영을 낳은 원인이 되고 있다. 전문성 부재와 극장 책임자의 잦은 교체는 예술 공연장의 장기 프로젝트는 물론 예술 단체의 평가, 관리능력 부재로 이어진다.[64]

이처럼 세종문화회관은 낡은 시스템과 관료적 운영의 틀이 비판의 표적이 된 것이다. 물론 서울시 당국이나 정부 측에서도 어느 정도는 그런 문제점을 인식해 갔고 그렇기 때문에 연초에 전문가 관장 선임이라든가 법인화 같은 개선책도 생각해 본 것이었다. 그러나 그런 것은 쉽지 않은 일이었다. 정부 정책이 달라지거나 공무원들의 사고가 변하지 않는 한 민간에게 내주는 일을 스스로 할 수가 있겠는가. 따라서 시당국에서는 당초의 의욕과는 달리 시간이 흐르면서 유야무야시킨 것이 아닌가 싶다. 특히 가을 들어서는 본격적으로 대통령선거가 전개되면서 정권의 행방이 어떻게 될지 모르는 상황이었기 때문에 관료사회의 변화는 기대하기 어려웠다. 시당국에서도 세종문화회관의 제도개선을 다음 정권으로 넘기는 분위기였고 임시로, 또는 과도기 관장으로서 공무원을 임명하고 일단락 지은 것이다. 회관 책임자를 너무 오랫동안 공석으로 남겨두는 것도 모양새가 안 좋다고 생각했던 것 같다.

세종문화회관은 언제 무슨 일이 있었느냐는 듯이 과거 해왔던 대로 대관위주 운영을 했고 1998년도 들어서는 신파악극에 대관을 해줌으로써 객석이 가득가득 차는 만원의 호황을 맛보기도 했다. 즉 문화방송이 제작한 신극 〈불효자는 웁니다〉가 크게 히트함으로써 IMF의 불황 속에서도 흥행에 성공한 것이다. 이처럼 대중극이 성공하면서 대중음악계로부터 회관을 더욱 개방하라는 압력을 받았고, IMF로 취소된 순수예술공연의 공백도 메꿀 겸 세종문화회관은 대중가수들에게 과감하게 문호를 연 것이다. 그와 관련해서 중앙일보는 "대중가요에 문턱이 높기로 소문났던 세종문화회관에서 올해는 가수들의 노래를 많이 들을 수 있게 된다. 4천석 규모의 대형 공간에다 소리가 쏙쏙 퍼지는 A급 음향시설을 갖춘 세종문화회관은 가수들이 '꿈의 무대'로 동경해온 곳, 그러나 클래식 오페라 등 고급 장르와 대관 기회를 겨루다 보면 가요는 1년에 한 두 차례 공연이 고작이었다. (…중략…) 지난 1월초 패티김, 조영남이 공연한데 이어 이 달 중순에는 이문세(14일), 이현우(15일), 조관우(18, 19일), 토이(21일) 등 4명의 릴레이 콘서트가 펼쳐진다. 올해 가요계의 화두가 된 '성인음악의 부활'을 주제로 한 이 공연은 회관의 고급스런 분위기에 걸맞게 가창력 있는 가수들이 집중 선정됐다."65)고 쓴 바 있다.

대중가수들까지 마음껏 자신의 기량을 발휘하고 수익도 올려서 회관에도 이익을 안겨주는 공연이 많다는 것은 당초 세종문화회관의 설립취지나 목표, 더 나아가 설립 이념과는 동떨어진 것이 사실이다. 따라서 문화계에서는 세종문화회관에 대해서 회의적인 눈으로 볼 수밖에 없었다. 1997년도 들어서 회관이 스스로 개혁을 선언했을 때 문화계에서 박수를 치면서 기대했던 것도 그 때문이었다. 그러나 개혁을 외쳤던 조순(趙淳) 시장이 떠나면서 유야무야 되었던 것이다. 1998년도 들어서 문화계에서는 또다시 회관 운영문제를 들고 나오기 시작했다. 그에 대해서 문화일보는 다음과 같이 썼다.

세종문화회관은 항상 공연시작 전에 '동양최대의 공연장'이라는 자랑을 잊지 않고 방송한다. 그러나 20년의 역사를 자랑하는 세종문화회관의 현재 모습은 아사직전의 공룡을 보는 것 같다. 연간 1백83억 원(97년도)이라는 거대한 예산을 갖다 쓰면서도 내놓을 만한 '자체 제작한 상품'이 없고, 재정자립은 10%에 불과하다. 국제통화기금(IMF)체제를 맞아 세종문화회관 운영을 획기적으로 개선해야 한다는 비판의 목소리가 내부에서부터 강하게 일고 있다. 구두선에 그치고 만, 민간전문인 관장제가 대표적인 예다. (…중략…) 현재 세종문화회관의 가장 큰 문제는 방만한 부실운영에 있다. 운영을 거의 대관료에 의존하다시피 하면서도 관리직 인원이 1백65명에 달한다. 또 9개 예술단체는 6백20명(유급단원 3백60명)이라는 대식구를 거느리고 있다. 단장의 경우 2백80만원, 중견 2백여만 원, 평 단원 1백30만 원의 급여를 받고 있으며 이들의 1년 임금이 60억 원을 상회한다. 지난해 공연수입은 13억 원에 지나지 않는다. 대관료까지 포함해 총수입액이 26억 원 정도에 불과한 점을 고려할 때 예산의 대부분이 인건비와 경상비인 셈이다.[66]

이상과 같은 회관에 대한 비판이 과거와는 달리 대단히 구체적이라는 점에서 진일보했음을 알 수 있다. 그러니까 과거와는 달리 회관에 대한 막연한 비판에 그치지 않고 인적 구조라든가 예산운용 등 전반적 제도에 대한 것이고 전속 단원들의 행태까지 지적했다는 이야기가 된다. 특히 이번 비판에서도 소유와 경영을 분리해야만 경쟁력이 살아난다고 본 것은 주목되는 사항이다. 왜냐하면 법인화의 불가피성을 또다시 제기한 것이기 때문이다.

그런 때에 정부 측으로부터 장충동 국립극장의 민간위탁 이야기가 흘러나왔다. 즉 1998년 2월 18일 자로 정부조직 개편안이 나온 것이다. 정부는 지방박물관도 자치단체에 이관한다는 것인데, 국립극장이 민간위탁 되면 세종문화회관을 비롯한 전국 공연장들의 관리형태도 달라질 수밖에 없다고 본 것이다.

2월 들어 새 정부가 들어서면서 문화계의 기대는 더욱 커지게 되었다. 그렇다고 국민의 정부가 들어서자마자 문화정책이 단번에 바뀔 수는 없었던 것 같다. 그렇기 때문에 문화계에서는 정부가 들으라는 듯 회관에 대한 비판 강도를 높여나갔던 것이다. 한국일보는 공연장 운영, 특히 세종문화회관의 문제점을 신랄하게 비판하고 나왔다.

서울시가 운영하는 세종문화회관은 '실패한 문화행정의 표본이나 다름없다'면서 "개관이후 관장 자리는 정년퇴직을 앞둔 서울시 고위공무원의 휴게소였고, 역대 관장의 평균 재임 기간은 11개월밖에 안 된다. 운영활성화를 위해 관장을 민간 전문인으로 앉히겠다던 조순 전 서울시장의 공약은 그가 정치권으로 떠나면서 증발해 버렸다. 그 바람에 가장 큰 피해를 본 단체가 세종문화회관의 9개 전속단체 중 가장 식구가 많고 대표적 위상을 지닌 서울시립교향악단으로 상임지휘자 없이 2년째 표류하고 있다.

외국인을 영입하려 했으나 추천, 임명권을 가진 관장, 시장이 모두 직무대리여서 결정이 미루어지는 데다 IMF 한파까지 겹쳐 계획이 무산됐다. 이들 단체는 공연을 잘해도 그만 못해도 그만이다. 공연에 맞춰 예산을 짜는 게 아니라 예산에 공연을 끼워 맞추기 때문에 수준 높은 무대를 준비하기 어렵다. 그나마 예산도 1년 단위로 책정돼 장기계획을 세울 수 없다. 주어진 예산을 남기면 다음 해 예산이 깎이고 벌어봤자 시 수입으로 들어가 군이 좋은 공연으로 손님을 모을 필요를 느끼지 못한다. 그러다보니 객석의 절반도 채우기 어렵다."[67]고 비판한 것이다.

이런 비판에 응답이라도 하듯이 세종문화회관이 스스로 대변신을 선언하고 나섰다. 가령 1998년에 들어서면서 회관이 나름대로 개선안을 마련한 바 있다. 개선방안을 보면 첫 번째의 개선 필요성 부분에서는 우리 문화예술의 육성을 지원하고 국내 공연자의 국제경쟁력을 제고시키며 우리 공연문화의 대중성을 확보한다고 했다. 두 번째의 개선방안을 보면 국내 공연물에 우선 대관해주고 우리 공연물을 자체 기획하며 염가로 제작 공급한다는 것이다.

다음으로는 자체적으로 기획공연을 확대하여 대중기획물을 정착시킨다는 것이다. 그런 필요성은 시민문화 향수권을 실질적으로 보장하고 세종문화회관의 위상을 재정립하기 위해서라고 했다. 그것을 시행하는 방안으로서는 시민들이 즐겨 찾는 우수 공연물을 제작 보급하고 우리 음악의 정형화로 국제 경쟁력을 제고시키는 차원에서 대중 공연물을 발굴하며 그것을 주요 방송 및 언론사와 공동시행한다고 했다. 끝으로 행정사항으로서는 부족예산을 추가확보하고 홍보 매체를 체인화(지하철, 호텔, 학교, 집단주거단지 등)한다고 했다. 이러한 개선안은 개관 20주년을 맞아 조금씩 구체화됨으로써 문화계의 반응도 괜찮은 편이었다. 중앙일보는 회관이 시민에게 가까운 문화공간으로 탈바꿈하고 있다면서 "최근 들어 정통 클래식뿐 아니라 가창력이 뛰어난 대중 가수들의 공연까지 적극 유치하고 있는 세종문화회관은 뮤지컬과 팝 공연을 위해 미국 마이어사의 1천2백W급 스피커 11대를 새로 마련했다. 또 시민들의 문화적 요구에 부응하기 위해 다양한 문화교실을 마련하고 전속단체들이 구민회관, 근린공원 등을 찾아가 공연하는 방문공연 기획도 크게 늘렸다."[68] 고 썼다.

그러면서 회관이 기획한 전속단체 주관 시민강좌도 긍정적으로 보도했다. 그러니까 전속단체들이 시민들을 상대로 '오페라의 이론과 실제', '뮤지컬 실습', '문화 촉매자 양성을 위한 강좌' 등을 시행한다는 것이었다. 이는 낮 시간 공연장 활용도를 높이면서 시민들과 가까워지려는 노력의 일환으로서 전속단체의 방문공연 확대와도 연결되는 기획이라 하겠다. 회관의 이러한 기획은 내외적으로 변화해야 한다는 요구의 점증에 따른 것이지만 때마침 경기침체로 말미암아 대관이 크게 줄어든 데다가 국립극장이나 예술의전당에 비해 비교적 편리한 곳에 있으면서도 관객들에게 볼만한 공연을 내놓지 못했다는 반성에 따른 것이었다.

그런데 이 시기에 주목할 만한 사실은 서울시가 회관의 전속예술단 운영개혁방안을 마련했던 점이라 하겠다. 시 측에서 전속단체가 안고 있다고 생각하는 문제점은 네 가지였는데 첫째가 전속단원 6백20명(무급 260명)을 효율적으로 운영하기 어렵다는 것, 둘째, 단원들의 기량이 퇴조되었다는 것(양과 질적인 면에서 3류급), 셋째, 공연사업비(17억 원)에 비해 인건비(60억 원)가 많은 기형구조라는 것, 넷째, 관체제 운영으로 합리적 작품개발 노력이 부족하다는 것이었다. 그래서 예술단체의 몸체 줄이기, 예술단체의 독립, 단체의 통폐합 후 시 지원 체제로 운영하기 등 3가지를 검토키로 했었다.

그런데 분명한 것은 앞으로 전속단체 운영에 경영기법을 도입해 보겠다는 것이고, 단체로 자생능력을 단계적으로 확보해 보겠다는 의지는 확고했던 것이다. 회관의 이러한 개혁 방향 속에서 서울시 측으로부터 다각적 검토가 이루어지고 있었다. 결국 1998년 10월 초 고건(高建) 시장이 결재한 최종 운영 개선방안이 나오게 되었다. 그런데 주목할 만한 사실은 기존 테두리 안에서 재정자립도만 획기적으로 높인다는데 초점이 맞춰져 있는 점이라 하겠다. 재정자립도도 2천 년도에 가서 50.7%까지 올린다는 목표였던 것이다. 그리하여 인력을 획기적으로 감축운영하고 영상사업을 추진하며 공연장 대관을 입찰제로 한다는 것이었다. 그 밖에도 기획공연 확대와 대소회의장, 전시장 사용료를 현실화하고 부대시설, 사용료, 악기 및 악보사용료, 옥외현수막 게첩 사용료 등을 징수하고 에너지를 절약하며 회관을 문화명소화 한다는 내용이었다.

이처럼 개선 내용이 오로지 수익증대에 맞춰져 있었다. 따라서 서울시의 개선안이 발표되자마자 문화계에서 즉각 반발이 있었음은 두말할 나위 없었다. 그러니까 시 측의 개선안이 실시가 되면 민간예술단체들은 고사하고 전체적으로 문화 하향평준화가 이루어질 것이라는 우려였다.

이러한 설왕설래 속에서 당초의 개선 방안은 대부분 유보되었고 다만 몇 가지만 부분적으로 실천되었는데 SF영상사업(〈용가리〉상영) 정도가 이루어진 것이 아닌가 싶다. 여하튼 서울시 측은 국민의 정부 문화정책의 기본이념이라 할 '지원은 하되 간섭은 않는다'는 방침에 따라 관립 단체의 민간위탁 내지 자율화를 좇기로 하고 회관의 재단법인화로 방향을 틀게 되었다. 그것이 대세였기 때문이다.

7. 재단법인화의 대변신

새로 들어선 국민의 정부는 IMF를 극복하기 위해서 각 분야 구조조정에 혼신의 열정을 쏟고 있었다. 따라서 문화기관들도 구조조정 대상에 올랐음은 두말할 나위 없었다. 세종문화회관만 하더라도 10%대를 맴도는 재정자립도로 인해서 오래전부터 문제의 문화공간으로 지목되어 왔던 터였다. 그리고 회관의 공공성을 고려할 때도 유료 관객 비율이 30%대를 밑돌아 세종문화회관이 '시민에게 보다 많은 문화향수 기회부여'라는 기능을 수행하고 있지 못하다는 공감대가 형성되어 있었기 때문에 법인화 추진을 가속화하게 된 것이다. 따라서 서울시 측에서는 1998년 10월 초에 세종문화회관 운영개선자문위원회를 구성했는데 조병화 예술원회장을 위원장으로 13명의 예술계, 언론계, 학계 인사들이 참여했다. 유민영(柳敏榮)을 소위원장으로 해서 구체안을 마련했고, 그것을 11월 23일 전체회의에서 확정시키기에 이르렀다. 운영개선자문위원회는 회관이 제대로 기능을 하려면 '자율성과 창의성, 유연성, 전문성을 제고' 할 수 있도록 운영을 민간 전문가에게 맡겨야 한다는 결론을 도출한 것이다.

이어서 서울시 측에서는 1998년 4월 1일에 발기인 총회를 열고 재단법인 세종문화회관 설립을 확정하면서 '공연 및 대국민 서비스 수준을 높임으로써 시민문화예술의 전당으로 탈바꿈할 것'과 '전속단체의 단계별 법인화'를 과제로 부여했다. 그에 따라 3월 20일 '재단법인 세종문화회관설립 운영조례'를 만들었고, 6월 30일 재단법인 등기를 마쳐 민법 제31조의 규정에 따라 재단법인 세종문화회관이 출범했다. 세종문화회관으로서는 개관 21년 만이고 시민회관으로는 39년 만이며 부민관에서 부터 계산하면 64년 만이다. 회관은 연출가 표재순(表在淳)을 이사장으로 하는 이사회를 구성하고 예술행정가 이종덕(李種德)을 총감독으로 임명함으로써 7월 초에 새롭게 출범하게 되었다. 이종덕 총감독은 인적 구조를 대폭 개혁했는데 1국3부8과를 2부1검사역9팀(실)으로 변경시켰다.

구분	사업소	재단법인
	1국3부8과 관장 ↓ 사무국장 ↓ 총무부장 : 총무과, 경리과 시설관리부장 : 관리과 전기과 설비과 공연부장 : 공연기획과 운영1과 운영2과	이사회 2부1검사역9팀(실)총감독 ↓ 경영관리부장 : 경영기획팀 총무팀 시설관리팀 복지개발팀 공연예술부장 : 공연기획팀 예술단지원팀 무대예능팀 사업운영팀 홍보실, 검사역 자문기구-운영위원회
정원	149명	84명

1999. 7. 현재

〈조직 및 인력 비교표〉

　이상의 도표에서 알 수 있는 것은 인력감축으로서 불필요한 일반직 공무원 상당수를 시 당국으로 보냈다. 그리고 상층부에 예술창조와 마케팅 부문을 강화한 것도 하나의 특징이다.

　그렇다면 초대 이사장과 총감독으로 임명된 두 사람의 구상은 어떤 것이었을까? 우선 이사장으로 임명된 표재순의 소감을 들어보면 '시민들이 즐겨 찾는 문화예술의 전당으로 자리 잡도록 노력할 것'이라면서 '순수예술과 대중예술의 조화를 통해 시민들의 사랑받는 문화공간으로 다시 태어나도록 하겠다'고 했다. 한편 이종덕 초대 감독은 '세종문화회관이 기존의 관료적 이미지를 벗고 시민들에게 보다 가까이 다가갈 수 있도록 하겠다'면서 한 번 찾아온 관객들이 다시 찾을 수 있는 공간으로 만들기 위해 공연의 질과 대중성을 함께 높여가는 방향으로 끌고 가겠다고 했다. 그런데 대중성 확보를 위해서는 순수예술 일변도에서 탈피, 전체 공연의 25% 정도는 대중성이 가미된 '응용예술' 분야로 채운다고도 했다. 그는 회관 공연의 질이 떨어지는 이유가 낙후된 시설과 기획인력의 비전문성에 있다고 지적하면서 "시설 개·보수와 전문성 확보를 통해 개관 50주년을 맞는 2011년에는 세종문화회관이 세계적인 공연장으로 꼽힐 수 있도록 하겠다."[69]고 했다.

그가 특히 강조한 것은 경영혁신이었는데 이를 위한 인사혁신과 함께 직원들에게 문화마인드를 심어주고 경영의 투명성을 선언하기도 했다. 그리고 회관을 그동안 문화계와 시민들이 바라는 모습으로 탈바꿈시키기 위해서 후원회와 자문위원회도 구성하겠다고 했다. 이러한 이종덕 총감독의 선언은 그대로 하나하나 실천되어 갔다. 얼마 뒤 '주간조선'은 이 총감독과의 인터뷰에서 회관의 달라진 모습을 다음과 같이 묘사했다.

요즘 세종문화회관을 둘러본 사람이라면 놀랄 것이다. 늘 어둑어둑하던 로비가 개방되었고 쾌적한 탁아시설이 들어섰다. 호텔을 방불케 하는 화장실엔 어린이용 변기와 장애인용 변기도 마련되었다. 로비에 들어선 근사한 카페테리아와 입구에 자리 잡은 인터넷 카페도 고급스럽다. 무뚝뚝하고 웅장한 열주(列柱)만 늘어서 있던 세종문화회관이 탈바꿈한 것이다. (…중략…) 지난 99년 7월1일 재단법인 출범과 동시에 이종덕 총감독이 먼저 한 일은 경영마인드 도입이었다. 문화예술계 기관 최초로 연봉제를 실시하고 조직의 군살을 과감하게 뺐다. 사무국 임직원도 140명에서 84명으로 줄였다. 서울시립교향악단의 상임지휘자 자리엔 러시아 볼쇼이극장의 음악감독인 마크 에름러를 불러들였다. 직장인들이 즐겨 찾는 분수대엔 뜨락 축제를 마련, 문턱을 낮추고 가볍게 즐길 수 있는 공연을 마련했다.

(…중략…) 무엇보다 눈에 두드러지는 것은 고객을 향한 서비스 강화, 시설 개·보수는 말할 것도 없고 '고객 눈높이 운영'을 통해 편안한 휴식공간으로 변신하려는 노력을 기울였다. 안내와 티켓 예매, 발매를 담당하는 인포샵은 깔끔한 디자인과 최신식 시설로 관객들을 맞는다. 사무공간은 건물 뒤편으로 자리를 옮겼고 그 자리엔 특별 전시장을 만들어 퓰리처상 사진대전, 헤르만 헤세전 등 굵직한 전시를 치렀다. 47곳의 오래된 화장실 시설을 정비, 부족한 여성

용 화장실 9곳도 증설했다. 추가로 여성화장실 5곳을 늘리고 28군데 노후시설도 금년 말까지 개선해 나갈 예정이다. 올해와 내년 화장실 개·보수에만 22억원의 예산이 책정되었다.

유아용 변기를 갖춘 화장실은 세종문화회관의 관객을 위한 마음 씀씀이가 달라졌음을 보여주는 단적인 사례. 지난 5월 5일 개설한 유아방 '아이들 세상'은 앙증맞은 유아용 화장실까지 갖추고 있다.[70]

이처럼 세종문화회관의 외형변화가 확 바뀐 것이다. 이상에서 지적한 것 외에도 컨벤션센터와 콘퍼런스 홀도 다목적 기능의 복합문화공간으로 탈바꿈시켰다. 즉 컨벤션센터는 4백석 규모의 공연장으로 만들었고 컨벤션홀은 130석 규모의 아늑한 회의장으로 변모시킨 것이다. 물론 이러한 변화는 이 총감독의 문화안목과 의욕에 따른 것이지만 서울시의 고건(高建) 시장의 뒷받침이 없었으면 불가능할 수도 있었다. 왜냐하면 그러한 변화에는 상당한 비용이 들어가야 가능한 것이기 때문이다. 화장실 개·보수에만도 22억 원이라는 거액이 들어가지 않았는가. 의욕에 넘친 이종덕 총감독은 내친김에 1천5백석 규모의 극장을 하나 더 짓고 싶어 하기도 했다.

이처럼 회관의 외형변화는 누구나 인정할 정도로 혁신적이기까지 했다. 월간 '음악저널'도 2천 년도 2월호에서 "현재 세종문화회관은 매일 달라지고 있다 할 만큼 외형적으로 많은 부분이 변모를 했다. 청중의 입장에서 보면 공연장의 로비까지 마음대로 진출할 수 있고 또 활용할 수도 있는 휴식공간으로까지 가까워졌다. 관공서 건물의 의미로 부각되던 많은 부분들이 공연장이나 휴식공간으로 바뀌는 면모도 있었다. 따라서 이런 변화는 그간에 세종회관이 사무실의 의미로 보여졌던 부분들을 공원이나 시장의 의미로 바꿔줬다는 효과가 있다."고 평가한 바 있다.

세종문화회관이 소위 광화문시대를 열면서 바야흐로 한국문화의 중심지로 바뀌어 가는 듯했다. 회관은 외형변화와 함께 내부개혁도 서둘렀다. 내부개혁이란 인적 구조 개편과 구조조정, 그리고 9개 전속단체의 점차적 독립법인화 추진 등이라 하겠다. 그러나 그것은 말처럼 쉬운 일만은 아니었다. 물론 행정 직원의 구조조정은 어렵지 않았다. 상당수 일반직 공무원들은 본청으로 돌아가면 그뿐이기 때문이다. 그러나 전속단원 문제와 명칭개정 문제는 간단치 않았다. 사실 회관(會館)이란 명칭은 1935년 부민관에 뿌리를 둔 것이라 볼 수 있다. 부민관이 세워지기 전에 극장 명칭은 협률사(1920년)나 원각사(1908년) 등에서 볼 수 있는 것처럼 대체로 사(社)자가 붙거나 광무대(1908년)에서처럼 대(臺)가 붙었고 1922년 조선극장이 건립되면서 극장이란 명칭이 처음 붙은 것이었다. 그러다가 부민관이 문을 열면서 관자가 붙기 시작한 것이다. 물론 일찍이 중국에서 극장에 관자를 붙인 일이 있으나 우리나라에서는 요정 같은데 관자를 자주 붙였었다. 명월관, 국일관, 한일관 등이 그러한 예에 속할 것이다.

따라서 세종문화회관도 일제잔재 청산의 의미로 개칭하자는 여론이 높았다. 회관이 법인으로 출범한 직후(8월 초), 운영위원회가 명칭문제를 장시간 토론을 벌여 그동안 문화계, 언론계, 공무원 등의 설문조사에서 올라온 '세종센터', '세종아트센터', '세종문화 시민의 광장' 등에서 하나를 명칭으로 삼자는 결론을 내리게 되었다.[71] 그러자 찬반양론이 일어났다. 그동안 써온 명칭이 익숙하므로 그대로 사용하자는 측과 바꾸자는 측으로 갈리게 되었다. 결국 서울시 측에서 전자의 손을 들어줌으로써 명칭 개정은 수포로 돌아갔다.

이처럼 개혁은 쉬운 일이 아니었다. 명칭을 바꾸는 일조차 쉽지 않은 터에 인적 청산 같은 구조개혁은 강한 저항을 불러오지 않을 수 없었다. 회관 전속 예술단 노동조합은 닥쳐올 변화에 대비라도 하듯이 법인 출범 2개월여 뒤인 9월에 260명 단원명으로 오디션 및 연봉제도 거부를 선언해 놓았다. 회관 지도부에서는 이를 알면서도 연말 정기 오디션을 실시해서 8명(교향악단 4명, 무용단 4명)의 단원을 해촉시킨 것이다. 단원 해촉과 관련한 해명의 글에서 "일부 단원들의 오디션이 그동안 형식적으로 이루어져 왔으며, 실력에 상관없이 매년 월급이 올라가는 공무원식 호봉제의 월급 제도를 택하고 있었습니다. 이로 인해 단원은 매너리즘에 빠져 예술기량은 낮아지고 급기야 시민들로부터 외면을 받게 된 것입니다. 고심 끝에 세종문화회관은 합리적인 오디션 제도와 연봉제를 도입하기로 의견을 모았습니다."72)라고 주장했다.

그러나 회관의 노동조합은 그에 즉각 반발했다. 회관 측에서는 저명 심사위원들이 참여하여 공정하게 심사했다고 말하지만 어떻게 "45명 교향악단의 공동연주를 40여 분간 듣고 개인별 평점을 매기는 방식"73)으로 개인의 실력을 평가할 수 있느냐는 것이었다. 이는 곧 노측활동에 열성적인 단원들에 대한 '표적오디션'이라면서 서울지방노동위원회에 이의 신청을 한 것이다. 회관의 임직원 일동과 교향악단 비노조원들은 이번의 해촉이 노조탄압이 아닌 엄정한 심사였다면서 자신들의 입장을 천명했다.

즉 회관 임직원 일동은 '서울시민에게 드리는 글'을 통하여 해촉이 "예술단체 노조에서 주장하듯 노조탄압이 아니다. 공정한 오디션 결과 기량미달로 탈락 된 것일 뿐"이라 했고, 비노조원 일동도 연말 오디션은 공정하게 치러진 것이라 했다. 결국 서울지방노동위원회의 판정을 기다릴 수밖에 없었다. 그런데 2000년 3월 노조에서 신청한 부당노동행위와 부당해고 구제신청에 대해 부당노동행위 부분은 기각하고 해고자는 복직시키라는 명령이 내려졌다. 서울지방노동위원회는 답신에서 "오디션 평가 결과에 따라 기량이 부족한 단원들을 훈계하고 경우에 따라서는 조직에서 배제시키는 것은 피신청인(세종문화회관)의 재량권으로 이를 탓할 수는 없으나 재량권의 범위를 일탈한 것으로 보아진다."고 했다. 이러한 판정에도 불구하고 회관 측은 자신들의 정당성을 주장하면서 버텼다.

이에 노측은 즉각 천막농성으로 들어갔고 해고자 복직 등 노조 주장을 받아들이지 않으면 소강당 공연을 거부하겠다고 나왔다. 여기서 노조의 요구안의 주요 내용을 검토할 필요가 있을 것 같다. 요구안의 주요내용은 9항목으로 되어 있었는데 제2항은 부당해고 및 부당징계 문제이다. 요구안에 보면 부당해고자 전원을 즉시 원직 복직시킬 것, 원직복직, 징계무효와 함께 지노위의 해고 구제 신청 판정결과에 따라 행위 담당자 전원(교향악단장, 무용단장, 극단단장, 공연예술부장, 예술단 지원팀장, 예술단 지원팀차장 등)을 중징계할 것, 위로금(해고기간 동안 평균 임금의 10배)을 지급할 것, 회관 측의 공식적인 사과와 부당 노동행위자를 중징계할 것, 회관에 고용된 전체직원의 고용형태를 정규직으로 전환, 공연예술직 노동자들의 고용안정을 보장할 것, 연봉제를 철회할 것, 그리고 노조에 대한 법적 고소 및 고발 건, 인사위원회 회부를 모두 취하할 것 등등이었다.[74]

이러한 혼란 속에서 회관 측에서는 수습을 위해서 타협안을 내놓기도 했다. '해고 단원을 복직시키되 3개월 후, 또는 연말에 다시 오디션을 실시하게 하자'는 것이었는데 노조 측에서는 '노조가 참여하는 항시 오디션제 도입'으로 맞섰다.[75] 결국 회관 측에서 노조의 요구를 대폭 수용하면서 6월 하반기 들어서 완전 해결되기에 이르렀다. 즉 회관 측과 노조 측은 재단법인 1주년을 며칠 앞두고 극적으로 화해했으며 다양한 기념공연 준비에 나선 것이다. 7월 1일 야외무대에서 열리는 기념무대는 시향의 연주와 김덕수 사물놀이, 테너 가수 강무림, 김남두, 신동호 등과 장사익, 조영남 등 대중가수까지 등장시켜서 흥겨운 한마당을 마련한 것이다.

그렇다고 세종문화회관의 문제가 완전히 해소된 것 같지는 않다. 월간 '음악저널' 2호가 '현장 새겨 읽기'라는 글에서 회관의 현실을 바라본 다음과 같은 글은 세종문화회관 개혁의 난항을 비교적 정확히 짚은 것이 아닌가 싶다.

우리나라 전체 사정이 그렇지만 '개혁'이 어렵다는 것이 세종문화회관의 변화에서도 나타나고 있다. 개혁, 변화를 하기 위해 세종문화회관이 몸살을 하고 있지만 변하고 있는 것은 사무국과 극장에 관한 것뿐이라는 평가다. 따라서 극장은 변하고 있는데, 뛰는 그들을 뭔가가 발목을 잡고 있다는 이중적인 느낌이 세종문화회관의 현실이다. 세종문화회관에는 산하 9개의 예술단이 존속하고 있다. 서울시 산하단체시절부터 이들의 공연은 청중이 들지 않는 관례적인 행사라는 평가를 들어 왔다. 신체제가 등장하면서 경쟁력 있는 공연을 천명하고, 구조조정을 시작했으나 결과는 전혀 그렇지 않다. 아는 것처럼 신체제의 등장과 함께 시작했던 산하 공연단체의 오디션과 이에 따른 구조조정 계획은 공연단체들과 신체제와의 갈등의 깊은 골을 만들어 놓은 채 현재에 이르고 있다. 이 때문에 세종문화회관에는 신체제와 대립하는 NGO 그룹이 존재한다는 평가다. 이들 관계는 초창기 오디션 파동 이후 거의 대립관계에 있어온 것으로 알려진다. 신체제에 의한 어떤 프로그램도 예술단체에도 별로 먹혀들고 있지 않은 것이 현 상황이라 전해진다.

이 때문에 산하예술단체들은 옛 시절에서 조금도 달라진 것이 없다는 것. 다 아는 일이듯 시향은 악장을 경질하고 오디션을 통해 몇 명의 단원을 해촉하는 등의 초기 조처를 단행했으나 이런 일련의 조처들은 강력한 노조에 의해 모두 없던 일로 원점 회귀한 상태. (…중략…) 세종문화회관의 내부 개혁이 진도를 나가는데 가장 문제가 되고 있는 것은 신체제의 생각과 계획이 산하단체로 먹혀들지 않는 점이라 한다. 한 지붕 동거를 하고 있으나 초기 구조조정 때 생긴 감정들로 견원지간처럼 불편해 한다는 것이다. 이 때문에 산하예술단체들은 서울시립 시절이나 지금이나 '무늬' 이외에는 변한 것이 없다는 지적이 있다.[76]

이상과 같은 지적은 거의 들어맞는 것이다. 회관뿐만 아니라 우리나라의 모든 조직의 개혁은 대단히 어려운 것이 사실이었다. 신체제 지도부로서는 수십 년 동안 누적된 적폐를 걷어내고 신선한 피를 수혈해서 국제 경쟁력을 높여 보겠다는 것이었고, 기존 단원들은 생존을 위한 저항이었기 때문에 그 접점을 찾아낸다는 것은 결코 용이한 일이 아니었다. 이러한 기존 체제의 강력한 저항으로 내부 혁신은 일단 임직원으로 그칠 수밖에 없었던 것은 어정쩡한 봉합으로 그치고 만 것이다.

이처럼 내부 개혁이 어려운 것이 사실이었지만 신체제 지도부는 가능한 것부터 변혁을 지속해갔다. 특히 외형 변화에 대해서는 전술한 바 있듯이 나날이 달라졌고 그에 따른 공연활동과 서비스 개선, 마케팅 기법 등으로 재정자립도가 급속히 향상되어 갔다. 가령 98년도의 16.2%가 법인화된 99년도는 5개월 만에 19.5%로 향상했고 2000년도는 26.3%까지 급상승할 수가 있었다. 이는 재단법인화의 효력이 얼마나 대단한가를 단적으로 보여주는 것이라 아니할 수 없다. 회관 측은 의욕적으로 여러 가지 과거 관행을 혁파하면서 새로운 패러다임 짜기와 비전 있는 계획을 세워나갔다. 특히 경영혁신 부분에서 단연 돋보였는데 연봉제 실시만 하더라도 새 제도의 도입인 것이다. 경영혁신부분에서 두 번째로 꼽을 수 있는 것은 회관이 처음으로 중장기발전 계획을 수립한 점이라 하겠다.

명칭을 'PROSPECT 2010-세계문화의 중심, 살아 숨 쉬는 예술 공간을 위하여'로 정한 중장기 발전은 공연과 교육을 기본이념으로 삼고 시민회관 개관 (1961년)으로부터 50주년이 되는 2011년까지를 4단계로 나눈 것이 특징이다. 그 첫 단계는 시험 운행기(2000~2002)로서 업무처리 효율화, 탄력적 조직구성, 시설개선, 수익사업개발, 기금적립 기틀마련으로 재단법인으로의 발전적 운영방안을 마련한다는 것이다. 다음 단계는 운영정착기(2003~2005)로서 고객중심의 운영과 수준 높은 프로그램 제공, 재정자립도 제고, 그리고 극장경영의 전문화로 합리적 경영모델을 정착시킨다는 것이다. 세 번째 단계는 운영도약기(2006~2008)로서 방향성 있는 예술정책 확립과 세종문화회관의 이미지를 특장화 한다는 것이며, 끝으로 마지막 단계는 계획완료기(2009~2011)로 활기찬 예술경영과 마케팅으로 시민에게는 최고의 문화서비스를, 예술인에게는 다양한 창작마당을 제공하여 국가 문화예술의 기반조성과 세계중심의 아트센터로 도약한다는 것이다. 이는 대단히 의욕적이고 야심찬 계획으로서 실현 가능한 것이라 볼 수 있다.

경영혁신부문에서 회관이 고객헌장을 제정한 것도 돋보이는 아이디어라 말할 수 있다. 이 헌장 배경은 회관을 관리하고 운영하면서 법인이 가장 중요하게 생각하는 것은 '고객을 먼저 생각하고 모든 일을 고객의 시각에서 처리하는 경영, 즉 고객에게 봉사하는 문화예술의 보금자리로 거듭나는 것'이라는 인식에서 출발한 점이다. 그리하여 첫째로 회관이 고객 최우선정신으로 고객 만족을 극대화한 것이고, 두 번째는 재정 안정을 갖춘 세계적인 복합문화예술센터로 위상을 정립한다는 것이며, 세 번째는 풍부한 시민참여 프로그램으로 열린 경영, 투명경영의 표본을 제시한다는 것이다.

회관 측에서는 공간 활성화부문에서 건물 전체 공간의 개·보수와 변화를 주어서 전체의 구석구석을 모두 유효공간으로 탈바꿈시키겠다고 했다. 그에 따라 예술사업 부문도 획기적으로 활성화한다는 것인네, 전속단체의 정기공연 내실화를 위해서 세계적인 예술가를 초빙하고 예술단의 기량향상과 작품 질 향상으로 시민이 즐겨 찾는 공연을 실시하며, 전시기능 강화로 복합문화예술센터의 위상을 정립한다는 것이다. 그 외에도 옥외공간의 적극 활용과 소외계층을 찾아가는 시민공연과 외부기관과의 연계활동도 추진한다고 했다. 또 하나 주목되는 것은 전속 단체들이 해외 공연을 자주 갖고 아셈페스티벌 등에 적극 참여함으로써 회관의 국제적 위상을 높인다는 것이라 하겠다.

이처럼 회관이 재단법인화와 함께 하드웨어와 소프트웨어 양면에서 대변신을 한 것이다.

물론 앞에서도 언급한 바 있듯이 내부개혁에는 어느 정도 한계가 없었던 것은 아니나 회관의 내외 전 공간을 획기적으로 바꾸어 놓음으로써 리모델링의 한 예법을 제시하고 회관을 이끄는 사람들의 의식개조가 얼마나 엄청난 변화를 불러일으키는가도 극적으로 보여준 것이 사실이다. 문화행정가로서 일가를 이룬 이종덕이 총감독을 맡음으로써 세종문화회관은 단시간 내에 행사장에서 예술창조공간으로 탈바꿈한 것이다. 세종문화회관이 문화공간으로 다시 태어나면서 고무적인 일들이 연이어 일어났는데 그 하나가 '광화문 문화벨트' 조성 계획이라고 한다면 다른 하나는 '제2 세종문화회관' 건립 추진이라 하겠다. 즉 서울시 측에서는 조선왕조의 500년 찬란한 역사유적지가 곳곳에 포진한 광화문 일대의 문화시설 및 공간을 대폭 보강해서 이들을 입체적인 네트워크로 연결한다는 것이다. '역사와 문화가 살아 숨 쉬는 광화문으로'라는 슬로건을 내걸고 추진 중인 문화벨트는 세종로 중심의 녹지축을 2004년까지 단계적으로 공원으로 조성하려는 '세종로 조망거리 조성계획'과 맞물려 있는 것이다.77)

사실 이 계획은 제2 세종문화회관 건립과도 연계되는 것이기도 하다. 즉 서울시는 금호 그룹과 손잡고 광화문 문화벨트 조성사업의 하나로 종로구 교남동 옛 기상청 부지 3천700여 평에 1천400석 규모의 중극장을 건립한다는 것이었다. 사실 세종문화회관은 4천여석의 대극장과 450석의 소극장만 있어서 일반인들이 즐겨 찾는 적당한 중간극장이 절실히 필요한 것이었다. 제2세종문화회관이 건립되면 각종 콘서트와 오페라, 뮤지컬 등 무대예술의 전당으로 활용할 수 있다는 것이었다. 그러나 2천여억 원 가까이 소요될 제2 회관은 금호그룹의 경제 여건과 맞물려 있는 것이어서 2004년까지의 완공 실현성 여부가 미지수였다.

2001년 들어서도 회관은 긍정적인 방향으로 나아갔는데 그 대표적인 것이 삼청각 인수와 후원회 결성이라 하겠다. 주지하다시피 삼청각은 성북동 북악산 자락의 대지 5천8백84평, 연건평 1천3백31평 규모로 1972년 지어질 당시 남북적십자 회담 장소로 사용 된 이후 97년까지 주요 국빈 접대와 회담을 위한 고급 요정으로 운영되어 왔었다. 그런데 서울시가 2001년 1월 삼청각 소유주인 화엄건설 측에 강남구 개포동 시유지를 주고 교환계약을 체결해서 소유권을 넘겨받게 된 것이다. 따라서 서울시 측에서는 3월 25일, 삼청각의 현 건물을 그대로 유지하면서 내부 시설을 리모델링하는 방침을 확정하고 우선 중심 건물이라 할 일화당을 전통예술 공연장으로 만들어서 10월 25일에 개관한다는 계획을 밝힌 바 있다.

물론 나머지 5개 건물의 공사도 연내에 마쳐서 청천당과 천추장은 다도(茶

삼청각 전경 ⓒ 세종문화회관

道)와 전통예술을 익히는 체험장으로 만들고 별당인 유하정은 판소리학교로 만든다는 계획이다. 나머지 2개동인 취한당과 동백헌은 시민들이 옛 생활을 체험할 수 있는 객관(客館)으로 만든다고 했다. 이런 것은 모두가 세종문화회관의 외연(外延)을 확대하는 것으로서 회관의 활동폭도 넓어지고 그에 따라 시민에 대한 문화복지에도 크게 기여하는 것이 되리라 본다.

후원회만 하더라도 세종문화회관의 운영능력이 크게 진전되었음을 단적으로 보여주는 것이라 말할 수 있다. 2001년 6월 28일에 총회를 열었는데 250여 명의 저명인사들이 회원으로 참여했었다. 영부인 이희호(李姬鎬) 여사가 초대 명예총재를 맡았고 강원용(姜元龍) 목사가 총재를, 그리고 박용성(朴容晟) 두산그룹회장이 초대회장을 맡음으로써 후원회사상 최강팀이 탄생한 것이다. 후원회가 출범하자마자 3억여 원의 기금이 모일 정도로 회원들의 참여 열기가 높았는데, 형태는 예술의전당 방식을 많이 참고한 것으로 알려졌다. 이처럼 세종문화회관은 재단법인화 이후 문화공간이 갖춰야 할 구비조건이라 할 외형과 제도 면에서 진일보했고 전속예술단들도 활기를 찾음으로써 구각을 완전히 탈피, 면모 일신한 것이다.

한국근대문화사와 궤를 같이해 온 세종문화회관은 1997년 재단법인 출범으로 우리나라 공연계에 일대혁신의 바람을 몰고 왔다. 하드웨어와 소프트웨어 양면의 일신으로 지방 문화회관 건립과 운영, 그리고 관립예술단체 운영에 대한 모델이 제시되었고, 관객서비스와 공연작품의 질적 향상 도모로 시민에 대한 공연예술 향수의 확대라는 결과를 가져왔다. 순수문화예술과 대중예술의 균형 발전을 가져왔고, 나아가 재정자립도의 제고를 통해 향후의 수준 높은 공연무대를 기약할 수 있게 되었다.

이상에서 살펴본 바와 같이 세종문화회관은 82년 전인 1935년에 개관한 부민관에 그 뿌리를 두고 있고, 모태는 시민회관(1961년 개관)이다. 따라서 시민회관부터 기산(起算)하면 2017년으로 만 56년이 된다. 만약 부민관부터 기산한다면 회관이 82년의 오랜 역사를 갖게 되는데, 부민관 시절에는 사설극장인 동양극장과 양각을 이루면서 우리나라 무대예술 발전에 크게 기여했고, 시민회관시절에는 명동 국립극장과 역시 양각을 이루면서 공연예술 진전에 절대적으로 공헌한 것이다. 그리고 세종문화회관 시절에는 국립극장과 문예회관, 예술의전당 등 현대적 시설의 극장들과 어깨를 나란히 하면서 공연예술의 발판이 되었다.

그런데 여기서 간과해서는 안 될 것이 세종문화회관은 부민관 시절부터 다른 문화공간들이 할 수 없었던 역할 한 가지를 더 수행한 점이라 하겠다. 그것이 다름 아닌 정치행사와 사회단체들의 집회, 그리고 국내외의 주요 회의 개최 등이라 말할 수 있다. 특히 정치행사의 경우는 한 시대를 변화시킬 만한 주요 행사들이 여러 번 있었고 사회관련 집회도 중요한 것이 많았다. 물론 세종문화회관이 다목적 홀이라는 태생적 한계도 없는 것은 아니었으나 문화공간이 절대 부족한 시대에는 그런 형태가 사회 문화 발전에 더욱 기여할 수도 있는 것이다. 그 점에서 세종문화회관은 현대문화사 더 나아가 한국현대사와 그 궤적을 같이 해왔다고 말해도 과언이 아닐 것이다.

이 말은 곧 세종문화회관이 그만큼 우여곡절을 많이 겪어왔다는 이야기와도 상통하는 것이다. 가령 부민관으로부터 시작되어 시민회관, 세종문화회관에 이르는 동안 명칭도 몇 번 바뀌고 건물도 불탔으며 위치 또한 옮겨졌었다. 세종문화회관이 관립의 다목적 홀이라는 성격 때문에 예술계로부터는 끊임없이 불만과 요구가 있었고 그를 충족시켜 주지 못한 회관 측과의 긴장 역시 지속될 수밖에 없었다. 물론 그런 관계 속에서 예술도 발전하고 문화공간도 진척되어온 것을 부인할 수가 없다. 가령 문화공간의 진척문제만 하더라도 세종문화회관이 모델이 됨과 동시에 자극제가 되어 전국 도시에 수십 개의 유사한 문화공간이 생겨날 수가 있었다.

그러나 세종문화회관의 태생적 한계나 경직된 관료적 운영행태까지 전수됨으로써 바람직스럽지 못한 문화공간도 많이 생겨난 것이 사실이다. 이를테면 도시인구나 문화적 기반 같은 것을 전혀 염두에 두지 않고 무모하리만치 대형만 선호함으로써 낭비적 요소가 많은 것에서부터 경직되고 무사 안일한 운영 같은 것이 그 하나의 예라 말할 수 있다. 물론 문화공간의 불모지에 대형 다목적 홀이 생겨난다는 것은 도시의 문화 사랑방으로서 시민의 문화 복지에 적잖은 기여를 하는 것이 사실이다. 그러나 지나치게 크고 또 관료적 운영으로 말미암아 문화공간으로서의 제 기능을 못하고 거대한 창고처럼 죽어 있는 것이 문제라 하겠다.

특히 오늘날 전문화 시대에 접어들었음에도 일부 지방 도시들에서는 여전히 세종문화회관 같은 대형 다목적 홀을 세웠거나 짓고 있다는데 문제의 심각성이 있는 것이다.

다행히 국민의 정부가 들어서면서 관립 문화공간의 민간위탁 정책이 펼쳐졌고 세종문화회관이 첫 번째 모델로서 재단법인화가 되었으며 그로 말미암아 회관은 혁명적일 정도로 대변신을 꾀함으로써 거의 새로 태어난 느낌이 들 정도로 탈바꿈한 것이다. 그것은 정부가 주관한 2천년도 문화기반시설 운영평가에서 최우수 기관으로 선정된 사실이 잘 보여주는 것이라 하겠다. 문화공간을 민간 전문가들이 운영하는 것이 얼마나 중요한가를 세종문화회관의 재단법인화가 극적으로 보여준다고 하겠다.

결론을 겸해서 그동안 세종문화회관이 해 온 일을 몇 가지 첨가한다면 다음과 같다. 첫째로 문화공간이 절대 부족한 이 땅에 공연예술이 있게끔 하는데 절대적으로 기여한 점을 꼽을 수 있다. 앞에서도 조금 언급한 바 있듯이 전반기는 동양극장, 중반기는 국립극장, 그리고 후반기는 문예회관이라든가 예술의전당 등 여러 극장과 어깨를 나란히 하고 무대예술 발전에 기여한 것이다.

두 번째로는 세종문화회관이 일찍부터 여러 종류의 전속예술단체를 산하에 둠으로써 순수 무대예술이 그 명맥을 이을 수 있게 한 점이다. 가령 교향악단을 비롯한 국악관현악단, 소년소녀합창단, 교향악단 같은 것은 세종문화회관이 최초로 산하에 둠으로써 그 분야 예술 발전에 절대적 기여를 한 것이다. 특히 공연예술이 생활화되어 있지 못한 이 땅에 교향악을 존재케 하고 국악단을 통한 전통예술의 전승과 청소년 음악의 활성화 등은 획기적인 것이다.

세 번째로는 회관이 무용단을 통해서 현대무용의 진전에 기여했고 가무단을 통해서는 이 땅에 뮤지컬 시대를 활짝 열게 한 것이다. 사실 세계의 연극은 뮤지컬로 나아가고 있다. 우리나라만 하더라도 관객의 측면에서 보면 거의 80%가 뮤지컬이라 말할 수 있다. 그처럼 중요한 뮤지컬 장르를 회관 전속의 가무단이 시작하다시피 했고, 또 지속적으로 작업을 진행시켜옴으로써 오늘날 비교적 세련된 뮤지컬이 존재할 수 있었던 것이다.

네 번째로는 공연예술의 국제교류를 세종문화회관이 처음 시작해서 우리나라 관중이 선진 예술을 접할 수 있었고, 우리 예술인들도 많은 자극을 받았다. 그리고 더 나아가 한국의 국제적 위상도 향상된 것이 사실이다. 그것은 좋은 시설의 세종문화회관이 없었다면 거의 불가능했다고 말해도 과언이 아니다.

국악관현악단 ⓒ 세종문화회관

소년소녀합창단 ⓒ 세종문화회관

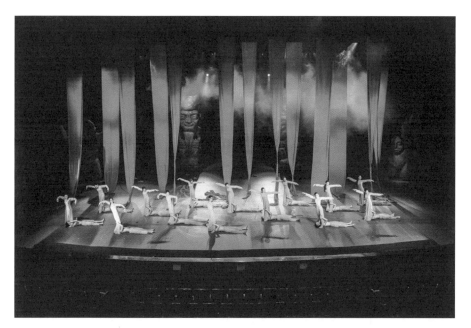

무용단 ⓒ 세종문화회관

극단 ⓒ 세종문화회관

뮤지컬단 ⓒ 세종문화회관

오페라단 ⓒ 세종문화회관

다섯 번째로는 세종문화회관이 대중문화 발전에도 직간접적으로 기여했던 점을 꼽을 수 있다. 소위 쇼 단체라든가 대중가요 가수 등에서도 문화를 개방함으로써 그 분야의 발전에도 기여했다고 보는 것이다. 이처럼 세종문화회관은 숱한 우여곡절과 문화계의 비판에도 현대 한국문화 진전에 절대적 기여를 한 문화공간으로 기록될 만하다.

더욱이 1999년 7월 1일 재단법인화 이후 하드웨어와 소프트웨어 양면에서 면모일신을 함으로써 법인화를 망설이고 있는 전국 관립 문화공간에게 하나의 예법을 보여주고 있다고 말하고 싶다.

8. 시스템과 인적구조의 혁신

국가와 사회를 이끌어 가는 것이 지도자의 몫이듯 대소 간의 기구나 조직 역시 궁극적으로 그것을 주도하는 것은 사람이므로 그 사람의 능력 유무에 따라 그 기구 조직의 성쇠가 좌우될 수밖에 없다. 1998년 2월 국민의 정부가 들어서면서 여러 가지 개혁조치를 취하는 가운데 관립 문화공간의 민간위탁이 그 일환으로 시행되었음은 주지의 사실이다.

그 첫 번째 법인화 대상이 세종문화회관이었는데, 그것을 첫 번째 대상으로 삼은 이유는 두 가지에 있었다고 본다. 그 한 가지가 세종문화회관이 갖는 상징성에 있었다고 한다면 다른 한 가지는 세종문화회관이 본래의 기능을 제대로 수행하고 있지 못한 데 있었다고 하겠다. 결국 국민의 정부가 들어서고 1년여 지난 뒤인 1999년 7월 1일부로 시 직영 문화공간에서 민간전문가가 운영하는 재단법인으로 대변신을 하기에 이르렀다.

세종문화회관이 재단법인화되면서 첫 번째로 바뀐 것이 사람이었고 다음으로 기구였다. 세종문화회관이 법인화되기 전까지는 2급 관리가 운영하는 단순한 다목적 홀이었지만 법인화되면서 명실상부 문화예술창조 공간으로 거듭나게 된 것이다. 그런데 법인화되면서 세종문화회관이 혁명적일 정도로 면모 일신하게 된 첫 번째 요인은 아무래도 이종덕(李鍾德)이라는 검증된 예술행 정가가 지휘탑을 맡은 데서 찾아야 할 것 같다.

주지하다시피 이종덕 사장은 이미 예술의전당 사장으로서 극장경영에 있어 서 타의 추종을 불허하는 능력을 보여준 바 있었기 때문에 그가 세종문화회 관을 혁신시킬 수 있는 적임자라는 것은 누구나 인정하지 않을 수 없었다. 그가 세종문화회관의 지휘탑을 맡으면서 우선적으로 기구가 개편되었고 사람 도 상당 부분 바뀌었음은 두말할 나위 없다. 물론 세종문화회관의 기구는 재 단법인 단체의 일반적 인적 기구에 준한 것이지만 이사회나 운영위원회를 제 외한 하부 구조는 다분히 기업의 조직을 벤치마킹한 것이라 볼 수 있다. 가령 팀 중심으로 움직이고 팀장에 상당한 재량권과 의무 책임을 부과한 것은 하 나의 좋은 예가 될 수 있을 것이다.

중진연출가를 이사장으로 함으로써 이사진도 자연 문화전문가들로 짜이게 되었고, 운영위원회도 예외가 아니다. 유능한 예술행정가인 이종덕 사장을 둘 러싼 이사진과 운영위원들이 쟁쟁한 문화전문가들인 데다가 일선 지휘탑도 자연스럽게 경험 많은 전문가들을 영입하는 수순을 밟아갔다. 오페라 연출가 조성진 예술감독을 공연 예술부장으로 하고 과거에 예술의전당에서 10여 년 씩 경험을 쌓은 인물들이 기존의 또 다른 전문가들과 함께 중간간부로 포진 함으로써 하부 기구가 기동력을 가질 수가 있었다. 경영 관리부장 역시 베테 랑 은행가출신이었기 때문에 시설, 복지, 경리 등에 빈틈이 생길 수가 없었다.

이처럼 세종문화회관은 소극적인 비전문 행정공무원 중심 기구로부터 한국 문화를 주도하는 전문가들이 상층부에 자문 역으로서 포진하고 일선 지휘 팀 은 중견 예술경영전문가들이 맡는 능동적 기구로 바뀐 것이다. 이는 곧 종래 의 수동적이면서 비능률적이었던 구조를 단번에 일소하고 효율성을 극대화할 수 있는 공격적 조직으로 쇄신한 것이었다.

기구가 인적 쇄신을 함으로써 일반직 행정 공무원 상당수가 본청이나 다른 부서로 갈 수밖에 없었고 그 빈자리는 공채를 통해 엄선된 일꾼들이 메움으로써 인적 기구 전체가 정말로 일하는 팀으로 짜이게 된 것이다. 그에 따라 예술단원을 제외한 운영요원들이 오히려 감소되었다. 즉 재단법인화되기 전에 129명이었던 것이 법인화되면서 84명으로 감소됨으로써 단번에 61명이나 퇴출된 것이다.

그러니까 세종문화회관이 단번에 5분의 2정도의 인원을 감축한 셈이 되는 것이다. 이러한 예는 기업에서도 찾기 힘들 정도의 충격적 구조조정으로서 IMF 이후 경제계에서도 본받을 만한 것이었다. 이는 또한 그동안 세종문화회관이 얼마나 많은 불필요한 인원을 안고 있었는가를 여실히 보여주는 것이기도 했다. 감축된 61명의 평균 연봉을 2천만 원으로 계산해도 연간 12억 원 정도의 예산절감 효과도 올리는 것이기 때문에 세종문화회관으로서는 죽은 살을 도려낸 것이나 마찬가지였다. 그뿐만 아니라 퇴출된 인원들은 단순한 유휴노동력으로 끝나는 것이 아니고 세종문화회관이 앞으로 나아가는 데 있어서 방해요인도 되었다고 보기 때문에 인적 구조 개편이야말로 재단법인화된 세종문화회관의 앞날을 밝게 하는 것이었다.

솔직히 이러한 세종문화회관의 인적 구조 개혁은 이종덕이라는 유능한 예술행정가가 아니었으면 불가능했다고 본다. 그는 과거에 서울예술단과 예술의전당을 운영해보았기 때문에 예술단체와 문화공간의 인력활용을 너무나 잘 알고 있었고 추진력 또한 강했으므로 내부 저항을 극복해낼 수 있었다. 물론 공무원들을 솎아내는 일이므로 서울 시장의 뒷받침도 무시할 수는 없다. 기업이나 관공서, 또는 조직단체에서 인력 조정이야말로 가장 어려운 일이지만 경영 합리화의 첫걸음이라 할 수 있다.

그런데 문화공간에서의 경영 합리화라는 것이 과연 무엇인가 하는 점이다. 만약 문화공간이 수익성만 생각한다면 대중에 영합해서 그들의 취향에 맞는 콘텐츠로 많은 수입을 올릴 수도 있을 것이다. 그러나 서울시민의 정서적 안식처로서의 세종문화회관은 그렇게만 나아갈 수는 없는 것이다. 특히 세종문화회관은 설립 이래 예술창조 보급공간으로서보다는 경축행사장으로서, 또는 대관극장으로 연간 상당기간을 할애해왔기 때문에 뚜렷한 정체성이라든가 문화공간으로서의 특징 같은 것을 지니지 못하고 있었던 것이 사실이다. 물론 대형 건축물이 부족했던 지난 시절에는 그러한 기능도 중요한 것이 사실이다.

그러나 행사장이나 대형 문화공간이 많이 생겨난 이후에도 세종문화회관이 비전문 일반직 공무원들이 지배해 오다보니 방향 전환을 할 수가 없었다. 따라서 이종덕 사장은 세종문화회관의 정체성 재정립과 이미지 개선을 서둘렀고 그로 인해서 시민들의 문화 향수권을 확대시켜주는 것이야말로 진정한 경영 합리화라고 생각한 것이다. 환언하면 세종문화회관이 양질의 문화콘텐츠를 창조해서 시민들에게 보급하는 것이야말로 최고의 수익성 제고(提高)라고 확신했다는 이야기이다. 그리하여 곧 그는 초창기에 다목적 홀로 시작해서 40여 년 동안 큰 변신 없이 내려온 세종문화회관의 정체성을 재정립하면서 모델을 미국의 링컨센터, 영국의 바비칸센터, 프랑스의 퐁피두센터, 호주의 시드니오페라하우스 등으로 설정한 것이다. 그러니까 그가 세종문화회관을 행사장이 아닌 복합문화 예술센터로 대전환시켰다는 이야기이다. 그가 사장으로 부임하면서 문화회관의 명칭을 문화예술센터로 개명하려고 노력했던 이유도 바로 거기에 있는 것이다.

솔직히 세종문화회관이 복합문화 예술센터로서 새롭게 자리매김하지 않는다면 재단법인화의 의미는 없는 것이다. 당초 법인화 논의 과정에서도 세종문화회관의 예술공간화야말로 제1의 목표였다. 세종문화회관이 문화예술센터로 위상이 정립되면서 명칭 개정이 활발히 논의되었으나 서울시 측에서 용단을 내리지 못한 것 같다. 왜냐하면 명칭 변경에 대해서 여론이 찬반으로 갈린 데다가 익숙한 것에 길들여진 일부 인사들 때문에 그런 시도는 무산되었다. 대신 대강당, 소강당으로 불리던 것은 대극장, 소극장으로 바뀌게 되었다.

이러한 것은 1999년 9월 1일 세종문화회관이 재단법인화되면서 단 몇 달 동안에 이루어진 것이다. 그러니깐 단 몇 달 동안에 죽어있던 문화공간이 소생의 기지개를 켜기 시작했다는 이야기이다. 죽은 나무 꽃피우기의 대장정이 시작된 것이다. 그러나 문화공간이 살아 숨 쉬려면 단순한 캄풀 주사로 되는 것은 아니다. 확실한 치료제와 활기차게 운신할 수 있는 행동 목표가 세워져서 그러한 스케줄에 따라 일이 착착 진행되어야 한다. 세종문화회관은 즉각적으로 그런 목표를 제시했다. 그것은 크게 두 가지로 나누어 설명할 수 있는데, 그 첫 번째가 종합혁신경영 부분이고 두 번째는 활동 프로그램부문이라 말할 수 있다.

그 첫 번째의 종합혁신경영 부분도 두 부분으로 나눌 수 있는데 기본 방향과 추진 과제가 바로 그것이다. 그렇다면 경영 합리화의 기본 방향은 무엇인가. 그 기본 방향은 다섯 가지였는데 ① 전문적인 예술행정과 경영기법 도입 ② 고객 중심의 운영 ③ 완성도 높은 전 분야의 예술수용 ④ 다양한 수입 사업 개발로 재정자립도를 제고하며 ⑤ 적극적인 국내외 프로그램 교류라고 했다. 이러한 목표에 대한 구체적 추진 과제도 네 가지로 설정했는데 그 첫째가 세계적인 복합문화 예술센터로서의 성장이고, 두 번째가 전문적인 예술행정과 경영기법 도입이라 했다. 그리고 세 번째는 고객 중심 운영으로 고객 만족의 경영관을 완성도가 높은 공연장으로 위상을 정립해 놓는다고 했다.

그렇다면 두 번째 항목의 전문적인 예술행정과 경영기법을 어떻게 도입한다는 것인가. 그에 대해서도 네 가지로 나누어 설명했는데, 즉 다양한 사업개발과 주변시설의 연계로 새로운 수요를 창출하고, 관객 및 이용객 참여제도 도입과 이에 따른 개선, 그리고 적극적 홍보 마케팅 시행과 극장 경영의 전문성을 제고한다는 것이다.

세 번째의 고객 중심 운영으로 고객 만족 경영의 구체적 방안에 있어서는 모든 것을 고객 제일주의로의 인식전환을 필두로 하여 세종문화회관을 주변 환경과의 조화와 문화적 분위기 확산 및 이용편의시설 증진 및 서비스 개선으로 이미지를 혁신시키겠다는 것이다. 그렇다면 마지막 항목, 즉 세종문화회관을 완성도 높은 공연장으로 위상을 정립하겠다는 방안은 어떤 것인가. 그에 대해서 세종문화회관 측에서는 두 가지 방안을 제시했는데, 우선적으로 양질의 다양한 프로그램을 수용, 공간 가동일 수를 극대화하고, 다음으로는 전시(展示)수준의 향상과 내용혁신으로 새로운 복합 예술센터로서의 위상을 정립한다는 것이다.

두 번째 파트의 활동 프로그램부문도 보면 기본 방향과 기본 과제로 나누어 실천해나가기로 했는데, 기본 방향 역시 다섯 가지로 분류했다. 즉 ① 종합축제, 공연전시의 활성화, 문예 강좌 프로그램 구성 ② 다양한 주·야 활동 프로그램과 계층별 선호 프로그램의 개발 ③ 청소년 프로그램 개발 ④ 고정 레퍼토리 개발로 공간 특성화 ⑤ 프로그램별 관람객 평가제 도입으로 발전적 개선방향 마련 ⑥ 흥행성 프로그램과 공익성 프로그램을 구분 시행한다는 것이다.

그에 따른 기본 과제도 종합축제 프로그램 개발과 공연 프로그램으로 분류하고 있는데, 종합축제 프로그램은 세종문화회관과 주변 문화공간이 모두 참여하는 격년제 '광화문 축제'와 '세종 예술제'를 말하는 것이고 다음으로는 국가행사, 서울시 축제행사에 동참할 수 있는 예술프로그램을 마련한다는 것이다. 그리고 공연예술 프로그램은 기간별 공연 프로그램 기획과 그런 프로그램의 효율적 운영에 힘쓴다는 것이었다. 가령 기간별 프로그램의 경우, 2000년부터 2002년까지는 세종문화회관이 명실상부한 공연장으로의 인식전환을 위한 장르별 공연활성화와 한국을 빛낸 음악인 시리즈, 오페라 축제, 오페라 갈라 콘서트, 오페레타, 세계 유명 예술인 및 단체 초청 시리즈, 청소년 팝 콘서트, 어린이 뮤지컬, 송년음악회 야외공연, 지역 순회공연 등을 추진한다는 것이고, 제2단계(2002~2005년)에서는 공연장르별 레퍼토리 시스템 구축, 테마별 대관방식으로의 전환, 상주 단체별로 작품성과 흥행성이 있는, 작품을 발굴하고 지역 순회공연의 일환으로 북한 도시들을 찾아가는 공연도 기획한다는 것이다.

다음 제3단계(2006~2008년) 때는 세종문화회관이 공연장별로 특성화를 꾀하고 세계적인 유명 예술단체들과 공동기획으로 제작하며 남북한 통일음악제도 개최해보겠다는 것이다. 그리고 제4단계(2009년 이후) 때는 자체적으로 제작한 공연 레퍼토리를 갖고 세계의 유명예술단체와 공동기획 제작한 작품으로, 현지공연은 물론 세계 순회공연도 추진한다는 것이다.

다음으로 프로그램도 대폭 개선하는데 가령 연도별 재무계획 수립에 따른 자체기획과 대관의 비율 결정에서부터 극장 규모에 어울리는 공연유지 및 완성도 높은 대중예술에 대한 안배, 레퍼토리 선정 평가위원회를 구성해서 운영하고 우수 프로그램 공모제를 도입하며 대관 작품도 우수한 경우는 제작비를 제공하든가 대관료 면제 혜택을 제공한다는 것이다.

전시사업의 경우도 전시공간별 특성화를 목표로 삼았다. 즉 미술관 신관은 일반전시와 생활미술 중심으로 하고, 미술관 본관은 수준 높은 조형 예술 중심으로 하며 야외와 극장로비는 이벤트성 전시, 조각, 설치미술 중심으로 기획 전시를 한다는 것이다. 그리고 다양성과 수익성을 고려해서 세종 미술전, 작고작가 회고전, 세대 간의 나눔전, 국제교류전 등을 하고 중견작가 개인전이라든가 그룹전, 공모전, 협회전, 계기별 주제대전 시리즈 등도 기획하겠다고 했다.

그에 이은 활성화 프로그램 구상과 목표는 일반인의 이해가 쉬운 이벤트 프로그램 개발과 야외 공간 활성화로 시민들에게 친숙해지는 방향으로 나아간다는 것이다. 그리하여 미술관 별관 야외마당은 옥내 공유공간 및 실내공간이 함께 어우러질 수 있는 프로그램을 제작 확장하고 계층별에 맞도록 다양한 활동 프로그램을 개발한다는 것이다.

고객을 향해서는 인텔리 층의 유인을 위하여 대학생과 고학력자들을 위한 문화예술 정보자료실을 확충, 이용토록 한다는 것이다. 특히 세종문화회관 주변에 산재한 관공서, 회사 등에 근무하고 있는 직장인들을 위해서 기존의 뜨락 축제를 대폭 개선, 활성화시킨다고 했다. 자라나는 세대, 즉 미래세대라 할 청소년을 위해서는 인터넷 카페를 만드는 등 그들이 즐겨 찾을 수 있는 편의시설을 별도로 만들고 그들을 위한 예술 프로그램을 특별 제공한다고 했다. 그리고 전문가그룹, 일반인, 주부들을 위한 별도 문화예술 강좌도 개설함은 물론이고 잠재고객 개발을 위해서는 학교라든가 직장 등의 요구에 부응하는 맞춤공연도 확대한다는 것이다.

이상과 같은 세종문화회관의 청사진은 한국 최고는 물론 세계적인 복합 예술공간으로 발돋움하겠다는 철학과 의지, 그리고 경영목표라 볼 수 있다. 솔직히 이러한 청사진은 과거에는 상상도 못했던 것이었고, 이종덕 신임사장과 중견간부들의 전문식견과 풍부한 경험, 그리고 강한 의욕이 없으면 나올 수 없는 것이다. 바로 그 점에서 적어도 청사진이 혁명적일 정도로 환골탈태하게 되는 것이다. 왜냐하면 세종문화회관이 타성적인 행사장적 무목적성을 극복하고 명실상부한 대형 예술극장으로 다시 태어나는 것이기 때문이다.

청사진의 내용을 분석해 보면 대강 다섯 가지로 요약할 수 있을 것 같다. 그 첫째는 세종문화회관의 신임 지도부가 문화공간에 대해서 제대로 된 지식을 지님은 물론이고 시대에 부응하는 개혁의지 역시 대단히 강하다는 점이라 하겠다. 사실 국민의 정부는 역대 어느 정권보다도 개혁의지가 강했다. 그러니까 국민의 정부는 정치 분야뿐 아니라 경제, 문화, 사회 전 분야에 걸쳐서 구각을 깨고 신선한 피를 수혈함은 물론 민간 자율성을 확대해서 사회 전체에 활력을 불어넣는다는 것이었다. 그러한 국민의 정부의 정치철학과 정책목표를 가장 잘 실천하려 노력한 곳이 다름 아닌 세종문화회관이었다. 그 점은 청사진을 자세히 검토해보면 즉각 알 수 있다. 하나의 작은 예로서 새로운 시스템에 의한 인적 구조조정이 그런 것을 잘 보여준다고 하겠다.

두 번째로는 신임 지도부가 세계 추세에 발맞춰서 문화공간에도 새로운 경영기법을 도입했다는 사실이다. 구조조정을 통해 예산절감을 시작으로 해서 후원회 조직, 다양한 수익사업 개발, 우수한 문화상품 제작으로 관객을 확대하는 것, 그리고 모든 운영을 고객 중심으로 펴나가는 것 등이 바로 그러한 예라 하겠다. 그리하여 세종문화회관은 선진국에서도 찾아보기 어려운 소위 고객헌장이라는 것까지 제정해서 운영하고 있는 것이다. 고객헌장은 세 부분을 나누어서 실천하고 있는바, '고객 최우선 정신으로 고객만족 극대화'라는 슬로건을 내걸고 항상 고객의 관점에서 생각하고 최상의 서비스를 제공한다는 것이 우선적이다. 이것을 구체적으로 설명하면 전화 한 통, 원클릭으로 모든 서비스를 제공함으로써 세종문화회관이 집처럼 편안하고 편리한 공간이 되도록 한다는 것이다. 다음으로는 다양한 고객 요구를 사전에 파악하여 충족시킨다는 것인데, 찾아가는 서비스, 감동 서비스를 목표로 한다는 것이다.

고객헌장 두 번째의 실천 목표는 재정안정을 갖춘 문화센터로서의 위상정립이다. 그러려면 시설 자체가 개선되어서 쾌적한 예술감상 분위기를 만들어주어야 함은 물론이고 안락한 가족문화 분위기를 만들어주어야 한다는 것이다. 이어서 최고의 프로그램을 제공하는 문화공간으로 탈바꿈하겠다는 것인데, 그 구체적인 실천방안으로써 세계적인 예술인 및 단체들이 자진해서 찾아오는 장소, 따라서 항상 세계적인 공연이 있게 됨으로써 시민들이 항상 찾아가서 감동 받는 곳이 되겠다는 것이다. 그러려면 세종문화회관에서 일하는 스태프가 최고 수준에 올라야 할 것이다. 회관 측에서는 그렇게 하겠다는 것이고, 그리하여 세종문화회관이 누구나 일하고 싶은 장소가 되도록 하겠다는 것이다.

바로 여기서 스태프의 자질이 문제가 될 수 있는데, 회관 측에서는 장차 서비스 정신과 끼가 없이는 근무하기가 어려운 곳으로 만들어가겠다고 했다. 고객헌장 세 번째의 실천 강령은 풍부한 시민참여 프로그램으로 열린 경영, 투명경영의 표본을 제시했다는 것이다. 가령 세종문화회관이 시민 각계각층의 의견 수렴에 귀를 열어놓겠다는 것인 바, 공연과 전시작품에 대한 객관적 평가를 다음 제작에 즉각 반영하는 것은 물론이고 주기별로 운영평가를 받는 제도화를 꾀함으로써 회관 측이 자만이나 매너리즘에 빠지지 않겠다는 것이다.

특히 세종문화회관이 광범위한 시민참여를 유도할 계획인데 이것이야말로 회관이 단순히 시민의 문화 향수권 확대에 그치지 않고 문화서울의 미래를 열어 가는 첩경이라 생각한 것이다. 시민참여 방법으로는 자원봉사 및 모니터 요원을 운용하고, 회원제를 일반시민이 회관의 여러 위원회의 위원으로도 참여토록 해서 그들의 의견을 수렴한다는 것이다.

그러나 무엇보다도 세종문화회관의 경영개선 노력의 또 한 가지는 후원회 조직이 아닐까 싶다. 왜냐하면 후원회야말로 세종문화회관의 재정 상태를 견고히 하는 데 일조를 할 수 있다고 보기 때문이다. 사실 관립이 전혀 없는 미국의 경우는 후원회를 통한 후원금이 문화공간을 떠받치는 주요 기능을 하고 있다. 우리는 그동안 문화공간들이 관립으로서 순전히 국가나 지방자치단체의 지원금에 전적으로 의존해 온 것이 현실이었다. 정부와 지방자치단체의 지원금은 국가 재정상 언제나 넉넉한 형편은 못 되있다. 따라시 부족한 운영자금을 후원금을 통해 보충하는 것이야말로 바람직한 방법이다. 세종문화회관의 새 지도부가 그것을 성취한 것이다.

전술한 바도 있듯이 오랜 준비기간을 거쳐서 재단 법인화된 지 2년여 만인 2001년 6월 28일 드디어 세종문화회관 후원회가 정식으로 창립총회를 갖기에 이르렀다. 김대중 대통령 영부인 이희호 여사를 명예총재로, 기독교 원로 강원룡 목사를 초재로, IOC위원이며 대한상공회의소 회장인 박용성을 회장으로 한 후원회가 화려하게 출범할 수가 있었다. 이종덕 사장이 예술의전당 시절 후원회를 조직한 경험이 있기 때문에 세종문화회관은 한 단계 진전시킨 형태를 갖출 수가 있었다. 여기서 세종문화회관의 후원회를 한 단계 진전 시킨 형태라고 말하는 것은 후원회 지도부 구성과 함께 모금방식의 새로움 때문이다. 가령 후원회의 명예총재로 국가수반의 부인을 추대한 것이라든가 총재에 종교계 원로를 총재로 영입하고 회장도 명망 있는 재계 인사를 정한 것에서 나타난다.

그리고 세종문화회관은 예술의전당 후원회 등에서 볼 수 있는 것처럼 단순한 모금방식으로 그치지 않고 특별 모금공연 같은 것을 가짐으로써 일방적 요구가 아니라 공연서비스 대가로 후원금을 받는 방식을 겸한 것이 신선한 점으로 비칠 수가 있다고 하겠다. 따라서 후원회 출범 10개월 만인 2002년 4월에는 그동안 모금된 4억2천여만 원을 세종문화회관에 전달할 수가 있었다. 물론 4억2천여만 원은 세종문화회관 1년 예산 200억여 원에 비하면 0.5%에 불과하다. 그러나 액수가 중요한 것이 아니라 세종문화회관이 서울시에만 전적으로 의존하지 않고 자체적으로 부족한 제작비를 충당하기 시작했다는데 더 큰 의미가 있는 것이다. 솔직히 우리나라에는 선진국처럼 기부금제도가 정착되지 않아서 문화예술 활동이 많은 어려움을 겪고 있다. 대중예술은 그래도 흥행성이 있으므로 재정적 여유가 있지만 순수예술은 수익성이 빈약하기 때문에 작품제작에 많은 어려움을 겪고 있는 것이 현실이다.

그렇게 볼 때, 세종문화회관의 후원회 조직은 자금 충당이라는 차원을 넘어서 여러 가지 중요한 의미가 있다고 말할 수 있다.

여기서 중요한 의미라고 한 것은 두 가지 측면에서 뜻이 있다는 이야기인데 그 하나는 우리나라 기업도 자발적으로 기업이득을 사회에 환원하면서 문화예술 분야로 눈을 돌리고 있다는 것이고, 다른 하나는 시민 스스로 자신들이 돈을 내놓아 예술작품을 만든다는 자부심을 느끼게 되었다는 점이다. 이제까지는 관립문화공간은 정부지원으로 운영하고 작품제작도 순전히 국가예산으로만 하는 줄 알았지만 시대가 바뀌어서 일반시민이나 기업도 문화예술을 직접 지원하고 문화공간 운영이나 작품제작에도 참여해야 하는 것으로 인식되었다는 것이다.

이러한 분위기는 시간이 흐를수록 고조되어 가는 느낌이다. 세종문화회관의 후원회만 하더라도 단번에 약정인원이 134명이나 되었고 자꾸 늘어가는 추세이다. 세종문화회관이 후원회를 출범시킴으로써 후원금을 모았다는 것 이상으로 일반시민이나 기업이 자신들의 이익을 문화예술 진흥을 위한 것으로 환원한다는 분위기를 조성한 것에 더 큰 의미가 있다고 보는 것이다.

세종문화회관의 경영혁신의 세 번째 포커스는 전속단체에 동력을 불어 넣은 점이다. 주요 단체의 장을 그 분야의 권위자로 교체하고 단원을 보강했으며 공연활동을 더욱 충실히 하도록 회관 측에서 뒷받침한 것이다. 물론 예산 증액이 괄목할 만큼 이루어지지 않아서 산하 전속단체에 넉넉한 예산을 지원하지는 못했지만, 과거처럼 한정된 예산으로 때우기식 공연만은 하지 않는다는 것이 전속단체들의 의지였다. 따라서 재단 법인화된 이후 전속단체들의 공연이 급속히 향상되어 명실상부 수도 서울을 대표할 수 있는 수준의 작품을 만들어 내고 있다.

전속단체들의 작품향상은 곧바로 관객확대로 이어졌고 그것은 수익성을 증대시키는 요인이 되었다. 그것은 비단 공연분야 뿐만 아니라 전시 등에서도 똑같이 나타난 현상이었다. 특히 관객확대와 함께 전속단원들의 사기 충전이야말로 세종문화회관 예술의 양질 향상에 밑받침이 되는 것이라고 말할 수가 있다. 왜냐하면 전속단원들이 법인화 이전처럼 무기력하고 타성에 따라 움직이는 것이 아니라 자신감을 갖고 능동적으로 작품창조에 임하고 있기 때문이다.

세종문화회관 운영뿐 아니라 전속단체들의 작품 역시 사람들이 하는 것이므로 그들 주최자들의 경영철학과 의지, 그리고 열정이야말로 가장 중요한 기반이 되는 것이다. 물론 재단법인화 이전에도 분수대 축제 같은 것이 없지 않았지만 법인화 이후에는 정기공연 외에 토요 살롱이라든가 분수대 축제, 구민회관 순회공연, 지역순회 야외공연, 지하철 여행, 금요 상설공연 등을 새로 만들거나 활성화시켜서 세종문화회관 전속단체들의 활기찬 예술 활동을 보여준 것이다. 그동안 관리들에게 짓눌려 매너리즘에 빠져있던 전속단원들이 수십 년 만에 생기를 찾은 것이다. 세종문화회관의 미래가 바뀐다고 보는 것도 바로 그런 점을 두고 하는 말이다.

세종문화회관의 경영혁신의 네 번째 가능성은 공간전체를 시민들이 자발적으로 모여들어서 놀고 즐길 수 있도록 다시 꾸몄다는 데 있다. 사실 문화공간이란 고급스런 놀이장이다. 그런데도 재단법인화 이전까지는 세종문화회관이 엄숙한 행사장으로서 시민에게는 마치 관청처럼 비쳐졌던 것도 부인할 수 없다. 따라서 우람한 세종문화회관은 일반시민이 접근하기 두려운 거대 공룡처럼 군림해 왔었다. 더욱이 유신시절에 개관되다 보니 통일주체 국민회의 같은 정치행사가 열려 국민에게는 자꾸만 멀어지기만 한 공간이었다. 그런 이미지가 20여 년 동안 굳어진 데다가 비전문 공무원들이 경직되게 운영해왔기 때문에 세종문화회관은 문화예술 창조장이라는 인식은 극히 희박했다. 그 점은 그동안 관객동원방식 한 가지만 놓고 보아도 금방 알 수 있다. 즉 전속단체들이 제작한 작품에는 대부분 관객이 없어서 구청을 통해서 관객을 동원한 적도 한두 번이 아니었다. 바로 그 점에서 신임 지도부가 세종문화회관을 노는 곳으로 전환시킨 것이야말로 가장 큰 공로라 말할 수 있다.

그런데 세종문화회관을 노는 곳으로 전환시키기 위한 여러 가지 노력 중에 시민이 모일 수 있도록 장소를 만들어 준 것이 손꼽힌다. 회의장으로부터 시작해서 카페, 상점, 휴게실 등을 새롭게 꾸몄기 때문에 세종문화회관은 구석구석 유휴공간이 없을 정도이다. 그 많은 편의시설을 만들어놓음으로써 시민이 모여들게 만든 것이다.

이상과 같은 여러 가지 노력으로 인해서 세종문화회관의 경영혁신은 눈부실 정도로 진전되어 있다. 가령 법인화 직전의 재정자립도를 보면 16.2%에 불과했던 것이 재단법인화가 이루어진 1999년만 보더라도 21%로 급상승했다. 법인화가 7월 1일부터 시행되었으므로 반년 만에 5%나 상승한 것이다. 따라서 2000년도에는 법인화 이전보다 10%가 상승한 26.1%에 이르렀다. 그리고 2001년도에는 31%로 급상승했는데 이는 법인화 이전의 거의 배에 가까운 것이다.

이는 대단히 놀라운 재정자립도라 아니할 수 없다. 세종문화회관이 모델로 삼고 있는 프랑스의 퐁피두센터라든가 영국의 바비칸센터, 미국의 링컨센터 등의 재정자립도가 3~40%대라 볼 때, 세종문화회관이 노력이 얼마나 눈물겨운 것인가를 알 수 있다. 사실 퐁피두센터라든가 바비칸센터 등은 처음부터 세종문화회관과는 달리 다목적 홀로 출발한 것이 아니고 순수 문화공간으로 개관한 것이고 따라서 정치행사 같은 것은 생각할 수도 없었다. 바로 그 점에서 세종문화회관의 변신이 혁명적이라고까지 이야기할 수 있다. 그리고 또 하나 유의할 점은 재단법인화 이전에는 문화공간으로서 거의 제구실을 못하면서도 운영비의 의존도가 82%였지만 2001년도에는 59%에 불과하다. 법인화 이전보다 무려 23%나 감소된 것이다.

그러나 무엇보다도 더욱 주목되는 것은 재단법인화 12년 후인 2011년도에는 재정자립도를 80%로 올려놓겠다는 야심에 찬 계획이라 하겠다. 솔직히 현재처럼 매년 5%씩 상승시킨다면 80%의 재정자립도가 전혀 불가능한 것만은 아니다. 물론 재정자립도를 끌어 올리는 데는 여러 가지 장애요인이 적지 않다. 3~40%까지는 가능하지만, 그 이상 끌어올리려면 진속 예술단체들의 통폐합과 개별적 법인화 추진 같은 것이 순조로워야 하지 않은가 싶다.

그것이 세종문화회관으로서는 앞으로의 최대 과제가 될 것이다. 왜냐하면 전속 단체가 너무 비대해 있기 때문이다. 물론 2015년까지 후원금 1천억 원 모금이라는 원대한 목표가 없지는 않다. 만약 이러한 야심 찬 계획이 달성만 된다면 세종문화회관은 정말로 세계적인 수준의 문화공간이 될 것이다.

9. 건축물 전체의 리모델링과 외연의 확대

프랑스가 미테랑 대통령 시절 쟈크 랑이라는 문화부 장관을 임명하여 10여 년 동안 재직시키면서 세계적 문화유산이라 할 수 있는 파리의 때를 벗겨내고 새롭게 만든 것은 유명한 일화라 볼 수 있다. 그런데 세종문화회관도 이종덕 사장 등 새 지도부가 들어서면서 건물 자체까지도 일신하는 일에 착수했다. 이것은 솔직히 세종문화회관의 물리적 쇄신인데, 그 목표는 노후한 것은 개선하고 부족한 부분은 보완하며 없었던 것은 새로 만들어 넣는다는 것이었다. 그러니깐 낡고 노후한 공간에 새로움을 불어넣어서 공간 활성화를 꾀한다는 것이었다. 구체적으로 설명하면 공간 재배치를 통한 시민편의를 증진시키는 것과 공간개발 및 개선을 통해서 효율성을 제고시킨다는 목표였다.

좀 더 구체적으로 설명하면 시설 개보수를 통해 공간환경을 대폭 쇄신했다는 점이다. 우선 소소한 것부터 열거하면 소방시설 개보수에서부터 대극장 객석 천장 철골보수, 노후한 무대시설 보완, 소극장 음향시스템 교체, 엘리베이터 교체, 후면 로비확장, 소극장 로비 및 분장실 개선, 분수대 내부도장 및 기계정비, 예술단체 연습실 정비 및 직원식당 정비, 위험물 저장탱크 개선, 도시가스 매설강관의 전기 장식 교체, 지하주차장 및 지하 저수조 시설보수, 옥상 우수관 교체, 공조기 중기밸브 장치 등 6개소 보수 무대 및 장비 보수 등이 바로 그러한 개선 공사들이다. 이는 그만큼 세종문화회관이 법인화되자마자 노후시설 개선과 안전에 신경을 썼다는 이야기이다.

그러나 이러한 공사는 극히 자잘한 것에 지나지 않는다. 그보다는 고객편의시설 보완을 위해서 세종문화회관은 여러 가지 대소공사를 했는데, 그 첫 번째가 고객안내와 교환안내, 입장권 예매 및 회원 관리를 위해서 외관 2층 당직실 자리에다가 인포샵을 만들어 놓은 것이다. 재단법인화 이전에는 매표 창구에서 간헐적으로 해왔기 때문에 시민들로서는 불편하기 이를 데 없었던 것을 단번에 해결해 놓은 것이다. 그것은 법인화 후 4개월 만에 시행된 것이다.

다음으로 만든 것이 젊은 주부관객을 위한 아가방 '아이들 세상'을 만들었는데, 공연 당 어린이 15명 내외를 놀게 할 수 있는 장소이다. 사실 아가방은 선진국에서는 생각할 수 없는 장소이다. 저들은 젊은 주부라도 유아를 데리고 극장에 오지 않기 때문이다. 그러나 우리나라에서는 젊은 주부들이 종종 유아를 데리고 공연장에 와서 분위기를 망치는 경우가 비일비재한 실정이다. 그런데 세종문화회관이 유아만을 위해 특별시설을 한 것이 아니라 우리 사회에서 등한시 하는 장애자 편의시설도 설치했다. 즉 데크프라자 계단에서 소극장과 대극장으로 들어가는 진입로에 리프트와 승강기를 설치하고 화장실에도 그와 같은 편의시설을 설치해 놓은 것이다. 이것도 여타 문화공간에서는 쉽게 찾아볼 수 없는 편의시설이다.

다음에 한 것이 대극장 로비를 시원스럽게 전면 개방한 것이다. 대체로 오전 10시부터 공연종료 후 30분까지 1, 2층 로비를 전면적으로 개방하는 것인데, 여기에도 편의시설을 갖추어 놓은 것이 특징이다. 즉 1층 로비에 안내데스크로부터 물품보관소 등을 설치함은 물론이고 의자까지 비치해 놓은 것이다. 그뿐만 아니라 휘황찬란한 샹들리에를 추가로 설치해서 로비 분위기를 살리면서 카페테리아 아리아까지 열어서 세종문화회관을 찾는 사람들에게 서비스한 것이다. 이는 물론 선진 유럽 국가들의 이름난 극장들을 모방한 것이지만 서비스는 오히려 한 차원 높은 수순이라고 말할 수 있다.

다음 단계로 만든 것이 문화상가인 아트피아이다. 세종문화회관 구석구석 빈 공간에 필요 불가결한 것을 채워 넣어서 회관을 찾는 시민들에게 편의를 제공하고 동시에 수익성도 올린다는 1석 2조의 자세로 테크플라자와 분수대

광화문 아띠 ⓒ 세종문화회관

연결통로에 아트샵, 편의점, 화원, CD점, 쥬얼리 갤러리, 악기점, 인터넷 카페 등을 개설한 것도 바로 신임지도부였다. 이러한 문화상가는 세종문화회관이 예술작품을 보급하는 데 그치지 않고 시민들이 문화와 관련돼 상품을 손쉽게 구입할 수 있도록 편의까지 제공해야 한다는 사명감에 따른 것이었다고 하겠다.

그런데 세종문화회관의 주요 공연에는 주한 외국인 관람객도 적지 않게 찾는다. 특히 볼쇼이 발레단이라든가 로열 발레단 등 세계적인 예술단체가 공연할 때는 수백 명씩 외국 관람객이 몰릴 때도 있다. 그러나 안내원들이 외국어에 서툴러서 그들에게 편의를 제공할 수가 없었던 것이 법인화 이전의 문제였다. 따라서 세종문화회관은 재단법인화 이후에 70여 명의 외국어(영어, 일어, 불어 등) 자원봉사자를 공연 때마다 배치하기 시작한 것이다. 물론 이것이 시설보완은 아니다. 그러나 외국어 자원봉사자의 배치는 부족한 서비스 공간을 메우는 것이라는 점에서 시설보완 못잖게 중요한 것이라 볼 수 있다.

2000년도 가을에 설치한 웹텔(WebTel)도 정보화 시대에 맞추려는 세종문화회관의 의지를 잘 보여주는 것이라 말할 수 있다. 웹텔도 1대가 아니라 6대나 설치했는데, 위치는 대극장 1층에 3대, 2층에 1대, 소극장 로비에 1대, 그리고 켄벤션센터에 1대 등이다. 그리하여 관람객들이 전화통화는 물론이고 화상통화, 팩스송신까지 무료로 하도록 만들었다. 그뿐만 아니라 뉴스, 증권 정보, 농수산물정보 등도 인터넷으로 알아볼 수 있도록 했다. 그만큼 세종문화회관이 시민의 생활공간이 되도록 만들어간 것이다. 오늘날은 정보화 시대인 만큼 시민들이 옮겨 다니면서도 그때그때 필요한 정보를 얻어야 하는 것이다. 세종문화회관은 바로 그 점에 착안하여 웹텔을 설치한 것이다.

그런데 세종문화회관이 편의시설만 갖춘다고 훌륭한 문화공간이 되는 것은 아니다. 적어도 예술창조와 그 보급의 공간은 미학적으로 일반 건축물들과는 구별되어야 할 것이다. 물론 현재의 건물과 문화공간으로서는 손색없을 만큼 웅장하고 아름답다. 당초 건축될 당시에 조각된 비천상도 훌륭한 예술품이다.

엠씨어터 ⓒ 세종문화회관

따라서 넓은 공간을 미학적으로 조금만 보강하면 더 없이 훌륭한 극장이 될 것이다. 세계적인 설치미술가 백남준의 비디오아트 조형물을 제작 설치한 것도 바로 그 때문이다. 그러니까 세종문화회관이 품격 높은 문화공간으로 발돋움시키면서 동시에 시민들이 유명한 예술작품을 감상할 수 있도록 만든다는 것이다.

비디오아트 조형물은 월금형과 첼로형 2개로서 다양한 크기의 컬러 TV모니터 57개로 구성되어 있다. 주지하다시피 '호랑이는 살아있다'는 제목의 이 작품은 우리의 전래 민간신앙인 호랑이가 21세기 한국의 기상과 미래를 상징하는 것으로서 역사적 고난을 뚫고 반만년 동안 굳건하게 산야를 누비며 생존해 온 그 기상과 강인한 생명력을 보여주는 것이다. 이러한 의도를 나타내기 위하여 서양악기 첼로와 동양악기 월금을 선택하여 동서양의 이미지를 작품으로 표현한 것이다. 이러한 백남준의 작품을 설치한 것은 세계 극장사에 처음 있는 일이다.

광화문 갤러리 ⓒ 세종문화회관

　그러니까 금액으로 환산할 수 없는 세계 최첨단 전위예술작품을 설치함으로써 세종문화회관은 단번에 그 위상이 드높여질 수가 있게 되었다. 이러한 일도 세종문화회관이 재단법인화 되지 않았으면 거의 불가능한 것이었다. 역시 새 지도부의 아이디어와 추진력이 있었기 때문에 가능한 것이다. 세종문화회관이 리모델링 차원의 두 번째 사업으로 추진한 것은 공간 개발 및 개선을 통해 효율성을 제고시킨다는 것이었다. 그리하여 착수한 것이 다름 아닌 미술관 시설확충과 개선사업이었다.

　아무래도 복합문화공간이란 공연예술과 조형예술을 함께 창조 보급하는 곳이다. 그런데도 그동안 미술관이 있으나 마나 할 정도로 거의 제 기능을 다하지 못했었다. 그래서 세종문화회관은 마치 절름발이처럼 한쪽 공연장만 주로 이용해왔었다. 그러던 차에 법인화가 되면서 복합문화공간의 기능을 회복하는 차원에서 170평의 특별전시장을 개설하고 지하철갤러리 3개소를 확장한 것이다. 그 결과 세종문화회관은 공연장뿐만 아니라 미술관 본관(지하)과 신관(2층) 그리고 별관(광화문 갤러리)까지 갖추는 명실상부한 복합문화공간으로서의 위상을 공고히 하게 된 것이다. 그뿐만 아니라 그동안 갤러리 수준으로 만족했던 전시장이 미술관 수준으로까지 한 단계 높여지게 되었던 것이다.

  이러한 신장 개관 같은 개선 작업은 컨벤션센터와 콘퍼런스 홀에서도 이루어졌다. 당초 컨벤션센터는 대회의실이었다. 그래서 객석도 278석에 불과했다. 세종문화회관을 지을 당시만 하더라도 국제적인 회의를 할만한 홀이 없었다. 따라서 여러 나라 언어의 동시통역시설까지 갖춘 대회의실을 만든 것이었다. 그러나 세월이 흐르면서 경제발전도 괄목할 만 해졌고, 호화판 고층 건물이 대단히 많이 들어서게 되었다. 이 말은 곧 세종문화회관에서 큰 회의를 하지 않아도 될 만큼 좋은 시설의 회의상이 많이 늘어났나는 이야기가 된다. 그리고 세종문화회관은 그 큰 규모에 비해서 공연장은 부족한 편이었다. 대극장은 너무 커서 웬만한 작품을 올리기에는 객석과 무대가 너무 크고 소극장은 너무 적고 가변성 없는 프로시니엄 무대에서 공연장으로서 좋은 편은

체임버홀 ⓒ 세종문화회관

못 되었다. 이 말은 곧 중형극장이 절대로 필요하다는 이야기이다.

바로 그 점에서 착안하여 회관 측에서는 대회의실을 공연장으로 개조하기에 이른 것이다. 중형극장은 8백석 내외가 이상적이지마는 대회의실이 그만한 공간이 되지 못하고 개조 결과 4백석의 아담한 소극장이 된 것이다. 그러나 그것도 대단한 소득이었고, 회관 측으로서도 큰 진전이 되는 것이다. 솔직히 극단이라든가 무용단, 오페라단, 가무단, 뮤지컬단 등이 쓰기에 소극장은 여유 날짜가 그렇게 많지 못했다. 그런 때에 소극장 하나가 더 늘어난 셈이기 때문에 전속단체들로서는 숨통이 트인 셈이 되는 것이다.

한편 회관 측으로서는 그동안 요긴하게 활용해왔던 국제적 규모의 회의장을 상실한 셈이 되는 것이다. 대체할 공간이 필요해진 것이다. 이에 회관 측에서는 그동안 별로 활용하지 않던 37석의 소회의실을 대폭 개선하여 130석 규모로 확충했다. 130석 규모의 회의장은 솔직히 적은 규모지만 근자에 보면 대형회의가 그렇게 많지 않은 편이다. 전국규모의 학회에도 백여 명 모이기란 쉽지가 않은 추세이다. 130석 규모의 좌석이라면 회의실로서 손색이 없다는 이야기가 된다. 실제로 그 회의실에서는 '국제 영상 자료원 연맹 총회'든지 대산 문화재단 주최의 '서울국제문학포럼' 등을 훌륭하게 치러낸 바도 있다.

결과적으로 세종문화회관은 중형극장만 갖춘다면 규모나 구조 시스템 상으로 세계적인 복합문화공간으로서 손색이 없을 것이다. 중형극장 건축은 세종문화회관, 더 나아가 서울시의 문화 공간 확대 차원에서의 과제로 남는다. 세종문화회관이 개관된 지 24년이 되었다. 그렇다면 25년 이전에 설계해서 건축에 들어갔다는 이야기가 된다. 당시까지만 해도 화장실 등 편의시설에 대해서 그렇게 관심이 많지 않을 때였다. 그러나 시대가 바뀌어서 화장실 문화라고 이름 붙일 정도로 화장실은 청결 차원을 넘어 여러 가지 부대편의시설까지 요구되는 시대에 와 있다.

세종문화회관이 법인화된 이후 2000년부터 2001년까지 화장실 개선 대공사를 진행한 것도 바로 그러한 시대 추세에 따른 것이라 할 수 있다. 즉 회관

세종문화회관 야경 ⓒ 세종문화회관

측은 노후한 데다가 구식의 화장실을 대폭 정비 개선하고, 부족한 것은 증설까지 하는 자세로 공사에 임해서 수개월 만에 완료하기에 이르렀다. 가령 대극장의 지상 2, 3, 4, 5층, 지하 1·2층, 전속단체 연습동, 사무 공간 전체를 정비 개선했는데 청결 차원을 넘어서 고품격의 디자인도 고려한 것이 특징이다.

환경개선을 하면서 22개소를 거의 새롭게 만들었고, 여성용 좌변기와 유아용변기 등 대 소변기 43개를 증설함으로써 세종문화회관 이용자들이 적어도 용변에 관한 한 불편이 없을 뿐만 아니라 상쾌한 기분도 느낄 수 있도록 만든 것이다. 세종문화회관 전체 중 어느 한구석도 죽어 있는 부분이 없을 정도로 생동하는 문화공간으로 탈바꿈한 것은 순전히 재단법인화와 함께 이종덕 사장팀이 새로운 경영철학과 콘셉트를 갖고 강력하게 밀어붙인 결과라 보아야 할 것이다. 그런데 세종문화회관을 내부 공사만 한 것이 아니라 시각적으로도 아름답게 꾸미려 애썼다. 건물 밖에다가 야간 조명등을 비추어 한밤중에도 세종문화회관이 보석처럼 빛나도록 아름답게 장치해 놓기도 했다.

　사실 이러한 것은 전문가들의 눈에는 대단치 않게 비칠 수도 있다. 웅장한 대건축물을 놓고 볼 때 그런 것은 극히 부분적인 것으로 생각될 수도 있기 때문이다. 그러나 문화 공간 건축 노하우가 부족했던 때에 건축된 세종문화회관을 현대적 감각에 맞추면서 관람객들에게도 편리하고 친근하게 활용토록 리노베이션 했다는 것에 높은 점수를 주어야 한다고 본다.

　가령 2003년 11월부터 10여 개 월간 진행될 대공사야말로 세종문화회관 시설개선의 결정판이다. 솔직히 세종문화회관은 전문공연장으로 건축된 것은 아니었다. 당시는 유신시대였으므로 대통령 선출 등 주요한 정부행사도 염두에 두고 설계되었다고 보아도 크게 어긋나지 않을 것이다. 따라서 이 대공사는 본래의 건축 포인트를 부분적으로 메우는 것이다. 즉 3천8백52석의 대극장을 3천2백석 정도로 650석을 줄이는 일이다. 3천2백석도 공연장으로서는 너무 넓다. 그러나 워낙 공간이 넓어서 그 이하로 줄이기는 어려울 것이다. 또한 디지털 시대에 대비하여 조명과 무대기계, 음향, 방음장치 등 기술 장비의 첨단화, 선진화도 필요했다. 세종문화회관은 공사를 대비해서 후면 주차장 옆에 8백석 규모의 임시 가설극장을 지었었다.

　그러나 무엇보다도 세종문화회관의 하드웨어 개혁은 외연(外延)의 확대에서 극적으로 나타나고 있다. 외연의 확대는 두 가지 계획으로 표출되었는데, 한 가지가 장기 구상에 놓여있는 것이라면 다른 한 가지는 이미 실천되어 시민의 사랑을 받고 있다.

　첫 번째, 장기 구상이란 것은 세종문화회관이 절실히 필요로 하는 중형 극장 신축이다. 사실 중형극장 건설은 세종문화회관의 취약점을 해결하는 것을 넘어서, '광화문 문화벨트 계획'이라는 원대한 이상과 연결된다. 만약에 제2의 세종문화회관이라는 중형극장이 그 주변에 건립된다면 그런 이상이 현실화되는 것이다. 이러한 계획은 구체화되는 듯이 보이기도 한다. 왜냐하면 서울시가 금호그룹과 손잡고 광화문 문화벨트 조성사업의 하나로 종로구 교남도 옛

기상청 부지 3천7백여 평에 1천4백여 석의 중형극장을 세우겠다는 계획을 추진한 바 있기 때문이다. 만약 계획대로 제2의 세종문화회관이 건립되면 근자 무대예술의 주류로 자리 잡은 뮤지컬과 오페라, 각종 콘서트가 가능할 것이다. 문제는 예산인데, 대충 2천여 억 원이 소요되지 않을까 싶다.

다행히 세종문화회관은 삼청각을 얻어서 외연 확대의 일차적 목표는 달성했다고 본다. 성북동 북악산 자락의 5천8백여 평에 자리 잡은 삼청각은 연건평 1천 3백여 평으로서 1972년에 개관되어 남북적십자회담 장소로 사용되었고, 1997년까지 주요 외빈접대와 회담을 위한 고급요정으로 쓰여 왔다. 그런데 서울시가 2001년 정월 삼청각 소유주인 화엄건설 측에 강남구 개포동의 시유지를 주고 소유권을 넘겨받은 것이다.

삼청각은 위치상으로나 주변 경관으로 볼 때, 일부러 찾아내거나 만들어내기 어려운 장소이다. 예부터 산이 아름답고(山淸), 물이 맑게 흐르며(水淸), 인심이 후하다(人淸)고 하여, 삼청으로 불려 왔다는 이곳은 무절제한 서울의 고층건물과 차량 과다 등으로 공해에 찌든 도심에 비할 별천지나 다름없다.

이런 세파에 찌든 서울 시민은 말할 것도 없고 한국 전통의 진면목을 보고 느끼고 싶어 하는 외국인들에게는 더없이 좋은 장소라 말할 수 있다. 더구나 기존 건물은 다시 헐고 새로 짓지 않아도 훌륭한 문화공간이 될 수 있는 조건을 갖고 있어서 재정 부담도 그렇게 크지 않다. 그러니까 입지 조건이나 비용 면에서 매우 적합하다는 이야기이다. 서울시가 이 건물을 인수해서 그것을 문화공간으로 전용하겠다는 발상을 한 것은 수준 높은 행정 감각에 따른 것으로 평가받을 만하다.

따라서 세종문화회관은 삼청각을 인수하자마자 2001년 6월부터 4개월 동안 리모델링하여 수준 높은 전통예술 공연 및 문화 체험장으로 만든 것이다. 구조는 206석의 일화당과 52평의 유하정, 52평의 청천당, 63평의 천추당, 41평의 취한당, 그리고 42평의 동백헌 등으로 되어있고 그 외에도 71석의 청다원, 146석의 '으스돌(아사달)' 등도 있다. 세종문화회관 측은 김승업 팀장으로 구성된 운영팀을 따로 두고 운영 방침을 확정해서 2001년 10월 28일 화려한 개관식을 거행했다. 그 내용을 보면 유구한 역사와 전통을 지닌 이 땅의 풍류와 맛을 따사롭게 품을 수 있도록 한다는 목표에 맞춰서 일화당은 상설 전통 공연으로 쓰고, 청다원은 전통찻집, '으스들'은 한식당으로 쓰기로 했다.

다음으로 유하정, 청천당, 천추당은 전통문화체험 교실로 삼아 유하정에서는 민요, 가야금, 대금, 판소리 등의 소리강좌를 갖고 청천당은 전통종이공예와 어린이 국악교실로 쓰며 천추당에서는 규방공예와 다례 체험 교육을 갖는다고 했다. 한편 취한당과 동백헌은 전통객관(客館)으로 삼아서 가족 또는 그룹단위 사람들이 잠시 묵어갈 수 있도록 했다. 이러한 구상은 국내인보다도 외국인에게 한국의 멋과 맛을 보여줄 만한 것이라 말할 수 있다. 그동안 일화당만 하더라도 〈삼청별곡〉을 시작으로 해서 〈예인〉, 〈애랑연가〉 등을 인기리에 공연 중에 있다.

주지하다시피 서울은 1천만 명이 넘는 세계적인 규모의 대도시이고, 또 한국의 수도이다. 그런데도 외국인이 와도 전통 한국을 만끽할 수 있는 공연장이나 전시장 같은 것이 극히 희소했다. 물론 근자에 생겨난 4백석의 정동 극장이 있지만 공연장만 덩그러니 서 있을 뿐 관련 시설이 없다. 그나마 정동극장이 전통예술만 공연하는 것이 아니고 현대의 공연물이라든가 어린이극 등을 다양하게 무대에 올리고 있다. 이 말은 곧 서울에는 전통예술 전용공연장이 없었다는 이야기가 된다. 이는 태국의 수도 방콕에 전통무용 전용공연장만 네 곳이나 있는 것과는 매우 대조적이라 아니할 수 없다.

그렇게 볼 때, 세종문화회관이 삼청각을 한국의 역사와 전통문화를 호흡할 수 있는 공간으로 만든 것은 만시지탄의 감도 없지 않으나 대단히 적절한 것이라 평가받을 만하다. 회관 측은 또한 고객의 편의를 위하여 30인승 셔틀버스 3대를 마련해서 20분 간격으로 운행하고 있기도 하다. 이것 또한 훌륭한 발상에 따른 것으로 칭찬받을 만하다. 왜냐하면 삼청각 측에서 주차장을 넓히지 않았기 때문이다. 만약에 그곳에 주차장을 넓게 만들어 놓으면 삼청각은 다시 공해로 찌들어버릴 가능성이 농후하다. 단 10분 거리도 차를 갖고 다니는 시민들의 습성을 감안할 때, 삼청각이 주차장을 넓혀 놓을 경우, 그것은 이미 삼청각으로서의 명성을 잃고 이미지도 크게 흐려지리라 본다. 세종문화회관 측은 그곳에서 전통공연예술과 교육프로그램 외에도 야외 잔디밭도 활용, 얼음조각전이라든가 설치미술전 등도 수시로 개최하여 전통이 줄 수 있는 고루한 느낌도 불식하고 조형예술도 보완해 주고 있다. 회관 측이 인천공항과 각 항공사, 관광회사들과 네트워크를 갖고 여행상품을 지속적으로 만들어내는데 온갖 정력을 쏟고 있어서 장래를 밝게 한다.

최근 이곳을 취재한 문화일보 마태운 기자는 '한국의 향기에 취하는 삼청각'이라는 기사에서 "2002년 5월 삼청각에 오르면 낮에는 한없이 푸른 신록이 있고 밤에는 그윽한 달빛이 떨어져 있다. 요정여인들의 가야금소리 대신 명창의 판소리와 장구소리가 울려 퍼지고 술대신 전통차의 향기가 퍼져나간다. 지난해 1월 서울시가 인수한 뒤 1년 가까운 리모델링을 거쳐 삼청각은 '숲속의 전통문화 공간'으로 다시 태어났다."고 긍정적 평가를 하면서 그곳에서의 느낌에 대하여 "북한산 중턱에서 서울을 내려다보며 30년 세월의 영욕을 말없이 견뎌온 삼청각은 이제 그곳을 찾는 사람들을 맑게 감싸고, 유하정 옆 투명한 개울물은 장구 치는 소리에 장단 맞추듯 가볍게 흘러간다."[78]고 쓴 바 있다.

세종문화회관이 이처럼 하드웨어에 있어서의 대폭 개조, 개선과 함께 제2 극장을 구상하고 삼청각과 같은 외연 넓히는 데 그치지 않고 전속 예술 단체에 활력을 불어넣어 공연활성화를 기하고 또한 전시 활동도 배가시킨 것이다. 그러나 그것으로도 만족하지 않았다. 세종문화회관이 살아나려면 궁극적으로 광화문 일대가 '문화의 거리'로 다시 살아나야 한다고 본 것이 바로 신임 지도부의 시각이었다. 그러려면 분위기 조성이 필요함은 두말할 나위 없는 것이다. 바로 거기서 착안해 낸 것이 다름 아닌 '광화문 문화 포럼'이라는 모임체였다. 문화에 관심 있는 유명 경제인, 예술인, 행정가들로 포럼을 만들어 정기

세종 예술아카데미 내부

적으로 모임을 갖고 자연스럽게 우리문화 진흥책을 논의하고 세종문화회관의 발전책도 아울러 이야기한다는 것이다. 이는 솔직히 사회 지도층의 관심을 유도하여 광화문 일대가 문화 중심지로 떠오르도록 관심을 유도하기 위한 분위기 조성용으로 보아도 무방할 것이다.

그리고 극장이라든가 박물관 등 문화공간의 주요 기능 중에 교육기능이 있다. 자체적으로 인재를 키워낸다든가 시민들에게 개방해서 문예교육을 시키는 일, 청소년들에게 좋은 프로그램을 제공하는 것 등도 문화공간의 교육기능이라 말할 수 있다. 그런데 세종문화회관은 공간사정이라든가 인적 자원 등 여러 가지 악조건으로 인해서 교육기능을 충분히 발휘하는 데는 한계가 있다고 본 것이다.

따라서 세종문화회관은 교육단체에 시범적으로 장소를 제공하는 것으로부터 시작하여 점차 문화교육을 체계적으로 실시한다는 계획을 진행하고 있다. 그 첫 단계가 예술경영 전문가를 단기로 양성하고 있는 다음아카데미와 손잡고 문화행정과 예술경영을 교육하는 일에 한발 걸친 것이라 말할 수 있다. 즉 세종문화회관은 2002년 4월에 다음아카데미에 소회의실을 제공하여 세종 다음아카데미를 개설토록 한 것이다. 1주일 2회 강의를 실시하는데 주최는 당연히 기존의 다음아카데미이고 세종문화회관 측에서는 일종의 연계형태로써 중간 간부들이 출강하는 정도이다. 만약 이런 것이 성공을 거두면 세종문화회관이 자체적으로 시민을 위한 문화예술교육과 그 분야 인재도 양성해보겠다는 복안을 갖고 있는 것이다. 아마도 머잖아서 세종문화회관도 자체적으로 훌륭한 교육프로그램을 마련할 것으로 예상된다.

10. 재단법인화와 혁신이 갖는 의미

세종문화회관은 재단법인화 1년여 만에 전국문화기반시설 평가단으로부터 최우수기관으로 선정되는 영광을 안았다. 그것은 삼청각 개관 같은 외연 확대 이전임에도 높은 평가를 받은 것이다. 그런데 세종문화회관을 최우수 기관으로 선정한 이유 다섯 가지를 꼽았는데, 그 첫째가 재단법인으로 독립된 후 공연 여건의 발전적 개선, 둘째, 재단법인으로 독립한 이후 총감독제(후에 사장제)도입, 하드웨어와 소프트웨어 모두에서 과감한 변화와 발전적인 방향으로의 성공적 변신 시도, 셋째, 기존시설을 전면 개보수, 공간의 활용도를 높였으며, 회의실 공간을 공연장과 다목적 회의실로 꾸미고 전시실을 실용적으로 변화시켰으며, 야외계단 구역을 야외공연장으로 활용하는 등 공간의 활용도를 적극적으로 높였고, 넷째, 공연장 주변의 작은 공간을 예술관련 매장으로 꾸며서 시민들의 공간 접근성을 증진시켰다는 것이다. 그리고 마지막으로 공간의 활용측면에서 지역 문예회관 공간의 리모델링 사업과 주변 야외공연장으로 활용하는 좋은 예가 될 수 있다는 것에 좋은 점수를 주었다는 것이다.

그러나 이러한 평가는 사실상 수박 겉핥기식 관찰에 의한 것이라 말할 수 있다. 왜냐하면 세종문화회관의 변화는 더 본질적인데 있었다고 보기 때문이다. 여기서 더 본질적인 것이란 두 측면에서 설명할 수 있다. 그 하나는 성격이 애매해서 행사장인지 예술창조 공간인지를 분간하기 어려웠던 세종문화회관의 성격을 분명히 했다는 사실이라 하겠다. 솔직히 우리의 전국적인 문예회관들은 정체성을 지니고 있지 못하다.

왜냐하면 상당수 문예회관들이 1935년 조선총독부가 충정로에 부민관(府民館)을 건립해서 경서부민들의 집회, 오락, 휴식 등 다목적 홀로 활용한 이후 아직까지도 그런 관례를 비슷하게 따르고 있는 것이 현실이기 때문이다.

이런 유형의 관립 문화공간의 공통적 특성은 첫 번째로 성격이 애매모호하다는 것이고, 두 번째는 일반직 비전문 공무원들이 지배하고 있다는 것이며, 세 번째는 예술창조 또는 문화교육 공간으로서는 기능정지 상태에 놓여 있는 현실에서다. 그 점에서 대다수 관립 문화공간들은 정부 예산만 축내고 있는 사각지대로 버림받고 있다고 해도 과언이 아니었다. 그런 표본적인 것이 다름 아닌 지난 시절의 세종문화회관이었다. 그런 것을 단번에 뜯어고친다는 것은 참으로 어려운 일이었다. 그것은 마치 거의 빈사상태로 누워있는 거대공룡을 다시 일으키는 일 못지않게 힘겨운 일이다.

따라서 본질적인 문제의 두 번째는 유능한 사장을 비롯한 지도부의 의식전환이다. 세종문화회관은 이 두 가지를 어느 정도 성공적으로 수행해갔다고 말할 수가 있다. 그것이 세종문화회관이 가장 평가받아야 하는 점이라 보는 것이다. 솔직히 이들의 의식 전환 없이 세종문화회관을 어떻게 획기적으로 뜯어고칠 수 있단 말인가. 바로 여기서 인적 구조의 혁신이 필수적으로 따라오게 마련이다. 기관이 바뀌려면 조직이 변해야 되고 조직이 변하려면 사람이 바뀌어야 했기 때문이다.

그런데도 서울의 몇 개 문화공간이 재단 법인화되어 전문 인력이 투입되어 조직에 신선한 바람을 불어넣으면서 수도권으로 확산되었지만 지방으로 갈수록 비전문 일반직 공무원들이 철옹성을 만들어 놓은 경우가 더 많다. 세종문화회관의 재단법인화도 국민의 정부 들어서 도입해보겠다는 의지의 산물로서 이룩된 것이고 그것도 첫 번째 시범 케이스였다.

그런데 그것이 당초 예상했던 것 이상으로 여러 면에서 성공의 가능성을 보여주기 시작했다. 그와 유사한 형태의 책임 운영제를 도입한 국립극장과 경기도 문화예술회관도 대체로 성공해가는 경우로 평가되고 있다. 바로 그 점에서 세종문화회관이 이전과 달리 성공 모델로 진화되어 가는 중이라고 말할 수가 있다. 최근까지 조사된 바에 의하면 전국에 문예회관이 104개나 된다. 소도시는 수십억씩이나 들여서 건립했고 대도시는 수백억씩 들여서 지었다.

이는 제5공화국 시절 이래 문화공간 확대 방침에 따른 것으로서 하드웨어는 어느 정도 갖추어지게 된 것이다. 그러나 소프트웨어는 전혀 부실하기 이를 데 없는 상황이다. 바로 그 점에서 각 지역의 관립 문화공간은 세종문화회관을 모델로 삼아 벤치마킹을 해야 하는 것이다. 세종문화회관은 문화공간이 지향해나가는 왕도를 실제적으로 제시한 경우가 되었다.

세종문화회관이 제시한 왕도는 대체로 다섯 가지로 분류해서 설명할 수 있다. 그 첫째가 인적 개편과 구조조정이다. 앞에서도 설명한 바 있지만 세종문화회관이 법인화된 즉시 신임 지도부가 들어서서 첫 번째 단행한 것이 다름 아닌 인적 청산에 가까운 구조조정이었다. 5분의 2를 퇴출 시켰음에도 조직은 오히려 살아났고 활기까지 넘친 것이다. 솔직히 일반직 행정 공무원들은 어느 정도 60년대식 개발행정에 익숙해 있다고 보아야 한다. 문화행정을 알지 못한다는 이야기이다.

병원장을 의사가 하듯이 문화공간은 문화행정가나 예술경영자가 맡아 해야 하는 것이다. 일반직 행정공무원은 문화예술을 모르고 관심도 부족할 수밖에 없다. 그것이 전국 관립 문화공간의 활성화를 가로막는 가장 큰 이유이다. 그리고 문화공간은 아무래도 장기 프로그램을 만들어 운영해야 하는데 일반직 공무원들은 철저한 순환근무제를 따르고 있지 않은가. 문화공간이라는 것은 비전문가들이 볼 때는 골치 아프고 맡기만 한 곳이다. 따라서 유능한 관리일수록 문화공간 근무를 기피하고, 또 설사 부임한다고 하더라도 1, 2년 정도 근무하고 떠나간다. 1, 2년은 비전문 공무원이 문화를 공부하고 겨우 맛 들일만한 기간이다. 그러나 그들은 또 다른 부서로 옮겨가야 한다.

그런 문화공간이 발전할 수가 있겠는가. 백년하청이 아닌가. 그리고 행정 공무원들은 창의적인 일을 기피하는 경향이 있다. 사실 문화공간은 끊임없이 새로운 이벤트를 만들어내야 한다. 관중을 끌기 위해서는 어쩔 수 없다. 일반 행정공무원은 신분보장이 되어 있기 때문에 부단히 새로운 일을 꾸밀 필요성을 느끼지 않는다. 오히려 일을 잘못 꾸몄다가는 사고발생과 함께 진급에 지장을 주는 역효과만 낳을 수 있기 때문이다. 이런 것들이야말로 공무원들이 원치 않는 복지부동의 자세를 견지하게 만드는 원인이 아닐까 싶다.

세종문화회관이 두 번째로 제시한 것이 다름 아닌 시스템의 변경이었다. 재단법인화 이전에는 시스템이 경직된 관료형태였다. 그러니까 주로 행사라든가 대관 등이 주 임무가 되게끔 시스템이 굳어있었다. 세종문화회관은 그것을 과감히 혁파하고 기업형 시스템으로 전환시켰다. 전국의 문화공간들이 벤치마킹할 것이 바로 그러한 인적 구조조정과 시스템의 변경이었다. 그러나 이미 화석처럼 굳어져 있는 각 지역의 문화회관이 갑작스럽게 그런 변신을 할 수 있겠는가. 세종문화회관이 성공사례로 정착해감에도 불구하고 상당수 지역단체장들이 문화에 색맹이고 그 밑의 공무원들은 자리보전에 혈안이 되어 있는 터에 스스로 변혁을 꾀한다는 것은 당장은 거의 불가능하다는 생각이다. 다행히 정부가 해마다 전국문화기반시설 평가대회를 갖고 있는 만큼 조그만 가능성은 있다고 본다. 왜냐하면 문화기반시설 평가대회에서 우수 문화공간에 대한 시상제도가 포함되어 있는 데다가 우수 문화공간의 사례 발표가 뒤따르기 때문에 각 지역 문화 공간 운영자들이 타 지역의 운영사례를 접하고 스스로를 반성하는 기회를 갖고 있기 때문이다. 따라서 세종문화회관은 낙후된 지역 문예회관의 모델로서 그치는 것이 아니라 은근한 압력 수단도 되고 있다는 이야기이다.

재단법인화 이후의 극적인 변화야말로 바로 그러한 예법이 될 만하다는 생각이다. 그다음으로 세종문화회관이 보여준 것은 건축물의 리노베이션과 리모델링, 이미지 개선, 그리고 외연의 확대 등이었다. 지역의 문예회관들은 솔직히 상당수가 크기에만 신경을 쓰고 집중 투자를 했을 뿐 세세한 기능면에 대해서는 거의 둔감했던 것도 사실이다. 따라서 지방 문예회관들이 교통상으로 불편한 것은 말할 것도 없고 콘텐츠 창조과정에도 애로가 적지 않다. 특히 쓸모없는 넓은 광장에서부터 대형건축물의 빈 공간들이 너무나 많다. 탁월한 작품을 공연하기에는 무대나 객석의 공간이 지나치게 크거나 작아서 정교한 예술을 창조해내기가 쉽지 않다.

무엇보다도 구석구석 유휴공산이 너무 많은 것도 낭비요인이며 외형상 미학적으로 좋은 평가를 받기가 힘들다. 바로 그 점에서 세종문화회관은 좋은 예법을 보여주었다고 말할 수 있다. 만약에 각 지역 문예회관들이 세종문화회관의 리모델링, 리노베이션, 그리고 삼청각과 같은 외연 확대를 벤치마킹한다면 우선적으로 극장으로서도 격을 갖추고 용도상으로도 보완이 되는 것이며 수익성도 크게 향상시킬 수가 있을 것이다. 솔직히 문화공간이란 사람들이 모여서 즐기며 배우고 정서 함양을 하는 곳이 아닌가.

그렇기 때문에 극장에는 먹을 곳도, 마실 곳도 있어야 하며 쉬면서 놀이에 참여하는 곳이 되어야 한다. 문예회관은 관청이 아니다. 그런데도 지방에 가보면 문예회관에서 놀고 쉴 공간을 찾을 수 없는 곳이 태반이다. 그 점에서 세종문화회관은 좋은 본보기를 보여준다. 그리고 세종문화회관은 중장기 발전 계획 같은 것을 수립해놓음으로써 재단법인화 된 문화공간이 나아갈 방향을 제시했다. 지방 도시들에 산재한 상당수 문예회관은 중장기는커녕 단기발전 계획조차 없다.

비전문 행정공무원들이 문예회관을 운영하다 보니 타성적으로 움직이고 있으며 대관 위주로 공간을 황폐화시키고 있는 실정이다. 그런 식의 운영이 지역문화 발전에 별다른 기여를 못 할 것임은 명약관화하다. 그러니까 세종문화회관의 적극적이면서도 공격적인 운영방식은 지방 문예회관들에 어느 정도 하나의 표본이 될 만하다.

그리고 끝으로 세종문화회관이 보여준 것은 예산 보충방식의 선진성이라 하겠다. 대체로 그동안 우리나라의 관립 문화공간들은 순전히 국고에 의존해 온 것이 사실이다. 세종문화회관이 재단법인화되면서 후원회를 조직하여 부족한 예산을 충당해보려는 노력을 한 바 있다. 세계 어느 나라도 문화공간이 국고에만 전적으로 의존하는 경우는 없다. 그런데도 우리나라에서는 관립이면 으레 국고에만 전적으로 의존하는 것으로 알고 있다. 아무리 비영리 기관이라 하더라도 이제는 달라져야 한다. 이미 선진국에서는 비영리 기관들도 후원회나 기부금 등을 통해서 예산을 보충하고 있다.

그런데 우리는 관립은 법적으로 후원회 제도 같은 것을 조직할 수 없게 되어있다. 관립 문예공간들이 하루빨리 민간 위탁되어야 하는 당위를 이런 데서도 찾을 수 있다. 이상과 같은 세종문화회관은 창립 50여 년(시민회관시대까지 포함해서) 만에 한국 극장서, 더 나아가 문화 공간 역사에 하나의 전환점을 만들어보려는 진통을 겪고 있는데, 그것이 순전히 재단법인화되어 전문 경영자들이 운영권을 쥠으로써 가능한 것이다.

아무리 고질화된 것이라 하더라도 전문식견과 확고한 철학, 그리고 의지와 열정만 있으면 얼마든지 바꾸어 놓을 수 있다는 것을 세종문화회관의 지도부와 직원들이 악조건 속에서 보여주고 있는 것은 대단히 중요한 의미를 지닌다. 왜냐하면 이러한 개혁의지야말로 우리의 문화공간은 말할 것도 없고 문화발전에도 커다란 도움이 될 것이기 때문이다.

이는 순전히 국민의 정부가 '지원은 하되 간섭은 하지 않는다'는 대원칙하에 세종문화회관을 법인화하면서 발화가 된 것이고 최초의 사장 이종덕의 적극적인 노력도 뒷받침되었다고 말할 수가 있다. 그 이후에는 정권도 바뀌고 시장(市長)도 한두 번 교체되면서 여러 형태의 후임자들도 대체로 이러한 원칙을 기본으로 하여 운영을 해왔지만 한정된 예산과 너무 많은 전속단체를 끌어안고 있어서 어려움이 따랐던 것으로 보인다. 물론 1천만 수도 서울의 얼굴이랄 수 있는 세종문화회관이 많은 전속단체를 두고 있는 것이 크게 이상한 것은 아니나 너무 대형인 극장과 또 너무 작은 극장 두 개만 가지고는 좋은 작품을 만들어내는데 한계가 있을 수 있다고 보인다.

연전에 부임한 전문경영인 1세대라 할 수 있는 이승엽 사장이 인터뷰에서 "세종문화회관이 40년(1976년 재건축된 때로부터) 밖에 안 됐는데 벌써 거대한 유적 같은 이미지가 있어요. 관광객들의 사진 배경이 되는 것도 나쁜 건 아니지만, 역시 아트센터 하면 '예술'이 떠올라야 합니다. 서울의 랜드마크, 대한민국 예술명소로 발돋음 해야죠."[79]라고 밝힌 소감에는 두 가지 뜻이 담겨있다. 즉 그가 세종문화회관이 그동안 외형만 그럴듯해서 관광명소로서는 나름대로 기여를 했을지 몰라도 예술 창조공간으로서는 별다른 색깔을 못 만들어냈다는 비판과 함께 앞으로 자신이 선두에 서서 야심 찬 개혁을 해보겠다는 포부를 내비쳤다는 이야기다.

그러면서 그가 제시한 것이 다름 아닌 미테랑 프랑스 정부시절 자크 랑 문화부 장관을 앞세워 파리를 한 꺼풀 벗겨내면서 잠재되어있던 문화예술의 동력을 촉발시켰던 '그랑 프로제' 정책을 하나의 예로 들었다. 솔직히 이와 같은 원대한 프로젝트는 시장(市長) 차원도 넘어 오로지 문화예술을 제대로 아는 대통령이나 해낼 수 있는 역사(力事)이다. 이는 사실 우리로서는 꿈같은 희망일 수 있다. 왜냐하면 우리의 정치상황에서는 문예에 대한 깊고 넓은 식견을 가진 대통령이 나오기도 어렵거니와 서울시의 문화적 배경도 프랑스 파리와는 많이 다르기 때문이다. 여하튼 갓 취임한 이승엽 사장이 세종문화회관이 '거대한 유적'처럼 적막한 극장이 되어있는 현상을 보면서 미테랑 정부의 파리를 떠올린 것은 고개가 끄떡여진다고 하겠다. 따라서 그는 당장 할 수 있는 것으로서 취임 초인 2016년 3월부터 국립극단처럼 시즌제를 즉각 도입하여 일단 성과를 내기 시작했다.

그러나 그것으로는 한계가 있다고 생각한 그는 문화일보 박동미 기자와의 인터뷰를 통해 장차 "세종로 공원에 건립하려고 한 콘서트홀과 세종문화회관 대극장 리모델링을 묶어 새 관점으로 보는 프로젝트지요, 기존 인프라를 포용하는 신개념 콘서트홀이 이 일대 문화적 브랜드가치를 획기적으로 높일 겁니다. 요즘 식 '그랑 프로제'(2017.2.7)입니다."라고 하여 프랑스식 개혁방향을 제시한바 있어서 기대를 걸게 한다.

제6장 진정한 현대극장무대의 등장

1. 드라마센터 건립과 인재산실(人材産室)에로의 진화과정

1950년 6월 한국전쟁 전까지만 해도 연극장과 영화관의 구별이 극히 희미했었다. 원각사, 동양극장 정도가 연극전용 극장이었지만 단성사라든가 광무대 등 초창기 극장들은 연극과 영화를 함께 상연하던 곳이었다. 해방 직후에도 국도극장이라든가 국제극장, 중앙극장, 제일극장 등이 영화와 연극을 동시에 공연했었다. 더구나 1950년 초에 겨우 국립극장이 설립되면서 연극공연장이 조금 넓어진 것이다. 그러나 6·25전쟁을 기점으로 연극기반이 급속히 무너졌고, 또 상대적으로 서양영화수입과 함께 영화가 극장가를 석권하면서 연극무대는 오로지 국립극장 한 곳으로 축소되었다. 이는 곧 연극이 위축되면서 무대를 잃어버린 것이나 마찬가지였다.

여기서부터 연극전용 극장의 필요성이 절감된 것이다. 더구나 국립극장의 무대구조는 극히 전통적인 자연주의형태로서 변전하는 새 사조의 연극을 공연하기에는 적합하지 못했다. 따라서 현대극을 공연할 수 있는 새로운 무대의 필요성은 그 어느 때보다도 시급하였다. 이러한 것이 극장 드라마센터 설립의 역사적 당위성이었다고 하겠다.

드라마센터는 두말할 필요도 없이 작가 유치진이 록펠러재단의 원조를 받아 건립한 극장이다. 드라마센터는 1958년부터 추진되어 약 4년 만인 1962년에 문을 연 극장이다. 설립자인 유치진은 드라마센터 건립 배경에 대해 다음과 같이 회고했다.

일제 때 지금의 드라마센터 자리에는 조선총독부가 들어서 있었다. 그 후 그 총독부가 현 중앙청 자리로 옮긴 후로는 노일전쟁 때 쓰던 대포 등속을 전시하는 곳이 되었고, 나중에는 경비행기까지 차려놓았다. 그들은 이곳을 과학관이라 불렀는데, 대한민국 정부수립 후에도 그 내림대로 이곳을 과학관 터로 예정하고 있었다. 세계연극 시찰여행 후, 나는 록펠러재단으로부터 나의 소원이던 소극장 건립을 위한 10만 불을 지원하겠다는 약속을 받았다. 다만 그 원조는 법인에게만 지급되는 것이라 하기에 나는 갈월동의 내 집과 그 밖의 부동산을 기부하여 1958년 8월 26일 재단법인 '한국 연극연구소 유지재단'을 설립했다. 이렇게 법인체를 만들고 나니까 그들은 韓美財團을 통해서 우선 4만 5천불을 지급하겠다고 통지해왔다. 그러나 그 선행소선으로 이번에는 부지를 확보하라는 것이 아닌가? 부지가 확보되어야 4만 5천불을 손에 쥘 수가 있고, 기한을 넘기면 모처럼 지원받은 이자금을 그냥 되돌려주어야 할 판이라 나는 애가 달아 동분서주했다.

그러던 중 4·19가 일어나고 許政 과도정부가 수립되었다. 이때 李丙燾가 문교부장관으로 있었는데, 나는 그동안 눈 여겨 보아 오던 현 드라마센터 터를 불하해 달라고 교섭했다. 그러나 李장관은 과학관 부지를 극장부지로 내어 줄 수는 없다고 거절하는 것이었다.

한때 나는 보신각 옆, 한청빌딩 부근의 1백여 평의 터를 생각해 보았다. 나는 세계 연극시찰 여행 중 이만한 부지에 극장을 지어도 아쉬운 대로 연극운동을 할 수 있겠다는 자신을 가지기도 했지만 막상 결정하려고 하니 30여 년간 꿈꾸어 온 연극전당으로서는 너무나 협소했다.

나는 고심 끝에 문교부차관으로 있던 李恒寧을 찾아갔다. 그와는 평소 친교가 있었던 터라 나는 좀 도와 달라고 억지를 쓰다시피 매달렸더니 마침내 그는 과학관을 지을 만한 곳을 따로 주선해 주면, 남산 자리를 내어 주겠다고 언질을 주는 것이었다. 나는 李王職 재산관리를 맡고 있던 吳在璟의 도움으로 이 왕직부지와 맞바꾸기로 하고, 남산부지 불하신청을 허정 수반에게 내어놓았다.

그 때는 이미 과도정부의 존속기간이 몇 주일밖에 안 남았을 때라 나는 서둘지 않을 수 없었다. 나는 내 아내와 함께 허정 수반 자택으로 아침 일찍 찾아갔다. 문 앞에 지켜 서서 그분이 나오기를 기다리고 있는데 비서들이 무슨 일로 왔느냐고 물으면서 중앙청에서 뵙는 것이 좋겠다고 일러 주었다. 그러나 나는 "許수반이 내가 여기 서 있는 걸 보면 왜 그런지 잘 알 테니 당신네들은 상관하지 말라."며 한참 실랑이를 했다. 그런데 때마침 허수반이 나왔다.

"어유, 아침 일찍 웬일이요?"

"무조건 도장이나 찍어주시오."

"그렇게 쉬운 일이 아니요."

"어려울 건 뭐가 있소?"

이렇게 우리는 한 길에 선 채로 두 시간 가까이 舌戰을 벌였으며, 이러한 우여곡절 끝에 나는 가까스로 결재를 받는 데 성공했다.[1]

이상과 같이 장문의 글을 여기에 인용한 이유는 극장부지 확보의 배경이 대단히 소상하게 씌어져 있기 때문이다.

남산 중턱에 부지를 얻은 유치진은 1960년 10월에 드디어 드라마센터 건립에 착수하기에 이르렀다. 그러나 록펠러재단에서 보내 준 5만5천불은 금방 바닥이 났다. 따라서 오랫동안 살아오던 갈월동 집을 팔고, 또 사회 각계각층으로부터 건축자재 등 많은 물자 등을 기증받으면서 계속 밀고 나갔다. 그러던 중 1961년 5·16 군사쿠데타가 일어났고, 혁명정부의 재정담당 유원식 최고위원의 주선으로 서울은행 등 시중 5개 은행으로부터 6천3백 만환을 대부받아 공사를 진행해 나갔다. 그런데 뜻밖의 문제가 발생했다. 즉 남산 주변에 산재해 있는 각급 학교에서 드라마센터 극장이 교육상 해로우니 선처해 달라는 진정서를 서울 중앙학원 환경위원회에 냈던 것이다. 이 사건은 문화계 인사뿐만 아니라 미국 대사관 원조담당 책임자까지 아연실색케 했다. 왜냐하면 각급 학교에서 드라마센터를 마치 흥행장인 것처럼 착각했기 때문이었다. 그에 대해 어떤 연극계 인사는 다음과 같이 비판했다.

드라마센터는 새삼 밝힐 나위도 없이 값싼 흥행장소가 아니라 연극문화를 연구하고 실험하여 민족연극예술을 발전시키려는 의무를 가진 한국사상 최초의 연구기관이다. 인구 2천만이 되는 남한에 연극을 할 수 있고 또한 공부할 수 있는 기관이 하나도 없다. 한 나라의 문화의 척도가 영화관의 수가 아니라 연극장소의 수에 달려 있다는 말이 있다. 국립극장이라는 것이 있지만 이것은 여러 가지 사정으로 해서 제 구실을 못하고 있는 사정이며 대학 내의 젊은 극예술학도들이 모여 배우고 실험할 수 있는 장소, 우리 고유의 민족 연극을 발전시키고 외국에 소개할 수 있는 극장이 하나도 없다. 모든 예술형태 중에서 연극처럼 그 역사가 긴 것은 없다.

장구한 역사를 지니고 있는 역사는 항상 극을 통해 민중을 교육하고 계몽하는 선구자적인 역할을 해왔다. 오늘날 미국을 비롯한 서구 각처에서 무엇보다도 연극을 장려하는 이유도 이러한 역사적인 의의에 원인이 있는 것이다. 정서교육은 물론 극을 통해 스피치교육을 할 수 있고 한걸음 더 나아가 협동정신을 몸소 체험케 하는 데 연극처럼 좋은 것이 없기 때문이다. (…중략…) 남산 주변의 교육자들은 이러한 연극연구기관을 가리켜 교육에 해롭다는 결론을 내렸다. 미국대학내의 연극학과를 설치한 수는 천 여 개가 넘는다. 인구 2, 3백만 되면 으레 공동극장이 생겨 학생들이 자발적으로 와서 참여한다. 이러한 점 등으로 보아 중앙환경위원회에서는 드라마센터의 문화적 성격을 이해하고 합당치 않은 자문을 철회하여야 할 것이다.[2]

이상과 같은 여론으로 드라마센터 건립은 박차를 가했는데, 그것은 1961년 12월 크리스마스를 기해서 개막할 계획이었기 때문이다. 물론 록펠러재단에서 원조자금이 그 후에 조금 더 왔고 해서 자금난의 어려움 속에서도 건물 짓기는 계속되었던 것이다. 그런데 일이 예정된 날짜까지 이루어지지 않았다.

드라마센터

그래서 결국 1962년으로 넘겨졌다. 그리하여 1962년 3·1절에 개관하기로 예정을 바꾸었던 것이다.

은행 빚 6천 3백만 원을 안은 채 총공사비 1억 2천 만환을 들여 지은 현대극장 드라마센터가 거의 완공된 것이다. 전체공사는 1961년 말에 이미 끝났으나 내부시설이 조금 늦어진 것이었다. 드라마센터의 전체적 윤곽과 목표는 다음과 같은 한 기자의 르포로서 대략 알 수가 있다.

총공사비 1억 2천 만환을 요한 이 드라마센터는 미국 록펠러재단에서 6만 2천 달러를 원조하였다. 총건평 700여 평, 500석을 가진 단층 객석을 둘러싸고 100평의 메인 스테이지 및 30여 평의 원형 무대와 양편에 사이드 스테이지를 갖추고 있으며, 소극장 아래층에는 도서관, 연극학교의 교실, 작가실, 의상실, 분장실, 욕실 등 규모 있게 설계되었다. 소극장 前庭에는 60평 남짓한 소홀과 그 위에 스카이라운지를 마련하여 문화인들의 광장을 만들 계획이라고 한다.

연극운동은 결국 관객과 은밀하게 교류하는 데서 이루어지는 것이므로 이러한 로터리에서 연극문화의 보편화를 기할 수 있다는 것이 드라마센터의 창설자 유치진씨의 이념이다. 이러한 씨의 이념은 특히 소극장 무대설계에 독특한 아이디어로 발현되었다.

드라마센터는 소극장 전체가 무대로 구성되어 있는 감이다. 관객석을 무대가 꽉 둘러섰고 객석 뒤의 원형무대는 희랍의 야외극 시절의 스테이지를 본딴 것인데, 힌트는 가톨릭교회의 성가대 스테이지에서 얻은 것이라고 한다.

전면에는 객석에 돌출한 앞 스테이지 예푸론이 있다. 이것은 중세기의 동시 무대형식이다. 따라서 여기 무대들은 유사 이래의 모든 형식을 절충 가미한 다양식 극장이다. 또 한 가지 특색은 연기자들이 객석 발밑에서 드나들게 되었다는 것이다. 이것은 순전히 연극적인 필요성에 의해서 고안된 것인데 배우가 관객 속에서 솟아나오고 관객들이 연극에 완전히 휩싸인 가운데 연극이 진행될 것을 의도하기 때문이다.[3]

개조한 드라마센터 내부와 유덕형(원내)

이상에서 볼 수 있는 것처럼 드라마센터를 초현대적으로 건축한 것은 세계의 첨단적 연극의 흐름에 발맞추자는 뜻에서였다. 창립자 유치진이 드라마센터 착수 전에 세계연극시찰을 했기 때문에 전위연극을 많이 본 것이 효과를 거둔 셈이 되었다. 가령 돌출무대에 대해서도 유치진은 "연극이 관객과 떨어진 것이 관객 쇠미(衰微)의 원인이다. 관객 속에 침투하는 것만이 연극의 살길"이라면서, "드라마센터는 대중의 호흡과 감각과 유리된 것을 피할 작정"이라고 주장했다. 그가 드라마센터 설계는 건축가 김중업(金重業)에 맡기고도 구조 전체에는 자신의 연극철학을 철저하게 투영했는데, 가령 우리나라의 마당에서부터 그리스의 야외극장, 그리고 성당의 합창대 등 다양한 방식을 무대에 반영함으로써 현대극이 가능할 수 있도록 했다.[4] 극장구조가 현대적인 것이 됨으로써 종래의 연출, 연기, 조명 시스템이 완전히 달라질 수밖에 없었다.

일찍이 서항석 등과 극예술연구회를 주도했던 그로서 극연에서 실현 못한 꿈을 드라마센터에서 실현해 보려 했다. 그러니까 단순한 연극전용 극장 건립에 있기보다는 드라마센터를 통해 연극아카데미를 확립하자는 것이었다. 전통극의 보존과 첨단적 연극의 실험, 그리고 연극학교 등을 설립하여 프랑스 파리의 꽁세르 바뜨와르 같은 명실상부 한국연극의 총본산을 만들겠다는 것이었다.

나는 당시로 보아서 동양에서 으뜸가는 소극장을 만들어 낸 것이다. 원형연극을 응용한 무대, 객석의 구성이며, 조광기(調光機, dimmer)의 첫 도입 등은 특히 자랑하고 싶은 것들이었다. 나는 기성·신진 연극인들을 다 모시고 연중 무휴 공연을 기약했으며 후진양성을 위하여 연극아카데미를 세우고, 연극도서관·연극박물관의 설립을 서둘렀다. 그밖에도 나는 연극의 범국민화운동의 효과적 추진, 연극지도자의 양성, 학교극 지도원을 위한 강습, 전국 규모의 초·중·고교 및 직장 연극 콩쿨의 개최, 향토극 개발운동의 전개, 각본집 간행 등을 구상하고, 그 실천방안을 모색했다. 이 무렵 나는 우리나라 연극계의 르네

상스를 꿈꾸며 희망에 찬 나날을 보내고 있었다.[5]

그리하여 1962년 3월 착공한 지 3년 만에 드디어 아담한 모습으로 준공했다. 건평 2백 20여 평에 무대 넓이만 1백 20여 평, 좌석이 473석의 드라마센터는 건축가 김중업의 설계에 의해 지어진 것이었다. 내부구조를 돌아본 어떤 기자는 다음과 같이 묘사했다.

4백 70석의 좌석을 갖춘 무대는 메인 스테이지 양옆으로 사이드 스테이지가 있고, 이것이 계단으로 연결되어 백 스테이지가 객석의 뒤에 마련되어 관객은 부대의 한가운데서 연기사와 호흡을 나누며 극 속으로 딸려 들이가는 느낌을 갖게 될 것이라고 한다. 대형 시네스코 이상의 롱 스포트 10대, 달 모양으로 비치는 비므 스포트 2대, 부드럽고 맑은 광선을 내는 핀 스포트 15대, 그리고 구름, 눈, 비, 파도, 불, 연못 등을 환등식으로 비치는 이펙트 머쉰 2대 등 특수 조명기재들을 많이 들여왔다고 한다. 효과는 장내의 벽이나 천장이 재래의 방음장치가 아니라 음향이 잘 공명하여 부드럽고 깊이 있게 울리도록 방음장치를 한 게 특색, 그리고 객석과 무대를 돌아가며 9개의 스테레오식 사운드트랙이 장치되어 대형영화의 입체적 음향효과를 연상시키고 있다.[6]

재단법인 한국연극연구소로 출발한 드라마센터는 유치진을 소장으로, 사무국장 신태민, 극장장에 이해랑, 아카데미원장 여석기, 상임위원 김정옥, 이근삼 등으로 진용을 갖추었다. 드라마센터는 당초 3·1절 개관예정을 또 지키지 못하고 4월 12일에 드디어 셰익스피어의 〈햄릿〉(여석기 역, 유치진 연출)을 가지고 역사적인 개막을 하였다.

당초 유치진이 약속한 대로 신구연극인을 총망라했는데, 주축은 역시 신협 멤버였다. 거기에 대학극 출신들의 김동훈, 나영세와 양광남, 최성진, 천선녀, 권영주, 박명희 등등의 발랄한 신인들이 대거 가담하였다. 명실상부 호화배역이었던 〈햄릿〉 공연 평은 대체로 좋았으나 극장 구조와 관련해서는 비판도 없지 않았다. 극작가 김경옥은 처음 막을 연 드라마센터에 대하여 다음과 같이 비판했다.

드라마센터 개관 공연 〈햄릿〉(1962)

우선 그 명일의 영광을 빌며 창설자 유치진씨의 노고를 치하하고 싶다. 그리고 그 개관공연의 무대를 통해 제시된 중요한 문제점을 지적하여 그 앞날의 발전을 바라고자 한다.

첫째, 극장구조 즉 무대형식이 특이한 점에서 제기되는 극 형태상의 문제가 있다. 물론 이번 〈햄릿〉 공연에서는 고대식 반원형 무대와 별로 다른 바 없었으나, 이미 근대식인 프로시니엄 아치를 제거해 버렸고, 나아가서는 무대가 객석을 에워싸는 연극을 꾸며 보려고 의도하는 모양인데, 이것은 객석이 무대를 에워싸고 있는 원형무대의 정반대의 형식이다. 그렇다고 해도 본질적인 점에 있어서는 배우와 관객 사이의 거리를 제거하려는 의미에 있어서는 마찬가지며, 어떻든 근대무대에 대한 하나의 혁명인 것만은 사실이다. 이러한 종류의 연극은 이미 대학극과 소극장 단체에서 시도한 바 없었던 것은 아니지만, 본격적인 극장이 서기는 드라마센터가 그 처음이므로 커다란 기대와 주목을 주었던 것이다. 〈햄릿〉 공연을 통해서 볼 때, 등장인물들이 아무 예고 없이 이 구석 저 구석에서 튀어나와 관객에게 퍽 신기함을 느끼게 하며, 또 관객으로 하여금 점점 연극 속으로 끌려 들어가게 하는 효과는 거두었다고 할 것이다. 현대 연극의 이러한 경향으로 따진다면 확실히 성공했다고 할 것이다. (…중략…) 그야위에 말한 바와 같은 반원형무대에 알맞은 고대극이나 셰익스피어 극만을 상연한다거나 창작극이라도 그 무대에 알 맞는 것만을 레퍼토리로 택한다면 그만일 것이다. 그러나 또 한 가지 보다 본질적인 문제가 있다. 즉 예술은 생활이 아니며 생활의 정서함양은 될지언정, 그것은 어디까지나 감상의 대상이며, 정화작용의 표본이라는 것이다. 상연되는 비극이 관객 속으로 들어오면 공감성은 증대될는지 모르지만 그것을 자신의 생활로 느낀다면 고통일 것이다. 비극을 생활화하려고 극장으로 가는 사람은 없다.[7)]

이상은 극히 고루하고 전통적인 고전주의나 자연주의 연극관을 갖고 드라마센터의 무대를 극히 회의적으로 쓴 글이다. 이와 같은 글에도 불구하고 드라마센터는 현대극 무대로서 잘 설계된 극장으로 평가받을 만한 것이었다. 전후(戰後)의 침체한 연극계에 활력을 불어넣음으로써 무대예술의 르네상스를 이루려는 꿈을 안고 출발한 드라마센터는 처음부터 관객동원에 실패했다. 매일 만원이 되어도 월 6백 만 환의 수입밖에 안 되는데, 실제 운영비는 1천 8백 만 환이나 들었다.

그렇다고 매일 만원이 되는 것도 아니었다. 하루 평균 2백 50명꼴밖에 안 되었다. 관객이 저조한 날은 표가 20매 정도밖에 팔리지 않았다.[8)] 드라마센터는 하는 수 없이 고육책의 하나로서 연극의 대중화 운동을 전개하면서 회원제 운동을 벌여 나갔다. 회원은 A급(1년 2천 환), B급(일만 환), C급(10만 환)으로 나누어졌는데, 그것마저 신청자가 적어 신통한 효과를 거두지 못했다.

그러나 연중무휴 공연을 표방하고 나선 극장 측으로서는 연극중흥의 꿈을 쉽게 저버릴 수는 없었다. 40여 일 동안의 〈햄릿〉 공연에 이어 오닐의 작품을 공연했고, 아서 밀러 등의 작품을 계속해서 무대에 올릴 수밖에 없었다. 회원제로서도 성과를 거두지 못한 드라마센터는 재정적 위기의 타개책으로, 첫째,

고정적인 국가보조, 둘째, 외국 민간 원조기관과의 접촉, 셋째, 후원회의 결성 등을 모색해 나갔다.

그러나 이 중 국가보조 문제에 대해 정부에서 취지에는 찬동하면서도 예산 상으로 불가능하다는 회보를 받음으로써 난관에 부딪쳤다. 외국기관에서도 호의적 반응을 보이면서도 시원한 해결책을 제시해준 것은 아니었다. 재정위 기를 극복하기란 정말 어려운 것이었다. 드라마센터는 중단할 수 없어 연극 공연을 하는 한편으로 연극아카데미의 기초 작업을 펴 나갔다. 그 첫 작업이 동년 6월 1일부터 1주일간 개최한 연극강좌였다. 이어서 7월에는 연극의 범 국민적인 보급과 계몽을 목적으로 하는 연극개발 3개년 계획안을 발표했다. 계획안은 5개항으로 나누어졌는데, 그 내용은 다음과 같다.

아동극 지도자 강습회 학생극이 지닌 의의와 본분을 갖추게 하기 위하여 우 선 연극지도원(敎師) 강습회를 연다.

국민학교 및 중·고교 연극콩쿨 연중행사로서 전국적으로 실시하는데, 각 도 에서 도내 연극콩쿨을 실시하고 우승팀이 중앙에서 결선한다.

대학연극 지방에서는 콩쿨보다 대학 내에 연극부 설치를 촉진하여 연극운동 을 활발하게 한다.

직장연극서클 재건국민운동에서 추진 중인 직장 문화 서클과 호응, 연극지도 자 양성 강습회, 각본 제작·배포 등의 방식을 강구한다.

농어촌연극 농어촌 계몽운동과 발맞추어 농어촌의 素人劇을 장려한다.[9]

그리고 곧이어 우선 전국 남녀중고등학교 연극콩쿠르를 9월에 실시한다고 발표하였다. 그러니까 전국에 산발적으로 있었던 중·고교 연극콩쿠르를 드 라마센터가 일원화하겠다는 의지의 표현이었다. 나중에는 동아일보사, 서울 신문사 등이 후원하게 된 제1회 전국 중·고등학교 연극콩쿠르는 9월 24일 부터 29일까지 1주일 동안 개최되었는데, 참가학교는 예상외로 저조, 서울의

6개교(중동·양정·중앙·서라벌·이화·풍문)에 그쳤다. 한노단 작 〈전유화(戰有花)〉(남학교)와 유치진 작 〈춘향전〉(여학교)을 지정작품으로 한 연극 콩쿠르는 이렇다 할 성과를 얻지 못하고 끝났다.[10)

이 국민연극 개발 3개년 계획안 중에서 오늘날까지 실천되고 있는 것은 중·고교 연극 콩쿠르뿐으로 어느 정도는 연극의 저변 확대에 기여했다고 보아야 할 것 같다.

장기 안목을 갖고 연극운동을 전개해 나갈 수밖에 없었던 드라마센터는 10월 들어서 숙원이었던 연극아카데미를 발족시켰다. 이는 직업배우와 아카데믹한 연극인재를 양성하자는 데 그 목적이 있었고, 그래서 학력을 불문하고 천재적인 연기자의 발굴을 목표로 한 연기과와 대학원 수준의 연구과를 설치한 것이다. 많은 지망자가 몰려와 심사로 뽑힌 학생은 연구과에 13명, 연기과에 40명이었다. 1962년 10월 15일에 역사적인 첫 개소식이 열렸다.

한국연극연구소에서 개설한 연극아카데미의 개소식이 15일 낮 1시부터 드라마센터에서 열렸다. 16일부터 개강되는 이 아카데미는 전문적인 직업 연극인의 양성을 목적으로 하고 있는데, 대학졸업 정도의 자격자들을 입소시킨 연구과 13명, 그리고 자격을 불문하고 천재적인 연기자를 양성하게 될 연기과에는 40명이 제1기생으로 뽑혔다. 2개년 코스로 출발한 이 아카데미는 연극계는 물론 TV, 영화 등의 탈랜트 양성에 구실할 것으로 크게 기대된다. 강사진은 국내 각 대학 교수들 및 연극 전문가들로 구성되었다.[11)

드라마센터는 공연활동을 계속하면서 장기적 안목을 갖고 부대사업을 펴나갔다. 그러나 적자 재정으로 공연활동을 지속해 나갈 수가 없었다. 그리하여 1년도 지속 못 하고 1963년 1월에 막을 내리는 수밖에 없었다. 그동안 6개의 작품에 총 공연횟수 2백 32회, 동원 관객 수 7만여 명을 기록하고 자체공연을 중단하고 말았다. 특히 적자 속에서도 빨리 막을 내리게 된 직접 동기는 아무래도 신진 연기자들이 새로 생긴 KBS-TV 탤런트로 대거 이동해 갔기 때문이었다.

연기자들의 이탈에는 재정적 문제 외에도 여러 가지 내부 갈등이 있었다. 가령 당초 결합할 때의 이질적 요소의 혼합이라든가 유치진의 독주 등에 대한 반감 등이 복잡하게 얽혀 있었다. 당시 한국일보는 이러한 드라마센터에 대해 몇 가지로 나누어서 신랄하게 비판을 가했다. 우선 드라마센터가 번역극 중심으로 간다는 것에 대한 비판이었다. 1년 동안 6편의 공연작품 중 5편이 번역극이라는 것이다. 그것도 모두 초연(初演)이 아니라는 점이다. 그것은 신협의 재판이라는 주장이었다.

> 공연하려면 작품이 선택되어 있어야 하고 연출자 등 스태프와 캐스트가 결정되어야 하는데 드라마센터는 이 세 가지 결정에서 이상한 매너리즘에 빠지고 있다. (…중략…) 신극이 전통이 아쉬운 상태에서 우리나라 창작극이 빈약하니 우선 구미 연극의 이식을 꾀하지 않을 수 없지 않겠느냐고 말한다면, 그건 그렇다 하더라도 드라마센터가 재상연관으로 전락할 까닭은 없다. 상연 작품 6편중 재 상연 작품이 5편일 뿐 아니라 더구나 그 중의 4편은 드라마센터의 주체세력이라는 구 신협이 일찍이 상연한 것이었다. 세계연극의 신조에 민감하면서 실험적 의욕을 보여야 할 연극의 전당 드라마센터가 신작을 상연하지 못하고 여러 해 전 신협이 걸어온 발자취만을 뒤따라가는 것은 어쩌자는 懷古 취미일까?[12]

그러면서 국립극장처럼 레퍼토리 선정위원회를 두어야 한다고 주장했다. 또한 이에 그치지 않고 유치진 한 사람에 의해 신진 연출가의 길이 막혔다고 비판했다. 그리고 영화 스타들을 이용하여 관객동원을 꾀한 것은 드라마센터의 타락이라는 것이었다.

배역을 보면 「햄릿」에서 金寶愛, 「포기와 베스」에선 崔智姬, 〈漢江은 흐른다〉에서 金三和, 〈세일즈맨의 죽음〉에선 車裕美, 〈로미오와 줄리엣〉에선 남궁원 등 영화 스타가 약방의 감초처럼 끼어 있다. 연극계가 탤랜트를 교환, 상호부조 한다는 것은 오히려 환영되어야 한다. 그러나 전기된 스타의 연극에의 출연은 성질이 다르다. 연기력은 고사하고 대사조차 제대로 전달할 줄 모르는 것이 대부분인 그들에게 드라마센터가 기대한 것은 이른바 관객동원이다.

이상과 같은 비난 속에서 재정난, 단원이탈로 문을 닫을 수밖에 없었다. 그러나 그대로 주저앉을 수는 없었다. 재기의 몸부림을 조금씩 하기 시작한 것이다. 1963년 3월부터 공연계획을 새로이 하여 창작극 중심으로 연극의 실험실 구실을 해보자는 것이었다. 그래서 설립자 유치진은 종래의 번역극 리바이벌을 지양하고, 되도록 새로 쓴 창작극 공연을 원칙으로 〈수치〉(구상 작), 〈북간도〉(안수길 작), 〈김약국의 딸들〉(박경리 작)과 하유상, 차범석의 희곡을 공연하겠다는 구상을 피력까지 했다. 그러면서 자체 양성소 출신을 중심으로 전속극단 조직도 다음과 같이 밝혔다.

유치진씨가 다음과 같이 금년도 공연계획을 보면 전부가 6편인데, 창작물로는 구상 작 「수치」(3막)와 집필을 약속한 유치진, 하유상, 차범석 제씨의 작품 중의 두 편, 각색물로는 안수길 작 「北間島」와 박경리 작 〈金약국의 딸들〉, 그리고 번역물로는 패터슨씨가 연출할 〈Inherit of the wind〉와 뮤지컬인 〈웨스트 사이드 스토리〉 등이 물망에 오르고 있다. 무명 영화배우의 연습장이라는 빈정댐도 받았던 드라마센터는 앞으로 부설 연극아카데미를 활발히 움직여 신인을 훈련, 연기자 기근을 타개하고 나아가 전속극단도 조직할 것이라 한다. 유치진씨는 연극 5개년 계획인가 하는 장대한 프로그램도 일찌기 발표한 바 있지만 올해를 1차년 도로 10년 계획의 연극박물관의 설립에 착수할 것이며, 중고교 연극 콩쿨 및 아동극 콩쿨도 계획하겠다고 다짐했다.13)

그러나 이상과 같은 계획도 실천되지 않았다. 왜냐하면 재건할 만한 여건이 조금도 조성되지 않았기 때문이다. 그리하여 결국 대관극장으로 방향전환할 수밖에 없었다. 그 첫 번째가 제작극회, 실험극장과 전속계약을 맺은 것이었다. 극단의 보호육성이란 명분을 내건 일이었지만 그것마저 단 1회씩 공연하고 흐지부지되고 말았다. 드라마센터는 1960년대 초 예산부족으로 대관극장이 된 국립극장과 비슷한 처지가 된 것이다. 유치진은 그에 대해 다음과 같이 고백하였다.

이리하여 나는 1963년부터는 자체공연을 중지하고, 貸館으로 연명하는 처량한 처지가 되었다. 그 후 3년 간 나는 드라마센터 부설 연극학교에서 후진양성에만 몰두했다. 극장은 학생들의 실습장 내지 발표장으로 사용하는 한편, 각종 외부행사에 돈을 받고 빌려 주었다. 그런 속에서도 당초 계획대로 학교강당 겸 간이극장(3백50석)을 1965년 10월에 완공시켰는데 이것마저 드라마센터예 식장으로 내놓을 수밖에 없던 비운이었다. 한때는 드라마센터 본 극장을 영화관으로 바꾼 적도 있었다. 내 꿈의 전당이 하찮은 예식장이나 영화관으로 사용되다니, 나는 오장육부가 뒤틀리는 느낌이었다.

그러나 어쩔 수 없는 노릇이었다. 나는 그러한 자질구레한 사업에서 생기는 수입을 극장 및 학교유지에 보태어 썼고, 최소한도의 자체행사에 충당해야 했다.14)

그리고 한때(1963년 5월)는 재즈의 전당 구실도 했다. 즉 63년 5월에 미8군계 쇼와 손을 잡고 매주 월·화·수요일 3일간 재즈 페스티벌을 벌였던 것이다. 드라마센터가 완전히 흥행장으로 바뀐 것이었다.

미 8군계 쇼는 〈세계의 휴일〉이라는 이름으로 여러 번 공연을 가졌다. 종래에 없었던 수준이었지만 흥행에도 실패했고, 자기네가 제공한 오락내용이 미국병사 위주이기도 했지만 한국관객이 대중가요파의 영향 속에 있다는 것을 새삼스럽게 통감한 것이다. 여기에서 흥행을 앞세울 것이 아니라 우선 젊은 세대를 중심으로 계몽하는 수밖에 없다는 결론을 얻어 매주 공연 강행을 결정, 재즈를 한국관객에 정착시키는 장기적인 작업에 들어갔다. 국내시장의 개척을 위하여 이처럼 장기 계획을 세울밖에 없는 것은 수입음악을 상품으로 하고 있는 미8군계 쇼의 고민이지만 그 뒤에는 연간 외화 140만 불을 벌어들이는 매머드 연예센터다운 여유이기도 하다.[15]

재즈의 전당이 되었다고 드라마센터가 하루아침에 침체를 벗은 것은 아니었다. 계속 늘어만 가는 은행 빚은 여전히 드라마센터의 장애요인이 되었다. 그런 속에서도 재기를 위해 전속극단의 필요성을 절감한 드라마센터는 연극아카데미생들의 졸업을 기다려 1964년 9월에 이들을 주축으로 김진규, 이춘사, 남미리 등 영화배우들을 가담시켜 극단 드라마센터를 탄생시켰다.

"우리들은 한국적인 현상이라는 극한 속에서 연극의 본래의 매력과 사명을 되찾고자 드라마센터에 집결하였다. 아울러 우리들은 고식적인 한국의 연극적 현실을 타개하는 데 있는 힘과 정열을 다할 것이다. 편파성, 유아독존, 모든 타성, 태만, 이런 것들을 우리들 몸에서 스스로 먼저 깨끗이 씻어버림으로써 이 일의 첫 걸음을 디디는 것으로 하겠다."는 극단 드라마센터의 선언문은 영화와 텔레비전의 홍수 속에서 어떻게든지 연극의 명맥을 이어나가자는 것이었다. 이는 극단 드라마센터가 "연극을 하는 집단, 연극을 지키는 집단, 연극을 사랑하는 집단"이라는 세 가지 방향에서도 쉽게 짚을 수 있다고 하겠다.

9월 23일부터 유치진의 〈마의태자〉로 창립 공연한 극단 드라마센터는 출발부터 매우 현실적이었다. 왜냐하면 범 연극인들을 모아 연중무휴 공연을 했던 개관 초기와는 달리 자체공연이 없을 때는 영화·무용·음악 등 자매예술 공연이나 각종 회합에 대관해 주고, 거기서 들어오는 수익금을 연극공연에 충당하는 계획 하에 진행되었기 때문이다.

이상과 같이 드라마센터 역시 이상으로 출발해서 현실에 안착한 것이다.

그러나 드라마센터에 예식장이 들어서고 동양최고의 실험적 극장이 영화관 또는 재즈 페스티벌 장소로 전락하자, 그럴 수밖에 없었던 극장 측의 현실적 고충을 어느 정도 이해는 하면서도 연극계에서는 매우 충격적으로 받아들였다.[16] 당시 한국일보는 제구실 못하는 문화기관을 지적하는 데 있어 드라마센터를 제1번으로 꼽으면서 대화형식을 빌어 다음과 같이 비판했다.

요즘 드라마센터에서는 무얼 하고 있는지 모르겠어. ……연극의 전당에 연극이 없어졌다는 이야기는 벌써 오래된 일이지만…… 지금은 예그린악단이 빌어쓰고 있고. ……드라마센터의 빚 5백만 원을 예그린에서 맡고 2년 동안 쓰기로 했대. 그렇지만 밤에는 무대를 빌어서 연극을 할 수 있다는 조건 아래. …… 아까운 무대가 공전하고 있다는 건 안타까운 노릇이야. 그런데 지난번에 미국의 연극인 노리스 호트씨가 다녀갔지. 그 분은 드라마센터 건립기금을 대준 록펠러재단의 요청으로 우리나라 연극계를 살피러 왔었지. 결과는 퍽 실망인 모양이야. 록펠러재단에선 드라마센터에 기금을 대준 것을 후회하고 있는 듯해. 무슨 뜻인데? 아마 록펠러재단에서는 드라마센터가 기대했던 대로의 역할을 못하는데다 어느 특정인이 사유화한 듯한 인상을 받은 모양이야. 호튼씨도 비슷한 말을 조심스럽게 하더라잖아. ……그런 오해 받을 만도 하게 되었지. ……건립 당시는 굉장히 흥분했었지. 연극인뿐만 아니라 정부고위층 등 거의 국민적인 성원을 얻은 셈이었어. 건립하게 된 모티브는 당시 록펠러재단 초청으로 유치진씨가 구미연극계를 시찰하고 록펠러재단에 우리 연극계의 침체를 호소하고 원조를 요청한 데 있지. 그래서 록펠러재단에서 4만 5천 달러를 보내주고 그것을 기금으로 착공하게 된 거야. 지금 드라마센터의 대지는 과학관 자리였는데 정부에서 특별히 불하해 준 거고. ……록펠러재단에서는 조명기 등 1만 7천 달러 상당의 시설을 다시 도와주었고 한미재단에서 1만 달러를 대주는 등 하나의 사업에 이렇게 여러 미국재단이 원조를 투입한 것은 처음이었어. 8군 민사처에서 시멘트 등의 원조도 얻었고, 그뿐인가. 그때 또 객석의 의

자를 마련할 자금이 없다는 것이 알려지자 당시 최고회의 의장이던 박대통령 등 정부 고위층과 언론기관, 외국사절까지 적극 후원해서 마련해 주었어.[17]

이상에서 볼 수 있는 바처럼 화려한 이상을 내걸고 출범한 드라마센터 극장이 제구실을 전혀 못 하고 대관으로 연명하고 있었다. 따라서 사회여론은 드라마센터가 한 개인에 의해 사유화되는 것이 아니냐는 것으로 초점이 모아져 갔다. 그러자 유치진 소장은 사유화를 강력히 부인하고 나섰다. 그는 한 신문과의 인터뷰에서 "드라마센터는 절대로 사유화되지 않습니다. 우선 법적으로 생각할 수 없는 일입니다. 대관절 그 건물이 사복을 채울 만한 건더기가 됩니까? 개관 4년 동안 최신 무대시설을 활용하지 못한 데서 여러 가지 삽음이 생긴 것 같고, 나도 국내외의 성의에 보답하지 못한 쓰라림 때문에 요새는 공식 모임에도 얼굴을 내밀지 않고 있어요. 그러나 나의 신념은 조금도 변하지 않습니다. 드라마센터가 우리 연극 중흥의 모체가 될 날이 멀지 않았습니다. 다만 지금까지의 걸음을 멈추게 하던 자금원조가 속히 이루어지면 그날이 빠를 것이고 우리 자체 힘으로 마련돼야 한다면 늦어질 따름입니다. 이와 같은 진통기는 보다 큰 시설로 확대하려던 나의 의욕 때문인 것 같아요."[18]라고 말하면서 "드라마센터를 연중무휴의 연극무대로 만들겠습니다. 한 극단이 한 해 2, 3회 공연을 가질 정도로는 연극중흥을 바랄 수 없습니다. 그것은 애처로운 활동에 불과합니다. 우리는 철학 있는 운동을 전개하려는 것"이라 했다. 그는 자기가 작가이지 흥행사냐는 것이었다. 그는 외부원조는 2천만 원가량에 불과하고, 자기 개인의 힘으로 약 7천만 원에 해당하는 총건평 5백 평의 시설(극장·연극학교·예식장)을 확대해 놓았다고 주장했다. 그와 같은 확충이 개인적인 과부담과 말썽의 소지였다는 것이다.

이상과 같이 드라마센터의 시작은 선각자 동랑의 꿈대로 황홀한 것이었지만 실제로 건축단계에서부터 많은 난관을 거쳐야 했고, 그 유지와 성취를 위하여 우여곡절의 신산함을 겪은 것이다. 왜 그랬을까? 여기에는 여러 가지

요인이 중첩되어 있었다. 사실 우리 손으로 만든 극장은 절실한 연극계의 과제였고 꿈이었다. 그러나 극장은 아무리 작아도 건축물이기 때문에 재정이 필수적이다. 그 점은 지난 시절 협률사나 동양극장 등이 반면교사일 수도 있다. 하물며 전후(戰後)의 피폐한 정치, 사회, 경제 상황에서 개인이 나서서 극장을 짓는다는 것은 처음부터 무리였다. 물론 록펠러재단의 권유가 발단이 되고, 또 종잣돈을 대기는 했지만 전체 건축비의 10분지 1도 안 되는 액수였다. 그만큼 아득하고 어려운 대사(大事)였다. 따라서 사재는 물론이고 처가의 재산까지 털어 넣고서도 모자라 은행 빚이 전체 건설비의 반이 넘는 6천 3백만 환이나 되었던 것이다. 과연 이런 극장이 제대로 굴러갈 수 있었겠는가. 드라마센터는 개인으로서는 애초에 설립부터 무리였다. 세계적인 기업인 삼성도 1979년도에 들어서 겨우 호암아트홀을 세웠고, 그것도 곧바로 유지가 어려워서 다른 용도로 전용하지 않았는가.

게다가 설립자 동랑은 연극지도자로서의 꿈과 사명감만으로 극장을 지어 연중무휴 공연을 시작했고, 결국 1년도 못 채우고 일단 문을 닫게 되는 것은 필연일 수 있다. 가령 초기의 손익계산을 보면 매월 최소 유지비가 1천8백만 원인데 매일 만석이 되어도 입장료는 6백 만 원밖에 되지 않는다. 그런 상황인데도 평균 입장객이 2백50명꼴이고, 어떤 날은 유료표가 20장인 때도 있었다.

그런데도 그는 또 한국연극이 반드시 진행해야 할 극단 방향으로 레퍼토리 시스템을 내걸고 밀어붙이기도 했다. 이런 극장이 유지될 수가 있을까? 동랑자신도 훗날 시인한 바 있지만 그는 현실과 경영을 모르는 이상주의자였다. 이처럼 그는 큰 이상만 갖고 연극계(영화까지 포함하여)의 인재를 모두 끌어 모았지만 이들은 생활을 위하여 TV나 영화계 등으로 모두 뿔뿔이 흩어졌다.

그러니까 동랑은 경영의 필수인 시장 조사를 한 적도 없으며 생활인인 배우들을 모두 자신처럼 자원봉사자로 착각한 것인지도 모른다. 드라마센터가 어디에서도 지원받을 처지가 아닌 사설극장임에도 불구하고 인적 조직은 배우, 연출가, 극작가 등 창조자들로만 짜여 있을 뿐 이익창출을 위한 부서나 사람 또한 전무했다. 따라서 드라마센터의 인적구조만 보면 지난시절 광무대나 단성사보다도 낙후되었었다. 동랑은 극장 문을 닫게 된 것과 관련하여 1971년 팸플릿에 쓴 글에서 "1962년 4월 연중무휴 매일공연을 목표로 하여 창립한 드라마센터는 자금부족, 인재난 등 몇 가지 불여의한 여건으로 개관 10개월만인 1963년 정월에 폐문하고 말았습니다."라고 고백했지만 문제가

서울연극학교 앞에서(유치진)

그렇게 단순한 것은 아니다. 그의 주장대로 자금부족과 인재난 만으로 그렇게 어렵게 지은 극장 문을 쉽게 닫을 수 있었겠는가.

전천후 탁월한 연극지도자로서 극장을 갖고서 공연을 외면할 수는 없었던 그는 재정적으로 어려운 공연보다는 미래 연극을 위해서 방향을 획기적으로 돌려서 1964년에는 아카데미를 연극학교(각종)로 승격시킨 것이다. 이 각종학교가 10년 후인 1974년에는 서울예술전문학교가 되었으며, 1979년에는 숙원이었던 예술전문대학으로 발전되었다. 학과도 연극과에 그치지 않고 영화과, TV・라디오과, 무용과, 응용미술과, 문예창작과 등으로 확충됨으로써 연극계 인재뿐만 아니라 예술계 전반에 걸쳐 고르게 인재를 양성하는 전문대학이 된 것이다. 따라서 드라마센터극장은 외부 대관과 서울예술전문대학의 강당으로 활용되기도 했다. 아마도 세계연극사상 한 사설극장이 모태가 되어 수많은 예술인재를 키워낸 경우는 서울예술대학교가 최초일 것이다. 이는 사실 하나의 극장으로서만 존재하는 것보다 한국연극 더 나아가 한국문화예술 발전을 위해서는 훨씬 가치 있는 일이었다고 말할 수가 있다.

2. 현대극 창조의 거대 실험장이 된 드라마센터

전술한 바 있듯이 1962년 4월 11일에 낙성식을 올리고, 다음날 의자 기증자 등 사회 저명인사들만을 초대하여 〈햄릿〉으로 역사적인 개관공연을 했다. 4월 12일부터 5월 31일까지 50여 일 가까이 장기공연을 했던 〈햄릿〉은 비교적 좋은 평을 받았다. 〈햄릿〉에 대해 어떤 평자는 "우리의 기대에 어긋남이 없이 이번 공연은 우리 연극계에 장래가 있다는 뚜렷한 희망을 보여주었다. 그 어떠한 작품에 비해서도 난해하고 무대화에 있어 문제가 산적되어 있는 이 작품을 요령 있고 산뜻한 우리말로 옮긴 역자의 고생과 연출자의 능숙한 솜씨로 이번 공연은 훌륭한 성과를 거두었다. 드라마센터가 갖는 특수한 무대를 대담하게 활용하는 수법이며 조직화된 등장인물들의 브라킹이 무엇보다도 인상적이었다."19)고 하였다.

그런데 당초 드라마센터는 전속극단을 만든 것은 아니었다. 연극중흥을 위해 범 연극인들을 끌어 모아 그냥 공연을 해 나간 것이었다. 주축은 역시 오랫동안 유치진이 이끌었던 신협 멤버인 이해랑, 김동원, 황정순, 오사량 등이었고, 거기에 실험극장계의 김동훈, 오현경, 나영세, 유용환, 김성옥 등과 성우출신의 김성원, 남성우, 장민호, 그리고 해외파로서 양광남, 양동군, 김정옥, 이근삼 등이 근간을 이루었다. 〈햄릿〉에 이어 두 번째 공연으로 6월 중순부터 유진 오닐 작 〈밤으로의 긴 여로〉를 이해랑 연출로 막을 올렸다. 제2회 공연에 대하여 극작가 이근삼은 다음과 같이 평했다.

그러나 그의 일생과 세계를 제대로 알지 못하는 한국의 관객들에게도 이번 공연은 크나큰 감명을 주었으며 특히 아픈 가슴을 쥐어짜며 인생기로에 선 젊은 날의 오닐의 모습은 젊은 관객들의 무한한 동정과 공감을 일으켰다. (…중략…) 5, 6년 만에 무대로 되돌아온 이해랑씨의 부친역도 무난했고, 대학극에서 갓 무대를 밟은 여운계양의 코믹한 하녀역도 발성, 동작에 무리가 없어 안심이 되었다. 이해랑씨의 극을 요령 있는 대사의 생략과 치밀한 브로킹으로 시종 흐뭇한 분위기로 이끌어갔다. (…중략…) 전체적으로 보아 공감을 주는 기록에 남을 만한 공연이라 하겠다.[20]

〈밤으로의 긴 여로〉(드라마센터, 1992)

앞에 인용한 공연 평에서 볼 수 있는 것처럼 제2회 공연은 매우 성공적인 무대였다. 따라서 5, 6월의 염전과 화폐개혁 등 환경직 악조긴 속에서도 2회 공연은 창립공연 〈햄릿〉보다 연극으로나 관객 동원 면에서나 우월했다. 그러나 날씨가 너무 덥고 해서 1회의 한 달 반 공연에 반해, 2회는 반달 동안의 공연으로 막을 내렸다. 2회 역시 수지면에서는 결손이었다. 8월 들어서 다시 제3회 공연으로 뮤지컬인 헤이워드 부처 작 〈포기와 베스〉를 공연했다. 〈포기와 베스〉 역시 '메마른 극계에서 파낸 우물'이라 할 정도로 대단한 호평을 받았다. 흥미로운 것은 〈포기와 베스〉를 여러 번 관람한 미국의 연극교수 토마스 패터슨에게서까지 상당한 찬사를 받았다는 사실이다. 패터슨과 차범석의 평을 일부 소개하면 다음과 같다.

그간 드라마센터에서 공연 중인 「포기와 베스」를 두 차례 보았다. 보기 전에 "흑인 아닌 한국 사람들이 이 걸작을 어떻게 표현할 수 있을까?" 하는 의심이 있었다. 미국에서 흑인 캐스트로 공연되는 〈포기와 베스〉를 다섯 번이나 보았지만 볼 때마다 나는 흑인 캐스트가 아니고서는 절대 이 극의 연출을 맡지 않겠노라고 마음을 먹어 왔다. 그러나 한국에서의 이 공연을 보고 나는 한국 배우들이 훌륭히 흑인 역을 해나갈 뿐만 아니라 제법 능력 있는 연기력을 갖고 있음을 알았다. 물론 노래와 춤을 될 수 있는 대로 간결히 처리한 점이라고 하겠다. (…중략…) 〈포기와 베스〉는 분명 낭만적인 글이다. 이 극의 목적은 오히려 과장된 인물들을 등장시켜 벌어지는 낭만적 이야기를 재현하는 데 있다. 이 극은 흑인들의 참다운 생활의 묘사도 아니요, 그렇다고 해서 흑

〈포기와 베스〉(드라마센터, 1962)

인들의 사회를 해부한 사회극도 아니요, 그저 아름답고 재미있는 오페라 같은 이야기에 불과하다. 이러한 극인데도 너무나 무겁고 오히려 비극조의 처리를 해버렸으니 이해가 안 간다. (…중략…) 이상과 같은 몇 가지 결점이 있기는 하지만, 이 공연에 나왔던 모든 연기자들의 훌륭한 연기에 대해서는 그 어떠한 평자도 군말을 할 수가 없을 것이다.[21]

드라마센터의 제3회 공연 〈포기와 베스〉는 메마른 극계에서 파낸 또 하나의 맑은 우물을 연상케 했다. 아니 어쩌면 그것은 사막에서 발견한 오아시스일지도 모른다. 과문한 탓일지는 몰라도 극계에서 음악극이 상연되기는 이번이 처음이기 때문이다. (…중략…) 그러나 이번 유치진씨가 연출한 〈포기와 베스〉는 원작이 지니는 흑인의 비애와 인간의 고뇌를 춤과 노래로 뒷받침하여 훌륭하게 형성화했다.

이것은 확실히 우리 극계에 있어서 또 하나의 가능성의 발견일 뿐만 아니라 새로운 연기자들의 요람이기도 한 것이다.[22]

〈포기와 베스〉에 대한 앞의 두 공연 평에서 볼 수 있는 바처럼 제3회 공연도 대체로 성공적인 무대였던 것은 사실이다. 그런데 패터슨이 연기를 호평하고 작품해석을 잘못한 연출을 비판한 데 반해 차범석은 연출을 호평한 것

이 퍽 대조적이다. 여하간 대단히 의욕적이었던 〈포기와 베스〉는 의외로 관객이 적어서 곧 막을 내리고 말았다.

9월에 접어들어 프랑스의 국립 꽁세르 바뜨와르 연극학교의 교육방침을 모방한 연극아카데미를 개설한 드라마센터는 10월에 제4회 공연으로 유치진 작 〈한강은 흐른다〉를 무대에 올렸다. 계속 번역극만 공연한다는 연극계의 비판에 대한 응답으로 창작극을 선보인 것이다. 그러나 20여일 공연에 겨우 3천여 명의 관객을 동원하는 데 그침으로써 재정상 참패를 당했다. 드라마센터는 재정난을 타개하기 위해 여러 가지 방안을 모색했지만, 후원회 결성으로 끝나고 말았다.

어쩔 수 없이 11월 들어 아서 밀러의 〈세일즈맨의 죽음〉을 공연하였다. 〈세일즈맨의 죽음〉은 연전의 신협 공연을 되풀이한 것이지만 배역을 일신해서 모두 신인을 등장시켰다. 연륜이 모자라는 탓인지 역불급의 인상을 씻을 수 없었다. 하지만 곧잘 짜인 앙상블이 극의 분위기를 전달하는 데 큰 허물이 없음이 연출(이기하)의 공으로 돌려야 할 것이라는 범작(凡作)으로 평가받았다.

12월에 들어서는 셰익스피어의 〈로미오와 줄리엣〉을 공연했다. 그런데 제6회 공연인 〈로미오와 줄리엣〉은 영화스타들과 동국대 학생들을 대거 출연시켰음에도 "퍽 다채로운 인상은 주나 시종 저조로 보였다. 로미오로 크게 픽업되어 나온 남궁원은 대사전달이 영 안 되었고, 또한 동작도 흡사 電柱의 徒步를 연상케 하였으며, 따라서 이번 공연 광고문의 타이틀 그대로 한 자가 모자라는 '로묘' 구실밖에 못되었다."[23]는 혹평을 받았다.

결국 드라마센터는 6회 공연을 하고 나서 대우와 운영문제 등에 불만을 가진 연기진의 붕괴로 문을 닫지 않을 수 없었다. 10여 개월 동안의 6개 작품 중 〈햄릿〉, 〈밤으로의 긴 여로〉, 〈포기와 베스〉 등은 그래도 호평과 함께 관객의 호응을 어느 정도 얻었으나 4회부터 차츰 관객의 지지를 잃어갔는데, 이는 연중무휴 매일 공연을 목표로 작품을 연습해야 하는 무리한 강행군이 결과적으로 작품의 질을 떨어뜨린 것이다. 또한 적자공연을 막기 위하여 레퍼토리 선정에 있어서 지나치게 대중을 의식하여 참신성이 없었다. 김보애, 최지희, 김삼화, 남궁원 등 영화배우를 출연시킨 것도 관객과 기존 연기진의 신임을 잃은 요인이 되었다. 그래서 드라마센터는 번역극 재탕공연, 신협 우대, 영화배우 기용 등에 대한 공격을 받았다.

드라마센터가 일단 문을 닫지 않을 수 없었던 이유를 요약하면, 첫째는 늘어나는 부채로 더 공연을 계속한다는 것이 무모한 출혈임을 깨닫게 된 것이고, 둘째로는 연기진의 대거이탈이었다. 먼저 신협계의 장민호, 황정순, 김동원 등 중견배우들이 빠져나갔고, 이어서 실험극장 출신의 김동훈, 유용환, 김성옥, 나영세 등 신인들이 대거 이탈함으로써 연기진이 사실상 무너진 것이다. 거기다가 극장장을 맡고, 경영·연출·연기의 1인 3역을 감당하고 있던 이해랑마저 떠남으로써 드라마센터는 완전 마비상태에 빠지게 되었다.

이는 1963년 1월의 일로서 개관한 지 불과 10개월 만에 일어난 암초였다. 이처럼 〈햄릿〉으로 출발한 드라마센터는 〈밤으로의 긴 여로〉 등 6개 작품을 상연하고 총 공연횟수 2백 32회, 동원관객 7만여 명을 첫해에 기록한 채 자체 공연을 중단하고 말았다. 이의 근본적 원인은 전술한 바와 같이 재정적 기반의 취약성 때문이었다.

공연을 중단한 드라마센터는 부설 연극아카데미에 기대를 걸면서 부채 메꾸기에 여념이 없었다. 그러다가 이듬해(1964년) 9월 졸업생들을 주축으로 하고 김진규, 이춘사, 남미리 등 영화스타들을 가담시켜 극단 드라마센터를 발족시켰다. 극장 드라마센터가 공식으로 전속극단을 처음으로 출범시킨 것이었다. 처음 문을 열었을 때는 범 연극계적인 것이었고, 전속극단이란 명칭은 쓰지 않았다. 따라서 전속으로서는 극단 드라마센터가 처음이었고, 극장 드라마센터가 문을 연 지 꼭 2년 만에 전속극단이 출생한 것이다.

오랜 준비기간을 거쳐 9월 23일부터 6일 동안 유치진 작 〈마의태자〉로 창립공연을 가진 극단 드라마센터는 흥행에 신경을 쓰지 않고 장기적 안목으로 공연활동을 전개해 갔다. 그 첫 번째 운동이 신진 극작가 캐내기 작업이었다. 그리하여 이듬해(1965년) 제2회 공연부터 신춘문예 당선작들을 공연하기 시작했다. 1월 말부터 극단 드라마센터가 공연한 작품은 하경자 작 〈비행장 옆 자선병원〉, 노경식 작 〈철새〉, 오혜령 작 〈성야〉 등 세 편이었다. 신춘문예 희곡공연에 대해 평론가 오화섭은 다음과 같이 평했다.

> 〈비행장 옆 자선병원〉에서는 인생을 아름답게 관조하는 작가의 고운말을 엿볼 수 있으며, 〈철새〉에서도 삶에 대한 긍정적인 태도를, 그리고 〈聖夜〉에 있어서는 평행선상의 절실한 사랑의 고뇌를 체험할 수 있다. 연기진에 있어서는 김진규·선옥·천선녀·김보애 등 기성인을 위시하여 드라마센터 출신의 열성적인 신진 배우들의 팀워크가 한동안 한산했던 드라마센터에 약동하는 생명을 불러일으켰다. 또한 이들 신진 작가와 대다수의 신진 배우를 위하여 유치진·李源庚·김경옥 제씨가 솔선 연출을 맡아 지도한 사실을 特記하여 감사하지 않을 수 없다.[24]

물론 극단 드라마센터의 신춘문예 당선작 공연에 대해서도 부정적으로 보는 이들도 있었다. 신문사의 도움을 빈다는 뜻으로서의 비난이었다.

신진 극작가 캐내기 운동과 창작극 공연으로 방향을 돌린 극단 드라마센터는 3월에 들어서 시인 구상의 첫 희곡인 〈수치〉(이진순 연출)를 공연하기 위해 연습에 열중했다. 그런데 뜻밖에 반공극인 〈수치〉가 문제가 되었다. 해석에 따라 본 의도와는 다른 효과를 나타낼 수도 있다는 것이었다. 그리하여 상연유보가 되었던 〈수치〉는 부분적인 대사삭제와 등장인물 박순경의 신분을 민간인으로 고치는 것을 전제로 4월 1일부터 공연허가가 나왔다. 당국의 〈수치〉 처사에 대해 문화계에서는 충격적인 반응이 야기되었다. 그 사건에 대하여 한국일보는 다음과 같이 보도했다.

지난 8일 극단 드라마센터의 〈羞恥〉 공연이 개막 직전에 돌연 당국으로부터 상연 보류 통고를 받았다. 금년 들어 영화 〈7人의 女捕虜〉로 인한 李晚熙 감독 구속사건에 이어 야기된 잇따른 불상사는 연극·영화계뿐 아니라 전체 문화계에 충격을 주었다. 지리산에 서식하는 빨치산을 소재로 다룬 이 희곡은 이미 自由文學(1963년 2월호)에 발표, 활자화까지 되었고, 작년 여름엔 국영 KBS-TV에서도 3회의 연속극으로 소개된 일이 있는 작품이기 때문에 이제 새삼스럽게 공연보류라는 딱지를 붙이기에는 걸맞지 않은 처사라고 관계자들은 말한다. 드라마센터측은 공연에 앞서 원작에 약간의 수정과 삭제를 가한 다음 당국에 검열을 의뢰, 검열당국에서도 재차 삭제를 가한 다음 그대로 통과시키려 했던 것으로 알고 있었는데, 돌연 공연보류 통고를 받았다는 것이다. 이것은 어떻게 보면 당국이 작품검열 내지는 문화사찰에서 일원화를 못하고 갈팡질팡하고 있다는 인상이 짙다.25)

그러나 작품의 일부수정으로 공연허가가 나와서 〈수치〉는 무사히 상연을 했다. 다만 제3공화국 이후의 경직된 검열이 하나의 문제로 대두되었던 것이다. 당시 〈수치〉의 연출을 맡았던 이진순의 다음과 같은 소감은 여러 가지 의미를 던져 준다.

드라마센터로부터 구상의 〈羞恥〉의 연출을 의뢰받고 문득 느낀 것은 시인의 처녀희곡이란 점이고, 또 구상의 말을 빌면 "실존에 이르는 사다리는 불안이 아니라 수치다."라고 했고, 〈羞恥〉는 우리 연대의 聰俊이었던 알베르 까뮈의 희곡 〈誤解〉에 대한 반대사상의 제시라고도 한 점이다. 그러나 이 지면을 통해 굳이 까뮈를 새삼스레 논하고 싶지도 않고 또 구상의 예술관을 해부하고 싶지도 않다. 다만 내가 연출자로서 〈羞恥〉를 어떻게 연극화했느냐 하는 점을 말하고자 한다. 나는 이번 연극에서 연출의 테마를 숭고한 인간성에 두었다. 귀순한 여공비가 대한민국에 들어서서 첫 번 느낀 것은 무엇이며, 또 크게 감동 받은 것은 무엇이냐 하는 점이다. 여 공비였던 進明은 어제까지 영혼과 육신은 이미 짐승들(빨치산들 또는 공산당들)에게 뜯어 먹히고 짓밟힌 그 形骸만이 남았을 뿐이다. 진명은 처참하게도 수치를……부끄러움을 주체할 수 없이 느끼고 있다. 이런 부끄러움을 안은 진명이 사선을 넘어 달려온 것은 오직 인간의 숲이 애타게 그리웠기 때문이다. 이 인간의 숲의 대변자로서 애기朴을 등장시켜 애기朴의 순수성, 순박, 진실, 따사로움, 사랑, 관대 등을 통하여 시대와 역사의 對岸인 감격의 인생의 바다를 훤히 바라보게 하였던 것이다. 인간을 사상의 쇠사슬로 얽어매고 노예화하려 해도 그럴수록 인간의 고향이 애타게도 그리운 것이다. 진명, 애기朴을 통하여 동물의 세계를 버리고 인간의 고향을 찾게 된다. 여기 우리는 자유대한의 테마를 두는 것이나. 희곡 〈羞恥〉는 인간의 숲을 품위 있게 다룬 차원 높은 반공극이다.26)

말썽 많은 〈수치〉 공연을 끝낸 극단 드라마센터는 초창기 영화계의 귀재 춘사를 극화한 〈풍운아 나운규〉(차범석 작, 이원경 연출)를 공연했다. 그런데 춘사를 극화하게 된 동기는 1965년이 춘사의 30주기이기도 하지만, 마침 한국일보사가 춘사 30주기 기념행사를 했기 때문에 그 일환으로 공연케 되었던 것이다.

1965년은 드라마센터 설립자인 극작가 유치진의 회갑이 되는 해이기도 했다. 그리하여 12월 10일부터 16일까지 한 주일 동안 동랑 유치진선생 회갑기념공연을 했는데, 범 연극인에 의해 공연된 작품은 모두가 동랑 자신이 쓴 〈춘향전〉, 〈별〉, 〈소〉 등 세 편이었다. 1965년도는 극단 드라마센터의 단원이 대폭 증가된 해이기도 했다. 단원은 출발 때의 멤버에 강부자, 강효실, 김경옥, 김정환, 백의현, 신우식, 안영주, 유현목, 윤대성, 이광래, 이원경, 전옥, 정우택 등등 각계의 사람들이 참여하여 64명이나 되었다. 물론 이들은 나중에 하나둘씩 흐지부지 떨어져 나가고, 연극학교 출신들과 유치진과 인간관계가 깊은 사람들만 남아 있었던 것이다.

1966년도에 들어서 극단 드라마센터는 신춘문예 당선작들인 〈동의서〉(고동률 작), 〈담배내기〉(오재호 작), 〈들개〉(전진호 작), 〈동굴설화〉(원갑희 작) 등을 공연했다. 5월에 가서는 드라마센터 개관 4주년 기념으로 유치진 작, 오사량 연출의 〈나도 인간이 되련다〉를 공연했다. 1966년도는 극히 저조한 해였다. 1967년도에도 극작가 캐내기 3년째로 신춘문예 당선희곡들인 윤대성 작 〈출발〉, 김지현 작 〈소매치기〉 등을 공연하고, 7월에는 드라마센터 극작 워크숍 출신인 오재호의 세 편의 단막극 〈갈가마귀〉, 〈귀로〉, 〈점을 칩니다〉를 공연했다.

그러니까 극단 드라마센터가 순전히 신진 극작가 캐내기에만 정력을 쏟기 시작한 것이다. 1968년도에 들어서도 신춘문예 당선작 공연 외에 이렇다 할 공연이 없었다. 3년째 중에서 오태석, 윤대성 같은 비교적 좋은 작가를 낸 신춘문예 공연에 대해서 다음과 같은 평이 나왔다.

이번 네 작품에서도 예년과 같이 어떤 경향이라든지 질적으로 몹시 뛰어난 작품을 찾아낼 수는 없었지만 대체로 소재를 일관성 있게 다루었고 주제의 전달을 위해서도 어느 정도 끈질긴 노력을 베푼 흔적이 엿보였다. (…중략…) 〈出發〉(동아일보)도 주제의식이 명확한 작품이었다. 현실의 사나이와 꿈의 사나이의 야릇한 관계의 설정은 좋았고 현실의 사나이의 자살도 작품의 가치를 높이는데 크게 도움이 되긴 했지만, 이 작품은 지나친 관념적 유희 때문에 오히려 허구를 느끼게 했다. 꿈의 사나이의 묘사만 해도 좀더 뚜렷하게 존재성을 부여해 주었으면 하는 아쉬움이 컸다. 〈웨딩드레스〉(조선일보)는 색다르고 재미있는 작품이었다. 인물의 알 맞는 구사 때문에 퍽 호감도 갔고 바로 우리 자신의 이야기이기 때문에 퍽 호감도 갔고 바로 우리 자신의 이야기이기 때문에 다소곳이 극에 말려들어가기도 했지만 지나친 잔 재간 때문에 작품이 보다 높은 차원에까지 이르지는 못했다. 이런 작품일수록 작가는 그가 시도한 주제에 우둔했다는 말을 들을 정도로 파고들어 갔어야 했는데, 이 작가의 경우 너무

기교만을 앞세웠기 때문에 작가의 독선으로만 끝나고 만 느낌이 없지 않다.[27]

이렇게 해서 1967년과 1968년을 그럭저럭 넘겼다. 당초 드라마센터가 출발하면서 극술의 탐구, 인재의 양성, 연극문화재의 정리·보관 등을 내걸었고, 그에 따라 연극아카데미와 연극학교를 운영하는 동시에 연극도서관을 만들었다. 그러나 극술의 탐구까지는 이르지 못했다. 그런 안일과 정체의 시기에 유덕형이 미국유학에서 돌아왔다. 그리하여 그는 1969년 6월에 한국연극사상 처음으로 이색적인 연출작품 발표회라는 것을 가졌다. 그것이 우리나라 연극운동의 터닝 포인트를 마련한 것이다.

유치진의 〈나도 인간이 되련다〉의 한 장면, 자아비판과 브루그의 낯선 사나이 김종달의 갈색 머리카락 등으로 꾸며진 유덕형의 연출은 아르또 이후 그로토우스키, 피터 브루크 등에 닿는 동작 중심의 연출수법의 소개로서 극계의 주목을 끌었다. 이제까지 스타니슬랍스키의 연출기법을 일본에서 간접적으로 배운 것을 거의 그대로 믿어 왔던 연극계로서는 하나의 충격으로 받아들인 것이 사실이었다.

유덕형은 '나의 연출방향'이란 글에서 아르또나 그로토우스키 등이 이미 지적한 바 있듯이 제의(祭儀)에서 출발한 연극이 인간 중심으로 발달해 오는 동안 대사연극으로 굳어져 있으므로, 이의 극복을 통해 연극성을 되찾겠다는 결의를 표명했다. 신파와 리얼리즘에 젖어온 우리로서는 색다르고 진보적인 연극체험을 한 것이다. 그는 자기세계를 적절하게 나타내기 위해 가면극, 합기도, 당수, 무용, 18기, 유도, 검술, 정도술(正道述)로부터 기계체조에 이르기까지 광범한 신체적성 운동을 연마, 심신을 도야함으로써 진정한 한국적 리듬을 발견하여 그 리듬에 대사를 곁들여 현대극을 다루어 보겠다는 것이 그의 연출방향이었다.

그리하여 첫 번째 연출작품발표회에서 가면을 착용시켰는가 하면 대사 대신에 육체적인 언어, 즉 동작·음향·조명·즉흥적인 에피소드, 그리고 부수적인 몸짓을 최대한 살렸다. 메이에르 홀드 이후 아르또, 그로토우스키 등에 의해 활발하게 일기 시작한 새로운 동작 중심의 연극인 반사실주의운동이 유덕형에 의해 60년대 말에 비로소 이 땅에 소개되었던 것이다. 그러나 그가 창출한 동작은 탈춤도 아니었고 반드시 한국적이라고 말할 수 없는 범 동양적인 것으로서 원초적인 것이라 할 수 있었다.

신파극만 있었던 20년대 초에 동경 유학생들에 의해 서구 리얼리즘극이 시도되었던 것과 비교될 수 있을 만큼 유덕형의 새로운 연출은 50여 년 동안 흘러내려 온 리얼리즘에 대한 도전과 반역이었다. 그것은 더구나 한 그룹에 의하지 않고 한 사람에 의해 시도되었다. 유덕형의 그와 같은 작업은 극계에 묘한 현상으로 번져갔는데, 그것은 소위 우리의 전통극과 서양 현대극과의 융합이라는 것이었다. 가령 윤대성의 〈망나니〉라든가, 오태석의 〈쇠뚝이 놀이〉 같은 창작극과 극단 민예극장이 벌인 연극운동이 그러한 범주에 들 것이다. 분명히 유덕형의 작업은 한국연극의 내면공간을 넓히고 극작가의 연극에서 연출가의 연극으로 바꾸어놓는 계기가 되었던 것이다. 그뿐만이 아니라 우리 나름의 독특한 연극양식을 찾는 계기도 마련해 준 것이 사실이다. 이는 특히 그 후에 가담한 같은 극단의 안민수에 의해 더욱 촉진되었다고도 볼 수 있다.

이와 같은 유덕형과 안민수의 반 사실적인 전체연극이 관객의 호기심을 끌면서 극단 드라마센터는 새로운 돌파구, 즉 레퍼토리 시스템을 타진하기 시작했다. 유덕형이 같은 수법으로 연출한 〈생일파티〉(핀터 작)와 〈러브〉(쉬스갈 작) 등의 공연이 바로 레퍼토리 시스템의 준비 예행이었다. 그러다가 1979년 9월에 오태석 연출의 〈로미오와 줄리엣〉으로 본격 레퍼토리 극단으로 전신한 것이다. 레퍼토리 극단으로 출발하면서 소장 유치진은 다음과 같이 석명(釋明)했다.

1962년 4월 연중무휴 매일공연을 목표로 하여 창립한 드라마센터는 자금부족, 인재난 등 몇 가지 불여의한 여건으로 개관 10개월 만인 1963년 정월에 폐문하고 말았습니다. 그 후 드라마센터는 불명예스럽게도 공연 창고로 전락하여 간신히 그 간판만을 유지하며 오늘에 이르렀습니다. 그동안의 오랜 굴욕의 질곡을 뚫고 레퍼토리 극단으로 지금 안간힘을 다하고 있습니다.

본디 레퍼토리 극단이란 그 이상을 연극의 예술적 완성-완성된 연극으로의 매진에 두고 있습니다. 이 시스템이야말로 슬럼프에 빠져 있는 지금의 우리 연극을 구제 육성하는 데 가장 적절한 방법의 하나가 아닌가 스스로 다짐해 봅니다. 대체로 서울 중심의 대부분의 극단들의 공연활동은 매년 한 극단의 춘추 2회, 각 5일 정도 1년에 두 편의 작품을 상연하고 있는데, 이 두 차례 발표조차 공연에 참가하는 주요 연기자늘이 거의 TV나 라니오, 영화 등에 얽매여 충분한 연습도 가지지 못한 채 막을 열어야 하는 실정입니다. 그 때문에 한 작품 한 작품 5일 남짓밖에 안 되는 공연은 미처 대사나 동작선 조차 익히기 전에 막을 닫게 되는 형편이 아닙니까? 이런 설익은 무대는 관객의 연극에 대한 매력과 신뢰성을 감퇴시킴과 동시에 개막을 위해 쏟은 연극인들의 적지 않은 정력과 금력에도 불구하고 짓궂게도 날이 갈수록 우리 연극은 영양부족병에 빠지고 마는 역현상을 나타내고 있습니다. 이 불행한 실정에 약간의 브레이크가 걸릴까 하고 나는 레퍼토리 시스템을 생각해 보는 것입니다. 나는 우선 연극에 전 시간을 바쳐 충분히 익은 다음에야 공개하는 연극풍토를 조성하고자 하며 한번 공개했다고 그 작품을 모른 척 버려둘 게 아니라 몇 번이고 다듬고 다듬어서 완성품이 되도록 재검토해서 우리 민족의 무형문화재로 보존할 수 있도록 까지 가꾸어 보고 싶습니다. 그리하여야 극단에는 그 극단의 완성된 레퍼토리가 정립되고 연기자는 제가 내세울 수 있는 역을 개척하게 되지 않겠습니까? 그리고 우리나라도 마침내는 세계에 자랑할 수 있는 레퍼토리를 가지게끔 성장될 거구요.

앞으로 드라마센터를 레퍼토리 극단으로 출발시키는 데 있어 나는 당분간 1년 중 반을 연습해, 그리고 나머지 반은 공연에-그러니까 봄 3개월의 공연을 위하여 겨울 3개월은 연습으로 지새고, 가을 3개월의 공연을 위하여 여름 3개월을 연습해 소개하면 어떨까 구상해 봅니다.

상연작품은 춘추 2기에 각 3편씩, 즉 1년에 6편쯤은 우리가 기를 쓰면 준비해 내지 않을까 합니다. 그러나 6편 중 2편은 장차 우리 고전에 편입시켜 영구 보존될 만한 재 상연물이 되어야겠습니다.

만일 모든 여건이 갖추어지고 진지한 연극 동지들의 호응을 얻어 레퍼터리 시스템의 이상대로 완성으로 매진한다면 우선 극장의 성격이 확립되겠고, 그 다음에는 우리나라에도 우수한 희곡이 생기겠고 극단이 제 특색을 찾을 것이며 연기, 연출, 심지어는 무대미술에 이르기까지 정착될 것입니다. (…중략…) 돈벌이보다 연구가 위주며 겉으로의 전시보다 알찬 완성을 앞세우는 게 레퍼토리극단의 방향입니다.

그러므로 레퍼토리 시스템을 지향하는 극단은 진실로 연극만을 사랑하고 일생을 연극에 헌신하려는 공부하는 동지들의 규합체이어야 할 것입니다. 무대를 TV나 라디오나 영화 같은 대중예술에의 발판으로만 이용하려는 공리적인 동기는 결과적으로 이 시스템을 파괴하고 말 것입니다. 레퍼터리 시스템은 흥행을 초월하며 때로는 흥행을 무시한 순수예술 활동이기 때문에 아무런 정부 기타 사회의 원조가 없는 한국에서는 경제적으로 적지 않은 압박이 수반될 줄로 압니다. 그러나 한국연극을 살리는 길은 이 길밖에 없다고 생각하는 바에야 모든 괴로움을 극복할 도리밖에 없지 않겠습니까? 이 운동은 극장 건물이 있어서 비로소 엄두를 내볼 수 있는 기획이기 때문에 감히 드라마센터가 나서 보려는 바입니다. 아마 이것이 나의 최후의 모험인가 합니다. 나는 신중히 출발하지 않을 수 없습니다. 우선 금년 1년은 레퍼토리 시스템의 예행기간으로 잡고 차츰 발을 맞추어 전진해 보려 합니다. 연극동지의 적극적인 참가와 강호의 두터운 성원이 계시기를 바랍니다. [28]

이상과 같이 긴 글을 여기에 인용한 이유는 한국연극의 새로운 돌파구를 찾으려는 유치진의 최후의 몸부림이 매우 절실하고 소상하게 기술되어 있기 때문이다. 솔직히 한국연극은 유치진의 생각대로 레퍼토리 시스템만이 살 길이었던 것은 맞다.

그러나 그와 같은 유치진의 화려한 꿈은 실현되지 못했다. 당장 첫해의 〈로미오와 줄리엣〉에서 좌초되고 말았다. 〈로미오와 줄리엣〉만 하더라도 새로운 연출 감각이라든가, 연기보다도 스타(윤정희, 오순택)의 기용과 작품이 갖는 대중성으로 해서 많은 관객을 동원은 했지만 성공한 공연은 아니었다. 따라서 당초 계획한 대로의 레퍼토리 시스템으로는 못 갔지만 2세들에 의해 60년대보다는 활기를 갖고 공연활동을 지속해갔다.

실존적 고뇌로 방황하는 오태석과 만난 유덕형은 〈초분(草墳)〉 연출로 동서양의 거리를 극복하려 노력하면서 제의연극을 시도했다. 그러나 그의 작품에서는 강렬한 한국적인 색채 못잖게 일본적인 냄새도 조금 나고, 더 나아가서는 범 동양적인 근원연극(Urdrama)이 새로운 현대감각으로 채색되어 나온 것이었다. 1973년도 봄에 공연하여 센세이션을 일으켰던 〈초분〉이 1975년도에는 상당히 변모되어 재공연되었다. 극히 제의적이고 실험적이면서도 현실에 대한 강렬한 발언을 서슴지 않았던 1975년도의 〈초분〉에 대하여 필자는 다음과 같이 평한 바 있다.

(…전략…) 이런 인간의 수난을 그는 고도의 상징성과 추상성으로 묘사했기 때문에 관객의 무한한 상상력을 불러일으켰다. 그러면서 속박과 자유의 갈등을 근원적인 데까지 끌어올려 심화시킨다. 이번 〈초분〉은 이 시대에 대한 照應이며, 現實苦에 대한 연극계에서의 응답인 것이다.

그러나 그는 생의 고통에서 절망만 하지 않고 이를 극복한다. 여기에 그는 五行說과 불교를 끌어들인다. 죽음에 대한 도전은 죽음을 넘어서는 것이다. 끝에 피와 불을 강조한 것은 바로 속박과 죽음, 번뇌로부터 벗어나는 니르바나(열반)로 넘어서는 覺의 아픈 순간이다. 하얀 배경을 하고 임자가 흰 끈을 몸에 감은 것은 바로 인간고로부터의 초극이며 영원한 해방을 의미하는 것이다. 이 처럼 〈草墳〉은 원작자의 실존적 사유를 연출가가 불교로 해결해 본 것이다. 유덕형의 연출세계는 동서의 융화며, 영과 육, 속박과 자유의 갈등과 승화인 동시에 영원한 자유와 안식을 갈구하는 蓮華의 세계인 것이다.[29]

유덕형의 연출세계와 맥을 같이 하면서도 디테일에 들어가서 많이 다른 안민수의 가담으로 드라마센터 레퍼토리 극단의 폭은 넓어졌다. 두 사람이 다 같이 새로운 경향의 절대연극을 추구하면서도 안민수가 더 한국적인 쪽에 기울어 있었다. 그것은 작품 〈태(胎)〉(오태석 작)에서 잘 나타났다. 플롯의 연결과 막 바뀜에 판소리를 차용한 것 등은 매우 기발한 착상이었다. 유덕형의 일련의 작업은 외국으로부터도 어느 만큼 주목을 끌었는데, 그것은 1973년 필리핀에서 있었던 제3세계 연극제에서의 〈알라망〉 연출이 단초가 되었다. 1974년 초에 〈초분〉이 뉴욕의 실험극장 라마마 ETC에 초청공연된 것은 근대극 60년 사상 처음 있었던 일로서 공연의 성패를 넘어 한국연극인의 수준과 기량을 내외에 과시한 경우였다. 당시 동아일보는 뉴욕의 〈초분〉을 한국연극의 새 가능성이라면서 다음과 같이 보도했다.

(…중략…) 워크숍 과정을 통해 언어와 소리관계에 있어 새로운 전개가 얻어진 듯하고 워크숍을 참관한 그로토우스키(세계적인 연기 이론가), 피터 브루크(세계적인 연출가) 등으로부터 共鳴을 얻기도 했다. 朴石人씨가 직접 제작한 이번 공연의 무대는 그물과 밧줄이 얽힌 동굴 같은 것으로 무대 후면에 또 하나의 무대를 마련, 구름 위에 꿇어앉은 코러스가 하늘을 상징하게 했다. 극의 막바지 열반을 표상하는 대목에서 뒷무대가 드러나도록 했다. 삼각팬티만을 걸친 어부들이 강렬한 동작과 소리를 연창하고 소자, 단자, 군자, 임자 등이 벌이는 원초적이고도 시적인 무대는 유시의 강점인 視覺예술쪽의 연출을 통해 "제의적인 동작, 극소화시킨 대사, 탁월한 시각효과, 뛰어난 음악의 보기 드문

공연이다."(소호 위클리뉴스誌)는 호평을 받은 것이다.

〈草墳〉이 뉴욕에서 성공을 거둔 사실은 한국연극이 최초로 서구 쪽에 진출할 계기를 마련했다는 점에서도 큰 의미가 있겠지만 그보다도 한국연극에 세계성을 띨 수 있는 방향 혹은 가능성을 보여 주었다는 점에 의의가 있을 것같다.30)

그런데 〈초분〉이 뉴욕에서 한참 공연 중이던 1974년 초에 유치진 소장이 갑자기 작고함으로써 드라마센터는 명실상부 세대교체를 가져오지 않을 수 없었다.

동년 5월 드라마센터 서울연극학교 레퍼토리 극단이란 긴 명칭도 창설자 유치진의 호를 따라 동랑 레퍼토리 극단으로 고치고 재출발을 다짐했다. 〈생일파티〉, 〈사랑〉, 〈태〉 등 세 작품으로 5월 17일부터 6월 말까지 한 달 반 동안 본격적인 레퍼토리 시스템 공연을 하였으나 관객동원에는 역시 실패했다.

가을 들어서 문예진흥원 후원금을 받아 윤대성의 〈출세기〉를 공연하고, 지방순회로서 그 해를 마쳤다. 다시 원상으로 돌아간 동랑 레퍼터리 극단은 이듬해(1975년) 〈초분〉에 강렬한 사회의식을 투사하여 재상연함으로써 9천여 명의 관객을 동원하는 데 성공했다. 곧이어 안민수가 서사극의 비조라 할 수 있는 뷔흐너의 〈보이체크〉를 연출하여 주목을 끌었다. 그리고 광복 30주년 기념공연으로 〈마의태자〉를 유덕형이 연출했는데, 관객동원에는 성공했으나 일본 냄새가 짙다는 평을 받음으로써 동랑극단 팬들에게 실망을 안겨 준 공연이었다.

여하튼 유덕형, 안민수 두 사람이 70년대 연극계에 끼친 공로로 해서 '중앙매스콤'이 수여하는 문화대상이 동랑 레퍼토리 극단에 돌아갔다. 이는 동랑 레퍼토리 극단의 그간의 새로운 작업이 문화계로부터 인정을 받은 셈이 되는 것이다.

동랑 레퍼토리 극단은 수상 기념으로 〈태〉를 다시 공연했고, 이어서 유치진의 대표작 〈소〉를 안민수, 유인형 부부가 공동 연출했다. 유덕형 등장 이후에 동랑 레퍼토리 극단이 정통적 수법에 의해서 쓰여진 〈마의태자〉와 〈소〉를, 그것도 오소독스한 방법으로 연출한 것은 많은 의미를 내포한 것이다. 왜냐하면 유덕형과 안민수는 재래의 리얼리즘극에 반기를 들고 새로운 연극을 추구해 온 연출가들이었기 때문이다. 이와 같이 그들이 정통적 연극을 시도해 본 것은 그들 자신뿐만 아니라 동랑 레퍼토리 극단의 지평을 넓히면서 대중 속에 뿌리를 내리겠다는 의지로 볼 수가 있다. 10월 들어 안민수는 다시 새로운 실험을 감행했다. 그것이 다름 아닌 〈햄릿〉의 번안인 〈하멸태자〉(안민수 번안·연출)였다.

"서양적 상황·전통·감각 속에서 나타나는 햄릿의 고뇌와 갈등이 한국의 문화적 전통·의식·감각 속에서는 어떻게 용해되어야 하는가를 형상화시켜 보려고"[31] 〈하멸태자〉를 공연한다는 안민수는 햄릿 왕자를 한국, 더 나아가서 동양의 중세쯤에다 가져다 놓았다. 그러나 지나치게 일본 고전극[能, 歌舞伎]과 중국 고전극[京劇]의 냄새가 짙게 풍김으로써 연극계의 싸늘한 반응을 받았다.

여하튼 〈하멸태자〉 공연도 매우 이색적인 것이어서 연극계에 엇갈린 반응을 불러일으켰으나, 실험극으로서의 문제만은 제기한 것이었다.

그리고 곧이어 동랑 레퍼토리 극단은 외국의 초청을 받아 미국과 유럽 순회공연을 했는데, 작품은 역시 〈태〉와 〈하멸태자〉였다. 구미에서는 〈하멸태자〉가 〈태〉보다 더 관심을 모았던 것으로 나타난다. 가령 현지 신문에 난 평을 정리한 구희서의 글을 보면 쉽게 확인할 수 있다. 즉 뉴욕포스트는 "클로디우스 왕과 거루투르드 왕비가 한국왕의 수놓은 비단의상을 입고 등장하여 오필리어가 한국의 옛 북장단에 맞춰 고뇌의 춤을 추고, 햄릿이 소매가 널찍한 의상에 뾰족한 모자를 쓰고 죽장을 짚고 등장하는 광경을 그려보자. 이것이 바로 한국 드라마센터의 동랑 레퍼토리가 보여 주는 〈하멸태자〉의 무대이다. 이것은 행복한 결혼이 기쁨이듯이 하나의 결합이 주는 기쁨을 보여줬다.

서양의 고전적 연극작품이 동양의 연극양식과 결합돼 양쪽 요소를 더욱 훌륭하게 보여 준다."32)고 했고, 소호위클리뉴스는 "너무나 낯익은 대본을 충격적인 시각무대로 압축해놓은 작품이다. 중요한 등장인물만을 남겨놓고 그들의 관계 감정 등을 양식화된 동작과 강약법을 쓴 음악으로 표현하고 있다. 어떤 면으로는 너무 단순했다고도 보이지만 이 무대는 그 단순성 때문에 더 강력한 힘을 발휘할 수 있었던 것 같다."고 했다는 것이다. 전무송, 신구, 이애주, 유인형, 이호재 등의 연기자들도 호평을 받아서 안민수와 전무송은 뉴욕의 쇼 비즈상, 최우수 연출·연기자상 후보에 오르기까지 했다.

유덕형의 〈초분〉 연출에 이어서 한국의 현대극을 해외에 과시한 경우였다. 일부의 비난에도 불구하고 그러한 해외공연은 한국연극의 괄목할 발전이라 아니할 수 없다.

1962년 4월에 문을 연 드라마센터는 채 1년도 못 되어 현실 벽에 부딪쳐 폐관되었고, 또 재기하여 오늘에 이르는 18년 동안 국립극장처럼 출범시절의 높은 이상(理想)이 무산되면서 현실순응에 안간힘도 썼지만 많은 인재 배출과 타성적인 연극계에 강렬한 자극을 주어 70년대 연극방향에 새 바람을 불어넣은 것만으로 만족해야 했다.

그리고 드라마센터가 당초 내건 세 가지 목표 중의 맨 첫 번째라 할 극술의 탐구도 기실 창립 후 10여 년이 지나서야 동랑의 제2세대인 유덕형, 안민수에 의해 달성해가고 있었다. 그만큼 신극의 선구자 동랑은 철저한 밑거름만 되었을 뿐이다. 따라서 동랑이 일찍부터 꿈꾸었던 극예술연구회의 이상은 일단 드라마센터 설립으로 우리 극장을 갖게 만든 한 가닥은 끝낸 셈이다.

1977년 해외순회공연 이후 일체의 공연을 중지하고 학교 일에만 심혈을 기울이고 있는 동랑 레퍼토리의 유덕형과 안민수는 인재육성에 전념하고 있다. 여하간 18년의 역사와 57회의 공연실적을 갖고 있는 동랑 레퍼토리 극단은 1970년을 전후로 하여 정체 속에서 방황하던 한국연극에 충격과 회의를 동시에 불러일으키면서 전문화 등 여러 가지 가능성도 제시했으며 보편성을 띤 가장 한국적인 연극의 길을 열어준 것만은 아무도 부정 못 할 것이다.

일찍이 '전통극의 계승과 그 현대적 재창조'라는 거대 명제를 제시하고 드라마센터라는 첨단적 무대를 만들어 한국연극을 한 단계 격상시킨 동랑 유치진의 예술철학이 우리나라 문화전체로 확산되게끔 한 것도 바로 이곳에서부터 비롯되었다고 말할 수가 있다.

제7장 연극전문화의 문을 연 소극장운동

1. 6·25 직후 개설된 원각사(圓覺社)

우리나라의 소극장운동도 서양처럼 반상업주의 연극운동으로부터 시작된다. 여기서 상업극이라고 하는 것은 신파극을 지칭하는 것인데, 그렇게 볼 때 자연 1920년까지 거슬러 올라가지 않을 수 없으리라. 즉 20년 봄 도쿄에서 문학과 연극을 공부하던 김우진(金祐鎭), 홍해성, 조춘광 등등 유학생들이 이 땅에 본격적 리얼리즘극 도입을 제창하면서 극예술협회(劇藝術協會)라는 서클을 발족시켰다. 이들은 곧이어 동우회 순회극단과 형설회(螢雪會) 순회극단을 조직, 아마추어적이긴 하지만 소극장운동을 벌임으로써 상업극으로 침체해 있던 기성극계에 큰 반향을 불러일으켰다.

이때 비로소 사실주의적인 희곡과 연출기법, 무대장치 등이 서투르게나마 시도되었다. 그러나 이들 순회극단은 이름 그대로 학생들의 일시적인 순회극 운동으로 끝났고, 단지 극작가 김우진과 연출가 홍해성만이 소극장운동의 꿈을 버리지 않고 몸부림을 쳤다. 당시에 김우진이 쓴 '자유극장 이야기'라든가 홍해성과 공동 집필한 '우리 신극운동의 앞길' 같은 것이 바로 한국에 있어서의 소극장운동의 필요성을 역설한 글이었다.

그들은 또한 소극장운동이 결실을 맺으려면 소극장이 있어야 한다는 당위성에 따라 서울에 아담한 소극장을 마련하려 했었다. 그러나 불행하게도 김우진이 요절함으로써 20년대의 소극장 없는 소극장운동은 단기에 좌초되고 말았다. 이처럼 최초의 소극장운동은 조그만 씨앗을 하나 떨어뜨리고 채 싹이 트기도 전에 주저앉고 말았던 것이다. 1920년대의 소극장운동이 제대로 싹이 트지 못한 것은 두말할 나위 없이 소극장이 없었고, 또한 그것을 이끌 만한 진보적 연극인이 별로 없었기 때문이다.

그러한 소극장 정신은 30년대에 와서 역시 동경 유학생들에 의해 극예술연구회라는 연극단체로 이어졌는데, 이들도 운동의 거점이 되는 소극장을 가지지 못했기 때문에 공회당을 빌어서 서구의 리얼리즘극을 소개 모방하는 데 급급했던 것이다. 그나마도 일제의 탄압에 의해 8년 만에 끝나고 말았다.

그리하여 40년대의 친일 어용극 시대를 지나 해방을 맞음으로써 다시 소극장운동의 기운이 일어났고, 극협과 여인소극장으로 맥이 이어졌다. 그러나 극협은 1950년 국립극장이 설립되면서 내극장을 통한 리얼리즘의 대중화, 즉 리얼리즘이 신파극을 대체해서 연극의 주조가 되는 시발점을 마련케 되었다. 따라서 여인소극장만이 그런대로 소극장 정신을 고수케 되었다. 그러나 극장 없는 여인소극장도 6·25전쟁과 함께 그 막을 내리고 말았다.

이와 같이 20년대 초에 시도된 리얼리즘을 내건 소극장운동이 30여 년 만에 반 상업극(反신파극)에 성공, 신파극을 퇴거시켰고, 따라서 미흡하나마 리얼리즘을 이 땅에 토착시킴으로써 정극의 토대를 마련했다고 볼 수가 있다. 그런데 리얼리즘을 향한 소극장운동은 소극장을 갖지 못했기 때문에 파행적이었고 아마추어를 벗어나지 못했었다. 즉 30여 년 동안 소극장 없는 반쪽 소극장운동이 된 셈이다.

그러나 여하간 리얼리즘이 연극의 주류가 되자 다시 반리얼리즘 소극장운동이 대두되기 시작했는데, 그것이 바로 전쟁 직후부터 일기 시작한 떼아뜨르 리브르, 제작극회, 실험극장 등의 새로운 연극운동이었다. 그럴 때에 마침 신극사상 최초로 원각사라는 소극장이 설립되어 새로운 연극운동을 뒷받침하게 된다.[1]

그런데 소극장 원각사 설립은, 공연예술에는 문외한이라 볼 수 있는 한 유능하고 열성적인 정부 관리에 의해 이루어진 것이 색달랐다. 즉 1958년도에 공보실장으로 있었던 오재경(吳在璟)이 정부수립 10주년을 맞아 국악진흥을 위해 마련한 것이 다름 아닌 소극장 원각사였다.[2] 국악과 연극을 좋아했던 오재경은 일본 릿쿄(立敎)대학 선배인 유치진과 협의하여 소극장을 마련케 되었는데, 건물은 해방 직후 경춘철도 사무실로 쓰이다가 6·25전쟁 후에는 헌병사령부가 접수했던 것이다. 그것을 오재경의 고집으로 다시 접수, 식당을 개조하여 아담한 소극장 원각사를 마련했다고 한다(김창구 談). 당시 공보실 선전과 사무관으로 있던 김창구를 실무자로 임명한 오재경은 15명의 인원으로 6월 초부터 원각사 설립 작업을 벌였다. 소극장의 이름을 원각사라고 붙인 것은 유치진이었다. 전통무용 육성 등 국악진흥을 위해 마련된 원각사는 1958년 12월 22일에 역사적인 개관을 하였다.

원각사 설립의 주역이었던 오재경은 당시의 상황을 다음과 같이 회고하였다.

나는 금년 들어 어느 신문지상을 통하여 1971년의 소원을 원각사의 재건이라고 말한 일이 있습니다. 원각사는 내가 정부에 있을 때 민족예술발전을 위해 무언가 거점을 마련해 볼 생각으로 세운 소극장이었습니다. 그리고는 이 땅에 유구한 민족문화의 불꽃이 타오르기를 희구했던 것입니다.

관에서 물러나 野에 자리했던 어느 날 나는 정오 가까이 원각사가 불탄다는 보도를 듣고는 가야 할 발걸음을 바꾸어 불길 속의 원각사를 찾아 착잡한 심정으로 서 있었습니다. 그리고 그날 오후 다시 나는 다 타버린 원각사의 잿더미 앞에 섰습니다. 우리나라 연극 운동의 모체로 마련되었던 원각사라는 이름 위에 현대라는 우리 겨레의 표정을 다시금 뚜렷한 것으로 부각시키고자 했던 우리의 기대는 모두 허물어지고 만 것입니다.[3]

무료대관을 원칙으로 한 소극장 원각사는 1958년 12월 22일부터 1959년 1월 10일까지 20일간 다채로운 개관공연을 벌였는데, 레퍼토리는 현대극보다도 국악, 창극, 민요, 고전무용, 교향악, 관현악, 합창, 독창, 연주 등 우리나라의 전 예술을 망라한 것이었다.

아래층 2백17석과 위층 89석을 합쳐서 총 3백6석의 소극장이었지만 그야 말로 십 년 가뭄 후의 비처럼 공연예술인들에게는 대단히 소중한 무대가 되었던 것이다. 위치가 을지로 2가 4번지에 자리하고 있었기 때문에 교통상으로 아주 이상적이었다. 당시 신문은 원각사를 다음과 같이 소상하게 소개하고 있다.

색동저고리를 입혀놓은 듯 곱게 단장한 원각사라는 극장이 을지로 2가 4번지에 자리 잡고 지난 12월 22일부터 1월 10일까지 20일 동안 다채로운 개관예술제를 베풀어 성황을 이루었는데 특히 외국 사람들의 관람이 많았다. (…중략…) 본래 공보실에서 이 극장을 설립한 취지가 국악·고전무용·민속극 등을 상연하여 우리의 민족예술을 찾아내어 보존하고 발전시킬 뿐 아니라 일반 예술인이나 단체에게도 널리 문호를 개방하여 그들의 올바른 예술 활동을 위하여 제공될 것이란다.

아직 재원이 확고히 서지 못해서 안전한 궤도에 오른 운영을 한다고는 볼 수 없을 것이나 좋은 작품들은 계속 공연될 것이다. 비단 고전물 뿐이 아니고 각 부문에 걸쳐 광범위한 공연계획을 세울 것이라고 하는데, 우선 금·토·일 3일간은 계획에 의한 본격적인 프로로써 개관취지에 입각한 움직임을 할 것이며, 화·수·목 3일간은 국내 일반 예술인들의 문화 활동을 위한 자유로운 활용을 허용할 것이라 한다.

공보실 당국은 돈이 없어 양심적 작품을 공연하지 못하는 무대 예술인들에게 우리나라의 예술을 향상하는 의미에서 무료로 사용토록 할 것이라고까지 말하고 있음은 일반 예술인을 위하여 확실히 기쁜 소식이 아닐 수 없다. (…중략…) 이제 이 원각사 극장이 다시 생겨나서 우리나라 예술인에게 활동무대를 마련해 줌으로써 우수한 민족예술을 발전시킴과 아울러 널리 해외에 진출할 수 있는 문화의 온상지가 될 것을 믿어 마지않는다. 현재 이 극장은 총건평

2백 29평에 무대의 넓이 33척 5촌, 깊이 21척 5촌이며, 대지는 5백 2평이나 된다. 커다란 한식 대문이 특색이며 극장 내부도 한국적 정서를 풍겨 주요 벽면의 벽화는 김은호, 고희동, 이상범, 허백련, 변관식, 김기창, 이응노, 박노수 등 제씨 의 동양화로 장식되었다. 날씨가 풀리는 대로 현 휴게실을 옮겨 객석을 늘리고 무대 뒤의 화장실을 옆으로 새로 짓고 무대를 뒤와 옆으로 늘리는 등 개축과 증축도 고려중이라고 한다.[4]

이상에서 확인할 수 있는 바와 같이 원각사는 소극장으로서의 규모와 시설을 제대로 갖춘 공연장이었다. 그러나 당초에 연극이라든가 소극장운동의 본질 같은 것에 대해서는 전혀 문외한인 관리가 주도했을 뿐만 아니라, 당초 취지도 전통적인 민족예술의 보존과 전통에 두어졌던 것이 특징이다. 따라서 개관예술제도 전통예술의 각 분야를 공연하였다. 그러나 연극인들 쪽에서는 전혀 다른 각도에서 원각사를 생각했던 것이다. 즉 새로운 연극을 실험하고 소개하는 명실상부한 소극장으로 받아들였던 것이다. 그리하여 원각사 개관과 때를 맞춰 극단들이 활기를 띠기 시작했고, 동시에 몇 개의 극단이 새로 탄생되기에 이르렀다. 가령 그동안 유명무실했던 신무대실험극회, 제작극회, 업 선 스테이지, 횃불극회 등이 활기를 띠면서 원각사에서 공연을 가졌고 4월극회, 중앙예술극회, 원방각 등의 새로운 극단이 원각사 무대를 통해 등장했다. 1958년 12월 22일에 개관하여 1960년 12월 5일 화재로 소실될 때까지 원각사 무대에 올려 진 작품들은 비교적 다양했다.

처음에는 설립취지대로 현대극단들에는 거의 대관되지 않았다. 따라서 1959년부터 조금씩 현대극이 공연되기 시작했다. 연극공연은 1959년 5월의 극단 원방각의 창립공연 〈비오는 성좌〉(김상민 작, 이광래 연출), 〈생명은 합창처럼〉(오학영 연출, 이광래 연출), 10월 13일에는 현대극회의 〈칵테일 파아티〉(엘리옷 작, 이보라 연출) 공연이 있었다. 이어서 제작극회의 윌리엄스 작 〈유리동물원〉(차범석 연출)이 무대에 올려졌고 신협의 〈뜨거운 양철 지붕위의 고양이〉(테네시 윌리엄스 작, 오화섭 역, 이해랑 연출)의 공연이 12월 말에 있었다.

이처럼 1959년도만 하더라도 연극공연은 몇 편 되지 않았다. 그러나 60년도에 와서는 현대극이 주가 되다시피 공연이 잇달았다. 즉 1월 13일부터 이틀간에 걸쳐서 신무대실험극회가 〈원고지〉(이근삼 작, 김재형 연출)와 〈제5계절〉(이철향 작, 김재형 연출)을 공연했고, 2월에는 극단 업 선 스테이지가 오닐의 〈지평선 너머〉(정건석 연출)를 상연하였다.

그런데 실험극회의 공연은 재일교포 구호 학생위원회의 주최와 조선일보사 후원으로 이루어진 것이었는데, 이는 재일동포구호금을 모금하기 위한 공연이었던 점이 특이했다. 신무대실험극회의 자선공연에 대헤 오화섭은 다음과 같이 썼다.

客年 이래 활발해진 소극장운동이 새해 들어 더욱 본격화할 기운을 보이고 있는 이때 신무대실험극회는 제4회 공연으로 〈原稿紙〉와 〈第5季節〉을 발표함으로써 전위적인 열의를 보여 주었다. 많은 인원의 연기진을 포섭하고 있는 이 단체는 두 편의 새로운 작품을 소개하여 기성에 항거하는 자세를 취하고 있다. 이근삼氏는 氏의 〈원고지〉에서 하나의 번역교수를 내세워 온갖 풍자를 퍼붓는다. 이 연극은 저 〈고도를 기다리며〉나 〈의자〉와 같은 전위극을 연상케 하는 소위 반연극(Anti-play)이라고도 할 수 있으며 그 작품 가치의 우열은 고사하고 이채를 띤 연극이라고 하겠다. 연출자 김재형은 作意보다는 오히려 과잉적인 표출로 작품 세계를 부각시키는 데 성공하였다. 그러나 이 과잉은 각 인물의 신파적인 오버액션을 유도했고 그만큼 해설자노릇을 하려는 폐단을 가져왔다. (…중략…) 이철향 작 김재형 연출인 「제5계절」은 우선 작품의 미숙을 지적하지 않을 수 없다. 물론 색다르게 써 보려는 의도는 알겠으나 관념적인 센티멘탈리즘을 지양해야 될 줄 안다. (…중략…) 앞으로 소극장운동을 통하여 전위적 역할을 하려는 이들에게 苦言하고 싶은 것은 직업극과 素人劇을 혼동

해서는 안 된다는 사실이다. 기성에 대한 무조건 항거가 곧 자신들의 절대적인 것처럼 자신들의 실험실 속에서 자기 만족한다면 이는 배격되어야 할 것이다. 실험은 전통에 영향을 줄 수는 있으나 그 자체가 권위가 아니니만큼 전위적이라는 것은 실험 과정임을 잊어서는 안 된다. 앞으로 꾸준한 배우수업을 쌓기 바란다.5)

이상과 같이 오화섭(吳華燮)은 원각사 극장을 중심으로 활발히 일어난 소극장운동을 비교적 냉엄한 입장에서 바라본 것이다. 그러나 신극사상 소극장 무대를 중심으로 실험적인 소극장운동이 일어난 것은 처음 있는 일로서 주목할 만한 공연이었던 것만은 사실이었다. 이어서 극단 원방각이 제2회 공연으로 입센의 〈유령〉을 이광래 연출로 공연했다. 그러나 원각사를 중심으로 활발하게 공연이 이어지는 데 반하여 부실한 공연도 많았다. 〈유령〉에 대해서 이근삼은 이렇게 썼다.

행동보다 이야기가 많은 극을 현대관객들의 구미에 알맞도록 꾸며내기 위해 연출자는 적지 않게 고심을 했다. 연기자들의 성의와 요령 있는 조명 및 무대장치로 해서 이번 공연은 무난히 넘어갔다. 그러나 전체적으로 보아 단조롭고 지루한 감이 지배적이었다. 우선 넓은 무대가 제대로 활용되지 못한 채 허전한 느낌을 주었다. 모든 중요한 액션이 무대 좌측 전면에 자리 잡은 조그만 테이블을 중심한 극히 좁은 지역에서만 전개되었다. '브로킹'에 좀 더 계획이 필요했다. 산뜻한 무대장치가 극을 적잖게 살렸다. (…중략…) 천선녀의 '알빈부인' 역은 뚜렷한 발성으로 좋은 인상을 주었으나 연기는 연습부족인지 어색한 점이 많았다. 특히 감정을 제대로 표현 못한 그의 표정이 마음에 걸렸다. 목수 엥스트랑역의 周尙鉉은 지나친 감은 있었으나 맡은 바 역을 잘해내었다. 무엇보다도 연습부족이 눈에 띄는 공연, 앞으로 꾸준한 노력 있기를 빈다.6)

그러나 뭐니 뭐니 해도 당시의 대표적인 극단은 제작극회였다. 제작극회는 1960년 3월에 들어서 두 신진 여성작가의 신작인 〈돌개바람〉(김자림 작)과 〈사랑을 찾아서〉(박현숙 작)를 차범석, 오사량 연출로 공연했다. 그러나 제작극회의 공연은 혹평을 받았다.

창작극의 공연이라는 것이 거의 없다시피 된 요즈음에 이번 제작극회가 원 각사무대에 내놓은 두 개의 단막극(창작극)은 극계에 적지 않은 관심을 불러일 으켰다. 착실히 성장하는 제작극회가 거둔 또 하나의 좋은 성과다. (…중략…) 두 작품이 모두 여성의 창작물이라는 점도 같았지만 또한 두 작품의 내용이 누구나 쉽게 생각해 낼 수 있는 평범한 사랑 이야기라는 점도 똑같았다. 크기 만 하고 특징이 없는 장치를 갖고 시작된 〈돌개바람〉은 막연한 조명과 평범한 연기로 해서 이렇다 할 효과를 못 냈다. 30대의 젊은 과부, 奇淑 역을 한 安永 珠는 갈등하고 반항하는 모습을 제대로 표현 못했고, 홀아비 의사 역의 崔明洙 의 표정은 너무나 무성의했고 변화가 없었다. 그러나 누가 연출을 하건 누가 연기를 맡아 보든 간에 〈돌개바람〉이 성공을 보리라고는 믿어지지 않는다. 姜 씨, 朴씨 등 노과부 역을 한 한순심, 金素媛은 맡은 바 역을 무난히 해냈다. 〈사랑을 찾아서〉는 작품 자체에 무리가 있어 그런지 단막극인데도 지루했다. 70매 내외의 짧은 극인데 장면이 서너 번 바뀌니 극의 중심흐름이 흩어질 수밖 에 없다. 장면이 바뀌는 통속에 삽입하는 음악도 단조롭고 지루한 분위기를 어찌할 수 없었다. 이 극에 나오는 거의 모든 배우들이 대화 중 몸을 돌리고 방향자세를 바꿀 때마다 판에 찍은 듯이 똑같이 어색한 동작을 한다. (…중략…) 지난 해 〈유리동물원〉에서 보여준 깨끗하고 믿음성 있는 공연에 비해 공연 자 체에는 손실이 있었지만 창작극을 살리고자 한 노력에 찬사를 보낸다. 앞으로 의 성공을 빈다.[7]

이처럼 원각사는 명실공이 소극장운동의 본거지가 되어갔다. 3월에는 제작극회 말고도 토월극회가 유치진의 〈소〉(유일수 연출)와 오영진의 〈시집가는 날〉을 공연했고, 4월에는 팔월극장이 이용찬의 〈3중인격〉을 무대에 올렸다. 그 공연에 대하여 이근삼은 다음과 같이 평가했다.

> 작년 8월에 창립된 팔월극장이 이용찬씨 작의 〈三重人格〉을 그 두 번째 공연물로 들고 나왔다. 이원경 연출, 박석인 장치로 된 이번 공연이 극계에서 상당히 기대되었다. 주로 30대의 단원이 참여했다는 이번 공연에서 왕성한 의욕은 충분히 보였지만 그러나 전체적으로 보아 제1회 때의 공연에 비해 이렇다 할 발전이 없는 평범한 제작이었다. 단젠코나 메이어홀드의 構造주의식의 비교적 새로운 방법을 연상시키는 무대장치가 산뜻하기는 했지만, 그러나 너무나도 인간적이고 우리의 생활과 가까운 이 극의 내용을 살리는 데 있어 오히려 허전한, 살이 없고 뼈만 앙상한 장치라는 느낌을 주었다. 따라서 이러한 장치에 투사되는 사실적인 조명이 알맞을 리 없다. 무대 한가운데 자리 잡은 커다란 진단 데스크의 위치도 그렇거니와 무엇보다도 주인공인 약사를 시종 관객을 등지고 앉게 하는 점이 이해가 안 간다. 관객과 무대의 인물 또는 사건 사이를 가로막는 장애물의 역할을 할 우려가 있으니 말이다. 착실하게 시작된 극이 후반에 들어서부터는 점차 피치를 잃고 템포를 느려졌으며, 종막에서는 의사의 독백장면이 여간 어색한 것이 아니었다. (…중략…) 좀 더 빠른 템포로 밀고 나갔더라면 충분히 성공을 할 수 있는 좋은 작품이었다.[8]

5월에는 원각사에서 연극공연이 없었고 6월 들어 중앙예술극회라는 극단이 하유상의 〈회색의 크리스마스〉로 창립공연을 가진데 이어 원방각이 제3회 공연으로 〈고압선에 앉은 제비〉(김진수 작, 심영식 연출)를 무대에 올렸다. 7월에는 제작극회가 본격적인 전위극으로서 앵그리 영맨 계통의 〈성난 얼굴로 돌아다보다〉(존 오스본 작, 김경옥 역, 최창봉 연출)를 공연하여 화제를 불러일으키기도 했다. 그 공연에 대하여 오화섭은 다음과 같이 썼다.

분노는 항거이며 저항이다. 이러한 靈의 절규는 원인과 결과를 가져와야 한다. 분노는 방향을 제시할 때, 비로소 가치를 지니게 마련인 것이다. 영국의 극작가 존 오스본은 〈성난 얼굴로 돌아다보라〉에서 젊은이의 분노가 무엇인가를 보여 주려고 한다. 실상 성난 젊은이들의 문학운동은 단명한 20세기의 신화이지만 오스본의 연극에서는 무엇에 대한 분노인가가 확실히 드러나 있다고는 할 수 없다. 주인공 지미의 말대로 아무도 생각지 않고, 믿음이 없으며 신념과 정열이 없어진 세대, 그렇기 때문에 또 하나의 일요일은 그 전 일요일과 같게 마련이며, 그러한 정신병원 속에서 주인공에게는 생물이건 무생물이건 모두가 분노의 대상이 된다.

　　이와 같이 주인공의 분노를 분석할 수는 있다. 우선 그는 아내의 〈퓨쎌래니미머스〉에 항거한다. 무기력하고 비겁하다는 뜻이다. 4년간의 결혼생활에서 이렇다 할 변화는 보지 못한 것이다. (…중략…) 그는 시대를 잘못 타고 났는지도 모른다. 그는 우리의 동정을 살 수는 있지만 확고한 분노의 대상을 발견하지 못한다. 말하자면 커다란 主因이 없는 것이다. 이러한 문제작이 제작극회의 이번 공연에서 어느 때보다도 가장 성공적이었다는 것을 동경해 마지않는다. 연출자 최창봉씨는 지미의 분노에다 개성과 신념이라는 성실성을 부여함으로써 그 분노를 부각시켰다.9)

　　7월에는 제작극회 말고도 4월극회가 창립공연으로 〈난류〉(강문수 작)를 무대에 올렸고, 9월에는 횃불극회가 제3회 공연으로 골드워디 작 〈승리자와 패배자〉(박경식 연출)를 공연하였다. 횃불극회는 이어서 제4회 공연으로 역시 골드워디 작 〈첫과 끝〉(박경식 연출)을 11월에 공연하였다.

　　이상과 같이 원각사는 모름지기 한국 소극장운동의 본거지 구실을 맡아하게 되었다. 물론 원각사가 주최가 된 것은 아니었지만 대관으로서도 그런대로 소극장 구실을 하고 있었던 것만은 사실이었다. 그런데 뜻밖에 동년 12월 5일 11시경에 화재가 발생하여 전소되었다. 당시의 화재사건은 다음과 같이 보도되었다.

    5일 상오 11시 16분경 서울 중구 을지로 2가 4번지에 있는 국무원 사무처 소관 원각사에서 불이 일어나 연건평 4백 평 벽돌 2층 건물(좌석 3백 7석)과 피아노 한 대, 조명기구, 벽화 등 30여점을 전부 태우고 12시 10분경 진화되었다. 이 화재로 을지로 일대는 교통이 두절되었으며 급수 사정이 나빠 소화 작업이 지연되었다. 경찰조사로는 무대 후 측의 배전판에서 누전으로 인한 발화로 보고 있고 경찰은 관장 김창구씨와 전공 具吉雄(22)씨를 연행 조사 중이다. 원각사는 2년 전에 정부에서 개수하여 무대예술에 이바지한 바가 컸다. 피해액 1억 이상.

    중부경찰서는 원각사가 공보국에서 관리해온 관계로 내부시설 등을 임검하지 못했을 뿐 아니라 동 극장시설에 대해서는 일체 아는 바 없다고 책임을 공보국에 밀고 있다. 그런데 이날 12시 20분 현재 경찰에서 추산한 피해액은 1억 환이 넘을 것으로 보고 있다.[10]

이처럼 본격적인 한국 소극장운동의 본거지가 되어 가던 원각사가 만 2년 만에 화재로 소실됨으로써 소극장운동은 좌초되지 않을 수 없었다. 소극장운동의 좌초만도 아니었다. 외국인을 상대로 한 전통예술의 소개로부터 작은 발표회, 연구회, 민속의 향연 등이 모두가 중단되는 사태를 빚었던 것이다. 특히 연극계와 무용계에 준 타격은 심대하였다. 따라서 전국무대예술협의기구, 극작가협회, 대한민속음악예술원 등 각종 예술단체들은 1961년 여름에 원각사 재건운동을 벌이기에 이르렀다.

    무대예술의 유일한 요람이었던 소극장 원각사를 잃고 그동안 완전한 슬럼프에 빠진 무대예술 관계인들이 최근 원각사 재건운동을 호소하고 나섰다. 4291년 12월 22일 을지로 입구에 우미 청아한 소극장시설을 차리고 발족한 원각사는 작년 12월 5일 화재로 내부시설을 회진할 때까지 가물거리는 연극 민속예술의 등불에 작으나마 기름을 부어 부흥의 불꽃을 피웠고, 스튜디오 하나 변변히 못 갖춘 무용계에도 오붓한 보금자리를 제공하였던 것이다.

반세기 전 신극의 발상지로 알려진 유서 깊은 이름을 따서 마련된 이 원각사는 한편으로 코리아의 전통적인 예술과 고전의 향취를 외국 손님들에게 소개하는 데도 단단히 한 몫 하였다. 사실상 작년 화재로 원각사를 잃은 뒤 소극장운동, 민속의 성연, 그 밖에 소 발표회와 연구회 같은 것은 거의 중단되었다. 따라서 원각사의 무대재건에 대한 갈망은 몹시 크다. 한때 모처럼 탄생한 唯一無二한 문화의 광장을 재건하자는 민간운동도 싹틀 눈치가 보였으나 연약한 민간의 힘으로는 너무나 벅찬 일이어서 엄두도 못 냈던 것이다.

최근 이 재건운동이 본격적으로 전개된 것은 때마침 민족문화의 재건운동을 부르짖고 있는 때 인만큼 주목된다. 全國舞臺藝術協議機構, 극작가협회, 대한민속예술원, 국악예술학교, 한국무용가협회, 全國公演團體聯合會 및 그 밖에 이 관계의 작가, 연출가, 연예인들을 망라하여 이 원각사 재건을 위하여 관계당국에 진정을 하는 한편 미약하나마 그들 자신들의 열성도 모아서 무대재건을 기원하고 있다.[11]

그러나 원각사 재건 운동도 현실의 벽에 부딪쳐 흐지부지되고 말았다. 동시에 소극장운동도 자유극장이 카페 떼아뜨르를 열 때까지 방황하지 않을 수 없었다. 물론 방태수가 이끄는 에저또가 을지로와 종로 등을 전전하며 소극장운동을 계속 벌여서 마임극 도입 등을 시도했으나 재정난으로 여의치 못했다. 당시 소극장운동의 주역이었던 차범석이 "원각사의 역사는 곧 이 땅의 소극장 연극운동 초창기의 약사를 말해준다."[12]고 한 것은 정곡을 찌른 평가라고 하겠다.

2. 까페 떼아뜨르

어떤 사람은 까페 떼아뜨르야 말로 한국 소극장운동의 효시라고 말한다. 그렇게 말하는 첫째 이유는 아마도 1958년부터 2년 동안 활약했던 을지로 입구의 소극장 원각사를 몰라서인 것 같고, 두 번째로는 애초부터 소극장운동을 벌인 것은 까페 떼아뜨르가 처음이 아니겠느냐는 뜻인 것 같다. 후자의 의미로 한 말이라면 충분한 설득력을 지닌다고 볼 수도 있다. 왜냐하면 소극장 원각사가 결과적으로는 1950년대 말로부터 1960년대 초에 걸쳐서 소극장운동의 본거지가 되었던 것은 사실이지만 당초에는 전통예술의 전승에 그 목적이 두어졌기 때문이다. 이렇게 볼 때 까페 떼아뜨르는 의식적으로 소극장운동을 벌이기 위해 만들어진 거의 첫 번째 다방극장이라고 말할 수 있을 것 같다.

물론 소극장 원각사와 까페 떼아뜨르의 활동기간 사이인 1960년대 중반의 에저또의 활동을 무시하는 것은 아니다. 을지로와 종로를 왔다 갔다 하면서 마임극 개발, 청년연극 제창 등 색다른 활동을 했던 에저또와 대표 방태수의 역할도 그런 대로의 의미가 있는 것이다. 그러나 잦은 장소의 이전과 재정난에 의한 간헐적 활동, 그리고 지속적인 운동저조 등으로 에저또의 소극장운동을 본서에서는 빼려고 한다.

그렇다면 까페 떼아뜨르의 설립배경과 활동, 그리고 연극계에의 공헌은 무엇인가? 까페 떼아뜨르라고 하면 으레 극단 자유극장을 연상하게 된다. 심지어 자유극장의 전속극장처럼 생각하는 사람조차 있다. 그러나 자유극장과 까페 떼아뜨르는 주인이 같을 뿐 극단 '자유'의 전속극장이라고는 말할 수는 없을 것이다. 일부 연극인들은 다음과 같이 말한 적이 있다.

까페 떼아뜨르는 李秉福씨가 개인적으로 운영하는 다방이며 연극하는 장소입니다. 그러나 자유극장은 까페 떼아뜨르와는 관계없이 독자적으로 운영하는 연극단체이지요. 그러나 자유극장이 독자적인 극장이 없고 또 아까도 말한 바와 같이 이병복씨는 우리 자유극장의 창단 멤버입니다. 그러기 때문에 까페 떼아뜨르는 거의 우리들의 연극 레퍼토리로 메워진 셈이지요. 그러니까 까페 떼아뜨르와 우리를 갈라놓고 생각하는 것은 아주 적당치가 않다고 볼 수가 있겠지요.[13]

이상의 이야기는 비교적 정확한 말로 들린다. 다 알다시피 이병복(李秉福)은 최근까지 자유극장 대표였고, 창단 멤버로서 까페 떼아뜨르는 사적으로 개설한 다방극장이다. 그는 까페 떼아뜨르를 개설하게 된 동기가 지금은 죽고 없는 배우 함현진의 "선생님, 장소가 있어야 연극을 하시오. 50평, 더도 밀고 그 정도 공간만 하나 마련해 주세요. 꾸려 나가는 일일랑은 저희에게 맡기시구요."라는 권유의 말 한마디였다고 했지만 실제로는 그의 폭넓은 연극견식과 연극에의 집념에 의해 만들어진 것이다. 프랑스에서 오랫동안 공부한 그는 특히 전위연극에 관심이 많았고, 따라서 까페 떼아뜨르 같은 찻집 극장을 개설하게 된 것 같다. 1969년 4월에 문을 연 까페 떼아뜨르의 설립과정에 대하여 그는 다음과 같이 쓴바 있다.

그 당시 自由의 극성파 친구였던 함현진씨의 권유가 계기가 되어서 집사람은 복덕방을 찾았고, 나는 결혼반지랑(가치보다도 뜻이 연극적이라서) 이것저것 긁어모아 돈을 만들어 70평의 공간이 우리 손에 들어오게 되었다. 맥주홀의 지저분한 것들을 다 뜯고 난 70평-천장도 없고, 하늘에 별이 반짝이고, 때로는 눈이 쏟아져 내렸다. 카바이트 호롱불 앞에 쪼그리고 앉은 나는 시작도 하기 전에 춥고 지쳤다. 무서워지기 시작했고, 후회하기 시작했다. 무엇을 어떻게 해 나가야 할 건지 새까맣기만 했다. 함현진씨는 다방을 계약했다고 나타나지도 않았다. 현장감독으로 불러다 놓은 집사람의 제자는 밤에 도깨비가 나온다고 손을 떼고 가버렸다. 모닥불 앞에서 나는 울었고, 집사람은 웅크리고만 있었다. 땅에다가 새끼줄로 무대를 만들고 백묵으로 설계를 했다. 객석, 주방, 스낵빠, 효과실, 매표구 등, 그러면서 그의 볼이 얼고 손이 얼었다. 생쥐도 꽤 나 왔다 갔다 했다. 하지만 1월이 가고 2월이 가고 드디어 1969년 4월-세계 연극인의 기념행사로 개관 테이프를 끊게 되었다.[14]

이상의 글에 나타나 있는 것처럼 까페 떼아뜨르는 한 연극애호가의 집념과 정열에 의해 이룩된 것이었다. 명동 뒷골목 충무로(1가 24의 11번지)에 자리 잡은 까페 떼아뜨르는 80석의 아담한 다방에 간단한 무대가 만들어져 있는 극장이었다. 세계연극의 날(4월 9일)을 맞아 이오네스코의 〈대머리 여가수〉 (김정옥 연출)로 개관공연을 가졌는데 원로 연극인 유치진은 까페 떼아뜨르 의 의의에 대해 다음과 같이 인사를 겸해 말했다.

일찍이 여인소극장에서 발효하기 시작한 이병복 여사의 연극정열은 거진 20 년이 지난 오늘 극단 자유극장으로서 익어 오더니 이번에 개관한 까페 떼아뜨 르로서 그 과실의 하나를 따게 되었다. 까페 떼아뜨르는 이 여사가 주재하는 극단 자유극장 외 몇 극단이 시도한 것과 같은 살롱 드라마를 담으려는 그릇인 줄 안다. 살롱 드라마는 보통 극장과는 판이한 형성과 모드 속에서 이루어지는 특이한 연극 장르로서, 연극이 가지는 하나의 특성을 살리려는 것으로 보겠다. 요즘 구주에서 식자간에 주목을 받고 있는 폴란드 출신인 제리 그로토브스키 가 시도하는 리빙 디어터와 같이 까페 떼아뜨르도 세계적인 주시를 받게끔 발 전하기를 나는 충심으로 바라 마지않는다.[15]

연출가 이해랑은 까페 떼아뜨르가 '새로운 연극이념으로 민족극의 확립과 대중 속에 파고들어 가는 연극할 장소'로서 한국 연극의 전기를 기대했고, 평 론가 여석기는 '내일의 연극을 모색하고 예언하는 장소'가 되어야 한다고 주 장했다.

까페 떼아뜨르는 연극사상 처음 개설된 '살롱 드라마'의 온상이라 할 다방 극장이었기 때문에 개관되자마자 연극애호가들의 사랑방 구실을 했다. 공연은 전위적인 번역극과 신진 극장가들의 참신한 창작극, 그리고 판소리, 꼭두각시놀음 등 민속극으로 짜였다. 그러니까 명실상부한 소극장운동의 본거지 구실을 하겠다는 의지였다. 그러나 두 달도 못가서 카페는 공연법, 보건법 등에 걸려 문을 닫는 곤욕을 치르게 되었다. 까페 떼아뜨르 측으로서는 청천벽력이었다. 카페 측만이 아니라 연극계와 나아가서는 문화계에 큰 충격을 던지는 사건이었다. 이에 연극계에서는 관계요로에 진정서를 내는 데까지 이르렀다. 서항석, 유치진 등 범 연극계 인사 24명의 명의로 제출된 진정서 내용을 참고로 소개하면 다음과 같다.

까페 떼아뜨르는 수년래 극예술의 세계적인 불황에 대한 돌파구로서 프랑스, 미국 등 서구 각국에서 발전해 온 소극장운동의 한 형식입니다. 불과 80석 내외의 관객을 상대하여 간소한 차 한 잔을 앞에 놓고 배우와 관객이라는 종래의 거리감을 타파하며, 함께 극예술의 진수를 혼연 호흡하자는 소규모의 공연형태인 것입니다. 우리의 실정은 지금까지는 직업적인 대극단이나 비직업적인 극단들이 시내의 다방, 혹은 살롱을 일시적으로 며칠간 빌어 궁색스럽기조차 한 운동을 해마다 벌여 왔습니다만, 차와 연극의 집으로서의 전문적이고 유일한 연극공동의 광장을 갖추기는 이번이 처음의 시도요, 기획이 되겠습니다.

본래의 목적은 차의 매상에서 얻은 이윤으로 미래적인 연극을 개발하려는 데 있습니다. 그런 뜻에서 까페 떼아뜨르의 탄생은 흥행성 그 자체보다는 연극의 체질향상에 있는 것입니다. 따라서 까페 떼아뜨르는 법에 의한 통상의 차 영업을 행하는 한편, 매주 수·금·토요일 등 3일간 한 시간(밤 8~9시)에 한해서만 연극시간으로 할애하고 있는 실정입니다. 특히 매주 금요일에 갖는 민속극장은 이미 정부에서 지정한 바 있는 〈중요무형문화재〉 중 인형극을 비롯해서 가면무극과 기악, 판소리 등을 순차적으로 소개하여 사라져가는 민속예술의 진흥을 꾀하며, 정확한 원형의 전통예술을 새 시대에 보임으로써 새로 건설될 문화예술에 조그마한 뒷받침이나 되고자 함은 물론 한국을 찾는 외국 인사들에게도 정규적으로 우리 민속극을 관람할 수 있는 기회를 주고 있는 것입니다.

그러나 서울시 당국은 형식에 의한 규제로서, 이 까페 떼아뜨르를 일반 공연장으로 간주하여 공연법 저촉을 통보하여 왔습니다. 그러하지만 이러한 형식의 장소는 국내 초유의 이례적인 소규모이고, 또 반드시 흥행에 의한 영리행위를 주안으로 하고 있지 않다는 점에 비추어 볼 때, 일반 공연장으로서 그 성격을 규제함은 전혀 과하다는 생각이며, 공연장으로서의 규정은 당국의 확대해석이라고 사료됩니다. 그러므로 저희들 모처럼의 극예술 중흥을 향한 연극에의 작은 정열을 모아 각계 인사의 연서로서 저간의 고충을 진정하오니 헤아려서 아무쪼록 선처 있으시길 바랍니다.

1969년 5월

이상의 진정서 내용에서도 알 수 있는 바와 같이 까페 떼아뜨르는 고루하고 침체해 있는 한국연극의 체질을 개선해보려는 한 여류 연극인의 애틋한 집념의 소산물이었는데 전근대적인 공연법에 얽혀든 것이었다. 그때 행정 당국으로부터 당한 곤경을 이병복은 다음과 같이 회고했다.

축하객들이 보내 온 양주로 축배를 올리고 무대에서는 〈대머리 女歌手〉 공연되었다. 그곳에 모인 모두가 행복하고 흥분했다. 여주인공은 물론 다른 누구한 사람도 까페가 공연법, 보건법, 관세법을 외면하고는 한시도 존립 못한다는 것은 모른 채로 말이다. 감격스러운 개관파티가 끝난 뒤, 천지분간을 모르는이 여인은 위스키상자와 함께 파출소에서 중부서로 넘어가야 했고, 문화니 예술이니를 떠들다가 관세법 위반으로 경찰서에서 곤욕을 치르어야만 했다. 시작부터 소란을 핀 까페, 선의의 무식장이 여주인은 두 달 만에 공연법 위반으로 경찰서에 또 끌려갔다. 이번에는 다리가 묶이게 되었다. 외국사람 말이 "한국에서는 되는 일도 없고 안 되는 일도 없다."라고 경찰서 사람을 구워삶아 차(茶)장사를 맡아 주던 친구 하 여사를 이병복이로 둔갑시켜 대신 유치장에 넣고 사식을 디밀면서 나의 3주일 넘는 시청 출입이 시작됐다.

매일 아침 무턱대고 시공연과에 가서 앉아 있는 거다. 많은 선배·동지들이 연판장을 만들고, 글을 쓰고, 우리를 도왔다. 총화단결의 뜨거운 추억으로 나는 간직한다. 드디어 골치를 앓던 시에서 임시공연법을 만들어 까페에서 만든 등록된 단체가 검열된 작품을 합법적으로 공연하게 되었다. 차 장사는 해도 그만 못해도 그만이었다. 이러한 기고만장이, 보건법을 무시하는 건방진 여자가, 한번 맛을 톡톡히 보여주어야 할 대상으로 두드러지게 되어 어느 날 갑자기 데리러 왔다(보건법 ×조 ×항 위반). 중부서에서 온 철창이 붙은 드럭에 얹혀서 어디론가 갔다. 서대문이란다. 철창이 쭉 붙은 이상한 방이다.[16]

사실 1963년에 만들어진 현행 공연법은 식민통치 말엽인 1944년에 연예물을 억압하고 규제하기 위해 총독부가 제정한 조선흥행취체규칙(府令 제197호)을 거의 그대로 번역한 것이었다. 따라서 순수예술과 대중예술이 구별되지 않은 것은 말할 것도 없고, 심지어 연극과 맥주홀의 쇼가 동등하게 취급되어 있다. 그러니까 공연법이 연극육성을 위해서는 조금도 배려한 점이 없고, 오직 억제와 제약에만 초점이 맞춰져 있는 것이다.

그러나 까페 떼아뜨르 만은 사회여론과 연극계의 갖가지 노력에 힘을 입어 시에서 임시공연법까지 만들어 줌으로써 그럭저럭 공연활동을 계속할 수 있었다. 처음에는 자유극장의 취향과 소극장정신에 입각하여 이오네스코, 핀터, 퀸테로스, 시스갈, 윤대성, 오태석 등등 전위극류(前衛劇類)와 창작 단막극을 올리는 한편, 대학극에 할애하였고, 전통보존과 전승, 그리고 대중보급을 위해 인형극, 판소리, 탈춤 등을 사이사이 끼워 공연함으로써 명실상부 소극장 운동의 본거지가 되어갈 까페 떼아뜨르가 비록 몇 석 안 되는 다방극장이지만 전위적인 신작소개와 신진작가를 캐냄은 물론 대중과 연극의 거리를 좁힘으로써 연극계에 새바람을 불어넣는 역할도 충분히 해나갔다.

1969년도에 시작되어 1970년도까지 근 1년 동안 롱런한 김동훈의 모노드라마 〈롤러스케이트를 타는 오뚝이〉(오태석 작)는 연극사상 최장기 공연에다가 한국 배우술의 정립에도 기여한 경우였다. 또 그 해에 서강대, 동국대, 건국대, 한양대 등이 벌인 대학극 페스티벌도 의의있는 행사였다. 따라서 까페 떼아뜨르는 개관 1년 만에 한국문화대상 연극 특별상을 수상하는 영예를 안기도 했던 것이다. 1970년도에는 한국시인협회 후원으로 성찬경, 박희진 두 시인의 시 낭독회를 비롯하여 아라발의 〈불가능한 사람들〉(임권규 연출), 글렌 휴즈의 〈붉은 카네이션〉(윤황 연출), 베게트의 〈마지막 테이프〉(박용기 연출), 시스갈의 〈호랑이〉(김경옥 연출), 올비의 〈동물원이야기〉(맹만재 연출), 메너스의 〈한여름 밤의 정사〉(권오일 연출), 존 파울즈의 〈콜렉터〉(전옥주 연출), 마리아 이레네 포오네스의 〈3호의 쾌조인생〉(최명수 연출) 등의 번역극과 윤대성, 박조열, 유재창, 박항서 등의 창작극이 무대에 올려졌다. 이 해에 특히 의의 있었던 일은 롤프 샤레의 무언극을 선보인 점이었다. 그리고 말썽도 없지 않았는데, 그것은 다름이 아니라 극단 울이 시도한 공포극으로서 박항서의 〈사(死)〉와 유재창의 〈아무도 모른다〉가 문제가 되었다. 즉 '인간의 고향은 자궁'이라는 캐치프레이즈도 자극적이었지만 특히 작품 〈사〉의 경우, 무인도에 기착한 남녀의 본능묘사가 여자 연기자(양재숙 분)의 살색 타이즈 부착에도 불구하고 외설이라고 문제가 되어 극단 울은 도중하차 하지 않을 수 없었다(김영태).

1971년에 접어들어서는 비교적 공연이 적어서 말틴 발저의 〈부부연습〉과 문인극인 〈달리는 바보들〉(최인호 작, 유현종 연출), 그리고 오태석의 〈이식수술〉이 무대에 올려졌을 뿐이다.

1972년 초에는 자유극장이 주관하는 단막 페스티벌이 시작되어 사샤 기트리의 〈여우와 개구리〉(최치림 연출), 뒤라스의 〈라 뮤지카〉(김정옥 연출), 아라발의 〈기도〉(김정옥 연출), 기 프와시의 〈아버지의 연설〉(김정옥 연출),

이오네스코의 〈대머리 여가수〉(김정옥 연출) 등이 연속 공연되었고, 거기에 실험극장이 최인훈의 판소리체 소설 〈놀부뎐〉(김영렬 연출)을 갖고 참가했다.

　1973년에도 연극공연이 비교적 적었는데, 극단 광장의 〈사윗감을 구합니다〉(낀데로스 작, 문고헌 연출)와 채만식의 발굴 희곡 〈가죽버선〉(최치림 연출), 〈타이피스트〉(시스갈 작, 김정옥 연출) 등이 전부였다. 그러나 이듬해(1974년)에 들어서는 화요무대 특별기획으로 마련된 명창초대 판소리의 밤이 관객들의 호응을 받음으로써 카페 떼아뜨르는 새로운 활기를 찾았다. 그럴 수밖에 없었던 것이 당대의 최고명창이라는 박연주, 김소희, 정권진, 박초월 등과 박초선, 조상현 등이 출현해 주었기 때문이다. 1974년에는 그 외에도 로버트 앤더스의 〈유별난 작은 일들〉(이윤영 연출), 〈늦가을의 황혼〉(뒤렌마트 작, 박용기 연출) 등 번역극과 〈결혼〉(이강백 작, 최치림 연출), 〈환상부부〉(호영송 작, 유현종 연출), 〈작년에 왔던 각설이〉(박성재 작, 이윤영 연출) 등의 창작극이 무대에 올려졌다. 1975년에는 이오네스코의 〈수업〉(이윤영 연출)과 빈센트 밀레이의 〈끝없는 아리아〉(이승규 연출), 신진 장윤환의 〈색시공(色是空)〉(김정옥 연출)과 김영태 작 〈이화부부 일주일〉(이윤영 연출) 등이 공연되었는데, 사실 〈이화부부〉가 까페 떼아뜨르의 마지막 공연이 되었다. 왜냐하면 까페 떼아뜨르는 경영난으로 11월 8일에 스스로 문을 닫았기 때문이다.

　자유극장 대표이며 까페 떼아뜨르 경영자였던 이병복은 폐관식 초대장에서 카페가 문을 닫지 않을 수 없는 사정을 다음같이 적었다.

　　우리들의 숙원이었던 Café théâtre를 마련해서 여러분을 모시고 살롱 드라마의 첫 선을 보여 드린 지 어언 8년이 됩니다.
　　10년이면 강산도 변한다고, 그 사이 너무도 많이 변해가는 여건 속에서 그래도 Café만은 연극을 통해 저희들이 모일 수 있는 유일한 장소로 변함없이 끌어

나오느라 무던히 애를 썼습니다. 다행히 그 당시만 하더라도 황무지였던 서울에, 이제는 몇몇 소극장도 생기고 저희들의 노력도 한계점에 온 것 같습니다. 하늘 모르고 치솟는 세금, 임대료, 인건비 등등 저희들의 힘으로는 이미 오래 전부터 감당하기 어려웠던 일입니다. 더 이상 지탱을 못할 바에야 차라리 완전히 좌절하기 전에 스스로 문을 닫고 새로운 방법을 모색하는 것이 오기 아닌 현명한 방법이 아닐까 하고 결단을 내렸습니다. 이제 8년 만에 문을 닫는 저희들이 Café에서 8년 전 그날처럼, 저희들을 아껴주시는 여러 선생님을 모시고 함께 섭섭한 정을 나누고 싶습니다. 부디 바쁘시더라도 나오셔서 저희들에게 새로운 힘이 될 수 있는 많은 격려 부탁드리면서 인사말씀 올립니다.

일자 : 1975년 11월 8일 오후 7시 30분

장소 : Café théâtre

극단 : 자유극장 대표 이병복 삼가

시대를 저만치 앞질러갔던 탁월한 예인(藝人) 이병복의 작은 실험마저 낙후된 정치 사회가 뒷받침해주지 못함으로써 '한 여름 밤의 꿈'과 같이 남가일몽(南柯一夢)으로 끝나긴 했지만 공연예술계에 민들레 씨앗이 된 것 만은 분명했다. 이처럼 연극인들의 안식처 구실을 해 왔던 카페가 갑자기 문을 닫자 연극인들과 각 일간지들은 일제히 아쉬움을 표시했고 "1968년 4월 차를 마시면서 연극을 즐길 수 있는 아담한 살롱무대로 문을 연 이래 8년 동안 뭇 연극 애호가들의 사랑을 받아 왔던 만큼 까페 떼아뜨르의 폐관이 던지는 충격은 작은 것일 수 없는 것"(동아일보), "개관 2개월 만에 공연장 시설기준 미비, 업종 위반 등으로 폐점의 위기를 겪기도 했지만 그런 대로 8년간 자리를 지켜 왔던 까페 떼아뜨르의 폐점 소식은 연극인은 물론 애호가들을 섭섭하게 하고 있다."(중앙일보), "까페 폐관은 공연무대가 하나 줄었다는 것 말고도, 공연법의 모순과 연극에 대한 인식부족을 또다시 드러낸 결과로 뜻 있는 사람들의 아쉬움을 남게 했다."(조선일보)는 등등의 기사가 많이 나왔다. 그러니까 까페 떼아뜨르가 7년여 동안에 수백 회의 공연을 하면서 전위적인 외국작가와 작품을 많이 소개했고, 창작극을 육성했으며, 전통예술에 대한 대중의 새로운 인식을 일깨우기도 했다. 자유극장과 관계가 깊었던 시인 김영태는 카페 떼아뜨르 폐관에 따른 감회를 다음과 같이 기록했다.

1975년 10월에 드디어 까페 떼아뜨르는 문을 닫았다. 연극만이 능사였고 연극에 열과 성의를 다했던 이병복씨로서는 까페 운영도 영점, 세금조정도 영점이었던 것이다. 오르는 것은 세금뿐이었고 부채는 늘기만 했다. 아무런 구제책도 마련될 수 없었다. 6년 전 까페를 개관했을 때에 치밀한 계획도 없이 스스로의 만용을 회상하면서 이 대표는 그러나 이제는 소금 눈이 튄 것 같다는 소감이다. 좌절하지 않고 언젠가는 다시 살롱무대를 마련하겠다는 신념이 그것이다. 보건법 위반으로 일주일을 구속당했을 때, 대신 구속일자를 나누어 고역을 치루기도 했던 하덕인 여사의 우정과 까페 초창기에 물질적 후원을 아끼지 않았던 강성범씨의 고마움을 이병복씨는 마음 속에 간직한다. 까페의 아름다운 실내, 까페의 이미지는 존속되고 보존될 것이다. 그것은 참담한 현실과는 관계없는 우리 모두의 지나간 정신의 무대이기 때문에.17)

변변한 소극장이 없었던 우리 실정에서 80여석의 다방극장에 불과했던 까페 떼아뜨르는 그만큼 연극인과 애호가들의 사랑을 받았다. 물론 까페 떼아뜨르 말고도 이대 앞의 카페 파리와 에저또 등이 소극장운동을 벌였지만 까페 떼아뜨르 만큼 인기가 있었던 것은 아니다. 그러나 1970년대 중반에 접어들면서 실험극장 소극장, 연극인회관, 창고극장 등이 본격적인 소극장운동을 벌임으로써 연극계는 새로운 국면에 접어들게 되었다.

3. 3·1로창고극장

3·1로창고극장은 당초 실험극장 운동을 폈던 극단 에저또의 방태수(方泰守) 대표가 시작한 소극장이다. 1968년 3월에 창단된 에저또가 어려움 속에서 소극장을 마련한 것은 1971년 늦은 봄이었다. 즉 에저또는 사무실 겸 소극장을 을지로 4가의 허름한 건물 내부를 조금 개조해서 이동식 의자 4, 50석 정도의 협소한 공연장을 마련했다. 6월 초 개관기념 공연으로 신진 극작가 윤조병(尹朝炳)의 〈건널목 삽화〉를 무대에 올렸고, 이어서 몇 개의 작품을 공연했다. 그곳에서 2년여 동안 활동한 에저또는 1973년에 장소를 종로2가 파고다 공원 앞으로 옮겨서 역시 협소한 소극장을 열었다. 에저또는 그곳에서도 5, 6회 소품공연을 가졌으며 1973년 5월 18일부터 6월 7일까지 극단 가교, 동인극회, 작업, 예인극장, 극예, 현대극회, 에저또, 민예, 실험극장, 방주극회 등 10개 극단이 모여 제1회 '젊은 연극제'를 엶으로써 정체상태의 연극계에 신선한 자극을 주시도 했다. 대체로 신인들의 창작극과 몇 편의 번역극이 전부였던 '젊은 연극제'에 대한 평가는 찬반양론이었으나 젊은 연극인들의 의욕만은 살 만했다. 그와 관련하여 조선일보는 다음과 같이 쓴바 있다.

'小劇場運動' 재확인

젊은 연극의 의식, 그리고 연극운동으로서의 青年演劇의 가능성을 모색하려 했다. 제1회 젊은 연극제가 20여 일 동안 10개 소극장 동인들이 참가한 가운데 지난 9일 끝났다. 기성극단도 아닌 10여개 아마추어극단이 집단적으로 그들의 역량을 집결, 젊은 연극제란 형식으로 연극에의 열정을 표현하기는 이번이 처음이다. 이 연극제엔 청년연극인 연 1백 명, 관객 2천여 명이 동원됐다. 양적 규모나 공연내용으로 보아 성공으로 했다고는 할 수 없다. 그러나 그것이 제기한 문제로 기성극단 공연을 평가하듯 성공 실패로 엄격하게 구분할 수 없는 많은 문제점을 제기했다. 젊은 연극의식은 연극이 大衆文化수단에 의해 소외되고 있는데 이러한 현상은 연극이 갖는 대중적, 사회적 기능을 찾고 있지 못하다는 전제를 바탕으로 하여 생겨졌음이 드러났다. 大劇場의 교훈성, 오락성, 흥행성, 즉 브로드웨이극이 추구하는 사회적 기능을 가졌다면 젊은 연극은 대극장이 갖지 못하는 다른 차원의 기능인 실험성, 脫브로드웨이극의 기능을 가져야 된다. 이것이 한마디로 젊은 연극의식이다. (…중략…)

公演은 어느 면으로 봐도 성공의 카테고리에 넣을 수 없다. 에저또 소극장은 좌석 80개를 가진 작은 극장이다. 관객은 하루 1백 명꼴로 그중 반은 공짜 손님이었다. 그러나 연극에 대한 이들의 열의는 여건이 아무리 좋지는 않아도 꺾을 수 없음을 보여주었다. 이들이 가지고 나온 레퍼토리는 공통적으로 새로운 것은 아니었다. 개중에는 기성극단의 흉내에 自足하는 연극도 없지 않았다. 하지만 많은 연극이 테마, 몸짓, 연출수법에서 기성연극의 고정관념을 탈피하려는 의욕을 충분히 보였다. 물론 예술적인 完成度를 이들 젊은 연극에서 기대할 수는 없었다. 완성된 연극을 이들이 공연했다면 「젊은 연극」은 처음부터 없었는지도 모른다. (…중략…) 한편 제1회 젊은 연극제에 참가한 연기자, 연출가, 스탭들은 연기, 연출, 스탭의 풀制를 만들어 종래의 폐쇄적인 동인체제에서 탈피, 극단 소속을 달리 해서 연기, 연출, 스탭을 활용할 예정이라 한다. 에저또 연극장에서는 이 새 시스템에 의해 「打令」(김봉우 작)을 7월 1일부터 30일까지 상연할 예정이다. 이번 가을에는 주제의식이 뚜렷한 보다 완성된 형태의 연극을 5개 작품정도 상연하고 내년 봄에 제2회 젊은 연극제를 열 계획도 벌써부터 활발하다.[18]

이상의 글에서 알 수 있는 바와 같이 에저또 소극장이 개최한 '젊은 연극제'는 근대 연극사상 최초의 일로 일단 연극인들뿐만 아니라 연극 팬들에게도 관심을 불러일으킨 것만은 사실이다. 특히 그때까지 전혀 사용해본 적이 없는 '젊은 연극'이란 색다른 용어가 주목을 끌었는데 그것은 곧 오프 브로드웨이처럼 기성연극으로부터 벗어난다는 의미 이상은 아니었다. 물론 '젊은 연극제'가 공연 상으로 성공한 것은 아니었다. 아마추어 수준의 작품들이 여러 편 끼어 있었기 때문에 관중의 공감을 얻지 못한 것이 사실이었다. 그런데도 '젊은 연극제' 실시로 인해서 극단 에저또는 실험성 짙은 극단으로 인정받았고, 소극장은 연극실험실로서 인정받기에 이른 것이다. 따라서 에저또 소극장은 가을 들어 몇 편의 소품을 공연한 뒤 제2회 '젊은 연극제' 준비에 들어갔다. 제2회 '젊은 연극제'를 마친 에저또는 1975년 봄에 명동성당 뒤편의 3·1로의 허름한 건물을 매수하여 소극장으로 꾸미게 되었다. 단원들이 내부공사를 직접 참여할 정도로 열성적이었다.

3·1로창고극장 현판

〈잰나비는 돌아오는가〉(윤조병 작)로 개관공연을 가진 에저또는 소극장을 창고(倉庫)극장으로 명명하고 7월 25일부터 전위극 〈뱀〉(잔 클로드반 이태리 작)을 무대에 올려 찬반의 화제를 불러일으키기도 했다.

그리고 9월 들어서 재공연하여 젊은 관객을 불러 모았고 창고극장의 아리나 스테이지가 관중에게 특별한 인상을 준 것이다. 그런 창고극장은 곧 재정문제에 봉착함으로써 곧바로 폐관되었다. 폐관 이전부터 실시해온 원로연출가 이원경(李源庚)의 화술중심의 연극교육은 당시 연극계에서는 꽤 인기가 있었다. 따라서 수강생 중에는 배우 외에도 일반인이 몇 명 끼어있었고, 그중에는 일찍부터 사이코드라마에 관심이 많았던 지근거리의 백병원 정신과 의사 유석진 박사도 있었다. 그 인연이 계기가 되어 창고극장은 1976년 봄 새롭게 단장되어 재개관되었음을 다음과 같은 당시 보도로 알 수 있다.

한편 開館設이 파다했던 에저또 창고극장(聖母病院후문고개)은 연극애호가 兪碩鎭박사(白病院정신과부장)가 쾌척한 2천5백만 원으로 소생하여 내부

수리 무대시설공사를 마치고 면모를 일신 三·一路倉庫劇場이란 새 이름으로 18일 재개관한다.

대지 40평에 건평 31평무대 16평인 이 地下 소극장은 다소 협착한 편이지만 벤치스타일의 좌석으로 遊休공간을 최소한으로 줄여 좌석은 신축성이 있는데 1백 명 정도는 편히 앉을 수 있다는 것. 이 소극장 역시 디머시설을 완비, 조명에 신경을 썼다. 대관료는 일률적으로 1회 공연에 2만 3천원. 토 일요일에만 낮 공연도 갖는다. 兪박사로부터 극장운영을 위임받아 재개관의 산파역을 담당하고 있는 李源庚씨(연출가 중앙대 교수)는 新人양성, 자료수집 및 보관, 그리고 사이코드라마의 연구개발을 위한 연극연구소의 附設을 계획하고 있다고 밝히면서 또한 판소리에도 관심을 가지고 특히 젊은 층에 대한 보급에 힘쓰겠다고. 오는 22일 자유극장의 〈대머리 女歌手〉가 첫 공연작품이 된다.[19]

이처럼 3·1로창고극장은 연극을 좋아하고 사이코드라마를 시도해보려던 한 정신과 의사에 의해서 새로운 모습으로 재탄생된 것이다. 거금을 들여 극장을 인수한 중견 정신과의사인 유석진은 한 신문과의 인터뷰에서 "자칫 퇴폐 속에 멍들기 쉬운 청소년들을 한데 모아 참된 인생과 예술을 논할 수 있는 만남의 장소를 마련해주고 싶었다."[20]면서 그들에게 앞서가는 연극도장을 마련해주는 것이 소망이라 했다. 그러면서 그는 "앞으로 종합적인 연극연구센터가 되도록 계속 지원할 것이다. 연극 사료를 수집하고 세미나 워크숍도 열어 세계연극에 발맞추는 연극인의 집이 되도록 하겠다."고 했다.

그러나 솔직히 그가 하고 싶었던 것은 사이코드라마였다. 정신병 치료의 한 방법으로 이용되어온 사이코드라마는 실제로 유석진이 처음 시도한 것이었다. 그가 소극장과 인연을 맺은 것도 사이코드라마를 직접 하기 위해 창고극장에서 실시하고 있던 이원경의 3개월 코스 연극아카데미에 참여한 데서 비롯된 것이다. 여하튼 의사가 출연을 해서 소극장을 꾸민 것은 세계연극사에서 없었던 일이고 우리나라에서도 장차 쉽지 않을 것 같다. 그런데 주목할 만한 사실은 유석진이 청소년 선도용으로서 연극과 극장을 지적한 점이라 하겠다.

어떤 예술인도 또 권력자나 자본가도 이야기해본 적이 없는 청소년의 정서교육을 연극에서 찾아보려 한 정신과 의사 유석진이 거론했다는 점에서 그의 선구적 안목을 높이 살만하다는 생각이다. 그것은 참으로 훌륭한 혜안이라 아니 할 수 없다. 그로부터 3·1로창고극장은 원로연출가 이원경이 전적으로 맡아 운영을 시작했다. 이원경에게 운영전권을 맡긴 유석진은 범 극단적인 활용을 주문했다.

소극장 운영을 맡은 이원경은 새로운 극단을 구상하면서 새로운 제작시스템을 도입하기 시작했다. 그러니까 그가 1960년 이후 십수 년간 연극계가 지켜온 소위 동인제 시스템을 타파하고 프로듀서 시스템에 의한 연극제작을 시도하겠다는 것이었다. 이원경이 그런 PD제를 구상한 것은 동인제 중심의 제작이 한정된 테두리 안에서 인간관계로 얽혀 있기 때문에 같은 연출가 같은 배우들이 등장, 텔레비전 드라마처럼 획일화된 무대를 보여주어 관객에게 권태감을 안겨주는 경우가 많기 때문이었다. 그러니까 신선감이 적고 타성에 빠진 동인제 극단의 공연은 관객의 다양한 욕구를 충족시키지 못하고 그 한계점에 다다랐다고 본 것이다. 이 같은 폐쇄적인 동인제 공연의 답습에서 벗어나 좀 더 개성 있는 연극을 관객에게 보여주고 나아가 연극의 직업화 내지 기업화의 기틀을 마련하고자 프로듀서시스템을 활용하자는 계획이었다.

이 제도는 동인제 극단이 안고 있는 함정에서 벗어나 연극인끼리 재능을 담보로 한 계약으로 무대 위에서 예술을 만나자는 것이다. 그리하여 기획과 예술 쪽을 독립시켜 보다 책임 있고 철저한 연극행위를 함으로써 관객의 다양한 욕구를 해결해주자는 것이었다.[21] 새로운 제작방식을 도입한 3·1로창고극장은 분명히 소극장시대의 새 장을 연 것으로서 연극계에 적잖은 변화를 불러일으켰다. 창고극장은 첫 시도로서 신진 김영렬(金英烈) 시스템이 제작한 〈티타임의 정사〉(6.10~20)와 오태석(吳泰錫) 시스템에 의한 〈고도를 기다리며〉(7.2~)를 기획했다. 창고극장의 이러한 기획은 연극계 전체에 활력을 불러일으켰음을 다음과 같은 당시 보도로 알 수 있다.

연극계로부터 매우 고무적인 상황에서 펼쳐지는 가을무대는 어느 때보다도 의욕적인 움직임을 보이고 있다. 同人制의 테두리를 벗어나 보다 새로운 연극을 창조하려는 프로듀서시스템의 활약이 그 하나다. 財力을 갖춘 기획자가 창의력 있는 예술가와 손잡고 능력 있는 연출가와 배우를 뽑아 관객의 기호에 맞는 무대 예술을 완성하려는 일련의 작업은 劇壇에 새바람을 불어넣고 있다. 관객에게 보다 수준 높은 연극을 보여주기 위해서는 劇團경영에 어떤 혁신이 이루어져야 한다는 게 가을무대가 안고 있는 과제다.[22]

이상과 같이 3·1로창고극장이 시도한 프로듀서시스템은 연극계 전체에서 커다란 반향을 일으킴과 동시에 활기찬 공연활동도 가능케 했다. 특히 실험 소극장이 일으킨 연극 붐과 맞아떨어짐으로써 더욱 빛을 발했다고 볼 수 있다. 결국 1970년대 중반의 연극 붐은 몇 개의 소극장 개관과 때맞춰 시작된 프로듀서시스템이 한몫한 것이다. 당시의 한 신문도 "우수한 창작극과 예술성이 높은 번역극을 적당히 조화시켜 공연해나가야 한다는 것이 일반적인 견해다. 동시에 배우를 한 극단에 묶어두는 동인제를 탈피 PD시스템을 도입하고 유능한 신인을 발굴하는 일이 시급하다."[23]고 쓴 바 있을 정도였다.

이처럼 연극계에 신선한 바람을 불러일으킨 3·1로창고극장은 원로연출가가 운영하는 관계로 어려운 속에서도 상업주의에 물들지 않고 연극의 정도를 지켜가려 노력했다. 당초 유석진이 생각했던 청소년을 위한 연극프로그램을 따로 만들지는 못했지만 3·1로창고극장은 〈사당네〉 등 창작극 시리즈 3편 등 개관 첫해만도 15편의 작품을 무대에 올릴 만큼 활발했다. 창고극장은 1977년 들어서는 더욱 활발한 공연을 가졌다. 주로 대관 위주로 가긴 했어도 극단과 작품을 선별하려고 노력했다. 가령 초봄에 공연한 여인극장의 〈영양

쥴리에〉(스트린드 베리 작)라든가 김도훈(金道勳) 제작의 〈동물원 이야기〉 등은 그 좋은 본보기가 될 만하다. 그러나 초여름 들어서 창고극장이 공연법에 저촉되어 폐관위기에 직면케 되었다. 당시 개정공연법 시행령과 함께 창고극장 등 소극장이 폐관위기에 직면했다는 보도는 다음과 같다.

> 공연법의 개정과 함께 공연법시행령(大統領令) 공연법시행규칙(文公部令)이 지난 1월 31일자로 공포 실시됨에 따라 이제까지 공연법에 묶이지 않고 있던 연극전용공연장도 공연법에 묶이게 되어 현재 각 극단과 개인이 운영하고 있는 연극전문의 소극장이 존폐의 위기에 처해있다. 문공부는 연극전문공연장에 대한 공연법 규제를 일단 6개월간 보류하고 이 기간 동안에 각 공연장이 공연법 규정에 따라 시설보완조치를 하도록 하고 시설보완 상황을 점검한 후 공연장 설치허가를 내준다는 방침을 세웠는데 공연법 실시 보류기간은 오는 7월 31일로 끝난다. 이 방침에 따라 文公部와 서울市는 지난 3월 15일 이후 연극공연장에 대해 시설보완공문을 보내고 6월초에는 보완상황을 점검함과 아울러 미비점을 지적했는데 대부분의 공연장이 미비점을 상당히 지적당해 7월 31일까지 시설보완을 끝낼 수 있을지 주목된다. (…중략…) 중앙에 무대가 있고 4면에 객석이 둘러싸여 있는 三一路창고극장은 무대와 객석과의 거리가 푸로시니엄 아치의 무대개념으로 해석될 수가 없어 기준을 어디에 맞추어야 하느냐는 문제가 제기되기도 하였는데 극장용 의자가 아니며 비상구와 복도, 휴게실, 분장실, 화장실 등이 미비되어 있음이 지적당해 이같은 미비점을 완전히 보완하자면 극장구조를 근본적으로 뜯어고치지 않으면 안 되게 되었다.[24]

이상과 같이 창고극장은 제대로 개관된 지 단 1년여 만에 폐관위기에 직면한 것이다. 앞에서 지적된 대로 창고극장은 워낙 협소한 공간이기 때문에 공연법에 맞춰서 재건축할 수밖에 없는 궁지에 몰린 것이다. 이 말은 정부에서 특별 배려를 해주지 않으면 회생할 가능성이 전혀 없다는 이야기가 된다. 이에 연극계 등 각계의 건의로 소극장 폐쇄는 모면했고 1년 연장의 허가를 받았다.

3·1로창고극장은 폐쇄 위기를 넘기자 개성파 배우 추송웅(秋松雄)의 데뷔 15주년 기념 공연으로 프란츠 카프카의 소설 〈어느 학술원에 제출된 보고서〉를 〈빠알간 피이터의 고백〉으로 개제하여 1인극 무대를 마련했다. 찌는 듯한 여름(8월 20일)에 막을 올린 이 모노드라마는 당초 열흘로 예정된 공연을 일단 한 달로 연장할 정도로 인기가 대단했다. 한국연극사에 신화가 탄생했다고 매스컴은 다음과 같이 그 열풍 현장을 보도하기도 했다.

> 배우 秋松雄의 모노드라마 〈빠알간 피이터의 고백〉이 선풍을 일으키고 있다. 개막(8월 20일)부터 관객이 몰려 보름만에 예매표가 1만상 이상이 팔리는 신기록을 세웠다. 한국 演劇史의 신화가 탄생한 것이다. 가시밭길 연기생활 15년 만에 秋松雄의 해가 떴다고 화제다. 新劇 70년의 里程標를 세운 '秋松雄 神話'는 어떻게 만들어진 것일까? 프란츠 카프카의 散文 〈어느 學術院에 제출된 報告書〉를 徐英日이 각색한 〈빠알간 피이터……〉는 추송웅 혼자 제작, 기획, 연출, 장치, 연기까지 1인 5役을 해낸 1人劇으로 무대 데뷔 15년 자축공연이다. 이 연극이 객석 1백 30석도 안 되는 三一路창고극장무대에 올려지자 첫날부터 관객이 장사진을 이루어 개막 3시간 전부터 만원, 되돌아가는 관객이 입장객보다 많은 이변을 낳고 있다. 수입 면에서도 최고기록이다. 神話가 탄생한 창고극장은 30평도 못되는 지하무대, 매회 2백 명이 넘는 관객은 30도의 열기도 아랑 곳 없이 秋松雄의 일 거수 일 투족에 숨을 멈추고 시선을 집중한다. (…중략…) 秋松雄씨에 대한 비판론이 없는 것은 아니지만 그는 분명 77년 演劇界의 스타가 됐다. 또한 同人制시대가 물러가고 스타시스템이 오고 있음을 예고해주는 연극의 새장을 열어주었다.[25]

이상에서 볼 수 있는 것처럼 추송웅의 모노드라마 한편이 창고극장을 전국적인 유명극장으로 끌어올려 주었을 뿐만 아니라 1인극 붐을 불러일으키기도 했다. 즉 창고극장의 추송웅 모노드라마에 자극받은 소장 배우들인 김상경(金相京), 기주봉(奇周峯), 유진규(柳鎭奎), 김성구(金成九), 김동수(金東洙) 등이 줄줄이 1인극을 준비하고 여러 소극장에서 다투어 막을 올린 것이다. 추송웅은 단 1개월여 만에 1천 3백 만 원의 수익을 올림으로써 제작비의 10배 이상을 벌어들였다.

돈방석에 앉은 秋松雄 연극배우 秋松雄의 모노드라마 제1탄 〈빠알간 피이터의 고백〉이 70년 新劇史上 1인극으로선 최장 연속공연, 최고 관객동원, 최고 흥행수익을 올렸다. 연기생활 15년 자축기념으로 秋松雄 자신이 제작, 기획, 연출, 무대장치, 연기 등 1인 5役을 해낸 〈빠알간 피이터의 고백〉이 서울공연(8월 20일~9월 20일) 32일 동안 1만 3천명 이상의 관객과 1천 3백 만 원 상당의 수익을 올려 모노드라마사상 최고 기록을 세우고 현재 지방공연중이다. 〈빠알간 피이터의 고백〉을 69~72년 3년에 걸쳐 카페 테아뜨르서 週 1회씩 1백회 공연을 가졌던 金東勳 1인극 〈롤러스케이트를 타는 오뚝이〉가 세운 1만 명 입장기록을 무너뜨렸다. (…중략…) 30여 일 동안 60회 가까이 무대에 서면서 秋松雄은 67kg이던 몸무게가 5kg이나 줄었다. 공연 3일째엔 링게르 주사를 맞으며 무대에 서기도 했다. 20일 서울공연이 끝난 후 大邱공연에 이어 25일부터 馬山, 釜山, 全州, 光州지방 순회공연을 갖고 11월 중순부터 15일 동안 서울 창고극장서 다시 리바이벌공연을 가질 예정이다.[26]

이상에서 알 수 있는 것처럼 창고극장의 추송웅 모노드라마는 전국 주요도시로 확산되어 갔다. 그리고 다시 늦가을 들어서 창고극장에서 몇 개월 동안 붐을 지속시켰다. 이처럼 모노드라마 붐을 일으킨 창고극장이 개정공연법에 저촉되어 폐관위기를 넘기고 8월부터 다시 활기를 찾게 되었다. 위기를 넘긴 창고극장 대표 이원경은 '날짜만 메우는 식의 공연을 지양하고 연극발전에 공헌하는 장소로 활용해갈 계획'을 세우는 등 새롭고 건전한 소극장 운영방향을 세웠었음을 다음과 같은 당시 보도로 알 수 있다.

해외의 문제작을 소개하면서 한국연극계에 문제를 제시하는 한편 話術 및 연기, 연출, 워크숍을 강화하고 공연이 없을 때는 연극에 관한 세미나, 심포지엄, 강연 장소로 제공하겠다는 것이다. 76년 개관하면서 연중무휴공연, PD시스템의 활용, 창작극시리즈를 목표로 했던 창고극장이 시대변화에 맞춰 새로운 연극 사조를 제시하고 인재양성에 힘쓰는 쪽으로 방향을 바꾸겠다는 것. 창고는 여름철 워크숍을 통해 길러진 인재들을 他극단에서 활용할 수 있도록 하는 한편, 18일에는 오프오프브로드웨이 작품인 〈엄마 참으셔요〉, 〈셔츠〉를 신인들 중심으로 발표하여 최근의 미국연극을 소개했다.[27]

이처럼 창고극장은 연극계 원로 이원경이 지도자답게 소극장의 본분을 저버리지 않은 것이다. 그러니까 이원경은 창고극장을 비교적 아카데믹하게 끌고 가려고 노력했음을 알 수 있다. 이렇게 개정 공연법과 마치 숨바꼭질하듯이 시달리던 소극장들이 1979년 들어서 또다시 1년 유보를 철회하고 1년만 연장해준다고 통보해옴으로써 기진맥진케 되었다.

지난해 6월 법적 유보로 간신히 起死回生했던 소극장이 이제 앞으로 1년이라는 마지막 시한을 통고받았다. 내년 6월 30일까지 공연 건축, 위생법 등 제 법규가 요구하는 시설을 완비하든지 아니면 아주 문을 닫으라는 것이다. 문제는 현재 공연 중인 소극장 중 엘칸토, 중앙, 창고, 민예, 민중, 76 등 6개 소극장이 도저히 관계법규에 맞출 도리가 없어 폐쇄를 면할 길이 없다는 점이다. (…중략…) 창고극장=건축법 시행령 1백3조에 규정한 것보다 복도 폭 좁다. 동 39조가 규정한 건폐율에 미달. 계단이 좁다. 대지가 2백 평방m보다 좁다. 대소변소 각 2개 부족[28]

이상과 같이 창고극장은 장차 1년 안에 법규에 맞추는 일을 할 수가 없었다. 왜냐하면 대지가 워낙 협착하므로 건축법이나 소방법, 보안법 등을 충족시키려면 장소 자체를 다른 곳으로 옮기는 방법밖에 없었기 때문이다. 이원경 대표가 "이제 더 이상 버틸 의욕도 없다. 법이 시행된다면 극장을 포기할 수밖에 없을 것 같다."고 한 것도 바로 그러한 한계상황 때문이었다. 그렇다고 연극인들이 가만히 앉아서 당하고만 있을 수는 없었다. 이원경 등 연극인과 평론가들이 적극적으로 여론을 불러일으켰고 근본적으로 공연법 자체가 개정되어야 한다는 방향으로 투쟁에 나선 것이다.

그러니까 공연법이 개정되어 소극장이 특수 용도로 예외 취급을 받아야 살 수 있다는 주장이었다. 그런 가운데서도 이원경은 이해랑, 김동원 등과 후진 양성을 위한 연극예술원을 만들기도 했다. 그뿐만 아니라 이원경은 이보라(李保羅), 강계식(姜桂植)과 함께 강계식의 모노드라마 〈진실로 진실로〉를 공연하기도 했다. 이런 것들은 모두 중진 연극인들을 배려한 프로그램이었다. 10 · 26이라는 정변을 당했어도 소극장 문제는 좀처럼 풀리지 않았다. 결국 1980년 6월 들어서 창고극장 폐쇄문제가 또다시 부상되었다. 창고극장은 더 버틸 힘이 없다고 생각하여 유보기간이 끝나는 6월 30일 직전에 자진해서 폐관한다고 선언함으로써 연극계에 파문을 던지고 나온 것이다.

小劇場 다시 死境에. 내일로 "2년간 留保" 조처 끝나

젊은 연극인들의 실험장인 3·1로창고극장이 6월 30일자로 문을 닫는다고 발표. 극계에 충격을 주고 있다. 대표 이원경씨는 '사정상……'이라고 말끝을 흐렸지만 소극장 유보기간이 30일까지로 되어있고 그동안 문공부로부터 아무런 구체적 지시도 없었기 때문에 자진해서 문을 닫는 것으로 극계는 보고 있다. 엘칸토, 민예 등 다른 소극장들도 문을 닫아야 할 위기에 놓여있다. 78년 6월 문공부의 잠정적 유보조처로 폐문 일보직전에서 기사 회생된지 2년 만에 다시 死境을 헤매게 됐다. 당국이 유보기간을 연장해주든가 특례조처를 취하지 않는 한 다른 소극장들도 6월말 문을 닫을 수밖에 없게 됐다. 27일까지도 관계당국에서는 아무 지시가 없자 연극인들은 이대로 끝장을 낼 수는 없다면서 다각적으로 구제책을 논의하고 있다. 한국연극협회(이사장 金正鈺)는 28일 소극장 구제건의서를 문공부장관, 서울특별시장 앞으로 보내고 소극장 존속운동을 펴기 시작했다.[29]

이상과 같이 2년여 동안 연극계와 정부당국은 개정공연법, 건축법 등 법규를 고리로 하여 밀고 당기는 대립을 보인 것이다. 그러다가 1980년 말 막다른 골목에 와서 범 연극인들이 정부당국에 건의서를 내는 등 총력을 기울여 회생운동을 벌이게 된다. 연극인들이 한결같이 주장한 것은 정부가 중흥을 부르짖으면서 왜 연극발전의 걸림돌이 되는 공연법을 시대에 맞게 고치지 않느냐는 것이었다. 공연법 개정이 어렵다면 '극장개념'이라도 확대해석하여 연극 실험실인 소극장을 살려야 한다는 것이었다. 극단 수효에 비해 절대 부족한 공연장의 현실에서 전근대적 공연법으로 소극장들을 폐쇄한다면 연극발전은 기할 수 없다는 것이 여론이었다.

이런 연극계의 여론에 문공부에서는 또다시 1년 유보조처가 나왔다. 그에 대해서 당시 신문은 다음과 같이 보도했다.

小劇場이 다시 한 번 폐쇄의 아슬아슬한 고비를 넘겼다. 현행법이 정하는 시설 기준을 충족시키지 못해 정식 허가기한을 1년씩 유보하면서 임시로 공연을 해오던 소극장들에 당국은 지난 6월 30일을 최종 허가 時限으로 통고했었던 것. 「가난해서 허술할 수밖에 없는 공연의 터전마저 닫혀야 하는가」 하는 조바심 속에 시한을 1주일 넘긴 지난 7일 문공부 당국은 허가시한을 1년 더 유보한다는 결정을 내렸다. 소극장을 둘러싼 유보와 閉鎖의 줄다리기는 벌써 3년째 6월만 되면 찾아오는 연극계의 열병. 삼일로창고극장을 비롯한 엘칸토 예술극장, 민예소극장 등 건축법, 도시계획법, 위생법 등에 복잡하게 얽힌 소극장들이 매년 폐쇄직전에서 겨우 살아나곤 했던 것이다.

　우리나라에 소극장에 관한 시설기준이 마련된 것은 77년 8월. 그전에는 일
반 공연장에 관한 기준만 있었던 것이 77년 2월에 演劇專門공연장을 위한 시
설기준이 마련되었으며 그해 8월에 다시 2백석 미만의 소극장을 위해 좀 더
완화된 기준이 제정되었다. 그러나 당시 공연을 하고 있던 中央, 實驗, 창고,
76, 세실, 공간사랑 등 全소극장이 이 시설기준에 미달함으로써 소극장의 時限
논쟁은 시작되었다.[30]

　이처럼 소극장 폐쇄조처가 3년째 유보된 것이다. 그러나 더 근본적 문제는
정부의 연극 등 극장문화에 대한 무지 내지 전근대적 인식에 있었다. 식민지
시대에 총독부가 우리의 공연예술을 통제하고 더 나아가 탄압하기 위해 만든
악법의 테두리에서 조금도 진전되지 못한 인식을 가진 것이 바로 당시의 문
공부나 서울시, 국회 등이었다. 특히 1977년에 연극전문 공연장에 대한 시설
기준을 새로 마련하면서도 공연장이나 연극현실을 전혀 살피지 않았다는 데
심각한 문제가 있었다. 다시 말해 근본적으로 연극 실험실이라 할 소극장을
유흥장 개념으로 본 것을 전혀 고치려 하지 않았다는 데 문제의 심각성이 있
었다. 만약 정부가 공연예술의 사회 문화적 기능이나 연극현실에 대해서 조
금만 이해가 있었어도 그런 악순환은 당장 끊을 수가 있었다. 사실 정부가
마련한 공연법, 소방법, 위생법, 보안법, 건축법 등의 기준을 지켜서 소극장을
세우기란 거의 불가능하다고 아니 할 수 없다.

　솔직히 그런 소극장은 당시에는 정부나 세울 수 있었다. 다행히 1970년대
후반 이후 세종문화회관 소강당 등 소극장이 한둘 생겨나서 다행이긴 했지만
영세한 극단이 며칠이나 대관해서 공연활동을 할 수 있었겠는가. 그리고 소
극장 폐쇄 유보 조처가 세 번째 내려짐으로써 3·1로창고극장도 다시 문을
열고 공연활동을 벌일 수 있게 되었다.

　이처럼 제5공화국 들어서 공연법이 전진적으로 개정되기까지는 창고극장

을 비롯한 소극장들은 내외적으로 크나큰 고통을 겪었던 것이다. 그런데도 3·1로창고극장은 연극의 정도를 지키면서 연극계 중진이 운영했던 만큼 연극교육에 힘을 쏟았고, 신인 양성과 모노드라마, 팬터마임 같은 극술 개발에 기여했으며, 프로듀서시스템으로 동인제 극단시대의 연극 침체를 혁파한 공로도 세웠다고 말할 수가 있다.

4. 실험소극장

실험소극장은 1960년대의 동인제 극단 시대를 연 첫 번째 연극단체로서 극단 신협 이후를 주도한 대표적 극단이라 말할 수 있다. 그런 실험극장이 자체적으로 소극장을 마련한 것은 1973년 10월 초였는데, 그것은 그야말로 사무실 겸용의 협소한 극장(40석 규모)이었다. 그때의 사정은 실험극장의 기관지 '우리무대'에 다음과 같이 소상히 나와 있다.

> 그 후 명륜동으로 사무실을 옮겼다가 1971년 5월에 비원 앞으로 다시 사무
> 실을 옮겼습니다. 이곳에서 저희는 사무실의 일부를 공연장으로 개조하여 소
> 극장을 만들고 단막물을 중심으로 한 연극 활동을 2년간 벌여왔습니다. 이곳에
> 는 비록 객석 40석의 보잘 것 없는 극장이기는 하였으나 우리의 새로운 연기자
> 들이 이곳에서 많이 탄생하였고, 또 그들의 연기력도 놀랄 만큼 향상되었습니
> 다.[31]

이상과 같이 서울 비원 앞에서 처음 문을 연 실험소극장은 사무실을 조금 확대한 정도(7.5평)의 협소한 극장이었다. 그러니까 1971년 5월에 사무실로 임대한 건물 일부를 터서 소극장이라고 만든 것이 1973년 10월 3일이었다는 이야기이다.

비원 앞의 실험소극장

　실험극장은 이곳에서 〈태양관측〉(이재현 작)을 시작으로 해서 〈방화범들〉(막스프리쉬 작), 〈수업〉(이오네스코 작), 〈너도 먹고 물러나라〉(윤대성 작), 〈포경선〉(유진 오닐 작), 〈덤웨이터〉(헤롤드 핀터 작), 〈빠진 게 있네요〉(이오네스코 작) 등 17편을 공연했다. 이때 정진수, 윤호진, 김영렬 등 신인 연출가들이 탄생했고, 배우들의 기량도 많이 향상되었으며 오태석, 윤대성, 이재현 등 신진 극작가들의 단막극들도 여러 편 선보였다. 그러나 40석의 비좁은 소극장은 시설도 시설이려니와 공연 조건이라든가 수익성 면에서도 유지가 쉽지 않았다. 이 말은 곧 실험극장이 다른 소극장을 찾지 않을 수 없는 처지였다는 이야기도 된다. 결국 실험극장은 1975년에 운니동의 에덴예식장을 임대하기에 이른다. 그 과정은 다음과 같았다.

이 건물은 우리가 대극장 공연을 위해서 몇 번 밤 시간을 이용하여 연습장으로 사용했던 경험이 있는 건물이었습니다. 이 건물에서 에덴예식장이 예식장을 그만둔다는 소문이 들려온 것입니다. 우리는 곧 이 건물의 임대를 위해 접촉을 시작했습니다. 건물주는 물론 임대해 있던 예식장경영자와 수차에 걸친 교섭 끝에 74년도 거의 다갈 무렵인 11월말에 우선 사무실을 이전하였습니다. 일단 사무실을 이전하였으나 이 예식장의 내부구조를 극장으로 개조하는 작업은 쉬운 일이 아니었습니다. 자금도 자금이려니와 우선 설계도가 문제였습니다. 몇몇 실내장치 전문가들에게 문의하였으나 현실적으로 불가능한 금액이요 플랜이었습니다. 우리는 무대미술가 崔衍昊씨를 찾았습니다. 우선 스케치 만이라도 받아볼 심산이있습니다. 氏는 쾌히 응하여 기의 설계에 기까운 작업까지 마쳐주었습니다. 이 설계를 놓고 공사방법을 논의했습니다. 우리가 공사를 주도하여 공사를 진행할 것인지 아니면 일괄 도급으로 공사를 의뢰할 것인지를 논의하는 중 예술극장의 미술을 담당하고 있는 金海浪氏가 現代實業이라는 건축 및 실내장치 전문 업체를 갖고 있다는 말에 공사를 의뢰하여 現代實業이 공사를 마치게 되었습니다.

공사개시와 함께 의자 기증을 받기 위한 작업을 병행하였고 무대, 막, 로비 시설 등의 설치를 위한 작업도 시작하였습니다. 이제 극장은 그런대로 완성하였습니다. 금상첨화로 중견화가 李滿益氏가 좋은 그림을 희사하시어 극장로비의 품위를 한껏 높여주었습니다. 이 극장의 건립을 위해 도와주신 분들은 우선 객석용 의자를 기증해주신 각계각층의 인사들과 로비시설을 하여주신 동아제약, 그리고 무대 막을 기증하신 한국생사그룹이며 무엇보다 한국생사 金榮雨 사장의 물심양면에 걸친 적극적인 도움이 없었다면 이 극장의 오늘은 없었을 것입니다.[32]

이상과 같은 실험극장 개설과정을 여기에 소개한 것은 당시에 소극장들이 어떤 과정을 밟았었고, 그 어려움은 무엇이었으며, 특히 기업과의 관계 등은 어땠는가를 설명해주기 위해서이다. 당시 대표적인 극단으로서 중견 연극배우 김동훈(金東勳) 대표는 든든한 인맥을 갖고 있었다. 단원들 역시 연극계의 엘리트들이었기 때문에 소극장 개설에 호응이 좋을 수밖에 없었다. 실험극장은 1974년 11월 12일에 에덴예식장과 계약한 뒤 1975년 9월 1일 개관할 때까지 약 9개월 가량의 공사기간을 소요했다.

그리하여 실험극장은 드디어 1백 45석의 어엿한 소극장을 갖게 되었다. 이것은 소극장 사상 6·25전쟁 직후 을지로입구에서 시작했던 소극장 원각사 이후 가장 괜찮은 소극장이 된 경우이다.

당시로써는 그런대로 괜찮은 소극장을 마련한 실험극장은 15가지의 실천목표를 대외적으로 천명했는데, ① 소극장 건립 및 개관 ② 연중무휴 공연(소극장) ③ 연극총서 제1집(전 10권) 간행 ④ 대공연 연 2회(대극장) ⑤ 타극(他劇) 초청공연 ⑥ 대학극 페스티벌 ⑦ 제2회 여름연극 교실 ⑧ 제2회 여름연극제 ⑨ 연극 심포지움 ⑩ 단내(団內) 교양강좌 및 토론회, ⑪ 관극회원 2천 명 확보 운동 ⑫ 연극지원 개발사업 ⑬ 창단 15주년 기념행사 ⑭ '우리무대' 계속 간행 ⑮ 단원후생사업 등이 그것이다. 한 극단 사업으로서는 대단히 의욕적이고 야심 찬 것이었다. 그리고 소극장 개관에 맞춰서는 극단이념과 정관의 정신을 살리는 연극 활동을 추진하여 생산성 있고 보람 있는 사업을 펼치겠다면서 세 가지 목표를 내세웠다.

즉 첫째는 공연방식에서는 장기공연 체제를 확립하겠다는 것인 바 적어도 한 작품을 장 단막 가리지 않고 1개월 이상 공연한다는 것이었다. 그리하여 연극 예술성의 심화와 기업성의 확대를 꾀해보겠다는 것이었다. 장기공연체제는 곧 연중무휴 공연을 의미하는 것이므로 관객은 아무 때나 안심하고 극장을 찾을 수 있다는 것이다. 이것은 해방 이후, 특히 6·25전쟁 이후 단기 공연체제로 굳어져 있던 연극계로서는 대단히 획기적인 발상이라 아니할 수 없다.

두 번째로는 대관은 일절 하지 않고 춘추로 1개월씩 우수 극단의 초청공연과 대학극 페스티벌을 갖는 동시에 연극학 발표회, 세미나 등에만 대관한다는 것이다. 무분별하게 아무 극단에나 대관을 해주게 되면 극장이 갖는 성격 조성이 되지 않기 때문이라는 것이다. 세 번째로는 극장의 냉난방 시설이 제대로 되어 있지 않아서 엄동과 삼복더위에는 공연 대신 대학생과 일반 직장인들을 위한 연극학교를 개설한다는 내용이다. 실험극장이 소극장을 열면서 대단한 의욕을 보여준 것이다. 실험소극장은 개관기념으로 피터 쉐퍼의 〈에쿠우스〉(신정옥 역, 김영렬 연출)를 무대에 올렸다. 그런데 이 작품은 폭발적 인기를 끌어 모았다. 공연 3개월여 뒤 한 신문은 성공적 상황을 다음과 같이 쓸 정도였다.

> **연극계에 선풍 일으킨 〈에쿠스〉 驚異的 作品** 관객 부재의 우리나라 연극계에서 실험극장은 지난 9월 5일부터 공연에 들어간 〈에쿠스〉가 관객들의 열띤 호응을 얻자 당초 한 달 계획이었던 공연기간을 연장하여 10월말까지 공연, 그래도 〈에쿠스〉의 열기가 식지 않자 다시 공연기간을 연장하여 11월말까지 3개월 연속 공연에 들어갔다. 그동안 동원된 관객 수 만 해도 약 9천명, 11월말 까지는 1만 명이 훨씬 넘을 것으로 보여 관객동원이라는 면에서 초유의 기록을 세울 가능성이 짙어졌다. 지금까지 우리나라에서 공연된 연극 중 한 시즌에 관객 1만 명을 동원한 일은 한 번도 없기 때문[33]

이상과 같이 〈에쿠우스〉는 시간이 흐를수록 관객의 열기가 더해만 갔다. 〈에쿠우스〉 공연은 1950년 국립극장 개관 공연이었던 〈원술랑〉(유치진 작) 이후 최대의 인파가 운니동 소극장에 밀려들도록 만든 것이다. 그러니까 전쟁 이후 연극계의 긴긴 침묵을 깨뜨리는 순간이 된 것이다. 그런데 뜻밖에 1975년 11월 21일 서울시가 실험극장에 공연정지 명령을 내린 것이다. 이유는 연장공연 신청을 하지 않고 공연을 계속했다는 것이다.[34]

사실 그동안 극단들이 연장공연을 해본 적이 없기 때문에 극단 측에서 법

절차를 몰랐음은 너무나 당연했다. 그런데 내막적으로는 소년 주인공(앨런)과 여주인공(질)간의 정사장면이 리얼했던 데다가 여주인공의 핫팬츠가 윤리적으로 문제가 있다는 예륜(藝倫)의 판단 때문에 시청으로부터 공연정지 명령이 내려졌다는 이야기가 돌았다. 여하튼 〈에쿠우스〉의 공연중지로 인해서 극단 측과 관객들에게서는 큰 혼란이 일어났다. 당장 1천 2백여 장, 그러니까 1주일 이상 볼 수 있는 예매자들에 대한 처리가 문제였다. 극단 측으로서는 여러 가지 방안을 강구하면서 서울시에 연장공연 신청을 했음은 두말할 나위 없다. 다행히 며칠 후 연장허가가 남으로써 〈에쿠우스〉는 또다시 인기를 끌면서 공연을 계속할 수 있었다.

그런데 이때의 주목할 만한 사건은 아무래도 공연법 개정이 아닌가 싶다. 실험극장의 공연정지 사건이 터지면서 공연법 개정에 대한 여론이 비등했고 결국 정부에서 개정 공연법을 국회에 제출한 것이다. 사실 우리나라 공연법은 일제 식민통치 말엽에 제정된 조선흥행취체규칙을 토대로 만들어진 것이기 때문에 예술을 북돋기보다는 규제에 포커스가 맞춰져 있는 악법이었다. 이것을 정부가 부분적으로 개정한 것이다. 개정된 부분만을 살펴보면 '퇴폐적 공연행위를 강력히 규제하고 공연실적이 없는 공연자를 정비하며 순수무대예술에 대해 보조금을 지급할 수 있게 하여 공연질서를 바로잡는다'는 취지하에 네 가지가 바뀌었다. 첫째, 지금까지 서울시, 부산시, 도 또는 문공부 장관에게 할 수 있던 공연등록 기관을 모두 문공부 장관에게로 일원화했고, 둘째, 2년으로 유효기간을 정했던 등록증의 기간 제한제를 폐지했으며, 셋째, 공연에 관한 사항을 심의키 위한 공연윤리위원회를 시설하는 대신 서울시, 부산시, 도, 문공부 등에 설치되어 있던 자문위를 폐지하며, 넷째, 필요할 때 보조금을 지급할 수 있다는 것 등이었다. 이러한 개정공연법과 관련하여 여론은 좀 더 시의에 맞도록 발전적 개혁을 요구했다. 가령 조선일보는 개정공연법과 관련하여 다음과 같은 사설을 냈다.

정부의 문화예술진흥정책은 뒤에서 밀어주는 식이어야지 행정규제를 끌어가는 식이어서는 곤란하다. 한편 연극인들도 금전지원을 받는 것만이 능사가 아니라 관객요구에 부응할 수 있는 작품을 내놓기 위해 정신적인 각성과 자체혁신도 기해야 할 것이 중요하다. 연극 영화 음악 무용 등 무대예술공연을 쇼같은 오락과 동일시하는 현행 공연법은 연극인도 개정되기를 원했으나 입 벌리다 뒤통수를 맞는 격이다. 정부가 스스로 개정안을 마련 마지막 절차만 남기고 있다지만 그러나 지나친 통제로 공연활동을 위축시키게 되어서는 안 되겠다. 문화의 꽃은 행정규제로 피는 것이 아니고 뿌리를 북돋음으로써만 피는 것이기 때문이다.[35]

이상에서 볼 수 있는 바와 같이 정부의 공연법 개정과 관련하여 연극계와 여론은 좀 더 전진적인 것을 원했고, 특히 순수예술과 쇼 등과 같은 대중오락을 구분해달라는 요구를 한 것이다. 그런데도 국회에서는 정부안이 거의 그대로 통과됨으로써 연극인들을 실망시켰다.

그렇다고 연극을 하지 않을 수는 없었다. 더 어려운 식민지시대에도 신극운동을 했던 연극인들은 굴하지 않고 공연활동을 지속했다. 실험소극장의 〈에쿠우스〉만 하더라도 한 차례의 공연중지 사건에도 불구하고 장장 8개월 동안 관객 2만 명 선을 훌쩍 넘어선 것이다. 조선일보는 그와 관련하여 "연극관객은 1만 명을 넘지 못한다는 통념을 깨고 한국연극에 새 기원을 세운 관객 2만 명 돌파는 우리 극단에 많은 가능성을 보여주고 있다. 〈에쿠우스〉는 15일 현재 1백 16일 동안 1백 46회 공연에 관객 2만 7백 명을 동원하여 1950년의 〈원술랑〉 이후 26년 만에 새 기록을 세웠다."[36]고 쓴 바 있다. 우리나라의 현대연극사의 흐름을 바꾸어 놓은 실험소극장의 〈에쿠우스〉의 선풍은 이듬해까지 이어졌고, 지방순회까지 함으로써 전국적으로 연극 붐을 일으키기까지 했다. 그와 관련하여 한 신문은 다음과 같이 썼다.

실험극장이 지난 75년 9월 5일 서울 운니동 실험소극장에서 막을 올렸던 피
터 쉐퍼作 申定玉역 金英烈연출 〈에쿠스〉가 오는 15일까지의 연장공연으로
한국연극사상 최대 공연 횟수와 최대 관객동원의 신기록을 세우게 됐다. 75년
과 76년의 1·2차 1백 89회 공연에서 2만 7천명의 관객을 동원했던 〈에쿠스〉
가 서울 명동 코리아극장에서 3차 공연의 막을 올린 것은 지난 달 15일. 그런
데 오는 15일까지의 60회 공연을 통해 3만 7천명의 관객동원이 예상돼 총 2백
49회 공연에 모두 6만 4천명의 관객동원 기록을 남기게 된 것이다.[37]

이상과 같이 실험소극장은 개관 공연 하나로 한국연극계에 지각변동을 일
으킨 것이다.

가령 6·25전쟁 이후 아마추어 수준에 머물러 있던 우리 연극이 소극장 하
나가 일으킨 연극 붐으로 인해서 본격 직업화로 나아갈 수 있게 되었고 소극
장이 늘어날 수 있는 분위기도 만들었으며 각 극단도 장기공연 체제로 전환
케 만들었다. 그뿐만 아니라 〈에쿠우스〉 공연으로 관객 개발도 된 것이다.
특히 지식층의 확대와 대중문화의 저질화로 연극의 잠재관객이 급속도로 증
가했다고 말할 수 있다. 〈에쿠우스〉 공연으로 자신을 얻은 실험소극장은 그
것을 고정 레퍼토리로 만들고 다음 작품을 준비했는데 남아공의 인종차별문
제를 다룬 아돌 후가드의 〈아일랜드〉를 윤호진 연출로 무대에 올렸다. 실험
소극장의 두 번째 작품으로 남아공의 인권극을 택한 것은 아무래도 당시 유
신정권에 대한 우회적 비판을 해보겠다는 젊은 의식에 따른 것으로 볼 수 있
다. 신예배우 서인석(徐仁錫)과 이승호(李承鎬)가 머리를 깎고 무대에 섬으
로써 당시 관객들의 시선을 끌고도 남음이 있었다.

당시 한국일보는 이와 관련하여 "서울 실험극장서 공연 중인 〈아일랜드〉가
77년도 연극계의 문제작으로 화제가 되고 있다. 극단 실험극장이 지난달 15
일 6개월간의 장기공연 예정으로 전용소극장인 실험극장 무대에 올린 〈아일
랜드〉가 개막 20일 만에 관객 3천 명 선을 바라보고 있다. 14일 현재 예매표

도 2천장이 넘게 나가 있는 것으로 알려졌다. 또한 지난 10일엔 독서신문이 선정한 '77년의 최우수 연극'으로 꼽히기도 했다."[38]고 쓴 바 있다. 그런데 흥미로운 사실은 다른 공연들과 달리 관객의 60%가 대학생이고 나머지도 시인, 소설가, 평론가 등 문인들이 많았다는 점이다. 아마도 지성인의 양심을 일깨워주는 이 작품의 주제 때문이 아닌가 싶다. 예상한 대로 이 작품은 장기공연에 성공했다. 조선일보는 실험소극장의 장기공연과 관련해서 다음과 같이 쓴 바 있다.

> 좋은 연극은 관객을 놓치지 않는다. 77년의 秀作으로 꼽힌 實驗劇場의 〈아일랜드〉가 해를 넘겨 4개월째 장기공연 중이다. 우리에게 생소한 南亞聯邦의 黑人연극이 이처럼 관객을 사로잡는 힘은 무엇일까. 〈아일랜드〉를 본 관객들은 오래도록 '극한 속의 삶'을 연기하는 李承鎬(31) 徐仁錫(29)의 뜨거운 호흡을 잊지 못한다. 무대를 삶의 현장으로 끌어내려 극장을 열기로 가득 채우는 듀엣의 앙상블을 기억하고 있다.[39]

이처럼 〈아일랜드〉에 관객이 몰린 것은 인권문제라는 주제 못지않은 젊은 두 배우의 혼신의 연기 때문이었다. 배우의 호흡소리까지 들을 수 있는 소극장의 장점을 최대한 살린 것이었다고 하겠다. 실험소극장은 단 두 편의 작품 공연으로 창단 17년 만에 탄탄한 재정의 기반을 닦았을 뿐만 아니라 우리나라 연극의 중심지가 되기에 이른 것이다. 실험소극장의 성공은 곧 한국연극의 성공일 정도로 연극계에서의 영향력은 대단했다. 왜냐하면 30여 년 만에 우리 연극계의 지각 변동을 일으켰기 때문이다. 실험소극장의 대성공으로 3·1로창고극장 등 한두 소극장도 1인극 등 독특한 작품으로 장기공연을 했고 세실극장, 공간사랑, 중앙소극장 등이 속속 문을 열게 되었다.

그러나 연극계에 긍정적인 일만 생긴 것은 아니었다. 소극장 중심으로 연극이 재편되고 또 직업화되어 가는 과정에서 두 가지의 문제가 돌출한 것이다. 그 한 가지는 연극계가 저질 상업주의 방향으로 흐르는 조짐을 보인 것이고, 다른 한 가지는 정부의 소극장 규제가 시작된 점이라 하겠다. 즉 실험소극장이 두 편의 작품으로 상당한 수익을 올리자 극단들이 너도나도 예술창조보다는 돈벌이에 급급했고, 레퍼토리도 선정적인 번역극 중심으로 선택했으며 배우들의 거액 개런티 요구 조짐도 나타난 것이다. 그러나 그보다 더 심각한 것은 그나마 우리 연극의 명맥을 잇고 있던 소극장들이 문을 닫을 운명에 처한 점이었다고 하겠다. 이들 소극장이 뜻하지 않게 건축법, 소방법 등 여러 가지 법규에 위배되어 1978년 6월 말까지 부득이 문을 닫아야 할 처지에 놓이게 된 것이다. 그와 관련하여 조선일보는 다음과 같이 썼다.

문예진흥, 연극진흥 등은 말로만 끝나려나 〈에쿠우스〉 〈아일랜드〉로 사랑을 받던 實驗劇場소극장과 〈빠알간 피터의 고백〉 〈오델로〉 등을 공연 독특한 무대공간을 이루어왔던 三·一路창고극장이 중앙소극장과 함께 6월 30일로 문을 닫는 시한부 운명에 처했다. 연극 實驗室이어야 할 소극장이 건축법, 소방법 등에 묶여 폐쇄돼야 하는 사태에 演劇界는 異見을 제기하고 있다. 더욱이 이번 처사는 당국이 소극장 하나 변변히 갖추지도 못하면서 '연극개념'으로서가 아닌 유흥장개념으로 소극장 문을 닫으려 한다는 점에서 피눈물 나게 劇壇을 지켜온 연극인들을 자극하고 있다. 70년을 맞는 新劇史에 다소나마 요즘 같은 연극 붐이 일기 시작한 것은 60년대부터 활기를 띤 소극장운동이 밑거름이 된 것만은 누구도 부인 못한다. 따라서 당국이 法規를 내세워 소극장에 규제를 가하려는 처사는 뿌리를 내려 싹이 트려는 연극에 찬물을 끼얹은 것이 아니냐고 연극인들은 흥분한다. 창고극장 등 3개의 소극장이 법규에 묶여 폐쇄되는 것이 문제가 아니라 이런 先例로 말미암아 앞으로의 소극장운동이 암담해지리라는데 더 큰 우려가 앞선다는 것이다. 61년에 제정된 우리나라 公演法은 연극공연의 특수성이 고려되어있지 않아 연극인들의 불만이 컸다. 이에 문공부는 77년 1월과 8월 시행령과 시행규칙을 개정하면서 2백석 미만의 소극장 시설 기준을 대폭 강화, 서울시의 정식공연장 허가를 받도록 했다. 문공부의 이런 조처는 연극계를 돕자는 뜻이었으나 공연장 허가를 심사하는 과정에서 주거지역내 위치(세실, 空間), 상업지구내 건물의 최소면적 미달(倉庫, 中央), 방화시설 미비(實驗) 등 건축법 소방법 보안법 위생법 등에 저촉되는 뜻하지 않은 문제가 생겼다.[40)]

이상과 같이 잘 나가던 실험소극장이 갑자기 폐문의 위기에 처한 것이다. 이러한 소극장 위기에서 드러난 문제점은 열악한 연극환경과 관의 공연예술 몰이해라 하겠다. 일제 강점기에는 총독부에서 끊임없이 연극을 탄압했었고 해방 이후에도 그런 잔재는 오래도록 남아 있었다. 이때의 소극상 폐쇄 위기야말로 그런 상황의 단적인 표현이었다고 하겠다.

사실 영세한 연극인들이 서울과 같은 대도시에서 소극장을 짓는다는 것은 전혀 불가능하다. 따라서 기존의 허름한 건물을 임대해서 소극장으로 꾸며 극장부족을 극복해가고 있었는데, 거기에 건축법이라든가 소방법, 보안법, 위생법 등을 적용하면 걸리지 않을 소극장은 없다. 그런데 문제는 공연법상 순수연극과 흥행물을 분리하지 않은 데 있었다. 이것은 사실 식민지시대에 우리 공연예술을 통제하기 위해서 제정된 조선흥행물취체규칙의 규정 그대로였다는 데 있는 것이다. 다행히 연극인들이 단결해서 정부조처에 대항함으로써 소극장 폐쇄는 잠정적으로 연기되었다. 즉 Y시민논단, 한국연극학회 심포지엄, 연극협회의 구제결의문 채택 등이 결실을 맺은 것이었다. 문공부가 소극장 폐쇄날인 6월 30일 자로 서울시에 공문을 보내 '기존 소극장을 포함, 공연이 가능한 모든 소극장과 앞으로 생길 소극장에 대해 공연을 할 수 있도록 유보해줄 것'을 요청한 것이다.

그동안 번역극에 치중했던 실험소극장은 창작극에도 눈을 돌려서 과거 카페 떼아뜨르에서 인기를 끌었던 〈롤러스케이트를 타는 오뚝이〉(오태석 작)를 김동훈 대표가 1인극으로 만들어 무대에 올렸다. 실험소극장이 개관된 지 3

년 만에 올린 첫 번째 창작극이었다. 그런데 창작극은 역시 관객 호응도에 있어서 번역극에 비할 바가 되지 못했다. 그러나 실험극장이 우리 연극계에서 차지하고 있는 비중과 관련하여 창작극을 중요시하는 것은 너무나 당연한 것이었다. 따라서 실험극장은 번역극과 창작극을 거의 번갈아 올리는 방식을 취했다. 〈화가 이중섭〉(이재현 작)이라든가 〈세 번은 짧게 세 번은 길게〉(이어령 작), 〈마네킹의 축제〉(이근삼 작) 등을 무대에 올린 이유도 거기에 있었다. 그러나 창작극은 모두 관객 호응도가 좋지 못했다. 실험소극장의 초기 열기는 후속타가 없어서인지 금방 식어버린 것이다.

결국 실험극장은 1980년 20주년을 맞아 〈에쿠우스〉로부터 세종문화회관 별관에서 공연할 〈시련〉(아서 밀러 작)까지 묶어 소위 '시즌티켓'이라는 것을 판매하기도 했다. 그러니까 1년 공연작품 10편을 묶어서 1만 3천 원에 판매하는 방식이었다. 그러나 유신말기의 어두웠던 사회에서 연극 열기가 다시 일어나지는 않았다. 그런 때에 정부에서는 또다시 실험소극장 등에 1980년 6월까지 시설보완 명령을 내렸다. 그때의 사정을 동아일보는 다음과 같이 보도했다.

지난 해 6월 법적 유보로 간신히 起死回生했던 소극장이 이제 앞으로 1년이라는 마지막 시한을 통고받았다. 내년 6월 30일까지 공연 건축 위생법 등 제법규가 요구하는 시설을 완비하든지 아니면 아주 문을 닫으라는 것이다. 문제는 현재 공연 중인 소극장중 엘칸토, 중앙, 창고, 민예, 민중, 76 등 6개 소극장이 도저히 관계법규에 맞출 도리가 없어 폐쇄를 면할 길이 없다는 점이다. 28일 오전 10시 문공부 예술국장실에서는 「연극전문공연장 관계자회의」가 열렸다. 이 자리에는 예술국장과 공간, 쎄실, 실험, 엘칸토, 중앙, 창고, 76 등 7개 소극장의 대표 혹은 대표를 대신하는 사람들이 참석했다. 참석자들에 의하면 이날 모임은 「명칭은 회의였지만 실질적으로는 문공부당국이 마련한 '소극장에 대한 관계법규적용 유보의 1년 후 전면철회'를 통고한 것」이었다고. (…중략…)

▲실험극장전용극장=대변소 3개 소변소 2개 부족, 건축 관계 시행령91조에 금
지된 內裝材를 사용해 화재 시 위험이 크다. 소화시설 미비.[41]

이상과 같은 문공부의 조처에 소극장 운영자들은 더 이상 버틸 의욕이 없
다고 한숨만 내쉬는 처지였다. 그러나 연극 활동을 계속해야 했기 때문에 실
험극장은 인기 소설가의 문제작 〈사람의 아들〉(이문열 작)을 무대에 올리는
준비에 들어가는 한편 TBC의 운현궁 공개홀을 중형극장으로 꾸미는 구상을
했다. 소극장 폐쇄에 대비하자는 것이었다. 다행히 10·26 사건은 연극계에
도 적잖은 영향을 미치기 시작했다. 1980년 들어서 연극계에서는 법적 권리
를 찾으려는 움직임이 일어났다. 즉 연극협회와 영화인협회는 연합으로 '헌법
개정 시안에 대한 의견서'를 마련하여 정부와 여야당에 제출한 것이다. 두 협
회는 대한변협이 마련한 헌법시안에 포함된 "공중도덕과 사회윤리를 위하여
는 영화나 연예계에 대한 검열을 할 수 있다."는 조항의 삭제를 건의했다. 그
런데 두 협회가 단순히 건의에 그친 것이 아니고 김정옥, 신영균 양 이사장이
여당이었던 공화당[金鍾泌]과 신민당[金泳三] 총재들을 직접 만나서 협조를
요구하기도 했다.[42] 이러한 예술인들의 적극적 자세는 어느 정도 정부 측을
움직인 것이 사실이다.

왜냐하면 1980년 7월 초에 문공부가 소극장들에게 다시 1년간 유보한다는
통보를 해왔기 때문이다. 그러나 유보방침이 정해지기 전에 이미 중앙소극장
과 76소극장이 각각 스스로 문을 닫는 아픔을 겪은 것이다. 다행히 실험소극
장은 여러 가지 난관을 모두 극복했다. 그리고 TBC 스튜디오도 극장으로 개
조해서 두 개의 전용극장을 운영할 수가 있었다. 특히 1981년 공연법이 연극
인들이 원하는 방향으로 완전 개정됨으로써 실험소극장은 적어도 법규 때문
에 고통받는 일은 덜 수가 있었던 것이다.

이상과 같이 실험소극장은 1973년에 처음 개설되고 75년에 운니동에서 완
전한 토대를 마련할 때까지 수많은 우여곡절을 겪으면서 연극운동을 벌였다.

특히 운니동 소극장 개관공연인 〈에쿠우스〉는 우리 현대연극사의 패러다임을 완전히 바꾸어놓는 하나의 터닝 포인트가 되었다. 긍정적인 측면에서 보면 30여 년의 기나긴 연극계의 침체를 혁파하고 연극의 직업화를 이룩했다고 한다면 부정적 측면도 없지 않았다. 그것이 다름 아닌 다른 극단들의 무분별한 상업주의 추구였다. 그런데도 실험소극장은 숱한 인재양성과 연극의 전문화를 이룩했다는 점에서 현대연극사에 있어서 하나의 빛나는 이정표를 세운 것이다.

5. 세실극장과 군소극장들

실험소극장이 연극 붐을 일으키는 것을 전후로 하여 몇 개의 소극장이 문을 잇달아 열었다. 가령 중앙소극장이라든가 민예소극장 같은 것이 바로 그런 예에 속한다고 볼 수 있다. 충무로에서 잠시 문을 열었던 연극인회관도 그런 부류에 속할 것이다. 그런 중에서도 단연 연극인들이 몰렸던 곳이 영국대사관 입구에 자리 잡은 세실극장이라 하겠다. 동아일보는 1976년 4월 17일자에 그와 관련하여 다음과 같이 보도한 바 있다.

서울 도심지 德壽宮과 체신부 옆 골목 안에 신축된 성공회관 내에 자리 잡고 있는 소극장 세실은 늦어도 이달 중에는 정식 개관될 것이라는데 교통과 주위 환경이 쾌적하다. '최신식 건물 안의 소극장'으로선 전례가 없는 이 공연장은 1백 50평의 총평수에 무대가 25평인데 부채꼴이어서 客席 어디에서고 잘 보이게 되어있다. 1백 평인 객석은 좌석 수 3백 12석으로 드라마센터의 4백 50석에 비하면 적지만 演劇人會館 1백 49석보다도 2배가 넘는다. 조명시설은 각 회로마다 溶明溶暗(페이드 인 아웃)이 자유 자재로운 최신 디머시설을 갖추었고 음향효과는 장내스피커가 양쪽 4개씩 8개가 설치되어 입체감이 나도록

세실극장 전경

했다. 냉난방도 일정한 온도가 자동으로 조절되게 되어 있는 등 웬만한 연극음악공연에 부족함이 없도록 배려했다는 것이 세실측의 이야기다. 대관료는 평일의 경우 오전, 낮 밤으로 구분, 각 2만 3만 4만원인데 토 일요일 및 공휴일엔 1만원이 가산되지만 순수무대예술공연으로 2회(낮 밤)공연인 경우엔 5만원으로 크게 낮추었다. '무대예술에 도움이 된다면 다행이겠다'고 최근까지 放送界에 몸담아오다 이 소극장의 운영을 맡게 된 林碩奎씨는 말하면서 '가을시즌부터는 본격적으로 스케줄을 잡아 운영해보겠다'고 포부를 밝혔다.

이상에서 볼 수 있는 바와 같이 세실극장은 사실 3백 12석이라는 점에서 소극장(대체로 3백석) 기준에서는 조금 벗어나는 규모였다. 그리고 동아방송 출신의 임석규(林碩奎)가 당초 음악인이기 때문에 연극과 음악을 하는 순수 무대를 마련한다는 취지에서 마련한 것이었다. 당초 성공회 건물이었던 세실은 임석규의 사재로 임대받은 극장이었다. 공연장으로서는 대부분의 시설을 갖추고 있었으며, 교통의 요지였기 때문에 극장난에 시달리던 당시 연극인들에게는 오아시스와 같은 극장이었다고 하겠다.

비연극인으로서 사재를 털어 세실극장을 개설한 임석규는 한 인터뷰에서 "음악인들의 音樂會場으로, 연극인들의 전당으로 폭넓게 이용되기를 바랍니다. 연극, 음악 등 순수무대예술이 꽃필 수 있는 아카데믹한 문화의 중심으로 이끌어가겠어요. 한 달에 두세 번씩 실내악 연주회도 갖고 청소년들이 참가하는 학생연극제도 마련할 생각입니다. 종교축일에 음악회나 연극도 계획하고요. 모든 예술인들이 함께 운영하고 함께 이 나라 문화를 향상시키는 공동의 광장이 되기를 바라겠어요."43)라고 했다. 세실극장은 운영자 임석규의 의지대로 대단히 순수한 소극장으로 출발한 것이다. 그해 5월 1일 극단 산하의 공연으로부터 시작되어 활발한 극장활동이 전개되었다. 초겨울 들어서는 1976년도의 최고작품으로 꼽힌 최인훈의 〈옛날 옛적에 훠어이 훠이〉(표재순 연출)가 공연되기도 했다. 이처럼 세실극장은 단번에 연극의 중심지로 굳혀갈 정도였다. 그만큼 입지조건이 좋은 데다가 3백석 정도로서 극단들이 마음 놓고 이용할 만한 소극장이었다. 그리하여 세실극장은 개관 7개월여 만에 24편의 작품이 올리는 인기 있는 극장이 된 것이다.

그러나 세실극장이 대관료가 쌌기 때문에 1년도 되지 않아 경영난에 봉착했다. 따라서 충무로의 비좁은 극장을 연극인회관으로 쓰고 있던 한국연극협회가 1977년 3월부터 세실극장을 연극인회관으로 사용키로 한 것이다. 그러나 6월 들어서 소극장 존폐문제가 갑자기 떠올랐다. 즉 정부가 1977년 1월 31일 자로 개정공연법 시행령 실시에 따라 그동안 공연법에 묶이지 않고 있던 소극장들이 존폐위기에 몰리게 된 것이다. 사실 정부는 그해 3월 15일 이후 각 소극장들에 시설보완 공문을 발송한 바 있었다. 7월 31일까지 미비한 시설을 개정된 공연법에 맞도록 조치를 내린 것이다. 각 소극장들이 단 몇 개월 동안에 개정 공연법이 요구하는 시설 보완을 할 수가 없었다. 소극장들

중에서는 그래도 가장 시설이 낮다는 세실극장도 환기시설이 미비하고 객석과 무대와의 거리가 너무 가까운 것이 문제점이었다.

다행히 개정 공연법의 소극장 시설보완 명령은 연극계의 거센 반발에 부딪쳐서 1년 연장되었고 연극인회관으로 바뀐 세실극장은 9월 9일부터 11월 9일까지 두 달 동안 제1회 대한민국연극제를 치를 수가 있었다. 즉 극단 광장을 비롯한 산하, 성좌, 가교, 제작극회, 민예, 민중, 여인극장, 에저또, 사계 등 10개 극단이 새로운 창작극을 선보임으로써 세실극장은 단번에 연극의 중심지로 바뀌었다. 연극팬들의 집합 장소가 된 세실극장은 대한민국연극제에 이어 극단 성좌의 〈라쇼몽(羅生門)〉도 무대에 올렸다. 전후에 처음으로 일본 소설 각색극을 세실극장에서 공연했다는 것도 흥미로운 사실이라 하겠다. 이처럼 잘 나가던 세실소극장이 이번에는 서울시의 건축법에 저촉되어 곤욕을 치르게 되었다. 그와 관련하여 한국일보는 다음과 같이 보도한 바 있다.

小劇場 공연…風前燈火신세. 建築法 등에 저촉. 서울市 許可 못 받아

연중무휴로 연극공연을 하고 있는 삼일로 창고극장, 세실극장을 비롯한 공간사랑, 중앙소극장 등 서울의 연극전용 소극장들이 존폐위기에 놓여있다. 지난 2월 1일 공포된 개정공연법에 의해 2백석 미만의 소극장을 포함한 모든 연극전용극장이 공연장 허가를 받게 됨에 따라 서울市 문화공보실에 공연허가 신청서를 냈던 소극장들이 신청서를 모두 반려당한 것이다. (…중략…) 또한 주거지역에 사무실용으로 돼있는 세실극장, 공간사랑도 '주거지역내에는 특수건물을 지을 수 없다'는 건축법 시행령 142조 2항에 저촉돼 공연장 허가를 받을 수 없는 실정[44]

이상과 같은 상황에 처한 연극인들은 서울시 당국에 강력히 항의했고 시당국은 문공부에 '순수연극단체는 면세해준다'는 예외 조항을 삽입했던 것처럼 정책적 차원에서 건축법 등 관련법에도 예외 조항을 마련해주기를 바란다는 공문을 보내 수습을 했다. 시설보완 연기조치를 받은 세실극장은 활발한 공연활동을 벌여나갔다. 그러나 이듬해 초여름 개정공연법의 시설보완 연기조처 시안이 만료되어 감에 따라 또다시 궁지에 몰리게 되었다. 악순환의 반복이었다. 결국 문공부가 또다시 공연법 집행을 유보하는 것으로 위기를 넘기게 되었다. 세실극장은 9월 8일부터 현대극장의 〈멀고 긴 터널〉(이재현 작)을 시발로 해서 두 달 동안 10개의 창작극을 무대에 올림으로써 세실극장은 명실상부하게 창작극의 산실이 되어간 것이다.

그렇게 잘 나가던 세실극장이 다음 해(1979년) 초여름에 들어서 또다시 폐관의 위기에 처했다. 정부에서 근본적으로 법 개정을 해주지 않았기 때문이다. 다행히 1년 연장을 받긴 했으나 정부의 조처는 대단히 단호했다. 그와 관련한 당시 기사는 이러했다.

지난해 6월 법적 유보로 간신히 起死回生했던 소극장이 이제 앞으로 1년이라는 마지막 시한을 통고받았다. 내년 6월 30일까지 공연 건축 위생법등 제 법규가 요구하는 시설을 완비하든지 아니면 아주 문을 닫으라는 것이다. 문제는 현재 공연 중인 소극장중 엘칸토, 중앙, 창고, 민예, 민중, 76 등 6개 소극장이 도저히 관계법규에 맞출 도리가 없어 폐쇄를 면할 길이 없다는 점이다. (…중략…) 세실극장=大小便所 각4개 부족. 주거지역내로 공연장 설치불가. 한열 의자배열이 10개가 넘어 통행에 불편하다.[45]

이상에서 볼 수 있는 바와 같이 세실극장이 개정공연법에 맞추려면 폐관 이외에 방법이 없었다. 변소는 더 만들면 되고 의자배열도 교정이 가능하다. 그러나 주거지역 내의 공연장이므로 이전이나 폐관밖에 다른 방법이 있을 수 없었다. 그런 속에서도 공연은 계속했다. 창작극이 주로 무대에 올려졌지만, 번역극도 가리지 않았다.

가을 들어 제3회 대한민국연극제가 성황리에 치러졌다. 연극제를 개최하는 동안 10 · 26 정치사건을 맞아 공연중단의 시련도 겪었다. 그러나 다음 해 (1980년) 6월을 맞아 또다시 폐관 위기를 맞았다. 연극인들은 합심하여 "과거처럼 유보조치를 해주고 차제에 소극장의 보다 근본적 문제를 해결해주어야 한다."[46]고 주장하고 나섰다. 그런 와중에서도 세실극장은 기성 극단들에 대관을 해주었고, 추리극 〈쥐덫〉(제3무대)이 젊은 관객들의 호응을 얻었다. 다행히 소극장 폐쇄조처는 또다시 1년 유보한다는 문공부의 발표가 있었다.

小劇場폐쇄 다시 1년 유보

小劇場이 다시 한 번 폐쇄의 아슬아슬한 고비를 넘겼다. 현행법이 정하는 시설기준을 충족시키지 못해 정식 허가 기한을 1년씩 유보하면서 임시로 공연을 해오던 소극장들에 당국은 지난 6월 30일을 최종時限으로 통고했었던 것. 「가난해서 허술할 수밖에 없는 공연의 터전마저 닫혀야 하는가」 하는 조바심 속에 시한을 1주일 넘긴 지난 7일 文公部 당국은 허가시한을 1년 더 留保한다는 결정을 내렸다. 소극장을 둘러싼 유보와 閉鎖의 줄다리기는 벌써 3년째 6월만 되면 찾아오는 연극계의 열병. 삼일로 창고극장을 비롯한 엘칸토예술극장 민예소극장 등 건축법 도시계획법 위생법 등에 복잡하게 얽힌 소극장들이 매년 폐쇄 직전에서 겨우 살아 나곤했던 것이다.[47]

이처럼 세실극장은 정부의 폐관유보조처로 다시 활기에 찬 공연활동을 벌일 수 있게 된 것이다. 그리고 가을 들어 제4회 대한민국연극제를 한 달 반 동안 치러낸 것이다. 세실극장은 한국연극협회가 운영하는 극장이었기 때문에 전속극단 없는 대관극장이었다. 그래도 그 극장에서는 새로운 작품이 적잖게 탄생했다. 1980년 가을의 무언극(無言劇) 시리즈도 그런 실험극의 하나였다. 그렇던 세실극장도 1980년 12월 31일 자로 연극회관으로서는 막을 내리고 다시 민간극장으로 바뀌게 되었다. 저간의 사정을 조선일보는 다음과 같이 썼다.

문예진흥원이 연극회관으로 사용하던 세실극장이 연말로 민영화되고 연극회관은 동숭동으로 자리를 옮겨 내년 초 문예극장으로 이름을 바꾸어 개관한다. 세실극장은 공연예술 제작그룹인 마당이 인수. 내년부터 연극 및 전통예술의 무대로 활용하기 위한 준비가 한창이다. 부산했던 80년을 정리하고 새해 설계에 바쁜 送年연극계는 한 해 동안 화제를 모았던 극단과 연극인들이 다투어 세밑공연의 막을 올려 送舊迎新의 열기가 높다. 연극회관의 간판을 내리는 태평로의 세실극장은 만4년간 연중무휴로 막을 올려 연극팬의 사랑을 받던 공간. 세실극장은 무대예술인들의 요람이었던 명동예술극장의 폐관으로 무대를 잃고 방황하던 연극인들을 위해 극단 세실극장 대표 林碩奎씨가 76년 성공회관을 임대하여 연극전용극장(객석 2백 80석)으로 개관했다. 77년 2월 문예진흥원이 이를 인수 극장 명을 연극회관세실극장으로 개칭하고 대관을 해왔다. 그동안 4회에 걸친 대한민국 演劇祭를 포함하여 총1백 83편의 작품을 공연 연극인과 연극 팬들의 중심역할을 해왔다. 연극 회관은 25일부터 31일까지 극단 세실극장의 〈홍당무〉 공연을 마지막으로 만 4년간에 걸쳤던 태평로시대의 막을 내리고 대극장 7백 5석과 소극장 2백석을 갖춘 동숭동의 신축극장으로 옮겨 81년 3월초 문예극장으로 개관할 계획이다.[48]

이상과 같이 세실극장은 4년여 만에 일단 간판을 내리고 민간운영의 새 극장으로 탄생케 된 것이다. 세실극장이 연극회관의 간판을 내리게 된 직접적 동기는 정부가 대학로에 7백석과 2백석 규모의 대소극장을 지었기 때문이다. 이것은 우리의 무대예술발전에 매우 중요한 전기를 마련한 것이다. 세실극장은 '마당기획실'이라는 기획사를 운영하던 연극인 이영윤(李永潤)이 인수하여 전속단체도 두고 새롭게 출발키로 했다. 그는 신문과의 인터뷰에서 "연극 외에도 우리의 전통예술을 발전 보급시킬 수 있는 공연(국악·판소리·무용·민속 등)을 수시로 제작하겠다."[49]고 했다. 세실극장 전속단체는 창작극을 주로 공연하고 연간 2편 이내로 대관공연을 제한하겠다는 포부도 밝힌 바 있다.

1981년 1월 2일부터 새롭게 태어날 세실극장과 관련하여 동아일보는 다음과 같이 보도했다.

'마당기획실'은 최소한 한 달에 네 차례 이상 전통예술프로그램(국악연주 판소리 민요 무용 민속 등)을 공연하는 것을 원칙으로 하고 국악협회산하에 「우리극단마당」을 창단했으며 극단 脈土 우리가락 마당 민속악회시나위 등 공연단체와 제휴하기로 했다. 지난 2월에 발족한 마당 기획실은 그동안 연극 〈토선생전〉 〈경기도당굿〉 국악연주 〈산조와 시나위〉 등을 했고 최근 '한국무용곡 대 전집'을 출반하는 등 전통예술에 큰 관심을 보이고 있는 단체.[50]

이들의 구체적 실천계획을 보면 대단히 의욕적이었다. 가령 전속극단을 두고 창작극만을 원칙으로 삼고 연간 10편 이내로 무대에 올리는 한편 중앙문화의 지방 확산을 위해서 전 작품을 지방의 주요 도시에 보낸다는 계획도 세웠다. 마당 기획실이 그런 생각을 한 것은 중앙과 지방의 문화균점이라는 차원에서였다.

거기에 그치지 않고 앞으로 세실극장의 수준 유지를 위해 외부 단체는 마당 기획실에 부설된 전문위원회의 심사를 거치도록 했다. 함량미달 작품을 걸러내기 위해서였다. 마당기획실의 이러한 포부가 야심 찬 것이긴 해도 의욕만은 사줄 만했다. 그러나 기본자산이 넉넉지 못한 대표 이영윤이 임대료 5천 7백만 원에다가 월세 3백만 원을 감당할 수 있을지 의문스러웠던 것도 사실이었다. 마당기획실은 그런 과중함을 극복하기 위해서 후원회 구성과 과감한 광고투자로 홍보를 강화한다는 계획까지 세웠다.

이러한 와중에서 마당기획실은 새 개관 기념공연으로 연전 드라마센터에서 히트했던 〈토선생전〉(안종관 작)을 한 달간 공연하여 출발만은 대체로 좋았다. 그러나 당초 세실극장이 지녔던 당초의 이미지가 바뀌면서 기존 관객들이 차차 떨어져 나갔고 극장도 점점 대중으로부터 멀어져갔다.

세실극장 이외에도 70년대에는 몇 개의 소극장이 더 있었다. 그중에 중견 연출가 허규(許圭)가 주도했던 민예소극장이 있었다. 1973년 말 북아현동의 조그만 다방을 개조해서 만든 민예소극장은 50명도 들어앉기 힘든 소극장이 었지만 소위 '우리적인 연극'을 모색한 산실이었기 때문에 소극장사에 있어서 대단히 중요한 의미를 갖는다. 민예단원들은 그곳에서 탈춤, 꼭두각시놀음, 판소리, 무속, 민요 등 전통예술의 정신과 실제를 익혔다. 그들은 탈과 인형을 직접 제작하기도 했다. 전통의 현대적 재창조라는 목표를 설정한 그들은 〈서울말뚝이〉라든가 〈허생전〉, 〈놀부뎐〉 등과 같은 현대판 탈춤, 인형극, 판소리, 창극 등을 만들어내기도 했다. 수년 동안에 걸친 민예의 작업은 7, 80년대에 붐을 일으켰던 마당극운동의 기반이 되기도 했다.

따라서 거기서는 손진책(孫振策) 등 새로운 연출가가 탄생했는가 하면 정현, 오승명, 김홍기, 공호석, 김성녀, 윤문식 등 개성 있는 배우들도 여러 명 배출되었다. 그러나 뭐니 뭐니 해도 민예소극장의 업적은 전통예술을 현대에 어떻게 계승해야 하는가를 방법론적으로 그 방향을 제시해준 점이라 하겠다. 그리고 극작가, 연출가, 배우들에게 전통예술에서 그 소재를 찾게 해주었고, 표현기법도 가르쳐준 것이 가장 큰 공로가 아닐까 싶다.

그리고 1977년도를 전후해서는 개성은 약했어도 중앙소극장, 공간사랑, 엘칸토소극장, 76소극장 등이 문을 연 바 있다. 여행가 김인걸(金仁杰)이 사재를 털어서 수도극장 뒤에 개설한 중앙소극장은 100명도 들어가기 어려운 소극장이었지만 설립자의 인재양성 의욕으로 연기교육에 주력한 것이 특징이다. 이따금 유진 오닐의 〈포경선〉 등과 같은 소품들을 공연하여 연극애호가들의 사랑을 받은 바 있다. 그러나 중앙소극장은 몇 년 못 가서 폐관되었다.

엘칸토 구두 전문회사가 명동의 상점 2층에 개설했던 소극장도 연극 팬들의 사랑을 많이 받은 경우이다. 연출가 조민(趙뭇)을 경영자로 내세웠던 엘칸토소극장은 1백석을 조금 상회하는 극장이었는데 개관하자마자 거의 연중무휴로 작품을 공연할 정도로 가장 활발한 소극장 중의 하나가 되었다. 엘칸토

소극장이 연중무휴로 작품을 무대에 올릴 수 있었던 것은 기획의 성공이라기보다는 위치상의 혜택이었다고 보는 것이 옳을 성싶다. 그러니까 국립극장(뒤에 예술극장)이 없어진 명동에 극장이 생긴 것이기 때문에 관객의 발길이 잦을 수밖에 없었다. 따라서 초기에는 대단히 의욕적인 공연계획을 세우기도 했다. 즉 젊은 연출가 조민은 같은 또래의 연출가 김효경(金孝經), 이윤영(李允榮) 등과 팀을 이루고 창작극 위주 공연과 대학극연극제 등도 구상했었음을 다음과 같은 보도로 알 수 있다.

가을채비 바쁜 小劇場들

(…전략…) 엘칸토예술극상의 趙롯씨도 장작극 우선으로 임대해줄 빙침을 밝히면서 金孝經, 李尹榮씨 등 젊은 연출가들과 힘을 합쳐 창작극의 기반을 굳히는 작업을 하겠다고 했다. 그 일환으로 10월 중순에 故李光來선생 추모공연을 갖고 11월에는 연극영화과가 있는 東國大 中央大 漢陽大 등 3개 대학 창작연극제를 올리고 이어 직장연극제도 가질 계획이라 한다. 직장연극의 개발은 연극인구 확대를 위해 바람직할 것 같다.[51]

이상과 같은 초기의 의욕과는 달리 엘칸토소극장은 곧바로 상업극의 온상으로 바뀌어갔다. 1970년대 후반은 마침 상업극이 번성할 무렵이어서 순전히 대관극장이 된 엘칸토소극장은 질이 높지 못한 작품들이 자주 무대에 올려져서 빈축을 사기도 했다. 이 엘칸토소극장은 1990년대 중반까지 극장공간으로 활용된 바 있다.

6. 공간사랑과 '만들어진 전통' 〈사물놀이〉

몇 개 안 되는 소극장들이 정부의 각종 규제로 몸살을 앓고 있을 때인 1977

년 봄에 매우 색다른 소극장 하나가 문을 열었다. 원로 극작가 차범석은 그와 관련하여 "4월22일 서울 종로구 원서동 219번지에 짙은 잿빛 벽돌로 쌓아올린 낯설은 4층 건물이 모습을 나타냈다. 비원에 등을 돌리고 서향(西向)으로 자리한 이 건물은 전통가옥이 밀집해있는 계동과 가회동의 한옥 주민들로서는 이질적이기도 하고 도전적으로도 보이는 현대식 건축이 있었다. 그러나 그 건물의 명칭이 '공간사랑'이며 그 건물 지하에 소극장 공간사랑과 미술관, 그리고 출판사와 커피숍 등이 병존하고 있다는 사실에서 이 땅에서는 처음이자 획기적인 '예술인이 집'이며 서양식의 '살롱'임을 알 수가 있다. 이 건물의 주인공이 건축가 김수근 씨임은 널리 알려진 사실이다. (…중략…) 이 공간사랑이라는 새로운 조형물이 탄생하기 이전에도 이미 그 지하실에 지식인들이 드나들며 환담을 나누었던 사랑방이 있었다. 그와 같은 체험에서 미술, 음악, 연극 등 폭넓게 쓰여질 예술 공간의 필요성을 절감한 끝에 사재를 들여세운 것이 바로 소극장 공간사랑"52)이라고 소상하게 그 배경을 설명한 바 있다.

이처럼 공간사랑은 당대 최고의 건축가이자 문예에도 해박하며 지인의 폭이 넓었던 김수근(金壽根, 1931~1986)이 작업실을 겸해서 만든 소극장이었다. 이 소극장 창설의 색다름은 초대 극장장을 맡았던 강준혁(姜駿赫)이 회고의 글에서 "70년대 후반기에 우리나라 토목이나 건축은 본격적으로 해외에 진출하는 등 괄목한 변화를 맞게 되었죠. 그렇다면 유독 '공간사랑'이 왜 이 시기의 문제와 관련되느냐 하면 당시 다른 공간(소극장)들은 연극하는 분들을 비롯한 공연자들이 마련한 것이었는데 '공간사랑'은 경제의 부침과 함수관계가 있는 기업가인 건축가가 스폰서로서 보다 나은 예술 공간을 확보하고자 하는 문화욕구"53)에서 비롯된 것이라 쓴 것에 어느 정도 나타나 있다. 그러니까 공간사랑은 극장 이름에도 어슴푸레 내포되어 있듯이 직업연극인들이 생존을 위하여 남의 건물을 임대 내어 수익성을 최우선으로 삼았던 것과는 사뭇 다르게 예술욕구가 강한 김수근 건물주가 여유롭게 활동을 펼쳐 보려는 의도에서 만든 사랑채 개념으로 세웠다는 이야기다.

다 알다시피 김수근은 당대 최고의 건축가로서 자타가 공인하는 예술애호
가였다. 그는 처음부터 건축을 문화행위로 인식하고 임한 매우 특이한 예술건
축가였다. 그 점은 그가 남긴 적잖은 건축물들에 잘 나타나 있다. 가령 그의
대표작 중의 하나로 꼽히는 서울올림픽주경기장을 비롯하여 유작(遺作)인
경북 구미문화예술회관(1989년 준공) 등에 그의 특장이 잘 나타나 있다. 소
극장 개관공연 프로그램에도 그는 "공간사랑에서 만들어지고 베풀어지는 온
갖 형태의 시간과 공간예술은 한국의 현대를 사는 우리 모두의 마음과 숨결
과 소리와 몸짓을 다듬어 더욱 완성을 지향하는 우리들 모든 슬기의 정화여
야 한다."[54]고 썼는데, 이는 예술가들이 전통과 현대, 그리고 공연예술 전반
에 걸쳐서 창의성을 한껏 발휘해보라는 메시지였다고 볼 수가 있다. 그 점은
전통개발과 초현대가 혼효되어 있는 개관프로에서도 구체적 모습을 드러내
주었다.

즉 개관프로를 보면 열려있으면서도 실험적인 소극장운동답게 당대명창 김
소희를 비롯한 김윤택(가야금), 이매방(승무), 김숙자(도살풀이) 등이 출연한
'전통예술의 밤'과 강석희, 황병기, 이인용 등의 창작곡을 발표한 '현대음악의
밤', 그리고 중견연극인 김정옥이 연출한 〈상자속의 사랑이야기〉(쥴스 파이퍼
작) 등으로 엮어졌던 사실에서 그 의도가 잘 나타나고 있다.

따라서 공간사랑의 그러한 공연의도에 어느 정도 맞추기라도 하려는 듯이
열린 구조의 극장형태였다. 즉 지하 2층에 자리한 불과 25평 정도의 좁은 공
간이었지만 조명 음향 등 갖출 것은 다 갖추었지만, 가변무대는 말할 것도
없고 객석마저 가변적이어서 관객의 입장에서는 입구에서 신발을 주머니에
넣고 빈자리를 찾아 여기저기 돌아다녀야 하는 것은 불편하기 이를 데 없었
다. 1백여 명이 딱딱한 마룻바닥에 방석을 깔고 앉아서 관극하게 되어 있는
공간사랑은 무대와 객석이 하나 되는 감을 줄만큼 비좁아서 창설자만큼이나
짓궂고 개성이 강한 그야말로 사랑방이었다. 이는 사실 김수근이 마음먹고
설계한 한국일보사옥 등 선진적인 건축물에서 보여주었다시피 실험적이면서

소극장 공간사랑과 김수근 ⓒ 김수근 문화재단

도 예술적 창의성이 넘치는 취향과 인생철학을 일부 나타내 주는 것이라고 볼 수가 있다.

설립자 김수근이 일본 도쿄예술대학과 도쿄대학원 건축학과에서 수년간 공부를 하면서 일본인들의 전통사랑을 누구보다도 잘 알아차린 그는 공간사랑을 통하여 잊혀진 전통예술을 발굴 계승하고 더 나아가 현대적 재창조의 시도 역시 해보겠다는 열정을 처음부터 실천에 옮겼던 것이다. 그러기 위하여 그는 기획에 밝은 강준혁을 극장 책임자로 앉히고 현장에 밝은 민속학자 심우성(沈雨晟) 등을 자문위원으로 선임한 것도 그런 의도에서였다고 말할 수가 있다.

김수근이 그런 일을 쉽게 벌일 수 있었던 것은 시기적으로도 전통의 현대 계승 작업이 문화계의 주효 화두가 되었던 때여서였다. 일찍이 선구연극인 동랑 유치진이 1930년대에 민족문화의 정체성 차원에서 전통예술의 중요성을 제시했었고, 드라마센터를 설립하여 전통예술의 계승 작업을 벌였으며 5·16 군사정부가 민족주의를 내세우면서 측면 도움도 없지 않았다. 게다가

1970년대는 제3세계의 탈 식민문화운동에 발맞춘 마당극 붐도 야기된 시절이었다.

물론 개성과 자존심이 강했던 김수근이 그런 추세에 동행하려는 의도에서 공간사랑을 만든 것은 아니었다. 오히려 예술가들이 전통을 잘못 활용하고 있는 것에 대한 반작용으로 시도했다고 보는 것이 더 정확할지도 모른다. 왜냐하면 그는 당시의 극히 민족적이고 이념적이기까지 했던 경향과는 반대로 나아갔기 때문이다. 그 점은 공간사랑의 레퍼토리에 잘 나타나있다. 가령 전술한 바대로 개관공연은 명창 등 국악인들과 현대음악작곡가들로 레퍼토리를 삼았지만 이어지는 공연에서는 여타 단체들이 해왔던 것과는 달리 주로 발굴과 새로운 "전통의 창조"에 초점을 맞추었던 것이 특징이었다.

즉 그동안 아무도 눈길을 주고 있지 않아 버려지다시피 한 공옥진(孔玉珍)의 〈병신춤〉을 비롯하여 이동안(李東安)의 〈발탈〉 등은 새로운 발굴이었고, 박상화의 〈영가〉, 진도의 장례의식인 〈다시라기〉 그리고 불교천도제인 〈향제 영산회상〉 등은 소극장에서 전혀 볼 수 없었던 죽음과 진혼의식이었다. 그런 중에서도 주목할 만한 실험은 유명한 수필가 이경희(李京姬)가 이끄는 꼭두놀음패 어릿광대의 창작인형극 〈양주별산대〉와 〈사물놀이〉를 단연 꼽을 수가 있다. 꼭두놀음패의 공연이 주목을 끈 것은 전래의 꼭두각시놀음과는 달리 서양에서 유행하는 마리오네트 형식에다가 전통가면극을 과감하게 접목한 실험이어서였다. 사실 인형극의 뿌리는 같다.

그런데 동양에서는 지두(指頭)가 발달한 데 반해 서양에서는 마리오네트가 발달하였다. 우리의 경우 재래의 꼭두각시놀음이 지두괴뢰라고 볼 때 어릿광대의 꼭두극 〈양주별산대〉는 우리나라에서 처음 시도한 본격적 마리오네트였다. 이경희는 그동안 우리에게 익숙하지 못한 마리오네트를 제작하기 위하여 일본인형극 제작자와 프랑스의 인형전문가 알랭 로제를 각각 초청하여 여름과 가을에 꼭두극 워크숍을 가짐으로써 한국인형극운동에 새로운 장을 열어보려 했다. 〈양주별산대〉는 낯익은 가면극의 축소판이 아니고 창작 극본을 바탕으로 한 전혀 새로운 인형제작과 움직임의 창조였다는 데서 대단히 독창적이었다.[55] 그렇기 때문에 이 작품은 국내에서보다도 해외에서 더욱 주목을 끌었으며 이경희 대표는 문화 후진국으로 알려진 서구에 한국의 색다른 창작인형극으로 국위선양을 한 바도 있다. 문제는 이러한 새롭고 실험적인 인형극운동이 더 지속되지 못한 아쉬움으로 남았다는 사실이라 하겠다.

공간사랑에서의 실험 중 가장 돋보이는 것 중에 '전통은 만들어지는 것'이라는 전형을 보여주면서 오늘날까지도 문화예술계에 적잖은 영향을 미치고 있는 것이 바로 〈사물놀이〉였다. 사실 〈사물놀이〉라고 하면 으레 아주 오래된 옛것으로 알고 있지만 실제로 그것은 1978년에 공간사랑이 마련했던 제1회 '공간전통음악의 밤'에서 심우성(沈雨晟)의 제안으로 김덕수(장구), 김용배(꽹과리), 이종대(북), 그리고 최태현(징) 등 신예 국악도가 전래의 농악 중 타악기 네 종류만 갖고 공연을 시도해본 것이 그 단초였고, 사물놀이라는 명칭을 그(심우성)가 지었다. 그런데도 대부분의 사람이 〈사물놀이〉를 막연히 오래된 전통이라고 생각하는 것은 전통도 '창조되는 것'이라는 사실을 간과하는 데서 비롯된 것이다.

가령 이집트 출신의 저명한 영국 역사철학자 에릭 홉스봄은 그의 저서에서 "만들어진 전통의 특수성은 대체로 과거와의 연속성을 인위적으로 내세우려든다는 데에 있다. 요컨대 전통은 새로운 상황에 대한 반응인데, 여기서 역설적이게도 예전 상황들에 준거하는 형식을 띠거나, 아니면 거의 강제적인 반복을 통해 제 나름의 과거를 구성한다."[56]고 씀으로써 마치 〈사물놀이〉가 시대 변화에 따라 퇴색하고 변질되는 전래의 마을 공동체 두레를 새 시대에 맞게 재창조하는 것을 설명해주는 듯도 싶다. 홉스봄은 또 같은 저서에서 "상당히 새로운 목적을 겨냥한 새로운 유형의 만들어진 전통들을 구성하는 데 낡은 재료들을 이용한다."고도 했다. 〈사물놀이〉만 하더라도 수백 년 동안 농경사회에서 유용하게 활용되어온 두레에서 꼭 필요한 타악기 네 종류만을 솎아내서 하나의 재창조된 현대국악놀이의 새로운 장르로 정착시킨 경우였다. 이것

공간사랑

이 현대에 와서 국악진흥의 기폭제가 되는 동시에 40여 년 동안 국내는 물론이고 전 세계에 한국의 대표적(?)인 민속예능으로서 국위를 선양할 줄이야 누가 예측했겠는가. 한편 〈사물놀이〉도 다양한 형태의 변화를 가져왔으며 전국에서 수십 개의 단체가 족출하여 우리나라 민족예술의 폭도 상당히 넓혔다고 말할 수가 있다. 이것이 모두 김수근의 공간사랑에서 비롯된 것이었다.

그 외에도 6·25전쟁을 계기로 해서 소멸한 신파극(新派劇)을 재현시켜서 1980년 5월 31일부터 4편을 6월 23일까지 시리즈로 무대에 올린 바 있다. 즉 1930년대 이후 신파극에 참여한 바 있었던 고설봉, 이향, 강계식 등의 증언을 토대로 해서 〈육혈포 강도〉(조형극장)를 비롯하여 〈대추나무집 딸〉(에저또 극단), 〈젖먹이 살인사건〉, 〈월급날〉(극단 76) 등을 무대에 올려 화제가 되었다. 물론 복고적 기획이라는 일부 비난도 산 것이 사실이지만 지난 시대에 대중연극의 본류였던 신파극의 재현이 무의미한 것만은 아니라는 것이 당시 연극계의 중론이었다. 그러나 무엇보다도 공간사랑이 히트한 것은 1980년

여름부터 초가을까지 벌인 희극제(喜劇祭)일 것 같다. 우선 7월 1일부터 8월 24일까지 벌인 희극제는 대체로 성공을 거둔 바 있다. 그와 관련하여 한국일보는 다음과 같이 썼다.

이 가운데 2개월간이라는 오랜 기간 동안 4개 극단이 참가해 공간사랑에서 공연해온 空間喜劇祭는 예상외의 관객동원과 함께 우리나라 연극에 코미디가 정착할 수 있는 가능성을 보여준 뜻깊은 무대들이었으며 결과적으로 가을 무대에 코미디 붐을 몰아온 바탕을 마련했다. 참가작품들이 모두 재공연물이라는 단점은 있었지만 喜劇祭는 웃음을 산출하는 무대 위나 그것을 보러온 객석의 분위기가 모두 흥에 감싸여 보기 드문 성공을 걷우었다. 극단 民藝가 공연한 〈서울말뚝이〉(7월 1일~14일)는 연기자들의 잘 훈련된 호흡이 대본에도 없는 즉흥적 대사를 뱉어낼 만큼 성숙해 있어 큰 양반 작은 양반 천하한량 덜머리, 그리고 말뚝이가 엮어내는 우리 특유의 해학을 관객에게 그대로 이입시킬수 있었고 극단 작업의 〈벙어리 마누라를 가진 판사〉(7월 16일~28일)는 너무재미에만 치중하면 의미 없는 넌센스 희극이 되어버린다는 위험을 보여주었으며, 극단 架橋의 〈의자들〉(7월 30일~8월 11일) 극단 에저또의 〈이상한 부부〉(8월 13일~24일)는 서양의 희극도 우리의 시각에서 우리 감성에 맞는 무대로 만들 수 있다는 가능성을 나타내 주었다. 관객동원에 있어서 〈서울말뚝이〉는 1천 6백 24명, 〈벙어리…〉는 1천 6백 명, 〈의자들〉은 1천 6백 명, 〈이상한 부부〉는 23일 현재 1천 5백 명(24일까지 공연)을 기록, 작품 당 1천 여 명정도를 예상했던 극단관계자들을 놀라게 했다.[57]

이상에서 알 수 있는 바와 같이 공간사랑은 암울했던 시대에 연극사상 유례없는 희극제라는 것을 열어서 많은 연극 팬들을 즐겁게 하고 동시에 코미디 붐을 일으키기도 했었다. 그런데 공간사랑이라고 해서 개정공연법에 저촉되지 않은 것이 아니다. 우선 공간사랑이 주거지역에 있는 데다가 공간이 비좁아 대, 소변소가 부족한 것도 규정위반이었다. 그러나 공간사랑도 다른 소극장들처럼 여러 번의 폐관 위기를 넘기면서 버텨간 것이다.

이상과 같이 1970년대에 문을 연 10여 개 가까운 소극장들은 갖가지 기획과 새로운 제작기법의 도입, 그리고 실험 작업 등으로 우리 연극을 다채롭고 풍요롭게 했으며, 암울했던 정치 사회상황 속에서도 굴하지 않고 한국현대극을 진일보시키는 데 이바지한 바 있다. 1980년대 들어서는 공연법이 개정됨으로써 전국적으로 수많은 소극장이 우후죽순 생겨났다. 소형 영화관들도 이때에 생겨난 것이다. 여하튼 1980년대 이후의 상업성 짙은 연극 붐도 실은 수십 개의 소극장 등장과 궤를 같이하는 것으로 보아야 한다.

제8장 극장 신경영의 한 작은 모델, 정동극장

1. 정동극장의 설립과정 및 초기 활동의 특성

노태우 정부 시절 거대한 예술의전당이 문을 열고 대학로에도 문예회관소극장을 비롯하여 민간소극장이 여러 개 생겨났으나 성격들이 애매모호함으로써 좀 더 역사성을 띠면서도 개성적인 극장의 등장이 필요하다는 인식이 정부 내에서 나오고 있었다.

당시의 상황을 좀 더 구체적으로 설명해보면 세계적인 대도시 수도 서울의 중심지 정동에 중형극장을 하나 지어야 한다는 이야기가 나온 것은 1991년 '연극영화의 해'를 맞아서였다. 정부는 '연극영화의 해'를 맞아 연극인들과 광범위한 연극발전책을 모색하는 과정에서 문화부 직영의 극장이 필요하다는 인식을 하게 되었다. 물론 정부가 거액을 들여서 세운 국립극장을 비롯하여 문예회관, 예술의 전당 등이 있었지만 국립극장은 자체적으로 전속단체를 여러 개 갖고 있었으므로 사설 예술단들이 사용하기 어렵고 예술의전당은 사용료가 만만치 않으며 대학로의 문예회관은 1백여 개가 넘은 연극, 무용, 음악 단체들이 사용할 기회가 너무 적은 상태였다. 따라서 교통이 좋은 위치에 문예회관 형태의 중형극장이 하나쯤 더 생겨나야 한다는 당위성이 부각되어 있었다.

그뿐만 아니라 1천만이 넘는 세계적인 대도시 수도 서울에는 외국인을 위한 전통예술 공연장이 하나도 없다는 문제점도 있었다. 가령 태국의 수도 방콕만 하더라도 외국 관광객을 상대로 한 전통 공연예술 공연장이 4개나 있지 않은가. 특히 우리나라 공연예술계는 서양과 다른 점이 적지 않은데, 그 하나가 극장 중심이 아닌 사설 단체 중심으로 되어있다는 점이다. 사설 예술단체는 영세하기 이를 데 없어서 스스로 공연장을 갖는다는 것은 거의 불가능하고 따라서 정부나 대기업이 세운 몇 개의 극장을 빌려서 공연을 하는 보따리 형태를 벗어나지 못하고 있는 실정이다. 그런 실정인지라 국악, 연극, 무용 등 공연 예술계로부터 정부 측에 전용극장 건립요구가 거세지게 될 수밖에 없었다. 가뜩이나 연극 무용계에서 긴요하게 쓰고 있던 세종문화회관 별관(구 부민관 건물)이 서울시 의회의사당으로 전용됨으로써 공연예술계를 더욱 압박했다. 그뿐만 아니라 연극사상 최초의 전용극장이었던 동양극장 마저 대기업인 현대가 철거시킴으로써 연극계를 자극하기도 했나.

이상과 같은 두세 가지 요인들이 복합적인 배경으로 작용하여 정부 주도 극장 건립 이야기가 활발하게 일어났다. 마침 연극을 좋아하는 이수정 청와대 공보수석이 문화부 장관으로 부임했기 때문에 극장 건립 논의는 급류를 타게 된 것이었다. 문화부는 1992년 들어서 극장건립 자문위원회를 구성했다.

문화부는 임영웅(연출), 김의경(극작), 유민영(평론), 전황(국악)과 건축가협회장 등 5, 6명으로 극장건립 자문위원회를 구성하여 극장의 성격과 규모, 양식 등 전반에 걸친 자문을 구하게 된 것이다. 사실 1991년부터 문화부 내에서 극장건립 이야기가 시작되었을 때는 근대극 초창기 시절의 원각사 복원이라는 명분이 내걸어졌었다.

그리고 원각사라 복원이라는 대의명분이 급류를 타게 되는 데는 국악의 융성과 함께 극장부지가 옛날의 원각사 터와 인접거리에 자리하고 있었기 때문이다. 국악이 각광을 받은 것은 전통을 중시하는 시대 분위기도 있었지만 88 서울 국제올림픽 개폐회식에서의 눈부신 역할에 따른 것이었다. 그리고 극장을 지을 땅이 개화기의 원각사 터 그러니까 새문안교회와 구세군건물의 중간 지점(夜珠峴)이었으므로 정동극장 부지와는 불가 1킬로미터 정도의 인접거리라는 점에서 극장사의 맥을 잇는 의미도 되었다. 게다가 주변에 유서 깊은 덕수궁이 자리하고 있었으며 류관순 기념관, 호암아트홀, 세실극장, 문화일보홀 등도 있어서 새로운 극장이 하나 들어서면 새로운 문화벨트를 형성할 수 있다고 본 것이다.

그러나 극장건립 자문위원들의 의견은 명칭에서부터 극장형태, 성격 등 여러 가지로 의견이 분분했다. 우선 명칭을 당초에는 원각사로 정하자는 의견이 나왔는데, 그것은 시의성에도 안 맞을 뿐만 아니라 1958년에 을지로 입구에서 2년 간 존재했던 원각사에서도 사용했던 만큼 그 지명을 쫓아 정동극장으로 정하자는데 금방 합의했다. 그리고 극장 외벽을 성곽에서 이미지를 가져오자는 이야기가 나왔지만 관중을 불러들여야 하는 극장에서 차단(遮斷)의 뜻이 내포된 것은 안 된다는 의견이 많아서 없었던 것으로 했다. 따라서 가장 중요한 문제는 결국 성격화였다.

그에 대해서는 사설 단체들이 저렴한 대관료로도 사용할 수 있는 현대적인 소극장으로 지어져야 한다는 주장과 다른 하나는 옛날 원각사를 현대에서 복원하는 의미로서 고정된 무대의 정통적인 극장구조로 가져가면서 동시에 성설 전통예술 공연장이 되어야 한다는 주장이었다.

이들 두 가지 견해는 평행선을 이루었고 수차례의 의견 절충 끝에 전통예술과 현대예술을 동시에 수용할 수 있는 전통적인 극장으로 성격을 굳히기에 이르렀다. 극장건립 자문위원회의 결론에 따라 문화부는 설계 공모에 나섰고 성곽 형태의 외형을 현대화한 설계도가 당선됨으로써 곧바로 극장 건축에 들어가게 되었다. 1993년부터 건축에 들어간 문화부는 2년여 만인 1995년 초에 준공시킬 수가 있었다.

중구 정동 8의 11에 자리한 정동극장은 대지면적 4백54.54평(1천4백96.97㎡)에 건축면적 1백23평(407.05㎡), 연면적 5백4평(1천6백64.03㎡), 조경면적 58평(1백91.38㎡)의 지상 2층, 지하 3층 R.C. 및 철골 트러스(truss) 구조로 지어진 붉은 벽돌 건축물이다. 객석이 정확히 4백석이므로 소극장(3백석 미만)보다는 약간 크고 중형극장보다는 적은 극장 규모라 하겠다. 사실 부지 자체

정동극장 건물 외관 ⓒ 정동극장

가 넉넉지 못한 데다가 부지의 모양새도 극장을 자유스럽게 지을 수 있는 여지가 없었다. 그렇기 때문에 극장이 지하 3층까지 내려가는 하향형이 될 수밖에 없었다. 무대 총면적은 62.87평(207.86㎡)으로서 프로세늄 높이 5.5m와 폭 14.6m(가변 10.4m), 깊이 12m이고 중앙 주 무대의 넓이는 50.78평(약 167.9㎡)이다. 무대중앙에 설치된 직경 8.8m의 회전무대는 1분당 최대 1.5회전의 속도가변이 되고, 면막으로 사용되는 모형 주름 막은 세 가지 모양을 만들 수 있다. 무대 천장에는 13m 곱하기 6.5m(15m×6m-조포함)크기의 활막 5조와 12.6m×1.8m 및 13m×1.2m의 머리막 6조가 시설되어 있으며 장치걸이대는 13m의 적재 하중 5백kg 직류전동식 속도가변으로 8개소에 사용할 수 있다. 그리고 연주석 오케스트라 피트 승강무대는 4.82m×3.35m와 4.47m×3.35m 2대가 개별 동작이 가능하며 필요에 따라서 75석의 이동객석으로도 사용이 가능하며 전통 및 현대공연 예술의 상설공연장 규모를 갖추고 있다.

조명시설 또한 현대적이어서 무슨 작품이든지 소화할 수 있는 설비를 갖추고 있다. 즉 객석 뒤에 위치한 조명 조정실에는 5백72채널 1천24덤머와 6백 장면을 기억시킬 수 있는 컴퓨터로 총 4백48대의 각종 조명기구를 1백64개의 조광김머 유니트(3Kw 110개, 5Kw 54개)에 연결하여 약 3백50Kw 부하 용량을 효과적으로 조종할 수 있으며, 또한 핀스포트 조명기구는 20미터 거리에서 약 5천LUX의 조도와 색온도 6천K의 높은 효율을 낼 수 있는 크세논 1킬로와트의 최신형 장비이다. 그리고 무대를 균등하게 밝힐 수 있는 자동색지교환기가 설치된 씨링과 프런트사이드 조명기, 서스펜션 조명기(4식), 보더조명기(2식), 수·지평선 효과용 호리존트 조명기와 각종 효과기가 설치되어 있다. 작은 중형극장으로서는 그런대로 부족함이 없는 조명설비라고 말할 수 있다.

참고삼아 조명 못지않게 중요한 음향시설을 소개하면 이러하다. 가령 음향조정실에는 16채널 믹싱콘솔과 파워앰프(600W~200W) 12개, 릴테이프 녹음기 2대, 무선마이크로폰 14개 그리고 스피커(300W) 4식으로 입체 음향시설을 갖추고 있으며 3점 마이크로폰 등이 이퀄라이저, 피드백 서프라이, 유선 인터컴 시스템과 같이 사용되며, CCTV 시스템(폐쇄회로)은 무대공연 실황과 관객석, 무대진행을 볼 수 있는 카메라 3개소가 설치되어 TV 9개로 공연진행을 모니터할 수 있도록 되어 있는 것이다.

이처럼 정동극장이 비록 4백석의 작은 중형극장이지만 조명, 음향 등 내부시설만은 비교적 현대적 설비를 갖추고 있다. 그러나 정동극장은 몇 가지 태생적 한계를 지니고 있었다. 첫째로는 규모의 문제이다. 즉 전술한 바 있듯이 무대의 넓이와 깊이의 문제이다. 무대의 총면적이 62.89평으로서 폭이 14.6m이고 깊이가 12m에 불과하므로 주 무대는 50평에 지나지 않는다.

이렇게 협소한 무대에는 소품밖에 올릴 수 없다. 대형 공연이 불가능하다는 이야기가 된다. 그것은 비단 연극에만 그치지 않는다. 무용이라든가 국악의 경우도 대작은 불가능하다. 두 번째로는 고정된 무대가 갖는 한계이다. 가령 객석과 무대가 완전 분리된 프로시니엄 형태의 극장이기 때문에 앞서가는 실험극 공연이 어렵다. 무대가 가변적이라면 언제든 전위무대를 만들 수 있지만 그렇지 못하기 때문에 전통 연희나 오소독스한 공연만을 할 수밖에 없는 극장이 되어버린 것이다.

세 번째로는 위치의 문제이다. 공연예술계의 정황을 모르는 사람들은 정동극장의 위치가 대단히 좋은 것으로 알고 있다. 우선 덕수궁 뒤편이므로 4대문 안이다. 동서남북어디서와도 거의 한 가운데라는 점에서 교통상, 거리상 이점을 갖고 있다고 생각한다. 그러나 사람들에게는 관성이라는 것이 있지 않을까 싶다. 연극이나 무용, 전통예술 등의 고정 팬들은 20여 년 이상을 그 쪽으로 가본 적이 없다. 영국대사관 앞 세실극장에 연극관객이 다닌 것도 70년대 말까지였다. 따라서 정동극장이 적어도 공연예술계의 판도로 보아서는 거의 사각지대나 마찬가지였다. 사실 관객층이 덕수궁 뒤 외진 곳을 찾기란 좀처럼 쉽지 않은 것이다.

물론 지리적으로 유리한 점도 없지는 않다. 그런데 그것은 대체로 외국인들에게 국한된다고 말할 수 있다. 가령 그 주변에 일류급 호텔이 여러 개 있다는 것을 지적할 수 있다. 거의 1킬로미터 안에만도 플라자호텔 등 6, 7개가 몰려 있다. 그곳에는 언제나 외국 관광객들로 붐빈다. 신라호텔이나 힐튼호텔, 타워호텔, 소피텔호텔, 하이야트호텔 등 대형호텔 등도 그렇게 먼 거리에 있지 않다. 그 점에서 정동극장이 국내 관객들에게는 낯선 지역이지만 외국인들에게는 친숙해질 수 있는 거리에 있다고 하겠다. 더욱이 우리나라에 외국인을 위한 전통예술 공연장이 없었던 터라서 정동극장은 대단히 중요한 의미를 지닌다고 말할 수 있겠다. 이 말은 곧 정동극장이 너무나 절실한 상황에서 필연적으로 탄생할 수밖에 없었다는 이야기가 된다. 여하튼 정동극장의 탄생은 여러 가지로 중요한 의미를 지닐 뿐만 아니라 공연 예술사에 있어서도 이색적이라 할 만큼 흥미로운 사건(?)으로 기록될 만했다.

정동극장이 문을 연 것은 1995년 6월 17일이었다. 그런데 흥미로운 점은 정동극장이 개성 있는 독립극장으로서 문을 연 것이 아니라 국립극장의 분관 형태로 고고의 성을 올렸다는 사실이다. 따라서 정동극장 개관기념공연이 국립극단 제163회 정기공연이라는 타이틀로 나갈 수밖에 없었다. 그것이 다름 아닌 연암 박지원의 원작 〈허생전〉이었다. 당시 김영삼(金泳三) 대통령 내외분과 정관계 문화계 주요 인사를 초청하여 화려한 개관 피로공연을 가졌다. 6월 26일까지 10일 동안 공연하여 장안의 화제를 모았다.

문화부는 정동극장 개관과 관련하여 세 가지의 의미를 제시했다. 첫째, 정부가 정동극장을 설립한 것은 '개화기 우리나라 최초의 연극과 가극의 전용극장이었던 원각사를 복원하여 문화적 전통의 열정을 이어나가고자 정동극장 건립을 추진하게 되었다는 것', 둘째로는 '우리의 고귀한 문화예술을 보존하고 승화시켜 나가는 문화공간이 될 뿐 아니라 도심 내 문화의 쉼터역할도 하게 될 것'이라는 점.

그리고 세 번째로는 '국내·외인이 언제나 쉽게 접근할 수 있는 지리적 이점을 최대로 살려 전통공연물과 현대 공연물을 조화 있게 공연할 것' 등이었다. 이 세 가지는 정동극장의 설립 배경과 운영방향을 압축적으로 설명한 것이었다.

개관공연은 의외로 성황을 이루었다. 그러나 막상 공연의 막이 올랐을 때 극장 내부구조에 문제점이 노출된 것이다. 즉 좁은 부지에 극장을 지은 데 따른 문제점이 여기저기서 드러나기 시작했다는 이야기다. 객석에 비해서 무대가 너무 낮았기 때문에 객석에 앉은 관객이 앞으로 쏠리는 현상이 빚어진 것이다. 그만큼 객석이 가팔랐다. 그뿐만 아니라 좁은 공간에서 객석을 늘린 데 따른 객석 간의 협소함과 통로의 비좁음 때문에 안락한 관람이 힘들었다.

게다가 개관공연 중 비가 많이 내리는 바람에 개관을 서두른데 따른 마무리 공사의 미진과 부실공사가 한꺼번에 노출되기도 했다. 결국 문화관광부는 개관공연 〈허생전〉이 막을 내리는 6월 27일부터 보수공사를 위해 30~40여 일간 휴관에 들어갈 수밖에 없었다. 따라서 정동 극장은 문화계뿐 만 아니라 언론계로부터 집중적인 공격을 받기 시작했다. 극장 시설상의 문제라면 왜 진작 발견해서 대비하지 못하고 대통령까지 입석시켜 개관공연을 갖자마자 휴관 조치를 내리느냐는 비판이었다. 이는 당연히 받아야 할 만한 비판이었다.

여하튼 정동극장의 내부 개수는 불가피했다. 여론의 따가운 시선을 뒤로 한 채 내부 수리가 시작되었다. 내부 시설 못지않게 문제점으로 드러난 것이 다름 아닌 인적 구성의 허술함이었다.

우선 정동극장이 국립극장의 분관으로 출범한 것이기 때문에 넉넉지 못한 국립극장 인력을 분산 배치하는데 그친 것이다. 그것도 기획이라든가 마케팅, 그리고 기술 분야 전문가들이 아닌 일반직 공무원이 주류를 이루고 있었다. 숫자는 20명이 넘었지만 정말 극장을 효율적으로 운영할 일원은 태부족이었다. 그중에서는 조명, 음향, 무대감독 등 기술 분야 전문가의 부족은 심각했다. 다행히 극장장이 홍사종(洪思琮)이었기 때문에 선체의 움직임은 빠르고 역동적이었다. 후술하겠지만 홍사종 신임 극장장은 세종문화회관과 국립극장에서 말단서부터 과장까지 20여 년 가까이 근무했기 때문에 극장 운영에 대한 노하우가 누구보다도 풍부했다. 따라서 여러 가지 여건이 불비한 가운데 정동극장 개관을 주도했고 개점휴업 상태의 정동극장을 무난하게 이끌어 갈 수가 있었던 것이다.

결과적으로 그는 개점 휴관의 정동극장에 대한 뜨거운 여론을 의식해서 내부 수리에 박차를 가했고 관중과의 약속을 지키기 위해 20일 만에 재개관하는 신속함을 보여주기도 했다. 즉 7월 15일에 명창들의 창극 〈춘향가〉로 재개관 공연을 가짐과 동시에 당초 개관프로그램에 들어있었던 오페라 아리아 모음, 대중음악연주, 지휘자 하성호(河成灝)가 주도하는 서울팝스오케스트라, 그리고 각종 무용공연 등으로 서서히 관중을 사로잡아간 것이다.

솔직히 이러한 프로그램이 큰 주목을 끈 것은 아니었다. 그 정도의 프로그램은 어느 극장이든 개관공연으로서는 가질 수 있는 내용이었기 때문이다. 그러나 개관 프로를 자세히 들여다보면 지난 시대의 여타 극장들의 개관 프로와 다른 점이 눈에 띈다. 즉 〈명인 명창전〉을 시발로 해서 저녁 도시락이 곁들여진 청소년을 위한 〈재미있는 작은 창극〉, 국립극단의 〈맹진사댁 경사〉

와 〈불〉, 극단 연희단거리패의 〈오구-죽음의 형식〉 등 우수 레퍼토리 초청공연, 김영동의 〈타는 영혼의 불꽃-나의 소리기행〉, 〈30 · 40대를 위한 돌담길 추억이 있는 음악회〉, 〈한국의 독주자시리즈〉, 〈전국 국악경영대회 장원전〉, 〈차가 곁들여진 직장인을 위한 정오의 예술무대〉, 그리고 〈토요 상설 전통무대〉 등을 선보였다.

이상과 같은 개관 프로는 정동극장이 당초 밝힌 여섯 가지 방침, 즉 ① 우수 전통 및 현대 공연예술 프로그램을 개발 보급한다. ② 도심 속의 문화공간이라는 특성에 맞게 직장인 및 시민을 위한 상설공연을 개설, 생활과 문화가 자연스럽게 만나는 장을 펼쳐나간다. ③ 우리나라를 찾는 외국인들이 우리 전통공연예술의 향기를 늘 접할 수 있는 문화상품을 개발, 상설 보급한다. ④ 재미가 곁들여진 청소년을 위한 전통예술 공연을 기획, 싼 입장료에 보급한다. ⑤ 점심식사 후 차와 곁들여 파는 공연, 저녁 공연 시 간편한 도시락을 곁들여 파는 공연상품의 개발, 6세 이하의 어린이를 위한 놀이방 개설 등 관객의 기호를 우선하고 이용자 편의를 먼저 생각하는 문화공간을 지향해 나간다. ⑥ 쌈지마당을 언제든지 개방하고 시화전, 조각전 등을 개최, 예술의 향기와 살점이 만져지는 살아있는 문화 공간, 문화쉼터로 가꿔 가겠다는 것 등이었는데, 정동극장은 거의 그대로 실행에 옮겼던 것이다.

그런데 정동극장이 주목을 끈 것은 크지 않은 4백석의 단일 극장을 갖고서 레퍼토리도 다양했지만, 이제껏 어느 극장도 시도해보지 않은 전방위로 관객에 접근해가는 자세였다. 그러니까 청장년층은 말할 것도 없고 청소년층과 외국인들까지도 대상으로 삼은 점이었으며 고급문화와 대중문화, 고전과 현대를 망라한 넓은 레퍼토리의 폭이 주목을 끌 만했다. 그중에서도 특히 사람들을 놀라게 한 것은 직장인을 위한 〈정오의 예술무대〉라는 프로그램이었다. 〈정오의 예술무대〉를 개설한 것과 관련하여 정동극장 측은 첫째, 파격적일 정도로 싼 입장료와 가격 책정으로 관객에 대한 문화 향수 기회를 확대하기 위한 시도를 했다는 것, 둘째, 무대예술공연 시간대가 저녁이 아니면 주말 오후여야 한다는 고정관념을 혁파하고 점심시간대에도 가능하다는 것 등 세 가지 파격적인 방침을 밝혔다. 이러한 정동극장의 방침은 상식을 깨는 것으로서 대중의 주목을 끌기에 충분했다. 그런데 여기서 주목해야 할 점은 정동극장이 신예 홍사종 극장장의 운영철학에 입각하여 공연예술사상 처음으로 고객위주의 운영 방침을 내걸은 것으로서 소위 문화사회학적자세로 문화운동을 펴나가겠다는 의지를 보여준 사실이라 하겠다.

이러한 극장의 운영방침은 대단히 획기적인 것이었다. 저녁 공연이나 주말의 낮 공연 같은 것은 여타 극장들과 똑같이 하면서 점심시간대를 다시 활용한다는 점에서 극장의 효율적 활용과 시민에 대한 문화 봉사라는 점에서 이색적이었다. 그 반응은 즉각적으로 나타났다. 가령 문화일보기 시설까지 동원하여 정동극장의 '정오의 예술무대'를 격찬한 것이다. 문화일보는 사설에서 "우리나라 직장인들에겐 예술작품을 감상할만한 시간적 정신적 여유가 없는 것일까, 그렇지 않다는 답이 최근 정동극장 기획공연 〈정오의 예술무대〉에 나오고 있다. 시간과 가격파괴로 예술을 보다 대중에 가깝게 끌어들이겠다는 〈정오의 예술무대〉는 시작 열흘이 지나면서 큰 호응을 얻고 있다. 바로 예술이 사람 가까이 다가가려 노력한다면 반드시 보답이 있다는 것을 보여준다. 정동극장의 시간파괴란 공연시간을 직장인들의 점심시간인 정오로 잡은 것이며 가격파괴란 1시간여의 각종 공연입장료를 단돈 1천원으로 정한 것이다. (…중략…) 서울에는 시간에 쫓기는 직장인들이 쉽게 찾아갈만한 공연장이 드물다. 세종문화회관 등 몇 군데의 공연장이 있긴 하나 저녁공연이란 역시 직장인들에게는 아직 부담스럽다. 〈정오의 공연〉은 그런 의미에서 직장인들을 예술무대로 유인해내는 역할도 맡는다. 〈정오의 공연〉을 〈문화 시음회(試飮會)〉라 부르는 것은 그것이 본격적인 무대가 아닌 부담 없는 〈다이제스트무대〉이기 때문이며 이런 경험들이 쌓여 본격적인 문화예술에 대한 관심을 불러일으킬 수 있게 된다. 직장인들의 이웃에 예술무대와 접하면서 문화욕구를 충족시킬 수 있는 마당 하나가 생겼다는 점만으로도 정동극장의 존재이유는 명백해진다."[1]고 쓴 바 있다.

이처럼 여론은 정동극장의 여러 가지 새로운 시도들 가운데서 〈정오의 예술무대〉에 대해서 주목한 것이다. 그런데 사설 내용에서도 확인할 수 있는 것처럼 〈정오의 예술 무대〉가 갖는 의미는 대단히 광범위한 것이었다. 첫 번째로는 극장 측이 밝힌 대로 공연시간대의 확대를 꼽을 수 있다.

사실 일본 등과 같은 외국의 예에서 보면 오전 시간대(東京의 歌舞伎座)인 11시부터 시작해서 점심을 먹고 오후까지 이어지는 공연도 없지는 않다. 그러나 샐러리맨들을 위한 점심시간대만(12시부터 오후 1시까지)을 이용한 공연은 세계 초유라 해도 과언이 아니다. 이것은 식사와 예술을 결합한 형태로서 문화시음회(文化試飮會)라는 표현이 적절할 것 같기도 하다. 두 번째로는 문화체험 내지 예술 감상 기회가 부족한 3, 40대 샐러리맨들을 문화공간으로 끌어들여 예술을 가르치는 일종의 문화 계몽운동을 한 점이다. 이것은 사실 극장 측이 샐러리맨들의 시간 틈새를 교묘하게 비집고 들어간 전략이 맞아떨어진 것이기도 해서 흥미롭다. 우리나라에서는 유년시절이나 청소년시절에 예술체험기회가 대단히 부족하다. 입시교육 위주에다가 특별한 어린이문화나 청소년문화가 부재한 상황에서 성장했기 때문에 고급문화에 대한 인식과 갈망이 없다.

더구나 자연과학이나 사회과학을 공부한 샐러리맨들은 정서가 대단히 고갈되어 있는 상황이다. 따라서 이들을 상대로 한 문화보급운동은 사회교육 차원에서도 중요한 의미를 갖는다. 실제로 연일 초만원을 이루는 현상은 샐러리맨들이 평소 문화예술에 대하여 얼마나 갈증을 느끼고 있는가를 단적으로 보여준다. 이러한 운동이 지속된다면 관객 개발 확대에도 적잖은 기여를 할 것이다. 세 번째로는 소위 〈다이제스트 무대〉 활용의 의미를 지적할 수 있다. 현대인들은 장중하고 진지하며 지루한 것을 기피하는 경향이 있다. 속도의 시대가 되어서 그런지 음악도 클래식보다는 세미클래식이나 경음악을 선호한다. 최근 들어서 연극 같은 정통예술도 2, 3시간으로부터 점차 짧아지는 경향이 길다. 개화기까지만 하더라도 서너 시간 공연하던 것이 1930년대 중반 동양극장(東洋劇場)시대를 맞아서 두세 시간으로 정착되었다가 1970년대부터 두 시간 이내로 자리 잡았다. 이러한 현대인의 성향을 포착한 정동극장이 정오 시간대를 활용하여 작품의 에센스만을 맛보이는 식의 공연을 시작한 것이다. 혹자는 단지 반시간에 무슨 볼거리를 제공하겠느냐고 비아냥대기도 했지만, 정동극장은 소위 〈다이제스트 무대〉라는 것을 가지고도 관중을 충분히 만족시킬 수가 있었다. 그러한 관객 반응은 동아일보의 독자란에 다음과 같이 나타나 있다.

> 한 달 동안 계속된 정동극장의 직장인들을 위한 〈정오의 예술무대〉는 진정으로 문화의 참뜻이 무엇인가를 생각나게 해준 공연이었다. 사실 직장인들이 시간을 내서 공연장을 찾아갈 기회란 극히 적다. 하루 종일 일과에 쫓기다 퇴근 후에는 동료들과 즐기는 음주문화 혹은 가정에서의 TV시청이 문화생활의 전부라고 해도 과언이 아니다. 그런 직장인들에게 〈정오의 예술무대〉는 정말 사는 재미를 느끼게 해준 공연이었다. 점심을 마친 낮 12시 반부터 1시까지의 불과 30분의 짧은 시간이라지만 단돈 1천원에 차와 음료를 곁들인 순수예술의 향기를 쉽게 맛보게 해준 정동극장의 이 공연기획은 정말 훌륭한 착상이었다. 찜통 같은 더위와 장마 속에서도 매일 관객이 만원사례를 이루었다는 것은 무엇을 뜻하는 것일까. 직장인들도 잠재적 소비욕구를 간직한 사람들이다. '정오의 예술무대'처럼 일상의 여가를 이용, 계속적으로 공연예술을 접할 수 있다면 그런 경험들이 모여 순수공연장을 찾는 관객의 숫자도 점점 늘어날 것이다. 관람 욕구는 있어도 기회가 없는 직장인에게 수준 높은 예술을 접할 수 있게 해준 문화체육부와 정동극장 관계자들에게 감사한다. 도심 곳곳에 이 같은 공연장이 더욱 많이 마련 됐으면 하는 바람이다.[2]

이상의 독자투고는 정동극장이 세계 극장사상 최초로 시도한 〈정오의 예술

정오의 예술무대 ⓒ 정동극장

무대〉를 직접 관람하고 그 감동을 가감 없이 써서 보낸 글이라는 점에서 그 기획의 가치와 의의를 짚어볼 수 있다. 이와 비슷한 독자투고는 도하 유력 신문들에 고르게 나타났다. 가령 문화일보 독자발언대에도 보면 "요즈음 덕수궁 뒤편 새로 생긴 정동극장이 화젯거리다. 점심식사 후 차 한잔 마시는 생활습관과 공연을 결합시킨 〈정오의 무대〉라는 기획은 우리 같이 정서가 메마르고 도시생활에 찌든 직장인들에 큰 활력을 심어주었다. 어차피 식사 후 컴컴한 다방에 들어가 커피 한 잔 값으로 1천5백 원을 내고 잡담으로 시간을 보내는 것보다 단돈 1천으로 차까지 얻어 마시고 고급문화의 향기를 쐬고 나오는 편이 훨씬 유익하지 않은가."3)라고 적어 보냈다. 〈정오의 예술무대〉를 관람한 대부분의 관객들이 그런 감흥을 느낀 것이다.

그런데 정동극장의 〈정오의 예술무대〉가 단순히 값이 저렴하다든가 샐러리맨들의 시간 틈새를 교묘하게 활용했다든가 샐러리맨들의 시간 틈새를 교묘하게 활용했다든가 하는 것에만 의미가 있는 것이 아니었다. 우선 레퍼토리의 다양성에서부터 6세 이하 어린이를 위한 놀이방 시설 구비, 차라든가 도시락 제공 등 관객의 편의를 우선 하고 그들의 진정한 기호가 무엇인가 등을 광범위하게 고려하고 배려한 공연을 진행한 점이 적중한 것이었다. 참고 삼아 당시 〈정오의 예술무대〉의 프로그램을 소개하면 다음과 같았다.

일자	출연 및 프로그램
7.18(화)	국립창극단 작은 창극 춘향가중 『나무꾼』 대목 -창극
7.19(수)	서울남성중창 『재미있는 뮤지컬 남성중창』 -남성중창
7.20(목)	국립발레단 『클래식 발레 환타지』 발레
7.21(금)	김덕수 사물놀이패 『삼도농악』, 『판굿』 -국악
7.24(월)	차숙희, 장현주, 유지호, 강무림 『이태리 칸조네와 함께』 -성악
7.25(화)	조병화, 허영자, 정옥조 현대무용단 『시낭송과 시주제에 의한 춤』 -시와 현대무용
7.26(수)	국립창극단 작은 창극 흥부전중 『화초장』 대목 -창극
7.27(목)	국립발레단 『클래식 발레, 창작 발레모음』 -발레
7.28(금)	서울팝스오케스트라 『팝뮤직 콘서트』 -음악
7.31(월)	국립무용단 『한국 춤 소품 셋』 -한국무용
8.1(화)	서울 전미례 재즈무용단 『흥겨운 재즈발레』 -재즈발레
8.2(수)	황금찬, 홍금자 서울발레무용단 『시낭송과 시주제에 의한 춤판』 -시와 무용
8.3(목)	김영동과 소리기행팀 『초원』, 『삼포 가는 길』, 『멀리있는 빛』 -현대국악
8.4(금)	국립합창단 『혼성합창』 -합창
8.7(월)	국립창극단 『남도민요모음』 -국악 (안숙선, 김경숙, 임향임, 유수정, 정미정, 나태욱, 양경화, 전은영)
8.8(화)	국립국악관현악단 『칠갑산』, 『선구자』, 『갑돌이와 갑순이』 등 국악대중가요 -국악 관현악
8.9(수)	조승미 발레단 『대중가요, 팝뮤직과 발레』 -대중가요와 발레
8.10(목)	국립국악관현악단 『민요메들리』, 『시나위 합주』 등 전통국악 -국악 관현악
8.11(금)	김태현, 정은숙, 조용해, 정광빈 『정다운 우리가곡』 -성악
8.14(월)	김재창, 배기남, 김영석, 유승희 『오페라 아리아콘서트』 -성악
8.16(수)	김태헌, 최태섭, 김진우, 최덕식 『세계의 민요여행』 -중창
8.17(목)	실내악 『현악42중주』 독창/김향란 -음악

정오의 예술무대 프로그램

이상의 레퍼토리를 분석해 보면 고전에서부터 현대에 걸친 예술작품과 양식 면에서도 다양했고 창극으로부터 성악, 발레, 시낭송, 현대무용, 오케스트라, 창작국악, 대중가요, 재즈 등에 이르기까지 대단히 광범위할 뿐만 아니라 그것도 매일 바꾸는 레퍼토리시스템을 구사했다는 점에서 신선한 충격을 준 것이다. 사실 다이제스트 무대는 일종의 맛보기 무대라고도 이름 붙일 수 있다. 이것은 언뜻 보면 마치 관객들로 하여금 영화의 예고편을 보여줌으로써 본 영화를 보지 않을 수 없도록 만드는 방식과 비슷하지만 그보다는 유명예술가들의 현장공연이라는 점에서 훨씬 수준도 높고 또 실제 무대라는 점에서 월등히 가치가 있는 무대였다. 그러나 분명한 것은 〈문화시음회〉라는 새로운 숙어가 정확한 표현이라 할 만큼 맛을 본 뒤에 본 음식을 먹으라는 일종의 구체적 문화계몽운동이었다고도 말할 수가 있다.

이러한 〈문화시음회〉와 발맞춰서 저녁시간대에는 제대로 된 연극, 창극, 국악 관현악, 오케스트라 등의 공연이 계속되었다. 그리고 저녁공연에 도시락도 제공했다. 이에 많은 사람은 수익성에 의문을 제기했다. 도시락까지 제공하고 무슨 이득이 남겠느냐는 것이었다. 바로 이 점에서 정동극장의 장기(長技)가 나타난다. 그것이 다름 아닌 기업후원 끌어들이기였다. 그러니까 정동극장은 관객 수입으로 이득을 남긴다는 생각을 하지 않고 예술과 기업을 접목하여 문화와 기업이 함께 활성화되는 길을 모색한 것이다. 이것은 사실 홍사종 극장장의 경영철학이며 동시에 정동극장의 문화전략이었다. 정동극장은 대중을 극장으로 끌어들인다기보다는 극장이 대중에 다가간다는 방식으로 임했다. 그러려면 극장의 문턱이 낮아져야 하고 다음으로는 대중의 성향에 맞는 다양한 프로그램을 마련해야 하며 극장의 오랜 귀족주의로부터 일탈해야 한다는 것이었다.

따라서 극장 측은 젊은 주부들도 마음 놓고 찾을 수 있도록 어린이놀이방 마련을 필두로 해서 쥐구멍 창구를 열린 매표창구로 시원스럽게 뜯어고치고, 극장직원들의 친절 서비스를 몸에 배도록 교육했다. 이러한 정동극장의 경영

방침은 문화계뿐 만 아니라 일반 대중에게도 이색적일 만큼 신선하게 다가왔음을 두말할 나위 없었다. 정동극장의 〈정오의 예술무대〉를 찾은 관객들은 하나같이 "이러한 공연이 자주 열렸으면 좋겠다. 정오무대가 끝나면 행복했던 점심문화가 사라져버릴 것이 걱정 된다. 정오무대는 찌들고 바쁜 일상 속에서 한 줄기 청량제와도 같은 역할을 해주었다."[4]고 감회를 털어놓곤 했다.

정동극장은 쉼 없이 새로운 방식을 개발해나갔다. 공연이 인기가 있다고 해서 자족할 때 가만히 앉아있지 않고 더욱더 적극적인 관객 개발에 나선 것이다. 즉 극장 측에서는 홍보 요원 팀을 조직하여 인근 직장사무실을 찾아다니며 공연홍보를 하면서 동시에 티켓 판매를 했다. 관객에 대한 공격적 접근이었다. 이러한 공격적 방식은 고급문화가 생활화되지 않은 사회에서 대단히 적절한 방식이 될 만했다.

이어서 극장 측은 개관 몇 주일 만에 외국인과 시민 청소년층을 위한 토요 전통 상설 무대를 만들었다. 이는 정동극장이 개화기 때의 원각사를 현대적으로 복원한다는 당초의 취지를 살린 것이었다. 극장 측은 또한 대중의 의표를 찌르는 기획을 계속해서 선보였다. 그것이 다름 아닌 추석(秋夕)과 같은 최고 명절에도 쉬지 않고 공연을 한 것이고, 다음으로는 중년층의 향수(鄕愁)를 자극하는 〈돌담길 추억이 있는 음악회〉 같은 기획공연이었다. 이 두 가지 기획 역시 대중의 틈새를 비집고 들어간 공연이었다. 가령 민족의 명절이라 일컬어지는 추석 때는 수천만 명이 대이동을 한다. 따라서 교통과 경제사정 등으로 귀향하지 못하는 사람들이 적지 않다. 바로 이들을 위안해 준다는 뜻으로 정동극장은 추석연휴에 쉬지 않고 공연을 가진 것이었다.

이상과 같은 발상과 내적으로 연계된 〈돌담길 추억이 있는 음악회〉의 경우도 지쳐있는 30, 40대의 잠복된 추억을 회생시키겠다는 의도에서 비롯된 것이다. 이들은 사회의 구석구석에서 가장 정력적으로 일하고 있지만 문화적 수혜는 그 어느 층보다는 빈약하다. 과거 학창시절 만추(晩秋)의 덕수궁을 드나들며 낭만을 구가했던 이들에게 아름다운 음악으로 잠시나마 청춘시대의 추억을 반추할 수 있게 해주는 기획이었다. 비교적 센티멘털한 발상이기는 해도 팝 오케스트라의 반주로 가곡과 대중가요를 곁들인 프로그램이었기 때문에 품격 면에서도 별로 손색이 없었다. 이와 같은 기획은 즉각적으로 대단한 반향을 불러일으켰고 연일 극장 객석을 가득가득 채웠다. 정동극장의 공연을 관람한 한 시민은 문화일보에 투고한 글에서 "얼마 전 공연된 30, 40대를 위한 〈돌담길 추억이 있는 음악회〉는 특정세대의 관객을 추억과 향수의 이름으로 유인해낸 독특한 기획이었고 극장 마당 뜰에서 오순도순 도시락을 먹는 모습은 보기 좋았다. 정동극장은 개관한지 얼마 안 된 극장이지만 그동안 기획한 프로그램에서부터 운영에 이르기까지 참신함과 신선함을 느끼게 해준 문화공간이다. 모름지기 극장이란 관객의 즐거움을 위해 존재하는 곳이다. 정동극장의 남다른 운영을 보면서 어느 대형 공연장에 꼬마 아이를 데리고 갔다가 문전박대를 당했던 일과 불친절이 새삼 상기된다. 대형 문화공간도 대중과는 유리된 예술 귀족주의의 오만과 편견에서 하루속히 벗어나야 한다. 이제는 극장이 스스로 문턱을 낮추고 그 진정한 주인인 고객을 찾아나서는 전략과 의식을 갖추어야 할 때다. 정동극장의 성공은 바로 이러한 시대의 변화에 맞는 극장의 자리를 다시 생각하게 해준 계기가 될 것"[5]이라고 극찬한 바 있다.

이처럼 정동극장은 개관 3개월여 만에 그동안 극장을 거의 찾지 못했던 잠재적 관객으로부터 커다란 호응이 나타났고 우리나라 전통문화를 알기 위해 외국인들도 극장을 찾기 시작한 것이다. 그러니까 정동극장이 기존 공연예술 관객층으로부터 별다른 주목을 거둔 셈이다. 특히 정동극장의 감성적이면서 이색적인 프로그램과 차, 도시락 제공 등이 중년에 접어드는 30, 40대 샐러리맨들에게는 문화적 갈증을 촉촉이 축여준 청량제(淸凉劑)가 되기에 충분했다.

그러나 정동극장은 거기에 만족하지 않았다. 그다음 단계로서 극장 전체의 예술 상품화를 모색해갔다. 이것은 곧 무대만이 아니라 무대 밖의 예술적 활용도를 찾은 것이다. 그것이 다름 아닌 '전시물의 예술 공간화'를 통해 시민으로부터 아낌과 사랑을 받은 문화공간으로 재탄생시킨다는 취지였다. 즉 무대 밖의 공간에서 시화전과 조각전 등을 개최함으로써 극장 전체에서 문화의 향기가 풍기도록 한다는 것이었다. 실제로 극장 측에서는 9월 27일부터 10월 31일까지 한 달 동안 저명한 조각가 10명을 초대하여 〈가을, 그 빛이 있는 풍경전〉이라 이름 붙여서 김상일(작품명: 항아리), 김영랑(자연과 인간사이), 김진석(무제), 도홍록(무제), 박연수(개념적 정원), 신달호(환원-산), 이동용(풍경), 이원경(도시인), 이성옥(어디로 갈거나), 조인구(Buddhism) 등의 조각전을 화려하게 펼치기도 했다. 이는 곧 공연장이 조형예술을 끌어들여서 광장과 무대를 자연스럽게 연결한 매우 색다른 이벤트였다.

이러한 전시회가 계속되었기 때문에 시민들은 공연이 없는 오전 오후 등 낮 시간에도 정동극장을 찾게 되었고 휴식하기에도 안성맞춤이었다. 이와 같이 건물 안에서의 창작 행위뿐만 아니라 건물 밖 광장까지도 예술혼과 생명이 배어나도록 한 것이다. 그만큼 극장 측은 시설 활용의 극대화를 추구하면서 관객층을 개발해 나갔다. 정동극장이 출범 때부터 주안점을 둔 것은 역시 관객개발이었다. 극장 측이 〈정오의 예술무대〉 등과 같은 새로운 시도를 한 것도 궁극적으로는 관객층 확대라는 큰 목표의 조그만 실천에 불과한 것이었다. 그런데 〈정오의 예술무대〉에는 주로 남성 샐러리맨들이 모여든 것이 특징이었다. 그럴 수밖에 없는 것이 우리나라 샐러리맨들은 대체로 남성들이었기 때문이었다.

따라서 극장 측은 30, 40대 샐러리맨들의 대각선상에 있는 30, 40대 주부들을 관객층으로 묶을 수 있는 방도를 모색하게 되었다. 유치원 또는 초중등 자녀들을 키우는 입장의 30, 40대 주부들이 외출할 수 있는 시간대는 대체로 오전 10~11시대거나 저녁식사 준비 직전이다.

고등학교 또는 대학시절에 공연장을 드나들었던 여성들도 결혼하고 자녀들을 키우다 보면 몇 시간씩의 바깥나들이가 쉽지 않다. 하물며 저녁시간대는 거의 불가능하다고 해도 과언이 아니다. 결국 극장 측에서는 30, 40대 주부들을 끌어들이려면 그들의 시간 틈새를 비집고 들어갈 수밖에 없다. 이른바 틈새시장 개척이라 말할 수 있다. 극장 측이 연말에 30, 40대 주부층을 상대로 하여 오전 11시대와 오후 3시대 공연이라는 색다른 시도를 해서 큰 호응을 얻은 것이다. 사실 '문화향수(文化享受)기회 확대'라는 것은 문화 창작력 제고와 함께 일찍이 선진국들의 문화정책의 기본 틀이었다.

우리나라 문화정책의 기본 틀 역시 선진국의 문화정책을 본받아서 '문화 창작력 제고'와 '문화 향수권 확대'를 근간으로 하고 있는 것이다. 그 점에서 정동극장의 초기 대응은 우리의 문화정책 방향과도 부합될 뿐만 아니라 정확한 현실 진단에 따른 적절한 대처라는 점에서 주목받을 만했다. 극장 측의 관객 확대 노력은 계속되었다.

다음으로는 문화 소외층이라 볼 수 있는 청소년층과 50, 60대 장년층을 향한 손짓이었다. 중등학교 학생들을 향해서는 주로 방학기간을 겨냥했고, 50, 60대 장년층은 설날, 즉 민속절을 이용했다.

청소년 전용 문화공간이 방학 중에도 없어서 마땅히 갈 곳 없는 10대 청소년들을 위한 〈즐거운 팝과 클래식으로의 여행〉이라는 제목으로 1월 중순에 공연을 가져서 큰 반향을 불러일으켰다. 극장 측은 이어서 설날기간(2월 18일~21일)에는 〈추억의 클래식, 추억의 소리〉라는 제목으로 50, 60대 장년층의 구미에 맞는 음악공연을 했다. 가령 레퍼토리만 보더라도 하성호(何成灝)의 서울팝스오케스트라의 반주로 베토벤의 〈운명 교향곡〉, 차이프코스키의 〈비창〉 등 왕년의 돌체다방 시대의 고전과 소프라노 김향란의 가곡, 아리아 그리고 최희준, 현미, 남일해, 한명숙 등 장년층이 좋아하는 대중가수들도 등장시켰다. 이는 분명히 그동안 문화생활로부터 멀리 떨어져 있던 장년들의 추억을 자극하기에 충분했다. 레퍼토리도 클래식 90%, 대중가요 10%로 안배하여 극장이 대중화에 기울어있다는 비판을 미리 예방하기도 했다. 그런데 여기서 또 한 가지 흥미로운 사실은 티켓 판매 전략의 새로움이라 하겠다.

즉 젊은 층을 상대로 할 때는 결혼과 사랑을 연상케 하는 '청실홍실티켓'이라 명명했고 장년층을 대상으로 할 때는 '효도문화티켓'이라 부른 것이다. 장년층은 청년층의 자녀들을 두고 있다는 것을 염두에 둠으로써 효행심을 자극해서 판매의 효과를 올린다는 전략이었다. 이러한 전략은 모두가 적중했다. '청실홍실티켓'이라든가 '효도문화티켓' 같은 것이 매진했음은 두말할 나위 없다.

이상과 같이 정동극장의 기획은 궁극적으로 예술경영 전략에 입각한 것이었다. 그러니까 극장이 과거처럼 막연한 문화서비스라는 안일한 자세로서 머물러 있어서는 결코 성공할 수 없다는 것이었다. 이제 극장도 기업처럼 경영해야 하고 공연물도 상품처럼 수요자를 개발해서 마케팅해야 한다는 명분을 제시했다는 점에서 주목할 만했다. 수지하다시피 마케팅이란 상품(product), 가격(price), 장소(promotion) 등 네 가지를 기본으로 하고 있다. 그 점에서 정동극장은 제대로 된 예술 마케팅을 하고 있었다고 보아주어야 할 것 같다.

이러한 정동극장의 문화마케팅 방식은 기존 공연장 운영의 고정관념을 혁파하는 것으로서 극장가에 새바람을 몰고 왔다. 그럴 수밖에 없는 것이 정동극장이 대중심리를 포착해서 그들이 원하는 것이 무엇인가를 알아차려서 그들을 편하게 극장으로 인도했던 것이다. 그만큼 극장 측은 언제나 관객의 편의와 기쁨을 먼저 배려하고 그에 대처하는 방식을 택했다고 말할 수 있다. 이러한 실천방안은 결코 쉬운 것이 아니었다.

왜냐하면 극장에서 시장원리를 도입하여 틈새 문화시장을 정공법으로 파고드는 일이었기 때문이다. 그러나 분명한 것은 정동극장이 등장 반년여 만에 극장가에 돌풍을 일으켰고, 동시에 여러 가지 기록도 많이 만들어낸 것만은 분명했다.

그런데도 정동극장에 대한 비아냥도 없지 않다. 즉 정동극장에서 독창적으로 만들어낸 작품이 없다는 것이었다. 극장 측에서 이러한 비판을 받았을 때의 답변은 두 가지였다. 첫째로는 이제 개관한지 반년밖에 되지 않는다는 것과, 둘째로는 단 한 명의 전속단원도 없는 국립극장 분관(分館)에 지나지 않는 데다가 일일이 국립극장의 지휘를 받으면서 훈련되지 않은 공무원들만 데리고 전속단체도 없이 어떻게 독창적 작품을 만들어 낼 수 있느냐는 것이었다.

여하튼 문화관광부 쪽에서는 대단히 만족스런 시선으로 정동극장을 바라보기 시작했다. 왜냐하면 정동극장이 수십 년 동안 타성에 빠져있던 전국의 극장들에 의외의 새바람을 일으키고 있었기 때문이다.

따라서 문화관광부는 정동극장을 국립극장으로부터 분리시킴으로써 국립극장 예술진흥회가 위탁 관리하는 형식을 취하기에 이르렀다. 사실 이것은 정동극장이 재단법인화로 가는 과도기적 과정이기도 했다. 이는 사실 그동안 정동극장이 예상외의 새 바람을 일으키면서 수지상으로도 기존 극장들과는 비교가 안 된 만큼 앞서 나가는 것에 대한 배려 차원에서 문화관광부가 취한 조치였다. 그리고 문화관광부가 정동극장을 공익성과 수익성을 조화시켜서 시범 케이스로 운영해보겠다는 의지의 대내외적 과시이기도 했다. 물론 정동극장이 국립극장 분관을 벗어나려고 발버둥친 것은 예술과 경영을 모르는 일반 공무원의 지배로부터 일탈해 보겠다는 분관장(홍사종)의 집요한 요구에 따른 것으로 볼 수도 있다. 그러니까 국립극장이 사사건건 간섭하고 제동을 거는 데 대한 반항이기도 한 것이다.

점차 정동극장은 당초의 설립 취지를 살려서 전통예술을 보급하는 데 치중해갔다. 가령 우리나라에 양악의 경우는 세계적인 성악가와 바이올린, 피아노, 첼로 등의 스타급 독주가들이 많았지만 국악의 경우는 그렇지 못했다. 그에 착안한 극장 측이 국악분야 '독주자 육성' 프로그램으로서 김현숙(가야금), 서영호(아쟁), 오경자(거문고), 한상일(피리) 등의 발표장을 마련해준 데 이어서 '전국국악경연대회 장원전'을 개최했다.

정동극장은 이러한 프로그램으로부터 한발 앞서 나가는 소위 '신토불이(身土不二) 국악장터'라는 것을 열어서 가정주부들을 끌어들이기도 했다. 주지하다시피 우리나라에는 장 담그는 일이 가정의 중요대사 중의 한 가지이다.

대체로 음력 정월의 오(午)날 (十二干支의 하나)인 16일과 2월 4일에 장을 담그는데 그것이 양력으로 3월 10일과 22일 사이가 되므로 그날을 잡아서 전통 매주 등 8도의 특산물을 쌈지 마당에서 팔고 극장무대에서는 다채로운 국악공연을 하는 하나의 이벤트를 갖는 방식이었다. 이것이 곧바로 산지 직송 신토불이 장터도 즐기고 차도 마시며 보는 국악인 박범훈(朴範薰) 지휘의 '정오의 신나는 국악여행'이란 프로그램이 된 것이다.

레퍼토리도 비교적 가벼우면서도 아기자기하게 구성했으며 9일 동안 〈국악창작음악과의 만남〉, 〈판소리 창극 그리고 관현악과의 만남〉, 〈국악 대중가요 모음〉, 〈사물놀이의 모든 것〉, 〈흥겨운 우리 민속음악과 함께〉, 〈우리 민요의 기행〉, 〈관현악과 종교음악〉, 그리고 〈사물놀이와 관현악을 위한 무대〉 등이었다. 이 프로그램이 한낮에 진행된 것이기 때문에 주부들의 호응이 컸음은 두말할 나위 없다. 그 기획 자체가 전통놀이와 전통 특산물이 어우러짐으로써 명실상부 옛날 장터의 현대적 재현이었다고 말할 수 있었다.

정동극장이 4월 들어서는 또다시 봄이라는 계절에 맞춰서 〈오늘의 무용가 시리즈〉라는 프로그램을 선보였다. 민속무용가 서영님의 춤을 시발로 원로 무용가 〈배명균전〉으로 이어졌다.

언제나 새로운 아이디어로 대중을 파고드는 정동극장이 이번에는 대학교수 등 지식인들의 모임을 문화와 연결시킨 패키지 문화상품을 개발했다. 가령 교수회의라든가 동창회 모임 등을 공연과 연결시킨 것이었다. 극장 측은 그것을 이름하여 문화향우회(文化鄕友會), 문화동창회, 문화동우회 등으로 명명하여 판매했다. 대체로 교수모임이라든가 동창회, 향우회 등을 할 때 식사나 주연(酒演), 그리고 잡담으로 끝나는 것이 보통이지만 정동극장에서 모임을 하게 되면 공연과 야외식사가 곁들여지기 때문에 비교적 보람 있는 모임이 될 수가 있었다. 패키지 문화상품은 서울시립대 교수회를 비롯해서 몇 가지 모임이 있었다. 또 한 가지 이색적인 기획은 1996년 5월 28일 거행된 '문화결혼식(文化結婚式)'이라는 것이었다. 점차 졸속, 천박해지는 결혼 풍속도에 제동을 걸고 아름다우면서도 우아한 결혼이 되도록 예술 공연과 연결시킨 문화결혼식도 시도하자마자 장안의 화제가 되었다. 그러나 뜻밖에도 관할구청으로부터 중지명령을 받은 것이다. 그 이유는 관할 예식장 업자들의 거센 반발 때문이라는 것이었다.

이처럼 정동 극장 측의 여러 가지 새로운 시도 중에는 뜻밖에 반발을 불러일으키는 것도 조금씩 나타났다. 따라서 극장 측은 반발이 일어난 경우는 즉각적으로 철회하거나 아니면 수정하는 유연성과 순발력도 보여주었다. 이리하여 정동극장은 극장을 널리 알리고 대중에게 친숙하게 가져가면서 동시에 수익도 올릴 수 있는 여러 가지 방도를 강구해 나갔다. 그렇다고 해서 극장이 문화 창조와 보급 장소라는 것을 간과한 것은 아니었다. 4백석의 작은 극장이라는 것을 염두에 두고 그에 적합한 레퍼토리를 끊임없이 개발하려 노력했고 전속단체나 상주단체가 없는 극장에 어떻게 하면 많은 관객을 끌어들여서 문화향수를 충족시킬 것인가를 연구해간 것이다.

그 점에서 정동극장이 1996년 초여름에 처음 시도한 '문화충돌 기획 I'은 꽤 신선한 프로그램이었다. 왜냐하면 전통음악과 서양의 현대음악을 접목한 무대였기 때문이다. 이 프로그램에 대해서 스포츠조선은 "기획시리즈로 마련되는 이 행사가 문화전쟁시대를 맞아 온갖 문화가 충돌하는 상황을 이겨내는 우리의 소리를 갈구한다. 즉 서구와 전통, 과거와 현재, 젊은 세대와 중년세대 등 다양한 문화의 갈등과 다툼 속에서도 우리문화의 숨결을 지켜가는 음악을 찾아 나선 것"[6]이라고 긍정적으로 평가한 바 있다.

그런데 무엇보다도 출범 1년여 만에 정동극장이 가장 주목을 받은 부분은 '문화상품의 브랜드化 선언'이라는 것이 아닐까 싶다. 왜냐하면 문화, 그것도 공연물을 상품으로 인식한 것에서부터 한발 더 나아가 브랜드화까지 선언한 것은 한국문화사상 최초의 일이었기 때문이다. 극장 측에서는 문화상품의 브랜드화를 선언함에 즈음하여 다음과 같이 설명했다.

현대는 상품전쟁 시대, 상품시장에서의 브랜드는 그 상품의 질과 그것을 만들어낸 기업의 신용도를 상징합니다. 어떤 기업의 유명 브랜드는 그 기업의 노력과 성공의 의미를 넘어 브랜드 자체 하나만으로 엄청난 부가가치를 창출하기도 합니다. 소비자의 입장에서 볼 때 유명 브랜드는 그야말로 조건 없는 선택이 가능한 대상이 될 수 있기 때문입니다.

유명 브랜드를 만들어나가는 일, 기업이 상품을 통해 오랜 기간 동안 소비자에게 책임과 신뢰를 쌓고 그것을 바탕으로 상품의 가치를 높여나가는 것처럼 이젠 우리의 문화시장도 '문화상품'의 브랜드化를 통해 책임과 신뢰를 쌓아가는 일이 중요한 시점입니다. 정동극장은 그동안 기업경영의 마케팅이론 도입과 철저한 고객 우선주의 정신으로 지금까지 다양한 문화히트상품을 개발, 극장의 신뢰도를 높여왔습니다. 이를 발판으로 우리극장은 그동안 극장 내에서 이루어졌던 내수(?) 상품을 자체 브랜드化하여 외부시장에 내다가 파는 적극적인 공연판매를 기점으로 정동극장은 앞으로 다양한 판매 전략을 구사하여 기업 및 지방자치단체 등을 대상으로 한 국내시장과 나아가 세계 유수의 매니지먼트사와 연계, 전통공연 프로그램 및 국악과 양악을 충돌시킨 기획 프로그램 등을 해외공연시장에 판매하여 우리 전통예술의 세계화에 이바지해 나갈 것입니다.[7]

이상의 보도 자료에서 주목되는 부분은 정동극장이 운영에 있어서 기업경영의 마케팅 방식을 도입해서 극장을 이끌어가겠다는 의지표현이었다. 사실 우리나라 극장사 한 세기동안 극장이 기업경영의 마케팅이론 도입과 고객 우선주의 정신으로 운영해본 적은 한 번도 없었다. 그 점에서 정동극장의 공연상품 브랜드化 선언이야말로 신선한 충격이었다고 아니 할 수 없다. 그런데 정동극장은 브랜드화를 선언하기 이전에 이미 시험적으로 몇 번 시도하여 성공을 거둔 바 있었기 때문에 자신 있게 밀고 나갈 수가 있었다. 즉 7월 20일 KBS홀에서 열린 '신한은행 상반기 종합업적 평가 대회'와 8월 초 강원도 용평

리조트에서 펼쳐진 '용평 썸머 아트판타지아'에 공연 팀을 보내서 수천만의 순익을 올린 바도 있었다.

　물론 정동극장의 이러한 문화전략에 대해서 전근대적인 시각으로 보는 측도 없지 않았다. 우선 무대공연물을 어떻게 일반물품처럼 상품으로 볼 수 있느냐는 것과 극장을 지나치게 상업주의로 몰고 가는 것이 아니냐는 비판이었다. 이런 지적도 있을 수 있으나 이는 예술을 지나치게 고귀하게 보는 데서 비롯되는 것이다. 사실 돈 받고 팔면 상품이지 예술작품을 공짜로 보여주는 것은 아니지 않는가. 솔직히 정동극장이 여론의 전폭적 지지를 받은 이유는 그동안 우리 극장들이 지나치게 귀족주의에 빠져서 안일에 젖어 있었고 그로 인해서 국가 예산만 축내온 터였기 때문이다. 그렇다고 관립극장들이 제대로 된 공연물로서 시민에게 흡족할 만한 문화서비스를 해온 것도 아니었다. 바로 그 점에서 정동극장은 새로운 극장모델로서 상당한 반응과 함께 여론의 절대적인 지지를 받을 수가 있었다. 문화부에서 정책을 담당하고 있는 원용기(元容起) 서기관도 동아일보(1996.6.27)에 기고한 글에서 "무엇보다도 경영마인드를 갖고 마케팅 차원에서 극장을 운영하고 있다는 점이 눈길을 끈다. 문화 예술계에 종사하는 많은 인사들은 아직도 '문화예술분야에 마케팅은 무슨 마케팅이냐' 하는 생각을 한다. 그러나 미국, 영국 등 선진국의 문화예술계에서는 마케팅 개념이 널리 받아들여진지 오래다. 이는 공공지원이 줄어드는 등 재원마련이 점차 어려워지는 환경 속에서 살아남기 위해서다. 원래 기업체에서 발달한 마케팅 이론은 초기의 생산지향에서 판매지향으로 변했다. 오늘날은 소비자의 기호와 특성을 중시하는 소비지향으로, 나아가 경쟁자에 대한 정보 분석까지 고려하는 전략적 마케팅으로 발전하고 있다 마케팅 이론에 따라 우리 공연예술계를 살펴보면 대체로 관객에 대한 면밀한 분석, 시장 및 경쟁자에 대한 고려 등이 제대로 이뤄지지 않은 상황에서 기획 제작되고 있다. 공연제작 현실이 마케팅 초기단계인 생산지향 수준에 머물러 있다는 얘기다. 그런 점에서 정동극장의 운영방식은 '혁명적'인 시도로 평가될 수 있다."고 까지 극찬한 바 있다.

때마침 문화부에서 고객만족 문화행정을 실시하기 시작 한 때였으므로 정동극장의 적극적이면서도 관객 위주의 공연 서비스가 대단히 바람직한 자세로 보였던 것 같다. 따라서 선진국에서 일찍부터 시행하고 있는 예술경영을 잘 알고 있던 원용기 서기관은 문화부의 입장을 대변하여 여타 문화 공간들, 이를테면 박물관, 미술관, 문화회관들도 정동극장처럼 마케팅 기법 도입 등 문화경영 마인드를 갖출 것을 촉구하기도 했다.

이와 같이 여론뿐만 아니라 정부의 지지를 얻은 정동극장은 더욱 용기를 갖고 공연상품으로 브랜드화한 문화상품을 소개하면 다음과 같다.

상품명	일시	내용
정오의 예술무대	95.7.18~8.17 : 22회 95.9.12~10.12 : 22회 96.4.22~5.30 : 27회	'문화점심'이라는 신조어를 탄생시킬 정도로 인근 직장인들에게 커다란 파급효과를 이룬 공연으로 다양한 뷔페식으로 구성된 공연, 직장인들의 점심 식사 후의 자투리 시간을 활용, 공연예술을 감상하도록 배려한 공연
특별 정오의 예술무대	96.6.17~18, 24~28 : 7회	세계 정상급의 러시아 솔리스트들을 초청하여 한국 심포니오케스트라와 같이하는 협연 무대
박범훈과 함께 하는 신나는 국악여행	96.3.18~3.26 : 8회	생활과 문화와 전통이 결합된 공연으로 쌈지마당에서는 장터도 즐기고, 극장 안에서는 공연을 즐기는 이색적인 무대
전통춤 다섯 유파전	96.7.1~7.2 : 2회	서로 다른 유파의 계보를 잇고 있는 다섯 명의 춤꾼들이 풍물패와 함께 우리의 전통적인 무대를 새롭게 조명해보는 공연
문화충돌 시리즈Ⅰ 「우리의 소리, 민족의 노래」	96.7.5~7.6 : 4회	전통을 바탕으로 한 우리 음악과 서구 양식의 음악이 만나 우리 음악의 정체성을 분명히 밝히고 새로운 우리의 음악양식을 모색하는 무대
세대별 음악회Ⅰ 50·60대를 위한 「추억의 클래식, 추억의 소리」	96.2.18~2.21 : 4회	그 어떤 매체를 통해서도 문화욕구를 충족시킬 수 없는 세대에게 아련한 추억을 되새겨 볼 수 있는 무대
세대별 음악회Ⅱ 「30·40대를 위한 돌담길 추억이 있는 음악회」	96.9.18~9.20 : 3회	진정한 자기세대의 문화를 갖지 못하고 소외되고 있던 30·40대를 위하여 돌담길 추억을 더듬으며 옛 추억에 젖게 한다는 공연. 「청실홍실 티켓」을 히트시켰던 공연 무대

세대별 음악회III 「서울팝스 오케스트라와 함께 하는 '96 신년 청소년 음악회」	96.1.10~1.17 : 8회	방학을 맞이한 청소년들에게 클래식에 대해 즐겁고 신 나게 감상하며, 새로운 이미지를 갖게 하는 공연
김영동의 소리기행	95.9.14~9.15 : 2회	쌈지 마당에서 도시락도 즐기며, 김영동 음악의 감동과 영상과의 만남을 곁들인 공연으로 전통음악에 뿌리를 두면서도 대중음악의 신선한 감각을 유지하고 있는 김 영동의 특성이 잘 나타난 공연
청소년을 위한 재미있는 작은 창극	95.7.23~7.27 : 5회	판소리 5대가 중 가장 희극적 대목을 재구성하여 청소 년들에게 판소리에 대한 새로운 맛을 느끼게 하는 전통 예술공연

정동극장이 자체 기획, 브랜드화한 문화상품

이상에서 볼 수 있는 바와 같이 정동극장은 그동안 아이디어로 개발한 프로그램 대부분을 브랜드화한 것이다. 따라서 국민일보(國民日報)는 "문화상품도 브랜드화 하는 시대가 열렸다. 끊임없이 새로운 아이디어를 내놓으며 국공립 공연장으로서는 유일하게 흑자를 기록하고 있는 정동극장이 이번에는 기업이 신용과 품질로 브랜드의 이미지를 만들어 상품을 판매하는 것처럼 공연물의 '유명브랜드'를 시도하고 있다."[8]고 대서특필한 바 있다. 정동극장 공연물의 브랜드화로 인하여 신뢰도는 급상승했고, 그것은 곧 관객 확대와 수익성 제고로 나타났다. 그것도 단 1년여만의 일이었다.

정동극장이 그만한 궤도에 오르는 데는 적잖은 난관이 있었다. 우선 국립극장 분관 형태로 출범했기 때문에 재정적 어려움은 없었지만, 인원 활용에는 여러 가지 문제가 따랐다. 가령 인적 구조가 재래의 임대 시스템에 익숙한 일반직 공무원이 주가 되었기 때문에 극장장의 적극적 경영철학을 뒷받침해주는 힘이 약했다. 바로 그 점에서 정동극장은 부득불 특수 법인화를 서두르지 않을 수 없었다.

2. 재단법인화에 따른 혁신의 아이콘

정동극장이 국립극장 분관 형태로 출범하여 1년 3개월 동안 극장가에 새 바람을 일으키긴 했지만, 극장 자체는 내외적으로 어려움이 많았다. 순전히 홍사종 극장장의 뛰어난 아이디어로 후발 극장으로서는 놀라울 정도로 인지도를 높였고, 특히 기업 방식의 마케팅 기업을 도입함으로써 문화예술계에 새 바람을 일으켰기 때문에 문화부 측에서도 독립 법인화가 바람직하다는 인식을 하고 법인화를 서두른 것이 사실이었다. 정동극장이 문화부 산하 재단법인으로 거듭나는 데 따른 발기인 일동의 명의로 된 설립취지서를 참고삼아 소개하면 다음과 같다.

> 정동극장은 우리 나라최초의 근대식 극장인 원각사를 복원한다는 취지로 정부가 건립한 극장으로서 예술의 창조정신을 드높이며 모든 계층의 국민이 폭넓게 참여할 수 있는 예술 활동 공간으로 제공되어 우리문화의 중흥을 이룩하기 위한 이상을 갖고 새로운 출발을 하고자 한다. 정동극장은 전통문화의 계승 발전과 더불어 현대문화의 창조를 통해 우리 문화가 한 단계 발전할 수 있도록 하고 다가올 21세기 문화 중심시대에 대비할 운영의 전문성과 다양한 경영기법을 도입하여 극장운영의 새로운 지평을 열고자 독립법인을 설립하는 것이다.
>
> 1996년 10월

그리하여 정동극장이 재단법인으로서 문화부 장관의 승인이 난 것은 11월이었고 이사장과 극장장으로 각각 유민영(柳敏榮)과 홍사종(洪思琮)이 11월 15일 자로 임명되었다. 이들의 임기는 2000년 12월 31일까지이므로 4년으로 되어 있다. 이사는 김종심(金種心), 김문환(金文煥), 김홍국(金興國), 김홍주(金興住), 이춘발(李春發), 이중한(李重漢), 정중헌(鄭重憲) 등이었고 상임이사는 극장장 한 사람뿐이다.

정동극장이 특수 법인화되면서 당장 국립극장의 간섭으로부터 벗어날 수가 있었다는 것과 인적 구성을 새롭게 할 수가 있었으며 회계법도 달라졌음은 물론이고 후원회 같은 것도 구성할 수가 있게 되었다. 솔직히 국립극장의 간섭에서 벗어난 것만 하더라도 상당한 진전이었다. 왜냐하면 문화예술에 정통하지 못한 일반직 공무원 출신의 극장장 간섭은 정동극장의 자유로운 활동을 제약할 수가 있었기 때문이다. 그러한 간섭으로부터 정동극장이 벗어난다는 것은 극장 발전에 있어서 중요한 것이었다. 정동극장이 마음껏 날개를 펼칠 수 있었기 때문이다. 따라서 정동극장은 국립극장으로부터 파견된 직원들을 대부분 복귀시키고 새로운 인재들을 영입하거나 공채 방식으로 충원해갔다. 인원도 24명으로 시작했지만 19명으로 감축했다. 그렇다고 해서 능률이 떨어지는 것도 아니었다. 극장의 효율성을 극대화시키는 방향으로 인적 구성을 했기 때문에 오히려 극장으로서 제자리를 찾아갈 수가 있었다. 참고삼아 직제 및 인적 구조를 도표로 소개하면 다음과 같았다.

직급	직위	비고
2급	부장	
3급	부장·차장	
4급	직원	
5급	직원	
6급	직원	

직급지위

임원		일반직		기술직	
극장장	1	2급	1	2급	0
		3급	3	3급	0
		4급	0	4급	1
		5급	4	5급	4
		6급	4	6급	1
1		12		6	
19명					

정원표

그런데 이상과 같은 인적 구조에서 특히 눈길을 끄는 부분은 임대 시스템을 벗어나 바이어 시스템으로 전화된 점이다.

소위 극장이 생겨나고 특히 해방 이후 관립극장이 생겨난 이래 인적 구조는 대체로 임대 시스템이었다. 적어도 공연작품을 상품으로 생각해본 적도 없고 적극적으로 마케팅한다는 것은 상상도 하지 않았었다. 따라서 극장의 인적 구성은 현상유지를 위한 것으로 구성될 수밖에 없었다. 그러니까 사무, 경리 등 관리 위주였고 기획, 제작부서는 미미했다.

더구나 과거에는 극장에서 마케팅팀이라는 것은 상상조차 할 수 없었다. 다만 유일한 국립극장만이 처음부터 전속단체를 두었던 관계로 제작이라든가 기획 분야에 약간의 무게를 실어줄 정도였다. 그 점에서 정동극장의 인력 배치는 비교적 선진적인 것이었다. 왜냐하면 관리부서보다 기획, 제작, 마케팅 부서에 무게를 두었기 때문이다.

즉 정동극장이 당장 부서를 세 부분으로 나누고 경영 관리팀, 공연운영팀, 마케팅팀으로 나눈 자체부터 선진적이었다. 특히 극장 측이 부서별 업무 분장을 분명히 밝혀놓은 것도 바람직하다고 말해줘야 될 것 같다.

그동안 극장들의 업무부서와 인력배치가 잘 못되다 보니 직원들은 무사안일에 빠질 수밖에 없었고, 서비스 정신은커녕 경직된 공무원들이 민원의 대상이 되기도 했다. 참고삼아 정동극장의 부서별 업무 분장을 소개하면 다음과 같았다.

부서별 업무 분당

□ 경영 관리팀

1. 예산 관리
2. 제도관리 및 전산
3. 인사, 서무, 교육
4. 회계, 세무
5. 구매, 계약

6. 청사, 자산관리

7. 입장권 겸인, 매표 관리

8. 안내관리업무

9. 타부서에 속하지 않은 업무

□ 공연 운영팀

1. 공연작품 개발

2. 공연 예산 및 수입계획 수립

3. 공연제작 및 진행관리

4. 공연홍보

5. 공연 기자재 및 소품, 의상 관리

6. 공연자료 수집 및 관리

7. 제작자, 출연자 섭외 및 계약관리

8. 무대 진행업무 및 관리

9. 대관업무

10. 기타공연에 따른 부대 업무

□ 마케팅팀

1. 전통 상설공연 제작 및 진행

2. 해외 및 외부 공연 섭외, 진행

3. 해외 홍보물 제작 및 홍보

4. 전속 단체 매니지먼트 사업

5. 인터넷 운영관리

6. 마케팅 조사연구 업무

7. 아르바이트 운영

8. 관객개발 및 회원제 운영

9. 이사회 운영

10. 기타 서비스 관련 업무

이상과 같은 정동극장 부서별 업무분장 중에서 주목되는 부분은 마케팅팀에서 맡아 하는 해외홍보물 제작 및 홍보와 함께 인터넷 운영관리라 하겠다. 그러니까 정동극장은 극장사상 최초로 정보화를 추진한 것이고 그것도 국내에 한정된 것이 아니라 전 세계로 확대까지 한 것이 특징이었다. 그만큼 정동극장은 시대감각에 예민했고 또 그것을 정보화로 구체화했다. 이러한 정동극장의 정보화마인드가 공연상품 브랜드화와 합쳐져서 놀랄만한 시너지 효과를 나타냈는데, 그 한 가지 예가 외국인 관객의 급증이다. 사실 정동극장이 처음 문을 열었을 때는 외국인 관객을 찾기가 쉽지 않았었다.

그래서 극장 측에서는 주변의 주요 호텔이라든가 관광회사 등과 접촉을 가졌었다. 그런데도 외국인 관객은 기대한 만큼 증가하지 않았다. 그러다가 해외 홍보물을 제작 배포하고 또 인터넷 홈페이지를 만들면서 외국인 관객이 급속히 늘어나기 시작한 것이다. 극장 측은 인터넷 홈페이지 개설을 함으로써 다섯 가지 효과를 기대했다. 첫째는 기존매체를 이용할 경우에는 시간적, 지역적 제한이 많으며, 일방적인 홍보만 가능하나 인터넷 웹서비스는 이러한 제한에 상관없이 지속적인 홍보가 가능하다는 것, 둘째, 멀티미디어를 이용, 사실적이며 다양한 표현방법으로 보다 효과적인 홍보가 가능하다는 것, 셋째, 전자우편을 통해 개개 아티스트에 대한 자료나 기타 공연 문의사항을 수시로 접수, 관리함으로써 세계문화시장과의 교류도 바로 이루어진다는 것, 넷째, 신속하게 새로운 공연일정이나 정보를 알릴 수가 있다는 것, 다섯째, 국내외 언제 어디서든지 아티스트의 자료나 공연을 원하는 타(他)매니지먼트사나 공연장 등에 보여줄 수 있는 살아있는 홍보방법이라는 것 등이다. 극장 측은 인터넷 개설에 앞서서 우수한 예술인들을 초청, 전속매니지먼트 계약까지 했다. 이처럼 공연상품의 브랜드화에 이은 전방위 정보화 등이 인적 구조 개편에 따른 것이 되었기 때문에 시너지 효과가 컸다. 즉 정동극장의 신뢰도가 급속히 올라가면서 무형의 가치가 유형의 가치로 바뀌었고 그것은 수익 증가로 나타나기도 했다.

또 하나 이 시기에 주목할 만한 일로서는 공연상품의 특허화(特許化)라 말할 수 있다. 즉 정동극장은 법인화 직후인 1996년 11월에 자체 개발한 〈문화충돌〉, 〈정오의 신나는 국악여행〉, 〈정오의 예술무대〉, 〈전통춤 다섯 유파전〉, 〈한국의 독주자 시리즈〉, 〈한국의 작곡가 시리즈〉, 〈오늘의 무용가 시리즈〉, 〈상설 가족극장〉, 〈정오의 재미있는 작은 오페라 극장〉 등 9개 레퍼토리를 특허청에 출원한 것이다. 이것이야말로 우리나라 극장사장 처음일 뿐만 아니라 대단히 이례적인 것이었다고 아니할 수 없다. 대부분 홍사종 극장장의 아이디어에서 나온 것이지만 정동극장이 특수법인화가 되었기 때문에 가능한 사업이었다. 가령 선진적인 인적 구조 개편만 하더라도 극장이 법인화되면서 이루어진 것이 아닌가.

한국일보의 장병욱 기자는 정동극장이 일 년 반 동안 벌인 일련의 발전적 과정을 '콜럼버스의 달걀'이라 표현하기도 했다. 남이 해놓으면 별것 아닌 것처럼 보여도 그런 일을 처음 시도하는 것은 아무나 할 수 있는 것이 아니기 때문이다. 장 기자는 그와 관련하여 "달걀 모서리를 살짝 깨뜨리는 일은 완고한 편견을 뒤집었다. 정동극장은 '문화의 콜럼버스의 달걀'을 지향한다. 국악을 시대의 이념에 맞게 변용해낸 〈풍무악(風舞樂)〉 시리즈에서 국악과 재즈를 한 무대에 올린 공연까지 정동극장이 기획해냈다. 또 3월에는 재일교포 유미리의 화제작 〈물고기 축제〉가 각색 상연됐다. 더불어 작가가 직접 무대에 올라 객석과 직접 대화의 시간을 갖기도 했다.

정동극장은 시민에게 '만만한 극장'이다. 쉽게 다가갈 수 있다. 직장인을 위해 무료로 도시락을 나눠주거나, 혹은 점심 후 차 한잔을 제공하면서 공연을 관람하는 〈정오의 예술무대〉, 이밖에 〈돌담길 추억이 있는 음악회〉, 직장인들을 위한 낮잠 상품인 〈정오의 음악 감상회〉 등 아이디어 상품도 속출했다. 문화의 틈새를 겨냥한 성공이라는 평이 뒤따랐다."9)고 긍정적 평가를 해주었다.

특히 한국일보의 장 기자는 정동극장의 정보화와 세계화에 주목했다. 그는 같은 글에서 "인터넷은 정동극장이 일찍이 주목한 분야다. 96년 11월 국내

문화시설 중 최초로 인터넷 홈페이지를 개설했다. 그중 정동극장이 소개하는 '한국의 예술인' 사이트에는 현재 솔로이스트 20명이 올라있다. 정동극장의 웹은 지난 3월 한컴이 주최하는 '웹코리아 베스트5'로 선정되는 영예를 안기도 했다. 모두가 다면체 문화 공간 정동극장의 실제다. 95년 6월 문을 열고 여태껏 오기까지, 정동극장은 몇 차례 커다란 외형적 변화를 겪었다. 국립극장의 분관 체제로 출발했다가 이어 국립극장 산하 사단법인을 거쳐, 재단법인으로 거듭한 것이 올 1월, 관(官)에서 민(民)에로의 세월이었다. 관료들에게 극장이란 권력의 변방지대일 뿐이다. 무사안일적 타성은 결국 대관 수입 만으로의 면피성 극장 유지로 드러났다. 그러나 민영화 이후, 극장은 시민에게 다가서기 시작했다. 낮잠 자고 싶은 곳, 정동극상은 깨끗한 공기와 미려한 풍치가 인상적이다. 그러나 주인공인 공연장은 거꾸로 지하 1층에 숨어 있다. 얄궂은 사연이 거기 숨어 있다. 인근 미 대사관의 보안문제가 극장을 옥죄었던 것. 지난 시절, 미 대사관 안을 들여다보는 것은 불경죄였다. 오랜 관폐를 뚫고 오른 정동극장에는 맑은 공기와 같은 문화를 찾아 나선 시민들이 오늘도 이야기를 엮어간다."(1997.4.7)고 격찬했다.

이처럼 정동극장은 재단법인화가 되고 또 그에 따라 본격적인 인적 구조개편으로 말미암아 극장이 구상하고 있던 여러 가지 마스터 플랜을 거침없이 실천에 옮길 수가 있었다. 또 하나 극장 측에서 내놓은 것은 그동안 무대에 올렸던 전통공연예술 작품과 앞으로 제작할 레퍼토리를 외국인을 상대로 관광 상품화한 점이라 하겠다. 정동극장은 그와 관련하여 '한국인의 멋과 신명을 외국인에게 문화관광 상품으로 만들자'는 캐치 프레이즈를 내걸고 시장 개척에 나선 것이다. 그런데 단순히 구호만을 내건 것이 아니었다.

외국관광객들이 대체로 3박 4일 코스로 서울을 찾는다는 것을 알아낸 극장 측은 그들의 일정에 맞도록 화요일과 금요일 두 번 공연하고 영어와 일본어로 된 서울지역 문화관광지도 수만 부를 제작해서 외국인 상대의 호텔과 여행사에 배포도 했다. 그리고 서울 지리에 어두운 외국인 관광객을 위하여 차량까지 구입한 것이다. 그것 가지고도 안심이 되지 않았기 때문에 극장 측은 여행사 네 곳 및 유명 호텔 두 군데와 계약을 체결, 단체 관광객을 극장에 유치할 경우 일정액의 수수료를 제공하는 협력체계까지 구축했다. 극장 측은 대외 공신력을 염두에 두고 탄탄한 뒷받침을 위해서 사물놀이, 국악, 민속무용단 등 상주형 전속예술단까지 창단했으며 무형문화제 이수자급 이상으로 객원 출연진까지 구성했다.

그런데 이 전속예술단체 운영방식도 기존 관립극장들과는 궤를 달리하여 주목을 끌었다. 왜냐하면 정동극장이 철저한 책임 운영제를 도입함으로써 적은 비용으로도 공연 효율성만은 극대화했기 때문이다. 즉 기존 관립단체들이 공연의 유무나 빈도수, 출연 등과 아무런 관계도 없이 고정월급을 지급하는데 비해서 정동극장은 공연에 따라 출연료를 지급하는 연간계약제로 운영한 것이다. 이는 일종의 상주단체 개념으로 볼 수도 있는 것이다. 또한 단체 운영의 자율성 확보와 더불어 공연무대의 수준을 이끌어 올려야 하는 책임도 동시에 부여함으로써 궁극적으로는 보다 좋은 무대로 유도하기 위한 방편의 하나이기도 했다. 한편 전속예술단에게도 최대한 자율권을 준 것이 특징이었다. 그러니까 1년 내내 정동극장에 매어놓지 않는다는 이야기다.

가령 전속예술단이 외부의 주문이나 초청이 있을 경우는 정동극장의 공연 스케줄에만 지장이 없으면 언제든지 외부공연을 나갈 수 있게 한 것이다. 즉 화요일과 금요일을 제외하고는 언제든지 또 어디서나 공연을 할 수 있게 했다는 이야기다. 오히려 외부의 초청공연 때는 정동극장이 섭외뿐만 아니라 홍보까지 맡아주었음은 물론이고 공연에 따르는 여러 가지 기술, 관리 등도 해주었다. 단 극장 측이 출연료의 20%를 수수료로 떼는 매니지먼트 방식으로 운영했다. 레퍼토리는 약간의 변화가 있었지만 그런 중에도 학무, 삼도, 설장구, 검무, 삼도 풍물굿, 판소리, 판굿, 장구춤 시나위, 승무/삼북, 기악독주 등으로 꾸몄다. 그러니까 주로 민속 타악기 중심에다가 춤과 노래를 가미한 것이다.

사실 이러한 극장 측의 노력은 만시지탄의 감도 없지 않았다. 왜냐하면 외국에서는 벌써 오래전부터 공연예술을 관광 상품화해왔기 때문이다. 가령 비엔나의 민속 오페라극장이라든가 러시아의 볼쇼이 극장, 일본의 가부키좌(歌舞伎座), 이태리의 오페라극장 등은 유명한 관광 상품이 아닌가. 정동극장이 그런 것에 착안하여 뒤늦게나마 상설무대를 만든 것은 다행이었다고 아니 할 수 없다.

늦긴 했지만 정동극장 측의 기획은 적중했다. 그와 관련하여 조선일보는 "외국인 관광객을 겨냥한 정동극장의 공격적 마케팅이 성과를 올리고 있다. 서울 정동극장은 지난 2월 전통예술상설무대를 문화관광 상품으로 내놓은 지 1백일만인 지난 23일까지 외국인 관객 3천 2백 명과 관람수입 2만 1천5백 달러를 기록했다고 밝혔다. 7천 5백 31명(30회 공연) 관객 중 외국인이 절반에 가까운 43%를 차지했다. 극장 측 홍보전술은 전 방위적이었다. 우선 전통예술 상설무대 프로그램과 관광정보를 담은 서울 문화 관광지도를 영어와 일어판으로 3만부 만들어 공항과 호텔, 여행사, 관광안내소에 뿌렸다. 프라자, 조선, 신라 등 시내 특급호텔 13곳과 제휴, 투숙객들에게 20% 할인 혜택을 제공해 관람을 유도하기도 한다. 세방여행사를 비롯해 여행사 23곳과 연합해 단체 관람객 유치에도 열심이었다. 외국인이 많이 찾는 덕수궁 입장권을 지니고 온 관객에게는 30% 할인도 해준다. 작년 11월 개설한 인터넷 홈페이지를 통해서도 네티즌 관객을 유혹한다."[10]고 쓴 바 있다.

이상과 같은 조선일보 기사를 통해 드러나는 것은 브랜드화의 공격적이면서도 전방위적인 관객 유치 노력이라 하겠다. 그 결과 정동극장은 극장사상 드물게 외국인이 즐겨 찾는 공연장이 될 수가 있었다. 물론 4백석의 크지 않은 극장에서 여러 가지 제약이 있긴 하지만 무용과 타악기 중심의 전통예술 레퍼토리의 단조로움은 하나의 한계이기도 했다.

왜냐하면 우리의 전통공연예술 중에서도 장엄 고아(高雅)한 궁중예술보다는 서민예술 중심으로 레퍼토리가 짜여져 있었기 때문이다. 그러나 외국인 관객은 역동적인 서민예술에서 오히려 신명을 느끼는 듯했다. 그런 전통예술이 인터넷으로까지 소개되다 보니 매달 외국인 관객이 증가했고 해외에도 조금씩 알려지기 시작했다. 따라서 한국을 찾는 서양 관광객들은 으레 정동극장을 찾는 경향까지 나타나기에 이르렀다. 한 주일에 화요일과 금요일 이틀만 공연하기 때문에 2, 3백 명 정도씩 극장을 찾지만, 그것도 한국과 서울의 이미지를 새롭게 하는 데는 적잖은 기여를 한다고 보아야 한다. 왜냐하면 이전에는 한국에 풍부한 전통문화유산이 있음에도 사찰이나 고궁 등 유형문화재 정도나 보여줄 뿐 공연예술과 같은 무형문화재는 보여줄 기회가 적었기 때문이다.

사실 우리의 정신문화를 외국인에게 설득력 있게 전해줌으로써 좋은 이미지를 갖고 돌아가도록 하는 데는 공연예술만큼 좋은 것도 없었다. 그 점에서 정동극장의 설립 목표와 그 적극적 실천의지는 일단 평가받을 만했다. 그런데 정동극장이 단순히 한국에 대한 이미지 개선에만 큰 몫을 하는 것이 아니고, 외화벌이에도 조금은 기여를 하고 있다고 말할 수 있었다. 더구나 1997년도는 우리경제가 IMF 체제에 놓여 있었기 때문에 단 몇 달러라도 외화벌이를 할 수 있었다는 점도 평가받을 만한 것이었다. 다만 규모가 작으므로 표시가 제대로 나지 않을 뿐이었다.

이 시기에 정동극장이 또한 사회적 기능을 충실히 한 것으로서 초·중·고등학생을 위한 '문화특활'이라는 문화상품을 만든 것을

문화특활 ⓒ 정동극장

들 수 있었다. 이 '문화특활'은 각 급 학교의 특활시간을 문화적으로 활용하자는 취지에서 마련된 프로그램이었다. 1997년 6월 초부터 시작한 이 '문화특활'에는 경복여상, 정희여상, 영화여중 등 세 학교가 먼저 신청해옴으로써 불이 붙었다. 이 '문화특활'은 극장 측에서 전속 전통예술단체를 활용하면서 이웃 문화공간인 덕수궁, 농업박물관 등을 하나의 패키지로 묶은 것이 특징이다. 즉 토요일 오전의 자투리 시간을 이용하여 10시부터 농업박물관과 전통예술단 공연관람을 마치고 도시락 점심을 먹은 뒤 덕수궁 수문장 교대식, 궁중유물전시관 관람으로 이어짐으로써 학생들이 단 몇 시간 동안에 다양한 문화체험을 할 수 있는 내용으로 짜여졌다.

특히 전통예술 관람 때는 간단한 해설이 곁들어지고 일부 학생들은 무내에 올라서 장구 등 고유악기를 두드려 볼 수도 있게 했다. 그만큼 '문화특활'을 산교육으로 생각해서 만든 것이었다. 학생들의 '문화특활' 프로그램을 만든 것과 관련하여 극장장(洪思琮)은 "매번 특별 활동 프로그램을 짜기 위해 골치를 썩이는 교사들의 고민과 아침 일찍부터 자녀들의 도시락을 챙기느라 애쓰는 학부모들의 부담을 덜어주기 위해 이 상품을 개발했다."며 "극장 측에서도 공연이 없는 토요일 오전의 자투리 시간을 이용함으로써 극심한 불황을 헤쳐 나갈 수 있는 대안이 될 것으로 기대한다."고 밝힌 바 있다.

그만큼 '문화특활'이라는 프로그램은 학생들에게 문화체험의 기회를 주고 교사, 학부모의 부담과 고민을 덜어줌은 물론 극장으로서도 안정된 수입원을 확보하게 되는 일석삼조의 효과를 낼 것으로 기대를 모은다고 스포츠조선의 임정식 기자가 쓴 바 있다(1997.5.29).

이처럼 정동극장은 정교하다고 말할 수 있을 정도로 틈새시장을 파고들었고 그 효과는 그때그때 즉각적으로 나타나곤 했다. 정동극장의 그러한 마케팅은 대단히 기발했지만, 여타 대소극장들은 사시(斜視)로 보기도 했다. 어떤 대극장 간부가 정동극장의 아기자기한 마케팅 프로그램에 대해서 소꿉장난 같다고 평했던 것도 바로 그러한 배경으로부터 나온 것이었다고 말할 수 있다. 물론 그렇게 볼 수도 있을 것이다. 왜냐하면 세계 극장사상 한 극장이 그렇게 디테일한 방식의 프로그램을 만들어 판매한 적이 없었기 때문이다. 그러나 다른 측면에서 보면 그런 프로그램이야말로 교육적 측면에서 바람직스럽고 또한 가장 한국적인 것이었다고 보아야 하지 않았을까 싶다. 가령 우리나라 교육이란 것이 순전히 입시 위주 시스템으로 되어 있어서 청소년들은 문화체험을 할 기회를 거의 갖지 못한 처지였지 않은가.

특히 청소년들은 미국과 일본의 대중문화에 중독되다시피 오염되어 있기 때문에 고유 전통문화에 무지하다. 그런 그들에게 국악 계통의 무용과 음악을 관람시키고 동시에 고궁이나 농업박물관을 체험시킨다는 것은 잠시나마 정체성을 생각게 한다는 점에서 대단히 중요한 체험이었다. 극장 측이 다른 한편으로는 교사들과 학부모의 입장도 고려했다는 점에 주목할 필요가 있다. 즉 교사들에게는 특활을 도와주고 학부모들에게는 도시락 준비를 배려했다는 이야기이다. 이런 것이야말로 가장 한국적 상황에서나 가능할 수 있는 것이 아니겠는가. 왜냐하면 선진국들에게서는 교사나 학부모들이 그런 고충은 없기 때문이다.

사실 극장이 초·중·고 교사들의 특활문제나 학부모들의 도시락 문제까지 염두에 두고 프로그램을 짠다는 것은 일단 한국적 상황에서나 있을 수 있는 이색적인 것으로서 정동극장의 방향의 일단을 보여주는 것이기도 해서 흥미로웠다. 그 방향이란 것은 다름 아닌 문화사회학적(文化社會學的) 접근이라 볼 수 있다. 왜냐하면 정동극장의 접근이 단순히 문화적으로만 접근하는 것이 아니고 사회상황까지 함께 고려했기 때문이다. 바로 그 점이 정동극장이 여타 극장들에 비해서 앞서가는 측면이기도 했다.

이처럼 정동극장은 사람들의 의표를 찌르는 기획으로 광범위한 호응을 얻을 수 있었다. 신청 학교가 늘어나서 금요일 오전까지 확대한 초중등학생들을 상대로 한 '문화특활' 프로그램을 소개하면 이러했다.

● 일정

시 간	일 정
10:00 ~ 11:00 ~ 12:30 12:30 ~ 13:20 14:00 ~	농업박물관 관람 정동극장 전통예술상설무대 특별공연 관람(정동극장 공연장) 점심식사 및 휴식(정동극장 쌈지마당) 덕수궁 수문장 교대(덕수궁 정문) 덕수궁 입장 및 궁중유물전시관 관람 ※매월 셋째 주 토요일 「덕수궁 야외음악축제」 관람 (서울팝스오케스트라)

● '문화특활' 주요 내용

· 농업박물관 : 조상전래의 값진 농경문화 유산을 선사시대에서부터 현대 농업에 이르기까지의 모든 농기구 및 작물, 서적들을 전시

· 전통예술상설무대 : 삼도설 장구, 판굿과 같은 신명나는 풍물을 중심으로 우리의 전통무용 및 음악들로 구성한 전통예술 공연

· 수문장 교대식 : 국왕이 거처하는 궁궐 일대를 경비하던 금군(禁軍)의 교대의식, 조선시대의 궁성문 개폐의식 궁성시위의식 행순(순라)을 하나로 연결하여 재현한 행사

· 궁중유물전시관 : 궁중에서 사용되던 의식주의 생활물품에서부터 의전행사 등에 쓰였던 갖가지 궁중유물들을 전시

주지하다시피 1997년도는 우리나라가 IMF 체제에 놓여있었기 때문에 기업들의 도산과 대량 실업으로 경제적으로 대단히 어려운 상황에 놓여 있었다. 그 결과 문화예술계는 대단히 위축되었고 공연의 감축과 관객의 감소도 눈에 띌 정도였다. 어떤 통계에 따르면 공연예술관객이 40% 가까이 감소되었을 정도였다. 관객의 감소는 각 극장의 수입 감소로 연결되었다. 그런데도 정동극장만은 오히려 수입이 증가되는 모습을 보여준 것이다. 이는 두말할 것도 없이 정동극장이 고정관념과 상식을 깨뜨리는 마케팅 전략으로 프로그램을 만들고 판매한데 따른 것이다. 극장이 쉬는 토요일 오전까지도 초·중·고등학

생들의 특활 프로그램으로 메꿔나간 데가 바로 정동극장이었다.

3. 정동극장의 치밀하고 색다른 경영철학

정동극장은 우리나라 극장사에 있어서 대단히 특이한 극장임에는 틀림없다. 물론 그 극장에서 공연예술의 전환점을 만들 만한 획기적인 창작품을 만들어낸 것은 아니지만 4백석의 중형극장이 공연예술계에 새바람을 일으킨 것만은 분명했기 때문이다. 그것은 어디까지나 톡톡 튀는 아이디어와 상식과 고정관념을 깨뜨리는 색다른 기획과 공격적 경영으로 과거 어느 극장도 이루어내지 못했던 흑자경영 성과를 올린 점에서 그러하다.

그런데 이것은 어디까지나 정동극장을 책임지고 이끌어간 홍사종 극장장의 경영마인드랄까 철학에서 비롯된 것이었다. 게다가 극장장의 아이디어와 운영철학, 그리고 호흡이 잘 맞는 극장 직원들의 혼연일체가 정동극장을 단 몇 년 만에 소형 극장경영의 모델로 부상시킨 것이라 말할 수 있다.

그렇다면 극장장의 경영 방침은 무엇일까. 그것은 극장장이 주돈식(朱燉植) 문화부 장관과 인터뷰 당시 밝혔던 네 가지 소신에 어느 정도 나타나 있다. 즉 홍사종은 문화부 장관과의 인터뷰에서 다음과 같은 소신을 밝힌 바 있다. 첫째로 정동극장을 관객 편의 중심의 극장으로 만들겠다는 것, 둘째로 정동극장을 생활 속의 문화공간으로 만들겠다는 것이었다. 그러니까 극장이 특별한 것이 아니라 생활 속의 선택의 장이 될 수 있도록 프로그램을 만든다는 것이다. 셋째로 경영마인드를 도입, 극장의 조건에 맞는 틈새시장을 공략해 나가겠다는 것, 넷째로 전통예술의 보존과 창조적 육성을 도모할 수 있는 프로그램을 적극 개발해 나가겠다는 것 등이었다.

이상 네 가지 극장운영 방향 중에서 네 번째 항목인 전통예술의 보전 전승은 정동극장 외에도 국악원 등에서 훌륭히 해내고 있는 만큼 새로운 것은 아니었다. 그러나 나머지 세 가지 항목은 평범해 보이면서도 주목할 만한 내용이었다. 가령 첫 번째로 내세운 관객 편의주의가 우선 눈에 띈다. 사실 그동안 우리의 극장들은 관객을 크게 의식하지 않고 거의 일방적이라 할 만큼 극장이나 극단 중심으로 레퍼토리 선택에서부터 공연에 이르기까지 모든 일을 처리해온 것이 사실이었다. 그래서 극장들이 권위주의적이라는 비판을 적잖게 받아왔다. 특히 관립극장의 권위주의는 더욱 심했다. 그럴 수밖에 없었던 것은 관립극장의 경우는 순전히 국가예산만으로 운영하므로 입장수입을 신경 쓰지 않아도 되었기 때문이다. 반면에 사설 단체나 극장은 관객의 호응도, 입장 수입이 사활(死活)의 문제에까지 연결될 수 있기에 관객을 크게 의식하지 않을 수가 없는 것이다. 그런데도 그동안 극장이나 예술단체들은 타성에 젖어서 거의 방향전환을 하지 못했었다. 정동극장이 주목받은 이유도 바로 거기에 있었다. 즉 국고만 가지고도 충분히 운영할 수 있음에도 불구하고 마치 앞서가는 사기업(私企業)처럼 정동극장이 방향을 잡아나간 것이다. 이처럼 정동극장은 앞서가는 기업경영 방식으로 방향을 잡은 것이 성공 요인이었다.

극장장이 밝힌 세 번째 항목, 즉 '경영마인드를 도입, 극장도 돈을 벌어야 하므로 틈새시장을 공략해 나가겠다'고 밝힌 것이야말로 전형적인 기업경영 방식을 뜻하는 것이었다. 이어서 그는 정동극장을 '생활 속의 문화 공간'으로 가꾸어 가겠다고 했다. 이러한 주장도 평범한 것 같지만 문화와 생활의 밀착을 뜻하므로 대단히 중요한 발상이었다. 왜냐하면 그동안 우리 극장들은 시민과 아주 멀리 떨어져 있었기 때문이다. 솔직히 그동안 극장은 특별한 곳이었고, 장삼이사(張三李四)들이 드나드는 곳이 아닌 것처럼 인식되어 있었다. 마치 선택받은 소수 사람들이나 찾는 곳처럼 되어있었다는 이야기다.

그런 측면에서 보았을 때, 정동극장이 시민의 생활 공간화를 지향하겠다고 선언한 것은 대단히 신선한 것이었다. 그러니까 극장 측은 레퍼토리 선택도 시민의 눈높이에 맞춰서 만들어 보급하겠다는 것이었다. 인텔리 층만을 상대로 한 고답적 레퍼토리만이 아니라 대중성 있는 레퍼토리도 과감하게 수용하겠다는 의지의 표명이라 볼 수 있다. 그러나 그보다도 더욱 주목을 끄는 것은 정동극장이 하드웨어와 소프트웨어에다가 마인드웨어까지 가미시키겠다는 것은 극장건물과 창조된 예술작품, 그리고 그것을 '관객의 구미에 맞게 포장하고 홍보하여 판매해나가는 기술(精誠) 등이 트라이앵글처럼 조화되었을 때 극장은 비로소 제 기능을 다 한다'고 본 데 따른 것이다.

솔직히 정동극장이 적어도 제품지향 중심에서 판매지향 중심으로 전환한 마케팅마인드 없이는 살아남기 힘들다고 생각했다. 왜냐하면 정동극장이 후발 공연장인 데다가 위치로도 공연예술가와 동떨어져 있었고, 또 4백석이라는 소규모로서는 대극장들과 경쟁이 될 수가 없었기 때문이다. 그러니까 정동극장 측은 시대조류나 대중감각의 변화를 전혀 읽지 못하고 구태의연하게 관객들이 찾아오기만을 망연히 기다리는 자세부터 청산했다는 이야기다. 극장 측의 생각은 창조자들의 생산품인 예술작품을 갈고 닦아서 팔리는 문화상품으로 만들어 간다는 것이었다.

사실 정동극장은 상주단체 형태의 전통예술단 한 개를 제외하고 국립극장이나 세종문화회관처럼 많은 전속단체를 갖고 있지 않았다. 또 전속단체를 둘만큼의 규모도 되지 못하고 예산 또한 빈약하기 이를 데 없었다. 그뿐만 아니라 예산 자체가 빈약하기 때문에 국내외의 유명 예술가나 예술단체들을 초청해서 공연하기도 어려운 입장이 아닌가. 이 말은 곧 정동극장이 특별한 생존 전략 없이는 현상유지조차 쉽지 않다는 이야기가 된다.

정동극장이 일반 기업처럼 독특한 생존전략을 세울 수밖에 없었던 소이도 바로 거기에 있었다. 사실 극장이 본격적인 기업경영 방식을 도입한 것은 한국연극 사상 처음 있는 일이었다. 그것도 비교적 앞서가는 기업 경영 방식이었다는데 주목할 필요가 있다. 가령 대중이 극장을 찾도록 하고 극장을 찾은 관객에게 최대의 서비스를 하는 것을 목표로 한 것이야말로 가장 돋보이는 경우라 말할 수 있다. 극장 측에서는 그것을 '서비스 마케팅'이라 이름 붙였는데, 그것도 친절 서비스, 편의 서비스, 기쁨 두 배 서비스 등으로 나누어 실천에 옮겼다. 친절 서비스는 전 직원의 친절운동으로 나타났고, 편의 서비스는 놀이방을 운영하면서 화장실 칸마다 아기를 잠깐 동안 앉혀놓을 수 있는 가죽주머니 설치로 나타났다. 그리고 기쁨 두 배 서비스는 극장 안팎의 볼거리로 설명된다. 공연이 시작되기 전 광장, 즉 쌈지마당에서는 생음악 연주를 하고 비좁은 극장로비를 '극장 속의 작은 미술관'으로 활용했다. 그 작은 미술관에서는 기획전도 열리고 작품 판매도 했다. 이는 사실 과거 어느 극장에서도 시도하지 못했던 무대예술과 조형예술의 조화라고 말할 수 있다.

이러한 모든 서비스도 결국 친절 서비스로부터 시작되는 것이다. 만약 관객이 매표소에서 불친절을 당했다면 극장 안팎에서 아무리 좋은 볼거리를 만났다고 하더라도 별로 유쾌하지 않을 것이다. 그렇기 때문에 정동극장은 '매표원이 곧 극장장'이라는 캐치프레이즈를 내걸고 친절 서비스를 펼치기 시작한 것이다. 주지하다시피 매표소야말로 최고의 고객 접점장이라 생각하고 그곳을 새롭게 만든 것이다. 즉 극장 측은 쥐구멍만 하던 매표창구를 고객의 눈높이에 맞춰 유리를 몽땅 걷어내고 열린 매표창구로 만듦으로써 판매원도 고객과 마찬가지로 서서 표를 팔도록 만들었다. 또 간단한 행구(行具)를 놓을 수 있는 받침대도 만들어서 고객의 편의를 돌보아 주었다.

이러한 정동극장의 서비스 운동은 일종의 극장 귀족주의의 극복이라 말할 수 있다. 홍 극장장은 한 문화칼럼에서 "그동안 우리의 순수공연장은 유럽의 극장 못지않게 극장의 품격 높이기에는 꽤나 열정을 쏟아왔다. 그 예로 관객에게 정장을 하도록 권했고, 8세 이하의 어린이 입장도 무조건 극장의 품위를 위해 금했다. 그러나 귀족중심의 서구 살롱문화에서 유래해온 이러한 품격 높이기 방법들이 도리어 관객을 주눅 들게 하고, 극장은 특별한 곳이라는 인식만을 심어주었는지도 모른다. 왕정시대가 아닌 시민사회에서 대중과 유리된 극장의 존재가 정체되리라는 것은 불을 보듯 뻔하다. 진정한 의미의 공연장 품격은 관객들 생활 가운데 자연스럽게 극장과 접하며 문화적 친화력을 높여 나갈 때 형성되는 것"[11]이라고 쓴 바도 있다.

그가 여기서 그가 주장하려는 바는 극장이 지난 시대의 경직된 귀족주의로부터 벗어나 대중의 생활 속으로 다가가야 한다는 것이었다. 극장이 아무리 훌륭한 예술작품을 창조해낸다고 하더라도 대중이 외면하면 쓸모가 없다는 것이었다. 이러한 그의 극장관(劇場觀)은 '꿩 잡는 것이 매'라는 글로 이어지고 있다. 즉 그는 기존의 타성에 빠진 관립극장을 비판하는 글에서 "공연장들이 자생적 관객확보를 위한 전략적 마케팅보다는 그때그때 미봉적 관객동원에만 신경 쓰다 보니 공짜표에 길들여진 관객이 제 돈 내고 극장을 찾아오는 예는 드문 경우가 되었다. 진정한 의미의 관객은 없고 순수 예술의 지고지순한 가치만 덩그러니 화석화(化石化)된 양상이다. 마치 멋진 부리와 발톱과 날개를 가진 매가 죽은 꿩이나 잡아먹고 고복(鼓腹)하여 '내가 매인데'하는 짝이다. 대중은 극장에서 문화를 만나고, 문화는 극장을 통해 대중에게 다가간다. 관객을 흡인하지 못하는 극장은 이미 극장 기능을 상실한 것과 같다. 그런 의미에서 나는 극장 운영자들은 극장의 이익을 위해서 장사꾼이라도 마다하지 말아야 한다고 생각한다. 장사꾼 정신도 궁극정인 의미에서 문화 창달이라는 공적인 이익과 가치 추구를 위한 노력이 아니겠느냐는 생각에서다. 극장이 돈을 번다는 것은 그만큼 진짜 관객을 창출해낸다는 것이다. 돈을 벌어야 극장이다."[12]라고 쓴 것이다.

이 글 중에서 '극장이 돈을 번다는 것은 그만큼 진짜 관객을 창출해 낸다'는 구절이 특히 눈에 띈다. 이 구절 속에서 관객이 아무 작품이나 찾지 않고 구미에 맞는 작품을 찾게 된다는 것이고 극장이 그런 작품을 만들어서 관객을 유치해야 된다는 이야기가 될 것이다. 그러니까 극장은 질 높은 예술 생산 공장으로 끝나는 것이 아니고, 그것을 수요자들에게 잘 전달하는 공장이어야 한다는 것이다. 돈 못 버는 공장이 살아남을 수 없듯이 극장도 수익을 올리지 못하면 도태될 수 있다는 논리도 성립된다.

이러한 논리로 정동극장은 수익상의 안전판을 만들어 나가기 시작했다. 그

것이 다름 아닌 회원조직이다. 극장장은 그 회원조직을 '수리 안전답형 마케팅'이란 기발한 이름까지 붙여서 더욱 흥미롭다. 그는 한 칼럼에서 마케팅 기능이 미약한 귀족주의형 극장을 천수답(天水畓)에 비유했고 탄탄한 회원조직을 가진 극장을 수리 안전답형으로 비유했다. 극장을 논으로 보고 관객을 비로 생각한 홍사종 극장장은 망연히 하늘의 비만 기다리는 극장이야말로 지난 시대의 귀족주의형 극장으로서 정보화시대에는 살아남기 힘들다고 본 것이다. 평소에 저수지를 막아 물을 가득히 담아두었다가 비가 오지 않을 때 저수지 물을 조금씩 대어 농사를 짓듯 극장에서 무슨 작품을 내놓든 간에 언제든 관객을 동원할 수 있는 회원조직이 있어야 된다는 논리였다. 이처럼 정동극장은 안전판을 만들어 놓고 예술상품을 만들어 내는 것이있다.

그는 또한 다른 칼럼에서 "농민들도 극복해낸 것이 천수답형이다. 공연 임박 전에 각 신문, 방송매체에 보도 자료를 보내고 그들의 하나님격인 기자가 비(기사)를 내려주기만 기다린다. 여기저기 보도가 나면 관객은 들지만, 아니면 제작비조차 못 건지고 망해버리기 일쑤다. 그 밖의 마케팅 전략이라는 것을 보면 육교현판, 포스터 붙이기, TV 스팟트 광고 등이 전부다. TV광고비용의 액수에 비추어볼 때 재정이 열악한 주최자는 이것도 어렵다. 결실을 예측하기 어려운 이러한 마케팅 방법은 공연계의 불황을 더욱 부추기게 마련이다. 그러나 때로는 변덕스러운(하나님은 원래 변덕스러우니까) 신문방송사만 우러러 쳐다볼 것이 아니라 관객(물)을 충분히 확보해놓고 공연(농사)하는 방법도 노력하기에 따라 얼마든지 있을 것이다. 천수답을 수리한 전답으로 바꾸어낸 농민들의 지혜에서 우리의 공연예술계가 한 수 배워볼 일이다. 수리 안전답형 마케팅 전략 개발을 통한 관개농법으로의 빠른 전환이야말로 작금의 공연예술계가 계속되는 관객 가뭄으로부터 살아남는 방법이 아닐까 생각해본다."[13]라고 쓴 바 있다.

극장이 평소에 탄탄한 회원조직이라든가 든든한 기업의 후원 같은 것을 받아 놓지 않는 한 천수답(天水畓)처럼 하늘만 망연히 바라다보고 있는 원시적 농민의 꼴이 될 수밖에 없고 그런 극장은 항상 관객 부족을 면할 길이 없다는 주장이었다. 이러한 비유는 우리나라 극장들에는 너무나 적절한 것이라 아니 할 수 없다. 왜냐하면 우리나라 극장들 대부분은 아직까지 탄탄한 회원조직이나 든든한 기업 후원을 받고 있지 못하기 때문이다.

정동극장의 또 하나의 경영기법은 소위 '문화틈새 시장론'이다. 그런데 문화 틈새시장은 주로 가정주부들을 상대로 한 것이 특징이다. 즉 가정주부는 남편 뒷바라지와 자녀양육 및 교육에 대부분의 시간을 할애해야 되기 때문에 좀처럼 저녁 시간을 내기가 쉽지 않다. 따라서 주부들이 시간을 낼 수 있는 것은 오전 10시부터 오후 3시까지라 볼 수 있다. 그런데도 대부분의 극장은 저녁 7시 또는 7시 30분에 막을 올린다. 이 시간대는 주부들로서는 도저히 움직이기 어렵다. 정동극장은 바로 이런 데에 착안하여 프로그램을 만들어간다는 것이었다. 여기서 다시 극장장의 칼럼 한 구절을 주목해 볼 필요가 있다.

그는 한 칼럼에서 "문화의 향수기회 확대라는 캐치프레이즈 하에 정부의 문화정책부서를 비롯하여 모든 국·공립 공연장은 다양한 문화 프로그램을 개발해 나가고 있다. 그러나 이러한 활발한 노력 속에서도 공급자로부터 외면당한 문화의 틈새시장은 무수히 많다. 그중 하나가 가정주부들의 문화수요 시장이 아닐까 한다. 낮 시간의 남는 여가시간을 쇼핑과 계모임으로 소일하는 가정주부들을 공연장으로 끌어들일 수만 있다면, 그 시장 또한 만만치 않을 터이기 때문이다. 광의(廣義)의 시장만을 향하여 주먹구구식으로 관객을 모을 것이 아니라 이 같은 문화의 틈새시장을 면밀히 살펴보고 파고들어가는 전략이 필요하지 않을까. 궁극적으로는 돈도 벌고 문화향수 기회도 확대해 나가는 길일 터이니까 말이다."(내외경제신문, 1996.11.25)라고 썼다.

그리하여 정동극장은 이러한 틈새시장의 관점에서 여러 가지 문화상품을 개발해냈다. 그 몇 가지를 예로 들면 오후 2시에 주부 음악회를 연다든가 낮에 쌈지 마당에다가 매주 직판장을 열고 극장 안에서는 국악공연을 갖는 것. 그리고 국제 벼룩시장까지 벌여서 국내외 사람들의 관심을 불러일으켰고 학생들을 위한 '문화특활' 등 다양하게 판을 벌인 것이다. 이 문화 틈새시장을 살리기 위한 프로그램 중 하나가 바로 메주와 국악을 연결한 것이다. 이 정교한 프로그램을 개발해 낸 극장장이 '공연기획과 1만원의 경제학'이라는 칼럼에서 "유해간장 시비가 한창이던 작년, 우리 극장 마당에서 전통 메주를 판매하고 공연장에서는 국악 공연을 열었을 때의 일이다. 오전 10시부터 시작된 이 행사는 낮 시간대에 시간이 많이 남는 가정주부가 타겟이다. 유인 요소는 유해한 화학간장 사먹지 말고 직접 메주를 구해서 전통간장을 담가먹으라는 뜻으로 만든 싼 메주 직판장이다. 이왕 극장에 쇼핑하러 온 김에 신명나는 우리 국악을 감상하고 가라는 뜻이다. 메주 몇 줄 사는데 백화점에서 판매하는 메주와의 가격 차이는 우리극장 직판장이 약 1만원 정도 싼 편이다. 국악 공연의 입장료는 3천원, 혹자는 1만원 이상 받아야 할 국악공연의 가치를 너무 싸게 평가했다고 말하지만 이 가격의 결정기준에는 나름대로의 논리가 적용됐다."[14]고 썼다.

여기서 입장료 3천 원은 단 얼마라도 절약하고 싶은 서민 주부들을 위해서 그렇게 정했다는 것이다. 이는 대단히 정교한 계산법이다. 왜냐하면 공연상품의 가치보다도 수요자의 처지를 먼저 배려했을 뿐만 아니라 수요자의 심리를 너무나 잘 읽은 것이고 틈새시장에서 벌어들이는 돈은 조금 부족해도 상관없기 때문이다. 극장 측은 정규공연에서 고가로 입장료를 받고 있지 않은가. 주부들의 생활 틈새를 비집고 들어간 것은 1980년대에 산울림소극장이 시도한 것이지만 정동극장은 기업경영 방식을 좀 더 가미해서 도입했고, 어떤 경우에는 기업보다도 더욱 앞서 가기도 했다. 그렇다면 정동극장은 철저한 상업주의를 추구했다는 이야기인가. 그렇지는 않다고 본다. 기업의 목적이 이윤창출에 있지만, 그것은 어디까지나 좋은 상품을 전제로 가능한 것이다. 정동극장도 마찬가지이다. 관객의 감각과 기호에 맞는 좋은 예술작품을 만들어서 제대로 판매하는 것을 원칙으로 삼은 것이다. 다만 극장 측이 연극, 무용, 음악 등 고급예술만을 고집하지 않는다는 것뿐이다. 비교적 개방되어 있다고 보는 것이 적절하다.

정동극장의 운영방식 중에 가장 눈에 띄는 것은 아무래도 열려있는 문화공간의 자세 견지가 아닐까 싶다. 그 열려 있다는 것에는 여러 가지 의미를 내포되어 있다. 정동극장이 공연장의 본분을 지키면서도 역사 속의 극장이나 기존 극장들의 고정관념을 혁파하고 변화된 시대감각에 맞는 사고를 하고 운영을 한다는 점이다. 사실 지난 시대의 극장이나 현존하는 극장들은 대체로 보수적이고 귀족주의적인 면이 강하다. 솔직히 극장이 마케팅을 한다는 것은 생소한 것일 수 있었다. 더욱이 우리나라처럼 관립극장이 주류를 이루어 온 경우에 마케팅이란 것은 곧 저질 상업주의를 의미하기 때문에 고의적으로 기피하는 경향도 없지 않았다. 설사 부분적으로 그런 방식을 취한다고 하더라도 그것은 내세워 자랑할 만한 것도 못되었고 음성적인 면이 강했다. 그러나 정동극장은 대단히 과감했다. 그만큼 개방적이었다는 이야기고 사고(思考)의 유연성이 있다는 증좌라 하겠다.

이 사고의 유연성은 레퍼토리의 폭을 넓힐 수 있었고 고정된 공연시간대를 자유자재로 조정할 수 있었으며 공연 외에 갖가지 프로그램도 창출해내는 바탕도 되었다. 정동극장이 대중과 영합된 것은 아니지만, 대중이 진정으로 원하는 공연예술은 과연 무엇인가에 대해서는 대단히 심사숙고해서 레퍼토리를 선택하고 프로그램을 짠 것만은 분명하다. 정동극장이 그만큼 관객의 심리라든가 시대감각, 취향 등을 예의 살펴서 프로그램을 기획했다는 이야기가 된다. 정동극장이 특히 주목되는 것은 대부분의 프로그램을 극장무대와 밖을 연결시킨 점이다. 그것은 대체로 가정주부나 학생, 외국인 등과 같은 특수층 사람들을 대상으로 삼을 때 더욱 그렇게 했다. 국제벼룩시장을 연다든가 메주직판장을 벌인 것 등이 바로 그런 프로그램이라 하겠다.

혹자는 극장에서의 그런 프로그램에 눈살을 찌푸리기도 한다. 과거 어느 극장도 하지 않았던 방식이었기 때문이다. 그 외에도 차(茶)와 도시락을 제공한다든가 극장 안에서 수면(睡眠)을 시키는 것 등도 이색적인 프로그램이었는데 이에 대해서도 고루한 극장관계자들의 비난이 있었다. 그러나 예부터 공연은 먹거리와 직결되어 있었음을 기억할 필요가 있다. 무대예술이란 당초 축제에 그 뿌리를 두고 있기 때문이다. 아직도 그 잔재가 남아 있어서 일부 동양의 고전극(京劇)에서는 해바라기 씨앗을 까먹으면서 관람하기도 한다. 일본의 가부키 극장에서는 오전 공연의 인터미션에 도시락을 먹도록 하는 경우도 있다. 따라서 정동극장의 도시락이나 차 제공은 탓할 바가 못 된다. 오히려 관객들의 시간과 비용절약이라는 편의까지 보여주는 것이라고 말할 수 있다. 정동극장의 정보화는 전국 극장 중에서 가장 빨랐다. 1996년 11월부터 서비스를 시작한 인터넷 홈페이지는 5개의 메뉴, 즉 극장소개, 97전통예술상설무대, 전속예술단, 한국의 예술인, 게시판 등으로 구성되어 있다. 따라시 정동극장 정보화는 경향신문과 한컴이 공동주최하여 선정하는 '베스트 웹코리아'(6차-오락·취미·스포츠분야)의 베스트 웹 사이트에 선정될 정도였다. 그만큼 정동극장은 시대 흐름에 낙후되지 않고 앞서 갔다. 시대 흐름에 민감한 것은 비단 정보화 추진만이 아니었다. 정동극장은 포장술에 뛰어났다. 아무리 극장에서 할 수 있는 레퍼토리나 또 여타 극장 무대에 올랐던 작품들이라 하더라도 정동극장에 일단 들어오면 그럴듯하게 재정리되거나 새롭게 포장되어 관객들에게 다가서게 만들었다.

가령 1997년 봄만 하더라도 〈풍무악과 재즈의 만남, 그 환타지〉라는 공연을 가진 바 있는데 이것은 전통적인 타악기와 재즈를 결합시킨 것이었다. 정동극장이 '문화충돌'이라는 명제를 내걸고 우리의 전통예술과 서양의 전위예술, 또는 민속예술을 조화시키는 무대를 꾸미는 일환의 한가지인 것이다. 주지하다시피 1997년도는 정부가 해마다 바꾸어 지정하는 '문화유산의 해'였다. 따라서 정동극장은 그동안 해마다 시행해온 예능 보유자와 이수자들의 발표를 유치하여 〈한국의 유산, 그 빛과 소리의 향연〉이라고 그럴듯하게 포장하여 3일간 화려하게 무대를 빛나게 했었다. 사실 무형문화재의 보존과 전승은 예능보유자와 전수자들의 몫이므로 해마다 서울 석촌 호숫가 야외무대에서

늦은 봄에서부터 초여름에 걸쳐서 발표회를 가져왔었다.

그런데 정동극장이 '문화유산의 해'를 맞아 그것을 유치하여 멋지게 포장하여 유료공연으로 꾸민 것이다. 정동극장은 그 발표회를 유치함과 관련하여 "전통예술 각 종목을 대표하는 인간문화재들과 이수자급의 예술인들이 바로 이 공연무대를 통해 한국전통예술의 큰 맥을 이어왔으며, 전승의 맥이 끊기기 쉬운 종목을 중요 무형문화재 종목으로 지정, 이를 무대화하여 그 계승에 앞장서온 한국 전통예술 공연무대의 요람입니다. 그러나 그동안의 발표공연이 다소 의례형식에 치중되기도 했다는 일부의 비판을 거울삼아 올해, '문화유산의 해'를 계기로 이번 중요무형문화제 발표공연 무대는 보다 내실 있고 알찬 모습으로 새롭게 태어나야 한다고 생각합니다."[15]라고 했다.

그러면서 그동안 다른 곳에서 흔히 보아왔던 단순한 무대적 놀이나 박물관식 나열을 지양하고 보다 창조적이고 미래지향적인 발표공연으로 새롭게 선보이겠다는 것이다. 동시에 극장 측에서는 "인간문화재들뿐만 아니라 그들을 잇는 이수자, 전수조교들을 고루 초청하여 전통예술의 맥을 한 무대에서 전승하는 창조적인 무대로 구성, 현대적 감각을 살려 실질적인 발표공연으로 승화되는 원년으로 삼겠다."는 포부까지 밝혔다. 참고삼아 당시의 발표공연프로그램을 소개하면 다음과 같았다.

제28회 중요무형문화재 발표공연 출연자 명단

'97. 4. 16

출연종목	구분	출연자	공연내용	공연시간	반주자
제46호 대취타	보유자	정재국 등 12명	무명지곡	6분	
제57호 경기민요	보유자	이은주 등 5명	잡가, 민요	17분	6명
제16호 거문고산조	후보	김영재 등 5명	산조가락	15분	1명
제92호 태평무	조교	이명자	태평무	14분	7명
제5호 판소리	후보	김영자 등 2명	수궁가	15분	
제34호 강령탈춤	보유자	김실자 등 7명	미얄과장	20분	
계				총 87분	14명

'97. 4. 17

출연종목	구분	출연자	공연내용	공연시간	반주자
제83호 가호	보유자	이철호 등 11명	천년만세(별곡)	13분	
구례향제줄풍류	후보	김중섭 등 5명	처용무	18분	
제39호 처용무	후보	안숙선	단가(녹음방초)	15분	7명
제23호 가야금병창	후보	이동규	홍보가	10분	1명
제30호 가곡	보유자	김동표	언락, 편락	15분	7명
제45호 대금산조	후보	박송희 등 2명	산조	15분	1명
제5호 판소리	보유자	김형순 등 15명	홍보가	20분	
제11호-다호이리농악					
계		36명		총 106분	16명

'97. 4. 18

출연종목	구분	출연자	공연내용	공연시간	반주자
제97호 살풀이춤	조교	양길순	살풀이춤	13분	
제29호 서도소리	보유자	오복녀 등 3명	수심사(엮음)	13분	7명
제23호 가야금산조	후보	양승희	산조	15분	자체반주
제40호	보유자	이흥구 등 10명	학연화대합설무	18분	1명
학연화대합설무	후보	홍순섭 등 2명	적벽가	15분	7명
제5호 판소리	보유자	정영만 등 11명	부정굿	25분	
제82호-다호남해안					
별신굿					
계		36명		총 99분	15명

'97. 4. 18

종목	구분	성명	내용
제97호 살풀이	조교	양길순	무용
제29호 서도소리	보유자	오복녀	소리, 장고
	보조자	유춘심	〃
	이수자	신정애	〃
	후보	양승희	연주
제23호 가야금산조	보유자	이흥구	학춤
제40호 학연화대합설무	보조자	홍웅기, 손경순	학춤, 악사
	이수자	손석순, 강인숙	죽간자
	〃	노윤선, 백재욱	동기무
	〃	김정연, 이지연	협무
	〃	김수진	악사
	후보	송순섭	창자
제5호 판소리	보유자	김성래	고수
	보유자	정영만	악사
제82호-남해안별신굿	후보	백정자	무녀

	보조자	김현숙, 공대원	무녀, 악사
	이수자	김현식, 조철현	악사
	〃	정옥이, 유송이	무녀
	〃	양성민, 공성재	악사
	〃	박준식	악사
계		36명	

　이상과 같은 프로그램은 문화부주관의 연례행사로 서울 석촌 호숫가 야외 무대에서 무료로 발표회를 한 바 있었다. 그래서 일반의 관심은 미약했던 것은 사실이다. 그러나 그것을 정동극장이 유치하여 새롭게 포장하여 내놓음으로써 대중의 호응은 배가 되었다. 그나마 과거와는 달리 유료화했음에도 그러했다. 바로 여기서 문화도 포장하기에 따라 고가(高價)의 상품이 될 수 있다는 것을 정동극장이 극명하게 보여준 것이다. 다른 극장에서 별로 주목을 끌지 못했던 작품들도 일단 정동극장에 오면 성공하는 경우가 있다. 이는 곧 정동극장이 브랜드화되어 있음을 단적으로 보여준다.

　물론 정동극장의 이러한 포장술에 대해서 비판하는 사람도 있었다. 비판자들은 정동극장이 독자적으로 작품을 만들어내기보다는 남의 극장 작품만을 가져다가 재포장해서 공연한다는 것이다. 이러한 비판자들의 주장도 일리가 없는 것은 아니지만 4백석의 작은 극장인 데다가 예산도 부족하고 또 상주단체 성격의 전통예술단 하나밖에 없는 상태에서 새로운 작품을 만들어낸다는 것은 결코 쉬운 일이 아니다, 그러한 비판을 감안하여 정동극장이 자체적으로 작품 제작에도 나섰다. 그 첫 작품이 다름 아닌 〈가인(歌人)〉(이병원 작, 이윤택 연출)이다. 신예작가 이윤택이 이끄는 연희단거리패가 제작한 이 악극은 지난 시절의 사당패를 주제로 한 이야기로서 중장년층과 노인층을 상대로 한 프로그램이었다.

　그동안 정동극장이 주부층과 학생층을 상대로 한 프로그램을 많이 개발해왔는데, 이번에는 문화적으로 소외계층이라 할 노인층과 장년층을 대상으로 해서 악극을 선보인 것이다. 현대문화는 아무래도 서양, 그것도 미국 대중문화의 홍수 속에서 젊은층이 독점 하다시피 하고 있다고 말해도 과언이 아니다. 이에 착안한 극장 측은 향수 프로그램을 개발한다는 취지로 해방 직후까지 번성했던 악극 〈가인〉을 선보인 것이다. 이 작품을 내놓는 것과 관련하여 극장 측은 "'지나간 것들이 그립다' 시리즈는 젊은층 중심의 문화시장에서 철저히 소외당해온 중장년, 노인층 관객들을 대상으로 추억과 향수를 담아내는 공연입니다. 이사회에서 가장 중추적인 역할을 담당하고 있으면서도 공연장은 물론 TV에서조차 기성세대를 위한 프로그램을 찾아보기 힘든 요즈음, 우리의 중장년층은 어디에도 문화적 위안거리를 찾을 수가 없습니다. 자금 회전이 빠른 10대 중심의 문화상품시장에 모든 자본이 집중되어 있기 때문"(극장운영Ⅱ, p.64)이라고 설명했나. 정동극장의 이러한 프로그램이 이딘기 복고적이지 않은가 하는 의구심을 갖는 이도 없지 않을 것이다. 그런 의구심에 대해서 극장은 단호히 부정하고 나섰다.

즉 홍 극장장은 한 칼럼에서 "비판자들이 복고주기설과 복고주의가 판을 치는 세태의 진짜 이유가 문화소외에 있다는 것을 외면하고 있다. TV가 주도하는 대중문화시장은 적극적인 문화소비자 10, 20대의 비위에 맞는 프로그램만 열심히 제작 공급해왔다. 모든 문화시장이 이들 단기적 수요자에게만 눈을 돌려 잠재적 소비자인 30대 이상의 구매자는 등한시했다. 따라서 공급이 없으니 수요가 창출될 리 만무하다. 오늘의 복고바람은 소외되고 잊혀진 이들 세대가 위안 받고 기댈만한 문화상품이 없는 세상을 향하여 일으킨 일시적 반란"[16]이라면서 복고주의(復古主義)는 없다고 했다. TV 드라마에서 〈형제의 강〉과 같은 프로그램이 인기를 모으는 것은 복고주의 현상이라기보다는 문화소외층의 반란현상으로 진단한 것이다.

그런데 정동극장이 또 하나 주목받을 만한 점은 어느 한 가지 아이디어에만 의존하지 않는다는 점이었다. 매우 복합적인 프로그램을 창출해 내는 장기(長技)를 가진 것이 특징이다. 복고풍의 악극 〈가인〉만 하더라도 공연 자체만으로 만족하지 않고 무대 밖의 이벤트와 연결을 시켜서 시너지 효과를 불러일으킨 것이 특징이다. 악극 〈가인〉이 공연되는 16일 동안 극장의 쌈지마당(광장)에서는 어려웠던 시절에 즐겨 먹은 음식장터를 펼쳤다. 그와 관련하여 극장 측에서는 "우리 극장이 쌈지마당에서 먹거리 장터를 여는 것은 약장수의 서커스가 유행했던 60년대 초 먹고살기 힘들었던 그 시절의 먹거리를 되돌아봄으로써 그 때의 향수를 되새겨보고자 하는데 있습니다. (…중략…) 이번 악극 〈가인〉을 공연하는 동안 정동극장에서는 투박한 쑥개떡과 감자떡, 순대, 빈대떡 등 옛 향수를 자극하는 음식이 판매됩니다. 가족, 친구들과 극장에 와서 옛날에 맛보던 음식을 먹고 공연장으로 내려가서 악극도 보고…. 이 것은 악극의 분위기를 한층 더 고조시켜주고, 친근한 극장이라는 느낌을 관객에게 심어줄 것입니다."(극장운영Ⅱ, p.89)라고 홍보했었다.

이야말로 기발한 발상의 산물이라 아니할 수 없다. 왜냐하면 작품 분위기에 맞는 지난 시절의 음식을 극장 밖에다 진열해놓은 것이기 때문이다. 주지하다시피 악극은 1920년대 말 신파극의 막간(幕間)으로부터 출발하여 1940년대에 가장 번창했던 대중극이다. 음악과 무용이 주가 되는 가무극으로서 토착성 짙은 뮤지컬이라 부를 수 있다. 그런데도 악극은 6·25전쟁을 겪으면서 쇠퇴해갔고 TV가 등장함과 동시에 소멸되었던 것이 90년대에 와서 다시 각광받는 무대예술로 발돋움하고 있었다. 그런데 정동극장이 기획한 〈가인〉은 전통적인 유랑 예인집단인 사당패가 소재가 되어 있어서 더욱 흙냄새 나는 작품이라 말할 수 있었다.

이처럼 정동극장이 지난 시절의 악극을 공연하면서 그 작품과 걸맞은 동시대 음식이었다고 할 쑥개떡, 감자떡, 순대, 빈대떡 등 토속음식을 판매함으로써 중장년층의 향수를 자극하기에 충분했던 것이다. 여기서도 정동극장의 마케팅 기법의 특징이 잘 나타나고 있다. 솔직히 〈가인〉은 수작이 아니었고 다만 악극 붐을 타고 나온 대중극의 하나에 불과한 것이었다. 그러나 그것을 평범한 공연으로 흘려보내지 않고 토속음식과 결부시키는 포장을 해서 멋진 공연상품으로 판매한 것이 돋보일 뿐이었다. 다른 극단들이 예술의 전당이라든가 호암아트홀 등 여러 극장에서 대형 악극을 여러 편 무대에 올렸지만, 토속음식과 결부시킨 일은 한 번도 없었다. 바로 그 점에서 정동극장은 적어도 마케팅에서는 그 어느 극장들보다도 앞서 갔다고 말할 수 있다.

정동극장이 공연예술 장르를 고르게 올린 것도 하나의 장점으로 평가받을 수 있었다. 대체로 극장은 어느 한 장르에 치우칠 수가 있고 또 그것이 그 극장의 색깔일 것이다. 그러나 정동극장만은 소형극장이라는 점에서 대형 오페라와 같은 작품은 공연하지 못했지만 연극, 무용, 음악, 전통예술 등을 균형 있게 무대에 올린 것이 특징이었다. 가령 1996년 봄부터 시작한 〈오늘의 무용가 시리즈〉만 하더라도 연간 두세 사람의 유망 무용가의 춤을 선보이는 프로그램이다. 한영숙이라는가 이매방 등 대가들의 춤맥을 잇는 중견 무용가들의 춤을 선보이는 프로그램이었기 때문에 무용 팬들은 물론이고 일반 관객들도 즐겁게 했다. 왜냐하면 이 춤 시리즈를 보면 우리의 춤맥을 짚어볼 수 있었기 때문이다. 그리고 춤시리즈에서는 대표적인 무용가와 그의 일행의 춤까지를 보여주었기 때문에 풍성한 공연이 될 수가 있었다.

그리고 정동극장이 자체 공연만 한 것도 아니다. 외부의 주요 공연행사를 맡아서 기획도 했다. 그 하나가 다름 아닌 1997년 11월 29일부터 12월 5일까지 실시된 '중요무형문화재 전수회관 신축개관기념행사'라 하겠다. 솔직히 중요 무형문화제를 주관하는 정부부서가 문화부인 만큼 수년에 걸쳐 건립한 전수회관 건립기념 공연행사를 주최하면서 그 산하에 있는 정동극정에 의뢰할 리가 있었겠는가, 이는 곧 정동극장이 치밀한 기획력을 인정받고 있었다는 이야기도 되는 것이다.

연극 못지않게 무용공연을 많이 한 정동극장이 이번에는 한국무용이 안고 있는 문제 중의 하나라 할 일회성 공연 관행 혁파에 나선 점이다. 주지하다시피 우리의 무용작품들은 대부분 한두 번 공연으로 사라지거나 사장되기가 일쑤였다. 외국의 경우 〈백조의 호수〉나 〈호두까기 인형〉 등의 발레에서 볼 수 있듯이 오랜 세월에 걸쳐서 갈고 닦음으로써 하나의 고전으로 정착되었으며 그 외에도 수많은 작품이 그런 과정을 거쳐 정착되었다.

그런 경우는 우리의 전통춤에서도 마찬가지였다. 그러나 현대무용의 경우는 그렇지가 못했다. 따라서 주옥같은 신작무용이 묻혀버리는 경우도 적지 않았던 것이다. 이는 아무래도 공연장 사정이라든가 열악한 재정 등에 그 원인이 있었고 다른 한편으로는 무용을 문화상품으로서 세련시켜 판매하려는 의지의 부족에서도 찾을 수 있지 않을까 싶다. 이에 정동극장은 "그동안 우리 무용계가 답습해온 일회성, 단발성 공연의 폐단을 떨쳐버리고 우수한 창작 작품은 발굴, 이를 지속적으로 보급하기 위해 국내 최초로 창작무용의 레퍼토리화 작업을 시도, 그 첫 번째 무대로 김복희의 창작 작품을 무대에 올린다." (극장운영Ⅱ, p.98)고 했다.

알다시피 김복희 무용단은 주목받을 만한 창작 레퍼토리를 적지 않게 갖고 있는 단체이다. 로르카의 시극 〈피의 결혼〉을 한국적 죽음과 장례의식에 접목한 작품에서부터 〈장승과 그림자〉 등 토속적 정서의 현대무용이 자랑할 만한 레퍼토리였다. 그런 작품들도 모두가 단명으로 끝났기 때문에 정동극장이 1주일 가까이 장기공연으로 문화상품화한 것이다. 이것은 사실 무용의 대중화 작업의 일환이기도 했었다. 예상대로 무용 대중화의 가능성을 확인한 김복희 무용단의 〈꽃이여 바람이여〉의 뒤를 이어 정동극장은 국악대중화 작업에 나섰다. 실제로 극장 측은 이미 매주 화요일과 금요일 두 번 전통예술을 공연하고 있었던 만큼 국악대중화와 현대화의 기치를 높이 들고 1997년 12월에 〈우리소리와 현대문명의 만남전(展)〉이라는 무대를 개최할 수가 있었다.

한편 전통예술을 2년여 공연해오면서 정동극장이 몇 가지 문제점을 발견해냈다. 그 첫째가 국악에 대한 일반의 그릇된 고정관념이었다. 그러니까 국악은 시대에 뒤떨어진 예술이기 때문에 고루하고 재미가 없다는 생각을 일반이 하고 있었다. 특히 신식 교육을 받은 사람일수록 국악을 멀리했는데, 그 가장 큰 이유가 국악이야말로 과거형 예술이라고 생각하고 있었던 것이다. 두 번째로는 그동안 국악인들과 극장들이 대중에게 보다 가까이 다가서려는 치열한 노력을 하지 않는다는 점이었다. 그래서 국악이야말로 민족예술의 보고(寶庫)인 동시에 그 활용에 따라서는 우리나라 미래예술의 바탕이 될 수 있음에도 불구하고 그 진정한 가치가 계발되지 못했다고 본 것이다. 사실 국악이 시공을 초월한 보편적 예술로서 거듭나려면 현대적인 감각에 맞는 레퍼토리 개발이 시급했다. 이러한 국악계의 숙원을 풀기 위해서 정동극장이 국악의 대중화, 현대화, 세계화를 내걸고 '재미있는 국악, 함께 즐기는 국악, 보고 느끼는 국악' 연주를 마련한 것이었다.

이러한 극장 측의 의도는 우선적으로 레퍼토리에서 구체성을 띠고 나타났다. 가령 정악(正樂)의 표제음악이라 할 수제천과 민속악의 대표 격인 시나위를 현대감각에 맞도록 재정리한 〈신수제천〉과 〈신시나위〉를 신보인 것을 비롯해서 〈삼포가는 길〉, 〈초원산행〉, 〈귀소〉, 〈영가(詠歌)〉, 〈역사의 강〉 등 김영동(金永東)의 신작 국악곡에다가 영상 비디오아트 조명까지 가미해서 연주한 점에서 대단히 이색적인 것이었다. 정동극장이 밝힌 대로 〈우리소리와 현대문명의 만남전〉은 "소금과 대금, 가야금 등의 전통 국악기뿐 아니라 만도린, 기타, 신디사이저, 드럼 등 현대 악기들이 한데 어울리는 가운데 각 작품마다 주제에 따른 슬라이드 등의 영상효과와 조명이 곁들어져 빛과 소리와 영상이 한데 어우러지는 환상적인 무대가 연출된다는 것도 빼놓을 수 없는 특징이자 이 음악회의 성격적인 테마를 규정짓는 요소로 작용"(극장운영Ⅱ, p.103)한다고 설명한 바 있다.

이러한 정동극장의 기획은 분명히 대중의 주목을 끌기에 충분했다. 과거에도 다른 극장에서 몇 번 비슷한 시도를 한 적이 있지만 정동극장처럼 본격적인 기획 상품으로 내놓은 것은 처음이기 때문에 극장 측이 의도했던 대로 우리음악의 현대화와 세계화, 대중화에 어느 정도 기여했음을 부인하기가 어려울 것 같다.

다만 그런 시도에 회의적인 일부 사람들은 수제천과 같은 궁중음악을 훼손할 수도 있는 것이 아니냐고 했다. 사실 전통의 계승 자세는 두 가지로 나누어 생각할 수 있다. 가령 한 가지 방법은 원형 보존과 전승이고 다른 한 가지는 원형을 현대적 감각에 맞도록 재창조하는 방식이다. 베토벤의 교향곡도 지휘자와 연주자들에 따라 그 음색이 달라질 수밖에 없다고 볼 때, 우리의 국악도 시대 변천에 따라 어느 정도 변화할 수밖에 없는 것이 아닌가. 그 점에서 정동극장의 시도는 의미 있는 작업이었다고 말할 수 있다.

4백석 규모의 정동극장은 끊임없이 새로운 시도를 해야만 생존할 수 있는 작은 극장이다. 물론 정동극장이 우리나라 공연예술 진흥이라는 큰 목표를 향해서 나아갔지만 그것도 대중의 호응이 없으면 그 성취는 불가능하다. 그렇기 때문에 극장 측에서는 대중의 이목을 집중시킬 수 있는 각종 프로그램 개발과 함께 관객의 저변확대를 위한 노력을 게을리해서는 안 되었다. 그런 일환으로 시도한 것 중의 한 가지가 다름 아닌, (콜)모범택시와의 업무제휴라는 것이었다. 이는 서울지리에 어두운 외국인 관광객유치를 위해 시도한 것으로서 극장 측과 모범택시회사 측이 이득분배를 하는 방식이었다.

1997년 8월 말에 처음으로 울림터 (콜)모범택시 관계자 4백여 명을 대상으로 전통예술상설무대 시연회를 열었고, 공연 뒤에는 쌈지마당에서 다과회도 베풀어주었다. 도시의 발이라는 택시기사들의 호응도는 대단히 높았다. 이에 정동극장은 외국인들이 많이 이용하는 6백여 대의 울림터 (콜)모범택시에 전통예술상설무대 공연홍보를 위한 부착물과 홍보물을 제작 공급하고, 승객들을 위한 할인권을 맡겼다. 그래서 할인권 회수에 따라 울림터에 수수료도 제공했던 것이다. 그러니까 극장 측에서 모범택시기사들을 홍보요원으로 생각한 것이다. 모범택시마다 극장의 공연 홍보물과 관광지도를 상시 비치하고 할인권을 요구하는 승객에게 할인권을 배부하는 편의를 제공함으로써 택시의 품위도 올라가고 공연정보도 주며 그에 따른 수수료까지 받을 수 있었기 때문에 극장과 외국인 관객과 택시 측 모두가 득을 보았던 것이다. 그 결과는 대단히 좋았다. 정동극장에는 외국인 관객이 늘어났고 관광객이 호텔로 돌아갈 때도 울림터 (콜)모범택시만을 찾았기 때문에 울림터의 수익도 덩달아 올라갔다.

1997년 8월 말에 처음 시작한 울림터 (콜)모범택시와의 업무제휴는 1998년에도 계속되었다. 사실 이러한 정동극장의 기획은 관객확대 노력의 일환이지만 극장의 홍보라든가 이미지 개선, 그리고 극장의 외연(外延) 확대라는 점에서 경영기술에 속하는 것이었다. 일찍이 국내 어느 문화 공간에서도 시도해 보지 못했던 이러한 기획은 앞으로 다른 문화공간이나 여타 기업에서도 참고해 볼 만한 것이라 생각한다.

우리나라에서는 가족이 함께 즐기는 문화가 별로 없다. 특히 전통사회에서는 극장이라는 개념도 없었지만 남녀 또는 노소의 유별이 심했었기 때문에 적어도 문화공간을 함께 찾는다는 것은 상상할 수도 없었나. 그런 현상은 근대까지도 지속되었다. 물론 서양의 가족문화의 영향으로 어린 자녀와 부모 간의 간격이 좁혀지고 따라서 여행 등 가족동반이 보편화되었지만 문화공간을 함께 찾는 경우는 여전히 흔치가 않았다. 그 이유는 대체로 두 가지에 있지 않나 싶다. 그 첫째는 가족이 함께 보고 즐길만한 문화프로그램이 별로 없다는 점이다. 대부분 문화프로그램이 어른 중심으로 되어있고 어린이를 상대로 하는 프로그램은 유치한 아마추어 수준에 불과하다. 그래서 어린이를 상대로 하는 프로그램에는 보호 차원에서 마지못해 어머니가 따라다니는 정도였다.

따라서 정동극장은 어른도 함께 즐길 수 있는 어린이 프로그램 개발을 연구하기 시작했다. 그래서 탄생한 것이 다름 아닌 가족극장 뮤지컬 〈나무꾼과 선녀〉라는 프로그램이었다. 극장 측은 이 레퍼토리를 내놓으면서 "부모가 아이들이 함께 부를 노래가 없는 사회, 부모와 아이들이 함께 볼 공연이 없는 사회, 오늘의 이 시대는 서로 함께 공유할 문화가 없는 세상입니다. 사회통합의 힘은 결국 문화의 통합으로부터 시작된다는 문화사회학적 철학에서부터 출발한 정동극장의 가족극장 뮤지컬 〈나무꾼과 선녀〉는 가족단위로 즐길 수 있는 공연물을 개발하여 세대통합적 문화공연의 기초를 마련하려는 의도로

기획, 제작되었습니다."(극장운영Ⅱ, p.107)라고 설명했다. 이는 그만큼 가족
뮤지컬을 의도적으로 연구 개발했음을 말해주는 것이라 하겠다.

　그런데 여기서 주목할 만한 사실은 이 레퍼토리를 수준 높은 작품으로 만
들기 위해서 러시아의 발전된 어린이 뮤지컬 전문극장과 제휴를 한 점이다.
주지하다시피 러시아는 공연예술이 대단히 발전했고, 특히 어린이극은 세계
최고의 수준이다. 모스크바에만도 십수 개의 어린이 전문극장이 있을 정도이
다. 따라서 정동극장은 나탈리아 샤츠(Natalia Satz) 국립어린이 뮤지컬극장의
전속 작곡가인 이고르 야쿠센코에게 작곡을 의뢰해서 빼어난 음악극을 만들
어낸 것이다.

　혹자는 왜 우리의 전래동화를 러시아 작곡가에게 의뢰해서 만들었는가고
물을지 모르지만 〈나무꾼과 선녀〉 설화는 유라시아대륙 전반에 널리 펴져있
기 때문에 러시아인에게도 생경(生梗)하지 않을뿐더러 오히려 보편성을 띤
수작(秀作)을 기대할 수가 있기 때문이었다. 그 결과는 대단히 성공적이었다.
러시아를 오고가면서 1년 반 동안 준비한 가족 뮤지컬 〈나무꾼과 선녀〉를 선
보인 것은 1997년 12월이었다.

　모스크바 나탈리아 샤츠 극장의 전속연출가 빅토르 보리소비치 랴보프
(Victor Borisovitch Riabov)가 직접 내한하여 연출한 것이기 때문에 무대기술
도 뛰어났음은 두말할 나위 없다. 겨울에 시연회를 마친 극장 측은 이듬해
4월부터 5월까지 두 달 동안 본격공연을 했다. 5월은 마침 '청소년의 달'이기
도 하지만 '어린이날'도 들어있다. 예상대로 가족관객이 매회 만원을 이룰 만
큼 폭발적이었다. 극장 측은 가족 단위 공연관람을 유도하기 위해서 가족관
련 단체 및 협회와 연계하는 것은 물론이고 '엄마랑 티켓'(20% 할인)이라든가
'엄마랑 아빠랑 티켓'(30% 할인), '아빠랑 티켓'(50% 할인) 등을 만들어 더욱
인기를 끌었다. 여기서 특히 우리의 눈길을 끄는 것은 '아빠랑 티켓'을 파격적
으로 반액 할인한 점이다. 이는 우리 사회의 바람직하지 못한 아버지 기피
현상을 타파하기 위한 것이었다.

극장 측은 이 작품을 매년 4~5월에 새롭게 세련시켜서 고정 레퍼토리를 만들었는데 장기적으로는 정동극장이 세계시장을 내다본 문화상품 개발 차원이었다는 점에서 주목할 필요가 있다. 극장 측이 그동안 많은 문화상품을 개발해왔지만 〈나무꾼과 선녀〉처럼 많은 제작비와 오랜 시간을 할애한 것은 처음이었고 러시아 예술가의 도움까지 받은 예외적인 예에 속하는 것이었다. 그 결과 〈나무꾼과 선녀〉는 우리나라 어린이극의 수준을 한 단계 높여놓기도 했다.

우리나라에서 어린이극이라는 것이 처음 시작된 것은 1960년대 후반 인형극 공연에서부터였다. 그동안 인형극을 중심으로 해서 뮤지컬 등으로 확대되었지만, 수준은 역시 조악한 아마추어 수준을 벗어나지 못했었다. 그러다가 정동극장의 가족 뮤지컬 〈나무꾼과 선녀〉가 등장한 것이므로 그 의미가 적잖은 것이다.

그러나 뭐니 뭐니 해도 정동극장 측이 가장 관심을 쏟은 것은 청소년 프로그램이 아닐까 싶다. 극장 개관 초기부터 대중성 강한 지휘자 하성호와 손을 잡은 극장 측은 그가 이끄는 서울팝스오케스트라로 하여금 수시로 연주할 기회를 만들어 주었었다. 그러다가 1998년 초부터는 〈하성호와 함께하는 이야기가 있는 음악회〉라는 프로그램을 만들어서 방학 중인 청소년들을 불러들이기 시작한 것이다. 극장 측은 청소년을 위한 신년음악회를 개최하면서 "공연예술의 향수기회가 절대적으로 부족한 가운데 난잡한 대중문화의 부작용에 젖어들기 쉬운 청소년들에게 공연무대를 쉽고 편안하게 접근시켜 순수예술의 정서를 심어주고 나아가 미래의 관객을 키우고자하는 저희 극장의 인식에서 비롯되었습니다. 정동극장은 개관이후 청소년 문화 프로그램의 육성에도 역점을 두고 다양한 공연무대를 개발하여 각 급 학교의 학생들, 학부모들에게 폭넓은 호응을 얻어 왔습니다. 처음엔 방학 과제물 때문에 극장을 찾았던 청소년 관객들이 우리 극장의 연간 고정회원으로 등록한 숫자만 해도 5천명을 넘고 있는 사례가 우리 극장의 청소년 무대의 진가를 실증해주고 있습니다. 〈하성호와 함께하는 이야기가 있는 음악회〉라는 타이틀로 꾸며지는 이번 청소년무대 역시 단순히 학생들의 눈높이에 오케스트라 키를 낮춘 음악회가 아니라 서울팝스오케스트라가 지닌 대중적인 색깔과 청소년 무대가 동일한 성격으로 만나는 음악회라고 할 수 있습니다."(극장운영Ⅱ, pp.114~115)라고 의미부여를 한 바 있다.

이는 사실 대단히 중요한 대 사회 접근이라 볼 수 있다. 왜냐하면 극장 측이 미래의 관객이라 할 청소년층을 대상으로 삼은 점과 클래식을 대중화하는 것을 목표로 했기 때문이다. 정동극장은 오케스트라 연주회가 결코 엄숙하거나 고답적인 무대가 아닌 무엇보다도 먼저 재미있어야 한다고 보았으며 입담 좋은 지휘자 하성호로 하여금 어려운 클래식 작품을 쉽게 풀어 설명함으로써 청소년들이 편하게 감상하고 즐길 수 있도록 만든 것이다. 극장 측이 "클래식음악을 대중음악처럼 쉽고 편안하게, 대중음악을 클래시컬하게 편곡, 연주함으로써 클래식이 곧 대중음악이고 대중음악이 역시 클래식일 수 있다는 것을 제시, 학생들의 취향과 쉽게 어울리는 무대"(극장운영 Ⅱ, p. 115)를 만들었다는 것이야말로 대단히 적절한 것이었다.

사실 클래식이 우리 사회에서는 사람들의 일상생활과는 비교적 동떨어져 있는 음악양식이라 말할 수 있다. 오케스트라가 전국에 30여 개 정도 있지만 음악회라는 것은 많지도 않고 그나마도 대중음악에 밀려서 그 존재가 미미하다. 더욱이 입시교육에 시달리는 청소년들이 그런 클래식 연주회에 간다는 것은 좀처럼 어려운 일이다. 그래서 우리나라에 청소년은 있어도 청소년문화는 없다는 이야기가 나오는 것이 아닌가. 정동극장의 관객확대 전략은 비교적 장기적인 안목을 갖고 접근하고 있는 것이 특징이었다.

그러니까 극장이 작품을 만들어놓고 막연히 기다리고 있는 것이 아니라 먼저 관객성향을 염두에 두고 프로그램을 만들어가는 것이 특징적이었다는 이야기다. 그만큼 정동극장은 광범위하면서도 미래를 내다보고 프로그램을 만들어갔다. 문화 향수층의 확대라는 것도 바로 이런 것이 아닐까 싶다. 물론 청소년층을 상대로 한 음악회를 정동극장이 처음 시도한 것은 아니다. 예술의전당도 비슷한 시기에 청소년을 위한 토요음악회를 시작했었다. 지휘자 금난새의 해설로 오케스트라 연주를 하는데 토요일을 택해서 하고 있으며 청소년들의 호응도가 대단히 높다. 그런데 정동극장의 〈이야기가 있는 음악회〉는 주로 방학을 이용하고 또 대중화시킨 점이 다르다. 참고삼아 정동극장의 청소년 프로그램을 소개하면 이렇다.

● PROGRAM

슬라브행진곡 ··· P. Tachaikowsky
(Slave March)

Solele Cuba ··· 송상환 曲
(쿠바의 태양)   Trumper Solo/장명근

Ziegeunerweisen ··· P. Sarasate 曲
(집시의 노래)   Violin/Morzevsky

Stand by me ··· 송상환 編曲

Walk(Violin Trio)··· 하성호 編曲
                    Violin/Morzevsky Lev.
                              Moissiev Anatonly Vladimirovitch
                                        Kisselev Evgeni

Tomba La Neige ··· 최문식 編曲
(눈이 내리네)
                    Alto Saxophone Solo/Gomovel serguel

스페인의 벼룩 ·· 송상환 編曲

영화 '접속' 주제곡 ·· 최문식 編曲

영화 'Rocky' 주제곡·· 최문식 編曲

Goodbye Yesterday·· 송상환 編曲
(히트가요)

이별노래 ·· 하성호 編曲
(Cello Solo)

DOC와 춤을 ·· 최문식 編曲

Gipsy Woman ·· 하성호 編曲

소프라노 김향란(1월 16, 17, 25, 29일, 2월 1, 3일 출연)
동심초 ··· 김성태 曲
그리운 금강산 ·· 최영섭 曲
아침의 노래 ·· R. Leoncavallo 曲

바리톤 박형식(1월 18, 19, 21, 31일, 2월 2일 출연)
거문도 뱃노래 ··· 한국민요
친구에게 내 말 전해주오 ································· Falvo 曲
From the "New World" ······························· 하성호 編曲
(다시 태어난 드보르작의 "신세계")

예상대로 정동극장의 〈이야기가 있는 음악회〉는 청소년들의 호응도가 대단히 높았다. 특히 청소년 관객을 회원으로 엮는 작업까지 벌임으로써 고정회원이 자그마치 1만3천여 명에 이를 정도였다. 4백석의 작은 극장이 단 몇 년만에 청소년회원만 1만3천여 명을 확보했다는 것은 놀랄 만할 뿐만 아니라 연극사상 최초였다. 정동극장이 개관 이후 틈새 문화시장 공략의 일환으로 세대별 음악회무대를 개발, 시리즈를 마련하여 이미 진작부터 10, 20대를 위한 청소년음악회의 개발에 꾸준한 노력을 기울여온 결과는 빛나는 것이었다. 왜냐하면 정동극장이 단 2년여 만에 청소년들의 문화교육장이 되었기 때문이다. 특히 정동극장은 클래식을 청소년들의 눈높이에 맞추면서도 속화(俗化)시키지 않고 언제나 격을 유지했다. 이는 정동극장이 개방적이면서도 품격을 잃지 않는다는 자세로 접근한데 따른 것이었다.

오늘날 청소년 문제야말로 사회문제의 제1호로 부상되어 있음에도 그 문제를 근본적으로 해결할 방도는 못 찾고 있는 형편이다. 기껏해야 규제법으로 단속 차원일 뿐 그들을 올바른 방향으로 선도하는 비법은 어디에서도 마련되어 있지 못했다. 그런 측면에서 볼 때 정동극장이 청소년층을 상대로 벌이는 몇 가지 문화 프로그램은 주목을 끌 만했다.

가령 방학 동안을 이용한 〈이야기가 있는 음악회〉에 못지않은 것이 1997년 6월부터 진행되고 있는 '문화특활'이었다. 왜냐하면 이 '문화특활'은 방학 동안이 아닌 학기 중에 하는 것인 데다가 연중 매일 시행되었기 때문이다. 그뿐만 아니라 음악 연주에 국한되지 않고 전통예술 공연과 농업 박물관 관람, 덕수궁 궁중 유물전시관 관람 등으로 엮어지는 패키지 문화상품이기 때문에 초등학생부터 고등학생들까지 범위가 꽤 넓었다. 그런데 더욱 주목되는 사항은 이 프로그램이 서울에만 한정되지 않고 수도권과 중부권까지 확대된 점이라 하겠다. 따라서 1997년 6월 처음 시작해서 12월까지 반년 동안 58회를 개최하여 9천3백만 원의 수익을 올린 바 있다. 이는 '문화특활'이 초중고학생들에게 얼마나 인기가 있는가를 단적으로 보여주는 예라 하겠다. 정동극장의 청소년문화 프로그램이 인기가 있었던 이유는 대체로 세 가지에 있었다.

그 첫째는 우리나라에 특별히 청소년문화가 없었다는 점이다. 순전히 청소년들 자신이나 학부모 전체가 입시교육에 얽매이다보니 문화체험은 엄두도 낼 수가 없는 실정이다. 그런 상황에서 정동극장이 청소년들에게 적절한 시간 선택과 그들에게 맞는 문화상품을 내놓음으로써 그 효과가 적중한 것이다. 그만큼 청소년들은 문화에 갈증을 느끼고 있었다고 보아야한다.

두 번째로는 극장 측이 내놓은 프로그램이 청소년들의 취향과 눈높이에 맞춰져 있었고, 또 그런 프로그램을 일회성이 아닌 지속해서 진행해간 점을 꼽을 수 있다. 즉 클래식을 현대적으로 재해석한다든가 청소년들이 좋아하는 팝송도 대담하게 오케스트라 곡으로 재편곡하여 연주한 것 등은 청소년들을 열광시키기에 충분했다고 말할 수 있다.

그리고 세 번째로는 극장 측이 청소년 문화프로그램을 교육적 차원에서 접근한 점을 꼽을 수 있다. 그 하나의 예가 1998년 1월에 실시한 '청소년 불황체험 교육프로그램'이라는 것이다. 그러니까 극장 측에서는 전에 했던 〈이야기가 있는 음악회〉를 개최하면서 거기에 극장장의 강좌를 포함시킨 것이다. 그런 기획을 한 목적에 대해서 "IMF한파로 불리는 경제현장을 몸소 체험해보고 현장 종사자의 강의를 통해 어려운 경제현실과 이를 극복해 나가는 지혜를 배움으로써 청소년들에게 우리 국가 사회의 구성원임을 일깨워주기 위함"(극장운영Ⅱ, p.123)이라 밝힌바 있다.

진행방식은 하성호 지휘자의 해설을 곁들인 음악연주와 그 뒤를 이은 극장장의 '거꾸로 보면 활로(活路)가 보인다'라는 강의가 이어지고 질의응답으로 끝맺는 방식이었다. 이것 역시 청소년들에게는 매우 독특한 문화체험이었을 것이다. 특히 IMF한파로 사회 전체가 무겁게 가라앉아 있을 때 청소년들에게 용기와 희망의 메시지를 던져준 점에서 긍정적 평가를 내릴 수가 있다. 물론 그러한 교육프로그램은 단발성으로 끝날 수밖에 없었다. 왜냐하면 IMF 체제는 곧바로 진정되어 간 데다가 학생들이 극장에까지 와서 강의를 들어야 하느냐는 일부의 거부감도 없지 않았기 때문이다.

정동극장이 설날을 맞아서는 예년처럼 귀향 못한 사람들을 위한 민속공연을 무대 안팎에서 푸짐하게 펼쳤는데, 그 레퍼토리가 대단히 알찼다. 즉 축원에서부터 고사(告祀), 비나리, 삼도풍물굿, 판굿, 검무, 판소리, 강강술래 등을 관중과 함께 펼친 것이다. 이처럼 극장 측은 그때그때 시의에 맞춘 단발성 프로그램도 자주 꾸며서 대중의 호응을 얻어냈다. 각 계층을 상대로 한 여러 가지 프로그램 중에 1998년 2월부터 3주 동안 펼쳤던 〈주부만을 위한 음악회〉는 눈여겨 볼만한 프로그램이었다. 하성호가 이끄는 서울팝스오케스트라가 연주하는 이 프로그램이 눈길을 끈 것은 어느 나라 어느 극장에서도 개연(開演)하지 않는 낮 시간(오후 2시)을 이용한 것과 오직 주부 관객만을 입장시킨 점이었다.

이것이야말로 전형적 틈새시장을 뚫고 들어간 프로그램이라 말할 수가 있다. 특히 주부들만을 입장시킴으로써 관객이 긴장하지 않고 연주를 즐길 수 있었으며 커피까지 무료로 제공함으로써 가사에 찌든 주부들로 하여금 모처럼의 한유(閑裕)를 즐길 수 있게 해주었다. 이것도 정동극장만의 기발한 아이디어 상품이었다고 말할 수 있다.

정동극장은 어떤 예술도 대중을 떠나서는 존재할 수 없다는 확고한 신념을 갖고 여러 가지 프로그램을 짰다. 그리고 극장이 지나치게 고답적인 귀족주의만을 고집할 경우 살아남기가 어렵다는 신념 아래 순수와 비순수를 지나치게 차별화하지 않은 것이 특징이었다. 따라서 음악의 경우만 해도 대중성을 추구하는 하성호의 서울팝스오케스트라를 활용하여 클래식도 대중적으로, 그리고 대중음악은 반대로 클래식처럼 연주함으로써 관객들로부터 높은 호응을 얻은 바 있었다. 그러한 관객성향을 간파한 극장 측이 1998년 2월에는 과감하게 대중음악 가수만을 초청하여 〈돌담길 추억이 있는 음악회〉라는 프로그램을 만들어내기도 했다.

즉 전해(1997년 10월) 중장년층의 향수 프로그램으로 악극 〈가인〉을 선보였던 극장 측이 이번에는 두 번째로 60년대의 인기 여가수들만의 노래로서 〈지나간 것들이 그립다〉라는 시리즈 제2탄을 내놓은 것이다. 최양숙, 권혜경, 현미, 김상희, 한명숙, 이금희 등이 출연하는 이 음악회의 배경에 대해서 극장 측은 "IMF한파다 뭐다해서 세상이 날로 추워지고 있습니다. 인심은 삭막해지고 사람의 정서는 메말라가고 있습니다. 가장 바쁘고 쫓기는 삶을 살아온 중장년층 세대, 그리고 어려운 시대, 가난한 일터에서 온갖 애환을 겪으며 살아온 초로의 세대들에게는 이 시대가 더욱 지치고 외롭습니다. 50, 60년대의 보릿고개를 넘어 오늘 우리 사회가 이쯤에 오기까지 허기진 박토 위에 번영의 씨를 뿌리고 밭을 갈아온 세대가 바로 오늘의 이들입니다. 그러나 이들에게는 그에 상응하는 문화적인 위안거리도 이들의 정서에 부합하는 프로그램도 거의 없다시피 합니다. 10대중심의 대중문화 매체의 그늘에서 이들은 문화적으로도 잊힌 세대로 물러났고 이들은 또다시 명예퇴직과 정리해고라는 세찬 바람 속에서 고개를 숙이고 있습니다.

그러나 이들에게도 한때는 그들만의 풍성한 문화가 있었습니다. 가난했지만, 명동 필하모니 음악 감상실이나 돌체다방 등에서 서로의 등을 기대어 영혼을 살찌우던 시절, 거기엔 음악이 있었고, 로맨스가 있었고, 또 신산한 삶을 위로해주던 지금은 추억이 되어버린 기수들의 노래가 있었습니다. 전차가 오가던 거리에 〈노란 샤쓰〉가 유행하고 〈밤안개〉 속에 너나없이 '가을 편지'를 쓰던 시절이었습니다. 낙엽이 쌓인 덕수궁 돌담길에서 연인들의 사랑은 깊어갔고, 그들은 또 거기서 헤어지곤 했습니다. 지금과는 사뭇 다른 지난날의 흑백의 풍경들입니다. 〈돌담길 추억이 있는 음악회〉는 이러한 흑백의 추억과 풍경을 간직한 중장년 이후의 세대를 위한 프로그램입니다."(극장운영 II, p.131)라고 설명한 바 있다.

정동극장이 그와 같은 프로그램을 만든 배경을 자세히 들여다보면 극장의 운영철학의 일단이 선명하게 드러난다. 가령 극장 측이 프로그램을 만들 때 가장 먼저 생각하는 것이 시의성(時宜性)과 함께 대중정서라는 것을 알 수 있다. 즉 1998년도는 우리나라가 IMF 체제로 인해서 고통을 겪던 때였다. 그런데 그 고통의 주역은 대체로 중장년층이었다. 왜냐하면 이들이 비록 개발경제시대의 주역이었다고 하지만 명퇴(名退)나 정리해고 당하기에 알맞은 연령층이었기 때문이다. 이들이 대체로 50, 60대에 고등학교나 대학을 다니면서 덕수궁과 명동을 오가며 낭만을 구가한 세대였지만 실직의 고통으로 산하(山河)를 방황하면서 젊은 날의 추억이나 반추하고 있었다. 정동극장은 바로 그들을 위로할 수 있는 감성 프로그램을 창안해 내기에 이른 것이다.

비교적 센티멘털한 접근이긴 하지만 언제나 적중했던 것은 우리 사회가 이성적이기보다는 감성적이었기 때문이다. 특히 젊은 스타만 있고 중년 스타가 희소한 이 시대에 지나간 시절의 스타들의 옛 노래와 그들의 삶을 엿들을 수 있다는 것은 고통과 실의와 절망에 빠진 중장년들에게는 더 없는 즐거움일 수 있었다. 참고삼아 그때의 출연 가수를 소개하면 다음과 같다.

● 출연가수

2월 19, 2일 / 최양숙	22, 23일 / 현미
25, 28일 / 한명숙	3월 1, 2일 / 권혜경
4, 5일 / 김상희	8, 9일 / 이금희

물론 이러한 대중가수의 초청공연에 대해서 비판하는 사람들도 없지 않았다. 그러나 분명한 것은 정동극장이 완고한 귀족주의를 타파했다는 것과 또 하나는 대중이 아직도 고답적인 순수예술보다는 대중성 짙은 예술을 선호하고 있다는 점이 맞아 떨어진 것이다. 특히 과거 지향적인 성향의 대중이 흘러간 스타에 대해서 특별한 애착이 있다는 점도 확인할 수 있었다. 솔직히 오랜만에 무대에 선 최양숙이라든가 한명숙, 권혜경, 이금희 등은 왕년의 스타로서 많은 팬을 갖고 있으면서도 현대의 매체라 할 TV나 라디오에 수십 년 동안 거의 나타나지 않았기 때문에 올드팬들의 궁금증은 대단했었다.

극장무대에 등장해서 왕년의 히트곡과 함께 그동안의 삶을 진솔하게 들려주었기 적잖은 호응을 얻게 된 것이다. 이처럼 정동극장은 그때그때 대중의 의표(意表)를 찌르는 기획으로 히트상품을 만들어내곤 했다. 이런 프로그램이 과연 관립극장에 적합한 것이냐 하는 의문도 없지 않았지만, 여하튼 설립목적을 크게 벗어나지는 않았다고 말할 수 있다. 가령 외국관광객을 위한 전통예술무대를 항상 새롭게 정비해서 공연을 갖는다든가 또 무대 밖 쌈지마당에 상설벼룩시장을 조성하여 '정보·문화교류의 장'으로 만들기도 한 점에서 그렇다. 외국인들이 호기심을 가질만한 골동품이라든가 기념품이 주(主)가 되는 특별한 간이시장 조성에 대하여 극장 측은 "한두 달 열리고 마는 것이 아닌 상설로 펼쳐진 외국인들만의 상설벼룩시장은 그들에게 경제적인 실질적 도움을 제공하는 동시에 그들의 이국땅에 대한 호기심을 충족시킬 수 있는 자연스러운 열린 공간으로서 우리 문화에 대한 접근의 용이성도 드높일 것"(극장운영Ⅱ, p.140)이라고 그 의미 부여도 했다.

정동극장은 또 하나 리바이벌을 단순히 재탕으로 하지 않고 언제나 새롭게 손질하고 채색하고 보완해서 공연상품으로 내놓는 장기(長技)가 있었다.

그런 사례 중에 외국인을 위한 〈전통예술상설무대〉가 대표적이지만 가족 뮤지컬 〈나무꾼과 선녀〉는 가장 공을 들인 레퍼토리라 말할 수 있다. 즉 극장 측은 러시아 예술가를 초청하여 시연회를 마친 몇 달 뒤에 한국인 연출가(김춘경)로 하여금 우리 정서에 맞도록 대폭 수정, 보완해서 1998년 4월부터 5월까지 '청소년의 달'과 '어린이날'을 맞춰서 대대적으로 공연했다.

가령 이 작품의 시연회에서는 음악에 중점을 둠으로써 관객들에게 조금 난해하게 비쳐진 감도 없지 않았지만, 본격 공연에서는 가시적(可視的)으로 가져갔다. 인형극이라든가 그림자극과 같은 전통적인 극술을 많이 도입한 것이 그런 예에 속한다. 그러나 그보다도 주목할 만한 사실은 극장 측이 서구식 레퍼토리 시스템을 지향해간 점이다. 즉 극장 측은 〈나무꾼과 선녀〉를 무대에 올리면서 "정동극장은 극장의 얼굴로 키워낼 작품을 지속적으로 가다듬고 발전시켜나가 작품의 완성도를 높여가면서 궁극적으로는 몇 개의 작품을 돌려가면서 정기적으로 올리는, 그래서 '그 극장에 언제가면 그 공연을 볼 수 있다'는 '상설 레퍼토리 시스템'을 지향합니다. 이러한 고정 레퍼토리 시스템을 통해 극장의 색깔을 분명히 하고, 동일 작의 단점을 보완하여 관객의 욕구를 충족시키는 한편, 새로운 관객을 개발하여 연극인구의 저변을 확대해나갈 것"(극장운영Ⅱ, pp.141~142)이라고 천명한 바도 있다.

이러한 정동극장의 방향 탐색은 몇 가지 점에서 주목할 만했다. 첫째는 극장이 궁극적으로 가야 될 방향이 대체로 레퍼토리 시스템이라는 볼 때 정동극장이 비교적 앞서가는 의식을 갖고 있다는 점이다. 유럽의 몇 나라 도시들(예를 들면 오스트리아 수도 빈 등)의 주요 극장들에서는 오래전부터 레퍼토리 시스템을 도입하고 있다. 가령 일요일부터 토요일까지 매일 레퍼토리를 바꿔서 공연하는 방식인데, 인기가 없는 작품은 즉각 다른 작품으로 대체한다.

우리나라에서는 1970년대 초에 드라마센터에서 시도해보려 한 적이 있었다. 드라마센터 설립자인 유치진의 타계를 전후해서 유덕형(柳德馨)이 주도하던 동랑 레퍼토리가 헤롤드 핀터의 〈생일 파티〉라든가 오태석의 〈초분〉, 〈태〉 등을 묶어서 레퍼토리 시스템을 구상해본 적은 있었다. 그러나 이 방식은 막대한 제작비와 우수한 연극인들이 많을 때나 가능한 것이기 때문에 성공하지는 못했다. 그런데 뜻밖에 정동극장이 앞서가는 방식을 천명하고 나선 것이다. 물론 그것은 어디까지나 구상의 차원을 넘지 못한 희망사항일 뿐 아직 성취를 한 것은 아니다. 그러나 그런 서구식 레퍼토리 시스템을 구상한 것 자체가 비교적 앞서가는 것이어서 주목받을 만했다는 이야기다. 한편 극장 측에서 보면 정동극장이 부분적으로 레퍼토리 시스템을 가동 중이라 말할 수도 있을 것 같다. 왜냐하면 99년까지 매주 화요일과 금요일에는 반드시 전통예술무대를 마련해왔기 때문이다.

정동극장은 규모도 작고 예산 또한 넉넉하지 못한 데다가 전통예술을 공연하는 상주단체 외에는 전속예술단을 두고 있지 못하기 때문에 매일 무대를 채운다는 것은 쉬운 일이 아니었다.

그래서 드물긴 했지만 때때로 외부 예술단체들에 대관도 하였다. 그런데 그 대관도 단순히 극장을 빌려주는 방식이 아니고 정동극장의 이미지에 부합하는 우수작만 수용하는 기획대관이라는 점에서 다른 극장들과 차별성을 두었다. 비교적 까다로운 기준이라 할 네 가지를 소개하면 첫째, 우리 문화의 우수성을 세계에 알리고자 하는 전통공연, 둘째, 우수한 신인들을 발굴하여 등용시키는 공연, 셋째, 문화소외계층인 중장년층을 대상으로 한 공연, 넷째, 일본의 대중문화 개방을 앞두고 청소년을 대상으로 우리 문화의 자긍심을 고취시키고 정체성을 확립시키는 공연(극장운영Ⅱ, p.152) 등이었다.

이러한 기획대관을 공표한 것이 1998년 봄이었는데 대관 규정이 까다롭기도 하지만 극장가가 아니어서 일반 단체들의 대관 신청은 별로 없었다. 그리고 정동극장은 국내의 어느 공연보다 무용공연을 많이 마련한 극장이라 말할 수 있다. 무용 전문공연장이 없는 우리나라 실정에서 정동극장의 무용공연 배려는 평가받을 만했다. 그런데 극장 측이 단순히 무용가들에게 발표기회를 주기보다는 기획 공연으로 가져감으로써 관객의 호응도를 극대화시키기도 했다.

가령 개관 이후 꾸준히 전개하고 있는 〈오늘의 무용가 시리즈〉는 그 좋은 본보기라 하겠다. 무용가 시리즈에는 다양한 무용가들이 등장했는데 전통 민속무용에서부터 가장 앞서 가는 현대 무용가들까지 형식과 레퍼토리의 폭이 대단히 넓었다. 유명 무용가들에서부터 묻혀있는 인재 발굴 차원에서 접근도 돋보이는 기획이었다. 그러나 무용은 아무래도 연극만큼 관객의 반응은 높을 수 없었고, 따라서 장기 공연은 하기가 쉽지 않은 공연예술 장르라 말할 수 있다.

따라서 극장 측은 언제나 봄, 가을 시즌에는 화제를 불러 일으킬만한 연극을 장기적으로 공연하곤 했다. 1997년 봄에 이어 새롭게 만든 〈98강부자의 오구〉는 그런 표본적인 작품이라 말할 수 있다.

〈오구〉〈연희단거리패〉 ⓒ 정동극장

부산에 근거를 둔 연희단거리패의 〈오구-죽음의 형식〉은 지방작가 이윤택이 쓰고 연출한 작품으로서 당초 서울연극제에서 선을 보였었다. 부산 지역의 오구굿을 현대적으로 재창조한 이 작품은 우리의 생사관을 역동적인 놀이로 풀어낸 것이어서 관객의 심성을 자극하기에 충분했다. 1997년 6월 정동극장 무대에 올려졌을 때, 단 20일 만에 1억7천만 원의 입장 수입을 올릴 정도로 인기가 높았다. 극장 측은 이 작품을 고정 레퍼토리로 정해서 매년 6월 중순부터 7월 말일까지 달포 남짓 공연하기로 했다.

극장 측은 그와 관련하여 "정동극장의 대표적인 레퍼토리 시스템으로 정착되어 가고 있는 강부자의 〈오구〉는 앞으로도 지속적으로 이를 상설 무대화하여 매년 6~7월이면 정동극장에서 만날 수 있습니다. 정동극장이 한국 연극무대의 상업화, 대형화의 왜곡된 구조를 떨쳐내고 우리식 연극무대의 진정한 세계화를 지향하면서 올리는 강부자의 〈오구〉가 어떻게 관객에게 연극을 보는 재미와 감동을 줄 것인가 관심 있게 지켜봐주시기 바랍니다."(극장운영Ⅱ,

p.159)라고 성명한 바 있다. 정동극장은 이러한 약속을 지켰다. 그리하여 1997년 초여름부터 1999년 여름까지 약속한대로 무대에 올림으로써 관중을 즐겁게 했다.

극장은 장기공연이 끝나면 잠시 쉬는 시간에 〈오늘의 무용가 시리즈〉와 같은 단기 공연을 하거나 특강프로그램을 만들기도 했다. 즉 1997년 여름에 처음 특강 프로그램을 만들어서 성과를 얻은 극장에서는 1998년 여름에도 '공연장 운영과 경영마인드 특강'을 마련했는데, 수강대상은 관립 공연장 관계자들과 일반 희망자들이었다. 이들은 아무래도 공연장 운영에 관심이 많을 수밖에 없었으므로 정동극장의 경영특강은 시의적절한 것이었다. 참고삼아 특강 순서와 내용을 소개하면 다음과 같았다.

구분	시간	강사	약력	내용
정동국장 운영사례	14:30~16:30	홍사종	정동극장장, 극작가	정동극장 운영사례 및 질의토론
휴식	16:30~16:40			
외국 문화 공간 운영사례	16:40~18:40	용호성	문화체육부	외국의 대표적인 문화 공간 운영사례
저녁식사 및 휴식	18:40~19:30		문화체육부 사무관	
공연장 견학 및 공연관람	19:30~21:40			공연장내 견학 및 연극 〈강부자의 오구〉 관람

'공연장 경연마인드 특강' 진행 순서 및 내용

● '공연장 운영과 경영마인드 특강' 계획

목적 : 모범적인 민간 위탁 모델로 손꼽히는 정동극장의 새로운 극장경영방식과 적극적 기업 마케팅 도입, 그리고 참신한 공연기획, 홍보 아이디어를 공유하는 자리를 만들어 각 문화 예술 공간의 운영활성화에 기여하고자 함.

일시 : 1998.7.27(월), 7.29(수) / 2회중 택 1회 / 14:30~21:40

장소 : 정동극장

참가대상자 : 전국 도 시립 및 민간문화예술공간 근무자 공연기획, 공연장
운영에 관심이 있는 일반인
문의 : 정동극장 공연 운영팀(02-773-8960)

　이상과 같은 극장운영에 대한 정동극장의 특징은 상당한 호응을 불러일으
켰다. 왜냐하면 민간위탁의 모델로 인정받는 정동극장의 책임자가 직접 강사
로 나서서 경험을 토대로 하여 강의를 하는 데다가 미국 유학파 관리가 선진
국의 사례를 다각적으로 설명해주었기 때문이다. 일반 연수와는 달리 3일이
라는 단기간에 했기 때문에 더욱 효과가 있었다.

　잠시도 쉬지 않은 극장 측은 한여름 휴가기간도 방학 중인 청소년들을 상
대로 해서 〈이야기가 있는 음악회〉로서 문화교육을 시키기도 했다. 그런데
흥미로운 사실은 극장 측이 음악회 기간 중에 쌈지마당에서 청소년 관객층을
상대로 '참고서 벼룩시장'을 연 사실이다. 극장 측은 음악회가 열리는 동안
무대 밖에서 매우 이색적인 '참고서 벼룩시장을 여는 것과 관련하여 "정동극
장에서는 방학을 맞이하여 고급문화예술의 대표로 인식되는 클래식음악회를
개최하면서, 청소년들의 능동적 참여를 증진시키기 위해 국내 최초로 참고서
벼룩시장을 열어 음악회와 연계시킵니다. (…중략…) 예전 어려운 시절엔 형
제간이나 선후배간에 서로물려주고 물려받고 참고서, 문제집, 문학서적, 음반
들이 있었습니다. 다른 사람이 다 풀어놓은 답이 다 쓰여 있는 문제집을 어쩔
수 없이 다시 풀면서 툴툴거리던 기억들……. 사고 싶은 음반이 있어도 돈이
없어서 친구들에게 빌려듣거나, 빌린 음반을 테이프에 녹음하던 기억들…….
그러나 거기엔 따뜻한 마음이 있었고 정이 있었고, 아끼고 절약하는 생활의
지혜가 있었습니다. IMF라는 어려운 이 시절에도 문제 하나 풀지 않고 버리
는 문제집들이 있고, 몇 번 보지도 않고 학년이 지나버린 참고서들도 많습니
다. 형제가 없어서 물려줄 사람도 없는 청소년들끼리 서로의 교재를 교환하
고 나눠주면서 마음을 나눠 갖고 저렴한 값에 영혼의 양식인 교양도서도 구

벼룩시장 쌈지마당 ⓒ 정동극장

입할 수 있을 것"(극장운영Ⅱ, pp.175~176)이라 설명했다.

　이상과 같은 극장 측의 '참고서 벼룩시장' 개설의 배경에도 정동극장 문화사회학적인 철학이 도사리고 있음을 감지할 수 있다. 가령 1998년도는 IMF 체제의 첫 번째 해였지 않은가. 대량실업이라든가 임금 삭감, 소득 감소, 불황 등으로 생활고가 극에 달해 있었기 때문에 가족해체 현상도 나타나는 등 어려운 시기였다. 극장 측은 바로 그 점에 착안하여 중등학생들이 필요로 하는 교재, 참고서, 교양서적, 음반 등을 싼값으로 거래하거나 무상 교환 등을 하도록 한 것이다.

　이는 사실 우리 청소년들의 학습을 돕고 더 나아가 상부상조(相扶相助) 정신을 키워주는 절약정신과 인성교육도 염두에 둔 시도였다는 점에서 바람직했다. 극장 측의 이러한 시도는 또 하나의 효과를 노린 것인 바, 그것이 다름 아닌 청소년 관객의 유인책이었다는 점이다. 그러니까 음악회에 별로 관심이 없거나, 또는 시간을 내기 어려운 청소년들도 참고서나 교양서적을 저렴한 가격으로 살 수 있음으로써 다수가 극장을 찾을 수 있지 않은가. 청소년들을 위한 음악회에 도서 교환 판매라는 부대행사가 덧붙여진 것은 학생들의 호기심을 촉발하기에 안성맞춤이었다.

하계방학 기간에는 그 외에도 우리 문화 찾아보기 '1일 도보여행'이란 특별 프로그램도 만든 바 있었다. 그런데 이 프로그램은 전체 청소년들을 대상으로 삼은 것이 아니라 해외 주재원 자녀들을 상대로 한 것이 특징이었다. 평소해오던 학생들의 문화특활을 약간 변형시킨 프로그램으로서 "방학을 맞아 일시 귀국한 해외주재원 자녀들에게는 우리의 정신문화자산을 접하며 한민족으로서의 정체감을 형성하는 기회가 될 것"(극장운영Ⅱ, p.178)이라는 것이 극장 측의 생각이었다. 따라서 그 프로그램 전개 과정에 대해 "지하철을 타고 시청역에 내리면 선조들이 남겨놓은 유무형의 문화유산을 만날 수 있습니다. 엄마와 함께 덕수궁 돌담길을 따라 걸으며 엄마, 아빠 연애시절의 추억을 듣는 것을 시작으로, 조선왕조의 역사를 만나는 덕수궁의 옛 건물들과 궁중유물전시관, 도시에는 보기 힘든 전래의 다양한 농기구 및 관련서적을 망라해놓은 농업박물관을 둘러보고, 마지막으로 1일 도보여행의 하이라이트인 정동극장의 전통예술상설무대로 값진 추억을 마무리하게 된다."(극장운영Ⅱ, p.178)고 설명한 바 있는 것이다. 정동극장은 구석구석까지 관심의 폭을 넓혀가면서 독특하면서도 열린 문화공간의 역할을 다하고자 노력했다.

끊임없이 새로운 일을 찾는 극장 측이 시야를 해외로 돌려서 이번에는 '서울카니발'이라는 국제문화교류를 하기에 이르렀다. 그 첫 번째로 극장은 우리와 거리가 먼 라틴아메리카 문화를 선보이는 행사를 가졌다. 극장 측이 국제문화교류 행사를 하고 특히 그 첫 번째로 남미를 택한 것에 대하여 영어권 문화가 판치는 이 땅에 문화의 다양성을 제공하는 장치를 마련하겠다는 것이 주목적이었다. 행사내용은 연극공연, 시낭송, 음악연주, 영화상영 등과 '문화충격 이야기'라는 포럼 등으로 짜여졌다. 특히 '문화충격 이야기'포럼에서는 한국거주 1년 이상 되는 남미인들을 중심으로 한국에 살면서 한국인과 사회에 대하여 느낀 점을 기탄없이 토론하는 시간으로서 한국 학자와 관객들이 자유롭게 토론하도록 만들었다.

이는 결국 우리 사회를 열린사회로 가져가겠다는 극장 측의 의지표현이다. 참고삼아 그 프로그램을 소개하면 다음과 같았다.

일시		프로그램
98년 9월 7일 (월) 오후 9:00-11:00		영화1. Danzon, Mexico 1991 - Maria Novaro
98년 9월 8일 (화) 오후 9:00-11:00		영화2. Like Water For Chocolate, Maxico 1992 - Alfonso Arau
98년 9월 9일 (수) 오후 9:00-11:00		영화3. Belle Epoque, spain 1993 - Fernando Trueba
98년 9월 10일 (목) 오후 9:00-11:00		영화4. Erendira, Mexico, 1983 - Ruy Barreto
98년 9월 11일 (금) 오후 9:00-11:00		영화5. Dona Flor and her 2 Husbands, Brazil 1978 - Bruno Barreto
12일 (토)	16:00	1. 개회사 축사 - 정동극장, 멕시코 아르헨티나 문화담당 상무관
	16:15	2. 연극 - 'El Ramo Azul', 원작 - Octavio Paz, Q & A time 3. 시 - 'Por Que Canto Asi', 원작 - Octavio Paz Tango
	16:50	4. Cultural Shock Workshop (80분)
	16:10	5. Intermission (30분)
13일 (일)	18:40	6. Salsa Band (40분)
	19:20	7. Salsa Contest (45분)
	20:20	8. Special Guest (20분)
	20:40	9. 쌈지마당 : 살사음악과 함께... (40분)
	21:20	"See you again"
	· 극장 외부(쌈지마당)에서는 멕시코, 아르헨티나 등지의 전시물과 음식 국가소개 비디오 상영 등의 행사가 12시부터 8시까지 진행됨. · 주중 상영되는 영화제는 정동극장 내 쌈지마당에서 열리며 입장료는 '무료' 우천 시 행사 취소 · 토요일(12일) 행사는 입장료 3,000원 살사 메렝케 컨테스트 신청접수 전화. 773-8960(참가비 없음)	

국제문화교류행사 일정 및 프로그램

극장 측의 라틴아메리카 축제에 발맞춰서 남미의 3인조밴드 시사이(Sisay) 가 초청받아 정동극장의 활동 폭을 넓혀주기도 했다. 즉 에콰도르 출신의 엑

토르와 오스왈도, 일본 출신의 신치로 등 3명으로 구성된 다국적 밴드가 안데스 라틴음악을 연주해준 것이다. 케나, 산뽀니아, 자랑고 등 그들의 전통악기로 〈룸바 람바다〉, 〈엘 사리리〉 등을 연주했는데, 대단히 서정적이고 페이소스가 넘치기 때문에 한국 관객을 열광시키기에 부족함이 없었다. 이는 서정주의를 추구하는 극장 측의 입맛에도 맞는 것이었다.

처음부터 전통과 현대의 충돌을 모색해온 정동극장이 이번에는 우리 전통음악과 남미 고유음악을 충돌시키는 실험을 해서 관객들의 큰 호응을 불러일으키기도 했다. 그것이 다름 아닌 시사이밴드와 사물놀이 또한 재즈밴드와의 공연(共演)이었다. 국내 예술인들에게만 무대를 제공해온 정동극장이 이번에는 해외연주팀에게까지 문호를 개방한 것이다. 그런데 의외로 남미의 음악이 우리 관객들의 마음을 사로잡아가기 시작했다. 당초 이 남미 시사이밴드는 유명한 재즈그룹인 그루브와 협연했던 경험이 있었기 때문에 우리의 풍물단과의 공연도 자연스럽게 조화를 이룰 수가 있었다.

대학로 등 공연가와 동떨어져 있는 정동극장이 아무래도 외진 곳에 위치함으로써 손해도 적지 않았다. 적어도 대학로나 예술의전당, 또는 국립극장을 찾는 공연예술 팬들에 있어서 정동극장은 어딘가 멀게 느껴졌던 것 같다. 그래서 생각해낸 것이 주변의 호암아트홀, 문화일보홀 등과 삼각 네트워크 구축이었다. 물론 이들 세 극장은 성격이 많이 다르다. 가령 호암아트홀은 삼성기업 측에서 세운 대형극장으로서 순수예술보다는 대중예술 쪽을 지향하는 공연장이었고, 문화일보홀은 전문극장이라기보다 언론사가 문화 창구로 활용하기 위해 만든 극장이라 말할 수 있었다. 그뿐만 아니라 문화일보홀은 현대기업과 관련이 있었다는 점에서 호암아트홀과 비슷하고 유서 깊은 동양극장 자리에 세웠다는 사실에 주목할 만했다.

이러한 삼각 문화네트워크를 만든 이유에 대해서 극장 측은 "뚜렷한 개성을 가진 세 공연장 간의 전문적인 연계로 각 공연장의 물적 인적 자원과 정보를 공동 활용함으로써 자원활용의 극대화를 통해 공연장 기능의 효율을 높이는 프로젝트를 구축"(극장운영 II, p.193)하는 것이라 했다. 이러한 시도는 우리나라 극장사상 처음 있었던 일로서 정동과 서소문, 그리고 서대문을 연계해서 하나의 문화벨트를 만들어본다는 점에서 의미가 있을 것 같았다. 이들 세 극장은 상호 간에 정보교환이나 운영이나 공연제작, 홍보, 마케팅에 관한 조언과 후원을 하고, 홍보 마케팅 각종 공연유인물의 공동제작배포 비치, 인터넷, 국내외 언론사 등 홍보의 공동보조 공동광고, 자체 회원에 대한 혜택 상호제공, 관광객 수송 셔틀버스 공동이용 등을 함께 하기로 했다. 이는 대단히 전진적 안목에 따른 것으로서 궁극적으로는 정동(貞洞)을 문화 명소화하자는 데 주목표가 두어졌었다.

끊임없이 새로운 아이디어를 창출해내는 정동극장이 1998년 가을에는 서울시와 공동으로 '장애 청소년연극축전'도 개최했다. 사실 정동극장은 출발부터 장애인들에 대한 배려를 나름대로 해왔었다. 가령 객석에 리프트를 설치했다든가 장애인 및 그 동반자에 대하여 표를 50% 할인을 해줌과 동시에 우선 좌석제도를 만든 것 등이 바로 그러한 배려였다. 그리고 '장애 청소년연극축전' 동안 쌈지마당에서 장애청소년들이 만든 공예품, 도자기, 미술품, 생활용품 등을 특별 전시하고 동시에 판매도 한 것은 돋보이는 아이디어에 따른 것이었다.

전술한 바도 있듯이 정동극장의 또 하나 특징은 국내 어느 극장보다도 무용에 많은 배려를 하고 있다는 점이다. 다양한 공연행사를 하는 사이사이에 반드시 무용공연을 끼워 넣는 방식을 택했다. 〈오늘의 무용가 시리즈〉라는 명목으로 진행시키고 있는 춤 공연은 그 레퍼토리가 대단히 폭이 넓고 또 인재 발굴 차원에서 진행되고 있다는 점에서 주목받았다. 극장 측은 그에 대하여 "개관초기부터 전통무용, 발레, 현대무용은 다양한 분야의 우수 무용가를 초청하여 춤의 대중화를 확산시켜 나가는 여러 무용 프로그램을 기획"한 이유가 "차세대 한국의 춤 무대를 이끌어나갈 유망주를 발굴하여 그들에게 발표무대를 제공하는 한편 이 시대의 무용예술을 주도하는 안무가를 중심으로 한국

의 새로운 문화트렌드를 조성시켜 나가는 데 목적이 있다."(극장운영Ⅱ, p.212)
고 했다. 이처럼 정동극장은 한국무용 발전에 남다른 집착과 열정을 갖고 있었
다. 특히 극장 측이 무용에 관심을 가진 것은 시대감각의 변화에 따른 것이기
도 했다. 즉 포스트모더니즘 시대에 걸맞게 이성(理性)의 시대로부터 감각의
시대로 바뀌어가고 있는 데 따른 신체의 중요성을 인식한 것이다. 이점도 정
동극장의 앞서가는 감각에 따른 것이라 볼 수 있다.

정동극장이 시대 흐름도 잘 파악했지만 공연예술계에도 비교적 정통했다.
그때그때 화제작에 대해서 관심을 갖고 정동극장 무대와 연결시킬 수 있는
방도를 찾았던 점에서 그렇다. 정동극장이 인기작가 이윤택의 연희단거리패
와 끈끈한 연대를 갖고 그들과 자주 작품 제작을 하고 있는 것이 그 단적인
예다. 그런 정동극장이 다음에는 송승환이 이끄는 환 퍼포먼스의 화제작 뮤
지컬 퍼포먼스 〈난타〉를 새롭게 단정해서 무대에 올린 것이다.

〈난타〉는 당초 호암아트홀 무대에 올려져 화제를 불러일으킨 바 있는 비언
어극(非言語劇)이었다. 부엌에서 음식 만드는 기구들만 갖고 벌이는 특수 양
식의 뮤지컬이었다. 그러나 의외로 언어극 이상으로 장안의 화제를 불러일으
킴으로써 환 퍼포먼스가 미국, 영국 등 해외 수출까지 계획할 정도이다. 따라
서 우리의 정체성에 보편성을 불어넣기 위하여 브로드웨이에서 활동 중인 중
견 연출가 린 테일러 코벳(Lynne Taylor Corbett)을 특별 초청해서 새롭게
단장된 작품으로 정동극장 무대에 오르게 된 것이다. 1998년 말부터 1999년
초에 걸쳐 공연한 〈난타〉는 예상대로 전보다 훨씬 큰 호응을 불러일으켰다.

일 년 내내 마치 축제를 벌이듯 공연행사를 하는 극장 측이 이번에는 신년
시무식도 매우 이색적으로 치러냈다. 형식적이고 관료적인 행사를 과감히 탈
피하고 생동하는 공연장답게 이색적으로 해프닝을 벌인 것이다. 어떻게 보면
어린애들 장난같이 보일지도 모르지만, 막상 그런 기발한 아이디어를 낸다는
것은 쉬운 일이 아니었다. 그런 독특한 아이디어를 내고 실행에 옮기는 일도
그렇게 쉬운 일이 아니었다. 발상의 전환을 해야 가능한 것이다. 참고삼아

그 과정을 소개하면 다음과 같다.

시간	행사내용	비고
99년 1월 1일 11:30	정동극장 99년 신년 캐치 프레이즈 선언 "다시 서정주의를 살리자"	덕수궁 대한문 앞 광장
11:40	특별공연 정동극장 전속예술단+BAND 「SISAY」	덕수궁 대한문 앞 광장
12:10	플랭카드 앞세우고 정동길 행진	예술단의 신년 비나리
12:20	행사종료(정동극장)	정동극장 앞

정동극장 시무식 행사 일정

특히 극장 측의 신년 시무식에서 주목되는 점은 그동안 정동극장의 캐치 프레이즈의 한 가지였던 '서정주의(抒情主義)'를 또다시 내건 점이었다. 신년을 맞은 정동극장이 이번에는 〈정오의 예술무대〉를 밖으로 확대해 나갔다. 그것도 단순한 확대가 아닌 전시 공간 갤러리와 결합시킴으로써 복합 문화공간 구도를 형성해간다는 것이었다. 즉 정동극장이 1999년 정월 말에 가나아트센터에서 〈이동(移動) 정오의 예술무대〉를 하겠다는 것이었다. 이러한 새로운 시도에 대하여 극장 측은 "성격이 다른 두 문화가 만나서 새로운 복합문화구도를 구축하는 것은 바로 세분화된 관객의 요구에 한걸음 더 가까이 다가가는 것이며, 전시공간에서 미술전시를 관람하고, 동시에 공연예술을 감상할 수 있는 새로운 형태의 문화융합은 확실히 관객의 새로운 기호에 부응하는 적절한 시도"(극장운영Ⅱ, p.234)라고 자평했다. 정적(靜的)인 전시미술과 동적인 공연예술의 만남은 분명히 까다로워만 가는 현대 관객들의 기호를 충족시키기에 좋을 것이다. 극장 측은 가나아트센터와 인적 물적 교류도 시도하면서 "문화의 세기를 바라보는 장기적 안목을 가지고, 관객이 무엇을 원하고 있는지를 파악하여 그 요구에 한걸음 더 가까이 가려는 노력, 가만히 앉아서 개별적 문화충족을 위하여 찾아오는 관객들을 맞이하는 것이 아니라 관객의 세분화된 기호를 파악하여 이에 접근하는 전략, 그것이 바로 새로운 문화의 세기를 대비하는 예술인의 자세"라고 했다. 극장 측은 이처럼 장기적인 안목을 갖고 전시공간과의 교류도 시도하고 있음을 알 수 있다.

　정동극장은 1999년 2월부터 4일까지 중견 여배우 손숙(孫淑)이 주연하는 〈어머니〉를 재단장해서 무대에 올렸다. 2년 전 동숭아트센터 무대에 올랐던 〈어머니〉는 이윤택의 자전적인 작품이기 때문에 관객들의 가슴에 와 닿았는데 특히 유년시절 가정적으로 불운했던 손숙이 그 역을 맡음으로써 농축된 연기를 보여줄 수가 있었다. 그런데 여기서 한 가지 흥미로운 사실은 극장 측이 손숙과 〈어머니〉 출연 20년 계약을 맺은 점이라 하겠다. 당시의 나이가 55세였으므로 손숙은 74세까지인 2018년까지 출연하게 된 것이다. 이것은 대단히 이색적인 사건이었다고 말할 수 있다. 왜냐하면 그런 예가 한국 공연예술사에서는 처음 있는 일이었고 외국에서도 좀처럼 찾기 힘든 경우였기 때문이다.

　물론 일부에서는 그 일에 대해서는 비판하기도 했다. 임기가 정해져 있는 극장장이 개인 극장도 하기 힘든 장기 계약을 할 수 있느냐는 것이었다. 그러나 그렇게 부정적으로만 볼 일은 아닐 것 같다. 왜냐하면 극장 책임자가 누구로 바뀌든 배우 손숙이 어머니역으로서는 괜찮다고 볼 때, 연륜이 더해가면서 완숙성도 더해갈 것이고 작품은 나아질 가능성이 높기 때문이다. 극장 책임자가 자기 임기 중에 할 일이 있고 또 장기적인 계획도 세워야 하는 것이 아닐까. 그것은 마치 한 나라의 지도자가 비전을 갖고 국가발전의 장기계획을 세우는 것에 비유될 수 있다.

　그러나 뭐니 뭐니 해도 정동극장의 특장(特長)은 한 주일에 두 번씩 공연하는 〈전통예술상설무대〉가 아닐까 싶다. 1997년부터 상설무대화한 전통예술공연은 외국인 관광객들에게 특별한 인기를 끌었다. 그리하여 단 2년여 만에 200% 매출 신장률을 보여주었고, 호주에서는 한국방문 첫 번째 명소로 정동극장이 꼽혔을 만큼 외국인들에게 좋은 인상을 주기도 했다. 따라서 극장 측에서는 매년 작품내용을 좀 더 보강하고 세련시켜 나가곤 했다. 그것은 1999년도 들어서도 마찬가지였다. 그렇다면 전통예술무대에서 무엇을 보여주었는가? 공연팀은 화요일과 금요일 팀으로 짜여 있었는데, 레퍼토리는 A팀이 〈장구춤〉, 〈판소리〉, 〈산조합주〉(기악연주), 〈삼도풍물굿〉(앉은 반), 〈검무〉, 〈판굿〉(선반) 등이고, B팀은 〈유초신지곡〉(기악연주곡), 〈삼도설장〉, 〈승무/삼북〉, 〈판굿〉 등으로 구성되었다.

사실 수도 서울은 인구에 있어서나 광활한 넓이 등에 있어서 세계 10대 도시에 들 만하다. 그러나 연간 수백만 명의 외국인들이 드나드는데도 그들에게 우리 전통공연예술을 제대로 보여줄 만한 극장도 없었고, 특별히 계획된 프로그램도 없었다. 그러던 차에 정동극장이 개관되면서 전통예술상설무대가 생겨났고 외국방문객들의 관람 명소가 된 것이다. 아무리 좋은 프로그램이 생겨나도 〈전통예술상설무대〉만은 한 주일에 두 번씩 반드시 공연하다 보니 정동극장의 레퍼토리는 자연히 우리의 민속예술 쪽으로 기울 수밖에 없었다.

그 〈전통예술상설무대〉가 2000년 4월부터는 연중 매일 공연키로 함으로써 이렇다 할 문화관광 상품이 없는 우리나라에서는 처음으로 연중 주력 상품으로 자리를 잡게 되었다. 이는 사실 지난 3년 간 외국인들이 보여준 뜨거운 호응에서도 비롯되었는데 우리의 전통예술을 관광 상품화하여 이를 세계화하면서 극장 운영의 안정적 경영 기반을 더욱 확고히 할 것으로 전망되었다. 따라서 2000년부터는 극장 프로그램운영의 틀은 물론 극장 경영의 새로운 전기가 마련된 셈이다.

정동극장은 또 음력 정월 설날마다 고향 못간 사람들을 위한 〈설날민속공연한마당〉이라는 특별무대를 마련하여 극장 안팎에서 질펀한 공연 잔치를 벌이기도 했다. 1999년 2월서부터 4월까지 공연한 손숙(孫淑)의 〈어머니〉는 상당한 반향을 불러일으켰는데, 1999년 초 '서정주의' 선언을 한 정동극장이 그 주제의 연장선상에서 작품을 선택, 손숙의 〈어머니〉는 더욱 빛을 발할 수가 있었다. 처음부터 서정주의를 정동극장의 몇 가지 목표 중 한 가지로 설정한 극장이 인간의 영원한 고향이라 할 어머니를 작품 주제로 삼아서 연희단거리패를 끌어들인 것은 극히 자연스러운 것이었다.

인간이 살아가는 데 있어서 의식주(衣食住) 다음에 필요한 것은 오락이다. 오락은 사람들에게 즐거움과 함께 카타르시스를 해줌으로써 삶에 활력도 불어 넣어준다. 극장은 바로 그런 일을 하는 곳이기도 하다. 그런 측면에서 보았을 때 정동극장이 인간주의를 내건 것은 주목할 만하다. 물론 정동극장이 그동안 관객의 편의를 위한 친절운동을 펴면서 놀이방을 만들고 쥐구멍 매표소를 고치는 등 노력을 해왔었다. 그러다가 1999년도에 와서는 한발 더 나아가 '작은 인간주의 선언 3제(題)'라는 것을 내걸고 기존의 화장실 개념을 바꿔서 '엄마랑 아가랑' 화장실을 만들었으며 로비 벽면을 작은 미술관으로 개조하는 한편 매표소도 관객의 눈높이에 맞도록 개조하는 등 대변신을 한 것이다.

그리하여 극장을 "관객들에게 편안함과 즐거움과 위안을 주는 곳, 각박하고 삭막한 현실 속에서 사람들에게 공연무대를 통해 가슴의 응어리를 풀고 기쁨과 희망을 얻어가도록 하는 곳"(극장운영Ⅱ, p.258)으로 만든다는 것이었다. 그래야만 정동극장이 당초 표방했던 '만만한 극장', '편리한 극장', '친절한 극장'이라는 목표에 도달할 수 있다고 본 것이다.

정동극장은 개관 4년 만에 공연예술계뿐만 아니라 문화계 전반에 걸쳐서 상당한 화제를 불러일으킨 문화공간이 되었다. 물론 거기에는 찬반도 있었고, 사시(斜視)로 보는 사람도 없지는 않다. 그러나 대체로 긍정적으로 바라보는 경향이 강했다고 말할 수 있다. 왜냐하면 근대극장사 1세기 동안이라는 짧은 기간에 정동극장만큼 주목을 끌었던 극장이 없을 만큼 새바람을 일으킨 것이 사실이었기 때문이다. 그나마 주인이 마음대로 할 수 있는 사설극장도 아니고 재단법인체라고는 하지만 엄연히 정부 산하의 작은 극장으로서 그런 바람을 일으킨 점에서 돋보일 수밖에 없었다.

정동극장이 단기간에 공연장 운영의 한 모델이 될 만큼 주목을 받을 수 있게 만든 주인공은 역시 홍사종 극장장이었고, 그의 비전을 뒷받침해준 이사진과 직원들이었다고 볼 수 있다. 특히 극장장으로서 세종문화회관과 국립극장에서 20여 년간 극장 운영의 노하우를 쌓은 홍사종이 그동안 경험한 것을 바탕으로 이 땅에서 공연장이 어떻게 운영되어야 하는가를 새롭게 보여준 점에서 관심을 끌 만했다.

그는 출발 초기에 공연장 운영의 패러다임을 혁신적으로 바꾸어갔다. 그가 생각한 공연장의 관료주의야말로 최대의 암초라는 신념을 갖고 극장을 분관 형태로는 자신의 비전을 절대로 실천해갈 수 없다고 생각했었다. 그의 신념은 한 마디로 문화 공간 운영도 궁극적으로는 경제 원리에 따라야 한다는 것이었다. 그는 예술도 상품이 되어야 잘 만들어지고 또 소비자도 그것을 구매한다는 생각이었다.

문화 공간 운영에 있어도 반드시 경영기법을 도입해야 한다는 것도 바로 그런 원리에 입각한 것이었다. 그런 경영원리를 갖고 문화공간을 운영해야 진정한 문화서비스도 가능하다고 보았다. 그가 때때로 '문화도 장사다'라고 거침없이 주장하는 까닭도 거기에 연유한다. 그 결과는 어느 정도 적중했다. 정동극장이 매년 많은 공연수입을 올리고 있는 점에서 그러하다. 사실 정동극장은 관립인 데다가 극장가로부터 동떨어져 있고 또 4백석의 작은 규모인 데다가 전속단체를 둘만한 예산도 없었다. 그뿐만 아니라 정동극장이 전통예술을 보존해서 외국인들에게 알리고 현대예술도 창조 보급한다는 목표를 설정한 상태이므로 수익을 올리는데 한계가 있는 것도 사실이었다. 특히 외국인을 위한 〈전통예술 상설무대〉까지 마련하는 마당에 수익을 생각한다는 것은 쉬운 일이 아니다.

알다시피 우리가 그동안 외국방문객들을 상대로 한 전통예술 공연으로 돈을 번 경우가 전혀 없지 않은가. 그런 처지에서 정동극장이 여러 가지 제약을 극복하고 수익을 올리고 있는 점에서 돋보였다. 극장이 공연제작비 대비 공연수입의 흑자를 올리고 있다는 것은 곧 고객이 많다는 이야기도 된다. 실제로 정동극장 관객의 70%는 일반 공연장의 고정 팬이 아니다. 이 말은 곧 정동극장이 관객의 저변을 크게 확대해놓았다는 이야기가 된다. 정동극장의 설립 목적은 당초 정부에서 정해놓은 것이므로 극장장이 마음대로 변경할 수도 없었다. 극장은 바로 이 테두리 안에서 극장을 운영해갈 수밖에 없는 처지였다.

그런데도 정동극장은 우리나라 극장사상 최초로 어떤 주의(主義)를 내세운 극장이 되기도 했다. 그것이 다름 아닌 서정주의(抒情主義)라는 것이었다. 물론 포스트모더니즘 시대에 낭만주의 시대에나 맞을 만한 감성주의를 내거느냐고 비판할 수도 있다. 앞서가는 사람들에게는 그런 서정주의는 시대착오적으로 비칠 만도 했다. 그러나 정동극장 측에서 볼 때, 기계문명의 급속한 발전으로 세상이 각박해졌기 때문에 인간성 회복에는 서정주의가 적합하다고 생각한 것이다.

특히 정동극장이 출범한 지 얼마 되지 않은 시기에 우리나라가 IMF 위기를 맞았기 때문에 역(逆)으로 서정주의야말로 위기 극복의 에너지가 될 수도 있다고 보았다. 홍사종 극장장은 그것을 사회심리학의 바탕 위에서 찾아낸 묘약이라고까지 주장했다. 여하튼 한 극장이 사회변화에 민감하게 대응하면서 거의 공격적이다시피 활로를 찾는 모습은 오히려 아름답기까지 했다. 그러니까 사회변화에 따라 대중의 감정 추이가 어떻게 돌아가는가를 주시하면서 그에 대처하는 극장의 자세는 여타 문화공간들에서도 참고할 만하다는 생각이다. 정동극장이 내세운 서정주의라는 것도 궁극적으로는 인간(관객)을 중요시한다는 것이라 볼 수도 있다. 그동안 우리나라 문화공간들은 대중의 취향이나 갈망 같은 것은 예민하게 살펴보지 않고 극장경영자들의 편의대로 운영해온 것이 사실이었다. 그 결과는 문화공간과 대중과의 간격을 벌리기만 했을 뿐이다.

그것은 다시 극장의 관객부재와 적자로 나타났다. 그것을 간파한 정동극장은 고객위주 방책으로서 소위 인간주의라는 것을 내세운 것이다. 인간주의의 구체적 실천방식으로서 '만만한 극장', '편리한 극장', '친절한 극장'이라는 캐치프레이즈를 내세웠던 것이다. 그것은 곧 정동극장이 사람들이 자발적으로 찾는 극장이 되게끔 만드는 효과로 표출되었다. 앞에서도 조금 언급한 바 있듯이 극장 관객의 70%가 기존의 공연예술 팬이 아니라는 사실이야말로 그 단적인 성과라 하겠다. 그 점에서 정동극장이 공연예술 관객개발에 적지 않은 공로가 있다고 말할 수 있다. 극장이 가장 시급히 할 일 중에 관객의 저변 확대야말로 가장 중요한 부분이다.

정동극장이 다른 문화공간들과의 차이점은 기존 문화공간들의 타성과 안일함을 근본적으로 뒤바꾸어놓은 사실이라 말할 수 있다. 앞에서 극장이 표방한 인간주의에 대해서 이야기 했지만 정동극장이야말로 뚜렷한 목표를 설정하고 그 방향에 맞춰 작품을 선택하고 또 경영을 하고 있는 드문 문화공간인 것이다. 그 점은 레퍼토리로 극장의 성격을 만들어가는 여타 공연장들과 차이나는 자세이다. 물론 그러한 극장의 자세가 자칫 경직될 우려도 없지 않다. 그러나 정동극장은 하나의 목표를 내걸면서도 그때그때 사회심리를 파악해서 유연하게 대처하고 있는 점에서 우려할 만할 것은 아니다.

정동극장의 장기(長技) 중에 주목할 만한 것은 무엇보다도 4백석의 작은 극장활동으로 자족하지 않고 공연예술 전체의 활성화와 한국문화의 진흥이라는 원대한 목표를 갖고 하나씩 실천해가는 것이라 보겠다. 즉 정동극장이 좁게는 〈이동 정오의 예술무대〉와 주변의 극장들과의 네트워크를 만든 것이고, 넓게는 전국으로의 확대추진이었다. 즉 〈이동 정오의 예술무대〉가 인기를 모으면서 극장 자체 내에서만 국한하지 않고 전시공간까지 찾아가서 공연을 해주는 데까지 이르렀으며 주변 극장인 호암아트홀과 문화일보 홀을 삼각 네트워크로 묶은 것이다. 그리하여 세 극장이 상호보완을 위한 공연정보교환을 함으로써 서소문과 정동, 그리고 서대문을 잇는 문화벨트를 형성한다는 것이다. 이것은 매우 중요한 구상이다. 왜냐하면 호암아트홀이 있는 서소문이나 정동, 그리고 서대문의 삼각지는 언론과 금융가는 되지만 문화예술의 거리가 되기는 어려운 지역이기 때문이다. 따라서 호암아트홀, 정동극장, 문화일보홀의 삼각 네트워크 형성으로 인해서 그 지역이 문화의 거리로 바뀌어갈 가능성이 농후해져가고 있다.

그러나 뭐니 뭐니 해도 정동극장의 큰 꿈은 공연활동을 서울이라는 테두리를 벗어나 전국문화운동으로 확대해간다는 것이었다. 이는 단순히 극장 운영이라는 협소한 테두리를 뛰어넘어서 전국적, 국민적 문화운동으로 승화시켜간다는 야심이어서 주목을 끌고도 남음이 있었다.

극장운동의 전국 확산운동은 세 가지 방향으로 전개되었다. 그 첫째가 정동극장 상주단체의 지방공연이다. 즉 정동극장은 1997년 봄부터 수도권을 벗어나 영남권까지 진출해서 공연을 가졌다. 우리나라 상업도시의 첨병이라 할 경남 울산의 종합문화예술회관에서 풍무악과 재즈를 결합시킨 공연을 가짐으로써 좋은 반응을 불러일으킨 바 있다.

그 후에는 경기도와 호남지역 등으로 순회공연을 다니기도 했다. 두 번째로는 소위 '문화 빚 갚기 운동'이라는 캐치프레이즈를 내걸고 매우 독특한 예술운동을 벌인 점이다. 솔직히 오늘날의 농촌은 피폐할 대로 피폐한 상태이다. 왜냐하면 산업화 과정에서 젊은 세대의 이농(離農)으로 농촌에는 노인들만 남을 만큼 노쇠했고 우리나라 산업에서 차지하는 비중 또한 낮아졌기 때문이다.

농업인구 역시 지난 시대의 인구의 70%가 아닌 10%를 조금 상회하는 수준이다. 이와 같은 농촌의 쇠퇴는 농경문화의 실종까지 가져왔다. 마을의 공동체도 견고하게 다지면서 노동의 피로를 씻어주던 농악과 농요가 거의 소멸되다시피 한 것도 어제오늘의 일이 아니다. 그러니까 농촌은 생산만 존재할 뿐 생산을 뒷받침해온 문화는 실종된 것이나 다름없다.

바로 거기서 정동극장은 농촌에 문화를 되돌려주는 운동을 전개해보려는 야망을 갖게 된 것이다. 그와 관련하여 정동극장은 "고향을 떠나왔지만 고향에 빚지고 있는, 그래서 무언가 보답하고 싶은 도시인들에게 고향의 소리 되찾아주기 운동의 일환으로 '문화의 빚 갚기'를 권합니다. 이것은 고향에 가고 싶은 분들, 그러나 오직 추억에로의 통로를 통해서만 고향에 찾아갈 수 있는 이 시대의 많은 도시인들에게 고향의 가락을 되돌려 줌으로써 그리운 사람들과의 재회는 물론, 삭막해진 시골 마을 곳곳마다 문화의 향기를 불어넣을 이색 문화운동입니다."(극장운영Ⅱ, p.79)라고 했다.

그렇다면 이 운동을 구체적으로 어떤 방식으로 전개하는가였다. 거기에는 우선 전제 조건이 붙었다. 즉 정동극장의 부족한 예산으로는 그러한 무료 문화운동을 벌일 수가 없었다. 따라서 극장 측은 "이번 사업의 문화 복지적 의미와 영향을 검안, 최소의 저렴한 가격으로 프로그램을 공급할 예정입니다. 한 사람의 독지가 전 비용을 부담하기 어려울 경우도 뜻있는 고향사람 여럿이 나누어 비용을 부담할 수 있습니다."(극장운영Ⅱ, p.80)라고 하여 특별 후원자의 후원금이나 농촌 지역사람들의 모금을 통해서 비용 충당을 한다는 것이었다.

그리하여 정동극장은 시범적으로 극장장의 고향인 경기도 화성군 서신면 용두리 바닷가 포구에서 공연을 가져 호평을 받기도 했다. 레퍼토리도 농경문화와 맞춰서 〈길놀이〉, 〈비나리〉, 〈앉은 바사물놀이〉, 〈피리독주〉, 〈선반 사물놀이〉 등과 마을 사람들이 어울리도록 하는 뒤풀로 엮는다는 구상이었다. 공연장소도 농촌현실에 맞춰서 정자라든가 노인정 앞마당 등 마을 사람들이 모일 수 있는 공터면 가능하다고 했다. 그런데 '문화의 빚 갚기 운동'은 더 이상 진척되지 못 했다. 왜냐하면 그런 취지에 동조하는 후원자도 나서지 않는 데다가 오늘의 빈약한 농촌 현실이 비용을 모금할 여력조차 없었기 때문이다.

정동극장은 당초 산업화로 파괴된 농촌문화를 복원에까지는 이르지 못한다고 하더라도 농민들에게 옛 소리를 되돌려줌으로써 농촌에 생기를 불어넣겠다는 꿈을 갖고 있었다. 이는 일종의 '모세혈관 문화운동'이라고 명명해도 될 것 같다. 알다시피 오늘날 급속한 산업화와 도시화로 인하여 도시와 농촌은 단절된 상태이다. 이는 곧 인체에 비교할 때 마치 동맥경화증 환자와 같다고 할까. 심장으로부터 손 발끝까지 흘러야 할 혈액은 모세혈관이 막혀버림으로써 골고루 공급되지 않고 있는 것과 같다고 본 것이다. 사실 농촌문화는 도시문화의 뿌리라 말할 수 있다. 건강한 농촌문화가 없으면 도시문화는 타락하기 쉽다. 현대문화의 원형인 농촌문화 복원이야말로 도시문화의 건강화를 도모하는 길이기도 했다. 그런 측면에서 볼 때, 정동극장이 시도한 바 있는 '문화의 빚 갚기 운동'은 돋보이는 발상으로 강력히 추진해가야 할 과제라 하겠다.

정동극장의 지방문화 진흥에 대한 관심은 강원도 설악 문화권과 제주도와의 삼각 네트워크 구상에서도 잘 나타난다. 즉 정동극장이 관광객이 많이 몰리는 속초의 문화공간과 제주시의 문화공간을 묶어 프로그램 삼각 네트워크를 만든다는 것이었다. 속초의 설악권에는 연간 관광객이 9백여만 명이 몰리고 제주도에는 그에 못지않은 관광객이 몰린다. 그런데도 이렇다 할 문화가 없어서 문화관광이 불가능한 처지다. 따라서 정동극장은 자체적으로 개발한 각종 프로그램을 텅 비어 있는 속초 문예회관과 제주시의 민속예술관에 보내줌으로써 지방 문화의 한계를 극복시켜줌은 물론이고 관광객들에게도 다양한 공연문화를 제공한다는 구상이었다.

실제로 속초지역과 제주지역의 준비 부족으로 실천이 되지 못했지만, 앞으로 반드시 실현되어야 할 과제가 아닌가 싶다. 정동극장은 정보화시대에 맞게 극장사상 최초의 인터넷 홈페이지를 개설함으로써 경향신문과 한컴이 공동 주체하는 베스트 웹 사이트에 선정된 바도 있다. 그뿐만 아니라 국내가 협소하여 해외로 눈을 돌리기도 했다. 가령 가족 뮤지컬 〈나무꾼과 선녀〉 제작 과정에서 러시아의 어린이극장과 제휴하는가 하면 연극 〈어머니〉의 교류 공연도 가졌으며 1998년 가을에는 〈서울카니발〉을 열어서 남아메리카와의 문화교류도 시도한 바 있다.

이상과 같이 정동극장은 4백석의 소규모 단일 극장임에도 불구하고 수천 석을 가진 대극장 못지않을 만큼 각종 사업을 벌였고 또 벌여나가고 있다. 특히 정동극장은 한 작은 공연장을 유지하는 차원이 아닌 한국문화 전체를 내다보면서 프로그램을 짜고 또 그것을 국내외로 확장해 나가고 있다는 점에서 주목을 끌 만하다는 생각이다.

정동극장은 개관되자마자 여러 가지 면에서 화제를 불러일으켰고, 그것은 시간이 흐를수록 더욱 증폭되고 있다. 그 화제는 지금까지도 계속되고 있으며 그것은 동시에 논란도 불러일으키고 있다. 더욱이 1998년 2월, 국민의 정부가 들어서면서 개혁의 바람을 타고 정동극장은 일단 경영적 측면에서 주목의 대상이 되기도 했다. 가령 국민의 정부가 내세운 민주주의와 시장경제라는 큰 틀 속에서 문화공간도 경제 원리에 입각해 접근해야 된다는 명제가 부각되었기 때문에 정동극장이 각광을 받게 되었던 것이다.

왜냐하면 정동극장이 우리나라 극장사상 처음으로 본격적인 기업 경영방식을 도입해서 실험을 했으며 그 결과도 좋았다고 보았기 때문이다. 솔직히 국민의 정부는 장기적으로 관립 문화공간들을 민영화(民營化)해서 활성 시킨다는 방안을 세워놓고 그 첫 단계로 서울의 세종문화회관을 특수법인화한 상태였다. 그러므로 정부는 이미 3년 전에 법인화해서 일단 성공했다고 보는 정동극장을 하나의 모델로 생각하지 않을 수 없었던 것 같다. 바로 이 지점에서 정동극장이 주목의 대상이 된 것이다. 즉 정부 측에서 보았을 때, 정동극장은 분명히 모범적이다. 전통예술상설무대를 통해서 외국 관광객들에게 우리의 문화 이미지도 심고 또 다채로운 공연으로 많은 관객을 불러들임으로써 처음으로 매우 높은 자립도를 유지 하고 있기 때문이다. 분명히 이 점은 여타 관립 문화공간들과는 비교도 안될 만큼 바람직하다고 보았다.

반면에 공연예술 전문가들은 조금 다른 시각을 갖고 있었다. 이들이 볼 때, 정동극장의 방식은 극장의 정도(正道)가 아니라는 것이다. 비판자들이 정동극장의 여건은 아랑곳하지 않고 무조건 새로운 작품을 별로 창조해내지 못했기 때문에 공연예술 발전에 기여하지 못했다는 것이었다. 특히 정동극장이 경영 기법을 도입하여 흑자운영을 하고 있어서 그렇지 못한 여타 문화공간들이 운영 중에 압박을 받고도 있었다. 어떻게 보면 관립 문화공간들이 정동극장으로 인하여 정신적으로 피해를 보고 있다고까지 생각하는 듯싶었다는 이야기다.

물론 비판자들의 관점에도 어느 정도 일리가 없지는 않다. 그러나 이런 부정적 시각은 비판을 위한 비판에 치우친 감도 없지 않았다. 왜냐하면 정동극장은 2000년 당시, 겨우 개관 4년 반밖에 되지 않았고 4백석의 소형극장으로서 연간 예산이 겨우 10억에 불과할 뿐만 아니라 전속 예술단 하나 둘 수 없는 극장이기 때문이다. 연간 수백억 원 이상 쓰는 긴 역사의 대형 극장들도 공연예술사에 남을 만한 작품을 만들어내지 못한 처지에서 정동극장에 그런 것을 요구하는 것은 일단 무리였다.

결과적으로 정동극장이 처음으로 문화 공간 운영에 혁신의 새 바람을 일으켰고 그것이 전국의 문화공간들에 자극을 줌으로써 문화 전체에 활력이 될 만한 단초를 만든 것은 부인할 수 없다. 그것이 다름 아닌 극장운영의 경영기법 도입이었다. 정동극장은 단 4년 만에 브랜드화에 성공 가능성을 보여줄 정도가 되었다. 그 점은 정동극장 무대에 올리는 작품마다 관객이 몰리는 사실에서 확인되었다.

물론 정동극장이 극장 책임자인 홍사종(洪思琮) 극장장의 개인적 능력에 많이 좌우되는 것은 부인할 수 없다. 그리고 전진적 작품 창조로 대중을 이끌어가기보다는 대중 취향에 맞추어가려는 경향도 없지는 않았다. 그러나 분명한 것은 정동극장의 경우 리더의 능력이 얼마나 중요한가를 보여주었으며 극장운영에 있어서 기업 경영방식을 도입한 것도 획기적인 것이었다. 그뿐만 아니라 극장이 장기적이면서도 개혁적이며 뚜렷한 목표를 내세워 그에 맞춰 운영해나가는 경우도 정동극장이 처음이었다고 보아도 크게 어긋나지 않을 듯싶다.

예를 들어서 인간주의라든가 서정주의와 같은 확실한 방향과 목표를 설정하고 그에 맞춰서 관리하고 프로그램도 만들어가는 것도 정동극장이 처음 시작한 것이었다. 물론 서정주의와 같은 것이 과연 시대정신에 맞는 것이냐는 것도 비판 대상이 될 수 있지만 그것도 실은 문명 발전에 따른 부작용의 정신적 치유방식으로 내세운 것이므로 대중의 호응을 받아낼 수 있었다. 정동극장은 오히려 역사의 강물에 떠내려가지 않으려고 우리의 문화 공간 중에서 가장 먼저 인터넷 홈페이지를 개설함으로써 극장을 국내외에 널리 알린 바 있다. 그리고 문화사회학적 입장에서 대중심리를 파악하는 신속성까지 보여주었다. 그래서 정동극장이 공연장으로서의 위치상의 불리를 관객의 저변 확대로 극복했으며 탄탄한 회원 조직으로 안전판을 만들기도 한 것이다. 이러한 적극성을 넘는 공격적 운영으로 정동극장은 1년 내내 살아 움직이는 문화 공간이 될 수가 있었다. 그만큼 정동극장은 휴관이 거의 없다. 그것도 순전히 자체 기획으로만 극장을 채우고 있다.

정동극장은 대관이 거의 없었다. 정동극장은 오후에만 공연하는 것도 아니고 오전에도 대부분 공연을 했다. 초중등학생들을 위한 '문화특활'이 바로 그것이다. 비판자들은 비웃기에 앞서서 정동극장을 가보아야 한다. 정동극장이 어떤 철학과 아이디어를 갖고 살아 움직이는 문화공간이 되도록 했는가를 알아볼 필요가 있다. 정동극장은 문화 공간 운영자들에게 많은 것을 가르쳐주고 있으며 앞으로도 그럴 수 있다. 왜냐하면 그동안 누구도 시도해보지 못했던 새로운 발상으로 극장운영을 하고 있는 문화공간이기 때문이다.

도대체 그동안 어느 극장에서 인간주의를 내걸고 관객위주 운영을 해왔으며 또 공연제작비로 봤을 때 투자대비 흑자경영을 해냈단 말인가. 정동극장은 일단 과감하게 변화를 꾀해보았다는데 의미가 있다. 변화를 두려워해서는 발전을 기할 수가 없다. 1950년 봄을 시작으로 현재까지 국립극장을 비롯한 많은 공공 문화공간이 생겨났으나 그 운영만은 극히 관료적이고 전근대적이어서 문화 활성화를 기하지 못했었다.

그렇기 때문에 정동극장의 독특한 활동이 문화 관계자들의 이목을 끌 수밖에 없었던 것이다. 문화 공간 운영자들은 앞으로 정동극장 경영의 노하우를 부분적으로라도 취택할 필요가 있다. 그럴 때만이 기존의 문화공간들이 변화를 기할 수 있다고 본다.

개관되고 단 5년여 만에 정동극장이 '문화 공간 운영의 전범'이 되도록 헌신한 홍사종 극장장이 대학으로 스카우트되고, 2000년에 제2대 극장장으로 부임한 박형식(朴亨植)은 이태리에서 성악을 공부한 전도유망한 테너 가수였다. 그런데 의외로 그가 극장경영에도 상당한 식견과 능력을 갖춤으로써 극장장으로 발탁된 경우였다.

그는 부임 일성으로 "공익을 목적으로 설립된 극장은 편중된 모습을 보여서는 안 된다는 생각이 무엇보다 확고했다. 관객들을 위해서, 공익성은 예술을 목적으로 설립된 공간인 만큼 예술성을, 그리고 극장 자체의 발전을 위해서는 이익을 골고루 가질 수 있어야 한다고 생각했다. 극장이 예술성과 공익성을 가지는 것은 너무나 당연한 얘기가 아닌가 하고 사람들은 의아해 할지도 모른다. 인생의 많은 부분에서 체험했듯이 '기본'의 중요성에 대해선 더 이상 말이 필요 없다. 따라서 무엇보다도 국공립 극장운영의 기본이 되어야 하는 공익성과 예술성을 극장의 운영모토로 잡았다."[17]면서 그런 목표를 이루기 위하여 첫째, 내국인과 외국인을 위한 한국전통예술의 보급을 위한 창구 역할을 하는데 주력하고, 둘째, 다양한 연령층과 관객을 위한 다양한 무대를 만들며, 셋째, 저렴한 가격정책을 추구해나간다고 했다.

그리하여 정동극장이 그가 부임한 첫해 4월부터 12월까지 기획으로 상설국악공연을 시작하여 총 635회 중 국악공연만도 239회나 해낸 것이다. 이러한 정동극장의 상설국악공연으로 6개월간 외국인 상대로만 30여만 달러(한화 3억3000여만 원)를 벌어들이기도 했다. 그와 관련하여 한 언론은 "극장 단위 상설무대로는 최초로 개설된 데다 현재 유일무이한 프로그램인 〈정동극장 전통예술무대〉가 외국 관광객을 대상으로 한국 전통문화 보급의 첨병으로 안착했다는 분석이다. (⋯중략⋯) 박형식 극장장(47)은 '전통예술 공연은 98년 200%, 99년 150%, 상설공연으로 전환한 올해의 경우 121%의 증가율을 나타내는 등 괄목할 만한 성장을 거듭하였다'며 "이제는 외국 관광객들이 반드시 한 번 들러야 하는 한국의 문화관광 명소로 자리 잡았다."고 자평했다. 정동극장은 외화 30만 달러 획득 기념행사로 오는 18~26일(22, 23일 제외) 극장 내 쌈지마당에서 '소리 숲에 어리는 차의 향기' 야외공연을 마련한다. 공연은 시드니올림픽 문화예술행사에서 찬사를 받은 '다(茶) 퍼포먼스'가 펼쳐진다."[18]고 보도한 바 있는 것이다.

이와 같이 홍사종의 극장운영방식을 계승하여 한 층 심화시켜나간 박형식 극장장의 적극적인 전통예술 문화상품화 노력은 '2000년 공공부분 경영혁신 국무총리상 수상'이라는 영광으로 돌아오기도 했다. 그런데 박형식 극장장이 부임하고 나서 크게 달라진 것 중 하나가 다름 아닌 상주단체의 운영방식이었다고 말할 수가 있다. 즉 그는 전처럼 상주예술단에 전적으로 일임하지 않고 직접 지휘하는 방식으로 전환시킨 것이다. 그 결과 공연횟수가 크게 증가되어 2001년 91회가 2002년에는 146회로서 384%가 되었을 정도였다. 그만큼 그가 적극적으로 공연활동을 펼침으로써 정동극장이 도약할 수 있도록 발판을 마련해갔다. 물론 그도 임기가 끝나면서 재일교포 스타 발레리나 출신의 최태지(崔泰枝)로 바통을 넘기게 되었다. 그런데 최태지는 전임 두 극장장이 기초를 잘 다져놓았기 순탄하게 운영을 할 수가 있었다. 왜냐하면 새로 온 극장장이라고 해서 더 보탤만한 아이디어가 별로 필요 없었기 때문이다. 특히 그녀가 발레리나로서는 출중하지만, 평소에 극장경영에 대한 관심이나 경험이 없었기 때문에 섣불리 잘 나가고 있는 극장운영에 손을 대기도 쉽지는 않았던 것이다.

물론 정동극장 운영방식이 모든 문화공간에 들어맞는 것은 아니다. 4백석의 단일 공연장 경영방식이 수천석의 복합문화공간에 적용될 수도 없고 미술관이나 박물관 등과 같은 전시공간에도 맞을 리 없다. 다만 타 극장들이 정동극장의 운영방식을 벤치마킹한다면 종래의 관료주의와 무사 안일했던 타성으로부터는 해방될 수 있을 것이다. 우리나라처럼 공연문화가 생활화되어 있지 못한 경우에서는 정동극장의 공격적인 경영방식은 충분히 타산지석이 될 만하다. 특히 소형 공연장들은 정동극장을 하나의 모델로 삼아 봄직하다는 생각이다.

종장: 극장(文藝會館)의 과잉 확대와 시급한 운영의 묘 찾기

　순수 우리 자본과 기술로 극장다운 극장을 최초로 세운 것이 1962년 서울 세종로의 시민회관(현 세종문화회관의 전신)이었다. 그로부터 55년 뒤 우리나라 전국의 대, 중, 소도시에는 229개의 극장(문예회관)이 용립해 위용을 자랑하고 있는데, 그것도 대체로 1980년대 이후 30여 년 동안에 거액을 들여서 세웠다는 특징이 있다. 공연예술이 생활화되어 있는 서양의 어느 나라도 우리처럼 짧은 기간에 그렇게 많은 극장을 세웠다는 이야기를 들어본 적이 없으며 일본을 제외한 아시아권 여타 나라들에서는 상상할 수도 없는 경탄할 대사(大事)를 우리나라만이 해낸 셈이다.

　이는 마치 우리가 경제의 압축 성장으로 세계인들을 놀라게 한 경우와 매우 흡사하다는 생각을 불러일으키기도 한다. 또 실제로 경제 규모가 그만큼 커졌기 때문에 그와 같은 문화 공간 확대도 가능할 수가 있었다고도 생각된다. 왜냐하면 극장은 커다란 건축물인 데다가 예술창조에 필요불가결한 조명, 음향 등의 고가의 기기(機器)들을 들여놓아야 하므로 막대한 비용이 소요되기 때문이다. 가령 최근에 문을 연 광주의 국립아시아문화전당의 경우 7천31억 원의 비용이 든 것을 기준으로 삼을 수는 없다고 하더라도 하나의 문예회관 건립비용이 낮춰 잡아서 평균 3백억 원 정도로 계산하더라도 전국 229개의 건립비를 합치면 적어도 10조원(?) 가까운 돈이 투자되었다고 해도 과언이 아닐 것이다. 그러니까 국가의 균형발전이라는 차원에서 보면 극장에 관한 한 외형상으로는 중앙과 지방의 차이가 없어진 셈이다.

　그런데 문제는 정부와 지자체들이 사전에 면밀한 시장조사 없이 또 수요공급이라는 기본적 경제 원리를 무시하고 균형 맞추기와 전시효과라는 측면에서 군청소재지에까지 졸속으로 장대하고 화려하게 지어놓고서도 거기에 걸맞은 콘텐츠 개발에는 소홀함으로써 외화내빈(外華內貧)의 전형이 되고 있는 것이 아닌가 싶다. 좀 더 구체적으로 말하면 하드웨어는 중앙과 지방이 균형을 이루고 있지만, 소프트웨어 불균형의 격차는 여전하다는 이야기다. 왜냐하면 정부와 지자체가 하드웨어 구축에만 신경을 쓰고 더욱 중요한 소프트웨어 조성에는 등한했기 때문이다. 솔직히 오늘날 전국의 극장들에 투자한 만큼 이들이 효율적으로 운용되지 못함으로써 국민의 문화 복지에 기대만큼 큰 기여를 못 하고 있는 것이 현실이다.

사실 산업화에 따른 도시화로 많은 사람이 모일 수 있는 장소로서 뿐만 아니라 삶의 질을 높이는 필수조건이 바로 문화예술이므로 그 창조공간인 극장(문예회관)은 필수적인 것이고, 그래서 정부가 막대한 세금을 들여 많은 극장을 지은 것이 아닌가. 선진적인 서양의 경우 그리스가 이미 기원전부터 야외극장을 만들어 운영하는 것부터 시작하여 천수백 년 동안 극장을 발전시켜 왔던 것도 바로 그런 연유에 따른 것이다.

그러나 우리나라의 경우는 전통적으로 야외놀이적인 연극유산으로 인하여 극장의 개념이 서양과 달라서 건축된 극장의 역사가 짧았고, 게다가 개화기 이후 열악한 내외환경으로 인하여 제대로 만들어진 극장이 절대 부족했기 때문에 시민들의 극장 드나듦이 생활화되어 있지도 않았다. 그런 가운데 갑자기 현대시설의 대형 극장들이 시민들의 눈앞에 우뚝 서게 된 것이다. 오늘날 그 웅장한 극장(문예회관)들이 시민들과 유리될 수밖에 없는 근원적 배경도 바로 거기에 기인한다고 볼 수가 있다. 주지하다시피 예술을 선호하는 관중도 훈련되고 길들여지는 것이지 저절로 형성되는 것은 아니다. 이 말은 특히 지방의 극장들이 연착륙하기가 쉽지 않다는 점을 설명하기 위해서다.

더욱이 극장들의 연착륙을 어렵게 하는 요인은 대중이 고난의 현대사를 겪어오면서 공연문화에 친숙할 기회가 적었다는 우리만의 역사적 배경뿐만 아니라 현대의 급속한 기계문명의 발달, 그리고 다양한 오락문화의 발전도 한 몫 한다고 말할 수가 있다. 가령 IT 및 멀티미디어 기기(機器)의 발달로 인하여 대중이 언제, 어느 시간대, 어디에서도 원하는 공연물을 볼 수 있는 시대여서 시간과 돈을 들여가며 구태여 극장을 찾을 필요성이 줄어들었다는 점이다. 그리고 교통의 발달로 지방의 예술애호가들은 고품질의 공연물을 보기 위하여 서울로 오가는 것도 지역 극장의 안착을 더디게 하는 요인 중의 한 가지라고 말할 수가 있다. 그뿐만 아니라 겨울에는 농구, 배구 등이, 그리고 봄부터 가을까지는 야구, 축구 등 프로스포츠가 수백만의 열광적인 팬들을 불러 모음으로써 주로 젊은이들로 하여금 극장에서 더 멀어지게 만든다. 더하여 프로스포츠의 시간대와 공연시간대도 거의 같지 않은가.

물론 서양에도 이러한 상황은 우리와 비슷한 면이 없지 않다. 그러나 서양의 경우는 오래전부터 극장문화가 생활화되어온 전통이 있어서 그렇지 못했던 우리나라와는 차원이 다르다. 특히 우리는 포터블 미디어 기기의 급속한 발달에 따른 다양한 문명기기와 프로스포츠 등 오락문화가 발전하는 같은 시기에 극장이 세워지면서 그 안착을 더욱 어렵게 하고 있는 것이다. 그래도 수도 서울은 서양문화와의 접촉이 빈번했던 터라서 좀 낫지만 지방은 아무래도 그런 면에서 소원하다고 볼 수가 있다.

일찍부터 서양의 공연예술 관객의 성향을 연구해온 브래들리 모리슨(B. Morison)은 관객층을 네 가지 범주로 나눈 바 있는데, 그에 의하면 고정 관객층은 인구의 3~5%에 불과하고 잠재 관객층이 12~15%이며 30%는 무관심 관객층이지만 나머지 과반수가 넘는 50~55%는 비토 관객층이라고 했다. 그런데 이것도 실은 극장들이 풍부한 콘텐츠를 갖추고 있고 '극장 찾기'가 생활화되어 있는 서양의 경우가 그렇다는 이야기다. 브래들리 모리슨의 기준으로 본다면 우리나라 지방의 경우는 일정한 고정관객층은 전무하다고 말해도 과언이 아니다.

물론 오늘날 서울의 경우에는 인기 있는 뮤지컬이나 연극, 그리고 오페라,

발레 등 양악 분야에 차등은 있지만 고정관객층이 형성되어 가는 추세다. 그러나 지방의 경우는 한두 지역을 제외하고는 아직 고정관객층이 형성되었다고 보기 어렵다. 왜냐하면 상시 좋은 공연을 접하기가 어렵기 때문이다. 가령 문화관광부가 조사한 극장의 유료관객수를 보면 전국 평균 29.23%인데, 서울이 44.15%이고 대전이 61.81%이며 충북이 43.39%로 나와 있다. 여기서 특히 주목되는 지역은 대전광역시로서 수도권보다도 월등히 높다. 이는 아무래도 대전은 다른 지역보다 일찍 큰 규모와 시설을 잘 갖춘 예술의전당을 짓고 곧바로 재단법인화 하여 외부에서 전문가를 데려다가 다양한 콘텐츠를 개발하여 시민들의 눈높이에 맞춘 문화상품을 보급한데 따른 것으로 보아야 한다. 이처럼 결국 극장은 운영여하에 따라 활성화될 수도 있고, 죽어있는 빈 창고도 될 수 있다는 하나의 작은 본보기다.

그렇다면 어떻게 풍부한 콘텐츠를 갖추고 시민들이 제집 드나들 듯 친숙하며 살아있는 극장을 만들 수 있을까? 여기에는 두 가지 방향으로 이야기가 되어야 할 것 같다. 그 첫째가 제도 확립 또는 제도 개선이라고 한다면 두 번째는 유능한 인재발탁과 그 활용이다. 그런데 이런 것을 실천할 수 있는 권한은 정부와 지자체가 쥐고 있다. 세계추세를 보면 대체로 세 가지 제도가 존재하는 것으로 나타나 있다. 즉 첫째는 정부 또는 지자체가 직영하는 경우, 두 번째로는 독립법인화 제도, 그리고 책임운영제 등이다. 이중에서 비교적 선호하고 있는 방식이 다름 아닌 독립법인화이다. 가령 정부나 지자체가 직영한다는 것은 곧 비전문 일반직 행정공무원이 운영하는 경우고, 독립법인화는 전문가들이 운영하는 것이며 책임운영제도 호주, 캐나다 등 몇 나라가 취택하고는 있지만 극장이 비영리기관임에도 불구하고 수익성을 최우선으로 생각하기 때문에 약간의 폐단이 따르는 것으로 알려졌다.

따라서 현재 이상적인 제도는 독립법인화로 보아야 할 것 같다. 우리의 경우는 역시 이상 세 가지 제도가 혼재되어 있는바 아무래도 관의 직영(直營)이 절대 다수이다. 솔직히 20년 전까지만 해도 서울의 예술의전당 외에는 모두가 관의 직영이었다. 그러니까 정부와 지자체들이 소프트웨어의 중요성을 인식 못 하고 있는데다가 공무원들의 자리 지키기를 중시함으로써 식민지시대의 부민관(府民館)처럼 직영을 하고 있는 상태였다.

그러다가 1998년 어느 때보다 문화를 잘 알았던 국민의 정부 들어서 법인화가 시작되어 더디지만, 그 방향으로 나아가고 있는 추세이긴 하다. 가령 문화관광부 조사에 의하면 전국 극장 중 229개 가운데, 재단법인화가 된 것은 고작 60개고, 공사나 공단이 운영하는 것이 21개이므로 나머지는 정부와 지자체들이 직접 운영하고 있는 셈이다. 관이 직영하는 것은 마치 식민통치시절 조선총독부가 세운 부민관처럼 극장명칭에 여전히 회관(會館)을 고수하고 있는 정서와 상통한다. 그런데 참으로 이해할 수 없는 것은 정부와 지자체가 서둘러 극장을 짓고 규모나 시설은 최첨단 글로벌 기준에 맞추면서도 왜 제도나 운영방식에 있어서만큼은 글로벌 기준과는 거리가 먼 식민지시대 잔재를 청산 못하고 있느냐는 것이다.

그 결과 정부 및 지자체, 그리고 공단 등이 직영하는 극장치고 제대로 굴러가는 곳이 별로 없다. 그럴 수밖에 없는 것이 공무원 등 비전문가들은 우선 예술과 극장을 모르며 또 성과에 별 관심이 없을뿐더러 말썽이 따를 수 있는 창의적 일을 만들려 하지 않는 속성을 지니고 있는데 따른 것이다. 솔직히 비전문 공무원들이 무엇이 아쉬워 일을 만들어서 문제가 야기되면 진급에 지장을 줄 수도 있는 일을 벌이겠는가. 이는 명약관화하지 않은가. 관리가 운영하는 극장들은 조직 역시 행정기관 조직과 크게 다르지 않다. 그러니까 극장관리자(하우스매니저)만 있고 예술감독이 없어서 수직형 구조다. 이런 극장에 공연기획파트라든가 홍보, 디자인, 마케팅, 온라인채널 등 콘텐츠의 생산과 보급 관련부서가 있을 리 만무하다. 이런 인적구조로는 극장이 지역민들의 정서공동체가 되어야 하는 궁극적 목표에 절대로 도달할 수가 없다.

바로 그런 연유로 선진국들에서는 일찍부터 극장을 독립법인화하여 전문가들에게 극장운영 전권을 맡기고 있는 것이다. 그런데 독립법인화 했다고 모든 것이 해결되는 것도 아니다. 문제는 운영책임자 임면권을 장관이나 지자체장이 갖고 있다는 점이다. 이 말은 곧 임면권자들이 유능한 인재를 제대로 뽑아서 그들에게 재량권을 주어야 극장들이 제대로 돌아갈 수 있다는 이야기다. 그렇지만 지자체장들은 선출직이어서 어려운 선거를 치러야 하는 과정에서 여러 사람의 도움을 받게 된다. 그에 따라 지자체장들이 선거 공신들에게 자리를 마련해주다 보니 법인화된 극장에도 무능한 비전문가들이 적잖게 자리 잡는 악순환이 거듭되기도 한다.

이러한 악순환을 끊기 위해서 전국적으로 유능한 전문 인재들을 발탁할 수 있도록 하는 법적 장치가 마련되어야 하고 이사회의 감시기능도 강화하되 극장장들이 소신껏 일할 수 있도록 정치적 입김에서 자유롭도록 해야 할 것이다. 극장장들의 임기제도 역시 현재 2년 내지 3년으로 되어 있는데, 장기 플랜을 위해서는 5년 정도가 괜찮으며 유능한 인재는 몇 번의 연임도 가능하도록 하는 임기제의 우연성도 필요하다. 이런 것도 모두 글로벌 기준에 맞추면 될 것 같다.

우리나라 극장들이 선진국과 같은 제도개선과 유능한 인적 조직이 갖추어지면 곧바로 할 일이 다름 아닌 관객양성이라 본다. 앞에서도 언급했지만 우리의 경우, 특히 지방에는 고정관객이 부재하다고 말할 수가 있다. 그래서 장단기 치원에서 관객양성이 가장 시급하다고 본 것이다. 거기에는 당연히 좋은 공연과 상시 이루어지는 교육프로그램이 필수적임은 다 알려진 사실이다. 그러나 오늘날 지방의 극장들에서는 품질 높은 콘텐츠를 만들어낼 만한 예산과 인재가 절대 부족하다. 이러한 상황은 상당히 오래 갈 것이다.

따라서 장기플랜으로 극장에 많은 지역민이 드나들 수 있는 프로그램이 마련되어야 한다. 그러려면 가장 먼저 지역민들이 쉽게 드나들 수 있는 뭔가를 만들어야 하는데, 그것이 다름 아닌 극장 문 낮추기와 문호개방이다. 오늘날 도시화되면서 사랑방이 없어졌기 때문에 지역의 극장들이 그것을 대신해야 한다. 극장은 지역사람들에게 이웃집 드나드는 것처럼 편안하고 친숙해져야 한다. 극장은 자청해서 자기 고장의 다양한 행사들을 끌어들여야 하고 행사의 성격도 차등을 두어서는 안 될 것이다. 그래서 열려있는 극장로비는 항상 사람들로 붐벼야 한다. 그러려면 극장 안에는 사교와 휴식을 위한 먹거리와 놀거리가 있어야 할 것이다.

주지하다시피 극장의 정서적 공동체로서의 기능은 예술창조와 교육이 주된 목표다. 극장이 인재와 예산부족으로 자체적으로 공연물을 만들어낼 수 없다면 외부에서 좋은 작품을 초청하여 자주 시민들에게 보여주어야 하고 지나치게 순수와 대중예술을 구분할 필요는 없다고 본다. 그런데 상당수 관 직영 극장들은 자체 제작 능력도 없고 외부에서의 초청공연에도 예산타령만 할 뿐 적극적으로 찾아 나서지 않는다. 조금만 신경을 쓰면 공연물도 큰돈 안 들이고 외부에서 초청하여 시민에게 보여줄 수가 있을 만큼 널려있다. 서울의 대학로 등 수백 개의 극장에서는 연간 수천 편의 작품들이 무대에 올려지고 있다. 도깨비시장이나 아울렛에 가면 값싸고 질 좋은 옷 등 물품이 넘치듯이 서울 등 몇 도시에서 제작된 우수 작품들을 큰돈 들이지 않고서도 얼마든지 초빙해서 지역주민들에게 보여줄 수가 있다.

그러므로 특히 지방 극장들은 전국네트워크를 갖추고 공연물 안내 및 교류와 자금지원까지 해주고 있는 정부 산하 한문연(韓文聯)만 잘 활용해도 큰 도움을 받을 수가 있다. 극장을 움직이는 책임자들은 자기 고장의 문화예술 창달을 위하여 좀 더 적극적이야 하며 기업가 정신도 어느 정도 배워야 할 것 같다. 가령 기업의 경우 공장에서 하나의 물건을 만들어 파는 데는 정치(精緻)한 시장조사와 투자, 합리적 조직에 따른 분업과 협동, 치밀한 제작, 그리고 열정적이고 치열한 판매 여하에 성쇠가 갈리지 않는가.

그리고 극장은 그 지역사회에 여러 가지로 기여해야 할 책무도 있는데, 그것이 바로 공연 못잖은 교육 프로그램의 확장이다. 교육프로그램도 세대에 맞춰서 다양하게 꾸며야 한다. 노 장년세대를 위한 인문교양 프로그램으로부터 어른들의 취미 여가활동을 돕는 시서화, 악기 다루기 등 기능교육도 중요하다. 특히 어린이 청소년들을 위한 인성교육, 예능교육 등을 다양하게 꾸미면 학교교육에서의 부족분을 메꿀 수도 있다(특히 가정형편이 어려워서 학원에 못 가는 어린이 청소년을 위해서). 이는 사실 장기적으로 보면 국민교양 교육이고 동시에 관객양성이기도 하다.

오늘날 각 지역에는 중등학교들과 대학들이 자리 잡고 있다. 그런데 몇몇 종합대학 외에는 학교에 극장시설이 없다. 대학들에는 각종 동아리가 역동적으로 활동하고 있다. 이들 중에는 연극, 음악, 무용 등 공연 동아리들이 있지만 발표공간이 마땅치 않다. 따라서 각 지역 극장들은 이들에게 문호를 개방하여 발표공간을 만들어 주어야 한다. 그리고 각 지역에는 프로 단체보다는 아마추어 예술단체들이 더 많다. 즉 연극, 무용, 문학, 오케스트라 등이 많지만 적합한 발표 공간이 태부족이다. 극장은 이들에게도 지역문화 육성차원에서 과감하게 문호를 개방해주어야 할 의무가 있다. 그것이 곧 극장이 지역사회에 기여하는 길이다.

정부가 바뀔 때마다 극가의 균형발전을 치정(治政)의 목표로 삼아 공공기관을 각 지방 도시로 옮기면서도 그 정신적 바탕이 되는 문화의 균점에는 소홀한 것이 아닌가 싶다. 왜냐하면 전시효과적인 극장 짓는 데는 열성을 보이면서도 그들을 지역민들에게 밀착시켜서 문화의 균형발전에 이바지할 콘텐츠 개발에는 등한해왔기 때문이다. 오늘날 도시의 다 죽어가던 구시가지(舊市街地)도 재생시켜 살만한 명품 시가지로 만들어서 사람들을 끌어 모으는데 하물며 잘 지어놓은 극장 하나 못 살린단 말인가. 바로 그 점에서 정부와 지자체들은 자기혁신에 가까운 획기적인 발상의 전환이 시급한 상황이다.

참고문헌

▶기본자료

신문

경남일보. 경향신문. 국민일보. 내외경제신문. 대한민보. 데국신문. 대국매일신보. 대한매일. 대한매일신보. 대한민보. 독서신문. 동아일보. 만세보. 매일신보. 매일경제신문. 서울신문. 선봉신문(카사크스탄 알마타 발행). 세계일보. 시대일보. 연합뉴스. 예술통신. 일간스포츠. 조선일보. 조선중앙일보. 주간조선. 중외일보. 한겨레신문. 한국경제신문. 황성신문

잡지 및 기타

갈채. 경성회보. 공간. 공연과리뷰. 극장예술. 대한흥학보. 동서문화. 미르. 민성. 민족문화. 비판. 삼천리. 서북학회월보. 신동아. 신사조. 신천지. 심상. 연극영화. 연극평론. 예술. 우리공론. 우리무대. 월간 국립극장. 음악저널. 인천학연구. 일본학보. 조광. 조신. 춤. 한국연극. 부산시사(제1권). 세계문예사전. 예술연감. 인종실록. 일본학보. 자유극장10년지. 한겨레음악대사전. 한국민족대백과사전

▶단행본

강현두, 대중문화의 이론, 민음사, 1980.
고설봉·장원재, 증언연극사, 진양, 1990.
김소연, 경성의 건축가들- 식민지경성을 누빈 'B'급 건축가들이 삶과 유산, 루아크, 2017.

김양수, 인천개항백경, 화인재, 1998.

김용섭 외, 한국근대민족운동사, 돌베개, 1980.

김재석, 근대전환기 한국의 극, 연극과인간, 2010.

김정동, 고종황제가 사랑한 정동과 덕수궁, 발언, 2004.

김주호·용호성, 예술경영-예술경영인을 위한 체계적 개론서, 김영사, 2002.

박 진, 세세연년, 경화출판사, 1966.

박 황, 창극사연구, 백록출판사, 1976.

백현미, 한국창극사연구, 태학사, 1997.

사진실, 공연문화의전통-악·가·무, 태학사, 2002.

서항석, 경안 서항석전집 1~6. 한신출판사.

송방송, 증보 한국음악통사, 민속원, 2007.

신선희, 한국고대극장의역사-우리 옛극장의 기원, 그리고 그 정체성을 찾아서, 열화
       당, 2006.

안종화, 신극사이야기, 진문사, 1955.

용호성, 예술경영-현대예술의 매개자 예술경영인을 위한 종합입문서, 김영사, 2010.

우수진, 한국근대연극의 형성, 푸른사상, 2011.

유민영, 한국근대연극사, 단국대출판부, 1996.

_____, 우리시대연극운동사, 단국대출판부, 1990.

_____, 한국연극의 위상, 단대출판부, 1990.

_____, 한국근대극장변천사, 태학사, 1998.

_____, 한국인물연극사 1, 태학사, 2006.

_____, 한국연극의 아버지 동랑 유치진, 태학사, 2015.

유민영·김연수, 도약하는 정동극장이야기, 태학사, 2004.

유치진, 동랑자서전, 서문당, 1975.

이두현, 한국신극사연구, 서울대출판부, 1966.

이필동, 새로 쓴 대구연극사, 한솔, 2005.

차범석, 한국소극장연극사, 연극과인간, 2004.

최남선, 조선상식문답속편, 동명사, 1947.

최원식, 민족문학의 윤리, 창작과비평사, 1982.

한국전력공사, 한국전기주요문헌집, 1990.

홍사종, 보도자료로 읽어보는 정동극장 1995.7~1997.7.

홍영철, 부산극장사, 부산포, 2014.

가토게이지(後藤慶二), 일본극장사, 이와나미문고.

다카사키 소지(高崎宗司), 이규수 역, 식민지조선의 일본인들-군인에서 상인으로, 그
　　　리고 게이샤까지, 역사비평사, 2006.

에릭 호스봄 저, 박지향·장문석 역, 만들어진 전통, 휴머니스트출판그룹, 2004.

에밀 부르다레 저, 정진국 역, 대한제국 최후의 숨결, 글항아리, 2009.

오자사 요시오(大笹吉雄) 저, 이혜정 역, 일본의 연극과 극장, 연극과인간, 2006.

와다나배 와사부(渡部學), 김성환 역, 한국근대사, 동녘, 1984.

F. H. 해링튼 저, 이광린 역, 개화기의 한미관계, 1973.

케네스 맥고완·윌리암 멜리츠 저, 정원지 역, 세계연극사-불멸의 무대, 중앙대출판
　　　부, 1976.

크레이그 드리준 저, 이은옥 역, 예술경영 어떻게 할 것인가, 민음사, 1997.

하기와라 고이치(萩原孝一), 공사(工事)보고, 경성회보, 1936.

▶연구논문 및 산문 류

강소(康韶), 연극, 비판, 1938년 6월호.

강창일 문화예술공간 운영형태연구, 국민대행정대학원 논문, 2013.

구히서, 범세계적 연극을 위한 일보전진, 춤, 통권 제17호.

김　건, 제1회 연극경연대회 인상기, 조광, 1942년 12월호.

김경옥, 드라마센터의 문제점-개관공연을 계기로, 동아일보, 1962.6.21.

김규대, 국립극장의 환도, 경향신문, 1967.12.24.

김남석, 인천애관연구, 인천학연구.

김동원, 국립극장 창단 무렵-〈원술랑〉과 〈뇌우〉 공연, 국립극단 제186회 공연 팜프레트.

김명곤, 2001년 새로운 아침을 맞이하며, 미르, 2001년 1월호.

＿＿＿＿, 새로운 꽃망울을 피우기 위하여, 갈채, 2000년 3월호.

김성우, 서울시립극단, 한국일보, 1993.7.13.

김양수, 개항장과 공연예술, 인천학연구 창간호.

김영건, 연극과 극장의 통제-극장위원회를 위하여, 예술, 통권 제1권 제2호.

김영수, 극계1년간, 조광, 1939년 12월호.

김영태, 소극장운동측면사-까페 떼아뜨르의 경우, 공간, 통권 제100호.

김원극, 아국의 연극장소식, 대한흥학보 제1호.

김정옥, 국립극장의 새로운 과제, 한국일보, 1961.11.12.

김창구, 국립극장과 민족예술의 재현, 신사조, 1962년 6월호.

김태윤, 연극과 기획과 극장, 삼천리, 1941년 3월호.

나 웅, 연극과 극장, 예술, 통권 제1권 제1호.

달관생, 연극장 주인에게, 서북학회월보, 제1권 제16호.

마태훈, 한국의 향기에 취하는 삼청각, 문화일보, 2002.5.23.

박동미, 예술경영 1세대 두 공연장수장에게 듣는다, 문화일보, 2017.2.7.

박용구, 국립극장 시비-재출발 위해 대수술을, 동아일보, 1961.3.17.

박호준, 민족예술중흥 위한 노력을, 월간 국립극장, 통권 제10호.

백 철, 극연좌의 〈뻐꾹새〉와 〈길〉을 보고, 조선일보, 1938.6.6.

변기종, 청춘좌소사, 삼천리, 1941년 3월호.

복면관, 잡기장 광무대(1), 동아일보, 1920.9.23.

서항석, 나와 국립극장4, 극장예술, 통권 제5호.

＿＿＿＿, 한국연극사(2), 경안 서항석전집 6, 한신출판사.

송기숙, 조선후기 정재의 극장공간성과 공연미학-순조 을축 자경전 진찬을 중심으로, 한국 춤의 전개양상, 한예종전통예술원, 2011.

신좌현, 순연일기, 삼천리, 1941년 3월호.

안영일, 1947년도 연극계, 예술연감 1947년도판.

양 훈, 조선연극건설에의 길, 우리공론 제1호.

오재경, 원각사 회고, 우리무대 제2호.

오화섭, 3사 신춘문예 희곡공연, 동아일보, 1965.1.28.

_____, 〈성난 얼굴로 돌아보다〉를 보고, 동아일보, 1960.7.13.

_____, 전위적인 열의, 한국일보, 1960.2.22.

_____, 국립극장은 이렇게 운영되어야 한다, 경향신문, 1960.8.15.

원정수, 국립극장 관견기, 공간, 통권 제84호.

유민영, 동랑레퍼토리극단, 한국연극, 통권 제4호.

_____, 속박과 자유의 갈등, 그 초극-〈초분〉에 애하여, 심상, 통권 제21호.

_____, 신극협의회(하), 한국연극, 통권 제2호.

_____, 한국연극과 소극장운동, 동서문화, 통권 제50호.

_____, 해성 홍주식연구, 언론문화연구 제11집, 서강대언론문화연구소.

유치진, 해방4년의 문화업적, 경향신문, 1948.8.8.

_____, 국립극장설치와 연극육성에 대한 방책, 신천지, 1950년 3월호.

_____, 국립극장론, 유치진전집 8, 서울예대출판부, 1993.

_____, 레퍼토리극단으로 출발하면서, 극단 드라마센터 팜프레트, 1971.

_____, 까페 떼아뜨르의 의의, 극단 자유극장10년지.

윤복진, 아동극장을 창설하라, 예술통신, 1946.12.10.

이광래, 해방문학20년-희곡, 해방문학20년지.

이구경, 굳게 닫친 세종문화회관, 경향신문, 1997.8.13.

이근삼, 창작극 살리려는 노력-제작극회 공연을 보고, 한국일보, 1960.3.22.

_____, 좀 더 빠른 템포로- 8월극장의 〈삼중인격〉 공연, 한국일보, 1960.4.19.

_____, 연습의 부족의 공연-원방각의 〈유령〉, 한국일보, 1960.2.22.

_____, 흐뭇한 분위기에 공감-드라마센터 2회공연 〈밤으로의 긴 여로〉, 한국일보, 1962.6.21.

_____, 어색한 연기장치, 한국일보, 1962.12.23.

이병복, 까페-역경의 속의 7년, 연극평론, 통권 제18호.

이상윤, 대한제국기의 재정운영의 변화, 제140회 한국역사연구발표회.

이서향, 극장문제의 귀추, 매일신보, 194.1.27.

이선화, 앙드레 앙투안과 소극자운동, 공연과 리뷰, 통권 제96호.

이재현, 수난의 민족연극-해방 후 연극계 동향, 민성, 1948년 7월호.

이정희, 재소한인 희곡연구, 단국대석사논문, 1992.

이진순, 연출가의 소견, 한국일보, 1965.3.11.

이청산, 여로 10년, 삼천리, 1941년 3월호.

이필동, 피난시절의 대구국립극장, 국립극단57년.

이하윤, 극장건설의 필요성, 조선일보, 1935.7.8.

이해랑, 해방4년문화사, 민족문화, 통권 제1호.

_____, 몇 가지의 제언, 민성, 1949년 1월호.

이희태, 건축-설계에서 준공까지, 국립극장 개관 팜프레트.

장병욱, 문화의 컬럼버스의 달걀, 한국일보, 1997.4.7.

장 진, 호화선 소사, 삼천리, 1941년 3월호.

정경희, 세종문화회관 개관공연 유감, 한국일보, 1978.

정중헌, 국립극장(르뽀), 신동아, 통권 제154호.

정희섭, 국립극장 책임운영기관 원년을 돌아보며, 제3회 전문문화기반시설 관리책임자대회 자료집 2000년.

정하보, 흥행극단의 현 단계-극문학을 중심으로, 예술, 1936년 1월호.

조희문, 초창기 한국영화사, 중앙대 박사학위논문, 1992.

진우촌, 연극만필-특히 문단에 보내는 글, 조선일보, 1949.8.20~30.

차범석, 또 하나의 가능성, 한국일보, 1962.8.19.

최독견, 회고와 전망, 삼천리, 1941년 3월호.

_____, 낭만시대. 조선일보, 1965.2.23~24.

최성연, 개항과 양관 역정, 경기문화사, 인천학연구 창간호.

최창봉, 실험극 조장토록, 동아일보, 19613.10.

취원생, 극단의 전망, 매일신보, 1931.9.9~17.

탁계석, 세종회관 시스템 정비시급, 세계일보, 1997.10.13.

토마스 M. Patterson 곡해된 작품의 문노, 한국일보, 1963.9.13.

한노단, 신극과 상업극-국립극장 재출발에 제하여, 서울신문, 1953.3.22.

한일송, 배우수기, 삼천리, 1941년 3월호.

홍가영, 1910년대 전후 서울에서 활동한 일본인극장, 일본학보 제56호, 일본학회,
        2006.

홍사종, 일사일언, 조선일보, 1996.3.8.

_____, 꿩 잡는 것이 매, 내외경제신문, 1997.2.24.

_____, 문화마케팅, 내외경제신문, 1997.3.17.

_____, 수리안전답 형 마케팅, 내외경제신문, 1997.5.26.

_____, 극장운영, 공연기획과 1만원의 경제학, 내외경제신문, 1997.6.2.

홍 찬, 극장운영을 문화인의 손으로, 예술통신, 1947.1.1.

홍해성, 한국연극약사, 백철 편 세계문예사전, 민중서관, 1955.

황유복, 새로 발견된 청나라 아극돈의 '봉사도'에 대하여, 경원대학교 아시아문화연구
        소 제2회 국제학술대회보고서, 1998.

▶미주

서장 : 내외 악조건 속의 더딘 극장의 발달

1) 케네스 멕고완: 윌리암 멜니츠, 정원지 역, 세계연극사-불멸의 무대, 중앙대학교 출판부, 1976, p.25.
2) 위의 책, p.26 참조.
3) 송기숙, 조선후기 정재의 극장공간성과 공연미학-순조 을축 자경전 진찬을 중심으로, 한국춤의 전개양상, 한국예술종합학교 전통예술원, 2011, p.271.
4) 황유복, 새로 발견된 청나라 아극돈의 〈봉사도〉에 대하여, 경원대학교 아시아문화연구소 제2회 국제학술회의 보고서, 1998.
5) 사진실, 공연문화의 전통-樂·戱·劇, 태학사, 2002, pp.176~188 참조.
6) 인종실록 2권, 1년 5월 11일(사진실, 공연문화의 전통. p.191에서 재인용).
7) 황성신문, 1899.4.3.
8) 황성신문, 1900.3.3.
9) 최성연, 개항과 양관역정, 경기문화사, 1959(김남석, 애관연구, 인천학연구에서 재인용).
10) 김양수, 개항장과 공연예술, 인천학연구 창간호(김남석의 애관연구에서 재인용).
11) 後藤慶二, 日本劇場史. 岩波書店. p.51(홍선영, 경성의 일본인 극장변천사, 대동문화연구 72에서 재인용).
12) 大笹吉雄 저, 이혜정 역, 일본의 연극과 극장, 연극과인간, 2006, pp.27~28.
13) 홍선영, 1910년대 전후 서울에서 활동한 일본인 연극과 극장, 일본학보 56, 한국일본학회, 2003, p.246.
14) 위의 논문 각주 15) 참조.
15) 홍영철, 부산극장사, 도서출판 부산포, 2014, pp.24~25.
16) 다카사키 소지 지음, 이규수 옮김, 식민지조선의 일본인들-군인에서 상인, 그리고 게이샤까지, 역사비평사, 2006, pp.17~18 참조.
17) 위의 책, pp.26~27 참조.
18) 앞의 책, 부산극장사, p.27 참조.
19) 위의 책, p.30 참조.
20) 기산 김양수, 인천개항백경, 도서출판 화인재, 1998, pp.216~217 참조.
21) 부산시사(1권) 부산시사편찬위원회, 1989, p.823(김남석, 인천애관연구, 인천학연구 17에서 재인용).
22) 기산 김양수, 앞의 책, p.174.
23) 황성신문, 1906.4.27.

제I장 초창기의 극장 문화

1) 최원식, 은세계연구, 창작과비평 제48호 참조.

2) 박황, 창극사연구, 백록출판사, 1976, p.20.

3) 박황, 앞의 책, pp.16~17.

4) 황성신문, 1902.8.5.

5) 황성신문, 1902.8.25.

6) 박황, 앞의 책, pp.22~23.

7) 최남선, 조선상식문답 속편, 동명사, 1947, pp.344~345.

8) 황성신문, 1902.8.21.

9) 대한매일신보, 1906.3.8.

10) 송방송, 증보 한국음악통사, 민속원, 2007, pp.633~634(한민족문화대백과와 한겨레음악대사전 참조).

11) 이상윤, 대한제국기의 재정운영의 변화, 제40회 한국역사연구회발표논문(백현미, 한국창극사연구, p.31에서 재인용).

12) 김정동, 고종황제가 사랑한 정동과 덕수궁, 도서출판 발언, 2004, p.152.

13) 에밀 부르다레 지음, 정진국 역, 대한제국 최후의 숨결, 글항아리, 2009, pp.255~256.

14) 황성신문, 1902.12.4.

15) "律社自廢 이왕에는 협률샤에서 기싱 삼픽 광딕 등을 모집ᄒ야 회학ᄒ야 관광쟈에게 돈을 받더니 직작일 위시ᄒ야 광딕는 영영 물시ᄒᆫ지라 관광ᄒᆞ는 쟈가 업는고로 소무가 뎡지되엿다더라."(뎨국신문, 1903.2.17)

16) "慶宴待春 쳐분이 나리시기를 모딕의 흉년으로 민졍이 황급홈은 원근이 ᄀᆞᆺ흔지라. 이 ᄯᅢ에 경연을 거론ᄒ지 못홀 것이오, 방금 이앙ᄒᄂᆞᆫ 것은 풍년이 될 듯하니 빅셩의 서력ᄒᆞ기를 기다려 양로연과 진연을 퇴뎡ᄒᄃᆡ 명츈을 기딕려 거힝ᄒ라 ᄒᆞᆸ셧더라."(뎨국신문, 1903.7.1)

17) 이두현, 한국신극사연구, 서울대출판부, 1966, p.13.

18) 황성신문, 1903.7.10.

19) 황성신문, 1903.7.12.

20) 황성신문, 1903.9.29.

21) 황성신문, 1906.3.16.

22) 황성신문, 1906.4.13.

23) 황성신문, 1908.5.28.

24) 황성신문, 1906.4.19.

25) 황성신문, 1906.4.27.

26) 황성신문, 1906.4.25.

27) 이두현, 앞의 책, p.17.

28) 황성신문, 1906.6.27.

29) 대한매일신보. 1906.5.3.

30) "**官人俱樂部廣告** 2월 10일 하오 1시에 본부(전 협률사)에서 총회를 개ᄒ갯사오니 첨부원은 屆時來臨ᄒ심을 爲要, 관인구락부"(황성신문, 1907.2.8)

31) 대한매일신보, 1906.3.16.

32) 상세한 것은 졸저 '한국근대연극사 신론' 상·하, 2011 참조할 것.

33) "**皇族演劇** 영선군 이준용와 중추원고문 이지용씨가 연극장을 寺동 某 대궁가에 설시ᄒ다더라."(대한매일신보, 1908.9.1)

34) 김원극, 아국(我國)의 연극장 소식, 대한흥학보(大韓興學報) 제1호.

35) 대한매일신보, 1908.9.19.

36) 대한매일신보, 1909.4.2.

37) 안종화, 신극사이야기, 1955, pp.39~40.

38) 대한매일신보, 1909.5.15.

39) 매일신보, 1912.2.25.

40) 대한매일신보, 1909.5.29.

41) "**演場投石** 재작야 동구 단성사에셔 각종 연극을 설행ᄒᄂᆫ대 이시하처에셔 투석이 雨下ᄒ야 일장소요가 거ᄒ얏다더라."(대한매일신보, 1909.5.18)

42) "**연희인허** 西署 야주현 소재 관인구락부를 경시청에셔 연희장으로 인허ᄒ얏다더라."(대한매일신보, 1907.12.12)

43) 대한매일신보, 1907.12.29.

44) 대한매일신보, 1908.7.10.

45) 대한매일신보, 1908.7.21.

46) 대한매일신보, 황성신문, 1908.7.28.

47) 황성신문, 1908.12.1.

48) 황성신문, 1909.4.14.

49) 대한매일신보, 1908.7.26.

50) 대한매일신보, 황성신문, 1908.7.26~29.

51) 박황, 앞의 책, p.24.

52) 대한매일신보(사설), 1908.11.8.

53) 대한매일신보, 1908.8.13.

54) 대한매일신보, 1908.9.26.

55) 대한매일신보, 1908.11.13.

56) 대한매일신보, 1908.12.1.

57) 대한매일신보, 1908.10.10.

58) 대한매일신보, 1908.9.19.

59) 대한매일신보, 1908.9.18.

60) 대한매일신보, 1908.10.9

61) 대한매일신보, 1908.11.12.

62) "**연장투석** 재작야에 원각사에셔 〈천인봉〉이라는 연극을 설행홀 시에 야외투석의 雨下얏다는대 서부경찰서로 통지ᄒ야 순사 幾名이 來到 調探ᄒ얏다더라."(대한매일신보,

1909.7.6)

63) 대한매일신보, 1909.3.13.

64) 대한매일신보, 1909.2.20.

65) 대한매일신보, 1909.2.17.

66) 대한매일신보, 1909.2.18.

67) 황성신문, 1909.6.25.

68) 대한매일신보, 1909.7.3.

69) 대한매일신보, 1909.11.26.

70) 대한매일신보, 1909.11.26.

71) **국민대연설회경전말** 前報와 여히 재작일 상오 12시에 원각사에서 국민대연설회를 개ᄒ
고 금번 소위 일진회가 대황제폐하께 放肆히 상소흔 事와 인민에게 성명흔 사에 관ᄒ
야 민영소, 고희준, 이인직, 박영운, 정응설, 이응종, 문탁, 정인석 제씨가 각기 연제의
취지로 격절히 연설ᄒ얏ᄂ딘 종금 이후는 소위 일진회원은 국민으로 인정치 말즈고
ᄒ얏ᄂ딘 청중 수천이 박장갈채ᄒ얏고, 하일 하시ᄉ지던지 이 문제 낙착 전에는 종종
개연ᄒ기로 국민회를 조직ᄒ고 회장은 민영소, 간사원은 이봉래, 신규식, 김시현, 강윤
희씨 등 십인으로 사무소ᄂ 원각사로 정ᄒ고 하오 4시에 폐회ᄒ얏다더라."(황성신문,
1909.12.7)

72) 황성신문, 1910.2.22.

73) 대한민보, 1910.2.22.

74) 황성신문, 1910.4.10.

75) 대한매일신보, 1908.8.22.

76) 대한매일신보, 1909.5.15.

77) 대한매일신보, 1908.6.23.

78) 대한매일신보, 1908.8.22.

79) 대한매일신보, 1909.5.15.

80) "근일 한성 내 각종 연극이 풍속 상에 대단 문란ᄒ야 일반인심을 현혹케 ᄒᄂ고로 경시
청에서 차를 취체ᄒ기 위ᄒ야 일본연극을 모방 설행케홀 차로 해 규정을 제성ᄒ야 각
경찰서에 일건식 배부ᄒ얏ᄂ딘 장차 일치 변경흔다더라."(대한매일신보, 1909.6.8)

81) "演劇徵稅 근일 이후로 한국 내 각종 세칙이 次第實施ᄒᄂ딘 근문흔즉 한성 내 각 연극
장의 規例를 제뎡 마련ᄒ야 상당한 세금을 징수ᄒ기로 목하회의 중이라ᄂ 설이 유ᄒ다
더라."(대한매일신보, 1909.6.19)

82) 대한민보, 1909.7.9.

83) **연극규칙** 내부 경찰국에서 각 연극장 창부를 단속하기 위ᄒ야 해 규칙을 제정ᄒ기로
협의흔다더라."(대한매일신보, 1909.7.13)

84) "재작야 하오 구시량에 사동 연흥사에서 모처 정탐객 幾名과 중부경찰서 순사某와 何
等層節이 유ᄒ든지 일장풍파가 기ᄒ얏다."(황성신문, 1909.7.30)

85) "근일 한성 내 각 연극장에서 韓순사가 비번일이면 다수히 입장흠이 불가ᄒ다 ᄒ야 중
부경찰서에서 此 弊習을 取締ᄒ기 위ᄒ야 종금 이후로ᄂ 형사순사 이외에ᄂ 일제 타

순사는 불허 입장케 ᄒ기로 지령ᄒ얏다더라."(대한매일신보, 1909.5.5)

86) 대한매일신보, 1909.7.27.

87) 황성신문, 1909.10.30.

88) 황성신문, 1909.8.1.

89) 대한민보, 1909.7.28.

90) 황성신문, 1909.11.12.

91) "중부경찰서에서는 해 관내에 재ᄒ 해 연극장을 단속ᄒ 계획으로 취체규칙을 목하제정 중이라더라."(황성신문, 1910.3.3)
   "경찰청 제일과장 이헌규씨는 재작야 한인순사 각 일명을 대동ᄒ고 각 연극장을 조사ᄒ 엿다더라."(대한매일신보, 1910.3.9)

92) 황성신문, 1910.3.20.

93) 경남일보, 1910.3.31.

94) "작일 중부에서 연흥사 총무 위홍석씨를 招致ᄒ야 해연극중 유탕ᄒ 가곡과 음질ᄒ 행 동은 일체 연주치 勿ᄒ라고 嚴諭 放送ᄒ얏다더라."(황성신문, 1910.1.22)

95) 대한매일신보, 1910.5.31.

96) 대한민보, 1910.8.11.

97) "장안사에서 경무 총감부 통역순사 한상구씨와 일 헌병사령부 고등탐정 박병기씨가 언어 간 불협ᄒ을 인ᄒ야 일장 충돌이 기ᄒ얏는듸……"(매일신보, 1910.7.31)

98) 최원식, 은세계연구, '민족문학의 윤리', 창작과비평사, 1982, p.53.

99) 이서구, 세시기, p.60.

100) 韓國電氣主要文獻集, 한국전력공사, 1990, p.145.

101) F. H. 해링튼, 이광린 역, 개화기의 한미관계, 1973, p.198.

102) 조희문, 草創期 한국영화사, 중앙대 박사학위논문, 1992, p.45.

103) 황성신문, 1903.7.10.

104) 조희문, 앞의 글, p.91.

105) 황성신문, 1906.8.14.

106) 만세보, 1907.5.21.

107) 만세보, 1907.5.30.

108) "衛生幻燈 內部 衛生課長 閔元植氏가 國內人民들이 衛生關係 如何를 暗昧ᄒ야 전염병 이 盛熾ᄒ을 慨惜하야 每週日 金曜日이면 東大門 內 光武臺에서 衛生幻燈會를 設行ᄒ 기로 議決ᄒ얏다는듸 去 金曜日에는 身體部와 産兒部를 幻燈說明ᄒ야 觀覽者로 ᄒ야 금 瞭然知了케 ᄒ얏다더라."(황성신문, 1907.8.19)

109) 황성신문, 1908.5.28.

110) 대한매일신보, 1907.12.5.

111) 매일신보, 1918.9.5.

112) "극장음희금지 各 演劇場에서 從今以來로 淫談悖說로 연희ᄒ는 행동이 有ᄒ면 嚴懲ᄒ 기로 경관청에서 결의ᄒ얏다더라."(황성신문, 1910.3.20)

113) 매일신보, 1912.4.17.

114) 매일신보, 1912.4.29.

115) 매일신보, 1912.7.5.

116) 김용섭, 수탈을 위한 측량, 한국근대민족운동사, 1980, pp.172~173.

117) 신용하, 조선토지조사사업연구, 1982, p.103.

118) 조기준, 일인농업이민과 동양척식주식회사, 한국근대사, 1977, pp.58~67.

119) 권영욱, 조선에 있어서 일본제국주의의 식민지적 삼림정책, 역사학 연구, p.272.

120) 渡部學, 김성환. 한국근대사, 1984, p.124.

121) 매일신보, 1912.11.23.

122) "光武臺 동대문 안 광무딕에서 죠산부양성소를 위ᄒ야 지나간 이십삼일에 연주회를 셜ᄒᆼᄒ얏ᄂᆞ딕 양성소 부인임원 田淑씨ᄂᆞ 조산부의 릭력과 산파학교의 관계를 들어 일쟝 연셜ᄒᆞ얏스며 광무딕의 일반 비 우ᄂᆞ 기능을 일층 진력ᄒᆞᄂᆞ 고로 쳔여 명의 관람쟈가 모다 박수갈치ᄒᆞᆷ을 말지 안이ᄒᆞ야 젼무후무의 셩황을 일우엇스며 그날 슈입된 금익의 젼부를 긔부ᄒᆞ얏고 그 연극쟝에서 가무로 죵ᄉᆞᄒᆞᄂᆞ 기ᄉᆡᆼ 김치란은 이원, 미히쥬 김챵진 리산옥 등 삼명은 각 일원 오십 젼, 金永旭씨 오원, 崔讚植 羅英順 량씨 각 일원, 嚴周永씨 오십젼, 高永根씨 삼십젼을 긔부하얏고"(매일신보,1912.11.26)

123) "光武臺一行 광무딕 연극쟝에셔ᄂᆞ 구연극을 일향 셜힝ᄒᆞᄂᆞ딕 남녀비우 등의 가무지능도 졀등ᄒᆞ려니와 입쟝료가 헐흠으로 관람쟈가 다슈 화집ᄒᆞᆫ다더라."(매일신보, 1912.12.27)

124) "光武臺 광무딕에셔 흥힝ᄒᆞᄂᆞ 박승필 일힝은 미야 만원의 셩황을 계속ᄒᆞᄂᆞ딕 그즁 데일 관긱의 환영ᄒᆞᄂᆞ바 광딕 삼명의 가야금합쥬와 옥엽의 독창 판소리ᄂᆞ 사ᄅᆞᆷ마다 칭찬ᄒᆞ며……"(매일신보, 1913.2.21)

125) "치란이가 직판맛나 동대문 안 광무딕 연극쟝쥬임 朴承弼씨가 지금 즁부 동구안 쟝안ᄉᆞ에 단이ᄂᆞ 녀광딕 金采蘭을 피고로 삼고 大久保변호ᄉᆞ를 원고대리인으로 뎡ᄒᆞ야 경셩 지방법원에 긔소ᄒᆞᆫ 결과 오ᄂᆞ 이십일 동 법원에서 긔뎡ᄒᆞᆫ다ᄂᆞᆫᄃᆡ 그 ᄂᆡ용은 원고ᄂᆞ 연극흥힝의 쥬임 경샹남도玄風郡에 거쥬ᄒᆞᄂᆞ 김치란의 가무기능이 유명ᄒᆞ다ᄂᆞᆫ 말을 듯고 한 번 불너다가 흥힝을 목덕으로 다익의 금으로써 샹경을 쥬션ᄒᆞ야 일년 동안을 출연ᄒᆞ야 오ᄂᆞ ᄉᆞ이에 월급으로 말ᄒᆞ면 다른 ᄉᆞᄅᆞᆷ보다 비샹ᄒᆞᆫ 고금으로 민월 오십원식 긔불ᄒᆞ고 기타 의복 음식 등 거처에 딕하야도 지극히 쥬션ᄒᆞ더니 작년 십이월에 일으러 거연히 가기로 작뎡ᄒᆞ고 힝리를 슈습ᄒᆞ야 발졍코ᄌᆞᄒᆞᆷ이 원고ᄂᆞ 그 ᄂᆡ용을 젼혀 몰으다가 맛참ᄂᆡ 덕확ᄒᆞᆫ 증거를 탐지ᄒᆞ고 젼후 ᄉᆞ졍을 간졀히 셜명ᄒᆞᆫ즉 치란은 긔어코 다른 연극쟝으로 가ᄂᆞ 리유ᄂᆞ 도모지 ᄯᅳᆺ밧게 말이오 결단코 요사이 우리집으로브터 급ᄒᆞᆫ 보골 듯고 나려가ᄂᆞᆫ터인즉 맛참ᄂᆡ 의심이 풀이지 안ᄂᆞ 경우에ᄂᆞ 쟝릭를 보증ᄒᆞᄂᆞ 約證書를 써놓고 나려가겟다 ᄒᆞᆷ으로 원고ᄂᆞ 분명히 속ᄂᆞᆫ줄 아나 약증셔에 딕ᄒᆞ야ᄂᆞ 무가ᄂᆡ하라. ᄉᆞ셰상 엇지 훌슈 업셔 약증셔를 밧고 보ᄂᆡ엿더니 맛참ᄂᆡ 쟝안ᄉᆞ 연극쟝에서 출연ᄒᆞᆷ으로 원고ᄂᆞ 이에 딕하야 분원ᄒᆞᆫ ᄆᆞᄋᆞᆷ으로 그 ᄉᆞ실을 들어 긔쇼ᄒᆞᆷ이라더라."(매일신보, 1913.3.16)

126) "**광무딕를 ᄉᆡ로 지어** 동대문 안에 잇ᄂᆞ 광무딕 연극쟝은 죵릭로부터 일한와샤 뎐긔회샤의 틱딕로 잇ᄂᆞ 바인딕 요사이 그 회샤의 업무ᄂᆞ 졈졈 진보 발젼되야 쟝릭 불원간 電

車臺數를 제작 증발홀 機運에 달ㅎ야 지금 흥힝ㅎ는 광무디 연극쟝을 그 회샤 庫舍로 슈용ㅎ기로 결뎡ㅎ고 그 부근의 디을 극쟝을 시로 믜슈ㅎ야 대규모의 극쟝을 시로 짓기로 방금 연구 즁이라더라."(매일신보, 1913.3.16)

127) 매일신보, 1913.5.15.

128) "광무디를 불일 건축 그동안 광무디를 훼쳘흔후 와샤뎐긔회샤에셔 시로 지을 준비를 계획하다가 무삼 ㅅ정을 인ㅎ야 즁지ㅎ고 맛참니 쥬무로 잇는 朴承弼씨와 회샤 ㅅ이에 죵죵의 협의가 잇든 바 요ㅅ이 비로소 결뎡되야 동부 동대문 안 島村 근쳐 샹당흔 토디를 퇵뎡하고 회샤로 더부러 셜비 측량을 맛치엿슴으로 불일 공ㅅ에 착슈흘터이라더라."(매일신보, 1913.6.25)

129) 매일신보, 1913.6.3.

130) "독자구락부 동대문안에 잇던 광무디 박승필 일힝은 일젼브터 황금유원에셔 믜야 흥힝ㅎ는디 연극을 썩 잘흔다고 사룸이 아조 밤마다 되리 밀리는디 산림동 네거리는 쟝터와 ᄀᆞᆺ든걸"(산림동싱)(매일신보, 1913.6.5)

131) 홍선영, 앞의 논문, p.301 참조.

132) 覆面冠, 雜記帳 光武臺(一), 동아일보, 1920.9.23.

133) 매일신보, 1913.8.31.

134) 朝新, 1913.12.16.

135) 매일신보, 1913.12.18.

136) 매일신보, 1914.3.1.

137) "광무디(光武臺) 박승필 일힝은 구연극 무당노리 기타 흥힝."(매일신보, 1914.1.7)

138) "광고(朝鮮舊演劇 光武臺) 主任 朴承弼 謹白 ▲밤에는 남부 황금유원안에셔 흥힝. ▲낫에는 동대문 안 첫다리에셔 큰 쓰름회(相撲會)를 긔최홈."(매일신보, 1914.1.20)

139) "光武臺에셔 줄타는 舊劇 기타"(매일신보, 1914.1.22)

140) 매일신보, 1914.2.15.

141) "光武臺 심쳥가 산옥 옥엽의 한량무 ㅅ랑가 판소리 검션 영월의 쌍승무 법고 우슴거리 담배쟝ㅅ 셩쥬푸리 긔타."(매일신보, 1914.4.25)

142) 매일신보, 1914.10.29.

143) "독자긔별 죠션에 소위 구연극이라는 것즘 업시쥬지 안나, 연극쟝이 안이라 음부탕ㅈ의 딕합소라도 홀만히여 우리집 ㅈ식도 연극쟝에 단이더니 고만 놀아 낫셔요. 열 모에 한 모 쓸디업는 구연극 좀 업시쥬지 안음닛가(恨嘆生)."(매일신보, 1914.8.6)

144) "독자긔별(短評) 지금 경셩닉 구연극으로는 광무디 한아만 잇고 쟝안샤 단셩샤는 모다 동구람이가 아리비싱이 되야 ㅅ요나라를 ㅎ얏습듸다 그려, 구연극이라는 것은 모죠리 업셔져도 관계치 안탄 말이야(新派生)."(매일신보, 1914.8.21)

145) 매일신보, 1914.9.30.

146) "광고(光武臺朴承弼一行「女天下」, 當十月六日부터 新舊演劇 대흥행, ▲藝題 滑稽劇「女天下」全四幕 … 이런 연극은 처음보시리라. 아모죠록 일즉 오셔야 …… 黃金遊園內 광무대 박승필 일행)."(매일신보, 1914.10.6)

147) "演劇合同披露-喜消息 아! 여러분이시여 깃분 소식이 왓습니다. 무삼 깃분 쇼식 죠션

의 구연극이 몃히를 두고 나려오며 고린의 표본으로 흥힝ㅎ야 왓스나 다만 실제의
다쇼 기량이 업시 미양 보는 것이 죠금도 다름이 업시 맛찬가지임으로 시셰를 좃츳
급급히 기량홀 필요를 씌닷고 이번의 단셩샤 구연극과 광무딕 구극과 합동ㅎ야 규모
덕 셜비로 한곳을 만들고 오날 밤부터 광무딕에서 굉장히 흥힝ㅎ읍는바 죠션의 구연
극이라고는 광무딕가 안니면 여러분 구경ㅎ실 것과 하로밤 유쾌히 청유ㅎ실 곳이 업
슬 쯧ㅎ외다. 신파도 잇고 기량흔 구파도 잇는 곳은 오즉 광무딕 쑌. 오날날 여러분
구경ㅎ시기 썩 죠흔 긔회. 본 광무딕의 대특싁이올시다. 아- 여러분 …… 男女俳優四
十名의 出演, 破天荒, 嶄新奇拔의 鮮明, 諸君은 此機를 逸치 勿ㅎ시오. 서울 황금유원
안 광무대 박승필 일힝 謹告."(매일신보(광고), 1914.10.10)

148) 매일신보, 1914.10.10.
149) 매일신보, 1914.10.25.
150) "대담흔 경징을 시작흔 곳은 즉 光武臺 朴承弼 일힝의 구연희이니 위션 가을철이 잡아
들며 구연희쟝에 미인 녀우 칠팔명을 가라쳐 신파연극의 우슘거리를 본써셔 미일 밤
에 구경ㅎ는 손의 입을 담으지 못게 ㅎ야 비상흔 환영을 밧으면셔 다시 흔 거름 나
가 이젼 쟝안샤 일힝의 명챵 명우와 련합ㅎ야 미일 밤 구연희와 신연희의 우슘거리를
갈마드러 흥힝ㅎ며 그 외에 가무직조가 하로 져녁에 십여종이오 무딕에 나오는 빅우
가 총합 삼십여명죰."(매일신보, 1914.10.31)
151) 매일신보, 1914.12.25.
152) "광무딕 박승필 일힝은 구력 정초를 당ㅎ야 일신흔 연예로 대대덕 흥힝흔다는딕 유명
흔 강신 사옥의 안진소리와 류ᄌ박이 셩쥬풀이 무동 기타 평양슈심가 가야금이며 초
ᄉ흔날 낫부터는 ᄌ미잇는 씨름회를 흔다ㅎ며……"(매일신보, 1915.2.14)
153) 매일신보, 1915.4.1.
154) 매일신보, 1915.7.15.
155) 매일신보, 1915.8.4.
156) "**광무딕 긔념식** 경셩 황금유원에셔 흥힝ㅎ는 光武臺의 됴션 구연극 박승필 일힝의 흥
힝을 긔시흔지 임의 일곱히에 달ㅎ야 금 십일이 시긔념일에 상당홈으로 당일 밤에는
남녀 명챵의 특별흔 가무로 셩딕흔 긔념식을 거힝ㅎ야 일반 관긱의게 관람케 흔다더
라."(매일신보, 1915.9.10)
157) 유민영, 한국근대연극사, 단국대출판부, 1996. p.125.
158) 매일신보, 1915.10.1.
159) "경셩 광무딕는 졍월 초하루날부터 긔연흔다지오. 그러흔딕 광고도 보앗지오만은 박
츈ᄌ의 별 이상흔 노름노리와 싀로 올나온 남녀빅우가 만하셔 아죠 볼만ㅎ딕요. 초삼
일 낫부터는 씨름이 잇답듸다.(劇狂生)"(매일신보, 1916.2.4)
160) "**광무딕 긔념 연극** 팔월 삼십일은 경셩 황금유원 안에 잇는 光武臺의 팔쥬년 긔렴일임
으로 당일은 긔념의 ᄌ츅으로 신구파 연극을 특별히 ᄌ미잇도록 흥힝ㅎ고 다 맛친
뒤에는 다과로써 후딕히 관긱을 딕졉흔다 ㅎ며 그날 입장흔 표는 다시 가지고 잇흔날
가면 무료로도 관람케 흔다더라."(매일신보, 1916.8.27)
161) 매일신보, 1917.10.16.

162) 매일신보, 1916.8.29.

163) 매일신보, 1917.2.18.

164) 매일신보, 1917.9.15.

165) 매일신보, 1918.9.5.

166) 유민영, 한국인물연극사 1, 태학사, 2016, p.69 참조.

167) 매일신보, 1919.9.26.

168) "광무뒤는 올봄부터 확장을 ᄒ고 밤마다 신구파를 아울러 흥힝을 ᄒ야 미우 ᄌ미를
    보는 즁에 특히 닉디에셔 다년 습득ᄒ 됴션인 긔슐ᄉ 일힝이 와셔 밤마다 갈치를 밧는
    다……"(매일신보, 1918.9.7)

169) "광무뒤 십칠일부터 남녀 비우단을 불러다가 의힝ᄒ는뒤 그즁 아홉 살 된 ᄋ희의 긔묘
    ᄒ 지됴가 만흐며 김창환도 와셔 독창ᄒ다더라."(매일신보, 1919.4.18)

170) 매일신보, 1920.9.12.

171) 覆面冠, 光武臺(三), 동아일보, 1920.9.25.

172) 위의 글.

173) "光武臺 開演 十三週年 紀念과 大大的 特別 大興行 今 九月三日은 本 광무대의 十三
    回 생일이오라 기념을 자축키 위하야 고대소설 〈張海龍傳〉을 四十 餘名의 남녀배우
    가 大大的으로 흥행하오며 當日의 입장권으로 그 잇튼날 다시 입장하실 수 잇사오며
    요금은 普通이오니 꼭 한 번 구경하시옵소서. 黃金遊園 內 光武臺"(동아일보, 1921.3)

174) 매일신보, 1921.9.2.

175) "十四周年紀念. 금 이십이일은 박승필씨의 光武臺 십사주년 창립기념일임으로 오날
    밤에는 특이한 노름노리를 만히 준비하고 사흘 동안 ᄌ축 긔념을 한다는대 년례에
    의하야 그날 표 산 사름은 그 표를 다시 가젓다가 그 잇흔날 무료로 볼 슈 잇슴으로
    결국 하로 동안은 일반 관람자를 위하야 무료 공긔를 ᄒ고 관람케 ᄒ다는대 각쳐로
    부터 쵸대장을 만히 발송하엿다는 바 십사 년 동안 엿틱것 유지하여 오는 것은 실로
    됴션 구극계 신긔록이라 홀만 하더라."(매일신보, 1922.9.22)

176) "광무대 죵리의 됴션 구파 연극을 기량하야 이전 원각사 째 모양으로 확장코져 요사히
    명창 金昌煥과 셔도명창 쟝금화의 츌연과 늠녀비우가 식로 만히 온 것을 보겟스며
    김창환의 가진 연희와 단가는 관긱의 마음을 죠리는 즁에 굿노리가 더욱 쟝관이오.
    미야 만원으로 이왕보다 만히 발던되는 모양"(매일신보, 1923.4.3)

177) 매일신보, 1923.10.13.

178) "(…전략…) 흥힝물에도 젹지 안인 식 싁치를 낫타닉일 것은 물론이어니와 죵차 이후
    로 됴션 구극계에 모히는 인긔를 메우고 식로운 광무대에서 나아갈 비우는 權錦紅
    朴明玉 두 쳐녀일 듯하다. 권금홍은 나히도 상당하고 일흠도 웬간히 소긔되얏거니와
    그와 우렬을 가리울 수 업는 이가 듬은 듯하다. 이 박명옥 갓흔 텬직가 잇는 것은 아직
    아는 이가 듬은 듯하다. 이 박명옥은 ᄉ진과 갓치 당년 십이 셰 되는 果川츌싱의 어린
    계집 아해로 칠팔 셰 브터 가무에 능치 안임이 업고 특히 그의 줄타는 것을 본 이는
    그 흐숙ᄒ 직조에 누구던지 경이의 눈을 부릅쓸 것이다. 현직에 잇는 伶人才子즁 그를
    슝닉 닉이는 자가 업슴은 물론이어니와 다른 곡마단과 잡싁에서 「박명옥」을 부르짓고

열광하는 관긱이 만흔 것은 슌젼히 그의 텬직에 잇슬니여 부르짓는 것이다. 긔즈는 이 가련흔 어린 쳐녀의 쟝릭에 반다시 황금시대가 올 것을 밋는다(일긔자)"(매일신보, 1923.10.15)

179) 매일신보, 1924.9.8.

180) "土月會革新＝公間는 四月初會＝개연할 쌔 마다 환영을 밧은 우리 극계에 일흠이 잇는 土月會에서는 그간 배우양성과 기타 설비 등 모든 준비를 하여오든 중 이번에 조직을 합자 회사로 고치고 오는 사월초순부터 黃金町 光武臺를 상설극장으로 뎡하야 놋코 매일 밤 흥행을 하리라는데 종래는 신극만 흥행하엿스나 이번에는 조선의 고대소설과 뎐설을 재료로 하야 그것을 현대극으로 만들어 상연할 터이며 신극도 간간 흥행하리라는데 데일 차에 흥행할 것은 〈秋風感別曲〉이라더라."(동아일보, 1925.3.31)

181) 유민영, 한국근대연극사, pp.611〜613 참조.

182) "二十四日부터 光武臺 謝恩興行 土月會가 휴연한 뒤로 다시 광무대가 부활한 지 이십사일이 만 이 주년이 됨으로 광무대에서도 만 이 주년 긔념 자축의 의미로 사흘 동안 특별히 사은 대흥행을 하기로 되엿다는 대 이 사흘 동안 입장자에게는 무료관람권을 한 장 씩 긔념으로 진정하야 다음에 한 번 더 관람하는 특뎐을 들인다는 바 연예 곡목은 특별히 참신한 것을 선택하얏다더라."(중외일보, 1925.4.25)

183) 매일신보, 1926.5.8.

184) "光武臺 無料公開 ▲신구극 공연, 시내 황금정 光武臺에셔는 십오일부터 「신구극납량대회」를 개최하고 구극에 녀명창 박츈재와 한성권번 미인의 찬죠 출연을 밧고 신극에는 「동반예술단」의 긔술 무도 미인 총살 등의 자미 잇는 과목을 너헛는대 시민을 위안하는 의미로 입쟝은 무료로 하고 오직 쟝내 정리비로 우 층은 이십 전 아릭 층은 십 전 씩을 밧는다더라."(매일신보, 1926.7.16)

185) "박씨는 특히 광무대 십팔년 긔념 흥힝으로 금 팔일부터 삼일동안 구파신파 련합 흥힝을 한 후 이층은 이십전 하층은 십 전의 렴가를 밧은 후에 다시 그 표를 사신 이에게는 무료 입장권 한 장 식을 더 첨부하야 광무대를 사랑하야 오늘까지 길너 준 시민 졔씨에게 미층을 표하다더라."(매일신보, 1926.9.8)

186) "光武臺에 名唱會 시내 황금뎡 光武臺에서는 지난번에 朝鮮劇場에서 상연하야 대만원의 환영을 바든 조선명창 宋萬甲 金昌煥 등의 명창들이 자긔들의 주최로 명창대회를 작 이십일부터 삼일 간 개최할 터이라더라."(동아일보, 1926.11.21)

187) 매일신보, 1927.4.13.

188) 朴承培는 朴承弼의 가까운 인척으로 보인다.

189) "光武臺紀念 시내 光武臺는 지금 朴承培씨의 경영으로 매일 밤 조선 구극을 흥행하야 성황을 일우어 오는 중 토월회 이후에 뒤밧처서 흥행하야 온지 만 일 주년 되는 날이 금 십팔일임으로 긔념 축하하기 위하야 재래의 구극계에 명창 金秋月 申錦紅 기타 명가수 출연하야 긔념 흥행을 한다는바 긔념 자축으로 십팔일부터 이십이일 오일 간에 입장권을 사는 관람객에게 한하야 한 장 식 더 주어서 무료 관람케 한다는데 그중 특히 朴春載의 특장인 時節歌가 볼만하다더라."(동아일보, 1927.4.18)

190) "光武臺朝鮮劇 創立記念公開 光武臺에서 조선 구파연극을 흥행하야온 이래 금 이십팔

일에 창립 이십 주년 긔념 일이 되엿슴으로 해마다 긔념 일이면 자축의 의미로 삼일 간을 무료공개를 하야 모든 애극가를 환영하야오던 터인데 본년도 역시 례에 의하야 금일부터 사흘 동안 입장하는 관람자에게 표 한 장 식을 더 주어서 하로 더 보도록 할 터이라 하며 이번 긔회를 리용하여 면목도 일신히 하고 재래의 연극종목 중에서 개량하야 소녀의 짠쓰와 줄타기 승무 기타 空中飛藝 자뎐거의 박휘타기와 칠세 소녀 의 단가합창이며 朴春載 李日善의 장님합창 노래 희극의 몃 가지가 잇서서 한번 볼만 하다 하며 관람료는 종전의 료금을 업새고 특히 삼십 전 이십 전에 분등하야 대대덕으 로 흥행하기로 되엿더라."(동아일보, 1927.8.28)

191) "新舊改良劇 경성 황금뎡 光武臺에서는 그간 한 달 동안 놀다가 지난 일일 밤부터 개 연하였다는데 재래의 연극을 혁신개량하야 공연함으로 만원의 성황을 일운다는데 명 창 金秋月양 일행의 출연과 林相文군의 줄타기와 어엽분 소녀의 짠스 기타 鐵棒단의 출연 등이라더라."(동아일보, 1927.12.5)

192) "男女歌劇團. 光武臺에서 開演 조선구파 가극단 光月團 일행은 한 달 동안이나 광무대 에서 흥행한 이래로 비상한 인긔를 쯔으러 연야 만원의 성황으로써 금 삼십일 밤까지 최종 막을 고하고 즉시 군산방면으로 순업하게 되엿슴으로 광무대 주인 朴承培씨가 다시 계속 개연키로 되엿다는 대 이왕에 충분치 못한 연극을 쇄신하야 가지고 일층 분발하야 구극 종목을 이십여 종으로 하고 男女 歌劇團을 만드럿다는바 쯧막에는 모 든 가무유희를 제하고는 순전히 아름다운 녀자로써 신파 정희극을 공연케 되야 참 신긔한 무대배경과 찬란한 도구 의상으로 일반 관객의 흥미를 쯔을게 되엿슴으로 명 십이월 하로 날로부터 대대덕으로 일반에게 공개한다 하며 료금도 이번에 한하야 파 격의 렴가로 일반 관람자 환영에 착안케 되엿다더라."(동아일보, 1927.11.30)

193) "光武臺의 喜歌劇 경성 황금뎡 光武臺에서는 작 십륙일 밤부터 京城 府民 慰安奉仕隊 와 협력키로 하고 관람료도 려렴으로 하고 내용도 충실히 하야 大同券番 기생 朱同庭 月일행의 가무 기타 〈春香演義〉 일회를 한다하며 짠스 털봉이며 기타 새로 만들어 시험 겸 시작하는 소녀들의 喜歌劇이 잇다더라."(동아일보, 1927.12.17)

194) 동아일보, 1928.5.30.

195) "前光武臺一行 勸商場에서 興行 ▲십오일부터 흥행, 이전 황금뎡에서 흥행하든 광무대 일행은 이번에 사정을 인하야 휴연하고 종로 사뎡목 勸商場을 장긔간으로 차득하야 구극상설관으로 장내장외를 일신 수리하고 종래 구극 중에서 재료를 선택하야 남녀배 우를 다수히 모집한 후 남녀구극 가무극단을 맨들어 가지고 오는 십오일부터 부근 유지 후원하에 혁신 흥행을 하기로 하고 도구도 신조하는 외에 모든 준비에 목하 분망 중이라는데 각 권번 기생의 출연도 잇다더라."(동아일보, 1928.8.12)

196) 동아일보, 1928.9.9.

197) 동아일보, 1928.9.13.

198) "朝鮮 劇新舊折衝 公開 승무, 단가, 검무, 독창, 京城坐唱, 수심가, 가야금병창, 西道立 唱, 짠쓰, 줄타기, 철봉, 平壤다리굿, 成造歌, 南道立唱, 희극, 소극, 활극, 十月十日 兄 弟歌 全三幕, 十月 十一日 嶺南 雜歌 全三幕, 十月十二日 農村處女歌 前二幕, 十月 十 三日 農村處女歌 後二幕, 十月 十四日 再逢春歌 前二幕, 十月 十五日 再逢春歌 後二

幕, 명창 金秋月 出演, 기예 孫眞紅 出演, 예기 金香蘭 出演, 光月團 男女俳優 總出 大興行, 光武臺 音樂隊 總出助演 黃金町 四丁目 朝鮮劇 常設館 光武臺"(동아일보, 1928.10.12)

199) "今度 大修繕을 際하야 坐席을 一新히 改造하고 俳優를 增募하고 幕의 回數를 增加하야 每日 午後八時부터 革新 大興行하오니 速速 光臨하시옵소서……"(중외일보, 1929.4.21)

200) "新舊 加盟劇 大興行

　▲舊劇部 出演의 승무, 단가, 검무, 京畿立唱, 수심가 단가, 西道立唱, 南 道 立唱, 少女의 줄타기, 崔化春의 재담, 가야금, 朴明玉 等의 독창, 靑年勇士의 철봉

　番外의 順序

　七歲兒의 舞童, 長鼓 回想 十二 把上舞 等.

　▲後演新劇部 出演 上場脚本은

　青春의 半生 …… 三幕

　長恨夢 …… 三幕

　運命의 鍾 …… 三幕

　籠中鳥 …… 前編

今般 光武臺에서는 男女 劇研究生을 募集하오니 希望者는 履歷書 携帶 來門, 朝鮮 劇 常設舘 光武臺"(중외일보, 1929.5.25)

201) 조선일보, 1929.7.21.

202) 조선일보, 1929.10.4.

203) 중외일보, 1930.5.3.

204) 매일신보, 1930.5.3.

205) "光武臺 經營主 林氏 飮毒自殺 시내 봉익동 십일 번지의 십팔. 光武臺 經營者 林錫鎭이라는 로인은 자살을 도모하야 이일오후 다섯시 경에 다량의 쥐 잡는 약을 먹고 동 열한시경에 이불 속에서 고민하는 것을 함께 자던 그의 안해가 발견하고 즉시 그 부근 의사를 청하여다가 응급수단을 베푸럿스나 동일 자정 째 쯤에 마츰내 절명하고 마럿는데 자살의 표면적 리유는 그의 아들 되는 林奉奎가 본시 몸이 허약한데다가 원체 자기가 팔십 로인으로 사랑하는 아들에게 루를 씨치는 것을 스리여 필경 그와가티 자살을 한 것이라 하나 그 리면에는 여러 가지 복잡한 내용이 잇는 듯하다 한다."(매일신보, 1930.6.7)

206) 대한매일신보, 1908.2.18.

207) 경성신문, 1910.5.19.

208) 대한매일신보, 1908.7.15.

209) 매일신보, 1916.2.2.

210) 매일신보, 1916.2.2.

211) "誰校誰好 재작야 長安社 工數學校 연주회에서 承宣君 李쥰鎔씨와 승녕부총관 趙民熙씨와 승녕부시종 李恒九氏 등이 기생을 대동 관람ᄒᆞ는대 이항구씨는 金 百元을 該會에 捐助ᄒᆞ고 조민희씨는 기생에게 五十元을 기부ᄒᆞ얏다더라."(대한매일신보, 1908.8.14)

212) "演劇場 風波 三昨 夜에 장안사에셔 연희ᄒᆞ다가 전기등이 절단ᄒᆞ야 黑暗洞을 작ᄒᆞ지라 완상객들이 票價를 還索ᄒᆞᄂᆞᆫ딕 풍파가 激起ᄒᆞ얏다더라."(대한매일신보, 1908.9.12)

213) 대한매일신보, 1909.4.16.

214) "廣告 본원에셔 각국 玩藝 抱戲 等具를 不惜 重資ᄒᆞ고 특히 안동현에 派人ᄒᆞ야 卒來 文慶戲班 一座 六十여명ᄒᆞ오믹 文武 全行에 各樣衣服이 선명ᄒᆞ야 稍加消遣 一時之雅覽이오니 僉君子는 早臨觀光 于 洞口 內 長安社ᄒᆞ시옵."(황성신문, 1909.4.18)

215) "광고 음력3월초 6일 양력4월25일 개연 午12점 개연 晩5점 정지.

　　　三國志 取城都採花趕府 黑風洞斬蟒 玉某子 一陳風全武行捉拿謝虎 (…중략 …) 金殿封官周志渭氏河 歷史殺伍府 夫少妻目家 三國志大戰完白城

　　음력3월초7일 양력4월26일 개연 午12점 개연 晩5점 정지

　　虎狼彈 罵金殿 血手印 董家山 三國志奪徐州

　　오후 7점 개연 夜12점 정지

　　王官賜福 打登州 烈火旗 關王廟 黃桂香出家三世修全本 前長安社內 中華劇園主人具"(황성신문, 1909.4.25)

216) 대한매일신보, 1909.4.28.

217) "劇社停演 新門 內에 在ᄒᆞᆫ 圓覺社와 洞口 內에 재ᄒᆞᆫ 長安社ᄂᆞᆫ 近頃에 관람인이 稀少ᄒᆞᆫ 고로 재작야붓터 廢止ᄒᆞ얏다더라."(황성신문, 1909.11.12)

218) "演劇廢止 장안사에셔 근일 經費가 窘出ᄒᆞ야 연극을 폐지ᄒᆞ엿다더라."(대한매일신문, 1910.6.4)

219) "長安社風波 별항과 如히 장안샤에셔 경무 총감통역순사 韓相求氏와 日헌병사령부 고등탐정 朴秉基氏가 언어간 不協ᄒᆞᆷ을 인ᄒᆞ야 일장 충돌이 起ᄒᆞ얏ᄂᆞᆫ딕 순사 편에ᄂᆞᆫ 韓氏一人뿐인 고로 其勢가 심히 孤危ᄒᆞ고 탐정 편에ᄂᆞᆫ 黨與가 適多ᄒᆞᆫ즉 事之曲直은 고사ᄒᆞ고 寡不敵衆은 勢所 難免이기로 한씨의 곤란이 막심ᄒᆞ엿다더라."(대한매일신보, 1910.7.31)

220) "演社風波 日 前夜에 장안사연극장 사무원 徐完圭氏와 該社 都監督 李定珪氏간에 각기 친지를 隨ᄒᆞ야 무료로 관람인을 擅入케ᄒᆞ다가 互相爭詰ᄒᆞ야 일장 풍파가 起ᄒᆞ엿다더라."(매일신보, 1910.9.20)

221) 매일신보, 1910.9.21.

222) "侍從의 演劇 장안사 연극장에셔ᄂᆞᆫ 재작일 하오1시에 贊成會를 關ᄒᆞ고 해사 維持方針을 협의ᄒᆞ엿스며 同社 主管人 金德鎭氏ᄂᆞᆫ 侍從의 現帶職이 유ᄒᆞ딕 하등 慾火가 발생ᄒᆞ엿ᄂᆞᆫ지 연극장 영업에 종사ᄒᆞᆷ으로 此에 대ᄒᆞ야 일반 世評이 유ᄒᆞ다더라."(매일신보, 1910.9.27)

223) 매일신보, 1910.9.28.

224) "長安社 把守 장안사 연극에셔ᄂᆞᆫ 巡査補가 입구를 파수ᄒᆞ고 관람인에게 입장권 유무를 조사ᄒᆞ얏다더라."(매일신보, 1910.9.29)

225) "演社의 淫風宜禁 장안사 연극장에 관람ᄒᆞᄂᆞᆫ 남녀 중 탕자음부가 근일 熾盛ᄒᆞ야 풍속을 방해케 ᄒᆞᆷ으로 본보에서 경계적으로 게재ᄒᆞ엿거니와 更聞ᄒᆞᆫ즉 재작일 북부경찰서에셔 唱夫 李東伯 등을 초치ᄒᆞ야 엄중히 단속ᄒᆞ야 從今 이후로ᄂᆞᆫ 淫風敗俗에 관ᄒᆞᆫ

歌曲 등을 一切 폐지ᄒ되 一向不竣ᄒ면 별반 처리ᄒ겟다 홈으로 李東伯은 목하 惶恐
中이라더라."(매일신보, 1910.9.30)

226) 매일신보, 1910.10.22.

227) "視察團員과 朝鮮演劇 實業視察團員 일행 중 6명이 三작일 오후 9시경에 장안사 연극
장에 前往ᄒ야 각종 연극을 관람ᄒ고 극히 贊成ᄒᆫ 안이라 金貨 오원을 기부하얏다
더라."(매일신보, 1911.3.19)

228) 매일신보(社說), 1911.6.29.

229) 매일신보, 1913.2.15.

230) "長安社 장안샤에서 흥힝ᄒᄂ 총무 비웅현 일힝은 남창녀우의 가곡이 구경ᄒᄂ 사름
으로 ᄒ야곰 근심을 잇게 홈으로 장안샤 챵셜이릭도 무젼ᄒ 셩황이오."(매일신보,
1913.2.21)

231) "長安社 동구안 쟝안샤에셔 믹일 흥힝ᄒᄂ 구연극은 宋萬甲, 金昌龍의 명창과 기타
여러 광딕의 열심으로 믹일 관람쟈가 답지ᄒᄂ딕 그즁 치란과 두 기싱의 독챵ᄒ 소릭
ᄂ 칭찬 안이 ᄒᄂ 쟈가 업다ᄒ며."(매일신보, 1913.3.2)

232) "長安社 장안샤에ᄂ 남녀 간 죠션 명챵은 다 모혓다고 홀만ᄒ더라."(매일신보, 1913.
3.9)

233) 매일신보, 1913.3.23.

234) "長安社 이십칠일에 동창학교를 위ᄒ야 연주회를 열엇ᄂ딕 회샤총무 裴應鉉, 일반 빅
우ᄂ 특별ᄒ 공익심으로 일분의 보슈를 밧지 안코 믹표 금즁 집셰만 졔ᄒ 외에 젼부를
그 학교에 긔부ᄒ얏스며 그 외에 신수 申錫榮씨 금십원, 邊基宅, 李道炯씨 각 금이원,
洪載旭, 李千鍾씨 각 금 일원 평양기싱 花香 금삼원, 룡션 룡쥬 山月 여러 기싱의 각기
이원의 긔부금이 잇섯다ᄒ고."(매일신보, 1913.4.5)

235) 매일신보, 1913.4.5.

236) "長安社 김지죵 일힝은 날이 치움을 인ᄒ야 지작일 밤 브터 덩지."(매일신보, 1913.
12.21)

237) "쟝안샤 金在鍾 일힝은 그도 ᄯᅩᄒ 구연극으로 흥힝ᄒᄂ딕 심졍슌의 가야금과 쵸향의
독챵 판쇼리ᄂ 참 드를 만ᄒ고로 요ᄉ이 ᄀᆞᆺ치 치운 밤에도 구경군이 답지ᄒ다고."(매
일신보, 1913.12.18)

238) "長安社의 大風波 지나간 십일 밤 샹오 두 시경에 엇던 쟈이 묘동파출소에 급히 달녀와
셔 경관의게 호소ᄒ기를 지금 장안샤에서 큰 싸홈이 이러나셔 사름이 죽게 되엿다
홈으로 경관 수 명이 급히 현장에 츌쟝ᄒ야 주셰히 됴사ᄒ 시말을 드른 즉 당초에 싸
홈ᄒ 원인은 광딕 韓文弼이라 ᄒᄂ 쟈이 그 연극쟝 수무보ᄂ 朴容根을 딕ᄒ야 무슴
일에 감정이 나셔 무수히 집욕을 홈이 기타 수무원들은 심히 분히 넉이여 수무원 즁
宋在植, 박용근, 崔雲河 등 수명이 달려드러 언힐홀 즈음에 金萬三이라ᄂ 광딕가 츔
반쥬ᄒ야 욕셜이 무쌍홈으로 젼긔 수무원들은 맛츰닉 협력 구타ᄒᄂ 동시에 김광딕의
陰莖을 닷쳐 조곰도 운신치 못ᄒᄂ 디경에 이름으로 당시 취됴ᄒ던 순사보ᄂ 젼긔
구타ᄒ 쟈들을 일명 톄포ᄒ야 본셔로 인치ᄒ 후 일변 의수 안샹호를 쇼기ᄒ야 그 피해
쟈의 음경을 진찰ᄒ 결과 아모 이샹은 업고 다만 씨여져 샹홀 ᄲᅮ임으로 즉시 응급슈슐

을 베푼 바 그 가해쟈들은 하로 밤 구류ᄒᆞ얏다가 치료비 이원을 물어쥬게 ᄒᆞᆫ 후 엄유 방송ᄒᆞ얏다더라."(매일신보, 1913.8.13)

239) 매일신보, 1913.9.3.

240) "**쟝안사에도 신연극** 그 첫쩨 밤 경성 즁부 쟝ᄃᆡ쟝 골 잇ᄂᆞᆫ 쟝안샤 연극쟝에서는 죵릭 흥힝ᄒᆞ야 오ᄂᆞᆫ 죠션 구연극 리춘향가 심청가 박타령 등 연극을 일졀 폐지ᄒᆞ고 즈금 위시ᄒᆞ야 일반 남녀 광ᄃᆡ들이 슌젼히 신연극을 빅와가지고 한번 츌연ᄒᆞ야 일반의 환영을 밧을 작졍으로 무ᄃᆡ에 나와셔 츌연ᄒᆞᄂᆞᆫ 젼후 범빅이 완젼치 못ᄒᆞ야 별로 즈미가 업슴으로 일반 관람쟈에 비평이 잇다더라."(매일신보, 1913.10.26)

241) 매일신보, 1914.3.15.

242) "**長安社** 구극 효즈 쇼셜, 강진, 희쥬 련련의 안진소릭, 검션의 승무, 남ᄉᆞ당픽의 지조 요슐 기타."(매일신보, 1914.4.15)

243) 매일신보, 1914.6.17.

244) "광고(長安社一行). 本一行이 근일 平安北道 각지로 순회ᄒᆞ야 도처에 환영을 被함은 感荷ᄒᆞ오며 금반 平壤에 내착ᄒᆞ야 본월 十七일 브터 좌기 장소에서 開演ᄒᆞ야 제반 歌舞를 매야 흥행ᄒᆞ오니 僉位ᄂᆞᆫ 다수 臨觀ᄒᆞ시읍. 平壤방에 골 長安社一行 金奉文 沈正淳."(매일신보, 1914.6.21)

245) 朝新, 1914.6.24.

246) 매일신보, 1914.8.21.

247) "대담ᄒᆞᆫ 경정을 시작ᄒᆞᆫ 곳은 즉 光武臺 朴承弼일힝의 구연희이니 위션 가을쳘이 잡아 들며 구연희쟝에 믹인 녀우 칠팔 명을 가라쳐 신파연극의 우슘거리를 본셔셔 믹일 밤에 구경ᄒᆞᄂᆞᆫ 손의 입을 담으치 못ᄒᆞ게 ᄒᆞ야 비상ᄒᆞᆫ 환영을 밧으면셔 다시 ᄒᆞᆫ 거름 나가 이젼 쟝안샤 일힝의 명창 명우와 련합ᄒᆞ야 믹일 밤 구연희와 우슘거리를 갈마드러 흥힝ᄒᆞ며 그 외에 가무직조가 하로 저녁에 십여 죵이오 무ᄃᆡ에 나오ᄂᆞᆫ 빅우가 총합 삼십여명 즁."(매일신보, 1914.10.21)

248) "**연극도구를 달나고** 京城鐘路六丁目二百五十番地 金在鍾은 京城 長安社主 李吉善을 들어 죵로 경찰서에 셜유원을 뎨츌ᄒᆞ얏다ᄂᆞᆫ ᄂᆡ용을 드른 즉 김직죵은 대정 삼 년에 쟝안샤에서 연극을 흥힝홀졔 연극에 슈용키 위ᄒᆞ야 鐘路二丁目 朱壽永에게 道具 열 한 가지를 츠용ᄒᆞ야 쟝안샤에서 쓰다가 싀골 려힝을 ᄒᆞ고 다시 올나와 리길션을 보고 그 도구를 달나 홈이 일향 쥬지 안코 업다홈으로 그 일에 ᄃᆡᄒᆞ야 츌급게 ᄒᆞ야달나고 호소홈이라더라."(매일신보, 1916.2.2)

249) 황성신문, 1907.11.30.

250) "**演社風流** 永宣君 리쥰鎔氏ᄂᆞᆫ 기생 五명을 대동ᄒᆞ고 摠相 리完用氏의 子 리恒九씨ᄂᆞᆫ 기생 二명을 대동ᄒᆞ고 演興社에 前往ᄒᆞ야 迭宕히 연희를 관람ᄒᆞ얏다더라."(대한매일신보, 1908.4.22)

251) 황성신문(論說), 1908.5.5.

252) "**演社一劫** 근일에 호화 자제들이 각 연극장으로 逐逐會集ᄒᆞ야 淸歌妙舞에 허송시일홈은 본보에 누누 논박ᄒᆞᄂᆞᆫ 바이어니와 재작일에도 남녀 수 삼백여 명이 사동 演興社에 騈首聯式ᄒᆞ야 가무를 완람ᄒᆞᄂᆞᆫᄃᆡ 하오 十一시경에 至ᄒᆞ야ᄂᆞᆫ 該社 門前에셔 何來 砲聲

이 三次轟發ᄒ야 해사를 습격홈과 如ᄒ거날 관광제인이 낙담 失魂ᄒ야 奔避 無路에 自相 衝天ᄒ야 被傷ᄒ 자도 有ᄒ다더라."(황성신문, 1908.5.1)

253) 대한매일신보, 1908.5.6.

254) "慈善風流會 사동 연흥사에서 자선부인회의 慈善目的이 감발ᄒ야 매삭 損助ᄒ기로 자선損助 四字를 旗上에 書ᄒ고 무동과 풍악을 同 慈善會館에 파송ᄒ야 일장 유희하얏다더라."(대한매일신보, 1908.5.10)

255) "劇場云賣 사동 연흥사를 將次 放賣홀터인대 四千圜으로 호가ᄒᄂ 고로 願買者가 희소ᄒ다더라."(대한매일신보, 1908.6.23)

256) "慈善多家 근일 前主事 鄭禹澤 金寅培 金大熙씨 등 모모인이 일대 자선심으로 孤兒院 수리비에 보충키 위ᄒ야 본월 10일경에 사동 연흥사내의 자선연주회를 개최ᄒ다ᄂᄃ 각양 기묘ᄒ 技藝와 특별한 연극이 多有ᄒ다더라."(황성신문, 1908.7.9)

257) 황성신문, 1908.7.9.

258) "演興社風波 연흥사장은 法國인이라ᄂᄃ 월봉은 五千 圜으로 지급ᄒᄂ지라 해 사장은 來月 俸金을 預爲 先撥ᄒ라 홈으로 해사에서 경비가 窘絀ᄒ야 不爲 酬應ᄒ얏더니 因此挾憾이던지 재 작야에 본사에 내도ᄒ야 매표소를 打破ᄒ고 工人을 구타ᄒᄂᄃ 관광제인 피신차로 互相踐踏ᄒ야 일장 풍파가 起ᄒ얏ᄂᄃ 혹 被傷ᄒ 자도 有ᄒ다더라."(황성신문, 1908.9.16)

259) 대한매일신보, 1908.10.27.

260) "演興不興 연흥사의 근황을 聞ᄒ즉 재정이 窘絀ᄒ야 일반 임원의 三個月俸을 지급치 못 ᄒ얏ᄂᄃ 해사 총무 李某는 避身선지 ᄒ얏다ᄂᄃ 不幾日에 해사는 廢止가 되깃다 더라."(황성신문, 1908.11.29)

261) "演奏失當 女子補明學校에셔 교비를 보용ᄒ기 위ᄒ야 연흥사에서 연주회를 設ᄒ기로 養閨義塾에서 임원을 파송ᄒ야 峻責ᄒ기를 자녀 교육ᄒᄂ 학교에서 淫佚放蕩ᄒ 戱事로 亂類의 전재를 편취ᄒ야 校費에 보용홈이 적당치 못홀 쑨더러 청년을 유희장에 참석케ᄒᄂ 거시 여자교육계에 당행홀 事가 아니니 卽速 撤罷ᄒ고 신문에 광고ᄒ야 여자교육계에 방해가 無케ᄒ라 ᄒ얏더니 該 社에서 反爲 責言曰 校況을 유지코ᄌ ᄒ야 設此 方策ᄒᄂ 거슬 有此 沮戱ᄒ니 교육에 방해가 아닌가 ᄒ고 정당ᄒ 권고를 불원 ᄒ니 세인에 公眠이 自在ᄒ리라고 비평이 자자ᄒ다더라."(대한매일신보, 1908.12.23)

262) "演票退却 여자보명학교에서 연주회를 연흥사에 設ᄒ고 연주표를 각부 新院廳에 송부 ᄒ얏더니 각 관청에서 壹切 退却ᄒ얏다더라."(황성신문, 1908.12.23)

263) 대한매일신보(論說), 1909.2.10.

264) "演社將廢 중부 사동 연흥사에서는 소위〈裹裨將打令〉을 설행ᄒ고 탕자음부를 유인ᄒ야 거대한 錢額을 탈취코ᄌ ᄒ야 별종 흉계를 百倍 做出하되 족히 관람ᄒ 것이 無하야 매야 완상하ᄂ 남녀의 수효가 三十여 명에 불과홈으로 불원간 廢止홀 慮가 유ᄒ다더라."(대한매일신보, 1909.3.23)

265) "棄兒收容所의 연극 기아수용소에셔 慈善연극회를 재작일부터 사동 연흥사에 개설ᄒ얏ᄂᄃ 妓生 及 기타 各般 연극과 기아의 活人畵가 유ᄒ야 관람제씨의 갈채를 得ᄒ고 신사 尹孝定 金光濟 양씨의 격렬ᄒ 연설이 유ᄒ야 好個 狀況을 묓ᄒ야다더라."(황성신

문, 1909.4.25)

266) "聞歌驚動 재작일 하오 十一時 경에 사동 연흥사에셔 唱夫 등이 제반 연극을 奏호싀 該 社前에 재흔 천일 목욕탕에셔 邪蘇敎人 幾 十名이 贊美歌를 제창홈에 該관광인 등이 잠시 驚動되얏다더라."(황성신문, 1909.6.3)

267) "演場雇日 사동 연흥사에셔 근일 관람인이 尤極零星흔 중의 일반 경관과 無票人이 다 수 입장ㅎ는딕 대ㅎ야 금지키가 곤란홈으로 何許 日人을 雇來ㅎ야 韓人사무원보담 雇金을 貳倍式 지급ㅎ며 해사 門前에 把守ㅎ다더라."(대한매일신보, 1909.6.22)

268) "因何風波 재작일 하오 九時 量에 사동 연흥사에서 모처 偵探客 기명과 중부경찰서 巡査 某와 하등 層節이 유ㅎ든지 일장 風波가 起ㅎ얏다더라."(황성신문, 1909.7.30)

269) "理勢固然 재작일 하오9시에 사동 연흥사에서 수종 연극을 행ㅎ다가 관람인이 二十명 에 不滿홈으로 해연극장規則(四十 名불만이면 不 開演)을 의ㅎ야 연예를 停止홈이 二 十名 관람인이 각각 所持의 입장권을 還給ㅎ고 해 料金을 推覓비ㅎ얏다더라."(황성신 문, 1909.8.1)

270) "農大觀演 농상공부대신 趙重應氏는 三昨夜에 보호순사 1명을 대동ㅎ고 사동 연흥사 에 來到ㅎ야 제반 연극을 관람ㅎ얏다더라."(황성신문, 1909.9.1)

271) 대한매일신보, 1909.10.19.

272) "演況彫殘 중부 사동 등지 전당포주인 石崇煥씨는 연흥사에 紙貨를 支撥ㅎ는대 演場 에 관광자가 희소ㅎ야 該 社를 유지홀 방침이 無홈으로 해 사는 손해가 不無ㅎ리라더 라."(대한매일신보, 1909.10.24)

273) 達觀生, 연극장주인에게, 서북학회월보. 제1권 16호.

274) "演興無爐 중부 사동 연흥사에서는 재 작야에 해 연예관람인이 總合ㅎ야 四명의 여인 이 入去ㅎ얏다가 二명은 즉시 票價를 推覓ㅎ며 해사주인을 大責 曰 此亦 營業인즉 장내에 난로를 설ㅎ야 來客으로 ㅎ여곰 凍死의 事가 無케ㅎ라 ㅎ고 즉시 歸去ㅎ얏다 는딕 해사에서는 開演後 약一시간 후에 정지ㅎ얏다더라."(황성신문, 1909.11.26)

275) "작일 중부서에서 연흥사 총무 魏洪奭씨를 초치ㅎ야 해연극중 流蕩흔 歌曲과 淫佚흔 행동은 一切 演奏치 勿ㅎ라고 嚴論 放送ㅎ얏다더라."(황성신문, 1910.1.22)

276) "主殿院卿 李謙濟씨는 재작일 야에 중부 사동 연흥사에 前往ㅎ야 矢射舞 연예를 관람 ㅎ얏다더라."(황성신문, 1910.2.20)

277) "助産婦양성소에셔 사동 연흥사를 幾日 間 貰得ㅎ야 연주회를 행흔다더니 該 社主가 公益의 의무는 불고ㅎ고 貰金을 太過히 呼ㅎ는 고로 명동 浪花館을 貰得ㅎ야 명일브 터 二十九 일까지 위생적 연주회를 행흔다더라."(대한매일신보, 1910.3.22)

278) 대한매일신보, 1910.4.19.

279) "풍속방해에 蘭姬 逐出 전판서 朴箕陽씨의 영제 建陽씨는 재 작야에 사동 연흥사에 전왕ㅎ야 기생 蘭姬와 握手相談ㅎ는딕 當 巡査가 此를 見ㅎ고 풍속에 방해자로 이정 ㅎ야 난희를 逐出ㅎ얏다더라."(황성신문, 1910.5.5)

280) "중부 탑동 居ㅎ는 曹秉伊씨의 부인은 삼작야에 家夫의 부재홈을 乘ㅎ야 사동 연흥사 에 전왕ㅎ야 연예를 관람ㅎ는딕 竊盜 幾名이 闖入ㅎ야 제반 물품 八拾 餘 圜 가치를 竊去ㅎ얏다더라."(황성신문, 1910.5.19)

281) "調戲 被逐 寺洞 居 具然昌씨가 혹 관리라 칭ㅎ며 혹 탐정객이라 칭ㅎ고 연극장에 출몰ㅎ다더니 재 작야에 사동 연흥사에 전왕ㅎ야 婦人상등석을 향하야 含笑 送情ㅎ다가 급기 종말에는 해 席으로 潛往하야 何許 여자와 희롱이 有ㅎ지라 警官 李憲珪씨가 그 정황을 목격ㅎ고 순사로 ㅎ야곰 其氏를 逐出ㅎ얏다더라."(황성신문, 1910.5.29)

282) "調戲 禁止 경찰과장 李憲珪씨가 재 작야 연흥사에 전왕ㅎ야 歌妓와 唱夫 등의 음탕ㅎ 가곡은 切勿 出口케 금지ㅎ얏다더라."(대한매일신보, 1910.6.25)

283) 황성신문, 1910.7.13.

284) "調戲 當禁 경시총감부 경시 李憲珪씨는 재 작야에 사동 연흥사를 시찰ㅎ고 傷風敗俗의 연극은 一切 금지ㅎ얏다더라."(대한매일신보, 1910.7.27)

285) "演興社 火戲 사동 연흥사에서는 別樣 火戲를 금야브터 설행ㅎ다더라."(대한매일신보, 1910.8.28)

286) "**연흥사의 大風波** 중부 사동에 在ㅎ 연흥사 총무 朴應燁씨는 하등 감정이 有ㅎ던지 자원 退去코저 ㅎ는 時에 光州로부터 상경ㅎ 唱夫 수십 명이 朴씨를 대ㅎ야 발언ㅎ거늘 박씨가 연흥사家主 張光植를 往訪ㅎ고 해 가옥을 借與ㅎ라ㅎ는 고로 張씨가 허락ㅎ얏더니 해 사장 千鍾碌씨가 해 사실을 탐지ㅎ고 張씨를 대ㅎ야 言ㅎ되 余가 연극을 주장ㅎ고 家賃는 一一 지급ㅎ겟다 ㅎ는 고로 장씨의 笑答이 타인에게 旣爲 借與ㅎ얏슨즉 변경키 難ㅎ다ㅎ고 거절ㅎ이 千씨가 간청ㅎ야 曰 금일 오후三시경에는 본월 가옥세를 몰수 지급ㅎ 터이나 허락ㅎ라 ㅎ는 고로 장씨의 소답이 然則 君은 주선ㅎ라 ㅎ얏더니 千씨는 기한이 過ㅎ도록 여하ㅎ 소식이 무ㅎ 고로 朴應燁씨에게 永爲 허락ㅎ지라 천씨가 재작일 하오 六시경에 연흥사로 來ㅎ야 入場標를 과열ㅎ며 作梗이 無雙ㅎ으로 당직 경관과 형사순사 제씨가 千·朴 兩人을 一幷 포박ㅎ야 소관 경찰서로 압거ㅎ얏는데 該署에서는 명일에 처리ㅎ겟다ㅎ고 一切 放送ㅎ얏다가……"(매일신보, 1911.5.11)

287) 매일신보, 1911.9.11.

288) "演社 盛況 중부 사동 연흥사는 작일브터 특별ㅎ신 연극을 설행ㅎ고 風俗의 선량ㅎ 재료를 연구ㅎ야 逐夜 개설홈으로 관람자가 雲集ㅎ다더라."(매일신보, 1911.10.6)

289) 매일신보, 1912.3.7.

290) "讀者俱樂部(短評). 지나간 1일 브터 사동 연흥사에서 흥힝하는 구연극 龍成社 일힝의 사장 김원섭은 첫날 밤 브터 호강하든걸 부인 일등석에 엇던 '히스시가미'ㅎ 녀ㅈ가 여송연 ㅎ 기를 ㅅ셔 보닉엇더니 김은 칼표 ㅎ갑으로 회사ㅎ얏는디 오고 가는 중간에 구경이 홀만ㅎ든 걸."(眼腰酸)(매일신보, 1912.6.6)

291) "경셩 연흥사에서 긔쵀 중이던 다동 기싱의 주최 죠산부양셩소 경비보조 연예회는 작일까지 三긔일간으로 맛칠 예정이더니 그 죠합 취쳬 화즁션, 부쳬 명옥 셜경픠 기타의 협의가 잇슨 후 금二十一일ㅅ지 一일을 연긔ㅎ얏더라."(매일신보, 1912.6.21)

292) 매일신보, 1913.5.2.

293) "ㅅ동 연흥샤에셔 믹일 흥힝ㅎ야 됴흔 평판을 밧던 신파연극 혁신단 림셩구 일힝은 경셔에서 이후 삼일간만 흥힝ㅎ고 그 후는 두어 달 동안 인쳔, 긔셩, 평양, 대구, 마산, 진쥬 등 각 디방으로 슌회ㅎ면서 연극을 흥힝홀 터인데 릭일과 모릭는 본보에 게지ㅎ"

쇼셜〈쌍옥루〉를 흥힝ᄒ고 맛는 날은 유명ᄒ〈不如歸〉를 흥힝ᄒ다 ᄒ여 그 삼일간은 본보 이독쟈를 위ᄒ야 본보에 잇는 優待券을 가지고 가는 이에게는 특별히 입장료를 반감ᄒ다더라."(매일신보, 1914.2.22)

294) "임의 보ᄒ 바와ᄀ치 演興社에셔 기최ᄒ 본샤 쥬최의 부인독자의 눈물 관극회를 연다는 말이 한번 경성에 발표됨이 경성안의 부인이란 부인은 모다 오기를 원ᄒ야 셔로 가기를 약조ᄒ얏던지 정오전 부터 삼ᄉ인 혹 ᄉ오인식 짝을 지어 문이 메이게 드러오는 모양 늙은이 모시고 어린ᄋ히 다리고 드러오는 모양 진실로 오ᄉ이 령롱ᄒ 꼿밧리라. 동현 마루턱이에 오정 소리가 쎙쎙들리며 더욱더욱 만히 몰녀 입장을 셔로 닷호이 노랑 파랑 붉은 빗 흰빗 여러가지 꼿ᄀ흔 의복은 넓고 넓은 연흥사의 상하층을 가득치여 다시는 사름 하나 드러올 곳이 업다. ……"(매일신보, 1914.1.31)

295) 매일신보, 1914.8.4.

296) 매일신보, 1914.11.7.

297) 황성신문, 1907.12.1.

298) "社金寄孤 東門 內 團成社에셔 고아원경비 窘紐ᄒ 정황을 聞ᄒ고 日昨에 일일을 該院에 許借ᄒ얏는딕 伊日 收取ᄒ거시 2백여 환을 해원에 收去힛다더라."(대한매일신보, 1908.1.1)

299) 대한매일신보, 1908.2.18.

300) 대한매일신보, 1908.2.26.

301) "藝妓慈善 趙秉郁 모모씨가 고아원 수리비의 보충ᄒ기 위ᄒ야 자선연주회를 단성사로 개최ᄒ얏는딕 高桂天, 엄태식, 김순택, 장준옥, 김화서 諸人이 河橋藝妓 玉玲, 玉眞, 蘭珠, 紅梅, 香心, 花香, 香蘭, 채경 금홍 10인을 영솔ᄒ고 以演藝 기부ᄒ얏다더라."(대한매일신보, 1908.7.3)

302) 황성신문, 1908.7.5.

303) "團成 維持計劃 단성사는 재정의 窘紐로 폐지하얏는딕 該社를 계속 유지ᄒ기 위ᄒ야 淸人 3, 4인이 합동ᄒ야 창시연극을 설행ᄒ기로 방금 준비 중이라더라."(황성신문, 1908.10.1)

304) 황성신문, 1909.2.16.

305) "團社 將廢 단성사장 리益雨氏가 근일 재정의 窘紐ᄒ인지 일반 倡夫의 雇금을 支撥치 아니 흠으로 매일 독촉이 자심ᄒ다는대 근일 관람자가 극히 零星ᄒ야 불일간 廢止ᄒ기로 결정ᄒ얏다더라."(대한매일신보, 1909.5.1)

306) 대한매일신보, 1909.5.1.

307) "演場 投石 재 작야 동구 내 단성사에셔 각종 연극을 설행ᄒ는대 何時何處에셔 投石이 雨下ᄒ야 일장 소요가 起ᄒ얏다더라."(대한매일신보, 1909.5.18)

308) "團社 雇傭의 月俸 전정위 徐丙承氏가 근일 생활정도가 곤란흠을 인흠인지 其 少室 小春을 대동ᄒ고 단성사에서 매야 고용ᄒ다는딕 소춘의 月俸은 50환으로 徐씨의 월봉은 30환으로 지급ᄒ다더라."(황성신문, 1910.8.20)

309) "團成社의 風俗壞亂 연극장이라 흠은 동서양을 물론ᄒ고 彰善懲惡을 재료로 설행ᄒ야 풍속을 개량ᄒ는 것인딕 中部 罷朝橋에 설립ᄒ 단성사연극장을 主務ᄒ는 崔禹錫, 張

機衡, 朴基英 등은 찬성표 50장을 각 賣淫女에게 분급ᄒ고 蕩子 淫婦를 誘入ᄒ야 음란
ᄒ 연극을 설행ᄒ야……"(매일신보, 1911.4.7)

310) 매일신보, 1911.4.29.

311) 매일신보, 1913.2.28.

312) 매일신보, 1913.3.9.

313) 매일신보, 1912.1.6

314) 매일신보, 1912.1.23

315) 매일신보, 1912.4.20.

316) 매일신보, 1912.4.30.

317) 매일신보, 1912.4.26.

318) 매일신보, 1914.1.17.

319) 매일신보, 1914.1.28.

320) "**團成社 不淸潔과 嚴諭** 작 이십구일 오전 십 시경에 북부 경찰셔에서 단셩샤 쥬무쟈
安在黙을 호츌ᄒ야 엄즁히 설유ᄒ기를 사름이 답지ᄒ야 혼잡을 극ᄒᄂ 가온ᄃᆡ 질셔가
문란ᄒ고 분요가 막심ᄒ며 ᄯᅩᆫ 쳐소가 졍결치 못ᄒ야 위싱상 방히가 젹지 안은즉
오날 밤부터 극히 쥬의ᄒ야 변쇼로 쳥결히 ᄒ고 구경군들이 혼잡ᄒ 샹ᄐᆡ를 일우지
안토록 일층 단속ᄒ라고 엄유 방송ᄒ얏다더라."(매일신보, 1914.1.30)

321) 매일신보, 1914.5.9.

322) "**不法의 團成社** 경셩 북부 파죠교에 잇ᄂ 단셩샤 연극쟝에셔ᄂ 일젼 부터 구연극을
셜ᄒᆼᄒ야 일반 관람쟈를 환영ᄒᆫ다ᄂᆞᆫᄃᆡ 그 영업의 방침은 엇더ᄒ 늬용인지 ᄌᆞ셔히 알
기 어려우나 직작이 십팔일 져녁에도 역시 호젹과 쟝고와 졔금으로 귀가 압프도록
오후 여섯 시ᄲᅢ 부터 취군ᄒᆞ기를 시작ᄒ야 관람쟈를 모흐ᄂ 즁 원근의 구경ᄭᅮᆫ은 치운
일긔를 무릅쓰고 ᄉᆞ방에셔 모히여 일이삼등의 표를 사가지고 입쟝ᄒᄂᆞᆫᄃᆡ ᄯᆡᄂ 일곱시
라 그ᄯᆡ 부터 드러오ᄂ 사름이 두어 시간이나 막이 열니기를 고ᄃᆡᄒ엿더니 비로소
여닯 시 반이나 되야 관긱 이ᄇᆡᆨ 여명에 일음을 보고 막을 여ᄂᆞᆫᄃᆡ 죠금아ᄒᆫ 계집ᄋᆞ히의
승무 한번을 보이고 난 후 쥬무ᄒᆞᆫ다 칭ᄒᄂᆞᆫ 金在鍾이라 ᄒᄂ 쟈이 휘쟝을 것고나와
셜명ᄒ되 오ᄂᆞᆯ은 일긔도 치웁고 밤도 임의 느져가니 여러 손님은 도라가셧다가 ᄂᆡ일
다시 오시면 더욱 ᄌᆞ미 잇ᄂ 것으로 흥ᄒᆡᆼᄒ야 관람쟈의 ᄆᆞ음을 유쾌케 ᄒ올 터이며
오ᄂᆞᆯ 그져 가시ᄂ 손님 여러분ᄭᅴ셔ᄂ 입쟝권을 하등은 즁등으로 즁등은 샹등으로 샹
등은 특등으로 일졔히 밧고드릴 터이오니 그런줄 아시고 표ᄂ 문압헤 가셔 각각 밧고
와 가지시기를 바릅니ᄃᆞ ᄒ고 휘쟝안으로 도로 드러갓ᄂᆞᆫᄃᆡ 여러 구경ᄒ던 사름들은
ᄒᆯ일 업시 공연ᄒ 시간만 보ᄂᆡ다가 뒤통슈를 치고 도라갓ᄉᆞ나 욕셜이 심ᄒ얏고 연극
ᄒᄂᆞᆫ쟈들의 ᄒᆡᆼ동을 슯혀보건ᄃᆡ 극히 가증ᄒ 일이엇스니 원ᄅᆡ 그 연극쟝은 ᄉᆡ로히 흥
ᄒᆡᆼ을 시작ᄒᆯ ᄯᆡ에 져의들의 ᄂᆡ용으로 결졍ᄒ기를 입쟝쟈가 ᄇᆡᆨ명 이상이 되지 못ᄒᄂ
ᄯᆡ에ᄂ 결코 흥ᄒᆡᆼ치 안이ᄒ고 관긱은 돌녀보ᄂᆡ여 그 잇흔날 오게 ᄒᆫ다ᄒ니 그와갓
치 편리ᄒ 쟝ᄉᆞ가 어ᄃᆡ 잇스리오 진쇼위 ᄌᆞ유ᄒᆡᆼ동이라. 사름이 만흐면 연극을 ᄒ고
사름이 젹으면 뎡지ᄒ야 사름 오ᄂ 것을 보아가지고 흥ᄒᆡᆼ여부를 결뎡ᄒ려 ᄒ면 관긱
은 사름으로 ᄃᆡ졉지 안이 ᄒᆯ뿐이라 호거쟉ᄅᆡ를 임의로 ᄒ야 경셩시민은 단셩샤 일긔

연극장의 지비를 밧는 사름으로 그와갓치 천흐게 보앗는지 알 슈업는 일이며 이는 단지 경성 시중사름들을 모욕홀 쑨이라. 일기 사긔덕영업이라 일카를 수 잇스니 그와 ᄀᆞᆺ흔 힝동으로 련일 사름을 모왓다가 다시 보닉고 ᄒᆞ야 이삼일을 거듭ᄒᆞ면 사름의 슈효가 만을 것인고로 한번 왓다 표를 가지고 도로 간 사름은 그 표를 무엇에 쓰리오. 돈을 그딕로 닉여 바리기 앗가운 고로 주연히 그 잇흔날은 다시 연극쟝으로 가고 말 것이니 이와ᄀᆞᆺ치 간악흔 계교를 희롱ᄒᆞ야 관긱을 통모ᄒᆞ고 지물을 속이여 쎅아슴은 가히 증계홀 일이라. 만일 그날 엇더흔 상치가 잇셧던지 흥힝치 못홀 경우가 되면 당연히 입쟝권을 돈으로 밧고아 쥬는 것이 올은 일이여날 삼스셰의 유아를 달닉이듯이 등슈를 올니여쥬마 ᄒᆞ고 사름을 쇠여보닉는 것은 어딕셔 나온 버르쟝이며 詐欺營業이라 흠을 엇지면 흐리요. 근일 연극장이나 혹은 활동사진관에셔 손이 극히 적게 드러오면 역시 단성사와 ᄀᆞᆺ치 간악교활흔 슈단을 혹시 쓰는 일이 잇다ᄒᆞᄂᆞᆫ줌 더구나 단성사의 쇼위 표 사가지고 드러오는 손이 빅명에 챠지 못ᄒᆞ면 의례히 흥힝을 안이 ᄒᆞ기로 ᄒᆞ며 그중에도 돈을 도로 쥰다면 모르거니와 더구나 표를 한 등식 올려쥰다는 것은 불법의 힝동이라고 물론이 쟈쟈ᄒᆞ더라."(매일신보, 1915.1.30)

323) "團成社 失火公判 경성부 슈은동 오십륙 번지에 사는 安聖範(65)은 본년 이월 십칠일 하오 팔시에 團成社연극장 이층 한편 엽헤 화로, 차, 과주 등속을 버려두고 일반 구경군에게 공급ᄒᆞ던 터인딕 십칠일 밤 열한시가 넘어 연극이 파흔 후 문을 잠글 쌔에 그 안성범의 賣店에는 불 잇는 화로를 드려노을 쌔에 츙분히 끄지 안코 심상히 드려노은 후 도라갓는딕 그 불은 은영 중 졈졈 이러나 맛츰닉 불쫑이 다다미에 붓흐며 연쇼되야 이월십팔일 식벽 네시 반싯지 그 집 건물이 대부분 쇼실되야 손히가 이천원에 이르렀슴으로 경성 딕방법원 野田 검스가 심리흔 후 失火罪로 긔소되야 작 십륙일 공판을 열엇다더라."(매일신보, 1915.3.17)

324) "단성사가 팔려 경성에 다만 한아 잇는 조선인 측의 연극쟝이라는 동구안 단성샤는 그 소유쥬인 金然永으로부터 황금뎡 거ᄒᆞᆫ 황금관 쥬인 던촌모의게 팔천 오빅원의 가익으로 미도되야 십륙 일에 금젼 여슈싯지 맛추엇는딕 댱리에는 연극댱은 활동사진 젼문으로 곳쳐셔 조선인 관람쟈를 흡슈ᄒᆞ기로 위쥬ᄒᆞ야 죵리 이것을 경영ᄒᆞ는 우미관과 경졍을 ᄒᆞ리라더라."(매일신보, 1917.2.18)

325) "團成社의 改築 됴션 연극장 즁 한아 되는 동구안 단성샤는 작년 봄에 황금관 쥬인 던촌이란 사름이 팔천오빅원 에 스가지고 활동사진을 영스ᄒᆞ기 위ᄒᆞ야 광무딕 박승필씨에게 경영쟈의 권리를 위임ᄒᆞ야 그 일흠으로 당국에 쳥원ᄒᆞ고 허가되기를 긔다리던 바 다소 년월을 지닉여 지나간 십삼일부로 경긔도 경무부로부터 소관 경찰셔에 허가 지령이 왓슴으로 종로경찰셔에셔는 십스일 활동사진의 흥힝쥬되는 박승필씨를 불러다가 신긔셔당으로부터 쟝리 쥬의 건에 딕ᄒᆞ야 주세히 일너쥰 후 그 지령을 주엇다는 딕 지금의 단성사 집으로는 영사홀 쳐소가 못됨으로 확당ᄒᆞ기 위ᄒᆞ야 일만원의 예산으로 그 안을 모다 헐고 다시 지은 후 오는 구월부터 시작되리는딕 목하 설계가 맛치는딕로 곳 역스에 착수흔다는딕 이 뒤부터는 신구파 긔연흔 아죠 업셔진 모양이라더라."(매일신보, 1918.6.21)

326) 매일신보, 1918.12.21.

327) "開館記念自祝 작년 십이월에 단셩샤 활동사진관이 건축된 후 박승필군의 경영으로 활동샤진을 ᄒ야 오ᄂ바 본월 이십일일이 즉 단셩샤 긔업한 긔념일임으로 대대뎍 즉 츅키 위ᄒ야 오ᄂ 십구일부터 이십오일 ᄭ지 특히 관긱을 위하야 반익으로 구경케 ᄒ다ᄂ딕 미우 셩황도 되겟고 또한 시샤진도 특별히 자미 잇ᄂ 것으로 뎨공ᄒ야 긔념 자츅을 홀 작뎡이라더라."(매일신보, 1919.12.18)

328) 조선일보, 1920.6.20.

329) 매일신보, 1921.12.21.

330) 동아일보, 1922.10.19.

331) "大同卷番妓演奏會 시내 大同卷番에ᄂ 첫 겨울을 맞ᄂ 대연쥬회를 금 이십팔일 저녁부터 동구 안 團成社에셔 긔최ᄒ다ᄂ대 참신한 기싱들의 가무ᄂ 물론이오, 만히 련습ᄒ 現代劇도 상장하야 매우 볼만하다더라."(매일신보, 1922.11.28)

332) "團成社의 다ᄉᆺ 번 돌재비 됴션극계의 뎨일 공로즈요 됴션의 유일한 興行師로 동대문 안 光武臺시대로부터 오날ᄭ지 이십년 동안의 장구한 셰월을 하로도 쉬이지 아니 하고 됴션 연예계의 진보 발뎐에 노력하고 잇ᄂ 朴承弼씨가 경영하ᄂ 됴션 대표뎍 활동 스진 상설관인 團成社ᄂ 이제 五週年 記念을 맛게 되어 금 이십일일 브터 특별 흥힝을 거힝하리라 한다. 이 단셩ᄉ가 지금으로부터 십칠년 전 협률ᄉ 시대에 처음으로 싱겨 나서 허술한 목제로 빈약한 내용을 가지고 몃 차례나 경영자를 밧고아 마지면서 근근히 싱명을 유지하야오다가 오년 전 즉 대졍 칠년 사월에 비로소 그 쥬인을 맛나 묵은 형해를 털어버리고 쇄락ᄒ 양체로 화장을 시로히 하고 경셩흥힝계의 권위를 굿세게 잡고 셔셔 풍우와 한셔를 가리지 아니 하고 미일 수빅 명의 관긱을 맛고 보ᄂ고 한다. 이 단셩사가 오날의 단셩ᄉ로 되기까지ᄂ 물론 관주 박승필씨의 절대한 노력을 요하 얏스려니와 그 부하에 모힌 관원의 군이 모다 그 길에 일흠잇ᄂ 일류만 망라한 것도 큰 원인이 되얏슬 것이다. 특히 그중에ᄂ 박승필씨의 몸을 대신하야 관원들을 독려하 여 불텰주야하고 관의 대소사를 감독히온 朴晶鉉군의 공로가 가장 현져ᄒ 것을 무시 홀 수가 업슬 것이다. 하여튼 단셩ᄉ가 지금의 쥬인을 맛ᄂ 후로 상당한 연극을 소기 하야 혼란한 극단에 적지 안한 희싱을 더젓슴은 물론이어니와 활동스진상설관으로도 또한 아직ᄭ지ᄂ 됴션에셔 독보하ᄂ 듯한 감상이 잇다. 더욱이 근자에 이르러 「쇡스 피아」의 「로미오와 쭐리엣」과 「클레오파도라」와 「하믈렛」 등을 비롯하야 최근에 「동 쪽길」갓흔 고급영화를 됴션에 쳐음으로 소기한 것은 됴션 영화계의 큰 驚異일 것이 다. 이후로 됴션 영화계에 볼 것이 잇다하면 그것은 반다시 박승필씨의 젹공의 열미라 고 말홀수 잇슬 것이다."(매일신보, 1922.12.21)

333) "在滿同胞 獎學演藝大會 自 四月二十一日 至 四月二十五日, 團成社에서, 주최 極東文 化協會, 一.활동사진, 一.古曲, 雅樂의 신구가무 及 정악, 一.서양舞蹈, 一.가극, 一.신 풍조 모범 新派劇, 一.不思議技術 數種, 一.독창, 京城 五卷番 朴春載 文永秀一派, 金昌 煥一派 외 수십 명 출연"(동아일보, 1923.4.20)

334) "滿都의 人氣ᄂ 團成社에 集中 인긔에 인긔를 팔들 각 관의 인긔 투표의 결과ᄂ 맛참내 「단셩사」에게 최고뎍의 영예를 주게 되얏다. 십륙 일 정오에 투표수의 총결산을 본사 에셔 계산하야보자 천 장 이쳔 장을 뛰여 넘어 이쳔 팔빅팔십 팔믜에 달하니 실노히

절대의 우세를 덤하게 된 것이다. 이에 다시 단성사로 투표를 한 이천 팔십 팔매 중에서 일이삼등을 츄첨하게 되자 흥힝계 로장 朴承弼씨는 우선 미소를 씌우며 모도가 고마운분들인대 누고를 골나 봅겟느냐고 애석한 표정을 하며 투표함에 손을 넛코 츄첨을 시작하니 공연히 압회한 사람들까지도 신경이 긴장하얏섯는대 맛참내 일이삼등의 다복한 이는 아릭와 갓치 나ᄌ게 된 것이다. (후략)"(매일신보, 1926.1.17)

335) 寵愛中에 자라가는 團成社(一), 매일신보, 1926.1.18.

336) 매일신보, 1926.1.20.

337) "團成社의 九週年紀念 시내 수은동 단성사에서는 작 이십일일부터 만 구주 년 창립 긔념 흥행을 하게 된 바 상영될 영화는 로이드 키-튼과 아울러 희극계에 명성이 놉흔 러지놀드쪠니씨 주연 희극「유쾌한 그짓말쟁이」 전 팔 권과 동시에 아드예 이코드씨 주연 경마활극「바보의 행운」 신출괴몰 경관 속례 이회와 센추리 희극으로 쌔스타 작란 일긔나 쿠간보다 훨신 나흔 것으로 주연 배우는 불과 세 살 밧게 못되는 애기배우라 하며 이번 주말에 입장하는 손님에게는 자축하는 뜻을 표하기 위하야 무료 입장권 한 장 식을 진정하리라고."(동아일보, 1927.12.22)

338) "朝鮮音律協會 第二回 公演會 퇴폐하여가는 조선의 음악을 향상식히고 비루한 잡설이 만흔 가사의 정화를 위하야 우리 사회의 유지자와 악단의 여러분이 조선음률협회를 조직하고 작년에 그 제일회 공연을 하야 일신한 면목으로써 세상의 인긔를 끌고 아울러 만흔 찬사를 바든 것은 아직도 우리의 긔억에 새로운 바이어니와 이제 조선음률협회에서는 오는 삼십일 삼십일일의 량일간 시내 수은동 團成社에서 제이회 공연을 하게 되엿는데 가사의 보유 수정과 새로운 곡조의 제작은 아즉 실현치 못하엿스나 정숙하고 고상한 긔품과 악곡은 족히 조선음악의 면목을 일씬케 하고 품위를 도드리라 하야 벌서부터 일반의 인긔를 ᄭᅳ는 바이며 개연순서는 아래와 갓다. (후략)"(매일신보, 1931.3.29)

339) "朴勝喜氏 引受 團成社主 變更 시내 단성사는 그동안 조선 흥행계에서 이십 여 년 간 적공을 가진 朴承弼씨가 경영하여 오다가 근자에 부득이한 사정으로 단성사를 내놋케 되는 것을 기회로 이왕 土月會의 주재자로 新劇운동에 만흔 공헌이 잇는 朴勝喜씨가 금 번 극단 大長安이란 단톄를 집주인 田村씨와 장기계약을 하야가지고 맛게 되여 오는 육월 상순부터 상연될 터이라 한다."(중외일보, 1931.6.1)

340) '朝鮮劇場이냐, 團成社냐', 삼천리, 1933년 4월호.

341) "全朝鮮一流를 網羅 名唱大會 明夜 藝饗會주최와 본보 京畿支局후원으로 명 二十일부터 三일간 부내 團成社에서 全朝鮮 名唱大會를 개최한다는데 입장료는 계상이 一원, 계하는 七十전이라 하며 금 十八일 까지 각 지방으로부터 입성한 기생 등은 다음과 갓다. (후략)"(조선일보, 1932.4.20)

342) "入場料收入 團成社 優勢 소화 七년중 통계에 의하면 경성부내의 각 상설관 각 극장 十四개소의 一개년 입장인원이 二백六만四천六백八十一인으로 그 관료가 四十七만八천七백三十九원인데 그 중 제一 입장자의 만흔 곳은 十천백을 부르는 優美館의 二十八만九천二백四十四원을 필두로 일본의 상설관 東亞俱樂部 喜樂館 등인바 이제 조선인측 상설관인 團成社 朝鮮劇場 優美館 第一劇場 등 四상설관 一년통계로 보면 입장

인원은 우미관이 만으나 입장 료금으로 보면 단성사가 단연 優勢인데 단성사는 경성 시내 상설관 중에 우수한 「토키」긔계를 배치해 노앗슬 뿐 아니라 관람객 본위의 우수한 사진을 만히 상영하기 때문에 이가티 입장료의 수입이 만타는 바 이제 각 상설관의 작년 一년간 입장 원과 그 입장료금의 통계를 보면 앞에와 갓다.

	入場者	金額
團成社	二○四, 九四○	五一, 四九○
朝鮮劇場	一八七四六九	五一二一八
優美館	二八九二四四	四五五○○
第一劇場	一一四二八六	一六五七八"

(조선중앙일보, 1933.4.6)

343) "團成社 經營 이제는 確實 부내 수은동 團成社는 수년래로 동인제로 경영하여 왓는 대 朴承弼씨가 서거한 이후로 여러 가지 경영상 만흔 곤란을 초래하여 왓든 바 금 번에 영업방침을 개혁하고 사장제로 하야 전 지배인으로 잇든 朴晶鉉씨가 사장으로 취임한 후 동사의 긔초는 확립되며 금후 발성영화상설관으로 활약할 터이다."(매일신보, 1933.4.25)

344) "團成社 經營革新 부내 수은동에 잇는 단성사는 금 번에 發聲 映畵館으로 면목을 일신 확장하는 동시에 조직을 변경하고 새로히 사장에 朴晶鉉씨가 취임하엿다 한다."(조선 중앙일보, 1933.12.23)

345) 매일신보, 1934.12.23.

346) "中央舞臺와 단성사 계약 성립 北村 유일의 映畵전문 영화극장인 단성사는 강력한 경쟁 상대의 진출에 의하여 순 映畵劇場으로서의 경영에 困難을 느끼게 되어 벌써부터 演劇 상설관으로 전향한다는 풍문이 돌더니 드디어 7월 31일부터 연극을 상연하기로 극단 中央舞臺와 계약이 成立되었다. 수년 전까지는 京城 유일의 양화 封切館으로 獨步해오던 단성사도 경성의 興行시장을 노리는 外來의 대자본의 진출에 의해서 明治座, 若草劇場같은 대 영화극장들이 생기게 되자 이들과 맹렬한 三파전을 계속하여 영화팬 유치에 秘策을 다하게 되었으나 극장의 狹窄이라는 핸디캡이 있을 뿐 아니라 경쟁이 초래한 洋畵 가격의 등귀로 인하여 고전을 면치 못하고 있더니 최근에는 해마다 있는 일이나 夏節이 되자 관객이 부쩍 줄어버리고 말았으므로 그 타개책을 연극으로 전향하는데서 구해보게 된 것이다. 이리하여 단성사와 中央舞臺 사이에 3주간의 계약이 成立되었고, 다시 더 연장하는 것은 금후의 경과를 봐서 결정하리라 한다."(매일신보, 1937.7.15)

347) "團成社는 映畵常設館으로서 北村에 잇어 팬들의 인기와 기대를 적지 안케 가지고 잇든 바 그동안 여러 가지 풍설이 항간에 떠돌아 또다시 팬들의 주목을 끌게 되다가 新社長 朴明俊氏가 新任하는 동시에 그의 부친으로부터 經營權을 後繼받고 경영방침의 내용을 혁신하야 새로운 출발을 시작하게 되어 항간의 풍설은 풍설대로 사라지고 팬들의 인기와 기대는 그대로 同社의 전도를 중시하게 되어 잇다. 이에 동사의 금년 一년간 계획은 어떠한가. 단성사의 금일의 처지로서는 경성 흥행가에서 一流 興行館으로 자처한다는 동사의 간부 제씨로도 기대할 수 없는 것을 자신하고 北村에서나마

손색이 없이 하야 팬들의 기대에 다소간이나마 어그러짐이 없게 된다면 아수운대로 滿足을 느끼게 되겟다 한다. 그래 먼 장래에 發展에 발전을 거듭한 뒤에는 몰라도 우선 금년 一년간만은 南村 각 극장과 覇爭할 야심도 버리고 모든 것을 자숙하여 북촌극장으로 優美館이나 第一劇場보다 낫게 되어간다면 일반 팬들에게 대한 미안을 다소간이나마 덜게 되겟다 하며 재래에는 될 수 있는 대로 封切만에 착안해 왓으나 앞으로는 우수한 작품이면 再 上演도 불사하여 초 상연에 미처 못본 관중에게 기어히 名作은 보고야말 기회를 얻도록 힘 쓰겟다 한다. 그리고 朝鮮映畵만은 절대로 다른 곳에서 封切되지 안토록 힘 쓰겟다 한다."(동아일보, 1938.1.12)

348) 동아일보, 1938.2.1.

349) 동아일보, 1938.6.20.

350) "團成社 工事進陟. 九月一日頃 開館 府內 明治座 石橋氏의 經營으로된 수은동3정목 團成社는 목하 工事가 착착 진행되여 八月中旬까지는 完成될 것으로 正式開館은 九月一日頃에 될 예정이다."(매일신보, 1939.7.3)

351) 동아일보, 1939.7.27.

352) "大陸劇場 開館, 午前 中 超滿員 市內 授恩町에 잇는 大陸劇場(前團成社)에서는 지난 九일부터 개관하엿는데 초일임에도 불구하고 일반 팬은 殺到하야 오전 중에 이미 超滿員을 이루웟다."(동아일보, 1939.8.11)

353) 매일신보, 1943.7.15.

제II장 전문극장의 등장과 공연 문화의 변화

1) "建築 中의 朝鮮劇場 시내 仁寺洞에 새로 건축하는 朝鮮劇場은 황원균씨의 명의로 허가되야 만흔 자본을 드리어 금년 봄부터 공사를 진행하든바 요사이는 거의 준공이 되야가는 중인대 내부의 설비도 종래 경성에 잇는 불완전한 극장의 제도를 개량하야 관람객의 편의와 화려한 장치를 하얏스며 특별히 삼층에는 가족덕 관람석을 설치하야 승강 괴도 오르내리게 한다는대 이 극장은 조선 사람의 관람객을 전문으로 하야 유수한 조선연극을 상연할 터이라더라."(동아일보, 1922.9.18)

2) 매일신보, 1923.2.27.

3) 매일신보, 1922.10.2.

4) "朝鮮劇場落成 경성인사동 정연히 지어노은 됴션극장은 총공비 오만여원으로 다셧 달만에 이번에 락셩되야 오는 류일브터 문을 열고 셩대흔 락셩 축하식을 흔다는대 당일 축하 출연흘 것은 오 권번기싱 전부와 현대극「만파회」와 틱셔 명화 활동사진이 잇고 사회유지 기타를 초대하며 극쟝 축하 그림엽서와 삼층에 모의뎡 싯지 셜비하고 셩대히 축하식을 거힝흔다는대."(매일신보, 1922.11.2)

5) 매일신보, 1922.11.7.

6) "朝鮮劇場開演 仁寺洞에 새로 건축 락성한 朝鮮劇場은 그동안 내부의 설비와 무대의 장치에 분망하든 바 작일 까지에 완성되야 금일 오정부터 락성식을 겸하야 다수한 관

민유지를 초대하고 처음 흥행을 할 터이라는대 집도 훌륭하려니와 이번에 상연하는 연극은 유명한 〈짠발짠〉의 두 막을 尹白南씨의 감독으로 열 터임으로 매우 환영중에 개막이 될 터이라더라."(동아일보, 1922.11.6)

7) "朝鮮劇場直營 시내 인사동 朝鮮劇場은 여러 가지 사정이 잇서서 금삼십일일부터 永樂町에 잇는 미국 파라마운트활동사진사특약뎜 알렌상회에서 일시 직영을 하게 되야 대개혁을 한 후 파라마운트의 문예영화를 상연할 터이라는 대 금 삼십 일일 밤에는 아래층 입장료는 특히 개관의 긔넘 흥행날을 삼는다더라."(동아일보, 1923.7.31)

8) 동아일보, 1923.5.29.

9) "十一月六日 朝鮮劇場開館 一周年 紀念
 • 三日 間 特別 大興行. 一週年紀念과 朝鮮劇場의 션물. 추첨대회(入場客 1인 전, 추첨 권 1매)
 • 新派(新劇座, 民衆劇團, 文化劇團) 全鮮 一流名優 合同大公演
 • 第一回 藝題 家庭悲劇 〈不如歸〉(全八幕)
 • 第二回 藝題 同 〈琵琶歌〉」(全八幕)
 名唱名優 李東伯君 獨唱 總出 大喜劇
 ◆ 餘興 (후략)"(매일신보, 1923.11.6)

10) 동아일보, 1923.11.6.

11) "鮮劇 紛糾內幕 시내 인사동에 잇는 朝鮮劇場이 극장주인 矢澤銀次郎씨와 영업쥬임 黃元均씨 사이에 소송 문뎨가 이러나셔 이릭 일 긔월에 갓갑도록 극장 문을 닷고 영업을 폐지하얏슴은 일반이 아는 바이어니와 이졔 그 분규가 이러느 내용을 듣건듸 원릭 됴션극장은 황원균씨가 대정 구년에 건축 허가를 맛흔 것인 대 자본이 업셔셔 건축에 착수를 하지 못하고 나려오던 중 대정 십년 륙월에 이르러 엇던 스람의 소긔로 그 당시 東洋生命保險會社京城支部長으로 잇던 시틱씨를 맛나 자긔는 극장 경영에 리익이 잇던 손해가 잇던 그 십 분의 하나만 듬당하고 건물을 시틱씨의 명의로 환셔흔다는 조건으로 계약을 톄결하고 시틱씨의 자본으로 건축에 착수하야 대정 십일 년 가을에 락셩하얏는 대 황씨는 최초의 계약을 무시하고 극장이 락조된 후 시틱씨에게는 일언 반스의 의론이 업시 자긔 명의로 신고를 하얏슴으로 시틱씨는 황씨의 무법한 힝위에 분긔하야 즉시 종로서에 고소하얏. 이째 황씨는 시틱씨에게 대하여 자긔 명의로 인가가 된 것을 극장 락셩되자마자 영업도 긔시하기 전에 명의를 환셔하면 신용관계도 적지 안코 스회에 대한 톄면도 보아야 할 것인즉 이대로 영업을 긔시하고 필요에 응하야 언졔던지 명의를 변경하겟다고 간곡히 말함으로 시틱씨는 황씨의 말에 의하야 고소를 취하하고 그대로 영업을 긔시하얏는 대 황씨는 극장경영에 대하야 아모 셩의도 업슬쑨 아니라 스진을 계약흔다고 대판에 건너가서 막대한 금익을 랑비하고 그 구녕을 메우기 위하야 구경도 못한 동경까지 갓셧다고 속이여 려비와 교제비라 하고 계산을 덧거리질 하야 놋코 그후 관원의 先金을 힝령흔 것과 무대의 비단쟝막에 남의 마고를 거두어 륙칠빅원이나 횡령흔 것이 탄로되야 시틱씨는 강경한 문뎨를 이르키랴 하얏스나 황씨는 주긔의 잘못임을 자빅하고 謝過狀을 써서 시틱씨를 주고 일시 무마가 되얏셧는대 그후 시틱씨는 막대한 결손만 당하고 조치 못한 소문만 셰상에 내임으로 극장을 황씨

에게 빌니여 손익은 관계하지 안이하고 집세만 밧기로 하얏스나 셰금도 닉이지 안이하고 수입금은 또박또박 집어쓰고 모든 支拂을 그대로 내바려 두어 됴션극장 명의로 사방에 빗만 늘어가게 하고 내죵에는 던긔료 밀린 돈이 팔빅원 이상에 달하야 던긔회소에서 던긔를 주지안이함으로 할 수 업시 극장 문을 닷치게 되얏다."(매일신보, 1924.2.27)

12) 동아일보, 1924.3.12.

13) "鮮劇 紛糾擴大 분규에 분규를 더하야 가는 시내 仁寺洞 朝鮮劇場의 문뎨는 다시 직작 이십삼일에 극장 전에서 黃元均씨 측과 극장쥬 矢澤씨 측 극장직이 사이에 큰 싸홈이 이러나서 극장 문을 파괴하고 이십 여 명의 황씨 부하가 돌입하야 일대 참극을 이리킨 스실이 잇다. (중략) 시퇵씨는 다시 공소를 데긔하야 극장이 즈긔의 긔디와 즈긔의 돈으로 된 이상 이를 찻지 안이하면 안이 되겟다 하고 황씨에게 대하야 극장 사용을 거절하야 왓다. 그리흔대 직작 이십삼일오후 두 시경에 즈긔 측과 변호사 原剛一, 權泰用 량씨와 긔타 즈긔 도당 이십 삼명 가량을 다리고 됴션극장에 이르러 원 변호사를 식키여 그 곳을 직히고 잇던 崔道元에게 극장 문을 열느 하얏다. 그런데 최도원은 즈긔 쥬인의 승락이 업슨 이상 그대 네의 말을 듯고 문을 열지 못 하겟다고 거절하얏다. 그째에 변호사 원강일씨는 황원균씨가 가지고간 쟝도리를 쎗아서 들고 문의 유리창을 산산히 부수고 그 엽헤 털판으로 봉쇄한 협문을 씨테리고 쟝내에 드러갓슴으로 이 무법한 힝동을 본 최도원 외 흔명은 원변호소와 황씨를 붓잡고 빅주에 남의잠근 문을 파쇄하고 침입함은 무법한 힝동이 안이냐고 힐척흔즉 황씨는 원변호소와 밋 자긔가 인솔하고온 이십 여명 부하에게 명하야 극장직이 두사람을 란타하야 원변호소는 최도원에게 치료 약 일쥬일이 걸리는 부상을 당케하고 쟝내 쟝외가 벌컥 뒤집히여 선혈이 쑥쑥 덧는 대활극이 시쟉되얏다. 그째에 만일은 넘려하고 출쟝하얏던 경관은 쌍방을 즁지흐야 싸홈을 말닌 후에 황씨와 원변호소와 최도원의 셰명을 다리고 죵로서로 도라 갓다. (후략)"(매일신보, 1924.3.26)

14) 매일신보, 1924.3.25.

15) "劇場樂隊員의 暴行 朝鮮劇場 악대가 지난 이일 오후 한시반경에 자동차를 타고 광고 선전을 하러 단이든 중 시내 唐珠洞으로부터 需昌洞을 향하고 진행 중 당주동 일백일 번지 金相培의 장남 順成(十二)이가 작난으로 자동차 뒤에 달린 광고지를 만지다가 씨 저젓는 바 이것을 분개하야 그 자동차에 탓든 악대중 崔泳完 鄭相玉 두 사람이 그 아이 를 자동차우로 끌어올리어가지고 실컷 싸리고 진행 중의 자동차에서 내동댕이를 첫는 데 이것을 보든 동리사람들과 밋 지나든 사람들이 그 악대의 행악을 크게 분개하야 다수한 사람들이 대어 들어서 악대원을 란타하며 자동차 압 유리창을 쌔털이는 등 큰 소동이 닐어나서 한동안은 법석을 하엿는데 그로 인하여 시내 樓下洞 일백칠 번지 朴 鍾大는 악대를 싸리엇다고 종로서로 인치 취조중인바 그 당시에 그 광경을 보든 사람 들은 경찰서가 악대에게는 처벌을 하지 안코 돌이어 행악한 자를 따린 사람을 잡어가 는 것은 무슨 이유인지 몰르겟다고 한다."(시대일보, 1924.10.4)

16) 동아일보, 1925.3.24.

17) "朝鮮劇場 開館 시내 仁寺洞 朝鮮劇場은 早川이란 일본인이 경영을 하야 마츰내 경영난 으로 지난달 하순부터 폐관을 하고 잇든 중 동관주임해설자 金肇盛씨의 진력으로 동씨

의 경영하에 작구일 밤부터 개관하엿다는 바 미국의 유명한 회사들과 특약을 해가지고 전혀 활동사진관을 위한 흥행을 하기에 노력하리라더라."(동아일보, 1926.9.10)

18) "朝鮮劇場閉館 시내 仁寺洞 朝鮮劇場은 경영주가 변경되게 되자 전관주 金肇盛씨와 신 경영자를 소개한 전 동관전무로 잇든 李弼雨씨의 감정관계로 본래는 아모 문데 업시 하로도 휴관치 아니하고 계속 경영을 할 수 잇섯든 것이 부득이 작 십일 밤부터는 흥행을 중지하게 까지 되여 구일 아츰 부터는 극장문을 닷고 말게까지 되엿다더라."(동아일보, 1926.12.10)

19) "朝劇 今夜開場 경영주 변경으로 말미암아 지난 십일 밤부터 일시 흥행을 중지하얏든 시내 인사동 조선극장은 모든 문데는 모다 해결되여 車永鎬씨의 경영하에 금 십팔일 밤부터 개관될 터이라는데 이로부터는 동관에서 봉절 상영할 영화는 전보다 더욱 충실한 것을 가릴 터인바 유나이테드 아치스트사, 워너부러더스사, 메트로꼴드윙사, 파라마운트사, 퍼스트내소낼사 등 미국 일류 대 영화회사의 데공 영화를 중심으로 상영할 터이라 하며 이번 개장에 당하야는 스사로 긔념하기 위하야 오래 동안 극장에서 예고를 해오든 조선 키네마푸로탁숀의 羅雲奎 감독주연 영화 〈風雲兒〉와 〈나는 영웅이다〉를 상영할 터이라더라."(동아일보, 1926.12.18)

20) 중외일보, 1927.6.2.

21) "朝劇 臨時閉館 시내인사동 朝鮮劇場에서는 영업방침을 변경하고 직원조직을 곳치고서 경영을 경신하고자 하는 쯧으로 지난 십구일부터 관원 전부를 해산하고 다시 조직을 하야 오난 십일부터 개관하리라더라."(동아일보, 1927.7.2)

22) "朝劇 開館遲延 시내 인사동 조선극장은 지난 달 금음께 관원 정리 문데로 림시 휴관한 후 이달 십일일 경우에는 개관을 하리라고 하엿든 바 그동안 여러 가지로 관원정리에 로력하야 관원정리는 거의 뜻대로 되엿스나 긔위 휴관을 하고 모든 것을 정리하는 씃이라 흥행방침도 새로히 세워보겟다는 생각으로 여러 가지로 고려 중이든 바 조선에도 현금 본봉에서 성행되는 것과 갓치 생생관이라도 영화와 영화 사이에 실연=가극 혹은 무도가튼 간단한 여흥덕 행연 잇는 것이 필요하겟다는 생각으로 경영주인 玄哲씨는 본래 사계에 만흔 경험을 가지고 잇는 터이라. 소녀가극단가튼 것을 하나 조직하기로 되엿다는 데 그를 실현케 함에는 남들이 하는 것을 견학할 필요가 잇다고 하여 십 수명의 조선소녀를 모집하여가지고 일본 寶塚에 가서 일개월동안 견습을 식혀가지고 도라 오리라고 한다. 이 까닭과 밋 녀름장마 통에는 흥행이 부진할 터임으로 적지 안은 손이 잇겟스니 차라리 한 녀름 동안은 극장 문을 닷치여 두겟다는 생각으로 개관은 지연되여 지금 예산으로는 적어도 팔월 말 까지는 휴관을 할 예뎡이라고 한다."(동아일보, 1927.7.17)

23) "언제 解決될지 모르는 朝鮮劇場의 內紛 방금 휴관 중에 잇는 시내 조선극장은 지금 가타서는 어느 날이나 개관을 하게 될른지 모르는 중에 잇는바 경영자 측의 의견으로 말하면 한 녀름 동안은 장마도 잇고 또는 학생을 관객의 중심으로 잡는 조선에 잇서서 녀름 방학동안 디방 학생들은 전부 고향에 돌아가고 업는 터이라 손해를 보지 안이하면 아니되겟는 고로 긔위 휴관을 한 것인데 팔월이나 지나서 구월 상순에나 개관을 하는 것이 어쩌할가 하는 의향을 가젓스며 관원들의 의견을 듯건대 흥행이란 녀름이라도

반듯이 밋지기만 하는 것도 아니오, 또 극장소유로 말하면 東京建物會社에 잇서 가지고 한 달에 팔구 백 원씩의 세전을 내는 터로 두 달이면 일천오륙백 원 내지 일천칠팔백 원의 공연한 돈을 내는 터인데 공연한 돈을 내고 극장을 놀려두는 것도 옳치 아니하며 더욱이 자긔네들이 십 여 명의 월급을 지불하지 안케 되는 고로 그에 달린 백명의 식구가 장마통에 호구할 도리가 업스니 하로 밧비 개관을 하게 해달라는 의향으로 관원 대 경영주간에는 은근히 분쟁이 계속되는 모양이라는 바 그 량 편의 말을 듯건대 다음과 같더라. (후략)"(중외일보, 1927.7.23)

24) 동아일보, 1927.8.9.

25) "朝劇開館 십이일부터 금일부터 다시 개관하게 되는 시내 조선극장에서는 내부의 정리 등 제반 준비를 마치고 드듸여 금 십이일부터 〈海賊페드로〉와 〈愛의 大雪嶺〉 두 사진을 가지고 영사를 개시하게 되엿는데 〈사랑의 대설령〉은 록키의 심산궁곡을 배경으로 하고 털도회사에서 털도를 노키 위하야 큰 눈덤이의 산을 짜이나마이트로 쌔어털이다가 산덤이에 치어 한 촌락이 파무치자 이것을 구조하기 위하야 활동하는 청년과 그 털도회사의 사장의 쌀과의 사랑을 그린 사진으로 그 사진의 이약이보다도 장쾌한 눈덩이의 산을 에워싸고 활약하는 장면의 웅대함이 실로 한번 볼만한 가치 잇는 것이라 하는바 영사시간과 입장료 등은 전과 갓더라."(중외일보, 1927.8.2)

26) 매일신보, 1927.9.24.

27) "朝鮮劇場의 紀念興行 시내인사동 조선극장에서는 경영주가 박권 만일주년을 지낸 이십사일임으로 이를 긔념하기 위하야 이십사일부터 감사일 사흘 동안으로 하고 들어오는 관객에게 무료입장권 한 장씩 뎨공한다더라."(동아일보, 1928.9.25)

28) "朝鮮劇場開演 시내 인사동에 잇는 조선극장은 經營主 李泰鎭씨와 극장 소유자인 東京建物會社 사이에 분쟁이 생기어 극장은 지난 칠월초순부터 문을 닷게 되는 한편 량 편에서 방금 경성디방법원에서 訴訟 中인데 어느 째에나 쯧이 날는지 알 수 업슴으로 동극장에 예속된 삼십 여명의 직원들은 극장이 이와 가티 오래 문을 닷게 되는 째에는 관원들의 死活問題라 하여 그동안 여러 번 협의회를 개최하고 그 대책을 강구한 결과 경영주와 집주인과의 량해를 어더 드듸여 량 편의 소송이 쯧날 째까지 관원들이 공동 경영키로 결정되어 이십일부터는 오래간만에 다시 흥행을 계속하게 되엿는데 관원들의 경영대표는 沈東鎬군이라더라."(조선일보, 1929.8.21)

29) 조선일보, 1929.9.11.

30) 중외일보, 1929.9.11.

31) 중외일보, 1929.9.26.

32) 조선일보, 1930.9.21.

33) "朝鮮音律協會 第一回公演會, 十九, 二十 兩日 間 朝劇에서 朝鮮音律協會주최 第一回 朝鮮音樂淨化 公演會는 루보한 바와 가티 명 십구일 오후 일곱 시부터 시내인사동 조선극장에서 개회할 터인데 당일 공개할 가곡도 大作만을 정선하야 아래와 가튼 순서로써 할 모양이며 무대장치 배광 등 새로운 시험을 하야써 과연 지금까지 그 류례를 보지 못하던 대 음악회를 공개할 터이다. (후략)"(매일신보, 1930.11.19)

34) "株式會社된 朝鮮劇場 시내 인사동 조선극장은 금번에 그 내용을 일층 더 충실하게 하

기 위하야 자본금 팔만원의 주식회사를 만들엇다는데 압흐로는 외국에서 들어오는 映畵를 수집 배급도 하리라 하며 동극장의 새 진용은 다음과 갓다. (후략)"(매일신보, 1931.7.4)

35) 동아일보, 1931.7.5.

36) 삼천리, 1933년 4월호.

37) "朝鮮劇場休館 내분으로 부득이한 일. 부내 인사동 조선극장은 건물이 본디 東京建物會社의 소유인 것을 지배인으로 잇든 申鎔熙씨가 건물회사에 교섭을 하야 극장을 빌이여 흥행을 하여 왓는데 최근에는 동극장의 재정문제로 동 간부중의 한 사람인 鄭殷圭씨와 신씨 사이에 분쟁이 이러나 결국은 신씨 일파를 해고하엿든바 이 관계로 말미암아 작 二十六日낫부터 동 극장은 休館을 하게 되엇다고 한다."(매일신보, 1932.10.28)

38) 조선중앙일보, 1934.1.22.

39) 조선중앙일보, 1934.12.5.

40) 삼천리, 1933년 4월호.

41) 조선일보, 1936.6.12.

42) 위의 글.

43) 이정희, 재소한인희곡연구, 단국대 석사논문, 1992, p.5.

44) 위의 글, p.10.

45) 트람극장은 레닌그라드에서 발생한 일종의 선동적 계몽극을 일컫는다. 트람은 나라의 운명을 앞에 둔 청년들의 사명, 도덕, 사랑에 대해서 뜨겁게 생각하는 청년극장이었다.

46) "海蔘威 同胞演藝団 해삼위에서 온 텬도교 청년회 연예단은 금 이십오일 하오 칠시 반부터 경운동 텬도교당에서 이틀 동안 개연할 터이라는 대 이번 연예단은 모두 이십일인으로서 그 대부분은 음악과 연예의 전문가라 하며 그중에 金東煥씨는 沿海洲 政府 絃樂隊 監督으로 잇는 터이오, 李鳳極씨는 소로서 아무도 전문학교 출신이오, 기타 대개는 각 학교교사와 음악 전문학생이 만흐며 녀자로는 해삼위 자선부인회장 徐眞禪녀자와 고등녀학교 학생 高淑卿과 수여전문학교 학생 高君淑양의 삼인이 모다 음악과 무도에 한숙하다하며 금일은 음악과 무도를 하고 명일은 연극을 할 터인 대 매우 흥미가 잇으리라 하며 입장료는 백표 이원, 청표 일원 오십 전, 홍표 일원, 학싱 반익이오, 순서는 다음과 갓다는 바 경성에서 이틀 동안 맛치고는 서선방면을 위시하야 각 디방으로 순회한다더라.

曲目의 順序

第一日(二十五日 下午6 時半)

一, 舞踊 ▲海軍舞踊 ▲小 露西亞무도 ▲비행기무도 ▲에쓰쌔뇨무도 ▲기타 수십종

二, 音樂 ▲農村의 살님(현악) ▲마스루까(현악) ▲써오르는 달 ▲사랑의 꿈 ▲말모리(여자 獨唱) ▲생까라징(남독창) ▲오로만쓰(관악) ▲七面鳥(현악합주) ▲파란의 美人(무도현악) ▲기타십여종

第二日(二十六日 하오 7시반) 演劇 題 〈人生은 눈물〉 남녀총출연"(동아일보, 1922.4.25)

47) 유민영, 우리 시대 연극운동사, 1990, p.112.

48) 이정희의 논문에서 재인용, p.18.

49) 위의 글에서 재인용.

50) 위의 글, p.28.

51) 선봉신문, 1936.4.11.

52) 선봉신문, 1937(일자 미상).

53) 김해운의 회고담(이정희 논문에서 재인용).

54) 이정희, 앞의 글, pp.31~33 참조.

55) 김진은 뛰어난 배우로 평가되어 1960년 카자흐국립극장에 초빙되어 〈오셀로〉(셰익스피어 작)에서 주역을 맡아서 대단한 평가를 받은 유일한 한인출신 배우였다.

56) 위의 글, pp.32~33.
　　　※이 부분은 이정희의 논문 「재소한인희곡연구」에서 그 뼈대를 잡았음을 밝혀둔다.

57) 翠園生, 劇壇의 展望, 매일신보, 1931.9.9~17.

58) 홍해성, 劇場을 가지자, 조선일보, 1935.7.7.

59) 이하윤, 劇場建設의 必要性, 조선일보, 1935.7.8.

60) 박진, 歲歲年年, 경화출판사, 1966, pp.129~131.

61) 위의 책, p.131.

62) 매일신보, 1935.10.30.

63) 최독견, 浪漫時代(48), 조선일보, 1965.2.28.

64) 최독견, 浪漫時代(60), 조선일보, 1965.2.20.

65) 최독견, 浪漫時代(63, 64), 조선일보, 1965.2.23~24.

66) 매일신보, 1938.5.5.

67) 고설봉·장원재, 증언연극사, 서울, 쯥陽, 1990, pp.43~44.

68) 매일신보, 1939.8.25.

69) "**동양극장, 연극연구소 개소** 부내 동양극장에서는 신진양성기관으로 연구소를 설립하고 지난 번 연구생을 모집한 바 응모인원 2백 여 명 중에서 엄선한 결과 남자 22명, 여자 11명의 입소생을 얻었다. 이들은 앞으로 6개월간 각 부내에 적당한 강사를 초빙하여 이론적 지도를 함과 동시에 극장무대를 통하여 실제 지도한다. 개소식은 4월 25일이다."(매일신보, 1940.4.25)

70) 매일신보, 1941.4.24.

71) 영화연극, 1940.1.

72) 김태윤, 演劇과 企劃과 劇場, 삼천리, 1941.3.

73) 고설봉 증언, 1980년 1월 23일 필자와 대담.

74) 유민영, 韓國新演劇史 3, 서울大 師大 國語國文學 論文集 제1집.

75) 조선일보, 1947.4.20.

76) 백철 편, 세계문예사전(민중서관, 1955).

77) 최독견, 回顧와 展望, 삼천리, 1941.3.

78) 매일신보, 1936.1.24~26.

79) 박진, 앞의 책, p.170.

80) 홍해성, 韓國演劇略史, 백철 편, 세계문예사전, 민중서관, 1955.

81) 위의 글.

82) 매일신보, 1936.3.28.

83) 고설봉·장원재, 證言演劇史, 진양, p.39.

84) 매일신보, 1936.9.30.

85) 매일신보, 1936.10.26.

86) 고설봉·장원재, 앞의 책, pp.40~41.

87) 홍해성, 앞의 글.

88) 변기종, 靑春座小史, 삼천리, 1941.3.

89) 고설봉·장원재, 앞의 책, p.69.

90) 유민영, 海星 洪柱植硏究, 연극문화 그리고 사회, 언론문화연극 제11집, 서강대 언론문화연구소.

91) 이청산, 여로10년, 삼천리, 1941.3.

92) 신좌현, 순연일기, 삼천리, 1941.3.

93) 박진, 앞의 책, pp.140~141.

94) 정하보, 興行劇壇의 現段階-劇文學을 中心으로, 예술, 1936.1.

95) 고설봉·장원재, 앞의 책, pp.81~82.

96) 康韶, 연극, 비판, 1938.6.

97) 강현두, 文化論爭과 批判論시설, 대중문화의 이론(민음사, 1980)에서 재인용.

98) 박진, 앞의 책, pp.81~82.

99) 장진, 豪華船小史, 삼천리, 1941.3.

100) 예원정보실, 삼천리, 1941.3.

101) 김영수, 劇界의 一年間, 조광, 1939.12.

102) 이두현, 한국신극사연구, 서울대출판부, p.264.

103) 한일송, 배우수기, 삼천리, 1941.3.

104) 고설봉·장원재, 앞의 책, pp.81~82.

105) 매일신보, 1941.11.8.

106) 한효, 앞의 책, p.336.

107) 김건, 第一回 演劇競演大會 印象記, 조광, 1942.12.

108) 경성회보, 1936.1.

109) 고설봉의 증언에 의하면, 전차로 수지를 맞추고 있던 경성전기주식회사에 경성부가 전차를 府營으로 하겠다는 의사를 밝혀서 그 무마책으로 기부금을 냈다고 한다.

110) 경성회보, 1936.1.

111) 萩原孝一, 工事報告, 경성회보, 1936.1.

112) 경성회보, 1936.1.

113) 이운곡, 朝鮮新劇運動의 當面課題, 조광, 1937.2.

114) 김일영, 裝置者로서의 말-極히 斷片的인 隨感, 극예술, 1936.5.

115) 동아일보, 1936.4.9.

116) 백철, 劇硏座의 〈뻐꾹이〉와 〈길〉을 보고, 조선일보, 1938.6.6.

117) 매일신보, 1937.6.6.

118) 동아일보, 1937.12.8.

119) 서항석, 韓國演劇史 第二期, 예술원, p.91.

120) 동아일보, 1938.10.2.

121) 동아일보, 1937.12.12.

122) 매일신보, 1941.10.6.

123) 매일신보, 1941.6.6.

124) 서항석, 한국연극사(2), 경안 서항석전집(6), 하산출판사, p.209.

125) 위의 책, p.209 참조.

126) 매일신보, 1942.10.24.

제Ⅲ장 광복과 극장문화의 진전

1) 이해랑, 분열과 위축의 연극계, 민성, 1949년 2월호.

2) 안영일, 1947년도 연극계, 예술연감, 1947년도판.

3) 이서향, 극장문제의 귀추, 매일신문, 1946.1.27.

4) 나웅, 연극과 극장, 예술 통권 제1권 1호.

5) 이재현, 수난의 민족연극-해방 후 연극계 동향, 민성, 1948년 8월호.

6) 김영건, 연극과 극장의 통제-극장위원회를 위하여, 예술, 통권 제1권 2호.

7) 예술통신, 1946.11.6.

8) "張總監 劇協 명예회장 취임 수도경찰총장 장택상 총감은 지난 한성극장협회총회가 추대한 명예회장을 금번 정식으로 수락하였다는바 현하 극장문화가 建國 途程에 미치는 바 공헌이 큼에 비처 특히 신임 張명예회장은 전 회원에게 일층 분려 報國을 요청하는 훈시를 내린 바 잇섯다 한다."(예술통신, 1946.11.7)

9) 동아일보, 1946.12.7.

10) 예술통신, 1946.11.16.

11) 예술통신, 1946.11.18.

12) 예술통신, 1946.12.4.

13) 예술통신, 1946.12.7.

14) "지나친 超入 滿員에 斷! 各 劇場 支配人에게 消防總司 注意 각 극장에 대한 定員制 실시에 대하여는 自下의 과도적 현실에 잇서서 극장인구의 팽창과 반비례한 수용기관의 희소는 불가불 그 문화적 至上性을 울며 겨자먹기로 묵과하지 않을 수 업는 형편에 노여잇는데 이러한 틈을 타서 文化的 良心을 다락에 올려 노혼 채 謀利에만 급급하는 경향이 근일 현저하게 다하야 취체감독당국인 소방총사 선전과에서는 다음과 갓치 關係業者에게 주의를 환기하고 잇다. (후략)"(예술통신, 1946.12.7)

15) 예술통신, 1946.12.16.

16) 예술통신, 1946.12.20.

17) 윤복진, 아동극장을 창설하라, 예술통신, 1946.12.10.

18) "빈번한 停電으로 인하야 劇場街에도 悲鳴續出 지난 二十六일 오전 10시 군정장관대리 헬믹대장과 군정청출입기자단과의 정례회견석상에서도 헬믹대장이 기자단에 언명한 바와 가치 우금 三十八도 이남 조선일대는 北朝鮮발전소의 일부 고장으로 말미암아 이미 북조선으로부터 송전해오는 전력이 급감되어 남조선의 전력소비 면에 막대한 곤란을 주고 잇는데 따라서 남조선예술가들의 유일한 생명선인 극예술도 작금 빈번한 정전으로 인하야 관객대중들을 극장에 입장시켜노코 언제 또 정전이 해소될지 몰으는 전기불을 기다리고 잇는 형편이다. 그러나 이거나마 확실히 정전이 해소될 수 잇다면 그대로 극장공연만은 연명하여갈 수 잇스나 좀더 이것이 심각하여진다면 이 방면에 종사하는 자들이 生活維持는 불가능할 것으로 보여 요지음 劇界와 劇場界는 일대 비명을 올리고 잇다 한다."(예술통신, 1946.12.28)

19) 김영건, 앞의 글.

20) 홍찬, 劇場運營을 문화인의 손으로, 예술통신, 1947.1.1.

21) 황철·심영 신춘대담, 어떠케 조흔 演劇을 할 수 잇슬가?, 예술통신, 1947.1.7.

22) 退休生, 극장혁명(제언), 예술통신, 1947.1.10.

23) 양훈, 조선연극건설에의 길, 우리공론 제1호(1947.4).

24) 예술통신, 1947.1.10.

25) 예술통신, 1947.1.16.

26) 예술통신, 1947.2.1.

27) 예술통신, 1947.2.3.

28) 이재현, 수난의 민족연극, 민성, 1948.7.

29) "文總直屬劇場(大韓劇場)出現 무대예술의 정화와 질적 향상을 도모하는 동시에 예술인의 지도양성과 양심적인 발전기관의 중요성을 절감하야 직속극장관리위원회를 조직. 제1차로 대한극장을 관리하도록 제반수속을 완료……"(조선일보, 1948.10.20)

30) 경향신문, 1948.7.27.

31) 유치진, 해방4년의 문화업적, 경향신문, 1948.8.8.

32) 경향신문, 1949.1.4.

33) 이해랑, 해방4년문화사, 민족문화 제1호, 1948년 10월호.

34) 경향신문, 1949.4.2.

35) 이해랑, 몇 가지의 제언, 민성, 1949년 10월호.

36) 이서향, 劇場問題의 歸趨, 매일신보, 1946.1.27.

37) 조선일보, 1946.3.8.

38) 조선일보, 1946.4.4.

39) 서항석, 나와 國立劇場 I, 극장예술, 통권 제2호.

40) 서항석, 위의 글.

41) 조선일보, 1947.11.5.

42) 조선일보, 1949.1.8.

43) 진우촌, 演劇漫筆-特히 文壇에 보내는 글, 조선일보, 1949.8.29~30.

44) 유치진, 동랑자서전, pp.253~254.

45) 유치진, 國立劇場 設置와 演劇育成에 대한 方案, 신천지 제5권 제3호.

제Ⅳ장 아시아 최초 국립극장, 그 굴곡진 도정

1) 서항석, 국립극장과 나, 경안, 서항석전집, 8, p.58 참조.

2) 유치진, 국립극장론, 유치진전집 8, pp.51~52.

3) 유치진, 국립극장 설치와 연극육성에 대한 방책, 신천지, 1950년 3월호 참조.

4) 이광래, 해방문학 20년-희곡, 해방문학 20년, p.56.

5) 김동원, 국립극장창단 무렵-〈원술랑〉과 〈뇌우〉공연, 국립극장 50주년 기념 및 국립극
단 제186회 정기공연 팜플렛.

6) 매일신문. 1952.12.17(이필동, 피난시절의 대구국립극장 '극립극단57년'에서 재인).

7) 서항석, 나의 국립극장Ⅱ, 극장예술 통권 제3호.

8) 위의 글.

9) 한노단, 신극과 상업극-국립극장 재출발에 際하여, 서울신문, 1953.3.22.

10) 서항석, 앞의 글 Ⅲ, 극장예술, 통권 제4호.

11) 이필동, 피난시절의 대구국립극장, 국립극단57년 참조.

12) 서항석, 나와 국립극장Ⅳ, 극장예술, 통권 제5회.

13) 위의 글.

14) 동아일보, 1957.1.9.

15) 서항석, 앞의 글Ⅳ, 극장예술, 통권 제6호.

16) 대구매일신문, 1956.1.29.

17) 김규대, 국립극장의 환도, 경향신문, 1957.12.24.

18) 서항석, 앞의 글Ⅵ, 극장예술, 통권 제7호.

19) 1959년 연극계 톱뉴스, 동아일보, 1959.12.30.

20) 무엇하는 국립극장인가, 경향신문, 1960.10.5.

21) 오화섭, 국립극장은 이렇게 운영되어야 한다, 경향신문, 1960.8.15.

22) 침체속의 연극계, 동아일보, 1961.8.21.

23) 최창봉, 실험극 조장토록, 동아일보, 1961.3.10.

24) 박용구, 국립극장 시비-재출발 위해 대수술을, 동아일보, 1961.3.17.

25) 김정옥, 국립극장의 새로운 과제, 한국일보, 1961.11.12.

26) 김창구 전극장장의 증언, 1979년 12월 8일 KBS 스튜디오에서.

27) 동아일보, 1961.12.15.

28) 국립극장 운영방침 결정, 경향신문, 1962.1.12.

29) 김창구, 국립극장과 민족예술의 재현, 신사조, 1962년 6월호.

30) 고비에 부닥친 무대예술, 동아일보, 1962.4.28.

31) 국립극단의 개편, 조선일보, 1963.11.30.

32) 국립극장은 육성되어야 한다(사설), 동아일보, 1966.1.14.

33) 1967년도 국립극장 팜플렛

34) 국립극장에 바란다. 서울신문, 1966.12.13.

35) 조선일보, 1968.3.12.

36) 새 국립극장 착공. 동아일보, 1967.10.17.

37) 국립극장 스무돌, 동아일보, 1970.4.4.

38) 경향신문, 1975.11.12.

39) 새 국립극장, 조선일보, 1973.9.1.

40) 이희태, 건축-설계에서 준공까지, 국립극장 개관 팜플렛, 1973.10.17.

41) 원정수, 국립극장 관견기, 공간, 통권 제84호.

42) 월간 국립극장 창간호.

43) 박호준, 민족예술중흥 위한 노력을, 월간 국립극장 제10호 참조.

44) 한국일보, 1979.2.2.

45) 문화기관의 독립성-1980년대 문화와 국립극장 30주년, 조선일보(사설), 1979.12.14.

46) 정중헌, 국립극장(르뽀), 신동아, 통권 제154호.

47) 유민영, 한국근대극장변천사, 태학사, 1998, p.112.

48) 국립극장장 허규씨의 새해 설계, 한국일보, 1982.1.27.

49) 중앙일보, 1982.4.23.

50) 한국일보, 1983.1.13.

51) 한국일보, 1983.2.10.

52) 한국일보, 1983.2.21.

53) 서울신문, 1983.9.13.

54) 중앙일보, 1983.10.15.

55) 국립극장운영 크게 바뀐다, 한국경제신문, 1984.11.10.

56) 새 방향 찾는 무대예술, 한국일보, 1985.1.9.

57) 국립극장의 올 사업계획, 한국일보, 1986.1.22.

58) 중앙일보, 1988.10.18.

59) 국민일보, 1989.1.17.

60) 세계일보, 1990.2.3.

61) 국립극장 우수 희곡 발굴 나섰다, 국민일보, 1990.8.30 참조.

62) 국민일보, 1991.2.28.

63) 국립극장 "官色벗기" 개방운영, 경향신문, 1992.2.28.

64) 경향신문, 1992.9.8.

65) 국립극장 무대장치 붕괴 : 29명 연습 중 부상, 18일 저녁 6시 10분 쯤 서울 중구 장충동 2가 국립중앙극장 대극장에서 문화부산하 서울예술단(단장 이종덕 57)과 김복희 무용단 소속단원 29명이 공연연습 도중 무대장치가 무너져 내려앉는 바람에 중경상을 입는 소동이 빚어졌다. 사고는 출연진 82명이 19일부터 4일간 공연하는 뮤지컬 〈꿈꾸는 철

마)의 마지막 군무장면을 연습하려고 회전무대 중앙에 설치한 가로 10m, 세로 3.5m 크기의 가설 목조 승강무대로 한꺼번에 몰리는 순간, 무대 오른쪽을 받치고 있던 버팀 목 3개가 무게를 견디지 못하고 넘어져 일어났다. 이 사고로 서은희 씨(28. 여 서울예술 단 무용수) 등 여자 출연진 22명과 남자 출연진 7명이 2.5m 아래 바닥으로 떨어져 이 중 3명이 골절상을 입었으며, 나머지 단원들은 가벼운 타박상을 입고 인근 병원에서 치료를 받았다. 조선일보, 1992.11.19.

66) 국립극장 30년만의 변신시도, 중앙일보, 1992.12.8.

67) 중앙일보, 1992.12.29.

68) 중앙일보, 1993.3.19.

69) 중앙일보, 1993.5.26.

70) 중앙일보, 1995.6.2.

71) 중앙일보, 1996.11.30.

72) 국립극장(극장장 李吉隆)이 주최하는 원로 예술인 초청행사가 3일 오후 4시 서울 장충 동 국립극장 대극장에서 열렸다. 이날 행사는 어버이날을 앞두고 원로 공연예술인들의 노고에 보답하고 감사하기 위해 마련 된 자리, 현재 국립극장 명예종신 단원인 참석자 들은 鞠守鎬 국립무용단장이 안무한 무용극 〈이차돈의 하늘〉을 관람한 뒤 만찬을 함께 했다. 이 자리에는 연극인 高雪峰, 姜桂植, 金東園씨와 국악인 成慶麟, 丁玳秀 , 朴東鎭, 姜鐘喆, 朴松熙 씨, 무용가 金千興, 宋 范, 朴聖男씨, 음악가 黃柄德, 金熙祚, 張一男, 羅永秀, 金慈璟, 吳鉉明 씨 등이 참석, 또 鄭祥鐵 국립극단장, 全 璜국립창극단장, 崔泰 枝 국립발레단장, 朴秀吉 국립오페라단장, 朴範薰 국립국악관현악단장, 鄭炳和 국립극 장 사무국장 등이 자리를 함께 했다. 중앙일보, 1997.5.4.

73) 중아일보, 1998.3.19.

74) 중앙일보, 1999.11.12.

75) 중앙일보, 1999.11.22.

76) 중앙일보, 1999.12.10.

77) 당초 이 용어는 영국의 대처수상이 '작은 정부'를 지향하면서 고안한 Executive Agency 에서 유래한 것으로서 정부나 지자제가 수행하는 여러 사무 중 공공성을 유지하면서도 경쟁원리(시장원리)에 따라 운영하는 것이 더 낫다도 판단되는 사무에 대하여, 기관장 을 공개 채용하여 기관장에게 행정상, 재정상의 자율권을 부여하고 그 운영성과에 대 해서는 책임을 지도록 하는 행정기관 운영제도를 일컬음(강창일, 제3강 문화예술공간 운영형태연구, 국민대행정대학원, 2013 참조).

78) 책임운영기관의 설치 운영에 관한 법률 제2조, 국립중앙극장 규정집 참조.

79) 김명곤, 새로운 꽃망울을 피우기 위하여, 갈채, 2000년 3월호.

80) 국립극장, 미르, 2000년 9월호.

81) 매일경제신문, 2000.2.23.

82) 정희섭, 국립극장 책임운영기관 원년을 돌아보며, 제3회 전문문화기반시설 관리책임자 대회 자료집, 2000.11.30.

83) 김명곤, 2001년, 새로운 아침을 맞이하며, 국립극장, 미르, 2001년 1월호.

84) 국립극장에서 제공한 자료 참조.

85) 국립극장 관객이 두 배 늘었어요, 문화일보, 2003.1.4.

86) 서울신문, 2005.1.28.

87) 동아일보, 2006.1.5.

88) 한겨레, 2006.1.17.

89) NAVER 뉴스, 2008.5.30, 국립극장 보도자료 2000~2009 참조.

90) 연합뉴스, 2008.12.30.

91) 서울신문, 2009.2.11.

92) 문화일보, 2009.2.14.

93) CBS 노컷뉴스, 2009.8.22.

94) 이선화, 앙드레 앙투안과 소극장운동, 공연과 리뷰 96호, 2017년 봄, p.22 참조.

제Ⅴ장 우리 자본과 기술로 지은 최초의 다목적 극장, 세종문화회관

1) 유민영, 한국근대극장변천사, 태학사, 1998, pp.274-275.

2) 위의 책, p.277.

3) 손정목, 세종문화회관 전사(前史) 참조.

4) 서울신문, 1947.12.6.

5) 위의 글.

6) 위의 글.

7) 해방후 시정편, 서울특별시사, p.17, 손정목 교수 논문에서 재인용.

8) 김소연, 경성의 건축가들-식민지 경성을 누빈 'B급' 건축가들의 삶과 유산, 루아크, 2017. pp.142~143.

9) 한국일보, 1961.11.6.

10) 조선일보, 1962.11.7.

11) 조선일보, 1964.2.28.

12) 조선일보, 1965.7.8.

13) 조선일보, 1967.6.6.

14) 조선일보, 1972.12.3.

15) 동아일보, 1972.12.4.

16) 한국일보, 1973.12.22.

17) 한국일보, 1972.12.20.

18) 경향신문, 1973.8.16.

19) 경향신문(사설), 1978.4.14.

20) 조선일보, 1978.4.18.

21) 한국일보(사설), 1978.4.15.

22) 서울 세종문화회관 개관기념예술제 결과 종합보고서 참조.

23) 정경희, 세종문화회관 개관공연 유감, 한국일보, 1978.4.20.

24) 조선일보, 1978.7.9.

25) 동아일보, 1978.6.22.

26) 동아일보, 1979.1.24.

27) 동아일보, 1979.9.9.

28) 동아일보, 1983.3.26.

29) 동아일보, 1983.6.8.

30) 동아일보, 1985.1.31.

31) 한국일보, 1985.3.12.

32) 한국일보, 1984.11.21.

33) 매일경제신문, 1988.1.21.

34) 한국일보, 1988.4.13.

35) 동아일보, 1988.2.29.

36) 손숙, 서울시는 '예술문맹'인가, 경향신문, 1991.8.18.

37) 경향신문, 1991.10.23.

38) 조선일보, 1991.10.23.

39) 중앙일보, 1992.8.13.

40) 세계일보, 1992.10.16.

41) 국민일보, 1993.1.30.

42) 경향신문, 1993.7.3.

43) 김성우, 서울시립극단, 한국일보, 1993.7.12.

44) 조선일보, 1993.10.4.

45) 국민일보, 1993.12.30.

46) 국민일보, 1993.12.29.

47) 서울 VIP석이 개관 16년 만에 처음으로 일반인에 개방된다. 세종문화회관은 21일 대통령내외와 외국국빈을 위해 2층 영사실 앞에 마련된 4평가량의 VIP석을 일반관람객에게도 개방키로 했다. 서울신문, 1994.4.22.

48) 국민일보, 1994.4.30.

49) 세계일보, 1994.5.4.

50) 한겨레신문, 1994.8.17.

51) 조선일보, 1994.5.25.

52) 경향신문, 1994.12.25.

53) 세계일보, 1996.1.26.

54) 한겨레신문, 1996.2.8.

55) 한겨레신문, 1996.3.14.

56) 세계일보, 1996.5.10.

57) 국민일보, 1996.4.24.

58) 세계일보, 1996.7.31.

59) 경향신문, 1997.3.26.

60) 세계일보, 1997.4.4.

61) 경향신문, 1997.3.26.

62) 한겨레신문, 1997.7.8.

63) 이구경, 굳게 닫힌 세종문화회관, 경향신문, 1997.8.13.

64) 탁계석, 세종회관 시스템 정비 시급, 세계일보, 1997.10.13.

65) 중앙일보, 1998.2.4.

66) 문화일보, 1998.2.4.

67) 한국일보, 1998.3.10.

68) 중앙일보, 1998.3.24.

69) 한국일보 1999.6.11.

70) 주간조선, 2000.11.19.

71) 대한매일, 1999.8.12.

72) 일련의 예술단체노조문제에 대한 세종문화회관의 입장(자료).

73) 경향신문, 2000.6.3.

74) 노동조합 요구안(회관제공) 참조.

75) 조선일보, 2000.6.15.

76) 음악저널, 2000년 2월호.

77) 동아일보, 2000.10.3.

78) 마태운, 한국의 향기에 취하는 삼청각, 2002.5.23.

79) 박동미, 예술경영 1세대 두 공연장 수장에게 듣는다, 문화일보, 2017.2.7.

제VI장 진정한 현대극장무대의 등장

1) 유치진, 동랑자서전, pp.341~343.

2) 드라마센터는 興行所가 아니다, 동아일보, 1961.7.12.

3) 드라마센터 개관 박두, 동아일보, 1961.11.29.

4) 드라마센터의 구조에 대한 것은 유민영의 '한국연극의 아버지 유치진'(태학사, 2015년), pp.568~575 참조할 것.

5) 유치진, 앞의 책, pp.344~345.

6) 새해의 새 文化殿堂을 찾아, 한국일보, 1962.1.5.

7) 김경옥, 드라마센터의 문제점-개관공연을 계기로, 동아일보, 1962.4.19.

8) 고비에 부닥친 무대예술, 동아일보, 1962.4.28.

9) 국민연극개발 3개년계획, 동아일보, 1962.7.26.

10) 한국일보, 1962.9.19.

11) 조선일보, 1962.10.16.

12) 한국일보, 1963.1.6.

13) 한국일보, 1963.1.13.

14) 유치진, 앞의 책, pp.348~349.

15) 재즈의 殿堂(드라마센터), 한국일보, 1963.7.19.

16) 유민영, 東朗 레퍼터리 劇團, 한국연극 통권 제4호.

17) 잃어버린 握手 I -드라마센터, 한국일보, 1966.7.21.

18) 드라마센터는 사유화되지 않는다-정상화 모색하는 유치진씨, 한국일보, 1966.9.1.

19) 드라마센터 개관공연 〈햄릿〉, 한국일보, 1962.4.14.

20) 이근삼, 흐뭇한 분위기에 공감-드라마센터 2回 공연 〈밤으로의 긴 旅路〉, 한국일보, 1962.6.21.

21) Thomas M. Patterson, 곡해된 작품의 본의, 한국일보, 1962.9.13.

22) 차범석, 또 하나의 가능성, 한국일보, 1962.8.19.

23) 이근삼, 어색한 演技・裝置, 한국일보, 1962.12.23.

24) 오화섭, 3社 新春文藝戲曲 공연, 동아일보, 1965.1.28.

25) 잇달아 발 묶이는 藝術, 한국일보, 1965.3.11.

26) 이진순, 演出家의 所見, 한국일보, 1965.3.11.

27) 新春文藝 當選 합동 公演, 서울신문, 1967.5.6.

28) 유치진, 레퍼토리극단으로 출발하면서, 극장 드라마센터 팜프레트(1971).

29) 유민영, 束縛과 自由의 갈등, 그 超克-〈草墳〉에 대하여, 심상(心像) 통권 제21호.

30) 美國公演서 激讚받는 〈草墳〉, 동아일보, 1974.2.25.

31) 중앙일보, 1976.10.19.

32) 구희서, 범세계적 연극을 위한 一步전진, 춤, 통권 제17호.

제Ⅶ장 연극전문화의 문을 연 소극장운동

1) 유민영, 韓國演劇과 小劇場運動, 동서문화 통권 제50호.

2) 김창구씨 증언(1979.12.3. KBS 휴게실).

3) 오재경, 圓覺社 懷古, 우리무대 제2호.

4) 圓覺社劇場, 경향신문, 1959.1.18.

5) 오화섭, 前衛的인 熱意, 한국일보, 1960.1.29.

6) 이근삼, 練習不足의 公演-圓方角의 〈幽靈〉을 보고, 한국일보, 1960.2.22.

7) 李根三, 創作劇 살리려는 노력-제작극회 공연을 보고, 한국일보, 1960.3.22.

8) 이근삼, 좀 더 빠른 템포로-八月劇場의 〈三重人格〉 공연, 한국일보, 1960.4.19.

9) 오화섭, 〈성난 얼굴로 돌아다보라〉를 보고, 동아일보, 1960.7.13.

10) 圓覺社에 불, 원인은 漏電?, 조선일보, 1960.12.5.

11) 圓覺社 再建運動, 동아일보, 1961.7.30.

12) 차범석, 韓國小劇場演劇史, 연극과인간, 2004, p.98.

13) 劇團 自由劇場-까페 떼아뜨르 篇, 공간, 제10권 9호.

14) 이병복, 까페-逆境 속의 7년, 연극평론, 통권 18호.

15) 유치진, 까페 떼아뜨르의 意義, 극단 자유극장十年誌.

16) 이병복, 앞의 글.

17) 김영태, 小劇場運動측면사-까페 떼아뜨르의 경우, 공간, 통권 제100호.

18) 제1회 '젊은 연극제'의 결산, 조선일보, 1973.6.19.

19) 동아일보, 1976.4.17.

20) 조선일보, 1976.4.25.

21) 조선일보, 1976.6.19.

22) 조선일보, 1976.9.3.

23) 한국일보, 1976.9.12.

24) 일간스포츠, 1977.6.9.

25) 조선일보, 1977.9.9.

26) 한국일보, 1977.9.25.

27) 조선일보, 1978.8.20.

28) 동아일보, 1979.6.29.

29) 한국일보, 1980.6.29.

30) 동아일보, 1980.7.11.

31) 실험극장 전용극장이 건립되기까지-劇場建立의 경우, 우리무대, 1975.9.

32) 위의 글.

33) 독서신문, 1975.11.16.

34) 한국일보, 1975.11.22.

35) 조선일보 사설, 1975.12.17.

36) 조선일보, 1976.5.16.

37) 경향신문, 1977.11.10.

38) 한국일보, 1977.12.16.

39) 조선일보, 1978.3.11.

40) 조선일보, 1978.6.4.

41) 동아일보, 1979.6.29.

42) 동아일보, 1980.3.11.

43) 조선일보, 1976.5.4.

44) 한국일보, 1977.10.21.

45) 동아일보, 1979.6.29.

46) 한국일보, 1980.6.29.

47) 동아일보, 1980.10.11.

48) 조선일보, 1980.12.24.

49) 조선일보, 1980.12.24.

50) 동아일보, 1980.12.30.

51) 조선일보, 1978.8.20.

52) 차범석, 한국소극장연극사, 연극과인간, 2004, p.148.

53) 공간, 1987년 7월호(한국소극장연극사), p.149에서 재인용.

54) 한국소극장연극사, p.150에서 재인용.

55) 유민영, 한국연극의 위상, 단대출판부, 1991, pp.478~479 참조.

56) 에릭 홉스봄 지음, 박지향·장문석 옮김, 만들어진 전통, 휴머니스트 출판그룹, 2004, p.21.

57) 한국일보, 1980.8.24.

제VIII장 극장 신경영의 한 작은 모델, 정동극장

1) 문화일보(사설), 1995.7.29.

 2) 이기성, 독자투고, 동아일보, 1995.8.22.

 3) 정명수, 독자투고, 문화일보, 1995.10.16.

 4) 동아일보, 1995.9.20.

 5) 정명수, 독자투고, 문화일보, 1995.10.16.

 6) 스포츠조선, 1996.7.2.

 7) 홍사종, 보도자로 읽어보는 정동극장-1995.7~1997.5, p.100.

 8) 국민일보, 1996.7.17.

 9) 장병욱, 문화의 컬럼버스의 달걀, 한국일보, 1997.4.7.

10) 조선일보, 1997.5.19.

11) 홍사종, 일사일언. 조선일보. 1996.3.8.

12) 홍사종, 꿩 잡는 것이 매, 내외경제신문. 1997.2.24.

13) 홍사종, 수리 안전답형 마케팅론, 내외경제신문, 1997.5.26.

14) 홍사종, 공연기획과 1만원의 경제학, 1997.6.2.

15) 홍사종, 극장운영2, p.7.

16) 홍사종, 문화마케팅. 내외경제신문, 1997.3.17.

17) 유민영·김연수, 도약하는 정동극장이야기, 태학사, 2004, p.18.

18) 문화일보, 2000.10.16.

유민영(柳敏榮)

1937년 경기 용인출생
서울대 및 동 대학원 국문학과 졸업
오스트리아 빈 대학 연극학과 수학
문학박사
한양대 국문학과 교수
단국대 예술대 학장
방송위원회 위원
예술의전당 이사장
단국대 문화예술대학원장 및 석좌교수
현재 서울예대 석좌교수 및 단국대 명예교수

주요저서
『한국연극산고』(1978년)
『한국현대희곡사』(1982년)
『한국연극의 미학』(1982년)
『전통극과 현대극』(1984년)
『개화기연극 사회사』(1986년)
『한국연극의 위상』(1991년)
『한국근대연극사』(1996년)
『한국근대극장변천사』(1998년)
『20세기후반의 연극문화』(2000년)
『격동사회의 문화비평』(2000년)
『삶과 문화의 뜰』(2000년)
『한국연극운동사』(2001년)
『문화공간 개혁과 예술발전』(2004년)
『한국인물연극사 1, 2』(2006년)
『비운의 선구자 윤심덕과 김우진』(2009년)
『한국연극의 사적성찰과 지향』(2010년)
『한구근대연극사 신론 상·하』(2011년)
『인생과 연극의 흔적』(2012년)
『한국연극의 아버지 동랑 유치진-柳致眞평전』(2015년)
『한국연극의 巨人 이해랑』(2016년)
『무대 위 세상, 무대 밖 세상』(2016년) 외 다수